郑州市文物志

郑州市文物局　编

大象出版社
·郑州·

中原出版传媒集团
中原传媒股份公司

图书在版编目(CIP)数据

郑州市文物志 / 郑州市文物局编. — 郑州 : 大象出版社, 2023. 8
ISBN 978-7-5711-1693-4

Ⅰ. ①郑… Ⅱ. ①郑… Ⅲ. ①文物-概况-郑州 Ⅳ. ①K872. 611

中国版本图书馆 CIP 数据核字(2022)第 254977 号

郑州市文物志

ZHENGZHOUSHI WENWUZHI

郑州市文物局　编

出 版 人　汪林中
项目统筹　管　昕
责任编辑　李小希　张　琰
责任校对　张迎娟　李婧慧　陶媛媛　倪玉秀　马　宁　毛　路
装帧设计　唐若冰

出版发行　大象出版社(郑州市郑东新区祥盛街 27 号　邮政编码 450016)
发行科　0371-63863551　总编室　0371-65597936
网　　址　www.daxiang.cn
印　　刷　郑州新海岸电脑彩色制印有限公司
经　　销　各地新华书店经销
开　　本　889 mm×1194 mm　1/16
印　　张　54. 25
字　　数　1528 千字
版　　次　2023 年 8 月第 1 版　2023 年 8 月第 1 次印刷
定　　价　329. 00 元

印厂地址　郑州市鼎尚街 15 号
邮政编码　450002　　电话　0371-67358093

《郑州市文物志》编纂委员会

撰稿人（按姓氏笔画排列）：

丁大涛　于皓洋　马军旗　马秋峰　王会波　王　丽　王　凯

王　茜　王　羿　王雅璇　计慧萍　邓学青　申永峰　申丽霞

白明辉　白相国　冯百毅　乔丽阳　刘纯昊　刘彦峰　刘艳青

刘富良　刘慧霞　闫　俊　汤　威　杜平安　李芳峰　李俊兰

李根枝　李　瑞　李腾巍　李新召　李静兰　杨晓静　肖海博

汪　旭　汪培梓　沈　倩　宋文佳　张云峰　张壬杰　张书峰

张玉功　张巧燕　张国辉　张建利　张雪珍　张甜甜　张　超

张　颖　陈利民　陈国乾　苗倩倩　范　岩　郑晓旭　屈玉星

孟祥柱　赵向青　郝红星　郜得振　信应君　施　榕　姜　维

姜　楠　袁升飞　柴小羽　钱　燕　郭金彪　郭　磊　梁立俊

韩华宾　韩炜炜　韩　怡　焦　勇　靳宝琴　鲍君惠　戴建增

魏新民

郑州二七罢工纪念塔

中国大运河通济渠（郑州段）

织机洞遗址

裴李岗遗址

唐户遗址航拍图

稍柴遗址全景

曲梁遗址航拍图

老庙山古寨堡群之鹿耳寨

老山坪古寨堡遗址

西山古城址

新砦遗址考古发掘航拍图

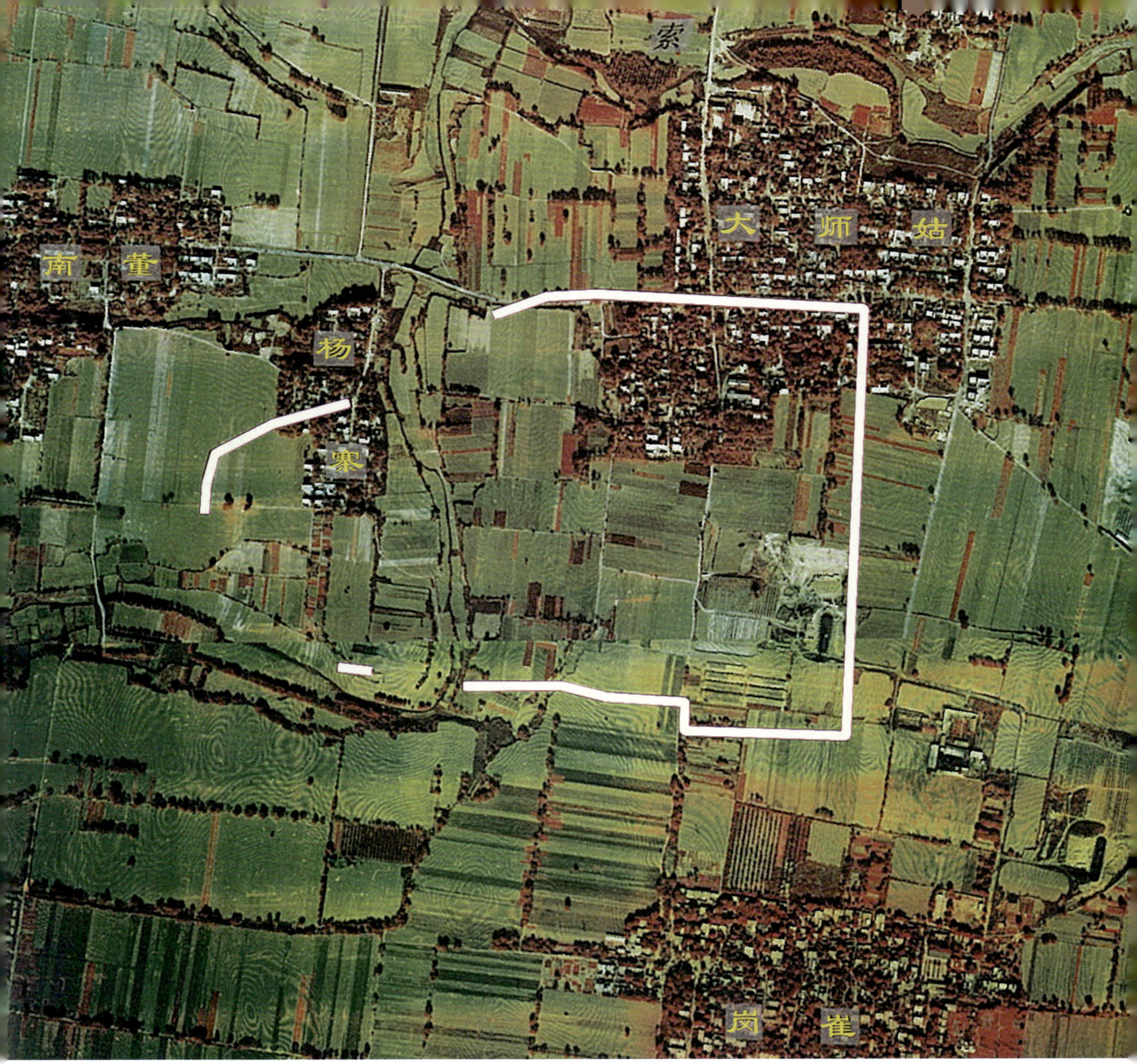

大师姑城址航拍图

望京楼遗址

郑州商代遗址

娘娘寨遗址发掘探方全景

郑韩故城东城墙中段

郑韩故城郑国贵族墓地
三号车马陪葬坑

郑韩故城郑国祭祀遗址
礼器坑

荥阳故城

风后岭石寨墙

巩义黄冶唐三彩窑址

李家楼郑公大墓

后周皇陵

郑公大墓

北宋皇陵之永昭陵

北宋皇陵之永昌陵

北宋皇陵之永泰陵

杜甫墓

欧阳修陵园

李诫墓

登封唐庄宋代壁画墓
出土壁画

苌村汉墓壁画《车马
出行图》局部

打虎亭汉墓画像石墓
拓印现场

打虎亭汉墓出土《宴饮百戏图》

打虎亭汉墓

法王寺塔

净藏禅师塔

永泰寺塔

少林寺

少林寺塔林

嵩岳寺塔

启母阙

太室阙

少室阙东阙

少室阙西阙

郑州清真寺

中岳庙

郑州城隍庙

登封观星台

嵩阳书院

密县县衙

康百万庄园

杜甫诞生窑

东史马民居

康氏石坊

屏峰塔

巩县石窟寺

邢河石窟

韩国宗庙碑

赵安香造像

三堂寺造像碑

周公测景台石碣

天保三年造像碑

大唐嵩阳观纪圣德感应之颂碑

大德大证禅师碑

会善寺戒坛造像碑

开元寺武士、力士造像

郑州二七纪念堂

胡公祠

彭公祠五亭

国民革命军第二集团军
北伐阵亡将士纪念碑

胜利渠

郑州铁路职工学校旧址

柏石崖豫西抗日先遣
支队后方医院旧址

河南省人民会堂

嵩山饭店 1 号楼

郑州工学院
土建系教学楼

黄河第一铁路桥旧址

郑州第二砂轮厂旧址

郑纺机武装部办公楼

北大清真女寺

刘镇华庄园

黄河风景名胜区

黄帝故里景区

刘禹锡公园

嵩山风景名胜区

郑州博物馆嵩山路馆

郑州博物馆文翰街馆

登封历史博物馆

新郑博物馆

荥阳博物馆

郑州市大河村遗址博物馆

高洪寺遗址生态文化公园

郑州市古荥汉代冶铁遗址博物馆

莲鹤方壶（春秋）

石磨盘和石磨棒（新石器时代）

乳钉纹红陶鼎（新石器时代）

“河三”画像陶灶（东汉）

玉琮（商）

彩陶壶（新石器时代）

彩绘陶仓楼（东汉）

彩绘文吏俑（唐）

灰陶持杖坐俑（西晋）

白釉一佛二弟子二菩萨瓷造像（隋）

白釉赭彩开光人物瓷瓮（明）

青釉瓷尊（商）

三彩舍利匣（北宋）

白釉珍珠地牡丹纹瓷枕（宋）

明宣德青花束莲瓷盘（明）

斗鸡图彩瓷碗（清）

羊首阙楼画像砖（汉）

抹角官吏乐舞神话画像砖（汉）

耳弦亥簋（商末周初）

兽面乳钉纹方鼎（商）

青铜建筑构件（商）

䵹罍（商）

舌韦亚爵（商）

十二辰镜（汉）

禽兽葡萄铜镜（唐）

蟠龙纹方壶（春秋）

龚贤秋山茅舍图（清）

编纂说明

一、本志根据《郑州市文物志》编纂委员会制定的编纂规范，以全面、准确、系统地记述和反映郑州市文物概况为目的而编纂。

二、本志记事贯通古今，断限时间上限不限，下限断至 2017 年年底。志中的“现”“今”“现存”“现有”等文字，指本志下限的临近年份。

三、本志地域区划以 2016 年郑州市行政区划为准。地名及机构名称一般情况下使用最后的名称，但涉及不同历史时期的地名和机构名称时使用当时的名称。

四、本志采用编、章、节和条目相结合的志体，共设 3 编 20 章，另设附录 7 项。章下有概述，节下有简述。图随条目插入。附录有各级文物保护单位名录等。

五、本志篇目设置以考古学所分事类为原则，以类系事、事以类从，质同相聚、类同相并，纵横结合，横排纵写。同一类文物，以时代为经，以地区为纬，先以时代先后排列，再以所在地域依次排列。

六、本志收录内容包括郑州市大部分有迹可循的文物古迹、县级以上文物保护单位及部分具有一定历史、科学和艺术价值且经考古调查或发掘确有价值的文物保护单位、文物藏品。少量尚未公布为文物保护单位但具有一定代表性和文物价值的文物或遗址、遭到破坏现已不存的文物古迹也予以收录。已调出郑州市的重要文物藏品，也予以收录，并注明其收藏单位。

七、本志中的遗址有两种及两种以上文化类型时，依据较丰富（或主要）的一种文化类型来确定年代类别。

八、中华人民共和国成立前的纪年，采用当时的年号或国号，同时在后面用括号注出公元纪年。如清乾隆二十年为 1755 年，写作“乾隆二十年（1755）”。

九、本志中的地图为示意图，不能作为勘界的依据。

序

郑州西依嵩山、北临黄河，位居“天地之中”，史称“雄峙中枢，控御险要”，自古以来就是中国及东亚大陆南北与东西交通的枢纽。在华夏文明起源发展过程中，以郑州为中心的嵩山地区孕育了连绵不断、传承有序的华夏文明，创造出中国历史上灿烂的古代文明和优秀的文化财富，从古国时代开始相当长一段时间内，一直是中国政治、经济、文化、军事中心。郑州也是中国八大古都之一、国家历史文化名城、华夏历史文明传承创新示范区、世界历史都市联盟会员城市和国家重点支持保护的全国六个大遗址片区之一。

自五帝时代至春秋战国，轩辕黄帝，夏、商王朝及夏商周时期的众多诸侯王国在郑州建都立国，由此形成一个庞大的古都群。如史载“禹都阳城”，大禹在登封阳城建立城池宫阙以为国都。经考古证实，王城岗遗址很可能为夏代初期的都城“阳城”。商汤建都“亳”，考古证实“亳都”即今天的郑州商城。郑州商城建筑规模之大、规划布局之严整、文化内涵之丰富，堪称当时世界之最。除了郑州商城，这里还有管、虢、郐、郑、韩等多个诸侯国都城。

郑州不仅是古都，也是一座具有光荣革命传统的城市。作为1923年京汉铁路工人大罢工的策源地，郑州在中国革命斗争和工人运动史上留下了浓墨重彩的一笔。耸立于市中心的二七纪念塔，让血与火炼成的“二七精神”化为有形的高塔，激励着一代又一代的郑州人再创辉煌。

郑州是我国文物保护工作开展的重要地区，其文物具有分布广、数量多、门类全、价值高等突出特点。星罗棋布的古遗址、古城址、古墓葬、古建筑、古碑刻及近现代代表性史迹等，不仅是郑州宝贵的文化记忆和精神财富，也是中华文明伟大物质、精神和制度成果的重要见证。近年来郑州市文物事业取得重要进展，考古发掘、学术研究、遗产保护、博物馆事业、世界文化遗产申报等各个领域成绩显著，多次获得国家和省、市级表彰，因此，一部吸纳新观念、利用新资料、展现新时期文物工作全貌的郑州市文物志成为时代所需。郑州市文物局精心组织修编人员，实事求是、去芜存菁、分门别类、深入研究，数易其稿，最终编纂而成《郑州市文物志》，可喜可贺！

《郑州市文物志》运用历史唯物主义的立场、观点、方法，综合使用考古资料和文献资料，客观、系统地记述了郑州地区文物考古、博物馆事业、文物保护与利用等情况，全面展示了郑州文物事业的发展理念、探索创新和工作成效，如生态保遗、考古前置改革、百家博物馆等理念和实践创新，郑州博物馆新馆、郑州商都遗址博物院等文博场馆的建设，重要考古发掘项目、文物保护维修工程推进的过程，博物馆展览等。可以说，《郑州市文物志》内容丰富，资料翔实，重点突出，脉络清晰，体例规范，文笔畅达，是郑州市文物成果的一次全方位展示，是一部资于当世、德于后人的文物巨著。

作为世居郑州东赵村——这里发现了著名的东赵遗址，从郑州走出来的考古工作者，在《郑州市文物志》付梓之际，我有幸为之作序，深感欣慰。希望此书之功，不单在于对郑州文物的记录，更能让世人感知到郑州人民对中华民族的伟大贡献，感受到中华文明的早期风采，也为现代人类文明的发展提供深沉绵长的历史文化滋养。

李伯谦

壬寅年新春

目　录

综　述

第一编　文物遗存

第二编 管理

综 述

自然环境

郑州是河南省省会,位于中国大陆腹地,河南省中部,北濒黄河,西依嵩山,东南部连黄淮平原,地理坐标为东经112°42′—114°14′,北纬34°16′—34°58′。郑州地处国家“两横三纵”城市化战略格局中陆桥通道和京哈、京广通道的交会处,历来是中国铁路、公路、航空、通信兼具的综合交通枢纽。截至2017年年底,郑州市全市总面积7567平方千米,人口988.1万人,中心城区建成面积500.8平方千米。

郑州属北温带大陆性季风气候,冷暖适中,四季分明。春季干旱少雨,夏季炎热多雨,秋季晴朗日照长,冬季寒冷少雪。冬季最长,夏季次之,春秋季较短。处于西部浅山丘陵区的荥阳、巩义、新密和登封四市,年平均气温在14—14.3℃之间。郑州年平均降水量640.9毫米,无霜期220天,全年日照时间约2400小时。

郑州横跨中国三级阶梯地形的第二、三级阶梯,总体地势为西部高、东部低,中部高、东北低或东南低;西南部嵩山属第二级阶梯前缘,东部平原为第三级阶梯的组成部分,山地与平原之间是低山丘陵地带。郑州最高点位于登封市的少室山,连天峰海拔1512.4米;最低点位于中牟县韩寺镇胡辛庄,海拔73米。郑州山地面积约2377平方千米。

郑州域内河流主要有黄河、伊洛河、汜水、枯河、颍河、双洎河、贾鲁河、索须河、七里河、潮河、金水河、熊儿河等大小河流124条,其中流域面积较大的河流有29条,由西向东分别注入黄河、淮河,分属黄河和淮河两大水系。古代郑州还有荥泽、圃田泽等大片水域。

郑州西北部属典型的梁状丘陵黄土分布区,东部为散布沙丘、沙土区,是河南省人均耕地最少的城市。郑州地区的植被以落叶阔叶林为主,农作物主要有小麦、玉米、大豆、水稻等粮食作物及花生、棉花、苹果、梨、红枣、葡萄、西瓜、大蒜、金银花等经济作物。中牟、新郑、荥阳是中国重要的粮食基地县市。

郑州自然资源丰富,已探明矿藏有36种,主要有煤炭、铝矾土、耐火黏土、水泥灰岩、油石、硫铁矿和石英砂等。其中煤炭保有储量居河南省第一位;耐火黏土品种齐全,约占河南省总储量的50%;铝土矿保有储量占河南省总储量的30%;天然油石矿质优良,是中国最大的油石基地之一。

郑州是中国历史文化名城、中国优秀旅游城市、国家卫生城市、国家生态园林城市、国家森林城市、全国绿化模范城市、全国科技进步先进市、全国双拥模范城市、全国文明城市。

历史沿革

郑州地处中华文明发祥地区,是我国古老的城市之一,约在10万年前便有人类在此繁衍生息。以荥阳织机洞遗址为代表的旧石器时代的先民在嵩山北麓浅山丘陵地带开创了古老文明。及至四五万年前，郑州老奶奶庙遗址的先民在郑州西部的广大地区定居下来，从事农耕、狩猎、采集生活。大约1万年前时，郑州的先民从流动性较强、以大型食草类动物为主要狩猎对象的旧石器时代，逐渐过渡到具有相对稳定的栖居形态、采集植物性食物与狩猎并重的新石器时代，新密的李家沟遗址即是这个过渡阶段的典型代表。进入新石器时代，以裴李岗文化为代表的定居式农耕文明拉开了序幕，仰韶文化、龙山文化的先民先后在郑州傍水而居，面土而作，繁衍生息，形成了以郑州大河村遗址、郑州西山仰韶文化城址、巩义双槐树遗址、新密古城寨龙山文化遗址为代表的区域活动中心。这与史籍记载和传说中的中华始祖黄帝及其部族的生活环境和时代有着密切的关系，从而奠定了以嵩山地区为中心的早期文明文化体系——嵩山文化圈。

夏代，是中国历史进入奴隶社会的第一个王朝。夏后氏首领大禹选择了在嵩山地区的中心——登封阳城建立城池宫阙以为国都，史载“禹都阳城”。同时，他又营造了新郑望京楼、新密新砦、荥阳大师姑、巩义斟鄩等众多城邑，牢牢守卫着夏代五朝的东方门户。

公元前16世纪，商族兴起并最终伐桀灭夏，商汤在亳（今郑州）营建城池，并以此为都，即“商汤都亳”，郑州成为商朝第一个都城，成为当时中国的政治、经济、文化、军事中心。此后，商历经太丁、外丙、中壬、太甲、沃丁、太康、小甲、雍己、太戊190余年，及至中丁朝“九王之乱”，迁都郑州西北隞（嚣）地（今古荥镇小双桥遗址），又历外壬、河亶甲两王，迁都至相（今河南安阳西）。

公元前1046年，武王伐纣，周代殷立国。为加强对东方被征服地区的统治，周武王将其弟姬鲜封于管，史称管国（今郑州管城回族区），成为周的东方重镇。除管国外，周王还在今郑州域内建立了郐、虢、祭、密等封国，郑州地区在城市发展和经济文化方面居先进地位。

春秋时期，周王室衰微，诸侯勃兴，群雄争霸，天下纷乱，今郑州域内多国并立。公元前770年，平王东迁，郑国自郑（今陕西渭南华州区）东迁于虢、郐之“河、洛、颍、济”间，建都郑（今新郑郑韩故城）。庄公雄才大略，锐意变革，使郑国在春秋初期率先强大起来并称霸诸侯，为“春秋五霸”之一。郑国以商业发达、法制健全、政治民主和诗乐文化昌盛闻名于世，是中国法制和法家思想的重要起源地。

战国时期，社会生产力快速发展，强国并立，逐鹿争夺，相互兼并。郑国在内忧外患下逐渐衰落，最终于公元前375年为韩国所灭，韩国“袭郑都而居”，今郑州之域多为韩国所辖。韩国国力日益强盛，渐与齐、楚、秦、燕、赵、魏抗衡，成为“战国七雄”之一。自公元前770年郑国迁都新郑，至公元前230年秦灭韩，新郑为都长达500余年，是当时的政治、文化中心。

公元前361年（一说公元前339年），魏国自安邑（今山西夏县北）迁都大梁（今河南开封西北）。为振兴经济，富国强民，魏国于公元前360年开凿鸿沟，自荥阳引黄河水东南流，与济、汝、淮、泗等水汇合，连通了黄河、淮河两大水系，形成了一个统一的水运河网。沿河皆得其利，位于鸿沟、黄河交汇处的荥阳逐渐成为郑州地区的政治与经济中心。

公元前230年秦灭韩，在今荥阳始置三川郡，治所在今郑州古荥镇。秦在敖山（今郑州西北邙山一带）建敖仓，屯集军粮。这一时期，荥阳经济发达，有“天下名都”之美誉。

秦汉之际，陈胜、吴广起义，荥阳成为战略要地。楚汉相争，项羽、刘邦据荥阳，战于京索之间，在广武山筑城对峙，相持数月，最后“以鸿沟为界，中分天下”。

西汉初年，改三川郡为河南郡，开始设新郑县（后分为新郑、苑陵二县）、巩县（今巩义）、密县（今新密）、荥阳县（又在京襄城置京县，虎牢设成皋县），将管县并入中牟县，分今登封之地为颍阳、阳城、崇高三县。

东汉以洛阳为都，今郑州地区属畿域之地，隶属范围大体如旧，河南郡改为河南尹。光武年间，崇高县并入阳城县，汉章帝建初四年（79），又置纶氏县，并把颍阳县并入纶氏县，今登封境内为纶氏、阳城两县，都属于豫州颍川尹。西汉在今荥阳东北设故市县，东汉时废。

西汉时期，黄河多次决溢，东汉时王景受命治河，修汴渠，使长达60多年的黄河水患得以控制。国家取山川矿产之利发展经济，冶铁技术的进步极大地提高了生产力。汉代冶铁属国家专营，朝廷于荥阳故城设立河南郡第一冶铁作坊（今古荥汉代冶铁遗址），生产有灰口铁、白口铁、麻口铁、铸铁脱碳钢、古代球墨铸铁等。古荥汉代冶铁遗址是目前世界上发现的时间最早、规模最大、保存最完整的冶铁遗址，在世界冶铁史上占有重要位置。

三国时，战乱频仍，政权更迭频繁，今郑州地区在曹魏境，基本上属河南郡。新郑县改称苑陵县。

晋代，今郑州地区大部属司州荥阳郡，苑陵县被废。东晋时阳城县并入缑氏县，今登封境内无县治。

北魏时，改司州为北豫州，州治在成皋。太平真君八年（447）移治于今荥阳。北周宣政元年（578），改北豫州为荥州。

隋代建立，"悉罢天下诸郡"，实行州县二级制，荥州改名郑州，自此郑州一名开始用于今郑州地区。开皇十六年（596），郑州改名管州。大业初年，管州复名郑州，管城县作为郑州政治中心，经济逐渐繁荣。隋炀帝开通济渠自洛阳洛水过巩县入黄，在荥阳经汴河故道过郑州，由开封折向东南，开漕运之利。巩县设兴洛仓，储粮两千多万石，是当时最大的粮仓。郑州又设荥泽县管治运河，至唐不衰。隋末瓦岗军起事入郑州，在荥阳大海寺败张须陀部，占领兴洛仓建立政权。

唐代，郑州地处中原交通要道，成为长安通往东南、山东等地的必经之地，故在此设大驿站，日夜车水马龙，繁华热闹。唐代是中国封建文化最为光辉灿烂的时期，郑州亦人文荟萃，才子辈出，涌现出了巩县杜甫、新郑白居易、荥阳郑虔等名人大家。

赵匡胤建立北宋，定都汴京（今河南开封），郑州先隶河南道，后隶京西路，再隶京畿路，熙宁年间曾一度废郑州，以管城、新郑隶开封府，元丰年间又复管城为郑州，隶京西北路。北宋在巩县建陵，除宋钦宗、宋徽宗外，其余七个皇帝及赵匡胤之父均葬于此，通称"七帝八陵"。自北宋以后，讲学之风大开，嵩阳书院在登封设立，以理学著称于世，盛极一时。嵩阳书院被称为研究中国古代书院建筑、教育制度及儒家文化的标本。

金元之时，郑州地区因战乱土地荒芜，农业遭到破坏。明清两代，郑州地区因天灾水患、战争频仍，经济凋零，发展缓慢。

1840年鸦片战争后，郑州日益成为新旧势力斗争的中心地区。太平天国起义军在中牟、郑州经荥阳汜水直抵巩县，在其影响下，郑州反封建抗暴斗争日趋高涨，各地不同形式、不同程度的抗暴斗争此起彼伏，沉重打击了封建势力，动摇了清王朝在郑州的统治。

1906年，京汉铁路和汴洛铁路通车，郑州被辟为商埠，民族工业逐渐兴起。

1913年，民国政府废州设县，郑州改为郑县，归豫东道，后归开封道。

1923年2月1日，京汉铁路总工会在郑县成立。成立当天，军阀吴佩孚派军警封锁会场，驱散参会代表与工人，捣毁总工会会所。为反抗北洋军阀的镇压，2月4日爆发了驰名中外的"二七大罢工"，在中国工人运动史上写下了光辉一页，郑州因此被誉为"二七名城"。

1928年，郑县改为郑州市；1931年，郑州撤市复改为郑县；1933年，郑县为河南第一区行政督察专员公署驻地。

1937年，抗日战争全面爆发，日本侵略者占领河南省省会开封后，一路向西，直逼郑县。蒋介石为阻止日军西进，于1938年在黄河花园口掘堤，致使3省44县800多万人遭灾。

1944年，日军发动河南战役，攻陷郑县、荥阳、巩县、登封、新郑及豫西大片土地，八路军豫西抗日先遣支队（即皮徐豫西抗日先遣支队）以嵩山为中心建立抗日根据地，打击日本侵略者。

1948年10月，郑县解放，设置郑州市。

1954年,河南省省会由开封迁往郑州,郑州迎来了快速发展的新时期,逐步成为河南省政治、经济、文化中心。1958年,巩县、登封、密县、新郑、荥阳五县划归郑州,1961年复归开封。1971年荥阳划归郑州,1983年巩县、登封、密县、新郑、中牟五县划归郑州。郑州市区现辖二七、管城、金水、中原、惠济、上街六区,巩义、登封、荥阳、新密、新郑五市,中牟县及郑州航空港经济综合实验区、郑东新区、郑州经济技术开发区、郑州高新技术产业开发区。

2016年12月,郑州市被国务院确定为国家中心城市,古老郑州迎来了新的发展机遇,一座现代化的国际大都市正在崛起。

文物综述

郑州历史悠久,是国家历史文化名城、中国八大古都之一、世界历史都市联盟会员城市。在华夏民族传统宇宙观中,郑州是“天地之中心”,自古以来就是文明交流的十字要冲,域内留存了丰富的文化遗产。历史上,夏、商、管、郑、韩建都于此,隋、唐、五代、宋、金、元、明、清在此设州。8000年前的裴李岗文化遗址、6000年前的大河村文化遗址是著名的古人类活动遗址;5000年前,中华人文始祖轩辕黄帝出生并建都在郑州这片土地上;3600年前,中国第二个奴隶制王朝——商朝在此建都,至今中心城区依然保留着7千米长的商代城墙遗址。悠久的历史积淀了灿烂的文明,禅宗祖庭少林寺、道教圣地中岳庙、宋代四大书院之一的嵩阳书院、中国最古老的观星台——登封观星台都是中华文明史上的璀璨明珠。

通过历年来的文物普查和考古发掘,特别是第三次全国不可移动文物普查(2007—2011)和第一次全国可移动文物普查(2012—2016)可知,截至2016年,郑州有8651处不可移动文物和几十万件可移动文物,主要分为古代遗址、古代墓葬、古代建筑、古代石刻和馆藏文物、其他文物几大类。古代遗址包括文化遗址、城址、作坊遗址等;古代墓葬包括帝王诸侯陵墓、名人墓葬、一般墓葬、近现代陵园及墓祠等;古代建筑包括宗教建筑、祠庙建筑、公用建筑、名人故居及民居等;古代石刻包括石窟、造像、碑刻、墓志等。另还有中国历史文化名城、名镇、名村,河南省历史文化名城、名镇、名村,著名历史街区与老字号,名胜景观与古树名木等诸多小的类别。

郑州地区旧石器时代文化遗址主要分布在荥阳、巩义、新密、新郑及郑州市区内二七区一带的浅山和丘陵地区,其中荥阳织机洞遗址被考古证明距今10万年,被称为“河南第一洞”;侯寨老奶奶庙遗址距今四五万年,被称为“中国最古老的村落”;登封西施村发现以石叶为核心的晚更新世的石器制造场,距今2.2万年。

郑州地区新石器时代文化遗址主要有裴李岗、仰韶、龙山文化遗址。裴李岗文化遗址是以新郑裴李岗村命名的文化类型的遗址,在郑州市各县(市)、区都有少量分布,以新郑、新密、巩义较为集中。新郑裴李岗、唐户,新密莪沟北岗等遗址中发现有房基、墓葬及具有代表性的石器、陶器。在新密李家沟遗址还发现了由旧石器时代向新石器时代裴李岗文化过渡的叠压关系的文化层。

郑州地区仰韶文化遗址分布在各县(市)、区,比较密集。1921年,瑞典地质学家安特生在荥阳发现了秦王寨遗址,其团队成员T. J. 阿尔纳还著述了《河南石器时代之着色陶器》一书,故此中国考古学者把秦王寨遗址出土彩陶的类型称作“秦王寨类型”,为考古断代树立了一个标尺。1972年,郑州大河村遗址被发现,其中第四期与秦王寨类型相同而且遗物丰富,学者以“大河村类型”等同“秦王寨类型”。在郑州的仰韶文化遗址中,最具代表性的是郑州西山遗址发现的仰韶文化晚期城址,距今5300年,研究表明其可能与黄帝时期“筑五城”有关。荥阳汪沟遗址也发现有大范围的夯土区,表明其为当时重要的聚落中心,说明仰韶文化时期郑州已进入相当文明的阶段。

郑州地区龙山文化遗址亦分布在郑州市区及各县(市),在一些面积较大的遗址中还发现了炼铜的遗迹和铜器,反映了当时随着生产技术的提高,聚落人群相对集中,或独立为聚落,或沿袭仰韶文化聚落而居。这一时期在新郑具茨山一带已举行某种岩刻祭祀活动,又构筑了如新密古城寨遗址的庞大城池、宫殿,形成了主要的政治聚集中心。象征某一部族国家机器的雏形组成了与“黄帝都有熊”“祝融之墟”等传统的历史记载相互印证的实物链。

进入二里头文化时期,郑州地区有代表性的大型遗址有巩义花地咀遗址,面积30万平方米,筑有三重壕沟,出土有铜器、玉璋、绘红彩盖罐;新密新砦遗址,面积100万平方米,筑有三重城墙,城内还发现近千平方米的祭祀遗址。这些迹象和夏王朝建立很可能存在一定的联系。

郑州地区古城址众多。新石器时代有郑州西山仰韶文化古城址、新密古城寨龙山文化城址。夏代有以登封王城岗“禹都阳城”为代表的王城岗遗址,面积达70万平方米,大城内还有小城;还有新郑望京楼遗址、荥阳大师姑城址、新密新砦遗址等。商代有以郑州商城为代表的“亳都城”,筑有三重城墙,面积达13平方千米,内有宫殿区、作坊,并出土大批王室青铜器等。西周时期郑州地区城址不是很多,保存有郑州祭伯城遗址,荥阳娘娘寨遗址、官庄遗址等,丰富了郑州地区西周文化内涵。春秋战国时期有以新郑郑韩故城为代表的列国城,城墙长达19千米,分东城和西城,有宫殿,祭祀区,墓葬区,冶铁、冶铜、制陶作坊等,出土了大批青铜礼器和乐器,郑国、韩国在此立都500余年。秦汉以后的大小城址有30余处,分布在郑州各县(市)、区,如郑州荥阳故城、新郑苑陵故城、荥阳汉霸二王城、巩义将军城、中牟界城等都较好地保存在地面上,并具有相当的规模,占有重要地位。

郑州地区作坊遗址有铸铜遗址、冶铁遗址、陶瓷制造遗址等类别。郑州商城遗址发现有两处铸铜作坊遗址,新郑仓城、登封告成两地发现有战国时期的冶铁遗址,郑州古荥镇、巩义铁生沟发现有汉代河南郡铁官管辖的“河一”“河三”的冶铸作坊,筑有炼铁高炉,出土有中国最早的球墨铸铁及整套的铸造范模,其规模和技术在世界科技史上占有重要地位。陶瓷制造遗址主要分布在新密、巩义、登封等地。登封白坪、前庄沿河有多处瓷窑遗址分布,其中曲河窑开创了烧珍珠地瓷器的先河。新密西关、窑沟、月台等窑址与登封曲河窑都生产贡瓷。巩义白河窑生产白瓷,黄冶窑则是烧制唐三彩的窑址,而且这里已具备烧制唐青花瓷的技术,反映了郑州地区制瓷业在唐代已达到很高的技术水平。五代后周之柴窑为全国的名窑,据记载也在郑州。

郑州地区帝王陵寝有新郑的郑公大墓、韩王陵、后周皇陵,巩义的北宋皇陵及其后妃陵墓,荥阳的明周悼王墓。特别是北宋皇陵,规模宏大,地上有千余件石刻,被誉为“石刻博物馆”。名人墓葬主要有杜甫、刘禹锡、李商隐、欧阳修、李诫及一些大臣的墓葬,分布在荥阳、新郑等地,特别是巩义北宋皇陵范围内还有包拯、寇準等众多北宋重臣的祔葬墓。另还有一些近现代的名人如吉鸿昌等也安葬在郑州。

郑州地区古代建筑主要分布在登封、巩义、荥阳等地。以嵩山为中心有寺庙、宫观、阙、塔、台、书院等72处,其中少林寺、中岳庙、嵩岳寺塔、“汉三阙”、观星台等8处11项历史建筑被列入“世界文化遗产名录”。巩义有多处庄园,如康百万庄园、张祜庄园、泰茂庄园、刘镇华庄园等都具有一定规模,保存完好,具有很高的历史研究和建筑艺术价值。巩义、荥阳还保存有如海上桥村、油坊秦氏旧宅等众多具有代表性的民居,各具特色,为研究郑州经济社会和乡土建筑提供了丰富的实物资料。

郑州地区是石刻荟萃之地,石刻主要分布在巩义、登封、荥阳等地。巩义石窟寺创凿于北魏,以后东魏、西魏、北齐和隋、唐、宋各代相继凿窟造像,形成巍然壮观的石窟群,其中的帝后礼佛图是极为珍贵的石雕艺术品。另外在荥阳、新密、登封也刻凿有小型石窟,不过保存状况较差。登封的“汉三阙”,荥阳的韩仁铭碑、大海寺石刻造像,郑州的纪公碑、醉翁亭记刻石等都具有极高的书法和雕刻艺术价值。

近代历史风暴也在郑州大地留下重要印迹。1906年通车的京汉铁路黄河第一铁路桥,郑州二七罢工纪念塔，豫西抗日先遣支队司令部、医院旧址，孝义兵工厂旧址，1938 年黄河花园口掘堤扒口处等记录了郑州地区近代的重要历史事件，显示了郑州地区的革命传统。

中华人民共和国成立后，在党和政府的领导下，郑州棉纺织工业蓬勃发展，建立起纺织机械、砂轮、煤矿机械等大型工业基地，保留了一批重要的工业遗产。

郑州馆藏文物有 10 万余件，精品荟萃。郑州商代遗址出土的方鼎、圆鼎、提梁卣、瓷尊，郑州大河村遗址出土的双连壶，郑州上街唐墓出土的唐青花瓷罐，新郑郑韩故城出土的莲鹤方壶、成套的青铜礼器和乐器等都堪称国宝级文物精品，其展览不仅给国人带来了丰富的文化享受，而且为中外文化交流做出了贡献。特别是杜岭方鼎作为郑州亳都的标志以雕塑的形制矗立街头，莲鹤方壶复制品作为礼品赠予国内外宾朋，彰显了郑州深厚的历史文化底蕴。

文物工作概况

20 世纪 50 年代，郑州市文物工作主要由郑州市文物工作组负责，主要工作有发掘郑州商代遗址，开展文物普查工作，推荐公布国家、河南省文物保护单位等。1957 年，郑州市成立了第一个文物机构——郑州市文物陈列馆。1958 年、1971 年、1983 年郑州行政区划多次变更，最终形成今郑州市域范围，文物工作范围、工作量也随之扩大和增加。1983 年以前，郑州市文物工作主要由郑州市文物陈列馆（1965 年更名为郑州市博物馆）负责，负责市区及荥阳县的文物保护、文物调查，郑州城隍庙的维修，配合工程建设文物钻探和部分考古发掘、陈列展览工作，取得了突出成绩。

1983 年，郑州市文物事业管理处成立，在郑州市文化局领导下管理全市文物工作。2004 年，郑州市文化局加挂“郑州市文物管理局”的牌子。2010 年，郑州市文物局成立，各县（市）、区亦分别成立文物局、文物旅游局、文物保护中心、文物保管所。郑州市文物局直属单位有郑州博物馆、郑州二七纪念馆、郑州市文物考古研究院、郑州市商城遗址保护管理处、郑州市大河村遗址博物馆、郑州嵩山文明研究院、郑州市古荥汉代冶铁遗址博物馆、郑州市文物稽查大队。郑州市文物保护管理机构就此健全，上下工作关系顺畅，奠定了全市文物工作的组织基础。

郑州市几十年来高度重视依法保护文物。1961 年国务院颁布了《文物保护管理暂行条例》，1982 年第五届全国人民代表大会常务委员会第二十五次会议通过了《中华人民共和国文物保护法》，之后国家、河南省又相继出台一系列的文物保护法规。郑州市坚决贯彻执行这些文物法规，并将其列入郑州市普法内容，开展宣传教育活动，极大地提高了全市文物法规普及率和群众的文物保护意识。1986 年，郑州市第八届人民代表大会常务委员会第八次会议通过了《关于加强文物保护工作的决议》，提出司法、工商部门要与文化行政部门密切配合；要坚决打击毁坏、盗窃文物的犯罪分子；要积极筹建县一级博物馆，要建设好文物工作队伍。2000 年，《郑州商代遗址保护管理规定》颁布。为保护登封嵩山历史建筑群，2007 年，郑州市第十二届人民代表大会常务委员会第三十次会议通过、河南省第十届人民代表大会常务委员会第三十四次会议批准了《郑州市嵩山历史建筑群保护管理条例》。这些法律法规使郑州市的文物依法得到了保护，广大群众的文物保护意识也得到了增强。

文物普查工作是文物保护的基础工作。1952 年至 2017 年，郑州市先后进行了全国和全省组织的文物普查。其中第二次、第三次全国文物普查是在河南省的指导下，由郑州市组织力量进行的，共普查出遗址、墓葬、建筑、碑刻等各类不可移动文物 8651 处，基本上摸清了郑州市的文物家底，并先后公布了登封“天地之中”历史建筑群、中国大运河通济渠（郑州段）两处世界文化遗产和七批全国重点文物保护单位、七批河南省文物保护单位、两批郑州市文物保护单位。通过多年工作，郑州市已对省级以上文物保护单位建立了“四有”档案。

考古发掘工作取得显著成绩。多年来文物部门配合高速公路、高速铁路、南水北调、西气东输、机场建设等国家重点工程及郑州市城市发展各类工程项目开展文物钻探、考古发掘达数千项之多。郑州旧石器时代的中原人类地位的确定,西山仰韶文化、古城寨龙山文化城址的发现,大师姑、新砦、望京楼等二里头夏文化遗址的研究,郑韩故城的发掘,特别是登封的禹都阳城、亳都郑州商城的确定,还有中国大运河通济渠(郑州段)的申遗等都取得了具有里程碑意义的成绩;树立起了“裴李岗文化”“秦王寨类型”“大河村类型”“新砦期”“二里冈文化”等考古界的断代标尺;出土了一大批珍贵的文物,硕果累累,谱写了郑州历史文化的辉煌篇章。

保护维修了一批文物保护单位。多年来郑州市政府拨出大批资金对郑州城隍庙、文庙,登封少林寺、初祖庵、塔林、嵩岳寺塔、法王寺塔、会善寺、中岳庙、嵩阳书院,巩义康百万庄园、刘镇华庄园,新密密县县衙等一批古建筑进行“修旧如旧”的维修保护。对郑州商城、郑韩故城等一批重要的古城址进行加固保护,使它们焕发了新的生机。郑州大河村遗址、小双桥遗址,巩义北宋皇陵,新密古城寨城址等十几处大型遗址被纳入国家大遗址保护片区,编制了保护规划,未来将逐步建成遗址公园予以保护。

郑州博物馆事业长足发展。郑州市政府拨付大批资金先后建成了郑州二七纪念馆、郑州博物馆、大河村遗址博物馆、古荥汉代冶铁遗址博物馆及各县市博物馆,初步建成了郑州市的博物馆体系。陈展面积200多万平方米,举办了很多高质量的陈列展览,其中郑州博物馆的多个陈列展览荣获国家级奖项。一批讲解员脱颖而出,多次在全国和全省讲解员大赛中获得优异成绩。征集文物工作有序展开,尤其开展了“继往开来·百年文物征集”活动,极大地丰富了馆藏文物。全市11万件文物收藏在各博物馆和文物收藏机构中,得到了妥善的保护。不少藏品不断出国参加文物展览,开展中外文物交流活动。

文物安全保卫工作不断加强。长期以来,公安、文物部门相互配合,开展经常性的安全检查,打击各类文物犯罪,对馆舍强化技防,对各文物单位引入风险等级机制。1991年,郑州市政府组织开展了打击文物盗窃、走私文物的专项斗争,公安、工商、检察院、法院、文化各系统联合行动,打击了犯罪分子的嚣张气焰。郑州市在全省率先实行了文物安全责任制,采取风险抵押措施,落实责任。在机构改革中成立了郑州市文物稽查大队,负责全市文物安全保卫工作。郑州市田野文物盗窃、破坏案件逐年下降,郑州市馆藏文物实现了连续30多年的文物安全年。

在全市文物战线各级领导和同志们的辛勤耕耘、共同努力下,郑州市多次举办学术研讨会,进行学术交流,开展科学研究,其中出版有《郑州市文物志》《郑州大河村》《郑州大师姑》等学术专著30余部,发表论文300余篇,编写发掘报告、简报千余篇,为历史研究、郑州城市与经济发展做出了不可估量的贡献。

第一编 文物遗存

第一章　古遗址

郑州地处中原腹地，西依嵩山，北临黄河，东面黄淮大平原，四季分明，水源丰沛，是中华文明起源和发展的核心区域，考古学文化一脉相承，链条完整。

旧石器时代，远古先民在这里繁衍生息，绵延不断；新石器时代，这里形成了李家沟文化、裴李岗文化、仰韶大河村文化与河南龙山文化，其中仰韶大河村文化中晚期出现文明因素综合载体，河南龙山文化时期文明社会逐渐走深走实，为夏王朝的建立奠定了基础。夏商时期，郑州成为经济和文化的核心区域。在秦汉至明清的帝国时期，郑州虽不是都城，但仍为畿内要区或经济文化重地，发挥着积极的枢纽作用。

在中华文明的历史进程中，中原大地上的文明不断传承和积累，留下了灿若星辰的文化遗迹，造就了郑州辉煌的历史文化。经过多次文物普查，现在郑州有不可移动文物8000多处，有4项入选“中国20世纪100项考古大发现”。

本章遗址的叙述顺序按照遗址年代先后，遗址如年代延续较长，其年代以遗存最丰富的时代为准。

第一节　旧石器时代文化遗址（距今300万—1万年）

郑州地处中原的中心区域，自古以来就是早期人类生活生产及其文化发展的重要地区。郑州地区的自然环境十分优越，从西向东，处于中国三级阶梯地形的第二级阶梯向第三级阶梯的过渡地带；由北往南，逐渐从暖温带向亚热带气候环境转变。多样的地貌类型与适宜的气候条件是古人类演化与旧石器时代文化发展的重要条件。与此同时，这里也是古人类与旧石器时代文化南北与东西方向迁徙和交流、融合的中心。近年发现的众多旧石器时代遗址集中分布在嵩山东、南部的低山、丘陵、沿河地带，充分反映了早期人类在本地区演化发展的辉煌历史，为探讨中国与东亚地区的人类起源及旧石器时代文化发展等一系列重要课题提供了非常珍贵的新证据。

郑州地区的旧石器考古工作起步较晚，1990年以前，在郑州市区及密县南部山区发现了零星的动物化石和一部分石制品。1991年，织机洞遗址的发掘揭开了郑州旧石器考古的序幕。以后，洪沟、蝙蝠洞、小庙咀等旧石器时代文化遗址又陆续被发现，这些遗址多为当地村民取土、开发等原因被发现，具有很大的偶然性。自2004年冬季起，郑州市连续开展旧石器考古专题调查，先后发现了400多处旧石器时代文化遗址及动物化石地点，极大地丰富了郑州地区的旧石器时代资料。2009年秋季起，北京大学考古文博学院与郑州市文物考古研究院联合先后对新郑李家沟、赵庄、黄帝口，登封西施、东施，郑州老奶奶庙等旧石器时代文化遗址进行了发掘，取得了重要收获，初步建立起郑州地区自10万多年前至新石器时代初期的史前文化谱系。

1. 洪沟遗址

位于巩义市河洛镇洪沟村中部，南距洛河约0.5千米，北距黄河约1千米。遗址年代距今约11万年。地理坐标为北纬34°49′33″，东经113°2′40″。海拔为200米。

1994年和1996年曾两次发掘，遗址发掘面积约45平方米。其文化层堆积情况是：第1层，从洪沟村南岭的顶端至包含石制品与动物化石堆积层为厚70多米的粉砂质黄土，属第四纪晚更新世马兰黄土层。第2层为厚约5米的细砂质泛浅红色黄土，形成时间略早于第1层，仍属于第四纪晚更新世马兰黄土层。该层中有一东西向水沟，呈不规则形分布。已探明部分水沟长30米，宽2—5米，深4.5米。水沟上部为黄色淤土层，厚0.3—0.5米，含大量石制品和动物化石；下部为暗绿色或铁锈色淤土层，亦含有石制品和动物化石等。第3层为浅黄色土层，不见石制品和动物化石。

洪沟遗址出土石制品

在该遗址第1层出土石制品550余件，其中石片231件，石核46件。在大、中、小型石制品中，以中、小型者为主。石核超过7400克者1件，其他石核重量在250—7100克之间。石片超过3500克者1件，其他石片重量在150—3000克之间。加工修整过的典型石器很少。出土动物化石多数为纳玛象化石，其次是赤鹿、羚羊化石，还有少量斑鹿、猪和小型偶蹄类动物及蜗牛等化石。不同种类的动物化石与石制品、炭屑、烧土碎块等交错堆在一起或零散分布。动物化石虽然数量很多，但堆积杂乱，未见较完整的动物遗骸。

洪沟遗址文化遗存的发现表明，远古时代这里的气候湿润稍寒，水源充足，丘陵上下生长着茂密的树木，成群的野兽不时出没其间，是原始人群和各种动物栖息繁衍的理想之地。洪沟先民主要的经济活动是狩猎，他们把猎取到的动物集中到这里进行肢解并分食。成堆的石制品和散存的石屑，则可能表明用作宰割猎物、砍伐树木的石制品随时制作和使用，钝者或不适用者随地丢弃。

发表资料：《河南巩义市洪沟旧石器遗址试掘简报》，《中原文物》1998年第1期。

2009年9月，被河南省人民政府公布为第三批河南省文物保护单位。保护范围：以试掘的窑洞为中心向四周各扩500米。建设控制地带：以保护范围四边各外扩100米。

2. 织机洞遗址

位于荥阳市崔庙镇王宗店村北大路山北端西坡，为一原始洞穴。洞口宽13—16米，高4.8米，现存进深22米，原进深达40多米，面积约300平方米。该遗址于1984年文物普查时被发现，1990—1995年由郑州市文物考古研究所多次进行考古发掘。2001—2004年，郑州市文物考古研究所与北京大学考古文博(学)院联合对该遗址又进行了三次发掘。遗址年代为距今10万—3万年。地理坐标为北纬34°38′，东经113°13′。

织机洞遗址最厚处地层堆积达24米以上，自上至下可分为23层：第23层，扰动黄土层；第22层，深褐色顶层埋藏土壤层，内含秦汉时期布纹瓦片及货泉铜币等；第21层，红褐色顶层埋藏土壤层，中部含仰韶文化时期尖底瓶片等，下部含裴李岗文化时期夹砂篦纹深腹罐片等；第20层，灰黄色砂质黏土，含少量石灰岩角砾；第19层，石灰岩角砾层；第18层，棕红色第一层古土壤层；第17层，灰黄色砂质黏土层，出土有少量石制品及肿骨大角鹿下颌骨、斑鹿角、鸵鸟蛋碎片等化石，该层在洞口部位有3处烧火遗迹；第16层，褐黄色砂质黏土层，内含石灰岩角砾、钟乳石碎块，出土有犀牛、斑鹿等动物化石碎片;第 15 层,褐黄色砂质黏土层,夹杂大量石灰岩角砾和巨块石灰岩,遗物很少;第 14 层,灰白色与黄褐色黏土互层,遗物有刮削器、尖状器和少量石锥等石器,以及少量肿骨大角鹿、犀牛的下颌骨化石;第 13 层,灰烬层,内含烧骨和少量黏土,少量刮削器、尖状器及石片和脊椎动物化石;第 12 层,灰白色砂质黏土、黏土与钙互层,未见遗物;第 11 层,褐黄色砂质黏土层;第 10 层,褐黄色黏土淤积层,夹有灰烬,底部垫有一层灰烬,未见遗物;第 9 层,灰烬夹褐色砂质黏土层,内含石制品、破碎骨化石和烧骨等;第 8 层,褐黄色砂质黏土夹灰烬层,内含少量石制品及鹿类化石和烧骨等;第 7 层,黄褐色砂质黏土层,遗物较丰富,出土有刮削器、尖状器和少量石锥、雕刻器等,也有鹿角及啮齿类动物化石,石化程度较高,多被浸染成黑色;第 6 层,褐色砂质黏土层,内含较多强风化的石灰岩角砾,地层上半部灰烬较少,下半部灰烬较多,遗物丰富,主要为石制品,化石多为烧骨;第 5 层,褐色砂质黏土层,偶含灰烬,出土遗物以石制品最多,化石以鹿类和啮齿类动物为主,石化程度高,常被浸染成黑色;第 4 层,灰烬与浅灰色土互层,层内包含物较多,情况与上覆层相同;第 3 层,红色砂质黏土层,呈断续分布,出土有一些刮削器、尖状器和很少的石锥、雕刻器、砍砸器,化石较少;第 2 层,灰烬层,包含物多,同上覆层;第 1 层,灰褐色黏土层,含风化成黄白色的石灰岩角砾,出土石器较多,有刮削器、尖状器及石锥、石锤、砍砸器、雕刻器等,另有较多的砂岩砾石和鬣狗粪化石,已挖厚度 3.7 米,尚未至底。在这些堆积层中,第 19 层与第 18 层、第 2 层与第 1 层之间,存在着不整合现象。

织机洞遗址

织机洞遗址所保存的更新世的堆积巨厚,主要部分属于晚更新世中、晚阶段,在时代上跨越了从旧石器时代中期到晚期的发展,其文化特点也从早到晚发生了明显的变化。这些变化主要反映在石器原料的选择、石制品形体的大小及工具组合等方面。这些变化显然与当时人类活动的变化密切相关,是人类行为特点发展演变反映在其文化遗存上的结果。织机洞遗址内出土的石制品等显示,早期人类就地取材,加工权宜性工具,活动范围有限;到旧石器时代晚期,织机洞人经常性的活动范围已不仅仅局限于洞口周围,而是扩展到半径至少距离居住地六七千米的地方,他们寻找石器原料,加工精细的工具。发现于织机洞遗址的这种现象,对于认识这一地区现代人类的起源与发展等课题显然十分重要。

发表资料:《郑州市织机洞旧石器时代遗址》,《中国考古学年鉴 1995》,文物出版社,1997 年;《织机洞旧石器时代遗址发掘报告》,《人类学学报》2003 年第 1 期;《织机洞的石器工业与古人类活动》,《考古学研究(七)》,科学出版社,2008 年;《郑州织机洞遗址 MIS3 阶段古人类活动的环境背景》,《第四纪研究》2008 年第 1 期;《河南织机洞旧石器遗址的洞穴堆积和沉积环境分析》,《人类学学报》2008 年第 1 期;《嵩山东南麓 MIS3 阶段古人类的栖居形态及相关问题》,《考古学研究(十)》,科学出版社,2012 年。

2006 年 5 月,被国务院公布为第六批全国重点文物保护单位。保护范围:以洞口西北角为基点,向东 520 米(山脚),向西 840 米(对面山体西崖边),向北 500 米(断崖),向南 600 米(织机洞山脚)。建设控制地带:以保护范围边线向东、南、西、北各外扩 200 米。

3. 胡家脑遗址

位于郑州市二七区樱桃沟景区管委会胡家脑村南约 100 米处，贾鲁河上游周家寨河北岸台地上，面积约 2 万平方米。结合周边同时期遗址的年代测定，初步判断该遗址年代为距今 3.5 万年左右。地理坐标为北纬 34°37′15.89″，东经 113°34′28″，海拔 135 米。

胡家脑遗址全景

胡家脑遗址所在区域黄土堆积巨厚，由于长期受雨水的冲刷，形成了一道道的沟岔。有一条小沟岔往北向胡家脑村伸去，沟岔两侧的黄土断崖被冲刷得较陡直。该遗址未经过正式考古发掘，从东侧断崖剖面看，顶部距冲沟底部高约 10 米，地层堆积从上往下依次为：第 1 层，表土层，黄褐土，厚 0.3—0.4 米；第 2 层，马兰黄土堆积层，粉砂质黄土，厚 5 米；第 3 层，钙质结核层，厚 0.2—0.5 米；第 4 层为文化层，马兰黄土堆积层，粉砂质褐色黄土，厚 2—3 米，在该层内发现有丰富的石制品和动物化石，文化层下部发现有早期人类活动面和灰烬层，由北向南呈北高南低的走势，局部有凹坑；第 5 层，即人类活动面下部，为马兰黄土堆积层，粉砂质黄土，含有小型钙质结核，不见底；第 6 层，棕红色黏土层，质坚硬，在沟岔南部河边暴露，暴露部分厚约 2 米，该层内不见包含物。在第 4 层即文化层内发现的石制品较为丰富，石制品岩性有硅质岩、石英、灰岩、砂岩、燧石，石器类型有石核、石片、断块等。其石器加工技术多为锤击法，另有少量的石器为砸击法。动物化石也很丰富，石化程度较深，大多数较破碎，部分化石外部胶结着一层钙皮。从地层堆积情况和埋藏学角度观察，该遗址属典型的露天马兰黄土原地埋藏的一处旧石器时代晚期文化遗址。

胡家脑遗址发现有活动面、灰烬层、石制品及动物化石等遗迹遗物，是该地区确认的有用火遗迹的原地埋藏露天地点之一，对于研究旧石器时代晚期郑州地区的人类生活方式及行为模式具有非常重要的价值。

2008 年 6 月，被河南省人民政府公布为第五批河南省文物保护单位。保护范围：东至冲沟东台地东侧断崖，西至冲沟西台地西侧断崖，东西长 135 米，南至河北岸断崖，自断崖向北 137 米。建设控制地带：自保护范围边界向四周各外扩 50 米。

4. 下李河遗址

位于郑州市二七区樱桃沟景区管委会下李河村东 300 米处，贾鲁河东岸台地上。在台地北侧有一条东南至西北向的小冲沟，与贾鲁河形成东南夹角地带。此处地层原为斜坡堆积，后因旅游开发把前面的斜坡铲去，留出断崖剖面，并挖有窑洞。结合周边已发掘的同时期遗址年代测定，其年代为距今 5 万—3 万年。地理坐标为北纬 34°32′57.68″，东经 113°31′35.49″。

该遗址未经过正式考古发掘，现存断崖剖面高约 15 米，上部为约 12 米厚的马兰黄土堆积层，下部暴露出近 3 米厚的河湖相沉积层，即文化层，分布范围约 15000 平方米。在河湖相沉积层内发现有丰富的石制品及动物化石分布。石制品岩性有石英、砂岩、灰岩等，石器类型有石核、石片、石砧等。动物化石较为丰富，石化程度较深，且较破碎，应为古人类敲骨吸髓所致，有椎骨、肋骨、肢骨等，可辨动物种类有羚羊、鹿等。

2009 年 6 月，被郑州市人民政府公布为郑州市第二批文物保护单位。保护范围：以西北角断崖为界，向东 160 米，向南 200 米，向西 5 米，向北 5 米。建设控制地带：以西北角断崖为界，向东 215 米，向南 250 米,向西至贾鲁河边沿,向北至公路南侧边缘。

5. 田河遗址

位于郑州市二七区马寨镇田河村东北约 200 米处,贾鲁河正源圣水峪河拐弯处的东南岸台地上。年代为距今 1 万多年。地理坐标为北纬 34°38′29. 26″,东经 113°30′53. 26″。

该遗址未经过正式考古发掘。遗址临近河边,断崖剖面高约 18 米,从上到下可分为 4 层:第 1 层为厚 3 米的全新世黄土堆积层;第 2 层为厚 6 米的河湖相沉积层;第 3 层为厚 2. 5 米的马兰黄土堆积层;第 4 层为厚 6 米多的离石黄土堆积层。在第 2 层的中部一厚 0. 3—0. 8 米的钙质结核砾层内发现有丰富的石制品及动物骨骼化石等。根据遗物分布情况,该遗址文化层分布范围约 12000 平方米。在该遗址的中部有一条南北向的小冲沟打破文化层。文化层内石制品岩性有燧石(含玉髓)、石英、砂岩、灰岩、页岩等;石器类型有石核、石片、细石叶、刮削器、雕刻器、断块、碎屑等,其中石片、碎屑、断块所占比例较大。在燧石制品中,发现有细石叶的出现,应为细石器的特征。石器加工技术以压剥法为主。在发现的石制品中,发现一件砂岩断块两侧表面磨光,似可证明当时可能有磨制石器的出现。发现动物骨骼化石种类多为小型动物化石,另外还发现有鸵鸟蛋化石等。

田河遗址出土石制品

田河遗址的发现对于研究和探讨中原地区旧石器时代晚期向新石器时代早期过渡等问题具有重要的价值和现实意义。

2016 年 1 月,被河南省人民政府公布为第七批河南省文物保护单位。保护范围:以断崖西北角底部为界,向东 260 米,向南 165 米,向西 10 米,向北 10 米。建设控制地带:自保护范围边界向东 100 米,向南 141 米,向西 105 米,向北 100 米。

6. 老奶奶庙遗址

位于郑州市二七区侯寨乡樱桃沟景区内,东南距代家门村约 500 米,西临贾鲁河上游九娘庙河,坐落在河旁二级阶地之上。遗址西北角建有一座小庙,当地称老奶奶庙。遗址年代为距今 5 万—3 万年。

2011—2013 年,北京大学考古文博学院、郑州市文物考古研究院、郑州市二七区文化旅游局联合对该遗址进行了考古发掘,揭露面积近 100 平方米。

该遗址已发掘部分文化层厚 6 米余,以发掘区中部的东剖面为例,地层堆积如下:

第 1 层,表土层,为灰褐色砂质黏土,土质较疏松,质地较软,植物根系发达。包含物有近现代瓦片、砖屑、废铁片、煤渣、炭屑等。厚 10—20 厘米。第 2 层,扰土层,含陶片、汉砖及动物化石与打制石器等。厚 30—150 厘米。第 3 层,黄褐至灰褐色黏质粉砂,旧石器文化层,可进一步划分为 6 个亚层:第 3A 层,黄褐色黏质

老奶奶庙遗址出土石英砂岩制品

粉砂,结构致密,质地较硬,包含有大量锈黄色斑块状沉积物、零星钙质结核和零星炭屑。包含物有少量石制品和动物化石。厚20—60厘米。第3B层,灰褐色黏质粉砂,结构致密,质地较硬,包含有少量条带状锈黄色沉积物、大量钙质结核和大量炭屑,中南部剖面上还能看到一个含钙质结核和粗砂的透镜体。石制品和动物化石非常丰富,并有多处灰堆遗迹分布的古人类活动面(俗称“上活动面”)。厚15—30厘米。第3C层,灰褐色黏质粉砂,结构致密,质地较硬,含石制品和动物化石等遗物,有零星用火遗迹。厚15—26厘米。第3D层,灰褐色黏质粉砂,结构致密,质地较硬,含石制品、动物化石及用火遗迹。厚20—40厘米。第3E层,灰褐色黏质粉砂,结构致密,质地较硬。石制品和动物化石较丰富,也有用火遗迹。厚15—30厘米。第3F层,灰褐色黏质粉砂,结构致密,质地较硬,含数量众多的石制品和动物化石,亦发现数量较多且面积较大的用火遗迹的古人类活动面(俗称“下活动面”)。厚50—60厘米。第4层,灰褐色、灰黄色至黄褐色粉砂,亦可分为多个亚层:第4A层,浅灰白色粉砂,较软,较疏松,层表有薄层炭屑,存在一个平面分布集中于发掘区东部的较薄活动面。厚15—23厘米。第4B层,黄褐色粉砂,较软,较疏松,层表有薄层炭屑,遗物分布比4A层稍为稀疏,但也有相当数量的遗物分布。厚5—25厘米。第4C层,浅黄色粉砂,较软,较疏松,水锈水平层理发育,包含一个较为密集的由东向西倾斜的活动面及一处典型的用火遗迹。厚17—20厘米。第4D层,浅黄褐色粉砂,较软,较疏松,遗物分布比4C层稍为稀疏,但也有相当数量的遗物分布。厚10—20厘米。第4E层,浅灰黄色粉砂,较软,较疏松,由东向西倾斜,遗物分布于发掘区的西部。厚0—20厘米。第4F层,浅灰白色粉砂,较软,较疏松,含有砾径较小的钙结核和较小的锈斑,发现一处用火遗迹,包含遗物较为稀疏。厚0—20厘米。第4G层,浅灰黄色粉砂,较软,较疏松,含零星炭屑,含有砾径较小的钙结核和较小的锈斑,包含遗物较为稀疏。厚20—55厘米。第4H层,浅灰黄色粉砂,内夹有较薄的细砂透镜体,含零星炭屑,含有砾径稍大的钙结核和较大的锈斑,包含遗物较为稀疏。厚40—60厘米。第4I层,浅灰黄色粉砂,少见钙结核,锈斑面积很小,局部有细砂透镜体,包含遗物较为稀疏。厚15—35厘米。第4J层,浅灰黄色粉砂,少见钙结核,锈斑面积很小,局部有细砂透镜体,包含遗物较为稀疏。厚30—45厘米。

经过多次发掘,老奶奶庙遗址共发现5000多件石制品、20000多件动物骨骼及碎片、30余处用火遗迹,以及多层叠压、连续分布的古人类居住面。发现的石制品种类包括石核、石片、断块及各类工具等。石制品的原料以灰白色石英砂岩和白色石英为主,亦有少量的石灰岩、火成岩及燧石等。在石英砂岩制品中,石片与石核的数量较多。石核多为多台面石核,均为简单剥片技术的产品,尚不见预制石核的迹象。石英原料则体积较小,亦采用锤击技术或砸击技术直接剥取石片。经过仔细加工的工具多系石英原料,数量不多,可见到的类型有边刮器、尖状器等,形体多较细小。发现的动物骨骼包括数量较多的较完整的下颌骨、肢骨、牙齿等,以及大量骨骼碎片。其中下颌骨与牙齿等来自食草类动物头骨的比例要远远高于其他部位。多数动物骨骼的石化程度较深。可鉴定种类主要是马、牛、鹿、羊与猪等。还有数量较多的鸵鸟蛋皮碎片。动物骨骼上完全不见食肉类或啮齿类动物啃咬痕迹,显示大量骨骼在遗址上出现完全是人类狩猎与消费猎物活动的结果。还有很多骨片长度集中在10厘米上下,刚好方便手握使用。有些残片上有比较清楚的打击修理痕迹,个别还可见到明确的使用磨痕。这些迹象显示,该遗址的居民除了使用石制品,还大量使用骨质工具。

老奶奶庙遗址非常清楚地展示了当时人类在中心营地连续居住的活动细节,同时也发掘出土了一系列与现代人行为密切相关的文化遗存,这说明老奶奶庙遗址正处于现代人类行为出现与发展的关键时段。

该遗址位于中国与东亚大陆核心地区的嵩山东南麓,也是晚更新世人类与文化向南北与东西方向迁徙与交流的中心。该地区旧石器时代考古的新发现清楚显示,这一阶段中原地区旧石器时代文化与本地区更早阶段古人类文化的发展有着密切联系,而完全见不到来自非洲、西亚等外来因素影响的迹象。这些证据显示，有关晚更新世中国与东亚地区的古人类在最后冰期寒冷气候中灭绝的认识并不符合历史实际，与此相反，这一时期该地区的人类与旧石器时代文化连续发展至更为繁荣的新阶段。这些证据对于深入探讨当前世界史前考古学与古人类学界关于现代人类起源与发展问题的歧见具有重要的学术意义。

发表资料：《河南郑州老奶奶庙旧石器时代遗址》，《2011 中国重要考古发现》，文物出版社，2012年；《郑州老奶奶庙遗址暨嵩山东南麓旧石器地点群》，《中国文物报》2012 年 1 月 13 日第 4 版；《嵩山东南麓 MIS3 阶段古人类的栖居形态及相关问题》，《考古学研究（十）》，科学出版社，2012 年。

7. 赵庄遗址

位于新郑市梨河镇三刘村赵庄村北，溱水河东岸第三阶地上，与黄帝口遗址隔河相望。遗址西部是具茨山，西南距陉山 5 千米余，东临黄淮大平原，属西部丘陵区向东部平原区过渡地带。该遗址发现于 2006 年春，2009 年 10—12 月北京大学考古文博学院与郑州市文物考古研究院联合对其进行了发掘，发掘面积 45 平方米，出土遗物有石制品和动物化石。年代为距今 35000 年左右。地理坐标为北纬 34°18. 026′，东经 113°41. 548′。

根据发掘情况，遗址地层从上至下可分为 7 层，以发掘区南壁剖面为例：第 1 层，扰土层，黄褐色砂质黏土，土质较疏松，包含植物根系、石块、青花瓷片、粗瓷片、红砖块、青砖块、夹砂红陶片、泥质红陶片等，厚 0—60 厘米。第 2 层，裴李岗文化堆积层，黄色砂质黏土，质地较硬，较纯净，包含有红色、素面的泥质红陶片，厚 0—360 厘米。第 3 层，马兰黄土堆积层，灰黄色粉砂，质地偏硬，夹杂褐色斑点及小料姜石颗粒，直径一般小于或等于 1 厘米，此外还有白色点状物，可能是更小的料姜石，不包含文化遗物，厚 0—192 厘米。第 4 层，马兰黄土堆积层，黄色粉砂，质地偏硬，包含大量料姜石，直径 2—15 厘米不等，以 5 厘米左右者为多，厚 0—350 厘米，未见文化遗存。第 5 层，马兰黄土堆积层，黄褐色黏土质粉砂，包含少量料姜石，厚 60—120 厘米，未见文化遗存。第 6 层，旧石器文化层，灰褐色黏质砂土，土质较硬，带灰黄色斑点，夹有少量料姜石和蜗牛壳，包含少量文化遗物，厚 50—80 厘米。第 7 层，旧石器文化层，未见底，灰白色黏质砂土，亦有锈黄色斑点，土质略硬，含砂量比第 6 层大，局部可见黄灰相间的水平层理，层理间距 0. 1 厘米，夹有极少量的螺壳和料姜石；该层发现的大量石制品和动物化石主要分布在厚 10—30 厘米的范围内，呈北薄南厚趋势。

第 7 层对史前人类原生活动面的揭露是最为重要的发现。该活动面包括置放古菱齿象头骨的石堆与石器加工场，两者位于同一活动面，是同一时期活动的遗存。活动面由南向北分布着古菱齿象头骨、大块的紫红色石英砂岩块和碎小的乳白色石英制品。象头骨呈竖立状，臼齿嚼面朝南，由于长期的挤压作用已明显变形，但仍保存完整。大多数石英砂岩块位于象头骨的下部和周围，互相叠压，形成堆状。调查发现，这些紫红色石英砂岩是直接采自距遗址 5 千米以外的陉山基岩原生岩层，其搬运至此的主要目的并非加工工具，而是围成石头基座，在上面摆置象头。

赵庄遗址出土遗物十分丰富，其中石制品数量超过 5000 件，石英制品数量占绝对多数，但个体较小，多在 5 厘米以下。石英制品主要分布于象头骨的北侧，绝大部分是加工石器产生的石核、石片、断块与碎屑等副产品，很少见到加工完成的精制品，还有少量经过修理的工具，类型有刮削器、尖状器等，说明当时人类在这一区域的主要活动是石器生产。

该遗址保存哺乳动物化石很少，除古菱齿象头骨外，仅有一段象门齿、零星象肢骨片，以及个别的羊、鹿化石等，亦不见灰烬与炭屑等用火遗存。

年代测定证明该遗址正处于旧石器时代晚期和现代人出现与发展的关键阶段。以远处运来的石块堆成基座在上部摆放大象头骨似乎预示着这是一处先民在举行某些活动时留下的遗迹，这是目前东亚地区发现的年代最早的具有祭祀意义的遗存。这些遗存的发现说明该时期的人类行为模式正在发生着重要转变，人类社会正处于重大变革时期。

发表资料：《河南新郑赵庄和登封西施旧石器时代遗址》，《2010 中国重要考古发现》，文物出版社，2011 年。

2016 年 1 月，被河南省人民政府公布为第七批河南省文物保护单位。

8. 黄帝口遗址

位于新郑市观音寺镇唐户村南部，南邻潩水寨村，地处潩水河与九龙河交界处西北角的二级阶地上。遗址所在区域地势较为平坦，属西部丘陵地区与东部冲积平原的过渡地带。该遗址于 2006 年被发现，2009 年 10—11 月，北京大学考古文博学院与郑州市文物考古研究院联合对其进行了抢救性发掘，共发现 76 件石制品及 75 件动物骨骼化石。地理坐标为北纬 34°17′47.54″，东经 113°41′31.47″。

以发掘区北壁为例，遗址地层堆积自上至下可分为 6 层：第 1 层，耕土层，棕黄色耕作土壤，土质较疏松，包含陶片、瓷片等现代制品和植物根茎等，厚 0.3—0.5 米；第 2 层，扰土层，深灰色细砂至粉砂质黏土，局部呈灰黑色，土质疏松，西侧较深，包含从龙山时代至今的陶片和现代制品，厚 1.5—4 米；第 3 层，黄色粉砂质黏土，夹杂有灰色粉砂质黏土条带，包含少量动物骨骼化石和石制品，另外含有少量料姜石，厚 0.2—2.8 米；第 4 层，棕色粉砂质黏土，包含动物骨骼化石和少量石制品，厚 0.5—0.7 米；第 5 层，灰绿色砂质黏土，夹杂大量蚌螺壳碎屑，包含较多动物骨骼化石和石制品，厚 0.1—0.2 米；第 6 层，灰黄色粉砂质黏土，发掘区范围内仅出土 1 件动物骨骼化石，发掘深度 0.05—0.2 米，未见底。

黄帝口遗址出土的石制品类型包括石片、石核、断裂片、断块及残片。石制品以石英原料为主，辅以石英砂岩及黑色燧石，也包括少量似赤铁矿原料。除燧石外，原料应来源于本地。所有石制品为硬锤打击所得。受石料尺寸所限，砸击法为重要的剥片技术，同时锤击法也普遍使用。石器数量种类均较少，仅发现修理不规则的刮削器与尖状器。总体看来，石制品面貌属于北方小石器工业传统。

黄帝口遗址出土动物骨骼保存状况较好，基本无风化磨蚀迹象，多数表面胶结钙质。可初步鉴定部位的标本共 71 件，其中包括 15 件肢骨残片。从数量上看，鹿类标本数量最多，食肉类和啮齿类动物标本也有较大比例，鸟类标本均为蛋皮。此外，大量未编号的完整蚌壳标本发现于第 5 层。从蚌壳的完整程度与闭合状态看，蚌应为自然死亡。部分骨骼保留人工痕迹，其中可能为人工打制的骨片 7 件，具有切割痕迹的标本 3 件，还有 1 件可能充当骨料的鹿类肱骨下端，此类标本在第 3—5 层均有发现。烧骨 8 件，在第 4—5 层均有发现。

该遗址的主要占用时间为距今 3.5 万年前后的 MIS3 阶段，该阶段的堆积特点显示其形成期间的气候可能较为暖湿，说明该地区此时期的人类活动最为活跃。但到第 3 层所代表的 MIS2 阶段，即最后冰期最盛期前后，仍可见人类零星活动的痕迹。

发表资料：《河南新郑黄帝口遗址 2009 年发掘简报》，《人类学学报》2012 年第 2 期。

9. 西施遗址

位于登封市大冶镇西施村南洧水河上游北岸的二级阶地上。遗址所处位置属于低山丘陵地带，区域地势整体上北高南低，海拔高度约为 270 米。黄土堆积发育。遗址北边出露的基岩为石英砂岩，南边则系石灰岩，部分石灰岩基岩中夹杂有燧石团块，是西施遗址生产石叶的原料产地。2010 年 5—7 月，北京大学考古文博学院与郑州市文物考古研究院联合对该遗址进行了发掘，发掘面积 40 余平方米。年代为距今约 2.5 万年。地理坐标为北纬 34°26′36″，东经 113°12′56″。

结合遗址发掘情况，以西侧剖面为例，地层由上至下可分为 2 层：第 1 层，表土层，灰黑色现代耕土,土质较疏松,包含有陶片、瓷片、碎砖块等近现代遗物。第2层根据土质土色和包含物的差异,可以进一步划分出四个亚层:第2a层,棕红色粉砂质黏土,土质较致密,无遗物出土,应为全新世之初暖期形成的堆积;第2b层,灰黄色粉砂质黏土,土质致密,仅出土零星的石制品;第2c层,灰黄色粉砂质黏土,土质致密,该层偏下部夹杂有极少量螺壳,距地表2.5—2.8米的深度范围内出土大量石制品;第2d层,灰黄色黏质粉砂,土质较致密,夹杂有少量螺壳等,不见文化遗物,发掘至距地表3.2米处,未见底。

西施遗址包含上、下两个文化层,即2b层、2c层。2b层为上文化层,该层仅出土1件燧石的石片,应是人类在此处经过时偶然丢弃。2c层为下文化层,该层20厘米左右的深度范围内集中出土了大量石制品,应是当时人类在较短时间内集中打制加工石器的遗存,构成西施遗址的主要文化层。

在2c层发现的石叶加工场遗迹全部由石制品组成,这些石制品主要分布在发掘区的东北部,集中在南北长约6米、东西宽近4米的椭圆形范围内。出土各类石制品共计8500余件。石器原料的岩性以燧石为主,只有极少的几件石英、石英砂岩和玛瑙制品。出土石制品种类主要是石叶或生产石叶的相关产品,如石锤、石核、石片、石叶、细石叶及各种工具,以及人工搬运的燧石原料等。数量更多的是石器生产的副产品,即断片、裂片、断块、残片与碎屑等。这些石制品及其分布状况清楚地展示出该遗址石器加工的技术特点,完整地保留了石叶生产的操作链,证明该遗址的主要功能是石叶的加工场所。

石叶工业是西亚、北非至欧洲等旧大陆大部分地区旧石器时代晚期文化最具代表性的文化因素,以至于成为这些地区旧石器时代晚期文化的代名词。而在国内目前发现的典型石叶工业仅见于地处西北地区的宁夏灵武水洞沟遗址一处。西施遗址新发现的石叶工业,以其丰富的文化内涵及清楚的年代学和古环境材料与证据,为了解古人类在最后冰期最盛期来临之际,如何适应中原地区,特别是开发遗址附近丰富的燧石资源,系统生产石叶的行为与活动特点提供了非常重要的新信息,进一步扩展了我们对于中国腹地及东亚地区旧石器时代晚期人类发展历史的认识。

发表资料:《中原腹地首次发现石叶工业——河南登封西施遗址旧石器时代考古获重大突破》,《中国文物报》2011年2月25日第4版;《河南新郑赵庄和登封西施旧石器时代遗址》,《2010中国重要考古发现》,文物出版社,2011年。

2016年1月,被河南省人民政府公布为第七批河南省文物保护单位。

10. 梨园河旧石器地点

位于郑州市二七区马寨镇梨园河村东部,贾鲁河支流圣水峪河东岸台地上。根据周边同时期的遗存判断,地点年代为距今1万多年。地理坐标为北纬34°38′24.33″,东经113°31′26.67″。

该地点未经过正式考古发掘,现存断崖剖面高12米,地层自上至下可分为4层:第1层,表土层,厚0.5米;第2层,含钙质结核砾的河湖相沉积层,厚1.5米;第3层,马兰黄土堆积层,厚6米;第4层,离石黄土堆积层,厚约4米。在第2层的河湖相沉积层内发现有石制品及动物化石分布。遗存面积约0.8万平方米。地层内石制品和动物化石丰富,岩性有燧石、石英、灰岩,类型有石核、石片、断块、碎屑等。动物化石多较破碎,能辨认的有大象肢骨化石等。该地点的时代与田河遗址相当,应为一处临河湖居住营地。

梨园河旧石器地点出土石制品

11. 小庙咀旧石器地点

位于郑州市二七区樱桃沟景区管委会小庙咀村东部，贾鲁河东源上游九娘庙河西岸台地上。地点面积4.6万平方米。年代为距今5万—3万年。地理坐标为北纬34°38′51.41″，东经113°34′2.86″。

小庙咀旧石器地点

该地点未经过正式考古发掘。断崖现存黄土剖面高10余米，上部为6米多厚的马兰黄土堆积层，下部暴露出约4米厚的河湖相沉积层。在马兰黄土堆积层的下部和河湖相沉积层内均有石制品和动物化石分布，文化层厚约5米，可分为上文化层和下文化层。上文化层（即马兰黄土堆积层）发现有石英雕刻器、砂岩石片等石制品及大型动物盆骨化石等动物化石。下文化层（即河湖相沉积层）发现有石英石核、石片、雕刻器、断块及砂岩断块等石制品，动物化石较为丰富，可辨认出的有大型食草类动物的肢骨、肋骨化石。结合文化遗存所在的地层堆积情况分析，该地点时代与附近的老奶奶庙遗址属同时期，应为该遗址群的一处次中心营地。

2012年，被郑州市二七区人民政府公布为二七区文物保护单位。保护范围：东、北至九娘庙河岸边，南至小庙咀村东南角小沟南侧断崖，西至小庙咀村北小沟中部。建设控制地带：自保护范围边界各外扩100米。

12. 李家沟遗址

位于新密市岳村镇岗坡村李家沟村西200余米处，椿板河（溱水河上游）东岸台地上。年代为距今10500—8600年。地理坐标为北纬34°33′55″，东经113°31′25″，海拔200米。

李家沟遗址全景

2009年、2010年，北京大学考古文博学院与郑州市文物考古研究院联合对该遗址进行了两次发掘，发掘面积近100平方米。发掘区包括南、北两部分，其主剖面均包括了从旧石器时代向新石器时代过渡的地层堆积。北区的文化层厚约3米，自上至下共分7层：第1—3层为近现代堆积；第4—6层为新石器时代早期堆积，发现数量较多的陶片、石制品与动物骨骼碎片等；第7层是仅含打制石器的旧石器文化层。南区的地层堆积自上至下可分为7层：第1层为扰土层；第2层为棕褐色的含碳酸钙胶结物层，含少量裴李岗文化陶片，此层可见于本地区新石器时代遗址；第3层为灰白色的砂砾层，含零星陶片，按岩性当与北区的第4层属同期堆积；第4层为棕黄色砂质黏土，未见文化遗物；第5层上部为灰黑色砂质黏土，向下渐变为棕黄色，含与北区第5、6层相同的夹砂压印纹陶片；第6层的发现最为丰富，含船形、柱状等类型的细石核与细石叶等典型的细石器文化遗存，同时亦见人工搬运的石块及粗大石制品，2010年又发现局部磨光的石锛与素面夹砂陶片；第7层为次生马兰黄土层。综合南北两侧剖面层位序列，清楚可见本地区从旧石器时代晚期向新石器时代早期过渡的地层关系。

李家沟遗址从地层堆积、工具组合、栖居形态到生计方式等的发现，多角度提供了中原地区旧、新石器时代过渡进程的重要信息，比较清楚地揭示了该地区史前居民从流动性较强、以大型食草类动物为主要狩猎对象的旧石器时代，逐渐过渡到具有相对稳定的栖居形态、采集植物性食物与狩猎并重的新石器时代的演化历史，展示了本地区这一阶段历史发展的特殊性，填补了之前研究的缺环与空白。

发表资料：《新密李家沟遗址发掘的主要收获》，《中原文物》2011 年第 1 期；《河南新密市李家沟遗址发掘简报》，《考古》2011 年第 4 期；《河南新密李家沟遗址北区 2009 年发掘报告》《河南新密李家沟遗址南区 2009 年发掘报告》，均载《古代文明》（第 9 卷），文物出版社，2013 年；《李家沟遗址的石器工业》，《人类学学报》2013 年第 4 期；《对新密李家沟遗址的几点认识》，《中原文物》2013 年第 5 期；《李家沟遗址与中原农业的起源》，《中国农史》2013 年第 6 期；《新密李家沟遗址研究进展及相关问题》，《中原文物》2014 年第 1 期。

2013 年 5 月，被国务院公布为第七批全国重点文物保护单位。保护范围：东至李家沟村西侧村间道路，北至遗址区保护控制边界及遗址北侧村路，西至椿板河西岸 71 米等高线附近边坡，距河岸最窄处不小于 10 米，南至遗址保护控制边界南侧边坡，向东达李家沟村间道路延长线。建设控制地带：东至李家沟村东侧村路，北至李家沟村村东路路北端与高程控制点 211. 1 连线及高程控制点 211. 1 与 196. 5 连线，西至高程控制点 196. 5 与 206. 0 连线及高程控制点 206. 0 与 190. 3 连线并延伸至县级公路，南至乡镇公路边界。

第二节　新石器时代文化遗址

（一）裴李岗文化遗址（前 6200—前 5500）

裴李岗文化是我国黄河中游地区的新石器时代早期偏晚段文化，由于最早在郑州新郑裴李岗遗址发现并认定而得名。该文化的分布范围以新郑为中心，东至河南东部，西至河南西部，南至大别山，北至太行山。裴李岗文化具有自己独特的风格。它首先引起学界关注的是数量众多、造型奇特的石磨盘和石磨棒，此外石器中舌形或长条形两端磨刃的石铲、带锯齿石镰也是具有代表性的典型器物。裴李岗文化的陶器具有原始性，质差易碎，火候不高，主要为红陶，灰陶很少，以乳钉纹鼎、筒形深腹罐、小口双耳壶、三足圜底钵为最有代表性的器物。纹饰以各种线条的篦纹、压印纹最为常见。裴李岗文化延续时间较长，经历了约 700 年的发展而进入新石器时代中期的仰韶文化。

郑州是裴李岗文化分布的中心地区，发现了丰富的裴李岗文化遗存。在郑州，典型遗址除新郑裴李岗遗址外，还有新郑唐户遗址、新密马良沟遗址、巩义铁生沟遗址、中牟业王遗址、郑州小刘遗址等。目前发现的此时期遗址多分布在近河流地区，遗址面积一般不大，文化堆积多在 1—2 米，文化内涵丰富。随着考古发掘工作的开展，此时期的研究工作取得了重大收获，其中裴李岗遗址的发掘入选“中国 20 世纪 100 项考古大发现”，唐户遗址的发掘入选“2007 年度全国十大考古新发现”。

1. 裴李岗遗址

位于新郑市新村镇裴李岗村西侧岗地上，双洎河经遗址西侧自北向南折流向东，在这里形成河湾，遗址就在河湾中部的岗地之上，高出河床 25 米。遗址东西长约 300 米，南北宽约 70 米，西北向东南狭长，东西较窄。面积约 2 万平方米。地理坐标为北纬 34°26′16″，东经 113°39′27″。

该遗址于 1958 年裴李岗村群众耕种土地时被发现，此后又多次出土石磨盘、石磨棒。1972 年，《河南日报》发表了一篇文章介绍河南出土文物，其中有 1965 年在新郑裴李岗村出土的石磨盘、石磨棒等，并附有照片，引起了考古界的广泛注意和重视。此后考古工作者开始对这里进行深入的探索和研究。

1977—1978 年，开封地区文物管理委员会、新郑县文物管理委员会等单位两次发掘裴李岗遗址，以其特点鲜明的文化面貌确立了裴李岗文化。1979 年,中国社会科学院考古研究所对裴李岗遗址进行了第三次发掘,揭露面积较大。这几次发掘基本理清了遗址的分布:东半部为聚落遗址,文化层厚 1—2 米,内含遗物较少;西半部为氏族墓地,墓葬密集,绝大多数为长方形竖穴土坑墓,单人仰身直肢葬,多数墓葬无葬具,绝大多数有随葬品,多寡不一,均为石器和陶器之类的生产工具和生活用具,也有个别的墓葬随葬有装饰品或艺术品。发现陶窑 1 座,由窑室、烟道孔、火道等部分组成;灰坑 22 个,分布较分散,多为不规则的圆形坑,少数为椭圆形,个别为圆角方形。坑口大于坑底,斜直壁,底近平,灰坑中填灰土,包含物较少,主要有烧土块、木炭屑、陶片、石器、动物遗骨,炭化果核等。遗址东半部发现含有草秸和植物秸秆痕迹的烧土,应是房屋墙壁残块。

裴李岗遗址出土石磨盘、石磨棒

裴李岗遗址共出土各种器物 400 余件。生活用具主要是陶器,多出于墓葬和灰坑中。以红陶为主,有少量的褐陶,火候较低,陶质疏松。陶器分为泥质陶和夹砂陶两种,泥质陶多于夹砂陶。制法均为手制,陶胎厚薄不均,多为素面。器型主要有鼎、钵、壶、罐、碗、勺等,纹饰主要有篦点纹、指甲纹、划纹、乳钉纹等。生产工具主要是石器,以磨制为主,琢磨兼制次之,打制石器较少。种类主要有石铲、斧、镰、凿、磨盘和磨棒、弹丸等。装饰品和艺术品主要有骨簪、绿松石珠和陶塑猪、羊头等。其他遗物主要是动物骨骼和植物果核。

中国社会科学院考古研究所放射性实验室对裴李岗遗址出土的木炭标本测定的^{14}C 有效数据为距今 7145±300 年、7885±480 年,即距今 8000 年左右,早于仰韶文化 1000 多年。该遗址出土的器物有独特的文化面貌,并最早发现于裴李岗,所以被考古学界命名为“裴李岗文化”。裴李岗文化的发现填补了我国仰韶文化以前新石器时代早期的空白,在考古学上有着非常重要的地位。

发表资料:《河南新郑裴李岗新石器时代遗址》,《考古》1978 年第 2 期;《裴李岗遗址一九七八年发掘简报》,《考古》1979 年第 3 期;《1979 年裴李岗遗址发掘报告》,《考古学报》1984 年第 1 期。此后诸多专家、学者对裴李岗遗址乃至裴李岗文化发表论文、专著进行研究,数量众多。

2001 年 6 月,被国务院公布为第五批全国重点文物保护单位。保护范围:东至裴李岗村李铁山东屋墙,西、南、北均至沟沿。建设控制地带:西、南、北以保护范围边线各外扩 50 米。

2. 唐户遗址

位于新郑市观音寺镇唐户村南,溸水河与九龙河交汇处的夹角台地上,高出河床 12—13 米。遗址三面环水,北高南低,南北长近 2000 米,东西宽 300—900 米,面积 140 余万平方米。地理坐标为东经 113° 10′ 43″—113°11′22″,北纬 34° 7′ 24″—34° 8′ 20″。海拔高度为 123—126 米。

该遗址于 1975 年被发现。1976 年,河南省博物馆文物工作队在此试掘春秋墓葬 3 座。1976 年 12 月,开封地区文物管理委员会等单位在此清理西周墓葬 39 座,马坑 1 个;其后又发掘春秋墓葬 16 座,其在 M7 中发现的残铁器是中原地区发现的唯一一件能确认的

唐户遗址标志碑

春秋时期的铁器。1977 年,开封地区文物管理委员会、郑州大学历史系、新郑县文物管理委员会在唐户遗址举办了一次文物干部培训班,配合平整土地对遗址进行了抢救性发掘。1978 年,中国社会科学院考古研究所对该遗址进行过一次调查,1982 年春,又进行调查并试掘。1997 年、2003 年、2004 年,新郑市文物管理局、河南省文物考古研究所新郑工作站又多次对唐户遗址进行调查,基本理清各时期文化遗存堆积的分布情况:遗址西北部属裴李岗文化时期堆积,文化层厚 2 米,出土有石磨盘、石磨棒、石铲、石斧及泥质红陶片、褐红色泥质夹砂陶片。遗址中部偏北属仰韶文化堆积,文化层厚 3 米,出土有石铲、石凿、石簇、陶钵、陶壶、陶鼎,以及骨针、骨锥和陶纺轮等,并有房基及瓮棺葬等遗迹。遗址南端属龙山文化堆积,文化层厚 2—4 米,内含遗物丰富,出土有典型的蛋壳黑陶片,胎质坚硬如石,黝黑发亮。

2006—2007 年,为配合南水北调工程,郑州市文物考古研究院对遗址进行了全面调查和考古发掘,发现旧石器加工地点 4 处,裴李岗文化时期大型居住基址 5000 平方米,出土一批重要文化遗物。其中裴李岗文化时期房址 63 座,灰坑(窖穴)204 个,沟 4 条。发现的房址不仅数量多,而且形制多样,单间式房址 60 座,双间式房址 3 座。房址分布较有规律,是新石器时代早期聚落考古的重大发现。唐户遗址的发掘进一步丰富了裴李岗文化的内涵,对研究裴李岗文化时期的聚落形态、房屋建筑方式,特别是裴李岗文化时期的家庭组织结构及农业文明起源等具有重大学术价值。

唐户遗址面积较大,文化内涵丰富,涵盖裴李岗、仰韶、龙山和新砦期文化,夏商及两周等时期遗存,延续年代长达 6000 余年,是中原地区较为罕见且十分重要的古文化遗址。其中裴李岗文化遗存面积达 30 万平方米,是我国目前发现的面积最大的裴李岗文化时期的聚落遗址。遗址南部历代传为“黄帝口”之所在,仰韶文化又是此遗址的鼎盛时期,因此该遗址有可能与文献记载的黄帝氏族的重要中心聚落有一定的关系。

发表资料:《河南省新郑县唐户两周墓葬发掘简报》,《文物资料丛刊》(2),1978 年;《河南新郑唐户新石器时代遗址试掘简报》,《考古》1984 年第 3 期;《新郑唐户新石器时代遗址调查》,《中原文物》2005 年第 5 期;《河南新郑市唐户遗址裴李岗文化遗存发掘简报》,《考古》2008 年第 5 期;《河南新郑市唐户遗址裴李岗文化遗存 2007 年发掘简报》,《考古》2010 年第 5 期。

2006 年 5 月,被国务院公布为第六批全国重点文物保护单位。保护范围:东至潩水河,西至九龙河(石洞寺河),南至北寨村干沟,北至唐户村北向北 283 米处东西一线。东西最宽处 880 米,南北最长处 2100 米。建设控制地带:以保护范围四周边线各外扩 50 米;保护范围内唐户村民居、北寨村民居和南水北调总干渠范围作为建设控制地带。

3. 业王遗址

位于中牟县黄店镇业王村东北 1000 米的土岗上,东、北各距古河道约 30 米,西邻中三公路,马河从遗址东南部蜿蜒流过。遗址南北长 600 米,东西宽 500 米,面积约 30 万平方米。地理坐标为北纬 34°31′21″,东经 113°59′37″。

1978 年,开封地区文物管理委员会发现该遗址,采集到裴李岗文化石磨盘和石磨棒各两件。其中一件石磨盘长 78 厘米,宽 28 厘米,尖头,短足;另一件石磨盘两头比较圆钝。此外还采集到不少龙山文化遗物,有石铲 10 件、石锛 4 件、石凿 2 件、石镞 3 件、蚌镞 1 件及甗、斝、罐等陶器残片。此后,遗址又被多次复查,在耕地和

业王遗址

取土区均采集到丰富的裴李岗文化陶片，文化面貌进一步明确。

该遗址发现较早，遗迹、遗物丰富，是郑州境内一处非常重要的新石器时代裴李岗文化时期的聚落遗址，对研究中原地区新石器时代早期的社会发展状况具有一定价值。

发表资料：《河南开封地区新石器时代遗址调查简报》，《考古》1979 年第 3 期。

2008 年 6 月，被河南省人民政府公布为第五批河南省文物保护单位。

4. 马良沟遗址

位于新密市来集镇马良沟村西约 100 米处，东临茹堂庙河，西临瓦窑沟河。遗址位于两条河沟的中间地带，高出河床约 60 米。遗址南北长 230 米，东西宽 180 米，面积 4 万余平方米。地理坐标为北纬 34°29′53″，东经 113°28′50″。

马良沟遗址远景

该遗址于 1978 年被发现。1979 年 5 月，开封地区文物管理委员会、密县文物管理委员会、郑州大学历史系对该遗址进行了试掘，发掘面积 80 平方米，遗址文化层堆积厚 0.65—0.7 米，清理圆形灰坑 2 个，出土物有陶片和石器。陶片多夹砂红陶和泥质红陶，还有少量灰陶。夹砂陶砂质较细，内掺云母片；泥质陶是用经过淘洗后的细泥制成，陶质松软，火候不高。器型主要有罐、碗、三足钵、双耳壶等，其中有 4 件三足钵器底部钻有孔眼，最多者为 7 孔，均为两面施钻，较为罕见。出土石器有斧、铲、磨盘和磨棒等。经^{14}C测定遗址距今 6852±100 年。

马良沟遗址是郑州地区较早调查发现的裴李岗文化遗址，它的发现和试掘为裴李岗文化的研究提供了新的资料，丰富了裴李岗文化的内容。

发表资料：《河南密县马良沟遗址调查和试掘》，《考古》1981 年第 3 期。

1986 年 11 月，被河南省人民政府公布为第二批河南省文物保护单位。保护范围：以标志碑为基点，东至路东 23 米，西至路西 34 米，南至民居，北至地沿。建设控制地带：自保护区边沿向东 42 米至地沿，向西 83 米至地沿，南、北同保护区。

5. 沙固遗址

位于郑州市上街区峡窝镇沙固村东约 200 米，汜水河东岸台地上。遗址南北长 1250 米，东西宽 547 米，面积约 68 万平方米。地理坐标为北纬 34°49′22″，东经 113°14′59″。

2004 年春，郑州市文物考古研究所在进行区域专题调查时发现该遗址。2009 年第三次全国文物普查田野调查时又对该遗址进行了复查。在遗址西部断崖上发现有灰坑和文化层分布，填土为灰褐色土，土质较松，包含陶片等遗物。在村内大街东侧断崖上发现有裴李岗文化时期的灰坑，采集到大量陶片，陶片陶质为泥质陶和夹砂陶，陶色有灰色和红色，纹饰有绳纹、附加堆纹、素面等，器型有罐、盆等。在村南采集到大量陶片，陶片陶质为泥质陶和夹砂陶，陶色有灰色和红色，纹饰有绳纹、素面等，器型有罐、盆、鬲、大口尊等。在昆仑路两侧断崖上发现有灰坑，土色灰褐色，包含陶片等遗物。地表采集到少量陶片，陶片为泥质陶，陶色为灰色，纹饰有绳纹、素面等，可辨器型有罐、板瓦等。

沙固遗址是上街区发现的一处保存较好的新石器时代裴李岗文化至夏商时期遗址。该遗址的发现对新石器时代早期及夏商时期文化研究具有重要价值。

2009 年 6 月，被郑州市人民政府公布为郑州市第二批文物保护单位。保护范围：以遗址中部为中心,东西547米,南北1250米。建设控制地带:东至上大(上街至大峪沟)铁路,南为保护范围边界外扩100米,西为保护范围边界外扩174米,北为保护范围边界外扩85米。

6. 张河遗址

位于郑州市二七区马寨镇原张河村南400米,贾峪河南岸台地上,东临贾峪河支流。遗址东西长600米,南北宽300米,面积约18万平方米。地理坐标为北纬34°41′21.76″,东经113°30′32.82″。

张河遗址剖面暴露的灰坑

该遗址于2008年春第三次全国文物普查田野调查时被发现。遗址地处郑州西南郊区的低山丘陵区,嵩山余脉延伸的东北地带。地势为西部高,东部低,后经平整形成梯田。在遗址东北部发现大量红烧土块,遗址东南部断崖上发现灰坑及文化层分布。该遗址暴露文化遗存丰富,采集陶片较多,陶质有夹砂陶和泥质陶,陶色有红色、红褐色、灰色,纹饰有绳纹、弦纹、篮纹、方格纹、素面,亦有彩陶,器型有大口尊、鬲、钵、平底罐等。从调查情况看,该遗址是一处包含新石器时代裴李岗文化至西周时期文化遗存的遗址,东部文化遗存时代较早,越往西部时代越晚。

2009年6月,被郑州市人民政府公布为郑州市第二批文物保护单位。保护范围:东部、北部至孔河,南部、西部至支沟。建设控制地带:东部、北部至孔河,南部至公安路,西部至张河村南乡村公路。

7. 梨园河遗址

位于郑州市二七区马寨镇梨园河村西南约500米处,北临圣水峪河,东临圣水峪河支流。遗址东西长400米,南北宽200米,面积8万平方米。地理坐标为北纬34°38′24″,东经113°31′26″。

梨园河遗址出土陶片

该遗址于2007年冬第三次全国文物普查田野调查时被发现。在遗址的东、北部断崖发现有灰坑和文化层分布,文化层厚1.3米,黄褐土,土质较松,包含陶片等遗物。灰坑填黑灰色土,夹有大量的草木灰及红烧土块等。采集标本陶质有泥质陶和夹砂陶,陶色有灰色、红色、褐色等,纹饰有绳纹、弦纹、附加堆纹、素面等,可辨器型有罐、瓮、盆等。该遗址包含新石器时代裴李岗文化及夏商时期遗存,对于探索中原地区旧石器时代向新石器时代过渡具有重要意义。

2009年6月,被郑州市人民政府公布为郑州市第二批文物保护单位。保护范围:东、西、北三面至河边断崖处,南至山坡。建设控制地带:自保护范围边界向东、北至河,向西外扩116米,向南外扩99米。

8. 小刘遗址

位于郑州市管城回族区十八里河街道办事处小刘村北约1000米处,北临十八里河支流。遗址东西长300米,南北宽250米,面积7.5万平方米。地理坐标为北纬34°39′17″,东经113°40′5″。

该遗址于2007年冬第三次全国文物普查田野调查时被发现。遗址区地势呈南高北低微倾。东北部断崖发现有文化层分布,深0.8米,厚0.55—0.7米,红褐土,夹有红烧土颗粒,结构疏松,土质较硬,内含泥质红陶片、夹砂红陶片等遗物，采集陶片可辨器型有罐、钵等。小刘遗址文化堆积较厚，遗存较丰富，是目前郑州南部发现的保存较好的一处裴李岗文化遗址。该遗址的发现为新石器时代裴李岗文化研究增添了新的考古资料，具有重要意义。

2009 年 6 月，被郑州市人民政府公布为郑州市第二批文物保护单位。保护范围：东至郑平公路，北至冲沟，南自北部断崖向南 508 米，西自郑平公路向西 342 米。建设控制地带：东至郑平公路，北、西至冲沟，南为保护范围边界外扩 100 米。

小刘遗址

9. 邓湾遗址

位于新郑市新村镇邓湾村西，溱水东岸。遗址四面均临深沟，中部较高，四周略低，平面呈不规则状，南北最长约 320 米，东西宽约 200 米，面积 6 万余平方米。地理坐标为北纬 34°27′2. 51″，东经 113°38′47. 26″。

该遗址于 2007 年冬第三次全国文物普查田野调查时被发现。在遗址断崖上发现有文化层，厚约 0. 5 米，包含细小陶片，多为泥质红陶片，火候较低，橙黄色，另有少量夹砂陶片，可辨器型有钵、深腹罐等。该遗址是一处新石器时代裴李岗文化时期比较重要的遗址。

2009 年 6 月，被郑州市人民政府公布为郑州市第二批文物保护单位。保护范围：东、南均至干沟，西至断崖，北至小路；东西 195 米，南北 320 米。建设控制地带：同保护范围。

10. 铁生沟遗址

位于巩义市夹津口镇铁生沟村西北。遗址南北长 200 米，东西宽 150 米，面积 3 万平方米。地理坐标为北纬 34°27′2. 51″，东经 113°38′47. 26″。

该遗址于 1978 年被发现。1979 年，开封地区文物管理委员会、巩县文物管理委员会和郑州大学历史系对其进行了试掘，发掘面积约 200 平方米，发现有房基 1 座、灰坑 3 个，出土物主要是陶器和石器、骨器、兽骨等。石器有斧、锄、铲、镰和磨盘、磨棒等。陶器有泥质红陶和夹砂浅褐陶，胎质松弛易碎，火候不高，内壁可见手工捏制痕迹，可辨器型有钵、双耳双口红陶壶、罐、碗等。该遗址对研究新石器时代裴李岗文化时期社会生产状况和生活方式等具有一定价值。

发表资料：《巩县铁生沟发现裴李岗文化遗址》，《中原文物》1980 年第 2 期；《河南巩县铁生沟新石器早期遗址试掘简报》，《文物》1980 年第 5 期。

2009 年 6 月，被郑州市人民政府公布为郑州市第二批文物保护单位。保护范围：北至夹津口环乡公路南 165 米，南至夹津口环乡公路南 235 米，东至铁生沟社区东界东 100 米，西至铁生沟社区东界西 60 米。建设控制地带：同保护范围。

11. 莪沟北岗遗址

位于新密市超化镇莪沟村北岗，洧水与绥水交汇处的三角地带，高出河床约 70 米。遗址东西长 110 米，南北宽 70—76 米，面积约 8000 平方米。地理坐标为北纬 34°27′40″，东经 113°21′56″。

早在 1965 年这里就发现过石磨盘和陶片。1977—1978 年，河南省博物馆、密县文化馆对该遗址进行了发掘，清理房基 6 座、灰坑 44 个、墓葬 68 座。房基多为圆形或椭圆形半地穴式，灰坑多为圜底。墓葬基本上为长方形竖穴土坑墓,单人仰身直肢葬,无葬具,随葬品有陶器、石器等。陶器有鼎、罐、三足钵、双耳壶、杯、盆和纺轮等。石器有石磨盘和石磨棒,石磨盘有四足,呈鞋底形,石磨棒呈圆柱形。此外,遗址内还发现有黄河流域史前最早的陶塑人像。据^{14}C测定并经校正,遗址年代为距今8080—7800年。莪沟北岗遗址发现早,发掘揭露面积较大,遗迹和遗物丰富,是研究裴李岗文化的重要遗址,对裴李岗文化内涵和性质研究具有重要意义。

发表资料:《河南密县莪沟北岗新石器时代遗址发掘报告》,《河南文博通讯》1979年第3期;《河南密县莪沟北岗新石器时代遗址发掘简报》,《文物》1979年第5期;《关于磁山·裴李岗文化的几个问题——从莪沟北岗遗址谈起》,《文物》1980年第5期。

1987年,被密县人民政府公布为密县第一批文物保护单位。保护范围:南北70米,北自公路向南20米处,南自公路向南90米处;东西110米,东至小路,西至沟沿。建设控制地带:北20米至小路,南至洧水,东自小路向东50米处,西至沟沿。

12. 大滩地遗址

位于郑州市上街区峡窝镇大滩地村南,西临深沟,东临台地,南望五云山。南北长550米,东西宽450米,面积约24.75万平方米。地理坐标为北纬34°44′29.31″,东经113°16′53.18″。

该遗址于2010年第三次全国文物普查田野调查时被发现。遗址区地势南高北低,北部为深沟。遗址断崖上发现有灰坑,包含大量红褐色烧土,采集有泥质及夹蚌红陶,器型有钵、罐等。根据采集的遗物标本分析,该遗址为一处重要的新石器时代裴李岗文化至仰韶文化遗址,对研究郑州地区新石器时代早中期文化具有重要意义。

(二)仰韶文化遗址(前5000—前3000)

仰韶文化是指黄河中游地区新石器时代彩陶文化,年代为公元前5000年至前3000年(即距今约7000年至5000年,持续时间2000年左右),分布在整个黄河中游今天的甘肃省到河南省之间。因1921年首次在今河南省三门峡市渑池县仰韶村发现,故按照考古惯例,将此文化称为仰韶文化。仰韶文化以渭、汾、洛诸黄河支流汇集的关中、豫西、晋南为中心,北到长城沿线及河套地区,南达鄂西北,东至豫东一带,西到甘、青接壤地带。

仰韶文化在中国考古史乃至世界考古史上有显著的地位,它揭开了中国新石器考古事业的第一页,揭开了中国考古学研究的第一页,揭开了中国原始社会研究的第一页,书写了中国田野考古史新的篇章。

考古调查发掘和研究表明,自新石器时代中期以来,由于郑州地区气候温和、雨量适中、自然资源丰富,古文化发展连绵不断,尤以仰韶文化遗存最为丰富。迄今为止已发现的仰韶文化遗址时代均以仰韶文化中晚期为主,聚落的布局和聚落内房屋建筑的形制结构较为接近,流行以尖底瓶、尖底缸作为葬具的葬俗,小口尖底瓶、尖底缸、罐、鼎、钵、彩陶、石器等文化遗物形制相近,制作工艺水平相当,聚落中文化内涵呈现出高度的一致性。该区域文化类型被不同学者总结为秦王寨类型、大河村类型、阎村类型等。

1. 尚岗杨遗址

位于郑州经济技术开发区南曹乡尚岗杨村西的土岗上,紧靠七里河。地理坐标为北纬34°42′51.88″,东经113°43′25.05″。

遗址东西长约300米，南北宽约250米，面积约7.5万平方米。遗址地面上散存许多烧土块、陶片、残石器、兽骨等。在遗址西部临河断崖上，发现约2米厚的文化层及房基、灰坑、窖穴、墓葬等遗迹。1984年秋郑州市博物馆曾对该遗址进行过调查。1993年郑州市文物工作队为配合郑州至机场高速的公路建设对遗址进行了考古发掘，收获颇丰，发现房基、灰坑、墓葬等遗迹，出土大量遗物。

出土房基为木骨整塑陶房，墙壁和地坪经大火烧烤呈砖红色，十分坚固。灰坑形状多为筒形和袋状，填土多为烧土块或深灰色草木灰。墓葬均为竖穴土坑墓，仰身直肢葬，皆无葬具和随葬品。

遗物以陶器为主，有少量石器、骨器等。陶器以泥质红陶和夹砂褐陶为主，泥质灰陶次之。陶器表面多素面，纹饰有弦纹、附加堆纹、粗线纹、鸡冠纹等。彩陶多饰黑、褐、红单彩，纹饰有圆纹、弧线三角纹、花卉纹、同心圆纹、水波纹、网格纹、平行线纹等。器型有鼎、罐、钵、碗、盆、缸、瓮、豆和小口尖底瓶等。石器有石铲、石斧、石凿。骨器有骨锥、骨镞等。

2014年为配合机场高速拓宽及遗址公园建设，郑州市文物考古研究院又在遗址中心区进行了勘探发掘。文化层堆积厚度2—3米，局部达4米左右。陶片、红烧土等遗物丰富。中心区周边散布着灰坑等遗迹。

另外，在遗址中心区外围发现有内、外两条壕沟，呈环形分布，较为规整。两条壕沟的北部和西南部截止于机场高速，根据壕沟的走向及和七里河的相对位置关系，推断尚岗杨遗址当时的内外壕沟应与七里河古河道相通，即尚岗杨聚落的西部以古七里河为天然屏障。内壕平均宽度为2.5—3米，平均深度为1.7—2.5米，南北长约300米，东西至机场高速约250米，内壕围合面积约7.5万平方米，遗址中心区位于该区域中部。内壕的东北部有断口，疑似壕门，待发掘确认。据对遗址东侧内壕解剖探沟T2的分析，壕沟被两个灰坑打破，残存部分宽约1.8米，深1.7米，开口距地表0.9米；壕沟的开口高度低于遗址中心区约2.5米，因此壕沟当于晚期被破坏得比较严重。外壕距内壕50—60米，平均宽度为4—4.5米，平均深度为2.5—4米，壕内南北长约400米，距机场高速约300米，外壕围合面积约12万平方米。外壕内北部和南部各有一个大坑与外壕相连，深度相似，应为蓄水坑。

考古发掘表明，环壕内西北部为墓葬区，东北部为生活区。墓葬区共发掘仰韶文化时期墓葬36座，另有3座墓葬位于生活区。所有已发掘墓葬中，有37座头向西，1座头向北，1座头向东；有1座夫妻合葬墓，2座有棺痕，3座有少量随葬品。生活区发掘灰坑133个，房基5处，瓮棺葬2个，灶2个。灰坑多为大型袋状窖藏坑，填灰土、烧土块或深灰色草木灰，直径2—3米，深度多为2—3米。房基破坏较为严重，但形制结构基本清楚，为较大型连间结构房屋，残存红烧土墙和柱洞较为清楚。瓮棺位于生活区北部，紧挨房基，灶均位于生活区内，应与房基有关。

尚岗杨遗址出土大量仰韶文化中晚期人类生产、生活用具，陶器有泥质灰陶、夹砂灰陶、泥质红陶、夹砂红陶、磨光黑陶等。器型有罐、鼎、钵、瓮、壶、瓶、杯、碗、盆、缸、器座、纺轮、环等，多为素面，表面磨光或施陶衣。部分罐、钵、盆、瓮的腹部饰旋纹、鸡冠纹；小口尖底瓶饰线纹；缸外壁饰粗线纹，口部饰附加堆纹；部分盆、钵、碗、罐上腹部饰白衣，并绘黑、褐或红彩圆点、弧线三角纹、花卉纹、同心圆纹、水波纹、网格纹、平行线纹等。

另出土少量骨器和石器。骨器有骨笄、骨锥，石器有石铲、石凿、石斧、石纺轮等。

尚岗杨遗址出土遗迹和遗物大体上可分为早、晚两期。早期属于庙底沟文化类型，晚期属于秦王寨文化类型，两者有直接承袭关系。在郑州市诸多仰韶文化遗址中，尚岗杨遗址是一处比较重要的仰韶文化中晚期聚落遗址。

2013年5月，被国务院公布为第七批全国重点文物保护单位。

2. 杜寨遗址

位于郑州高新技术产业开发区沟赵办事处杜寨村南约100米处。地理坐标为北纬34°49′35″，东经

113°29′20″。遗址南北长300米,东西宽200米,面积约6万平方米。遗址中部有一条南北向的田间小路和西南—东北向的古排水沟(现已平整成为农田),地势比较低洼,两侧台地分布有文化遗存。

遗址发现于20世纪80年代第二次全国文物普查。在20世纪中期平整土地时,曾发现有灰土、陶片等。2005年3月,为配合郑州高新技术产业开发区建设,郑州市文物考古研究所对该遗址重新进行了调查勘探,发现遗址文化层厚约1.5米,灰褐土,夹有红烧土颗粒,土质疏松,包含陶片等。陶质以泥质陶为主,夹砂、夹蚌陶次之。陶色以红衣灰胎为主,灰色次之,并有少量彩陶。纹饰有绳纹、篮纹、方格纹、素面等。可辨器型有罐、盆、鼎、钵、缸等。

该遗址文化堆积比较厚,内涵丰富,是一处以仰韶文化、龙山文化遗存为主的史前遗址,对新石器时代中晚期聚落遗址的研究具有重要意义。

2009年6月,被郑州市人民政府公布为郑州市第二批文物保护单位。保护范围:东距须水河支沟250米,东西长450米;南至须水河支沟120米,南北宽400米。建设控制地带:南至须水河支流,东、西、北为保护范围边界各外扩100米。

3. 石佛遗址

位于郑州高新技术产业开发区石佛镇石佛村东约150米处。这里是嵩山余脉延伸的东北部地带。遗址区地势较高,呈东高西低的缓坡状。该遗址保存较为完好,遗址区内现为农耕田。遗址东西长400米,南北宽300米,面积12万平方米。地理坐标为北纬34°48′52″,东经113°34′52″。

遗址断崖上发现有文化层及灰坑,散存少量陶片。采集的陶片以灰陶为主,绳纹、素面皆有,且有灰陶钵口沿残片。在铁路南侧20米处的断崖剖面亦发现有文化层及灰坑分布,文化层厚1.5米,浅灰土,土质较松,包含丰富的陶片等遗物。陶质有泥质陶和夹砂陶,陶色有红色、灰色、褐色等,纹饰有绳纹、篮纹、方格纹、素面等,可辨器型有罐、钵等。另采集有石斧、筒瓦、板瓦等。

该遗址文化内涵丰富,文化堆积较厚,年代跨度长,为仰韶文化、龙山文化及东周时期遗址,历史与考古价值较高。

2009年6月,被郑州市人民政府公布为郑州市第二批文物保护单位。保护范围:东距贾鲁河75米,南至科学大道,西至铁路,北至铁路北侧。建设控制地带:东至贾鲁河,南至科学大道,西至石佛村东铁路,北为保护范围边界外扩100米。

4. 申河遗址

位于郑州市二七区马寨镇原申河村的西南部。地理坐标为北纬34°39′25″,东经113°31′6″。

申河遗址剖面暴露的文化层

遗址东西长600米,南北宽500米,面积30万平方米。遗址地貌为低山,中部高,四周低,文化遗存分布在山的顶部及其周围。在台地三层及四层断面均发现有丰富的文化遗物。在遗址南部断崖上发现有数个灰坑及文化层分布。文化层厚1米左右,灰坑填土为灰褐色,含有大量红烧土及陶片等遗物。在遗址地表发现大量红烧土块及陶片,陶片陶质有夹砂陶和泥质陶,陶色有褐、红和灰色等,纹饰有绳纹、弦纹、划纹、附加堆纹和素面,器型有钵、小口尖底瓶和罐等。

该遗址分布范围广,文化内涵丰富,文化堆积比较厚,是郑州西南丘陵区一处重要的新石器时代遗址,对于研究仰韶文化聚落形态、防御设施等具有重要的价值和意义。

2016 年 1 月,被河南省人民政府公布为第七批河南省文物保护单位。保护范围:以遗址周边底部断崖为界。建设控制地带:自保护范围边界外扩 100 米。

5. 高洪寺遗址

位于郑州市二七区侯寨乡麦秸垛沟村娄河东顶村东北约 100 米处。地理坐标为北纬 34°40′38.56″,东经 113°33′54.90″。遗址东西长 500 米,南北宽 400 米,面积约 20 万平方米。

高洪寺遗址剖面暴露的灰坑

遗址的东北部地势最高,保留文化层厚 1.2 米,灰褐土,夹有大量草木灰及烧土块等,土质较松,包含陶片、兽骨等遗物,还发现陶窑、灰坑等遗存。遗址西部有一袋状坑,平底,口径约 3.5 米,底径约 5 米,深约 8 米。坑内填土为灰褐土,夹有大量草木灰,土质疏松,包含物有陶片、兽骨、石器等。陶片陶质有泥质陶和夹砂陶,以泥质陶为主。陶色有红色、灰色、褐色、黑色,亦有彩陶等。纹饰有绳纹、弦纹、附加堆纹、素面等。可辨器型有罐、盆、鼎、瓮、杯、钵及陶环等。

高洪寺遗址文化内涵丰富,文化堆积比较厚,以面积大小而论,应属于仰韶文化中型聚落,对新石器时代的研究具有重要意义。

2009 年 6 月,被郑州市人民政府公布为郑州市第二批文物保护单位。保护范围:东、西、北至尖岗水库,南至支沟。建设控制地带:东、西、北至尖岗水库,南自保护范围边界外扩 50—70 米。

6. 小庙咀东遗址

位于郑州市二七区樱桃沟景区管委会小庙咀村东约 400 米处。地理坐标为北纬 34°38′51″,东经 113°34′2″。

遗址东西长 400 米,南北宽 300 米,面积 12 万平方米。遗址的地势由东南向西北部倾斜,后经过平整形成多级阶地。断崖剖面发现有灰坑和文化层分布。文化层厚 1—2.5 米,黄褐土,夹有少量草木灰及红烧土块,土质较硬,采集遗物有陶片、石器、砾石、兽骨等。灰坑内填土为灰褐土,夹有大量草木灰及红烧土块,土质较松,包含物有陶片、兽骨等。陶片陶质有泥质陶和夹砂陶,以泥质陶为主。陶色有灰色、红色、黑色、褐色等。器表多素面,纹饰有绳纹、附加堆纹等。可辨器型有罐、瓮、钵、环等。在地层内还发现一件打制石器。

小庙咀东遗址剖面暴露的文化层

该遗址文化内涵丰富,文化堆积较厚,为研究仰韶文化提供了实物资料。

2009 年 6 月,被郑州市人民政府公布为郑州市第二批文物保护单位。保护范围:东、南至支沟,西至贾鲁河东侧断崖,北至西南绕城高速公路北侧支沟。建设控制地带:自保护范围边界向东外扩 100 米,向南外扩 110 米,向西至贾鲁河东侧断崖,向北外扩 125 米。

7. 胡河遗址

位于郑州市二七区樱桃沟景区管委会胡河村。地理坐标为北纬 34°38′13″,东经 113°31′30″。遗址东西长400米,南北宽300米,面积12万平方米。遗址大部被村庄占压。在村子西南部、东北部的沟壁上均发现有陶片。陶质有泥质陶和夹砂陶,陶色有红色、灰色、褐色等。器表多为素面,纹饰仅见绳纹。可辨器型有罐、鼎、盆等。

该遗址文化内涵丰富,文化堆积较厚,对新石器时代的研究具有重要意义。

2009年6月,被郑州市人民政府公布为郑州市第二批文物保护单位。

8. 上李河西遗址

位于郑州市二七区樱桃沟景区管委会上李河村西侧。地理坐标为北纬34°37′17.32″,东经113°34′31.72″。

遗址东西长450米,南北宽400米,面积18万平方米。遗址区地势由南向北倾斜。地表发现有陶片等遗物,在北部断崖剖面发现有文化层分布。文化层厚1.5米,红褐土,夹有红烧土颗粒,土质较硬,包含物有陶片等。陶片陶质有夹砂陶和泥质陶,以夹砂陶为主。陶色有黑色、灰色、红色、褐色等。器表多素面,纹饰有绳纹、弦纹。可辨器型有盆、罐和环等。

上李河西遗址剖面暴露的文化层

该遗址文化内涵丰富,文化堆积较厚,对新石器时代的研究具有重要意义。

2009年6月,被郑州市人民政府公布为郑州市第二批文物保护单位。保护范围:东至上李河村边界,南至遗址南侧东西向小路,西、北至冲沟断崖。建设控制地带:自保护范围边界向东外扩107米至南北向公路,向南至周脑村北小路,西、北为保护范围边界外扩100米。

9. 过垌王东北遗址

位于郑州市二七区樱桃沟景区管委会过垌王村北偏东约1000米处。遗址东西长450米,南北宽350米,面积15.75万平方米。

断崖剖面发现有文化层及灰坑分布,文化层厚1.5米。地表采集有陶片等遗物。20世纪70年代平整土地时曾发现大量灰土、烧土、陶片、兽骨等遗物。现断崖处剖面多为平整土地后新堆积起来的,含有少量陶片。地表散落有陶片,陶质有泥质陶和夹砂陶。陶色有灰色、褐色、红色等。器表多为素面,纹饰有绳纹、篮纹、方格纹、附加堆纹等。可辨器型有罐、瓮、盆、鼎等。

该遗址文化内涵丰富,文化堆积较厚,对新石器时代的研究具有重要意义。

2009年6月,被郑州市人民政府公布为郑州市第二批文物保护单位。保护范围:以遗址四周断崖为界。建设控制地带:东、北至贾鲁河,南、西至冲沟对岸。

10. 黄岗寺遗址

位于郑州市二七区嵩山路街道办事处黄岗寺村北的烈士陵园及其周围的金水河东岸台地上,现已被烈士陵园及民房占压。地理坐标为北纬34°41′53.84″,东经113°36′40.40″。遗址东西长500米,南北宽450米,面积22.5万平方米。遗址区地势较之周围稍高,为一块突出的台地。

在南四环路的北侧断崖上发现有文化层分布,文化层厚1—1.5米,还发现有房基。烈士陵园内的绿化地带发现有较为丰富的陶片和红烧土块等。陶质有夹砂陶和泥质陶,以夹砂陶为主。陶色有灰色、红色、褐色等。器表多为素面,纹饰有绳纹、弦纹、附加堆纹等,亦有彩陶。可辨器型有鼎、罐、钵、尖底瓶、瓮等。

该遗址文化内涵丰富,文化堆积较厚,为仰韶文化、春秋战国时期遗址。该遗址的发现对新石器时代中期聚落遗址的研究具有重要意义。

2009 年 6 月,被郑州市人民政府公布为郑州市第二批文物保护单位。保护范围:东至郑州市第八十九中学、锦宏小区、亚星开发地块西界,南至南三环路北侧,西至工人路东侧,北至烈士陵园北门向北 50 米。建设控制地带:南、北、西同保护范围,东至郑密路西。

11. 站马屯遗址

位于郑州市南郊管城回族区十八里河街道办事处站马屯村南约 500 米处。地理坐标为北纬 34°41′2. 19″,东经 113°40′52. 45″。

站马屯遗址

站马屯沟将遗址分为东西两部分。1984 年河南省文物研究所等曾对Ⅰ区东部进行过发掘,发现有龙山文化、春秋晚期等遗存。2009 年 8 月至 2010 年 10 月,为配合南水北调工程,河南省文物考古研究所对站马屯遗址进行了调查和勘探,初步了解了遗址的分布范围及堆积情况。以站马屯沟为界,沟东为Ⅰ区,东西长 500 米,南北宽 200 米,面积 10 万平方米。地表有起伏,中部高,四周低,中部高出地表 1—2 米;沟西为Ⅱ区,地势平坦,南北长 300 米,东西宽 220—320 米,面积 9 万平方米左右。

这次发掘,Ⅰ区揭露面积 459 平方米,Ⅱ区揭露面积 2945 平方米,两区共发掘面积 3404 平方米。Ⅰ区主要有龙山文化及东周时期遗存,与 1984 年发现的情况一致。Ⅱ区主要是仰韶文化晚期遗存,主要遗迹有:房基 12 座,一种由柱洞与料姜地面组成,范围不清,柱洞为筒状,四个一组,但分布无明显规律,料姜地面不平整;另一种由基槽与柱洞组成,平面呈圆角方形或长方形。灰坑 217 个,以平面圆形者居多,袋状、圜底状、筒状和不规则状的较少。灰沟 15 条,多分布在遗址西部、南部和东部,宽约 10 米,深约 1 米,沟底不平。墓葬 78 座,均无葬具,一部分无明显边界。其中有 40 座集中分布在遗址的东部,为圆角长方形土坑墓,墓坑大小仅能容身。头向西偏北,绝大多数为仰身直肢葬,有随葬品的很少。瓮棺葬 41 座,葬具多由尖底缸与罐、钵、盆、豆组成,多数是两件扣合横放,并有分层、分组划片埋葬的现象。在遗址的西部和南部发现两组呈弧形连续分布的柱洞,分内、外两周,推测应为围栏。另外还有陶窑、陶灶等。

遗物主要是陶器,以夹砂陶为多,泥质陶较少。灰陶多于红陶,器表以素面为主,纹饰有弦纹、线纹及附加堆纹,亦有少量的彩陶。器型有罐、鼎、盆、钵、豆、瓶、缸、杯、器盖等。石器有斧、铲、凿、刀、球、纺轮、砺石等。骨器少见。根据出土器物判断,该遗址遗存大致可分为三期,包含了仰韶文化中晚期三个类型:仰韶文化中期——庙底沟类型,仰韶文化晚期——秦王寨类型,仰韶文化向龙山文化过渡期——大河村类型。该遗址对研究郑州地区仰韶文化的分期和类型划分有重要意义。

发表资料:《郑州市站马屯遗址仰韶文化遗存 2009~2010 年的发掘》,《考古》2011 年第 12 期。

2006 年 6 月,被河南省人民政府公布为第四批河南省文物保护单位。

12. 站马屯西遗址

位于郑州市南郊管城回族区十八里河街道办事处站马屯村西南约 150 米处,北距郑州市区约 5 千米。地理坐标为北纬 34°41′1. 88″,东经 113°40′51. 22″。一条被称为干沟(河)的古河道从遗址东边由西南流向东北。遗址南北长 120 米,东西宽 90 米,面积 10800 平方米。

为配合南水北调工程,郑州市文物考古研究所曾对该遗址进行试掘,试掘发现的遗迹有房基4座,灰坑2个。遗物有陶器、石器、骨器、彩陶片。陶器器型有敛口彩陶钵、小口尖底瓶、圆唇侈口盆形鼎、折沿盆等。2006—2007年,为配合南水北调工程,中国社会科学院考古研究所河南新砦队再次对该遗址进行抢救性发掘。发掘前经钻探得知现存遗址南北长250米,东西宽120米,总面积近3万平方米,文化层堆积厚3—4米。此次发掘面积3000平方米,发掘了大量仰韶文化、东周、汉代等时期的遗存,其中仰韶文化时期灰坑170个、墓葬35座、瓮棺葬92座,另有少量兽骨坑、灶坑、柱洞、房址和窑址等;出土陶器、石器、骨器、蚌器等共计120余件。

站马屯西遗址

遗址仰韶文化遗存分三期,三期文化遗存一脉相承,连续发展。

第一期文化遗存:灰坑主要为椭圆形、圆形斜壁圜底或平底坑。墓葬多为长方形竖穴土坑墓,瓮棺葬多用大口尖底缸作葬具。陶器以泥质红陶和夹砂红褐陶为主,器表除素面外,以弦纹和线纹为主,彩陶也占一定比例。主要器型有夹砂罐、鼎、钵、盆、小口尖底瓶、尖底缸器盖、豆盘等。其中大多数器物为郑州地区仰韶文化中期庙底沟类型常见,与大河村二期相当。

第二期文化遗存:灰坑、墓葬、瓮棺葬与第一期类似。陶器纹饰沿用弦纹和线纹,白衣彩陶数量增多。器型较第一期增多,主要有夹砂罐、泥质罐、鼎、釜、原胎红陶杯、壶、碗、豆、缸、盆、钵、器盖、瓮、纺轮、陶球、陶拍、环等。绝大多数器物属于秦王寨类型,也有少数属于仰韶文化向龙山文化过渡期,即大河村类型。

第三期文化遗存:灰坑以圆形直壁或斜壁平底坑居多,墓葬多为长方形竖穴土坑墓,瓮棺葬多用罐和鼎扣合作葬具。陶器以灰陶为主,红陶减少,黑陶增多。器表饰绳纹、篮纹和附加堆纹的明显增多,彩陶减少。器型主要有夹砂罐、泥质罐、鼎、鼎足、缸、折腹盆、豆圈足、小口高领瓮、器盖、豆盘、钵、壶、碗、瓶、甑、纺轮、陶球、环等。其中大多数器物属于仰韶文化向龙山文化过渡期,即大河村类型。

该遗址文化堆积较厚,文化内涵相对较丰富,对于研究郑州地区仰韶文化中、晚期遗存的分期和类型的划分具有重要意义。

发表资料:《郑州市站马屯西遗址新石器时代遗存》,《考古》2012年第4期。

2009年6月,被郑州市人民政府公布为郑州市第二批文物保护单位。

13. 大河村遗址

地处河南省西南浅山区和丘陵与豫东大平原接壤地带,位于郑州市郑东新区西北部,连霍高速与中州大道交叉口东南隅,柳林镇大河村西南约1千米的漫坡土岗上。该土岗呈西南—东北走向,南北两面坡度较大,有一条西南—东北流向的古河道从遗址中部穿过,将遗址分为东、西两部分。遗址南距郑州市区6千米,北距贾鲁河2.5千米,距黄河7.5千米。遗址发现于1964年,是一处包含仰韶文化、龙山文化和夏商时期文化的大型古代聚落遗址。地理坐标为北纬34°50′33.17″,东经113°41′39.64″。遗址东西长790多米,南北宽约670米,面积约53万平方米。文化层堆积厚度中部为

大河村遗址

7—12.5 米。

大河村遗址的发掘工作大体可分为两个阶段：

第一阶段：自 1972 年 10 月至 1987 年 11 月，历时 15 年，经两次系统的文物钻探，初步探明遗址的分布范围、主要遗迹的分布情况和文化层堆积厚度。在此基础上根据地形、地貌和耕地边界将遗址划分为五区，并连续进行了 21 次科学发掘。其中前 20 次由郑州市博物馆负责，第 21 次由郑州市大河村遗址博物馆负责。

第二阶段：2010 年、2011 年、2014 年、2015 年和 2018 年，为配合郑州市大河村遗址博物馆场馆升级改造和遗址公园建设，分别进行一次发掘，由郑州市文物考古研究院、郑州市大河村遗址博物馆共同负责。

经过 26 次考古发掘，出土各类房基 60 余座，墓葬 400 余座，灰坑 600 余个，出土陶、石、骨、蚌、角、玉质地珍贵文物 3600 多件，各类标本 20000 余件。经发掘证实，该遗址是一处包含仰韶文化、龙山文化、二里头夏代和商代文化，尤以仰韶文化最为典型的大型古代聚落遗址。除此之外，还出土了一些大汶口文化和屈家岭文化的遗物，延续时间长达 3300 多年。大河村遗址仰韶文化遗存可分为七期，包含了石固五期、后冈类型、庙底沟类型、秦王寨类型、大河村类型等中原地区仰韶文化的所有地方类型，涵盖了仰韶文化产生、繁荣、衰落直至消亡的全过程，前后长达 2000 多年。

在遗址堆积中，仰韶文化的每一期都有单独的地层相对应，并分别具有鲜明的文化特征，每期之间又具有明显的传承发展演变轨迹，为我国新石器时代考古学和郑州地区仰韶文化发展序列的研究提供了十分重要的实物资料。同时，在大河村遗址三期、四期文化遗存中，还发现有丰富的大汶口文化、屈家岭文化的典型器物和文化因素，反映出当时各种文化类型交流融合的现象。

遗址出土的仰韶文化房基 F1—F4 是我国迄今为止发现的保存最完好的史前居住基址，木骨整塑而成的一组两面坡式的排房建筑虽历经 5000 余年，仍保留有完整的平面布局和 1 米多高的墙壁，其出土奠定了中国北方传统民居建筑的基本形制。此资料对于研究中国古代建筑史、探讨当时社会的组织结构及婚姻、家庭发展状况具有重要意义。

大河村遗址出土的彩陶种类丰富，制作精美，图案繁多，对研究彩陶的发展规律和风格规律具有突出的资料价值和标本价值。大河村仰韶文化时期彩陶中的一些与天文有关的花纹图案如月亮纹、太阳纹、日晕纹和彗星纹等，是我国目前发现的最早的天文学实物资料。

大河村遗址的保护工作自遗址发掘以来有序开展，多年来取得诸多成绩：

1974 年，在发掘后的房基（F1—F9）原址上修建保护房，但未对房基本体进行特殊的加固处理。每年冬季在保护房门窗上吊挂棉帘保温，特别寒冷时室内生火增温，防止墙体冻裂；夏秋季适度开窗通风换气，防止保护房内湿度过大。

1976 年，对房基保护房进行了改造和装修，将木门窗修改，加设通风孔，并在墙面粘贴瓷片。

1984 年，成立大河村遗址保护管理所，负责对大河村遗址的保护与管理。

1982—1985 年，建成 800 平方米的文物陈列室，布置了大河村遗址文物陈列。

1986 年，建成遗址博物馆，大河村遗址正式对外开放。

1995 年，原址展示的房基（F1—F9）风化酥碱现象比较严重，由河南省内专家制订房基保护方案；1996 年由河南省、郑州市文物主管部门组织专家进行保护方案的论证并通过了该保护方案。根据方案对房基实施了阻断水工程，并对保护房增设了排风设备，开设通风口，每天坚持开窗通风排湿。

1996—1998 年，对仰韶文化房基保护建筑进行了全面修缮，增设了仰韶文化房基辅助陈列，并对博物馆院内环境进行了治理，修筑了从中州大道到博物馆的专用道路。

2004 年 9 月，河南省人民政府对遗址保护范围及建设控制地带进行了调整，原遗址重点保护区和一般保护区合并统称遗址保护区,划定了建设控制地带。

2009 年 5 月,启动遗址保护房改造工程,建设新的仰韶文化房基保护展厅,并于 2016 年与博物馆新馆一起对外开放。

发表资料:《郑州大河村遗址发掘报告》,《考古学报》1979 年第 3 期;《郑州大河村》,科学出版社,2001 年。

2001 年 6 月,被国务院公布为第五批全国重点文物保护单位。保护范围:以现大河村遗址博物馆院墙为界,向东 445 米至现有田间路,向西 140 米至现有道路西边缘,向南 280 米,向北至连霍(开洛)高速南边缘。东西总长 710 米,南北总长 700 米,占地面积 49.7 万平方米。建设控制地带:自保护范围向西至中州大道,向东至规划路,向南至规划路新龙路,向北至连霍高速南边缘,占地面积 122.3 万平方米。

14. 后庄王遗址

位于郑州市西北约 20 千米的后庄王村东北土岗上。地理坐标为北纬 34°50′37.06″,东经 113°32′31.33″。遗址面积约 5 万平方米。索须河靠土岗北侧由西向东流过,形成高约 10 米的断崖,岗顶为北高南低的斜坡。岗顶和断崖上暴露出仰韶文化层和窖穴、灰坑和瓮棺葬等遗存。

后庄王遗址

1958 年 2 月,河南省文化局文物工作队曾在遗址南部进行发掘,清理了一些瓮棺葬和灰坑。1975 年 6 月,河南省博物馆和郑州市博物馆联合在遗址东部边沿再次进行了发掘。前后两次发掘面积 600 多平方米,发现仰韶文化时期的房基、灰坑、成人墓葬、瓮棺葬等,出土了一批陶器、石器、骨器等遗物。根据地层打破和叠压关系及各单位出土遗物的差异,该遗址仰韶文化遗存可分为上、中、下三层:

下层时代最早,属于仰韶文化庙底沟类型。发现长方形房基、圆形窖穴或灰坑、成人墓等。出土的生活用具主要是陶器,以泥质红陶和砂质棕陶最多,夹砂棕红陶次之,泥质灰陶较少。器表以素面为主,纹饰有弦纹、划纹、附加堆纹等,亦有彩陶,彩陶均饰黑色或红色,有的涂白衣。花纹有带状纹、三角纹、圆圈纹、叶状纹等。器型有鼎、釜、罐、钵、盆、器座和器盖等。出土的生产工具有石斧、石铲、石刀、骨镞、骨针、陶纺轮和陶弹丸,另有骨簪与陶环等装饰品。

中层略晚于下层,但两者时代基本相同,均为仰韶文化庙底沟类型。发现木骨墙的房基和圆形窖穴、成人墓、儿童瓮棺葬、猪骨坑等。出土的生活用具主要是陶器,仍以泥质红陶最多,砂质棕陶和灰陶次之,泥质灰陶最少。器表仍以素面为主,纹饰与下层基本相同。彩陶除涂有白衣外,还涂红衣,主要饰黑彩。花纹有带状纹、弧边三角纹、圆点纹、平行短线纹、“八”字纹和“人”字纹等。器型有鼎、釜、罐、钵、盆、瓮、小口尖底瓶和器盖等。生产工具有石铲、石斧、石刀、石纺轮、骨锥、角锥、陶弹丸和鹿角锥等。

上层年代较晚,发掘出涂有白灰面地坪的圆形和长方形房基、圆口袋状窖穴(灰坑)、成年人墓葬和瓮棺葬等。出土的生活用具主要是陶器,以泥质和夹砂灰陶为主,砂质红陶和砂质棕陶次之,泥质红陶最少。器表以素面为主,纹饰有绳纹、线纹、弦纹、划纹、附加堆纹,亦有彩陶,彩陶以红陶饰黑彩和灰陶饰红彩为主,白衣彩陶基本不见。花纹有网纹、平行线纹、禾苗纹、X 纹等。器型有鼎、罐、钵、盆、碗、豆、小口尖底瓶、大口尖底罐、器盖等。出土生产工具有石铲、石斧、石凿、骨锥、骨镞和陶纺轮,另有石环、陶环和蚌环等装饰品。上层属仰韶文化向龙山文化过渡期,即大河村类型。

该遗址文化堆积较厚,文化遗存丰富。依据各层出土的陶器特征,可将下、中两层视为一期,同属于庙底沟类型。上层较晚,属于仰韶文化向龙山文化过渡期,即大河村类型,与下、中两层之间有缺环,但对研究郑州地区仰韶文化的分期和类型划分仍有一定价值。

发表资料:《郑州后庄王遗址的发掘》,《华夏考古》1988 年第 1 期。

2013 年 5 月,被国务院公布为第七批全国重点文物保护单位。

15. 南峡窝遗址

位于郑州市上街区峡窝镇南峡窝村东南 200 米处。地理坐标为北纬 34°46′48.89″,东经 113°17′0.94″。遗址东西长 400 米,南北宽 200 米,面积 8 万平方米。遗址区北中部在修建西气东输天然气管道时发现文化层及灰坑。灰坑填土为黑褐色,包含有陶片、石块等遗物。采集到的少量陶片可分为泥质陶和夹砂陶两种,陶色有灰色和红色等。器表除素面外,纹饰仅有绳纹。器型有罐、钵等。

南峡窝遗址是上街区发现的一处保存较好的仰韶文化遗址,西部约 2 千米处为方顶龙山文化遗址和观沟龙山文化遗址。该遗址的发现对研究仰韶文化具有重要意义。

2009 年 6 月,被郑州市人民政府公布为郑州市第二批文物保护单位。

16. 杨村遗址

位于登封市区南 7 千米的东华镇杨村西北约 150 米的台地上。地理坐标为北纬 34°24′27.47″,东经 113°1′5.67″。遗址西南临少阳河,东北靠丘陵,南北长 380 余米,东西宽 270 余米,面积 10 多万平方米。

从遗址东断崖和中部一条小土沟的断壁上看,文化层堆积厚度 2—3 米,发现有数座墓葬及大量草拌泥和烧土块堆积,文化内涵较丰富。采集有一批陶片及石器标本,陶片以泥质红陶为主,也有少量夹砂褐陶、泥质灰陶、夹砂灰陶和彩陶。纹饰有刻划纹、线纹、绳纹、篮纹、方格纹。器型有陶形鼎、钵、罐、盆、瓮、碗、尖底瓶、澄滤器等。石器有石斧、石铲、石镰等。另外还有螺蛳壳及兽骨等自然遗物。从发现的一些遗迹和采集的遗物来判断,该遗址包含裴李岗文化、仰韶文化和龙山文化遗存,堆积较厚,内涵丰富,是一处重要的史前文化遗址。

2006 年 6 月,被河南省人民政府公布为第四批河南省文物保护单位。

17. 颍阳遗址

位于登封市颍阳镇南。地理坐标为北纬 34°24′35.40″,东经 112°45′3.66″。东、西、南三面为断崖,北邻居民区。遗址南北长约 300 米,东西宽 150—240 米,面积近 6 万平方米。北部文化层堆积厚 1—2.5 米,南部文化层堆积厚 3—3.5 米。

颍阳遗址

20 世纪 90 年代,郑州市文物工作队曾对该遗址进行发掘,在遗址北部发现一些房基和灰坑或窑穴。房基有早晚之分:早期房基为半地穴式,平面为方形或圆角方形,穴壁多有加工,地坪中心有一个或数个柱洞;晚期房基多平地起建,亦为方形或圆角方形。灰坑多圆形袋状坑,也有方形和圆形直壁坑。在遗址南部发掘清理出 18 座土坑墓和 12 座瓮棺葬,其中早期墓葬有迁葬现象,还有两座墓有比较清晰的棺木痕。

墓葬排列有序,判断可能是氏族墓地。

遗址出土陶器丰富,以泥质陶为主,夹砂陶次之。陶色以红褐色为主,灰色次之。制法以手制为主,口沿多经慢轮修整。器表以素面为主,纹饰有弦纹、线纹、附加堆纹;晚期出现绳纹,彩陶也占一定比例,内容较丰富。器型有鼎、罐、盆、钵、碗、豆、尖底瓶、缸、瓮、灶、壶等。

该遗址是一处比较单纯的仰韶文化中晚期聚落遗址,其文化遗存可分两期,每期又可分为早晚两段。其中早期属仰韶文化庙底沟类型,晚期属仰韶文化秦王寨类型。遗址居住区和氏族墓地保存完整,界线分明。这对研究仰韶文化分期、类型划分和聚落与墓葬区的关系具有重要的参考价值。

2000 年 9 月,被河南省人民政府公布为第三批河南省文物保护单位。

18. 李庄遗址

位于登封市君召乡李庄村南台地上。地理坐标为北纬 34°28′1. 17″,东经 112°45′54. 27″。东有大呼沱河流经,南邻夏庄村,向西地势开阔。遗址处在大呼沱河西岸二级台地上,地势西北高东南低。遗址为长方形,南北长约 300 米,东西宽约 200 米,面积约 6 万平方米,文化层厚 3—4 米。遗址现为农田,从取土形成的断崖上可以清楚地发现较为丰富的仰韶文化时期的灰坑、红烧土块、料姜烧制地面等遗存,还发现泥质红陶、夹砂红陶陶片,可见有涂红衣、饰黑彩网纹彩陶等。可辨器型主要有釜、罐、豆、钵等。器表纹饰有绳纹和弦纹等。石器发现有石凿、石斧等。

李庄遗址是一处仰韶文化中期晚段的遗址,文化遗存较丰富,对研究仰韶文化中、晚期的社会生产、生活状况有一定参考价值。

2009 年 6 月,被郑州市人民政府公布为郑州市第二批文物保护单位。

19. 颍阳东街遗址

位于登封市颍阳镇颍阳东街村东约 100 米的台地上,北望中灵山,南为圪塔坡,东有小金河流经,西有狂河流经。地理坐标为北纬 34°25′5. 54″,东经 112°45′33. 98″。

遗址位于小金河与狂河交汇处的二级台地上,北高南低,面积达 44000 平方米,文化层厚 2—3 米。遗址断崖上可见灰坑、红烧土块和文化堆积层,内涵丰富。遗址出土有夹砂灰陶、夹砂黑陶、泥质灰陶、红衣红彩网纹与波浪纹相间的彩陶片等。可辨器型有甑、罐、鬲、钵、豆等,纹饰主要有绳纹、方格纹、篮纹、旋纹等。另发现石斧、蚌刀等。颍阳东街遗址的遗存丰富,文化堆积较厚,并存在明确的叠压、打破关系,延续时间也比较长,从仰韶文化一直延续至龙山文化时期,以龙山文化为主。该遗址对研究新石器时代晚期的社会生产、生活状况具有较高的价值,而且对于研究仰韶文化与龙山文化之间的发展承袭关系也有非常重要的意义。

2009 年 6 月,被郑州市人民政府公布为郑州市第二批文物保护单位。

20. 安寨遗址

位于登封市颍阳镇安寨村东南狂河东岸的二级台地上。地理坐标为北纬 34°23′52. 37″,东经 112°44′11. 19″。遗址南北较长,面积约 77200 平方米,文化层厚 1—4 米。遗址断崖可见仰韶文化、龙山文化及二里头文化时期的灰坑、红烧土块及大量陶片,陶色有红色、褐色、黑色、灰色等。可辨器型有钵、圜底罐、大口尊、鬲、盆、杯、豆、斝、环、澄滤器等。纹饰有细绳纹、方格纹、篮纹、弦纹、刻划纹、附加堆纹、乳钉纹、戳印纹,亦有彩陶等,以篮纹和方格纹最多。安寨遗址的文化堆积较厚,延续时间较长,包含了仰韶文化、龙山文化及二里头文化遗存,为研究原始社会至奴隶社会这一漫长的历史进程提供了丰富的实物资料。

2009 年 6 月,被郑州市人民政府公布为郑州市第二批文物保护单位。

21. 刘村遗址

位于登封市颍阳镇东南约 4 千米刘村东河岸二级台地上。地理坐标为北纬 34°23′6.19″,东经 112°45′50.89″。遗址面积约 3.3 万平方米。发现有灰坑和文化层,文化层厚 2—4 米,文化内涵较丰富。采集标本有夹砂红陶、泥质红陶、夹砂灰陶和少量泥质灰陶、黑陶等。纹饰有绳纹、刻划纹、线纹、附加堆纹等。可辨器型有罐、盆、壶和彩陶钵,部分器型胎壁较薄。

该遗址文化内涵较丰富,包含仰韶文化和龙山文化两种遗存,对研究两种文化的文化面貌和它们的承袭关系具有一定的学术价值。

2009 年 6 月,被郑州市人民政府公布为郑州市第二批文物保护单位。

22. 郭村遗址

位于登封市唐庄镇郭村南勺河与西河交汇处北面的台地上,北邻郭村,东、南临勺河,西临郭村西河。地理坐标为北纬 34°28′48.92″,东经 113°9′16″。遗址东西长约 360 米,南北宽约 300 米,面积 10 万多平方米。遗址文化层最厚处达 4—5 米。灰坑多为袋状坑,直径在 2 米左右,深约 1.5 米,坑内多填灰色杂土和红烧土块及器物残片。出土陶片以泥质灰陶居多,其次为夹砂红陶、泥质红陶等。器型有钵、鼎、斝、罐、鬲等,纹饰多见篮纹、方格纹、绳纹等,并发现有磨制精美的带孔石铲。

该遗址为新石器时代聚落遗址,包含仰韶文化和龙山文化两种遗存,对研究该地区的新石器时代的聚落形态具有重要意义。

2016 年 1 月,被河南省人民政府公布为第七批河南省文物保护单位。

23. 宋家沟口遗址

位于登封市东宋家沟口五渡河北岸的台地上。地理坐标为北纬 34°27′16.22″,东经 113°6′12.70″。南北长 300 米,东西宽 250 米,面积约 7.5 万平方米。整个遗址现为耕地。遗址西部被新店至华楼公路挖去部分,其他部分保存较好。遗址文化层厚 1—2.5 米。采集遗物标本主要是陶器,有泥质红陶、夹砂灰陶、泥质灰陶、黑陶。纹饰有篮纹、方格纹、细绳纹、弦纹等。器型有鼎、鬲、甑、钵、罐、澄滤器、黑陶杯、瓮、板瓦(内有方格纹)等。另有石斧、石铲、石凿等。

宋家沟口遗址

宋家沟口遗址面积较大,文化堆积较厚,内涵丰富,是一处包含仰韶文化晚期、龙山文化至战国时期文化的古文化遗址。遗址延续时间较长,与同类型的华楼遗址、纸坊遗址等组成一处重要的遗址群,对研究颍河流域古代聚落分布情况及其相互关系具有重要价值。

2009 年 6 月,被郑州市人民政府公布为郑州市第二批文物保护单位。

24. 纸坊遗址

位于登封市东区中岳街道办事处纸坊村西北,焦河与五渡河交汇的高台地上。地理坐标为北纬 34°25′58.80″,东经 113°6′43.13″。遗址南北长约 470 米,东西宽 318 米,面积约 15 万平方米。地势中间略高,东、西、北三面稍低,南面为断崖。遗址中、西部文化层保存较好,厚 2—4 米,内含大量烧土块、草木灰等。采集到的陶片的陶质有泥质陶和夹砂陶两类,陶色有红色、灰色和黑色等。器表纹饰以绳纹为主,刻划纹次之,另有篮纹、方格纹、附加堆纹,亦有彩陶,彩陶饰黑彩或红彩。器型主要有钵、尖底瓶、甑、罐、鼎、鬲、大口尊、瓮等。另有石斧、石铲等。

纸坊遗址面积较大,文化堆积较厚,文化内涵丰富,延续时间较长,包含仰韶文化至二里头文化时期遗存。多种文化遗存堆积叠压,为研究颍河流域文明起源阶段(原始社会至夏代)提供了重要的实物资料。

2009 年 6 月,被郑州市人民政府公布为郑州市第二批文物保护单位。

25. 康村遗址

位于登封市中岳街道办事处康村东南 500 米焦河东岸台地上。地理坐标为北纬 34°28′40.67″,东经 113°6′24.27″,面积约 4 万平方米。

该遗址于 20 世纪 60 年代被发现。文化层厚 1—2.5 米。地表散布有陶片、烧土块及石器等。陶片有泥质红陶、泥质灰陶、夹砂褐陶等,多素面,可辨器型有鼎、罐、钵、盆、碗、尖底瓶和豆等。纹饰有弦纹、划纹、方格纹、篮纹、绳纹,亦有彩陶,彩陶有白衣彩陶、红衣彩陶。石器有斧、铲等。

该遗址属于仰韶文化向龙山文化过渡期(即大河村类型)和龙山文化聚落遗址。

26. 于村遗址

位于登封市中岳街道办事处于村南约 100 米的台地上,东临水库,北有小河沟,南有村间小路。地理坐标为北纬 34°27′13.62″,东经 113°5′40.85″。遗址南北长约 300 米,东西宽约 150 米,面积约 4.5 万平方米。

该遗址于 1989 年文物普查时被发现,东部因修水库被挖掉一部分。文化层厚 1—3 米,内含草木灰和草拌泥烧土块。陶器器型有鼎、罐、钵、碗、盆、尖底瓶、澄滤器等,陶质有泥质红陶、灰陶、夹砂红陶、褐陶等。器表纹饰有弦纹、划纹、附加堆纹、篮纹、方格纹,亦有彩陶。石器有斧、铲等。

该遗址属于仰韶文化晚期和龙山文化时期聚落遗址。

27. 袁桥遗址

位于登封市大金店镇袁桥村西北约 300 米处,西南距大金店镇 3 千米,西临顺家河,南距颍河 1.5 千米。地理坐标为北纬 34°23′8.03″,东经 113°0′2.52″。遗址南北长 350 米,东西宽 250 米,面积 8.75 万平方米。

袁桥遗址

该遗址于 1977 年被发现,文化层厚 1 米有余。遗址地表散存大量仰韶文化、龙山文化、二里头文化和二里冈商代的陶片和残石器,器型有鼎、罐、钵、盆、碗、尖底瓶、鬲、杯、澄滤器及石斧、石铲等,陶质有泥质红陶、灰陶,夹砂红陶、褐陶和磨光黑陶等。纹饰有弦纹、划纹、绳纹、篮纹、方格纹等,亦有彩陶。

该遗址包含仰韶文化、龙山文化、二里头文化和二里冈文化四种文化遗存,多种文化遗存存在相互叠压或打破关系,为考古发掘研究提供了极为重要的实物资料。

28. 西范店遗址

位于登封市城东南约 7 千米的告成镇西范店村东北台地上，南距颍河 300 米，北靠山坡丘陵，地势北高南低。地理坐标为北纬 34°24′15.91″，东经 113°5′0.77″。遗址东西长约 150 米，南北宽约 100 米，面积 1.5 万平方米。

该遗址于 1979 年被发现，保存较好，文化层厚 0.5—1.5 米。陶器器型有鼎、罐、钵、盆、壶、澄滤器等，分泥质褐陶、夹砂灰陶两类。纹饰有绳纹、篮纹、方格纹等，亦有彩陶。

该遗址以仰韶文化和龙山文化为主，其上部还叠压有商代、春秋至汉代的文化遗存。

29. 袁村遗址

位于登封市东华镇袁村东约 100 米的台地上，北临少溪河，南有颍河，两河在遗址东南不远处交汇。地理坐标为北纬 34°23′25.82″，东经 113°1′40.90″。遗址东西长约 290 米，南北宽 210 米，面积约 6 万平方米。

该遗址于 1984 年文物普查时被发现。遗址西部断崖上发现厚达 5 米的文化层。采集的标本均为陶片，有夹砂灰陶、红陶，泥质红陶、棕陶、灰陶等。纹饰有划纹、附加堆纹、篮纹、方格纹，亦有白衣彩陶等。器型有鼎、罐、钵、盆、尖底瓶、鬲、大口尊、甑、澄滤器等。

该遗址包含仰韶文化、龙山文化和商代三种文化遗存，文化内涵丰富，具有一定的学术价值。

30. 八方遗址

位于登封市告成镇西约 1 千米的八方村东南。地理坐标为北纬 34°23′54.26″，东经 113°7′25.14″。遗址所在区域地势平坦，南临颍河，八方村至告成镇道路从遗址北部穿过。现存面积约 2 万平方米。

该遗址于 1954 年被发现。采集到的遗物均为仰韶文化时期遗物，可分为早、晚两期。早期主要遗物是陶片，有泥质红陶、灰陶，夹砂红陶、棕陶、灰陶等。器表以素面为主，有少数陶器口沿处饰一周红彩（很可能是红顶钵）、线纹等。器型有鼎、罐、钵、盆、尖底瓶等。晚期遗物有陶片、石器、骨器等，以陶片为主。陶片有泥质红陶、灰陶，夹砂红陶、棕陶等。器表以素面为主，纹饰多为弦纹，亦有彩陶。器型有鼎和尖底瓶等。石器有铲、球。骨器仅有骨锥。

根据早、晚两期陶片的特征判断，早期相当于仰韶文化早期的后冈类型，晚期属于仰韶文化中期的庙底沟类型。

1963 年 6 月，被河南省人民政府公布为第一批河南省文物保护单位。

31. 唐庄遗址

位于登封市唐庄镇唐庄村东岗岭的山坡台地上，南有溪水河，北为缓坡，东、西为丘陵。地理坐标为北纬 34°29′44.94″，东经 113°8′17.05″。遗址南北长约 400 米，东西宽 200 米，面积约 8 万平方米。该遗址于 1975 年被发现。在遗址的地堰上发现有文化层，内含遗物丰富。地面上也散存大量遗物，其中有石斧、石铲和彩陶钵、尖底瓶、釜形鼎、盆、罐等残片。

32. 南李庄遗址

位于新郑市辛店镇南李庄村东南约 100 米处，北临双洎河。地理坐标为北纬 34°25′17.92″，东经 113°38′33.86″，遗址东西长约 420 米，南北宽约 335 米，面积约 14.5 万平方米。平整土地时上层被破坏，现存文化层厚 1—1.5 米。在灰坑、地表散存陶片、红烧土块、草拌泥块等。2000 年曾出土石铲 8

件,均为有肩石铲,多有使用痕迹。最大者长 53.5 厘米,宽 17 厘米;小者长 25.5 厘米,磨制精良。采集陶片以红陶为主,灰陶较少。还有绘几何图案的白衣彩陶和红衣彩陶。可辨器型有鼎、盆、钵、瓮等。另外还发现有少量龙山文化陶罐残片。

该遗址是一处含有仰韶文化和龙山文化遗存的遗址,为研究仰韶文化和龙山文化提供了实物资料。

2009 年 6 月,被郑州市人民政府公布为郑州市第二批文物保护单位。

南李庄遗址全景

33. 洪府遗址

位于新郑市孟庄镇洪府村南。地理坐标为北纬 34°34′53.16″,东经 113°46′20.96″。遗址地势西南高东北低,古河道从遗址的北侧通过。面积约 2 万平方米。

该遗址于 1985 年被发现。文化层厚 1—2 米。平整土地时,表层被掠去约 1 米厚,南部基本保存完好。地表散存大量红烧土块、草拌泥块、陶片和残石、骨、蚌器、鹿角等,其中陶片可辨器型有鸭嘴鼎足、钵、盆、缸等,石器有斧、铲、刀和石磨棒等。除此之外,还有蚌壳、兽骨和鹿角等。另外平整土地时还发现过墓葬。

该遗址以仰韶文化为主,兼有少量裴李岗文化遗存。

1987 年 3 月,被郑州市人民政府公布为郑州市第一批文物保护单位。保护范围:东西 150 米,东至机井房西 20 米,西至西坟地西 10 米;南北 230 米,南至第三机井房南墙北 20 米,北至第一机井房北墙外 10 米。建设控制地带:保护范围北、西各外扩 20 米,东、南各外扩 30 米。

34. 高坡岩遗址

位于新郑市龙湖镇高坡岩村西南,东侧接近水库。地理坐标为北纬 34°20′25.85″,东经 113°9′29.07″。遗址南北长约 300 米,东西宽 100 米,面积约 3 万平方米。

该遗址于 1976 年被发现,文化层厚 1—2 米。地表散存一些陶片、烧土块、草拌泥块和残石器等。采集标本主要为陶片和少量残石器。陶片可辨器型有鼎(釜形鼎、鸭嘴形鼎足)、白衣彩陶钵、小口尖底瓶等。石器有斧、铲和凿等。另外当地群众在平整土地时曾挖出小儿瓮棺葬和鹿角、蚌壳等。

该遗址以仰韶文化为主,兼有少量裴李岗文化遗存。

1987 年 3 月,被郑州市人民政府公布为郑州市第一批文物保护单位。

35. 古城遗址

位于新郑市古城村北。地理坐标为北纬 34°37′8.39″,东经 113°38′10.99″。该遗址于 1960 年被发现,面积约 1 万平方米,文化层厚 1—3 米。遗址东部平整土地时遭到破坏。遗址出土大量陶片和石器等,陶片可辨器型有鼎、缸、瓮和彩陶钵等,其中 1 件陶缸内有炭化谷物。石器有斧、铲等。

2008 年 6 月,被河南省人民政府公布为第五批河南省文物保护单位。

36. 王垌遗址

位于新郑市王垌村北,黄水绕遗址北部、东部向南流过。南北长约 300 米,东西宽约 200 米,面积约 6 万平方米,文化层厚 1—2 米。采集到的标本有石斧、石铲、石凿和彩陶片及兽骨等。

该遗址是一处单纯的仰韶文化聚落遗址。

2008 年 6 月，被河南省人民政府公布为第五批河南省文物保护单位。

37. 岳庄遗址

位于新郑市东北约 15 千米的岳庄村西。该遗址于 1977 年被发现，北部平整土地时被破坏。遗址南北长 200 米，东西宽约 150 米，面积约 3 万平方米。文化层厚 1—2 米。采集的遗物标本有石斧、带孔石铲。陶器有鼎、罐、钵、缸、杯等，亦有彩陶。另外还有鹿角和蚌壳等。

38. 王庄遗址

位于郑东新区刘集镇王庄村东北 300 米的沙岗上，西邻万山路，东邻中三路。岗上因长期取土形成一个 1000 平方米的大坑。从坑的剖面上可以看到上部为淤沙层，厚约 5 米，局部可达 7 米。淤沙层下面是一层红褐色土层，在坑底部发现有灰坑。灰坑填土为黑褐色，土质较硬，从中采集到一些陶片。陶片多为夹砂及泥质灰陶和红陶。器表除素面外，纹饰有绳纹等。可辨器型有罐、钵、高领瓮等。

该遗址是较少见的一处仰韶文化遗址，为研究郑州东部的仰韶文化面貌和性质提供了重要的实物资料。

2009 年 6 月，被郑州市人民政府公布为郑州市第二批文物保护单位。

39. 前杨遗址

位于中牟县郑庵镇前杨村南的一个土岗上，土岗高约 6 米，西邻万三路。遗址东西长 300 米，南北宽 200 米，面积约 6 万平方米。遗址北侧因取土而成的剖面上发现有红烧土和灰坑，土色灰褐，土质疏松。采集到的陶片有夹砂及泥质的灰陶、红陶。器表除素面外，纹饰有绳纹等。可辨器型有钵、罐等。

该遗址遗迹、遗物均较丰富，为探索郑州东部的仰韶文化面貌和性质提供了重要资料。

2009 年 6 月，被郑州市人民政府公布为郑州市第二批文物保护单位。

40. 后魏遗址

位于郑州经济技术开发区九龙镇后魏村西北的台地上。地理坐标为北纬 34°38′13. 45″，东经 113°48′46. 59″。遗址东西长约 300 米，南北宽约 200 米，面积约 6 万平方米。文化层厚 2—3 米，发现有房基、窖穴和墓葬等遗迹。地表散存大量红烧土块、炭屑和陶片等。陶片以泥质红陶和夹砂褐陶为主，也有少量泥质灰陶、夹砂灰陶、黑陶等。纹饰有弦纹、划纹、附加堆纹、绳纹，亦有白衣彩陶、红衣彩陶。器型有鼎、釜、罐、钵、盆、碗、小口尖底瓶、缸、壶、杯等。石器有斧、铲、刀等。

根据采集的陶片分析，该遗址包含仰韶文化中、晚期及仰韶文化向龙山文化过渡期遗存。遗址延续时间较长，内涵丰富，对研究郑州东部的仰韶文化面貌和性质具有重要学术价值。

2008 年 6 月，被河南省人民政府公布为第五批河南省文物保护单位。

41. 老寨遗址

位于郑州航空港经济综合实验区龙港办事处豫州大道与和谐大道交会处。地理坐标为北纬 34°35′36. 34″，东经 113°55′51. 11″。遗址西北部临近古河道，面积约 2 万平方米。台地上原有土寨墙，平整土地时大部分被毁掉。采集到的陶片有泥质陶和夹砂陶两种。陶色有红色和灰色。可辨器型有白衣彩陶钵、鸭嘴形鼎足、尖底瓶等。石器有斧、纺轮等。骨器有骨针等。

该遗址为一处仰韶文化中、晚期遗址。

2008年6月，被河南省人民政府公布为第五批河南省文物保护单位。

42. 野狼沟遗址

位于巩义市康店镇康南村南洛河西岸台地上，高出河床约52米，面积约6.5万平方米。地理坐标为北纬34°45′6.11″，东经112°56′16.29″。该遗址经调查发现有房基、窑穴（灰坑）和墓葬等遗迹。房基为半地穴式建筑，室内面积7—8平方米，地坪经大火烧烤。室内中间有火塘和挡火（风）矮墙。窑穴一般多为口小底大的袋状坑，坑内含有大量陶片、残石器、兽骨、烧土块、草木灰、蚌壳等。墓葬有成人墓葬和幼儿葬两种。成人墓葬皆为长方形竖穴土坑墓，单人仰身直肢葬，头向不一，无随葬品。幼儿葬均为瓮棺葬，葬具多为大口尖底瓶。采集到的陶片火候较低，质地疏松，陶色不纯正，器表多素面。陶器器型较小，可辨器型有鼎、罐、钵、碗、缸、瓮、豆等，亦发现一些兽骨。

该遗址文化面貌表现出时代较早的特征，应为仰韶文化早期遗址。

43. 坞罗遗址

位于巩义市南15千米的坞罗水库西头溢洪道口两侧台地上。地理坐标为北纬34°39′36.50″，东经113°0′4.66″。遗址高出坞罗河河床30多米。遗址南北长200米，东西宽150米，面积3万平方米。

坞罗遗址

该遗址于1959年修水库时被发现。文化层为浅灰土，厚0.5—1.5米，内涵相当丰富。在遗址西南部断崖上发现有灰坑，多遭破坏。灰坑多为口小底大的袋状坑，直径2米左右，深1.5米。坑内填浅灰土，土质疏松，包含物有陶片、烧土块、兽骨和石块等。采集到的标本主要是陶片和石器。陶片中有白衣彩陶，饰黑彩网纹、弧线纹等。器型有小口尖底瓶、鼎、罐、钵、盆、碗、杯、豆等。石器有斧、铲、凿、弹丸等。

该遗址属仰韶文化中、晚期遗址。

1963年8月，被巩县人民政府公布为巩县文物保护单位。

44. 喂庄西遗址

位于巩义市芝田镇喂庄村西北约1千米的坞罗河西岸台地上。遗址东、南两面紧靠坞罗河，高出河床10米左右。遗址东西长500米，南北宽300米，面积约15万平方米。地理坐标为北纬34°41′3.34″，东经112°58′10.04″。

喂庄西遗址出土陶片

遗址发现灰坑多呈不规则形，少数为口小底大的袋状坑，填土为浅灰土，质地疏松。在遗址东部断崖上发现成人墓葬、瓮棺葬数座。瓮棺葬葬具有罐、钵、盆和大口尖底瓶等，多为两件扣合。文化层为浅灰土，厚1.5—2.5米。采集到的标本以陶片为主，泥质褐陶和泥质红陶最多，夹砂褐陶次之，夹砂红陶较少。器表多素面，纹饰有弦纹、划纹、附加堆纹和鸡冠纹等。器型有鼎、罐、钵、盆、缸、瓮、大口尖底瓶等。

该遗址属仰韶文化中、晚期遗址。

45. 喂庄遗址

喂庄遗址出土陶片

位于巩义市芝田镇喂庄村西南部坞罗河东岸三角台地上。地理坐标为北纬 34°40′30.65″，东经 112°58′23.72″。遗址西部部分文化层已塌入河道。遗址现存南北长约250米，东西宽100米，面积约2.5万平方米。

该遗址于1986年文物普查时被发现。遗址的西部断岸上发现文化层和灰坑6个。文化层厚1.5—2米，为浅灰土，土质疏松，内含陶片、残石器、烧土块、木炭、兽骨和蚌壳等。灰坑均遭到不同程度的破坏，多为口小底大的袋状坑，也有不规则形坑。采集到的标本以陶片居多，陶片以泥质褐陶为主，其次为夹砂褐陶和泥质红陶，泥质灰陶较少。器表多素面，常见纹饰有弦纹、线纹、附加堆纹等。器型有鼎、罐、盆、缸、豆等。

该遗址属仰韶文化中、晚期聚落遗址。

2008年6月，被河南省人民政府公布为第五批河南省文物保护单位。

46. 伏羲台遗址

位于巩义市河洛镇洛口村东部台地上。地理坐标为北纬 34°49′24.44″，东经 113°7′43.56″。遗址南北长400米，东西宽160米，面积6.4万平方米。遗址高出黄河河床80多米，西北有一圆形土岗，高15米，直径46—50米，四周为陡崖峭壁。相传这里是伏羲画八卦的地方，俗称“伏羲台”，遗址因此而得名。

该遗址于1986年文物普查时被发现，断崖上发现房基3座，分上下两层，地坪用白灰面铺垫，墙壁和地坪均经火烧烤。墙壁残块被烧成暗红色，并有明显的圆形木柱痕迹。另外发现灰坑6个，多遭破坏，其中一个灰坑底部发现有完整猪骨架，另一灰坑内发现成堆的散乱羊骨。

遗址文化层厚0.5米左右，包含大量陶片，有泥质灰陶、红陶，夹砂红陶等，亦有白衣彩陶，饰红彩或黑彩，花纹有曲线纹、水波纹等。器型有鼎、罐、钵、盆、碗、豆、杯和纺轮等。另有石斧、石铲、石凿、石弹丸及骨锥、骨簪、骨针等。

根据遗迹遗物判断，该遗址属仰韶文化晚期和仰韶文化向龙山文化过渡期遗址。

2008年6月，被河南省人民政府公布为第五批河南省文物保护单位。

47. 仓西遗址

仓西遗址出土陶片

位于巩义市占街镇仓西村西岭上，洛水南岸。地理坐标为北纬 34°48′5.72″，东经 113°1′41.38″。遗址高出河床15—25米，遗址南约1千米为陇海铁路，连霍高速从遗址南边通过。遗址面积4.5万平方米，文化层厚0.3—1.5米。

遗址经调查发现有灰坑、墓葬。灰坑多为口小底大的袋状坑，填土为深红色黏土，土质坚硬，包含物较少。墓葬均为长方形竖穴土坑成人墓，仰身直肢葬。采集到的标本主要是陶片和石器。陶片以泥质红陶为主，夹砂红陶次之，陶色除红色外，还有褐色、灰色、黑色，亦有白衣彩陶。器型有鼎、罐、钵、盆、甑等。

该遗址属于仰韶文化中、晚期聚落遗址。

48. 董沟遗址

位于巩义市东北约15千米洛河北岸，南河渡镇董沟村西部和东部。地理坐标为北纬34°48′51.03″，东经113°2′21.88″。遗址东西长约200米，南北宽约150米，面积约3万平方米。

董沟遗址出土陶片

遗址保存基本完好，文化层厚约30厘米，发现有灰坑及遗物。灰坑为口小底大袋状坑，填土均为浅灰土。遗物主要是陶片，以泥质红陶居多，其次为夹砂褐陶和泥质褐陶，少量夹砂红陶。有些陶片火候较低，质地疏松，器表有片状剥落现象。器表多素面，纹饰有弦纹、划纹，亦有少量彩陶。器型有钵、盆、缸、瓮、罐、鼎和小口尖底瓶等。另有少量残石器、骨器等。

根据采集到的陶片特征判断，该遗址可分为早、晚两期，分别为仰韶文化后冈类型和秦王寨类型。

49. 坞罗西坡遗址

位于巩义市西村镇坞罗村西南坞罗河西岸，主要分布在第三级台地上，高于河床约200米。地理坐标为北纬34°38′52.17″，东经113°0′21.89″。遗址南北长200米，东西宽150米，面积3万平方米。遗址偏西部文化层较厚，包含物较丰富。东部、南部包含物较少。地面下0.5—1.2米见文化层，文化层厚1—1.5米。经调查发现房基、墓葬等遗迹，其中房基地坪分两层：上层厚约10厘米，为暗红色烧土，有的地方呈青灰色，非常坚硬；下层厚度10厘米，系含有烧土颗粒的红土。遗址南部发现有灰坑，圜底，口径1.2米，坑内填浅灰土。

坞罗西坡遗址

采集到的陶片以泥质红陶为大宗，其次为夹砂红陶和夹砂褐陶，极少量为泥质浅灰陶。泥质陶质地细腻，陶土似经淘洗，烧制火候较低，疏松易碎。陶器均为手制。夹砂陶呈暗红色，陶色不纯。泥质陶外壁多呈红色，内壁和胎多呈浅灰色。器表多素面，纹饰多见器物口沿上饰一周凸棱纹，个别饰细条状附加堆纹。器型有钵、鼎、罐、盆、碗等。

从调查发现遗迹和采集到的陶片特征来看，遗址时代较早，既有裴李岗文化遗存，也有仰韶文化早期遗存，两者存在明确的地层叠压关系，这为探索仰韶文化与裴李岗文化的关系提供了重要的实物证据。

50. 双槐树遗址（滩小关遗址）

最初命名为“滩小关遗址”。位于巩义市河洛镇滩小关村南岭台地上，北临黄河，西接七里铺东岭，东为隋唐洛口仓遗址，南为深沟。遗址地势呈北高南低阶梯状。地理坐标为北纬34°49′0.98″，东经113°5′41.63″。遗址东西长600米，南北宽500米，面积30万平方米。文化层厚1—3米，发现有多处房基、灰坑、墓葬等遗迹及陶、石、骨器等遗物。

1992 年 10—11 月,河南省文物研究所为配合连霍高速施工,对滩小关遗址进行了小规模发掘,发掘面积 250 平方米。清理出房基 1 座、灰坑 21 个、陶窑 1 座、墓葬 2 座、瓮棺葬 11 座等,亦出土一批遗物。

2013 年开始,为持续开展“中华文明探源工程”考古发掘与研究工作,经国家文物局批准,郑州市文物考古研究院与中国社会科学院考古研究所对遗址进行全面调查、勘探,发现遗址面积较原来的滩小关遗址大得多,达到 117 万平方米,因遗址主要遗存分布于双槐树村,现统称为“双槐树遗址”。

双槐树遗址

从发掘情况看,房基地坪用料姜粉末铺垫,墙内栽满木柱,用硬泥筑墙,再用大火烧烤,建成木骨陶房。这种房屋坚固耐用,防潮保温。发现陶窑 1 座,现存部分窑室、火膛、火道等,有的窑壁被烧成青灰色或红色。发现灰坑 21 个,多为圆形袋状坑,也有椭圆形和长方形坑等。墓葬均为长方形竖穴土坑墓,仰身直肢葬,方向 280°,无葬具和随葬品。瓮棺葬 11 座,均分布在房基(F1)周围,葬具多为大口尖底器或小口尖底瓶的残部与钵或器盖扣合横放,也有个别用罐或鼎扣合竖放。

遗物主要是陶器,石器、骨器、蚌器较少。其中陶器有鼎、罐、钵、盆、碗、缸、瓮、壶、杯、豆、大口或小口尖底瓶、器盖等。

根据地层叠压和打破关系及发掘单位出土遗物判断,该遗址包含仰韶文化和龙山文化两种不同性质的文化遗存。其中仰韶文化遗存可分三期:一期与大河村二期基本相同,应同属仰韶文化中期庙底沟类型晚段;二期则与大河村三期相当,同属仰韶文化晚期秦王寨类型;三期与大河村四期相同,同属仰韶文化向龙山文化过渡期遗存,即大河村类型。龙山文化遗存与大河村五期相同。

遗址各期文化遗存前后延续发展,一脉相承,对探索郑州地区新石器时代文化的分期、类型划分及发展序列具有十分重要的意义。

发表资料:《河南巩义市滩小关遗址发掘报告》,《华夏考古》2002 年第 4 期。

2016 年 1 月,被河南省人民政府公布为第七批河南省文物保护单位。

51. 米北遗址

位于巩义市米河镇米北村北城岭台地上。地理坐标为北纬 34°42′42. 08″,东经 113°14′33. 30″。该遗址于 1985 年被发现,1986 年,巩县文物保管所和郑州市文物工作队联合对其进行了调查。遗址南北长 350 米,东西宽 110 米,面积近 4 万平方米。文化层最厚处达 3 米以上,包含仰韶文化、二里头文化及商、周文化遗存等。

米北遗址

调查发现属于仰韶文化的遗迹有房基 1 座、窑穴 3 个、瓮棺葬 1 座。从暴露的部分看,房基墙壁残高 0. 3 米,用草拌泥筑成,墙内布满柱洞;地坪铺垫三层。墙壁、地坪均经火烧烤呈砖红色。3 个灰坑中有 1 个口小底大的袋状坑,其余形状不详。瓮棺葬葬具为大口尖底瓶,横放,口残。

采集到的遗物标本大多数为陶器,石器很少。根据采集的陶器来看,该遗址的仰韶文化遗存可分三期:

一期陶器以泥质红陶为主,夹砂褐陶次之,泥质灰陶最少。夹砂陶多掺蚌末。器型主要有鼎、钵、盆、小口尖底瓶等。陶器多为素面,纹饰有弦纹、划纹、指甲纹,亦有彩陶。石器有斧、铲、盘状器、网坠、弹丸等。面貌与大河村一、二期,点军台一、二期的同类陶器相同或相似,大体相当于仰韶文化中期庙底沟类型。

二期陶器以泥质红陶居多,其次是夹砂褐陶或灰陶,泥质灰陶最少。器型有罐、缸、钵、豆等。陶器多为素面,所见纹饰与一期相似,但彩陶中出现黑彩网格纹。面貌与大河村三期、王湾二期早段陶器相同或相似,应属仰韶文化晚期秦王寨类型。

三期陶器以泥质灰陶为主,其次是夹砂灰陶和泥质红陶。器表以素面为主,纹饰除有与前两期相同的外,还有绳纹、附加堆纹及镂孔等。面貌与大河村四期、郑州林山寨和巩义里沟同类遗存相同,同属由仰韶文化向龙山文化过渡期类型,即大河村类型。

米北遗址是郑州地区一处由仰韶文化中期至过渡期的典型遗址,该遗址对郑州地区的仰韶文化研究具有重要意义。

发表资料:《巩县米北遗址调查》,《中原文物》1986 年第 4 期。

2008 年 6 月,被河南省人民政府公布为第五批河南省文物保护单位。

52. 堤东遗址

位于巩义市西村镇堤东村东部圣水河两岸台地上,高出河床 30 米,地势南高北低,呈缓坡状。地理坐标为北纬 34°37′49.75″,东经 112°56′24.19″。遗址南北长 500 米,东西宽 400 米,面积约 20 万平方米。在第四、五两级台地上发现有明确的文化层、灰坑、墓葬等。其中灰坑多为袋状坑。可辨器型有鼎、罐、钵、豆和尖底瓶等。彩陶多为黑彩或红彩网纹、弧线纹、曲线纹、平行线纹等。

堤东遗址

该遗址的遗存属秦王寨类型和大河村类型,遗址时代为仰韶文化晚期和仰韶文化向龙山文化过渡期。

53. 水地河遗址

位于巩义市北山口镇水地河村北侧,白冶河东岸土岗坡地上。该地区属于嵩山北侧低山丘陵区,山陵起伏,沟壑纵横,山泉、溪流和季节河遍布。遗址三面临河,一面依山。地理坐标为北纬 34°43′46.39″,东经 113°2′55.78″。

水地河遗址

该遗址于 1983 年 9 月文物普查时被发现。遗址东西长约 200 米,南北宽约 125 米,面积约 2.5 万平方米。1986 年 1 月和 1987 年 7 月,郑州市文物工作队和巩县文物保管所联合对遗址进行多次复查,先后发现仰韶文化时期房基 4 座、灰坑 3 个、墓葬 1 座,龙山文化时期灰坑 2 个,同时在遗址的中部断崖上发现裴李岗文化层被仰韶文化层直接叠压的地层关系,并采集到不同时期的各种遗物标本 100 余件。

1989 年 10—12 月,郑州市文物工作队在巩县文物保管所协助下对该遗址进行了发掘,揭露面积

160平方米，清理出裴李岗文化时期的房基4座、窖穴2个；仰韶文化时期的房基7座、窖穴7个、成人墓葬16座、幼儿瓮棺葬58座和一些战国遗迹等，并出土一批遗物。根据地层叠压和打破关系及单位之间出土遗物差异，该遗址的文化遗存分为四期，其中一期为裴李岗文化，二至四期为仰韶文化。

二期房基1座、窖穴4个。房基1座（F7）为半地穴式建筑，平面为四边形，四周布满柱洞。房门向南为斜坡状门道。灰坑多为不规则形。出土遗物主要是陶器，以泥质红陶为主，其次是夹砂灰陶，再次是夹砂红褐陶等。器型有釜、鼎、罐、钵、盆、缸、器盖等。器表以素面为主，纹饰有弦纹、划纹、附加堆纹，有少量彩陶。石器有凿。骨器有骨锥、骨镞等。

三期房基6座、窖穴2个。房基破坏严重，保存极差。残存房基F10长近4米，宽约2.5米，墙壁残高0.35米。草拌泥墙经火烧烤，墙内布满柱洞。房门向西，门宽0.5米。窖穴均为椭圆形。其中H6底部埋有完整猪骨架一具。瓮棺葬39座，葬具有缸、鼎、釜、钵、盆、小口尖底瓶等，一般为两件器物扣合横放在方形或长方形土坑内。遗物多为陶器，以泥质红陶为主，其次是夹砂红褐陶，夹砂灰褐陶和泥质灰陶较少。器表以素面为主，有少量划纹。彩陶较前期增多，为白衣黑彩，纹样有弧边三角纹、弧线纹、圆点纹等。器型有鼎、釜、罐、钵、盆、碗、缸、小口尖底瓶、器座、器盖等。石器有斧、锛、凿。骨器仅有骨锥等。

四期窖穴2个、成人墓葬16座、瓮棺葬17座。窖穴中1个为圆形袋状坑，填土分别为灰土、浅灰土和黑黏土。出土陶器主要是泥质红陶、夹砂灰褐陶，其次是夹砂红褐陶等。器型主要有鼎、罐、钵、盆、小口尖底瓶、碗、杯、缸。成人墓葬除1座为侧身屈肢葬外，其余皆为仰身直肢葬，其中有3座有随葬品，均为纺轮1件。瓮棺葬葬具有小口尖底瓶、罐、钵、盆等，多为两件器物扣合横放。

水地河遗址包含裴李岗文化、仰韶文化和龙山文化等不同时期的文化遗存，以仰韶文化遗存为主。一期属于裴李岗文化遗存；二期属于仰韶文化早期遗存，文化性质和年代相当于后冈或半坡类型；三期属于仰韶文化中期遗存，当为庙底沟类型；四期以仰韶文化晚期遗存为主要特征，并包含一些龙山文化早期因素。总的来说，水地河遗址的仰韶文化三期遗存是一脉相承的发展关系，它早与裴李岗文化相接，晚与河南龙山文化相连，对研究中国新石器时代裴李岗文化、仰韶文化、龙山文化的承袭发展关系具有十分重要的学术价值。

发表资料：《河南巩县水地河新石器遗址调查》，《考古》1990年第11期；《河南巩义水地河遗址发掘简报》，《郑州文物考古与研究》（一），科学出版社，2003年。

2000年9月，被河南省人民政府公布为第三批河南省文物保护单位。保护范围：东至耐火材料厂，西、南、北三面都至自然沟沿。建设控制地带：自保护范围边界向东南方向外扩200米。

54. 槐树洼遗址

位于荥阳市乔楼乡槐树洼村西南部。地理坐标为北纬34°43′40.75″，东经113°20′7.48″。遗址面积约5万平方米，文化层厚1—3米，采集到的文物标本有石斧、石凿、骨针、纺轮及大量陶片。其中不少彩陶饰白衣，花纹有弧边三角纹、圆点纹、S纹和网纹等。器型有罐、钵、盆、尖底瓶等。遗址断崖上发现有灰坑和墓葬等。

该遗址时代为仰韶文化晚期和仰韶文化向龙山文化过渡期。

55. 楚湾遗址

位于荥阳市崔庙镇楚湾村与七村河村南北两侧三座大土岗上。北有三山河，东靠七村河，遗址正处在两河的交汇地带。地理坐标为北纬34°41′6.46″，东经113°21′28.13″。遗址面积约33万平方米。该遗址是20世纪70年代被发现的，90年代又经多次复查。

该遗址文化遗存非常丰富，文化层厚4—6米，房基多为地面建筑，用草拌泥筑墙，墙体呈砖红色，墙内布满柱洞。灰坑形状有圆形袋状、椭圆形和不规则形等。墓葬多为长方形竖穴土坑墓，成年单人仰身直肢葬。瓮棺葬用鼎、罐或小口尖底瓶与器盖、钵扣合，也有用大口尖底瓶与钵扣合的。

楚湾遗址

陶片以泥质和夹砂红陶为主，其次是泥质和夹砂灰陶等。纹饰有弦纹、划纹、线纹、附加堆纹，亦有彩陶，其中白衣彩陶数量最多，颜色鲜艳，十分醒目。花纹有平行直线纹、网纹、圆点纹等。器型有鼎、罐、钵、盆，碗、尖底瓶、器盖、器座等。石器有斧、锛、铲、刀、球等。

楚湾遗址面积大，文化层堆积厚，遗迹、遗物十分丰富。从暴露的遗迹和采集到的文物标本来看，该遗址文化遗存可分为两期、两个类型，即仰韶文化中、晚期庙底沟类型和秦王寨类型。

发表资料：《河南荥阳县楚湾新石器时代遗址调查报告》，《考古》1995年第6期。

2006年6月，被河南省人民政府公布为第四批河南省文物保护单位。

56. 竖河遗址

位于荥阳市高村乡竖河村南。遗址东西长500米，南北宽350米，面积17.5万平方米。地理坐标为北纬34°52′34.22″，东经113°21′30.17″。文化层厚2—3米，出土有陶片和石器。陶片可辨器型有白衣彩陶钵和罐等。石器有斧、铲、镰等。

该遗址属仰韶文化晚期秦王寨类型。

57. 汪沟遗址

位于荥阳市城关乡汪沟村南约300米的高地上。地理坐标为北纬34°49′11.88″，东经113°23′48.65″。遗址西约百米为荥阳至广武的公路，向南约70米为索河支流故道。遗址东西长600米，南北宽50米，面积3万平方米，文化层厚1—3米。

汪沟遗址出土陶片

遗址西部断崖上发现有排列整齐的柱洞，柱洞直径均在30厘米左右。柱洞底部铺垫石块和一层料姜粉末，并夯实。房屋可能为木骨整塑陶房。遗址的东部和南部断崖上发现许多灰坑，坑内埋有人骨和兽骨，还含有大量陶片和少数残石器。陶片可辨器型有鼎足、罐、钵、豆等。

1987年3月，被郑州市人民政府公布为郑州市第一批文物保护单位。保护范围：东至崖，北至土路，南距土路370米，西距公路220米。以遗址中部为中心，东西、南北各长290米。建设控制地带：东同保护范围，北至土路，南距土路500米，西至机井西16米。

58. 青台遗址

位于荥阳市广武镇青台村东略偏南，面积10万平方米，文化层厚约3.5米。地理坐标为北纬34°53′20.66″，东经113°24′0.77″。

该遗址于1922年由瑞典地质学家安特生的助手发现。1934年,中国著名考古学家郭宝钧一行对青台遗址进行了首次考古发掘,掌握了大批第一手资料,但未进行详细的整理和研究。1951年中国科学院考古研究所夏鼐等人再次对该遗址进行调查,并进行了小面积的试掘,试掘成果发表在当年《科学通报》第2卷第7期上。1981—1984年、1987—1988年,郑州市博物馆先后两次对青台遗址进行大规模考古发掘,发掘面积2700平方米,清理房基500余座、陶窑12座、灰坑200多个、成人墓葬260座、小儿瓮棺葬500座,出土大批遗物。根据青台遗址的地层叠压和打破关系及发掘单位出土遗物,该遗址文化遗存分为四期,均为仰韶文化遗存。

遗迹主要有房基、灰坑、陶窑、墓葬和瓮棺葬等。房基均为地面建筑,平面呈方形或长方形。草拌泥筑墙,墙内布满柱洞。室内地坪用黄土、河沙和料姜末铺垫。烧火台(火池)多位于房屋中部。房基均经大火烧烤,墙体呈红色或青灰色。灰坑分别有袋状坑、圆桶形坑、锅底状坑和不规则形坑等。陶窑均为卧式陶窑,由火膛、火道、窑室等组成。成人墓均为长方形竖穴土坑墓,多为单人仰身直肢葬,个别为男女合葬墓(M25)。瓮棺葬葬具分别有鼎、罐、钵、盆、豆、器盖、尖底瓶、缸等。

青台遗址出土陶鏊

遗物以陶器为主,有泥质陶和夹砂陶两种。一、二期以红陶为主,灰陶较少。三期红陶减少,灰陶增多,两者数量基本相等。四期灰陶居多,红陶次之。器表多素面,纹饰有线纹、弦纹、附加堆纹,亦有彩陶。其中彩陶变化较大,一期多红衣褐彩或黑彩,白衣彩少见。二期多白衣彩陶,分别饰棕、黑、红彩,多为棕、红或黑、红两彩兼饰。花纹有带状纹、弧边三角纹、圆点纹、斜线纹、睫毛纹、花瓣纹、树叶纹等。三期彩陶数量最多,多为白衣彩陶,也有少量红衣彩陶。花纹多样,有锯齿纹、网纹、多足虫纹、睫毛纹、花瓣纹、太阳纹、弯月纹、菱形纹、树叶纹、变形鱼纹和X纹、S纹等。四期不见白衣彩陶,仅有少数红衣彩陶,主要是泥质红陶抹光直接饰黑彩,或泥质灰陶抹光直接饰红彩。花纹较少,仅有网纹、平行线纹、圆圈纹、X纹、S纹等。陶器器型主要有鼎、罐、钵、尖底瓶、干食器等,其中鼎、罐、钵在各期都有不同的特征。

青台遗址仰韶文化四期遗存延续发展,一脉相承。一、二期为仰韶文化中期庙底沟类型,三期为仰韶文化晚期秦王寨类型,四期则为典型的过渡期遗存。

发表资料:《青台仰韶文化遗址1981年上半年发掘简报》,《中原文物》1987年第1期。

2013年5月,被国务院公布为第七批全国重点文物保护单位。

59. 秦王寨遗址

位于荥阳市高村乡秦王寨村西部,西临黄河,南依哑巴沟,北为寒沟村,东为农田。地理坐标为北纬34°56′50.84″,东经113°20′18.96″。遗址东西长300米,南北宽100米,面积约3万平方米,文化层厚3—4米,最厚处达7米。

秦王寨遗址

遗址最早在1922年由瑞典人安特生的助手姚某发现。遗址地表可见红烧土块、陶片和残石器等。在崖上和窑洞壁上发现多处灰坑、墓葬和房基等。房基为木骨整塑陶房。灰坑多为小口大底的袋状坑。墓葬多为长方形竖穴土坑墓,单人仰身直肢葬。采集的陶片有泥质陶和夹砂陶,陶色有红色、棕红色和灰色等。纹饰有线纹、划纹、弦纹、附加堆纹,亦有彩陶。彩陶中常见白衣彩陶,也有少数红衣彩陶,多饰黑、红单彩,花纹有平行直线纹、平行曲线纹、弧边三角纹、圆点纹、圆圈纹,X 纹、S 纹等。器型有鼎、罐、钵、盆、碗、瓮、缸、尖底瓶等。

据分析研究,秦王寨遗址文化内涵大致可分为早、中、晚三期。早期属于庙底沟类型,中期属于秦王寨类型,晚期属于仰韶文化向龙山文化过渡期,即大河村类型。在 20 世纪初考古界对仰韶文化类型划分和分期讨论时,1962 年初杨建芳首次提出“秦王寨类型”。

发表资料:《秦王寨遗址与秦王寨类型》,《中原文物》1981 年第 3 期。

2013 年 5 月,被国务院公布为第七批全国重点文物保护单位。

60. 点军台遗址

位于荥阳市东北 13 千米的广武镇南城村东南的台地上。东西长 300 米,南北宽 200 米,面积 6 万平方米。地理坐标为北纬 34°52′49. 98″,东经 113°26′54. 79″。

1951 年春,夏鼐等曾对该遗址进行过调查和试掘。1980 年春,郑州市博物馆再次对该遗址进行考古发掘,揭露面积 700 平方米,发现有房基、灰坑、陶窑、墓葬、瓮棺葬等遗迹和大量遗物。该遗址的文化遗存分为四期,前三期为仰韶文化,第四期为龙山文化。

点军台遗址

遗迹有房基、灰坑、陶窑、墓葬和瓮棺葬等。房基均为地面建筑,平面为方形或长方形。用草拌泥筑墙,墙壁内布满柱洞和芦苇束。室内地面铺垫平整,中部各设一个方形烧火台。整个房基均经大火烧烤成红色。灰坑多为口小底大的袋状坑。成人墓葬多为长方形竖穴土坑墓,单人仰身直肢葬。瓮棺葬葬具多用小口尖底瓶、鼎、罐、钵、缸等,其中多为两件扣合横放,也有用一件作葬具的。陶窑由火膛、火道、窑室三部分组成。

遗物有陶器、石器、骨器等。陶器有泥质陶和夹砂陶两大类。一、二两期皆以红陶为主,灰陶次之。三期红陶减少,灰陶增多。器表多为素面,纹饰有弦纹、附加堆纹、线纹,亦有彩陶。其中彩陶最具时代特征。一期彩陶有白衣、淡黄衣和红衣,以红彩为主,也有黑彩和棕彩。花纹有宽带纹、斜线纹、圆点纹、弧边三角纹、平行线纹、网纹等。二期彩陶数量比一期明显增多,多为白衣,饰黑彩或黑、红彩兼饰,少量用棕色、红色或棕黄色彩绘。花纹有平行斜线纹、圆点纹、弧边三角纹、网纹、月牙纹、射线纹等。三期彩陶以黑彩为主,有的配红彩、棕彩等。花纹种类较前两期增多,主要有网纹、平行直线纹、曲线纹、弧边三角纹、X 纹、S 纹、月牙纹、圆圈纹等。器型有鼎、罐、钵、盆、碗、缸、瓮、尖底瓶、器盖、器座等。石器有斧、锤、纺轮、球等。骨器仅有骨笄。

点军台遗址仰韶文化一、二、三期一脉相承,延续发展,分别与大河村仰韶文化一、二、三期相似。一、二两期同属仰韶文化中期的庙底沟类型,三期绝大多数属于仰韶文化晚期的秦王寨类型,也有属于仰韶文化向龙山文化过渡期的类型。

发表资料:《荥阳点军台遗址 1980 年发掘报告》,《中原文物》1982 年第 4 期。

1986 年 11 月,被河南省人民政府公布为第二批河南省文物保护单位。

61. 沙石嘴遗址

位于新密市岳村镇苇园村南台地上，周围丘陵环抱，西、北两面临河。遗址南北长约250米，东西宽约100米，面积2.5万平方米。地理坐标为北纬34°32′56.82″，东经113°31′36.13″。遗址的断崖上暴露出陶窑、窖穴等遗迹，并可见2—3米厚的文化层。

文化层包含大量陶片和红烧土块等，地表亦散存有陶片、红烧土块及少量残石器。陶器有红陶和灰陶两种。器型有鼎、罐、钵、盆、缸、小口尖底瓶、澄滤器等。器表多素面，纹饰有弦纹、划纹、附加堆纹，亦有彩陶。彩陶中有白衣彩陶，常见黑彩，主要绘直线纹、弧边三角纹等。石器有斧、铲、刀等。

沙石嘴遗址是一处以仰韶文化遗存为主的聚落遗址，并包含有龙山文化遗存。

1963年6月，被河南省人民政府公布为第一批河南省文物保护单位。

62. 马鞍河遗址

位于新密市西大街街道办事处马鞍河村西台地上，东临马鞍河，南距绥水约2千米。遗址高出河床约15米，东西长约180米，南北宽150米，面积约2.7万平方米。地理坐标为北纬34°31′40.92″，东经113°20′6.55″。

遗址四周皆为断崖，北、东两侧断崖高达10米有余，暴露有房基、大量红烧土和墓葬。文化层厚1—2.5米。地面上散存有陶片和红烧土块。大多数红烧土块上都有木柱及横木和芦苇束痕迹。采集到的陶片标本多为红陶，灰陶较少。器表多为素面，纹饰有弦纹、划纹、线纹，亦有彩陶。彩陶多为白衣彩陶，花纹有弧边三角纹、圆点纹、直纹线等。可辨器型有鼎、罐、钵、盆、缸、尖底瓶等。石器有斧、铲等。

马鞍河遗址为遗存比较单一的仰韶文化聚落，遗物、遗迹丰富，是一处非常重要的中原地区仰韶文化遗址。

2008年6月，被河南省人民政府公布为第五批河南省文物保护单位。

63. 惠沟遗址

位于新密市新城东惠沟河东岸杞(县)密(新密)公路两侧的土岗上。遗址东西长250米，南北宽240米，面积6万平方米。地理坐标为北纬34°32′8.80″，东经113°23′29.26″。该遗址于1972年被发现。遗址文化层厚0.8—2米。采集到的遗物标本主要是陶片，可辨器型有鼎、深腹罐、小口高领罐、折腹盆和白衣彩陶钵等。

惠沟遗址应为一处仰韶文化中、晚期遗址。

64. 程庄遗址

位于新密市城东南26千米曲梁乡程庄村南台地上，东临溱水，南依洧水，西偎柳溪水。遗址高出河床30米，南北长约217米，东西宽约149米，面积约3万平方米。地理坐标为北纬34°27′47.43″，东经113°38′4.83″。

遗址南面断崖高约4米，暴露出仰韶文化层，可见房基和大量红烧土。地面上散存有陶片，有泥质陶和夹砂陶，陶色有红色和灰色等。可辨器型有鼎、彩陶罐、彩陶钵、盆、碗、缸、豆、双耳瓮等，纹饰有弦纹、划纹、附加堆纹、绳纹、篮纹、方格纹、鸡冠纹等。

程庄遗址包含仰韶文化、龙山文化、二里头文化三种文化遗存，为研究三者关系提供了重要的实物资料。另外，该遗址处于郐国故城和郑韩故城之间，据史籍记载，黄帝定居的轩辕丘、古郑城的地理位置均在该遗址周边。

65. 陈家沟遗址

位于郑州市马寨镇陈家沟村北部,东临贾峪河,西、北临贾峪河支沟。遗址东西长 500 米,南北宽 350 米,面积 17.5 万平方米。地理坐标为北纬 34°41′2.07″,东经 113°32′33.19″,海拔 159 米。

遗址地处低山丘陵区,嵩山余脉延伸的东北地带。地势中部高、四周低,后经平整形成梯田。地表发现有丰富的遗物,断崖剖面暴露有文化层、灰坑、墓葬、房基、红烧土堆积层等。遗物有陶片、兽骨和石器等。陶片以泥质陶为主,有灰陶、红陶、褐陶、彩陶等,少量夹砂陶。纹饰有绳纹、篮纹、附加堆纹、素面等。可辨器型有罐、盆、甑、鼎、尖底瓶及环等。

遗址时代应为仰韶文化中、晚期。

2008 年 6 月,被河南省人民政府公布为第五批河南省文物保护单位。

66. 河西袁遗址

位于郑州市管城回族区十八里河街道办事处河西袁村南七里河西岸台地上。遗址东西长 200 米,南北宽 200 米,面积约 4 万平方米。地理坐标为北纬 34°38′50.22″,东经 113°40′52.29″。

遗址地表散存有红烧土块及陶片,断崖上暴露有明显的文化层,陶片有泥质红陶、泥质灰陶和夹砂陶,彩陶为红陶黑彩,纹饰有网纹、线纹、绳纹、附加堆纹等。器型有彩陶罐、尖底瓶、钵、罐等。

该遗址面积较大,遗物丰富,属仰韶文化大河村类型,即仰韶文化向龙山文化过渡期遗址。

67. 席村遗址

位于郑州市管城回族区南曹乡席村西北 1000 米潮河西支流西岸台地上。遗址东西长 300 米,南北宽 200 米,面积 6 万平方米。地理坐标为北纬 34°38′15.16″,东经 113°44′31.82″。遗址地表散存有大量陶片,有泥质灰陶和夹砂陶,纹饰有绳纹、附加堆纹、方格纹、篮纹等。器型有瓮、罐、盆、杯及彩陶钵等。

该遗址面积较大,遗物丰富,是一处以仰韶文化晚期遗存为主,并有龙山文化遗存的重要聚落遗址。

68. 马沟遗址

马沟遗址

位于新密市岳村镇马沟村南的高台地上,东、南、北三面环水,为五星水库上游,属溱水支流,西邻皇帝岭村,地势由东向西渐高。遗址东西长 535 米,南北宽 465 米,总面积约 25 万平方米。地理坐标为北纬 34°30′4.33″,东经 113°31′21.91″。

遗址断崖发现大量陶片、红烧土及灰坑、文化层等,文化层厚 0.4—2 米,灰坑为袋状,内填土含大量的烧土块与草木灰。文化层与灰坑中包含陶片、烧土块、残石器、砾石、兽骨、炭屑等。西侧断崖暴露有人骨(腿骨、下颌骨)。采集到的陶片可辨器型有白衣彩陶钵、罐、红陶钵、灰陶豆、尖底瓶及残石器等。纹饰以绳纹为主,也有少量方格纹、篮纹、锥刺纹和线纹。从陶器的陶质、陶色及器型看,遗址包含了仰韶文化、龙山文化及春秋时期文物遗存。

马沟遗址面积较大，三面环水，利于防御，东部的壕沟内可见夯层，文化内涵丰富，延续时间长，对研究中原地区早期历史文化序列有重要价值。

2009 年 6 月，被郑州市人民政府公布为郑州市第二批文物保护单位。保护范围：东西 535 米，东至五星水库，西至村庄西侧断崖；南北 465 米，南至断崖，北至五星水库。建设控制地带：同保护范围。

69. 北头遗址

位于荥阳市区南部的索河街道办事处槐树洼村北头村周围。地理坐标为东经 113° 19′ 33. 1″，北纬 34°43′54. 6″。海拔 244 米，面积约 21 万平方米。

北头遗址

该遗址是 2007 年第三次全国文物普查时发现的一处新石器时代仰韶文化遗址。遗址地表呈多级台地分布，中部有东西向的自然冲沟将其分为南北两部分，东临沟崖，崖下为楚庄河故道。从遗址中部和北部崖壁上可观察到灰坑和文化层，文化层厚 1—3 米，内含陶片、石铲等遗物，采集到的陶片中多见泥质红陶，亦有彩陶，器型有罐、钵和盆等。

北头遗址本体除被村庄占压外，余多采取原状保护，2009 年 6 月，被郑州市人民政府公布为郑州市第二批文物保护单位。保护范围：以村南北公路和东西公路交叉口北侧为永久性坐标点，从该点向北 250 米至沟，向南 300 米至沟，南北全长 550 米，向东 200 米至冲积沟，东西全长 200 米。建设控制地带：南、北自保护范围边线外扩 20 米至崖，西至路，东同保护范围。

70. 陈沟遗址

位于荥阳市北部广武镇陈沟村北岗地上。地理坐标为东经 113°23′41. 1″，北纬 34°57′14. 8″。海拔 222 米。

陈沟遗址

在荥阳市境的北部边缘横亘着一条东西走向的丘陵，古称广武山或广武原。广武山北依黄河，南临黄淮平原，地表沟壑纵横，台地林立，陈沟遗址就分布在广武山顶陈沟村北的三块台地上。遗址发现于 20 世纪 30 年代。早在 1934 年 5 月河南古迹研究会陈云路、郭宝钧等人就对该遗址进行过调查和试掘，发现房屋基址和彩陶等遗迹、遗物。1951 年，夏鼐、安志敏等中国科学院考古研究所河南调查团成员又对遗址进行了调查，确认是一处仰韶文化遗址。

遗址包括东、西、南部三块相对独立的台地，台地四周多为断崖，中间有小路连通。东部和西部台地，当地俗称鏊顶，南部俗称花地咀。东部台地面积最大，地表散落有陶片、红烧土块，南部和西南部断崖发现有文化层、灰坑和房屋基址，并分布着一层红烧土，应是史前房屋毁弃后的墙壁遗迹。西部台地面积略小，地表遗物最为丰富，有大量陶片，包括灰陶、红陶及彩陶，周边断崖有文化层、灰坑和墓葬分布，文化层一般厚 1—3 米，灰坑内含灰屑、陶片、石器等，红烧土块少见。南部台地面积最小，遗迹、遗物较少。

从近年采集的标本看，陶器中以灰陶为主，红陶次之，夹砂陶和泥质陶兼有，彩陶较为丰富，有红衣黑彩、白衣红彩、白衣褐彩等，器型有盆、罐、钵等。石器以磨光石斧最为常见。

发表资料：《胡厚宣日记》；《广武残瑗记》，《河南博物馆馆刊》1938年第14期；《河南成皋广武区考古纪略》，《科学通报》1951年第7期。

2008年6月，被河南省人民政府公布为第五批河南省文物保护单位。保护范围：以龙王庙大殿西北角为永久性基准点。1. 花地咀：从该点向东46米，往北最长134米。2. 鏊顶：西顶东西86米，南北134米；东顶东西92米，南北最长136米。建设控制地带：花地咀均外扩50米。鏊顶均外扩50米。

71. 任河遗址

位于荥阳市广武镇任河村南部的枯河南岸。遗址东西长1200米，南北宽500米，面积约60万平方米。地理坐标为东经113°25′29.8″，北纬34°54′15.5″。海拔109米。

该遗址于2006年第三次全国文物普查时被发现。遗址由多级台地构成，北边崖下为枯河，在遗址北侧崖壁和内部田坎断面发现有文化层和灰坑等文化遗存，文化层厚1—2米。采集到的陶器标本纹饰有绳纹和弦纹等，亦有彩陶。器型有仰韶文化灰陶缸、夹砂灰陶罐、灰陶瓮及战国时期的夹砂灰陶鬲和夹砂灰陶盂等。

任河遗址

2009年6月，被郑州市人民政府公布为郑州市第二批文物保护单位。保护范围：以枯河与乡村小路交叉口南侧为永久性坐标点，向南825米至崖边，向东825米至厂房，向西675米至泄洪道。建设控制地带：北至枯河，西至泄洪道，向南外扩50米至老314省道，向东外扩300米至广武—张庄公路。

72. 白寨遗址

位于郑州市中原区须水街道办事处白寨村南的须水河北岸。地理坐标为北纬34°50′7.16″，东经113°28′20.99″。

该遗址于20世纪70年代平整土地时被调查发现，2006年春对其进行了复查，2006年冬，第三次全国文物普查试点工作调查时再次对遗址进行了调查确认。遗址中部的南北向冲沟将遗址分成东西两部分。沟东文化层厚1.5—2米，东南部因取土被破坏，残留较少。沟西没有大面积文化层，其东北部断崖上有一宽10米、深2米的大型灰坑，出土有花边罐、缸、砖等，另见有少量商代二里冈文化上层陶鬲残片。中部断崖上有一灰坑，内含较多草木灰，并见有仰韶文化红陶钵残片、二里头文化夹砂缸残片。西北部断崖上发现一板瓦坑，内瓦面为布纹，外为绳纹。

2008年6月，被河南省人民政府公布为第五批河南省文物保护单位。保护范围：以位于遗址最南端X：46024.845、Y：52762.093为坐标原点，东、西、南至须水河沟坎，北至距坐标原点292米，东西长1134米，南北宽292米。建设控制地带：南、东、西自保护范围边界外扩100米，北部自保护范围边界外扩50米。

（三）河南龙山文化遗址（前2600—前2000）

龙山文化泛指我国黄河中下游地区新石器时代晚期的一类文化遗存，是继仰韶文化之后发展起来的新石器时代文化。首次发现于山东省济南市历城县龙山镇（今山东省济南市章丘区龙山街道），并广泛分布于黄河中下游山东、河南、山西、陕西等省。根据文化面貌及各自主要区域,学术界一般将其划分为山东龙山文化(或称典型龙山文化)、庙底沟二期文化、河南龙山文化及陕西龙山文化等。

河南龙山文化主要分布在豫西、豫北和豫东一带。陶器以灰陶为主,有少量黑陶,也有极少量蛋壳黑陶。典型器物有鼎、鬲、斝、双腹盆、带耳杯、鬶、瓮等,其中以深腹罐形鼎、双腹盆、高领小平底瓮、折腹平底斝最有代表性。未见彩陶。纹饰以拍印绳纹、篮纹、方格纹、附加堆纹为主。因分布地区差异,可划分出不同的类型,各类型在器物种类和器型、纹饰特征上略有差别。龙山文化的末段已经进入中国第一个奴隶制王朝——夏朝的纪年内,因此龙山文化对研究中国古代文明起源与发展有着不可替代的重大学术价值。

郑州地区发现数量众多、内涵丰富的龙山文化时期遗存,或与仰韶文化遗址叠压,或单独形成发达的聚落中心,延续存在较长时间。此时期的重要发现除登封王城岗、新密古城寨、新郑人和寨等多处龙山文化城址外,还有郑州马庄、新郑金钟寨、荥阳寨子峪等一批重要的聚落遗址。城址和一般聚落遗址并存是此时期聚落形态的显著特点。少数遗址在发掘中陆续发现有方形小铜片或青铜容器残片,提供了探索此时期人们使用铜器的重要线索。作为文明要素的铜器的出现,使郑州成为研究中原地区由石器时代向青铜时代过渡和发展的重要区域。同时根据文献记载,郑州地区还是夏族活动及夏文化分布的重要区域,考古发现与史实的相互对照,更加突显出龙山文化时期的郑州地区在中国古代文明起源研究中的重要地位和学术价值。

1. 马庄遗址

位于郑州市中原区须水街道办事处马庄村东北 1500 米处,北临须水河。地理坐标为北纬 34°44′1. 97″,东经 113°29′40. 57″。遗址东西长约 600 米,南北宽 500 米,总面积约 30 万平方米。

该遗址于 1965 年被发现。1966 年春,郑州市博物馆对其进行了考古发掘,发掘面积 230 平方米,清理灰坑 40 个、墓葬 8 座、圆形烧土面 1 处,出土陶、石、骨、蚌、角等完整或可复原器物 570 余件。其中陶器有瓮、罐、盆、碗、豆、盘、杯、甑、鼎、觚、鬶、簋、澄滤器、纺轮、杯等。纹饰以篮纹、方格纹、绳纹为主,另有指甲纹、凸弦纹、凹弦纹等。石器有铲、斧、锛、凿、刀、镰、矛、网坠、敲砸器、弹丸、环、簇、簪、锥等。骨器和蚌器有镞、簪、锥、凿、匕等。遗址文化层厚 1—1. 5 米,文化内涵主要是河南龙山文化中期偏晚的遗存,但本身仍有早晚之分,大体可分为三期:一期相当于河南龙山文化中期偏晚的遗存;二期相当于河南龙山文化晚期的遗存;三期相当于煤山类型早期遗存。三期遗存中一些主要器物的演变过程有着明显的连续性和阶段性,这对研究河南龙山文化晚期向二里头文化一期过渡及探讨早期夏文化等学术热点问题有很大帮助。

发表资料:《郑州马庄龙山文化遗址发掘简报》,《中原文物》1982 年第 4 期。

2006 年 6 月,被河南省人民政府公布为第四批河南省文物保护单位。保护范围:北面以须水河为界,东面、南面以须水河冲沟为界,西面以马庄村东的南北向乡村公路东边沿往东 50 米。建设控制地带:北部以须水河为界,东、南部均以通向须水河的冲沟为界,西部以马庄村东的乡村公路东侧边沿为界。

2. 金钟寨遗址

位于新郑市新村镇金钟寨村东,东临黄水河,南、北、西为护寨河(现为干沟),西部部分被填平。遗址为河旁台地,高出河床 15 米。遗址东西长 445 米,南北宽 345 米,面积约 15 万平方米。地理坐标为北纬 34°30′7. 29″,东经 113°41′30. 44″。

该遗址于 1985 年 4 月第二次全国文物普查时被发现。遗址文化层厚 1—3 米,包含龙山文化、新砦期文化等遗存。龙山文化堆积层多分布在西半部,新砦期文化堆积层多分布在东半部。调查中发现灰坑等遗迹,采集到的石器有斧、铲等,陶片中可辨器型有鼎、鬲、罐、盆、瓮、碗、澄滤器、三足盘、器盖等,纹饰主要有绳纹、方格纹,还发现鹿角、蚌壳等遗物。遗址四周还残存有清代夯筑的土寨墙。

金钟寨遗址全景

该遗址文化内涵丰富而且具有代表性,对研究中原地区龙山文化、新砦期文化内涵及分期具有重要的学术价值。

2006 年 6 月,被河南省人民政府公布为第四批河南省文物保护单位。保护范围:东西 445 米,东至黄水河,西至金钟寨村西寨墙外侧;南北 345 米,南至干沟,北至干沟。建设控制地带:北、东、南面均以河流、干沟为界,西至金钟寨村西寨墙西 50 米;保护范围内金钟寨村民居范围作为建设控制地带。

3. 寨子峪遗址

位于荥阳市广武镇寨子峪村北黄河南岸的三级台地上。东、北面环沟,北约 1000 米为黄河。地理坐标为北纬 34°57′31.60″,东经 113°24′37.81″。遗址东西长约 630 米,南北宽约 230 米,面积约 14.5 万平方米。

遗址地处广武山的浅山丘陵区,黄土堆积深厚,原地形北高南低,20 世纪 80 年代初新建村庄时,南部被取土建房破坏和占压。现平面形状为不规则形,东西狭长,南北窄短,中部较低,东西两端略高。因曾进行过土地平整,地表遗物较少。在遗址区一级台地的断岸剖面发现有文化层,采集有石铲。在二、三级台地的断崖上发现有灰坑,有圆形、椭圆形、不规则形等,包含物较丰富,有较多陶片、兽骨等。采集到的标本分泥质灰陶和夹砂灰陶两种,可辨器型有罐、盆、钵、杯、甑等,器物以素面为主,少量饰有弦纹、方格纹和篮纹等。曾出土有龙山文化时期石铲 1 件,石质较好,近似玉质,磨制精美,长 24 厘米,上宽 9 厘米,下宽 10 厘米,厚 1 厘米。

该遗址文化层堆积厚,文化内涵丰富,为研究中原地区新石器时代龙山文化提供了新线索。

2008 年 6 月,被河南省人民政府公布为第五批河南省文物保护单位。

4. 西柏社遗址

位于郑州市上街区峡窝镇西柏社村东 150 米处,南临上(街)汜(水)公路。地理坐标为北纬 34°50′4.33″,东经 113°15′46.06″。遗址平面呈长方形,南北长 451 米,东西宽 226 米,面积约 10 万平方米。

西柏社遗址

该遗址于 20 世纪 80 年代文物普查时被发现。2006 年,郑州市文物考古研究院对此进行了试掘,文化层厚 1—1.5 米,发现了丰富的遗迹、遗物。其中陶器制作精致,纹饰精美,磨光技术运用较多。石器加工精细,多通体磨光,纹饰精美,钻孔技术成熟。此后遗址又经多次调查和了解性钻探,其文化层清晰,堆积丰富,分布密集区在冲沟两岸断崖上。在遗址区西部断崖尚可见灰坑多个,内含有陶器残片及红烧土颗粒。采集到的陶片可分为夹砂陶和泥质陶两种,陶色有灰色、红色、黑色等。可辨器型有夹砂红陶鼎、敛口钵、磨光黑陶豆、罐等。纹饰以绳纹、方格纹为主,另有少量篮纹等。遗址的延续时间较长,从龙山文化、战国一直到西汉时期,具有重要的学术价值。

2006年6月,被河南省人民政府公布为第四批河南省文物保护单位。保护范围:西起西柏社村,东至西柏社村淀粉厂,南至上汜公路,北至西柏社村南,东西226米,南北451米。建设控制地带:遗址边界四周各外扩20米。

5. 大司遗址

位于新郑市龙湖镇大司村北,北连水库,西有十八里河支流。地理坐标为北纬34°36′12.03″,东经113°39′23.75″。遗址东西长约340米,南北宽200米,面积约8万平方米。

该遗址于1985年4月第二次全国文物普查时被发现。遗址区西端为台地,北、东部地势略低。断崖上暴露文化层厚0.5—2米,发现窑址、灰坑、墓葬等遗迹。在遗址的中部还发现有窑址。采集到的陶片可辨器型有鼎、罐、瓮、盆、澄滤器、钵、豆等,纹饰有绳纹、篮纹、方格纹等。另采集到一件石凿。

该遗址是一处比较重要的新石器时代龙山文化向二里头文化过渡时期的遗址。

2008年6月,被河南省人民政府公布为第五批河南省文物保护单位。

6. 大寨遗址

位于郑州航空港经济综合实验区滨河办事处远航路以北,凌寒街以西,凌空街以东,梯航路以南。地理坐标为北纬34°33′32.42″,东经113°51′43.50″。遗址高出周围地面1—3米,面积约3万平方米。

该遗址于1984年第二次全国文物普查时被发现。遗址区内遗迹、遗物丰富,在地表采集有绳纹、篮纹、方格纹灰陶片,还发现鹿骨、鹿角、古币、铜镞等,断崖处可见文化层厚3—5米。遗址四周有寨墙环绕,其中南面寨墙在平整土地时被破坏,东、西、北面寨墙保存基本完好,寨墙高出墙外地面0.8—4.8米,高出墙内地面0.2—1.5米,寨墙土层中夹杂大量陶片、瓦、兽骨等遗物。

该遗址为探索新石器时代龙山文化的面貌、性质等提供了重要资料。

2008年6月,被河南省人民政府公布为第五批河南省文物保护单位。

7. 于寨遗址

位于新郑市龙湖镇于寨村东北约1000米的高台地上,东、北、西面均为深沟。地理坐标为北纬34°36′49.07″,东经113°37′26.96″。遗址东西长约440米,南北宽约230米,总面积约10万平方米。

该遗址于1978年平整土地时被发现。文化层现存厚约2米,出土石器有斧、铲。此后又经多次调查,采集到的陶片可辨器型有鼎、鬲、盆、罐、豆等,纹饰主要有绳纹、篮纹、附加堆纹、方格纹等,均为新石器时代龙山文化遗物。2003年5月,“中华文明探源工程”研究调查时又新发现二里头及二里冈文化时期遗存,其中二里头文化时期有罐、缸、甗、鬲、鼎、盆、尊等器物残片,纹饰多为绳纹、附加堆纹、弦纹;二里冈文化时期有陶鬲、罐、豆、盆等器物残片,纹饰以绳纹为主。另外还采集有兽骨。

该遗址文化遗存非常丰富,具有新石器时代龙山文化向夏商过渡时期遗存的特征,对研究中华文明起源具有重要意义。

2008年6月,被河南省人民政府公布为第五批河南省文物保护单位。

8. 罗口遗址

位于巩义市西村镇罗口村。东北有凤凰山,北侧为河道,坞罗河从东南呈“之”字形流向西北。地理坐标为北纬34°39′48.72″,东经112°58′55.32″。遗址南北长约600米,东西宽约350米,面积约21万平方米。

罗口遗址

1998年,中美澳三国联合考察团对此遗址进行调查,发现遗址分布在罗口北街和罗口南街。罗口北街遗址呈中间高四周低的形状,高出河床约20米,东南部主要是龙山、二里头文化遗存,西北部主要是龙山文化遗存,散见仰韶文化遗存,北部、中部文化遗存从龙山文化一直延续到汉代。文化层厚0.1—1.5米,深灰色填土,包含物有陶片和石器。在遗址东南部发现灰坑3个,其中1个灰坑直接叠压在鹅卵石层上。采集到的标本有泥质灰陶和黑陶,也有部分夹砂灰陶,可辨器型主要是小口罐,纹饰有绳纹、篮纹、方格纹等。在遗址的南部还发现一个商代柱础,高50厘米,由碎陶片、砾石夯筑而成。罗口南街遗址文化层厚0.1—0.5米,深灰色填土,土质疏松,包含物大部分是陶片。断崖上发现灰坑2个,其中1个为小口平底坑,内填浅灰色土,土质较为疏松。采集到的标本多为泥质灰陶,纹饰主要是绳纹。

该遗址保存较为完好,内涵丰富,对研究坞罗河流域的聚落形态、传承关系及当地先民的生存状态、文化内涵具有一定价值。

2009年6月,被郑州市人民政府公布为郑州市第二批文物保护单位。罗口北街遗址保护范围:东、北、西均至坞罗河河道南岸,南至村道。罗口南街遗址保护范围:东至罗口桥,西至罗口村南街,北至罗口村东街,南至供销社南1400米。建设控制地带:同保护范围。

9. 安庄遗址

安庄遗址

位于郑州市管城回族区南曹乡安庄村西南300米处,东距潮河500米。地理坐标为北纬34°36′53.31″,东经113°45′7.31″。遗址南北长450米,东西宽300米,面积13.5万平方米。

该遗址于2008年春第三次全国文物普查田野调查时被发现。遗址区地势为中部一道南北向的丘陵岗地,由岗地向东、西两侧逐步呈缓坡状。在遗址北部断崖处发现多处灰坑分布。灰坑土色呈灰褐色、黑褐色,土质较硬,包含烧土、兽骨、陶片等遗物。陶片有泥质陶和夹砂陶,陶色为灰色、黑色,纹饰有篮纹、方格纹、绳纹、弦纹、素面等,可辨器型有盆、甗、罐、杯等。另外还发现有鹿角等。

该遗址文化内涵丰富,暴露文化遗存较多,以新石器时代龙山文化晚期遗存为主,还包含新砦期文化因素,是郑州东南部发现的一处较大的新石器时代文化遗址,遗址的发现填补了郑州东南部沙丘地文物发现较少的空白。

2009年6月,被郑州市人民政府公布为郑州市第二批文物保护单位。保护范围:东至双湖大道与南侧道路丁字路口,南至双湖大道,西、北至小路。建设控制地带:南至双湖大道,东、西、北自保护范围边界各外扩100米。

10. 大庄东南遗址

位于中牟县郑庵镇大庄村东南部的沙岗上。地理坐标为北纬34°39′51.29″,东经113°55′49.35″。

遗址东西长 400 米,南北宽 300 米,面积 12 万平方米。

该遗址于 2007 年冬第三次全国文物普查田野调查时被发现。遗址区地势中部高,周边低,上部被 0.3—0.5 米厚的黄沙覆盖。在遗址中部断面发现有文化层分布,暴露部分厚约 0.6 米,灰褐土,土质较松,内含红烧土颗粒及陶片等遗物。采集到的陶片以灰陶为主,另有少量红陶,陶质以泥质陶为主,陶胎较薄。纹饰有绳纹、篮纹、方格纹、素面等。可辨器型有方唇折沿深腹罐等。

大庄东南遗址

该遗址为探索中牟境内新石器时代龙山文化时期的文化面貌、性质等增添了新的材料,有较高的价值。

2009 年 6 月,被郑州市人民政府公布为郑州市第二批文物保护单位。保护范围:东西 400 米,西至村际公路,东至村际公路东 400 米处;南北 300 米,北至大庄村东南 300 米处,南至遗址南边界。建设控制地带:同保护范围。

11. 孙坡遗址

位于郑州市中原区须水街道办事处孙坡村东约 50 米须水河东岸台地上。地理坐标为北纬 34°43′41.79″,东经 113°28′57.13″。东西长 350 米,南北宽 300 米,面积 10.5 万平方米。

该遗址于 2006 年冬第三次全国文物普查试点调查时被发现。遗址地处郑州西部的低山丘陵区,是嵩山东北部延伸的余脉地带。地势呈东高西低的斜坡状,遗址区相对较为平坦,北部断崖剖面发现有文化层,厚 1—1.5 米,浅灰土,土质较松,包含物有陶片等。采集到的陶片有泥质陶和夹砂陶,以泥质陶为主。陶色有灰色、红色,亦有黑皮蛋壳陶等。纹饰有绳纹、篮纹、方格纹、弦纹、素面等。可辨器型有罐、盆、瓮、鼎等。

该遗址文化内涵丰富,文化堆积较厚,对新石器时代向夏代过渡的研究具有重要意义。

2009 年 6 月,被郑州市人民政府公布为郑州市第二批文物保护单位。保护范围:东至须水河,南、西、北至须水河支沟。建设控制地带:东、南、西自保护范围边界各外扩 100 米,北自保护范围边界外扩 125 米。

12. 马家遗址

位于新密市曲梁乡马家村北溱水河东岸台地上。地理坐标为北纬 34°29′35.92″,东经 113°38′52.41″。遗址地势较高,南北长约 300 米,东西宽约 250 米,总面积约 7.5 万平方米。

该遗址于 1983 年第二次全国文物普查时被发现。在遗址中部有一道高 1.2 米的东西向断崖,在断崖上可见较厚的深灰色文化层,包含物十分丰富,后经钻探查明文化层厚 1—1.9 米。采集到的陶片可辨器型有鼎、罐、甗、盆、钵、碗、瓮和器盖等,有新石器时代龙山文化晚期特征兼二里头文化早期特征,对探索夏文化有重要价值。

2009 年 6 月,被郑州市人民政府公布为郑州市第二批文物保护单位。保护范围:东西 250 米,东至小路东 190 米,西至小路西 60 米;南北 300 米,南至马家村北路沿,北自马家村北路沿向北 300 米。建设控制地带:东自保护范围向东扩 100 米,西自保护范围向西扩 100 米,北自保护范围向北扩 30 米,南部不划。

13. 大朱庄遗址

位于新郑市观音寺镇大朱庄村西。地理坐标为北纬 34°19′3.45″,东经 113°39′41.61″。遗址东西长约330米,南北宽约160米,面积约5万平方米。

该遗址于1985年4月第二次全国文物普查时被发现。遗址中部地势较高,断崖处暴露有丰富的文化层和灰坑,包含遗物丰富。文化层厚约2米。龙山文化层中采集到的陶片有泥质、夹砂灰陶和红陶,纹饰主要有绳纹、方格纹,可辨器型有鬲、罐、鬶、鼎、器盖等。商和西周时期文化层包含陶片为泥质灰陶,纹饰以绳纹为主,可辨器型有罐等。另外采集有蚌壳。遗址文化遗存非常丰富,具有非常重要的保护和研究价值。

2009年6月,被郑州市人民政府公布为郑州市第二批文物保护单位。保护范围:东西315米,南北160米,东、西、南均至断崖,北至小路北29米。建设控制地带:东以保护范围边线为界,北以保护范围边线外扩20米,南至石洞寺河北岸,西至干沟。

14. 魏岗遗址

位于郑州市上街区峡窝镇魏岗村东岭上,北部、东部为深沟,南临汜水河支流棘寨河。地理坐标为北纬34°46′8.45″,东经113°16′42.58″。遗址东西长300米,南北宽150米,面积4.5万平方米。

2004年春,郑州市文物考古研究所在该区域进行文物调查时发现该遗址,2009年春第三次全国文物普查田野调查时对其进行了复查。在遗址中部及北部断崖上发现有灰坑及文化层分布,灰坑为袋状坑,弧壁平底,坑口距地表约0.5米,口径1.2—1.5米,底径1.8—2.2米,深1.6米,坑内填土为黑灰土,夹红烧土块和大量草木灰,包含物丰富。文化层暴露部分厚0.6—0.8米。另外遗址区内还有一处陶窑遗存,大部分已被破坏,内含红烧土块、草木灰及陶片等。采集标本有陶片、石器和兽骨。陶片有灰陶、黑陶、红陶等,以泥质陶为主,夹砂陶次之。纹饰有绳纹、篮纹、方格纹、弦纹、素面等。可辨器型有陶罐、高领瓮、盆、碗、豆等。

该遗址是上街区发现的一处保存较完好的新石器时代晚期遗址,对于新石器时代晚期向夏王朝过渡时期社会文化研究具有重要价值。

2009年6月,被郑州市人民政府公布为郑州市第二批文物保护单位。保护范围:东部、北部至深沟,南至汜水河支流棘寨河,西至村庄东部南北向小路。建设控制地带:自保护范围边界各外扩60米。

15. 大范庄遗址

位于新郑市郭店镇大范庄村南200米处,南临干沟,东、西、北均为枣林。地理坐标为北纬34°33′39.97″,东经113°44′52.46″。遗址南北长314米,东西宽106米,面积约3.3万平方米。

该遗址于2006年冬第三次全国文物普查田野调查时被发现。遗址区为高岗地,文化层厚1.2—2米。其中龙山文化时期文化层包含陶片和石斧等遗物,陶片可辨器型有鬲、罐、鼎等,纹饰主要有绳纹、篮纹、方格纹;殷商时期文化层包含陶片可辨器型有罐、鼎等;春秋时期文化层包含陶片可辨器型有罐、盆、鬲等;战国时期文化层包含陶片可辨器型有釜、盆、豆等,纹饰均以绳纹为主。此外,在遗址北部还发现有多个大型灰坑。

2009年6月,被郑州市人民政府公布为郑州市第二批文物保护单位。保护范围:东西106米,东至小路,西至断崖;南北314米,南、北均至小路。建设控制地带:南、北以保护范围为界,东西以保护范围边线各外扩20米。

16. 刘沟遗址

位于荥阳市高村乡刘沟村北的广武山山顶台地上。地理坐标为北纬34°57′9.78″,东经113°22′14.81″。遗址南北长约350米,东西宽30—50米,面积约1.2万平方米。

刘沟遗址

遗址发现于民国时期。当地河阴县陈铺头人陈云路曾到此调查,并在彦章寨捡到陶器等遗物。民国时期所编的《河阴县志》对此有简要记述。遗址文化遗存比较丰富,三个小台地上均散见陶器、石器等遗物,周边断崖上暴露有文化层和灰坑等。文化层一般厚 1 米左右,灰坑深 1—2 米。采集陶片可辨器型有环、盆、豆和罐等,器表除素面外,常见篮纹和绳纹等,另有红衣褐彩的彩陶片。

该遗址是包含新石器时代仰韶文化、龙山文化及战国等历史阶段的古代文化遗址,对研究当时的人口居住分布特点等有一定价值。

2009 年 6 月,被郑州市人民政府公布为郑州市第二批文物保护单位。保护范围:永久性坐标点设于彦章寨西南角路口西侧,从该点向北 135 米至崖边,向东 97 米至崖边,往西 3 米至崖边,东西 100 米。建设控制地带:四周皆至地崖,整块台地。

17. 大辛庄遗址

位于郑州航空港经济综合实验区冯堂办事处大辛庄南 200 米处。地理坐标为北纬 34°29′16. 61″,东经 113°56′59. 79″。遗址南北长 400 米,东西宽 300 米,面积 12 万平方米。

该遗址于 2009 年第三次全国文物普查田野调查时被发现。在地表采集有泥质、夹砂灰陶片和红陶片,纹饰有篮纹、绳纹,可辨器型有罐、盆。根据采集标本分析,该遗址为新石器时代龙山文化时期和商代文化遗址,对当时社会发展状况的研究具有重要意义。

18. 方顶遗址

位于郑州市上街区峡窝镇方顶村西北 200 米处,东临汜水河支沟,西临汜水河,北临 310 国道,西部有一条小铁路。地理坐标为北纬 34°46′13. 70″,东经 113°15′29. 36″。遗址东西长 500 米,南北宽 400 米,面积 20 万平方米。

该遗址于 2009 年第三次全国文物普查田野调查时被发现。遗址西部断崖上发现有文化层,土色黄褐色,包含烧土和陶片。地表采集到大量陶片,陶片陶质有夹砂陶及泥质陶,陶色有红色及灰色,纹饰有绳纹、篮纹、方格纹、素面等,器型有盆、罐、碗等。

19. 石庙遗址

位于郑州市中原区须水街道办事处石庙村西南部的红沟南岸,与三十里铺隔沟相邻。地理坐标为北纬 34°45′47. 05″,东经 113°28′23. 69″。遗址东西长 400 米,南北宽 400 米,面积 16 万平方米。

该遗址于 2008 年第三次全国文物普查田野调查时被发现。遗址东北角、北、西南都被砖厂取土破坏。在东、西断崖上发现有灰坑和文化层,文化层厚 1 米,土色红褐色,较硬,包含陶片、石块等遗物。灰坑多为平底袋状坑,土质疏松,包含大量草木灰、陶片等。陶片陶质有泥质陶和夹砂陶,陶色有黑色、灰色、红褐色,纹饰有绳纹、篮纹、方格纹等,器型有瓮、罐、器盖、盆等。

20. 周垌西北遗址

位于郑州市中原区航海西路街道办事处周垌村西北,贾鲁河之东岸,北隔酒沟与周垌遗址相邻。地理坐标为北纬 34°43′26. 37″,东经 113°35′12. 71″。遗址东西长 120 米,南北宽 120 米,面积约 1. 4 万平方米。

该遗址于2008年第三次全国文物普查田野调查时被发现。遗址地表为农田，文化层厚1米，在岸边断面上发现有灰坑，其中一个直径3米，深2米，内含鼎、瓮、石簇等，断面上可见大量龙山文化时期陶片。

21. 马村遗址

位于郑州市惠济区古荥镇马村南约100米处，西临乡间公路。地理坐标为北纬34°52′22.50″，东经113°30′26.27″。遗址东西长400米，南北宽300米，面积约12万平方米。

该遗址于2008年第三次全国文物普查田野调查时被发现。遗址西部有一取土区，现已被平整，中部地势较周围稍高。中北部有两个土窑，南部有一条索须河支沟，西部、北部在取土过程中被破坏一部分，扰土厚0.5—1.2米，文化层大于1.5米。灰坑有袋状坑、不规则形坑。采集到的陶片有折沿方唇陶罐片，板瓦，绳纹、篮纹、方格纹陶片等，器型有罐、板瓦、筒瓦等。根据调查情况及采集的遗物标本分析，该遗址为龙山文化、西周时期文化遗址。

22. 刘知州遗址

位于新郑市郭店镇刘知州村北。地理坐标为北纬34°34′5.48″，东经113°40′17.13″。南北长375米，东西宽212米，面积约7.9万平方米，文化层厚约1.5米。

该遗址于2009年第三次全国文物普查田野调查时被发现。遗址呈长方形，为阶梯台地，断崖采集到龙山文化时期的罐、缸、盆等器物残片，夏代罐、鬲等器物残片，东周时期盆、碗、豆、罐等器物残片。该遗址是一处比较重要的龙山文化、夏、东周时期文化遗址。

23. 道李西南遗址

位于郑州市中原区航海西路街道办事处道李村西南400米处，西临常庄水库。地理坐标为北纬34°43′38.05″，东经113°33′43.20″。遗址东西长300米，南北宽200米，面积6万平方米。

该遗址于2008年第三次全国文物普查田野调查时被发现。地表发现少量遗物，在西侧断崖下近水库水面处有丰富的陶片等遗物。陶片陶质有泥质陶和夹砂陶，陶色有灰色、黑色、褐色等，纹饰有绳纹、方格纹、篮纹、弦纹、素面等，可辨器型有罐、盆、瓮、鼎等。另外在剖面还发现有汉代的陶片、板瓦等遗存。

24. 石旦沟遗址

位于郑州市二七区侯寨乡石旦沟村西部约300米处，郭家咀水库的东岸台地上，东临郑尧高速公路，南、北各临一条小支沟。地理坐标为北纬34°39′32.31″，东经113°37′21.97″。遗址东西长200米，南北宽150米，面积约3万平方米。

遗址地处郑州西南部的低山丘陵区，嵩山余脉延伸的东北部地带，地势为东高西低。在遗址断崖剖面发现有灰坑和文化层分布。文化层厚1.2—1.8米，灰褐土，夹有红烧土颗粒，土质较松，包含物有陶片、兽骨等。灰坑呈不规则形，填土为灰褐土，夹有草木灰及烧土块等，土质较松，包含物有陶片、兽骨等。陶片较为破碎，有泥质陶和夹砂陶，以夹砂陶为主，陶色有灰色、黑色、褐色等，纹饰有绳纹、方格纹、篮纹、素面等，

石旦沟遗址

可辨器型有罐、盆等。

2012 年 4 月，被郑州市二七区人民政府公布为二七区第一批文物保护单位。

25. 南郭家咀遗址

位于郑州市二七区樱桃沟景区管委会郭家咀村西北部约 1000 米处，西临贾鲁河东源上游九龙庙河，南、北两侧为贾鲁河支沟。地理坐标为北纬 34°37′59. 44″，东经 113°34′46. 42″。遗址东西长 500 米，南北宽约 300 米，面积约 15 万平方米。

南郭家咀遗址

遗址地处郑州西南部的低山丘陵区，嵩山东部延伸的余脉地带，地势呈东高西低状。在地表发现零星的碎陶片，北壁断崖剖面发现有灰坑及文化层分布。文化层厚 1. 5—3. 5 米，灰褐土，夹有草木灰及烧土块等，包含物有陶片、兽骨、石器等。灰坑呈不规则形，填土为灰褐土，土质较松，包含物较为丰富，有陶片、兽骨等。陶质有泥质陶和夹砂陶，以夹砂陶为主，陶色有黑色、灰色、红色等，纹饰有方格纹、篮纹、绳纹、素面等，可辨器型有盆、碗、高领瓮、甗、圆腹罐等。

该遗址的发现对探索和研究中原地区新石器时代向早期夏文化过渡具有重要意义。

2012 年 4 月，被郑州市二七区人民政府公布为二七区第一批文物保护单位。

26. 十八里河遗址

位于郑州市管城回族区十八里河街道办事处十八里河村西南 700 米七里河西岸台地上。地理坐标为北纬 34°40′42. 58″，东经 113°41′16. 14″。遗址东西长 300 米，南北宽 200 米，面积约 6 万平方米。

2003 年 8 月，郑州市文物考古研究所配合东绕城高速建设调查时发现该遗址并进行了发掘，发掘面积 1200 平方米。发掘的遗迹主要有龙山文化时期的壕沟、灰坑。出土遗物有龙山文化的篮纹高领瓮、方格纹花沿罐、折腹盆、陶杯等。同时，在龙山文化上层也叠压有商、东周文化遗存，并被唐宋时期墓葬打破。

该遗址以新石器时代龙山文化为主，并兼有商、东周时期文化，是一处延续时间较长、有丰富文化叠压关系的遗址。

2012 年 1 月，被郑州市管城回族区人民政府公布为管城回族区文物保护单位。

27. 苏庄遗址

位于郑州市管城回族区南曹乡苏庄村东北约 200 米七里河东支流西岸台地上。地理坐标为北纬 34°39′25. 35″，东经 113°42′27. 55″。遗址东西长 300 米，南北宽 300 米，面积约 9 万平方米。

遗址地处郑州东南沙丘岗地，地势较周边略高，东部取土挖去 0. 6—1 米，地表散存有陶片。在取土断崖上暴露有灰坑和文化层，文化层厚 0. 6 米，浅灰土，有碎陶片，遗物较少。灰坑填土疏松，包含陶片等，从地表、灰坑及文化层中采集的陶片标本有泥质陶和夹砂陶，陶色有黑色、灰色、红色等，纹饰除红陶为素面外，其余有绳纹、方格纹、篮纹等，器型有盆、瓮、罐、鬲等。

该遗址是一处以新石器时代龙山文化为主，并兼有西周时期文化的遗址。

2012 年 1 月，被郑州市管城回族区人民政府公布为管城回族区文物保护单位。

28. 小郑庄遗址

位于郑州市管城回族区南曹乡小郑庄村西南 1500 米潮河西支流西岸。地理坐标为北纬 34°38′10. 15″,东经 113°44′25. 52″。遗址南北长 450 米,东西宽 400 米,面积约 18 万平方米。

遗址为一道东西向低岗,地表散存大量陶片,断崖暴露有文化层和灰坑,文化层厚 0. 5—1 米,包含陶片等遗物。采集到的陶片有泥质灰陶和夹砂陶,纹饰有绳纹、篮纹、方格纹,器型有盆、罐、碗、大口尊、杯等。

这是郑州东南一处面积较大的史前文化遗址,因周围遗址分布较密集,该遗址可能有聚落中心的性质,具有很高的历史研究价值。

2012 年 1 月,被郑州市管城回族区人民政府公布为管城回族区文物保护单位。

29. 齐河遗址

位于新郑市辛店镇齐河村东,东临五虎赵水库,面积约 5. 2 万平方米。地理坐标为东经 113° 37′,北纬 34°21′。海拔 147 米。

齐河遗址全景

遗址地表可见大量散落陶片,断崖处有多个灰坑,文化层厚 0. 7—1. 7 米。遗址调查采集到大量陶片和石器,陶片以灰陶为主,少量红陶,灰陶多为泥质,红陶夹砂居多,纹饰主要有粗绳纹、细绳纹、弦纹、方格纹、附加堆纹等。遗址内还发现大量红烧土块,遗址中部偏西断崖处发现已被破坏的墓葬。采集到的石器均为磨制,其中一件带有穿孔。

该遗址内涵丰富,文化堆积较厚,对于研究中原地区龙山文化面貌具有一定的价值。

2009 年 6 月,被郑州市人民政府公布为郑州市第二批文物保护单位。保护范围:东西 396 米,东至五虎赵水库西岸台地断崖处,西至台地断崖处;南北 157 米,南至溴水河北岸台地断崖处,北至断崖。建设控制地带:东至五虎赵水库西岸,南至溴水河北岸,北自保护范围边线外扩 30 米至断崖,西自保护范围边线外扩 20 米至断崖。

30. 观沟遗址

位于郑州市上街区峡窝镇观沟村西 300 米汜水河东岸台地上。地理坐标为北纬 34°47′3. 71″,东经 113°15′43. 39″。现地表为耕地,地势北高南低。在遗址南部断崖上发现有灰坑,土色灰褐色,包含陶片、烧土、草木灰、石块等遗物。地表采集到少量陶片,陶片陶质为泥质陶和夹砂陶,陶色有灰色和红色,纹饰有绳纹、篮纹、方格纹、素面等,器型有罐、盆、杯、碗等。

该遗址是上街区发现的一处保存完好的龙山文化遗址,对于新石器时代晚期向夏王朝过渡时期的社会文化研究具有重要意义。

2009 年 6 月,被郑州市人民政府公布为郑州市第二批文物保护单位。保护范围:以遗址中部为中心,东西 508 米,南北 552 米。建设控制地带:自本体范围向东外扩 100 米,向北外扩 75 米,南至 310 国道,北至上大(上街至大峪沟)铁路。

31. 西张村遗址

西张村遗址

位于荥阳市区北部的高村乡西张村村北和村西一带。地理坐标为东经 113°22′06.3″，北纬 34°52′32.6″。海拔 127 米。

该遗址是一处面积较大的古文化遗址，以新石器时代仰韶文化、龙山文化及商代早期二里冈文化遗存为主。遗址中部略高，向北、向西伸展至枯河岸边，为低缓的多级台地，地表散落有陶片等遗物，台地边缘坎壁上发现有文化层和灰坑分布，形状和深度不明。文化层中陶片、炭屑、碎兽骨等遗物丰富，采集到的陶片以泥质灰陶数量最大，也有不少泥质红陶，纹饰主要有绳纹、方格纹、附加堆纹和弦纹等，器型有罐、鼎、碗、甑、小口瓮、大口尊等，另外也发现有石铲等石器。

2009 年 6 月，被郑州市人民政府公布为郑州市第二批文物保护单位。保护范围：以遗址区中部冲积沟北侧为永久性坐标点，从该点向东 190 米，向西 850 米，东西长 1060 米；向南 500 米，向北 65 米，南北长 625 米。建设控制地带：西、北至枯河，东、南至沟崖对岸，南北最长 645 米，东西最长 1160 米。

第三节　夏代文化遗址（约前 2070—前 1600）

夏代作为中国历史上第一个王朝存在的真实性已经不容置疑。它是中原地区出现的第一个广域王权国家，揭开了中国历史的新篇章，延续约半个世纪，开启了长达千年之久的独具特色的灿烂的青铜文明，在中国文明史上占有重要地位。

由于迄今尚未发现记录当时史实的夏代文字资料，考古学在重建夏代信史方面发挥了它无法替代的作用。从 1959 年徐旭生率队到豫西做调查，正式启动用考古学方法探索“夏文化”，到二里头遗址的发掘取得重要发现，夏鼐先生提出“二里头文化”的命名，二里头遗址和二里头文化成为探索夏文化的重要研究对象。目前，关于夏文化的探索虽仍存在许多不同的看法和分歧，但在文化面貌和分布范围上已取得较多共识。文化面貌方面，二里头文化来源于河南龙山文化，经过新砦期文化的过渡，发展为二里头一期文化，二里头二、三期文化则是其发展繁荣阶段，至二里头四期文化衰落，进入商代。在分布上，二里头文化以洛阳盆地为中心，东到郑州地区，北到沁水沿岸，西北部包括晋南黄河北岸一带，西抵三门峡地区，南到南阳地区。

郑州所在的嵩洛地区是夏王朝分布的中心地区，留下了众多的遗存。经过考古工作者多年的辛勤工作，在郑州地区发现和发掘了一批夏代文化遗址，1953 年发掘的登封玉村遗址是发现最早的夏代文化遗址。另如郑州芦村河遗址，登封南洼遗址、程窑遗址，巩义稍柴遗址，新密曲梁遗址等，都是非常重要的发现。

1. 玉村遗址

位于登封市告成镇玉村，颍水河与玉溪水交汇处。地理坐标为北纬 34°21′48.39″，东经 113°13′31.57″。遗址地势北高东低，南北长约 200 米，东西宽约 150 米，面积约 3 万平方米，现已淹没于白沙水库下。

1953 年 4 月，为配合白沙水库建设，河南省文化局文物工作队在此进行发掘，发现文化层厚 1—2 米，出土鼎、鬲、罐、豆、盆、白陶爵和纺轮，还有残石刀、骨镞。陶器多为素面，有的饰篮纹、方格纹、弦纹、绳纹。发掘者提出该遗址晚于龙山文化、早于二里冈期商代文化,这一认知客观上开启了考古学家在嵩山地区寻找夏代文化遗存的序幕,玉村遗址是此后每一个谈及该文化发现时都要提及的最早发现地。

发表资料:《河南登封县玉村古文化遗址概况》,《文物参考资料》1954 年第 6 期。

2. 稍柴遗址

位于巩义市芝田镇稍柴村周围及小訾殿村附近,坞罗河与伊洛河交汇的台地上。遗址北临伊洛河,坞罗河从遗址东南向西北流去,汇入伊洛河。地理坐标为北纬 34°42′10. 15″,东经 112°55′18. 97″。遗址东西长约 2000 米,南北宽约 1000 米,面积约 200 万平方米。文化层堆积为北面薄,向南逐渐增厚,一般在 3 米以上,最厚处可达 4 米,文化内涵非常丰富。

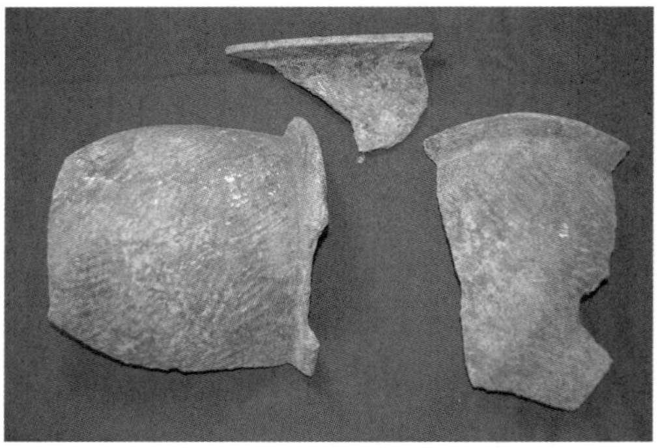

稍柴遗址出土陶片

该遗址于 1959 年河南省文物工作队调查时被发现。1960—1963 年,河南省文物工作队、北京大学历史系考古专业师生先后对其进行了试掘,发掘面积 690 平方米,发掘窖穴 45 个、墓葬 7 座,出土遗物 500 多件,有罐、豆、盆、三足器、折肩瓮、器盖、鬲、大口尊、碗等陶器,还有石器、骨器和蚌器。从出土的遗物和地层叠压与打破关系来看,稍柴遗址可分为四期,其中稍柴一、二、三期相当于二里头一、二、三期文化,稍柴四期相当于郑州商代二里冈上层文化。此后又对该遗址多次复查、勘探,确认遗址文化内涵从新石器时代仰韶文化、龙山文化、二里头文化、商、周至汉代一直延续不断,尤以新石器时代龙山文化、二里头文化遗存最为丰富。

稍柴遗址其年代、地理位置与文献记载的夏都斟鄩基本上能够对应,它的发现为探索夏都斟鄩提供了重要线索,对探索夏文化和研究中国古代文明起源与发展有重大学术价值。

发表资料:《河南巩县稍柴遗址发掘报告》,《华夏考古》1993 年第 2 期。

2013 年 5 月,被国务院公布为第七批全国重点文物保护单位。

3. 南洼遗址

位于登封市君召乡南洼村东约 500 米的台地上。地理坐标为北纬 34°24′33. 02″,东经 112°48′5. 41″。遗址东西长约 560 米,南北宽约 540 米,面积约 30 万平方米。

南洼遗址

该遗址于 1984 年第二次全国文物普查时被发现。2004 年春至 2006 年冬,郑州大学历史学院、郑州市文物考古研究所(院)和登封市文物管理局联合对该遗址进行了调查、勘探和科学发掘,清理了大量二里头文化时期至金元时期的遗存、遗迹。其中二里头文化时期的遗存最为丰富,有壕沟、灰坑、水井、墓葬等,出土了大量遗物,其中白陶遗存非常丰富。殷墟文化的遗存则发现有房址、墓葬、灰坑和陶窑,出土了较为丰富的遗物。此外遗址内还出土各种罐、鼎、盆、甑、豆、尊、瓮、缸、觚、爵、簋、盉、三足盘、器盖、甗的陶片,还有刀、铲、镰、凿等石器,以及唐、宋时期瓷片等遗物。

该遗址文化内涵丰富,延续时间长,发展序列完整,包含二里头文化、商、周及唐、宋时期遗存,它的发现与研究为探索夏文化及中华文明起源提供了实物资料。特别是二里头文化时期中型环壕聚落及丰富的白陶遗存的发现，为探讨二里头文化时期的聚落形态及社会结构提供了新的重要资料。

发表资料：《河南登封南洼遗址2004年春试掘简报》，《中原文物》2006年第3期；《河南登封南洼遗址殷墟文化遗存发掘简报》，《中原文物》2011年第5期；《登封南洼2004~2006年二里头文化聚落发掘简报》，《中原文物》2011年第6期。

2013年5月，被国务院公布为第七批全国重点文物保护单位。

4. 曲梁遗址

位于新密市曲梁乡曲梁村北，东面有小司河，西面和南面有溱水河，两河在遗址东南相汇，遗址地势平坦，处于两河之间的高台地上。地理坐标为北纬34°26′28.31″，东经113°33′4.64″。南北长约600米，东西宽约400米，面积约24万平方米。

曲梁遗址

该遗址于1959年群众平整土地时被发现。1988年3月，北京大学考古系与郑州市文物工作队联合对其进行了考古发掘，揭露面积300平方米，清理有灰坑、墓葬、水井等遗迹。出土器物198件，二里头文化陶器有夹砂中口圜底深腹罐、小圆球腹罐、捏沿罐、鸡冠鋬斜弧腹盆、刻槽盆、鼎、三足盘、细高柄豆、饰箍状堆纹缸、小口高领瓮、盉、觚、爵等。纹饰有绳纹、篮纹、箍状泥条堆纹、旋纹、指甲压印纹。石器有铲、镰、斧、凿等。商代陶器有折沿鬲、子母口甗、折沿平底罐、折沿弧腹盆、折沿直腹簋、大口尊、直口夹砂缸、敛口斝、假腹豆、圈足盘等。陶胎较薄，纹饰规整，以粗绳纹为主，次为中绳纹，另外还有堆纹、弦纹、旋纹等。石器有铲、刀、锛、镰、斧、凿。

曲梁遗址文化内涵包括河南龙山文化、二里头文化、商代文化、汉代文化，跨越时间长，其中二里头文化堆积最为丰富，夏、商文化堆积层厚，对郑州地区夏、商文化研究具有重要价值。

发表资料：《试论曲梁、岔河夏商文化遗址的分期》，《华夏考古》1991年第2期；《河南新密曲梁遗址1988年春发掘报告》，《考古学报》2003年第1期。

2013年5月，被国务院公布为第七批全国重点文物保护单位。

5. 芦村河遗址

位于郑州市二七区侯寨乡芦村河村，金水河上游的西侧台地上，四周环河沟，南四环路从遗址中部东西向穿过。地理坐标为北纬34°39′58.51″，东经113°36′41.66″。遗址南北长约900米，东西宽约700米，面积约63万平方米。

芦村河遗址中暴露的灰坑

该遗址于2008年第三次全国文物普查田野调查时被发现，此后又经多次复查。遗址区内暴露有丰富的文化遗存，中心区域文化层堆积厚4—5米，可见房基、灰坑、墓葬等遗迹。其中灰坑有筒状坑、袋状坑、不规则形坑，填土多为灰褐土，夹有大量草木灰，土质疏松，包含物有陶片、兽骨等。调查时采集到的陶片多为泥质绳纹灰陶，弦纹、附加堆纹、篮纹等灰陶也有发现，可辨器型有罐、盆、鬲、豆、瓮、尊等，此外还采集有石器。根据出土器物特征判断,应属二里头二、三期遗存。

芦村河遗址面积大,文化遗存丰富,是河南境内继偃师二里头遗址、巩义稍柴遗址、郑州大师姑遗址之后新发现的又一处大型聚落遗址,对于夏文化研究具有重要意义。

2008年6月,被河南省人民政府公布为第五批河南省文物保护单位。

6. 程窑遗址

位于登封市东华镇程窑村北台地上,南临颍河,西傍书院河。地理坐标为北纬34°24′0.68″,东经113°04′36.16″。面积约10万平方米,文化层厚1—3.5米。

1977年夏,河南省博物馆文物工作队登封工作站在登封王城岗遗址发掘期间,组织对嵩山地区颍河两岸古文化遗址调查时发现该遗址。1979年春,河南省博物馆文物工作队登封工作站又对其进行了试掘,揭露面积75平方米。出土物中生活用具均为陶器,以夹砂灰陶为主,泥质灰陶次之,兼有少量泥质黑陶和褐陶。纹饰以篮纹为主,方格纹次之,也有素面及磨光,偶见压印纹和指甲纹。瓮的外腹常见指甲纹和篮纹混合在一起。制法以轮制为主,兼有模制与手制。常见器型有鼎、罐、甑、豆、碗、圈足盘、瓮、澄滤器等。

该遗址的发现为夏文化、中华文明探源研究提供了重要的实物资料。特别是其位于登封王城岗城址(禹都阳城)的上游位置,两者又具有相似的文化性质,因此该遗址对研究夏初国都周围氏族部落的分布情况亦具有重要价值。

发表资料:《河南登封程窑遗址试掘简报》,《中原文物》1982年第2期。

2008年6月,被河南省人民政府公布为第五批河南省文物保护单位。

7. 盐店庄遗址

位于郑州市二七区侯寨乡盐店庄村东部约500米处,东临贾鲁河,南、北两侧为贾鲁河支沟。地理坐标为北纬34°39′9.81″,东经113°33′37.73″。遗址南北长约500米,东西宽约400米,面积约20万平方米。

该遗址于2006年第三次全国文物普查试点时期田野调查时被发现。遗址区地势西高东低,呈缓坡状。地表散见绳纹、附加堆纹陶片。遗址中部发现两个灰坑,其中一个为袋状坑,平底,填土为黑灰土,夹有大量草木灰,土质松软,包含物有少量陶片等。陶质有泥质陶和夹砂陶,陶色有灰色及红褐色等,纹饰有绳纹、附加堆纹、素面等,可辨器型有罐、大口尊等。该遗址为研究郑州地区夏代历史提供了重要资料。

2009年6月,被郑州市人民政府公布为郑州市第二批文物保护单位。保护范围:东、南至贾鲁河,西、北至贾鲁河支沟断崖。建设控制地带:东、南至贾鲁河,西、北为保护范围边界各外扩100米。

8. 西营岗遗址

位于郑州经济技术开发区潮河街道办事处西营岗村西北约500米处。地理坐标为北纬34°43′19.74″,东经113°47′31.15″。遗址南北长500米,东西宽400米,面积20万平方米。

该遗址于2008年第三次全国文物普查田野调查时被发现。遗址处在呈三角形分布的三个沙丘上。在遗址区断崖上发现有文化层分布,文化堆积厚1—1.2米,填红褐土,夹有红烧土、炭粒等,土质较松,包含物有陶片、兽骨、石器等。在东北部发现有丰富的绳纹陶片、兽骨和石器等。陶片陶质有泥质陶和夹砂陶,陶色以灰色为主,另有褐色,纹饰有绳纹、附加堆纹、弦纹、素面等,器型有大口尊、深腹罐、盆等。该遗址的文化内涵丰富,文化堆积较厚,为二里头文化、商代时期遗址,历史与考古价值较高。

2009年6月，被郑州市人民政府公布为郑州市第二批文物保护单位。保护范围：东至铁路，西至107辅道，北至断崖。东西400米，南北500米。建设控制地带：自保护范围边界向东外扩82米，向南外扩83米，向西外扩105米，向北外扩85米。

9. 下李河东南遗址

位于郑州市二七区侯寨乡下李河村东南部约500米的贾鲁河东岸台地上，南、北临贾鲁河支沟。地理坐标为北纬34°38′26.93″，东经113°34′0.70″。遗址东西长约450米，南北宽约400米，面积约18万平方米。

该遗址于2006年第三次全国文物普查试点时期田野调查时被发现。遗址区地势由东向西逐渐倾斜呈缓坡状。20世纪70年代在此平整过土地，遗址区被平整为梯田。地表可见少量绳纹陶片，遗址中部发现有红褐土，夹有红烧土块，含有陶片等遗物。采集到的陶片有泥质陶和夹砂陶，陶色以灰、红两种居多，纹饰有绳纹、弦纹、素面等，可辨器型有盆、罐等。

2009年6月，被郑州市人民政府公布为郑州市第二批文物保护单位。保护范围：东至东下李河村东南北向小路，南、北至贾鲁河支沟断崖，西至贾鲁河断崖。建设控制地带：自保护范围边界各外扩100米。

10. 池沟寨遗址

位于荥阳市高村乡马沟村北400米的山间台地上。地理坐标为北纬34°54′42.53″，东经113°19′25.90″。总面积约7.7万平方米。

池沟寨遗址

该遗址于1921年瑞典人安特生调查时被发现。遗址分南北两部分。北部面积较小，地势稍高，地表遗物以汉代陶片为主；南部面积较大，周围残存有部分寨墙。在东、西、南侧崖壁上发现有文化层堆积和灰坑、陶窑等遗迹。文化层一般深2—3米，灰坑最深者达4米，包含物较丰富，有陶片、碎骨、红烧土颗粒和蚌壳等，可辨器型有环、双腹盆、碗、罐和板瓦，夏代遗存丰富。该遗址对研究郑州地区沿黄河一带古文化遗址的分布与发展演变情况等具有较高价值。

2009年6月，被郑州市人民政府公布为郑州市第二批文物保护单位。保护范围：永久性坐标点设于寨北台地南侧，从该点向南270米至崖边，向北45米至崖边，南北长390米；向东252米至崖边，向西78米至崖边，东西宽330米。建设控制地带：四周皆至地崖，整块台地。

11. 寨沟遗址

位于郑州市上街区峡窝镇寨沟村东北部，西部为冲沟。地理坐标为北纬34°47′18.39″，东经113°17′45.63″。遗址东西长300米，南北宽200米，面积约6万平方米。

该遗址于2009年第三次全国文物普查田野调查时被发现。遗址区地势平坦。在遗址南部和西部断崖上发现有文化层及灰坑分布。灰坑填土为灰褐色土，包含石块、陶片等遗物。采集到的陶片陶质有泥质陶和夹砂陶，陶色有灰色和红色，纹饰有绳纹、附加堆纹、素面等，器型有罐、刻槽盆、深腹罐、碗等。该遗址文化堆积厚，包含物丰富，文化内涵较为重要，是上街区目前发现的一处保存较完好的夏代时期遗址,对于研究夏代社会文化具有重要价值。

2009年6月,被郑州市人民政府公布为郑州市第二批文物保护单位。保护范围:南至寨沟村北部,西至寨沟村冲沟断崖。东西280米,南北220米。建设控制地带:自保护范围边界各外扩100米。

12. 苏寨遗址

苏寨遗址

位于新密市来集镇苏寨村,洧水北岸与季节河交汇处的高台地上,东、西、南三面均为断崖,北部略平,遗址高出河床约15米。地理坐标为北纬34°27′40.26″,东经113°26′28.41″。遗址平面基本呈长方形,南北长约300米,东西宽约200米,面积约6万平方米。

该遗址于2008年第三次全国文物普查田野调查时被发现。遗址地表现为农田,其南部被杨业祠占压。在遗址中部断崖上可见文化层和灰坑,文化层厚0.5—0.8米。采集到的陶片多为泥质红陶和灰陶,另有少量夹砂陶,纹饰以绳纹为主,素面占1/3,有少量磨光黑陶,可辨器型有罐和盆。

该遗址文化内涵属龙山文化至二里头文化,其中夏代文化堆积较为丰富,对中原地区夏文化研究有重要价值。

2009年6月,被郑州市人民政府公布为郑州市第二批文物保护单位。保护范围:东西200米,东至沟沿,西至沟沿;南北300米,南至杨业祠大门南断崖,北自杨业祠北围墙向北200米。建设控制地带:同保护范围。

13. 前庄遗址

前庄遗址

位于登封市宣化镇前庄村西北,朱垌河西岸、白沙水库北岸的二级台地上,东、西临河沟,东有前庄村,南有白沙水库。地理坐标为北纬34°22′8.94″,东经113°14′44.85″。遗址平面略呈长方形,南北长约200米,东西宽约150米,面积约3万平方米。

该遗址于2009年第三次全国文物普查田野调查时被发现。遗址区内有多处取土形成的断崖,断崖上暴露有灰坑及文化层堆积,文化层厚1—2.5米,灰坑多为袋状坑。采集到的标本多为夹砂和泥质灰陶,纹饰以绳纹为主,附加堆纹次之,也有少量素面,可辨器型有罐、澄滤器、瓮、盆等。还发现了一枚蚌壳。

该遗址是一处二里头文化时期的聚落遗址,它的发现对研究夏文化、嵩山文化圈具有重要价值。

2009年6月,被郑州市人民政府公布为郑州市第二批文物保护单位。保护范围:东至土门至前庄小路,西、南、北至断崖。建设控制地带:同保护范围。

14. 王垌遗址

位于郑州市中原区西流湖街道办事处王垌村南100米,东临常庄水库,西临乡村公路,南临贾峪河支沟。地理坐标为北纬34°44′50.83″,东经113°33′49.68″。遗址南北长600米,东西宽500米,面积30万平方米。

该遗址于2008年第三次全国文物普查田野调查时被发现。遗址东部、西部、南部均发现有灰坑。在遗址区地表和灰坑内均采集有陶片、石器和骨器。其中陶片有泥质陶和夹砂陶，陶色有红色、灰色、黑色，纹饰有绳纹、方格纹、篮纹、附加堆纹和素面等，可辨器型有罐、盆、大口尊等。此外还采集有石刀和骨饰品。该遗址的发现为郑州地区夏商周考古增添了新资料。

15. 东寨遗址

位于郑州市二七区樱桃沟景区管委会东寨村东约300米处，东临贾鲁河，南、北临贾鲁河支沟。地理坐标为北纬34°39′24.86″，东经113°33′53.06″。遗址东西长约400米，南北宽约350米，面积约14万平方米。

该遗址于2006年第三次全国文物普查试点时期田野调查时被发现。遗址区地势平坦，在遗址东南部断崖上发现有灰坑，黑灰色填土，土质较松，填土中夹杂大量草木灰和红烧土块，在灰坑中采集到陶片、兽骨、蚌壳等遗物。

16. 国庄遗址

位于中牟县九龙镇国庄村，西临花马沟。地理坐标为北纬34°41′36.81″，东经113°53′20.38″。遗址东西长300米，南北宽300米，面积9万平方米。

该遗址于2009年第三次全国文物普查田野调查时被发现。遗址所在处为沙土岗，地势东高西低。在遗址区内采集有夹砂红褐色陶片和饰有篮纹的泥质灰陶片。数年前，村民挖红薯窖时曾挖出青石质石斧1件。初步判断该遗址为夏商时期文化遗址，对当时社会状况的研究具有一定意义。

第四节　商代文化遗址（约前1556—前1046）

20世纪二三十年代，考古工作者发掘安阳殷墟遗址，确立了中国历史上商王朝的存在，但该遗址只反映了商代盘庚迁殷以后的文化面貌，人们对于盘庚迁殷之前的商代前期历史的认识只能凭借文献和甲骨文的有关记载。经过几十年的考古工作，郑州商城、偃师商城先后被发现，商代前期的文化面貌逐渐向世人展现。

商汤建都亳，即今郑州商代遗址，使郑州成为当时政治、经济、军事、文化中心长达190余年。至中丁王迁都隞（嚣）（在今郑州西北一带），郑州仍为商代政治、经济、军事、文化中心，时间长达20年。今郑州地区当时均属商朝管辖，及至河亶甲王迁相以后至武王伐纣代周而立以前，商民在王都周围生产、生活，安居乐业。周初武王弟姬鲜被封于管（今郑州管城回族区）的目的就是监督殷商遗民。今郑州地区分布有20余处商代文化遗址。郑州小双桥遗址有商王祭祀遗迹的重大发现，梁湖遗址可能是殷民迁移的居住地，郑州人民公园商文化遗址应是商代晚期郑州商民的聚集地。郑州西连河遗址、全垌遗址，荥阳关帝庙遗址、西司马遗址、西史村遗址，新密二郎庙遗址，巩义小呰店遗址、鳌坡遗址，新郑马垌遗址、街东曹遗址，中牟业王（野岗）遗址等都是分布在郑州商城周围的重要商代文化遗址，多数文化遗址中发现有商代不同时期的房基、墓葬，出土有青铜器，反映了当时聚落遗址布局地貌和社会生活的状况。

1. 庙沟遗址

位于郑州市中原区须水街道办事处庙沟村北须水河支流、卖煤沟和柳沟形成的台地上。地理坐标为北纬 34°44′24.36″,东经 113°31′4.47″。遗址南北长 700 米,东西宽 280 米,面积 17.5 万平方米。

遗址区域内暴露有很多商代晚期到西周时期的灰坑,灰坑直径 1.5 米,深 2 米。在断崖上还分布有文化层,文化层厚 0.8—1.7 米,土质较硬,包含物丰富,主要有陶片,多为泥质灰陶,可辨器型有鬲、盆、簋、大口尊等。

该遗址为商代晚期到西周早期文化遗址,为研究晚商到西周历史提供了资料。

2009 年 6 月,被郑州市人民政府公布为郑州市第二批文物保护单位。保护范围:东、西至遗址两侧冲沟,南至庙沟村南部东西街道,北至东西路南侧。建设控制地带:自保护范围边界各外扩 100 米。

2. 三十里铺遗址

位于郑州市中原区须水街道办事处三十里铺村南 150 米须水河支沟北岸。地理坐标为北纬 34°45′48.59″,东经 113°28′23.40″。遗址东西长 300 米,南北宽 250 米,面积 7.5 万平方米。

在遗址南部红沟北岸断崖上发现 4 个灰坑,直径 1—2 米,填灰褐土,土质较软,包含物有陶片、兽骨等。从灰坑中采集到的标本多为泥质灰陶和夹砂陶,纹饰有绳纹、弦纹、附加纹等,可辨器型有鬲、盆、捏口罐、夹砂罐等。

2009 年 6 月,被郑州市人民政府公布为郑州市第二批文物保护单位。保护范围:东至郑州中基铸业有限公司西围墙,南、北至须水河支沟,西至小冲沟。建设控制地带:自保护范围边界各外扩 100 米。

3. 陈丁遗址

位于郑州市二七区樱桃沟景区管委会陈丁村周围,九龙庙河西岸,南北侧有贾鲁河支沟。地理坐标为北纬 34°38′8.78″,东经 113°34′6.51″。遗址南北长 600 米,东西宽 500 米,面积 30 万平方米,地势西高东低,为梯田。

在遗址断崖上发现有文化层和灰坑,文化层厚 0.8—1.2 米,土质疏松,包含物有陶片和红烧土块,灰坑呈带状、筒状,土色灰黑,包含物有陶片、兽骨等。陶片多为灰陶和夹砂陶,纹饰有绳纹、弦纹、附加堆纹等,可辨器型有罐、盆、鬲、大口尊等。

2009 年 6 月,被郑州市人民政府公布为郑州市第二批文物保护单位。保护范围:东至贾鲁河西岸断崖,南、北至贾鲁河支沟,西至陈丁村西。建设控制地带:东至贾鲁河西岸,南自保护范围边界外扩 80 米,西自保护范围边界外扩 100 米,北同保护范围。

4. 尖岗遗址

位于郑州市二七区侯寨乡尖岗村西北 1000 米的贾鲁河南岸。地理坐标为北纬 34°41′51.66″,东经 113°34′11.33″。遗址东西长 400 米,南北宽 350 米,面积 14 万平方米。遗址断面暴露有文化层,厚 0.6 米,土质松软,包含物有陶片,有泥质灰陶和夹砂陶,以夹砂陶为主,纹饰有绳纹、弦纹、附加堆纹等,可辨器型有罐、盆、鬲、大口尊、甗等。

尖岗遗址剖面暴露的文化层

2009 年 6 月,被郑州市人民政府公布为郑州市第二批文物保护单位。保护范围:南至四环路,西至贾鲁河。东西长 308 米,南北宽 272 米。建设控制地带:自保护范围边界向东外扩 106 米,向北外扩 103 米,南至四环路,西至贾鲁河。

5. 全垌遗址

全垌遗址剖面暴露的文化层

位于郑州市二七区侯寨乡全垌村西南800米处，圣水峪河南岸。地理坐标为北纬34°40′25.56″，东经113°32′28.02″。遗址东西长360米，南北宽200米，面积约6万平方米。

遗址西部早年被窑厂取土破坏约1万平方米，在取土断崖上暴露有文化层和灰坑，文化层厚1.5—2.1米，最深达3米，土质较硬，包含物有陶片等。遗址地表采集的陶片有泥质灰陶和夹砂红陶，可辨器型有罐、盆、甑、鬲、大口尊等。过去曾出土过铜斝、铜爵。

2009年6月，被郑州市人民政府公布为郑州市第二批文物保护单位。保护范围：东至全垌村小路，南、北至断崖，西至圣水峪河东岸断崖。建设控制地带：东至全垌村小路，南至全垌—水磨公路，西至圣水峪河断崖，北至冲沟断崖。

6. 崔庄遗址

位于郑州市管城回族区南曹乡崔庄村东100米的潮河西岸。地理坐标为北纬34°38′10.84″，东经113°44′57.38″。遗址东西长600米，南北宽350米，面积21万平方米。

遗址断崖上暴露有灰坑，深1.5米，填灰土，土质疏松，包含有陶片、兽骨等。地表散存陶片较多，采集到的标本有泥质灰陶、夹砂陶、红陶，纹饰多为绳纹，可辨器型有鬲、盆、罐、瓮等。从采集标本分析该遗址以商代文化为主，兼有周代遗存。

2009年6月，被郑州市人民政府公布为郑州市第二批文物保护单位。保护范围：东至潮河、京广铁路，南至西南绕城高速，西至村内南北街道，北至村北小路。建设控制地带：东至潮河、京广铁路，南至西南绕城高速，西自保护范围边界外扩71米，北自保护范围边界外扩68米。

7. 李马庄东南遗址

位于郑州市管城回族区南曹乡李马庄东南潮河东岸台地上。地理坐标为北纬34°39′1.75″，东经113°45′39.89″。遗址东西长600米，南北宽500米，面积30万平方米。地表有起伏沙丘，在遗址取土断崖上发现有灰坑，填灰褐土、灰土，包含有陶片等。发现文化层厚0.5—0.8米，其中浅灰土内含有木炭、陶片。从灰坑和地表采集到的陶片有泥质灰陶、夹砂陶，纹饰有绳纹、弦纹、附加堆纹等，可辨器型有豆、罐、盆、鬲、釜等。该遗址以商代文化为主，上层散存有战国遗物。

2009年6月，被郑州市人民政府公布为郑州市第二批文物保护单位。保护范围：北至村南，西至村内南北街道。东西长548米，南北宽507米。建设控制地带：东、南、西、北自保护范围边界各外扩100米。

8. 岔河遗址

位于郑州市惠济区古荥镇岔河村东北200米的索河北岸台地上，对面是索河与须水河交汇处。地理坐标为北纬34°51′17.88″，东经113°30′51.00″。遗址东西长约500米，南北宽约200米，面积约10万平方米。文化层堆积在3米左右，最厚处超过4米。遗迹有房基、灰坑、墓葬等。

地面上散存大量陶器残片，其中以泥质灰陶和夹砂灰陶数量最多，还有部分夹粗砂褐陶和泥质黑陶。纹饰以绳纹最多，另外还有弦纹、兽面纹、同心圆纹、附加堆纹和麻点纹等。器型多鬲、大口尊、缸、瓮、簋、盆、豆、鼎、澄滤器、器盖、甑等，另外还发现大量陶坩埚片和石器等。

该遗址始于二里头文化，盛于二里冈文化，并发现有东周与汉代遗物。

2009年6月，被郑州市人民政府公布为郑州市第二批文物保护单位。保护范围：东、北至支沟，南至索须河，西至岔河村东柏油路。建设控制地带：南至索须河，东、西、北自保护范围边界各外扩100米。

9. 石咀遗址

位于郑州市上街区峡窝镇石咀村北部，西临汜水河。地理坐标为北纬34°48′14.58″，东经113°14′35.14″。遗址东西长400米，南北宽400米，面积16万平方米。现地表为耕地，地势南高北低。

在遗址东部断崖上发现有文化层及大量灰坑，土色灰褐色，包含有石块、烧土、草木灰、陶片等遗物。采集到的陶片陶质为泥质陶和夹沙陶，陶色有灰色和红色，纹饰有绳纹、附加堆纹、素面等，器型有罐、盆、鬲等。该遗址是以商代文化遗存为主的文化遗址，兼有部分周代文化遗物。

2009年6月，被郑州市人民政府公布为郑州市第二批文物保护单位。保护范围：东至上街至小关铁路，南至村庄，西、北至断崖。建设控制地带：东至上街至小关铁路，南至石咀村南，西至汜水河，北自保护范围边界外扩166米。

10. 梁湖遗址

位于郑州经济技术开发区明湖街道办事处梁湖村东1000米的潮河西岸台地上。地理坐标为北纬34°42′15.52″，东经113°45′39.41″。遗址面积20万平方米。2009年，考古人员对遗址偏东部进行发掘，发掘面积1.16万平方米，清理灰坑、窖穴336个，房基10座，墓葬34座，灰沟8条，水井8眼，古道路1条，窑址4处，出土大批文物，其中最重要的是发现了殷墟三期的大型建筑基址和周边的祭祀坑。

梁湖遗址

商代房基中F6、F7具有代表性。F6平面呈长方形，方向南偏西，东西长20.75米，南北宽15.25米，中间立柱，周围夯土打墙，上部起架而成。发现残存柱础35个，布局为东西8排，南北6排，房外有宽0.5米、深0.1米的小灰沟，应是房屋的散水沟。室外地面平坦，西部有一椭圆形蓄水池，池东边有斜坡台阶，方便上下。西南有一大水坑，便于排水和储水。房基周围发现有陶器坑和瓮棺葬，瓮棺中有小孩骨和头骨等，应与建筑时奠基有关。F7为一双向式房，是F6的西房。

灰坑、窖穴分布密集，有圆形、椭圆形、长方形、不规则形等。坑壁有直壁、斜壁、袋状。F6西北部的H156、H157、H158和东北部的H172、H173、H174内均置有陶器，应为F6的奠基坑或祭祀坑。

遗址西南部有一条环状壕沟，平面近圆形，北边长140米，东西各长120米，南边长140米，周长520米。沟宽2—7米，深1.5—2.2米，西部、北部较宽和深，东部南北向渐窄，东部最窄处可能是通往外界的出口。

出土遗物有陶器、石器、骨器等，陶器有鬲、罐、瓮、盆、簋、尊等，石器有铲、镰、凿、斧等。遗址时代以商代为主，可分为二里冈文化，殷墟三、四期，同时下层还有龙山文化遗存，地上散存汉代以后多代遗存。该遗址面积大，有环壕、大型房基，遗物丰富，应是郑州商城外东南部的一处大型聚落遗址，特别是殷墟三、四期的遗迹、遗物的发现，为研究商晚期郑州殷民的分布、居住情况提供了重要资料。

2009年6月，被郑州市人民政府公布为郑州市第二批文物保护单位。保护范围：东临潮河，西临107辅道。南北长800米，东西宽250米。建设控制地带：保护范围东边界自北向南依次外扩80—105

米，南为保护范围南边界外扩 80 米，西为保护范围西边界外扩 134 米，北为保护范围北边界外扩 100 米。

11. 小营点军台遗址

位于郑州市郑东新区祭城路街道办事处小营村西北部 800 米处。地理坐标为北纬 34°47′49.43″，东经 113°42′28.32″。点军台为沙土岗地一台基，当地群众俗称为“大营旧址”“大营冢”“烽火台”“小营点军台”。

经勘探确认，点军台东西长 40.3 米，南北宽 40 米，夯土厚 5.8 米，地表以上存 4 米。地表夯土堆积根据土质土色的变化可分三层：一层为红褐色夯土，厚 2.8 米；二层为花夯土，厚 0.7 米；三层为红黄色夯土，厚 0.5 米。夯窝明显，圜底，直径 0.03—0.06 米，深 0.04—0.07 米。在夯土基址周围发现有绳纹灰陶罐陶片等。夯层、夯窝情况与郑州商代遗址城墙夯层、夯窝相同，由于该遗址距郑州商代遗址较近，这里可能是与郑州商代遗址有密切关系的一处重要遗址，为研究郑州商代遗址周边情况提供了重要线索。

2009 年 6 月，被郑州市人民政府公布为郑州市第二批文物保护单位。保护范围：以夯土台基边缘为界。建设控制地带：自保护范围边界各外扩 100 米。

12. 西连河遗址

位于郑州高新技术产业开发区沟赵办事处西连河村北，须水河西岸。地理坐标为北纬 34°50′3.72″，东经 113°30′41.94″。遗址东西长 300 米，南北宽 200 米，面积 6 万平方米。遗址南部被村庄占压。遗址断崖暴露文化层厚 2—3 米，遗址上有房基、陶窑、灰坑、墓葬等遗迹，地表散存大量陶片，可辨器型有鬲、罐、瓮、盆等，另外还采集有铜削刀和石器。

遗址上层另有东周文化遗存，说明该遗址是以商代文化为主，兼有东周文化的遗址，其中商代文化遗存为寻找史载“殷之隞地”提供了丰富的资料。

2008 年 6 月，被河南省人民政府公布为第五批河南省文物保护单位。

13. 前士郭遗址

位于新密市西大街办事处前士郭村大坡嘴周围，绥水河东岸的高台地上。地理坐标为北纬 34°31′39.70″，东经 113°18′45.89″。遗址南北长 1000 米，东西宽 400 米，总面积 40 万平方米。

前士郭遗址全景

该遗址东部被村庄占压，西部原为绥水河河道，距地表约 8 米。遗址北高南低，呈阶梯状下降，基本为长方形。遗址中部有一条东西向小路，以此为分界线，遗址分为南部和北部。商代文化遗存主要分布在南部。文化层厚 0.3—0.8 米，地表及断崖可见文化层，包含大量红烧土块和陶片，地表亦可采集到大量陶片，大多为泥质灰陶，红陶和黑陶少见，纹饰大部分为绳纹，另有环形纹、弦纹、素面等，器型有豆、罐、盆、鬲等。北部断崖及地表分布有战国至汉代文化层，厚 0.5—1.5 米，包含物有灰陶片、红烧土、板瓦、汉砖、罐沿等。

该遗址面积较大，为古代大型聚落遗址，文化内涵以商代为主，延续到春秋及汉代时期，遗物十分丰富，为研究商周至汉代时期人们的居住环境及生存状况提供了重要资料。

2009 年 6 月，被郑州市人民政府公布为郑州市第二批文物保护单位。保护范围：东西 400 米，东至水塔,西自水塔向西400米至断崖;南北960米,北至嵩林寨北寨墙,南自嵩林寨北寨墙向南960米至小路。建设控制地带:东、西、南、北自保护范围边界各外扩100米。

14. 河西马遗址

河西马遗址断崖暴露陶片

位于新密市曲梁乡河西马村北东侧,东临寺河,南临溱水河,遗址处于两河相汇的高台地上,高出溱水约10米。地理坐标为北纬34°32′7.90″,东经113°35′13.74″。

遗址基本呈方形,南北长180米,东西宽175米,总面积3.2万平方米。遗址表面地势平坦,现为耕地。遗址北部曾为取土区,在北部断崖可见较厚文化层。文化层厚0.8—2米,文化层包含大量灰土和陶片,地表亦可采集到大量陶片,大多为泥质灰陶,红陶和黑陶少见,纹饰大部分为绳纹,另有附加堆纹、素面等,器型有豆、瓮、罐、甑、盆、鬲等。据采集到的陶片及纹饰判断该遗址以商代文化遗存为主,其部分文化层下部有龙山文化晚期遗存。

2009年6月,被郑州市人民政府公布为郑州市第二批文物保护单位。保护范围:东西150米,东至寺河西岸断崖,西至断崖;南北185米,南至道路北沿,北至小路。建设控制地带:南、北自保护范围边界各外扩50米,东、西同保护范围。

15. 二郎庙遗址

位于新密市岳村镇赵寨村、二郎庙村南刘家、壶瓶咀一带,遗址为临河台地,南临五星水库。地理坐标为北纬34°35′47.80″,东经113°31′16.92″。

遗址呈东西稍长、南北略宽的不规则形,总面积20万平方米,临河冲积形成数道断崖。遗址中部有一壕沟,在壕沟的断崖上发现有灰坑及文化层,以北部断崖的遗存最为丰富,并有多个灰坑,在灰坑及文化层内夹杂有大量陶片、兽骨、红烧土、残石器。陶片有泥质灰陶、泥质红陶、夹砂陶,有部分为轮制器,有的为手轮兼制。纹饰以绳纹与素面为主,还有附加堆纹。可辨器型有豆、鬲、小口瓮、簋、罐、盆等。

2009年6月,被郑州市人民政府公布为郑州市第二批文物保护单位。保护范围:东西560米,东至断崖,西自东部断崖向西560米至小路;南北350米,南至五星水库,北自五星水库向北350米至地沿。建设控制地带:西、北自保护范围各外扩100米,东、南同保护范围。

16. 西司马遗址

西司马遗址

位于荥阳市高村乡西司马村北侧,北临古河道,东至司马小学,西至苹果园,南部被村庄占压。地理坐标为北纬34°52′21.43″,东经113°20′10.74″。遗址面积约80万平方米。

就目前调查与发掘的情况看,该遗址主要包括二里头文化遗存、商代晚期至西周早期墓地和战国时期墓葬等。二里头文化遗存主要为灰坑等遗迹,文化层不厚。耕土层下即发现二里头文化至商周时期灰坑及墓葬。墓葬分布比较密集,时代应为晚商至西周早期。已清理墓葬60余座，均为土坑竖穴墓，平面均为长方形，口小底大，填土均经夯打，墓葬长2—3.4米，宽0.8—1.7米，深0.4—1.7米，每座墓随葬品多少不一，少则1—2件，多至十多件，不少墓中有海贝。出土有铜器、陶器、蚌器等150余件，器型有铜爵、铜觯、陶鬲、陶豆、陶罐等。

根据已发掘区域的情况分析，该处墓葬排列分布比较有规律，大致分为两大类：一类为南北向，仰身直肢葬，均头向南，器物置放于头端；另一类为东西向，仰身直肢葬，均头向西，西壁置一壁龛，内置陶器。两类墓葬均无打破关系，只有晚商至西周墓葬打破二里头文化灰坑和二里头文化晚期墓葬打破晚商至西周早期墓葬现象。器物组合有交叉，南北向墓葬均无壁龛，器物组合为鬲、簋、豆、罐，而东西向墓葬均有壁龛，器物组合为簋、豆、罐，无鬲。

西司马遗址内排列密集的商代晚期至西周早期墓葬，对研究商周时期的埋葬习俗、文化面貌、社会状况，以及它与周围商周遗址的关系和国属等均有重要价值。

2006年6月，被河南省人民政府公布为第四批河南省文物保护单位。

17. 西史村遗址

位于荥阳市城关乡西史村南部。地理坐标为北纬34°49′39.37″，东经113°19′27.67″。遗址高出周围地面1米左右，南北长200米，东西宽150米，面积3万多平方米。文化层堆积厚2—3米。

西史村遗址中的灰坑

遗址于1974年被发现。同年4月，郑州市博物馆对遗址进行了试掘，揭露面积270平方米，发现灰坑28个、灶坑1个，清理墓葬16座，出土生产工具和生活用具陶、石、骨、蚌器200余件。28个灰坑中，一期灰坑多为长方形，其他以圆形袋状坑和不规则形坑为多。出土的陶器早期以深灰陶为主，晚期多灰陶，夹砂陶略多于泥质陶。纹饰以绳纹为主，早期为细绳纹，晚期为粗绳纹，还有附加堆纹、弦纹、划纹及少量带状纹和同心圆纹。主要器型有鼎、豆、簋、大口尊、缸、盆、三足盘、爵、鬲、杯等。出土的生产工具有石铲、石斧、石镰、石刀、石锛、石凿、石弹丸，陶纺轮、陶拍子，骨锥、骨匕、骨镞、骨凿、骨针，蚌刀、蚌镞及卜骨和数量较多的骨笄。墓葬分两排，东西排列，头朝南或朝北，墓圹一般长1.75—2.06米，宽0.38—0.75米，深0.15—0.4米。每座墓有1—5件随葬品，人体多撒朱砂，个别墓底有殉狗腰坑。墓中还出土商代早期铜觚、铜爵各1件。调查中还发现有商代早期铜斝1件。从整个墓葬情况看这是一处平民墓地。

该遗址文化遗存可分为五期：第一、二期约相当于洛达庙一、二期；第三、四期相当于郑州二里冈商文化的下、上层；第五期仅残存一些灰坑，应是相当于殷墟早期的遗存。

18. 唐垌遗址

位于荥阳市广武镇唐垌村西南角，古旃然河从东南角流过。地理坐标为北纬34°54′16.72″，东经113°24′40.05″。

遗址面积约18万平方米。在遗址中部东西沟的崖壁上发现有文化层、灰坑，内涵十分丰富。从采集到的标本看，陶器以泥质灰陶为多，夹砂陶也占相当比重，器型有鼎、罐、鬲、盆等。还出土过青铜器。

该遗址是荥阳市境内发现的一处面积较大的早商文化遗址，对研究郑州地区早商文化具有十分重要的意义。

2009年6月，被郑州市人民政府公布为郑州市第二批文物保护单位。保护范围：永久性坐标点设于唐垌村西南丁字路口南侧。从该点向南200米至崖边，向北170米至土路南崖边，南北370米；向东210米至崖边，向西270米至崖边，东西480米。建设控制地带：南自保护范围边界外扩50米至枯河北岸，东北同保护范围，东、西、西北分别自相应的保护范围边界外扩50米、30米、50米至崖边。

19. 关帝庙遗址

位于荥阳市豫龙镇关帝庙村西南部，须水河以西。地理坐标为北纬34°47′23.55″，东经113°28′28.00″。现存面积约10万平方米。

该遗址于2004年被发现，2006—2008年经发掘，揭露面积2万余平方米，共发掘出房基22座、陶窑23座、水井33眼、墓葬269座、祭祀坑17个、灰坑1721个、灰沟15条。出土文物有鬲、簋、罐、盆、瓮、豆、钵、甑、勺、纺轮、拍子等陶器和石器、骨蚌器，也出土了铜镞、铜刀。该遗址是一处完整的聚落遗址，功能齐全，有比较完整的居住区、墓葬区、手工业作坊、祭祀区等规划分布的分区。聚落对外还设壕沟防御。遗址时代为商代，早、中、晚三期分别与殷墟一、二、三期相当，以殷墟二期为主。

2008年6月，被河南省人民政府公布为第五批河南省文物保护单位。保护范围：自关帝庙本体向东、南、西、北各外扩50米。建设控制地带：自保护范围边界各外扩50米。

20. 司家遗址

位于新郑市郭店镇司家村西北。地理坐标为北纬34°31′22.35″，东经113°40′2.65″。

该遗址呈不规则正方形，南北长156米，东西宽144米，面积约2.3万平方米。遗址断崖处可见文化层和灰坑，文化层厚0.5—0.8米，灰坑深0.8—1米。采集到的陶片可辨器型主要有鬲、大口尊、盆、罐等，纹饰以绳纹为主。从遗物分析，遗址属商代二里冈文化，在遗址上部也采集到部分周代文化遗物。

2009年6月，被郑州市人民政府公布为郑州市第二批文物保护单位。保护范围：东至小路，西至干沟，南至居民区，北至断崖。东西144米，南北156米。建设控制地带：东、南、西同保护范围，北为保护范围边界外扩20米。

21. 东纸坊遗址

位于郑州航空港经济综合实验区滨河办事处东纸坊村东南。地理坐标为北纬34°32′50.92″，东经113°52′50.48″。

遗址原为高岗，现已经平整。遗址分布范围南北长约400米，东西宽约300米，面积约12万平方米。遗址区内遗迹、遗物较为丰富，在遗址区的断面上可见文化层厚约3.5米，包含陶片等遗物。陶片以泥质灰陶、红陶，夹砂红陶为主，纹饰有绳纹、附加堆纹等，可辨器型有罐、瓮、鬲等。

2009年6月，被郑州市人民政府公布为郑州市第二批文物保护单位。保护范围：东西500米，西至丈八沟，东至丈八沟东500米处；南北690米，北至东纸坊村南100米处，南至东纸坊村南790米处。建设控制地带：同保护范围。

22. 苏家遗址

位于郑州航空港经济综合实验区冯堂办事处苏家村西南。地理坐标为北纬34°31′38.53″，东经113°57′4.11″。

遗址内遗迹、遗物较丰富，1972年群众平整土地时，曾发现有房基、陶罐等遗迹、遗物。现地表散落有红烧土块和大量灰陶片，采集到的标本中以泥质灰陶、红陶和夹砂红陶为常见，纹饰有绳纹，可辨器型有罐、鬲、瓮等。

2009 年 6 月，被郑州市人民政府公布为郑州市第二批文物保护单位。保护范围：东西 400 米，南北 500 米。北至苏家西南 400 米东西小路处，南至东西小路以南 500 米处，西至生产路以西 400 米处。建设控制地带：同保护范围。

苏家遗址全景

23. 赵家遗址

位于郑州航空港经济综合实验区冯堂办事处赵家村西约 600 米处。地理坐标为北纬 34°28′54. 84″，东经 113°57′53. 11″。

遗址东西长约 400 米，南北宽约 300 米，面积约 12 万平方米。遗址区内遗迹、遗物较丰富，在梯田的断壁上可见灰坑、文化层，文化层厚约 1. 2 米。地表发现有夹砂灰陶、泥质灰陶、夹砂红陶等陶片，纹饰有绳纹、附加堆纹，可辨器型有缸、罐、甗等。

2009 年 6 月，被郑州市人民政府公布为郑州市第二批文物保护单位。保护范围：南北 300 米，南北均至生产路；东西 400 米，东至生产路西 100 米处，西至东生产路西 500 米处。建设控制地带：同保护范围。

24. 后段遗址

位于郑州航空港经济综合实验区三官庙办事处后段村西北 300 米处。地理坐标为北纬 34°33′19. 51″，东经 114°1′7. 60″。

遗址区分布范围东西长约 400 米，南北宽约 300 米，面积约 12 万平方米。遗址区北部为高台地，高出地面 2—5 米，从断面上可见文化层厚 2. 5—3 米，含有陶片、兽骨等遗物。采集到的陶片有泥质红陶、夹砂红陶、泥质灰陶，纹饰有附加堆纹、绳纹等，可辨器型有罐、缸、瓮等。

2009 年 6 月，被郑州市人民政府公布为郑州市第二批文物保护单位。保护范围：南北 500 米，南至小清河，北至小清河北 500 米处；东西 300 米，均至遗址边界。建设控制地带：同保护范围。

25. 皛店遗址

位于郑州航空港经济综合实验区三官庙办事处皛店村西北 100 米处，地处沙丘地区，土质为红褐色沙质土。地理坐标为北纬 34°29′38. 70″，东经 113°55′9. 19″。

在遗址区地表散存大量陶片，遗址北部有一 300 平方米的取土坑，坑壁及坑底发现有灰坑。灰坑土色灰褐，包含大量陶片。采集到的陶片陶质有泥质陶及夹砂陶，陶色为灰色、红色，纹饰有绳纹、弦纹、附加堆纹、素面等，器型有罐、盆、鬲、大口尊等。

皛店遗址

2009 年 6 月，被郑州市人民政府公布为郑州市第二批文物保护单位。保护范围：本体范围向东、北、南三面各外扩 20 米，东南至民房西侧和北侧，西至村际公路东侧。建设控制地带：保护范围向东、北两面各外扩 50 米,东至三官庙乡一中西围墙,南至公路北侧,东南至民房西侧和北侧,西至村际公路东侧。

26. 南寺遗址

位于郑州市郑东新区白沙镇南寺村。地理坐标为北纬 34°43′21.96″,东经 113°53′20.97″。

遗址区分布范围东西长约 140 米,南北宽约 100 米,面积约 1.4 万平方米。遗址区中心区域为高岗,四周为林地。遗迹、遗物较为丰富,断面可见文化层厚约 2.2 米。中部取土区发现有灰坑及大量陶片。采集到的陶片有泥质灰陶、夹砂灰陶,纹饰有绳纹、附加堆纹等,可辨器型有瓮、鬲、罐等。

2009 年 6 月,被郑州市人民政府公布为郑州市第二批文物保护单位。保护范围:南北 200 米,北至南干渠,南至南干渠南 200 米;东西 500 米,东至生产路,西至生产路西 500 米处。建设控制地带:自保护范围边界向南北各外扩 50 米,东西同保护范围。

27. 圈后遗址

位于郑州航空港经济综合实验区清河办事处圈后村南。地理坐标为北纬 34°33′8.54″,东经 113°56′2.44″。

遗址区分布范围东西长约 250 米,南北宽约 100 米,面积约 2.5 万平方米。遗迹、遗物较为丰富,断面可见文化层,厚约 1.2 米,含有大量陶片。遗址区东南部发现有灰坑及大量陶片。采集到的陶片有泥质灰陶、夹砂灰陶,纹饰有绳纹、附加堆纹等,可辨器型有瓮、尊、鬲、罐等。

2009 年 6 月,被郑州市人民政府公布为郑州市第二批文物保护单位。保护范围:南北 500 米,北至民房,南至民房南 500 米处;东西 500 米,至遗址边界。建设控制地带:同保护范围。

28. 业王(野岗)遗址

位于中牟县黄店镇业王村西南约 100 米的高台地上,西部地势稍低,东部地势较高,南邻一家族墓地,马河从遗址的东南部由东北向西南蜿蜒流过。地理坐标为北纬 34°31′15.53″,东经 113°59′34.72″。

遗址面积 21 万平方米。遗迹、遗物丰富,遗址断面暴露有文化层,厚 5 米。遗址区内坑壁上可见灰坑遗迹,地表采集到大量遗物,采集到的陶片有夹砂灰陶和红陶,纹饰有附加堆纹、绳纹等,可辨器型有鼎、碗、盆、瓮、鬲等。

业王(野岗)遗址

2009 年 6 月,被郑州市人民政府公布为郑州市第二批文物保护单位。保护范围:南北 600 米,南至家族墓地,北至家族墓地以北 600 米处;东西 350 米,东至黄河公路西 200 米处,西至黄河公路西 550 米处。建设控制地带:同保护范围。

29. 十里头遗址

位于中牟县姚家乡十里头村东南部,地理坐标为北纬 34°40′53.72″,东经 113°59′15.95″。周围分布着纵横交错的沙丘。

遗址南北长 500 余米,东西宽 400 余米,面积 20 多万平方米。遗址上部被沙丘覆盖,地面散存较多陶片。在地面采集到的陶片有夹砂陶、泥质陶,以夹砂陶为主,纹饰有绳纹、弦纹、素面等,器型有盆、瓮、缸、罐等。

2009年6月,被郑州市人民政府公布为郑州市第二批文物保护单位。保护范围:东西300米,东至十里头沙岗,西至十里头沙岗西300米处;南北400米,北至十里头村东南400米处,南至十里头村东南800米处。建设控制地带:同保护范围。

30. 前赵遗址

位于中牟县姚家乡前赵村东南400米处。地理坐标为北纬34°39′2.15″,东经113°59′44.53″。北临沙丘,东临中三公路100米。

遗址东西长600米,南北宽300米,面积18万平方米。遗址四周分布大量高大沙丘,原为高岗,现为缓坡高台地。遗址遗迹十分丰富,断崖可见文化层,厚3—5米。当地村民曾在此发现石铲、石斧等石器。采集到的陶片有泥质和夹砂灰陶及红陶,纹饰以绳纹为主,可辨器型有尊、罐、鬲等。

前赵遗址

2009年6月,被郑州市人民政府公布为郑州市第二批文物保护单位。保护范围:东西380米,东至健正食品厂厂房东墙,西至公路;南北500米,南至公路北侧,北至公路以北500米处。建设控制地带:东自保护范围边线外扩50米,南、西、北同保护范围。

31. 大庄遗址

位于中牟县郑庵镇大庄村西南500米处。地理坐标为北纬34°39′46.55″,东经113°55′30.70″。

遗址区南北长100米,东西宽75米。遗址区坑壁暴露有文化层,厚1米,还有灰坑、房基等遗迹,曾出土饕餮纹爵、饕餮纹铜觚、目纹铜戈等青铜器。采集到的陶片多为泥质灰陶,纹饰有同心圆纹、绳纹等。可辨器型有鬲、罐等。另出土有兽骨等遗物。从采集标本和出土铜器分析该遗址是一处以商代文化遗存为主兼有西周文化遗存的文化遗址,为探索商代、西周的文化面貌和性质等提供了重要资料,有较高的历史、文化和科学价值。

大庄遗址

2009年6月,被郑州市人民政府公布为郑州市第二批文物保护单位。保护范围:东西500米,东至老丈八沟,西至老丈八沟西500米处;南北300米,北至生产路,南至生产路南300米处。建设控制地带:同保护范围。

32. 前杨东遗址

位于中牟县郑庵镇前杨村东部,东南临老丈八沟。地理坐标为北纬34°39′28.95″,东经113°54′35.38″。

遗址南北长500余米,东西宽500余米,面积25万多平方米。该遗址上部覆盖有较厚黄沙,在地面采集有陶片等遗物。陶片有红陶、灰陶等;陶质有夹砂陶、泥质陶,以夹砂陶为主;纹饰有粗、细绳纹,弦纹、素面等;器型有盆、豆、罐等。该遗址下层为商代文化遗存,上层又有东周文化遗存,为探索商、东周的文化面貌提供了重要资料。

2009年6月,被郑州市人民政府公布为郑州市第二批文物保护单位。保护范围:东西300米,西至前杨东700米处,东至遗址东界;南北500米,均至遗址边界。建设控制地带:同保护范围。

33. 路庄遗址

位于中牟县郑庵镇路庄村西北200米处。地理坐标为北纬34°41′33.57″,东经113°54′31.17″。

遗址东西长300米,南北宽300米,面积9万平方米,呈沙岗地形。采集有夹砂及泥质灰陶和红陶片,纹饰有绳纹、弦纹、素面等,可辨器型有豆、罐、釜等。遗址内遗迹、遗物较丰富,为探索商、周时期的文化面貌和性质提供了重要资料,有较高的历史、文化和科学价值。

2009年6月,被郑州市人民政府公布为郑州市第二批文物保护单位。保护范围:南北300米,南至航海东路以南160米,北至航海东路以北160米;东西300米,东至万三路西400米处,西至万三路西700米处。建设控制地带:同保护范围。

第五节　周代文化遗址(前1046—前256)

西周始于公元前11世纪中叶,到公元前771年结束。公元前770年,周平王东迁洛邑,春秋时代开始,到公元前5世纪中叶(前453年,韩、赵、魏三家灭智氏),进入战国时代,最终于公元前221年由秦统一中国。

西周时期仍属于奴隶社会,奴隶制达到顶峰时期。进入西周后期,奴隶制开始衰落,到战国时期,封建制最终产生,中国社会进入另一个阶级社会——封建社会。

1. 蒋寨遗址

位于荥阳市区东部边缘的豫龙镇蒋寨村南的檀山北麓,地表有东、西2条南北走向的自然冲沟,北部被村庄和索河东路占压,南水北调中线干渠从中部穿越,其余大部分地势较为平坦。

该遗址于2004年荥阳市修建索河东路时被发现,同年秋为确定其文化性质,郑州市文物考古研究所对其进行了试掘。2007年11月起,为配合南水北调工程建设,郑州市文物考古研究院对其进行了大面积的连续考古发掘,共发掘7000多平方米,揭露灰坑等多种遗迹1000多处,出土了大量遗物。

蒋寨遗址是一处以商末至西周早期文化遗存为主的重要古文化遗址,平面呈横长方形,东西长850米,南北宽400米,面积30余万平方米。在揭露的众多遗迹中,灰坑数量最多,此外还有墓葬、房址、陶窑和水井等。灰坑形制多样,有圆形、方形、不规则形等,其性质有生活垃圾坑、祭祀坑、取水坑和窖穴等。墓葬中以西周墓最为重要,西周墓多数没有随葬品,部分随葬陶罐、陶豆等少量陶器。遗址出土的众多生产生活用具中,除少量属新石器时代龙山文化外,多属商末至西周早期文化。出土陶器有泥质陶和夹砂陶两种,陶色有灰色、褐色、红色等,纹饰以绳纹为主,还有附加堆纹、三角划纹等,素面陶器占一定数量,器型主要有鬲、簋、盆、罐、豆、瓮、甗、器盖等。此外还有相当数量的石器、骨器、蚌器、骨角器等,也出土有贝币和铜镞。

蒋寨遗址除村庄、道路和南水北调干渠占压的部分外,其余本体采取原状保存,文物保护范围内土地作为文物保护用地,在保护区划边界处设立保护标志碑和简介碑。本体尚未对外展示。

蒋寨遗址出土了十分丰富的商末至西周早期的文化遗存,是郑州地区考古发掘工作的一项重要收获,填补了郑州乃至中原地区西周居住址的空白,对中原地区商末周初文化分期的研究具有标尺作用;对区分和认识中原地区商末周初的文化面貌及郑州地区西周时期的封国研究等均具有重要的参考价值。

2008 年 6 月，被河南省人民政府公布为第五批河南省文物保护单位。保护范围：以遗址区水井为基准点，从基准点向北 150 米，向南 140 米，向西 560 米，向东 270 米。建设控制地带：西、南自保护范围边线各外扩 30 米，东、北同保护范围。

2. 耿庄遗址

位于郑州经济技术开发区潮河路办事处耿庄村东北部约 1500 米处。地理坐标为北纬 34°42′25.43″，东经 113°41′25.06″。

遗址东西长 500 米，南北宽 300 米，面积 15 万平方米，保存状况较好。遗址区地势为北高南低，中西部有一小沙丘，南部沙丘被挖沙破坏。剖面暴露有文化层，厚 0.7 米，沙岗南半部地表分布着丰富的陶、瓷片。采集到的遗物均为泥质灰陶和酱黄釉瓷片。陶片纹饰有绳纹、素面等，器型有盆、罐、瓮等，瓷片器型主要是碗。村民种地时还发现有铜箭头等，在遗址的北部还曾发现有砖室墓。该遗址时代为东周、唐代。

2006 年冬，郑州市第五次文物普查调查时发现该遗址，目前尚未进行考古发掘。2009 年 6 月，被郑州市人民政府公布为郑州市第二批文物保护单位。保护范围：以沙丘为中心，东西 500 米，南北 300 米。建设控制地带：自保护范围边界向东外扩 84 米，向南、西、北各外扩 80 米。

3. 八郎寨遗址

位于郑州市管城回族区十八里河街道办事处八郎寨村东南约 300 米处，北临一条东西向的乡村公路。地理坐标为北纬 34°39′55.70″，东经 113°43′6.18″。

遗址南北长 400 米，东西宽 300 米，面积 12 万平方米，保存状况较好。遗址区地势相对较为平坦，较周边稍高。在遗址中部有一条新挖的沟，南北向，长约 35 米，宽 4—5 米，深约 1.2 米。沟壁发现有灰坑、文化层、灶等遗迹。文化层厚 0.7 米，黄褐土，土质较松，包含物有陶片。灰坑内填土为浅灰土，夹有草木灰及少量红烧土颗粒，土质较松，包含物有陶片等。陶片陶质有泥质陶和夹砂陶，陶色有灰色和红色，纹饰有绳纹、弦纹、素面等，器型有罐、鬲、瓮、器盖等。该遗址时代为春秋战国。

2006 年冬，郑州市第三次全国文物普查试点工作调查时发现该遗址，目前尚未进行考古发掘。2009 年 6 月，被郑州市人民政府公布为郑州市第二批文物保护单位。保护范围：北临八郎寨村中公路，西至八郎寨村边缘。南北 350 米，东西 335 米。建设控制地带：自保护范围边界各外扩 150 米。

4. 于庄遗址

位于郑州市管城回族区南曹乡于庄村西北部约 100 米处，十八里河的东岸台地上。地理坐标为北纬 34°40′10.73″，东经 113°45′27.69″。

遗址南北长 450 米，东西宽 350 米，面积 15.75 万平方米，保存状况较好。遗址区地势相对较为平坦，较周边稍高，20 世纪 70 年代平整土地及烧砖取土时被挖去 0.7—1.2 米深。在地表采集有陶片，中部尚留有一土台，面积约 50 平方米，断面暴露有文化层，厚 0.8 米，红褐土，土质较硬，遗物较少，包含有陶片等。其他地方因未钻探，文化层厚度不详。陶片以夹砂灰陶为主，另有少量泥质灰陶，陶片多饰有绳纹，器型有罐、鬲等。该遗址时代为春秋战国。

2006 年冬，郑州市第三次全国文物普查试点工作调查时发现该遗址，目前尚未进行考古发掘。2009 年 6 月，被郑州市人民政府公布为郑州市第二批文物保护单位。保护范围：东至于庄村，西至十八里河。东西 562 米，南北 492 米。建设控制地带：西至十八里河，东、南、北自保护范围边界各外扩 100 米。

5. 小魏庄遗址

位于郑州市管城回族区南曹乡小魏庄村东部约100米处，西部临潮河，一条乡村公路在遗址区东西向折为南北向穿过，东部不远处为京广铁路。地理坐标为北纬34°37′43.28″，东经113°45′33.29″。

遗址东西长600米，南北宽500米，面积30万平方米，保存状况较好。地势东高西低，稍微倾斜。现地表为农田及枣园。地表发现有丰富的遗物，采集有陶片等。陶片陶质为泥质陶和夹砂陶，陶色有灰色、红色、褐色等，纹饰有绳纹、素面等，可辨器型有盆、罐、豆、釜等。该遗址时代为西周、春秋战国。

2006年冬，郑州市第三次全国文物普查试点工作调查时发现该遗址，目前尚未进行考古发掘。2009年6月，被郑州市人民政府公布为郑州市第二批文物保护单位。保护范围：东至村东南北向公路，南至村南断崖，西至小魏庄村，北至村北小路。建设控制地带：自保护范围边界各外扩100米。

6. 马庄北遗址

位于郑州市中原区须水街道办事处马庄村北，北临须水河支流，东至厂房，西至支沟。地理坐标为北纬34°44′1.97″，东经113°29′40.56″。

该遗址处于须水河的台地上，东部被厂房占压部分，其余保存较好。遗址东西长400米，南北宽250米，面积10万平方米。在遗址范围内发现有灰坑，采集有泥质灰陶、红陶，夹砂灰陶等，纹饰有绳纹、素面，器型有罐、板瓦、鬲。根据所采集的遗物标本分析，该遗址的时代为西周、汉代。

7. 娄河遗址

位于郑州市二七区马寨镇娄河村东北部约400米处，尖岗水库西侧台地上，南临圣水峪河，北、西两侧临贾鲁河支沟，为一处孤岛台地。地理坐标为北纬34°40′56.86″，东经113°33′12.62″。

遗址东西长350米，南北宽300米，面积10.5万平方米，目前保存状况较好。地势由西南向东北部倾斜，在20世纪70年代平整过土地，现为梯田。遗址区地表现为农田，发现有丰富的遗物。断崖剖面发现有灰坑及文化层分布。灰坑为直壁平底和圜底两类，填土为灰褐土，土质较松，包含物有陶片、兽骨、石器等。文化层厚0.8—1.2米，灰褐土，土质较松，包含物有陶片等。陶片陶质有夹砂陶和泥质陶，以夹砂陶为主，陶色有灰色、褐色等，纹饰以绳纹为主，另有少量素面，可辨器型有罐、盆、鬲、瓮、豆等。该遗址时代为西周。

2006年冬，郑州市第三次全国文物普查试点工作调查时发现该遗址，目前尚未进行考古发掘。2009年6月，被郑州市人民政府公布为郑州市第二批文物保护单位。保护范围：东、南、北至尖岗水库，西至支沟。建设控制地带：同保护范围。

8. 马庄遗址

位于新郑市新村镇马庄村南，东、南均临能庄水库，西临干沟，北部为耕地，遗址东南部有一条20世纪60年代修建的水渠。地理坐标为北纬34°25′45.41″，东经113°44′35.29″。

遗址面积约7.5万平方米，包含两周至汉代文化遗存，遗址文化层厚0.8—1.5米，在遗址断崖处发现有灰坑，深1.3米，直径4米。采集到的陶片以泥质灰陶、红陶和夹砂红陶为主，可辨器型有鬲、盆、罐等。在遗址东部村庄南曾发现有几座汉墓，保存较好。该遗址时代为西周。

该遗址于2008年11月第三次全国文物普查时被发现，现为新村镇马庄村耕地。2009年6月，被郑州市人民政府公布为郑州市第二批文物保护单位。保护范围：东西203米，东至能庄水库西岸，西至田间小路；南北297米，南至能庄水库，北至马庄村南道路。建设控制地带：东、南、北同保护范围，西为保护范围外扩 50 米至变压器一线。

9. 蔡庄遗址

位于新郑市新村镇蔡庄村西南，南临黄水河，东临能庄水库。地理坐标为北纬 34°25′22.35″，东经 113°44′13.23″。

该遗址面积约 23 万平方米，遗址内发现大量陶片裸露在地表和夹杂在断崖文化层中。遗址内东部文化层深 0.6—0.8 米，西部文化层深 1—1.5 米。遗址偏西部断崖有多处灰坑，深 1—1.5 米。采集到的陶片主要以灰陶为主，纹饰主要有绳纹、弦纹、布纹等，器型主要有碗、豆、盆、鼎等；还有少量红陶，纹饰以绳纹为主，少量为细线纹，个别红陶残片较薄。另外在遗址内还发现两件铁器、两块米字方格纹墓砖。该遗址时代为东周。

蔡庄遗址全景

该遗址于 2008 年 11 月第三次全国文物普查时被发现，保存较好，现为新村镇蔡庄村耕地。2009 年 6 月，被郑州市人民政府公布为郑州市第二批文物保护单位。保护范围：东西 400 米，东至乡村道路，西至断崖；南北 320 米，南至河坡绿化带，北至小路。建设控制地带：东同保护范围，南至河边道路，西为保护范围西边界外扩 80 米至粮食储备库铁路线，北为保护范围北边界外扩 20 米。

10. 郭河遗址

位于新郑市观音寺镇郭河村东约 300 米处。地理坐标为北纬 34°20′11.61″，东经 113°42′9.78″。遗址四周均为耕地，南边 100 米处有一条古河道。

遗址南北长约 250 米，东西宽约 200 米，面积约 5 万平方米。遗址内地势较为平坦。在遗址内断崖处发现有 2 个灰坑，南部断崖上发现有若干陶片。陶片以泥质灰陶和夹砂红陶为主，纹饰主要有绳纹、篮纹、方格纹、弦纹等，可辨器型有豆、盆、罐等。遗址内南侧有一近代墓葬群，墓葬群北侧有一条东西向小路穿过遗址中部。该遗址时代为新石器时代至东周，包含大量东周文化遗存，遗址保存较好。

郭河遗址全景

该遗址于 2008 年 12 月第三次全国文物普查时被发现，现为观音寺镇郭河村耕地。2009 年 6 月，被郑州市人民政府公布为郑州市第二批文物保护单位。保护范围：东至断崖，西至断崖，南至河沟，北至乡村道路。东西 186 米，南北 362 米。建设控制地带：以保护范围边线向东外扩 37 米至断崖，向西外扩 95 米至乡村道路，南北以保护范围边线为界。

11. 老张庄遗址

位于郑州航空港经济综合实验区郑港办事处老张庄村北约 300 米处，东距郑州机场高速约 40 米，南水北调总干渠从遗址区的北部穿过。地理坐标为北纬 34°37′1.91″，东经 113°48′37.31″。

遗址区处于一高台地上，地表覆盖有厚约 0.5 米的黄沙。遗址区内遗迹、遗物丰富，文化层堆积厚约 1.2 米，采集有红陶、灰陶和磨光黑陶片，陶片纹饰有绳纹、弦纹、素面等，可辨器型有鬲、罐、豆等。

该遗址时代为西周。遗址保存状况较好，局部地区遭轻微破坏。

2009 年 6 月，被郑州市人民政府公布为郑州市第二批文物保护单位。保护范围：东西 450 米，东至郑州机场高速，西至郑州机场高速西 450 米处；南北 300 米，南至老张村北 300 米处，北至老张村北 600 米处。建设控制地带：同保护范围。

老张庄遗址

12. 力牧台遗址

位于新密市刘寨镇台岗村西南的岗岭上。地理坐标为北纬 34°28′10.78″，东经 113°32′56.18″。

力牧台为黄土夯筑而成，台高 15 米，由下而上分四层台基。第一层台基高 6 米，东西宽 118 米，南北长 133 米。第二、三层台基各高 2 米，第四层台基高 3 米，平顶呈边长为 15 米的正方形。三、四层台基上部为 1 米左右的红烧土层。夯土层厚 10—24 厘米，夯窝圆形平底，直径 8—10 厘米，深 0.8—1 厘米。土质较硬，土色黄褐，内含板瓦、筒瓦等陶片。台基上部散存大量春秋战国至汉代的残砖碎瓦。现地表及四周均为耕地，遗址保存完好。

力牧台遗址全貌

据《史记·五帝本纪》记载："（黄帝）举风后、力牧、常先、大鸿以治民。"集解引《帝王世纪》云："得力牧于大泽，进以为将。"因黄帝在此台拜力牧为将，故称此台为拜将台，后人念力牧协助黄帝治国治民的功绩，易名为力牧台。

2009 年 6 月，被郑州市人民政府公布为郑州市第二批文物保护单位。保护范围：四周均至岗边，东西 145 米，南北 133 米。建设控制地带：东自保护范围向东 135 米至公路边沿，西自保护范围向西外扩 80 米；南自保护范围向南外扩 98 米，北自保护范围向北外扩 104 米。

13. 车庄遗址

位于荥阳市广武镇车庄村周围的三级台地上，南临枯河。遗址被广武至车庄的公路分为两部分，村庄占压一部分，现地表为农田。地理坐标为北纬 34°54′26.24″，东经 113°26′18.35″。

遗址东西长 1800 米，南北宽 200—500 米，面积约 70 万平方米。在村内地表和南侧沟崖、台地周围发现较多陶器残片，还发现灰坑、陶窑、夯土等文化遗迹。陶器器型有大口尊、鬲、罐等，纹饰有附加堆纹、绳纹，此外还有布纹瓦片。因平整土地和建造民房，遗址遭到一定破坏。该遗址是荥阳迄今为止发现的最大一处龙山、商、汉代文化遗址，对研究郑州地区商至汉代历史提供了考古学资料。

车庄遗址

2009 年 6 月，被郑州市人民政府公布为郑州市第二批文物保护单位。保护范围：以广武至张庄公路与车庄至樊河公路交叉口北侧为永久性坐标点,从该点向东北 290 米至崖,向南 610 米至崖,向西 1030 米至崖,向东 420 米至崖。建设控制地带:东北自保护范围边线外扩 60 米至神沟村,东、西北同保护范围,向西外扩 30 米至崖,向南外扩 60 米至崖。

14. 郑庄遗址

位于郑州市惠济区古荥镇郑庄村西 100 米的台地上。遗址东西长 300 米,南北宽 200 米,面积 6 万余平方米。

遗址文化层堆积一般在 1—2 米间,最厚处超过 4 米,文化遗迹有陶窑、灰坑、墓葬等。地面上散存大量陶片和少量骨、石、蚌器等。采集的遗物主要是陶器残片,以泥质灰陶为主,夹砂灰陶次之,还有夹砂红陶等。陶器表面多饰绳纹,还有部分饰弦纹。器型有鬲、盆、豆、瓮、簋、器盖等。

根据采集标本特征分析,此遗址时代为西周。

15. 大马沟遗址

位于荥阳市区东南部的贾峪镇大马沟村北的台地上。遗址东西长 700 米,南北宽 600 米,面积 42 万平方米。海拔 144 米。

该遗址地势险要,东、中、西和北部有数条冲沟,将其分成三大部分,在东部和西部冲沟的断崖上发现有西周时期的灰坑和墓葬,墓葬殉葬有陶盂、陶豆和陶鬲,遗址中部文化遗存丰富,文化层厚 2—3 米,内含陶片、瓦砾等。该遗址是一处以西周晚期至战国时期文化为主,兼有新石器时代仰韶文化遗存的大型古文化遗址。

2009 年 6 月,被郑州市人民政府公布为郑州市第二批文物保护单位。保护范围:以村公路与土路交叉口北侧为永久性坐标点,向东 400 米至沟,向西 300 米至冲积沟。建设控制地带:东、北自保护范围边线各外扩 50 米至崖,南至民房,西自保护范围边线外扩 25 米至沟。

第六节 秦汉以降遗址(前 221 及以后)

秦汉时期,郑州地区作为秦汉王朝以“关中制关东”的军事前沿阵地,以荥阳故城为中心,在军事、经济、文化等领域发挥了重要作用,留存了一些重要文化遗址。到宋金、明清时期,由于民族战争时有发生,郑州西、南部山区出现密集的寨群,荒废后成为寨群堡遗址,如老山坪古寨堡、老庙山古寨堡群等。

1. 陵上遗址

位于新郑市郭店镇陵上村东。地理坐标为北纬 34°33′46.87″,东经 113°41′25.97″。

遗址南北长约 1000 米,东西宽约 420 米,面积约 42 万平方米,文化层厚 1—4 米。遗址南部有一条干沟,东西向穿过遗址,在干沟断崖上发现大量灰坑、陶片、夯土、红烧土,地表发现大量陶片、瓷片。根据拣选出的陶片、瓷片判断,该遗址是一处重要的有大型建筑基址的唐代遗址。

该遗址于 2007 年 12 月第三次全国文物普查时被发现。2009 年 6 月,被郑州市人民政府公布为郑州市第二批文物保护单位。保护范围:东西 470 米,东至东侧干沟东侧,西至干沟;南北 888 米,南至居民区,北至小路。建设控制地带:西、南同保护范围,东自保护范围边界外扩 20 米,北自保护范围边界外扩 200 米。

2. 邓通寨

位于郑州市二七区樱桃沟景区管委会小庙咀村东北部约400米处的贾鲁河东岸向西部伸出的一个半岛形台地上。地理坐标为北纬34°38′55.22″,东经113°34′7.79″。

寨址东西长约200米,南北宽约100米,面积约2万平方米。邓通寨大致呈长方形,东部为一条南北向的深护寨沟,南、西、北三面环河。寨址除东寨墙保存较好之外,其他地段的寨墙保存较差或不存在。东寨墙高约5米,宽3—4米,夯层不明显。寨内发现有陶片等遗物,多为泥质灰陶,素面居多,绳纹较少,器型有罐、瓮等。还发现有较多砖、瓦残块。根据采集的遗物标本分析,邓通寨有汉代的文化遗存,但该寨应为明清时期遗址。

3. 保吉寨

位于郑州市中原区中原西路北侧西流湖公园内,西临贾鲁河,坐落在贾鲁河东岸的一处高台地上。寨南部保留有一座寨门,门顶有“保吉寨”三个大字的石匾,周边均为寨墙。保吉寨南北长220米,东西宽150米,周长约740米,面积3万余平方米。版筑土寨墙上宽5米,底宽10米,高10米左右,墙上遍植酸枣圪针。

清代之前,保吉寨最初的居民在西侧沟下利用高差建造窑洞并在此居住。清咸丰九年(1859),居民在时任鲁山县教谕宋应午倡议下开始修寨。1930年,中原大战在此进行过蒋冯战争,最后以冯玉祥兵败告终,寨子因寨内驻扎冯玉祥的一个连队而受到对方枪击炮轰,至今寨墙上仍可见弹孔。1944年,日本军队占领郑州后,曾有100余人的日本军包围保吉寨,终因保吉寨坚固可守,寨内外2000余群众安然无恙。1958年,修建常庄水库时寨门曾被拉走,后当地群众把寨门运回保吉寨安装好并保留至今。2007年11月,《郑州晚报》报道了保吉寨历史,带起了市民参观保吉寨的热潮。

保吉寨自建成以后,先后经历了蒋冯阎中原大战、抗日战争等时期,保留至今实属不易。保吉寨是郑州市目前唯一一个基本保留中原土寨风貌的村落,寨墙、寨门和原有街道布局保存完整,能够真实反映中原文化,体现百年老郑州传统风情,是绝无仅有的中原地区土寨文化活态博物馆,是黄河以南中原地区土寨的代表,是150多年厚重历史的实物见证者。

2016年1月,被河南省人民政府公布为第七批河南省文物保护单位。

4. 老庙山古寨堡群

位于巩义市新中镇石殿村、桃花峪村、杨树沟村、老庙村、岭沟村、峡峪村,小关镇荻坡村一带。老庙山古寨堡群包括八蜂嶂寨、将军寨、凤屏寨、天堂寨、黑风寨、冷沟寨、鹿耳寨、穆桂英寨,各寨均集中于浮戏山雪花洞风景区内,地势险要,风景秀丽,时代为宋至清。地理坐标为北纬34°41′49.47″,东经112°54′35.06″。

老庙山古寨堡群之八蜂嶂寨

八蜂嶂寨位于巩义市新中镇石殿村,浮戏山雪花洞风景区东南15千米的巩荥交界处。南为荥阳庙子沟乡,东为杨树沟村,北为石殿村。四周群山环绕,层峦叠嶂,风景雄伟、秀丽。据民国《巩县志》载,八蜂嶂寨为同治元年(1862)程佐尧督修,民国10年(1921)重修。八蜂嶂寨面积43200平方米,现存状况良好。八蜂嶂寨最高峰海拔873米,南边是526米的悬崖峭壁,东、西、北边是缓坡,寨墙依山势而建,均用石块垒砌而成,长3850米,女墙、箭垛保存完好,有东西两座寨门，门额上均有石匾，上题“八蜂嶂”“咸丰十一年”字样。

将军寨（牛家寨）位于巩义市新中镇桃花峪村西北，浮戏山雪花洞风景区玉仙河中游的凌霄峰上。南侧下临深渊，沿山脊可至南寨门，距雪花洞1000米；北侧是桃花峪村，沿山中梯田、山道可至北寨门；东西两侧是悬崖峭壁，西距小龙池3000米。四周群山环绕，层峦叠嶂，玉仙河从南侧山脚流过，风景雄伟、秀丽。将军寨始建于北宋，称凌霄寨；元季为乡豪屯聚处；清咸丰十一年（1861）武状元牛凤山为抗击捻军重修，称将军寨，当地人俗称牛家寨。将军寨面积31000平方米，现存状况良好。将军寨最高峰海拔973米，周长4166米，由东、西、南三座较大的山峰连接而成，仅有南北两座寨门可入。北寨门雄伟壮观，有城门楼一座，门额嵌一石碣，横书“将军寨”三个大字，右上为“大清咸丰十一年”，左下为“癸巳科牛凤山识”。寨内地势平坦、开阔，有房基20余处、石窑6孔、水窑5个、兵房32间、石碾（碾火药用）2个，墙体上保存完整的垛口898个，东、西峰各有完整的瞭望台一座。

老庙山古寨堡群之将军寨

凤屏寨俗称柏树门寨，位于巩义市新中镇杨树沟村委西南，浮戏山雪花洞风景区响泉河源头。东有八蜂嶂寨，西有天堂寨，南有槐树沟村，北有小龙池。寨西是天桥峰，山下为玉仙河。四周群山环绕，层峦叠嶂，风景雄伟、秀丽。凤屏寨海拔744.4米，南面是高500米的悬崖绝壁，其他三面和山顶较平坦，表面除裸露的石头外，全被植被覆盖。凤屏寨面积55000平方米，依山修筑寨墙，寨墙由石块平砌而成，现存寨墙1850米，墙高平均6米，厚1.4—2米；还存有8间兵房遗址。东寨门门额刻石“凤屏寨”三个字，石匾上有“同治元年孟夏上旬”字样。从建筑技术及城墙建筑风格来看，该寨经多次重修，有一部分为元明遗物，清同治年间加以补修，因此，该寨创建时代应早于清同治年间。

天堂寨（二郎寨）位于巩义市新中镇老庙村东南，浮戏山雪花洞风景区内的二郎山上。东为八蜂嶂寨，西为牛头山，南距五指岭3000米，北距老庙村1000米。据明嘉靖三十四年（1555）《巩县志》载：“天堂寨在县东南赵封村，元人郝义避兵于此。”金元时期战乱，忠宋的义民纷纷起来结寨自卫，遂修筑此寨，寨名天堂，取“神兵”“天将”之意，清末改名为二郎寨。天堂寨保存基本完好，面积25万平方米，建于海拔854.5米的一座山峰上，现存有南北寨门及残存的寨墙，主峰以北的山脊有长达780米的寨墙，寨墙高5米，厚度为0.48米，全部由片石垒砌而成。山峰上有瞭望台3座、烽火台2座及住房遗址8处。

老庙山古寨堡群之天堂寨

黑风寨（黑山头寨）位于巩义市小关镇西荻坡村，东为小关镇地域，西南为涉村镇地域，南为洪河。据清乾隆十年（1745）、五十四年（1789）合本《巩县志》载：“元季山寨诸屯《施府志》《方舆纪要》：天堂山寨在巩县东南，又有鹿耳、鸡翎、凌霄、黑山等寨，俱元季乡豪屯聚处。”有学者认为黑风寨系元时抗击金兵的义民为自卫而修筑的山寨。黑风寨保存基本完好，面积1万平方米，建于海拔875米的一座山岭上，山脊长达500米。据当地居民说山寨原有寨门14个，现仅存东寨门一个，寨门呈拱形，东寨墙长300米。山脊上有炮楼一座，四方形，四壁各有瞭望台。

冷沟寨（大鹰寨）位于巩义市新中镇岭沟村东北，浮戏山雪花洞风景区玉仙河中游的山峰上。东距

老庙山古寨堡群之冷沟寨

小龙池600米;东、东北临玉仙河;西为新中镇凌沟村,寨下有层层农田;南距将军寨3000米;北为新中镇灵官殿村。明嘉靖《巩县志》记载:"在县罗口保,元初台百户立寨于此,称鸡翎寨。"明顾祖禹《读史方舆纪要》一书中记有"鸡翎山寨,在县西北,又有雾豹、王山等寨,皆元末土民撄险自守处也"。据民国《巩县志》记载,冷沟寨"称为大鹰寨,是清末新中村举人张淡央和张敬轼于清同治二年督修"。据明嘉靖三十四年、清乾隆十年《巩县志》卷二记载:"鸡翎寨在罗口保,元人郝义于此避兵。"冷沟寨明属罗口保,接近赵封保地区,其南为悬崖峭壁,有一石门,其北侧是较缓的山坡,正适合"撄险自守",方位与自然形势符合明志所记的鸡翎寨,故冷沟寨的年代应为元代。整个寨子东西长500米,南北宽500米,面积25万平方米。寨的方向面东,其正西沿山势蜿蜒筑有石砌寨墙300米,高约2米。南北两面为山峰,依山就势修有寨门,东北部现存一石砌寨门,建筑技术原始,门上无石刻纪年匾额,应为早期建筑,门前为石垒台阶。与东寨门相对的西南山峰上现存一石砌寨门,为西寨门,寨门中部东西相对还有两孔小室,供人守寨门用,这些建筑为较晚的建筑物。从此寨门向东北沿山势现存有石寨墙200米,高4米,寨墙上筑有垛口。东北角有一烽火台,烽火台北部沿台边建有瞭望口,现存3个。从西寨门沿西南山势垒砌寨墙280米,高3米,存有10余个垛口;又沿东南山势垒砌寨墙500米,部分已坍塌;东为悬崖峭壁,没有寨墙。

鹿耳寨位于巩义市小关镇荻坡村东3000米处,处于崇山峻岭之间。南为翠峪沟,距将军寨2000米;东为峡峪村,距凤屏寨3000米,距景区旅游道路1500米;西为荻坡村;北为峪村,距冷沟寨1500米。整个寨东西长1500米,南北宽500米,面积75万平方米。山峰陡峭险峻,以绝壁为寨墙,整个寨形状仿佛鹿耳,故称鹿耳寨。山峰断断续续约有500米,中有一寨门,青石垒砌。在东南山峰顶部有一建筑基址。东部山下有一片用青石垒砌的高台,上有建筑,已坍塌,似为此寨关口。

穆桂英寨位于巩义市新中镇峡峪村东南1500米处,西侧为老庙山风景区。四面环山,山势雄伟险峻。穆桂英寨面积3000平方米,应为北宋末年当地义军为保护宋陵抗击金兵所建。古寨狭长,寨墙依山势而建,在山东侧时有时无,绵延约1500米。寨墙最高处达1.8米,最低处只有0.3米,寨墙厚度平均为1米,最宽处1.2米,最窄处0.6米,全部由片石垒砌而成。据当地村民传说,穆桂英曾在此筑寨,寨西北角有穆桂英上马石,西南面有穆桂英箭穿山。

2009年6月,被郑州市人民政府公布为郑州市第二批文物保护单位。保护范围:八蜂嶂寨、冷沟寨、凤屏寨、黑风寨、穆桂英寨、天堂寨:东、南、西、北皆至断崖;将军寨:北到北寨门,东、西、南到断崖;鹿耳寨:北至要峪沟,南至醋峪沟,东至景区旅游道路,西至景区旅游道路向西2000米。建设控制地带:同保护范围。

5.老山坪古寨堡遗址

位于新郑市辛店镇具茨山老山坪山顶,地跨新郑、禹州两市,分布在老山坪及附近5个山头上。地理坐标为北纬34°20′18.33″,东经113°32′22.59″。遗址依山势而建,海拔683—753米,山腰有明代周定王陵和郑石高速。遗址南侧属于禹州市境,20世纪70年代建有军事设施;西侧广泛分布有具茨山岩画。

2008年10—11月,新郑市文物局对遗址进行了专项调查,遗址周长3340米,面积32万平方米,现存寨墙长3180米。古寨堡内有436处石砌房基遗址,由石块垒砌,墙厚0.6米,高0.6—3米,现存5个石券寨门，由外寨和各山头寨墙相互连接而成。古井两眼，古槐树两棵，旗杆石两处。在古城寨两处最高峰北峰和中峰峰顶发现的旗杆洞规格分别为直径0.19米，深0.3米和直径0.25米，深0.37米，具有指挥、警示功能，该两处山峰可能为古寨堡中枢指挥机构居住地。通过对具有代表性的11座房址进行调查，出土陶器、瓷器、铁器、铜器和石器等生活遗物，另有灶台数座。

老山坪古寨堡遗址

根据筑墙结构方法和采集到的遗物推断，老山坪古寨堡始建于金代，最早可能为军队驻地；元、明以后，老山坪上仍有人居住，进行生产生活及军事防御；清末至民国期间，新、禹、密三地区群众为躲避社会动乱，在老山坪山顶使用石块修筑城墙、房屋、水井等设施；1968年，在老山坪古寨堡东南角城门外300米处修筑有军事工事，现已废弃；20世纪80年代初，老山坪古寨堡居住的20余户岳姓人家陆续搬迁至山下史垌村和青岗庙村居住；2003年，老山坪古寨堡被公布为国家级森林公园。

2009年6月，被郑州市人民政府公布为郑州市第二批文物保护单位。保护范围：自老山坪古寨堡遗址四周寨墙向东、南、西、北各外扩500米。建设控制地带：自保护范围四周边界向东、南、西、北各外扩1000米。

第二章 古城址

城址是社会发展到一定阶段的产物，也是阶级产生和阶级矛盾激化的结果，城址的出现是人类进入文明社会的标志之一。郑州地处中华民族文明的发祥地区，是我国早期城市的主要起源地，也是我国古代城市和都城较为集中的区域之一，为“国家历史文化名城”和“中国八大古都”之一。

郑州地区的古城池群，经历了仰韶文化晚期的滥觞、龙山时代城建技术的推广、夏商西周时期的初步发展、东周时期的繁荣、秦汉时期的广泛建造、魏晋至明清时期的修筑与沿用，直至今天仍有诸多城市遗址巍然屹立在中原大地上。郑州地区的古城池群以其绵延不断的延续性与周密的规划、精良的筑造证明了郑州城市文化的悠久和沧桑，它们是中华民族宝贵的文化遗产。

第一节 史前时期城址（前3500—前2000）

距今7000—5000年的仰韶文化时代，郑州地区形成了郑州大河村、西山等大型聚落遗址。1993—1996年，考古工作者在郑州西北郊的西山遗址进行发掘时发现了迄今为止中原地区最早的城池——西山古城址，其时代为仰韶文化晚期，绝对年代距今5300—4800年，这一发现将中原地区城池的初现由龙山时代提至仰韶时代。西山古城址虽然采用了原始社会环壕聚落圆形的外观，规模较小，但是已经出现了城墙、城壕、城门，城内的布局也反映出这是一处经过规划的聚落遗址，城墙采用版筑技术修筑更是中原地区城池建造技术的先驱，被后代城池延续使用，可以说西山古城址是中原地区城池建造技术的滥觞。

目前郑州地区发现史前城址除西山古城址外，还有龙山文化城址3座，分别为新密古城寨城址、新郑人和寨城址、登封王城岗遗址。

1. 西山古城址

郑州西山遗址位于郑州市西北郊23千米的古荥镇孙庄村西南，枯河北岸的二级台地上，北依邙山余脉——西山，西北为黄河，东南为黄淮大平原。遗址面积10万平方米，于1983年被发现，1993—1996年国家文物局考古领队培训班先后对其进行多次发掘，发掘面积6385平方米。发掘收获颇丰，其中特别重要的是发现了一座仰韶文化晚期城址——西山古城址。地理坐标为北纬34°54′44.80″，东经113°31′46.62″。

城址位于遗址的中部偏东。城址平面略近于圆形，直径180米。南部因枯河水冲刷及山坡流水侵蚀，大约五分之一已被冲毁。城址现存面积19000多平方米，推测城内原有面积25000平方米。如果将城墙及城壕也算在内，面积可达34500平方米。现存城墙残长约265米，宽3—5米，城墙转角处加宽至8米，高1.75—2.5米，全部埋在地表以下。

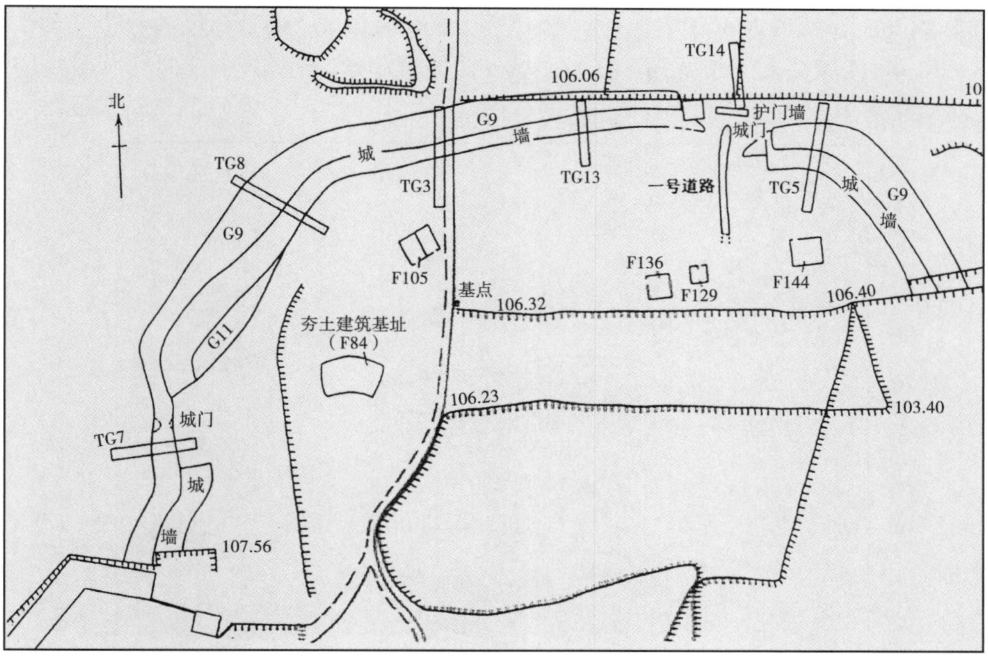

西山古城址平面图

城墙的建筑方法是先在拟建城墙的地面上挖成倒梯形基槽,然后分层分段往基槽里填土夯实作为城墙基础。基础以上的城墙采用方块版筑法。每个版块的大小不同,一般长 1. 5—2 米,宽 1. 2 米,厚多为 50 厘米。城墙横面多排 3 版,西北角因加宽横向排 5 版。上、下层版块交错叠压,基间夹垫草类植物增强城墙的坚固性。经发掘获悉,城墙的筑法至少有三种:一是栽立柱固定夹板,四面版块同时夯筑。二是依次逐块夯筑,夯筑完一块抽掉夹板,再筑另一块。三是中间空一块,先筑四周的版块,以四周版为夹板,往中间填土夯实;这种筑法多用于墙体中心,为防止城墙倒塌,由下往上逐层收缩,构成上窄下宽的梯形墙体。

城墙外侧有壕沟环绕,壕沟宽 4—7 米,最宽处达 11 米,深 3—4. 5 米。

城门现存 2 座,分别为西门和北门。其中西门设在西北隅,现宽约 17. 5 米。门北侧城墙上有数间面积 3—4. 5 平方米的建筑,推测可能是望楼一类的建筑。门外壕沟两侧各有一个直径约 3 米的半圆形生土台,以便架设板桥,用于通行。北门设在城址的东北角,宽约 10 米,平面略呈“八”字形。门外正中间横筑一道护门墙,门内有一条南北向的道路纵贯城址的东北部。

城内共清理房基 200 余座、窖穴与灰坑 2000 个、灰沟 20 条、墓葬 200 余座、瓮棺葬 170 多座和大批陶器、石器、骨器、蚌器等。

城址的绝对年代为距今 5300—4800 年,属于仰韶文化晚期秦王寨类型。西山古城址是我国目前发现的最早城址之一,对研究中国古代文明的起源及城址的发展史等具有重要的学术价值。

发表资料:《郑州西山古城》,《中华人民共和国重大考古发现》,文物出版社,1999 年;《郑州西山仰韶时代城址的发掘》,《文物》1999 年第 7 期。

1996 年 11 月,被国务院公布为第四批全国重点文物保护单位。

2. 古城寨城址

位于新密市东南 35 千米的曲梁乡大樊庄古城寨村周围,西临溱水,向东为辽阔的黄淮平原。地理坐标为北纬 34°28′1. 14″,东经 113°38′52. 95″。1997 年 9 月至 2003 年上半年,河南省文物考古研究所对该城址进行了调查、勘探、发掘。城址呈长方形,面积 17. 6 万平方米。除西城墙被溱水冲毁外,其他三面城墙保存较好。北城墙长460米,高7—16.5米;东城墙长345米,高13.6—16米;南城墙长460米,高13.8—16米;西城墙复原长度为370米。城外西侧有溱水,南、北、东三面均有壕沟环绕,形成宽30—90米、深4.5米的护城河。

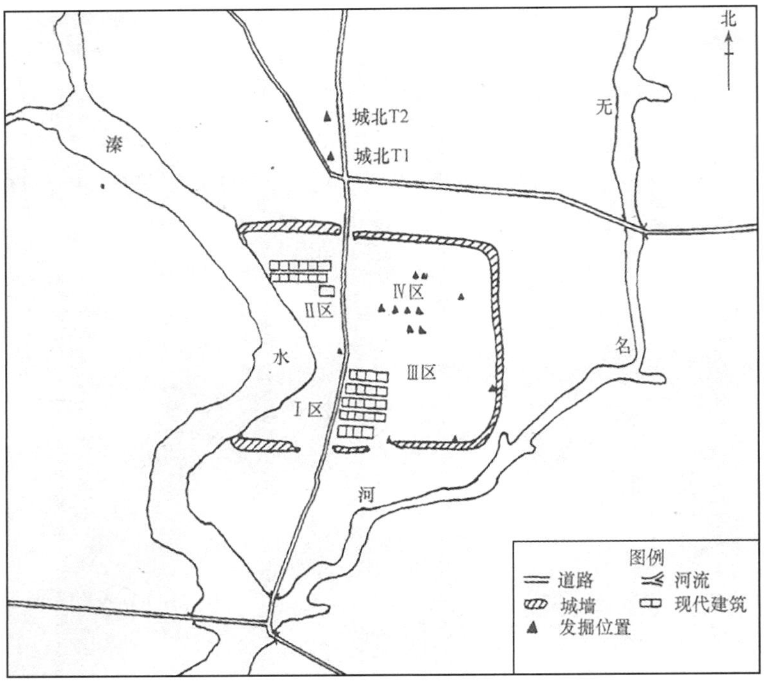

古城寨城址平面图

钻探发掘确认现存城垣为龙山文化晚期城址,并发现了一组龙山文化时期的大型夯土基址,清理出龙山文化、二里头文化、二里冈文化、殷墟文化及战国时期的各类灰坑163个、灰沟5条、陶窑4座、灶坑3座、水井8眼、房基4座、墓葬5座,还出土一大批石、骨、蚌、陶等生产工具及生活用器。

城墙的建筑方法为在地势高的地方挖基槽并回填夯实,在地势低洼的地方直接分层填土夯实至地面。地面以上的城墙用版筑法筑成。每一版筑块高约1米,宽1—1.3米,长1.4—2米不等。具体筑法多是在版块的两侧各栽两根小木棍,相对的两根木棍上端用绳固定在一起,然后放置夹板,分层填土夯实。夯层一般厚2—10厘米不等。夯窝以圆形圜底为主,直径2—3厘米,也有椭圆形和不规则形等。

城门发现两处,即北门和南门。北门现宽10.7米。南门西侧城墙曾被破坏,现宽18.7米。两门南北相对。

城内东北部发现了一组规模较大、分布密集的夯土建筑群,其布局明显经过一定规划。已发掘出的房屋基址F1和大型廊庑式建筑基址F4位于城址中部略偏东北部,基址方向与城址方向一致。F1坐西朝东,为夯筑高台建筑,南、北、东三面有回廊,南北长28.4米,东西宽13.5米,面阔七间,面积达383.4平方米。F4在F1以北7.4米处,与F1同属一组建筑,是一处大型廊庑式建筑,基址总宽近4米,已发掘的长度有60余米,其布局、构造比较特殊,在已发现的新石器时代建筑中较为少见,由三道墙基槽、门道、门卫房和众多柱洞组成。根据当时的时代特征和其构造来看,这两座建筑规格要比一般房屋高,应是宫室类建筑。

古城寨城址始建于龙山文化中期,废弃于龙山文化晚期,但以后的二里头文化、二里冈文化各时期一直在使用。该城址对研究中国文明起源和城址的发展史及早期夏文化具有重要意义。

城内出土陶器多为钵、斝等炊器和酒器,还有器型巨大的甗。作为生产工具的石器在城内颇为少见,说明城内居民基本上已经脱离了农业劳动,其地位应该高于普通劳动者。陶器上有大量陶文符号,既有横向排列的数字,也有刻画的文字符号,排列规范,技法娴熟,反映当时的人们已具有熟练书写文字的能力，也说明该城池性质的特殊和居住者地位、身份的不一般。

发表资料：《河南省新密市发现龙山时代重要城址》，《中原文物》2000 年第 5 期；《河南新密市古城寨龙山文化城址发掘简报》，《华夏考古》2002 年第 2 期；《古城寨龙山城址与中原文明的形成》，《中原文物》2002 年第 6 期；《四千年古城封尘抖落现真容——河南新密古城寨龙山古城发掘记》，《文物世界》2000 年第 6 期。

2001 年 6 月，被国务院公布为第五批全国重点文物保护单位。

3. 人和寨城址

位于新郑市辛店镇人和寨村西，北起双洎河南岸，南至村西南自然沟，西至村西田间南北小路，东至村西基督教堂东侧南北一线。地理坐标为北纬 34°25′46. 52″，东经 113°38′46. 24″。

人和寨城址北城墙

人和寨遗址是多时代、内涵丰富的古聚落和古城址，起自龙山文化时期，止于商代，涵盖龙山文化、新砦期文化、夏商文化等。遗址南北长 700 米，东西宽 300 米，面积约 20 万平方米，文化层厚 1. 5 米。晚清至民国时期，人和寨村民因取土修筑寨墙对遗址中部有一定程度破坏。遗址东半部被人和寨村民宅占压，中部被清代护城沟破坏。西南部是龙山文化遗址，新砦期文化、二里头文化、商代文化主要分布在中东部。采集到的龙山文化遗物中，陶片可辨器型有鼎、罐、盆、钵、碗、甑、器盖、瓮、鬶、豆、圈足、盘、壶、缸、澄滤器、觚、杯等，以砂质陶和泥质陶为主，陶色有黑灰色、褐色，红色较少。石器有斧、铲、刀、凿、杵、砺石等。新砦期文化遗物中，陶片可辨器型有鼎、罐、瓮、盆、钵、碗、豆、器盖、澄滤器、鬶、觚等，多为泥质灰陶，次之为夹砂灰陶和泥质黑陶。石器有斧、铲、刀等。二里头文化和商文化遗物中，陶片可辨器型有鼎、罐、鬲、甑等，以砂质灰陶为主。

2003 年 6 月，在遗址东部发现一座古城址，城址平面呈不规则长方形。地面残存部分城墙为北城墙的东段，向西延伸的地下墙基长 98 米，北城墙总长 248 米。西城墙墙基残长 260 米，宽 26—50 米。东城墙被村庄破坏，墙基残长约 270 米，可复原长度 490 米。南城墙墙基残长 110 米，宽 30 米。城址面积约 7 万平方米。城址为堆筑，夯大坚实，夯层厚 6—7 厘米不等。夯层面上多见有植物茎杆的褐红或灰白色痕迹，还发现有分块堆筑痕迹，墙堆筑分块一般 2 米左右。该城址可能属于龙山文化时期城址。

人和寨城址遗迹、遗物较为丰富且具有代表性，特别是新砦期文化的发现，在新郑市为首次，证明新砦期文化并不是孤立存在的，嵩山以东地区应该是新砦期文化分布的中心区域。该城址对研究龙山文化、新砦期文化与二里头文化的承袭关系、活动区域和分布范围，以及考古学类型等重大学术问题具有重要的历史研究价值和特殊意义。

2013 年 5 月，被国务院公布为第七批全国重点文物保护单位。保护范围：东西 505 米，南北 560 米。东至人和寨村西李年生民宅东墙南北一线，西至人和寨村西南北小路西侧 50 米，南至人和寨村南自然沟，北至人和寨寨墙。建设控制地带：以保护范围四周边线向东外扩 20 米，向西外扩 50 米，向南至人和寨村南自然沟，向北至人和寨寨墙；保护范围内人和寨村西部民居范围作为建设控制地带。

4. 王城岗遗址

位于登封市区东南 13 千米的告成镇西北约 500 米的土岗上。地理坐标为北纬 34°24′25. 45″，东经

113°7′34.61″。现存面积50多万平方米，岗顶最高处比周围平地高2—4米，是一处以龙山文化晚期为主，兼有裴李岗文化和二里头文化及商周文化的遗址。它南临颍河，隔颍河与箕山相望；向西北12千米是嵩山太室山峰；东面紧靠五渡河，隔五渡河即是古阳城；向西至八方村是广阔的农田。1954年登封县文化馆发现该遗址，初定名为“八方遗址”。

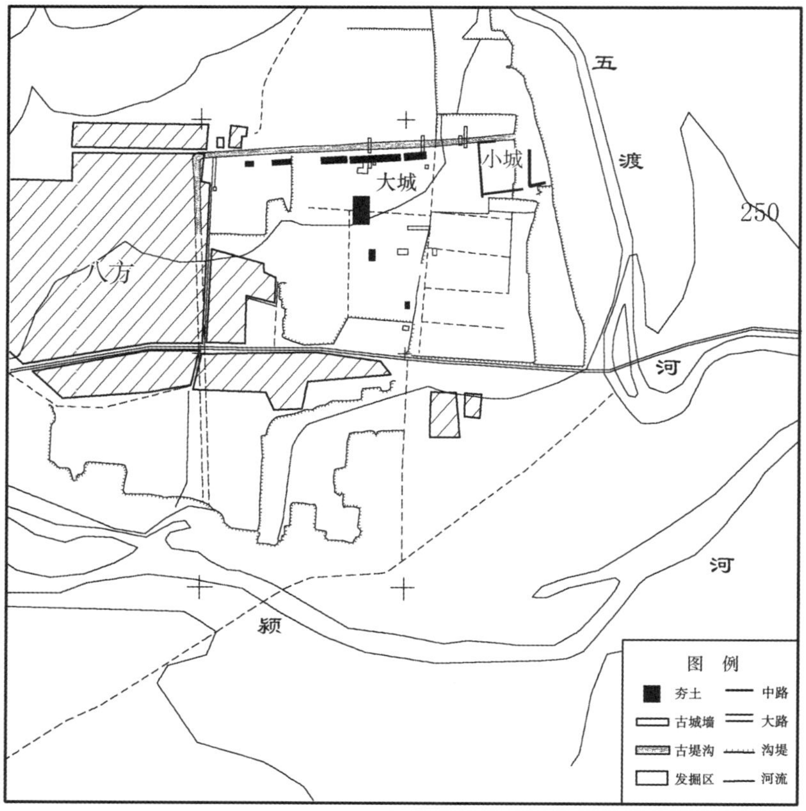

王城岗遗址位置示意图

王城岗遗址先后发现东、西两座龙山文化晚期小城和一座面积34.8万平方米的龙山文化晚期大城，王城岗大城是中原地区龙山文化晚期面积最大的城址，且测年结果与文献推定的夏之始年基本相符。王城岗龙山文化晚期遗存属王湾三期文化，是二里头文化的主源头。因此，王城岗遗址为“禹都阳城”的记载提供了重要的考古学证据，是探索夏族的起源与发展、夏王朝的建立与发展、早期夏文化的起源与发展的关键遗址。

王城岗大城中保存较好的有北城墙，其残长350米，复原长600米；北城壕完整，长620米，北城壕向东似通往五渡河。西城壕残长130米，复原长600米，西城壕向南似通往颍河；西城墙复原长580米。南面和东面因地势较低等原因，城墙均已被毁坏无存，而东城壕有可能以五渡河代替，南城壕可能以颍河代替。如此，王城岗大城为长方形，东西向城墙复原长600米，南北向城墙复原长580米，城址面积复原为34.8万平方米。修筑这种数百米长的夯土城墙是一项庞大工程，王城岗大城应是当时聚落的统治者凭其权势调用了其属邑内的劳力集中建造的。王城岗大城的规模及夯土城墙建造的过程证明了王城岗遗址在一定区域内属于中心聚落。

王城岗小城西城内有大量龙山文化晚期的夯土坑、奠基坑和夯土残片，通过这些遗迹的分布大致可以勾勒出小城内的夯土建筑基址轮廓，在西城内将这些相距较近的夯土坑、夯土残片外边线连接起来，可以复原出10余处大小不等的夯土建筑基址。王城岗遗址内龙山文化晚期到二里头文化时期夯土基址的确认，一方面证明大城中北部是生活居住区，且极有可能是贵族生活区，提示城址内的功能区应有严格的阶级区片划分；另一方面佐证了王城岗大城在颍河流域的中心地位。

王城岗遗址中出土有一片龙山文化时期的青铜容器残片（标本号为 H617：14），年代为王城岗龙山文化四期。铜片略呈圆弧状，下部有转折，从形态上看应是青铜鬶的残片。此件青铜容器残片经北京科技大学冶金史研究室检验是锡铜铸件，胎质很薄，且厚度均匀，应是多合范法铸造的，铸造工艺已较为成熟。龙山文化时期出现工艺成熟的青铜容器是极少的，反映了王城岗遗址在龙山文化晚期的超然地位。

王城岗遗址发现有龙山文化时期中原地区面积最大的带护城壕的城，城内有大面积的夯土台基，有掩埋人牲、奴隶的祭祀坑，有形体复杂的刻画文字，有青铜礼器、白陶礼器、玉石琮、绿松石片等，有集中的仓储区，碳十四测定的年代相当于夏代纪年的早期，地望又在夏王朝统治的中心地带，王城岗龙山文化的文化面貌又是夏中晚期遗存（二里头文化）的源头，足以说明王城岗遗址是夏代早期的一座重要都邑，极有可能与文献记载的“禹居阳城”有关，是探索夏族、早期夏文化、夏王朝的起源与发展的重要遗址，是探索中原地区从龙山文化时期满天星斗的态势中崛起为天下中心的关键遗址。

发掘经过：1951 年河南省文物保管委员会配合治淮工程，在调查中发现了八方遗址，即王城岗遗址。1959 年 4 月徐旭生先生为探索“夏墟”，对遗址进行了调查和试掘。1975—1981 年为探索夏文化，以安金槐先生为代表的考古工作者组成夏文化工作组，对王城岗遗址进行了调查、钻探和发掘，发掘面积 8000 多平方米，发现了东西并列的两座龙山文化晚期小城，总面积约 1 万平方米。小城内还发现了祭祀坑、夯土及铜器残片等重要遗存。发掘者提出该城可能是文献记载“禹都阳城”的所在。1996 年，为了“夏商周断代工程——早期夏文化研究”专题的需要，研究专题组对王城岗遗址进行了采样和测年工作。2002—2005 年，为了“中华文明探源工程预研究”和“中华文明探源工程（一）”的研究需要，再次对遗址进行了发掘和研究，发掘面积 1024 平方米，并调查、测绘了颍河中上游登封、禹州境内的 30 余处遗址。在原来发现的小城以西新发现一座带护城壕的龙山文化晚期大型城址，复原后的大城总面积达 34.8 万平方米。在大城内发现大面积的夯土遗迹和龙山文化晚期的祭祀坑、玉石琮、白陶器等重要遗存。发掘者提出新发现的大城为“禹都阳城”，早年发现的小城为禹的父亲鲧的“作城”。

发表资料：《登封王城岗遗址的发掘》，《文物》1983 年第 3 期；《登封王城岗与阳城》，文物出版社，1992 年；《登封王城岗考古发现与研究（2002～2005）》，大象出版社，2007 年。

1996 年 11 月，被国务院公布为第四批全国重点文物保护单位。

第二节　夏商时期城址（前 21 世纪—前 1046）

夏商时期是中国古代文明发展的第一个高峰期。文献和考古材料显示，郑州地区在夏商时期曾长期作为全国性的政治中心，夏代初年的夏启之都——黄台之丘、商代前期汤都亳皆建在这里。此外，以大师姑、望京楼城址为代表，郑州地区还先后存在着数十个夏商时期的方国与诸侯国，建立了多座大小不一的城池。

1. 新砦遗址

位于新密市东南 18.6 千米的刘寨镇新寨村西北的台地上，三面环水，南依双洎河，西濒武定河，东临圣寿溪河。西部和北部为开阔的平原。地理坐标为北纬 34°26′28.31″，东经 113°33′4.64″。遗址地势略高于四周地面，范围包括今梁家台、苏沟、东湾和煤土沟等 4 个自然村的大部分区域。遗址面积约 100 万平方米。

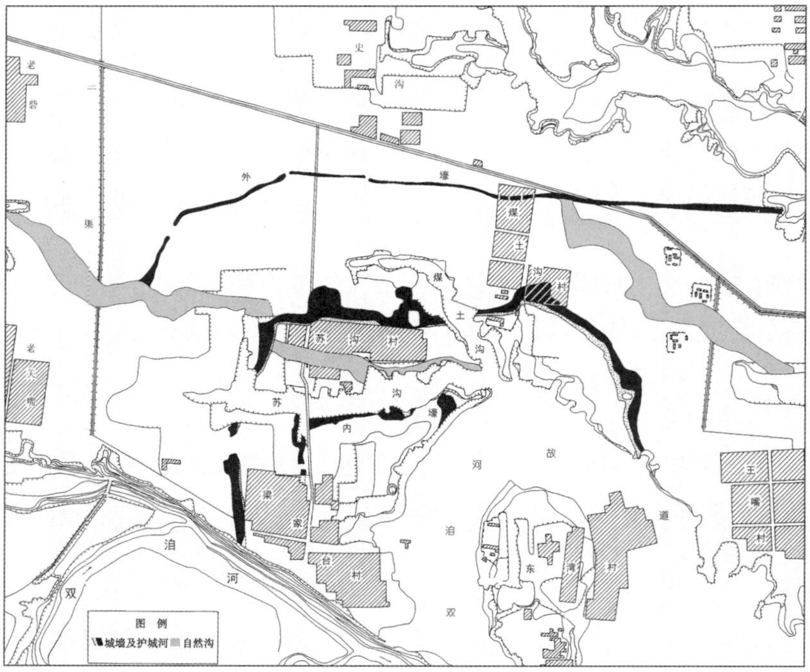

新砦遗址平面图

新砦遗址是1964年由密县文化馆馆长魏殿臣进行田野调查时发现的。1979年3、4月，中国社会科学院考古研究所赵芝荃等根据魏殿臣提供的线索，对该遗址进行复查和试掘，发现新砦遗址的文化遗存中有一种文化遗存，晚于河南龙山文化晚期，早于二里头文化早期，将其命名为二里头文化新砦期。1999年、2000年，中国社会科学院考古研究所、北京大学考古文博院和郑州市文物考古研究所联合对该遗址进行多次发掘，确认了新砦期文化的学术成果。2002—2005年，对新砦遗址再次进行了发掘，并初步确定新砦遗址是一处设有外壕、城墙、内壕共三重防御设施、中心区建有大型建筑基址的古城址。

整座城址均掩埋在地表以下，城址平面基本为方形。南以洧水河为自然屏障，现存东、西、北三面城墙及贴近城墙下部的护城河。城内面积约为70万平方米。其中北城墙所在位置在筑城之前是一段自然河沟，筑城时先将内侧沟壁修成若干台阶状，再在台阶上堆土夯筑成墙，东西长924米，深5—6米。东城墙残存160米，深约4米。西城墙残长470米，深2.5米。城壕系人工挖筑而成。

据发掘者分析，城墙分属龙山文化晚期和新砦期两个时期。龙山文化晚期城墙自身存高即自然河沟现存深度，约6.7米，南北现存宽度最宽9米，其中城墙下部的夯层直接夯打在自然河沟内。龙山文化晚期城壕紧靠城墙外侧，上部被新砦期城墙打破，城壕现宽1—3.65米，深约6.95米。龙山文化晚期城墙废弃以后，新砦期城墙直接建在龙山文化晚期城墙外坡之上，并打破龙山文化晚期城墙外侧的城壕，现存新砦期城墙宽11.5米。筑墙时首先将龙山文化晚期护城河内上部的淤土铺垫为新砦期城墙底层垫土，再倾斜堆积数层黄灰土作为下部垫土，然后于其上平夯灰褐色黏土层，之上再分段夯筑黄花土层，但黄花土层之上的墙体至今已被破坏殆尽。龙山文化晚期和新砦期城墙及护城河的实际宽度因遭后期城墙和二里头文化时期壕沟的破坏已不能肯定，不过从已经暴露出来的墙体观察，无论是龙山文化晚期还是新砦期城墙宽度均在9米以上。

外壕位于北城墙以北约220米处，由人工和自然冲沟相结合而成，东西长1500米，南北宽6—14米，深3—4米，自西向东有3处缺口，应该是3处供人出入的通道所在。外壕仅见于城墙的北面，或许是因为城址三面环水，仅北部与陆地相连的缘故。外壕与城址东面的圣寿溪河、南面的双洎河、西面的武定河共同构成一个封闭的单元，是新砦遗址的第一重防御圈，圈围面积约100万平方米。

城内西南部地势较高的地区开挖有内壕。现存西、北、东三面内壕，南面为河流，所圈占的面积应在6万平方米以上，其功用类似内城或小城。其中北壕东西长约300米；东、西内壕南部均遭破坏，长度不明。在西壕中部发现有缺口，当是出入的门道。在内壕内中部偏北，也就是今梁家台村东北的高台地上发现了一处大型建筑基址，整体呈刀把形，现存东西长99.2米，南北最宽处14.5米，最高处距地面1.75米，总面积1000多平方米。该建筑为浅穴式，坐落于一条贯穿内城的东西向大路上，因在其主体范围内未发现柱洞，推测为一处大型露天活动场所。从该建筑遗迹的层位关系及包含陶片判断，其时代为新砦期晚段。另外在浅穴式建筑基址南部附近还发现一个埋有大量兽骨的小灰坑和一具露天放置的猪骨架，可能和祭祀活动有关。大型浅穴式建筑基址的东部建有中小型附属建筑。此外，在中心区以外今梁家台村南端濒临双洎河的台地上，曾发现多只鹿角叠放在一起的灰坑，表明这里可能是加工骨器的场所。

除遗迹外，新砦遗址还出土了大量遗物。这些遗物中不仅有子母口瓮、簋形豆、双腹豆、猪首形盖钮等制作精美的陶器，还有玉凿、红铜容器等高规格器物，其上的纹饰有兽面纹、雕刻精细的夔龙纹等，与二里头遗址出土的青铜牌饰纹饰相类似，显示出新砦遗址居住者地位、身份的不一般。

大型城墙、多重城壕、大型浅穴式建筑基址及众多高规格遗物等种种迹象表明，新砦遗址绝非一般的聚落遗址，而是具有都邑性质的区域政治中心。考虑到该遗址在地望上与文献所载的“黄台之丘”附近的“夏启之居”基本吻合，且新砦遗址所属的新砦期文化性质上属于夏文化范畴，在年代上已进入夏代早期，故推测新砦城池很可能就是夏启之都。

新砦遗址的发现是我国夏代考古的重要收获，它是目前河南省面积最大的一处龙山文化时代及新砦期城池，也是全国最大的史前和夏代早期城址之一，为研究我国古代早期城池历史提供了难得的实物资料。新砦遗址发现的龙山、新砦期、二里头早期“三叠层”文化，证明了龙山文化与二里头文化之间确实存在着“新砦期”，这一发现填补了龙山文化晚期与二里头文化早期之间研究的缺环。

发表资料：《河南密县新砦遗址的试掘》，《考古》1981年第5期；《河南新密市新砦遗址1999年试掘简报》，《华夏考古》2000年第4期；《河南新密新砦遗址发现城墙和大型建筑》，《中国文物报》2004年3月3日第一版。

2006年5月，被国务院公布为第六批全国重点文物保护单位。

2. 东赵遗址

位于郑州高新技术产业开发区沟赵办事处东赵村南200米的须水河以西约2000米、陇海铁路线辅线以南约300米的一处台地上。遗址面积100余万平方米。遗址区地势南高北低，20世纪70年代被平整成梯田，由北向南呈台阶形，共3级台地。北部可见取土形成的断崖，高约2.5米。遗址东距郑州商城约14千米，北距大师姑城址约7千米。地理坐标为北纬34°46′58.43″，东经113°29′38.60″。

2012年10月，为配合“中原腹心地区早期国家的形成与发展”课题研究，北京大学考古文博学院与郑州市文物考古研究院对其进行了大规模考古发掘，重要发现有四：一是发现了大、中、小三座城址。东赵小城位于东赵遗址的东北部，城址方向为北偏东5°。小城平面基本呈方形，长150米，面积约2.2万平方米，始建年代为新砦期。东赵中城基本位于东赵遗址中部，城址方向为北偏东10°。中城呈梯形，南城墙长256米，北城墙长150米，南北长350米，面积约7.2万平方米。中城始建于二里头文化二期，兴盛于二里头文化二期晚段至三期早段，废弃于二里头文化四期。东赵大城遭破坏较严重，城垣保留较少。大城整体形状呈横长方形，城址方向为北偏东15°，东西长约1000米，南北宽600米，面积约60万平方米，年代为东周战国时期。二是首次发现二里头文化时期城墙内奠基遗存。在中城南墙基槽

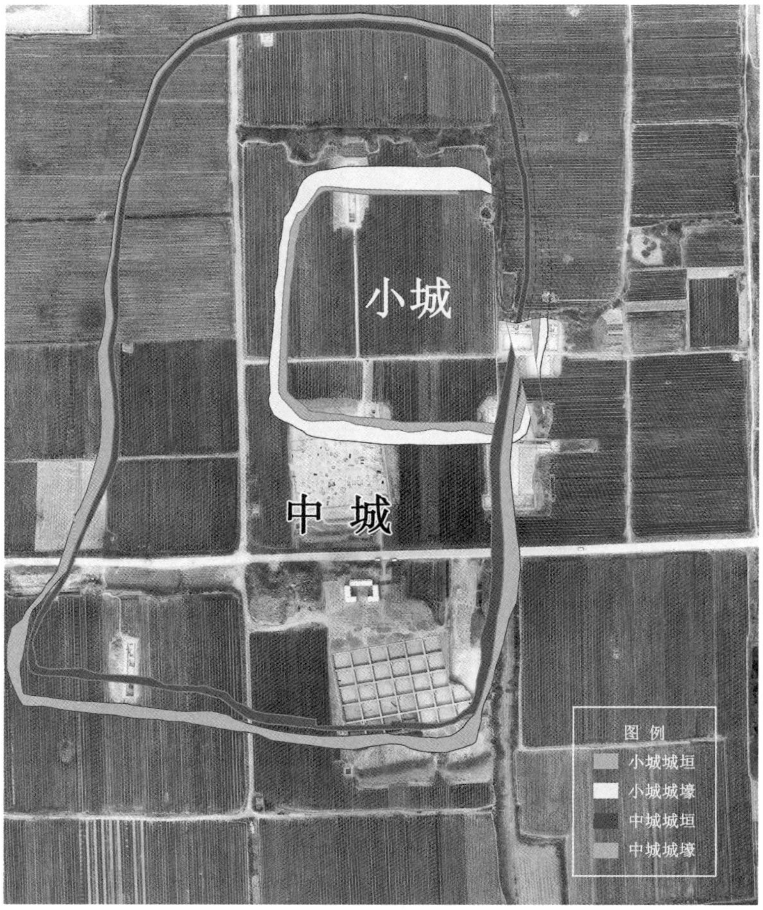

二里头时期城址(东赵中城)与新砦期城址(东赵小城)

内发现一孩童骨骸,似与祭祀活动相关,这类现象在同时期其他遗址中未见。三是发现了集中出土卜骨的祭祀坑。四是发现了商代大型建筑基址。该建筑基址为回廊式建筑,东西长 75 米,南北长约 40 米,围合面积约 3000 平方米。

遗址北部文化层由于平整土地时被破坏,残留厚度约 0.5 米。东部文化层厚 0.8 米。南部为该遗址区的最高处,地势平坦,文化层保存较好,厚 1—3 米。在遗址断崖处发现多个灰坑,坑内填灰土,土质疏松,内含红烧土颗粒和较多陶器残片,坑深 1.5—3 米。采集到的标本有泥质陶和夹砂陶,陶色有灰色、红色、褐色等,可辨器型有豆、缸、盆型鼎、罐、鬲、盆等。器表纹饰以绳纹为主,另有附加堆纹、弦纹、云雷纹等。

东赵遗址文化内涵十分丰富,遗存年代跨龙山文化晚期、新砦期、二里头文化一至四期、早商二里冈文化时期、两周时期,其中以二里头、二里冈文化遗存最为丰富;受发掘面积及后期破坏影响,龙山文化、新砦期、两周文化遗存较少。发现的大、中、小三个城址均有丰富的文化遗存出土,且延续时间长,年代序列相对完整,无论是对夏商时期年代谱系研究还是对郑州西北的区域聚落研究,都可提供新的材料及视角,历史与考古价值十分重要。

东赵遗址被评为 2014 年度"全国十大考古新发现"。2016 年 11 月,被河南省人民政府公布为第四批河南省文物保护单位。保护范围:北部在东赵村靠近村庄南部边线 30 米,东部靠近现乡村公路西 30 米,南部以现乡间道路往南 100 米,西部至乡村小路及低矮断崖。建设控制地带:北部至东赵村南东西大街,东部以现有乡村公路东边沿以东 70 米为界,西部以小路及断崖以西约 100 米为界,南部以断崖和乡间道路以南 250 米为界。

3. 大师姑城址

位于荥阳市广武镇大师姑村和杨寨村南的索河二级台地上，北距黄河、西南距荥阳市区均为 13 千米，东南 22 千米为郑州市区。地理坐标为北纬 34°50′26. 13″，东经 113°28′57. 89″。

大师姑遗址发现于 1984 年。2002 年，郑州市文物考古研究所在郑州西北郊开展夏商周考古专题调查时，发现该遗址包含有大量夏、商文化遗存。经初步钻探，在遗址的北、东、南三面都发现了环绕遗址的壕沟，并在南壕沟的内侧发现硬土（夯土）。2002 年 10 月，为配合当地农民建蔬菜大棚，郑州市文物考古研究所对遗址进行了试掘，发掘面积 540 平方米，发现了大量早商文化和二里头文化遗存。遗迹有房基、灰坑、灰沟、墓葬和二里头文化时期城址一座，并出土大批遗物。

大师姑城址由城墙和城壕两部分组成，被索河分为东、西两部分，大部分在河东，形状规则。东城墙南北顺直，东北城角和东南城角均为直角；北城墙由东北角向西延伸，接近索河东岸抹角拐西南；南城墙东段向西不远呈直角向北拐少许，再直角西拐，一直向西延伸到索河东岸。河西岸部分仅剩城墙西北角。城墙大体上呈东宽西窄的梯形，全部埋没于地表以下 1 米左右，已发现的部分为南城墙西段、西城墙北段和北城墙西段，其他地段暂未发现。城壕位于城墙外侧 6 米左右，走向和城墙平行，现存深度在 2—2. 8 米之间。壕沟内侧因被早商遗迹打破，原始宽度不详，现存宽度在 5—9 米之间，形状为斜壁平底或圜底。已发现部分总长度为 2450 米，复原长度为 2900 米。城址面积共计约 50 万平方米。

城墙顶部宽 7 米，底部宽约 16 米，残存高度为 3. 75 米。修筑方法为平地起建，倾斜堆筑，水平夯打，夯层厚度不均，在 0. 1—0. 4 米不等，夯窝不甚清晰。因经过多次续建和修补，现存夯土城墙的结构较为复杂。

城址始建于二里头文化二、三期之交，在二里头文化三期早段之前曾进行过大规模续建，约在二里头文化四期偏晚段至二里冈下层偏早段之间被废弃。

大师姑城址

城址内二里头文化遗存十分丰富，文化层堆积厚度一般在 2—2. 5 米。出土的遗迹有夯土房基、灰坑、窖穴、灰沟等；出土的遗物除大量生活用具如陶器和生产工具如石器、骨器等外，还出土有青铜工具如玉杯、玉琮等。另外，城址内早商文化遗存也很丰富，尤其是发现的二里冈文化时期的大型环壕，说明这里在当时仍然是一处重要的中心聚落。

大师姑城址有可能是夏王朝的东方军事重镇或方国的都邑。它的发现填补了我国夏代城址考古的空白，为进一步研究我国夏代的城市发展、社会结构乃至中国古代文明的起源提供了珍贵的资料，对探讨夏代晚期夏、商文化关系，夏、商交替年代等一系列夏商考古研究中的重大学术问题具有十分重要的学术价值。

发表资料：《郑州大师姑》，科学出版社，2004 年；《夏代考古新突破——郑州大师姑发现二里头文化中晚期城址》，《中国文物报》2004 年 2 月 27 日第一版；《郑州大师姑夏代城址的发现与研究》，《2004 年安阳殷商文明国际学术研讨会论文集》，社会科学文献出版社，2004 年。

大师姑城址被评为 2003 年度“全国十大考古新发现”。2006 年 5 月，被国务院公布为第六批全国重点文物保护单位。

4. 望京楼遗址

位于新郑市区北 6 千米的新村镇望京楼水库东侧，孟家沟及杜村西侧，黄水河从遗址西侧流过。地理坐标为北纬 34°27′7. 58″，东经 113°42′57. 86″。

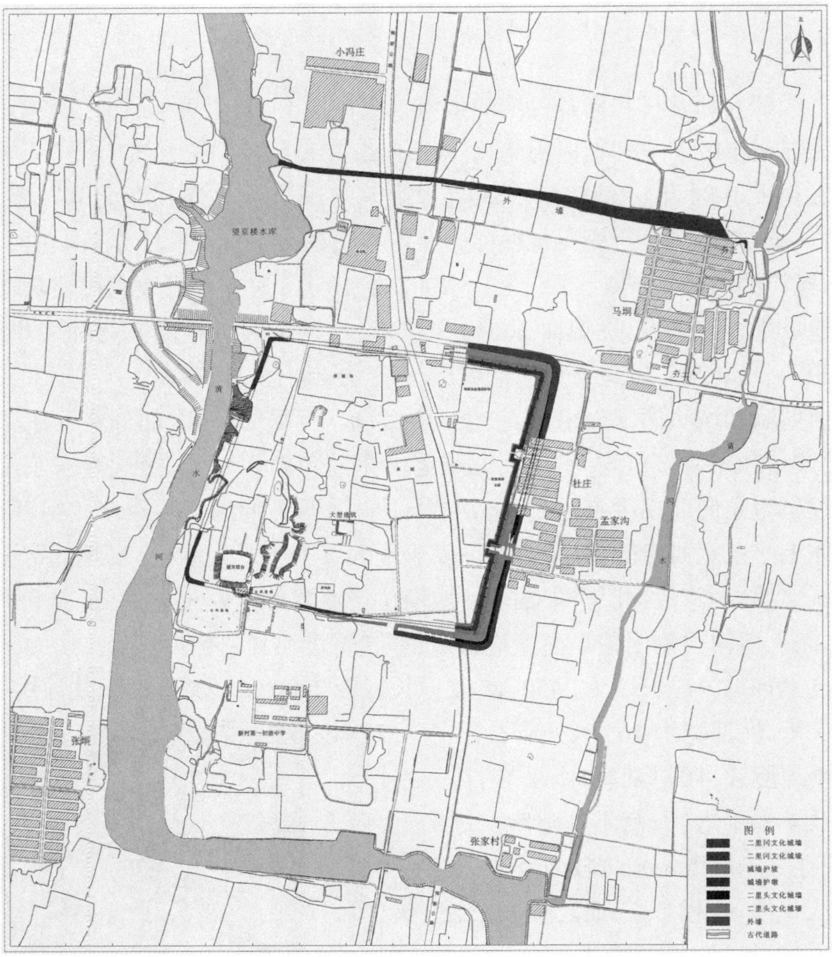

望京楼遗址总平面图

遗址发现于20世纪60年代中期，1965年春及1974年冬曾出土一批青铜器和玉器。2010年9月，为配合郑州市南出口暨郑新快速通道建设，郑州市文物考古研究院对遗址进行了全面调查、钻探及道路占压遗址区域的抢救性发掘，出土大量铜器、玉器、骨器、陶器等，其中青铜钺是我国目前出土的夏商时期铜钺中最大的一件，铜援玉戈制作工艺精美绝伦；还发现了夏代二里头文化、商代二里冈文化城址各一座。

商代二里冈文化城址保存较为完整，平面近方形，方向为北偏东15°，总面积约为37万平方米。发掘出土遗迹有“凹”字形城门、道路、大型夯土建筑基址、房基、墓葬、窖穴、灰坑等，出土遗物有铜器、原始瓷器、陶器、石器、蚌器、骨器等，尤以陶器最为丰富。城墙由主墙体及护坡组成，城墙外侧开挖有护城河。现存东城墙长约590米，北城墙长约602米，南城墙长约630米，西城墙长约560米，城墙残宽7—20米。发现城门3座，东城墙2座，南城墙1座，其中东一城门保存完整，由城墙、两侧护坡、门墙、城门洞及附属建筑组成，占地2000余平方米。城门平面形状为“凹”字形，以城门洞为核心，东城墙在城门处向西转折15.5米，两侧对称，之后修筑门墙，门墙靠近道路两端又夯筑，挖柱洞立柱修筑城门洞。门墙长7.7米，宽5.8米，夯筑方法与主体城墙相同，门墙两侧有柱洞，下有柱础石。城门洞宽3.3米。城门外侧有附属建筑的遗迹。

夏代二里头文化城址位于商代二里冈文化城址护城河外侧，与商代二里冈文化城址相套，发现有东城墙、东南角、东北角及护城河，城内遗迹有房基、窖穴及灰坑，出土遗物包括陶器、石器、蚌器等。方向为北偏东13°。已发现东城墙残长625米，南城墙残长41米，北城墙残长32米，城墙残宽1.1—6.6

米。城墙外侧有护城河,已发现1000余米。在两座城址之北300米处发现一条东西向人工壕沟,长约1100米,宽约20米,深约2.5米。壕沟东接黄沟水,西连黄水河,与两水形成一个封闭的区域,面积达168万平方米,所见二里头文化和二里冈文化遗存仅见于该区域之内。

望京楼遗址发现的两座早期城址,面积之大,在同期聚落中极为罕见,是中原地区继郑州商城、郑州大师姑城址、偃师二里头夏城、偃师尸乡沟商城之后,在夏商大型城址考古方面又一重大发现。尤其是望京楼商代二里冈文化城址城门设施突出体现了浓厚的军事防御色彩,应为我国瓮城之滥觞。望京楼夏代二里头文化城址和商代二里冈文化城址位于同一地点,对于探讨夏商历史、夏代晚期文化与商代早期文化更替及中国早期城池建设等问题都具有非常重要的价值,对于研究中原地区早期城市群的发展演变和国家起源意义重大。

发表资料:《新郑望京楼出土一批商代铜器和玉器》,《中原文物》1980年第1期;《河南新郑县望京楼出土的铜器和玉器》,《考古》1981年第6期;《河南省新郑县新发现的商代铜器和玉器》,《中原文物》1992年第1期;《望京楼二里冈文化城址初步勘探和发掘简报》,《中国国家博物馆馆刊》2011年第10期;《河南新郑望京楼二里冈文化城址东一城门发掘简报》,《文物》2012年第9期。

望京楼夏、商时期城址被评为2010年度"全国十大考古新发现"。2013年5月,被国务院公布为第七批全国重点文物保护单位。

5. 郑州商代遗址

位于郑州市管城回族区一带,东起凤凰台,西到西沙口,北到花园路,南到二里岗(冈),面积25万平方千米。地理坐标为北纬34°44′42.35″,东经113°40′59.16″。郑州商城位于郑州商代遗址的中部,是一座商代前期都城遗址,距今已有3600年的历史,是商王汤所建的亳都,也有学者认为是距今3500年商王中丁所迁隞(嚣)都。

郑州商代遗址

遗址最初发现于1950年秋,时为河南省古迹研究会会员、小学教师的韩维周在郑州东南部二里岗(冈)一带采集到一些绳纹陶片和磨光石器,经鉴定确认为商代文物。1952年10月至1953年,文物工作者在郑州二里岗(冈)一带进行大面积考古发掘,发现了丰富的商代文化遗存,并将此类遗存所代表的文化命名为"商代二里冈期文化"。1955年,在商代遗址的东北部白家庄发现商代文化层下叠压着商代夯土墙,通过对夯土墙内外进行多次考古发掘,前后开挖了24条探沟,证明了夯土墙围合成一座大约呈长方形的城池,出土的陶片为商代前期的陶器残片。这一发现为郑州商城的确立奠定了坚实的基础,同时也为探讨郑州商城的布局和建筑方法提供了丰富的实物资料。

郑州商城平面近似长方形,北城墙长约1692米,西城墙长约1700米,南城墙和东城墙皆为1870米,周长约7000米。现西城墙和北城墙西段破坏严重,大部分被埋在地下;北城墙东段、东城墙和南城墙保存较好,大部分保留在地面以上1米至数米不等。由于商城被废弃以后历代使用,经过多次修补和加固,所以现存商城表面多被后期遗存叠压和覆盖。从解剖探沟可知城墙底宽20米,顶宽5米,推测原高度约10米。城墙四周共发现11个缺口,有的缺口可能与城门有关。

城墙是分段分层夯筑而成的,每段长约3.8米,每层夯土厚8—10厘米。每层夯土的表面布满了密集的圆形尖底或圜底夯窝，夯窝直径2—4厘米，深1—2厘米，夯具用圆木棍集束而成。城墙由主城墙和护坡构成。城墙的横断面呈下宽上窄的梯形，中间为主城墙，两侧为护坡墙，内侧护坡较外侧缓。主城墙的内外两壁上留有清晰的朽蚀横列木板（夹板）痕迹，木板长3米左右，宽15—30厘米。

另外，在商城内东北部有长方形的宫城，东西长约800米，南北宽约500米，面积约40万平方米。宫城内发现有各类高低不等的夯土建筑基址，还有用石板铺垫垒成的水管道、水槽等设施。在城墙外600—1100米处，还发现外郭城墙，大致沿凤凰台、货栈街、陇海路、火车站、福寿街、解放路一线修建。外郭城墙对商城形成环抱之势，应当是具有防御功能的设施之一。

商城内外发现的重要遗迹有：

宫殿建筑基址。在宫殿区内（宫城内）清理出20多座商代夯土建筑基址，有3座保存较好，其中15号房基现存东西长65米，南北宽13.5米。南北柱础槽外侧皆留有较宽的夯土台面，北面一排柱础槽外侧有4个擎檐柱，推测15号房基应是带回廊式大型宫殿建筑。

小型房基。小型房基的建筑方式有两种：一是地面建筑，二是半地穴式建筑。平面有长方形和方形两种。有的房基周围残留有墙壁。房门多向南，房内后墙处筑有方形或长方形土台，地面用白灰面或细黄泥铺垫，中部有圆形柱洞。室内常有成片的用火痕迹。有的房屋中间筑有隔墙。半地穴式房子结构较简单，多在前墙上开一小门，有的在前墙上开一小窗，后墙地坪上也常留存烧土面。

手工业作坊。商城内外有紫荆山北青铜冶铸作坊遗址、南关外青铜冶铸作坊遗址、铭功路制陶作坊遗址、花园路制骨作坊遗址、东里路制骨（主要用人骨）作坊遗址等多处手工业作坊遗址。

青铜器窑藏坑。共发现清理三处窑藏坑，分别是张寨南街窑藏坑、向阳回族食品厂窑藏坑、南顺城街窑藏坑，共清理出土青铜器28件，有鼎、鬲、斝、爵、戈、钺、罍、盂、盘、尊、提梁卣、觚等。另外在商城内外还发现上千个商代窖穴（灰坑）、众多商代墓葬、各种祭祀遗迹等。

除青铜器外，在商城内外还出土有玉器、原始瓷器、陶器、石器、骨器、蚌器、牙器、角器等，其中陶器最多，有鬲、甗、罐、盆、豆、大口尊、甑、瓮、缸等。

“夏商周断代工程”研究成果表明，郑州商城是商王朝的前期都邑所在地，即成汤建商的亳都；是中华民族早期文明时期的统治中心，是存在于地面的中国最早的人工建筑遗存之一，是中国迄今为止文明早期规模最大、最重要的古城遗址之一，其涵盖的城市构成特别是都城构成的各种要素——城垣、宫殿区、居住聚落、墓葬区、手工业作坊、宗教活动遗址等，也证明其为类型最为完整的古文化遗址之一。郑州商城在中国古代文明史上占有重要历史地位。

郑州商城内外两道城墙和宫城城墙形成三重城垣结构，其中作为基本格局骨架的内城近似长方形，其各项功能构成所显示出的完整古代都城形制和宏大的规模，特别是内外城池和宫殿区布局的整体形制，开辟了王都营建模式的先河，确立了郑州商城在中国古代城市发展史中不可替代的重要历史地位，展现了早期华夏文明在城市建设方面巨大的成就，奠定了中国城市发展的基础，为中国古代城市遗址的重要范例，也成为世界早期文明阶段最为重要的城市遗址之一。

郑州商代遗址出土的大量遗迹、遗物，全面反映了早商文明的完整形态。其中的冶铜、制陶、制骨作坊遗址，城市建筑基址，城市基础设施遗存，习刻甲骨，原始瓷器，尤其是大量的王室青铜重器，集中展示了早商文明的发展高度，代表了中国早期文明在这一阶段的最高发展水平，在世界文明史上也独树一帜，占有不可或缺的地位。

发表资料：《郑州商代城址发掘报告》，《文物资料丛刊》（1），文物出版社，1977年；《郑州商城：1953—1985年考古发掘报告》，文物出版社，2001年；《郑州商代铜器窖藏》，科学出版社，1999年。

1961年3月，被国务院公布为第一批全国重点文物保护单位。

6. 小双桥遗址

位于郑州市西北 20 千米处的石佛镇小双桥村及其西南部，文化堆积主要分布于小双桥、岳岗、葛寨、于庄、师家河等几个自然村之间。遗址南北、东西各 2000 米，面积约 150 万平方米。地理坐标为北纬 34°38′，东经 113°30′。

小双桥遗址发现于 1989 年，1990 年河南省文物研究所对其进行了系统的调查和发掘，并于 1995—2000 年进行了数次复查及大规模的发掘，揭露面积 1600 平方米，发现有夯土建筑基址、窖穴、祭祀坑、灰坑、壕沟等文化遗迹和青铜建筑饰件、石磬、原始瓷尊、石圭等重要遗物。

小双桥遗址中的商代道路和车辙痕

历年来的发掘主要集中在遗址的中心区域，即遗址东北部一带 20 万平方米范围内，发现有夯土墙、大型高台夯土建筑基址、宫殿建筑基址、小型房基、大型祭祀场、祭祀坑、奠基坑、灰沟、与冶铜有关的遗存等文化遗迹及大批质料各异、种类繁多的文化遗物。出土遗物除陶器外，还有青铜器、玉石器、原始瓷器、骨角牙蚌器、海贝、金箔、卜骨等，还发现大量的孔雀石、铜渣。其中尤以朱书文字引人注目，朱书文字共发现 8 字，主要见于小型陶缸表面，也有位于大型缸口沿、腹壁者，系用朱砂书写，其形状、结构与甲骨文一脉相承，是迄今发现的商代最早的书写文字。

小双桥遗址发现的祭祀坑有人祭和牲祭两种。人祭坑发现 1 处，为不规则圆形，坑内埋 4 人，分上下两层：上层 3 具骨架中 2 具仅残留头盖骨，另 1 具为侧身屈肢葬；下层 1 具为俯身屈肢葬。这 2 具骨架主人均为女性，年龄 15—17 岁。牲祭坑数量较多，出土遗物十分丰富，可分为大型不规则祭祀废弃堆积坑、牛头（角）祭祀坑、狗骨祭祀坑等几种。大型祭祀废弃堆积坑共发现 2 个，平面呈不规则形，其中包含有大量牛头或牛角及象头、象牙、猪、狗、鹿、鹤等动物的骨骼。用牛头或牛角作祭品的祭祀坑数量较多，坑口形状分圆形、椭圆形、不规则形等几种，坑中包含物也不尽一致：有的是从顶骨经过颅骨向下切至下颌骨的面骨部位，两侧保留两个完整的牛角；有的是数具牛头或带局部头骨的牛角；有的仅有一只或几只带牛头骨的牛角；有的牛头（角）与陶器残片等遗物同出。牛数量经统计发现在 60 头以上，经鉴定这些牛均为黄牛。狗骨祭祀坑仅 1 个，平面呈椭圆形，内埋 1 具幼狗骨架，狗骨的一旁出土有残破石圭。

出土陶器类型有鬲、盆、簋、觚、爵、尊、缸、中柱盂、甑、瓮等，石器有铲、镰、刀、斧、圭等，还发现海贝 10 多枚及原始青瓷片、青铜器、卜骨等，同时还出土有能反映商代礼乐制度的大石磬和长方形石圭。采集的 2 件青铜建筑构件尤为重要，整体近方形。其中一件平面为“凹”字形，高 18.5 厘米，正面宽 18.8 厘米，侧面宽 16.5 厘米，两侧面各有一个 6 厘米×4.2 厘米的长方孔，壁厚 0.6 厘米，重 6 千克。正面饰单线饕餮纹，侧面在长方孔四周为一组龙虎斗象图，龙、虎形象生动，象为艺术变形。据分析，这件青铜建筑构件应是宫殿正门两侧枕木前端的装饰性构件，由其形体推测，该建筑规模很大，有可能为商王所属。这种青铜建筑构件为国内首次发现，其造型独特，纹饰繁缛，为商文化中少见的精品，对研究商代青铜冶铸技术、青铜器花纹图案及商代建筑的发展水平等都具有十分重要的意义。

小双桥遗址分布面积大，堆积时间较短，但文化内涵丰富，具有都邑遗址的规模和性质。遗址地处黄河南岸古敖地范围内，其文化年代属郑州二里冈上层二期，即白家庄期，接郑州商城而繁荣，同时历时较短，合于中丁迁隞的历史记载。遗址中大量岳石文化因素的长方形穿孔石器的出现，或可以和中丁征蓝夷的历史相对应。小双桥遗址是当前所发现的处于郑州商城和安阳洹北商城之间的唯一一个白家庄期具有都邑规模和性质的遗址,它的发现预示着商都地望等夏商文化探索中的许多重大学术课题的研究将有新突破,是夏商周考古学上的一个重大发现。

小双桥遗址被评为1995年度"全国十大考古新发现"。2006年5月,被国务院公布为第六批全国重点文物保护单位。

第三节　两周时期城址(前1046—前256)

中国历史上的两周时期指西周和东周。西周初年,为巩固西周王朝的长期统治,周王大规模分封诸侯,各诸侯国取得相应封地,大量诸侯都城、大夫采邑开始出现。进入东周以后,政治上列国分立,军事上兼并战争频繁,具有政治中心和军事重镇功能的城池在各地大规模兴建。由于郑州地区地处天下之中,是诸侯逐鹿中原的主要战场,因此这里建造了大大小小各类具有政治中心和军事重镇功能的城池。目前考古发现的两周城址主要有荥阳娘娘寨遗址、官庄遗址、荥阳京城、虎牢关城、平咷故城,新郑郑韩故城、华阳故城,郑州祭伯城,登封阳城、黄城,新密密国故城等,此外还有一些小诸侯国建立的城池。

1. 官庄遗址

位于荥阳市高村乡官庄村西部,南距荥阳市区约7千米。东西长约1300米,南北宽约1000米,总面积130万平方米左右。

1981年全国第一次文物普查时发现该遗址。2004年,郑州市文物考古研究所在南水北调工程前期复查过程中,对遗址进行了试掘。2009年,为配合基建,郑州市文物考古研究院又对其进行了小规模发掘。

2010年4月至2011年1月,郑州大学为配合南水北调中线工程建设,对官庄遗址进行了地面调查及局部钻探,并在遗址南缘南水北调中线干渠占压部分发掘4000平方米,发现了遗址外壕,并发掘了一批墓葬、灰坑、陶窑等。遗址外壕仅存南、东外壕及北外壕的东段,南外壕长约1300米,东外壕长约900米,北外壕东段长540米,宽2—6.5米,深2.7—4.2米,稍向北折,与小城外壕相接。

官庄遗址

2011年6月—2013年5月,郑州大学历史文化遗产保护研究中心、郑州市文物考古研究院再次对该遗址进行钻探、发掘,确认了遗址的外壕,发现了位于外壕内的大城、小城及小城的南城门。至此,官庄城址的平面布局基本确认。城址平面呈"凸"字形,由大城、小城两部分组成。

城内出土物多为陶器,泥质陶多于夹砂陶,以灰陶为主,也有少量红、褐陶。纹饰以绳纹居多,也有少量弦纹、刻划纹、篮纹、方格纹等,素面陶略少。器类主要为炊器和盛储器,器型有鬲、盆、罐、豆、盂、器盖等。

官庄遗址位于索河、枯河之间,东连郑州,西通伊洛,地理位置十分重要。与同时期的娘娘寨遗址相比,官庄遗址面积更大、遗存更丰富,其大小城南北相连、多重环壕的结构非常独特,尤其是小城内壕,历经数次淤积,遗留了早晚不同的5条壕沟及夯土护坡。小城南城门及相关建筑和出入设施的发现在周代城址考古中尚属首次。

该遗址始建于西周晚期早段，春秋早期即被废弃，存续时间较短，且符合“地近虢”的地望。文献记载，郑国东迁后“四年(前767)灭虢”，官庄城的兴废可能反映了两周之际诸侯国政治更替的历史事实。官庄遗址是目前中原地区最大的西周城址，其结构布局、所处地理位置及考古学遗存均与东虢国相对应。

发表资料：《河南荥阳官庄遗址2013年度发掘简报》，《中原文物》2016年第3期；《河南荥阳市官庄遗址西周遗存发掘简报》，《考古》2014年第8期；《河南荥阳市官庄遗址西区发掘简报》，《考古》2013年第3期。

2. 娘娘寨遗址

位于荥阳市豫龙镇寨杨村西北，北临索河。遗址中心留有3米高的土台，近代曾利用为寨，即娘娘寨。2005年以来，为配合国家南水北调工程中线项目文物抢救工作，郑州市文物考古研究院(所)对其实施考古勘探和发掘，确认该遗址为两周时期城址。

遗址东西长1200米，南北宽850多米，总面积100多万平方米，包括内城、外城两部分。根据城墙解剖结构及出土物分析，娘娘寨遗址的内城始建于西周晚期，战国时期内城分布有大面积的宫殿建筑；外城始建于春秋时期；内外城延续使用至战国时期。

娘娘寨遗址

内城平面为圆角方形，面积约为14万平方米。南、北城墙保存稍好，东、西城墙因农民取土被破坏较严重。夯土城墙分两个时期：上层夯土为战国时期，下层夯土为西周时期。南城墙剖面显示夯层明显，战国时期灰坑打破城墙，圜底夯窝清晰。四面城墙中部均发现有缺口，经解剖可以确认为内城城门所在。其中南城门宽4.5米，周围尚分布有城门奠基石。在南城墙缺口对应处的北城墙亦有一缺口，推测应为内城北门。东、西两城门的结构相同，其中西门保存较好，宽约4米，城门缺口处有两层路土，均是东西向。内城外围绕有护城河，宽30—50米，现存深约12米。护城河结构为斜坡圜底，内有层层淤土，出土有战国陶片。推测西周时期的护城河相对较窄浅，战国时期对原护城河进行了加宽加深，将西周时期的护城河全部破坏。

由于索河绕内城的西部和北部流过,因此外城主要分布于内城的南部和东部。外城南城墙距内城南城墙约 600 米,现存宽度为 2—8 米不等,南城墙东部被寨杨村占压一部分,往西为龙泉寺冲沟,继而为索河。外城东城墙距内城东城墙约 700 米,现存宽 7—9 米,东城墙北与索河相接。这样外城东、南两面城墙和龙泉寺冲沟、索河一起构成一道封闭的防御圈,成为内城的外郭城。在外城南城墙外发现有护城壕,宽约 20 米,深 6 米。在外城东城墙外有一条宽约 40 米的近代冲沟,推测南城墙西部和东城墙北部分别被龙泉寺冲沟和近代冲沟冲毁。受现代建筑和农民取土影响,外城墙遭破坏较严重,目前尚未发现外城门。外城内发现有两条道路:一条位于南城墙内侧,与外城南城墙平行,宽 4—5 米,残长 240 米;另一条通往外城东城墙中部,宽 4—5 米,残长 210 米。

内城经过严密设计与规划,布局清晰合理,宫殿区、作坊区、生活区、仓储区和墓葬区都有明确的区分,道路顺畅,交通便利。城内居中为宫殿区,有多处夯土基址,均遭严重破坏,仅残存夯土台基部分,墙体多不复存在,部分建筑残存柱洞遗迹。夯土基址一般分下、上两层,上层建筑时代多为春秋晚期至战国早期,下层建筑时代则为西周晚期。东北部为作坊区,有西周和战国时期的少量陶窑集中分布。宫殿区与作坊区之间为仓储区。西北一带为一般居住区,发现多处灰坑、水井等。居住区内有西周和战国时期的少量墓葬,分布较散,均为竖穴土坑墓,部分墓葬出土有随葬品。为方便城内居民出行,城内修南北向道路一条,宽 3—4 米;修东西向道路两条,均宽 3—5 米,这两条道路有部分叠压,下层时代较早,为该城最早使用的道路,上层为战国时期的路土。南北向和东西向的道路在城内呈“十”字形交叉,构成内城的主干道,道路的两端均与各方向的城门相通。在内城南城门内侧有一组陶水管道,一端较高,另一端通向一深井,根据陶水管道自身的结构分析,其功用为蓄水。外城内西南部发现有墓地,墓葬分布密集而有规律。

遗址范围内出土有丰富的陶器、石器、骨器、蚌器、青铜器、玉器等遗物,时代跨龙山文化、西周、春秋、战国几个时期。

娘娘寨遗址的发掘是郑州地区乃至国内西周考古的重大突破。长期以来,国内关于西周时期的城址发现较少,有关西周城址各方面的研究材料也比较匮乏。娘娘寨遗址的发掘,填补了郑州地区西周城池发现的空白,为研究西周时期城市的城郭之制、筑城方法、城墙结构、设防措施、功能布局等提供了重要资料。

娘娘寨遗址在地理位置和时代上与郑桓公东迁其民之事相符合,推测其应与郑桓公“寄孥”之地有关。娘娘寨遗址的发现,对探讨东虢国始封地位置具有重要的学术价值,对研究郑、韩两国的政治、军事历史也提供了难得的实物资料。

3. 祭伯城遗址

位于郑州市新东新区如意湖办事处原祭城村及其周围,南临农业路,东临熊儿河,东风路环绕其东北。地理坐标为北纬 34°46′49.23″,东经 113°44′40.51″。

遗址东西长约 1380 米,南北宽约 1260 米,总面积 174 万平方米左右,从时代及结构布局上看,可分为两周时期与明清时期两座城址,南北交错叠压。

两周时期城址形状呈长方形,东西方向长,位于东风渠以南明清时期城址的中部以北区域,东西长约 1380 米,南北宽约 1000 米,面积约 138 万平方米。由于城址本体上部冲积形成的堆积层较厚,地下水位较高,经勘探及局部发掘后,仅可以确认地下断续的一周墙体,城址内分布的宫殿建筑等重要遗迹暂未发现。城墙墙体上顶距地表 1. 8 米左右,水位线以上墙体高 3. 4—6. 45 米,上顶宽 15. 5 米,底宽 25 米,夯层厚 5—15 厘米不等,夯窝直径 5—10 厘米。土色为黄褐灰花,质地较硬,结构紧密,含炭粒、烧土颗粒、料姜石颗粒、蜗牛壳等。出土遗物多为残陶片与兽骨等,可辨认的器型有盆、豆盘、釜、罐、豆、缸等。

明清时期城址形状基本呈椭圆形,东北西南方向长,位于熊儿河北岸两周城址的中部以南区域,城址南城墙部分被熊儿河冲毁,东西长约770米,南北宽约680米,面积52万平方米左右。经勘探及局部发掘后,可以确认地下墙体与环壕能断续环绕一周,城址内有明代房基、道路等丰富的遗迹,冲积形成的堆积层亦较厚。环状城墙墙体上顶距地表0.6—1米,墙高约3.6米,上顶宽约18.5米,下底宽约22米,夯层厚8—20厘米,层面为平夯。土质为浅黄褐色沙土,质地较硬,较纯净,含炭粒、料姜石颗粒等,出土有较多陶、瓷器残片及兽骨等遗物。

祭伯城遗址本体分布面积较大,文化层堆积较厚且深,遗迹丰富,因地表层覆盖有较厚的冲积层,遗址的本体保存状况相对较好,是一座深埋于地下面貌完整的古城址,现因自然环境、场地条件所限,无法全面揭露,有待今后进一步发掘、研究与展示。

祭伯城始建于西周,一直延续至明清,据文献记载,祭伯城是西周时期的一座方国都城,由于祭伯在历史上的特殊地位及其与周武王的关系,所以其所在的都城无论从历史研究价值方面,还是从文化开发方面都具有不可忽略的价值和意义。它为研究商周时期的都城分封与设立及城市发展与演变起着重要的作用。

发表资料:《祭城镇古城考古发现及相关问题初步研究》,《华夏都城之源》,河南人民出版社,2012年;《郑州祭城镇古城考古发现及相关问题初步研究》,《华夏考古》2015年第3期。

2013年3月,被国务院公布为第七批全国重点文物保护单位。两周时期城址保护范围:祭伯城东西两城的一周墙体与外环壕本体边界,向内外各扩10米,总宽79米,即天瑞街道路东边沿向东136米,祭城路(平安大道)与农业东路交叉口处祭城路北边沿向北256米,天时北路道路南沿向南32米,东风东路与祭城路交叉口处道路西边沿向西79米,东风东路与畅和街交叉口处东南侧路边沿。建设控制地带:祭伯城内分布区域及保护范围界线向西外扩100米,向北外扩100米,向东外扩100米,南以南城墙保护范围外扩100米。明清时期城址保护范围:城址的一周墙体与外环壕本体边界,向内外各扩50米,总宽157米,即东风路与龙湖环路交叉口处道路南边沿向南120米,农业东路道路西边沿以东,东风路与祭城路交叉口处道路西边沿以西,熊儿河北岸以北环形带状117米宽范围。建设控制地带:城址内分布区域以及保护范围界线向西至农业路道路西边沿,南到熊儿河北岸,东至东风东路道路西边沿,北进入两周时期城址内。

4. 华阳故城

位于新郑市郭店镇政府北3.5千米郑新路东侧,西有后周皇陵,东北有潮河支流,东临深沟。地理坐标为北纬34°33′51.22″,东经113°42′51.25″。

城址平面呈南北向长方形,周长约2300米,面积36万平方米。城内地势比城外高出近2米,城内北高南低,西高东低。华阳寨村将城址西城墙南部及南城墙占压。李家门村在城内东北部紧临北城墙东段,部分民宅坐落在北城墙上。

华阳故城航拍图

北城墙西端起自新郑路东约108米处,由西向东全长约540米,墙基宽30—40米,高10—14米,墙体现呈三阶梯状,最上处宽1—3米,中部偏东内折,长约210米,中间有缺口长约30米,疑为北门,现为近代路。北城墙东西两端和中间外侧各凸一马面,由西向东分别为：一号马面位于北城墙与西城墙拐角处，下端长 19—21 米，上端长 16—18 米，宽 7—11 米，高约 14 米；二号马面位于中部，下端长 35—40 米，前宽 36 米，现为三台阶状，最高处达 20 余米；北城墙与东城墙拐角处三号马面遭破坏较严重，高不足 10 米，外凸长 5 米左右，上宽 4 米左右。北城墙东段上宽 1—2 米，局部宽 0.5 米，地面墙体较窄，水土流失严重。北城墙外护城河宽 8—10 米，虽有淤积，但明显低于其北侧地面。东城墙自北城墙拐角处向南，总长 670 米，中间有 120 米长的城墙向内折 40 米。城墙高 2—4 米，墙基宽 30 米左右。东城墙中间有一马面，马面下端长 29—33 米，前宽 25 米，上端长 25—28 米，宽 17 米，高 8—10 米。马面南端城墙略高，高 4—6 米，城中间有深沟约 50 米，自城外伸入城内。沟南保存城墙 72 米，高 6—8 米，上宽 4—5 米，其余仅存墙基。南城墙自东南墙角向西至西南转角处，全长约 502 米，被华阳寨村民宅占压，仅存墙基。在南城墙清真寺前约 11 米处为南门遗迹，曾出土“古华邑”青石匾额。西城墙全长 763 米，中间有 250 米长的城墙内折 50 米，墙高 9 米，墙基宽 30—40 米。城墙北段有一马面，下端长 27—36 米，前宽 30 米，上端长 25—28 米，前宽 24 米，高约 9 米。南段 150 米城墙被华阳寨村民宅占压，西城墙外护城河隐约可见。

群众在平整土地时发现有建筑台基、灰坑、水井等遗存，城内外出土有战国时期的陶器和铜镞等遗物。在西城墙缺口处曾发现许多人骨，似是古代战死者的遗骸。

华阳，据《帝王世纪》载：“神农氏，姜姓也。母曰任姒，有乔氏之女，名女登，为少典妃。游于华阳，有神龙首感女登于尚羊，生炎帝。”由此可知，炎帝生于有熊国的“华阳”。清顾祖禹《读史方舆纪要》载：“在县东南三十里。亦曰华阳亭。古华国。史伯谓郑桓公：华，君之土也。”《史记・周本纪》载，周赧王“四十二年，秦破华阳约”。《史记・韩世家》载，韩釐王“二十三年，赵、魏攻我华阳。韩告急于秦，……八日而至，败赵、魏于华阳之下”。《史记・白起王翦列传》载：“昭王三十四年，白起攻魏，拔华阳。”由此可知，华阳于西周时已有，是古华国都城。华阳故城春秋属郑，战国归韩，秦灭六国后堕城毁门，遭到严重破坏。唐以后对城墙进行整修，局部增高并增加马面设施。宋时，相传周世宗柴荣女柴郡主每年前来祭奠其父，都在此城内卸下佩饰和凤冠，换上素服前往。因此，华阳城又叫卸花城。清咸丰年间华阳寨村建清真寺，整修南门，门上刻青石匾额“古华邑”。

2013 年 5 月，被国务院公布为第七批全国重点文物保护单位。保护范围：四周城墙及城墙内外各扩 20 米。建设控制地带：(1)城内。(2)城墙外四周自保护范围各外扩 150 米。

5. 常庙城址

位于郑州市二七区马寨镇常庙村周围，西临常庄水库，东达贾鲁河西岸，南连两河之间台地，北抵水库溢洪道。地理坐标为北纬 34°42′51.97″，东经 113°33′33.38″。

2006 年，郑州市文物考古研究院对该城址进行了调查和试掘。城址平面呈大写字母“B”形，地势南高北低，南北长 2000 米左右，东西宽约 500 米，周长约 5000 米。现存北城墙长 344 米，南城墙长 280 米，东城墙曲折两次，长 1448 米，西城墙长 1264 米。现存城墙高 3—5 米，最高处达 8 米以上，城墙为夯筑而成。城内发现有房基、陶窑、灰坑等遗迹。东南部有较大面积的制陶区与仓储区，地面散见较多陶器残片，可辨器型有鬲足、宽折沿盆、瓮、豆、板瓦、筒瓦、素面瓦当等，陶质为泥质、夹砂灰陶，器表多饰绳纹，多为春秋战国时期遗物，亦有少量西周鬲、豆残片，陶片上发现大量陶文。

2006 年 6 月，被河南省人民政府公布为第四批河南省文物保护单位。保护范围：分为城墙与制陶区两部分。城墙及其两侧各 50 米区域；制陶区，常庙村南东西向冲沟中心往南 250 米，东、西与城墙内侧保护范围相接。建设控制地带：城墙内除制陶区保护范围以外部分；东至贾鲁河西岸断崖往东 80 米，南至南城墙保护范围边线往南 300 米，西至常庄水库东岸往西 80 米，北以溢洪道北至道李村北侧。

6. 东周故城

位于郑州市郑东新区圃田乡古城村,北距商都路约800米,南距陇海铁路50米,西邻南岗村,东北部为古时圃田泽。地理坐标为北纬34°37′1.67″,东经113°38′14.88″。该城为春秋时期郑国所筑,是郑国的一个军事重镇。

城址城基下多沙,城墙保存较好,东、北、西三面城墙均为直线状,南城墙自西南城角向东450米处又向南扩130米,使城址整体形状呈刀把形。城墙采用砂质黏土和粉砂土分层夯筑而成。南城墙长976米,墙基宽28—30米;西城墙长395米,墙基宽25—45米;北城墙长860米,墙基宽27—32米;东城墙长560米,墙基宽25—45米。城墙周长为2791米。西南城角现存高3余米,上顶平坦,传说是"点将台"。城墙四周为城壕,宽约60米,外浅内深,断机呈倒梯形。

城内遗物丰富,主要有板瓦、素面瓦当、豆、瓮、盆、罐、筒瓦等器物残片,时代均为东周时期。

7. 青龙山魏长城遗址

位于郑州经济技术开发区明湖街道办事处李南岗村东岗,北距商都路约900米,东临陇海快速路与东三环西南隅。地理坐标为北纬34°44′4.92″,东经113°46′41.34″。

青龙山魏长城遗址发现于20世纪60年代,2003年8月、2004年7月,郑州市文物考古研究所曾在此进行过考古调查、勘探和发掘,发现丰富的战国文化遗存。因该遗存与史料记载的圃田泽西魏长城的位置相符,基本确认为魏长城遗址。2006年冬,河南省第五次文物普查时对该遗址进行了重新调查。

青龙山现为一圆形土岗,高近50米,魏长城遗址位于土岗南侧半坡上,为砂质黏土分层夯筑而成的带状夯土遗迹,残长50余米,宽20米,残存高度0.7米,向北延伸至青龙山岗顶,夯层厚度8—12厘米,夯窝较平。包含物有泥质绳纹陶片,以灰陶为主,红陶较少,器型有豆柄、大口瓮、宽沿盆、板瓦等。该遗址保存状况相对较好。

2009年6月,被郑州市人民政府公布为郑州市第二批文物保护单位。保护范围:东至陇海快速路,北至陇海铁路。东西300米,南北300米。建设控制地带:自保护范围边界外扩70—100米。

8. 东古城城址(箜篌城)

位于中牟县韩寺镇东古城村东北50米处,城南100米有丈八沟,城址东面紧临中刁公路,北面依小清河故道,四周为平坦农田,韩寺镇分干渠横穿城址东北角。地理坐标为北纬34°39′10.52″,东经114°05′59.84″。

城址南北长1050米,东西宽575米,平面呈长方形。城墙西北角和东北角现存三段夯土墙,西北角北段面积最大,南北长102米,东西宽25.6米,高约10米,东部和北部墙壁陡峭,东部局部墙体脱落至地面;西北角西段东西长18.1米,南北宽12.8米,高8.2米,北部墙壁陡峭。东北角城墙面积最小,大致呈圆柱状,东西长8.5米,南北宽5.2米,高约4米,由于曾作为砖窑窑壁,墙体表层呈红色。三段残留城墙夯窝清晰,夯土层结构明显,厚8—10厘米。城墙上生长有较多树木。1984年文物普查时,在城址东北角发现板瓦、筒瓦、铜箭头、铜镜、铜带扣、五铢钱及平首币等战国—汉代时期的遗物。城址西南1000米处有汉墓群,中牟县文物保护管理所收藏有部分完整器物。根据遗存年代及史书记载,此城可能为箜篌城。由于历年平整土地和修建民房等人为取土,城墙大部分被毁,东西城墙墙基大部分被民房占压,南城墙已被平整成农田,保存状况较差。

2008年6月,被河南省人民政府公布为第五批河南省文物保护单位。

9. 道李城址

位于郑州市中原区航海西路街道办事处道李村西北部。地理坐标为北纬 34°43′38.05″,东经 113°33′43.20″。

城址南北长 1000 米,东西宽 500 米,平面呈长方形,面积为 50 万平方米。地面残存东城墙和北城墙各约 100 米左右,高约 5 米。城墙系夯筑,夯层厚 6—9 厘米,圆形夯窝,直径 9 厘米,夯窝较浅近平。城内散落较多板瓦、筒瓦。根据遗物推测,该城址的时代为东周时期,城址保存状况一般。

10. 敖仓城

位于郑州市惠济区古荥镇黄河游览区西北角的山坡上,北临黄河南岸断崖,西与荥阳市交界,东抵黄河游览区宿舍区。原调查记载为河阴故城。地理坐标为北纬 34°56′52.16″,东经 113°29′41.35″。

敖仓城

敖仓城依山而建,平面呈不规则形,面积约 20 万平方米。城址北城墙、东城墙大部、西城墙北部均已塌入黄河。现存南城墙残长 400 多米,西城墙 400 多米,东城墙百余米。残墙最高处约 6 米,以黄土夯筑而成,夯层厚 8—12 厘米,夯窝为圜底圆形,直径 9 厘米左右。夯层内含粗绳纹板瓦片,内饰方格纹。根据夯层、夯窝和城墙夯筑形态及包含物判断,该城址年代应为春秋战国时期。该城址目前尚未进行过考古发掘。

《水经注》载,该城所在的山为敖山,“其山上有城,即殷帝仲丁之所迁也。皇甫谧《帝王世纪》曰:仲丁自亳徙嚣于河上者也,或曰敖矣。秦置仓于其中,故亦曰敖仓城也”。该城址在运河史上具有重要的历史地位。

2009 年 6 月,被郑州市人民政府公布为郑州市第二批文物保护单位。保护范围:以大禹像所在山头为中心,东、南、西至沟底,北至星海湖南侧。建设控制地带:东、南、西侧自保护范围边界各外扩 150 米,北至星海湖边。

11. 郑韩故城

位于新郑市新建路街道办事处、新华路街道办事处、城关乡、梨河镇及和庄镇一带双洎河与黄水河交汇处夹角台地上,城外东有京广铁路,西有 107 国道,南部一条新密至杞县的地方铁路东西穿过城址,北部有一条新密铁路东北西南方向穿过城址。地理坐标为北纬 34°24′44.24″,东经 113°43′16.09″。

该城址是目前世界上同时期保存最完整、城墙最高、面积最大的古城。城址平面呈不规则形,周长 19 千米,面积 16 平方千米。城垣巍然耸立,连绵起伏,雄伟壮观,民间素有“四十五里牛角城”之称。据《竹书纪年》《史记》《汉书》等文献记载及考古钻探发掘证明,该城址是公元前 8 世纪中叶至公元前 230 年的春秋战国时期郑国和韩国的都城。

(1)城墙

郑韩故城的城墙在春秋时期郑国已初具规模,以后不断重修扩大,韩都郑后,为增强防御能力,对原城墙进行了加高和加宽,形成了前所未有的规模。城墙用黄土夯筑而成,下部夯层厚 10 厘米左右,每层夯面有圆形圜底夯窝印痕;上部夯层厚 10—12 厘米,每层夯面有圆形平底夯窝印痕。

北城墙保存较好,西起双洎河西岸,横跨 107 国道,经阁老坟村北、教场村北、竹园村北,过新郑路,经后屯村北、李唐庄村南，向东至边家村西北的城墙拐角处止，总长约4275米，墙基宽40—60米，墙高6—19米。其中双洎河西岸保存城墙66米，现地面以上保留的城墙东西长12米，南北宽10米，高4.5米，地面以下还存有墙基54米。双洎河以东城墙有缺口9处，其中新密铁路开口1处，107国道和新郑路缺口早年曾在旧有基础上拓宽开口3处，其余5处是1949年以前遗留的缺口，宽度30—200米不等。北城墙外侧突出马面4个，由西向东排列如下：一号马面位于阁老坟村北，东西长50米，南北宽30米；二号马面位于阁老坟村东北，东西长40米，南北宽25米；三号马面位于教场村北，东西长60米，南北宽20米；四号马面位于原新郑市化肥厂西北，东西长60米，南北宽30米。

东城墙北起边家村西北与北城墙连接的拐角处，向南经张龙庄村东，过人民路，经新郑市环保局东、解放军驻新郑炮团东、新郑市肛肠医院东向南60米折而向东，又在豫新制药股份有限公司东折转向南，跨玉前路沿黄水河经沈庄村东，到双龙寨村南止，长约6500米，基宽30—54米。东城墙北段保存较好，高约16米，南段高约8米。该城墙有缺口12处，均为人为或自然力造成，缺口长度一般为20—40米。豫新制药股份有限公司以东城墙被黄水河冲掉250米，双龙寨村东的城墙被黄水河冲掉1800米。

南城墙东段东起双龙寨村南的城墙拐角处，向西越过双洎河，过河李村南、梅庄村南逐渐向西北，至前端湾村的双洎河南岸止，长约3250米，宽20—30米，高5米左右。东段双洎河东冲毁约350米，河西自然断缺约500米；河李村西南断缺约180米；梅庄村南断缺370米，村西断缺200米；前端湾村西断缺200米。西段城墙大部分已不存在，仅在凤台寺塔南部偏东地上残存一段长20米、宽10米、高9米的城墙，俗称“望母台”。该段城墙向东南至侯家台村的地下还有墙基，长约350米。西城墙地上无存，目前情况不明。

郑韩故城东城墙中段

隔墙北起原新郑市化肥厂西北，连接北城墙，向南经后屯村西，跨新密铁路，经原新郑喷灌机厂，过黄水路，经鑫鑫花园、东关居民区、四发商贸中心，跨人民路，经文化局、郑韩饭店、炎黄小区，过洧水路，经文化路东关居民区，向南至双洎河北岸，长3480米，宽30米，高4米左右。该城墙由于穿过新郑市区的中心区，故地上保存墙体已很少。北部从原新郑市化肥厂西部开始，至后屯村西，残存530米。郑韩饭店院内东部地上存城墙20米，俗称“授印台”，周家存城墙50米，后端湾村存城墙25米，其余各段仅留墙基。隔断后的西城平面为长方形，北城墙长约2460米，东城墙长约4300米。东城平面呈不规则的矩尺形，北城墙长约1800米，东城墙长约5100米，南城墙长约2900米。

郑韩故城城墙有20处缺口，其中不少缺口应是城门的位置。据《左传》《史记》等古籍记载，郑都有门14个，今经考古钻探证实的仅有东城墙东门和北城墙西门。东门在解放军驻新郑炮团南与新郑市肛肠医院之间的缺口处，宽50米左右，有古道路穿过。北城墙西门即北门，在阁老坟村西北，位于一、二号马面之间，城门缺口宽40米，亦有古道路穿过。韩灭郑迁都以后，基本沿用郑旧门，在隔墙处又建有两门，隔墙的北部，在后屯村西的城墙上有一缺口，经钻探是一座城门。另一座城门在鑫鑫花园北侧，黄水路南侧处。

(2)郑国、韩国宫城遗址

郑韩故城考古发现大量夯土建筑基址，主要在西城内中北部，阁老坟村周围，有的基址面积达六七千平方米，并有上下层夯土建筑基址的叠压和打破关系。建筑基址规模之大和使用年限之久，表明这是春秋战国时期郑、韩两国的宫殿和与其相关的建筑群落的集中区域。

郑国宫城遗址主要分布在西城区的阁老坟村一带,坐西向东,除发现部分地下春秋时期夯土建筑基址外,在该村西部仍保存一处地面夯土高台建筑基址遗存,俗称“梳妆台”。台基呈南北向长方形,南北长约135米,东西宽约80米,高8米。台上有陶井圈构筑的水井和埋入地下的陶排水管道,在台基外面地下发现有夯土筑成的围墙遗迹。

郑国祖庙祭祀遗址和社稷遗址多分布在东城区。祖庙祭祀遗址在新郑市政府以北、黄水路以南、新郑市第一高级中学操场以东、中华路以西的广大区域。1984—1988年,在此先后发现了密集的春秋时期的建筑基址,分布范围约4万平方米。在东北部发掘有房基,残长30米,残宽20米,且残留有4个大型磉墩,夯基外清出一殉马坑和一殉猪坑,各殉一马和一猪。1991年,在西段的残房基南又发现5个小型祭祀坑,坑中堆积牛胛骨、猪骨、羊骨等,附近发现一条春秋时期的道路。社稷遗址在金城路、新华路一带。1993年6月,在东城金城路的发掘中,一号坑出土青铜礼器24件,其中鼎7件,簋6件,鬲6件,方壶2件,圆壶1件,鉴、豆各1件。二号坑出土青铜编钟24件,以大小为序分两层依次排列。三号坑出土青铜礼器16件,其中鼎6件、簋4件、鬲4件及鉴、豆各1件。在这几个礼器坑周围清理殉马坑3个,葬马2匹到4匹不等。1994年10月至1995年3月,在东城中部的新华路南侧新郑市城市信用社院内,发现青铜礼器坑6个,出土青铜礼乐器57件。其中一礼器坑出土礼器31件,为鼎9件,鬲9件,簋8件,方壶2件,圆壶、鉴、豆各1件;一乐器坑放置编钟24件;其余4坑除一坑发现2件铜鬲外均被盗一空。还发现有殉马坑56个。1996年12月至1998年3月,在东城西南部的中国银行新郑市支行建筑工地又先后发现17个礼乐器坑和39个殉马坑,出土春秋时期郑国公室青铜重器348件。其中礼器坑共出土青铜礼器142件;乐器坑9个,其中8个坑发现有成组的青铜编钟,每个坑出土编钟24件,另一个坑出土4件,计206件,与之伴出的还有悬挂编钟的木架8套和吹奏乐器陶埙4件。在遗址东南部还发现一道与礼乐器坑同时的夯土墙基,与多数殉马坑和礼器坑的方向基本一致,残长36米,呈南北走向,东西宽1米左右,残留厚度30厘米,是先挖基槽,然后填土,层层夯打而成。夯层厚9—10厘米,为圆形圜底夯窝,直径3—4厘米。三处社稷遗址同在一个区域内,祭祀遗迹分布密集,祭祀用器规格较高,且位置都位于宫城遗址的右前方,符合《周礼·考工记》中“左祖右社”的方位及“一国三社”的记载。而且这三处社稷遗址都没有祖庙建筑,符合社稷以天为穹隆,祭祀瘗埋祭器及牺牲用马等礼制。

韩国宫城遗址亦在郑韩故城的西城区中北部,即阁老坟村周围,面积较郑国宫城遗址大,其范围北到古城墙,西到梳妆台西100米,南到新郑博物馆以北,东到炎黄文化艺术中心西侧。宫城呈南北向长方形,南北长1200米,东西宽600米。宫城的坐向较郑国宫城有所变化,由坐西向东改为坐北朝南。夯土建筑基址比比皆是,有的打破郑国宫城基址,夯土面积小的数百平方米,大的上万平方米,还发现有地下冷藏室遗址、灰坑、窑穴、水井等遗存。宫墙用红黏土夯筑,墙宽15米左右,宫墙外侧发现有壕沟,宽15米,深5—8米。在宫城东南有一座小宫城,东西长500米,南北宽320米,位于新郑博物馆以北,花园村以西。夯土城基全在地下,呈东西向长方形,东南部分被明代城墙及护城河破坏近40米。宫墙四角有角楼遗迹,北城墙中央发现一缺口,可能是宫城的北门遗址,西城墙偏北处也发现有缺口,疑其为西门。宫城内中央偏北有一大型夯土建筑台基,台基南北长115米,东西宽98米,应是韩国太庙大殿遗址。1977年发掘时只清理了晚于战国夯层的地层、遗迹,保留了战国的夯土台基,出土了战国时期的巨型石圭和铜圆壶。石圭尖首、直身,上部带两翼耳,圭身有一穿,正反两面磨光,长3.25米,宽0.45米,厚0.25米,推测是韩国宗庙中的祖碑。小宫城应是韩国祖庙遗址,它位居韩国宫城前左方的位置,符合“左祖庙”的方位。

(3)手工业作坊遗址

春秋战国时期,郑、韩两国的手工业在列国中位居前列。郑韩故城内外有铸铜作坊遗址、铸铁作坊遗址、制骨作坊遗址、制陶作坊遗址、制玉作坊遗址、缫丝作坊遗址、铸币作坊遗址等。遗址多位于故城的东城区，只有个别位于西城区或者城外。

铸铜作坊遗址。大吴楼铸铜作坊遗址位于东城区豫新制药股份有限公司以西、新郑市国税局以东、玉前路以北、古城墙以南区域内，面积 7.5 万平方米，文化层厚 1—4 米。出土有熔铜炉、耐火砖、耐火砂岩条、鼓风管、铜炼渣、木炭屑、各种范块及大量骨器、半成品、陶器和建筑材料等。另一处铸铜作坊遗址位于东城区西南部，小高庄村西，新华路南，中国银行新郑市支行的郑国祭祀遗址以东，新郑市实验中学以北，是一处春秋早期到战国晚期铸造青铜礼器和钱币的遗址，同时也铸造铁质生产工具。还有一处铸铜作坊遗址位于西城区梳妆台之上，发现有二节炉、三节炉壁块，出土有丰富的花纹陶范，主要制造韩国宫廷使用的青铜礼器。

铸铁作坊遗址。郑韩故城内发现铸铁作坊遗址三处，均为战国时期韩国遗存。最大的一处为仓城铸铁作坊遗址，位于东城区西南部，仓城村南；小的一处在大吴楼铸铜作坊遗址上；另一处在中华路与新华路交叉口的东南角，中国银行新郑支行的郑国祭祀遗址的北端。其中，仓城铸铁作坊遗址面积 10 万平方米，在遗址的东南部发掘清理出 1 座炼铁炉和 2 座烘范窑，出土大批锹、锄、铲、锛、刀、镰、凿、锥等铁器和十几种铸器陶范。

制陶作坊遗址。郑韩故城内发现制陶作坊遗址三处，分别为大吴楼制陶作坊遗址、能人大道制陶作坊遗址、冯庄制陶作坊遗址。大吴楼制陶作坊遗址位于郑韩故城东城区东部，玉前路南北两侧，与大吴楼铸铜作坊遗址相邻，部分叠压在铸铜作坊遗址之上。能人大道制陶作坊遗址位于郑韩故城东城区东北部，西北距李唐庄村 300 米，东西长 250 米，南北宽 200 米，面积约 5 万平方米。现已发现窑址、作坊建筑、陶制排水管道、陶洗池、捶泥池、囤泥池、大型储水陶器、大型道路、座灶及其他丰富遗迹。冯庄制陶作坊遗址位于郑韩故城外城南，梨河镇冯庄村一带，面积 25 万平方米，共发掘 5 个陶制小作坊，陶窑 27 座，出土豆、钵、碗、鬲、盆、罐等各种陶器及陶支垫、陶印模、陶拍、铜削、铁削、陶漏斗等制陶工具。

制骨作坊遗址。位于郑韩故城东城中部，新郑市体育场北侧，河南省军区教导大队办公楼南侧，面积 2 万平方米。发掘出土大量骨器半成品、骨料、废骨料，以及细砂砺石、铜刀、铜锯、石斧、石镰、铁削、蚌镰等制骨工具及鬲、罐、豆、盆、盂、壶、釜、碗等生活用陶器和板瓦、筒瓦等建筑材料。骨料主要是牛、羊、猪、鹿的肩胛骨、肋骨、腿骨及鱼、鸡等动物的头骨。制骨作坊的产品以装饰品为主。

缫丝作坊遗址。位于郑韩故城西城区宫城区西侧 100 米、褚庄村北 100 米的郑韩路路基下。遗址坐南朝北，东西长 17.3 米，南北宽 8.7 米。现存石柱础 14 个，周围有夯筑墙基，房基北部偏西侧有一砖砌工作台，台北侧有陶水管，台西侧有两排陶水槽和一长方形石板，四处散落有陶纺轮。房基南部偏西侧有半成品纺轮和磨制纺轮用的石头。房基西北部和周围有大量筒瓦、板瓦和大型盆、瓮等残片。

铸币作坊遗址。位于郑韩故城西侧西南城墙外侧，新郑监狱院内东部，面积约 1 万平方米。发掘清理出灰坑 45 个、灶 1 个、马坑 3 个、犬坑 1 个、兽骨坑 3 个。灰坑中出土大批大型空首布芯首范与较丰富的可复原的大型平肩空首布范、背范、大范块、熔铜炉等遗物。

制玉作坊遗址。位于郑韩故城东城区东部，毗邻东城墙，即张龙庄村东岗地上。地势东高西低，面积 1 万多平方米，地表散存零星的碎玉石料片。

（4）其他遗址

阁老坟韩国地下冷藏室遗址。位于西城区阁老坟村东北的宫城区内，是在一建筑物内构筑的地下冷藏设施。冷藏室形制为口略大于底的长方形竖穴式坑，现存口南北长 8.7 米，东西宽 2.8—3 米，底长 8.6 米，宽 2.35—2.5 米，深 2.35—2.4 米。南壁东端筑有南高北低的 13 级阶梯过道，过道宽 0.53—0.7 米。坑周壁系夯筑而成，壁表面涂抹草拌泥，壁角用方形凹槽砖砌护。室底平坦而规整，内贴花纹方砖，室内面积 21.24 平方米。冷藏室底部东侧南北排列挖筑有 5 眼竖井式冷藏井窖，形制结构相同，都是用事先预制的陶井圈在竖井内上下套接而成。井圈直径大者 1 米，小者 0.71 米，一般在 0.82—

0.86 米之间，高 0.32 米。小井圈装在下部，口部二节装大井圈，井内留出二层台，以便系物的木棍横架和加盖。井窖深 2.5 米左右。遗址中出土大量战国时期陶片和建筑残片。陶片可辨器型主要有豆、盆、钵、罐、釜、甑等，陶片上刻有“余”“吏”“啬夫”“左”“公吏”“公”“官”等陶文。建筑材料主要有筒瓦、板瓦和瓦钉。井窖内还发现有猪、牛、羊、鸡、鹿等动物骨骼。据不完全统计，兽、禽骨有 200 件，约占遗物总数的三分之二。

官署建筑基址。位于郑韩故城西城区中部偏东，新建路以西、步行街以东、税务局家属院以北、轩辕路以南的区域内。南北长约 150 米，东西宽 100 米，华联宾馆、新侨变压器厂、煤炭集运公司（原二工局）、税务局家属院等单位的地下分布着密集的夯基群。在税务局家属院北侧的发掘中，发现一处建筑遗址，其形制为长方形，南北长 44.3 米，东西宽 29 米，四周有宽 3—3.3 米的土墙基，中央为长 35 米、宽 10 米的地面，中部均匀分布着 16 个磉墩，共两排，每排 8 个。磉墩用红黏土和小石子、料姜石混合铺垫筑成基础。在房基南侧还发现东西排列的 6 个磉墩，与其对称的北侧则早已被破坏。该房基是战国晚期韩国的一座殿堂建筑，考古专家根据夯基规模、排列的规律推测其为韩国官署区。

仓窖遗址。位于郑韩故城东城区西南部，仓城村周围一带。其中在洧水路以南、中华路以东的菜市场及其南部居民区发掘大型仓窑遗址 4 座，口直径 5 米，敛口，坑壁外弧，按容积每坑可盛粟 600 石之多。在张玉庄村南、仓城村东范围内发掘大型仓窖遗址 4 座。在新华路南、小高庄村西发掘仓窖遗址 4 座。在金城路北、中华路东的新郑市气象局院内发现密集的仓窖遗址 12 座，这些仓窖排列有序，共四排，由南向北分别为：一排 4 坑，二排 3 坑，三排 4 坑，四排 1 坑。最大的仓窖直径 14 米，深 8.4 米；最小的仓窖直径 9 米，深 7.6 米；一般的仓窖直径在 9.7—11 米之间，深 7.5 米左右。大型仓窖遗址的发现，为确认郑国乃至韩国仓廪区域提供了重要的证据。

（5）墓葬区

贵族墓葬。郑国贵族墓地目前发现两处，一处是 1923 年发现的李家楼郑公大墓，另一处是后端湾郑国贵族墓地。郑国贵族墓地面积 30 万平方米，分布有规模不等的古墓葬 3000 余座。其中中型以上墓葬 206 座，长宽在 15 米以上的墓葬有 14 座，长宽超过 20 米以上的特大型墓葬有 4 座。另发现有大中型车马坑 23 个。2002 年 8 月发掘的郑公大墓，是目前发现的第一座春秋时期带双斜坡墓道的大墓。韩国王室墓分布于郑韩故城外的周围地区，目前已查明的韩王陵及韩国王室墓有 11 处 29 座。墓葬均为南北向，平面多为“中”“舟”“甲”字形，多带有陪葬坑，均有封土，并行夯，夯层厚 10—20 厘米，夯窝为圆形平底。

郑韩故城墓葬区

中小型墓葬。郑韩故城内外遗留有大批东周时期平民墓地且颇为集中。墓区范围之广、葬人数量之多，为同期所罕见。城内分布多在东城区，西城区少见，以春秋时期的墓葬为大宗，现已探明较为密集的区域有五处：一处位于中华路以南、仓城路以东、五宅庄以北、烟厂新区在内以西区域；二处位于沈庄以西、热电厂以东、白庙范村以北、大吴楼村以南区域；三处位于铸铜作坊遗址以西、玉前路以北、城墙以南区域；四处位于张龙庄以东、城墙以西、人民路以北、新密铁路以南区域；五处位于故城南部河李村一带。围绕郑韩故城外的四周均有规模巨大的东周墓地。东城墙外沿黄水河东岸由北向南，北起新密铁路以北，南至陆庄双洎河岸，南北狭长达 5 千米左右、东西宽约 1 千米的地带内，包含有李马墓地、和庄墓地、付庄墓地、小连楼墓地、陆庄墓地等。这些墓地南北彼此相连，春秋、战国时期各半。西城墙外沿双洎河西岸由北向南，北起双洎河南河岸，南至秦楼村村南断崖，南北长 1.5 千米、东西宽 1 千米的区域内有大量战国时期到汉代的墓葬。城南西端自秦楼村南小河南断崖起，向东到河李村城墙外，长达4千米、最宽处达2千米的区域内，主要包括乔庄墓地、烈江坡墓地、蔡庄墓地、三里岗墓地、冯庄墓地、河李墓地等。东部以春秋墓居多，西部以战国墓为主。北城墙外正北的区域内未发现有大型墓地，只有零星的墓葬。但在北城墙外东部和西部发现有较大范围的战国墓地，东部主要在李唐庄村一带延伸到黄水河北岸的能庄村南；西部主要在双洎河东岸，107国道西侧的新密铁路以南的金须胡庄农田之下。与郑韩故城相距略远的城西胡庄村一带、西北泥河寨村一带也发现有大面积的战国时期至汉代的墓葬。郑韩故城外的诸多王陵墓区也陪葬有大量战国时期的中小型墓葬，这些墓葬多为平民墓葬，也不乏有中下级贵族墓葬。墓葬结构多为竖穴土坑墓，多一棺无椁或无棺。随葬品多为陶器组合，主要有鼎、豆、壶、盘等，极少有青铜器。中型墓多为士大夫级别的贵族墓，一般有一棺一椁，随葬品发现有青铜礼器组合，主要有鼎、敦、簋、盘等。

1961年，郑韩故城被国务院公布为第一批全国重点文物保护单位。保护范围：郑韩故城（东周，新郑市市区周围一带）：

（1）城墙：自墙基内沿向内侧20米，墙基外沿向外侧100米。

（2）小城墙：竹园村村东（北起北城墙至新密铁路），文化局南侧，喷灌机厂至玻璃厂一段，黄水路南侧城门遗址。

（3）沈庄战国地下墙基保护区：沈庄村西南。

（4）宫殿遗址：南起宫城遗址，北至郑韩故城古城墙，西至市委党校东围墙向东100米线，东至华瑞路东侧路边石。

（5）宫城遗址：西起西街菜市场东围墙，东至北街预制厂东墙，南起新郑市博物馆北围墙，北至宫殿遗址。

（6）东周宫殿遗址：新郑市电视台和实验幼儿园区域，新郑市委老干部家属院区域，新建路西税务局家属院区域。

（7）铸铜作坊遗址：南起玉前路，北至北城墙，东起豫新制药厂西围墙，西至新郑市国税局东墙。

（8）铸铁作坊遗址：西起后端湾村，东至该村向东400米，北起仓城村南土冢北20米一线，南至自然断崖。

（9）制骨作坊遗址：省军区教导大队院内，北起办公楼南10米一线，南至人民路南侧，东起部队浴池，西至万达公寓东围墙。

（10）制陶作坊遗址：能人大道战国制陶作坊遗址为北起郑韩故城北城墙，南至古城墙向南60米一线，西起李唐庄村东300米一线，东至李唐庄村东360米一线；大吴楼制陶作坊遗址。

（11）后端湾贵族墓葬区：后端湾村一带。

（12）车站墓葬区：新烟办事处一带，京广铁路西侧。

（13）河李墓葬区：梨河镇李村一带。

（14）金须胡庄墓葬区：金须胡庄村西一带。

建设控制地带：郑韩故城城墙以内区域（保护范围除外）为郑韩故城城墙外保护范围边线外扩150米；韩王陵保护区和望京楼夯土建筑基址以保护区四周各外扩100米。

韩王陵（战国，新郑市郑韩故城周围）：

（1）许岗韩王陵（东西排列共4座）。保护范围：东至许俊峰民宅西墙一线，西至许新民民宅东墙一线，东西163米；南至南寨墙南侧寨沟一线，北至墓冢北侧东西道路北侧断崖处向北54米一线，南北210米。建设控制地带：以保护范围边线四边各外扩20米。

（2）王行庄韩王陵（东西排列共4座）。保护范围：以西侧墓冢中心为坐标，向东111米，向西55

米,向南 99 米,向北 88 米。建设控制地带:以保护范围边线四边各外扩 20 米。

(3)苗庄韩王陵(东西排列共 2 座)。保护范围:以西侧墓冢中心为坐标,向东 45 米,向西 17 米,向南 67 米,向北 48 米。建设控制地带:以保护范围边线四边各外扩 20 米。

(4)冢岗韩王陵(1 座)。保护范围:以墓冢中心为坐标,向西 29 米,向东 28 米,向南 39 米,向北 43 米。建设控制地带:以保护范围边线四边各外扩 20 米。

(5)暴庄韩王陵(南北 2 排东西排列共 5 座)。保护范围:以南侧一排东侧墓冢中心为坐标,向东 30.5 米,向西 25.5 米,向南 58 米,向北 45 米;以南侧一排西侧墓冢中心为坐标,向东 28 米,向西 44.5 米,向南 28 米,向北 50.5 米;以北侧一排中间一座墓冢中心为坐标,向东 42.5 米,向西 39.5 米,向南 50.5 米,向北 37 米。建设控制地带:以保护范围边线四边各外扩 20 米。

(6)宋庄韩王陵(南北排列共 2 座)。保护范围:以南侧墓冢中心为坐标,向东 79.5 米,向西 70.5 米,向北 180 米,向南 81 米。建设控制地带:以保护范围边线四边各外扩 20 米。

(7)冯庄韩王陵(1 座)。保护范围:以墓冢中心为坐标,向西 35 米,向东 24 米,向南 54 米,向北 38 米。建设控制地带:以保护范围边线四边各外扩 20 米。

(8)柳庄韩王陵(东西排列共 2 座)。保护范围:以西侧墓冢中心为坐标,向东 49 米,向西 30 米,向南 64 米,向北 47 米。建设控制地带:以保护范围边线四边各外扩 20 米。

(9)七里井韩王陵(南北 2 排共 3 座)。保护范围:以北侧一排东侧墓冢中心为坐标,向东 23 米,向西 75 米,向南 47 米,向北 28 米;以南侧墓室中心为坐标,向东 22.5 米,向西 23.5 米,向南 70 米,向北 50 米。建设控制地带:以保护范围边线四边各外扩 20 米。

(10)西亚斯国际学院韩王陵(东西排列共 2 座)。保护范围:以 2 座墓冢四周边沿向东 33 米至学生宿舍楼西墙,向西 23 米至教学楼东墙,向北 93 米至道路,向南 95 米至外教宿舍楼北墙。建设控制地带不划。

12. 焦城遗址

位于郑州航空港经济综合实验区清河办事处八李村东的高台地上,面水背阜,西临生产路,南临小清河,中部有一条村际公路东西向穿过。地理坐标为北纬 34°33′6.66″,东经 113°57′26.11″。

中牟县文物保护管理所于 2009 年第三次全国文物普查时首次发现该遗址。遗址平面呈长方形,东西长 380 米,南北宽 310 米,周长 1380 米,面积 117800 平方米。地面部分城墙现存全长 610 米左右,西城墙保存较好,高 3—6 米,基宽 13 米。南城墙和北城墙西段断续保存,高 1—3 米。东城墙大部被破坏,地面仅可见墙基痕迹。东北城角已被取土破坏。城墙由黄土夯筑而成,夯层 8—10 厘米,圆形平底夯窝清晰可见。城墙墙体上可见筑墙时架孔。在城墙夯土层中夹有汉代板瓦,城内及周围地表散存大量汉代板瓦、筒瓦残片,在城墙顶部有后期加筑的寨墙。建房、修路、取土等生产、生活活动使城东北角受到破坏,其余保存状况较好。

《古本竹书纪年》载:“(梁惠成王)十六年,秦公孙壮帅师伐郑,围焦城,不克。”据初步考证,此处即为古焦城,汉代该城被继续使用,清咸丰年间又在城上加筑寨墙,为高升寨。现八里村村民在城内西半部居住。

2009 年 6 月,被郑州市人民政府公布为郑州市第二批文物保护单位。保护范围:本体范围四周各外扩 50 米。建设控制地带:自保护范围四周各外扩 100 米。

13. 康北古城址

位于巩义市城西 3 千米康店镇康北村北部,东距伊洛河观光大道约 300 米,南距连霍高速约 200

米,北距康店至张岭村道约 200 米。地理坐标为北纬 34°46′11.75″,东经 112°56′42.73″。城址雄踞海拔 150—200 米的邙山中上部,北有黄河天险,南有黑石古关,东有洛水,西有邙岭东西筑城墙,南北临深沟,由西向东渐次倾斜,直至洛水西岸。310 国道从城址附近穿过。

东城墙已被河水冲毁,现存西城墙长约 1 千米。城址平面呈方形,长宽各约 2 千米。西城墙内发现有周、汉时期的陶片,并发现规模较小的竖穴土坑墓,有棺、椁,葬器组合为豆、鼎、鬲、壶。清同治五年(1866)曾在西城基上砌有寨墙,现存东、西二城门,巩王阁,西寨墙一段。现存寨墙长 400 米,高 15—30 米,残留宽度 1—2 米,夯层明显,每层厚度 10—20 厘米。城正中系城门遗址,清同治年间修寨墙的同时又修筑寨门,为青砖拱券顶,西寨门镶长方形石刻一方,上书"东周故址",右下角书"清同治五年"。

城正中有一块南北长 250 米、东西宽 100 米的台地,上面有巩王阁一座,建于清咸丰元年(1851)。阁基座高 1 米,面阔进深均为 2.32 米,呈方形,共 3 层,因阁通身饰红色,亦称"红阁"。阁南侧第一层正中镶石刻 1 方,题"东周巩王庙原委","大清咸丰元年岁次辛亥月二十二日,曲浩、伯通书",详尽叙述了东周城沿革。据碑载,周显王二年(前 367),周惠王封其幼子姬班于巩,奉王号"东周",称东周惠公,并在此建城。东周先后在此建都 118 年,于秦庄襄王元年(前 249)亡。秦统一六国后,在此置巩县城,属三川郡,汉时属河南郡。北魏时县治迁至巩县老城。

1986 年 11 月,被河南省人民政府公布为第二批河南省文物保护单位。

14. 平陶古城址

位于荥阳市广武镇南城村南部,北望广武山,南约 3000 米为索河,东南 100 米为点军台遗址,西 500 米为荥广公路,北部与南城村相连。地理坐标为北纬 34°52′46.35″,东经 113°26′51.06″。

城址东西长约 770 米,南北宽约 700 米,平面大体呈正方形,地面存北城墙和东城墙北段。北城墙残高 3—10 米不等,其东段平均高 3 米,西段高约 10 米。城墙用土夯筑而成,夯层厚 5—8 厘米,圜形夯窝,土质较坚硬。另在城址南部砖厂取土崖壁上发现有文化层及墓葬、陶窑等遗迹。据 20 世纪 90 年代河南省文物考古研究所试掘资料,城内曾出土过商代铜爵、鼎等遗物,并在陶器上发现有"平陶稟陶""平咷用器"等东周字样陶文。城内南部及南城墙在 20 世纪 80 年代被砖厂取土毁掉,西城墙被当地村民在生产、生活中损毁。

2016 年 2 月,被河南省人民政府公布为第七批河南省文物保护单位。保护范围:城墙及墙内外 15 米。建设控制地带:城内、城外自保护范围边线外扩 20 米。

15. 小索城址

位于荥阳市城关乡张楼村周围,西约 100 米为连霍高速引线,南临河王水库及陇海铁路,乡间道路东西横贯城址中南部。地理坐标为北纬 34°48′34.06″,东经 113°21′55.76″。

小索城址

地上仅存东城墙南端一段夯土墙,最高处约 5 米,在西南邻河的地崖边发现有夯筑基址,分布密集,质地坚硬,厚度在 0.1 米以下,夯窝有圆底(直径 5 厘米)和圜底(直径 7 厘米)两种。城内南部及北部地表曾采集到较多陶器残片、瓦砾等,部分陶豆之盘底戳印有"格氏""格氏左(右)司工(空)"等陶文,器物及陶文均为春秋战国时期。

2009年6月，被郑州市人民政府公布为郑州市第二批文物保护单位。保护范围：永久性坐标点设于城内南侧公路“十”字交叉处东北角，从该点往北550米，往南150米至地崖，南北长700米；东扩670米，西扩350米，东西1020米。建设控制地带：从保护范围的东、西、北三面之边线分别外扩50米，南至地崖。

16. 京城古城址

位于荥阳市东南10千米的王寨、红沟、赵家垌、朱垌、京襄城、城角和魏寨等村一带。城址外为嵩山东麓的浅山丘陵区，沟壑交错；城址内地势基本平坦，京水绕城南至城东北流入京襄城水库。地理坐标为北纬34°43′15.61″，东经113°26′6.49″。

京城古城址

城址平面呈长方形，南北长约1772米，东西宽约1481米，周长约6300米。城墙外四周原有护城壕，目前所存主要为东护城壕和南护城壕，是利用京水河道为天然屏障。地面尚存城墙八段，采用版筑技术筑成，在修建时采用穿棍、穿绳法固定模板，建造技术高超，质量优越，夯层规整坚实，其插杆加固城墙的筑法就是在今天也是很难得的土建标本。其中东南城角一段长60多米，高10余米；东北城角一段长200米，高约6米，墙基宽约25米；西城墙尚有一段保留，高约5米，夯层清晰，较薄，厚5—12厘米，墙体上夯层木棍架孔清晰，土质非常坚硬。该城址是现存的一处较大的春秋时期古城址。

城内地面散布春秋至汉代陶片等遗物，城外曾发现一块汉武帝时期的马蹄金。1979年，城内发现两枚汉代金饼，重量约500克，是研究汉代货币发展史的重要资料。

西周末年，周王室衰败，郑国生存遇到极大威胁，于是郑桓公将国家重要人员、物资寄孥于京城。东周初年，郑武公灭虢、桧，开辟东方郑国，京城成了郑国的初期都城。郑庄公时将此城封于弟弟共叔段。前636年，周王室发生宫廷政变，周襄王为避乱曾短期在城内居住，故京城又称襄城。春秋战国时期，京城一直是郑国和韩国的一处重要城邑。西汉初年，建立京县，分割原京城为南北两部分，以北部作为治所。至北齐时，京县并入荥阳县，此后京城地位开始逐渐衰落，直至降为一般村镇。城内目前仍保留有“京襄城”“御路岗”“老王”等带有明显历史烙印的村名和地名，城内及城外附近还发现不少周代和汉代墓葬。

该遗址对研究东周史特别是郑国历史及古代城市建筑史等具有重要的参考价值。

2013年3月，被国务院公布为第七批全国重点文物保护单位。保护范围：以西墙墙中部标志碑为基点，向东1570米，向西110米，向南990米，向北1230米。建设控制地带：自保护范围边线各外扩100米。

17. 新密魏长城

位于新密市尖山乡，穿过尖山乡多个村庄。地理坐标为北纬34°36′27.84″，东经113°14′30.54″。

长城为南北走向，现存城墙长5.8千米，墙基宽2.5米，最高处为2.5米，城墙为青石砌筑。

《史记·苏秦列传》中苏秦说魏襄王曰“大王之地，……西有长城之界”即指此长城，《后汉书·郡国志》中也提到“有长城经阳武到密”。该长城建于战国时期，因风化侵蚀、战争动乱等遭到一定破坏，中间有几段被毁。

2006年5月，被国务院公布为第六批全国重点文物保护单位。

18. 密国城遗址

位于新密市大隗镇大隗村洧水河北岸。地理坐标为北纬 34°26′28.95″，东经 113°29′43.74″。

城址为东西向长方形，北有护城河，东、西、南、北设四城门，城址内现存有真武庙、黄帝祠、卓茂祠等遗址。城西南角现残存春秋战国时期古城墙一段，残长约 60 米，高约 4 米。城南门东部有夯土层城墙遗存。采集文物标本有泥质灰陶带绳纹陶片及陶盆。

密国城遗址古城墙

古密国属西周分封的一个诸侯国，后为周宣王所灭。秦统一六国（前 221）后，在此设密县，属颍川郡。汉仍置密县，属河南郡，治在大隗。西晋、北魏、东魏属荥阳郡。北齐时移治于今新密东南。隋大业初废，十二年（616）复置，移今治。

2009 年 6 月，被郑州市人民政府公布为郑州市第二批文物保护单位。保护范围：东西 1200 米，东至东城墙，西至西城墙；南北 800 米，南至南城墙，北至北城墙。建设控制地带：同保护范围。

19. 阳城城址

位于登封市告成镇东北的平坦高地上，北为疙瘩坡，东为北沟和北沟小溪，西为肖家沟和小溪，南临颍河，遗址中部有华沟。地理坐标为北纬 34°24′36.88″，东经 113°08′21.14″。

城址呈南北纵向长方形，南北长 1700—1850 米，东西宽约 700 米，面积 120 余万平方米。地势北高南低。北城墙的墙体在地面上保存较高，沿丘陵高地修筑，残长 700 余米，墙基残宽约 30 米，地面保留最高处有 8 米。北城墙中段有一宽约 13 米的缺口，应是北门的残迹。从此门北望，可看见一馒头状的小山，即当地群众所称的疙塔坡。疙塔坡海拔较高，可以当作阳城北端的瞭望台，成为阳城的一个重要组成部分，增强了阳城北部的防御。北城墙外有一条宽约 60 余米的壕沟，可能是护城壕。在疙塔坡北面的较高地带，又修筑有两道东西向的夯土城墙，每道城墙的北面又各有一道壕沟，两道城墙的东、西两面均为较高的断崖。这两道夯土城墙不仅把疙塔坡至高点圈在了城内，而且在城北面形成三道平行的城墙，其主要作用在于扼守城池北部地区。其他三面城墙大多被后人夷为平地，只有部分墙基残存地面，断续连接尚可看出面貌。东城墙沿着一条名叫北沟的小溪西岸陡崖修筑而成，长约 1850 米。部分城墙还保存在地面之上，高 1—2 米，其余或被削为平地，或埋入地下。东城墙外的北沟小溪起着护城壕的作用。西城墙沿着告成北坡平缓的南北丘陵地修筑而成，北端因被肖家沟小溪冲毁已无迹可寻，中段和南段的夯土痕迹隐约可见，长度在 1700 米左右。紧靠西城墙外有一条宽约 50 米的南北向凹地，可能是西城墙外护城壕的遗存。南城墙紧靠告成镇北侧，沿颍河北岸第二层台地南侧修筑而成，现仅剩断断续续的几段夯土城墙基遗存，长 700 余米，墙基残宽 20 米左右。城墙采用分段分层夯筑而成，夯窝痕迹与郑韩故城的相似，部分城墙底部铺一层鹅卵石，用以加固城墙基础。

城池布局经过精心规划。城内中部偏北为大型建筑区，城内其他区域散布居民区遗存，手工业作坊区多分布在城外南部，城南发现了贵族墓葬。其中大型建筑区发现有战国时期的大型建筑基址，地面上残留有成片的铺地砖，其上堆积大量砖块、板瓦、筒瓦、瓦当和陶器残片。在建筑基址的断壁上发现有阀门坑、澄水池、贮水池、贮水井和陶四通管、陶斜支三通管等配套的供水设施，这套设施将城外东、西两边的小河上游之水，通过地下输水管道引入城内供使用，十分类似现代的输水装置。输水管道共有 8 条，其走向基本上是由西北向东南延伸，根据地形的变化而变化。第 2 条输水管道周围有水井、灰坑及砖铺地面等生活遗迹，其附近应为战国时期的生活区。城内南部发现的3座春秋时期的郑国贵族墓葬均为土圹竖穴墓，随葬品较丰富，出土几百件青铜器、玉石器和蚌器等，其中1号墓内出土的一件铜方壶上书有“鲁侯作壶”铭文。此外，在南城墙外约150米处发现一处战国时期的铸铁作坊遗址。

城内出土遗物相当丰富，包括大量陶器、石器、骨器与蚌器等，时间从龙山文化时期至春秋战国时期。在一些陶器上印有“阳城仓器”“阳城”等篆书戳记和大量刻画符号。另外还见有春秋战国时期的残铁器、残铜器等生产工具。城内出土许多汉代绳纹筒瓦，瓦面上印有“阳城”长方戳记，这证明阳城在汉代时仍在沿用。

东周阳城的发现有着重大的学术价值与意义。它不仅使我们对东周阳城城池建筑形制和城内的设施有了一定的认识，而且为断定王城岗城址是“禹都阳城”提供了重要旁证。

阳城内战国晚期地下供水设施的发现是我国考古学中的一项重大发现。这些供水配套设施系统复杂，设计严密科学，是我国目前已经发现的时代最早而又比较系统的一处地下供水设施，为研究我国2000多年前的城市供水情况提供了不可多得的科学资料，具有重大的科技史价值。

阳城南墙外战国时期的铸铁作坊遗址的发现亦具有重大价值。从出土的各种铁器陶范和陶模看，位居中原地区的韩国虽然仍采用传统的陶范铸铁的生产技术，但对陶范已做了较大的改革，即由制作陶模到翻制陶范，大大提高了铁器的铸造质量和产量，促进了韩国铸造业的发展，对于研究我国“翻砂工艺”的发展过程和造型技术史提供了不可多得的科学资料。出土的诸多陶范和铁器，不仅可以看出战国时期已采用一范多器的薄壳铸造法，而且可以推知当时的叠铸工艺已达到较高水平，并且许多铁器已制成脱碳钢。钢铁的出现说明当时的退火脱碳技术已有较大提高，这为研究我国钢的起源提供了十分重要的实物资料。

1996年11月，被国务院公布为第四批全国重点文物保护单位。保护范围：城墙；城内自四周城墙各外扩40米，城外东、西、南子城墙各外扩100米，北部自北边的第二道外郭城城墙北边沿向北60米。城内北部（输水设施）自北城墙内保护区边线向南至电户线20号高压线杆处，东接东城墙内保护区，西至肖家沟东涯头。北城墙外的肖家沟有陶水管的区域以陶水管为中心向两侧各外扩10米。建设控制地带：城内除保护区均为建设控制地带，城外自保护区边线向东、西、南各200米，向北100米。

阳城城址古城墙

20. 黄城故城

位于登封市君召乡黄城村东300米的河东岸台地上，北依马鞍山，南临陈窑水库，东有王家沟，西有陈家沟，西北紧连黑龙潭。地理坐标为北纬34°26′52.14″，东经112°49′6.16″。

黄城故城

黄城故城保存较好，城圈轮廓至今仍清晰可见，大体略呈长方形，南北长约600米，东西宽约220米，周长1600多米，面积约13万平方米，地势北高南低。城墙沿地势而筑，四周城墙不少尚残存于地面之上，均为夯筑。城墙内夹杂有春秋至汉代的石器及陶瓦片，其中北城墙保存最好，墙基宽10余米，高约10米。东城墙残高4米,底宽约6米。西城墙墙基宽6—7米,高5—10米。西北城角基本呈直角,西城墙外的陈沟河深度仍较明显,但沟内水已无存。南城墙高5米许。北城墙东段有一宽约7米的缺口,似为城门,城门两边夯土层明显,夯层厚6—9厘米,尖底夯窝,直径3—4厘米,在夯层内遗留有修筑城墙的夹棍眼,杆孔成排分布,每排间隔0.4米,有大有小,外观上为平底,上部呈椭圆形,有的呈馒头状,有的呈圆形。南城墙东段有一城门,门宽8米,两侧墙宽13米。南北城门对称存在,据此推测城内应有一条主干道贯穿城池南北。

该城址始建于春秋战国时期,汉代又进行修补,在北城墙内侧发现有修补的夯土城墙,与原城墙形成一道二层台,夯层厚18—20厘米,土质较杂,质地灰白并有红黄黏土块。晚清时期,当地群众加筑该城,用以防御匪患。该城保存尚好,时代与郑韩故城、登封阳城相近,但采用了墙体内拉杆的夯筑工艺,技术上有所进步。

目前城内大部分地区已成耕地,但是地面上散布很多春秋至汉代的陶器残片,厚薄不一,器型有豆、碗、罐、盆、鼎等,纹饰主要是绳纹、斜弦纹等。该城址仅经过调查而未发掘,城内布局不甚明了。

2000年9月,被河南省人民政府公布为第三批河南省文物保护单位。保护范围:东城墙外自城壕东边沿向东100米,西城墙外自城壕西边沿向西100米,南城墙自外墙根外扩100米,北城墙自外墙根外扩100米。城内全部为保护区。建设控制地带:城墙外自保护区边线东、西、南各外扩100米,向北200米。

21. 负黍城遗址

位于登封市大金店镇南城子村,西为颍河支流段河,东为胡坡岭,南为伏牛山余脉颍山头,北有颍河。地理坐标为北纬34°21′28.66″,东经112°57′57.76″。

负黍城南北长约800米,东西宽约400米,面积30余万平方米。地势呈南高北低状。城址保存较差。东城墙地上部分可见,北城墙仅存地下,西城墙被段河冲毁,南城墙位于铁炉沟村北,可见于断崖剖面上,夯层厚6—8厘米。城内文化层厚1—5米,出土有春秋战国、秦、汉时期的陶、铁器等。《史记·秦本纪》载:"(秦昭襄王)五十一年,将军摎攻韩,取阳城、负黍。"可见负黍城早在春秋战国时期已是郑韩两国的西部边防重镇。该城对研究春秋战国的历史具有一定价值。

该遗址在第二次全国文物普查时被发现,2008年11月24日登封市第三次全国文物普查时对其进行了复查。1987年3月,被郑州市人民政府公布为郑州市文物保护单位。

22. 纶氏故城

位于登封市颍阳镇颍阳北街东约300米处,北望安坡山,紧邻断崖,东有狂河。地理坐标为北纬34°25′22.92″,东经112°45′29.30″。

现仅存夯土东城墙及北城墙,东城墙残存206米,夯层厚8—10厘米,有夯窝;北城墙长40米,高约4米。夏初,夏王在此建立纶氏国,东周时期在此建城。

23. 大索城遗址

位于荥阳市区北约2千米的城关乡张楼村南。城内地势中间高,四周低,形似龟背。城外索水南来,围绕城东、北两面。周围广武山横其北,群峰峙其南,东拥京襄,西跨虎牢,扼中原咽喉,地势险要。城北2.5千米处有小索城。

城址平面呈椭圆形,东西最长处为990米,南北最宽处为642米,城址只存部分北城墙,全长共计500米左右。据民国《续荥阳县志》载,城内原有5座城门,县衙坐落于城内中北部,城墙唯北城墙局部尚可看到夯打的基础,夯层厚度在 0.2 米左右。大索城在 1500 年间,多作为荥阳县的治所,也做过州、郡的治所,长期为一方的行政中心,是座历史比较深远和驰名的古城。

大索城遗址北城墙

24. 虎牢关故城

据《舆地广记》载:"汜水县有故虎牢城,有汜水关,东南有成皋故关,西南有旋门故关。"虎牢关故城正位于荥阳市西 15 千米汜水镇西部的今黄河河道之中,城址如今已不复存在。

"虎牢"一名出现的时间较早,西周文献中有所载。据专家学者研究,虎牢一地可远溯于夏商时期,初期只是一个地域概念。西周时名为"成皋"的地方就是夏时名为"成"的地方;到商时成为"虢族"或方国"虢"的所在地,在周灭商之际又成为周文王所封虢仲、虢叔的封国,即成(城)虢,亦即东虢,到周穆王时得名"虎牢"。春秋时郑国以此地为制邑,也多称"虎牢"。鲁襄公二年(前 571),晋悼公会诸侯于戚以伐郑,孟献子建议应在虎牢建筑城池,派兵戍守,观察郑国动态,防止郑国叛变,晋悼公于是采用孟献子的"请城虎牢以逼郑"之计策,开始在虎牢筑城,便有了"虎牢城"的称呼。

秦朝开始在此地设关遂有"虎牢关"之称。战国、秦汉又称之为"成皋",西汉时在今荥阳汜水镇置成皋县,虎牢城位于成皋县西两里,东汉改称成睪县。西晋后称虎牢关为成皋关,与县同名。东晋十六国时期,称成皋县为虎(武)牢城。此后,虎牢关名称和关址屡有变化。

相传虎牢原是西周穆王关押老虎的地方,后世虎牢城曾经过多次增修。但由于黄河河道的南摆,虎牢城崩塌于黄河河道之中,具体形制如何,未见史书详载,现也不可考其城内具体布局。从史料零星记载可知,虎牢城与成皋故城相距较近,《水经注疏》卷五记载,成皋故城与虎牢城相距两里,虎牢城位于成皋城的西北,虎牢城北有一门名"玉门",对临黄河,城周长为三里。

第四节　秦汉时期城址(前 221—公元 220)

秦汉时期郑州不再是全国的政治中心,但由于无可比拟的地理位置和历史沉淀的文化底蕴,郑州仍是举足轻重、不可或缺的重要地域。这里古城池分布广泛,而且大都保存完好,人人皆知的汉霸二王城、历史悠久的荥阳故城、重要防护城邑苑陵故城等,让我们看到了秦汉时期郑州的社会经济文化发展状况,也使得郑州这座承载了物质文化遗产和精神文化遗产的古博物馆更加丰满、更加绚烂。

1. 荥阳故城

位于郑州市惠济区古荥镇古荥村。地理坐标为北纬 34°52′25.57″,东经 113°31′50.27″。

文物工作部门曾多次对荥阳故城进行考古调查和发掘。据调查得知,故城城墙自今古荥镇北隅向南至纪公庙东南角,后沿索河北岸流向向东延续。城墙略呈不规则形,西北角和东北角均呈曲尺形,北城墙较短,西城墙和南城墙较长,东城墙因洪水泛滥而被冲毁,现已无

荥阳故城

痕迹可考，其余三面城墙基本上保存完好，西城墙南段残墙仍高达 11. 6 米，最宽处达 30 余米。故城南北长约 2000 米，东西宽约 1500 米，周长为 7171 米，如果加上城墙的曲折和拐角部分，实际周长不少于 7500 米。其中北城墙东部残存 1283 米，南城墙长 2012 米，西城墙长 2016 米，东城墙应为 1860 米。城墙有 4 座城门，西、北城墙各 1 座，南城墙 2 座。因东城墙已被冲毁，城门无从考证。西门距西南角约 968 米，现宽 79 米；北门距西北角约 520 米；大南门距西南角 1227 米，现宽 73 米，门外似有一瓮城；大南门之西 930 米处又有一缺口，推测应为小南门。城墙系版筑夯土而成，细密坚实，十分牢固，而且夯窝清晰，层次分明，每层厚 7—13 厘米不等，城墙上留有一排排清晰的版筑夹棍眼痕迹。

从城内残存的遗迹、遗物推测该城的布局大体为：城内偏北部是战国时期荥阳邑的粮食存放处，还兼生产陶器。南部地势较平，适于居住生活，是居民区。城西门外发现有冶铁作坊，出土大量铁器，发现有两处规模较大的炼铁高炉炉基残迹，东西并列，相隔 14. 5 米。炉缸呈椭圆形，炉底、炉壁均用耐火土夯筑而成。在两座高炉内及周围共清理出大小不等的 9 块积铁，其中最重的一块达 20 余吨。东部的高土台地上是战国至秦汉及以后的行政官署机构所在地，高台地上残存大量筒板瓦、砖和瓦当残片。

此外，在古荥镇师河村南部、索须河北岸还发现一城墙遗迹。此城墙沿河筑建，处于荥阳故城南城墙外 760 米处，一般认为是荥阳故城外城城墙。现存东西城墙残长 800 余米，墙基一般宽约 20 米，城墙西端最宽处达 50 米，残高 2—3 米，部分地段的城墙高出地面 1 米以上。现今还可清晰地看到夯层和夯窝，夯层 9—16 厘米，夯窝直径 9—10 厘米。

荥阳在两汉时属河南郡，魏、晋为荥阳郡治，北魏孝文帝太和十七年（493）城废。郦道元著《水经注》时称之为“荥阳故城”。

2006 年 5 月，被国务院公布为第五批全国重点文物保护单位古荥汉代冶铁遗址的合并项。保护范围：城墙；城墙内侧以墙基向外 40 米，城墙外侧以墙基向外 80 米，南城墙外 760 米处，位于石河村南的东西长 210 米、宽 30 米的城墙及城墙内外各 30 米。建设控制地带：城内以文物保护范围边线外扩 50 米，城外以文物保护范围边线外扩 100 米，南城墙外 760 米处保护范围外各 100 米。

2. 固城遗址

位于郑州市惠济区新城街道办事处固城村西南，南临贾鲁河，北至固城村，东为一条公路。地理坐标为北纬 34°51′12. 06″，东经 113°37′42. 82″。

遗址南北长 600 米，东西宽 300 米，面积约 18 万平方米。地表采集有板瓦、素面陶片，可辨器型有罐。根据所采集的遗物标本分析，该遗址时代为汉代，推测与汉故市侯国城有关。

3. 南阳寨城址（簸箕城）

位于郑州市惠济区老鸦陈街道办事处南阳寨新村东南 900 米，北三环路与电厂东街交叉口的东南部，西部临贾鲁河。地理坐标为北纬 34°48′39. 67″，东经 113°35′44. 24″。

城址略呈东西向长方形，东西长 400 米，南北宽 300 米，面积约 12 万平方米。原保留有西城墙、北城墙各一段，均为夯筑而成，夯层厚 10 厘米以上，后被群众取土挖去，现仅存地表以下部分夯土。地表散落有汉代陶片。当地群众俗称为“簸箕城”。该城址上部大部分已建成地面建筑，保存状况较差。

4. 圃田故城

位于郑州经济技术开发区京航办事处蒋冲村及其东部，城西紧邻白石磙潭沟。地理坐标为北纬 34°42′45. 21″，东经 113°51′9. 65″。

城址平面呈方形，东西长2100米，南北宽1600米，面积336万平方米。现仅遗存东城墙中段和北城墙西段两段城墙，城廓清晰。城有四门，东门在韩庄西，南门在刘家岗，西门在蒋冲村西，北门在西古城。现东城墙南段地表上部还保留有300多米，宽约20米，高4—7米。西北城角残垣高约10米，从城墙断面可以看到清晰的夯层，夯层厚9—16厘米，夯窝9—10厘米。其他地段还能依稀看出城墙的走向，较之外侧高出1—3米，宽35—50米。城外发现有古墓葬区及灰坑等遗迹，出土有石斧、铜镜、铜箭头、陶罐、陶豆、陶俑、陶瓦当和大筒瓦片等遗物。根据采集标本推断，该城址时期为汉，结合史料可基本确认，该古城即圃田城，又名清邑城、清阳亭。

圃田，春秋时属郑，古时为大泽。历代典籍对圃田泽多有记载，如《太平寰宇记》载："北周武帝保定五年(565)，郡、中牟并移于今县西三十里圃田城置。……(开皇)十八年(598)又于圃田城中为圃田县。"《尔雅·释地》载："郑有圃田。"该城从春秋至今经多次演变。

2009年6月，被郑州市人民政府公布为郑州市第二批文物保护单位。保护范围：城墙外侧四周外扩100米。建设控制地带：自保护范围边界外扩50米。

5. 苑陵故城

位于郑州航空港经济综合实验区古城村、古城寨、田王村一带，东至肖河，西临鸿雁河，北靠高岗。城内地势平坦，广植农作物。南水北调中线干渠经故城东南侧经过。城内有东西道路和南北道路穿过。20世纪60年代，外城东北建有军事工程，今已废。地理坐标为北纬34°28′35.36″，东经113°50′45.01″。

城址平面呈东西向长方形，城墙保存地面以上，高低不等，黄土夯筑，由外城和内城两部分组成。

苑陵故城

内城东西长约1260米，南北宽810米，面积约102万平方米，周长约4140米。四周城墙以东城墙、北城墙保存较好，西城墙、南城墙保存较差。南城墙西部与西城墙南部交会拐角处被古城村部分民宅占压，东部靠近东城墙中间段被古城寨村部分民宅占压。东城墙长约840米，有缺口两个，现存城墙三段，南段长约220米，中段长约210米，北段长约330米，墙高16米，基宽32米，顶宽5米。西城墙长780米，中间有一缺口，现存城墙两段，南段长约54米，北段长约370米，西城墙高7米，西南城角与西北城角无存。南城墙长1260米，中间有两缺口，现存城墙三段，东段长约630米，中段长约300米，西段长约150米，东段高9米，西段高3—5米。北城墙长1260米，中间有一缺口，现存城墙两段，东段长约660米，西段长约510米，墙高9米，基宽13米，中部缺口是城门的位置。整个城墙夯筑而成，夯层清楚，城墙下层夯层厚6厘米左右，夯窝为尖圜底，中层到上层夯层约8—13厘米，夯窝为圜底和平底两种，在北城墙的东段中部和西段中部及东城墙南北两端筑有马面4个。

城址东部和北部存有外城，由内城南城墙东南角向东延伸，至梅河处折向北城墙，沿梅河向北1668米后折向西，拐角处残存两段城墙，向西1205米至田王村张书生民宅处，向南拐弯与内城西北角相连，长1000米。

城内调查发现有许多建筑基址、道路、水井和灰坑。当地群众传说，城西北角一块40余平方米的地方是"监旮旯"，推测应是苑陵县衙所在地。南门外古有五里长街，人称"南门外闹市"。城址附近有31座墓冢，可能是贵族墓葬。当地群众平整土地时曾发现铜器、铁器、陶器和大量"米"字纹空心砖。

该城建于汉代，为苑陵县治所在地。秦统一六国后设苑陵县；西汉初，刘邦派大将攻下苑陵城，仍设苑陵县；隋大业初，苑陵城并入新郑；唐武德四年（621）复置苑陵县，贞观元年（627）再废并入新郑。据《元和姓纂》记述，商代商王武丁曾封其子文于苑（即苑陵），世称苑侯，可见商时已有苑陵城。苑陵城东城墙外相连有东城，清乾隆四十一年（1776）《新郑县志》记载："今县东北三十五千米，有二城相连，其西苑陵，东则制城也。与《左传注》《汉书》《水经注》之说相符。"

2013 年 5 月，被国务院公布为第七批全国重点文物保护单位。保护范围：四周城墙以内（包括城墙）和城墙外侧外扩 40 米。建设控制地带：自保护范围边线各外扩 100 米。

6. 城前张遗址（界城）

位于中牟县刁家乡城前张村南 300 米处，一南北向公路从遗址东部穿过，遗址区南部公路东侧为汴城小学。地理坐标为北纬 34°34′45.17″，东经 114°06′57.16″。

遗址区东西、南北各长约 2000 米，面积 400 万平方米。遗存十分丰富，调查发现有灰坑、墓葬，采集有板瓦、筒瓦和绳纹陶片。根据采集标本分析，该遗址时代为汉。

遗址保存状况较好，现为农田。

7. 将军城

位于巩义市河洛镇七里铺村东部将城岭上，南有陇海铁路、连霍高速通过，东为莲山沟，西为七里铺大沟，西北为孝沙路。地理坐标为北纬 34°49′8.23″，东经 113°04′9.74″。

城址东西长约 800 米，南北宽约 300 米。现存城墙两段，东城墙长 182 米，最高处 4.5 米，宽 10.5 米，距地面 3.5 米处可见夯土层，在平整土地时城墙遭到破坏，中部打有一洞。西侧城墙地上部分长约 50 米，城墙高 3.5 米，宽 7 米，西南角基本呈 90°，在南端向西延伸，拐角处被破坏，可见明显夯土层，夯层厚 8—12 厘米。从水沟冲断处还可看出，城墙系挖槽夯筑而成，夯层明显，厚度均匀，圆形平夯，夯窝平整。

两段城墙墙侧均有砖瓦等建筑构件遗存堆积，厚 0.2—0.4 米，应是城墙上的防御建筑坍塌后所留，从其文化内涵来看，应属汉代遗存。

8. 米南古城寨

位于巩义市米河镇米北村委西南 2 千米的南城岭上。地理坐标为北纬 34°42′19.88″，东经 113°14′18.57″。

据县志载，古城寨由王丹君、马灵奇于咸丰十一年（1861）督修，寨内残存有一定数量的汉代空心砖残片，据推测该城址初建年代可能为汉代，在清代、民国时期被再次利用。

米南古城寨南城门内部防御工事

古城寨现存北城门、内城门、南城门及窑洞 8 孔。城内地势平坦，南北长 1000 米，东西宽 20—80 米。北城门进深 5 米，门宽 2 米，残高 2.4 米，为石块垒砌而成，宽约 7 米，青砖砌穹形券门，青石门额上题"古城寨"，左侧题"巩邑仁里"，右侧题"咸丰辛酉上浣"，门两侧残存夯土寨墙约 10 米。内城门距北城门约 800 米，保存基本完整，由石块垒砌而成，砖券城门洞，城门高 6 米，进深 3.95 米，宽 8 米，门宽 1.84 米，厚 1.28 米，门内侧有四个闩门洞，洞径 0.24 米，门内侧由门楼顶部通下三条砖券管道，已残半，门南侧额上有砖券方池，内砖雕"古城寨"三字，城门两侧残存土墙约 50 米。南城门为外城城门，距内城门约 200 米，进深 10 米，宽 12 米，门洞宽 3.6 米，门高 6 米，由石块垒砌而成,青砖券穹形门洞,门内侧有两个闩门石洞,门洞东西两侧壁上各开 1 个砖券小窑,东西宽 2 米,南北长 4 米,高约 2.5 米,门高 1.2 米,宽 0.6 米,窑南侧壁上方呈三角形,有三个砖券枪口,枪口呈穹形小门状,外呈梯形,外口小,内口大,为设置防御放置武器之用。南城门两侧残存土墙约 50 米,高 1—10 米。在北城门和内城门之间西断崖 5 米西面并排有窑洞 8 孔,由北向东,4、5 孔为砖券窑,青石砌窑脸,门宽约 1 米,外残存有 4 米长的土围墙,墙高 1—2 米,两窑之间约相距 5 米,石券窑中间有天爷龛。在北城门东侧外墙上有 1 个用汉砖垒砌的小城隍庙,深约 1 米,宽 1.6 米。

据当地居民相传,该地距汜水虎牢关较近,古时南城岭、北城岭均建有寨堡,两寨之间有地道相通。

9. 汉霸二王城

位于荥阳市广武镇汉王城和霸王城两村,北濒黄河。周围沟壑纵横,地形险要。汉王城、霸王城(古代分别称为西、东广武城)中隔广武涧(亦称鸿沟),东西相峙于广武山上。秦末汉初,刘邦率军在涧西临涧筑城,即汉王城,项羽率军在涧东临涧筑城,即霸王城,屯兵争战,相持经年。地理坐标为北纬 34°57′6.94″,东经 113°27′38.89″。

两城规模较大,虽然黄河水的长期南侵冲刷使北城墙全部及城内大部沦入河水,但部分东西城墙和大部分南城墙仍较好地保留了下来。两城现存总面积约 10 万平方米,城墙总长约 1300 米,其中汉王城南墙 515 米,霸王城南墙 319 米,最高处达 10 米,最宽处约 30 米。

汉霸二王城

霸王城址现存南城墙大部、西城墙两段、东城墙一段,南城墙主体较好,墙基底座高出地面 3—4 米。城址保存完好,现已成景点并对外开放。汉王城址南城墙城基部分在 1958—1978 年平整土地时被推掉,主墙保存较好,北城墙已坍塌入黄河中,其余各段城墙不存在或仅存数米。城墙采用分段版筑夯成,由外侧护坡及墙芯两部分组成。前者土质疏松,呈黄褐色,夯层较厚,一般为 8—18 厘米,夯窝直径较大,一般在 8 厘米以上;后者土色为红褐色,夯层较薄,一般为 7—9 厘米,夯窝直径 5—8 厘米,十分坚硬。两城址没有进行过考古发掘,但从城内外及城墙内采集到较多遗物残片,主要为陶器和铜兵器。陶器有绳纹板瓦、筒瓦片及饰绳纹的陶盆、陶圜底罐等。铜兵器有铜镞、铜矛和铜戈等,其中 2 件有铭铜矛、铜戈为韩国晚期兵器。

汉霸二王城构筑于同一时期,且又临涧数百米对峙,在古代完全做如此布局相当少见,因而汉霸二王城对于研究我国古代城址的种类、性质、布局及建筑技术具有极大的参考作用。

2013 年 5 月,被国务院公布为第七批全国重点文物保护单位。保护范围:两城均以标志碑为基点,汉王城(含张良城)自基点向南 50 米,向北 100 米,向东 570 米,向西 200 米。霸王城自基点向南 80 米,向北约 300 米至黄河,向东最端点 350 米,向西最端点 290 米。建设控制地带:汉王城西、南自保护范围边线各外扩 60 米。霸王城同保护范围。

10. 七里河城址

位于荥阳市乔楼镇七里村北,东临荥贾公路,西为索河,中有村中公路相隔,地势平坦。地理坐标为北纬 34°45′49.07″,东经 113°23′30.26″。

据相关记载城址平面呈长方形,东西长约 400 米,南北宽约 200 米,北墙有百余米高出地面,其余仅可看见夯土城墙的痕迹，城内外均出土有汉代砖、瓦和陶片。城址遭到严重破坏，目前地表城墙部分已不存在，多被民房和农田占压。

11. 成皋城址

位于荥阳市汜水镇虎牢关村。地理坐标为北纬34°50′51.78″，东经113°11′56.28″。

成皋城址

城址平面呈梯形，西北长，东面窄，北城墙已沦入黄河，东城墙已沦入汜水，西、南城墙仅存数段，共长1200余米，其中西城墙为西北—东南走向，长近700米。南城墙在西南角向北内收后转为东西走向，断断续续分作几段，其中西段墙保存较好，总长约500米，高2—5米，最高处超过10米，城基宽20米左右，最宽处约40米。城墙均为夯筑，夯层明显，厚6—13厘米，夯窝圆形，有圜底、平底两种，以平底居多，夯筑水平较高，历经数年仍然矗立于大坯山巅。

成皋城控山带河，居高临下，易守难攻，据《水经注》记载，成皋城在古代除在军事上发挥重大作用外，自西汉起为成皋县治所，长期是地方的行政中心，政治上产生过重要影响。

2006年6月，被河南省人民政府公布为第四批河南省文物保护单位。保护范围：以城址边线向北50米（黄河南岸），向东50米（汜水谷地西侧山根），向南50米，向西50米。建设控制地带：以保护范围西、南边线各外扩10米，东、北面同保护范围。

12. 河西尖城岗遗址（金华城）

位于新密市超化镇河西村西岗。地理坐标为北纬34°27′32.23″，东经113°23′14.97″。

该遗址现存有夯土建筑，建筑高大，东西长25米，南北宽22米，高9米。遗址南部有夯土建筑，夯土层面有汉代瓦片遗存。

13. 曲梁城址

位于新密市曲梁乡曲梁村溱水东岸。地理坐标为北纬34°31′51.27″，东经113°36′4.45″。

城墙东面保存完好，南、北两城墙均有部分被破坏，西南和西北保存有两段城墙，用黄黏土夯筑而成，西城墙已被溱水冲毁，残余城墙共长700米，地表宽10余米，高3—15米。在遗址中发现有灰陶绳纹瓦片和红陶片，城址年代为汉代。

14. 崇高县故城

位于登封市区北半部，原城中心为嵩阳路与崇高路交会处。地理坐标为北纬34°27′54.47″，东经113°01′32.59″。

城址略呈南北向长方形，南北长约500米，东西宽350米，面积约17.5万平方米。原城墙残存一周，20世纪70—90年代城市改造时大部分城墙被扒毁，现中国人民银行院内仅存东城墙北段。残墙高1.8—5米，长约120米，全用黄土夯筑。

崇高城建于西汉元封元年（前110），汉武帝刘彻游中岳时把阳城县所属的嵩山前的三百户居民单独划为崇高县，作为奉邑，专管祭祀之事，后历经东汉、三国、两晋、南北朝等朝代；隋时改崇高县为嵩阳县,县城南迁,崇高城渐废,沿用约700余年。

崇高县故城对研究西汉武帝游中岳的历史、汉代县治设置、嵩山祭祀活动史及登封的历史沿革具有重要的史迹价值。

2009年6月,被郑州市人民政府公布为郑州市第二批文物保护单位。保护范围:东城墙南段自图书馆东墙向东20米,向西30米;东城墙北段自人民银行西围墙向东50米,向西20米,北自人民银行北围墙向北50米,南至爱民路南界。建设控制地带:同保护范围。

15. 古城村古城

位于新郑市区北30千米的龙湖镇古城村内及村南部,龙梅公路东西向穿过。地理坐标为北纬34°37′0.16″,东经113°38′11.94″。

该城址于1985年文物普查时被发现,2004年6月新郑市文物局对其进行了初步调查,2008年3月,在第三次全国文物普查时,在东、西城墙及南城墙以南新发现有夯土层。城址为东西向长方形,周长约1744米,东北部大部分被民宅占压,中西部被一长约200米、宽约40米、深10余米的深沟破坏,深沟将城址分为南、北两部分。水库处发现一处夯土层,城址内发现有瓦砾层和多个灰坑,包含物多为建筑材料及陶器残片。古城内未作详细调查,遗迹分布不明。据群众平时发现的遗迹分析,生活区位于城内东部偏北,西城为屯兵处。墓地分布在古城外北部和西部,北部为贵族墓地,西部大多为平民墓。从地表散存瓦片分析,此城址为汉代城址。

2016年1月,被河南省人民政府公布为第七批河南省文物保护单位。

16. 戴湾故城

位于新郑市新村镇戴湾村西北,南距戴湾村80米,西临双洎河,东临干沟,北临干沟。地理坐标为北纬34°26′43.12″,东经113°38′23.56″。

城址南北长636米,东西宽454米,呈不规则长方形,面积20余万平方米。地表现存城墙用黄土夯筑,夯土层厚0.25米,夯窝不明显,城墙高度1—2米,城内外现为耕地。据《新郑县志》载,报恩城在县西北二十五里,居溱水东岸,水西旧有报恩寺,城因被其名。该城可能就是县志记载的报恩城。

第五节　魏晋隋唐时期城址(220—907)

隋唐时期郑州保存完好的古城址不多,重要的城址有荥泽古城、荥泽县城,对于研究荥泽的变迁有较重要意义;巩义洛口城址对于探寻隋唐时期洛口仓地望具有重要价值。

1. 荥泽古城

位于郑州市惠济区古荥镇古荥村西部。地理坐标为北纬34°52′49.10″,东经113°31′45.59″。

荥泽旧县初建于隋大业二年(606),因黄河南侵,于康熙三十七年(1698)由旧址迁于原荥阳故城西北角,依荥阳故城西城墙北段、北城墙西段,新建东城墙和南城墙为荥泽县城,是为荥泽古城。东、西、南、北各一城门,东门曰适梁,西门曰峻极,南门曰鲁朝,北门曰迎恩。现存西城墙长约900米,北城墙长约650米,城墙较完整,东城墙大部已毁,南城墙尚存西段,长约150米,宽3—5米不等,高2—3米。

2. 荥泽县城旧址

位于郑州市惠济区大河路街道办事处惠济桥村北 1500 米单东村与单西村之间的北部，黄河南岸大堤北侧。地理坐标为北纬 34°53′52.49″，东经 113°34′51.68″。

旧荥泽县城为隋朝所置，背靠黄河，现已湮没于黄河滩区，清康熙三十七年(1698)，因河患迁至汉荥阳故城建荥泽古城。

3. 洛口城址

位于巩义市东北 15 千米河洛镇七里铺村东原上，北为黄河，南有太平岗，南侧距孝沙公路约 200 米，距"古洛汭"券门约 400 米，附近有伏羲祠遗址、伏羲台遗址。地理坐标为北纬 34°48′56.91″，东经 113°04′40.74″。

遗址面积约为 5 万平方米，现为农田，地面没有遗存。2006 年 4 月，当地村民打井时打到约 30 米处发现砖屑、木屑等遗物，又向东约 100 米继续打到 30 米处仍发现有砖屑、木屑等遗存。

据《读史方舆纪要》、民国《巩县志》等有关文献记载，隋洛口仓城、隋故城、李密洛口城、李密偃月城均与该遗址地点相吻合，该遗址的发现为寻找这几处城址提供了重要线索。

4. 建德城

位于荥阳市高村乡牛口峪村东，西、南、中部均有公路穿过。地理坐标为北纬 34°55′3.64″，东经 113°19′49.38″。

城址长约 200 米，宽约 150 米，形状不规则。现存北、东、南三面城墙，北城墙长 96 米，东城墙长 34 米，南城墙长 14 米。城墙最高处达 5 米，一般 2.5 米，夯层隐约可见，较坚硬。

该城址作为唐代虎牢之战的一处重要遗迹，对研究这段历史有重要意义。

5. 刘寨村王居城

位于新密市刘寨镇刘寨村南岭，黄帝宫风景区南部，北临武定湖，西部为断崖，东南均为农田。地理坐标为北纬 34°28′47.65″，东经 113°32′17.00″。

现存东、西、南、北四面城墙，北城墙长 120 米，南城墙长 108 米，东城墙长 78 米，西城墙长 54 米，最高处达 7 米，夯土建筑，基本保存完整。城址基本呈方形，中间有高台建筑基址，保存完好，现已开发为休闲游览区。

6. 颍阳县故城

位于登封市颍阳镇颍阳北街。地理坐标为北纬 34°25′21.77″，东经 112°45′14.47″。

城址面积约 453 平方米，现存有北城墙、西城墙断续城垣，北城墙在颍阳北街铁塔东约 250 米处，四周皆为农田。西城墙在颍阳北街北约 20 米处，南为颍阳北街村民民居，北、东、西三面均是农田。夯土层厚 15—20 厘米，平夯无窝。出土有陶片、铜器及北魏"招抚局印"和"招抚副使之印"铜玺各一枚，文物普查时发现有汉代陶片。

7. 登封县故城

位于登封市太室山南麓双溪河南的坡地上，东临书院河。地理坐标为北纬 34°27′31.15″，东经 113°01′37.95″。

城址西高东低，北高南低。城墙夯筑于唐，民国曾多次重修，20 世纪 70 年代初仍保留一周，80 年代初在城市改建中大部分被扒毁，现仅存北城墙西段尚保存较好，位于市直一初中院内，东西长约 30 米，宽约 8 米，高约 5 米。墙外开凿城壕一周，墙四周有四个城门，东曰春雨，西曰鸿泽，南曰黄离，北曰万岁，门上各建四堡，四隅起四亭。城内衙署前建有嵩阳楼一座，楼下为砖券拱形过往门洞，洞上建有面阔五间的歇山式楼房，内洞上方有知县陈士俊题写的石匾两方：前为“登封县”，后为“古嵩阳楼”。楼内墙上裱有唐代诗人孟浩然陪同张丞相登嵩阳楼诗一首。该城墙虽然保留不多，但对研究唐代至清代的夯筑手法，城内衙署分布、居民情况及故城历史有一定的参考价值。

2009 年 6 月，被郑州市人民政府公布为郑州市第二批文物保护单位。保护范围：现存城墙向北至中岳大街，向南外扩 50 米，向东至部胡同，向西至城隍庙东围墙。建设控制地带：同保护范围。

登封县故城

第六节　宋元明清时期城址（960—1911）

宋元明清古城主要是重要的县城，对于研究这一时期的区域治所的演变具有重要意义，主要有巩义的永安县城、巩县老县城等。

1. 永安县城旧址

原为北宋初年所设永安县城，后葬赵匡胤之父赵宏殷于此。因陵析出巩县、偃师、缑氏县一部分设永安县，后在宋城旧址上建永安寨。地理坐标为北纬 34°41′38. 43″，东经 112°56′22. 33″。

旧址平面近似椭圆形，东西长 650 米，南北宽约 500 米，周长约 1900 米。现存部分南寨墙，为夯土墙，清同治元年（1862）修建，1946 年又修补过一次。寨墙下宽上窄，高 0. 2—2 米，顶宽 1—3 米，寨墙外为护城壕，可能为筑墙挖土所形成。建有五个寨门，同治十一年（1872）又修一个小北门，共有六个寨门，现均不存，其中南寨门大约 2000 年后倒塌。

永安县城旧址南寨墙局部

2. 巩县老县城

位于巩义市站街镇老城村村委会北 200 米。北有伊洛河，距连霍高速约 300 米，东为巩温大桥，西泗河从桥下经过，南部为民居，距河洛路约 1 千米。地理坐标为北纬 34° 47′ 27. 77″，东经 113°02′9. 64″。

现存城墙为明代建筑，清代重修。现存极少部分西城墙、南城墙残迹。城墙下部为青砖砌基，上部为夯土筑成。西城墙长 10 米,高 6 米,底厚 10 米;青砖厚 10 厘米,宽 26 厘米,长 50 厘米。在城墙周围还有少许砖瓦构件及一排老式房屋,房屋现大门被土淤起,仅剩 1.5 米高。

秦时置巩县城于东周故城,属三川郡;北魏时期将县治迁至此城;隋初一度迁入洛口城;宋时巩县划为永安县,县治仍在老城;唐、元、明、清县治一直设在这里。1931 年秋,山洪暴发,洪水冲破城东南角,全城被淹。1964 年县治迁至孝义镇。

巩县老县城城墙

3. 广武城

位于荥阳市广武镇广武村北街,西紧邻镇政府大院,东为居民区,南、北均有东西向的街道,北距枯河约 2 千米。地理坐标为北纬 34°53′45.07″,东经 113°26′2.44″。

城址东西长约 800 米,南北宽约 500 米,占地面积约 40 万平方米。现仅存西北角城墙和护城壕两段,城墙为夯筑,夯层厚 15—20 厘米,夯窝清晰,直径 6—8 厘米。该城址对研究明清时期荥阳地方史具有一定意义。

1987 年,被荥阳县人民政府公布为荥阳县第一批文物保护单位。

4. 汜水城址

位于荥阳市汜水镇汜水村周围,荥汜公路从城区内东西向穿过,南连连霍高速和陇海铁路。地理坐标为北纬 34°50′49.65″,东经 113°13′7.43″。

城墙断断续续分作四段,最高处约 5 米,宽 2—4 米,夯层厚 0.2 米左右,城墙西侧和北段部分地段被村民建窑头毁掉。护城堤东起汜水城东门,然后向南,折向西,再折向北至北门沟村外,最后拐向东至山体。汜水城曾在明、清、民国时期作为汜水县的治所,在历史上有一定的知名度,对研究地方历史及古代行政区域的划分与管辖范围有一定作用。

1987 年,被荥阳县人民政府公布为荥阳县第一批文物保护单位。

5. 官殿凤翅城遗址

位于巩义市河洛镇官殿村。东有虎牢关,城门下即为古官道,现仍使用,是巩义至汜水的乡村公路;南有牛家寨、牛状元府。地理坐标为北纬 34°46′36.70″,东经 113°07′42.65″。

遗址东西长 2 千米,南北宽约 20 米,修建年代不详,古官道经城而过。清代在城中建有慈禧行宫、驿站、寨堡。据乾隆十年《巩县志》载:“凤城在太平岗正南,山形似凤,故名。士人谓之凤子城。”民国 18 年《巩县志》载:“县治东二十五里凤翅城,有盘石寨,其附村曰:关店、明月坡、牛家寨……”遗址现存东西城门基址及东城门门匾。两城门均在古官道上,相距约 2 千米。20 世纪 70 年代 310 国道修通后,该地官邸渐废,来往行人渐少,凤翅城随之衰败。80 年代东城门因雨坍塌,西城门因雨水冲刷,山体滑坡,基本无存。该遗址对研究巩义地区古官道、古城址均有一定价值。

6. 凤后岭石寨墙

位于新郑市凤后岭半山腰,长 3 千米,宽 2—4 米,高 2.5—5 米,蜿蜒起伏,巍峨壮观,遗留有多处城门遗迹。寨墙充分利用自然地形地貌,沿着悬崖边修建,和山体结合,省工省时,防御效果很好。寨墙内保存有大量石砌建筑，现仅存高低不等的断壁残墙，但眉目尚清，体系完整。基址一般多呈长方形，三间为一组，每间长5米，宽3—4米，残高在0.8—1.2米之间，最高者达2.6米左右。建筑遗迹面积之大、数量之多，是省内乃至国内比较罕见的。

风后岭石寨墙

第三章 作坊遗址

郑州地区发现作坊遗址50余处，分布在郑州市及下辖县市。这些作坊遗址可分为以下四类：一是冶铸类遗址，有铸铜遗址、铸铁遗址、铸币遗址、采矿遗址；二是陶瓷类遗址，有制陶遗址、制瓷遗址；三是制玉遗址；四是制骨遗址。其中有十几处已被公布为全国重点文物保护单位，十几处被公布为河南省文物保护单位，28处被公布为郑州市文物保护单位。在各类作坊遗址中，有很多重要的考古发现，如郑州商城两个铸铜作坊遗址、新郑郑韩故城仓城铸铁作坊遗址、登封告成冶铁作坊遗址、郑州古荥镇和巩义铁生沟的汉代冶铁遗址等铸造类遗址反映了我国商代青铜的冶铸水平和技术，代表了春秋战国到汉代中原地区冶铁铸造技术的发展程度。其中古荥镇冶铁遗址发现的炼铁高炉和球墨铸铁的产品达到了汉代冶铁的最高水平，在世界也处在领先水平。郑州的一些陶瓷作坊遗址如巩义黄冶唐三彩窑址为研究河南白瓷和青花瓷起源提供了线索；新密窑沟、登封曲河瓷窑遗址创造的珍珠地瓷器享誉全国。除此以外，对新密月台柴窑村、中牟张庄村柴窑等地的考古调查表明，郑州早在商代就能烧制漂亮的青瓷尊，五代时期的重要瓷窑柴窑遗址正在郑州市域。郑州地区的作坊遗址所体现出的铸铜、冶铁、陶瓷高度发展的技术水平为研究中国工业发展史及各个时期的经济状况提供了十分宝贵的资料。

第一节 冶铸作坊遗址

金属冶炼在郑州地区出现很早，远在新石器时代的牛砦龙山文化遗址中就发现了冶铜炼炉。在登封王城岗、巩义花地嘴、荥阳大师姑等龙山文化晚期和夏文化遗址中出土了铸造的青铜器。到商代，郑州商城已有了铸造铜器的作坊，不仅能铸造类型多样的小型铜器，还能铸造出大型铜方鼎，工艺相当高超。春秋时期在新郑已铸造出雄伟大气的青铜莲鹤方壶。新郑仓城铸铁作坊遗址和登封告成冶铁作坊遗址是我国目前发现的两处战国以前的冶铁遗址。汉代，我国冶铁业高度发展，郑州古荥汉代冶铁遗址和巩义铁生沟冶铁遗址是河南郡管辖的“河一”“河三”冶铁作坊。古荥汉代冶铁遗址发现的炼铁高炉是目前全国发现的汉代最大的炼铁炉，它和巩义铁生沟冶铁遗址铸造出的球墨铸铁铁器达到当时世界领先的水平。唐代郑州已经能铸造出千余斤重的大钟。登封冶上冶铁遗址宋代时为登封中岳庙铸造数百斤重的守库铁人四个，金代时又为中岳庙铸造了铁狮子。荥阳楚村元代铸造遗址出土的农具铜模反映了当时高超的翻砂工艺水平。巩义里沟铸钱遗址出土的大批钱范反映了汉代地方铸钱的情况。登封、巩义、新密保存的开采铜、铁、银、煤的矿井矿洞，反映了古代郑州的工匠依据《山海经》“少室山多铁”的记载利用山川之利生产金属的实践活动。还有一些铁器窖藏遗址，如郑州古荥、荥阳出土成批的铁器和工具反映了当时民间手工业匠人的生产情况。

1. 郑州商城紫荆山北铸铜作坊遗址

位于郑州商城北城墙中部之北约200米处，即纬一路与花园路交叉口西南角及河南饭店北院内东部一带。地理坐标为北纬 34°46′3.74″,东经 113°40′30.25″。

1955—1956 年,文物部门在河南饭店基建工地对该遗址进行发掘,发掘面积 650 平方米,发现了与铸铜有关的遗迹,包括房基、铸铜场地和灰坑等。

房基发现 6 座,坐落在铸铜遗址的中部,东西向呈长方形,面南或面北,多为两间并列或套间。6 座房基分为东西两行,东边 3 座房基的间距为 6—10 米,西边 3 座房基的间距为 10—20 米。房基的建筑方法有两种:一种是平地起建,即先对地面进行平整和夯实,然后用土修筑围墙;另一种是依据房子大小,向下挖一长方形坑,填土夯实作为地坪,而后在周围修筑围墙。发掘表明,有些房子的地坪和墙基经过多次修整。房址内发现多种与铸铜有关的遗迹和遗物。如在 F5 东西两间的地面上,除保留有较为普遍分布的炼铜渣面和小铜块外,还有大量绿色细沙土,和南关外铸铜作坊遗址 C9H181、C9H182 两个储沙坑中的沙基本一致,推测是铜锈末之类的东西或是铜块烧炼后的遗物。此外,在这座房址内还发现一层铜锈面和 16 个分布相当密集的小圆凹窝,窝的直径为 4—6 厘米,窝内存有层次清楚的铜渣,推测他们应与浇铸时固定陶范的位置有关;在房基东西两面隔墙过门处,还重叠堆放着一些排列整齐的刀范。6 座房基的地面上都发现了绿色铜锈面,锈面大的为 2—2.5 平方米,小的为 0.5—1.0 平方米,厚度 1—7 厘米。这些锈面有的是一次性形成,有的经过几次堆积,由此可知这些房屋应是铸造铜器的场地。

与铸铜有关的灰坑有 8 个,形状多为椭圆竖井状,少量为圆形竖井状,口径 1—3 米,其中 2 个深及水平面以下,应为水井,其余灰坑填土中多见铜渣、红烧土、自然石、矿石、陶范、砺石等。

遗址出土物有铜矿石、铅矿石、熔铜坩埚、木炭、铜炼渣、铜锈面、绿锈土等,此外还出土了一批保存较好的铜器、陶器、石器、骨器、蚌器,其中最为重要的当属 100 余块铸造各种青铜器的陶模和陶范。这些陶范均为泥质,土黄色,有刀范 19 块、镞范 13 块、车轴头范 2 块、花纹范 8 块,另有带浇口的残范块和容器范芯 12 块,余则为碎范块。

遗址出土的陶器有折沿鬲、有流无尾爵、长颈大口尊、豆、簋、罐和盆等。根据陶器特征推断该遗址的使用年代为二里冈上层一期。

2. 郑州商城南关外铸铜作坊遗址

位于郑州商城内、外城南城墙之间距内城墙 700 米处,即今紫荆山路与陇海东路交叉口以东的陇海东路南北两侧。地理坐标为北纬 34°44′23.22″,东经 113°40′27.54″。

该遗址发现于 1954 年,分布面积约 2.5 万平方米。以陇海东路为界,路南区域为南区铸铜场地,路北区域为北区铸铜场地,其中南区铸铜场地于 1954—1955 年发掘,主要在郑州市交通运输公司院内进行,北区铸铜场地于 1959 年秋发掘,主要在郑州日产汽车有限公司院内西南部进行。发掘区域位于遗址中部,南北长约 130 米,东西宽约 90 米,总面积约 1.1 万平方米。

南区铸铜场地中与铸铜有关的遗迹有白灰面地坪、铜锈面、铸铜场地土台、壕沟、灰坑等。其中白灰面地坪应是房屋地坪的遗留。铜锈面多分布于白灰面地坪的北侧,在约 80 平方米的范围内,散布着 11 片面积不等、形状各异、附有绿色铜锈渣和铜汁的铜锈面,面积大者 1.2 平方米,小者 0.1 平方米。除个别铜锈面为 2 层凝结面外,其余多为 4—8 层凝结面,最多的可达 10 层。铜锈面层与层之间有直接叠压的,也有用垫土层隔离的,它们应该是多次浇铸青铜器形成的。

在白灰面地坪西南约 2 米处,发现一长 3.1 米、宽 2.8 米、高 0.2 米的红烧土台。土台顶部东、南、西三面残存 0.3 米高的土墙,土台中部有 2×1.1 平方米的铜锈面。铜锈面上散布着大小不等的 16 个圆口尖底或圜底凹窝,窝径 4—6 厘米,深 10—14 厘米,其中 14 个凹窝内存有铜锈渣层,推测这些凹窝与土台上固定陶范、浇筑铜器有关。

在南区铸铜场地南部发现一条口宽底窄、两端倾斜的壕沟。该壕沟北侧发现有铸铜遗迹，南侧没有发现相关遗存。依此看来，该壕沟可能是南区铸铜场地的南部界沟。

此外还发现与铸铜有关的灰坑31个，坑内填土皆来自附近的铸铜场地。最重要的一个坑当属在白灰面地坪西侧约3米处的椭圆形灰坑，出土物有陶片，染成绿色的骨器和兽骨，45块爵、镬、斧的陶范，2块坩埚碎片，红烧土块及熔炉壁残块等。

北区铸铜场地发现与铸铜有关的遗迹有壕沟、铜锈面、储沙坑、炼铜炉残底和灰坑等。壕沟底部西北高东南低，沟底有淤积层，可能是场地的排水沟。铜锈面断续残留约200平方米，有凹窝遗迹。储沙坑2个，均为长方形，平底，坑内全部储存质地纯净的泛绿色细沙，与铜锈颜色相同，推测细沙是用来防止铜汁和陶范黏结的隔层。

北区最为重要的发现为炼铜炉残底。炉上部已残，仅存炉口下部，呈椭圆形，口径1.6—2.6米。炉底呈凹弧形，炉壁残高0.6米。从炉底结构来看，它是用掺有粗砂的黏土堆筑而成，炉底还覆有6厘米厚的草拌泥，草拌泥之外为一层绿色铜渣。因烧成温度过高，整个炉底呈砖红色。炉内发现有炉壁残块、木炭屑、铜炼渣、陶坩埚碎片、烧土块等。

在两处铸铜场地出土大量商代二里冈下层二期和上层一期的陶器、骨器、石器、蚌器及与铸铜有关的铜矿石、熔铜坩埚、铜炼渣、木炭、砾石和残铜器等，还发现了铸造青铜器的陶范和模。其中属于商代二里冈下层二期的陶范、模碎块120多块，能看出器型的60多块，计有镬范41、凿范3、斧范1、刀范5、镞范6、戈范1、鬲范3、斝范3、爵范芯1、花纹陶外范1；属于商代二里冈上层一期的陶范、模碎块160多块，计有镬范60、刀范14、锉范2、斧范2、锥形范芯2、镞范23、戈范3、鬲范23、鼎范9、斝范7、爵范9、罍模1、花纹范5、觚外范1、圆泡范1、环范1、簪范1，以及不辨器型的碎陶范62块。

该遗址地层堆积可分为早、晚两层：上层为商代二里冈上层一期文化堆积，出土有陶鬲、大口尊、陶壶等；下层为商代二里冈下层二期文化堆积，出土有陶鬲、夹砂罐等。从地层关系和出土遗物两方面来看，该遗址的铸造时期应是从商代二里冈下层二期开始，延续使用到商代二里冈上层一期。

郑州商城南关外铸铜作坊遗址不仅面积大，而且遗存丰富，延续时间长。从出土的炼铜炉、矿石、铅块等来看，当时人们已经掌握按比例将铜、锡、铅进行调配来熔炼青铜的技术。从出土的陶范形制来看，当时人们已经掌握了多范铸造铜器的工艺，尤其是陶范的制作，会因为其翻制器物种类的不同而采用不同的陶土，掺和不同比例的粗砂等。由此可见，当时青铜冶炼已达到较高水准，这对讨论早商时期青铜文化、青铜铸造工艺及由此带来的社会变革具有重要意义。该遗址的发现向人们证实了人类进入文明时代后，社会组织结构进一步健全，社会生产力迅速发展，中国进入了一个灿烂的青铜时代。

3. 新郑大吴楼铸铜作坊遗址

位于新郑市城关乡大吴楼村东部。地理坐标为北纬34°23′18.09″，东经113°44′37.24″。面积7.5万平方米，文化层厚1—4米。

新郑大吴楼铸铜作坊遗址

1972年，河南省博物馆对此进行发掘，发掘面积766平方米，重要遗迹有铸造工作面、房基、窖穴等。出土物有熔铜炉、鼓风管、铜炼渣及锹、铲、镰、凿、带钩、布币的陶范，还出土少量残破陶器。熔铜炉有大、中、小三种炉壁残块，小型炉有二节熔炉和三节熔炉，可以看出炉底呈圜状，炉壁外多涂一层1.5—2.5厘米厚的草拌泥。鼓风管前端较细，后端较粗，直径3—5厘米，外附一层草拌泥。其中陶范中的卧式叠铸镬范、成套布币范尤具特色。

4. 新郑梳妆台铸铜作坊遗址

位于新郑市郑韩故城西城区阎老坟村南梳妆台。地理坐标为北纬34°24′29.52″,东经113°42′49.15″。在梳妆台顶部发掘共400平方米,重要遗迹有铸造工作面,出土物有泥质炉壁块、铜礼器碎范块、礼器附件小范块、三角形支垫等。从该遗址的遗迹、遗物中,我们可以了解铜器铸造过程中分铸小件的工艺。

5. 登封告成铸铜作坊遗址

位于登封市告成镇东部,战国铸铁遗址的东北角。地理坐标为北纬34°24′2.04″,东经113°08′46.61″。遗址范围不详。在遗址的堆积层中有一层2厘米厚的炼铜灰渣,灰渣呈黄绿色。战国时期,阳城是郑、韩两国的边陲重镇。1971年,郑韩故城出土一批青铜兵器,有的铜戈上铸有"阳城令督造"的铭文,证明阳城有铸造兵器的加工厂,该遗址或与青铜兵器的铸造有关。

6. 新郑铸币作坊遗址

在新郑市郑韩故城一带发现多处铸币作坊遗址。

(1)新郑监狱铸币作坊遗址

位于郑韩故城南城墙外侧,新郑监狱院内东部,东距郑韩故城前端湾村城墙500米,北距冯庄制陶作坊遗址300米,面积约2万平方米。地理坐标为北纬34°22′34.67″,东经113°43′44.64″。

2002—2003年,河南省文物考古研究所在配合新郑监狱基本建设工程时发现该遗址,发掘面积500平方米,清理灰坑45个、灶1个、马坑3个、犬坑1个、兽骨坑3个。灰坑中出土大批空首布芯首范、平肩空首布面背范及熔铜炉残块等。

熔铜炉残块均为夹砂红陶泥条盘筑而成,炉口径0.5米左右。范多为梯形,面宽背窄,上薄下厚,范面刻有浇道和空首布型腔。型腔高11—12厘米,肩宽5.8—6.8厘米,身高9—9.8厘米。面背范各有3条中筋槽,没有发现钱文。芯首范数以千计,正背面为梯形,剖面呈六棱形。灰坑有圆形袋状和不规则形两种,前者原为窖穴,口径1.5米左右。马坑为长方形竖穴土坑,底部放置有两马,形态各异,与墓葬车马坑马骨有异。兽骨坑均为直径0.6米的圆形浅坑,坑内堆满羊、犬、猪的散骨。马坑与兽骨坑有可能是铸币前祭祀活动的遗留。

该铸币作坊遗址的使用年代为春秋中期,春秋晚期这里已经变成一片墓地。此遗址为研究郑国铸币工艺、铸币管理机构乃至郑韩故城平面布局提供了珍贵的实物资料。

(2)新郑大吴楼铸币作坊遗址

位于郑韩故城东城区东门以南大吴楼村一带。地理坐标为北纬34°23′15.39″,东经113°44′33.05″。1983年在此发现有"殊钱当忻"与"四钱当忻"铁范。1992年8月,在大吴楼铸铜作坊遗址的南部发掘出"公"布面背陶范7件,"涅金"布陶范、背陶范3件,"蔺"布面、背陶范32件,"离石"布面范残块1件。1993年5月,在东城区内小高庄村东周遗址发掘一钱范坑,内有可复原的"蔺""离石"大圆足布面、背陶范184件,无文大圈足布残石范1件及一些圆钱陶范残块。

与以上三批钱范同出的陶器均为战国晚期的典型器物,故钱范的年代也为战国晚期。

诸多钱范的发现说明韩国的铸铜作坊遗址兼铸货币,也反映出韩国与各国商业往来频繁,存在仿铸别国货币的情况。

7. 新郑仓城铸铁作坊遗址

位于新郑市郑韩故城东城区西南角，仓城村南、后端湾村中部及北部的周家一带。地理坐标为北纬 34°22′58.87″，东经 113°43′57.07″。面积 10 万平方米。

1965 年，河南省文物工作队在遗址东南部展开发掘，发现一座退火炉基和抽风井。炉基残存炉底，直径 1.7 米。在残炉东北和西北 2 米处各有一袋状坑，深 5.4 米，坑壁用不规整小砖券成，坑内填满战国时期的残砖、陶范和陶片，底部为灰烬层，两坑内各有一砖砌小方洞，向上延伸至炉底东部边沿，是炉的抽风井。退火炉北侧 1 米发现一座烘范窑，形如陶窑。退火炉和烘范窑填土中有许多残陶范。炉东南侧约 8 米处一个方形灰坑中，堆积着大量残范和范芯，计有镬、锄、镰、铲、锛、凿、削、刀、剑、戟、带钩等范 10 余种，其中以镬、锄范数量最多。陶范均用细泥沙制成，范口和浇口多设在底范和铸造面之上，底范与范盖的四侧角各挖有一个三角形豁口，以便合范浇铸时捆绑之用。另外还出土有锄、锨、铲、锛等铁器，铁器与范模器型相同，可知这处铸铁作坊以铸造生产工具，尤其以铸造农具为主。

战国时期铁已大量生产，铁器普遍使用。该遗址一个灰坑中一次性出土锄板残片近百件。新华路旁边的一个烧土坑中出土铁锄和铁镢近百件。韩国为满足生产工具的大量需求，铸造时采用了先进的铸造方法——卧式叠铸。在对出土的一件铁器的金相分析中，我们还发现了我国最早的球墨可锻铸铁，这说明当时古人已掌握了退火脱碳处理技术，反映出韩国的冶铁铸铁业已达很高的水平。

8. 登封告成冶铁作坊遗址

位于登封市东南 15 千米的告成镇东寨门、古阳城南城墙外，洛阳至许昌公路直穿其中，面积约 2.3 万平方米。地理坐标为北纬 34°23′35.42″，东经 113°08′44.53″。

1977 年春至 1978 年冬，河南省博物馆对此进行发掘，揭露面积 400 余平方米，出土有熔炉残块、铸范百余块，以及烘范窑 1 座。熔炉残块属战国早期到汉代的遗物，有泥质条筑熔炉残块、泥炉残块、砂质炉残块等，反映了战国熔铁炉的发展演变过程。铸范全为泥范，早期泥范砂比例甚少，后期砂比例增加。其中发现的叠铸带钩范，是目前我国已知的最早、铸件最多的叠铸范。烘范窑与当时的砖瓦窑形制相同，附近发现有经烘烤但未经浇铸的残范块。

9. 郑州古荥汉代冶铁遗址

位于郑州市惠济区古荥镇，汉代荥阳故城西城墙外 100 多米处，北依邙山，南临索须河，是一处西汉中叶至东汉早期的冶铁遗址。地理坐标为北纬 34°53′32.15″，东经 113°32′11.12″。遗址南北长 400 余米，东西宽 300 余米，面积 12 万余平方米。

该遗址于 1965 年被发现，1966 年春试掘，1975 年秋至 1976 年春正式发掘，揭露面积 1700 平方米，发现 2 座炼铁炉，炉周围有 11 块积铁及蓄水池、水井、四柱坑、船形坑、矿石堆、陶模、陶窑等遗迹，为作坊的冶炼中心区。

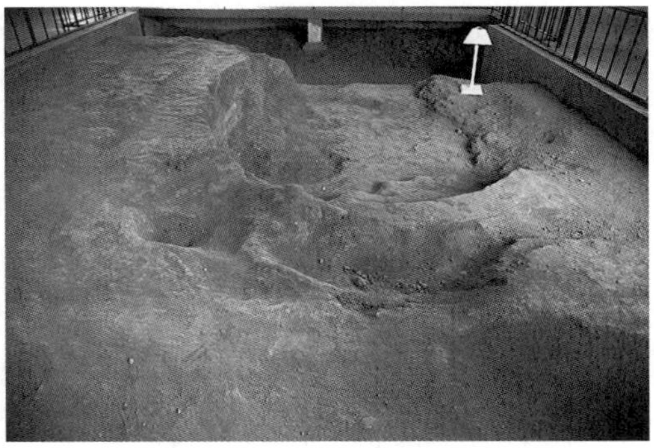

郑州古荥汉代冶铁遗址

炼铁炉东西并列，间隔 14.5 米。一号炼铁炉居西，炉门向南，已损坏。炉基深 3 米，由红黏土加矿石粉与炭末的黑褐色耐火土夯筑而成。炉缸为椭圆形，南北长轴 4 米，东西短轴 2.7 米，面积 8.5 平方米，经高温已经变成坚硬的蓝灰色。炉东壁残高 0.54 米、残厚 0.45 米，北壁厚 1 米，西壁和南壁已损坏。炉壁之外有加夯的黄土。炉缸底部凹凸不平，有残存的铁块和流入裂缝中的铁水。炉前工作面南北长 6 米,东西宽 4 米,耐火土深 2.5 米。工作面两侧各有一柱洞,间隔 4.8 米,洞径 0.4 米,深 3 米,底部以石头为柱础。

二号炼铁炉居东,存留下部基础,和炉前工作面基础连成“凸”字形,南北长 9.2 米,北宽 2.6 米,南宽 3.75 米,基础筑在早期炉基上,最底部铺 15 厘米厚的黄土,有凹凸不平的夯窝,其上夯铺三层红黏土,再逐层夯筑红黏土掺矿石粉、炭末的黑褐色耐火土 9 层,再改用掺有 1—3 厘米直径的小卵石夯筑 5 层,接炉缸底部改用不加小卵石的耐火土夯筑,基础现存 20 层,深 1.6 米,夯层厚 4—15 厘米。工作面两侧下挖深 1.2 米、边长 1.5 米的方坑,坑内置铁块为础,栽立木柱,基础坑外夯筑黄土。

在炼铁炉前清理出 11 块大型积铁,最大的重 23 吨,一侧有高 2.2 米的积瘤。在遗址南部和东部发现大面积的炼渣堆积层,厚达 6 米以上。炼渣多为碎块,其中有很多呈玻璃质。从炉基和积铁复原可知,炼铁炉高 6 米,容积约 50 立方米,日产铁可达 1 吨。

遗址出土铁器 318 件,包括犁、犁铧、铲、锄、凹形锸、镢、双齿镢等农具 206 件,六角承和齿轮 9 件,锛、凿等工具 5 件及铁夯、釜底、灯盘等各种铁器。其中 10 余件铁铲上铸有“河一”铭记。铁器经过金相检测,有灰口铁、白口铁、麻口铁、铸铁脱碳钢、古代球墨铸铁等。出土陶器 380 件和大批陶模,部分陶模上有“河一”铭记。另出土五铢钱 12 枚、石器 8 件、煤饼 14 块及耐火砖、瓦当等。以上遗物充分证明这处作坊是汉代河南郡铁官所辖第一冶铸作坊,代表了我国汉代冶铁业的最高水平。

1984 年 7 月,郑州市古荥汉代冶铁遗址保护管理所成立。1986 年 10 月,该遗址正式对外开放,展出炼铁炉基 2 座及陶窑、四角柱木架坑、水井、水池、积铁、陶模、铁器等遗物。同年 10 月,在郑州召开“金属早期生产与应用国际学术讨论会”,十四国学者到古荥汉代冶铁遗址考察研究,一致认为“这里的文明属于全世界”。2011 年 7 月,郑州市古荥汉代冶铁遗址保护管理所更名为郑州市古荥汉代冶铁遗址博物馆。

10. 巩义铁生沟冶铁遗址

位于巩义市南 22 千米夹津口镇铁生沟村南部台地上。地理坐标为北纬 34°37′12.94″,东经 113°02′6.55″。遗址东西长 180 米,南北宽 120 米,面积约 2.1 万平方米。西部为冶铁区,东部为铸铁区,北部为生活区,南部为通道和出渣区。遗址北面的青龙山及南面的太室山有采矿场,发现的矿井有方井、斜井、竖井,以及巷道,采矿工具有铁镢、铁锤等。

1959 年,河南省文物工作队对此进行发掘,揭露面积 2000 平方米,清理炼铁炉 8 座、锻炉 1 座、炒钢炉 1 座、退火脱碳炉 1 座、熔炉 1 座,烘范窑 11 座、多种用途的长方形排窑 5 座。这些遗迹分布在遗址的中部和西部,其中退火脱碳炉的设计最为科学。附属设备还有藏铁坑、配料池、矿石场和房屋等。遗址发现有海绵铁堆、大铁块和铁板、耐火砖、木炭、矿石等冶炼遗物,其中大铁块为炼炉废弃后留下来的,共 9 块,最重者约 15 吨。另外还发现不少生活工具,有铁锤、铲、铧、锛、镢、锄、凿、锥等,其中铁铲是处理得很好的黑心展性铸铁,铁镢是石墨球化很好的古代铸铁,其球化率达到现代球墨铸铁的标准(一级 A 类)。126 件铁器中,66 件金相观察结果为白口铁、灰口铁、麻口铁、高碳钢、中碳钢、低碳钢、展性铸铁、球墨铸铁等。在 8 件铁器上发现有“河三”的铭记。

遗址出土的生活用具有陶器、铁器和铜器。有的陶器上刻有隶书“李”“史”“大赦”等字样,应为工匠的姓氏和身份,也有刻器物名称和数字的。还发现有铁镞、铁剑、五铢钱、新莽时期的大泉五十和东汉剪廓五铢钱等。

该遗址的发现和发掘为研究汉代冶铁技术的发展提供了翔实的资料。它是目前已知汉代冶铁遗址中发现最丰富的一处,且生产过程基本上可复原。遗址的使用年代自西汉中晚期至东汉,“河三”铭记表明这里是汉代河南郡铁官所辖第三冶铸作坊,与古荥的“河一”作坊东西交映。

2013 年 5 月，被国务院公布为第七批全国重点文物保护单位。

11. 巩义里沟铸钱遗址

位于巩义市孝义镇西南部里沟村学校操场的东北部高台上。地理坐标为北纬 34°44′10. 50″，东经 112°58′35. 33″。面积 700 平方米。

巩义里沟铸钱遗址

1984 年郑州市文物工作队对此进行发掘，开挖探沟一条，面积 10 平方米，出土钱范 2100 多块，其中耐火土范 680 块、未经烧制的红黏土范 1430 块，另有熔炉口部弧形砖、鼓风管残片、熔渣、小型铜块、陶片等。成套的钱范式由面范和背范组成，面范上有阴文“大泉五十”字样，背范无字。范面正中有椭圆形直浇口，钱形对称，分列直浇道两侧，并有横交道相通。双面合范上有定位的子母榫，母榫在面范上，子榫在背范上。出土的钱范，形制均属双排钱腔类型，三角形子母榫范数量最多，每块范榫少则 4 个，多则 6 个。

该遗址是一处专门铸造大泉五十的作坊遗址，出土的其他遗物如筒瓦、陶盆等时代均属新莽时期，为研究新莽时期的地方铸币及泥范铸钱工艺提供了实物资料。

12. 登封杨林冶铁遗址

位于登封市徐庄镇杨林村至李楼村一带。地理坐标为北纬 34°17′47. 32″，东经 113°07′7. 47″。整个遗址分布在马峪河北岸的台地上，东西长约 3000 米，南北宽约 100 米，面积约 30 万平方米。

登封杨林冶铁遗址

马峪河沿岸台地上散布着当时冶铁遗留下来的铁渣、炭渣，还有一座残炉基。在李楼村西约 500 米的地堰上发现一个灰坑，口径 2 米，深约 5 米，坑内遗物有炉壁残块、铁渣、坩埚。炉壁残块上夯窝清晰可见，直径 5 厘米，深 2. 5 厘米，可知炉体是夯筑而成，体量应该较大。坩埚圆口圜底，口径 15 厘米，残高 25 厘米，壁厚 1. 5 厘米，壁上有未熔解的铁质板块。

从采集的遗物可知该遗址的年代为宋代。

13. 登封冶上冶铁遗址

位于登封市告成镇冶上村。东、西、南三面环山，中间为宽约 20 米的东北—西南走向水沟。地理坐标为北纬 34°21′58. 15″，东经 113°09′39. 35″。遗址南北长约 660 米，东西宽约 600 米，面积 40 万平方米。

该遗址于 1984 年被发现，1990 年秋经国家文物局批准，郑州市文物工作队、登封县文物局在此调查发掘，发掘面积 300 平方米，发现圆形和方形炼铁炉，出土文物 100 余件。遗址内发现大量烧土块、炉渣、坩埚及未成形铁块，断崖上也裸露着大量炉渣及坩埚。坩埚一般为桶形，口径 15 厘米，高 25 厘米，内壁盛过铁水。

遗址东南山坡上有一条小山沟，俗称“砂沟”，传说当年匠工在此翻砂，制作铁器。中岳庙峻极门前放置的一对金代铁狮子，其须弥座上铸有“……曲河南冶上金火大王位……”铭文。据此可知冶上冶铁遗址始建于金代以前。中岳庙内四尊守神库铁人为宋英宗治平元年(1064)铸造,高2.6米,也可能与此冶铁遗址有关。

该遗址历经宋、金、元、明四朝,对研究我国冶金史具有一定价值。

14. 新密养钱池铸币作坊遗址

位于新密市牛店镇养钱池村附近。地理坐标为北纬34°28′59.89″,东经113°16′8.25″。该遗址面积5万平方米,文化层厚1—4米。在遗址断崖上发现有炉渣、坩埚残片。在村外还发现有矿井、矿坑。在文化层中出土有钱范和宋代崇宁通宝、大观通宝等铜币。该遗址为北宋晚期铸铁和铸币作坊。新密市博物馆收藏的宋元时铸造犁铧的铁模,或许是探讨该遗址生产情况的线索。这处遗址分布面广,内容丰富,为探索新密一带铸币和铸造铁器的历史提供了重要的实物资料。

1987年3月,被郑州市人民政府公布为郑州市文物保护单位。

15. 荥阳楚村元代铸造遗址

位于荥阳市东南20千米楚村西南的黄土塬上。地理坐标为北纬34°40′47.59″,东经113°26′19.39″。该遗址面积约5000平方米,于1963年被发现。1981年,郑州市博物馆在此试掘,揭露面积40平方米,出土遗物有坩埚、炼炉壁及铁渣、铜模、钱币等。坩埚多有完整器,直筒形,沿薄,圜底,口径8.5—10厘米,高16—19厘米。铜模17件,有犁镜模、犁铧模、耧铧芯盒、铜器模、耙齿模、莲花模、桥形器模等,可以配置成套浇铸铁器。钱币有开元通宝、淳化通宝、太平通宝、元丰通宝、至元通宝等140余枚。在作坊周围发现20多座陶窑,说明铸造与制陶共存。从共出的元代瓷器残片来看,此遗址年代应为元代。

16. 巩义桃花峪银矿采掘遗址

位于巩义市东南40千米新中镇桃花峪西南马头岩上。地理坐标为北纬34°37′25.27″,东经113°08′58.95″。采掘遗迹分布在长1000米、宽500米的山沟两旁,已发现大小采掘洞口60多个。这些洞口从东向南折向西南弧形展开,其中5—10米以上深的洞有48个,个别洞壁有题记,以3、4号洞题字为多。3号洞口高1.9米,宽1.1米,深3米;洞外石壁上题"大名正德四年六月十八日",一侧题"天顺八年六月""又八年六月"。4号洞口高1米,宽3.2米,深22米;洞外崖壁上题"河南府巩县""成化元年,八月十六日",又题"成,六月八日,龙飞"字样。

这一大规模古代银矿采掘遗址的发现,为郑州地区有色金属矿藏开采历史的研究提供了重要材料。

17. 登封银洞采掘遗址

位于登封市君召乡井眼沟村北马鞍山厢子崖半腰。地理坐标为北纬34°28′44.55″,东经112°50′32.10″。银洞坐北朝南,洞略呈椭圆形,洞口高1.8米,宽4米,深约7米。洞壁不规则,最窄处为1.5米,最宽处为3米,最高处有2.1米。整个洞穴开凿在山岩上,为人工开挖,可容十余人。洞内采集矿石系银白色含银矿石。

从当地调查得知,银洞开采始自明清,规模不大。银洞的发现与采掘为研究登封金属矿藏的分布提供了线索。

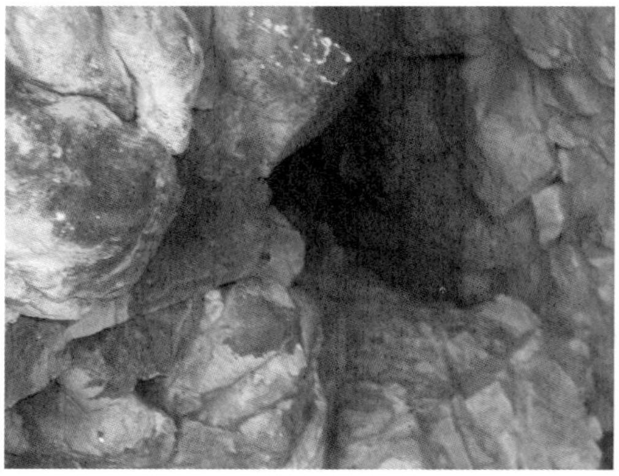

登封银洞采掘遗址

第二节　陶瓷作坊遗址

陶器是我国先民最早发明、烧制和使用的器皿，从新石器时代裴李岗文化时期至今，对陶器的烧制从未间断，只是在烧制生活器皿的基础上又发展到烧制建筑材料、丧葬用器等。陶器的烧制从开始的分散烧制到后来的作坊批量生产，并衍生出管理机构，但分散烧制在历史上一直存在。郑州商城铭功路制陶作坊有十几座陶窑同时生产，新郑郑韩故城能人大道制陶作坊、冯庄制陶作坊、郑州古荥镇十四座陶窑、荥阳马沟陶窑群，都是古代具有相当规模的制陶作坊，它们分别烧制生活器皿、建筑材料和丧葬用器等。

瓷器的烧制，郑州地区自商代起就已出现。郑州商代遗址考古发掘中曾出土不少原始瓷器残片，特别是铭功路一带出土的一件青瓷尊，代表了商代制瓷的最高水平。唐宋时期是郑州陶瓷业比较繁荣的时期。巩义黄冶唐三彩窑址、白河瓷窑遗址、苇园瓷窑遗址，新密密县瓷窑遗址、窑沟瓷窑遗址、月台瓷窑遗址，登封曲河瓷窑遗址、白坪瓷窑遗址都达到了相当高的水平。其中巩义黄冶唐三彩窑址在考古发掘中还发现了烧制唐青花瓷的迹象，登封、新密的瓷窑创烧的珍珠地瓷器闻名全国，登封曲河瓷窑、新密密县瓷窑还烧制贡瓷，新密月台瓷窑遗址可能为五代时期的柴窑提供线索。

1. 郑州商城铭功路制陶作坊遗址

位于郑州商城外城西城墙北段外侧约 700 米处，即铭功路北段西侧第十四中学院内。遗址南北长 800 米，东西宽 150 米，面积约 12 万平方米。地理坐标为北纬 34°45′37. 27″，东经 113°39′9. 77″。

1955 年春，为配合郑州市第十四中学新建工程，河南省文化局文物工作队对施工范围内进行了地下文物勘探，发现该遗址，随后进行抢救性考古发掘，至 1956 年共发掘面积 1500 余平方米。

通过考古发掘获知，这处制陶作坊遗址是以商代二里冈下层二期和上层一期文物遗存为主，另外还包含有少部分商代二里冈下层一期和人民公园期文化遗存。尤其是在商代二里冈下层二期和上层一期文化遗存中发现了丰富的制陶作坊遗迹、遗物，它们分别为：

陶窑 15 座，其中属于商代二里冈下层二期的 5 座，商代二里冈上层一期的 10 座。上下两层窑炉结构基本相同，均由火门、火膛、窑柱、窑箅和窑室几个部分组成，且都被烧成砖红色或青灰色。复原其结构形制及铸造方法为：首先，在经过平整的地面向下挖掘出一个口径和深均 1—1. 5 米的竖穴土坑，作为烧窑的火膛，坑的周壁稍直或下部略内收或中部略外鼓，底部近平或近圜形。在挖火膛的同时，外后壁处留出一个长方形土柱，作为支撑窑箅的窑柱，并在与窑柱对应的地方留出火门，火门外做一个斜坡道，作为燃料和灰烬的通道。其次，在挖好的火膛周壁和窑柱上抹草拌泥，之后在窑炉内用木棍和草拌泥搭建成窑箅。最后，构筑窑箅之上的窑室，窑室应为下大上小的馒头形窑，室顶可能还有烟囱存在。

房基或作坊遗迹保存状况较差。其中商代二里冈下层二期能看出形制的房基有 9 座，大多为就地下挖而成，仅 1 座为平地而建。东西长方形的有 5 座，南北的有 3 座，还有 1 座不太规则。部分房基内残存有多层白灰面地坪，在部分地坪上发现口径为 0. 1—0. 6 米、深 0. 4 米左右的圆口圜底凹窝或小坑，坑壁均涂白灰，坑底填料姜石，从其位置和形制看，可能与轮制陶器胚胎的木轮转盘的底座装置有关。此外，在房基外西南部还发现有方形烧火坑、灶坑、烧土面、陶泥、残陶器等遗存。上述种种迹象表明，这些房基可能是当时制作陶器胚胎的作坊遗迹。商代二里冈上层一期能看出形制的房基有 6 座，其中 3 座相关联，其布局为北部的 2 座东西并列，南部 1 座，南部的应是北部的附属场地遗存。因其不远处有烧陶的窑炉和倾倒与制陶有关遗物的灰坑，推测这些房基也应该是与制陶作坊有关的遗迹。

壕沟3条,时代为商代二里冈下层二期。位于制陶遗址的中部,略呈西北—东南向,壕沟呈不规则形,长约36米,口部最宽处8—9米,最深处距现今地表3.65米。壕沟两侧壁凹凸不平,从两侧壁土层看,基本都是红褐色黏土。有人认为这条壕沟的形成与挖掘沟内的红黏土作为制陶原料有关。

白灰面场地7处,其中商代二里冈下层二期的有3处,商代二里冈上层一期的有4处。这些白灰面地坪都是经过专门铺垫且经过多次铺垫使用的,其上有凹窝。灰坑均位于陶窑或房基附近,内多填埋陶器废品残片,陶器坯胎残片,残窑箅,制陶用的陶拍子、陶印模等遗物。

墓葬共计30座,其性质有二:一是在遗迹下面发现的奠基用的奠基坑;一是晚于遗迹所处时代的后来遗迹废弃后的墓葬区。

除遗迹外,还出土大量与制陶有关的遗物,有陶拍子、陶花纹印模、陶漏斗器、陶水管、陶长方形框、陶锤形器、陶器残品、烧坏变形的陶器废品、陶器胚胎残片与窑箅残块等。

该遗址是一处重要的制陶作坊遗址,它的发现和发掘为商代制陶业的工作程序——陶土的选择、陶泥的捣杵、陶坯的塑制、纹饰的翻印、陶窑的建造、陶坯的烧制等方面的研究提供了较系统和完整的资料。遗址所使用的陶泥和坯胎都是铁元素含量较高的红色黏土,这种黏土在郑州商城内地下广泛分布,说明当时烧制是就地取材。从遗址内出土的大量陶器残品、废品、胚胎残片和花纹印模来看,这处作坊遗址以烧制盆、甑、簋、豆、罍、瓮等泥质陶器为主,郑州商城内出土的大量砂质陶器应该是其他制陶作坊的产品,这表明当时社会分工已进一步细化,社会生产力已进一步发展。

2. 新郑大吴楼制陶作坊遗址

位于新郑市郑韩故城东城区东部,玉前路南北两侧,即大吴楼村东北,东为公安路,西南均为大吴楼居民区,与铸铜作坊遗址相邻,部分叠压在铸铜作坊遗址之上。地理坐标为北纬34°23′15.39″,东经113°44′33.05″。

新郑大吴楼制陶作坊遗址发掘现场

该遗址于1972年被发现,为木构砖瓦建筑,平面呈长方形,东西长9.5米,南北宽6.4米,面积60余平方米。房基周围以粗绳纹板瓦围筑,地面用长方形和方形砖平铺。作坊南通道用4排长方形砖铺地,残存长2.5米,宽1.5米,向南10余米与陶窑相连,是从制陶坯场地运送入窑内烧制的通道。北部中间有一条夹含碎陶片的硬土活动地面,是制陶原料的入口。东墙外堆积有制作陶器的原料,为细腻的红黏土。制陶遗迹集中在房子的东半部,面积约4.2平方米。地面发现制陶工具有陶拍、陶刮板、陶盘、陶支座、陶盆澄滤器、陶豆形漏斗器、陶罐、桃形陶器、玉石刮刀和铁刀等。陶拍中的麻点纹拍、三角纹拍应是制瓦的工具,圆形拍可能是制作容器的工具。房基东南部有一长方形浅池,南北长1.8米,东西宽1.2米,面积约2.16平方米。池底用空心砖和方砖平铺,池壁用空心砖或长方形砖砌筑,池底残存1厘米厚的细红黏土泥料,是澄滤或堆放泥料之处。在泥料池周围发现有陶桶、陶拍和澄滤器等物。房子西部有圆形灶底和陶盆、钵、碗等。出土的陶器上均有“邵岩”“左城”“牙”等戳记。

3. 新郑能人大道制陶作坊遗址

位于新郑市郑韩故城东城区东北部,西北距李唐庄村300米,北依北城墙。地理坐标为北纬34°24′40.07″,东经113°44′14.06″。遗址东西长250米,南北宽200米,面积约5万平方米。

2002年8月至2003年5月,为配合修建能人大道,该遗址发掘揭露面积近3600平方米。现已发现的主要遗迹有保存情况很好的窑址群;结构清晰的大小作坊建筑6座,18条大小不一、形式多样的陶制排水管道,多座陶洗池、捶泥池、囤泥池、大型盛水器;1条兼作坊排水等功能的大型道路;5座灶及其他各种丰富遗迹。发掘中出土最多的是建筑材料,多件筒、板瓦上带有印章、戳记。

作坊区内有一条东西向主要道路,把作坊分为路南、路北两部分。作坊区内的建筑排列有序,路南区两排4座建筑,路北区一排2座建筑,均为东西方向,与干道平行。建筑为中间立柱的棚架结构。最大的建筑东西长23.9米,南北宽约9米。小的建筑长5米以上,宽5米左右。

生产的工作间内有淘洗池、捶泥池、囤泥池、工作坑、大型储水陶器等工作点。淘洗池、捶泥池、囤泥池间距多在2米左右。淘洗池均为在底下挖坑建成,由空心砖、大砖砌成长方形池壁,池底铺花纹砖,长4.55米,宽3.65米,残深0.2米,池底有排水管道。

捶泥池由花纹砖立砌而成,属地坑式,无底砖。发现有一座平面为正方形的池子,边长120厘米,残深25厘米,南部残掉,每侧面有两块花纹砖。池的西北角外侧竖埋有圆形和半圆形陶水管道各一条,用以插放木棍、木槌等搅拌捶打工具。

囤泥池有6处。池子平面形状有圆形、椭圆形、不规则形等多种。最大的池子长1.8米,宽1.6米,最小的池子长1.3米,宽1.1米,均系坑壁用泥粘贴多层竖立板瓦的坑池。

排水管道均用陶制水管套接排列,每座房子里的台、池都安装有排水管道,大小有别,有明有暗,相互套接,方向各异,各成系统,房内的排水管道有的与连接房子间的干管道连接,有的直接排入房外大的主管道。在整个作坊区中间是宽5.25米的主干大道,在大道的南北边缘都设置了排水沟,并与多道作坊建筑内排水管道相连接,排水道口还铺设有防冲的井圈或立瓦、陶瓮等。

陶窑5座,位于发掘区中部。其中2座遭到严重破坏,窑壁残存高10厘米,北向并排,相距1米,由窑道(又称工作坑)、火池、窑膛、单烟道单烟囱四部分组成,均直接在地面上开挖建成,窑室面积较大,平面近椭圆形,形制相近。其中4号窑纵长4米,宽2.2米,窑壁残高0.2米;5号窑纵长3.7米,宽2.1米,残深0.35米,在火池中发现许多烧变形的筒瓦和板瓦。

另3座陶窑位于发掘区东北端,相互打破,形制上有明显变化,保存近乎完整。2号窑窑室纵长3米,宽1.86米,深1.55米左右。在紧靠窑壁与烟囱的地方发现了一处由垒嵌板瓦和高低竖栽陶水管组成的遗迹,可能属溉窑设施。3号窑由窑道、火池、窑膛、烟道四部分组成,窑室平面近圆角长方形,窑壁由厚大的长方体砖块砌成,三烟道单烟囱,窑室纵长约5米,宽1.8米。1号窑窑室近圆形,窑壁由长方形小砖砌成,四烟道单烟囱,长径2.75米,短径2.66米,深2.6米。这些窑分别为战国晚期、战国晚期末段(可能属秦代)、西汉早期的陶窑,从1号窑、3号窑打破了城墙夯土推测,可能公元前230年秦灭韩后仍继续在此烧窑。

在发掘区北部发现了一座陶器窖藏坑,圆形,口径0.95米,内藏大型陶瓮3件、盆1件、大桶1件、窨井式排水管1件,应是制陶作坊的存储器和用品。其中窨井式排水管为长方口,圆形圜底,口长24.5厘米,宽19厘米,高41.5厘米,底部一侧高8.5厘米处有一直径9.5厘米的小圆洞以承小排水管,另一侧底部有一高26.5厘米的拱形大洞以纳大排水管。使用时管道竖埋,口部露出地面,可从上部直接注水,下部再接排水管。大陶桶为圆形直壁,口径52.5厘米,高48.6厘米,口部有两个对称的孔。

灶为在地上挖成,多数分布在作坊建筑旁,个别在作坊建筑内,均呈长瓢状,顶端有烟洞,纵长38厘米,宽37厘米左右。灶多集中排列分布,可能和多人做饭有关。

在发掘区西部有一条明显用筒瓦砌成的东北—西南向界线,把作坊和生活区隔开,界线以西均为丰富的灰坑类遗迹,应是作坊的生活区。

在发掘的筒、板瓦及个别陶容器上,发现有戳记,文字内容有“言”“有”“郑”“同”“郑城右司工”等近30种之多,以“同”“郑”“有”为多,可能为工匠姓氏,“郑城右司工”是管理部门。另外在一陶瓮残片上刻有篆书“新郑”二字，应是新郑地名最早的记录。

这处作坊是由战国到汉代连续使用的官营制陶作坊。

4. 新郑冯庄制陶作坊遗址

位于新郑市郑韩故城外城南，梨河镇冯庄村一带。地理坐标为北纬 34°26′13.57″，东经 113°41′20.01″。该遗址于 2002 年 8 月冯庄村民平整土地时被发现，河南省文物考古研究所新郑工作站于 2002 年 8 月至 2003 年 5 月对其进行了抢修性发掘。

遗址面积达 25 万平方米，发掘面积约 6000 平方米，清理灰坑 300 个、水井 49 眼、作坊 5 个、陶窑 27 座，出土各种陶器万件以上，沿用达 400 多年，还有整窑烧制好的陶器原封未动。陶器的种类有豆、钵、碗等小件陶器和少量的鬲、盆、罐等中型陶器次品。出土的陶支垫有豆柄形、壶盖形、圆饼等多种。窑具在烧制中有明确分工，如三足支具支钵、碗，豆柄形支具支陶豆，壶盖形支具支较大的圆底器，陶圆饼支具支小圆壶等。还出土有少量陶印模、陶拍、陶垫、铜削、陶漏斗等制陶工具，陶印模以动物花纹印模最为精美。许多支具上有姓氏或徽记，陶豆柄上刻有“沱成”“沱”字样。在 54 号窑穴中出土有较丰富的春秋中期特大型空首布范、芯首范、熔铜炉块等遗物，空首布属平肩弧裆特大型布。在发掘中还发现有灰坑、水井、墓葬等，以及陶工使用的陶釜、盆、甑、瓮等生活用品。

该遗址属东周时期的民用重要作坊，对郑韩故城的经济发展有一定的辅助作用。

5. 荥阳关帝庙制陶作坊遗址

位于荥阳市豫龙镇关帝庙村西南部。地理坐标为北纬 34°47′23.55″，东经 113°28′28.00″。

该遗址于 2006 年河南省文物考古研究所发掘关帝庙商代遗址时被发现，有陶窑 23 座，多在生土上挖建，皆为升焰窑，由操作坑、火门、火膛、窑室、烟道等部分组成。火门呈圆形，火膛在窑室下方，窑室为圆形，直壁平底，或略呈袋状，窑箅的孔眼排列整齐，有 4—8 个，长方形或长条形箅孔等距离分布于窑箅周边，圆形孔居中，窑室、火膛、火门、壁面均被烧成青灰色。另出土有商代陶片和灰烬。

从陶窑数量分析，该遗址应是一处比较集中的制陶作坊遗址；从陶窑和房屋分布特点看，该遗址似为一个以作坊性质为主的聚落，这为研究商代晚期的陶器烧制和地方生产规模及形式提供了重要的实物资料。

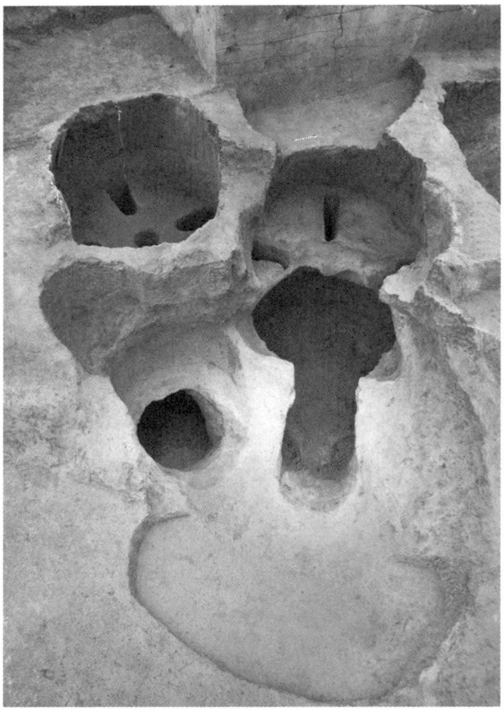
荥阳关帝庙制陶作坊遗址

6. 郑州常庙古城制陶作坊遗址

位于郑州市西南郊二七区马寨镇常庙村南，常庙城址的中南部，北距中原西路 2.5 千米，南距环城路 1 千米。这里是嵩山余脉与黄河之间的过渡地带，地势南高北低。地理坐标为北纬 34°42′47.58″，东经 113°33′33.86″。

2006 年，郑州市文物考古研究院对常庙城址进行复查时，发现常庙城址中部入常引水渠南侧有大量战国陶文，遂对附近一块三角地进行了考古试掘。发掘表明，在入常引水渠南侧，原是大型战国仓储区，随着时间推移，常庙古城性质发生变化，这里演变成制陶区，有取土形成的不规则大坑、砖砌水池、水井、陶窑等遗迹，制陶产生的残次品被大量抛弃在仓窖、水井、取土坑内及城外一些凹地上。

制陶区面积达10平方米，占据常庙城址的南半部。地面有厚1米的黄褐色黏土层，常庙城址两侧河流或为运输产品的快速通道。

郑州常庙古城制陶作坊遗址出土陶器

遗址出土有瓦、盆、豆、碗等小型陶器和少量瓮、鬲、罐等中型陶器，均为残次品，但做工十分精良。板瓦上均无文字，陶文一般出现在豆柄上或豆盘的内外壁上，部分盆、红陶鬲、罐的肩部也有，共取得带有陶文的残片7000余枚，已释出的陶文有“公”“京”“述”“齿”“穆”“瓶”“华”“它”“着”“可”“辰”“丘”“革”“臧”“无”“否”“巽”“亳”“阳城仓器”等近百字，多数为地名。这些陶文可与古籍记载互校，从而为确认某些古地名提供线索，也对古文字的研究起到促进作用。

7. 登封曲河瓷窑遗址

位于登封市告成镇曲河村内及村北山坡地上。地理坐标为北纬34°23′12.86″，东经113°09′48.01″。1961—1962年，河南省文物工作队对该遗址进行调查。遗址东西长约1500米，南北宽约500米，面积约75万平方米。

登封曲河瓷窑遗址

遗址内瓷器残片和窑具残片如匣钵、碗垫、盘垫等到处皆是，有的地方文化层堆积厚3米余。紧靠遗址北部的山坡上有大量烧制瓷器的高岭土。在曲河村内古寨墙的夯土中夹杂着许多残窑具，有匣钵、垫饼等，还有不少乳白釉和白釉绿彩瓷片。在村西通往告成镇的道路断崖上，残留有一座古窑址，高1米，直径约0.8米，窑壁用土坯砌成，被火烧成红色，主要遗物有窑具、坯胎和大量瓷片。1985年春，在村内发现一石杵臼，高0.7米，上周径1.95米，下周径1.9米，臼内上口周径1.3米，臼深0.45米，杵槌长0.85米，杵槌呈枣仁状，此杵臼应为粉碎瓷土或釉料用的，现存登封历史博物馆。1987年6月，在村西200米处的小山沟断崖上又发现一座较为完整的古窑址，高1.9米，直径1.8米，窑周壁和底部有烧窑道、出烟筒，出土白釉小瓷碗一个。窑址内发现的瓷器种类有注子、罐、钵、碗、碟、盆、小盂、高足杯、白釉刻花枕、绿釉刻花枕和珍珠地花卉枕等。此外，还采集有黑釉碗、豆、小瓶、小罐、黄釉缸片、茶色碗片和钧瓷片等。

据《宋史·地理志》载：“河南府洛阳郡……贡密蜡、磁器，县六，……巩、密、登……”又据宋王存《元丰九城志·卷一·西京条》载：“西京河南府河南郡……出贡密蜡各一百斤，瓷器二百事。县一十三……畿登封、京东南一百三十里，二乡，颍阳、曲河、黄庄三镇。”曲河村东口小庙内有清光绪二十一年（1895）《重修观音文殊普贤三菩萨堂碑记》，碑文记载：“地名曲河，面水势也，其中风景物色，宋以前渺无可稽。尝就里人偶拾遗物，质诸文献通考，而知当有宋时窑场环设，商贾云集，号邑巨镇。金元两代亦归湮没。”曲河窑除烧制少量贡品外，产品多为民用，其年代始烧于晚唐至五代，兴盛于北宋，金元时盛况愈下，但仍生产少量钧瓷，明清也有烧造。

1986 年 11 月，被河南省人民政府公布为第二批河南省文物保护单位。保护范围：以曲河村内现存寨墙（靳玲江车库处）为坐标，向西 400 米，向东 100 米，向南 100 米，向北 250 米。建设控制地带：自保护区边线向四周各外扩 200 米。

8. 登封前庄瓷窑遗址

位于登封市宣化镇前庄村西白河水库东岸。地理坐标为北纬 34°22′7.22″，东经 113°15′1.51″。在这一带南北两条古河道和东西向颍河交汇处分布有前庄、磨脐、朱垌、玉翠几个瓷窑遗址，其中前庄瓷窑遗址分布在朱垌河两岸，遗物最为丰富，于 2000 年被登封学者李景洲调查发现。

登封前庄瓷窑遗址

遗址断崖上保存有 3 处残窑址，暴露文化层 2—3 米，含大量瓷片和窑具。地表散存很多瓷片，采集器型有碗、盘、钵、罐、澄滤器、瓶、枕、注子及人头像，亦有牛、马、猴等玩具。釉色有黄色、黑色、白色，亦有唐花釉、五代白瓷、宋钧窑变釉、元青釉等，元青釉器表装饰有白地黑花、划花、剔花等。采集窑具有支烧、匣钵等。由此可知，此窑以烧制白瓷为主，兼烧钧瓷，产品属磁州窑系。从采集到的标本分析，该窑烧造年代始于唐，终于元。该遗址为研究登封地区当时制瓷业提供了实物资料。

2008 年 6 月，被河南省人民政府公布为第五批河南省文物保护单位。

9. 荥阳翟沟瓷窑遗址

位于荥阳市东南崔庙镇翟沟村周围。地理坐标为北纬 34°40′19.52″，东经 113°18′50.84″。这里是万山、三峰山的南麓，翟沟村周围的吉寨、灰沟、小寨都发现有窑址，仅翟沟村一带覆盖区域就有 20 多万平方米。遗址断崖上和村民建房所挖基础上暴露文化层 2—4 米，包含瓷片和窑具。断崖下及沟内堆积中采集有缸、罐、盆、碗、盂、盘、杯、盅、瓶、注子、澄滤器、钵、铃和动物玩具残片，个别较完整。瓷片釉色有黄色、黑色、棕色，还有白地黑花瓷、钧瓷、花釉瓷等。采集窑具有大量支烧、匣钵、垫饼、垫圈等。在村东还保存有一座窑址，窑室长 2 米，宽 1 米，窑壁用土坯砌筑并抹泥，已被烧成琉璃状，说明温度很高。

从采集遗物来看，该窑历唐、北宋两个时期，其中唐代为鼎盛期，宋代为转折期。窑址北侧庙中立有金泰和五年（1205）《伏羲庙碑记》，记述有"忠翊校尉，荥阳瓷窑瓷务都尉"，可知金代首在此设"瓷窑瓷务都尉"，应有管理窑业的官员管理这一带瓷窑业。此遗址的发现对研究郑州地区瓷器烧造业具有重要价值。

1987 年 3 月，被郑州市人民政府公布为郑州市文物保护单位。保护范围：以遗址中部为中心，东西 840 米，南北 400 米。南至翟沟中学南，北至寨沟村中崖下，西至寨沟中学西 130 米，东至桥西 10 米。建设控制地带：同保护范围。

10. 荥阳任洼瓷窑遗址

位于荥阳市刘河镇任洼村西，汜水河支流和须刘公路北侧。地理坐标为北纬 34°40′27.68″，东经 113°17′52.93″。遗址东西长 280 米，南北宽 160 米，面积 4.5 万平方米。断崖上暴露文化层厚 2—4 米，内含瓷片和窑具。在北部断崖上还有一处残窑和瓷土堆积物。地表散存大量瓷片，采集有白瓷及黄釉瓷，器型有碗、罐、盘、注子、澄滤器。窑具有三角支烧、垫饼、匣钵等。从采集到的标本来判断，该瓷窑烧造年代为唐代。此遗址东距翟沟瓷窑、西距刘河瓷窑均为几千米,所以应是唐代这一带重要的瓷窑之一,为研究荥阳南部瓷器烧造业提供了重要资料。

2009 年 6 月,被郑州市人民政府公布为郑州市第二批文物保护单位。保护范围:以遗址区小路和须刘公路交叉口南侧为坐标点。从该点向北 160 米至断崖,南北全长 160 米;向东 124 米,向西 130 米至小路,东西 254 米。建设控制地带:从保护范围的东、西、北三面之边线分别外扩 50 米,南至地崖。

11. 密县瓷窑遗址

位于新密市老城西关。地理坐标为北纬 34°30′22. 38″,东经 113°21′13. 00″。遗址分布在一条南北向的季节河两岸,中部横跨有惠政桥,桥南称菜园沟,桥北称碗窑沟。遗址南北长 1080 米,东西宽 200—300 米,面积约 30 万平方米,文化层厚 2—4 米。

密县瓷窑遗址全景

该遗址于 1961 年文物普查时被发现,1962 年考古人员对其进行复查,采集了大批标本,认为中国瓷器中的珍珠地划花工艺即源于此遗址。1984 年和 1993 年郑州市文物工作队对其进行两次发掘,发掘瓷窑 3 座、瓦窑 1 座、碾料池 1 座、釉料池 1 座。从结构、形状看,该瓷窑属于北方磁州窑系,产品以白瓷为主,其次为黑瓷和青瓷,还有少量酱釉、黄釉瓷。瓷器主要是小型器,计有碗、盘、壶、盒、灯、罐、杯、注子、枕、俑及围棋子、象棋子、骰子等,其中以碗、盘数量最多,其次为注子、盒、灯等。典型器物有白釉绿彩短流注子、黄釉席纹短流注子、足跟外削去一周的青釉花边枕、珍珠地划花动物枕等,还烧造一定数量的宋代三彩器,主要有香炉、枕和俑等。纹饰以珍珠地划花最为突出,其次为刻花和印花,其中珍珠地禽鸟和食草类动物(羊、鹿)是密县瓷窑遗址最富特色的典型装饰图案。窑具主要有匣钵,分大、中、小三种,另有支烧具、垫饼及垫圈。根据出土器物器型特征判断,该窑创烧于唐中期,废弃于宋中期。

发表资料:《河南省密县、登封唐宋窑址调查简报》,《文物》1964 年第 2 期;《河南密县、登封唐宋古窑址调查》,《文物》1964 年第 3 期;《河南密县西关瓷窑遗址发掘简报》,《考古》1995 年第 6 期。

2013 年 5 月,被国务院公布为第七批全国重点文物保护单位。保护范围:1. 桥北区,东西 330 米,东到河沟西沿,西至公路,南北 440 米,南至油房门村南口,北至小路;2. 桥南区,东西 220 米,东至河东 100 米,西至河西 50 米,南北 430 米,南至菜园沟村北小路,北至公路。建设控制地带:1. 桥北区,东自河沟东沿向东 75 米,南自保护范围边线向南到公路,北、西两面未划;2. 桥南区,东西两面自保护范围边线各外扩 50 米,南自保护范围向南 150 米到砖场。

12. 新密窑沟瓷窑遗址

位于新密市城东南 18 千米的洧水河南岸窑沟村南部。地理坐标为北纬 34°26′13. 88″,东经 113°28′30. 97″。窑址东起窑沟,西至大路沟,南至黑石坡,北至大庙岭,面积约 2 平方千米。

在一条宽阔的大沟的两侧断崖上,暴露着含有瓷片和窑具残片的文化层,以大沟西岸的黄庄最为集中。遗迹遗物十分丰富,仅窑沟附近就发现残瓷窑 13 座,皆为小口圆袋形,窑腔用小砖筑成。窑内壁被烧成青灰色。

新密窑沟瓷窑遗址断崖上暴露的窑壁

出土的瓷器残片主要施白釉，其次施黑釉、白地黑花、珍珠地划花和宋三彩等。施白釉的有碗、盘、注子、盆、壶、盂、灯；施黑釉的有碗、盘、瓶、壶、罐、缸；白地黑花的有碗、盆、缸、罐、注子、壶、枕、小口鼓腹瓶、长颈瓶、灯；施棕色釉或白地黑花的有鸡、猴、狗、羊、马、驼、虎、狮、龙等工艺品。白地黑花瓷纹饰丰富多彩，有菊花、牡丹、莲花、梅花、兰草、树木、山水、人物、鸟、兽、虫、鱼及弦纹、条纹、宽带纹等，另有部分遗物上题有吉语和酒令等墨书文字。瓷器的形制、釉色、花纹和禹州扒村、修武当阳峪等地的白地黑花瓷相近，应属于宋代白瓷系统。窑沟瓷窑创烧于五代，北宋时期达繁荣阶段。

13. 新密月台瓷窑遗址

位于新密市牛店镇月台村，月台河两岸。地理坐标为北纬 34°30′1.45″，东经 113°11′14.62″。

新密月台瓷窑遗址暴露窑壁

该窑址于第三次全国文物普查时被发现，南北长 1500 米，东西宽 1000 米，总面积 150 万平方米。在月台河北岸山岗上保存有 10 余座窑址，大多数为马蹄形馒头窑，多数成组并存，还有方形窑和长条形窑。遗址堆积层遗物丰富，可见青瓷、白瓷、窑具等。采集器型有碗、罐、盘、瓶、注子、洗、盏、缸等。2007 年，郑州市文物考古研究院试掘清理出可复原瓷器百余件，其时代为唐宋时期。月台瓷窑遗址为研究新密古代瓷窑烧制提供了重要资料。

2008 年 6 月，被河南省人民政府公布为第五批河南省文物保护单位。

14. 巩义黄冶唐三彩窑址

位于巩义市站街镇大、小黄冶村附近的黄冶河两岸。地理坐标为北纬 34°46′5.13″，东经 113°02′11.94″。窑址总面积约 16 万平方米。

该窑址发现于 1957 年。1976 年，配合农田基本建设对该窑址进行首次试掘。2002 年，为配合巩义市交通部门修建焦巩黄河大桥至 310 国道连接线工程，对其进行正式发掘。2003—2004 年，为学术研究再次对其进行发掘。截至目前该窑址共发掘面积 2015 平方米。窑址地层堆积平均厚 4 米左右，最厚处达 6 米以上，包含汉、隋、唐、宋元四个不同阶段。

该窑址的主要遗迹有窑炉、作坊（辘轳坑、练泥池、釉料坑）、淘洗池、沉淀池、陈腐池、水井、道路、墓葬、灰沟和灰坑等。出土遗物以三彩制品为主，器型有盆、碗、盘、豆、碟、盂、杯、罐、钵、炉、灯、注子、净瓶和三彩俑类陶塑、范模制品如兔、龟、蛙、马、羊、狗、狮、虎、象、骆驼、子母猴、车等。除此之外，还有不少白釉、黑釉、酱釉、黄釉瓷。

巩义黄冶唐三彩窑址揭露出的淘洗池、沉淀池、陈腐池和作坊，布局井然有序，出土的大量精美三彩器半成品和各类窑具都具有重要的学术价值，出土的一大批完整和较完整的白釉、黑釉、黄釉瓷器标本，尤其是贯耳瓶、炉、罐、钵等大件精美器物，让我们对《新唐书·地理志》中关于河南府贡白瓷的记载有了进一步的认识。尽管文献的依据与考古证据还不充分，但这无疑为唐“开元贡白瓷”产地的研究提供了重要线索。此外，关于青花瓷产地的研究，历来是学术界关注的焦点。从该窑址中晚唐时期地层和灰坑内清理出不少白釉洒点画蓝彩的钴蓝彩釉瓷器标本，为青花瓷的起源、创烧提供了重要的实物依据。重要的是，在晚唐地层内出土的青花瓷与扬州唐城遗址和“黑石号”沉船上发现的三件青花瓷时代一致，从而再次推动了我国青花瓷器的研究向更新、更深领域发展。由此可见，巩义黄冶唐三彩窑址不仅是研究唐三彩的重要窑口之一，同时也是研究河南白瓷和青花瓷起源的重要窑口之一。

发表资料:《巩县黄冶"唐三彩"窑址的试掘》,《河南文博通讯》1977 年第 1 期;《巩县唐三彩窑址调查》,《中原文物》1981 年第 3 期;《巩义市大小黄冶唐代三彩器窑址调查》,《中原文物》1992 年第 4 期;《黄冶窑考古新发现》,大象出版社,2005 年。

2001 年 6 月,被国务院公布为第五批全国重点文物保护单位。保护范围:1 区:西至山根,东至黄冶河,南至刘全武家南墙,北至刘林隶北墙(150 米×450 米);2 区:东至山根,西至站白公路,南至孙真庙南墙,北至高铝瓷厂北墙(200 米×500 米);3 区:东至站白公路,西至山根,南至小桥,北至影剧院北墙(200 米×300 米)。建设控制地带:南到拜台南 300 米至汪寨村,北到陇海铁路桥,东、西两面均至山根。

15. 巩义瓷窑遗址

位于巩义市东约 5 千米的北山口镇水地河、白河、铁匠炉村一带的白河两岸台地上,地理坐标为北纬 34°44′48. 52″,东经 113°02′12. 36″。遗址南北长 5000 米,东西宽 1000 米,面积约 5 平方千米。白河两岸断崖上暴露的文化层厚 2—3 米。巩义瓷窑遗址下游紧接黄冶唐三彩窑址。

巩义瓷窑遗址

1951 年该遗址被发现;1957 年 7 月,故宫博物院专家冯先铭、李辉柄、郭仁等对其进行了调查,并在《文物》1959 年第 3 期上发表了《河南巩县古窑址调查纪要》;1976 年,河南省文物部门和巩县文物管理委员会联合对巩县古窑址进行调查;1995 年 10 月,巩义市文物保护管理所再次对遗址进行了调查;2005 年 5—9 月,中国文物研究所、河南省文物考古研究所联合对该遗址进行首次大规模科学发掘。

巩义瓷窑始烧于北朝,发展于隋,盛于唐,式微于宋、金,近代在它的基础上又重新发展起来。巩义瓷窑早期生产青瓷,隋代开始生产白瓷,唐代主要生产白瓷,另外还生产黑釉、青釉和茶叶末釉瓷。

该遗址是目前发现的隋唐时期烧造瓷器时代较早、规模大、烧造工艺高、持续时间长的一处遗址。它是以烧白瓷为主,在民窑的基础上发展成为官府烧造器皿和供应瓷器原料的古窑址,为研究中国白瓷的起源与发展提供了资料。单色釉的出现为唐三彩的产生、青花瓷的发展奠定了基础,对研究盛唐时期陶瓷的发展有重要意义。

2006 年 6 月,被国务院公布为第六批全国重点文物保护单位,与巩义黄冶唐三彩窑址合并保护。保护范围:以水地河桥为中心向东、南、西各扩 1 千米,向东南 1 千米至荆子沟;白河沿河两岸向外各延伸 1 千米;从铁匠炉标志碑到窑货岭向东、向西各扩 1 千米。建设控制地带:以保护范围四周边线外扩 50 米。

16. 巩义苇园瓷窑遗址

位于巩义市区东南 30 千米的米河镇苇园村。地理坐标为北纬 34°41′21. 31″,东经 113°13′19. 62″。村中间有一条小河流过,当地群众称其为庙路河,又叫苇园河。小河将苇园村分为东苇园、西苇园两个自然村庄。苇园瓷窑遗址分布于小河两岸,南北长约 600 米,东西宽约 500 米,东至东苇园山脚,西至西苇园山根,南至苇园水库,北至茶店河沿,总面积约 30 万平方米。在长达 600 米的河流两岸的崖壁上,暴露出瓷窑遗迹多处,多处暴露出文化堆积层,厚 1 米左右。

遗址内含有各种类型的瓷土、瓷片、支烧、范模等。调查采集的文物标本有盆、碗、钵、罐、缸残片和支烧、范模等。釉色以酱色、青色、白色居多，还有少量黄色。该遗址出土的青黄釉瓷片与洛阳北魏元乂墓中出土的陶瓷器釉色相同。根据其特点可知，苇园窑址或有可能创烧于北魏时期，繁荣于隋唐，宋元后逐渐衰落。

该遗址是目前发现的时代较早、规模较大、烧造工艺较高、延续时间较长的一处民间瓷窑遗址，其遗存丰富，保存较好，有较高的历史、科学和艺术价值，为研究中国陶瓷发展史提供了实物资料。

2006 年 6 月，被河南省人民政府公布为第四批河南省文物保护单位。保护范围：以苇园河为中心东、西各外扩 250 米，北至老君庙，南至老君庙南 2000 米。建设控制地带：自保护范围边线外扩 50 米。

17. 巩义芝田宋三彩窑址

位于巩义市西南 10 千米的芝田镇芝田村西，坞罗河与洛水交汇处东岸台地上。地理坐标为北纬 34°41′42.00″，东经 112°56′3.65″。

该窑址于 1989 年被调查发现。采集的标本主要是日常用具、工艺品、窑具、模具、打磨工具等。生活用具有枕、盘、盆、罐、壶、瓶、碗、豆、碟等。器型浑厚，胎质坚硬。香炉、供盘等祭器显得庄重厚实，白瓷梅花鹿、三彩马、狮子、男女俑头等工艺品则小巧玲珑，造型生动逼真。制作三彩器的范、模大都精巧细腻，有较高的工艺水平。发现支烧、托座等窑具 60 多件，其中 1 件白胎托座上、下部均为喇叭形，上口开了三个“V”形豁口，将上口分为三瓣，放置器物十分稳定，并可以加大通风，提高火力。

芝田宋三彩窑址地处北宋皇陵陵区以内，又距宋永安县城（治所在今芝田镇）不远，可能与宋陵有一定关系。该窑址生产规模大，工艺水平高，器物品种多，是宋代重要的三彩窑址。

18. 巩义宋定陵官窑址

位于巩义市芝田镇坞罗河与洛水交汇处的台地上。地理坐标为北纬 34°41′29.24″，东经 112°55′59.25″。

1994 年，郑州市文物考古研究所和巩义市文物保护管理所联合对其进行了考古发掘，揭露面积 700 平方米，清理出宋代官窑 13 座，并调查窑址 30 多座，出土大批遗物。1995 年，河南省文物考古研究所再次对其进行调查。沟沿暴露有大面积烧土遗迹，总面积约 2 万平方米。发掘出土的陶窑，一般由工作坑、窑门、火膛、窑道、烟道组成。窑均是从地面下挖成窑室，窑壁大多不用砖砌，仅涂一层草拌泥，窑室后壁以砖砌墙隔成半月形烟室，至上部收缩成三个小烟孔。发掘出土有一批印有“定陵官□”“官□”字样的陶质大板瓦和透花水纹瓦、筒瓦等建筑构件，同时也出土宋三彩窑具、陶俑范、支烧和青瓷碗、刻花双鱼瓶等文物。采集有大量方砖、勾栏砖、板瓦、筒瓦、瓦当、嫔伽头像和身像、垂兽等建筑饰件。在砖和瓦上印有莲花、万字、卷云、菊花、兽面等纹饰。

该窑址地处宋永安县城（治所在今芝田镇）境内，距永定陵陵区极近，紧邻坞罗河，且规模宏大。从其地理位置、规模和出土实物看，这处窑场不仅能为永定陵等皇帝陵和永安城烧造器物，而且很有可能通过水路为都城汴京（今河南开封）烧造并供应大量建筑构件和宫廷用品。该窑址的发现为研究宋代作坊制度、建筑材料和烧造技术等提供了重要资料。

19. 郑州柴窑

位于郑州市域，是五代时期的重要瓷窑。据明初曹昭《格古要论》记载：“柴器出北地，河南郑州。”但柴窑的具体位置尚未确指。近年来，考古人员在新密月台柴窑村、中牟张庄村柴窑等地曾做过考古调查，众多瓷器研究学者对文献、实物进行了综合研究，基本认定柴窑是五代后周时期的重要瓷窑，窑址应在郑州市域，并且认为所列柴、汝、官、哥、定等窑口中，柴为“诸窑之冠”。柴窑烧造的瓷器为“天青色，滋润细腻，有细线，足多粗黄土”，为后周世宗柴荣御批瓷器式，明朝曾流传“片柴值千金”的谚语。

第三节 其他作坊遗址

1. 郑州商城花园路制骨作坊遗址

位于郑州商城北城墙外，花园路新华社河南分社院内。地理坐标为北纬 34°46′0.82″，东经 113°40′51.09″。该遗址于 1954 年被发现并发掘，出土遗物丰富。在一个长方形竖井窖穴中出土了上千件骨器成品、半成品和带有锯痕的骨料、废料，还有一批磨制骨器的砺石和加工骨器的小型铜刀。骨器的成品和半成品绝大多数为骨簪和骨镞。骨器废料经过鉴定，除有牛骨、猪骨、羊骨、鹿骨外，半数以上为人的肢骨和肋骨，同时，在东里路也发现了上百件人头骨并且有加工痕迹，这里可能也是一处制骨作坊的残器和废料堆积处。

2. 新郑张庄制骨作坊遗址

位于新郑市郑韩故城东城中部张庄村东南部，新郑市体育场北侧，河南省军区教导大队办公楼南侧，东到轩辕黄帝像以西，西到万达公寓以东，人民路穿过遗址的中心区。遗址面积 2 万平方米。地理坐标为北纬 34°24′58.16″，东经 113°39′56.84″。

1965 年 7 月，河南省文物工作队对其进行了试掘。1989 年，为配合人民路工程，河南省文物研究所对其进行了正式发掘。经过两次发掘，在遗址文化层中出土了大量骨器半成品、骨料、废骨料等。骨料主要是牛、羊、猪、鹿的肩胛骨、肋骨、腿骨及鱼、鸡等动物的头骨。骨料上遗留有明显的锯、刻、凿、锉、钻、雕、磨等痕迹。该制骨作坊的产品以装饰品为主。在发掘中还发现有细砂砺石、铜刀、铜锯、石斧、石镰、铁削、蚌镰等制骨工具遗迹及鬲、罐、豆、盆、盂、壶、釜、碗等生活用陶器和板瓦、筒瓦等建筑材料。

该遗址年代是春秋战国时期。

3. 新郑张龙庄制玉作坊遗址

位于新郑市郑韩故城东城区东部，毗邻东城墙，即张龙庄村东岗地上，当地群众称之为“玉石岗”。遗址地势东高西低，面积约 1 万平方米，地表散存有零星的碎玉石料片。地理坐标为北纬 34°23′57.29″，东经 113°44′58.43″。

4. 新郑褚庄缫丝作坊遗址

位于新郑市郑韩故城西城区宫城区西侧 100 米，褚庄村北 100 米的郑韩路路基下。地理坐标为北纬 34°24′23.08″，东经 113°42′30.24″。该遗址于 1995 年 4—8 月配合郑韩路考古发掘时被发现。

作坊是一座坐南朝北的建筑，面临东西向的道路，东西长 17.3 米，南北宽 8.7 米，现存石柱础 14 个，周围有 0.6 米高左右的夯筑墙基，房基北部偏西侧有一砖砌工作台，台北有 3 节陶水管通过墙基伸向排水沟，台西侧有两排陶水槽和一表层磨损严重的紫色长方形石板，四处散落有 12 个陶纺轮，南部偏西侧有一堆半成品纺轮和一个磨制纺轮用的石头。房基西北部和周围有大量筒瓦、板瓦和大型盆、瓮等残片。根据发掘的情况判断，该遗址是战国时期韩国的缫丝作坊遗址。

第四章　古墓葬

生者有所居,死者有所葬,墓葬就是死者在地下的安居之所。中华民族的祖先很早就有灵魂的观念,如距今18000年的北京山顶洞人在死者身旁抛撒赤铁矿粉被认为是古人相信有灵魂存在的一种表现。新石器时代,在中国广大的地域内,墓葬普遍随葬生产工具、生活用具及装饰品,这实际上是相信灵魂不死的一种间接表达方式,人们认为人死后还要在地下生产、生活。

新石器时代晚期,人类社会生产力提高,社会的管理机构初步形成,各个部落的首领既是军事首领,也是政治首领,同时还可能是宗教首领。这些人尤其注重身后事的安排,不仅墓葬修得更深,随葬器物也皆为一时之精。进入阶级社会以后,国王是天下财富的代表,普天之下,莫非王土,率土之滨,莫非王臣,国王可以随意处置自己的臣民、财宝,这便有了商王不仅随葬巨量的铜器、玉器,还有大量的人殉的史实。春秋战国以来,人殉被陶俑替代,墓葬形制也从地下扩展到地面,随葬器物种类更多,简直把人世间的生活搬到了地下。始皇帝可称这方面的代表。以国王、皇帝为首的统治阶级还发展起一套礼仪分明、等级森严的丧葬文化,各阶层等级有差,不得僭越。汉、唐厚葬风起,事死如生,除灵魂不死、羽化成仙思想的影响外,以随葬品丰俭显示权力大小、地位高低也是因素之一。明清以来厚葬之风稍敛。郑州地区除了商代,从来不是全国的政治、经济、文化中心,但这里的墓葬数量与形制并未因此而减少或粗陋,郑州地区从古至今不同形制、不同级别的墓葬完全能够体现中华民族源远流长、丰富多彩的丧葬文化。

第一节　帝王、诸侯陵墓

帝王、诸侯陵墓指帝王、诸侯死后建在地上、地下的建筑设施。帝王自诩天之子,占尽山川地利,但郑州商王陵至今杳无踪迹。春秋战国以来,帝王、诸侯陵墓皆起高坟,后人一目了然,从地形地势及发掘资料来看,帝王、诸侯对自己的身后处所有详细规划,并有一定理论支撑。宋代以来,帝王更是迷信堪舆学说,派人到处寻找合适的陵址,并最终于嵩山北麓、伊洛河南岸找到绝妙佳地,建起规模宏大、极尽豪华的皇家陵园,并有一定数量的勋臣陪葬,今称北宋皇陵。北宋皇陵是中国帝陵建设的一个标杆,体现了丰富的皇家丧葬文化。

1. 郑公墓

公元前770年,郑武公护送周平王东迁,或带着业已殉国的郑桓公。其后不久,郑国迁入新建的郑城,但郑桓公葬于何地,史书没有记载,今已不可知。郑武公墓,民间指说在新郑城关乡杜庄村西北,距郑城4千米。郑庄公墓,民间指说在新密周湾北沟村西,距郑城9千米。郑昭公墓,民间指说在新密五虎庙村东,距郑城12.5千米。郑立国之初,郑城广大,郑国前三代国君墓地却飘零城外,且其地貌不惊人,个中缘由,不得而知。因未经考古发掘,真实葬地难有定论,故暂按民间指说记述之。

(1)郑武公墓

位于新郑市西4千米的城关乡杜庄村西北130米一个小凸岗顶，北距双洎河1.5千米，西距双洎河支流滹沱沟700米，其东、南较平，西、北为低矮梯田。原冢高7米，20世纪70年代遭平毁，现在原位复原了墓冢，并在冢前植有柏树。地理坐标为北纬34°29′34.22″，东经113°21′15.47″。

郑武公墓

郑武公名掘突，郑国第二任国君，在位27年。他在位时，迁国到新郑，灭虢国、郐国后，建立了强大的郑国。他接替郑桓公任周平王卿士，积极拓展疆土，为郑庄公小霸奠定了基础。

据清乾隆四十一年(1776)《新郑县志》记载，郑武公墓，在县西十里杜家村北，土人呼“蜈蚣冢”，乃“武公冢”的谐音。

(2)郑庄公墓

位于新密市东南22千米曲梁乡周湾北沟村西100米，北距新密铁路230米，东距古城寨城址2.4千米。地理坐标为北纬34°27′36.33″，东经113°37′17.54″。这里是嵩山余脉东延的丘陵地区，地势西高东低，其北800米有柳溪由西北向东南汇入溱水，其南900米有柳溪的支流自西南向东北汇入柳溪，再远则是溱、洧经流，犹如展翅奋飞的蝴蝶，墓冢位于它的背部，墓北、东、南为渐低的梯田。

郑庄公墓

冢高10米，周长125米，俗称“墓生”太子冢，乃庄公“寤生”的谐音。墓冢被封成覆斗状，冢座为青石铺砌的椭圆形台子，东、南、西、北各有一梯形踏跺。冢南30米新建石牌坊一座，牌坊与冢之间前有两排生肖石雕及两个黄色八角琉璃瓦顶亭子。

郑庄公是郑国第三代国君，他在位时郑国国力达到鼎盛，曾平定其弟共叔段的叛乱，继郑武公为周平王卿士，联合齐鲁战败宋卫，并灭许国，在中原形成小霸局面。后因周桓王免其职而与王师作战，击败王师，令周天子威信扫地，失去号令天下的地位。

1987年3月，被郑州市人民政府公布为郑州市文物保护单位。

(3)郑昭公墓

郑昭公墓又名稍公冢(俗音)，位于新密市东23千米曲梁乡五虎庙村东460米处，西距溱水3.8千米，北距321省道1千米。地理坐标为北纬34°31′4.14″，东经113°38′52.32″。总体地势西高东低、北高南低，但墓地北500米为黄水河发源地，使得墓处在一个岗的北坡上，岗北、东、南为渐低的梯田。

墓坐南朝北，掩映于景观林中。冢高7米，直径21米，周长67米。冢西有一人挖的土洞，东西长3米，南北宽1.5米，高1米。洞顶露出的夯层厚12厘米。

冢前有新近石碑一通，上书“郑昭公忽之墓”，碑帽跌落于地。

郑昭公名忽，郑庄公长子，为郑国第四代国君。前701年继位，三个月后，郑庄公次子突继位，郑昭公出走鲁国，四年后又复位，前后在位三年。前695年冬十月辛卯，高渠弥与郑昭公外出狩猎，高渠弥射杀郑昭公于野。

2009年6月，被郑州市人民政府公布为郑州市第二批文物保护单位。

2. 李家楼郑公大墓

位于新郑老城南街新郑市豫剧团院内，郑韩故城西城区东南部，南距双洎河150米，东距隔城墙800米。

1923年8月25日，新郑县南街乡绅李锐在菜园中打井时发现青铜器，先后掘得青铜器数十件，贩卖铜鼎时为县知事姚延锦所闻，力劝其停，李锐不从。适北洋陆军十四师师长靳云鹗巡防新郑，遂派副官陈国昌前往晓以大义，李锐交出所得大铜鼎6件、小铜鼎3件、铜簋4件、铜鬲6件、铜簠2件、铜匜1件、铜甗1件、玉玦2件、碎铜片53块，运往郑州保管。

其后，靳云鹗组织人力，派陈国昌与参谋王灿章监督发掘，续得镈钟4件、甬钟17件、铜方壶4件、小铜鼎1件、铜浴缶1件、铜罍1件、铜圆壶2件、铜簋4件、铜簠4件、铜舟4件、铜匜3件、铜方盘1件（即王子婴次之燎炉）、铜圆盘2件、铜鬲3件、铜兽形尊1件、铜镇墓兽1件、莲鹤方壶2件，又回购张庆麟所购3件鼎，计得铜器89件、碎铜片635块。后又掘小型物件或大器之附件良多，多为盘、匜、舟、盏、钟、殳、矛、铃、戈、环、小玉器、贝之类。全部器物运至河南古物保存所保存。

李家楼郑公大墓1923年发掘现场

1924年，罗振玉推荐山东技师王寿芝、李郁文到开封从事修复工作，大部分残器被修复。

这批青铜器出自郑国的皆无铭文，唯有王子婴次之燎炉不是郑国产品，专家研究后认为它可能是楚国公子婴齐使用的铜炉，因某种原因留在了郑国，后被某位郑公带入了坟墓。

1937年，这批文物被河南省政府运至武汉、重庆保护，后一部分被运往台湾。现李家楼郑公大墓的青铜器保存情况为：河南博物院保存大小青铜器及1件莲鹤方壶共58件；故宫博物院保存大小青铜器及1件莲鹤方壶共8件；中国国家博物馆保存簋、钟及王子婴次之燎炉共15件；深圳博物馆保存陪鼎、窃曲纹簋共2件；台北历史博物馆保存大小青铜器共21件。

王子婴次是春秋中期人物，楚庄王的弟弟，故这座郑公大墓的主人可能是郑穆公之后的某位郑公。

3. 郑公大墓

位于新郑市双洎河回旋处的北岸800米处，北到金城路，东到中华路，面积约30万平方米，根据钻探墓葬的密度推测，墓葬总数在3000座左右。地理坐标为北纬34°22′55.94″，东经113°43′47.41″。

2001年9月，该墓在新郑市文物保护管理所于郑韩故城东城区的仓城村、后端湾村一带进行考古调查时被发现。2002年8月，河南省文物考古研究所新郑工作站对墓地北部的一座大墓进行了发掘。

郑公大墓随葬车马坑

大墓位于双洎河北岸800米处，西距隔城墙约90米，墓东40米有一大型车马坑。大墓为“中”字形，南北长45米。墓室南北长13.9米，东西宽10.6米，存深6.4米。南墓道长21米，南宽6.6米，北宽7.5米，深3.5米；北墓道长10米，北宽4.7米，南宽5.6米，深2.6米。

墓室葬具为三椁重棺,仅留痕迹。外椁长 10.1 米,宽 8.4 米,存高 3.6 米。棺长 3.5 米,宽 1.7 米,存高 0.8 米。墓室历年多次被盗,存留遗物仅见鼎、簋、鬲、壶等铜器残片。

南墓道随葬 40 辆车,车轮靠在东西两壁上。西壁之车毂上多有軎、辖、輨、釭等青铜饰件,东壁车毂上多有雕刻或皮条捆扎凸起的篆饰,轮上髹有红漆,可见此为两类不同用途的车。车辆大致分为东西三排:西部为小车,车舆宽 0.9 米,属游猎用车,多数为素面;中部为大型车,车舆宽 1.5 米以上,属仪仗用车,多数髹有红漆;东部为中型车,车舆宽 1.3 米左右,大部分髹有红漆。

北墓道随葬 5 辆车,最大的一辆车軨棕色底漆上涂有朱红色云纹,车踵饰有大型象牙雕龙,长达 32 厘米。

此墓墓道葬车 45 辆,是我国同期墓中葬车最多的。从葬制等判断,此墓主人应为郑公。

4. 韩王陵

前 375 年韩灭郑,韩迁都郑城,所历九世侯或王,陵墓都分布在郑韩故城外,尤以具茨山下溱水河、双洎河之间的西部陵区为主,而黄水河东岸的陵区可能是新辟陵区,陵墓不多。陵区共 11 处,有 29 座大墓,分别是新郑市辛店镇许岗村东墓冢 4 座、观音寺镇王行庄村北墓冢 4 座、城关乡苗庄村南墓冢 2 座、辛店镇冢岗村南墓冢 1 座、城关乡暴庄村西墓冢 5 座、城关乡胡庄村北墓冢 1 座、梨河镇宋庄村东墓冢 2 座、梨河镇冯庄村南新郑监狱院内墓冢 2 座、观音寺镇柳庄村北墓冢 3 座、新村镇七里井村西北部墓冢 3 座、郑州西亚斯学院内墓冢 2 座。从调查看,墓向均南北向,墓冢除宋庄一处是南北排列外,其余 10 处都是东西排列。墓形制绝大部分平面呈“中”字和“舟”字形,个别呈“甲”字形。大部分墓有陪葬坑。墓室填土封冢均经夯打且坚实,其上皆有高大的覆斗状墓冢,经千年风雨与人为破坏,大部分墓冢都残缺不全,个别墓冢已杳无踪迹。这 11 处陵区,有 2 处可能是韩国高级贵族墓葬。根据历年的调查与考古发掘,韩王陵不仅每个陵区都有规划,而且西陵区与东陵区是经过慎重选址且有详细规划并最终形成定制的。2006 年 5 月,被国务院公布为第六批全国重点文物保护单位。

(1)冢岗韩王陵

位于新郑市城西 10.5 千米的辛店镇冢岗村南 80 米一岗的北坡上。地理坐标为北纬 34°24′33.14″,东经 113°35′57.54″。这里是始祖山北麓的丘陵地带,总体地势南高北低。墓北 2.8 千米有洧水,南 2 千米为 323 省道,距始祖山巅 9.5 千米,距许岗韩王陵 4.2 千米。

冢岗韩王陵

墓冢高 12 米,周长 100 米,夯筑而成,东侧、南侧被取土破坏。夯层厚 9—12 厘米,圆形平底夯窝,直径 4—6 厘米,夯土中含有战国时期陶片。墓平面呈“舟”字形,南北长 60 余米,南口宽 7 米,北口宽 8.5 米,中部墓室宽 14 米。墓周围没有发现陪葬坑。

(2)许岗韩王陵

位于新郑市城西 8 千米的辛店镇许岗村高岗东坡上。地理坐标为北纬 34°22′35.76″,东经 113°37′23.14″。这里为始祖山北麓,岗岭此起彼伏。墓南 3 千米有溱水河,北 7.3 千米为双洎河,距始祖山巅 9 千米,是所有韩王陵中离始祖山巅最近的一座。

墓葬坐北朝南,东西并列,共 4 座,自东向西编为 1—4 号,3 号墓土冢尚有保留,其余无存。从路沟南、北断崖上可看见 1—4 号墓的夯土。

1 号墓原封土高约 3 米,今已无存,墓室在路沟下。墓平面呈“中”字形,南北长 141 米。南墓道长

77.5 米，宽 10—11 米；北墓道长 42 米，宽 10 米。

2 号墓封土无存，墓室在路沟南高地上。墓平面呈“中”字形，南北长 117.5 米。墓室呈长方形，南北宽 15.5 米，东西长 9 米。南墓道长 66.5 米，宽 7—10 米；北墓道长 35.5 米，宽 8 米。

3 号墓冢高 5 米，周长 50 米，在路沟南高地上。墓平面呈“舟”字形，南北长 168 米。南墓道宽 9 米，北墓道宽 12 米，中部墓室宽 19 米。

许岗韩王陵

4 号墓在路沟南高地上。墓平面呈“舟”字形，南北长 121.5 米，体形明显小于其东的 3 号墓。

2001 年 10 月至 2003 年 8 月，河南省文物考古研究所新郑工作站对 4 号墓及 3 号、5 号陪葬坑进行了发掘，4 号墓发掘后没有恢复原状，现地表低于其东的 2 号墓，广种树木。发掘表明该墓时代为战国中期，3 号墓是侯陵，1 号、2 号、4 号墓是夫人陵，墓道间的墓是地位比夫人低的女性墓。3 号、4 号墓具有墓上有建筑、墓道与墓室几乎等宽、积石积炭、墓壁涂朱涂白、墓内有临时建筑、墓道底与墓室近平、3 号墓的椁为屋形顶等特点，出土了数以百计的各种文物，主要有铜鼎、铜编钟、铜构件、铜刀、铜泡、铜马饰、石磬、玉璜、玉人、玉片、漆器残片等，是韩陵考古的一次重大发现。

3 号坑为车坑，东西长 33.4 米，南北宽 4 米，深 3 米。坑内战车居多，随葬兵器。由于被盗严重，车子七零八落，在一个车辕处出土一件大型兽首形五环青铜辕饰，车轮部位出土两套错金车軎。

5 号坑为马坑，东西长 33.6 米，南北宽 3.9 米，深 3.74 米。坑底全是马骨，数量在 53 匹以上。马均侧身，马头方向不一，摆放较为零乱。在坑的东部发现有幔帐痕迹，可能是军用帐篷，叠起来覆盖在马匹之上，帐上有红、绿、蓝三色大团卷云纹，帐下衬有席类纺织物。

（3）苗庄韩王陵

位于新郑市城西 6.3 千米的城关乡苗庄村南 800 米一岗顶上，北为较高的断崖，东、南、西坡度相对平缓。墓南距溟水河 2.8 千米，距王行庄韩王陵 900 米，北距 323 省道 2.8 千米。地理坐标为北纬 34°22′34.67″，东经 113°39′10.93″。

墓葬坐北朝南，两墓东西并列，原来相距较近，农民将两墓中间辟为南北长 25 米、东西宽 15 米的平地，种有杨树。

苗庄韩王陵

东冢高 6 米，周长 60 米。墓平面呈“舟”字形，封土略小于墓室，南北长 97 米。南墓道宽约 8 米，北墓道宽约 8.5 米，中部墓室宽 12.5 米。

西冢高 7 米，周长 100 米。墓平面呈“舟”字形，南北长 62 米。南墓道宽约 7.5 米，北墓道宽约 8 米，中部墓室宽 10.5 米、墓深度约为 15 米。

在墓北侧偏东处有 4 个窄长方形陪葬坑，均为东西向。

（4）王行庄韩王陵

位于新郑市城西 6.6 千米的辛店镇王行庄村北大岗岗顶。地理坐标为北纬 34°21′24.42″，东经 113°39′11.17″。这里地处具茨山东端北麓，相对高亢的岗地较多。墓地北高南低，坡度相对平缓，墓冢后为近 2 米的断崖。墓南距溟水河 1.9 千米，北距 323 省道 3.7 千米。

墓葬坐北朝南，东西并列，共 4 座，自西向东编为 1—4 号。墓均有冢，东西二冢稍大，中间两冢稍小,高约5米,周长50—60米。冢系夯土筑成,夯层厚6—12厘米,夯窝圆形平底,直径4—6厘米。

王行庄韩王陵

1号墓平面呈“舟”字形,南北长163.5米。南墓道宽11.5米,北墓道宽11米,中部墓室宽21.5米。

2号墓平面呈“舟”字形,南北长152.5米。南墓道宽12.5米,北墓道宽12.1米,中部墓室宽14.5米。封土略小于墓室,曾被盗掘过,墓中有积石。

3号墓平面呈“舟”字形,南北长129米。南墓道宽11米,北墓道宽8.3米,中部墓室宽13米。封土略偏于墓室西部,说明东部被毁掉较多。

4号墓平面呈“舟”字形,南北长121米。南墓道宽8.5米,北墓道宽8.5米,中部墓室宽14米。

1987年11月,河南省文物研究所新郑工作站对冢北50米的1号陪葬坑进行了发掘,并盖了保护房。1号坑东西长31.9米,南北宽3.6—3.9米,深3.6米。坑内填土经过夯打,夯层厚9—15厘米,夯窝呈圆形,圆底近平,直径5.5—6厘米。坑内共葬马56匹,马匹的摆放由西向东为14排,南北向排列。1、2排各2匹,3—10、12、13排各4匹,11、14排各6匹,马头向东,腿朝北。未发现车马具,仅在一些坑壁和马骨上发现有苇席痕迹。

56具马骨分14排,正好是14辆车的配套数。虽然坑内无车,但不能排除车在其他坑中或在墓中随葬的可能性。坑内马匹摆放有序,无挣扎和束缚之状,表明马是用药毒死后埋入的。56匹马陪葬,显示了墓主人高贵的社会地位和丰厚的财富,具有韩国国君墓葬的一般规律和特点。该陪葬坑对研究韩国国君外出用车、用牲制度等十分重要。

(5)柳庄韩王陵

位于新郑市城西6.6千米的辛店镇柳庄村北大岗南坡上,和王行庄韩王陵共处一岗。地理坐标为北纬34°21′11.56″,东经113°39′30.72″。这里地处具茨山东端北麓,丘陵连绵。墓南距溹水河1.7千米,北距323省道4.1千米,西北430米有王行庄韩王陵。

柳庄韩王陵

墓葬坐南朝北,共3座,由西向东编为1—3号,1号、2号墓墓冢连在一起。

1号墓墓冢平面呈不规则的椭圆形,高8米。墓平面呈“中”字形,墓室内的夯土较墓道内的夯土坚硬,夯层厚9厘米,夯窝平底,直径5—6厘米。南墓道平面呈梯形,南北长51米,南宽13米;北墓道长24米,北宽11米。在1号墓的南墓道西侧有一南北长31米、东西宽5—6.3米的梯形陪葬坑。

2号墓墓冢的三分之二已被平整土地挖去,呈不规则三角形,高6.5米。墓平面呈“舟”字形,南北长60米。填土为五花土,夯层厚10—20厘米,夯窝圆形平底,直径6—7厘米。

3号墓位于2号墓东南190米处,现形态为方形,边长8米,高5米。冢下为长方形竖穴土坑墓。

(6)暴庄韩王陵

位于新郑市城西3.4千米的城关乡暴庄村西100米一低矮小岗的南坡上。地理坐标为北纬34°24′5.13″,东经113°40′45.07″。这里是具茨山东端北麓临近双洎河的平坦地段,北距双洎河2.5千米,南距323省道600米。

墓葬共5座,分为南北两排,两排间距140米,南排自东向西编为1、2号墓,北排自东向西编为3、

4、5 号墓。墓冢均系夯土筑成，夯层厚 9—12 厘米，夯窝圆形平底，直径 6 厘米。

1 号墓墓冢高 8 米，周长 60 米。墓平面呈“中”字形，南北长 94.5 米。墓室呈方形，东西长 13.4 米，南北宽 13 米。南墓道长 48 米，宽 9.5—10 米；北墓道长 33.5 米，宽 9 米。1994 年年底，在 1 号墓东北清理过几座战国中晚期墓葬，1 号墓南北两侧发现有 5 座方形陪葬坑。

暴庄韩王陵

2 号墓位于 1 号墓西北 190 米处，冢高 12 米，周长 120 米。冢下两个方形墓葬，其中一座南北长 6 米，东西宽 4 米；另一座边长 5 米。

3 号墓墓冢高 7 米，周长 60 米。墓平面呈“舟”字形，南北长 55.5 米。南墓道宽 10 米，北墓道宽 10 米，中部墓室宽 12 米。

4 号墓位于 3 号墓西侧 10 米处，冢高 10 米，周长 120 米。墓平面呈“甲”字形，南北长 36 米。墓道长 21 米，宽 7 米；墓室南北长 15 米，东西宽 10 米。

5 号墓位于 4 号墓西南 10 米处，冢高 4 米，周长 40 米。墓平面呈“甲”字形，南北长 29 米。墓道长 21 米，宽 8 米；墓室东西长 12 米，南北宽 8 米。

5 座墓周围还有中小型土高墓和空心砖墓。

(7) 胡庄韩王陵

位于新郑市城西 2.5 千米的城关乡胡庄村西北 210 米处。这里是具茨山东端北麓临近双洎河的平地，地势非常平坦。墓北距双洎河 2.4 千米，南距 323 省道 700 米，西距暴庄韩王陵 0.9 米。地理坐标为北纬 34°24′11.56″，东经 113°41′24.02″。

墓两冢并列，东冢高 5 米，周长 50 米；西冢高 8 米，周长 90 米。两冢均用夯土筑成，夯层厚 9—12 厘米，夯窝圆形平底。

胡庄韩王陵

2006 年 10 月至 2009 年 6 月，为配合南水北调中线工程，河南省文物考古研究所对两墓进行了发掘。

1 号墓在东，为后墓；2 号墓在西，为王墓。两墓均为南北向近“中”字形竖穴土坑墓，积石积炭。

1 号墓南北长 75 米。墓室为不规则长方形，南北长 18.45—26 米，东西宽 18.4—21.3 米，深 8 米。

2 号墓南北长 78 米。墓室东西长 36.5 米，南北宽 26 米，深 11.5 米左右，东部被 1 号墓打破约 12 米。

两墓周围发现 3 条近长方形围沟，沟间距 20 米左右。围沟均为纵长方形，外沟南北长 237 米，东西宽 175 米，面积达 4 万平方米。

在 2 号墓距地面 3 米高的封土中发现了“中”字形建筑，由保存较好的散水、壁洞、柱石和部分屋顶瓦砾层等组成，柱子髹有红漆，散水内侧封土表面局部发现有涂白涂朱现象，白色层在下，朱色层在上。墓旁建筑位于 2 号墓西侧，曲尺形，仅余夯基，东拐部分打破 2 号墓的墓道填土，南北长 33 米，东西宽 5 米左右，深 1—2.5 米，底部不平。

墓室、墓道分两次筑成，即墓室中夯筑至与木椁口齐平后，使用单面版筑技法先行夯筑墓道，其中 1 号墓有 2 个版筑台，2 号墓有 1 个版筑台，上台口与地面平。两座墓均发现了由涂泥、椽木、廪木、脊内夯土、棚木组成的屋顶形椁顶结构，证实了《左传·成公二年》中"椁有四阿"的记载。由卵石和木炭搅在一起构成的石炭椁，不同于常见的积石积炭分内外两层结构，是韩国积石墓的新发现。墓壁的许多区域糊有涂泥层，还发现大面积涂白现象，近底部高约0.8米的白色层上还涂有红色层。

1号墓已被盗空。2号墓被盗亦严重，但仍出土鼎、豆、编钟、戈、车马器、构件等青铜器，箸、箍扣、节约等银器，大圭、璧、璜等玉器，玛瑙环，陶器，骨器，石磬等各种质地文物380余件，还有大量铜镞、铜珠、骨钉等，是韩国文物的一次重要发现。式样繁多的构件不仅体现了韩国高超的青铜铸造技术和机械设计水平，也揭示了外棺有大帐的现象。已在100余件铜器上发现刻铭，内容多为方向序号，其中在铜鼎、戈、樽和银箍扣上发现多组"王后""王后官"和"太后"刻铭与"少府""左库"等韩国官署名称。

从出土文物的形制、纹饰和陵墓所在位置分析，该墓的主人应是韩国的倒数第二代国君桓惠王。

(8)冯庄韩王陵

位于新郑市梨河镇冯庄村南新郑监狱院内。这里是陉山北麓，离双洎河仅460米，地势北高南低，隔河与郑国贵族墓相望。墓在郑韩故城南城墙西300米处，西南1.3千米有宋庄韩王陵。地理坐标为北纬34°26′3.08″，东经113°41′12.32″。

冯庄韩王陵

墓冢高6米，周长60米。墓平面呈"中"字形，南北长98米。墓室南北长32.5米，东西宽30.5米。南墓道长43.5米，宽10.5米；北墓道长21米，宽9.5米。

此墓墓冢小于墓室，墓道内填土为褐红色黏土及黄土，经过夯打，夯层厚10—18厘米，夯窝圆形平底，直径5—6厘米。

墓周围发现1个陪葬坑及大量中小型土坑墓，陪葬坑经过夯打，硬度软于墓葬。

(9)郑州西亚斯学院韩王陵

位于新郑市郑州西亚斯学院东部，西距黄水河600米，南距人民路250米。这里是黄水河东岸高地，东2千米有双洎河的一条支流向南流去，因此，这里有可能是韩国新辟的陵园，因为郑韩故城城西的陵园位置已满。地理坐标为北纬34°23′56.26″，东经113°45′57.07″。

郑州西亚斯学院韩王陵

墓共2座，东西并列，上部相连，这一点和胡庄韩王陵相似，有可能是夫妇异穴墓。

1号墓墓冢高5米，周长175米。墓平面呈"舟"字形，南北长80米。南墓道宽14米，北墓道宽16米，中部墓室宽25米。填土为夯土。

2号墓位于1号墓东，平面呈"舟"字形，南北长90米。南墓道宽7米，中部墓室宽12.5米。填土为夯土。

墓周围有多座竖穴小墓，时代为战国时期。

5. 梁惠王陵

位于中牟县韩庄火车站西南50米处。地理坐标为北纬34°45′40.32″，东经114°09′50.48″。清《中牟县志》云：梁惠王墓，在县东三十里韩庄西南一里，周围二亩，高一丈五尺，形如偃月。

据实地调查,附近群众俗称其为"老虎谷堆",1958年以来历次平整土地均遭破坏,今高3米,面积8000平方米。由于土质为黄沙,受风雨侵蚀严重,变成了一处荒丘。

梁惠王陵

梁惠王即魏惠王(前400—前319),姓毕名莹,战国魏武侯子,初继玄为侯,与赵攻韩,为齐所败,又数败于秦,乃自安邑徙都大梁,僭称梁王,死后葬于此。

2009年6月,被郑州市人民政府公布为郑州市第二批文物保护单位。

6. 后周皇陵

五代后周皇帝皆较节俭,他们选择的陵域位于新郑市城北13千米的郭店镇附近,其地偏离大山大河,貌微水细。地理坐标为北纬34°33′43.67″,东经113°42′24.93″。

现存陵墓4座,即嵩陵、庆陵、顺陵、懿陵。2001年6月,被国务院公布为第五批全国重点文物保护单位。

(1)嵩陵:后周太祖郭威墓

位于郭店镇西北1千米的高孟村东北400米处,西距107国道1.3千米,东距郑新路1.3千米。墓地所处的位置是郭店镇西北一大岗的南坡,此岗被西北方向的十七里河、东北方向的潮河、西南方向的黄水河上游包围,墓西500米处有一南北向的土岗名水牛岗。

冢高8米,周长105米。周围地势平缓,北部稍高,冢西有一冲沟向南流入黄水河,已侵及冢的封土,现沟东壁有红砖包砌,冢东有全国重点文物保护碑牌,上书"后周皇陵"四字。

嵩陵郭威墓

郭威,字文仲,河北邢州尧山(今河北隆尧)人。本常氏子,幼年随母适郭氏,冒用其姓。后汉时为枢密使、邺都留守。后遭人陷害,遂于乾祐四年(941)发兵代汉,仍都开封,国号周,史称后周。在位三年,显德元年(954)因疾去世,圣寿五十一,庙号太祖。

郭威生于贫困,当上皇帝后,不改节俭本色,据《旧五代史·周书·太祖纪》记载,郭威逝前累谕晋王曰:"陵寝不须用石柱,费人功,只以砖代之。用瓦棺纸衣。"

嵩陵内是否真用瓦棺纸衣,不得而知。从陵前遗存来看,确实没有石人、石兽诸物。乾隆四十一年(1776)《新郑县志》记载:"陵前旧有石刻云:'周天子平生好俭约,遗令用纸衣瓦棺,嗣天子不敢违也。'"该碑已佚。

(2)庆陵:后周世宗柴荣墓

位于郭店镇北3.5千米陵上村村西70米处,西距107国道1.6千米,东距郑新路1.1千米,南距嵩陵2.6千米。墓地处在大岗缓平北坡上,东西有十七里河、潮河上游支流。

冢高约10米,周长105米。

明朝初年,庆陵建有陵园。陵园呈正方形,边长200米,四周砖墙高约2米,大门朝南,高4米,宽3米,门额悬匾"周世宗陵",大门左右各有一小门。进入大门有一条宽3米、长80米的砖铺甬道直通冢前祭坛。祭坛呈方形,高约1米,面积330平方米,砖砌而成。陵墓四周古柏参天,祭坛附近石碑林立。

民国年间，军阀混战，庆陵遭到破坏。陵园门楼及围墙被拆去，几十棵参天大树被砍伐殆尽，200多通石碑大部分被拉倒修筑工事，现仅存33通，最早的是明宣德元年(1426)所立，最晚的为清宣统元年(1909)所立，碑文均为歌功颂德之辞。

庆陵柴荣墓

后周世宗柴荣，太祖郭威养子，圣穆皇后之侄，邢州龙岗(今河北邢台西南)人。后汉初，太祖为枢密副使，柴荣授左监门卫将军。太祖镇邺，柴荣改天雄军牙内都指挥使，领贵州刺史、检校右仆射。广顺元年(951)正月，太祖践阼，授柴荣澶州节度使、检校太保，封太原郡侯；二年(952)十二月，加检校太傅、同平章事；三年(953)三月，授开封尹兼功德使，封晋王。太祖崩，柴荣嗣帝位，改革内政，整顿军事，奖励生产；文武参用，赏罚分明；广召文士，考制度、修通礼、定正乐、议刑统。柴荣在位六年，崩时享年39岁，庙号世宗。

2001年新郑市人民政府对庆陵进行维修，将33通石碑挖出重新竖立在冢前，又立一神道碑，上刻"周世宗陵"，墓前广植柏树并竖立保护标志，墓四周栽保护界桩。

(3)懿陵：周世宗皇后符氏墓

位于庆陵东侧120米处，村民乔红亮的三层楼左前侧。由于群众取土，冢被削成南北长7米、东西宽4米、高2米的长条状，冢上长一刺槐。

懿陵符氏墓

符氏，五代名门之女。祖父符存审，事南唐，位及将相，追封秦王。父符彦卿，天雄军节度使，封魏王。符氏初嫁李守贞之子李崇训。后李守贞叛于河中，郭威以兵攻之，及城陷，李崇训自刃其弟妹，符氏藏于屏处，以帷箔自蔽，免于一死，郭威还于其父符彦卿。符氏感恩，拜郭威为养父。柴荣镇澶渊时，郭威为其聘之。柴荣即位后，册为皇后。后随柴荣南征，久冒炎暑，忧恚成疾，于显德二年(955)七月二十一日崩于滋德殿，时年26岁。

(4)顺陵：后周恭帝柴宗训墓

位于陵后村东一大岗的西坡上，西距陵后村中一南北大路200米。墓冢高4米，周长40米，东北缘有一圆形盗洞。冢北10米有保护碑牌，四周竖水泥保护桩。

顺陵柴宗训墓

顺陵坐北朝南，由墓道、甬道、墓室组成。墓道形制不明。墓道为拱顶，长度亦不明，东壁有《文吏迎侍图》一幅。墓室圆形，穹隆顶，中部墙体上有六个凸出的灯台，直径6.2米，高7米。墓室彩绘木作及人物图像，顶绘星象图。墓室壁画大部分被盗墓者铲除或剥落，仅西壁留下《武吏端斧图》。

《文吏迎侍图》画面高1.4米，宽1.7米，人高1.17米。右侧文吏头戴长角幞头，身穿红色团领袍，腰系玉带，两手握于胸前，呈侧视状；左侧文吏举止与之相同，唯袍为白色，呈正视状。两文吏面目清秀，留有长须，面带愁思，躬身侍立。

《武吏端斧图》画面高1.9米，宽1.6米，人高1.24米。武吏头戴黑色长角幞头，身穿红色团领服，下穿白色束脚长裤，脚穿云头靴。头稍倾斜，双手斜持一长柄大斧，侧身而立，面露骄横之气。图两侧绘朱红色倚柱，上绘枋木及斗拱。

柴宗训，周世宗柴荣四子，广顺三年（953）生于澶州府第，显德六年（959）授特进上将军，封梁王。同年，柴荣去世，柴宗训嗣帝位，时年7岁，无力治国。立八月，殿前都点检赵匡胤发动“陈桥兵变”，柴宗训逊位，降封郑王，开宝六年（973）春，崩于房陵（今湖北房县），谥恭皇帝。

顺陵冢正南500米的冲沟东断崖有四组碎砖瓦铺砌的磉礅，可能是皇陵的建筑遗迹。

7. 北宋皇陵

位于巩义市西南部的嵩山之阴，这里嵩山西段的山与东段的蟠龙山、青龙山向北延伸，形成一“罗圈椅”山势。“罗圈椅”的北面有伊洛河自西向东流过，河北是邙山原野。宋家皇帝在葬制上信奉“五音姓利”说，“赵”姓陵域地形当以“东南地穹，西北地垂”为吉地，巩义一带的“罗圈椅”山势正造成山前黄土东南高、西北低的走势，符合堪舆之规定。北宋九帝，除徽、钦二帝被金人掳去，其余七帝均葬在巩义，加上赵匡胤父亲赵弘殷的墓，俗称“七帝八陵”，还祔建后妃、皇亲、皇族和勋臣墓300多座。

“七帝八陵”主要分布在“罗圈椅”内的东半部山前岗地上，即西村、芝田、孝义、回郭镇一带，按时间先后分别为永安陵、永昌陵、永熙陵（此三陵位于西村陵区），永定陵（位于蔡庄陵区），永昭陵、永厚陵（此二陵位于孝义陵区），永裕陵、永泰陵（此二陵位于八陵陵区）。

各陵建筑布局基本相同，均坐北朝南，由上宫、地宫、下宫三部分组成，周围还建有行宫、寺院、庙宇等，四周广植柏树、枳橘。

上宫为陵台所在区域，包括鹊台、乳台、神道、宫城、陵台。鹊台是上宫的第一道门，又称阙台，台上建楼观。往北为乳台，为第二道门，两边台上亦建楼观。乳台北为神道，是进入宫城的通道，两侧有对称排列的石刻造像，自南向北有望柱1对、象及驯象人1对、瑞禽1对、甪端1对、马与控马官2对、虎2对、羊2对、客使3对、武将2对、文臣2对。宫城为方形，由四道神墙围成，四角各建角阙，每墙正中有一神门，门外有1对狮子。南神门外除了有1对狮子，还有武士1对、宫人2对。这样，上宫共有石刻58件。宫城南部建有献殿，殿北为陵台，呈两层覆斗形，底边长60米左右。

地宫是安放灵柩的地方，位于陵台下边，规模宏大。据载，永安陵皇堂深16.45米，永熙陵皇堂深32米，永定陵皇堂深26米。

下宫位于宫城北神门西北，中间常有规模较小的后陵。《宋朝事实》卷十三“英宗葬永厚陵”条记载，下宫有正殿，置龙楯，后置御座。影殿置御容。东幄卧神帛，后置御衣数事。斋殿旁皆守陵宫人所居。其东有浣濯院，有南厨，厨南陵使廨舍，殿西副使廨舍。正殿是临时停放皇帝灵柩的地方，影殿是挂皇帝画像的地方，斋殿是祭祀的地方，其余为守陵官员、卫兵、宫人的生活用房。

下宫与上宫区别明显，下宫是陵使、下人的生活区，上宫则是帝王祭拜祖先的地方，一般不得随便进入。今宋陵下宫多已无存，永安陵下宫门前石狮尚在。

宋陵的布局大体继承唐制，但陵的规模与石刻数量较为固定。宋陵按堪舆学说布局，南高北低，一路下降，与我国古代建筑步步增高的方式不同。后陵建于帝陵的西北，与帝陵同茔不同穴，下宫更于西北。神道石雕阵仗非凡，足见墓主人的至高无上与神道威严。陵园墙与陵台涂朱。设县以奉陵，统管陵区，并设皇家寺院。

宋陵陵园及其附属建筑历经800年，屡遭兵燹，地面建筑已荡然无存，只剩下雕刻精美的石雕，体现着劳动人民的智慧。目前地面保留的石雕有820件，已出土的宋碑、墓志百余方。

宋陵的建造，总计发生在130余年间，先后八次兴建，雕造风格随时间不同而逐一展现出来：永安、永昌、永熙三陵石雕刀法洗练，线条简朴，具有浓厚的晚唐遗风；永定、永昭、永厚三陵石雕雕工细腻，比例协调；永裕、永泰二陵石雕趋于写实，生活气息浓重。宋陵可谓我国现存唯一的宋代大型石雕宝库，是研究宋代政治、经济、军事及思想史、艺术史不可或缺的重要资料。

北宋皇陵在靖康、建炎年间遭到金兵大肆破坏，元时地面建筑尽犁为墟。1963 年，河南省人民政府公布其为第一批河南省文物保护单位。1968 年，在各陵园附近的村子成立文物保护小组。1979 年以后，国家多次拨款对各陵进行维修、扶正、树牌，或重建，并设立专职保护机构。1982 年，国务院公布其为第二批全国重点文物保护单位。

（1）西村陵区

位于巩义市西南 8 千米的西村镇北一带，从东向西排列着永安陵、永昌陵、永熙陵。这里东有雄峙的青龙山，东南、南有嵩山山前低山金牛山、锦屏山，发源于嵩山的坞罗河与发源于锦屏山的滹沱河在芝田镇南交汇，形成一宽敞的三角台塬，地势东南高、西北低。

永安陵位于西村镇常封村西北 600 米处，是赵匡胤之父赵弘殷与夫人杜氏的合葬墓。地面仅有 1 座大冢，直径 25 米，高 8 米；冢前望柱、虎、羊、客使、武士均运回永定陵保管。永安陵祔葬有太祖贺后、王后，太宗符后、尹后等墓。地理坐标为北纬 34°39′46. 77″，东经 112°58′4. 59″。

永昌陵位于永安陵西 480 米处，是宋太祖赵匡胤之墓。陵园建制完整，仅神墙无存，其余鹊台、乳台、角阙、神门、陵台俱在。陵台南北长 60 米，东西宽 53 米，高 14 米。神道石刻现存 43 件，其中文臣武将、客使、马、控马官由于皇帝丧亡，表情悲凄。永昌陵祔葬太祖宋后、真宗潘后。地理坐标为北纬 34° 39′ 42. 75″，东经 112°57′38. 27″。

永昌陵

永熙陵位于永昌陵西北 850 米之滹沱村北，西距滹沱河 340 米，是宋太宗赵光义之墓。陵园建制大致完整，鹊台陷于村中，神墙仅南墙东段尚存，其余情况大致同永昌陵。陵台南北长 60 米，东西宽 58 米，高 16 米。陵围石刻现存 61 件，当地群众赞扬宋陵石刻曰：“东陵狮子西陵象，滹沱陵上好石羊。”“好石羊”说的就是永熙陵的石羊，石羊昂首静卧，落落大方，充满静谧之美。永熙陵祔葬元德李后、明德李后、真宗郭后。地理坐标为北纬 34°40′19. 22″，东经 112°57′2. 43″。

1984 年 10 月至 1985 年 8 月，河南省文物研究所发掘了明德李后陵，其为斜坡墓道单室砖券墓。墓道南北长 34 米，宽 3. 8—6 米，深 15 米。甬道南北长 9 米，宽 4. 3 米，高 6 米。墓门在甬道中部，门楣、门扉分别线刻飞天、武士形象。墓室接近圆形，直径 7. 95 米，顶高 12. 3 米；下部砌倚柱 10 根，柱顶为单昂四铺作，其上为令栱，再上为枋、椽、望板、檐瓦等，铺作耍头面饰迦陵频伽。墓室 11 个壁画砖雕桌、椅、盆架、衣架、梳妆台、灯檠、门窗等；檐瓦以上原绘有云雾缭绕中的楼台殿阁图案，惜已脱落，穹隆墓顶涂青灰，以示苍穹，白粉绘出星辰、银河等。墓内遗物早年被盗，残存物破碎不堪，见哀册及 80 多件残瓷器，其中带“官”字的定窑瓷器与越窑龙纹盘殊为难得。

永熙陵

(2)蔡庄陵区

位于青龙山西北麓蔡庄村北的一高岗上,北距巩义市区 3.8 千米,西南距芝田镇 2.3 千米,仅有宋真宗赵恒的永定陵一座皇陵。这里总体地势东高西低,定陵上宫地段非常平坦,后陵及上宫的西面、北面逐渐降低,310 国道从陵前经过。

永定陵形制完整,神墙多有残存,其鹊台、乳台、角阙、神门、陵台皆在。陵台边长 54 米,高 15 米。陵围石刻是宋陵中保存最为完整的,现存 59 件,其中石象造型硕大,象座四周雕刻的缠枝牡丹花纹是宋陵独有的纹样,鞯褥两侧有莲花镫,象奴着胡服,披发卷曲,饰宝珠,颇具特色。陵北祔葬真宗李后、刘后、杨后,西北后泉沟村一带的大岭上有寇準墓、包拯墓,蔡庄村南有高怀德墓。地理坐标为北纬 34°42′5.55″,东经 112°58′50.27″。1995 年河南省文物考古研究所发掘了后泉沟村西的永定陵禅院遗址。

(3)孝义陵区

位于巩义市孝义镇东南 1 千米处,自东向西排列永昭陵、永厚陵,今已处在巩义最繁华的闹市区。这里地处青龙山西北麓,地势东南高西北低,西距伊洛河 2 千米,南距和义沟 500 米。

永昭陵位于杜甫路北侧,新华路东侧,南距永定陵 3.7 千米,是宋仁宗赵祯之墓。现陵园整治一新,辟为公园,其鹊台、乳台、角阙、神墙、神门、陵台皆为新建,高大巍峨,陵台为二层覆斗形,上封木板。陵围石刻现存 60 件,其中一对角端,牡牝特点突出,文臣武将身体修长,镇殿将军甲胄雕刻精湛。永昭陵西北紧挨曹后陵,没有修缮。地理坐标为北纬 34°44′36.53″,东经 112°59′9.43″。

永昭陵

永厚陵位于杜甫路北侧,新华路西侧 300 米处,东距永昭陵 450 米,是宋英宗赵曙之墓。陵园没有整治,为景观树所覆盖。其形制尚算完整,鹊台、乳台、角阙、神门、陵台皆在,神墙无存。陵台边长 58 米,高 15 米。陵围石刻现存 57 件,其望柱为单线阴刻,八个棱面分别雕刻云龙纹,为宋陵建筑中的代表作。永厚陵西北紧挨高后陵,西北 500 米有魏王赵頵墓。地理坐标为北纬 34°44′42.69″,东经 112°58′43.70″。

(4)八陵陵区

位于巩义市西南 11 千米的八陵村村南,东为永裕陵,西为永泰陵(八陵村原名杏花村,因宋廷的第八陵建于此,改名八陵村)。这里南有嵩山山前低山白云山,东隔滹沱河与永熙陵相望,西 1.2 千米有八陵沟,北距伊洛河 4.2 千米。

永裕陵位于八陵村东南 700 米处,为宋神宗赵顼之墓。神墙无存,鹊台、乳台、角阙、神门、陵台皆在。陵台边长 54 米,高 15 米。陵围石刻现存 54 件,其南神门的一对石狮极有特色,牡狮张口怒目,威武雄健,牝狮披鬣伫立,和蔼温顺,是宋陵石狮最成功的作品之一。永裕陵祔葬神宗向后、朱后、陈后,徽宗王后。地理坐标为北纬 34°38′54.40″,东经 112°55′17.22″。

永裕陵神道石刻

永泰陵位于八陵村西南 385 米处,东距永裕陵 500 米,是宋哲宗赵煦之墓。陵墓处在旷野,除神墙无存外,其他保存尚好。陵台东西长 55 米,南北宽 53 米,高 15 米。陵围石刻现存 54 件,其中一对石象造型雄伟,是宋陵 14 件石象中最精美的 2 件,形态憨厚,气质内敛,象奴头包巾,耳系大耳环,着紧身袍,双手抱物,神情生动。地理坐标为北纬 34°39′9.07″,东经 112°54′50.26″。

8. 明原武温穆王陵

位于荥阳市豫龙镇瓦屋孙村东,原有两冢,大小相近,相距 20 米,直径 15 米,高约 8 米,西冢北距中原西路 260 米,东距郑西高铁 310 米。这里地处檀山东端南麓,东南 1.8 千米有须水河从西向东流过。由于檀山低矮,这一带地势平坦,墓处在瓦屋孙村与坟上村之间的平地上,坟上村即因靠近王坟而得名。地理坐标为北纬 34°44′57.35″,东经 113°28′53.15″。

明原武温穆王陵壁画墓墓道

20 世纪 50 年代初,西冢被当地群众挖开,河南大学历史系知晓后对其进行了发掘。1953 年文物部门在墓道口处盖了保护房,墓中出土的一志两盖砌于保护房内壁,现保护房房顶片瓦无存,椽檩尚在,墓志与盖移入荥阳市文物保护管理中心。1992 年农民灌溉农田,水冲开东冢墓室顶上的盗洞,荥阳市文物保护管理所的梁西乾蹑洞而入,室内不能直腰,砖壁上未见壁画。

墓为斜坡墓道单室砖券墓,坐北朝南,墓道长 21.5 米,深 12 米。墓道北端为墓门与影墙,墓门上部做成庑殿顶,砖雕斗栱、檐椽,仰覆瓦;下部为拱形门洞,内装两扇石门,通高 4 米,石门高 2 米,宽 0.75 米,厚 0.08 米。墓室为长方形,南北长 6.3 米,东西宽 3 米,顶高 3.4 米。

墓室早期被盗,盗洞打穿了北壁上部,室内随葬器物被盗一空,仅余石供桌、墓志、石棺床等,两合墓志志盖分书“明册封周藩原武温穆王圹志铭”“明册封周藩原武温穆王元配张太妃合葬圹志铭”。

墓室南壁被墓门占据,北壁下部正中、东西壁下部距南壁 1 米处各有一壁龛,除此之外,墓室满绘壁画。

北壁龛上绘身穿通肩袈裟的释迦牟尼结手立于莲花座上,左有双面玉女,右有单面玉童,两人均羽身、凤尾、鸟腿,作展翅欲飞状。其下左为麒麟,右为白象,相向而立。

东壁绘身穿通肩袈裟的释迦牟尼结跏趺坐于莲花台上,右手持钵,左手作说法印,饰顶光、背光,头顶一道明光盘旋上升,光中五人,着皇家衣冠,头有顶光,背后为火焰纹,应为墓主夫妇及亡故亲友。左边是两排前来赴会的菩萨、罗汉,上排立于云浪中,下排坐于水莲上,皆有顶光、背光。上方祥云中有殿堂、楼阁、法器。

西壁画面与东壁基本相同,中间释迦牟尼合掌而坐,正念经超度亡灵。空中楼阁略有不同,间杂着笛、鼓、卦板、琵琶、笙、箫、定音锣、秦琴等,其余人物与东壁对称。画面佛乐齐鸣,气氛庄重。

墓顶前绘一轮明月,后绘一轮红日,中缀繁星与彩云,以下绘八只仙鹤,在云间翩翩起舞。

明原武温穆王陵是郑州地区难得的明代壁画墓,其形制与登封卢店平民壁画墓有很大区别,壁画布局合理,比例协调,色彩丰富,具有较高的艺术价值。壁画中大量的礼佛、信佛场面,可能与墓主人生前的信仰有关,反映了明代佛教在社会中的流行情况。

温穆王名朱朝埨,别号凤山,是周定王的七世孙,生于嘉靖三十一年(1552),卒于万历三十五年(1607),性节俭,喜助人,不好声色,好集古图书、墨宝等。

1986年11月,被河南省人民政府公布为第二批河南省文物保护单位。

9. 明周悼王墓

位于郑州市二七区马寨镇坟上村北100米处,西距须水河1.8千米,南距同兴街200米,距贾鲁河支流孔河2.4千米。地理坐标为北纬34°44′47.39″,东经113°29′9.30″。这里是嵩山余脉向东延伸的低山丘陵区,地势北高南低。

墓已遭受破坏,地面上看不到墓冢,据当地人介绍,原墓冢高约3米,周长约15米,神道长100米,两侧石刻林立,共有10件。现保护牌南倒置文官2件、武士2件、石马2件,村委会院内放置石狮2件(一件残下身,一件残上身)、石羊2件等。另有一方形石碑,长1米,宽1米,厚0.2米,碑下有凸榫,碑尾书"……十里东邢村夫人周氏安葬于悼王墓左第一冢……"。

明周悼王墓墓室曾遭盗掘,挖出"皇明周荣悼王世子之墓"墓志盖一块。悼王名安潢,周定王四世孙,惠王世子,未袭封而亡,生于成化二年(1466),死于弘治二年(1489)。

明周悼王墓石刻

坟上村臧氏家庙位于坟上村中部,村委会西侧,北距同兴街28米。家庙建于清代,现存家庙大殿1座,坐南朝北,硬山灰瓦,面阔三间(9.1米),进深一间(4.4米)。大殿内墙上镶有石碑5通:一通为嘉庆十二年(1807)碑刻,内容不详;其余四通为臧氏家谱碑,自右向左,高0.5—0.53米,宽1.3—1.33米。石碑的年代为民国21年(1932),内容为记载臧氏先祖5人于嘉靖年间至此守墓。

2016年1月,被河南省人民政府公布为第七批河南省文物保护单位。

10. 明周懿王墓

位于荥阳市贾峪镇鲁庄村西,东北距郑州科技学院1千米,东距马寨一中600米。2016年7月,郑州豫能热电有限公司在此进行基建,河南省文物考古研究院对建设用地进行了考古发掘,发掘各时期墓葬115座,其中包括明周懿王墓及其陵园。陵园南北长约190米,东西约100米,内有周懿王、王妃王氏墓及祔葬墓。

墓葬位于陵园北部,坐北朝南,由斜坡墓道、琉璃门楼、随门墙、封门砖及砖券墓室组成。

墓道呈倒梯形,长34.5米,宽2.5—3米,深8米。门楼由门颊、门额、檐檐枋、仰覆瓦、门脊组成,装饰4个门簪和2个垂花柱。门楼宽5.5米,高4.9米。门宽3.58米,高3.06米。封门砖两道,灌以灰浆。外侧封门砖底部嵌汉白玉描金墓志。

墓室呈长方形,外部南北长8.46米,东西宽7.22米,顶高5.62米。墓内纵横铺有地砖一层。墓室后部并列两个砖砌棺床,高出墓底0.7米。两棺已朽,分析残片知是杉木,髹红漆。

明周懿王墓

墓室满绘壁画,墓顶与北壁保存较好。墓顶绘云气、花卉、乐器。花卉有牡丹、菊花、莲花等,乐器西侧由南向北依次为鼓、钹、笙、拍板,东侧由北向南依次为羯鼓、瑟、铛、横笛。东、西两壁画面基本对称，下部为栏杆、荷花，中部均有三棵菩提树。北壁上部为殿宇，其中正房为庑殿顶，偏殿为歇山式；中部绘有三棵菩提树；下部为彩色云气。整体表现的应该是西方极乐世界庄严圣境。祔葬墓分列于主墓左右两侧，南北向排列，左右相向，位如中堂，布局规整。

墓内出土器物除墓志外，另有铜镜、铜火盆、铜箸、压股剪、铜炉、铜熨斗、瓷碗及一部分铅质冥器。

墓志由盖与志石组成，原为王妃墓志，后改刻成懿王墓志。志盖为平顶，边长 48.5 厘米，厚 6 厘米。边饰卷草纹，填以朱砂。纹饰内篆刻“周懿王圹志”，朱砂描金。志石长 48.5 厘米，宽 47.8 厘米，厚 5.7 厘米。周边纹饰同前，志文楷书，添朱砂。

明周懿王墓是目前国内唯一一座通过正式考古发掘的明代亲王级壁画墓，也是宗室墓葬中时代较早的壁画墓，意义重大。周懿王墓及其祔葬墓的排列方式系国内首见，为研究明代王墓制度提供了全新的材料。该墓的发掘被评为 2016 年度“河南省五大考古新发现”之一。

明周懿王墓出土墓志盖及志石

第二节　名人墓

郑州西有大山阻拦，北有黄河横断，广阔平原与丘陵成就其交通孔道的特性，既有夏商建都城于此，又有唐宋都城分列翼侧。郑州不仅是四战之地，也是战后政治、经济发展的重要地区，就学于斯、奋斗于斯、路过于斯、著身于斯的达官贵人数不胜数。这些人不管是身处高位的宰相，还是一般的州府官员，抑或才华横溢的八九品小官，甚至人微言轻的布衣，都为这块沃土的繁荣做出过不可估量的贡献。他们死后虽然不能像皇帝那样任意选择崇贵无比的茔地，但平中见奇、淡中见幽的选茔理念，还是让我们看到他们的墓地所处多为岗阜所依、清水佐近的地方，这样的地方可与清风相伴，与明月对话，畅叙人生得失，讥诮后世庸人，这与他们的入世原则是一致的。

1. 欧阳修墓

位于新郑市西 9.4 千米的辛店镇欧阳寺村欧园内。欧园地处具茨山北麓溱水河与双洎河之间的岗地上，其北 600 米有冢岗韩王陵位于岗顶，欧园处在此岗的东南坡，园东 20 米即是欧阳寺村。地理坐标为北纬 34°24′3.08″，东经 113°36′23.74″。

自北宋熙宁八年（1075）欧阳修葬于此，先后又有其祖母李氏，继室薛氏，长子欧阳发，次子欧阳奕，三子欧阳棐，四子欧阳辩，孙欧阳愁、欧阳愬等葬入，并建祠，元、明、清历代对墓祠多有修葺。

欧阳修与夫人薛氏墓位于欧园北端，东西并列，欧阳修居东，夫人居西。两墓大小相近，高 5 米，周长 15 米，冢前分立“宋太师欧阳文忠公之墓”与“宋安康郡太夫人薛氏之墓”两碑。欧阳修长子、次子、四子、孙子墓在欧阳修墓东南，三子墓在西，墓前各立清宣统三年(1911)碑。

欧园

欧阳修墓原来的陵园在 20 世纪 70 年代遭到破坏，现存欧园为 1999 年修建。欧园坐北朝南，周有围墙，南面有大门，向北依次为醉翁亭、丰乐亭、中殿、东西配殿、大殿，殿内有欧阳修塑像及生平事迹展，殿西建碑林。

欧阳修(1007—1072)，字永叔，号醉翁、六一居士，吉州吉水(今江西永丰)人。他自幼喜爱读书，天资聪慧，27 岁中进士，先后在地方和朝中任职，官至翰林学士、枢密副使、参知政事。熙宁四年(1071)六月，以太子少师身份致仕，居颍州。卒后谥文忠，赠太子太师、兖国公。

欧阳修历真宗、仁宗、英宗、神宗四朝，曾积极参与范仲淹、韩琦、富弼等人推行的庆历新政，后主持进士考试录取了苏轼、苏辙、曾巩等人，对北宋文风转变很有影响，为“唐宋八大家”之一。他的诗文兼具韩愈、“李杜”之长。主要著作有《欧阳文忠公文集》153 卷，另有与宋祁合著的《新唐书》及独著的《新五代史》等。

2006 年 5 月，被国务院公布为第六批全国重点文物保护单位。

2. 李诫墓

位于新郑市西北 23.6 千米的龙湖镇于寨村西 200 米处。这里是梅山南坡，沟壑纵横，黄土有相当的厚度。墓冢高 3 米，周长 40 米，20 世纪 60 年代被夷为平地。地理坐标为北纬 34°36′48.77″，东经 113°37′25.03″。

李诫墓

李诫(？—1110)，字明仲，郑州管城(今河南郑州)人，出身于官宦世家。元丰八年(1085)，李诫任郊社斋郎，后任曹州济阴县尉。元祐七年(1092)其开始在将作监供职，前后达十三年之久，历任将作监主簿、监丞、少监和将作监，主持营建较大建筑有龙德宫、棣华宅、朱雀门、景龙门、九成殿、开封府廨及太庙。李诫博学多才，一生著作很多，书画亦精。其奉敕撰写的《营造法式》是我国古代土木工程集大成之作，具有极高的科学性、实用性，在我国古代建筑史上起着承前启后的作用，对后世的建筑技术发展产生了深远影响，明朝的《营造法式》和清朝的《工部工程做法则例》吸取了其中很多内容。

2003 年是《营造法式》颁行 900 周年，河南省文物局、郑州市人民政府于 2003 年 8 月 8 日—10 日邀请国家古建专家，河南省、市领导及新闻单位、社会各界人士在新郑举办“李诫墓地整修工程奠基仪式暨纪念宋《营造法式》颁行 900 周年座谈会”，恢复原冢，冢前 10 米建仿宋凉亭一个，亭中立巨碑，碑正面阴刻李诫画像。

2006 年 5 月，被国务院公布为第六批全国重点文物保护单位。

3. 许由墓

许由墓

位于登封市东南12千米的东华镇刘庄村东南，箕山之巅的许由寨东北部。地理坐标为北纬34°21′22.86″，东经113°07′11.37″。冢为圆形，周围以石垒砌，上封以黄土，高5米，直径18米。冢西北有1992年立的“箕山公神许由之墓”碑及供台，冢东、南临峭崖，西、北稍缓，周围有锥形的寨墙，周长300米，俗称“花寨”，西墙有石券门洞，宽2米，高2.5米，进深3米。

许由庙位于冢西南台地上，坐北朝南，存清代正殿1座，东西厢房各1座。正殿西侧立有明万历年间登封知县付梅所撰的重修碑记，庙南有登封电视转播台，山下的刘庄村有一条通向电视转播台的水泥公路。

许由，上古阳城(今河南登封)人。相传尧要把天下让与许由，许由坚辞不受，归隐颍水之阳、箕山之阴。后来，尧又让许由做九州长，许由不愿听这样的话，说污染了他的耳朵，便倒颍水洗耳，隐居于嵩、箕地区，直至亡故。许由死后，葬于箕山之巅，尧称其贤，封为箕山公，后代百姓称其为箕山公神，并设祠祭祀。东汉时颍川太守朱宠改祠为庙，在庙前建石阙一座。明代登封知县付梅重修许由庙，并留有碑记。清代重修。今墓冢、许由寨、许由庙尚存，庙前神道石阙毁于明代。

2016年1月，被河南省人民政府公布为第七批河南省文物保护单位。

4. 纪信墓

纪信墓墓室

位于郑州市惠济区古荥镇纪公庙村纪公庙内，南距索须河850米，东距314省道90米，东北距古荥汉代冶铁遗址博物馆1.2千米。这里地处广武山东端以南的平原，地势非常平坦。地理坐标为北纬34°51′56.76″，东经113°31′52.17″。

20世纪80年代初，为了开发旅游景点，郑州市博物馆对纪信墓进行了发掘。墓坐西朝东，由斜坡墓道、墓室、耳室组成。墓道宽同墓室，填土为夯土。墓室东西长8.9米，南北宽4.5米，高1.15米，深3米。墓室中部用砖隔成南、北两室，北室连着一个耳室，长6.8米，宽1.25米，高1.05米。墓室及耳室共用空心砖300多块，因墓多次遭盗掘，砖多破碎，甚至墓的底砖都被翻动过，露出墓底铺垫的木炭层。墓内出土陶器17件、铜器288件(275件为车马饰)、铁器2件、玉器1件、龟钮无文铜印1枚、钱币250枚。

发掘后，郑州市博物馆对墓进行了复原，又在墓室上方建起长14米、宽5米、高4米的水泥拱顶，以保护墓室，耳室上方也建起水泥拱顶，最后还原封土。

2005年，纪公庙由郑州市古荥汉代冶铁遗址保护管理所负责管理，上级部门拨款购买数十亩地，修建了围墙、大门、享殿、月台等建筑，又围砌了墓冢。现冢高12米，周长120米，冢北、冢西碑亭有序，共存唐、宋、明、清、民国各代石碑27通，细述了纪信假扮汉王救高祖于危亡之际的功绩及历代重修经历，其中大周长安二年(702)卢藏用撰文并书丹的汉忠烈纪公碑，高3.02米，宽1.09米，碑文系隶书书写，23行，每行41字，乃唐代书法精品。

2008年6月，被河南省人民政府公布为第五批河南省文物保护单位。

5. 陈氏三宰相墓

位于新郑市北 11 千米郭店镇宰相陈村西，西北距郭店镇 2.5 千米。地理坐标为北纬 34°30′15.07″，东经 113°43′58.49″。宰相陈村以陈姓为主，多为陈氏后裔，系守祖墓在此繁衍形成了村落，村庄也就以官职与姓合称为名。原墓区颇具规模，神道两侧排列着数十对石人、石羊、石马、石虎等，异常壮观。目前，当年的石刻多数难觅踪迹，一些湮没地下。

墓地分为 3 区 8 冢。西区墓，自西向东依次排列 3 冢，彼此间距不到 20 米，分别为陈尧叟、陈尧佐、陈尧咨墓。东北 50 米为中区墓，东西并列 2 冢，间距 20 米，为陈希古、陈尧古墓。再东北 40 余米为东区墓，并列 2 冢，间距 14 米，为陈知节、陈珣墓。诸墓冢高约 5 米，周长 30—40 米，冢前新立石碑刻有墓主人官爵封号、谥号及生平。陈尧佐墓前旧有石翁仲 4 件及石兽数个，并有欧阳修所撰神道碑和陈尧佐自撰墓志。墓地东边有北宋时修建的崇孝寺即陈家祠堂，崇孝寺正后方有陈省华墓，较其他墓高大，冢前原有石羊、石虎及王举正所撰神道碑，碑已碎裂。近年陈氏后裔对陈省华神道碑进行了修复，碑高 7 米，连碑座和碑楼总高 10 余米。

清乾隆四十一年（1776）《新郑县志》载：宋左谏议大夫赠中书令陈秦国公省华墓、宋同平章事枢密使赠侍中陈文忠公尧叟墓、宋同中书门下平章事赠司空侍中陈文惠公尧佐墓、宋天雄军节度使赠太尉陈康肃公尧咨墓、宋太子中舍陈君希古墓、宋主客员外陈君学古墓、宋陈君知节墓、宋陈君珣墓俱在县北三十二里停骖铺东北（今宰相陈村），因省华为赠中书令，尧叟、尧佐皆同平章事，人称“三宰相坟”。

2008 年 6 月，被河南省人民政府公布为第五批河南省文物保护单位。

6. 高拱墓

俗称“阁老坟”，位于新郑市阁老坟村西北 240 米处，北依郑韩故城北城墙，西距 107 国道 650 米，南距郑韩路 460 米。地理坐标为北纬 34°24′28.19″，东经 113°42′57.47″。

高拱墓

原墓地四周有围墙，为陵园建筑，南北长 250 米，东西宽 150 米，园前 60 米处建石坊一座，陵园门高 8 米，门北 60 米建二门（门楼式），二门内为长长的甬道，两旁对列石狮、石羊、石猴、石猪、石龟、石马和石人等。甬道尽处为拜台，左右分立两厢，最后起大殿。殿后 60 米为高拱墓冢，上圆下方，高 8 米，周长 95 米，周围有 5 棵柏树，意为“五龙捧寿”。

高拱（1512—1578），字肃卿，号中玄，新郑高老庄人。29 岁举进士，逾年授翰林院编修。嘉靖四十五年（1566）受徐阶推荐，拜文渊阁大学士。后因与徐阶相攻讦，养病归。隆庆三年（1569），明穆宗召其为内阁兼领吏部事。高拱以天下为己任，选贤任能，整顿吏治，抗击外敌，一时政绩斐然。他曾与蒙古俺答汗达成互市协议，推荐殷正茂平定云南苗变、潘季训治理黄河等。万历六年（1578），卒于家，赠太师，谥文襄，著有《高文襄公集》。

2008 年 6 月，被河南省人民政府公布为第五批河南省文物保护单位。

7. 狐偃墓

位于荥阳市西北 13 千米的王村镇胡固村南，南距连霍高速 60 米，东北距苌村汉墓 1 千米。地理坐标为北纬 34°50′55.68″，东经 113°14′53.32″。这里是广武山南塬，地势非常平坦。冢高 20 米，直径 54

米，夯筑，黄土夯层中夹带石片层。

狐偃，春秋晋国人，晋文公重耳的舅舅，与兄狐毛跟随重耳在外逃亡 19 年，帮助重耳成就霸业，是重耳的主要谋臣。

此墓所处之地为郑地，非晋地，故狐偃墓一说存疑，从建筑方法及封土包含物来看，应为汉墓。

1987 年 3 月，被郑州市人民政府公布为郑州市文物保护单位。

狐偃墓

8. 子产墓

位于新郑市西南 14 千米观音寺镇的陉山顶上。地理坐标为北纬 34°16′51. 65″，东经 113°38′57. 07″。陉山是具茨山向东南伸出的一孤岛状山峰，东西长 2. 8 千米，南北宽 1. 2 千米，堪称新郑门户，战略地位险要。

子产墓

墓冢高 6 米，周长 50 米，顶圆底方，用陉山自产的红石堆成，墓门朝向郑国都城，以示不忘郑国。原冢东侧有祀庙，早毁，围墙基础尚存。冢年久失修，垒石下陷，已成堆状。

子产（？—前 522），复姓公孙，名侨，字子产，是郑国“七穆”之一公子发的儿子，郑穆公的孙子。郑简公十二年（前 554）为卿，二十三年（前 543）执政。当时郑国处于晋、楚两强之间，处境艰难。子产内修法度，安抚百姓，抑制豪强，整顿田地沟洫，创立丘赋制度，铸刑书，不毁乡校；外周旋于列强之间，数以辞令折退强敌，使郑国免遭兵燹。郑定公八年（前 522），子产卒，贫不能葬，其子自负土葬于邢山，即今陉山。

子产墓东有庄公谋臣祭仲墓，冢无存。

2016 年 1 月，被河南省人民政府公布为第七批河南省文物保护单位。

9. 苏秦墓

位于巩义市西南 15 千米的鲁庄镇苏家庄村南，北 1 千米为郑西高铁，西 2 千米为南北向的石家沟，东 500 米为南北向的桃园沟。地理坐标为北纬 34°38′35. 52″，东经 112°52′4. 49″。总体地势南高北低，墓地周围相对平坦。

苏秦墓

墓冢为圆形，高 15 米，直径 25 米，周长近 80 米，夯土层明显。墓旁原有其兄、弟苏代、苏厉两冢，现已被夷为平地。

苏秦（？—前 284），战国时期雒阳（今河南洛阳）人，出身农家，素有大志，随鬼谷子学习纵横之术，与张仪师出同门。他游说山东六国合纵抗秦，佩六国相印，是战国时期叱咤风云的人物，后被齐湣王车裂而死。

1987 年 3 月，被郑州市人民政府公布为郑州市文物保护单位。

10. 潘岳、潘芘墓

位于巩义市西南7千米的芝田镇稍柴村南。这里地处伊洛河与坞罗河的交汇台塬,北1千米有著名的稍柴遗址,东500米有二电厂唐代墓地,因靠近坞罗河,地势东高西低,呈梯田状。地理坐标为北纬34°41′40.65″,东经112°55′43.48″。

潘岳墓在310国道南210米处,墓冢因平整土地被削成柱状,高7.5米,周长38米。潘芘墓在310国道北,原有冢,高3.5米,周长20米,现已被平掉。

《水经注·洛水》云:“罗水又西北,经袁公坞北,又西北,经潘岳父子墓前。有碑,岳父芘,琅琊太守。碑石破落,文字缺败。岳碑题云:给事黄门侍郎潘君之碑。碑云:君遇孙秀之难,阖门受祸。故门生感覆醢以增恸,乃树碑以记事。太常潘尼之辞也。”可知潘岳父子墓确实在此。

潘岳(247—300),字安仁,又称潘安,西晋时期著名文学家,太康文学主要代表人物,诗赋俱有声名。祖父潘瑾,官至安平太守;父潘芘,官至琅琊太守。潘岳少时被乡里称为神童,二十几岁名声大噪,初封河阳令,转怀县令,历任太子舍人、长安令、著作郎、给事黄门侍郎。史书说他性轻躁,热衷趋炎附势,与石崇谄事权贵贾谧,为谧“二十四友”之首。永康元年(300),赵王伦的亲信孙秀污蔑潘岳和石崇参与淮南王、齐王作乱,潘岳因此被诛,并夷三族。其代表作有《悼亡诗》三首,《关中诗》十六章,《射雉赋》《闲居赋》《秋兴赋》等赋多篇,造句工整,用典浅近,对后世影响较大。

2009年6月,被郑州市人民政府公布为郑州市第二批文物保护单位。

11. 嵇含墓

位于巩义市西南16千米的鲁庄镇鲁庄村北。这里地处丘陵地带,总体地势东南高、西北低,墓周围地势平坦。地理坐标为北纬34°37′30.95″,东经112°52′20.48″。

该墓在1984年文物调查时被发现,后经文物钻探,确认墓坐东向西,时间为晋代。墓冢高3米,周长150米,东北角被盗挖。20世纪50年代初,鲁庄村北寨门曾嵌一通“晋嵇武乡侯故里”碑,系民国初年县长嵇子美所立,1958年拆寨门时迁入老村委院内。碑为青石质,圆首,高1.6米,宽0.6米,厚0.17米,现存于嵇含墓北小煤球厂院内。

嵇含(263—306),字君道,晋代亳丘(今巩义鲁庄)人,“竹林七贤”之一嵇康之侄孙,曾任广州刺史,未就职而陨。嵇含博学多识,善于观察,勤于收集,将岭南80余种植物分为草、木、果、竹四类,并详加叙述,写成《南方草木状》三卷,条目清晰,叙述风格典雅。《南方草木状》是世界现存最早的区系植物志,书中所载生物防治及竹篾水上育苗等内容均为世界最早记录。

2009年6月,被郑州市人民政府公布为郑州市第二批文物保护单位。

12. 京兆王墓

位于巩义市南22.5千米的夹津口镇墓坡村的山顶上。这里是太室山的北坡,接近峻极峰。墓依山而筑,高20米,周长120米,山下有一长、宽各200米的平地,当地群众称之为殿坪,平地上遍布瓦砾砖块,为京兆王入度的寺院遗址。地理坐标为北纬34°32′13.20″,东经113°0′5.12″。

该墓为二代京兆王拓跋太兴(?—498)之墓。《北史·景穆十二王上》载:“京兆王子推,太安五年(459)封,位侍中、征南大将军、长安镇大将。……献文将禅位于子推,以大臣固谏,乃传孝文。孝文即位,拜侍中、本将军、开府仪同三司、青州刺史。未至,道薨。子太兴袭,拜长安镇大将。以黩货削除官爵。后除秘书监,还复前爵,改封西河。转守卫尉卿。初,太兴遇患,请诸沙门行道,所有资财,一时布施,乞求病愈,名曰散生斋。……未几便愈,遂请为沙门。……名僧懿,居嵩山。太和二十二年

(498)终。”

1987 年 3 月,被郑州市人民政府公布为郑州市文物保护单位。

13. 裴度墓

位于新郑市龙湖镇林锦店东南的东张寨村北,西距 102 省道 300 米,北距双湖大道 570 米,总体地势西高东低,墓周围相对平坦。地理坐标为北纬 34°36′2.07″,东经 113°43′51.70″。

墓冢高 8 米,周长 200 米,原立有石羊、石马、石人等石刻(现存新郑博物馆内),1985 年墓南的东张寨村发现其子裴适的墓志。

裴度(765—839),字中立,河东闻喜(今山西闻喜)人。贞元五年(789)考中进士,累升司封员外郎、知制诰。元和十年(815),淮蔡藩镇作乱,裴度督诸军力战,破蔡州,擒吴元济。归朝,封晋国公。此后历仕穆宗、敬宗、文宗三朝,数度拜相。晚年因不满阉党擅权,裴度无意于政事,于东都洛阳治家宅,作别墅曰“绿野堂”,公事之余,与诗人白居易、刘禹锡作诗饮酒自娱。开成四年(839),裴度在洛阳病逝,享年 75 岁,赠太傅,谥文忠。

2009 年 1 月,被郑州市人民政府公布为郑州市第二批文物保护单位。

裴度墓

14. 杜甫墓

位于巩义市西北 3 千米的康店镇康店村西邙岭上,东距伊洛河 1.9 千米,北距黄河 6 千米。地势总体西高东低,其南 400 米为南水沟,其北 400 米为无名沟。地理坐标为北纬 34°46′18.33″,东经 112°56′1.02″。

墓地相对平坦,墓葬坐北朝南,西为杜甫墓,中为长子宗文墓,东为次子宗武墓。杜甫墓冢呈覆斗状,高 11 米,边长 15 米。墓前有石碑三通:其一为康熙十九年(1680)河南驿监杜濬所立“杜少陵墓”碑,记载了杜甫墓变迁史和“康水采文”的故事;其二为乾隆四十年(1775)知县陈龙章所立“唐杜少陵先生之墓”碑;其三为 1986 年发现的“唐杜工部墓”小碑,可能是杜嗣业所立。

杜甫墓

杜甫(712—770),字子美,我国唐代杰出的现实主义诗人。祖籍湖北襄阳,曾祖父杜依艺任巩县县令时迁居城东的南窑湾村。杜甫于太极元年(712)生于南窑湾村笔架山下的窑洞内,幼年好学,弱冠时已名闻墨场,然命运乖蹇,举进士不第,终生只得左拾遗、司功参军、检校工部员外郎之类的小官,生活困顿,大历五年(770)终于洞庭湖附近的舟中,享年 59 岁,暂葬湖南省平江县小田村,43 年后,由其孙杜嗣业迁回康店村西邙岭上,即今杜甫墓。

杜甫一生颠沛流离,目睹唐朝由盛转衰的巨变,忧国忧民,写出了“三吏”“三别”等优秀爱国主义诗篇,他一生作诗1500多首,被人称为“诗圣”。

据有关资料记载,杜甫墓迁回康店村西邙岭后,这位饱经患难的诗人受到历代人民的尊崇,墓园越修越大,建有垣墙、四门,园内广植苍松翠柏,前来凭吊的人络绎不绝,惜宋代墓园已遭毁弃。现在的墓园是20世纪80年代政府出资兴建的,占地2万多平方米,路幽碑环,成为海内外华人瞻仰“诗圣”的胜地。

1987年3月,被郑州市人民政府公布为郑州市文物保护单位。

15. 李商隐墓

位于荥阳市东南4千米的豫龙镇李商隐公园内东北部。地理坐标为北纬34°45′17.88″,东经113°26′54.15″。

原封土直径10米,高4米。墓葬处在檀山南坡上,北距郑上路1.5千米,南距中原西路600米。2007年12月至2008年4月,荥阳市人民政府对该墓进行整治,将其建成一处占地5.8万平方米的大型文化公园。园内芳草绿树葱郁,曲径盘桓,墓冢围以青石,环境十分优美。

李商隐墓

李商隐祖籍河南沁阳,祖父李俌迁居荥阳,死后葬于荥阳檀山之原,其后又有曾祖母卢氏、父李嗣葬于此。李商隐晚年罢官后隐居荥阳,虽未见相关文献明确记载其葬于荥阳,但考虑其家人均葬于荥阳,故其葬于此较为合理。

李商隐(813—858),字义山,号玉溪生、樊南生,晚唐优秀诗人。其诗富于文采,长于抒情,语言凝练,构思缜密,律法工整,具有卓越的艺术成就,对后世影响深远。李商隐一生命运乖蹇,在牛李党争的夹缝中求生存,辗转于各藩镇幕府充当幕僚,郁郁一生,只做过县尉之类的小官,令人唏嘘。

2009年6月,被郑州市人民政府公布为郑州市第二批文物保护单位。

16. 刘禹锡墓

位于荥阳市京城路东、郑上路南的三角地带。原墓冢高7.5米,周长20米,处在檀山山顶上,北距郑上路90米。2007年荥阳市人民政府投资8000万元,将其建成占地18万平方米的禹锡园,园内建池塘假山,植青萍绿草,环境优美,另有占地3万余平方米的刘禹锡纪念馆,文人气息浓重,墓冢围以石墙,增土覆茵,一改旧颜。地理坐标为北纬34°46′26.52″,东经113°24′24.95″。

刘禹锡墓

刘禹锡墓在荥阳,史书多有记载。明嘉靖本《荥阳县志》引《明一统志》云:“唐刘禹锡墓,在荥阳县东檀山原。”清乾隆《荥阳县志》云:“刘禹锡墓,在檀山。”刘禹锡在多篇文章中提到“家本荥上”“坟墓在洛阳北山,其后地狭不可依,乃葬荥阳之檀山原”。

刘禹锡(772—842),字梦得,贞元九年(793)进士,先后任太子校书、监察御史等职,后因参与王叔文的永贞改革失败,被贬为朗州司马,迁连州刺史。后以裴度力荐,任太子宾客,加检校礼部尚书,世称“刘宾客”。

刘禹锡是唐代重要的进步思想家和哲学家,曾写下著名的无神论作品《天论》三篇,论述天的物质性。他的《竹枝词》《陋室铭》《乌衣巷》《酬乐天扬州初逢席上见赠》等名篇，千古传诵。

1987 年 3 月，被郑州市人民政府公布为郑州市文物保护单位。

17. 曹彬墓

位于郑州市上街区峡窝镇沙固村西北的岗地上，北距陇海铁路 600 米，西距汜水 600 米。这里是汜水东岸，汜水从其南、西、北面环绕而过。地理坐标为北纬 34°49′31.29″，东经 113°15′8.69″。

墓冢高 10 米，直径 33 米。冢前立有嘉庆二十四年（1819）汜水县令曹德锡撰文墓碑一通。传说曹彬墓另一址在巩义市东 5 千米北山口镇北官庄村东南岭上，与赵普墓相邻，其墓冢用砖砌成城堡式，顶部建有凉亭。

曹彬（931—999），字国华，真定灵寿（今河北灵寿）人，后周时隶世宗柴荣帐下，从镇澶渊。宋乾德元年（963），以败契丹、北汉功，改左神武将军，俄兼枢密承旨。开宝七年（974）统兵攻南唐，在采石矶作浮梁渡长江；次年围金陵，灭南唐，拜枢密使。太平兴国四年（979），佐太宗决策灭北汉。雍熙三年（986）攻辽，败于涿州，退至岐沟关，兵溃，责授右骁卫上将军。真宗即位，复任枢密使。咸平二年（999）六月薨，享年 69 岁，赠中书令，追封济阳郡王，谥武惠。

2009 年 6 月，被郑州市人民政府公布为郑州市第二批文物保护单位。

18. 王博文墓

位于郑州市上街区峡窝镇四所楼村东 50 米峡窝变电站东南角，王博文长子王田、次子王畴等子孙均葬于此。墓地处在万山之北，地势南高北低，西距汜水 3.2 千米，南距 310 国道 2 千米。地理坐标为北纬 34°47′26.73″，东经 113°17′5.10″。

原有高大墓冢 2 座，现已被夷为平地，村民曾发现石棺等物。一冢前有王畴所立之碑，碑高 1.98 米，宽 0.64 米，题为“宋□□□□□（5 字被凿）枢密院累赠太师中书令兼尚书封郑国公谥肃讳博文字仲明王公之墓”，另一冢前有王田之子王第岣等 7 进士所立之碑，题为“大宋朝奉部太常少卿致仕护写赐紫金鱼袋讳田字介然王公之墓”。

王博文，字仲明，曹州济阴（今山东菏泽定陶区）人。幼善文，以回文诗 4 篇中进士，人谓之“王回文”。宋真宗时权江、淮制置司事，改监察御史、梓州路转运使。天禧中，任尚书兵部员外郎、户部郎中、龙图阁直学士、枢密院事。卒，帝临奠，赠尚书吏部侍郎。有二子，长子王田，天圣间进士，曾“知通利军、知襄州”；次子王畴，字景彝，以父荫补将作监主簿，中进士第，累迁太常博士、翰林学士、尚书礼部侍郎、枢密副使，修编《唐书》。

2009 年 6 月，被郑州市人民政府公布为郑州市第二批文物保护单位。

19. 王德用墓

位于新郑市龙湖镇荆王村东南 300 米王德用家族墓地内，西距郑尧高速 2 千米，东距 107 国道 4.2 千米，北距泰山 1.6 千米。地理坐标为北纬 34°33′51.31″，东经 113°38′10.96″。此处地势西北高东西低，墓地北 20 米有一东西向冲沟，沟内植树。

王德用墓

墓冢已毁，仅存石碑两通，间距 200 米。西侧碑高 3.85 米，宽 1.15 米，厚 0.39 米，庆历四年（1044）十二月十日立，碑首缺失，碑风化严重，字迹模糊。东侧碑高

7.24 米，宽 1.55 米，厚 0.45 米，大中祥符年间立，碑首、碑身、碑座分为三体，倒在一土堆上，碑身断为二截；碑螭首龟趺，碑首阴刻篆书“精忠之碑”，碑文风雨剥蚀，不可辨读。

墓地原有祖孙三代 4 座墓，分别是王超墓、王德用墓、王咸康墓、王咸融及夫人石氏墓。《新郑县志》载王德用墓碑立于墓前，墓毁碑存，庆历四年碑不知何人之碑，另有王咸融夫人石氏墓志存世。

王德用(979—1057)，字元辅，父王超为怀州防御使，补衙内都指挥使。至道二年(996)，西夏李继迁叛，宋兵分五路出击，王超率六万大军出绥、夏，王德用年十七，为先锋，将万人战铁门关，斩首十三级，俘掠畜产以数万计。进师乌白池，王德用将兵五千，转战三日，敌势却。宋仁宗拜其为检校太保、签书枢密院事，不久为副使，加检校太尉、定国军节度使、宣徽南院使。王德用有谋略，善以恩抚下，多得士心。他率军屡临边境，虽未曾亲临战阵，而名闻四夷。至和元年(1054)，为枢密使，后封鲁国公。年 79 岁卒，赠太尉、中书令，谥武恭。

2009 年 6 月，被郑州市人民政府公布为郑州市第二批文物保护单位。

20. 冯京墓

冯京墓

位于新密市东 22 千米曲梁乡五虎庙村南侧岗地上，北距 321 省道 1.3 千米，西距溱水 2.8 千米。这里地势北高南低，东高西低。墓东为整修的梯田，新拓展的大学南路从墓西 10 米处经过。地理坐标为北纬 34°30′47.73″，东经 113°38′56.38″。

1981 年 11 月，五虎庙村群众在墓南侧平整土地时发现冯京续妻富氏墓志一合。同年 12 月，河南省文物研究所在密县文化馆的协助下，对该墓进行了清理。

墓为冯京与三个夫人的合葬墓，坐北朝南，地面已无封土。墓由南北向斜坡墓道和四个东西向横石室组成，石室顶板距地表仅 1 米。墓室南北长 9.14 米，东西宽 5.58 米，中间用 0.5 米厚的石条砌三道东西向隔墙，隔墙中部下方皆有宽 0.5 米、高 0.6 米的过道连通墓室，遂成一墓四室。墓室底板为薄石板，顶板为长方形石条，上边各放一合墓志。四室自南向北依次为续妻富氏、再续妻富氏、冯京、原配王氏。墓室经过盗扰，残留随葬品如下：瓷器 26 件、陶器 4 件、石器 5 件、骨器 1 件、铁器 1 件、铜镜 1 件、铜钱 194 枚。

冯京墓志长 1.31 米，宽 1.29 米，厚 0.295 米。盖为盝顶形，志盖正中镌“宋故宣徽南院使太子太保致仕赠司徒谥文简冯公墓志铭”。志铭为阴刻篆书，志文 35 行，行 62 字，彭汝励撰文，王古书，乔执中篆盖，邢肃刊石。志文主要记载了冯京的生平事迹。

冯京(1021—1094)，北宋名臣，字当世，鄂州江夏(今湖北武昌)人，三元及第状元。仁宗时曾拜龙图阁待制，出知扬州，为翰林学士，知开封府，又出使安抚陕西，知太原府。神宗时，擢枢密副使、参知政事，因反对王安石变法，出知亳州、成都府、河阳府。哲宗继位，知大名府。绍圣元年(1094)因病去世，八月葬于河南府密县义台乡南朱村之祖茔，三夫人祔焉。

该墓现被冯氏后代在原墓封起直径 7 米、高 2 米的土冢，冢前树万古流芳碑楼一座。碑楼为须弥莲花座，立有龙凤柱，为两层四阿顶，正中嵌一碑，碑正中刻“宋太子太保赠司徒谥文简冯公夫妇墓”。

2009 年 6 月，被郑州市人民政府公布为郑州市第二批文物保护单位。

21. 穴道墓

位于新密市西南郊，东距未来大道 90 米，南距洧水路 30 米，再南 600 米是绥水。墓地处在开阳山南坡，地势北高南低，黄土深厚。地理坐标为北纬 34°30′51.34″，东经 113°20′10.54″。

穴道墓

穴道墓，又称常公墓，俗称“黑大寿坟”。《密县志》记载：常公墓在县西常村保，元统三年(1335)孙鹏翼立神道碑。常公官至参知政事，姓名、籍贯失考。冢前神道原有石坊、石人、石兽，现冢已无存，石坊被毁，坊基隐于地下，尚有石人 3 个，列于神道两侧。西侧 1 个，为武官，胸部以上露于地面，脖子以上残，身穿交领宽袖长袍，冠带结于颌下，颈佩方心曲领，双手拄剑立于腹前。东侧 2 个，均为文官，距武官 7 米，胸部以上露于地面，一个脖子以上残，一个头戴冠，面目不清，均冠带结于颌下，颈佩方心曲领，身穿圆领宽袖长袍，手执笏板于胸前。石人北 50 米有现代坟丛，可能是原墓冢的所在。另有石羊一对，头微仰，大角，小耳，小眼，抿嘴，四腿曲卧于座上。石羊现一个平整土地时被掩于地下，另一个存放在新密市文物保护管理所。

2009 年 6 月，被郑州市人民政府公布为郑州市第二批文物保护单位。

22. 闫周民墓

位于新密市城关镇南街村南的高岗北坡上，北距洧水路 350 米，西距菜园沟河 900 米。此岗东西长 2.2 千米，南北宽 1.3 千米，东有皂角树河，西有菜园沟河，北为菜园沟河支流，南为绥水，几乎被水包围。地理坐标为北纬 34°30′31.18″，东经 113°21′50.99″。

闫周民墓

墓地在一梯田中部，墓冢呈方形，原高 5 米，周长 70 米，其西、北、东 30 米皆为矮断崖，冢北 20 米立有明代、清代石碑各一通。主碑为明万历二年(1574)立，高 3.6 米，宽 0.97 米。碑额四龙环绕，额中篆书“奉天敕命”四字，下为碑文，记载明嘉靖二十年(1541)皇帝下旨赠封闫父为承德郎、闫母为安人及嘉靖二十七年(1548)皇帝特封闫妻韩氏为安人等内容；碑阴刻“奉直大夫山西应州知州洧南闫君墓铭”，记述其生平。另一通为清道光二十年(1840)碑，较小，主要记述闫氏家族在密县的分布。

墓冢北的岗顶为一大型铝石坑，坑内清出的废石渣因倾倒在墓冢上，墓冢完全被覆盖。现冢高 8 米，周长 80 米。主碑因农民焚烧秸秆，碑右侧有一长裂缝。

闫周民(1500—1564)，字宗姬，密县老城东街(今新密东街)人，明嘉靖元年(1522)举人，历任直隶保定府通判、山西应州知州等职。

2009 年 6 月，被郑州市人民政府公布为郑州市第二批文物保护单位。

23. 赵春亭墓

位于巩义市西南 5 千米的芝田镇官庄村西。这里是青龙山西北麓的山前平地，北距国道 500 米，南距芝田至喂庄村道 800 米，东距永安路 100 米，郑西高铁在西北方向 76 米处穿过。地理坐标为北纬

34°41′30.18″,东经 112°57′55.27″。

墓葬坐西朝东,早年被盗,冢被夷平,冢前原有文臣、虎、马石刻 16 件,雕工精美,形象生动,俱移入永定陵存放。墓区中间为石牌坊,西侧中间横梁楷书“明赠文林郎春亭赵公之茔”,北侧楷书“男赵景星创立”。该墓出土有墓志。

2009 年 6 月,被郑州市人民政府公布为郑州市第二批文物保护单位。

24. 杨朴墓

位于新郑市北 19.5 千米的袁堡村东。宋翰林学士李淑撰其墓表,立石墓前。今墓已无存。地理坐标为北纬 34°35′29.45″,东经 113°43′46.75″。

杨朴(921—1003),字契元,世居新郑东里(今郑韩故城内),自号东里野人。性好学,恬淡孤僻,不愿做官,终生隐居乡村,常独自骑牛往来于东里、郭店间,每得佳辞妙句,辄卧道间茂草间挥笔而就。少时与毕士安、韩丕友善,后毕士安官居相位,荐杨朴于唐太宗,唐太宗爱其才,想授官任用,杨朴坚辞不受,作《归耕赋》以明志。

杨朴的诗俊逸洒脱,用语简练,类唐代诗人贾岛、李涉诗风,著有《东里集》。

25. 吕夷简墓

位于新郑市北 15 千米的郭店镇李坟村东,西距 107 国道 85 米,东南距后周太祖嵩陵 1.3 千米。地理坐标为北纬 34°32′33.82″,东经 113°41′12.18″。这里是嵩山东延一个大岭的东端,处在龙湖镇与郭店镇之间。墓冢高 4 米,周长 40 米。

吕夷简墓

吕夷简(979—1044),字坦夫,寿州(治今安徽凤台)人。出身官宦之家,伯父吕蒙正是宋太祖时宰相。真宗初年举进士,历任通州通判、滨州知州、祠部员外郎、刑部郎中权知开封府。仁宗即位年幼,其任宰相,太后临朝十余年,天下晏然,吕夷简之力为多。

吕夷简在处理宋辽、宋夏关系时,重用范仲淹,派遣名臣出使辽,使两国实现了短暂和平。范仲淹建议兴革,被他排斥,为时人所不满。庆历三年(1043)罢相,授司徒,后以疾卒,赠太师、中书令,谥文靖,赐葬新郑西北。

26. 曾公亮墓

位于郑州航空港经济综合实验区八千办事处香炉朱村东,西距梅河 600 米。地理坐标为北纬 34°22′25.29″,东经 113°53′1.47″。

曾公亮墓

旧时墓后有曾坟寺,墓南半里有墓碑,现在曾公亮墓冢及寺均湮没。1999 年,新郑市政府与曾公亮 29 代侄孙曾传章修复曾公亮陵园,陵园南北长 230 米,东西宽 110 米。北部恢复其墓冢,冢高 10 米,直径 40 米,冢前 10 米神道中央立墓碑一个,碑高 5 米,宽 1.2 米。神道长 50 米,宽 8 米,两侧植柏树。

曾公亮(999—1078),字明仲,号乐正,泉州晋江(今福建泉州)人。天圣二年(1024)举进士甲科第五名,初授越州会稽县令,后擢升天章阁待制,至和二年(1055)以端明殿学士知郑州。嘉祐六年(1061)拜吏部侍郎、同中书门下平章事,熙宁元年(1068)加门下侍郎兼吏部尚书,封英国公、兖国公、鲁国公,晚年推荐王安石于宋神宗,同心辅政。熙宁五年(1072)以太傅辞官退休。元丰元年(1078)去世,享年80岁,赠太师、中书令,谥宣靖,配享英宗庙庭,赐葬新郑梅河东岸,御篆"两朝顾命定策亚勋"之碑。

曾公亮是北宋著名的政治家、军事家、军火家。他致力于革弊兴利,富国强兵,曾主编《武经总要》四十卷。该书第一次完整记载了火药配方和制造工艺,是世界上最早记载火药配方和制造工艺的文献,同时该书记载的"九乳螺洲"就是今天的西沙群岛,这表明北宋朝廷已把西沙群岛置于自己的管辖范围,为维护我国领土和主权完整提供了无可辩驳的历史事实。

27. 巴巴墓(亭)

位于郑州市二七区解放路52号,是中国现存的回族古墓之一。墓内安葬着阿拉伯友人穆斯林先贤默穆都哈,由于他具有高深的宗教修养,被尊为"巴巴",故其墓被称为"巴巴墓"。

巴巴墓(亭)

该墓高0.84米,长1.82米,呈半圆形。墓上原建有大圆亭一座,后毁于战火,现有新建六角亭。亭子坐北朝南,高约7米,占地面积约40平方米,采用青砖灰瓦建造,六个角上使用木柱承托屋面荷载,柱子下端施柱础和柱顶石,木柱之间用木质围栏连接。建筑主体由六面墙体围合而成,与角柱和围栏形成回廊。建筑南北两面墙上开门,其他各面墙上设窗。建筑内部供奉一通石碑,上书"山海默穆都哈大人墓"。

相传,默穆都哈于明朝来到郑州城内清真寺(现郑州北大清真寺)宣传教义,他知识渊博,品行圣洁,道德高尚,深受群众敬仰,被尊为"筛海卧力"。默穆都哈反对用暴力解决民族纠纷,主张各民族加强团结,消除隔阂,和睦相处,为后人树立了光辉的典范。他不远万里历尽艰辛来到中国,架起了一座中阿交流的桥梁,增进了中阿人民之间的友谊。他毕生致力于伊斯兰教的事业,直至献出宝贵的生命,并立嘱把自己的遗体埋葬在中华大地上,成为中华民族与阿拉伯民族友好往来的历史见证。人们给他建亭立碑,以示纪念,伊斯兰重大节日时,回族群众都来墓地缅怀先贤,巴巴墓是穆斯林宗教活动的重要场所。

第三节　其他重要墓地

其他重要墓地指那些面积较大、墓葬数量众多、历史文化价值高但并无历史名人在内的墓葬或墓葬群。这些墓地处在城址或大遗址周围,地势一般较高,或依山傍水,或背风朝阳,是人们觉得稳妥可靠的栖息之地。葬在这里的人大多是城中或村中的居民,或者社会的中下级管理者,他们从事着基本的农业、手工业生产,或者承担着国家管理与维护社会稳定的职责。他们死后没有单独的墓地,一般会和族人葬在一起,从而形成聚族而葬的族墓地,墓地内部可能还分出更小的墓区,代表着更小一级的家族。由于经济能力不同、政治地位(或家庭地位)差异,一些墓葬可能会比普通的墓葬大,随葬品更多且做工精美。

1. 裴李岗遗址墓地

位于新郑市新村镇裴李岗村西。1977—1978 年，开封地区文管会、新郑县文管会、郑州大学历史系联合对其进行了发掘，共清理墓葬 114 座。地理坐标为北纬 34°26′10.53″，东经 113°39′23.49″。

1978 年裴李岗遗址墓地发掘现场

墓地分为三区，彼此间隔一定距离。东部两区较小，西区较大。墓为南北向，均为长方形竖穴土坑墓，长 2.5—2.6 米，宽 1.9—2.1 米，内埋 1 人，无葬具。多数墓有随葬品，主要有石器、陶器、骨器，少者 1 件，多者 20 件。随葬品以陶器为主，器型有壶、三足钵、深腹罐、鼎、碗等。随葬品较多的墓葬，往往三足钵较多。随葬生产工具的墓不多，生产工具主要有石铲、石磨盘、石磨棒、石镰、石斧等。随葬品摆放位置以头旁和下肢侧较多，有的放置于墓主左侧，个别放置于两侧。值得注意的是，凡随葬石磨盘、石磨棒的墓，均不见石斧、石铲、石镰等生产工具，反之亦然，两类生产工具不共存。经比对人骨，随葬石磨盘、石磨棒的墓主是女性，随葬石铲、石斧、石镰的墓主是男性，可见当时生产已有明确的分工。

2. 大河村史前遗址墓地

位于郑州市北郊大河村遗址西南部和东北部。地理坐标为北纬 34°50′29.65″，东经 113°42′1.80″。

大河村史前遗址墓地部分墓葬出土场景

1972—1988 年，郑州市博物馆共清理长方形土坑墓 316 座，瓮棺葬 170 座。土坑墓长 1.7—2.3 米，宽 0.4—0.7 米，深 0.3—0.9 米，内埋 1 人，仰身直肢，大多无随葬品，有随葬品的多者 3 件，少者 1 件，放置于腰部、足部、肩部。随葬品有鼎、碗、壶、纺轮、陶弹丸和骨针等，皆实用品。瓮棺葬分布相当集中，直接压在同期成人墓上，多数使用 1 件葬具，葬具口朝上竖放，葬具有罐、盆、鼎、缸等。使用 2 件葬具的均口对合，东西横放，系大口尖底瓶与豆、罐或盆、罐与罐对合。瓮棺葬骨骸已朽，无随葬品。这些墓葬根据文化分期，分属新石器时代仰韶文化一、二、三、四期和龙山文化早、中、晚期。

2011 年郑州市文物考古研究院在大河村遗址保护房北发掘墓葬 22 座。

3. 尚岗杨史前墓地

尚岗杨遗址位于郑州经济技术开发区南曹乡尚岗杨村西的土岗上，西临七里河东支，遗址面积约 7.5 万平方米。2014 年 4 月，修建机场高速通过遗址西缘，郑州市文物考古研究院对通过路段进行了发掘，清理墓葬 34 座，由于 1993 年郑州市文物工作队对遗址的发掘中已发现墓葬，故墓葬区总数当远超此数。

墓葬分为 3 排，均为长方形竖穴土坑墓，墓葬长 2.1—2.3 米，宽 0.6—0.8 米。除一座外均为东西向,头朝向西,仰身直肢。基本没有随葬品,仅 M1 随葬有残陶鼎 1 件、残陶钵 1 件。M27 随葬有残陶豆 1 件。M31 陪葬有残陶鼎 1 件、残陶碗 1 件。

4. 白家庄商代墓地

位于郑州商城东北部城墙与白家庄之间的南北向土岗上(即紫荆山),在 20 世纪 50 年代的施工过程中,这里先后发现多座随葬铜器或陶器的墓葬。

墓葬多南北向,长 2—3 米,宽 1—1. 2 米,深 1—2 米。随葬铜器有鼎、鬲、斝、罍、爵等,随葬陶器有鬲、斝、爵、豆、簋、盆等,随葬玉器有璜、玦等。

5. 郑州人民公园晚商墓地

位于郑州市人民公园中部一带。这里地势稍高,1954 年在这里开挖青年湖(今水上乐园),发现有较厚的文化层,时间从二里冈下层一期延续到二里冈上层一期,其上覆盖着所谓的人民公园期遗存。遗存包括文化层、灰坑、墓葬。

墓葬共清理 24 座,多数为东西向的长方形竖穴土坑墓,长 1. 6—3. 1 米,宽 0. 7—1. 4 米,深 0. 2—2 米。墓葬一半带有腰坑,其余则无。随葬铜器有戈、钺、壶、刀、矛、簇等,随葬陶器有鬲、簋、壶等,随葬玉器有璜、柄形器、泡、璧、小饰件等。

6. 小胡村墓地

位于荥阳市广武镇小胡村东北枯河北岸的台地上,南北长 400 米,东西宽 200 米,面积 8 万平方米。地理坐标为北纬 34°54′46. 76″,东经 113°30′25. 19″。

1993 年,黄河大观在这里施工,曾出土多件铜爵、铜觚等商代器物。2006 年,不法分子对其进行了大肆破坏。河南省文物考古研究所联合郑州市文物考古研究院、荥阳市文物保护管理所,于 7 月 26 日至 9 月 15 日对墓地进行了抢救性发掘,共清理墓葬 160 座,其中 58 座为晚商墓。

小胡村墓地出土铜爵

墓均为长方形竖穴土坑墓,南北向,口长 2—6 米,口宽 0. 7—3 米,深 1. 3—6. 3 米。大部分墓底有腰坑,长 1 米,宽 0. 4 米左右。墓使用一棺一椁或单棺,仰身直肢或俯身直肢,身下有朱砂,填土中埋狗,少者 1 条,多者 7 条。

晚商墓中 35 座有随葬品,共出土铜器 149 件、玉石器 45 件、海贝 221 枚。铜器有鼎、觚、簋、爵、卣等礼器 49 件,戚、戈、镞等兵器 54 件,刀、锛、凿等工具 27 件,车马器 3 件,铜铃 12 件,弓形器 4 件;玉石器有钺、圭、璧、琮、璜、戈、磬、簪及多种动物造型。随葬品多数放置于棺内,礼器置足端,兵器置肩部,玉器和海贝贴身或口含,个别规模较大的墓棺盖板上放置有铜兵器,铜铃系于狗脖。

在随葬的青铜器上共发现铭文 4 处,铭文中以“舌”字出现次数最多。该墓当为商代舌族邦墓地,墓主多为中下级贵族,时代为殷墟二至四期。

7. 黄河路晚商墓地

位于郑州市花园路、黄河路交叉口西南。2012 年 11 月至 2013 年 1 月，郑州市文物考古研究院对省直机关房地产服务中心住宅楼施工地段进行发掘，共发掘 45 座墓葬，其中 43 座为商代墓。

商代墓均为长方形竖穴土坑墓，长 2—3 米，宽 0.6—1 米，深 2 米左右，墓底皆有腰坑。墓葬横成行，竖成列，有打破关系的绝少，可见墓地经过规划。

随葬器物一般置于头端二层台上，也有放置于棺顶的，棺朽后落于尸骨上。根据质地可分为陶器、铜器、玉器三种。陶器以泥质灰陶为主，主要器型有鬲、簋、罐、豆、盆、壶等。铜器主要有爵、戈、刀、铃等。玉器主要有圭、柄形器、匕等。

根据出土器物特征可知，墓地年代为殷墟二期、三期。

8. 西司马商周墓地

位于荥阳市高村乡西司马村北岗地上，南距连霍高速 800 米，北距邙山 5 千米，东南 2 千米有枯河西南至东北向流过。

岗地高出地面 1.5 米，20 世纪 70 年代被取平。2005 年 6 月墓地被荥阳市文物保护管理所工作人员发现，通过对梯田断面刮铲，没有发现文化层，耕土层下偶见龙山文化、二里头文化、晚商时期的灰坑及晚商墓葬。墓地南北长 160 米，东西宽 150 米，面积 24000 平方米。

2005—2006 年郑州市文物考古研究所(院)、荥阳市文物保护管理所联合对该墓地进行了发掘，共清理墓葬 124 座，其中商末周初墓葬 85 座、战国墓 20 座、唐宋墓 19 座。

晚商墓葬均为长方形竖穴土坑墓，一般口小底大，使用木棺的都留有夯打过的二层台。口长 2—3.4 米，口宽 0.8—1.7 米，深 0.4—1.2 米。考虑到墓的上部有 1 米以上的土层遭到破坏，墓口长宽还应该有所减小。

墓葬分为南北向和东西向两种。根据墓葬方向，可将墓地分成 A、B、C 三区：A 区位于中部，B 区位于 A 区的东北部，C 区位于 A 区的西北部。A 区 28 座墓头朝南，B 区 21 座墓大部分头朝西，C 区 36 座墓有 35 座头朝西。

根据墓葬出土的 160 件陶器，可将墓地分为四期，一期约相当于殷墟四期晚或商周之际，二、三期相当于西周早期早段，四期相当于西周早期晚段偏早。

9. 二里岗战国墓地

位于郑州市南关外二里岗东南坡上。1953 年冬、1954 年春，铁路部门要在这里修建二里岗火车站(今郑州东站)，郑州市文物工作组在此钻探出古墓 445 座，选择性发掘其中的 240 座，有 212 座是战国墓。地理坐标为北纬 34°43′54.59″，东经 113°41′10.61″。

墓葬排列十分密集，间距 0.3—4 米，彼此之间没有打破关系。墓分竖穴土坑墓和竖穴空心砖墓两种，前者 186 座，后者 26 座，绝大部分为南北向，使用一棺一椁或单棺。竖穴土坑墓口长 2—3.8 米，口宽 1—3 米，深 1—6 米，随葬品多置于壁龛内。竖穴空心砖墓口长 2.3—3 米，口宽 0.8—1.9 米，深 0.8—2 米，器物放置于壁龛或棺前。212 座墓中有 158 座随葬陶器，多者随葬 56 件，少者仅 1 件，一般随葬 5—20 件，共出土陶器 684 件，陶器组合有鼎、豆、壶、盘、匜、高柄小壶或鼎、豆、壶、碗或盒、碗、壶。铜器主要为兵器和饰品，40 座墓出土铜器 582 件，主要为剑、戈、镞、带钩、铃、珩、镜等。

二里岗墓地是郑州市第一次大规模发掘的东周墓，为郑州市的东周考古打下了基础。

10. 南阳路战国墓葬群

位于郑州市南阳路大石桥至郑纺机之间,面积约1平方千米。地理坐标为北纬34°46′12.94″,东经113°39′6.19″。这一带地势较高,以前是著名的沙丘区,从岗杜一名可知其概况。1953年以来,郑州的考古机构先后在岗杜、王府坟、海滩街、金桥宾馆、郑纺机等基建工地清理百余座春秋、战国、汉代的墓葬,2003年郑州市文物考古研究所更是在南阳路与黄河路交叉口西南角的家世界购物广场工地一次性发掘战国墓68座,2007年郑州市文物考古研究院在岗杜一带又发掘战国墓136座,由此可知这一墓区的墓葬密度。

墓区总体以战国墓为主,也有相当数量的春秋晚期墓,汉墓偏少。春秋晚期墓皆长方形竖穴土坑墓,东西向,多数墓长2—4米,宽1.3—2.5米,深1—5米,棺内随葬鬲、罐、盂等小型陶器。战国墓有长方形竖穴土坑墓、长方形竖穴空心砖墓、长方形空心砖洞室墓三种,多南北向,墓长2.4—3.5米,宽1.2—2.6米,深2.5—5.5米,于头端或壁龛放置鼎、豆、壶、盘、匜,或于墓底放置鼎、盏、舟、罍、盘、匜,洞室墓则于空心砖椁或土洞内放置罐、碗等。汉墓多为狭长的长方形土洞墓,也有大型砖券洞室墓,如郑纺机油库汉墓,由斜坡墓道、甬道、前后室、耳室组成,出土器物有罐、壶、博山炉、灶、当卢、马镳、削、铜钱等。

11. 碧沙岗东周墓地

位于郑州市中原区碧沙岗公园北。地理坐标为北纬34°45′14.62″,东经113°37′46.51″。这里原有一个东西长500米、南北宽400米、高5米的大岗,岗南坡有建设路通过,岗中部有一条南北向路沟,将岗分成东西两部。1955年河南省文化局文物工作队对岗顶部进行了发掘,共清理东周墓葬145座。

墓均为长方形竖穴土坑墓,大部分为南北向,最大者长3.9米,深3.5米,最小者长1.2米,深0.38米。墓使用一棺或无棺,墓主头多朝北,单身直肢者110座,屈肢者25座,葬式不明者10座。103座墓有随葬品,其中89座出土有陶器。春秋墓陶器组合为鬲、罐,盂、罐或鼎、盘、舟、匜、杯、罍,战国墓陶器组合为鼎、豆、壶。

12. 郑州中原区外国语小学东周墓地

位于郑州市文化宫路西侧,南距陇海西路200米,地势较为平坦。2015年10月,郑州市文物考古研究院配合中原区外国语小学基本建设发掘东周墓80座,唐墓、宋墓各5座。地理坐标为北纬34°44′16.19″,东经113°36′55.79″。

墓地经过事先规划,墓葬东西成排,南北不成列,之间绝少打破。墓大小较为一致,相差不悬殊,一般长2.3—3米,宽1—2米,深0.8—3米,均为长方形竖穴土坑墓,南北向。出土器物主要有鬲、罐、盂、盒、壶、豆、匜及少量铜珩。从出土器物来看,以春秋晚期的墓葬居多,少量为战国早期墓葬。

此墓地虽然有一定数量的墓葬,但规格较低,原因有二:一是距离战国商城较远;二是地势不如其西北方的牛庄墓地高亢,可能为附近较大村落的族墓地。

13. 洼刘两周墓地

位于郑州高新技术产业开发区洼刘村北,科学大道南北两侧,东起河南省银湖铝业有限公司,西至郑州大学,长800米,宽约400米,墓地主要分布在科学大道北侧。地理坐标为北纬34°48′27.81″,东经113°32′38.75″。郑州市文物考古研究所于1999—2005年在此发掘西周墓120多座、东周墓1000多座及大量两周时期的灰坑。

西周墓主要分布在洼刘村北、银湖铝业有限公司及郑州锅炉股份有限公司东部，为长方形土坑墓，南北向。出土器物有陶鬲、陶豆、陶罐、陶簋、蚌饰、贝币等，其中一座贵族墓出土大量精美的有铭青铜器，有鼎、簋、甗、罍、尊、卣、盉、爵、觚、觯、戈等。

东周墓主要分布在西周墓西边，即郑州锅炉股份有限公司、郑州大学附近。墓葬多为中、小型，南北向，头端设置壁龛，出土器物以陶器为主，有鼎、豆、壶、盘、匜、碗等，另有大量铜带钩、铜珩和水晶环等装饰品。

洼刘两周墓地

该墓地是郑州市西北郊最大的两周墓地，可能和消失已久的管国有关。

14. 西史赵战国墓地

位于郑州市北郊西史赵村北的平地上，北起国基路，南到信基路，东到索凌路，西至金杯路。2007—2008年郑州市文物考古研究院对在此建设的普罗旺世一、二期工程地段进行了考古发掘，共发掘战国墓607座、汉墓114座、唐墓2座。地理坐标为北纬34°49′3.87″，东经113°38′11.03″。

墓地经过规划，排列有序。战国墓绝大部分为竖穴土坑墓，11座为竖穴空心砖墓。墓葬多南北向，也有少数为东西向的，大部分墓头端有壁龛，距墓底0.7—1.5米。随葬品有陶器、铜器、水晶、玉石器等。陶器组合以鼎、豆、壶、盘、匜为主，铜器有剑、戈、璜、削、环、带钩等，铁器主要为带钩，另出土大量水晶环、料珠、蚌珠、骨管、玉环、玉璧、残玉片等。汉墓形制多样，既有竖穴墓道土洞墓，也有竖穴墓道砖室墓，砖室墓有单室和多室的。墓葬多南北向，也有东西向的。竖穴墓道土洞墓基本为两座墓葬并列，较有规律。出土器物主要有罐、壶、仓、灶、铜洗、钱币等。

该墓地是目前郑州市北郊最大的战国墓地。

15. 郭村墓地

位于郑州高新技术产业开发区郭村东，2014年郑州双桥实业有限公司拟在长椿路西、北四环南地段建设郭村安置房项目，郑州市文物考古研究院对施工区域内的墓葬进行了发掘，共清理战国墓2座、汉墓246座、唐墓2座，出土一批文物。

战国墓分长方形竖穴土坑墓和“甲”字形空心砖室墓两种，汉墓多为“甲”字形空心砖室墓，另有少数土洞墓、小砖券墓，唐墓均为“甲”字形砖室墓。

战国墓出土陶器有釜、罐、盒、碗等。汉墓出土陶器有罐、壶、釜、灶、奁、仓、盒等，铜器有镜、釜、钫、提梁壶、铜钱，玉器有环、璜，铁器有刀、剑。唐墓出土有三彩壶。

该墓地北距荥阳古城仅1千米，应该是当时城内居民的墓地。

16. 赵庄东周墓地

位于新郑市新村镇赵庄村西、黄水河东岸一条南北向的沙岗上。地理坐标为北纬34°26′27.60″，东经113°44′7.61″。墓地南北长560米，东西宽200米，原高出地面八九米，经20世纪80年代平整土地，普遍下降二三米，故所有墓葬已失开口。2010年为配合南水北调中线工程，郑州市文物考古研究院对干渠穿越区域进行了考古发掘，共清理东周、汉、宋墓葬200余座，出土一批重要文物。

墓地大部分为东周墓，多为南北向竖穴土坑墓，少数为东西向竖穴土坑墓，排列有序，绝少打破。墓葬长2—3米，宽1.5—2米，深1—4米。随葬品主要放置在头端的棺、椁间，或头端棺外，器物有鬲、罐、盂、豆组合或鼎、盘、舟、盏、匜、罍组合。前者应为春秋晚期的墓葬,数量较少;后者为战国早期墓葬,数量最多。

17. 铁岭东周墓地

位于新郑市西北2.5千米双洎河北岸两条支流间的台地上,南北长650米,东西宽600米,面积40万平方米,是南水北调中线工程经过的地方。2006年6月以来,郑州市文物考古研究院持续6年对运河占压的地段进行了发掘,证明该墓地是郑韩故城外围一处面积较大的东周墓地,对于研究春秋晚期、战国早期郑国的政治、经济、军事、文化、丧葬习俗有重要意义。地理坐标为北纬34°25′54.34″,东经113°41′42.46″。

铁岭东周墓地全景

墓地西边的一条支流,南北长5千米,西岸未见到墓葬,说明它是东周已有的支流,而东支流南北长仅2.5千米,东西两壁上皆见竖穴墓,说明它是后期形成的,墓地有可能与支流东的七里井韩国贵族墓地是一体的,且以两支流作为界线。

墓地地势平坦,接近双洎河的地方因有古代的路沟而形成间断,在东周时期墓葬是连在一起的,且按一定顺序埋入,这标志着该墓地有一定的墓葬制度。

墓地共发掘4万平方米,清理出东周墓1300多座,另有为数不多的龙山文化、晚商、汉、唐、宋、元时期的灰坑。

1300余座东周墓中有铜器墓21座、仿铜陶器墓17座、车马坑13个,其余的为一般陶器墓或无随葬品墓。按时代可将它们分为春秋晚期早段、春秋晚期晚段、战国早期早段、战国早期晚段、战国中期等时段;按形制可将它们分为竖穴土坑墓与竖井墓道土洞墓两种;按出土物可分为铜器墓、仿铜陶器墓、陶器墓、小件墓与无出土物墓;按大小可分为大型墓、中型墓、小型墓(大型墓口长3—5.5米,口宽2—4米,深6—12米。中型墓口长2.2—3米,口宽1.2—2米,深2—6米。小型墓口长2.2米以下,口宽1.2米以下,深1—2米)。一般来说,铜器墓、仿铜陶器墓均为大型墓,个别配有车马坑,车马坑多为两马一车一狗;陶器墓大、中、小三型皆有,大型墓陶器成套出土,中型墓出土3—6件,小型墓仅见1件;小件墓均为中小型墓,出土铜璜、水晶环、铜带钩、铜铃、铜剑之类;无出土物墓有中型墓与小型墓两种。

铜器墓出土器物除铜鼎、铜盏、铜盘、铜舟、铜匜、铜壶、铜甗等器物组合外,还随葬陶鬲、陶罐、陶盂等明器组合,有些另有一套微型泥质器。仿铜陶器墓用陶器仿制成精致的铜器,一般也配有陶鬲、陶罐、陶盂的明器组合。春秋时期的陶器墓为鬲、罐、盂的明器组合,每种器物可多至4件。小型陶器墓多为单件盂、豆。战国时期的陶器墓随葬品器型较大,组合为鼎、豆、壶、盘、匜,也有随葬罐、碗、盒组合的。

玉器主要出土于铜器墓和仿铜陶器墓中,器型有带钩、玉条、玉柱、玉璧、玉瑗、玉璜、玉饰件等,质地有方解石、滑石、透闪石、蛇纹石等。

该墓地有数座墓保留有纺织品痕迹,均为红色,其中80号墓保存面积最大,红色纺织物垂挂于椁的内壁,织物经纬线较粗,为麻布一类织品,上饰灰色纹样。

铁岭东周墓地最初入墓葬时,在距西支流百余米的地方自北向南埋五列墓葬,一直埋到双洎河边,再折回头来,在五列墓葬的东西两侧,继续由北向南埋,如此反复,直至西支流东岸。这些墓葬多数为东西向，也有数座墓葬集中在一起的，为南北向，它们可能是一个小型家族地。战国早期，铁岭东周墓地的墓葬几乎全部为南北向，西支流东岸已无地可埋，故墓葬向东排列，一直排至东支流西岸，并有可能越过东岸。同时，有一支级别较高的家族，在墓地西北缘另辟新茔，大型墓葬较多，均为南北向。汉代、魏晋时仍有墓葬不断埋入该墓地，这时墓地已经延伸到冯庄村北。

通过发掘，我们有理由认为，铁岭东周墓地非一般村落民众之墓地，而是郑韩故城内的国人死后集中掩埋之处，即郑韩故城的一个邦墓地。

2008 年 6 月，被河南省人民政府公布为第五批河南省文物保护单位。

18. 金须胡庄东周墓地

位于新郑市新建路办事处金须胡庄村西南，南距郑韩故城北城墙 100 米，西至双洎河东岸，东西长 600 米，南北宽 400 米，东部地势稍高，107 国道从墓地中部穿过。地理坐标为北纬 34°24′43. 80″，东经 113°42′28. 11″。

金须胡庄东周墓地

2000 年 6 月，为配合金湖石棉瓦厂基建工程，在墓地北部 2 万平方米的范围内进行了文物勘探，共发现东周墓 20 座，墓葬密度一般。墓葬长 2. 5—5 米，宽 1—2 米，深 2. 5—6 米，属中小型墓葬，已就地保护。

该墓地位于郑韩故城西城区西北角城外，由于西城区是宫城，这一带又没有城门，这些墓非城内贵族墓，有可能是城外一般聚落的墓。

19. 小李庄东周墓地

位于新郑市郑韩故城东北角城外中华路两侧的岗地上。地理坐标为北纬 34°24′37. 11″，东经 113°45′0. 29″。

小李庄东周墓地现状

墓地东西均为黄水河南北向支流，西北有小李庄，西南为能庄，南北长 1 千米，东西宽 500 米，面积约 50 万平方米。2013—2014 年，郑州市文物考古研究院在中华路、中兴路两侧配合基建发掘东周墓 600 余座，多为中小型墓，随葬器物组合有鬲、罐、盂或鼎、盏、舟、盘、匜。墓地南部有不少汉墓，20 世纪 70 年代平整土地时曾发现有空心砖墓，出土器物有陶鬲、陶壶、汉代铜镜、铁箭头、布泉货币等。

2009 年 6 月，被郑州市人民政府公布为郑州市第二批文物保护单位。

20. 李马东周墓地

位于新郑市新烟办事处李家村、马家村附近，黄水河以东，苇河以西，新烟大街以北，新密铁路以南。墓地南北长 2000 米，北部宽 900 米，南部宽 500 米，面积约 140 万平方米。地理坐标为北纬 34°23′25. 72″，东经 113°46′3. 02″。

1979 年 5 月，河南省博物馆新郑工作站在李家村南 1 千米处，黄水河东岸边清理出一座铜器墓，出土铜鼎 1、铜敦 1、铜盘 1、铜舟 1、铜匜 1，另有陶鬲 1、彩绘莲瓣陶豆 1、陶罍 1、陶匜 1 及玉柱 2。从器型来看，它们应该是战国早期的器物。1988 年，为配合新郑县人民路延伸工程，在李家村和马家村发掘东周墓 267 座、车马坑 3 个，出土陶器 150 多件、铜器 40 多件，另有玉石器、水晶、骨饰品 100 多件。1989 年，在人民路东段南北两侧又发掘东周墓 475 座、车马坑 3 个。墓葬被盗严重，出土鬲、罐、盂、鼎、舟、盘、匜、壶、罍、盆等陶器 300 件，鼎、敦、舟、剑、戈等铜器 50 余件。1990 年，发掘东周墓 341 座、车马坑 2 个。墓葬被盗严重，出土鼎、壶、簋、罍、盘、舟、匜、豆等陶器 286 件，鼎、敦、壶、舟、带钩、剑等铜器 32 件。1991 年，为配合大宁市场的建设，发掘东周墓 68 座、汉墓 3 座、时代不明墓葬 52 座，出土陶器 76 件、铜器 9 件、玉器 30 件，其中一件战国彩绘盘龙纹铜镜，是韩国文物中的珍品。1994 年 8—10 月，在墓地南部清理出春秋墓 13 座、战国墓 89 座、汉墓 4 座、时代不明墓葬 60 座，出土各类陶器 170 件、铜器 77 件、玉器 54 件，另有骨珠、贝类饰品。

该墓地中的墓分大、中、小三型：大型墓长 6—8 米，宽 4—6 米，使用一棺一椁或一棺二椁；中型墓长 4—6 米，宽 2—4 米，使用一棺一椁或单棺；小型墓长 2—4 米，宽 1 米左右，使用一棺或无棺。大型墓陶器组合和铁岭东周墓地差不多，铜器组合有鼎、敦、盘、舟、匜。中型墓有鬲、罐、盂、豆或鼎、豆、壶、盘、匜、釜。小型墓多出土一两件陶器或无出土物。

李马东周墓地面积巨大，紧挨郑韩故城东，其西、西南皆有城门，应该是城内一般平民的墓葬区。

21. 和庄车站春秋墓地

位于新郑市郑韩故城东城墙外新郑烟厂一带，人民路以南，茨山路以北，京广铁路以西，苇河以东。地理坐标为北纬 34°23′20. 37″，东经 113°46′13. 29″。墓地南北长 2. 2 千米，东西宽 450 米，面积 100 万平方米，曾经发掘过一批春秋小墓，随葬品除个别墓内有少量青铜器外，其余多为陶器。1992 年，郑州市文物工作队在新郑烟厂基建厂房地基内清理出 24 座墓葬，多为中型墓。墓为东西向，口长 3—5 米，口宽 2—3. 5 米，深 3—7 米，出土器物有鼎、盏、盘、舟、匜、罍等。

22. 付庄墓地

位于新郑市郑韩故城东城区城外付庄至陆庄一带，茨山路以南，陆庄以北，东至莲河，西为黄水河与双洎河。地理坐标为北纬 34°21′11. 13″，东经 113°46′27. 89″。墓地南北长 3 千米，东西宽 600 米，与和庄车站春秋墓地连为一体。墓葬分布密集，多为战国墓，小型墓为主，被盗严重。出土物多为陶器组合，有小件铜器。

23. 河李东周墓地

位于新郑市郑韩故城东城区东南角城外，双洎河南岸河李村一带，地势西高东低。地理坐标为北纬 34°22′0. 42″，东经 113°45′0. 06″。墓地东西长 500 米，南北宽 300 米，面积 15 万平方米。墓葬出土器物 47 件，器物组合为鬲、盂、豆或鼎、盏、盘、舟，时代为春秋晚期。

24. 烈礓坡、蔡庄墓地

位于新郑市郑韩故城南关烈礓坡、蔡庄一带，西至大高庄、乔庄、双洎河支流一线，地势南高北低。墓地南北长 1. 5 千米，东西宽 700 米。地理坐标为北纬 34°23′7. 11″，东经 113°43′5. 50″。

20 世纪 70 年代，在该墓地发掘东周墓葬 280 余座。

1984 年，蔡庄群众在村西取土，墓葬暴露，河南省文物研究所新郑工作站在此发掘东周墓 37 座，被盗严重。墓皆中小型墓，使用一棺一椁或单棺，出土器物 50 件，有鬲、豆、鼎、壶、匜等。37 号墓出土铜鼎 1、铜盏 1、铜舟 1，从器型来看，时代应为春秋晚期。

1988年,因扩建新禹公路,郑州市文物工作队在此又发掘墓葬11座、马坑2个,其中有3座墓出土铜器。1号墓出土铜鼎1、铜盏1、铜盘1、铜舟1、铜匜1、铜镞2等。2号墓南北长3.2米,东西宽2.45米,深4.44米,一棺一椁,出土铜鼎1、铜敦1、铜盘1、铜匜1、铜舟1、陶罍1、陶鬲1、陶匕1、玉圭1。13号墓南北长3.52米,东西宽2.88米,深7.9米,一棺一椁,出土铜鼎1、铜敦1、铜盘1、铜匜1、铜舟1、陶鬲1。根据出土铜器与陶器特征,时代应为战国早期。

1988年,为扩建新建路,河南省文物研究所新郑工作站在双洎河南岸发掘春秋墓13座,均为小型墓,出土陶器47件,器物组合为鼎、敦、盘、舟或鬲、罐、盂、豆。

1993年,郑州市文物工作队在大高庄东北发掘东周墓6座,墓南北长2.3—6米,东西宽1.3—5.3米,深2.3—8.7米,一棺一椁或单棺,出土陶器24件,器物组合为鼎、盏、舟、盘、匜、罍等,出土大小铜器89件,主要有鼎足、壶、剑、戈、车马器等,另有玉璧、牌饰等14件。墓葬年代为春秋晚期至战国早期。

25. 侯家台东周墓地

位于新郑市南街村一带双洎河南岸的高地上,西边有烈礓坡、蔡庄墓地。地理坐标为北纬34°22′59.59″,东经113°43′36.79″。2014年9月至2015年年底,河南省文物考古研究院新郑工作站在此高地进行发掘,共清理东周时期墓葬1000余座。墓主要为竖穴土坑墓,其中20余座出土有青铜器,铜器组合一般为鼎、盘、舟、匜、敦等,也有青铜器和仿铜陶器共出的墓葬,陶器为鬲、罐、盂、鼎、罍、舟、匜、盏等,其余多为随葬仿铜陶器和单件鬲(釜)的墓葬。

墓葬分布比较密集,排列有序,有打破关系的较少,年代以春秋晚期至战国早期为主,出土遗物丰富,器物组合齐全,尤其是单件器物的重复,体现出一定的地域特性。

26. 周庄墓地

位于新郑市西关大周庄一带,双洎河西岸的高地上,地势西北高东南低,北起永兴水泥厂,南至秦楼村,西至电厂路。地理坐标为北纬34°26′13.33″,东经113°47′44.91″。墓地南北长1.6千米,东西宽1千米,面积160万平方米。

1990年,河南省文物研究所新郑工作站配合修路,清理东周墓33座、汉墓33座,出土陶器100余件,器型有鬲、罐、盂、豆、釜、壶、盒、灶、钵等,另出土铜带钩、铁锸、铜镜、水晶环、铜钱等。

1991年,为配合郑密路改建工程和周庄村桐木制品厂基建,共清理东周墓183座、车马坑5个、汉墓127座,出土陶器419件、铜器86件、铁器20件、玉器347件、铜钱200余枚。春秋墓分大、中、小三型;大型墓一棺一椁或重椁,被盗严重,仅见铜器残片;中型墓一棺一椁或单棺,出土鼎、盏、盘、舟、匜组合;小型墓单棺,陶器组合为鬲、罐、盂、豆。战国墓均为中小型墓,单棺,陶器组合为鼎、豆、壶、盘、匜或其中的数种。汉墓有竖穴土坑墓和空心砖墓两种,出土陶器有鼎、敦、釜、樽、甑、罐、瓮、奁、俑等。

1994年,河南省文物研究所新郑工作站在墓地中部发掘东周墓146座、车马坑4个、汉墓67座,共出土陶器366件、大小铜器200件、玉石器150件、骨贝器1200余枚、包金铜贝328枚。春秋墓均为小型墓,单棺,陶器组合为鬲、罐、盂、豆。战国墓多为中小型墓,使用一棺一椁或单棺,陶器组合为鼎、豆、壶、盘、匜或其中的数种。汉墓分竖穴土坑墓与空心砖墓两种,陶器组合为鼎、灶、盒、甑、尊、壶、盆等。车马坑葬一车两马或一车四马。同年新郑工作站还在周庄墓地各处零星发掘三次,共清理春秋墓2座、战国墓107座、汉墓45座,出土一批文物。

27. 新郑热电厂墓地

位于新郑市郑韩故城内,东望沈庄,南靠热电厂,北临金城路。2003年新郑热电厂在此建设纸箱厂，占地1.6万平方米，河南省文物考古研究所新郑工作站对建设用地进行了钻探与发掘，共清理东周墓葬63座。

墓葬排列密集，大致成行，不成列，多南北向，皆为长方形竖穴土坑墓，长2—3.6米，宽1—2米，深1—4米。出土铜器有盏、舟等，出土仿铜陶器有鼎、盘、匜、尊、罍、簠等，一般陶器有鬲、罐、盂、豆等，出土玉器有圭、玦、玉片等。

28. 沈庄墓地

位于新郑市郑韩故城内，南临沈庄，北接大吴楼，东距城墙50米，西临溱水路。2003—2005年，新郑正弘房地产开发有限公司在此建设兴宏花园，建设用地东西长400米，南北宽200米，河南省文物考古研究所新郑工作站对施工区域内发现的遗迹进行三次发掘，共清理墓葬151座、灰坑140座，出土铜、陶、石、玉、骨等文物千余件。

墓葬分布分散中有集中，可以明显看出分四大组。墓葬绝大部分为南北向，长2—3.8米，宽1—2米，深0.6—4米。等级高者有二椁一棺，仅一座，一椁一棺者28座，余为单棺者。随葬铜器有鼎、盏、舟、戈等，随葬仿铜陶器有鼎、盏、罍、尊等，一般陶器有鬲、盂、豆、罐等。

根据出土器物可知，沈庄墓地从西周晚期一直使用到战国中期，以春秋战国墓为主。由于和热电厂墓地仅一路之隔，两个墓地有可能连在一起。

29. 新郑社稷遗址战国墓地

位于新郑市郑韩故城社稷遗址中部，具体地点在新华路、中华路交叉口东南。1996年中国银行新郑支行在此进行基建，河南省文物考古研究所新郑工作站在东西长100米、南北宽80米的范围内清理出郑国社稷遗址，遗址中部发现大量战国晚期墓葬，计有119座。墓葬以南北向的竖穴土坑墓居多，呈纵向布列，但不成列，横也不成行，共85座，长1.4—2米，宽0.4—0.8米，深1米余。另有5座空心砖墓，长1.6—2.4米，宽0.6—1米，深1—2米。29座瓦棺、瓮棺葬墓，长0.9—1.9米，宽0.3—0.4米，深0.2—0.3米。

墓葬出土随葬品较少，主要陶器有釜、罐、盆、壶、瓮等，铜器有带钩、珩，玉器有璧、水晶环等。

由随葬器物可知，郑国社稷遗址在国灭后仍然受到保护，很长一段时间没有墓葬埋入，到了战国晚期，由于时间久远，一些平民开始集中埋葬在这里。

30. 唐户墓地

位于新郑市观音寺镇唐户村南。地理坐标为北纬34°18′8.81″，东经113°41′28.25″。1976年开封地区文管会、新郑县文管会对其进行了试掘，共发现39座两周墓，其中西周墓12座、春秋墓19座，另有8座时代不明。西周墓均为长方形竖穴土坑墓，出土铜、陶、玉、石器物306件。西周车马坑1个，内葬四马，车马器分布在坑中部，计15件。春秋墓均为长方形竖穴土坑墓，9座出土铜器，10座出土陶器，其中9号墓出土铜鼎3、铜簋4、铜盘1、铜匜1、铜壶2、铜戈1、銮铃4，时代为春秋早期。陶器组合为鼎、鬲、豆或鼎、鬲、豆、壶、盘、匜、三足器。

31. 宋庄大墓

位于新郑市城南2.8千米的梨河镇宋庄村东200米的一岗上，东北距双洎河1.7千米，东距107国道550米。地理坐标为北纬34°21′50.76″，东经113°43′3.90″。

两墓南北排列，相距190余米，由北向南编1号、2号墓，1号墓南90米有一东西向路沟。

1 号墓位于岗的北坡上，冢高 9 米，周长 110 米，北侧被取土破坏。墓呈“甲”字形，南北长 10 米。墓室呈方形，长、宽均 4 米；墓道长 6 米，宽近 3 米。东部有一陪葬坑，平面呈刀把形。

宋庄大墓

2 号墓位于岗顶，冢高 8 米，周长 130 米。墓呈“舟”字形，南北长 40 米。南墓道宽 4 米，北墓道宽 3 米，中部墓室宽 5.5 米。周围有 5 个陪葬坑，其中长方形坑 4 个，刀把形坑 1 个。

两墓填土均为夯打过的五花土，夯层厚 10—15 厘米，夯窝圆形平底，直径 5—6 厘米。两墓周围还发现有大量战国时期中小型竖穴土坑墓及空心砖墓。

该墓地可能是一处韩国高级贵族墓地。

32. 七里井韩国贵族墓地

位于新郑市城北 2 千米的新村镇七里井村西北部，地势平坦，南距双洎河 300 米，西 50 米是双洎河北岸一条季节性河流。地理坐标为北纬 34°25′40.58″，东经 113°42′27.50″。

墓地共有三墓，最北一座为 1 号墓，西南 50 米的一座为 2 号墓，2 号墓南 270 米处为 3 号墓。

1 号墓冢高 2.5 米，周长 30 米。墓呈“甲”字形，墓深 2.2 米，填土经过夯打，上部较硬。墓东有一陪葬坑，深 4.6 米，夯土。墓冢东 100 米有一陪葬坑，深 5 米，夯土；墓冢南 50 米有一陪葬坑，深 2.5 米，夯土。

2 号墓冢西部被挖掉，冢高 3.5 米，周长 30 米，夯层厚 10—15 厘米，夯窝平底圆形，直径 3 厘米。墓深为 2 米。冢东北 30 米有一长方形陪葬坑，深 5.1 米，夯土。

3 号墓冢已被挖平。墓为“中”字形，填土经夯打，深 4 米。墓东南 10 米处有一正方形陪葬坑，边长 6 米。

该墓地可能是韩国高级贵族墓地。

33. 华阳城墓地

位于新郑市华阳故城与小寨村之间的岗地上，现岗已平，西南距华阳故城 800 米。2014 年商汇大型现代综合性商贸物流中心在此建设，在南北长 1 千米、东西宽 1 千米的范围内发现古墓 500 多座，郑州市文物考古研究院对墓葬进行了发掘。

战国墓葬分布在岗地南端，共 145 座，分土坑墓和空心砖墓两种，时代为战国中晚期，南北向，出土陶器有鼎、豆、壶、盘、匜、罍、尊、敦、釜、罐、盆等，铜器有带钩、璜等。

秦墓分布在岗地中部，共 45 座，南北向，多为砖砌洞室墓，墓道墓室基本等宽，有些墓葬仅有铺地砖。陪葬物品较少，陶器有壶、罐、豆、釜等。

汉墓分布在岗地北部，共 216 座，刀形砖室墓居多，南北向，少数东西向，出土器物有罐、壶、灶、釜、盆、仓、厕、猪圈、水井、铜镜等。

34. 枣岗、田王墓地

位于郑州航空港经济综合实验区枣岗村东、田王村东南的岗地上，南距苑陵故城 1.2 千米。郑州市文物考古研究院于 2012、2014、2015、2016 年在此共发掘战国墓 364 座、西汉墓 363 座、东汉墓 55 座。地理坐标为北纬 34°29′14.72″，东经 113°51′12.01″。

战国墓均为长方形竖穴土坑墓，部分较深的墓葬头端设有壁龛，随葬鼎、豆、壶、盘、匜等陶器，棺内则见玉器、水晶环、串珠、铜珩、铜带钩等。西汉墓多为长方形土洞墓，少数为竖穴土坑墓，内置空心砖椁室，随葬品有陶瓮、陶罐、壶、铜镜、铜洗、铜钱等。东汉墓均为竖穴墓道砖砌洞室墓，出土陶器有罐、壶、瓮、灶等。

35. 古城师村墓

位于新郑市古城师村西 700 米。2015 年河南坤鼎中原建设开发有限责任公司在雍州路东、明星路南建设坤鼎中原国际科技企业产业园发现该墓地，经郑州市文物考古研究院发掘，清理战国时期墓葬 62 座、汉墓 8 座。

战国墓均为长方形竖穴土坑墓，北壁多有壁龛，随葬陶器有盘、匜、鼎、豆、壶等。汉墓为长方形空心砖墓，出土有彩绘陶鼎、陶盒、铜镜等。

36. 牛庄汉墓群

位于郑州市郑州热电厂南、建设路北的南北向高岗上，西距西流湖 1.8 千米，东距秦岭路 600 米。2011 年郑州恒天兴华房地产公司在此进行保利百合小区二期建设，郑州市文物考古研究院对施工范围内的墓葬进行了发掘，共清理汉墓 146 座、唐墓 1 座。地理坐标为北纬 34°45′41.59″，东经 113°35′26.81″。

汉墓多洞室墓，有土洞和砖券两种，均由墓道、墓门、墓室组成。墓道多竖井式，少量为斜坡式，位于墓室南壁正中或东侧。墓门用小砖或空心砖封堵。墓室有单、双室之分，双室多为土洞与砖室并列，共用一个墓道。砖室墓有小砖拱顶墓和空心砖平顶墓两种，并有小砖和空心砖混用情况。洞室墓大多有耳室，相邻墓有些共用一耳室，应为夫妻合葬墓。

出土遗物包括陶器、铜器、铁器等。陶器有罐、仓、壶、灶、奁、盆、釜、甑、勺等，釉陶器以黄釉为主，也见绿釉、酱釉。铜器有洗、镜、带钩等。铁器有剑、刀、剪等。众多文物中有些属于精工细作产品，如绿釉陶壶、昭明镜、金错刀、大布黄千、小泉直一等。

该墓处在从梅山延伸过来的岗岭北端，地理位置优越。墓地从西汉晚期使用到东汉早期，王莽改制期间没有间断，而墓葬排列有序，打破关系明晰，这对于郑州地区两汉之际的汉墓研究有重要意义。

37. 龙王汉墓群

分布在新郑市龙王乡范围内。1984 年第二次全国文物普查及 2006 年第三次全国文物普查调查确定龙王墓葬群均为汉代墓葬，发现墓葬 8 处共 11 座墓冢，分别是龙王乡龙王村西南墓冢 1 座、岗王村南墓冢 2 座、庙后唐村西墓冢 1 座、坡赵村南墓冢 2 座、苏村郑村东北墓冢 1 座、前铁李村西墓冢 1 座、小韩庄村西北墓冢 2 座、薛店镇南枣岗村南墓冢 1 座。这些墓在苑陵故城周围，距离一般不超过 4 千米。如此形制的汉墓，可能是苑陵故城内的官员或富人之墓。

龙王汉墓位于新郑市东北 10.5 千米的龙王村西南的岗地上，西北距苑陵故城 550 米，东距东梅河 750 米。墓冢保存较好，高 5 米，直径 21 米，周长 65 米左右。

岗王汉墓位于新郑市东北 13 千米的岗王村南的岗地上，共有 2 座墓。北墓北距岗王村 400 米，西距东梅河 400 米，西南距苑陵故城 1.5 千米。冢高 6 米，周长 60 米。南墓位于岗王村南 1 千米处，冢被平成方形，边长 9 米左右，冢高 1.5 米，周长近 40 米。据当地群众说原来这样的冢不止 2 个，在 20 世纪 70 年代被夷为平地。

庙后唐汉墓位于新郑市东北 8.3 千米的龙王乡庙后唐村西 100 米，西距西梅河 1.9 千米，南距龙王霹雳庙 400 米。冢高 6 米，周长 60 米。

坡赵汉墓位于新郑市东北11千米的坡赵村南,有2座墓,东南、西北排列。东南墓冢较大,冢高7米,直径32米,周长100余米;西北墓冢较小,冢高7米,直径17米,周长53米左右。

苏村郑汉墓位于新郑市东北16千米的苏村郑村东北的马陵岗上,墓冢高5米,周长30米。

铁李汉墓位于新郑市东北9千米的前铁李村西,东距前铁李村民宅29米,西距小路25米,北距养鸡场5米。墓冢高5米,周长60米。

小韩庄汉墓位于新郑市东北18千米的小韩庄村西北,东北、西南排列2座墓。东北墓冢高4米,周长53米;西南墓冢高3米,周长34米。两墓相距57米。

南枣岗汉墓位于新郑市东北11千米的薛店镇南枣岗村南的矮岗东坡上,北距南枣岗村120米,西距西梅河主源300米,东南距苑陵故城1.5千米。墓冢高6米,周长120米。

2009年6月,被郑州市人民政府公布为郑州市第二批文物保护单位。

38. 打虎亭汉墓

位于新密市西4千米牛店镇打虎亭村西,316省道南侧。地理坐标为北纬34°30′42.41″,东经113°17′36.28″。这里是嵩山南麓的河谷地带,绥水在这里有两条支流,北一条发源于尖山,西一条发源于五指岭,两条支流在新密城西的周湾汇合,向东南流去。打虎亭汉墓即建在汇合处西南2千米的河岸平地上,西2.5千米、南2千米皆为大岭所环绕,是十分理想的大型茔地。以打虎亭1、2号墓为中心,在3.6平方千米的范围内,共发现汉墓11座。

1960年2月至1961年11月,河南省文物工作队会同密县文化馆对1、2号墓进行了发掘。

两墓东西并列,两冢相连。1号冢高15米,周长220米;2号冢高7.5米,周长113米。两冢下的墓室相距30米,建构方法相同,均挖一宽大斜坡墓道,墓道北有长方形大坑,坑内用砖、石券起墓室与耳室,白灰抿缝。

1号墓墓道南北长24.2米,东西宽5米,深6.4米。墓坑南北长30多米,东西宽20多米,深7米。坑内有甬道1、前室1、横长方形中室1、后室1、南耳室1、东耳室1、北耳室1。墓室用砖有长方形和楔形

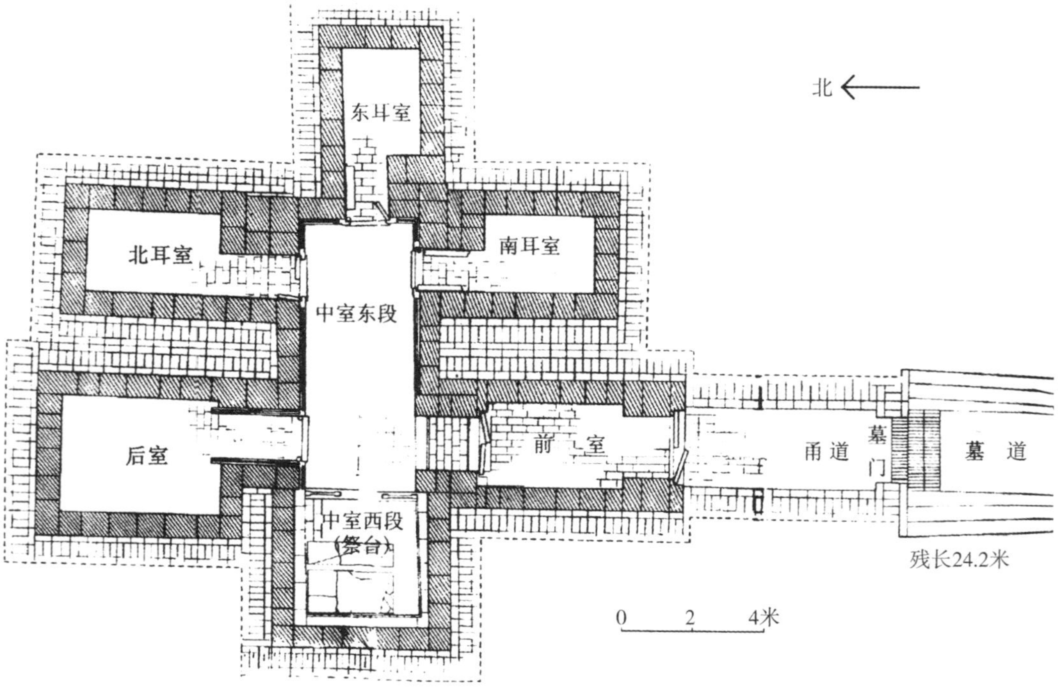

打虎亭1号汉墓平面图

两种，前者用于铺地、砌墙壁，后者用于券拱顶；用石有正方形、长方形、楔形，功用同前，但石一般砌在墓室内壁，其外再包裹二层或三层青砖。墓室南北长25.16米，东西宽17.78米，顶高4.84米。

墓门用砖砌成，拱形，宽1.96米，高2.76米，其外用三层大青砖封堵。

甬道用砖砌成，拱顶，南北长5.24米，东西宽2.4米，高3.4米。原有壁画，已脱落。

前室分石门、甬道、正室三部分。石门为拱顶，宽2.4米，高3.3米，门上刻铺首衔环。甬道为拱顶，东西长1.85米，南北宽1.4米，高2.73米。拱顶刻云气纹与禽兽图案；东壁刻三人，均着阔袖袍，中间一人头戴冠，下跪作拜谒状，后一人头戴平上帻，右手持羽扇，似在嘱咐跪者，前一人着帻袍，弓身作受礼状；西壁亦刻三人，均戴帻，着阔袖袍，两人对面讨论，一人背身静听。正室为拱顶，南北长4米，东西宽2.54米，高3.13米。东壁刻两组六人，服饰同前，一组三人抬壶提箱，缓步迈向中室；一组一人拥彗，身前来了两位客人；西壁刻两组八人，一组四人均戴帻着袍，两相交谈，边走边说；一组中间为案几，案后坐两人似为管事，案前两个侍者，一向管事请示，一为管事照灯以观看礼品薄，案旁有三狗在玩耍。

中室分石门、甬道、正室三部分。石门略小于前室石门，满饰流云花草，门中刻铺首。甬道为石制，拱顶，大小接近前室甬道。拱顶刻云气纹与禽兽图案；东壁刻三女，博衣褒带，前边两人头插簪花，似在引导头缠绸带的客人；西壁亦刻三女，服饰相似，前一人头插簪花，正与前来道贺的女客人寒暄。正室为石制，拱顶，东西长12.38米，南北宽3.5米，高4.9米。拱顶与四壁较糙，没有雕刻画像，原来可能镶裹有木板，上绘壁画。

后室分石门、甬道、正室三部分。石门宽1.8米，高2.18米，刻饰同前边两门。甬道南北长2.36米，东西宽1.76米，高2.16米。正室南北长4.8米，东西宽3.7米，高4.3米。甬道与正室的拱顶、壁面粗糙，可能同中室一样，木板壁画脱落无存。

南耳室与前室并列，北接中室东段。石门大致同前，亦刻花纹。甬道南北长2.06米，东西宽1.28米，高1.98米。拱顶刻饰同前；东壁刻五人三马，似一老者在卖马，而主人带着三个奴仆在相马；西壁刻一轺车，车有华盖但无轮，御者一人，马前一人，车后三侍者，似为主人出行做准备。正室南北长3.3米，东西宽2.36米，高3米。东壁北部刻四车，皆无轮，车间立三人，南部刻养牛场，有大树、牛栏、水井，一人从井里汲水，一人牵牛饮水，画面下方为满地觅食的山羊、鸡鸭；西壁上部刻七辆无轮车，下部刻四匹分槽饲养的马；南壁刻地主收租的情况，画面有重檐楼仓、坐于席上的地主、侍者、运粮车、装粮者，以及骑在马上射鸟的地主儿子；北壁刻一老者坐于中间，身前身后各有一打杂下手，地上、墙上满是车马配件。

东耳室位于中室东壁外。石门亦刻花卉。甬道大小同南耳室。拱顶刻饰同前；南壁刻六大人两孩童，手捧尊盘、案炉，向中室方向行走；北壁刻一直角屏风，屏风内有一大几，几上与周围有盆、盂、炉等，屏风外地上放置两盘，一侍女正从屏风出口端盘出来。正室东西长3.2米，南北宽2.3米，高3.06米。拱顶刻饰同前；西壁刻满屋的饮食用具，有几、席、壶、盘、盆、碗、杯、奁、炉等，一管事正立于其中查看；南壁刻画两幅，一幅为酿酒、制豆腐图，一幅为宰杀动物并煮肉、烤肉图；东壁刻大鼎煮肉与制作肉羹的场景；北壁也刻画两幅，一幅为杀鸡宰鱼并蒸煮图，一幅为八女厨往杯、盘里分装食物图。

北耳室与后室并列，南接中室东段。内容从略。

2号墓墓道南北长26.5米，东西宽5.66米，深6.48米。墓坑南北长25米，东西宽20多米，深6.5米。坑内有甬道1、前室1、横长方形中室1、后室1、南耳室1、东耳室1、北耳室1，其布局完全同1号墓。墓室门均用石砌，其中刻有画像；其余全部用砖砌，拱顶厚二层或三层青砖，上涂白灰，并绘壁画，内容大致和1号墓对应的位置相同，惜大部脱落或模糊不清。2号墓墓室南北长19.14米，东西宽16.56米，顶高5.86米，形制比1号墓略小。

3号墓为砖石结构，位于1号墓西135米处，原有冢土，冢高约3米，周长约60米，1969年被当地群众挖掘。墓室建筑形制与1、2号墓相同,但规格较小。

4号墓为砖石结构,在3号墓西145米处,冢高约4米,周长120米。墓室建筑形制与1、2号墓相同。

5号墓为砖石壁画墓,在3号墓南288米处,冢高5米,周长80米。墓室建筑形制与1、2号墓相同。

6号墓在4号墓西南233米处,冢高8米,东西长32米,南北宽25米,为椭圆形。

7号墓在4号墓西北364米处,冢高3米,周长18米。

8号墓在316省道北侧,距7号墓163米。冢呈圆形,高2米,周长15米。

9号墓在绥水北岸,距4号墓约1.5千米,南距补国城遗址约500米。冢呈椭圆形,高6米,南北长50米,东西宽33米。

10号墓在8号墓西244米处,1981年牛店村红河砖厂取土时被发现。1982年河南省文物研究所对其进行了发掘,墓室建筑形制与1、2号墓相同,但规格略小。

11号墓在10号墓东侧,两墓相距86米。1984年3月1日被牛店村红河砖厂职工发现,后经河南省文物研究所发掘。墓室建筑形制与1、2号墓相同。

该墓地中的1、2号墓规模巨大,修建所耗费的劳动力需以万计,非一般人所能承担,据北魏郦道元《水经注》所记,1、2号墓为东汉弘农太守张伯雅与妻子的墓葬。两墓东西并列,一石一砖,规模之大,保存之完整,为汉墓中所罕见,其300多平方米的画像、200多平方米的壁画,真实反映了东汉时期的社会生活,为研究我国古代政治、经济、绘画、雕刻、思想提供了宝贵资料。

1988年1月,被国务院公布为第三批全国重点文物保护单位。

39. 小寨汉墓群

位于新郑市西800米的城关乡小寨村西,南距新密路750米,西距胡庄韩王陵550米。地理坐标为北纬34°19′52.23″,东经113°40′5.21″。墓地处在双洎河西岸,地势稍有起伏,北高南低,由于农田耕作的原因,冢西南成为低地。此处原有墓葬3座,后被挖掉2座,曾出土汉代石门、陶器、铜器等。现存墓冢高3米,周长约20米。

2009年6月,被郑州市人民政府公布为郑州市第二批文物保护单位。

40. 槐林墓地

位于荥阳市贾峪镇槐林村北的岗地上,北距京襄城500米,东西长2.5千米,南北宽400米,面积100万平方米。地理坐标为北纬34°42′38.51″,东经113°27′34.82″。

20世纪70年代,槐林村周围陆续发现空心砖汉墓,出土不少陶器、铁器及少量铜器。

1995年,荥阳市文物管理所对槐林村东一砖厂取土区进行文物钻探,在700平方米范围内发现墓葬12座,其中8座为长方形竖穴土坑墓,口长2.5—4米,口宽1.6—3.6米,深3—4.7米,出土器物年代为战国至汉。

2013—2014年,陇海西路西延工程经过槐林墓地,郑州市文物考古研究院对路基下的墓葬进行了发掘,共发掘战国、汉、唐宋墓葬900多座,出土各类器物2000余件。其中战国墓分三种:长方形竖穴土坑墓,单棺或一棺一椁,北壁有壁龛;土洞墓,大墓道小墓室,单棺;长方形竖穴空心砖墓。战国墓器物组合为鼎、豆、壶、盘、匜。汉墓有斜坡墓道与竖井状墓道两种形式,洞内砌平顶空心砖、脊顶空心砖或拱顶小砖,个别有耳室、侧室。随葬品有壶、仓、灶、罐、瓮、盒、井、猪圈等。唐宋墓多土洞墓,随葬品较少。

该墓地的主人很有可能是京襄城的居民。

41. 荥阳王寨墓地

位于荥阳市豫龙镇王寨村西南，东距京襄城西城墙500米。2017年郑州恒泽通健康置业有限公司郑州恒大国际健康未来城（一号住宅地块）项目工程在荥泽大道东、悦来路北建设施工，郑州市文物考古研究院在施工范围内共发掘汉墓458座，墓葬形制与出土器物同槐林墓地。此墓地也是京襄城内居民墓地。

42. 石柱岗、苜蓿湾墓地

位于荥阳市豫龙镇石柱岗村北、苜蓿湾村南的檀山山坡上，东起西绕城高速西300米，西至苜蓿湾村南，北起郑州职业技术学院南院墙南250米，南至中原西路南200米。墓地东西长1.6千米，南北宽1.2千米，面积约2平方千米。

苜蓿湾墓地

1997年，荥阳一钢厂在檀山顶扩建厂房，郑州市文物考古研究所于此发掘了20多座竖井墓道土洞墓，出土各种质地器物100多件。同年在苜蓿湾村东南一高压线塔塔基附近发掘8座汉墓。

2000年，国家粮食储备仓库扩建，郑州市文物考古研究所又发掘37座汉墓，出土器物除铜钱外有罐、壶、仓、瓮、灶、甑、釜、尊、铜镜等225件。

2005年，中原西路延伸至荥阳，在石柱岗村西南又发掘汉墓40座，其形制、出土器物与国家粮食储备仓库汉墓基本一致，出土器物除铜钱外有壶、罐、灶、仓、甑、铜镜、铜洗等450余件。

2007年，为配合中原小商品城建设，在苜蓿湾村东南发掘361座古墓，绝大部分为汉墓，少数为唐宋墓。墓葬分布极具规律，均为南北向，大体分为五组，每组20—40座墓，每组内南北两排墓墓道相对。墓葬多数被盗，少数保存较好，共出土陶、铜、铁、玉石类文物1000余件：陶器有仓、罐、壶、尊、灶、瓮、盆、盂、鼎、磨等，铜器有镜、印、梳、洗、车马器、带钩、饰件及铜钱，石器有磨、圭等，玉器有剑格。个别空心砖上有画像，内容为轺车出行、骑射、长袖舞、铺首、菩提树，一般纹饰有五铢钱纹、菱形纹、云纹、斜方格纹、乳钉纹、柿蒂纹等。

2010年，在苜蓿湾村南发掘2座大型晋墓。两墓形制一样，大小相近，均由墓道、甬道、砖券墓室组成。墓道长30米，宽2.5米，深8米；墓室长4米，宽3.8米。两墓均被盗，出土有武士俑、镇墓兽、马、罐、多子槅等，器物高大，为晋墓中所罕见。同年，为配合龙都温泉度假区建设，发掘24座古墓，其中唐宋墓16座，其余为汉、晋墓。

2011年，在大溪地住宅二期项目工程发掘汉墓294座、晋墓3座、宋墓2座。

2013年，在石柱岗新型社区一期工地施工范围内发掘汉墓105座、唐墓1座。

2014年12月至2015年2月，在东润玺城一期发掘战国墓葬20座、汉墓168座、宋墓10座。

2017年6月至2018年2月，在河南中原商贸城开发有限公司清华大溪地商业二期项目工程中清理汉墓300余座。

2017年8—9月，在河南国奕实业有限公司东润玺城B地块项目工程地带清理汉墓51座。

该墓地汉墓分为三类：竖井墓道土洞墓，有平顶与拱顶之分；竖井墓道空心砖墓，有单室、双室之分；竖井墓道小砖券墓，部分小砖与空心砖混砌。墓道长1.8—3米，宽0.6—1.2米；墓室长2.5—4米，宽1.1—2.1米,深3—7米。这些墓葬从大小来看,属于中型墓,该墓地应为其南3千米处的京襄城城内居民墓地。

43. 沈洼汉代墓地

位于荥阳市乔楼镇沈洼村北,东至东里村,西接塔山路,北至310国道,面积30万平方米。这里是檀山西端南坡,其西600米即为索河,墓地有可能向西还有部分尚未被发掘。地理坐标为北纬34°45′44.25″,东经113°23′33.73″。

2008年,在荥阳南苑春光经济适用房前期文物勘探中发现此墓地,同年11月至2009年9月,郑州市文物考古研究院对其中的200座汉墓进行了发掘。墓绝大部分为南北向,可分为竖井墓道土洞墓、竖井墓道空心砖或小砖洞室墓、长方形竖井墓道或斜坡墓道多室墓、共有墓道双室墓。墓道长1.8—3米,宽0.8—1.4米,墓室面积一般5平方米左右,大者达13平方米。

墓葬共出土陶器、铜器、铁器、铅器、石器、玉器、骨器、水晶等质地文物1400余件。陶器以仓、罐、壶为主,另有尊、灶、瓮、盆、盒、盂、洗、碗、磨、釜、甑等;铜器中洗的数量较多,其余有镜、印、带钩、车马器、饰件、泡钉、扣、弩机、钱币等;铁器有剑、刀、匕首、犁铧、笔架、圆炉等。其他质地文物有石磨、石杵、石圭、玉剑格、骨耳铛、水晶环等。所出空心砖中部分有画像,内容有轺车出行、狩猎、楼阙、铺首衔环、朱雀和菩提树等。

44. 后殿、薛村、口子墓群

位于荥阳市王村镇西的广武山南坡,东起后殿村,中经草庙、薛村北,西至口子村。地理坐标为北纬34°51′56.16″,东经113°14′27.21″。墓区东西长5千米,南北宽2千米。

这一区域过去地表曾保存有多座夯土大冢,苌村、胡固村两冢即在其南不远。近几十年来因自然原因或农业生产及盗挖等而发现的古墓很多,并出土不少文物。2005年,河南省文物考古研究所在配合南水北调中线干渠的考古发掘中,在薛村北部发现500多座古墓,时代有汉唐、宋金、明清等,汉唐墓居多,共出土陶、瓷、铜等质地文物4000余件,由此可见这个墓区是个时代跨度长,文物蕴藏量大的墓区。

1981年,郑州市博物馆在荥阳司村发掘一座宋代壁画墓,1990年,郑州市文物工作队在荥阳孤柏嘴发掘一座宋代壁画墓,两墓均位于这个墓区的东部。

45. 芝田墓地

位于巩义市芝田镇周围,东、北为青龙山延伸过来的岗陵,南、西为坞罗河所环绕,310国道从中穿过。地势东高西低,起伏不大。地理坐标为北纬34°41′33.03″,东经112°56′51.85″。墓地东西长3.5千米,南北宽2.5千米。

1987年,巩县在芝田镇西侧平地建第二电厂,巩县文物管理所对工程占地范围内进行了文物钻探,发现古墓葬近百座,郑州市文物工作队与巩县文物管理所联合对其进行了发掘,共清理晋墓24座、唐墓31座、明清墓12座,出土晋唐文物1300多件,其后的1989年、1992年、2007年在第二电厂厂区及107国道北地段发掘晋唐墓葬数座,均出土数量不菲的精致文物。

晋墓共26座,其中大型墓6座,中型墓12座,小型墓8座,均南北向,为斜坡墓道洞室墓。墓室形制可分为斜坡墓道方形墓室、斜坡墓道长方形墓室、斜坡墓道梯形墓室三种,前两者有些墓有侧室、后室,其内一般放有尸骸,用作墓室或耳室。墓道长18米,宽0.65—1.3米,深5—9米。墓室长2.65—3.8米,宽1.4—3米,高1.8—2.3米。出土器物以陶器为主,另有铜器、铁器等。陶器主要有碗、罐、壶、盆、耳杯、多子槅、甑、器盖、帐座、盘等，另有武士俑、男侍俑、马、牛等；铜器主要为铜镜，另有簪、弩机、刀等；铁器有剑、锸等。

唐墓共34座，根据墓葬形制分成有天井的斜坡墓道土洞墓、无天井有过洞的斜坡墓道土洞墓、无天井无过洞的半斜坡墓道土洞墓三种。第一种天井数量为1—3个，墓室多为长方形，墓总长9—19米，深4—8米；第二种墓室多为长方形或梯形，墓总长13—15米，深4—6米；第三种墓室多为长方形，墓总长6—9米，深2—4米。这些墓的年代从650年至740年，大致分为四期，前三期墓葬随葬品较多，器型丰富，第四期墓葬随葬品器型简单，数量较少。出土器物有镇墓兽、武士俑、文官俑、武官俑、风帽俑、幞头俑、侏儒俑、伏听俑、女骑俑、条髻俑、高髻俑、半翻髻俑、低髻俑、倭堕髻俑、双垂髻俑、编发俑、马、骆驼、牛、羊、猪、狗、鸡、鸭、鹅、鸳鸯、灶、井、磨、碓、牛车、铜镜、带具、陶瓷罐、碗、壶、瓶、钵、杯、砚、炉、灯、墓志等，其中不乏精美的三彩器。

该墓地近在京畿，大部分墓葬从形制来看级别较高，但是无与之相配的墓志，说明这个墓地的主人有可能为失意官员或富庶地主。从唐墓器物特征来看，三彩器或素胎器大部分应为巩义黄冶窑烧制。

由于晋墓数量较少，断代特征不明显，而唐墓出土物丰富，结合河南、陕西纪年唐墓的出土物，可发现该墓地的唐墓有一个连贯的发展顺序，因此，这些出土器物可以作为河南特别是郑州地区唐墓的断代标准。

第五章　古建筑

郑州是中国文化发展最早的地区之一,从原始社会起,人类就在此有了建筑活动。经过几十年的考古发掘,郑州地区已发现旧石器时代、新石器时代的大量建筑遗存及古城址,这证明郑州是中国古代建筑的重要发祥地之一。本章收录了全国重点文物保护单位、河南省文物保护单位、郑州市文物保护单位共126处(131项)。其中国家级23处(28项),省级30处,市级73处。在建筑时代上,包括汉、魏、唐、宋、金、元、明、清各代的古建筑。在建筑分类上,包括宗教建筑(46处)、祠庙建筑(23处)、公用建筑(17处)、名人故居/民居(20处)、纪念建筑及其他建筑(25处)。在建筑结构上,包括木结构建筑、砖石结构建筑和生土窑洞建筑。

郑州地区的古建筑具有悠久的历史、丰富的内容、珍贵的价值。有些砖石结构的建筑在全国已属罕见或现存时间最早。如建于东汉时期的"汉三阙",是全国现存石阙中罕见的"庙前石阙",其他的均为墓阙;建于北魏时期的嵩岳寺塔,是我国现存最早的砖塔,也是现存最古老的一座密檐式砖塔;建于东汉明帝永平十四年(71)的法王寺,比洛阳的白马寺晚3年,比少林寺早424年,是我国最早的佛寺之一;永泰寺,是我国最早的尼僧寺院;建于唐天宝五载(746)的净藏禅师塔,是我国现存最早的八角形仿木结构亭式墓塔;建于唐天宝九载(750)的萧光禅师塔,为六角形单层亭阁式石塔,造型独特,是全国罕见的唐代六角形砖塔之一;建于元代初年的登封观星台,是中国现存最古老的天文台,也是世界上现存最早的观测天象的建筑之一,具有科技史、建筑史上独特的历史地位。郑州地区现存的木结构古建筑中,时代最早的为宋、金、元时期的建筑(或者建筑内遗存有同时期的遗物)。如少林寺初祖庵大殿创建于北宋宣和七年(1125),虽历代均有修葺,但主要构件仍为北宋原物。殿的建筑年代,比我国古代遗留下来最为全面的建筑学专著《营造法式》的成书时间仅晚25年,其梁架结构、斗拱比例和细部做法等都与《营造法式》的记载相符或相近,在木构、石雕等方面的技法甚至可称为孤例,建筑史学界也把该殿视为研究《营造法式》和宋代木构建筑技术的最好例证。清凉寺大殿通过结构特点分析,结合碑文记载,可知为金代建筑。虽经历代整修,其建筑结构纯度已不太高,但也是郑州地区唯一的一座金代建筑。会善寺大殿,有部分斗拱等为元代构件,并保留有一些古制和早期的建筑风格,为河南同期建筑体量最大者。在遗存的这些古建筑中,少林寺建筑群、中岳庙、嵩阳书院、密县县衙、康百万庄园、油坊秦氏旧宅、熊儿河桥等是郑州地区古代寺庙、祠庙、书院、衙署、庄园、民居、桥梁的代表性建筑,具有重要的历史、科学和艺术价值。

在近年的文物调查和保护工作中,各区及县市又发现了一批重要的古建筑,这些建筑丰富了郑州地区古建筑的内容。如荥阳的秦氏旧宅建筑群,巩义的牛状元府、程家大院等,是豫西地区的劳动人民为了适应地质、地形、气候和经济条件而建成的各种形式的住宅。牛状元府系清代武状元牛凤山与进士牛瑄的故居,清同治十二年(1873)奉旨所建,具有典型的地方民居建筑特点;程家大院由春秋战国时期名士程本的后裔出资建造,是一处靠山筑窑洞、临街建楼房的民居群,也是郑州地区清代晚期民居中规模宏大,建筑规范,文化内涵丰富,具有较高的历史、文化、艺术价值的建筑群。新密的密县县衙始建于隋大业十二年(616),经隋、唐、元、明、清各代,是郑州地区唯一的一座县衙。县衙内的监狱至2003

年才停止使用，是目前我国使用时间最长的县级监狱。新郑轩辕庙始建于汉，明清修葺，是中华人文始祖轩辕皇帝的诞生地，已成为海内外华人寻根拜祖的圣地。

此外，郑州地区现存的牌坊、经幢等，虽是作为主体建筑的附属而存在，但以独特的形制、结构和功能，构成了古代建筑中不可或缺的重要组成部分，具有重要的艺术和学术价值。如荥阳的佛顶尊胜陀罗尼经幢，刻于金泰和三年（1203），周身刻有《佛顶尊胜陀罗尼经》和《佛说父母恩重经》，为河南现存体形最大、保存最好的金代经幢。巩义的康氏石坊、孟氏石坊、郑氏石坊、魏氏石坊均为旌表孝道的贞节牌坊，坊上除大量颂扬文字外，还刻有不同形状的浮雕画面，构图新颖，线条流畅，虚实结合，富有极强的艺术性和观赏性。

总之，郑州地区的古建筑在其漫长的发展历程中，集中且系统地保留着在礼制、宗教、科技、教育等方面的建筑成就，构成了一部中原地区上下五千年形象、直观的建筑活历史。这些建筑是郑州地区古建筑历史发展长河中的朵朵浪花，给郑州地区古建筑的艺术类型和中原地域风格增添了斑斓的色彩。

第一节　宗教建筑

在郑州地区的古建筑中，以宗教建筑保存的实物最多。其中以佛教建筑、道教建筑居多，伊斯兰建筑最少，涵盖了殿堂、庙阙、祭坛、雕塑、塔、宫观等建筑类型。遗存的这些建筑多为明清时期建造，间或幸存少量汉至唐代的单体砖石建筑，如阙、寺塔之类。如少林寺及塔林、会善寺、法王寺、永泰寺、嵩岳寺塔、法王寺塔、净藏禅师塔、永泰寺塔、寿圣寺双塔、凤台寺塔等。道教建筑中以道教信仰与道教文化特色突出的建筑为主，如上街重阳观，登封安阳宫、清微宫、炼丹庵等。伊斯兰建筑仅存一座，即位于郑州管城回族区的清真寺，是以汉族传统建筑布局和结构体系为基础，与伊斯兰教特有的功能要求相结合的中国式的伊斯兰教建筑形式，也是郑州创建最早、规模最大、历史最悠久、布局具有中国传统建筑特色的清真寺。从建筑的文化、技术、艺术方面分析，宗教建筑是古建筑中最为重要的内容之一。

1. 嵩岳寺塔

位于登封市城西北5千米嵩山南麓嵩岳寺内。嵩岳寺始建于北魏宣武帝永平二年（509），原为宣武帝的离宫，后改建为佛教寺院；孝明帝正光元年（520）改名闲居寺。隋文帝仁寿二年（601）改名嵩岳寺，唐朝武则天和唐高宗游嵩山时，曾把嵩岳寺作为行宫。现塔内大雄殿及两侧殿宇均为清时所建，唯该塔为北魏时期所造，是我国现存最古的砖塔。

唐朝李邕所撰《嵩岳寺碑记》载："嵩岳寺者，后魏孝明帝之离宫也。正光元年，榜闲居寺……十五层塔者，后魏之所立也。发地四铺而耸，陵空八相而圆。"该塔为青砖、黄泥砌筑，15层，为密檐式砖塔，平面呈十二边形，总高37.045米，由台基、塔身、十五层叠涩砖檐和宝刹组成。底层直径10.6米，内径5米余，壁体厚2.5米。密檐自下而上逐层内收，构成一条柔和的抛物线。塔顶冠以砖质宝刹。塔心室作九层内叠涩砖檐，除底平面为十二边形外，余皆改为八边形。

嵩岳寺塔

台基高0.85米，宽1.6米。台体内砌砖以黄泥浆黏合，外部砖壁表面饰白灰皮。台基之南砌月台,条砖铺地。月台之南以青石和青砖砌踏道。台基北面有一甬道通向塔后大殿,甬道两侧以石块砌筑。与台基相接处以青石踏跺相连。月台和甬道均为后代补砌。

塔身即第一层叠涩腰檐分为上、下两部分。下部高 3. 59 米,上下垂直;上部高 3. 73 米,东、西、南、北四面各辟一券门通向塔心室。塔身下部采用两伏两券的砌筑方法,门上有尖拱形门楣和卷云形楣角,尖拱门楣顶部置三瓣莲花组成的饰物。塔身上部外壁八面,每面砌一座单层方形塔龛,塔龛自下而上由塔基、塔身、叠涩檐、绶花及塔刹组成。龛上部砌出叠涩檐,正面嵌铭石一方,铭石下辟半圆拱券门,用一伏一券法券砌,有尖拱状门楣和卷云形楣角。门内为长方形小室,室后壁尚存佛像背光图案,故知室内原供置佛像。龛下部为长方形须弥座,座的正面辟壶门二。门内各有砖雕护法狮子 1 个,共 16 个,正、侧、蹲、立形象各异,昂首挺胸,直竖长尾,写实性强,与龙门石窟等中原地区北朝佛教石刻中的护法狮子风格特征相同。在上部塔身各转角处均砌一八边形倚柱,柱头饰火焰宝珠与覆莲,柱下为砖砌覆盆式柱础。

塔身上部有叠涩密檐十五层,叠涩檐之间是极矮的直壁。由于诸层檐叠出的砖数不一,叠涩檐弧度各异,各层檐间的壁高自下而上递减,檐宽逐层收分,使之外轮廓呈现抛物线造型。叠涩檐间的塔壁上均辟有门窗。每面正中砌筑板门两扇,门上皆有尖拱状门楣,楣角呈卷云形。多数门楣下施垂幔,有的两扇板门紧闭,有的则一扇稍开。门两边各配一破子棂窗,每窗多为 4 根窗棂。唯第十层因壁面狭小,仅一门一窗。除南面第五、七、九、十、十一、十三层及东南面的第十五层辟真门外,其他皆为假门。叠涩檐间共砌门窗 492 个。

塔刹通高 4. 745 米。自下而上由基座、覆莲、须弥座、仰莲、相轮及宝珠等组成,皆为青灰条砖平顺垒砌后砍制而成。宝珠与七重相轮上涂白灰层。宝珠上部残为平顶,伸出金属刹杆,刹杆上饰件已失。

塔心室结构为空筒式,直通塔顶,内挑出叠涩檐八层。嵩岳寺塔也是世界上最早的筒体结构建筑。

1988 年,河南省古代建筑保护研究所对该塔进行了详细勘测,并对地宫进行了发掘,发现遗物 70 件,其中雕塑造像 12 件,建筑构件、瓦当、滴水等 17 件,其他遗物 41 件。地宫北壁有唐开元二十一年(733)墨书题记 1 方,地宫内出土 1 件红砂岩造像,高 11 厘米,宽 15. 5 厘米,厚 3. 5—6 厘米,背面有《大魏正光四年造像记》。1989 年,在塔刹内又发现 2 座天宫,分别位于宝珠中部和相轮中,出土银塔、瓷瓶、舍利罐、舍利子等。此塔刹建造年代应在唐末宋初之际。

1961 年 3 月,被国务院公布为第一批全国重点文物保护单位。保护范围:自东围墙外壁向东 200 米,自西围墙外壁向西 300 米,自北围墙外壁向北 200 米,自山门前墙向南 400 米。建设控制地带:自保护范围向西 150 米,向南至石坊南 150 米,北至太室峰顶,东至东灵台山脊。

2. 净藏禅师塔

位于登封市区西北 6 千米处的嵩岳太室山南麓积翠峰下会善寺西侧。该塔始建于唐天宝五载(746),是我国现存最早的八角形塔。

净藏禅师塔

塔坐北向南,通体由青砖砌筑而成,由基座、塔身和塔顶三部分组成。平面呈等边八角形,通高 10. 345 米。基座高 2. 64 米,由于年久失修,损坏严重,有的地方崩塌成洞,危及了整个塔的安全。1964 年参照有关资料对塔基进行了修复。基座上部的须弥座为唐塔原制。座的上枋由两层平砖叠砌而成。中为束腰,每面雕出横长壶门 3 个,全塔共 24 个。束腰以下各用圆头砖、抹头砖砌一层,下用平头砖砌三层,再下为四层台的基座素壁。

基座上为塔身，平面为八角形，每角砌出倚柱，柱突出墙外三个面，柱根不施柱础，柱头作覆盆式。两柱间施阑额，其下有门额（或窗额）、立颊、子桯等。柱中下部又有连接两柱的横枋（腰串）嵌入柱之侧面，柱根有地栿，腰串与地栿之间有障水板，以上构件组成了每面的基本框架，其内或置门窗，或置铭石。正面为拱券式塔门，门作单券无栿式，可入塔室内。塔室平面亦作八角形，顶以八角攒尖顶收结。室壁无装饰。塔身北面嵌青石塔铭一方，铭石高57厘米，宽59.5厘米，铭刻《嵩山会善寺故大德净藏禅师塔铭并序》，铭文计22行，满行21字，除去题、尾及行文间空字，计475字，其内容记述了净藏禅师的生平事迹。塔身东西两面各作实榻大门，门中央雕一古式大锁，每门各有四路门钉，每行8枚，计32枚，钉帽较大。门框制作十分工整。其余四面各砌出破子棂窗，子桯以内立11根破棂子，棂子断面为三角形，棱尖向外。柱头以上直接承托铺作，为一斗三升交劈竹耍头式。拱用单材，自栌斗外角开口出耍头，其高小于单材。这种形式适用于八角形建筑，殊为少见。除转角用此铺作外，南券门上砌出高于柱头的额枋，其中部置一直斗（补间铺作之一）承托檐枋。其余各面，两组柱头铺作之间各作人字斗拱一组。

塔顶由叠涩砖檐、砖雕花纹及石雕宝刹组成。

净藏禅师塔为研究佛教建筑传入中国后被中国传统建筑融合的历程提供了极其珍贵的实物资料，其造型以砖代木，逼真表现出唐代八角亭式木结构的柱子、额枋、斗拱、门窗等作法，实属难能可贵，体现出唐代精湛的建筑工艺与时代特征，是不可多得的建筑瑰宝。净藏禅师，19岁出家，拜嵩山会善寺道安禅师为师，后道安圆寂，南下从禅宗六祖慧能学法五载，北归复至会善寺，造写藏经五千余卷，成为佛教禅宗七祖。春秋七十有二，无疾示寂。

1988年1月，被国务院公布为第三批全国重点文物保护单位。保护范围：自塔基外壁向东至会善寺西围墙向西、南、北各300米。建设控制地带：自保护范围线向南、北各外扩250米，向西外扩300米。

3. 永泰寺塔

位于登封市太室山西麓子晋峰下永泰寺后，塔以寺而得名。永泰寺创建于北魏时期。北魏正光二年（521）孝明帝之妹永泰公主削发为尼，敕建明练寺，后更名永泰寺；北周建德二年（573）武帝废佛、道二教，寺废；隋开皇年间（581—600）恢复原状；唐神龙二年（706）再次修复；明清以后屡有修葺。今存山门、天王殿、中佛殿、大雄殿、皇姑楼等，多为近年重修。寺中珍贵文物有大唐中岳永泰寺碑、两座刻有《陀罗尼经》的唐代八棱经幢，另有宋石刻灯座和石盆各1件。寺院中有娑罗树1株，高约25米，是珍贵树种。永泰寺院后山麓上原有古塔4座，民国初年1座北魏砖塔遭拆毁，现存唐、金、明塔各1座。

永泰寺塔

该塔创建于唐代初期，平面呈方形，为十一层叠涩密檐式砖塔。塔高约30米，周长18.4米，壁厚1.4米，为砖泥结构，和法王寺唐塔的造型、结构基本相同。塔南面辟有券门，由券门可进至塔室，塔心室空筒。塔身外敷白灰保护，自下而上每层高度均匀递减，塔檐逐渐内收，外轮廓呈优美的抛物线形。塔刹由仰莲、五重相轮组成，造型精美。该塔是嵩山地区唐塔中一座典型的代表作品，也是中国现存唐塔中的佼佼者。

除唐塔外，另存金均庵主塔1座，建于金大安元年（1209）；明普同塔1座，建于明崇祯十一年

(1638),为喇嘛式砖塔。

2001 年 6 月,被国务院公布为第五批全国重点文物保护单位。保护范围:永泰寺塔:自塔身东壁向东 200 米,自塔身西壁向西至寺院东围墙,自塔身南壁向南 350 米,自塔身北壁向北 200 米至子晋峰顶。永泰寺院:自寺院东围墙向东至永泰寺塔东壁,自山门前墙向西 100 米至登偃旅游公路西边沿,自寺院北围墙向北 100 米至山麓,自寺院南围墙向南 150 米至河南南岭岭脊。金塔、明塔:均自塔身四壁外扩 50 米。建设控制地带:自保护范围边线北至子晋峰顶,东至望都峰顶,南至 207 国道,西至鸽子崖顶。

4. 少林寺

少林寺

位于登封市西北 13 千米的太室山南麓,面对少室山,背依五乳峰。该寺因山而得名,清景日昣《说嵩》云:"少林者,少室之林也。"少林寺为中国佛教禅宗祖庭和少林拳法的发祥地。北魏太和二十年(496),魏孝文帝元宏为安顿印度僧人跋陀(又称佛陀),在登封嵩山首创少林寺,传播小乘佛教。北魏孝昌三年(527),印度僧人菩提达摩住持少林寺,传播大乘佛教,后人称之为"禅宗初祖",称少林寺为"禅宗祖庭"。北周建德三年(574),周武帝宇文邕禁灭佛道,少林寺被毁。周静帝宇文衍于大象年间(579—581)重兴佛教,少林寺得以复兴,更名陟岵寺。隋开皇年间(581—600)复称少林寺,并赐田百顷,奠定了寺院庄园的基础。隋末农民军袭击少林寺,火焚少林寺塔院和附近的殿堂屋宇。唐初,寺院发展到鼎盛时期。唐贞观年间(627—649)、垂拱年间(685—688)、开元年间(713—741)几次修整,至唐玄宗时,少林寺建筑规模已相当宏伟。唐武宗会昌三年(843)灭法,寺中殿宇、佛像大多被毁,自此以后,少林寺发展缓慢,直到元、明之际,才有较大发展。元代裕公在主持少林寺期间,兴建了藏经阁和许多殿宇。元末兵火之后,明代又重修了藏经阁、千佛殿、立雪亭等,奠定了今日少林寺之规模。1928 年军阀混战,少林寺中大雄宝殿、天王殿、藏经阁、钟楼、鼓楼等主要建筑与重要文物被军阀石友三烧毁。中华人民共和国成立后,政府多次拨款维修,修复了全部围墙,翻修了山门、立雪亭、千佛殿、地藏殿、东西寮房和大部分古塔。1982 年以后根据历史文献记载重建了天王殿、大雄宝殿、钟楼、鼓楼、藏经阁、紧那罗王殿、六祖殿、禅堂、僧院等建筑,少林寺又恢复了昔日面貌。

少林寺文物共分五个区域保存:常住院(即人们通称的少林寺)、塔林、初祖庵、二祖庵、三祖庵及分散的墓塔石刻等,主体为常住院。常住院内的建筑共七进,在中轴线上由南向北依次布置山门、天王殿、大雄宝殿、法堂、方丈室、立雪亭、千佛殿。

山门创建于清雍正十三年(1735),面阔三间,进深三间,单檐歇山顶,门额悬康熙皇帝书题"少林寺"横匾。山门内塑有弥勒佛和韦驮像,山门左右各建双柱单楼式庑殿顶石牌坊,东石坊建于明嘉靖二十三年(1544)五月,西石坊建于明嘉靖三十四年(1555)。山门内位于中轴线上的甬道边立唐、宋、元、明、清各代古碑 30 余通。

天王殿面阔五间,进深四间,为重檐歇山式绿琉璃瓦顶建筑,1986 年重建。大雄宝殿左右两厢分列钟楼(左)、鼓楼(右),还重建了紧那罗王殿(左)、六祖殿(右)、东西禅堂和僧院。六祖殿和西禅堂后为塔院,院内有北宋元祐二年(1087)所建砖塔两座。大雄宝殿毁于 1928 年,1984 年重建。该殿面阔五间,进深四间,为重檐歇山式绿琉璃瓦顶建筑。殿内供释迦牟尼、药师佛、阿弥陀佛的神像,殿堂正中悬挂康熙皇帝御笔亲书的"宝树芳莲"四个大字,屏墙后壁塑有观音塑像,两侧塑有十八罗汉像。整个建筑结构合理,雄伟壮观,气宇轩昂。

藏经阁又名法堂，面阔五间，进深四间，为单檐歇山式绿琉璃瓦顶建筑。殿内供汉白玉卧佛，长7米，重16.5吨。阁前通道东侧放置有明万历四年（1576）十一月铸造大铁锅一口，重1300斤；西侧放置明嘉靖四十三年（1564）造的石磨一合。

方丈室初建于明初，经历代维修，现存建筑为清代所建，坐北向南，面阔三间，出前廊，为硬山式建筑，匾题“方丈”二字。室内正中摆放少林寺建寺1500周年时信徒赠送的鸡血石“佛祖讲法”浮雕，北壁内侧置少林寺传代世系谱。院东、西两侧各建硬山寮房5间。

立雪亭亦名达摩亭，相传是禅宗二祖慧可向初祖达摩求法的地方。该殿面阔三间，进深三间，是少林寺唯一的一座单檐庑殿式建筑，建于明正德六年至七年（1511—1512），1980年重新修缮。殿内中间置木雕佛龛，上悬有清乾隆皇帝御书“雪印心珠”横匾，龛内本尊供奉明正德年间铜铸达摩坐像。殿东南角悬挂明万历十七年（1589）铸造铜钟一口。相传这里是二祖慧可侍立在雪地里向达摩祖师断臂求法的地方。

千佛殿又名毗卢殿，创建于明万历十六年（1588），面阔七间，进深三间，为单檐大式硬山绿琉璃瓦顶建筑，檐下施五踩重昂斗拱。殿内正中置清乾隆十五年（1750）的木制神龛，龛内供奉明代铜铸毗卢佛坐像。东、西、北三壁绘“五百罗汉朝毗卢”大型壁画。壁画场面宏大，气势磅礴，其画笔线条粗犷，绘制精湛，为我国古代绘画艺术作品中的精品。此殿原严重倾斜，1980年进行落架大修，东壁壁画全部揭取，后又重新复位。殿内地面有4排脚坑，每排12个，相传为寺僧在此习武留下的脚窝。大殿东厢为白衣殿，西厢为地藏殿。白衣殿（又名锤谱殿）创建于清乾隆十三年（1748），面阔五间，硬山，出前廊，殿内佛龛中供铜铸白衣菩萨像。北墙绘16组拳术对打观武图，南墙绘持械格斗图，东墙被神龛分为南北两部分，北半部绘“十三棍僧救唐王”壁画，南半部绘“紧那罗王御红巾”壁画。大殿东北和东南壁角绘文殊、普贤二菩萨像等壁画，神龛两侧分别绘降龙伏虎罗汉图案。地藏殿建筑形式同白衣殿，殿内塑地藏王，北壁和南壁绘十地阎君画像，西壁绘“二十四孝”图，是研究少林武术和佛教禅宗史的珍贵实物资料。

寺西有塔林，北有初祖庵、达摩洞、甘露台，西南有二祖庵，东北有广慧庵。少林寺周围还有同光禅师塔、法如禅师塔和法华禅师塔等古塔10余座，古碑多通。

2013年5月，被国务院公布为第七批全国重点文物保护单位。保护范围：①常住院：北自寺院围墙北围墙向北200米，南自寺院山门前墙向南250米，东自寺院东围墙向东600米，西自寺院西围墙向西300米至塔林东围墙。②法如禅师塔：东自东壁向东150米，西自西壁向西300米，南自南壁向南150米，北自北壁向北150米。③萧光塔、无言道公塔：自塔身四壁各外扩150米。④二祖庵：东自庵东围墙向东150米，西自庵西围墙向西300米至明塔西壁西100米，南自庵大门向南至元塔南壁南150米，北自大殿后墙至唐塔北壁向北150米。⑤其他文物，如甘露台、祠堂、同光禅师塔、法华禅师塔、寺西四座清塔、南园白衣殿、达摩洞、玉皇殿等，均自四壁向东、西、南、北各外扩50米。建设控制地带：东自法如禅师塔东保护范围边线向东150米，西至五华坪，南自二祖庵元塔南保护范围边线向南至少室山脊，北自萧光塔北保护范围边线向北至五乳峰顶。

5. 少林寺塔林

位于登封市少林寺西约300米的山脚下，是少林寺历代僧人的墓地。按照佛教的葬仪形式，寺僧圆寂后，佛徒根据其佛学修养、佛教地位、生前威望及经济、佛徒多少等情况，建造不同等级的墓塔，以示功德。

少林寺塔林面积2.1万余平方米，呈扇形分布，由北向南、从高到低按照师徒辈分和时间早晚依次展开。现存自唐贞元七年（791）至清嘉庆八年（1803）之间的唐、宋、金、元、明、清各代砖石墓塔228座，其中唐塔2座、宋塔3座、金塔16座、元塔51座、明塔146座、清塔10座,余为无纪年题记者,是中国现存面积最大、数量最多、价值最高的一个古塔建筑群。塔的层级不同,一般为一至七层,高度都在15米以下,大都有塔铭和题记。造型有四角、六角、柱体、锥体、直线形、抛物线形、瓶形、圆形及独石雕刻等,种类繁多,制式多样。这些塔中以唐贞元七年的法玩塔、宋宣和三年(1121)的普通塔、金正隆二年(1157)的西堂塔、元至元二十七年(1290)的中林塔、明万历八年(1580)的坦然塔及清康熙五年(1666)的彼岸塔为代表作,分别代表了唐、宋、金、元、明、清各代塔式建筑的基本特征,其造型技术、装饰艺术、砖石加工和砌筑雕刻工艺等,都是当时建筑设计和传统建筑工艺水平的真实记录,昭示着中原地区发达的建筑文明和高超的建筑技艺。此外,不少古塔的塔刹、塔额和塔铭,是研究不同时期雕刻和书法艺术的珍贵资料,也具有重要的历史、文化、艺术和科学价值。如在塔林中部偏东有元惠宗至元五年(1339)的菊庵长老灵塔,后壁镶嵌的塔铭系少林寺首座日本国沙门邵元撰文并书丹。此塔和题铭是中日文化交流的历史见证。塔林中存在的八卦图的雕刻及密宗的喇嘛塔,表明少林寺积极吸纳其他文化,少林禅宗与其他佛教宗派之间也有着相互的交流和影响。

少林寺塔林

1996年11月,被国务院公布为第四批全国重点文物保护单位。保护范围:东自寒灰喜公塔(清)东壁向东接少林寺常住院西围墙,西自成公寿塔(元)西壁向西300米,南自小山和尚塔(明)南壁向南500米至少室山麓,北自法玩禅师塔(唐)北壁向北300米。建设控制地带:自保护范围边线向西1900米至五华坪,向南至少室山脊,向北至五乳峰。

6. 法王寺塔群

位于登封市城北5千米的嵩山南麓玉柱峰下。法王寺后山坡上现存唐至清砖塔6座,其中密檐式唐塔1座、单层亭阁式唐塔3座、元代塔和清代塔各1座。

密檐式唐塔约建于唐代初年,坐北面南,共十五层,平面呈方形,边长约7米,通高约35.7米,外廓呈优美的抛物线形,造型雄伟壮观。塔为空心建筑,塔身外部密檐层层叠叠,塔檐间有假门窗,通体用白灰敷皮。塔身南面辟圆券门,门内为塔心室。在地宫内曾出土飞天舍利盒、舍利子及三颗佛牙等20多件文物,还发现趺坐真身包骨像一尊,彩绘袈裟依然可辨,具有极高的考古价值和佛教价值。

另一座单层亭阁式唐塔为四方形亭阁式砖塔,高约15米,边长约4.4米,南向有砖砌券门。塔身上部层层叠涩,出檐深远。叠涩檐上部砌大覆钵刹座,塔顶用青石雕出精美的山花蕉叶、绶花和仰莲宝珠石雕塔刹,造型俊秀,极为精巧,实属唐塔中之珍品。

法王寺塔群之密檐式唐塔

另2座单层方形亭阁式砖塔,多传为唐塔,但其塔形、用材及细部壶门等均具宋、金时代特征,其高分别为8米和7米,边长分别为4.25米和3米,塔顶损坏严重。

在西岭上有元代月庵海公圆寂之塔，建于延祐三年(1316)五月，为六边形七层密檐式砖塔，高 19 米，下砌须弥座，壶门内有牡丹等花卉和瑞兽雕刻。塔身第一层正面有砖雕假门，背面有铭。塔刹为石雕仰莲宝珠。寺西北隅有清弥壑澧公和尚塔，建于清康熙二十九年(1690)，为六边形七层密檐式砖塔，高 11 米。下砌须弥座，壶门内有花卉及瑞兽砖雕，塔身第一层上部砌仿木斗拱。正面镶石塔铭，塔刹由覆莲、圆盘、宝珠等组成。

法王寺塔群不仅是法王寺建筑群的重要组成部分，更是这座古老寺院发展、繁盛和历史沿革的重要实物见证。

2001 年 6 月，被国务院公布为第五批全国重点文物保护单位。保护范围：唐塔：自东壁向东至嵩门山脊，自西壁向西 150 米，自北壁向北至太室山脊，自南壁向南至法王寺常住院北围墙。元塔、清塔：自塔身外壁向东、西、南、北各 100 米。常住院：东至嵩门山脊，西至东灵台山脊，北至北围墙向北至密檐式唐塔，南自山门前墙向南 300 米。建设控制地带：自保护范围边线向南至石坊南 150 米。

7. 初祖庵

位于登封市少林寺西北 2 千米的五乳峰下的阜丘山上。该庵为宋人为纪念达摩修建，后废毁。宣和七年(1125)，在旧庵处建大殿，金兴定四年(1220)重修，元代又予修建，至明初已初具规模，有山门、大殿、面壁亭、厨舍等诸多殿堂，至明代中期已形成三进院落的寺院。后代又多次遭毁且不断重修，基本保存了历史原貌。今初祖庵占地面积约 3000 平方米，沿中轴线依次布置山门、大殿、千佛阁。大殿与千佛阁之间东西两侧有对亭和厢房。

初祖庵

山门创建年代无考，现山门为 1986 年在原址重建的，面阔三间，进深两间，为单檐悬山式建筑，灰筒瓦盖顶，瓦棱脊，脊两端置大吻。门前后出厦，中部两柱之间置两扇实榻大门。

大殿平面呈长方形，坐北朝南，面阔三间，进深三间，单檐歇山式琉璃瓦剪边顶。根据殿内东间前檐金柱上端广东刘氏施柱的石刻题记可知，该殿始建于宋徽宗宣和七年，后历代多次增修，但主要构件仍为宋代原物。檐下置三铺作单抄单下昂斗拱，补间铺作中施真昂。明间安板门两扇，两次间辟直棂方窗，前檐立 4 根六棱石柱，柱面浮雕海石榴、卷草、飞禽和伎乐等。殿内石柱 4 根，上面浮雕天王、盘龙和嫔伽等图案。殿上梁架为彻上明造，后金柱用移柱造。殿内明间置佛龛 1 座。大殿东、西、北三壁下部内外砌石护脚，刻云气、流水、龙、象、鱼、蚌、佛像、人物和建筑物等。大殿建在石砌高台上，前后青石踏道，殿内东西山墙和后墙壁均有彩色壁画，东山墙和后壁东面绘 10 幅壁画，为十三祖修法像；西山墙和后墙西南绘二十二祖至三十五祖修法像，各像均有题榜，记各祖法号、俗名、籍贯等。殿内个别拱眼壁上绘释迦说法像。殿中部亦有雕刻，各面多雕缠枝花卉，花卉之中雕麒麟、狮子、山水、古刹、海水、渡舟、小桥、流水、人物故事等。四角各雕一力士支撑。佛龛系木雕而成，上檐雕斗拱，龛内供达摩塑像，二祖慧可、三祖僧灿、四祖道信和五祖弘忍的脱纱塑像侍立左右。初祖庵大殿是河南尚存的最早的木结构建筑之一，也是国内唯一一座建造年代与《营造法式》颁布年代相近、制度符合较多的北宋木构建筑。

亭子位于大殿之后的台地上甬道两旁，两座形制相同，亭子呈方形，砖木结构，四阿顶。

千佛阁原殿创建于明代景泰年间，现存建筑于 1963 年重修，面阔三间，进深三间，约 110 平方米，为前出檐硬山式建筑。明间正中辟板门两扇，两侧次间开方窗，门上方嵌石匾额，书“千佛阁”三字。内供有观音菩萨、初祖达摩和二祖慧可塑像。

大殿外东南角有一株巨柏，相传系少林禅宗六祖慧能从广东带回亲手种植。殿房四周有石刻40余方，其中著名者有黄庭坚《达摩颂》、宋代蔡卞《达摩面壁之庵》及明成化二十年(1484)的梵文《陀罗尼经》等。初祖庵后五乳峰中峰之顶下10米之山坡有达摩洞一处，为天然石洞，传说是初祖达摩面壁九年之修行处。洞外有明万历甲辰年(1604)建的石牌坊一座，为二柱单孔庑殿顶形式。檐下用四攒斗拱，南面额枋题“默玄处”，北面额枋题“东来肇迹”。

1996年11月，被国务院公布为第四批全国重点文物保护单位。保护范围：自东围墙向东100米，自西围墙向西100米，自山门前墙向南200米，自北围墙向北100米。建设控制地带：自保护范围边线向东、西、南各外扩500米，向北至五乳峰。

8. 寿圣寺双塔

位于中牟县黄店镇冉家村东寿圣寺旧址上。塔四周原有寨墙，墙周长约700米。塔北原有寿圣寺，寺院坐北朝南。清康熙十四年《中牟县志》载：“寿圣寺在县南……上建有双塔，亦称双塔寺。”清朝初期的寿圣寺碑文中记载，寿圣寺始建于唐，兴于宋，历代皆有重修，多毁于战火或倾圮。

寿圣寺双塔

两塔东西对峙，分东塔和西塔，相距20余米，均为平面呈六角形的楼阁式砖塔，无塔顶。东塔现存四层，高约18米，塔身东面辟门，底层有图案纹饰，每面均雕有座佛一排。西塔现有七层，高约30米，用小砖垒砌而成，外部每一层檐下部置砖雕斗拱、券门、真窗和盲窗；每层墙壁上饰彩绘，其底层周围和塔道内壁砖雕坐佛百余尊。每层有券门，券门外饰浮雕兽头。塔内有塔心室和螺旋式蹬道，可盘旋上塔。塔身第一层边长为4米，第一层之上每层的边长逐渐递减，第一至第四层还建有小平台。双塔皆无塔顶，相传为修建时尚未竣工而中断。塔的始建年代无考，据塔的风格和建筑结构，其应为北宋晚期建筑。双塔的檐部、塔壁等部位遭到不同程度的破坏。

2013年5月，被国务院公布为第七批全国重点文物保护单位。保护范围：以寨墙为准。建设控制地带：以寨墙向外延伸80米。

9. 凤台寺塔

位于新郑市南关双洎河南岸凤台寺旧址上。此塔东向，为六角九层叠涩密檐式砖塔，通高19.1米，无基座。整个塔身用长39厘米、宽19厘米、厚5.5厘米和长40厘米、宽19厘米、厚6厘米的青灰条砖一顺一丁垒砌而成。外壁全用水磨砖、白灰浆砌筑，灰缝约0.4厘米。塔身自第一层向上宽度逐渐内收，每层高度均匀递减，外形略呈抛物线形状。

凤台寺塔

塔的第一层东壁有一拱形券门，门高187厘米，宽81厘米，上有青石半圆形门楣，门楣下塞垫木板，上槛和两立颊均为石质。两立颊下部各浮雕有高38厘米的力士像。立颊正面与侧面有阴刻题记。立颊下面为石质地栿，经过154厘米甬道，进入六角形塔心室。室壁高201厘米，稍有收分。各转角处无施椅柱，而是直接在壁体上用两层平顺砖砌出普柏枋，高13厘米。在普柏枋上各转角处砌出砖质六铺作三抄偷心造的转角铺作一朵，通高73厘米。在其栌斗两侧伸出泥道拱，拱之两端置散斗，在上承托泥道慢拱，泥道慢拱两端亦置散斗，承托第二道慢拱，再上承托柱头枋。栌斗向外出三跳，均为出华拱偷心，在第三跳华拱上置齐心斗，承托砖制撩檐枋。斗拱之上用十一层叠涩砌出六角攒尖的藻井，通高75厘米。

第二层南面辟半圆拱券门，北面和西面辟假券门，其他各面无门。在其外壁上砌出拔檐砖一层，其上砌叠涩砖十层，檐之上部砌反叠涩砖六层。第三层至第八层出檐结构与一、二层基本相同，唯檐下叠涩砖层由第三层至第九层逐层向上递减为四层，且每层相间三面砌出圆券假门。第九层无门亦无拔檐砖，仅在外壁上砌出叠涩砖三层。九层之上置塔刹，但大部分已毁，现仅存砖制刹座。塔身每层外檐翼角处均有残存的木质角梁或木质角梁朽毁后的砖洞，推想原来角梁下悬有风铎，但现今已全部无存。进入第二层圆券门，经过157厘米的甬道，导入第二层六角形塔心室。室壁呈直筒状，在室壁上凹砌脚蹬，可蹬至第八层。第八层上部南北向铺一长方形石板，板心凿一圆洞，可能用于穿插刹柱。

塔身之下用青灰条砖砌出高178厘米、直径484厘米的台基，台基下筑有地宫。地宫作六角形，门道向东，地宫建筑结构与塔身部分的塔心室基本相同，但增加了实榻石门和壁画部分。地宫壁厚40厘米。室内地坪用长38.3厘米、宽18厘米、厚6厘米的条砖铺墁。各转角处均用立砖砌出小八角形椅柱，高152厘米，直径15厘米，倚柱上承托用两层平卧顺砖砌成的普柏枋，高15厘米，无施阑额。在普柏枋上各转角处置砖制五铺作双抄斗拱一朵，各朵斗拱的栌斗用两块条压斫制而成。泥道拱两端置散斗，承托柱头枋，柱头枋上无隐刻泥道慢拱。蚂蚱头形的华拱上置交互斗，交互斗正面伸出华拱，华拱上置齐心斗。替木以上砌出平砖二层，再上斜砌叠涩砖八层，形成六角攒尖顶。地宫东壁上辟半圆形拱券门，门内甬道地坪低于墓室地面，甬道东端安装石门，石门以外为双层侧立斜立的封门砖。地宫内壁均用白灰涂抹，其上用黑、红、黄三色绘出花卉、飞禽、人物等图案。南壁、西壁绘力士，北侧、南侧各绘一武士。因年久地下室积水，部分彩绘已经模糊不清。此地宫已封填保护。

新郑县旧志记载，凤台寺建于宋大观三年（1109），而塔门楣上刻有“太原温考□谒朝假以元丰四年七月十二迁葬祖父母、父母于县西南七□里耿村九龙之原”字样，则凤台寺和塔应建于元丰四年（1081）以前，距今近千年。

2013年5月，被国务院公布为第七批全国重点文物保护单位。保护范围：东西47米，东自塔中心向东22米至断崖，西自塔中心向西25米至塑料厂车间东山墙一线。南北220米，南自塔中心向南175米至望母台南15米一线，北自塔中心向北45米至断崖。建设控制地带：东自断崖向东50米一线，西自车间东山墙向西60米至车间山墙，南自保护区边沿向南60米至公路，北自断崖向北50米一线。

10. 千尺塔

位于荥阳市大周山之巅。该塔为八层六角形密檐楼阁式砖塔，由31.5厘米×15厘米×5.5厘米规格的青砖，以白灰、黄土混合浆作黏合剂砌筑而成。塔坐北朝南，南北向轴线为南偏东3°。每层塔身带叠涩檐，除上部两层外，各层叠涩檐上部又砌出象征性平座。在一至七层塔身南面中部分别辟真假门洞。塔内上下布置两个分隔的六角形塔心室。塔刹已毁。塔存高12.98米。

该塔台基人为破坏严重。据东南残留部分推测，台基高57厘米，伸出第一层塔身下部24厘米。在台基西南部发现砖铺散水遗存，散水宽33厘米，高4厘米，坡度约6%，由勘探可知，台基及散水以下即为素土夯层，整座千尺塔实际坐落于地表之上。

第一层塔身高235.7厘米，底边长271.5—275厘米不等。塔身以1.9%的收分率向塔心内收。塔身之上砌出叠涩檐,檐通高 66.8 厘米,叠出宽度 26 厘米。檐上部砌出高 16.7 厘米的平座形。塔身南部辟一门洞,通向塔内下部塔心室。门洞宽 82.5 厘米,深 126 厘米。由残毁痕迹推测,门洞外部高约 157.5 厘米,内部以叠涩砖收顶,高约 174.6 厘米。

千尺塔

第一层塔心室呈六边形,底边长 125—150 厘米不等。室内地面墁一层青砖,与外部台基之表等高。在铺砖下部深 51.3 厘米、由台基所围成的空间内,填充碎砖块、黄土及白灰渣,再下为素土夯层。在塔心室六壁距地表 146 厘米高的部位砌出普柏枋,枋转角处下部立砌一丁砖,以辅助普柏枋承托柱头铺作。柱头铺作作斗口跳结构:材宽 11 厘米,单材广 11 厘米,足材广 19.5 厘米;泥道拱上留 6.5 厘米,平出 7.5 厘米;栌斗通高 10.5 厘米,上宽 22.5 厘米,下宽 16.9 厘米;散斗及交互斗上宽 15 厘米,下宽 11 厘米,通高 13.5 厘米。铺作的华拱均向塔心向伸出,与两邻壁各作 60°角布置。在散斗及交互斗之上,砌替木形在两铺作之间上部,砌枋间支撑物。再上以叠涩砖层层内收,在距室内地表 289 厘米处结顶。室内各部表面均以白灰涂抹,隐约可见墨绘痕迹。

第二层塔身高 87.5 厘米,边长 252.5—265.5 厘米不等,叠涩檐通高 72 厘米,叠出宽度 23.2 厘米;平座高 18 厘米。南面塔身中部砌一门,通向该塔上部塔心室。门下口宽 62 厘米,深 102 厘米。门口内两侧壁以 8.85%的收分率内收。由残毁部分推知,门外口高 86.9 厘米,内部以叠涩砖结顶,高 120 厘米。

此塔上部塔心室呈六棱筒状,通高 572 厘米,贯通第二至五层塔身。塔心室底边长 146 厘米,六面壁体自下而上以 12%的收分率向塔心向内收,顶部以青砖发券结顶。室内壁表不见粉饰层。

第三至七层塔身形制大小相同。各层塔身向塔心向内逐渐收进。与下部塔身比,第三层收进 3.9 厘米,第四层收进 5.6 厘米,第五层收进 9.9 厘米,第六层收进 11 厘米,第七层收进 9.5 厘米。第三至七层塔檐的叠出宽度分别为 22.5 厘米、23.7 厘米、23.2 厘米、17.2 厘米、19 厘米,高度亦呈递减趋势。除第七层外,叠涩檐上部均砌出平座形象。第三至七层塔身南部各砌一假门。第三、四层塔身假门深 31.5 厘米,其余深 15.5 厘米,宽度由 54.5 厘米递减至 34 厘米。门上部均雕作莲瓣形。

第八层塔身高仅 12 厘米,边长 89—95 厘米不等。南部无门饰。塔身上部可见残高 46 厘米的叠涩檐。刹部残毁无存。

该塔在不同部位使用不同的砌作方法,砖结构技术具有自身的特点。

在塔身的砌作方面,第一层塔身下部的丁砖层明显较上部为多,越向上砌,顺砖层渐增多,但其间仍不断杂以丁砖层,以加强内、外部壁体之间的连接强度。第二层塔身的砌作较不规则,但亦注意增加丁砖层的数量。第三至八层塔身中,丁砖层和顺砖层无规律地出现,但在丁砖层中除转角部位因结构需要置一块顺砖外,并不杂以顺砖;而在顺砖层中却不时置以丁砖,以加强顺砖层与壁体内部的联系。塔身的转角部位均以顺砖自两邻面相互交叠而成,并将叠砖的一端打磨作 120°角,使六面壁体在平面上相互咬合为一个六棱筒状的整体。

此外,该塔的反叠涩排水处理构造及翼角起翘的做法有其独到之处。在各层叠涩檐最外一层叠涩砌层上部及第一至四层反叠涩部位,均采用削去其外棱角,即做出弃水的办法以解决排水问题。以第四层为例,最外叠涩层与平座间各砌层的水平间距分别为 4 厘米、6 厘米、8 厘米、11.5 厘米,各砌层外棱角分别被削去 3 厘米、3.5 厘米、3.8 厘米、2.5 厘米的高度,使其侧面形成一个优美的内收弧线,这种类似中国古代木构建筑层面曲线处理手法的运用,可以使塔檐的流水在下泻时产生向外的冲击力,使水流离塔身更远,这对减少水害、增加塔的寿命有很重要的作用。最外叠涩层上部的流水在距塔檐转角处约 7 厘米时始渐变窄,直至在转角外消失;而在相同位置的下棱角,则被逐渐削细,使之在仰视时,产生翼角起翘的效果。塔檐的技术处理和艺术造型,达到了和谐统一,堪称匠心独运。

2013 年 5 月,被国务院公布为第七批全国重点文物保护单位。保护范围:以南门为基点,向西北 270 米至西寨墙外,向东 60 米至东寨墙外,向北 65 米至北寨墙外,向南 85 米至南寨墙外。建设控制地带:自保护范围边线各外扩 30—50 米。

11. 清凉寺

位于登封市嵩岳少室山南麓的清凉峰下,寺因山而得名。

据《河南通志》载:"寺在登封西,金贞祐中建。"元、明、清多有修葺,20 世纪 50 年代初尚有西院、中院、东院三部分,共有金塔 3 座,后西院、东院及塔被拆,仅存中院的山门、东顺山房、大殿等建筑。

清凉寺大殿

山门修建于民国 6 年(1917),面阔三间,进深两间,硬山式灰筒瓦顶,砖石木结构。檐柱间施阑额,柱上施一斗两升斗拱,屋内用方砖平铺。山门结构严谨,在建筑特征、构件制作及梁枋彩画等方面,灵活巧妙地运用了许多地方手法。在用材方面较随意自由,因材施用,制作技术粗犷,具有明显的中原地区建筑手法。

大殿重建于金贞祐四年(1216),坐北面南,东西长 10 米,南北宽 9.24 米,占地面积 92.4 平方米,面阔与进深均为三间。殿高约 8 米,单檐歇山顶,绿琉璃瓦覆顶。正脊两侧置大吻,中部饰卷草花卉、龙凤图案,造型生动,工艺精湛,尤其是大吻造型艺术水平甚高。殿内用金柱 4 根,素面覆盆柱础,表现为古朴的宋金风格。外檐斗拱明间补间铺作两朵,次间一朵,山面各间均为一朵,为四铺作单下昂计心造,真华头子,但蚂蚱头已成足材,昂嘴亦增厚。梁架结点用襻间、坐斗、真昂等早期建筑的作法。大殿正面格扇门窗制作工艺较高。殿内正中原供释迦佛像,已毁。屏壁上绘制有金代风格的彩色壁画,除三四幅佛像清晰外,多已模糊难辨。殿前有月台,高 1.67 米,东西长 17.8 米,南北宽 8.3 米。该殿是河南省现存早期木结构建筑的典范,具有鲜明的时代性、区域性,是研究河南宋、辽、金、元时期建筑之间过渡、相互影响、相互交融的实物例证。

寺内另存碑刻有金贞祐四年刻立的《登封重修清凉禅院记》《清凉寺相禅师塔铭序引》《重修清凉寺六祖庙碑记》。

2013 年 5 月,被国务院公布为第七批全国重点文物保护单位。保护范围:东自大殿东山墙向东 100 米,西自大殿西山墙向西 130 米,南自山门前墙向南 150 米,北自大殿后墙向北 100 米。建设控制地带:自保护范围边线向东、西、南、北各外扩 150 米。

12. 会善寺

会善寺

位于登封市城北6千米的嵩山南麓积翠峰下。该寺原为魏孝文帝离宫,正光元年(520)复建闲居寺。隋开皇五年(585)赐名会善寺。唐武则天巡幸此寺拜道安禅师为国师,赐名安国寺,并置镇国金刚佛像于寺内。唐代增建殿宇、戒坛、塔,规模宏大。寺内高僧辈出,如元同、净藏及天文学家一行等皆出于该寺。五代时于嵩山琉璃戒坛纳法,又名封禅寺,后梁时废。宋太祖开宝五年(972)赐名嵩岳琉璃戒坛、大会善寺。元代至元年间(1264—1294)又赐名万寿禅寺。该寺坐北向南,现存山门、大殿、厢房等建筑,是佛教传入我国后最早建立的佛寺之一。

山门面阔五间,进深三间,大式硬山小灰瓦顶,中三间砌券门,明间券门上嵌长方形横匾书"会善寺"三字,内供白玉阿弥陀佛一尊,系明周王所赠。山门东西两侧各建单间硬山造掖门,后有大雄殿,月台上有明成化七年(1471)铁钟一口,高1米余,重650千克。大雄殿始建于元代,后多次重修,面阔五间,进深三间,单檐歇山绿琉璃瓦顶,殿檐下施五铺作重拱双下昂斗拱,殿内作减柱造,梁架为四椽栿搭牵,用三柱。殿正面明间、次间使用槅扇门,稍间施槛窗。殿内梁架结构为元代遗存。该建筑为嵩山地区现存唯一的元代木结构建筑,也是元代少有的现存实物建筑,为河南同期建筑体量最大者。

寺西山坡上原有唐代名僧一行禅师创建的琉璃戒坛,毁于五代,尚存唐代残石柱2根,柱面雕天王像,柱础雕鬼怪神兽等图案。寺西有净藏禅师塔,西南和东南有清代砖塔5座。

寺内另存东魏中岳嵩阳寺碑,北齐会善寺造像碑,唐代嵩山故道安禅师碑、会善寺戒坛记碑等石碑30余通;唐至清古树120余株;明代铸大铁钟一口。另在寺周还有古塔多座,如寺东约300米处有清塔3座,山门南150米处有清塔1座。

意公之塔在寺外东侧,建于清康熙十一年(1672),为六角形密檐式琉璃塔,塔高约10米。塔基面宽1.8米,须弥座壸门内嵌花卉、瑞兽等砖雕图案。全塔用白色釉砖构筑而成,塔高五层,正面南向嵌石门,背面雕格式门。檐下有斗拱,二层正面有小龛,塔刹残。

丛杰尊塔在寺外东侧,建于清康熙六十一年(1722),为楼阁式塔,高4.5米。塔基平面呈六角形,须弥座。壸门内嵌花卉和瑞兽雕砖,面宽1.15米。塔身三层,正面、背面各有板式门,叠涩密檐,仿木构顶,饰瓦垅,挑角。塔身中部雕圆窗,两侧雕破子棂窗。

普渡塔在丛杰尊塔右3米处,形制与丛杰尊塔相同,建于清雍正八年(1730)。

梅公塔位于山门南,建于清光绪二十三年(1897),为方形密檐式砖塔,高4.5米。塔基为须弥座,面长1.9米,塔身残存三层,叠涩檐,塔身正面嵌石铭。

2001年6月,被国务院公布为第五批全国重点文物保护单位。保护范围:东自斋堂院东围墙向东100米,西自常住院西围墙向西至净藏禅师塔东壁,南自嵩阳书院至207国道旅游公路向南150米至山脊,北自常住院大殿后墙向北300米。常住院东南三座塔:西以西侧楼阁式砖塔的西壁向西300米接会善寺保护范围,东以东侧楼阁式砖塔东壁向东100米,北以两楼阁式砖塔北壁向北100米,南以琉璃塔南壁向南100米。性洁和尚塔:自塔身四壁各外扩50米。建设控制地带:自保护范围边线向北至积翠峰山脊,向东150米,向南至207国道。清塔:自保护范围边线向北300米,向东200米,向南300米。

13. 郑州清真寺

位于郑州市管城回族区清真寺街北端，是以我国传统的建筑形式建成的伊斯兰教礼拜寺院，因处郑州北大街，故又称北大清真寺，是伊斯兰教在郑州建造的最早、规模最大的清真寺。寺坐西向东，现存大门、望月楼和大拜殿等，均为清代中叶以后的建筑。据寺内清乾隆二十六年(1761)碑文记载，“由明以迄大清数百年，掌教者有三师”，可知明代已有该寺，清乾隆十九年(1754)和四十七年(1782)两次重修。1983 年河南省古代建筑保护研究所重新对其进行了整修。

郑州清真寺

清真寺大门面阔三间，进深两间，单檐歇山顶，建筑面积 69.1 平方米。房顶以灰筒瓦覆盖，脊上浮雕莲花，戗脊前端置以云盘，檐下施一斗二升斗拱，明间用石柱 4 根，平面呈小八角形；周围用木柱，中间为木制通柱 2 根，两柱前后有高达 1 米的抱鼓石 2 对。实榻大门 3 合，分别设在正脊下方的中柱两侧。门前有月台 2.14 平方米，方砖铺地，设垂带式踏跺 4 级，威严庄重。

望月楼又名唤醒楼，是伊斯兰寺院中特有的建筑，为阿訇观月、宣讲经书和斋戒之用。该楼平面呈正方形，重檐歇山楼阁式建筑，面积 49 平方米，绿色琉璃瓦顶，脊饰黄绿二色琉璃，脊上雕饰莲花。下檐用一斗二升加麻叶头斗拱，上檐置单昂三踩斗拱，转角用重昂把臂厢拱。周围用石柱 12 根，10 根小八角形，2 根四方形。前 4 根用汉文刻对联 2 副，后 4 根用阿拉伯文刻对联 2 副。前檐悬有竖匾“望月楼”，后檐悬有扇形匾书“远瞩西域”，中槛上方挂“正教昌明”大匾 1 块，为清光绪二十一年(1895)福建水师提督世袭云骑尉裴陵阿巴图鲁杨岐珍敬献。望月楼别致精巧，造型、结构和艺术皆为此寺之精华。楼两侧各有硬山单坡式掖门，门前面饰砖雕垂柱、雀替、门簪及汉文对联等。

大拜殿为主体建筑，面阔五间，由卷棚、硬前殿、后殿和庑殿式后窑组成。4 座殿宇前后相连，勾连组合为一处，建筑面积 423 平方米。殿顶用琉璃瓦和灰瓦，脊上浮雕花草纹饰。卷棚用 4 根石柱，为小八角形，上刻阿拉伯文对联，殿内有光绪年间所置阿拉伯文横匾。大拜殿前两侧是讲堂、陪房、沐浴室等。

寺内绿树成荫，其中一株古槐高 30 余米，周长 3.5 米，树龄已逾 500 年，枝叶繁茂；两株古侧柏均高 20 余米，一株树龄 400 余年，一株 300 余年，郁郁葱葱，使古寺愈加清幽雅静。另有清代石碑 16 通、匾 2 块、近代石碑 2 通。这些都是研究该寺建筑沿革和伊斯兰教史的实物资料。

2013 年 5 月，被国务院公布为第七批全国重点文物保护单位。保护范围：以清真寺大门台基向东 31 米至星月小区道路西侧马路东侧；正南以清真女寺南围墙向南 40 米至管城回族区建设局家属楼；正西以清真寺西围墙向西 11 米至管城回族区综合建筑开发公司家属院东围墙；正北以清真寺大殿综合楼北墙向北 32 米至黄委会设计院家属楼。建设控制地带：以保护范围边线向东、西、北方向各外扩 100 米，正南以保护范围边线向南外扩 90 米至商城路北侧。

14. 超化寺

位于新密市超化镇中心。超化寺原名阿育王寺，又名金钟寺。寺分上、中、下三寺，上寺位于超化寨，中寺位于超化塔坡上，下寺位于超化镇超化村内，下寺保存较为完整。该寺始建于东汉，兴于北魏，重建于隋开皇元年(581)，大盛于唐，后世多有修葺，因供奉有佛骨舍利，有“名刹十五”之称。超化寺至今已有近两千年历史。

现存有山门、二门、毗卢殿、韦驮殿等建筑及历代碑刻20余通。山门面阔三间，硬山式小灰瓦顶。大殿面阔五间，进深三间，悬山式黄琉璃瓦顶，檐下置斗拱，殿内有金柱12根。殿前月台上植2棵古槐树。大殿前东西两侧的厢房分别为关公殿、观音殿，皆为硬山式灰瓦顶，面阔三间，前出廊。超化寺被证实为佛教净土宗的祖庭，是全国著名寺院之一。

超化寺毗卢殿及院内景象

2016年1月，超化寺下寺被河南省人民政府公布为第七批河南省文物保护单位。保护范围：围墙东50米至文化站对面厂院民居，西100米至第一条胡同，南50米至供销社楼南路边，北至寺北50米处。建设控制地带：东自民居西边沿外扩50米，西自第一条胡同外扩50米，南自供销社南路边至100米崖头，北自围墙北50米再外扩50米。

15. 超化寺塔

位于新密市超化镇超化村超化寺西角岗上。该塔又名舍利塔、超化塔、中寺古塔，始建于唐开元二年(714)，为十三层方形砖塔，高30余米，基座东西长7.1米，南北宽7米，壁厚2.1米。1969年11月该塔被拆除时，出土有汉白玉舍利函、北齐造像碑头、唐碑等文物。其中汉白玉舍利函内装舍利盒2个，盖上有铭文纪年，现藏河南博物院；北齐造像碑头和部分残佛现藏新密市博物馆。

1963年6月，被河南省人民委员会公布为第一批河南省文物保护单位。

超化寺塔

16. 法海寺石塔

位于新密市老城法海寺内，又名法海寺莲花经石塔。该塔始建于宋咸平二年(999)，元末法海寺毁于兵火，唯塔独存。

石塔平面呈方形，外檐九层，颇似楼阁。塔高13.08米，基宽3米。第一层塔身较高，其檐下斗拱阑额比例均违矩，第二、四层刻圆顶门，第三层周绕围栏，第五、八层身下托以莲座。塔身除塔门、栏杆与塔顶等处使用汉白玉装饰外，余皆为青石雕砌而成，其上满刻《妙法莲华经》1部7卷。1966年该塔被拆除时，地宫被破坏，出土有两个方形石函、一座宋三彩琉璃方塔、瓷舍利盒、玻璃器、铜佛像和钱币等文物，石函和塔上均有咸平二年题记，现藏于国家博物馆、河南博物院等有关单位。

1963年6月，被河南省人民委员会公布为第一批河南省文物保护单位。

法海寺石塔

17. 三祖庵塔

三祖庵塔

位于登封市嵩阳办事处(镇)嵩山村北太室山南麓卧龙峰下。该塔始建于金元光二年(1223),坐北向南,平面呈方形,为叠涩密檐七层砖塔,塔高10.016米。第一层塔身南辟一门,北壁嵌塔铭一方曰《嵩山圣竹林寺重修罗汉感应记》,宽60厘米,高42厘米,行书。塔室内部中空呈筒状,可直视塔顶。塔基为须弥座,塔刹为攒尖顶。塔身全用青砖黄泥垒砌,塔基砌成高大的方形墩台。该塔颇具唐塔建筑特征,是金塔袭古的典型之作和重要实物资料。塔内存放有3通清代、民国石碑。

2006年6月,被河南省人民政府公布为第四批河南省文物保护单位。保护范围:以砖塔四壁向东100米至山脊,向西100米至山脊,向南800米至沟口,向北100米至山脊。

18. 崇福宫

崇福宫

位于登封市区北部环山旅游公路中段北侧,背靠嵩山万岁峰,东依望朝岭,西傍象鼻山。该宫原名万岁观,始建于西汉元封元年(前110)。唐高宗时更名为太乙观。宋真宗时大加扩建整修,改名崇福宫,作为真宗祭祀祈福之所。宋仁宗天圣年间(1023—1032),宫内殿阁房舍多达千楹。金兵进入中原,崇福宫毁于火灾,仅存三清古殿。明洪武年间(1368—1398),宫内设道会司,专管全县道教事务。明成化癸巳年(1473)六月至十二月重修,百年之废得以复旧。明代以后,道教逐渐衰退,崇福宫随着风雨侵蚀,逐日倾废。1935年,崇福宫复遭回禄,建筑规模越来越小。

宋代崇福宫设置提举、管勾、御容诸官,是专为皇帝祝寿和祈福的。宫中主事者,均由朝廷委派朝官充任,任职朝臣“力请而后授”,引为荣耀。王安石变法时,朝中政见分歧严重,崇福宫变成投闲置散的场所。据《登封县志》记载,宋代主管崇福宫的名儒有范仲淹、韩维、司马光、吕诲、程颢、程颐、李纲、朱熹等20余人。崇福宫不仅是名儒云集之地,也是历代著名道学方士栖身传教之所,北魏寇谦之、唐代刘道合、宋代董道绅、金代邱长春等均在这里主持道场。

崇福宫现存面积9000余平方米,保存有三元殿、玉皇殿、太山殿、龙王殿等清代建筑4座10余间,古树50余株,碑碣10余通。其中太山殿后面的玉皇殿和三元殿均为砖石无梁式建筑。三元殿建于清初,为三开间灰筒板瓦顶歇山顶建筑,覆以灰色筒瓦,平地起券,墙体用山石及灰砖白灰粘缝垒砌而成。殿檐一周施用灰砖雕刻磨制而成的仿木斗拱。斗拱古朴坚固,精致美观,仿木逼真。上顶覆以灰色筒瓦,筒子脊,饰以五脊六兽。玉皇殿为三开间灰筒板瓦顶硬山顶建筑,拱券顶,覆以灰色筒瓦,平地起券。玉皇殿无梁建筑形式是清代建筑中嵩山地区独有的建筑手法,充分体现了嵩山地区多石的地区特色。

1963年6月,被河南省人民委员会公布为第一批河南省文物保护单位。保护范围:东自东围墙向东350米至启母阙保护房西山墙,西自西围墙向西250米,南自大门向南200米,北自北围墙向北150米。建设控制地带:自保护范围边线向西100米,向南100米,向北至万岁峰。

19.卧佛寺塔

卧佛寺塔

位于新郑市西关卧佛寺旧址。隋文帝开皇十年(590)在此地始建寺院,唐懿宗咸通二年(861)建兴福院,后毁于战乱。明洪武元年(1368)又修建寺院,因筑室时得一铜卧佛像,故名卧佛寺。明成化元年(1465)在佛寺前建佛塔,名卧佛寺塔。

该塔为八角楼阁式砖塔,七层,用小青砖和白灰砌筑而成,高15米,基部周长16米。塔的第一层南面有拱形券门,门额上砌砖雕莲花4朵,门额、门框、门槛皆用青石砌成。塔门西面嵌有《摩诃般若波罗蜜心经》石刻铭记、佛经等。第二、三、四层各面有砖券门,券门虚实相间。第五、六层各面有砖券门。第七层各面无券门,顶巅置一火焰宝珠塔刹。每层檐下还有多朵砖雕斗拱。

2006年6月,被河南省人民政府公布为第四批河南省文物保护单位。保护范围:以塔为中心,向东69米至西街居民区小路断崖处,向南66米至地边,向西74米至双洎河,向北47米至安居小区住宅楼南围墙。建设控制地带:东、南、北面以保护范围边线外扩50米,向西至双洎河。

20.无缘真公禅师塔

无缘真公禅师塔

位于荥阳市城区东南20千米的贾峪镇邢村北洞林寺西侧岗上。该塔建于明洪武十七年(1384)二月。塔高约15米,为鼓腹瓶形实心喇嘛塔,青砖白灰砌成,由塔基、塔身和塔刹三部分组成。塔基分为三层,高2.12米,平面呈八角形,由三层仰莲叠涩而成。檐部用棱角牙子砖和拔檐砖砌边,每层均有浮雕壶门,图案以荷花、菊花、缠枝牡丹及天马、游云为主。其中第一层壶门侧有立柱,层高62厘米,边长127厘米;第二层边长122厘米,壶门内纹饰多为缠枝牡丹;第三层边长115厘米,壶门内纹饰多为卧鹿、象、飞马及几何形图案。中部塔身近似瓶状,上鼓下收,全部用磨光青砖、白灰砌筑,塔体表面光滑平整。在其南侧中上部镶嵌一块石铭曰"重开山无缘真公禅师塔",旁署年款。塔刹由九级相轮、宝盖组成。九级相轮往上逐级缩小,每级浮雕有荷花、菊花、游云和天马等图案。塔刹上有石质的华盖、宝瓶和宝珠。该塔除塔座曾遭受毁坏外,余均基本完好。

塔东约200米处存有元、明时期重要石碑4通,保存完好。

1986年11月,被河南省人民政府公布为第二批河南省文物保护单位。保护范围:自塔身向西80米,向北75米,向西40米,向东90米,即整块台地。

21. 福昌寺

位于巩义市米河镇高庙村村北200米处。该寺始建于唐,宋元丰三年(1080)、明正统六年(1441)重修。

该寺坐北向南,面积4500平方米,原有天王殿、伽蓝殿、祖师殿等,现存山门、前佛殿、东西厢房、厨舍禅房、地藏殿、伽蓝殿、观音殿、藏经楼等51间,除前后殿为歇山式建筑、筒瓦盖顶外,其他均为硬山式建筑、小灰瓦盖顶。另有明、清碑碣10余通,记载了福昌寺的历史。该寺规模宏大,建筑完好,保留有宋代建筑构件及唐代石刻,为研究佛教及当地历史提供了实物资料,具有较高的历史、文化、艺术价值。

福昌寺

2008年9月,被河南省人民政府公布为第五批河南省文物保护单位。

22. 兴佛寺

位于巩义市河洛镇七里铺村的莲花山峰顶。该寺坐南向北,东西长27米,南北宽21米,面积567平方米。据碑刻记载,该寺创建于明崇祯十年(1637),原有山门、十王圣殿、大雄宝殿等,清康熙十三年(1674)扩建地藏十王殿,乾隆十一年(1746)又建钟楼,以后屡次增修、重修,现存大雄宝殿及碑刻3通。

大雄宝殿坐南向北,东西宽11.2米,南北进深8.2米,硬山式青砖结构,小青瓦屋顶,前后檐下置砖雕仿木斗拱和砖瓦椽头出檐,殿内系砖砌圆形拱顶,俗称“无梁殿”。殿内南壁供奉金装泥塑佛像三世佛3尊,通高3.1米,中宽1.1米。中间为释迦牟尼,两侧为阿弥陀佛和药师佛,皆结跏趺坐在须弥座上。三世佛系“沥粉堆金”手法妆塑,面部为赤金贴面,通身采用描金彩绘,富丽堂皇,光彩照人,塑像面部额头较宽,下颌收敛处较短,眉间有白毫相,身躯胸肩较宽,明代塑像风格较为明显。三世佛的背光很有特色,以竹、木、铁线做骨架,似船形,高3.2米,上宽下窄,中宽2.8米。中间佛像背光,第一、二层为卷草莲花纹,第三层为变形火焰纹,背光顶部塑一小佛像盘坐在莲花宝座上。两侧佛像背光的第一、二层也是卷草莲花纹,第三层是一周卷草火焰纹,正中塑一护法飞天,两臂伸展,背生双翼,鹰爪。三尊世佛佛座为莲花形宝座,佛座下部为多角束腰佛床,通体饰彩绘图案。这组雕塑形象细腻逼真,色彩鲜艳,艺术精湛,是中原地区的艺术珍品。东、西两壁及北壁殿门两侧供奉十八尊罗汉。

寺内现存石碑3通,均为清代所立,一通是重修兴佛寺创建配殿山门功成碑记碑,厚20厘米,圆额,碑额题“兴佛寺碑记”,碑文行楷,清康熙十三年立;一通是重修地藏菩萨共十王圣殿告成碑记碑,高1.8米,宽63厘米,厚17厘米,碑额书“流芳百代”,碑文内容为施主捐修情况,清康熙五十六年(1717)立;一通为创建钟楼碑记碑,现镶在兴佛寺钟楼南壁,清乾隆十一年立。

2008年9月,被河南省人民政府公布为第五批河南省文物保护单位。

23. 龙泉寺

位于登封市区西南龙泉寺村。该寺始建于北朝,因寺西有一眼四季不涸的“龙泉”而得名。该寺坐北向南,现仅存山门、千佛殿、六祖殿、大成紧那罗王殿等建筑。另存碑碣6通,具有很高的历史、艺术价值。

山门面阔三间,进深一间,硬山式灰筒板瓦覆顶。灰色正脊两面凸饰莲花等图案,两端置大吻,张口吞脊,剑把高耸。四条垂脊上置饰仙人和龙、凤、狮、子等。明间前后辟圆拱券门,两次间前墙各开一个六角形窗，门前为青砖月台。千佛殿又名大佛殿，坐北向南，面阔五间，进深三间，悬山式灰筒板瓦覆顶。该殿修建于明嘉靖九年(1530)，清代有翻修，殿内梁架构件有典型的明、清时期建筑作法，梁架上遗存的彩绘是明、清地方手法之稀少实物之一。殿内墙壁镶嵌443块明代佛像砖，具有鲜明的时代特征，是研究明清建筑艺术和佛教砖雕艺术的重要实物资料，具有较高的历史、艺术、科学价值。

龙泉寺

2006年6月，被河南省人民政府公布为第四批河南省文物保护单位。保护范围：自寺院山门向南120米，自北围墙向北100米，自东围墙向东150米，自西围墙向西150米。建设控制地带：自保护范围边线向南500米至山脊，向北、东、西面各外扩100米。

24. 法王寺

位于登封市城北5千米的嵩山南麓玉柱峰下。该寺始建于东汉明帝永平十四年(71)，为印度僧人摄摩腾、竺法兰译经、讲经处。因佛教尊释迦牟尼为法王，故该寺又称大法王寺；魏青龙二年(234)更名护国寺；隋仁寿二年(602)因建法王寺舍利塔，更名舍利寺；唐贞观三年(629)更名功德寺，开元年间(713—741)更名御容寺，大历年间(766—779)复名法王寺；宋仁宗时赐名东都大法王寺；元、明以后仍称法王寺。该寺院是佛教传入中国后建造最早的寺院之一，也是中国第一所菩提道场，兴盛于唐宋时期。

寺院规模宏大，历代均有修建。现存山门、金刚殿、天王殿、大雄宝殿、地藏殿、西方圣人殿、藏经阁等建筑。登封八景之首“嵩门待月”即指该处。山门置于高台之上，面阔三间，进深一间，硬山式黄琉璃瓦顶，檐下置三踩斗拱，上悬“大法王寺”四字。正脊两端置吻，正中饰“狮子驮宝瓶”。戗脊上饰仙人走兽。天王殿面阔三间，进深三间，硬山式灰筒瓦顶。大雄宝殿在天王殿后，建在高台基上，为法王寺正殿，始建于清代，1988年按原制落架修缮。该殿面阔五间，进深三间，硬山式灰瓦顶，檐下置三踩斗拱，殿前有月台，殿内供有释迦牟尼、阿难迦叶、阿弥陀佛、药师佛。殿前左侧自南向北分别为伽蓝殿、大势至殿、观音殿；右侧自南向北分别为六祖殿、普贤殿、文殊殿；后为地藏殿。地藏殿始建于清代，1989年按原制落架修缮，面阔七间，进深三间，硬山式灰瓦顶，殿前有月台。因地藏菩萨和大法王寺有特殊因缘，故法王寺僧人特在大雄宝殿后建地藏殿，这与其他寺院形成显著的区别。

寺内现遗存唐代至清代石碑40余通，其中唐代元圭塔铭、元代复庵和尚塔铭及月庵海公禅师道行碑较为珍贵。

2001年6月，被国务院公布为第五批全国重点文物保护单位。

25. 青龙禅寺

位于巩义市北山口镇北湾村东北300米处。据有关历史资料和寺内建筑文物考证，该寺与青龙山慈云寺相继而建，是十方僧人及信众往返于白马寺与慈云寺之间接待歇息的驿站，故又称十方院。

整个建筑坐北面南，南北长70米，东西宽62米，面积4340平方米。原建筑有山门、钟鼓楼、前殿、中殿、后殿、东庑殿、天井院。现存有前殿(关爷殿)、中殿(大佛殿)、钟楼、鼓楼、东厢房残基及三孔窑洞。殿内东、西、北三面墙壁上均有明末清初的贴络壁画(用苎纸画好复拓在石灰墙壁上)，有“仙人庆寿”“普渡众生”“西方净土极乐世界”“封神演义”故事等，构图严谨适度，气势宏伟，线条纯熟流畅，色调古朴典雅，画中人物结构准确，神情惟妙惟肖，栩栩如生。另外，在殿壁与梁架之间有许多彩绘图案。

寺内还保存有碑刻、经幢、石门匾等珍贵文物。殿内的贴络壁画在中原地区罕见，为研究壁画艺术和历史提供了珍贵资料。

2008 年 9 月，被河南省人民政府公布为第五批河南省文物保护单位。

26. 龙兴寺

位于巩义市回郭镇李邵村。该寺坐北面南，东西长 23 米，南北宽 14 米，现存大殿、忠义祠、古井一口、勇士碑、重修塔碑志、忠义碑等，并有部分柱础、经幢残件，忠义祠是为纪念咸丰十一年（1861）巩县抵抗捻军死难团勇而建。

由巩县县志及寺内碑刻记载可知，龙兴寺最晚建于明代，当地群众称为后寺，是少林寺分院，少林方丈素喜之师父贞绪和尚在此出家。该寺对研究少林寺的分支情况、咸丰年间捻军至巩县情况具有一定的参考价值。

2009 年 6 月，被郑州市人民政府公布为郑州市第二批文物保护单位。保护范围：以本体四周围墙为中心向外扩 20 米。建设控制地带：同保护范围。

27. 登封水峪寺

位于登封市徐庄镇何家门村大熊山阴，是嵩山“七十二寺”之一。该寺建于何时无考。据寺内现存的明万历三十四年（1606）刻立的《金妆神像碑记》记载，该寺至少创建于明万历三十四年，是少林寺下院。

该寺坐北面南，现存大殿、观音殿、东西厢房各一座。大殿面阔三间，进深三间，硬山式，前出廊，黄琉璃瓦盖顶。观音殿面阔三间，进深三间，硬山式，前出廊，灰筒瓦盖顶，檐柱两根，槛窗棂门。东、西厢房均为硬山式，小灰瓦顶，面阔三间，进深一间，小板门方形直棂窗。该寺对研究嵩山地区佛教寺院布局和少林寺的历史具有一定的参考价值。

2009 年 6 月，被郑州市人民政府公布为郑州市第二批文物保护单位。保护范围：自观音殿后墙向南 200 米，向北 100 米，自观音殿东、西山墙各外扩 50 米。建设控制地带：自保护范围边界向南 100 米，向北、东、西各 50 米。

28. 助泉寺

位于新密市牛店镇境内的浮戏山大方山主峰下，坐北朝南。据史书记载，助泉寺始建于隋，后经历代维修。现遗存山门、天王殿、大雄宝殿、后殿、厢房等建筑。山门面阔三间，进深一间，为砖木混合结构的抬梁式建筑，硬山顶，灰瓦屋面。天王殿坐落于高台之上，建筑形式、结构同山门。大雄宝殿面阔三间，进深一间，前出廊，皆为砖木结构的抬梁式硬山顶建筑。

2009 年 6 月，被郑州市人民政府公布为郑州市第二批文物保护单位。保护范围：东西 22.4 米，东自东围墙，西至西围墙；南北 81 米，南自大门南 5.4 米台阶，北至方丈室北墙。建设控制地带：东自东围墙向东外扩 10 米至断崖，西自西围墙向西外扩 30 米，南、北两面自保护范围各外扩 20 米。

29. 水月寺

位于新郑市辛店镇岳庄村南 300 米的溹水河北岸，占地 1500 平方米，周围均为梯田，从前到后依次升高。

寺院始建于明代，坐北朝南，为三进合院式建筑。中轴线上自南向北依次布置山门、大佛殿、大雄宝殿、五方大佛殿。大佛殿始建于清末民初，为抬梁式硬山建筑。大雄宝殿于 2002 年重修，亦为抬梁式硬山建筑。五方大佛殿为抬梁式歇山建筑,琉璃瓦顶,2004 年新建。现寺院已对外开放。

2009 年 6 月,被郑州市人民政府公布为郑州市第二批文物保护单位。保护范围:东西 132 米,东至断崖,西至断崖;南北 213 米,南至溟水河,北至民居。建设控制地带:南、北同保护范围,东、西为保护范围边界各外扩 20 米。

30. 龙潭寺

位于登封市中岳办事处龙潭寺村,是嵩山"七十二寺"之一。寺院坐北向南,原有上寺和下寺。上寺在今寺西北的八龙潭下。武则天游嵩山时建有离宫,唐开元时将离宫改为上龙潭寺,又在东侧山间平地建下龙潭寺。上龙潭寺早已废毁,仅存下龙潭寺。下龙潭寺到唐以后渐废,金明昌年间重建,清初复兴。顺治年间,僧洞然传戒于此,修殿宇,辟土田。

寺院原有山门、中佛殿,大雄宝殿早已塌毁。现存中佛殿,面阔三间(12.7 米),进深三间(12.4 米),高 7.8 米,系硬山式黄琉璃瓦覆顶。前后各砌有台明,前后开双扇板门,殿内北间中竖立有木柱 2 根,檐下施有三踩斗拱,书条式格子窗。现存碑刻 4 品。

2009 年 6 月,被郑州市人民政府公布为郑州市第二批文物保护单位。保护范围:东自大殿东山墙向东 50 米,西自大殿西山墙向西 50 米,南自大殿南墙向南 50 米,北自大殿后墙向北 50 米。建设控制地带:四周自保护范围边线各外扩 50 米。

31. 大师姑兴国寺

位于荥阳市广武镇大师姑村西北。该寺坐北向南,现存山门、大殿各一座。大殿面阔五间,长 14 米,进深三间,宽 6 米,为砖木混合结构的抬梁式建筑,硬山灰瓦顶,前出檐廊,檐下饰鹿、仙鹤、花卉等彩绘图案。寺内现存有唐代开元十二年(724)八棱经幢一座,宋代、清代佛教造像多尊及一批清和民国时期的碑刻等文物。

2009 年 6 月,被郑州市人民政府公布为郑州市第二批文物保护单位。保护范围:永久性坐标点设于大殿东山墙南端。从该点向东 25 米,向西 43 米,东西 68 米;向南 40 米,向北 35 米,南北 75 米。建设控制地带:南、北分别自相应的保护范围边界外扩 10 米,西至乡村公路,东同保护范围。

32. 万嵩寺

位于登封市颍阳镇车窑村西。寺院始建于清康熙五十五年(1716),坐西面东,建筑面积约 84 平方米。现仅存大殿。大殿面阔三间,进深四间,为砖木混合结构的抬梁式建筑,硬山顶,灰瓦屋面。前檐明间为四扇六抹棂子门。殿内有壁画 10 余幅,有清代石碑 3 通,保存完好。该寺对于研究清代民间建筑特征和绘画艺术有一定价值。

2009 年 6 月,被郑州市人民政府公布为郑州市第二批文物保护单位。保护范围:东、西各自山墙外扩 50 米,南自大殿向南 50 米,北至崖根。建设控制地带:同保护范围。

33. 报恩寺

位于新密市米村镇前士郭村南。该寺相传始建于东汉,明清多次修葺,现存大佛殿、六组殿、东西配殿等建筑,均为清代建筑,抬梁式硬山灰瓦顶。大佛殿后有一棵古桧树,底周长 4 米,距今约 2000 年,仍枝叶繁茂。传说东汉光武帝刘秀在此避难,后在此建寺,取名报恩寺。

2009 年 6 月,被郑州市人民政府公布为郑州市第二批文物保护单位。保护范围:东西 35 米,东自大殿东墙向东 10 米,西至前士郭初中东围墙;南北 53 米,南至大门,北至大殿后 7.6 米围墙处。建设控制地带：南自大门向南扩 7 米至路南沿，东、西、北同保护范围。

34. 炼丹庵

位于登封市北太室山玉珠峰东断崖下，中岳行宫西南约 50 米处登山步道西侧。该庵始建年代不详，现存建筑为后代道士及善男信女建造而成。庵上约 2 米处的断崖上有后人篆刻的“炼丹庵”3 个大字。炼丹庵为石块垒砌而成，平面为圆形，直径 4.9 米，高 2.8 米，外形呈圆丘状，门朝南，高 1.5 米，宽 0.8 米，庵内供奉有神像。据史书记载，诗人李白在开元二十年（732）秋天来到嵩山，拜访焦炼师，连找多日未见其影，留有《赠嵩山焦炼师》诗一首。炼丹为道教的主要修炼方术之一，炼丹庵也是研究道教炼丹术在中岳嵩山发展与演变的实物例证。

2009 年 6 月，被郑州市人民政府公布为郑州市第二批文物保护单位。保护范围：南至嵩阳运动地址遗迹，北至中岳行宫，东至登山步道，西至崖根。建设控制地带：同保护范围。

35. 重阳观

位于郑州市上街区峡窝镇观沟村西南。原规模较大，主体建筑有山门、三清宫、老君洞、祖师殿及戏楼、道院等。现仅存三清宫一座。三清宫系无梁殿建筑，面阔三间，长 9.8 米，进深一间，宽 5.5 米，单檐歇山式建筑，筒瓦覆顶，檐下有砖雕一斗二升拱，拱眼壁雕瑞兽花卉图案。明间辟门，门宽 1.2 米，高 2 米，门上装饰有精美砖雕门楣。另存明代万历四十二年（1614）立迁修重阳观记碑一通。

2009 年 6 月，被郑州市人民政府公布为郑州市第二批文物保护单位。保护范围：东、西、北至断崖向外 10 米，东西 130 米，南北 170 米。建设控制地带：自保护范围边界向东扩 110 米，南扩 290 米，西扩 145 米，北扩 80 米。

36. 玉溪宫

位于登封市唐庄镇土观村西北。该宫创建于明代，清代重修，现占地面积 2021 平方米。现存建筑玉皇殿为明代建筑，玉皇殿坐北朝南，面阔三间，进深三间，单檐歇山式绿琉璃瓦覆顶，檐下施双昂五踩斗拱，正脊饰琉璃彩色莲花和二龙戏珠图案，两端置大吻。其他建筑均为硬山式灰瓦顶。另保存有明、清时期石碑、石雕 10 余件。玉溪宫是历史上中岳嵩山的道教活动场所之一。

2008 年 9 月，被河南省人民政府公布为第五批河南省文物保护单位。

37. 清微宫

位于登封市大金店镇三王庄村北少室山南麓清微岩下。据县志记载，该处曾为唐谏议大夫李渤隐居读书处，也称李渤宅，明嘉靖四十一年（1562）重修并改称清微宫，清咸丰八年（1858）三月又重修东真武殿、西文武殿、金妆两殿神像及三清殿神像，修葺宫殿围墙，建道房 10 余间，栽植柏树 70 余株。该宫坐北面南，现存清代重修正殿和近代重修山门、东西配殿等 4 座建筑，建筑面积 367 平方米，整个院落占地 1970 平方米。清微宫对于研究道教在登封的发展沿革及民间宗教建筑特征有一定价值。

2009 年 6 月，被郑州市人民政府公布为郑州市第二批文物保护单位。保护范围：自亭基南北各扩 5 米，东西各扩 10 米。建设控制地带：自保护范围边界向南外扩 10 米，向北外扩 30 米，东、西各外扩 30 米。

第二节　祠庙建筑

祠庙是一种祭祀性建筑，它的出现是伴随着人类的崇拜意识产生的，它包括了宗教建筑以外的城隍庙、文庙和祭祀天、地、山、河、龙这些自然神的庙宇、名人祠堂和祭祀祖先的家庙等。现在郑州地区保存的祠庙建筑多以祭祀名山大川、历史名人圣贤、自然神灵为主。如秦汉时期在嵩山之麓兴建朝觐嵩山山神的太室祠，东汉时期又在祠庙前立太室阙，后代封祀不断，形成了“五岳”中现存规模最大的建筑群——中岳庙，并保留了完整的“汉三阙”。中岳庙祭祀建筑不仅影响了中国“五岳”中其他“四岳”祭祀建筑形制的形成，而且深刻影响了国家祭祀河渎的建筑规模和布局方式。其布局设计结合当地的自然环境，是礼制建筑格局最全面的反映。在祭祀大川中，出现了济渎庙；在对天地、药王、龙王等自然神灵的崇拜与祭祀中，产生了药王庙、龙王庙等建筑。这类建筑具有独特、丰富的文化内涵。

1. 太室阙

太室阙

位于登封市东 4 千米的太室山南麓中岳庙前 500 米处。太室阙为汉代太室山庙——太室祠的神道阙，与少室阙、启母阙并称“汉三阙”。太室阙为东汉安帝元初五年(118)阳城长吕常所建，分东西两阙，阙门间距 6.75 米。东阙通高 3.92 米，西阙通高 3.96 米。两阙结构完全相同，由阙基、阙身、阙顶三部分组成。每阙又分正阙和子阙，正阙和子阙阙身连成一体，正阙高，子阙低；正阙在内，子阙在外。阙身背面除镌阙铭外，其余均以石块为单位雕刻画像。

西阙阙基用两层长方形石板垒砌，平铺在平实的红土上，在石板低洼处填石块使之稳固。阙身用长方形石块垂直垒砌在阙基上，计 8 层，每层平砌用石 2—3 块。阙身最上层石块似斗形，上宽下窄。阙身上部用 3 块巨石雕成四阿顶，顶上雕垂脊和瓦垄，檐下雕椽，四周边沿雕瓦当和板瓦。阙顶除四角垂脊各为叠瓦脊外，南北两面各雕 5 条瓦垄，东西两面各雕 3 条瓦垄。檐下除角椽外，南北两面各雕 6 椽，东西两面较窄，仅刻 4 椽，正脊以一块整石雕成，脊两端向上翘起，正面刻扣合瓦垄，两侧面各雕 6 面瓦当，是汉代建筑常见的叠瓦脊作法。

子阙比正阙低 1.31 米。子阙顶结构与正阙顶基本相同。脊顶为平面，因顶的一面紧靠在正阙上，所以只作半四阿顶。外面的两角雕两层叠瓦垂脊，下边各雕一角椽。南北两面上雕瓦垄 2 条，下刻 3 椽，阙顶边沿已残损。

东阙与西阙结构相同。

太室阙阙身以减地平雕手法，刻百戏、狩猎、神话故事、奇禽怪兽及贵族生活等画面。画像久露荒野，风雨剥蚀，有的已漫漶不清，现尚存 60 余幅。

东阙北面 7 层，左雕一幅斗鸡图，画面中部残坏，尚能看出左为高足雄鸡，右侧一只仅存长尾，左右相对，似为斗鸡场景。东阙南面 5 层，左雕一熊状兽，小眼，圆耳竖起，长鼻半卷，短尾，名貘。貘主要产于泰国、马来西亚、苏门答腊岛及中南美洲，中国四川古代也产貘，但其非汉代民间常见之物，可能由蜀或泰国辗转运入中原,汉代视其为瑞兽刻在阙上。东阙北面5层,左刻一人戴尖顶小帽,右手执剑横于腰间,作半蹲交足欲舞状。

西阙南面3层,左起刻车骑出行图,为马驾轺车,伞形华盖,下坐两人,前为驭手,后者戴进贤冠,拱手端坐。车后一人戴平帻者着斜襟长服,为骑马随从。后一车残损。西阙西面4层,中刻一常青树,树顶一人挽髻倒立,姿态健美。倒立也叫逆行掷倒技,是汉代流行的杂技表演。从太室阙这幅图案化的树形来看,常青树很可能是一种道具。西阙南面4层刻一马,昂首扬尾,作奔跑状。一人在马背作倒立姿势,体态轻盈,形象健美,是一幅马戏图。马戏在汉代百戏中占有重要地位,从这幅马戏图中可以直观地看到我国汉代马戏表演的精彩场面。

太室阙西阙南面和"中岳泰室阳城"篆字题额相连的一幅画像中,刻有一巨鳖,位置相当显著,可能是夏禹父亲鲧的神像,即夏族的图腾之一。阙上刻鲧的神像,应是远古图腾信仰习俗的反映。太室阙上还雕有蛟龙、鸱和虎食鬼等图像。题额刻在西阙南面上部,阳刻篆书"中岳泰室阳城□□□"9字,今仅存6字。题额下刻篆隶参半的铭记,在西阙北面也刻有铭记,为阴刻隶书,计27行,除第3、4两行为10字,其余每行9字,每段之前均以圆圈作标识,为汉代石刻文字所罕见。铭记主要赞颂中岳神君的灵应和吕常等人建阙的缘由。太室阙对研究建筑史、美术史和东汉社会情况具有重要参考价值。

1961年3月,被国务院公布为第一批全国重点文物保护单位。2010年7月31日作为"登封天地之中历史建筑群"组成部分被列入世界文化遗产名录。保护范围:自保护房东壁向东150米,西壁向西150米,南壁向南200米,北壁向北150米接中岳庙保护范围。建设控制地带:自保护范围边线向东、西各外扩380米,向南400米。

2. 少室阙

位于登封市西5千米的嵩山南麓十里铺村西,为汉代少室山庙的神道阙,与太室阙、启母阙同时并称"汉三阙"。

少室山庙又称少室祠、少姨庙,始建于秦,汉安帝时在庙前建阙,明代初期庙舍坍毁。阙后有一东西长60余米、南北宽40余米的平台,地面散布有绳纹砖、筒瓦、板瓦等汉代建筑构件,当为少室山庙旧址。据杨炯撰《唐少姨庙碑记》可知,少室庙唐代改称少姨庙,其神为妇人像。相传少姨为涂山氏之妹。元代时又把少姨作为蚕神嫘祖来奉祀。

少室阙始建年代,因阙铭仅残存"三月三日"4字,故不得确知。叶井叔《嵩阳石刻记》载:少室阙题铭为篆书,可拓摹者只有22行,除第3、7、19行已没有文字外,余每行4字。阙铭中"君丞零陵"以下的题名"泉陵薛政""五官椽阴林""户曹史夏效""两河圜阳长冯宝""廷椽赵穆""户曹史张诗""将作椽严寿"等,与启母阙题名中的官职姓名均相同,而且两阙的形制也很相似,可知少室阙的建造年代与启母阙同,亦为颍川太守朱宠建于汉安帝延光二年(123)前后。

少室阙现存较为完整,东西两阙结构基本相同,东阙通高3.37米,西阙通高3.75米,两阙间距7.6米。

西阙阙基用两层长方形石板平铺于坚实的黄土上,下层石板较宽大,上层石板稍高而小,阙身用长方形石块垂直垒砌,计10层,高2.99米。阙身最上层石块雕作方斗形,承托阙顶。阙顶用3块巨石雕作四阿顶,上面雕瓦垄、垂脊,四边雕柿蒂纹瓦当和板瓦,下面雕椽。正脊单独用一块长条石雕成瓦条脊,中间低,两端高。正面雕成瓦垄,两侧雕柿蒂纹瓦当。子阙顶比正阙顶低1.04厘米,一侧与正阙相连,一侧雕出两垂脊和瓦垄,下部雕椽。

东阙结构与西阙相同,唯正阙顶残缺,仅存一石,置于阙身上部东侧,正脊已佚。子阙比正阙低69厘米,顶较完整。现存的东西两阙高低不一,层次有别,西阙用石10层,东阙仅8层。但西阙第4层和第9层的石块厚度和雕刻图案完全相同,可以断定这是后人重修时砌错了位置,西阙第4层和第9层中有层石块应是东阙上的。原阙用石应均为9层。

少室阙西阙

少室阙东阙

少室阙题额在西阙北面第3层中部,“少室神道之阙”6字为阴刻篆书。阙铭也为篆书,约55行,行4字,每行之间有阴刻竖界线。除最后3行刻于西阙西侧外,余皆刻于西阙南面第2层和第3层。因风化严重,前36行大都漫漶无存,只留后面19行题名较完整。在东阙北面第4层右另有江孟等题名,共存4行,每行6字,余皆剥蚀不可辨识。

在阙身前后的石块上分别浮雕狐逐兔、赛马、蹴鞠、兽斗、斗鸡、马戏、玄鸟生商、四灵图、羽人图、双龙穿壁图、车马出行、双兽争食、羊头、辟邪柏、铺首衔环及山水等图案70余幅。

东阙北面第8层右有一斗兽图,左侧刻一虎怒目张口,右侧残泐似为一牛,另有一兽残存基部。斗兽属角抵戏范畴,汉代画像石中最为常见,多是牛或兕一类的有角动物狂咬怒斗。汉代角抵戏不仅深受百姓欢迎,而且也得到皇帝的青睐。阙上镌刻斗兽图,正是这一习俗的反映。

东阙西面第1层刻“玄鸟生商”故事。画面为展翅飞翔的燕子。燕子上雕昂首鼓腹的龙。燕为玄鸟。《诗·商颂·玄鸟》载:“天命玄鸟,降而生商。”商的始祖契是以燕子为图腾的氏族酋长,画像反映了这段历史传说。

画像中有不少柏树画面,与汉代人认为柏能驱鬼辟邪的习俗有关。在三阙画像中,青龙、白虎、朱雀、玄武的画像比较多,被尊崇为“四灵”。“四灵”在古代既是祥瑞的象征,也是武力的表现。汉代以来,“四灵”在阴阳五行学说影响下,又和木、火、土、金、水联系起来,分别代表一方。“四灵”在天宫是捍卫天帝的四大方镇,在人间保卫封建帝王,在地下是墓主人灵魂的护卫,刻在阙上代表岳神的捍卫者。

少室阙东阙南面第3层右刻一羽人画像,是汉人升仙思想的反映。汉代上自帝王下至庶民,多崇信方士,幻想长生不老。当时人们认为要想长生像仙人一样翱翔大界,就得像鸟儿一样身生双翼。这种思想在我国古代曾产生过深远影响。

少室阙、太室阙和启母阙都刻有面目狰狞、巨口獠牙、口衔圆环的兽面图像。这种兽面早期多见于商周青铜器，战国时始称兽面为饕餮。汉代在画像和器物上雕画、铸造兽面风气十分盛行，其原因不仅是饕餮贪得无厌，拥有大量财富，更主要是它积财而不用，善于看守财物。

“汉三阙”的画像及装饰图案是研究古代雕刻、美术史的珍贵资料，铭文更是为历代金石学家所珍重。另外，汉以前的建筑，既无实物存在，记载又多简略，想弄清它的形象、结构是很困难的。“汉三阙”作为祠庙前的神道阙，在阙上不仅雕有奇禽异兽、人物故事，而且还雕刻出建筑的框架结构及各个构件的外形，这为研究汉代建筑提供了难得的实物例证。

1961 年 3 月，被国务院公布为第一批全国重点文物保护单位。保护范围：自保护房东壁向东 250 米，西壁向西 250 米，北壁向北 250 米，南壁向南 1500 米至少室山南麓。建设控制地带：自保护范围边线向东、西、北外扩 150 米，南至少室山脊。

3. 启母阙

位于登封市城西北 2 千米的嵩山南麓万岁峰下，为启母庙前的神道阙，与太室阙、少室阙并称“汉三阙”。

启母阙北 190 米处有一处开裂巨石，即启母石。《淮南子》载：大禹治水三过家门而不入，其妻涂山氏化为巨石，石破北方而生启，故后世流传有“闻鼓饷夫”的故事。汉武帝游嵩山时，为此石建庙，今庙已不存。东汉延光三年(124)颍川太守朱宠于启母庙前建神道阙，汉代因避景帝刘启之讳改名开母庙、开母阙。

启母阙在三阙中损坏最严重，其结构与太室阙同。西阙现存高 3.17 米，东阙现存高 3.18 米，阙门间距 6.8 米。西阙阙基为两层长方形石板，下层石板较大而薄。阙身用长方形石块垂直垒砌在阙基上，共 7 层，总高 2.75 米，每层用石 2—3 块。最上层的石块雕作斗形，上承托阙顶，下呈斜角与阙身垄相连。阙顶残毁过甚，残存部分在阙身上部东侧，雕作四阿顶。顶的上部雕瓦垄、垂脊，四周雕柿蒂纹瓦当和板瓦，下部刻仿木椽子。阙顶正脊已毁。

启母阙

东阙阙身残损较重，南面第 1、2、3 层的石块已断为三块，第 4、5、8 层均断为两块。阙顶已残，仅存一石，雕四阿顶。子阙顶已毁。东阙结构与西阙基本相同。

阙上有两方阙铭，皆在西阙北面。一方为启母阙铭，一方为堂溪典嵩高庙请雨铭。启母庙阙铭为篆书，内容分两部分，前 12 行为题名，满行 7 字；后 24 行为四言颂辞和仿楚辞体裁的赋，满行 12 字。阙铭的前一部分记录大禹治水的故事，赞颂其三过家门而不入的可贵精神；后一部分着重叙述汉王朝的圣德广布天下，在这里兴祠庙祭祀神明，上天的灵应显示了种种瑞兆，风调雨顺护佑了百姓，为此立阙刻铭，使光辉业绩传至千秋万代。

堂溪典嵩高庙请雨铭在启母阙铭下，东汉熹平四年(175)刻，为隶书，计 18 行，行 5 字。前 6 行已泐毁，“其言惟何”后也不存，现存 11 行，共 55 字。

铭文间隙处及其他石块上浮雕骑马出行、斗鸡、驯象、吐火、进谒、倒立、饮宴、日御羲和、启母化石、夏禹化熊、郭巨埋儿、月宫、蛟龙穿环、犬逐兔、果下马、蹴鞠、鹤叼鱼、虎扑鹿、孔甲畜龙等画像70余幅。其中口中吐火及易牛头马头的画像反映了汉代由于西域交通的开辟,中外文化交流日益频繁的史实。《史记·大宛传》记载了汉武帝时有西域幻术演员到汉朝献艺,称为"眩人"。东汉安帝永宁元年(120)罗马属国大秦(古埃及亚历山大城)的魔术团曾从海道经缅甸到洛阳演出。画像还反映了汉代蹴鞠的兴盛。据史书记载,汉高祖刘邦的父亲就是蹴鞠爱好者。汉武帝及大将卫青、霍去病不仅喜爱蹴鞠,而且把它列为军事训练项目之一。汉成帝好蹴鞠,群臣也以此来锻炼身体。

1961年3月,被国务院公布为第一批全国重点文物保护单位。保护范围:自保护房东壁向东300米,西壁向西至崇福宫东围墙,南壁向南250米,北壁向北至启母石以北200米处。建设控制地带:自保护范围边线向东、南各扩150米,向北至万岁峰。

4. 中岳庙

位于登封市区东3千米的太室山南麓黄盖峰下,前身是太室祠。《山海经·中山经》载:"先秦时即已有之。"《汉书·武帝纪》载,元封元年(前110)正月,汉武帝从华山至中岳,登嵩山,"令祠官加增太室祠,禁无伐其草木。以山下户三百为之奉邑";神爵元年(前61),汉宣帝祀中岳。南北朝时期,北魏太武帝于太延元年(435)立庙于嵩岳之上,把本来为祭祀太室山的衙署变为道教的庙宇;魏太安年间(455—459)徙中岳庙于神盖山(黄盖峰)。唐开元十八年(730),唐玄宗李隆基仿效汉武帝增建太室祠,重修中岳庙,奠定了今日庙址基础。乾德元年(963),赵匡胤为中岳之神制作衣、冠、剑、履,中岳之神着衣戴冠始于此时;宋太宗赵光义于太平兴国八年(983)赠"五岳"奉号,名中岳之神为"中天崇圣帝",帝后号"正明";开宝六年(973)敕修中岳庙,诏县令兼任庙令,县尉兼任庙丞,此时政教合一,道教发展很快;宋真宗祥符六年(1013)又"增修殿宇并创造碑楼等八百五十间"。金世宗十六至十八年(1176—1178)再次对中岳庙进行整修,"总为屋二百三十有八间",今庙内保存的金代庙图碑记录了当时的规模。元代原有殿堂700余间,末年败落为百余间。明、清(明成化、嘉靖,清顺治、乾隆等)两代对中岳庙进行大规模修整,现存的建筑格局与规模形成于此时。

中岳庙

中岳庙坐北向南,南北长650米,东西宽166米,面积约10万平方米,共有七进十一层院落,中轴线上依次布置太室阙、中华门、遥参亭、天中阁、配天作镇坊、崇圣门、化三门、峻极门、嵩高峻极坊、拜台、峻极殿、寝殿、御书楼、黄盖亭等。地势由低至高相差27米,甬道全部用石条铺砌。庙院现存形制是清代乾隆年间按照故宫的布局重新修建而成的,有殿、宫、楼、阁、亭、台、廊、庑等明清建筑400余间,汉至清代古柏300余株,金石铸器、石刻造像等金石文物百余件,是"五岳"中现存规模最大的古建筑群。

太室阙建于东汉时期,位于庙前500米处。中华门两侧的汉代石翁仲用青石雕凿而成,体形较粗犷原始,高1.22米,头颅硕大,约占整体高度的1/3,直接安放在两肩;头顶平整如案,无冠戴装饰,五官端正,相貌质朴;双手紧握剑柄,矜持地拱护在胸前,长长的剑锋直垂地面;身穿长筒袍衫,腰间系一条宽带,带头呈八字状撇在剑锋两侧。翁仲背后雕凿圆形洞眼23个,其中东翁仲11个,西翁仲12个。东翁仲头顶西北部刻一字径为4厘米的隶书"马"字,其用途和寓意不明。石翁仲的时代应和太室阙建造年代东汉元初五年(118)大致相同。

中华门即为"名山第一坊",原为木结构牌楼,1942年被改建为砖瓦结构的庑殿式牌坊,并更名为中华门。门为3孔砖券拱形门洞,门洞两侧上方分别书"嵩峻""天中""依嵩""带颍"。中华门后为遥参亭。亭原为清式四角亭,1942 年改建为八角重檐亭,该亭为过往行旅拜谒岳神的场所。亭檐下面雕有透花的人物和戏曲故事多幅。遥参亭北是天中阁。天中阁原名黄中楼,是中岳庙原来的大门,明嘉靖四十一年(1562)改建,阁高 20 米,为重檐歇山式,形制与北京天安门相近,面阔五间,进深一间,阁后两侧有登阁梯道,阁上四周砌 1 米多高女儿墙,阁下砌 3 座高大、宽阔的圆券洞式大门。天中阁后为配天作镇坊,此坊为清初木结构建筑,坊起三架,庑殿屋顶,琉璃瓦覆盖。正楼额书“配天作镇”,两侧楼额分别书“宇宙”“具瞻”。配天作镇坊后为崇圣门和化三门。崇圣门和化三门原来皆为屋宇式大门,形制和峻极门相似,1942 年改建为现存的歇山顶。崇圣门后东西两侧有互相对称的 2 座清式四角亭。西亭内有一通无字碑;东亭为古神库,神库四角各立一铁人,铁人威武雄壮,通高 2.6 米,于宋英宗治平元年(1064)铸,是我国现存最大最完整的守库铁人。向外是东华门和西华门,两门内各立两碑,合称宋金“四状元碑”,分别为宋王曾、卢多逊、陈知微和金代黄久约撰写,是研究中岳庙的重要资料。化三门后的甬道两侧有 2 组 4 座相对称的砖石结构的台子,台上原有建筑今已无存,俗称“四岳殿台”,象征“五岳共存”。东岳和南岳殿台之间有一四角亭,亭内有北魏中岳嵩高灵庙之碑,是中岳嵩山现存最古的碑刻。四岳殿台北即峻极门,门面阔五间,进深六架,单檐歇山,五踩斗拱,顶部覆以绿色琉璃瓦,是清代典型官式建筑。门两侧有两尊高 5 米的武士像。门前有金正大二年(1225)铸造的铁狮,门两侧有东西掖门。东掖门内有大金承安重修中岳庙图碑,上有用我国传统的主体透视刻绘的中岳庙地图,保存了 780 多年前中岳庙的全貌。峻极门北有一座四柱三楼式嵩高峻极坊,坊后为拜台,台左右有清乾隆御碑亭,亭后即为峻极殿。峻极殿又称中岳大殿,面阔九间,进深五间,面积 920 平方米,是河南现存最大的寺庙殿宇。该殿为重檐庑殿,黄色琉璃瓦顶,斗拱和梁架上均有刻画,殿内天花板中部有精雕的盘龙藻井,采用清代和玺彩画,形制和北京故宫内的太和殿相似,上下檐分别施七踩和五踩斗拱,高大雄伟。殿外檐下悬清咸丰帝手书“威灵镇佑”匾额。大殿后建垂花门,再后为寝殿 5 间,单檐歇山黄色琉璃瓦顶。室内天花板精美而完整,明间为“腾龙”,次间为“翔凤”,系所谓中岳大帝与帝后起居之所。大殿为明成化十六年(1480)重建,清乾隆元年(1736)重修,是该庙木构建筑中时代较早的。寝殿后为御书楼,原名黄篆殿,面阔七间,硬山式二层楼房,初建于明万历年间(1573—1620),是神宗朱翊钧敕降道藏经函、贮放道藏经书的地方。庙后约 500 米有黄盖峰,其巅建八角重檐攒尖顶小亭,名曰黄盖亭,此亭与庙前石阙相距 1400 米。在中岳庙中轴线两侧置 6 宫,即神州宫、祖师宫、太尉宫、行宫、火神宫、小楼宫等。

2001 年 6 月,被国务院公布为第五批全国重点文物保护单位。保护范围:东自东围墙向东 330 米处,西自西围墙向西 330 米处,南自翁仲亭南台明向南 350 米接太室阙保护范围,北自北围墙向北至黄盖亭北青岗坪。建设控制地带:自保护范围边线向东、西各外扩 350 米。

5. 南岳庙

位于登封市城南 22 千米大金店镇大金店村,传为金人占领中原后建。原有大门、掖门、财神殿、广生殿、三宫殿、火神殿、龙王殿等建筑。现存者多为明、清时建筑。庙院三进,现仅存府君殿 1 座。

南岳庙

府君殿面阔三间,进深三间,单檐歇山灰筒瓦顶,脊兽已毁。檐下一周施三踩斗拱,前墙壁辟棂门棂窗,木柱石础。神龛上部绘飞鸟、花卉,梁上饰以游龙为主的彩绘壁画。殿内正中是一横匾,书“聪明正直”四字。殿前有月台。此殿梁架与殿顶木架为金代构筑,是河南省内现存较早的木构建筑之一，具有一定的研究价值。两厢其他建筑已无存，正殿后的天爷殿、灶君殿、龙王殿、义勇祠等屡经改建，已失原貌。

2013 年 5 月，被国务院公布为第七批全国重点文物保护单位。保护范围：南自大门向南 80 米，北自大殿台明北沿向北 100 米，东自东围墙向东 50 米，西自西围墙向西 50 米。建设控制地带：自保护范围边线向四方各扩 50 米。

6. 郑州文庙

郑州文庙

位于郑州市东大街东段路北，坐北朝南。该庙始建于东汉明帝永平年间（58—75），元代毁于战火。明洪武二十八年（1395）、宣德八年（1433）、正统九年（1444）、天顺年间（1457—1464）、成化八年（1472）、弘治七年（1494）、正德十三年（1518）、嘉靖十一年（1532）重修；清顺治六年（1649）、十五年（1658），康熙五十年（1711）重修。此后数十年又因破坏严重，风雨侵蚀，部分建筑相继坍塌，乾隆三年（1738）春，知州张钺对大成殿、东西两庑、敬一亭、尊敬阁、名宦祠、乡贤祠俱各修整，并重建明伦堂、东西两斋房、射圃厅，使之巍焕可观。光绪二十二年（1896）复遭大火，毁坏殆尽，因此“灾事上闻，部议重修，按亩捐款，土木大兴，岁两度始克告成”，但是建筑与规模已非昔比，至 20 世纪 70 年代只存戟门、大成殿。

文庙中轴线上共有五进院落，殿宇廊亭 200 余间。棂星门以内并排三院，左侧门额曰“圣域”，右侧门额曰“贤关”；正南 50 米处有一座彩陶照壁，迎面为“太祖元气”四个大字，背面为“鲤鱼跳龙门”图案；东西有过街牌坊各 1 座，东牌坊额题“德配天地”，西牌坊额题“道冠古今”。自棂星门顺神道而北，经泮池，过戟门至主体建筑大成殿。殿前有宽阔的月台，是昔日阁郡文职官员和举人、秀才拜祭之所。两旁东西庑 20 余间，供奉孔门弟子七十二贤人及历代清官、名儒等。东院有学正宅、名宦祠；西院有儒学、乡贤祠。大成殿后为名伦堂，再后为敬一亭，最后为尊经阁。东有书斋、启圣祠；西有斋房、土地祠和射圃亭。

除上述现存建筑外，据乾隆《郑州志》记载，庙内另原有金声玉振坊、居仁门、崇义门、祭器库、神厨、育德仓、义仓、宰杀厅、进德斋、修业斋、存诚斋等。

大成殿面阔三间，进深三间，单檐歇山式建筑，绿色琉璃瓦覆顶，脊饰黄、绿、黑釉相间。正脊高 0.7 米，脊阳面塑琉璃烧制的“二龙戏珠”图案，八条黄龙对口相望，造型生动细致。背面塑“凤穿牡丹”图案，正脊中竖庑殿式楼阁建筑，上塑狮子、大宝瓶等图案。垂脊、戗脊雕饰“黄龙戏珠”“金凤牡丹”等图案。两山面为琉璃烧制的博风、悬鱼，东山博风正中镶嵌玉皇大帝像，两侧为八仙过海图。西山正中雕如来像，两侧为三国戏曲人像。该殿的琉璃雕刻堪称河南现存古建筑琉璃艺术中的杰作。

檐下施五踩重昂斗拱，昂头呈象鼻状，耍头分别雕饰龙头、云纹、卷草纹，角科斗拱用把臂厢拱。殿内前后矗立两排金柱，脊檩童柱角背置麻叶云，其下各层柁墩上饰精工细刻的牡丹花卉，各层桁的隔架搁置花墩，下金桁花墩雕动物、历史故事和各种果树花卉。四角老檐檩置垂花柱衔接内拽斗拱上昂，使各檩及梁架互相陪衬，殿内雕梁画栋，烘托出大殿内部艺术效果。

2006 年，郑州市人民政府委托河南省古代建筑保护研究所对大成殿进行了整体抬升，使大成殿高于地面 1.7 米，同时恢复了棂星门、金声玉振坊、泮池、大成门、名宦祠、乡贤祠、尊经阁、东西庑房等建筑。

文庙现存明、清、民国时期碑刻十余品，其中有明天顺三年(1459)《重修文庙之记》、成化十三年(1477)《大明郑州历年贡士题名记》、嘉靖四十四年(1565)《重修文庙之记》；清康熙二十五年(1686)《至圣先师孔子赞并序》，乾隆二十年(1755)《御制平定准噶尔告成太学碑文》、二十四年(1769)《御制平定回部告成太学碑文》、三十二年(1768)《东里书院置义田记》；民国16年(1927)《重修郑县孔庙记》等。

2013年5月，被国务院公布为第七批全国重点文物保护单位。保护范围：西自大成殿西山墙向西50米，东自大成殿东山墙向东62米，南自大成殿槛墙向南116米至东大街北沿，北自大成殿后檐墙向北100米。建设控制地带：北自保护范围边线向北100米，东自保护范围边线向东100米，西自保护范围边线向西120米至职工路，南自保护范围边线向南100米。

7. 郑州城隍庙

位于郑州市商城路东段。原名城隍灵佑侯庙，供奉的是汉刘邦麾下大将纪信。该庙始建于明代，洪武二年(1369)敕封郑州城隍为灵佑侯，弘治十四年(1501)郑州知州石纯粹重修，嘉靖六年(1527)郑州知州刘汝重修，隆庆四年(1570)郑州知州李时选重修；清康熙三十年(1691)、雍正六年(1728)、乾隆五年(1740)、光绪二年(1876)、光绪十六年(1890)及后代屡有修葺。

该庙坐北朝南，原占地面积6000多平方米，现有面积3900多平方米。整个建筑群呈南北轴线布局，分布有山门、仪门、戏楼、大殿、拜殿、后寝宫等建筑。

山门面阔三间，进深两间，悬山式建筑，绿色琉璃瓦顶，檐下施三昂七踩斗拱，耍头呈象鼻状，梁架为穿斗式与抬梁式结合的结构，门前砌筑六级扇面形垂带式踏跺，左右各立一石狮。

仪门面阔三间，进深两间，硬山灰瓦顶。正脊两端置大吻，中部饰“二龙戏珠”和宝瓶图案，下有浮雕人物，中置神像，两侧各有一对骑士，姿态各异，栩栩如生。垂脊上雕狮子、海马、押鱼等图案。檐下置一斗二升斗拱。上部砌筑弧形墀头，下部雕麒麟、花草，雕工精美。

戏楼面阔三间，进深两间，重檐歇山楼阁式建筑。主楼左右两侧檐下配歇山式边楼，高低错落，翼角重叠，造型优美。主楼前后复有抱厦，一楼4根通柱高7米余。全楼共有19条脊，均饰以蓝绿色琉璃吻兽件。该戏楼小巧玲珑、式样别致，实属古代建筑中之珍品。

大殿面阔三间，进深三间，单檐歇山顶，上覆绿色琉璃筒板瓦。殿前、后明间均装修有隔扇门，殿前次间装修有槛窗。檐下的拱垫板上绘有“二十四孝”等彩画。正脊两端饰大吻，脊中为狮驮宝瓶，两侧饰脊兽，并雕饰花草、人物、游龙等图案。垂脊、戗脊饰有花卉等图案。殿前砌有月台，月台前与东西两侧砌四级垂带式踏跺，未砌“象眼”。

后寝宫由卷棚式拜厦和寝殿两座建筑组成，中间有地沟相隔，顶覆绿色琉璃瓦，正脊中央饰重檐庑殿式小阁楼。殿前卷棚式拜厦面阔五间(17.5米)，进深两间(3.7米)；寝殿面阔五间(17.65米)，进深三间(9.25米)，硬山式建筑。寝殿的前后檐下施三昂七踩斗拱，斗拱后尾均平插垂莲柱，前后檐下拱垫板上塑有传说故事的彩塑浮雕。殿前的明间、次间均装有六抹隔扇门。两山有木制博风，并配以雕刻的悬鱼、惹草。卷棚两山墙的前檐下砌有弧形墀头。

该庙是目前郑州市区内现存规模最大、保存最完整的明、清古建筑群，其建筑风格古朴典雅，形式多样，彩画鲜艳生动，河南地方建筑特点显著。尤其戏楼造型精美别致、小巧玲珑，在国内较为罕见。庙内遗存石碑20余通，其中以明工部都水司主事张大猷草书的福赞碑较为珍贵。

2013年5月，被国务院公布为第七批全国重点文物保护单位。保护范围：南自城隍庙南围墙至商城路9米，北自城隍庙北围墙向北50米，西自城隍庙西围墙至塔湾路43米，东自城隍庙东围墙向东50米校园道路。建设控制地带：东、北各自保护范围边线各外扩100米，西自塔湾路向西100米，南自商城路向南380米至东大街。

8.登封城隍庙

位于登封市城内西街、文庙街西。该庙明初已形成规模,明英宗正统年间(1436—1449)知县赵兴主持重修,到清乾隆年间(1736—1795),城隍庙计有照壁、大门、二门、三门、仪门、戏楼、卷棚、大殿、寝殿,廊房等建筑。现存有大门、前院东西厢房、仪门、卷棚、大殿、后院东西廊房等明、清建筑80间,占地5648平方米。

登封城隍庙

大门初建于明代,清代重修,20世纪90年代整修,面阔三间,进深四架椽,硬山灰瓦顶。前院东西厢房各9间,硬山灰瓦顶。后院东西厢房在明英宗正统年间重修后,与寝殿相接,计36间,清乾隆年间重修改建为28间。

大殿为明代建筑,面阔五间(16.3米),进深三间(9.4米),单檐歇山灰筒板瓦顶,檐下施斗拱,明间平身科一攒,次间、梢间平身科各一攒,均为五踩双下昂重拱计心造,用金柱8根、檐柱16根。大殿的前檐檩、枋木、斗拱和神龛上都保留有精美的、具有地方特色的彩画。

卷棚面阔五间,进深四架椽,硬山灰筒板瓦顶,檐下施三踩单下昂斗拱,平身科明间二攒,次、梢间各一攒,额枋浮雕人物故事、动物图案,檐柱有清道光时期的楹联三副,两山墙墀头雕精美的“八仙祝寿”、关公像、游龙翔凤、仙鹤、麒麟、仙鹿、莲花图案,艺术水平较高。

庙内现存清代石碑6通,是研究城隍庙历史沿革的珍贵资料。大殿和卷棚是河南省内现存明清时期木构建筑地方手法的典型代表。

2013年5月,被国务院公布为第七批全国重点文物保护单位。保护范围:东自东围墙向东50米,西自西围墙向西23米至嵩阳路,南自大门前月台向南50米,北自北围墙向北73米至中岳大街。建设控制地带:自保护范围边线向东50米,向西50米,向南100米,向北50米。

9.荥泽县城隍庙

位于郑州市惠济区古荥镇西大街路北。该庙原名显德成庙,始建于明洪武初年,清康熙三十七年(1698)因避河患由荥泽县治西迁荥阳故城西北隅(今古荥镇)。现存大殿、月台、明嘉靖及万历年间石碑两通、清乾隆年间铁香炉一尊、寝殿基础等。

荥泽县城隍庙

大殿坐北朝南,单檐歇山式建筑,面阔五间,进深三间,屋面覆以琉璃瓦,脊饰黄绿相间式琉璃,正脊两端置蟠龙大吻。平面呈长方形,柱网左右对称布局,明间面阔3.5米,次间面阔3.5米,梢间面阔2.2米,通进深10.1米。檐下施七踩斗拱,绕殿檐下一周,斗拱下为平板枋和大额枋。主体建筑由18根木柱支撑梁体,明间2根金柱撑托大梁,五架梁前后带双步梁结构。殿内方砖墁地。在建筑细部方面,梁架上施五色彩绘,斗拱及小木作部分采用了较多的雕刻和装饰,充分体现了明代建筑精雕细琢的特点。

殿前月台南北长26.8米,东西宽19.8米,表面铺砖。月台上存铁香炉一尊,圆形,高1米,周长2.52米,上铸乾隆年间重修城隍庙铭文,主要内容记述县正堂组织当地士绅民众捐款重修城隍庙的经过。月台南部两侧各立石碑一通，碑上字迹基本清晰，保存较好。西侧碑刻为明代嘉靖三十三年(1554)《重修荥泽县显佑伯城隍庙碑铭》，碑身通高3.8米，其中碑额1.4米，雕刻“二龙戏珠”图案，碑身2.4米，宽1.22米。碑文详细记载了重修经历、城隍庙布局及建筑规模和风格。东侧碑刻为明代万历年间《重修荥泽县城隍庙记》，碑身通高3.8米，其中碑额高1.4米，雕刻“二龙戏珠”图案，碑身高2.4米，宽1.2米，楷书。碑文详细记载了城隍庙始建于成化年间的原因及重修经历。

2008年9月，被河南省人民政府公布为第五批河南省文物保护单位。

10. 新密城隍庙

位于新密市老城中心十字街北侧，东为鼓楼街，西与法海寺节孝祠相邻，北有县衙。该庙创建于明太祖洪武四年(1371)，清康熙、乾隆年间重修。现存明清建筑93间，总面积4140平方米，由南向北按中轴线对称分布，大门前原有琉璃照壁、铁狮、石坊，现存有山门、戏楼、东西廊房、大殿、东西配殿、寝殿及东西道院。

戏楼面阔五间，进深两间，为歇山式高台楼阁灰瓦顶建筑，实为戏楼、钟楼、鼓楼三楼合一，戏楼居中，钟楼居左，鼓楼居右，坐落于3米多高的台基之上，台基下为5个砖券门洞，可行人。大殿面阔五间，进深三间，歇山式建筑，前后檐下各置斗拱10朵，四周彩绘山水、人物图案。殿前有卷棚，覆以绿色琉璃瓦，为明代建筑。寝宫由拜厦和寝殿组成，中有地沟相隔。拜厦面阔三间，进深一间，绿琉璃瓦覆顶。寝殿面阔三间，进深两间，前出檐廊，悬山式建筑，亦用绿琉璃瓦覆顶。另外有配殿4座、东西廊房各15间，均为硬山灰瓦顶。庙内有石碑20余通，都嵌于墙上。

该庙的大殿、寝宫为明初所建，大多梁柱构件都采用旧制，当时正值我国古建筑由宋元向明清嬗变的关键时期，其建筑结构和制作手法保留了宋元建筑特征，同时又体现出许多新的建筑工艺手法。戏楼高大宏伟，构思独特，设计新颖，在郑州地区独树一帜，对研究我国古代建筑的发展、演变规律具有重要参考价值。

2008年9月，被河南省人民政府公布为第五批河南省文物保护单位。

11. 风后岭轩辕庙

位于新郑市千户寨乡始祖山(具茨山)主峰顶上，海拔793米。

该庙创建年代不详，现仅存石殿。石殿为单檐歇山式建筑，坐西向东，台基、墙身和屋顶均为石材构成。面阔三间(7.35米)，进深三间(4.8米)，高约5米，建筑面积40平方米。殿顶覆盖灰板瓦疑为近代覆加。正脊平直，两端和戗脊下端均以兽首作结。正脊中央雕有“吉”字图形。庙的前后檐下置4组斗拱，殿内4根石柱由步梁与墙连接，柱上置横梁承托屋顶。正面明间辟门，门高2.18米，宽1.73米，左右有立颊。两次间用直棂窗八抹格，中间一道破子。其他三面无窗。门楣石簪上浮雕有“日”“月”等字，中间阳雕一“卍”字。庙正面两窗下各嵌有96厘米×44厘米的石碑，碑文已漫漶不清。

风后岭轩辕庙

庙内为仿木构凹槽式抬梁建筑，以石板作椽，石条作檩，厚重坚固。庙内左侧立有一通清嘉庆七年(1802)新邑庠生赵蔺宫、董沐撰文，古钧儒童李天乙书丹的石碑，记载了重修风后岭群庙等史实。

2006年6月，被国务院公布为第六批全国重点文物保护单位。保护范围：以具茨山顶轩辕庙石殿景区四周围墙各外扩 50 米。建设控制地带:以保护范围边线向外至石寨墙外扩 50 米。

12. 新郑轩辕庙

位于新郑市老城北关。该庙创建年代不详,经历代修葺改建。1949 年以前仅有轩辕故里一组四合院建筑,门前有清康熙五十四年(1715)新郑县令许朝柱立轩辕故里碑一通。

新郑轩辕庙

四合院南北长 44.3 米,东西宽 26 米。山门面阔三间(9.7 米),进深两间(5.25 米),硬山式黄色琉璃瓦剪边覆盖屋顶。条瓦垒脊,垂脊饰鸟兽点缀,墙身灰砖砌成,抬梁式木架结构。正面辟门,次间各辟一圆形格窗。大殿面阔五间,连厦宽 15 米,进深三间(7 米)。硬山式黄色琉璃瓦剪边顶,抬梁式木构架。通高 3 米的黄帝坐姿雕塑落位于建筑之中,墙壁彩画古朴肃穆。东西厢房抱厦面阔三间,进深一间,墙身和屋顶与大殿结构相同,东厢房内,黄帝元妃坐像高 1.5 米,西厢房为嫫母塑像。大殿前甬道上设拜台、方鼎香炉,供人祭祀。

20 世纪 80 年代以来,新郑县(市)人民政府对轩辕故里修整扩建,沿袭旧制,恢复了轩辕故里的山门、大殿及左右东西配房。现轩辕故里坐北向南,总面积近 4.3 万平方米。现存建筑有殿、厅、楼、坛、亭、台、丘、桥、牌坊和廊庑近 200 间,精美的青铜铸器,石刻、造像、书条等文物建筑小品点缀其间。入口石牌坊北约 50 米的姬水河上建有一座砖拱桥,筑于明代隆庆四年(1570),拱桥东券上竖立明代砖雕题记"轩辕桥",具有珍贵的历史价值。

2006 年 6 月,被国务院公布为第六批全国重点文物保护单位。保护范围:东西边界至轩辕庙东西围墙外扩 25 米,北边界至轩辕庙北围墙向北 50 米,南边界至姬水河南岸向南 50 米。建设控制地带:以保护范围边线向外至黄帝故里景区边界。

13. 洪山庙

位于新密市大隗镇陈庄村。该庙坐北朝南,顺山势而建,创建于元代,明、清两代均有修葺。现存山门、钟鼓楼、大殿、药王殿、祖师殿、寝殿、玉皇殿、关公殿等。

山门面阔三间,进深三间,硬山灰瓦顶。大殿面阔五间,进深三间,单檐歇山顶,屋顶覆以绿琉璃瓦。正脊饰有龙、凤、牡丹等虫鸟花卉图案。殿内有 4 根盘龙浮雕石金柱,前后檐和东西两山面的垫拱板上有戏剧人物画,绘画风格和人物服饰体现了明代特色。后寝殿面阔三间,进深三间,硬山灰瓦顶。关公殿硬山灰瓦顶,前出廊,室内绘"过五关斩六将"图案。洪山庙因祭祀洪山真人而得名。

洪山真人,本姓顾,生于宋,举进士,隐居洪山。此人精通医术,曾为宋太后医病,宋太后诏封护国真牧灵应真人,死后葬于洪山。

2008 年 9 月,被河南省人民政府公布为第五批河南省文物保护单位。

14. 新密孔庙

位于新密市老城东关城关镇政府西侧。该庙始建年代无考,元至正二年(1342)重建,明洪武三年(1370)在旧址重建。明成化、弘治、正德年间增戟门、大成殿、崇圣祠、敬一亭、尊经阁及东西厢房等 12 座建筑。

该建筑群坐北朝南,现存戟门、大成殿、崇圣祠、敬一亭及东西厢房。大成殿面阔五间,进深三间,单檐硬山式灰瓦顶建筑。孔庙内建筑保存基本完整,布局合理,是郑州地区保存为数不多的孔庙之一。

2009 年 6 月,被郑州市人民政府公布为郑州市第二批文物保护单位。保护范围:东西 37 米,东自尊经阁东墙向东 14 米,西至明伦堂西配殿西墙;南北 130 米,南至工商所南墙,北至尊经阁北墙。建设控制地带:东自保护范围向东外扩 20 米,南至保护范围向南外扩 67 米至街道,北至尊经阁北墙后 9.8 米,西同保护范围。

15. 老庙

位于巩义市新中镇老庙村。据碑刻记载,该庙创建于唐,以后历代屡有修葺。

老庙

该庙坐北朝南,中轴线自南向北依次为山门、中王庙、玉仙圣母殿,西有火神庙、龙王庙、白衣阁、安水殿、玉皇阁等,占地面积约 4 万平方米。该庙可分为三个区:玉仙圣母殿、白衣阁、观花楼、山门为一区;玉皇阁、王母行宫为一区;火神庙、戏楼为一区。传说玉仙圣母协助黄帝妃嫘祖教民养蚕织布,自秦代开始即在山中享受供奉,以后道教创始人张道陵在此修道,北魏寇天师在此创立新天师道,加上以往山中供奉的圣母、老君、火神、龙王、猴王、牛王、土地、五通等神,形成了一处以道教为中心的宗教文化中心,特别是玉仙圣母的三月庙会影响达十几个县市,进山朝拜水社达百路。1945 年抗日先遣支队在此建被服厂。

老庙是典型的道教道场,规模宏大,历史悠久,影响巨大,保存较好,是中原地区少有的道教圣地,具有较高的历史、文化、艺术价值。

1987 年 3 月,被郑州市人民政府公布为郑州市文物保护单位。保护范围:南自山门外扩 55 米至公路,北自院墙外扩 10 米至山根,东自院墙外扩 121 米至山根,西外扩 80 米至公路。建设控制地带:北自保护范围边线外扩 50 米,东自保护范围边线外扩 50 米。

16. 启圣阁

位于巩义市芝田镇益家窝村西北 3 千米的伊洛河之滨。

启圣阁

该阁建于清嘉庆八年(1803),原属河大王庙的附属建筑,坐北朝南,为重檐歇山四方亭阁式建筑,黄绿琉璃瓦覆顶,正脊中饰砖雕二龙戏珠图案,其他脊饰为花卉图案,脊端置大吻,四角挑檐下系铃铎。一层外廓四方抹角青石柱,正面四根石柱上刻楹联,其余为素面。二层正面为四根圆形木柱,其余三面为青砖垒砌,东、西二面开圆形窗户,北面开方形窗户,底部为砖石基础,青石铺面。该建筑宏伟壮丽,富有民族特色,看楼观河景,水光山色,阁楼倒影变化,为明清时"巩县八景"之一。

2008 年 6 月,被河南省人民政府公布为第五批河南省文物保护单位。

17. 神北大王庙

位于巩义市河洛镇神北村村北500米，地处黄河与洛河交汇处。明代这一带河水泛滥，当地百姓为祈平安建此大王庙，清代、民国时期均有修葺，现存建筑大都为清代所建。

该庙坐北朝南，南北长200米，东西宽100米，面积2000平方米，山门布瓦门楼，门侧有一舞楼，高大巍峨。正殿面阔五间，进深三间，歇山顶，筒瓦盖顶，脊上饰龙吻和小兽。殿前有卷棚，雕饰华丽，色彩鲜艳。该建筑具有典型的清代庙宇建筑特点，保存基本完好。

2009年6月，被郑州市人民政府公布为郑州市第二批文物保护单位。保护范围：以大王庙四周围墙为中心，东至伊洛河西岸，西至村道，南、北各外扩20米。建设控制地带：自保护范围边线向南、北再外扩20米，向西至邙岭山根。

18. 白龙庙

位于新密市平陌镇白龙庙村。该庙始建于金代大定元年(1161)，明、清两代曾多次续修。

该庙坐北朝南，面积3000平方米，现有东侧门、戏楼、龙王殿、奶奶殿、寝殿及东西配殿等建筑及龙池、古柏。龙王殿面阔三间，进深两间，前出廊，硬山灰瓦顶，殿内有悬龙雕塑和彩绘壁画。奶奶殿面阔三间，进深六架椽，硬山灰瓦顶，前出檐廊。东侧门南配房面阔三间，进深两间，硬山灰瓦顶，为清代建筑，其余殿宇均为新建。戏楼仅存基台，下有券洞。

白龙庙

2009年6月，被郑州市人民政府公布为郑州市第二批文物保护单位。保护范围：东西30米，东至东围墙，西至西围墙；南北57米，南至戏楼南墙，北至寝殿后墙。建设控制地带：东、西、北自保护范围边线各外扩30米，南自戏楼南墙向南10米至公路北沿。

19. 三极圣母宫（含天池）

位于登封市太室山峻极峰南松树洼。现有祖师殿、三清殿、安阳宫、接待室、地藏殿、玉皇殿、观音殿、三圣殿、三皇殿、井龙王殿、圣母殿、财神殿、火神殿、三极圣母宫等建筑，另有一天池。

祖师殿面阔三间，进深一间，前出廊，硬山灰瓦顶。三清殿面阔三间，进深一间，前出廊，硬山灰瓦顶。安阳宫面阔五间，进深一间，前出廊，硬山灰瓦顶。接待室面阔三间，进深一间，前出廊，硬山灰瓦顶。地藏殿面阔三间，进深一间，前出廊，硬山灰瓦顶。玉皇殿面阔三间，进深一间，前出廊，硬山灰瓦顶。观音殿面阔三间，进深一间，前出廊，灰筒瓦覆顶，硬山式建筑。三圣殿面阔三间，进深两间，前出廊，歇山黄琉璃瓦顶。三皇殿面阔三间，进深一间，前出廊，硬山灰瓦顶。井龙王殿面阔一间，进深一间，硬山灰瓦顶。圣母殿面阔三间，进深一间，前出廊，硬山灰瓦顶。财神殿面阔三间，进深一间，硬山灰瓦顶。火神殿面阔一间，进深一间，硬山灰瓦顶。天池在峻极峰西南瑶池宫前，宽5米，长12米，深3.5米。三极圣母宫是道教活动场所，传为道士寇谦之炼丹之处。

三极圣母宫

2009年6月,被郑州市人民政府公布为郑州市第二批文物保护单位。保护范围:北至崖边,西至西墙以西50米,南至南墙以南50米,北至北墙以北50米。建设控制地带:同保护范围。

20. 药王庙与老君庙

位于新密市来集镇李堂村北部,坐北朝南,是一处清代建筑群。

现存三个院落,中院为药王庙,保存有山门、大殿,均为单檐硬山灰瓦顶。大殿左侧为火神殿、土地祠及配房,右侧为奶奶殿、瘟神祠及配房。东院为老君庙,保存有大殿、关公殿、九龙殿等。大殿面阔三间,进深两间,前有卷棚,均为硬山灰瓦顶建筑。西院为祖师殿,保存有大殿、无量庵、三元宫等。药王庙和太元观内存明清碑刻共23通,多嵌于墙壁中。另外,江苏巡抚张汝梅神道碑亦存于庙中。

2009年6月,被郑州市人民政府公布为郑州市第二批文物保护单位。保护范围:东西49米,东至老君庙东廊房东墙,西至耐火材料厂东围墙;南北64米,南至药王庙大门南墙,北至药王庙后殿北墙。建设控制地带:南自药王庙大门向南外扩22米至戏楼,东、西、北同保护范围。

21. 石井三官庙

位于巩义市夹津口镇石井村西北150米处。现存大殿、戏楼等建筑。大殿坐北向南,面阔8米,进深7米,硬山布瓦顶。殿内四壁白灰抹面,东、西、北壁上有彩绘图案,东西壁上绘拳术、棍术图共24幅,各标出套路名称。另还有"五老观太极""商山四皓"图,墨笔单线,画风纯朴粗放。戏楼面阔8米,进深6米,硬山式砖木结构,布瓦顶。

2009年6月,被郑州市人民政府公布为郑州市第二批文物保护单位。保护范围:自三官庙四周围墙向东、北各外扩20米,向南外扩50米,向西至村道西沿。建设控制地带:同保护范围。

22. 涉村东大庙

位于巩义市涉村镇后村。该庙又称金山寺、中岳后庙、后村关帝庙。

该庙坐北面南,现存山门、戏楼、大殿、关帝庙、三官殿、中王庙、卢医庙、广生殿等建筑,房屋21间,皆为硬山式砖木结构,总面积5000平方米。另有宋、明、清碑碣20余通。其中关帝庙有石柱,上有对联"春秋大一王拒北和东诸葛尚非知己""纲目存正统尊刘抑魏紫阳方是同心";三仙殿有对联"仙风夙□了道妙含三元气""母仪常昭化圣遥忆九顶山"。庙内有一座宋代宣和二年(1120)的石供床,呈长方形,供床正面刻有题记,题跋清晰,刻工精细,为中原地区宋代石刻少见,为研究宋代巩县地名、文化、民俗提供了珍贵的资料。

2008年9月,被河南省人民政府公布为第五批河南省文物保护单位。

23. 玄都观

位于登封市颍阳镇安寨村东部。该观坐北朝南,始建年代不详,占地面积792平方米。现存大殿、东西顺山房等三座建筑。大殿面阔三间,进深一间,硬山式小灰瓦覆顶。东西顺山房均为面阔一间,进深一间,硬山式小灰瓦覆顶。另有宋至清石碑6通,记载了玄都观的历次重修过程及名人诗书。丘处机、欧阳修、刘禹锡等名人都曾到玄都观修行或游历。玄都观对于研究中原地区民间百姓的道教崇拜及名人在登封的游历史迹有重要参考价值。

2009年6月,被郑州市人民政府公布为郑州市第二批文物保护单位。保护范围:东、西各自围墙外扩30米,南自围墙向南50米,北自大殿后墙向北50米。建设控制地带:同保护范围。

24. 白鹤观

位于登封市太室山峻极峰三鹤峰上。该观始建于东周灵王时期，现有建筑建于 20 世纪 90 年代，有骊山老母殿、白衣老母殿。骊山老母殿面阔三间，进深一间，为砖木混合结构的抬梁式建筑，硬山顶，灰瓦屋面。白衣老母殿面阔三间，进深一间，前出廊，硬山式建筑，亦为灰瓦覆顶。

2009 年 6 月，被郑州市人民政府公布为郑州市第二批文物保护单位。保护范围：北至北墙以北 50 米，南至配房南墙向南 50 米，东至登山步道，西至登山步道。建设控制地带：同保护范围。

25. 峻极宫

位于登封市太室山玉柱峰南麓，俗称“石船”，是道教活动场所。该宫始建年代不详，由多重建筑组成。三佛殿面阔三间，进深一间，四周回廊，黄琉璃瓦覆顶，歇山式建筑。三佛殿前中轴线两侧分别是三仙圣母殿和千佛殿，均为面阔三间，进深一间，前出廊，灰筒瓦覆顶，硬山式建筑。中轴线三佛殿后为峻极宫，面阔三间，进深一间，黄琉璃瓦覆顶，前出廊，硬山式建筑。峻极宫右侧为观音殿、老君殿、地藏殿三殿连为一体的石券窑洞；左侧为老佛殿，面阔三间，进深一间，前出廊，硬山式建筑，灰瓦覆顶。

2009 年 6 月，被郑州市人民政府公布为郑州市第二批文物保护单位。保护范围：东至老母洞沟，西至西围墙西 50 米，北至北围墙北 50 米，南至南围墙南 50 米。建设控制地带：同保护范围。

26. 云岩宫

位于新密市刘寨镇刘寨村云岩宫内，是人们祭祀黄帝的场所。现存祖师殿、藏经楼，系清代建筑。祖师殿坐西朝东，面阔三间，进深一间，硬山灰瓦顶，为无梁殿式建筑，门上有“祖师殿”匾额，殿前有一棵古柏。藏经楼位于祖师殿南，坐南朝北，面阔五间，进深三间，前出廊，悬山顶。

云岩宫又称黄帝宫，相传黄帝于涿鹿战蚩尤败后退回云岩宫演练兵法，招风后、力牧、常先、大鸿为相，再战蚩尤，取得胜利。云岩宫现已被开发为黄帝宫景区。

2009 年 6 月，被郑州市人民政府公布为郑州市第二批文物保护单位。保护范围：东西 98 米，东至武定湖边，西自祖师殿西墙向西 33 米至碑林台阶处；南北 163 米，南至武定湖边，北至嫫母殿后墙。建设控制地带：西自保护范围边线向西外扩 20 米，北自保护范围边线向北外扩 20 米，东、南未划。

27. 安阳宫

位于登封市少室山东北麓莲花寺峰下大仙沟内，又称大仙庙。

安阳宫

该宫创建于民国 2 年至 10 年（1912—1921），由居士吴援舟筹建。现存房屋 25 间、砖券窑洞 7 孔，建筑面积 305 平方米，窑洞面积 160 平方米，分东西两个小院，供奉有老君、女娲、观音、孔子、佛陀、“三皇”、圣母等。其中山门下横窑式墩台上建有仿木结构小阁楼，阁楼四周砌有女儿墙，其顶覆以灰筒瓦，檐下有仿木斗拱。另存有民国石碑 20 余通，碑文详细记述了安阳宫的创建情况。在宫外不远，有黄牛冢记石碑及黄牛冢。

2006 年 6 月，被河南省人民政府公布为第四批河南省文物保护单位。保护范围：向南、北各 50 米至山脊，西自字石向西 200 米，东自东围墙向东 100 米。建设控制地带：自保护范围边线向东 100 米，向西 100 米,向南、北各 50 米。

28. 后仓关帝庙

位于郑州市中原区须水镇后仓村东部。该庙坐北朝南,现仅存大殿和石碑 7 通。大殿面阔三间,硬山灰瓦顶。殿内东、西、北三面墙壁上绘彩色人物故事壁画。碑刻以明万历年间记述明代拟迁移开封王城至郑州,从而建关帝庙的碑刻比较珍贵。其余为清、民国时期碑刻,记述关帝庙七次重修事宜。

2009 年 6 月,被郑州市人民政府公布为郑州市第二批文物保护单位。保护范围:自关帝庙本体向东、南、西、北各外扩 50 米。建设控制地带:自保护范围边界各外扩 50 米。

29. 济渎庙

位于登封市石道乡张家门村北,东临韩沟,西临河沟,南临黑龙潭。据庙内碑刻记载,济渎庙创建于明朝初年,万历年间曾经重修,清道光年间又对该庙进行了修缮,民国时又有重修,现存庙内建筑为民国年间重修。现存大门、正殿、东西配殿等建筑。大门位于庙的西南侧,面阔一间,进深一间,硬山小灰瓦顶,其南墙上嵌有碑刻两品。大殿面阔三间,进深四架椽,硬山小灰瓦顶,殿内正中供奉有泥塑济渎神。东西配殿面阔各三间,进深四架椽,硬山小灰瓦顶。该庙对于研究当地民众的济渎神信仰有重要意义。

2009 年 6 月,被郑州市人民政府公布为郑州市第二批文物保护单位。保护范围:四周自围墙各外扩 50 米。建设控制地带:同保护范围。

30. 李家门中岳行宫

位于登封市石道乡李家门村西南。院落南北长 31 米,东西宽 26 米,面积 806 平方米。现存清代建筑大门 1 座、近代建大殿 1 座、东西顺山房各 1 座、明清重修石碑 3 通。

该行宫是当地民众历史上祭祀中岳神的地方,是中岳神出巡的行宫,创建于何时无考,据行宫内现存的嘉靖四十四年(1565)重修碑刻记载,该行宫至少创建于明嘉靖初年,清代、民国、近代均有重修。该行宫为研究明清时期当地民众宗教信仰、风俗习惯提供了宝贵的资料。

2009 年 6 月,被郑州市人民政府公布为郑州市第二批文物保护单位。保护范围:东、西各自围墙外扩 50 米,南自大门向南 100 米,北自大殿后墙向北 100 米。建设控制地带:同保护范围。

31. 卢医庙

位于郑州市上街区峡窝镇上街村南,上街区粮食储备库院内。该庙坐北朝南,始建于西汉鸿嘉三年(前 18),宋、明、清历代皆有重修,其主要供祀敕封神应王扁鹊,后历代名医也依次左右列内受祀。庙原有规模 5000 平方米,由南至北依次布置山门、钟鼓楼、长桑阁、卷棚、老君殿等建筑,现存山门、长桑阁、卷棚、大殿等建筑。

卢医庙

大殿为硬山灰瓦顶建筑,面阔五间,通长 16.2 米,进深三间,宽 10.85 米,正脊和垂脊尚存部分脊饰。卷棚南北长 10 米,东西宽 6.2 米。长桑阁高两层,面阔三间(8.98 米),进深三间(5.68 米),硬山灰瓦顶,两山墙封山处嵌有精美砖雕。另存部分明清重修碑碣。

1987 年 3 月,被郑州市人民政府公布为郑州市文物保护单位。

32. 马固王氏宗祠

位于郑州市上街区峡窝镇马固村北。该祠建于明神宗万历三年(1575),创建人王汛,占地约 1.8 万平方米。现存房子 18 间,整体为明代建筑格局。正宫两进,东西厢房、门楼、影壁俱全。祠内有石碑 20 余通,含有宋代苏颂所撰的王田墓志、"狼吞日"雕塑影壁及宋、元、明、清的神道碑。

王氏宗祠坐北向南,由主院和西跨院两个四合院组成,中间不用围墙分隔,可自由贯通,两院外围有围墙以分内外。主院整个布局明朗均称,在中轴线上依次有门楼、影壁、拜殿、寝殿等,影壁两侧分立东西厢房。整个院落地势北高南低,布局紧凑合理,给人以庄严、肃穆、古朴、端方之感。

主建筑由前拜殿与后寝殿组成,是一座勾连搭建筑,俗称"前卷后殿",两座建筑中间用天沟和地沟相连。卷棚是硬山式建筑,灰色筒板瓦覆顶,青砖砌墙,面阔三间,进深两间,构架不用罗锅椽做成卷棚,有独特的地方特点;后殿是无梁殿的硬山建筑,灰色筒板瓦覆顶,前檐墙正中辟两扇板门,两次间圆窗,屋面正脊上塑龙吻和不同形态的珍兽,异常威风,勾檐下的连檐板上绘有花草虫鱼,形象逼真,色彩艳丽。整个建筑错落有致,古香古色,非常美观。

影壁两边的对联曰"大梁清和状元古门第,京洛鱼陵枢副旧世家",横批是"朝笏满窗"。影壁从整体造型到内容的设计都独具匠心,具有较强的艺术感染力,在国内十分罕见,具有极高的历史、科学和艺术价值。

院内保存有众多宋、明、清等时代的碑刻,内容多为王氏先贤钦赐封号、所任官职与生平事迹,世系渊源及外迁亲族去向,还有王氏历代重大事件和帝王所赐石制圣旨与节孝匾额等重要史实。另有将三世祖博文原墓地迁入逍遥观的地籍石刻图。

33. 郑氏祠堂

位于新密市岳村镇岳村。祠堂由门楼、前院、后院、东西厢房、大殿、戏楼等构成,属明清时期建筑,面积 500 多平方米。大门为硬山灰瓦顶建筑,大殿面阔三间,进深三间,殿内塑桓公、武公、庄公像。大殿前的东、西厢房均面阔三间,硬山灰瓦顶。东厢房内祭祀始迁山西洪洞郑成、郑德像。祠内现存明代石狮一尊。郑氏郡望荥阳,堂号带草堂。

郑氏祠堂

岳村郑氏为春秋郑国东迁后裔,居于溱洧之间,大隗山下,韩灭郑后,郑氏后裔迁至陈宋之间,汉初回迁荥阳、开封等。

2009 年 6 月,被郑州市人民政府公布为郑州市第二批文物保护单位。保护范围:东西 14 米,东至东配房东墙,西至西配房西墙;南北 36.8 米,南至大门南墙,北至大殿北墙。建设控制地带:东自保护范围边线向东 20 米至厕所东墙,西至保护范围边线向西 3 米至小巷西沿,南自大门南墙向南 7.5 米至路南沿,北自大殿北墙向北 10 米至民居。

34. 苏寨苏氏家庙

位于荥阳市广武镇苏寨村。该家庙坐东向西,为二进的四合院建筑,原有前、中、后三个小院,现存前院正房、北厢房、后院上房及东西厢房。

前院正房面阔五间,通长 18 米,进深一间,宽 6 米,通高 7 米,前出廊,檐柱间置雀替,明、次间装格扇门，梢间为坎窗，硬山灰瓦顶。

后院正房面阔三间，通长 9 米，进深一间，宽 3.6 米，通高 13 米，硬山灰瓦顶，两山墙檐部为砖雕墀头，墀头上雕刻“神兽镇宅”“五福捧兽”“松鹤延年”“凤穿牡丹”等寓意吉祥的纹样，造型精致，层次感强，其雕刻工艺手法在本地区保存不多，对研究古代民居建筑艺术有较高价值。

苏寨苏氏家庙

2009 年 6 月，被郑州市人民政府公布为郑州市第二批文物保护单位。保护范围：宗祠以大门北侧为永久性坐标点，从该点向北 4 米，向南 19 米，向西 27 米。建设控制地带：南、北、西同保护范围，东至路。

35. 列子祠

位于郑州市管城回族区圃田乡圃田村北部，圃田小学东侧。

列子祠

该祠创建年代无考，据碑文记载，曾一度被改为佛寺，明万历八年(1580)监察御史苏民望巡视河南过圃田时得知此事，命奉直大夫知郑州事许汝升重建祠堂，并立重修列子祠记碑石。祠内原有大殿、卷棚、左右厢房、过厅、门楼 15 间，呈长方形院落。2006 年，在圃田村民张金贵的带领下，于列子祠旧址东移 15 米恢复重建列子祠。新建列子祠基本保持原貌，南北长 35 米，东西宽 20 米，面积 700 平方米。大殿 3 间，为仿古式建筑，坐北朝南，内置列子像。祠内现存石碑 3 通，其中明万历年间石碑 1 通，宽 0.85 米，高 2.68 米，厚 0.17 米；清康熙年间石碑 1 通，宽 0.66 米，高 1.2 米，厚 0.13 米；另 1 通石碑因年久风化剥落，字迹不清。

2009 年 6 月，被郑州市人民政府公布为郑州市第二批文物保护单位。保护范围：自本体范围边界向东、南各外扩 30 米，向西外扩 58 米，向北外扩 20 米。建设控制地带：自保护范围边线向东、南、北各外扩 50 米，向西外扩 43 米。

36. 白氏祠堂

位于新郑市辛店镇辛店街。该祠堂始建年代不详，清代重修。祠堂坐北朝南，现存主殿和东、西厢房，大门为新建。主殿为高台硬山式建筑，面阔三间，进深一间，前出廊，檐下雕刻有麒麟、“二兽戏太极”等图案。西厢房面阔六间，进深一间。东厢房毁坏严重。主殿后有学堂，面阔五间，皇帝曾赠予匾额。

白氏祠堂

2009 年 6 月，被郑州市人民政府公布为郑州市第二批文物保护单位。保护范围：东、西、北均至居民区，南至街中道路。东西 26 米，南北 33 米。建设控制地带：同保护范围。

37. 五里店郭氏祠堂

位于新密市新华路办事处五里店村，有清代古民居四合院五处，形成古建筑群。

五里店郭氏祠堂

该祠堂始建年代不详，咸丰十年(1860)重修。祠堂坐北朝南，现存大门、影壁、汾阳堂。汾阳堂面阔三间，进深三间，硬山式建筑，琉璃瓦覆顶，室内立郭子仪汉白玉雕像。另存清光绪二年(1876)家谱碑1通，清道光十年(1830)县令赐十六世郭景唐寿匾1块，清光绪十八年(1892)、民国6年(1917)郭氏墓志铭各1方。

2009年6月，被郑州市人民政府公布为郑州市第二批文物保护单位。保护范围：东西13.3米，东、西各至围墙；南北32.6米，南至大门路北沿，北至北围墙。建设控制地带：同保护范围。

38. 古荥孔氏家庙

位于郑州市惠济区古荥镇南街路东。该家庙始建于北宋大中祥符二年(1009)；明弘治初年(1490年左右)和嘉靖十四年(1535)曾两次重修；清雍正十三年(1735)重建大殿3间、前堂3间、照壁1座；乾隆十年(1745)增设棂星门和院墙，四十一年(1776)增设东西庑殿；嘉庆二十四年(1819)重修后，孔氏宗圣家庙恢复旧观。

古荥孔氏家庙

家庙原有大殿3间、厅堂3间、照壁1座，殿前有石碑数通，现仅存大殿。大殿面阔三间，通长11米，进深三间，宽7.75米。大殿前的月台宽4米，砖木结构，前出廊。庙内另有石碑1通，为清道光十八年(1838)赠奉政大夫加陞衔知荥泽县事桐乡蔡鸿者刻立，上刻有《重修孔氏家庙碑记》。庙前有古柏一棵，树龄在900年以上。

2009年6月，被郑州市人民政府公布为郑州市第二批文物保护单位。保护范围：以家庙为中心，东西长117米，南北宽126米。建设控制地带：自保护范围边界各外扩100米。

39. 崔氏祠堂

位于巩义市孝义街道白沙村北(桥上村)，老官道(今连霍高速)南，背临洛水，南望嵩山。该祠堂始建于明万历年间，清康熙五十年(1711)扩建，乾隆二十八年(1763)和民国34年(1945)年曾两次重修。2000年年初进行了第三次修葺。祠堂现为两进院落，中轴线上依次布置戏楼、山门、过厅、正殿等建筑。

山门面阔三间，进深一间，硬山顶，灰色小瓦屋面。中间为过道，两侧为暗室，暗室后檐墙上各设方形木窗。木制大门上部雕饰“二龙戏珠”、梅花、牡丹、石榴等图案，大门上方悬“崔氏祠堂”木匾。门两侧置石狮一对，门前设7级石台阶，台阶两侧置石栏杆，栏杆上雕饰石狮、卷草、牡丹等图案。门楼西侧有砖券边门。

过厅面阔三间，进深三间，为抬梁式硬山灰瓦建筑。设前后门，前门设明、暗柱各2根，后门置暗柱2根，柱上呈斗拱。前檐两侧次间的墙体上镶嵌石刻《二十四孝图》。窗户为方形棂子窗。后墙东西次间各置棂子窗。室内正中悬挂“念慈厥初”木匾,明柱有弧形木雕对联“床堆象笏兴宁里,名卜金瓯宰相家”。殿内东壁镶嵌石刻崔氏家谱序碑一块。后门两暗柱之间设屏风,地面为方石铺砌。屋面正脊两侧设鱼、马、狮等兽,房檐两端雕刻武士。

过厅后为二门,二门正中设扇屏,上部雕饰牡丹、梅花鹿、太极图等,扇屏两侧刻对联“兄弟瑶琳三载贵,文章沆纂一家春”。

进入二门即为后院。迎门为正殿,正殿面阔三间,进深三间,重修于民国34年阴历九月,为抬梁式硬山灰瓦建筑。正殿前墙用砖砌约1米高的砖台,镶嵌石刻八仙图像。明间正中设格栅门,正门有两明柱两暗柱,明柱下有石刻狮驮莲花柱础,雕刻相当精细典雅。檐下施斗拱4朵。两次间设方格形棂子窗。殿后墙上方镶嵌“崔氏祠堂”石匾,殿内置木雕暖阁,安放崔氏始祖崔思义牌位碑,暖阁正上方悬挂木匾,题“僾见忾闻”,匾长1.95米,宽0.95米。始祖牌位两侧树长门、次门、三门、四门、五门世祖碑刻,东西两壁与后壁设砖台,台上置各门世系碑刻。

正殿两侧为厢房,均为3间,建筑结构与正殿基本相同,配殿内两侧壁与后壁筑1米高砖台,放置各门世系碑刻。院内铺方石路面,正中置石香炉,两侧植松柏。

前院正中铺设宽3.5米、长7.25米的青石路面,两侧设石栏,石栏饰石刻牡丹、莲花、鹿、“青龙戏水”等图案,栏杆顶端设盘龙、狮、火炬等,路两侧各有三级台阶达院中。前院东侧竖袁世凯所撰并书写的崔继泽墓表石碑,西侧设崔氏家族为国捐躯烈士名谱碑。

2009年6月,被郑州市人民政府公布为郑州市第二批文物保护单位。保护范围:以本体为中心,东至村道,西、南至民居,北至连霍高速。建设控制地带:同保护范围。

40. 水牛张张氏祠堂

位于郑州高新技术产业开发区沟赵办事处水牛张村村内。现仅存主殿和厢房1座。主殿坐北朝南,面阔三间,通长9.76米,进深三间,宽5.79米,硬山式建筑,青砖灰瓦,前出廊。后墙正中设张氏始祖牌位,左右各列4通家谱世系碑,记述水牛张张氏家族祖上明初从山西洪洞县迁此经过。祠堂东南檐下存张氏宗祠营建碑,为民国18年(1929)刻立,记述修建祠堂原委。

2009年6月,被郑州市人民政府公布为郑州市第二批文物保护单位。保护范围:自本体范围边界各外扩30米。建设控制地带:自保护范围边界各外扩50米。

第三节 公共建筑

公共建筑是人们进行社会活动的场所。按其功能可分为文教建筑、科技建筑、衙署建筑、桥梁建筑、防御性建筑等。郑州地区这类建筑保存较为丰富,是古建筑中的一个重要组成部分。文教建筑主要包括书院、考院、会堂及会议旧址等。郑州地区现存的嵩阳书院、桧阳书院是已经消失了的书院文化的载体,是嵩山作为儒家文化核心之地的长久凝聚力的见证,也是研究本地区古代教育发展史的重要内容;新郑的考院则是清代科举考试的产物。作为科技建筑的观星台创建于元世祖至元十三年至至元十七年(1276—1280),是当时全国设立的27个天文台和观测站之一,是中国现存最古老的天文台,也是世界上现存最早的观测天象的建筑之一,具有科技史、建筑史上独特的历史地位。衙署建筑的主要代表为密县县衙,它是郑州地区现存的唯一一座古县衙,反映了县级的衙署制度。桥梁建筑反映了劳动人民在和自然界的相处中勇于创造、敢想敢干的聪明才智。这些不同类别的建筑为郑州地区的建筑文化增添了光彩。

1. 登封观星台

位于登封市区东南15千米的告成镇北。该台创建于元至元十三年至十七年(1276—1280),是我国现存时代最早、保护较好的天文台,在世界上也属最早的天文建筑之一。观星台内现存建筑自南向北依次为照壁、大门、仪门、周公测景台石表、周公庙卷棚、大殿、观星台、卷棚、帝尧殿等。

周公测景台是一座纪念性的石表,用青石制作,高8尺,俗称无影台,为我国古代立八尺表(土圭)测日影的遗制。台分台座和石柱两部分。台座呈梯形锥体,上小下大,四边稍有偏斜,各边宽窄不等。台底最宽面长1.88米,最窄面长1.68米,台座上沿四边各长0.96米。石柱置于中间,高1.96米,宽0.48米,厚0.55米,连同台座通高3.91米。石柱为表,台座为圭,表的顶端为屋宇式盖顶,南面刻有“周公测景台”等字。

观星台为砖石结构的建筑,由覆斗状的台体和石圭两部分组成。台高9.46米,连同台顶上增建的小室,通高12.62米。台体的平面近正方形,台基边长16米余,向上逐渐收分,至台顶边长8米余,北壁下设有东西对称的踏道口,可以由此登至台顶。踏道由红岩石条组成,梯栏及台顶四沿女儿墙均以砖砌成,其上部用红石雕顶封护。台上是观星和测景的工作场地。台顶北部的小室,据明代侯泰的《刻石记》记载,始建于嘉靖七年(1528),距元初建筑观星台时已有200余年,这个小室据说是为安放各种仪器并进行操作而建的。台体北壁正中有一凹槽,凹槽南壁上下垂直,东西两壁有明显收分,为此台的重要部位。凹槽直壁之上的高表与台下的石圭是一组测量日影长度的元代圭表装置。石圭在台体以北下部,自南至北由36方青石接连铺成,长31.196米,南端伸入北壁的凹槽。圭上刻两条平行双股流水渠,渠南端有方形注水池,北端有长条状泄水池,池两头有泄水孔。这种水渠是用以测水平的天文仪表。

登封观星台

登封观星台的主要作用在于测量太阳的影长,以掌握与农业有关的四时节气变化。观星台从建造至今已有700多年,历经沧桑,屡有损坏,又几经修葺。明代初期在观星台前建立周公祠。嘉靖年间对台体及石圭进行了较大规模的整修,县令侯泰仿照旧制整修了坍塌的台体,同时又在台顶建造了北沿小室。清代又对周公祠等建筑进行了修葺。1944年侵华日军炮击观星台,台顶小室倒塌过半,台体多处严重崩裂,满壁弹洞枪痕,毁坏严重。中华人民共和国成立后,国家对观星台进行了保护和整修。1975年国家拨专款修葺,修复加固了被炮击残的台体和台顶小室,并找到了早已失散的量天尺圭石1方,恢复了量天尺原有36方圭石的原貌,还加固整修了周公测景台、照壁、山门和围墙,恢复了原有的大部分院落。院内增修了路面和草坪,种植了树木花草,使这里成为普及天文科学知识的阵地、国内外旅游者的参观场所。

1961年3月,被国务院公布为第一批全国重点文物保护单位。保护范围:东自大门东山墙向东260米,西至大门西山墙向西246米至职业中专东围墙,北自量天尺北端向北265米,南自照壁向南200米。建设控制地带:自保护范围边线向东、西各外扩100米,向南外扩300米,向北外扩500米。

2. 嵩阳书院

位于登封市北3千米峻极峰下。嵩阳书院是宋代四大书院之一,原名嵩阳寺,创建于北魏太和八年(484)。隋大业年间(605—618)更名为嵩阳观。唐弘道元年(683)春、冬,高宗两访潘师正,以嵩阳观为行宫。五代后唐清泰元年至三年(934—936)进士庞式曾在嵩阳观聚徒讲学,后周时改名太乙书院。宋至道年间(995—997)赐名太室书院,并赐九经子史,置校官,生徒数百人;宋景祐二年(1035)赐名嵩阳书院,并设院长掌理院务,拨学田百亩以供开支,名儒司马光、范仲淹、程颐、程颢等相继在此讲学,一时声名大噪。金大定年间(1161—1189)书院更名承天宫,明重修后复改为嵩阳书院,并建二程祠。清康熙十三年(1674)知县叶封重修,清康熙十六年(1677)耿介又复兴书院并增建修补。嵩阳书院经金、元、明、清多次增补修建,规模逐渐形成,布局日趋严整,特别是康熙年间先后修建了先贤祠、先师殿、三贤祠、丽泽堂、藏书楼、道统祠、博约斋、三益斋,并增设场垣。

嵩阳书院

嵩阳书院于中轴线上依次布置大门、先圣殿、讲堂、道统祠、藏经楼。中轴线两侧的配房有程朱祠、丽泽堂、书舍、学斋等。嵩阳书院的建筑与寺院不同,它多为滚脊硬山房,覆以灰色筒瓦,现有房舍 100 余间,面积 1 万余平方米。

书院内原有古柏 3 株,其中 1 株已毁,仅余 2 株称“大将军柏”“二将军柏”,其树龄有 4000 年以上。院内还保存有明登封县图碑等数十通碑,院外有著名的大唐嵩阳观纪圣德感应之颂碑。

2001 年 6 月,被国务院公布为第五批全国重点文物保护单位。保护范围:东自东围墙向东 130 米,西自西围墙向西 130 米,南自“高山仰止”坊南台明沿向南 100 米,北自北围墙向北 270 米至山根。建设控制地带:东、西、北自保护范围边线各外扩 500 米,南自保护范围边线外扩 150 米。

3. 密县县衙

位于新密市老城中心十字街北。该县衙始建于隋大业十二年(616),毁于元代战火,明洪武三年(1370),知县冯万金在旧址重建。县衙虽历经隋、唐、宋、元、明、清、民国各个时期,有 1400 年历史,但主体建筑基本保存完好。

建筑群坐北向南,占地面积 35000 平方米,现存大门、莲池、仪门、大堂、二堂、三堂、大仙楼和东西两侧厢房、监狱等建筑,形成五进院落。院落布局合理,结构严谨。大门面阔三间,长 13.5 米,进深两间,宽 3 米,硬山灰瓦顶,大门两侧有一对门墩为隋代遗物。大门后和仪门前两侧各有莲池一个,莲池中间为砖石结构,有一座三孔桥相通,桥南北为甬道。大堂为“勾连搭”式建筑,前卷后殿,面阔五间,长 16.5 米,进深三间,宽 11 米,砖木结构,单檐硬山灰瓦顶,青砖铺地。前卷棚面阔三间,进深一间,宽 4.65 米,砖木结构。二堂面阔五间,长 16.5 米,进深宽 9 米,砖木结构,单檐硬山。东厢房为文馆,西厢房为武馆,是知县接待外来文武官员和文武官员办公的地方。三堂面阔五间,长 16.5 米,进深三间,宽 8.28 米,砖木结构,单檐硬山灰瓦顶,前出廊。三堂前侧有东、西厢房各 3 间,单檐硬山,砖木结构,是幕僚的办公场所。大仙楼面阔五间,进深三间,两层硬山建筑。监狱由男牢、女牢、刑讯房、狱神庙组成,牢房保存基本完整。

密县县衙仪门

密县县衙在建筑风格上沿袭了我国北方地区传统的对称建筑布局,突出了我国北方地区乃至黄河中、下游地区粗犷、端庄、古朴的地方建筑特点,同时又受南北方经济文化交流的影响,在木作、石雕技术等方面融入了南方建筑工艺精巧、细腻的部分特点。

密县县衙为研究我国古代县级政权部门的建筑布局、建置职能、职官制度等方面提供了实物标本，具有重要的历史意义和研究价值。

2013 年 5 月，被国务院公布为第七批全国重点文物保护单位。保护范围：东西 130 米，东以大堂东墙外皮向东 40 米至粮食仓库东墙，西至新密一高东围墙东沿；南北 170 米，南至县衙大门南路南沿，北至大仙楼北墙外 5 米。建设控制地带：东以粮食仓库东墙外扩 20 米至中和街东沿，北以大仙楼北墙外扩 55 米，西、南面不划。

4. 惠济桥

位于郑州市惠济区古荥镇惠济桥村内的通济渠（俗称运粮河）上。该桥始建于隋唐年间，现存石桥为明代建造，为三孔拱券石桥，东西长约 40 米，宽 5 米，桥面遗留车辙印迹，深五六厘米。桥两侧原立有望柱、栏板，桥头还建有壮观的桥楼，后均被破坏无存，近年来已依原制恢复。“惠济长桥”是著名的“荥泽八景”之一。

惠济桥

2009 年 6 月，被郑州市人民政府公布为郑州市第二批文物保护单位。保护范围：自本体中心点为中心，东西长 115 米，南北宽 110 米。建设控制地带：自保护范围边界各外扩 100 米。

5. 护村碉楼

位于登封市石道乡王楼村西，坐南朝北，平面呈方形，为砖木结构建筑，通高约 16.37 米，占地面积约 15.41 平方米，共分为四层，每层面阔 3.23 米，进深 4.77 米，顶层为硬山式，灰板瓦覆顶。第一层正门为砖券，门额上刻有精美的瓣形垂幔。正面第二层、第四层开二窗，第三层上部开一高窗。东西山墙上四层皆开一窗。窗户均为砖砌拱券状。

护村碉楼

《重修王楼碑志》记载，护村碉楼为王氏先祖于明代万历年间创建，距今已有 400 余年历史，其主要功能为看护田间庄稼，后来又增添了看护宅院的功能，王楼村的村名也由此看护楼而来。

2009 年 6 月，被郑州市人民政府公布为郑州市第二批文物保护单位。保护范围：自碉楼本体边界各外扩 50 米。建设控制地带：自保护范围边界各外扩 30 米。

6. 桧阳书院

位于新密市城关镇老城后街，坐北朝南，乾隆四十年（1775）创建，建筑面积 5400 平方米，共三进院落，现存大门、斋舍、讲堂等建筑。

大门面阔三间，中间为门楼，高于两侧耳房，硬山灰瓦顶。过大门后进入第一进院，大门正对上房，上房面阔五间，两侧布置东西斋舍各 6 间。过了上房进入第二进院，北为讲堂，面阔五间，进深三间，两侧各有自习室 9 间。之后进入第三进院，也为后院，后院前有二门，东西各有耳房，与门连为一体，面阔三间，进深一间。北为讲堂，面阔五间，进深三间，东西各有自习室5间。以上建筑均为硬山式灰瓦顶建筑。书院内现存石碑2通，一通为清乾隆四十年重建卓君庙新建瑞春书院合记碑，另一通为道光三年（1823）桧阳书院神龛记碑。该书院面积较大，建筑格局保存基本完整，为新密市仅存的一座书院建筑，对研究古代建筑及新密地区教育史具有较高的价值。

桧阳书院大门

2009年6月，被郑州市人民政府公布为郑州市第二批文物保护单位。保护范围：东西30.2米，东至自习室东墙，西至斋舍西墙；南北86.6米，南至大门南墙，北至后讲堂北墙。建设控制地带：东自保护范围边界向东外扩50米，南自大门向南外扩12米至路南沿，北自保护范围边界向北外扩50米，西同保护范围。

7. 考院

位于新郑市新建路办事处南大街考院路北侧，始建年代不详，清代重修。

考院

考院内现仅存殿堂1座，抬梁式硬山建筑，面阔三间，长10.8米，进深三间，宽9.4米，灰筒瓦顶，前出廊，室内立4根金柱。檐下柱础为复式础，上层柱础为鼓形，表面施以简单的卷草、浮云花纹，显得朴素淡雅。下层柱础为圆柱形，雕刻纹饰较上层丰富，有云水、卷草、宝相花、鹿兽等内容；雕刻手法采用高浮雕和浅浮雕相结合，使装饰作用与欣赏价值相统一，体现了当时工匠的高超技艺。院内的其他建筑现已作为他用。

2009年6月，被郑州市人民政府公布为郑州市第二批文物保护单位。保护范围：东至南大街门面房，南至考院路，西、北至居民区。东西78.6米，南北36.3米。建设控制地带：同保护范围。

8. 赵公桥

位于巩义市紫荆路街道办事处北官庄村西600米。桥全长20米，宽4.5米，青石筑成，桥身栏板上雕刻卷草、花纹、人物故事等图案，栏板石柱大部分遗失。

赵公桥

1987年3月，被郑州市人民政府公布为郑州市文物保护单位。保护范围：自桥东向东外扩10米，桥西向西外扩10米，桥南向南外扩12米，桥北向北外扩8米。建设控制地带：同保护范围。

9. 熊儿河桥

位于郑州市管城回族区南关大街上的熊儿河上，原名熊儿桥，始建于何时未知。康熙《郑州志》中记载“熊儿桥，在南城阜民门外”，可见在此之前该桥已存在。

该桥原为单孔石桥，清乾隆十年（1745），知州张钺为解除水患率人重修，并增石券1孔，重修后桥长34米，宽6.83米，桥孔为一伏一

熊儿河桥西立面

券式,用大方石排列砌造。券上雕有飞禽、花草、海石榴、凤鸟等,正中券顶刻一兽头,怒目大嘴,象征镇服水患。伏石左右两角各刻一龙,龙头向上,四肢伸开,造型精美。清道光十八年(1838),郑州知州王宪也曾集资修整,并赋诗留存:"乡校空传讲舍存,鸠工不独重维垣。弦歌地更新东里,锁钥人怀旧北门。雉堞城头添壮彩,熊儿桥畔没溪痕。此邦义气成风俗,可爱衣冠古处敦。"1978 年郑州市政府对桥进行了扩修,对桥基洞券加高加固,对桥面加长加宽,两边加修人行道,铺设柏油路面,两侧仍为九柱八栏的水泥护栏。扩修后桥长 27.9 米,宽 13 米,高 6.3 米。该桥是郑州市内历史悠久且至今仍在使用的砖石桥梁。

第四节　故居民居

名人故居是指历史上在政治、经济、文化、教育、军事等方面作出贡献与取得成就,或在当时社会具有一定影响力的人物曾经的居所。民居即为百姓居住之所,它是中国传统建筑的重要组成部分,也是历史上出现最早的建筑类型,因其建造数量众多而被大量地保存了下来。载入本节的名人故居从唐宋时期的杜甫故里至明清时期的康百万庄园,都是不同历史时期的著名人物曾经居住过的地方。民居则选取了本地区具有代表性且各具特色的重要民居,如郑州的东史马民居、登封的耿介故居、荥阳的秦氏旧宅等。

1. 康百万庄园

康百万庄园住宅区

又名河洛康家,位于巩义市康店镇康南村,始建于明末清初。庄园主康应魁因两次悬挂千顷牌,并曾向清廷捐助饷银,故被称为"康百万""康半县"。明清以来"康百万"成为对"中原活财神"康应魁家族的统称,康氏家族十二代人在这个庄园生活共计 400 余年。该庄园占地面积 64300 平方米,由主宅区、作坊区、栈房区、饲养区、金谷寨和祠堂等十部分 33 个庭院组成。楼房 53 座,平房 97 间,券窑 73 孔,辅以碑楼、牌坊等辅助建筑,形成一座庞大的、保存比较完整的古代建筑群。康百万庄园临街建楼房,靠山筑窑洞,具有我国华北黄土高原的建筑特点,为典型的封建堡垒式建筑。

主宅区包括寨上院、寨下院和龙窝沟 3 个建筑群,共计 14 个院落。寨上院是康家主要成员的居住处,有高约 10 米、长 500 余米的寨墙。入寨门穿过 23.7 米长的砖券隧洞进入院中,院内以中院为轴线向左右展开,东为老院和边院,西为新院和里院。一排 4 个高大门楼,皆为木制透雕,门楣下为实塌大门,门前青石阶两边各有 1 只石狮。寨上院院落皆为两进四合院,建制大致相同,设有假山,石鼓、葡萄架、客厅、花厅、花坛、盆景。各院都设有各种浮雕、壁雕、砖刻,主题有人物、花鸟、猛兽、典故、诗词、九曲回形字等,雕刻内容不同,各具特色。寨上南边院落是康家堆放日用器物的大杂院,有临街房 6 间、楼房 5 座 19 间,均为硬山式灰瓦屋顶,另有窑洞 6 孔。寨下马路东侧有 1 大院,现存 5 间正厅楼房、两厢楼房及书馆院、枕头窑院等。每个建筑物上都有别致精美的雕刻。寨下北边有1条沟，名龙窝沟，其南北有两座院落，院内均为窑洞，全为砖砌，窑洞砖额上都题有洞名。作坊区在寨墙西侧，有4孔依寨墙筑的窑洞和几十间砖瓦房，这里有木刻室、石工作坊、粉坊院和大伙房，是康家勤杂人员居住和活动的地方。栈房区和饲养区建在寨下大路东，栈房区共5座院落，房间102间；饲养区有3个院，有马厩和遛马场。在庄院西南250米处有金谷寨，原名“五圣顶”，建于清同治七年（1868），四周深沟巨壑，易守难攻，康家为抵抗捻军，勾结乡绅，胁迫群众修筑了此寨，现有窑洞30余孔。康家祠堂在庄园东北250米处，尚有房舍9座35间，砖雕牌坊1座。庄园内还保存有当年康家使用过的豪华奢侈的陈设品和生活用具，如楠木雕花顶子床、雕花神主橱、端砚、满汉全席餐具等，皆是有价值的文物。

康百万庄园对研究和认识中国封建社会晚期明、清两代的政治经济情况及建筑雕刻艺术有重要的意义。

2001年6月，被国务院公布为第五批全国重点文物保护单位。保护范围：（1）主宅区、栈房区、作坊区、南大院：东至栈房区东墙东50米处，南到南大院南墙南100米处，西至主宅区西寨墙西50米，北至主宅区北墙北100米处；（2）寺沟、张沟、住宅区、饲养区、福禄堂遗址：各自建筑和遗迹四边外扩50米；（3）砖碑楼（含关帝庙）：自建筑四边外扩50米；（4）石牌坊以牌坊边各外扩50米；（5）金谷寨：东至沟沿，南到金沟沟边，北到南水沟南山根，西至西寨墙西50米；（6）砖厂、林场、唐高善果园、船厂遗址：向东至河堤，南到康店纸厂北墙，西至谢家门西50米，北到南水沟沟道中心；（7）康氏祖坟：以康应魁墓为中心四周向外扩150米（含看坟院）；（8）行宫遗址：以遗址四周边线外扩50米。建设控制地带：以保护范围四边外扩，东至栈房区东墙东250米到洛河滩，南至南大院南墙南600米至谢家门，西至西寨墙外200米处，北至连霍高速公路。

2. 张祜庄园

位于巩义市新中镇新中村琉璃庙沟南300米，俗称“张诰家”，又叫“柏茂故居”“柏茂住宅群”。

张祜（1888—1950），又名利儒，家有田产1500余亩，骡马80余头，是闻名巩县东半县的恶霸地主。

庄园系张祜家族住宅，因早年窑顶的一株古柏树（已不复存在）枝叶繁茂，便以“柏茂”为号。五处宅院从南往北依次为柏茂园、柏茂仁、柏茂信、柏茂顺、柏茂恒。抗日战争期间该庄园一度为八路军豫西抗日先遣支队司令部和豫西专员公署办公处所。

张祜庄园局部

该庄园始建于明末清初，现存大部分为清代晚期至民国时期的建筑，有13处院落，80余间楼房，30余孔窑洞，其中“柏茂园”大宅院非常壮观，含6处院落。这片民居具有北方地区和黄土高原建筑的典型特点：依山筑窑洞、临街盖楼房等。庄园规模较大，保存较好，有较高的历史、艺术价值，对研究清末和民国时期的建筑特色、经济发展具有重要作用，同时又是对青少年进行爱国主义和革命传统教育的资源。

2013年3月，被国务院公布为第七批全国重点文物保护单位。保护范围：东至琉璃庙沟河东岸，西至西岭，北至第十三院北墙50米处，南到看家楼南墙50米处。建设控制地带：以保护范围边线向四周各扩50米。

3. 杜甫诞生窑

位于巩义市站街镇南瑶湾村南100米，北依笔架山，面临东泗河，是唐代大诗人杜甫的诞生地。杜甫曾祖杜依艺任巩县县令时，举家由襄阳迁居巩县，杜甫即生于此，并在此度过少年时代。故里原有杜甫祠堂，始建年代不详，清雍正五年（1727）河南府尹张汉重修并立诗圣故里碑1通，清乾隆、同治及民国年间又多次立石。

杜甫诞生窑

杜甫故里坐东向西，现有宅院长20米，宽10米，小青瓦门楼，院内有东西向临街房3间，硬山式灰瓦屋顶，门上悬郭沫若书“杜甫故里纪念馆”匾。室内陈列杜甫诗集珍本及后人诗配画等。东侧有房2间，北侧有1窑洞，门额悬郭沫若书“杜甫诞生窑”匾额，窑洞门脸为砖砌墙壁。洞高3米，宽2米，深20米，前7米为明代砖券，后13米系1995年仿明代砖券重修。院内西墙上嵌清代碑1通，楷书“唐杜工部讳甫位”，1963年年初迁此。门外墙上嵌清代张汉草书诗圣故里碑1通。故居大路口有碑楼1座，内立清代碑刻，正面楷书“唐工部杜甫故里”，碑楼北侧嵌清代石刻1方，为唐工部杜文贞公碑记。

1963年6月，被原河南省人民委员会公布为第一批河南省文物保护单位，并拨专款进行修葺。保护范围：以诞生窑洞为中心，东至笔架山东100米处，西到东泗河西100米，北到大沟北100米，南到小武当山。建设控制地带：以保护范围四边外扩100米。2005年，巩义市政府投资500万元，对杜甫故里主宅区进行维修，工程于当年7月动工。

4. 油坊秦氏旧宅暨其他民居建筑群

位于荥阳市高村乡油坊村，为武学大师秦成宗的宅院，修建于乾隆三年（1738），是油坊村保存最为完整的清代民居，建筑面积700余平方米。秦氏旧宅坐北朝南，按南北轴线对称布置房屋和院落，宅院大门设在东南角，是“前客厅，后楼院”的四合院格局，遵循了“前堂后室”的规制。建筑均为砖石木混合结构抬梁式硬山建筑，灰瓦，花脊。

前院也称“大厅院”，现存倒座、厢房和过厅，为规整的合院式布局，除倒座外，东西厢房和过厅均为单层硬山建筑带前廊。

大门位于倒座的东侧。东厢房的南面山墙为照壁，正对大门，照壁上镶嵌雕饰精美的砖雕。倒座与门楼相结合，前檐面向院内，后檐墙临街。

过厅与倒座相对，坐北朝南，面阔五间，进深三间。屋前有宽大的月台。台明为青砖铺地，台阶形式为垂带踏跺。檐下柱子粗大，下施石雕柱础，狮兽形图案，造型别致。屋面为合瓦屋面，无垂脊，只用两陇筒瓦砌。

东、西厢房均面阔三间，一明两暗式布局，通长7.2米，进深一间。厢房檐柱下施覆盆式柱础。柱头不施斗拱，柱间置额枋，施彩画。屋面正脊用花脊，垂脊下端饰砖瓦叠砌的扭头，这是豫中地区民居建筑檐角的重要特征之一。

秦氏家庙全景

后院俗称“堂楼院”，较前院更为宽阔、雄伟。

堂楼居中，坐北朝南，由家族中长者居住。共三层，一层为砖拱承重结构，室内方砖墁地；二层为砖墙承重结构，前檐正中设拱券式门洞；三层为砖木混合承重，上之抬梁式构架，倾上明造。

东西厢房是晚辈居住的地方，共三层，面阔三间，一明两暗式布局，通长 8.2 米，进深一间，宽 4.2 米。一层为砖拱承重结构，二层为砖墙承重结构，三层为砖木混合承重，上之抬梁式构架，倾上明造。檐柱下施覆盆式柱础，柱头不施斗拱，柱间置额枋，施彩画。

南大院位于油坊村西南，北依村中大街，坐南向北，是一处三进式四合院落。现存前院上房、东西厢房、门楼，中院东西厢房、后院上房和东西厢房共 9 座建筑，占地面积 800 多平方米，均为砖石木混合结构抬梁式硬山建筑，灰瓦，花脊。整个院落从北向南依次抬高，后院的建筑在整个院落内最高。现存建筑保存较差，每座建筑均遭到不同程度的破坏。

秦氏家庙位于油坊村东，南临村中大街。该院坐北朝南，为两进式四合院，清乾隆二十四年（1759）秦恭建。院落布局完整，保存较好，现存前院倒座、门楼、东西厢房和上房。上房面阔五间，高三层。在底层门外墙壁上嵌有石匾联，横额“内省斋”，联为“居家宜和交张公多书忍字，处事莫刻法司马厚积阴功”。该院原为秦恭个人所建的住宅，后改作秦氏家庙，院内保存有多通有关秦氏家族历史的家谱碑和墓碑。

2006 年 6 月，秦氏旧宅被河南省人民政府公布为第四批河南省文物保护单位。保护范围：自文物本体边线向外各扩 30 米。建设控制地带：自保护范围边线向外各扩 20 米。2009 年 6 月，秦氏家庙被郑州市人民政府公布为郑州市第二批文物保护单位。

5. 刘家大院

位于巩义市芝田镇官庄村西南 150 米，据村民王氏家谱和碑文记载：明洪武年间王氏由山西迁巩。六世家祖王文灿创建四个大院和一栋高楼。大院进深约 50 米，宽 13 米；楼高 18 米，进深约 5.35 米，宽 10.4 米。楼建于乾隆四年（1739），名叫堂楼。到清嘉庆年间第八世时，因经营不善，家境败落，家主遂将几处大院卖给刘姓人家。大院东西长 49 米，南北宽 52.5 米，占地面积约 2600 平方米，现存 4 处院落，1 个堂楼。这些建筑均坐南面北，为砖木混合结构的硬山式建筑，灰瓦顶。每处院落布局相同，均为二进合院式。前院由倒座、东西厢房和过厅组成，过厅面阔三间，东、西厢房各面阔四间，倒座面阔三间。后院由上房和东西厢房组成，上房三层，面阔三间，为砖木混合结构，五檩无廊楼层式硬山建筑，东、西厢房各面阔四间。

刘家大院

2008 年 6 月，被河南省人民政府公布为第五批河南省文物保护单位。

6. 泰茂庄园

位于巩义市新中镇灵官殿村东北 100 米，坐西北面东南，依山就势而建，南北长 200 米，东西宽 50 米，总面积约 1 万平方米。泰茂庄园由清咸丰年间张书泰所建，共分六层：底部一层临河，以砖瓦结构房屋为主；二、三层以砖石拱券窑洞为主；四、五层以砖瓦结构为主；六层以靠山窑为主；山顶为防卫设施。一层至五层分别有三处窑院。原一层中院悬挂有“妙手回春”匾、四层东院悬挂有“贤孝可风”匾、中院悬挂有“五世同堂”匾、西院悬挂有“一指子顿”匾。其中四层中院东厢房为单坡顶，其余厢房均为双坡顶。二、三层和最上层均为九孔窑洞。每个窑洞、每间房屋均用木棚板隔为双层。六层原有 12 间房屋,现已坍塌。泰茂庄园现存房屋40间,窑洞45孔。每层院落之间有暗道相通,平时用于藏宝,遇有战争可及时逃跑转移。

泰茂庄园全景

在庄园西200米处是张氏祠堂,现仅存坐北向南房屋3间,为双层。南壁上嵌有青石碑碣两方,其中一方为清光绪庚子辛丑创建张氏祠堂碑,碑文详细记载了祠堂的创建原因及张氏后裔的分布繁衍情况。另一方为民国14年(1925)冬嘉平月上浣合族人同立碑,碑文记载了维修祠堂的情况及人名。

2008年6月,被河南省人民政府公布为第五批河南省文物保护单位。

7. 程家大院

位于巩义市米河镇双楼村程家寨,双楼河西岸二级台地上,东面为双楼河冲积平原。该院坐西向东,东西长35米,南北宽52.5米。建于清末民初,原为程本后裔居住,民国时期,巩县县长曾在此避难,省、县政要多次题赠匾额。20世纪80年代以后,部分居民迁出,房屋废弃,大院北部、东部原有建筑现已改建。

程家大院

现存主宅区5个院落,窑洞10孔,楼房近70间,占地约3600平方米,是一处靠山筑窑洞、临街建楼房、两边建厢房的清代晚期民居群。5个院落从北向南排列,均为二进式院(前、后院建筑,前院有临街倒座、南北厢房、上房,后院有南北厢房、窑洞)。一院,原建筑基本无存,现被村民改建居住。二院,仅存倒座、上房16间,民国时期巩县县长在此避难。三院、四院保存基本完好,三院原为程泰昌家居。五院前院仅存倒座,后院4孔窑洞保存基本完好。

清乾隆十年(1745)本、五十四年(1789)本《巩县志》记载:“程本,大司马程伯休之后,字子华,称曰:子华子,又曰程子。孔子之郯,遇程子于中道,倾盖而语终日,甚相亲也,顾谓子路,取束帛以赠。子华子有集行于世,尝训子子元曰:吾宗□宣王时,笃冏周臣云:盖巩之贤人也(见府志)。今按:赠束帛在山东郯城,丰□犹存,然而程子巩人也。巩之程家湾,程姓甚繁衍。”1991年《巩县志》记载:“程本,自号程子,大司马程伯休之后,学识渊博,善于持论,聚徒著书,名闻诸侯。时,赵简子为政,致书请之为官,本退让不就,离之去齐,没馆于晏氏,更称‘子华子’。著有《子华子》,刘向校定,行于世。”

清代晚期民居程家大院建筑群规模宏大,建筑规范,文化内涵丰富,具有较高的历史文化艺术价值和旅游开发价值。

2008年6月,被河南省人民政府公布为第五批河南省文物保护单位。

8. 鉴忠堂宝谟楼

位于新郑市新建路街道办事处人民路后衙园东南侧约230米处,现仅存方台。方台系青砖砌筑,南北长6.6米,东西宽7.6米,下有拱券过洞,洞高5米,宽5米。该楼原为高拱所建的鉴忠堂宝谟楼,清代被毁。该建筑为新郑旧城保存下来的唯一的明代建筑。

2009年6月,被郑州市人民政府公布为郑州市第二批文物保护单位。保护范围:东西10米,东至高喜江住宅西围墙,西至高喜升住宅东围墙;南北23米,南至高现中住宅,北至高喜江住宅。建设控制地带:保护范围边界向东外扩34米至向阳街,向西外扩23米至邮政局家属院东围墙,向南外扩35米至东街,向北外扩15米至接旨胡同路。

鉴忠堂宝谟楼

9. 宋家楼院

位于新密市刘寨镇宋寨村。院落坐北朝南,为合院式建筑,始建于明朝。中轴线上自南向北依次布置大门、过厅和主楼。大门为砖木结构的硬山式建筑,青瓦覆顶。过厅亦为砖木结构的硬山式建筑,面阔三间,进深五架椽。过厅前东西两侧建有配房,砖石墙体,混木结构。过厅后墙西侧建有照壁,照壁平面呈方形,表面有高浮雕石榴、牡丹、蝙蝠等图案。主楼为三层楼阁式建筑,面阔三间,进深一间,硬山青瓦顶,墙体磨砖对缝,室内青砖墁地,门窗排列整齐,整体建筑古朴大方。紧邻主楼东墙外建有耳房,耳房为两层建筑,硬山灰瓦顶。主楼西侧存有配房,配房面阔一间,进深一间,皆为砖木结构的硬山式建筑。该楼院建筑布局严谨合理,对于研究古代民居建筑具有一定的参考价值。

宋家楼院

2009年6月,被郑州市人民政府公布为郑州市第二批文物保护单位。保护范围:东西88米,东至宋寨集市道路东沿,西自主楼西墙向西15米至围墙;南北69米,南至村路北沿,北自主楼后墙向北10米。建设控制地带:同保护范围。

10. 耿介故居

位于登封市嵩阳街道办事处文明巷。坐北朝南。耿介故居当时为耿介及其家人的居住场所,始建于明中后期。清代重修,清代后期耿氏后裔将其设为祠堂。故居原为一座四进院落的宅院,坐北面南,系明清时期建筑,现仅存大门和上房。大门为门楼,面阔三间,进深一间。上房面阔五间,进深三间,是耿氏家族的议事场所。现存建筑均为砖木结构的抬梁式建筑,硬山顶,灰瓦屋面。

耿介故居

耿介(1622—1693),登封城西关南街人,字介石,号逸庵,清顺治八年(1651)中举,顺治九年(1652)举为进士,历官翰林院庶吉士、福建巡海道道台,康熙元年(1662)任江西湖东道道台,后转任直隶大名兵备道道台,康熙三年(1664)归里行孝期满后不再出仕。笃于志向,亲身实践,兴复嵩阳书院,自任山长,捐自家田地300余亩为嵩阳书院学田。

2009年6月,被郑州市人民政府公布为郑州市第二批文物保护单位。保护范围:东、西自故居山墙各外扩50米;南自文明巷南边界向南50米,北至食品厂家属院。建设控制地带:同保护范围。

11. 古荥李氏民居

位于郑州市惠济区古荥镇南大街。李氏家族世代为官,宅院始建于清雍正元年(1723)十二月。现存上房、东西厢房,均为2层。上房面阔五间,长15.5米,进深三间,宽5.8米,砖木混合结构,无廊楼层硬山式建筑。正脊饰连枝花卉浮雕,垂脊为双复式花脊,屋面覆灰瓦,檐下墀头为精细砖雕牡丹图案。下层明间置青石门枕、青石门槛和青石抱柱,圆拱门额,门额上雕云纹日月、山石花卉图案,左右次间开砖雕棱窗,上层各间开圈券小窗,室内方砖墁地。东西厢房皆为二层的硬山式建筑,顶覆灰瓦。

古荥李氏民居

2009年6月,被郑州市人民政府公布为郑州市第二批文物保护单位。保护范围:以李氏民居为中心,东西长115米,南北宽135米。建设控制地带:自保护范围边界向外扩50米。

12. 东史马民居

位于郑州高新技术产业开发区沟赵办事处东史马村。民居系清代建筑,为当地士绅伍德润所建。后为任氏居住。该民居为郑州市区内保存规模最大的一处古民居,有很高的科学、艺术及建筑价值。

东史马民居

大门设置于院落东南方位,两侧为倒座和耳房。进门有门楼山屏一座,山屏为木门雕花。进大门后为二门,二门是住宅的内门,建造比大门讲究,装饰细密、华丽。前檐下架雕花枋子,后檐下设可开启隔扇门,隔扇格心为球纹式,装饰性强。大门门楣悬挂匾额"辅翼国政",二门门楣悬挂匾额"望重幹城",均为道光皇帝所赐,但原匾均已失传,现存两匾额是根据史料记载复制而成。二门雕花门檐上刻有"皇恩浩荡",三门屏风上部刻有"天子万年""福禄永崇"等字样,皆是史传真迹。

前院有过厅和东西厢房三座建筑。过厅建在高台之上,面阔三间,进深两间,前出廊。明间檐廊下横枋上装饰有繁密的木雕饰,客厅内有雕梁彩画,四角砖雕。在前金柱位置设有可开启的隔扇门,隔扇格心为斜格形,内镶花卉纹,通透且有装饰性。室内梁架结构用材整齐粗壮,雕饰华丽。过厅两侧为东西厢房,厢房在建筑体量、高度上略低于过厅,形制同过厅。后院高于前院,由后楼和两侧厢房围合成一个封闭的空间。后楼是整个院落的最高点,前院、后院、后楼高度递进,寓意"步步高升"。

院内的建筑装饰以木雕和砖雕为主。木雕多以浮雕和透雕的形式出现,主要应用于门、窗、隔扇和雀替、梁托、驼峰等木构架中起联系作用的构件上,成为主人地位和财富的象征。大者如前院厅房前檐下的整块门楣;小者如梁枋之间的梁托,每组梁托的造型均有所不同。砖雕的焦点主要见于墀头。宅院内的墀头其下皆为复式须弥座形式,叠层雕刻莲花瓣、卷草、水纹等连续纹样或蔓草纹图案,中部主体三面雕刻,装饰内容多寓意富贵的美好愿望。

2009年6月,被郑州市人民政府公布为郑州市第二批文物保护单位。保护范围:以本体保护范围外侧墙体为边界,向东、西、北各外扩30米,向南外扩40米。建设控制地带:自保护范围边界向外各扩50米。

13. 杨万辉故居

位于新密市来集镇马武寨村，建于清道光年间。坐西朝东，占地面积为750平方米，现存北院、中院、南院三组平面布局规整、对称的合院。院内所有建筑均为砖木结构，硬山灰瓦顶。在三个院落中保存最为完整的是中院。中院大门是高门楼，门楼两侧墙上方刻有精美的砖雕，造型图案别致、高雅。门楼南侧与门楼相接有客厅3间，内有隔扇门，门上方雕刻“居之安”3个字，字体遒劲有力又不失柔美，反面雕刻有牡丹、莲花和“寿”字图案，象征富贵、清雅、长寿，雕工精细，花型逼真。正房面阔三间，上下两层，明间辟下方上圆的弧形券门，两侧梢间置大方窗，室内置木棚板，第二层正面辟3个小弧形券窗。两侧有南北厢房，厢房面阔三间，上下两层，建筑规格、体量略小于正房。北院原大门已毁，现大门是在原照壁的位置上重修的。上房面阔三间，上下两层，南北厢房也均为面阔三间的建筑。南院建筑保存不完整，大门和照壁已无存，仅保留上房和南北厢房，建筑形式和体量同北院。该民居为新密市保存最好的古民居之一。

杨万辉故居

2009年6月，被郑州市人民政府公布为郑州市第二批文物保护单位。保护范围：东西27.5米，东至大门，西至断崖；南北39米，南至断崖，北自南部断崖向北39米。建设控制地带：东、西、南三面自保护范围各外扩20米，北同保护范围。

14. 乾门史氏民居

位于新郑市观音寺镇乾门村南陉山脚下，坐西向东。该民居南北长18米，东西宽35米，占地面积630平方米。现存建筑有主房、南北厢房、屏风。主房和厢房均为硬山式建筑，底部房基及部分墙体为红石垒砌，上部为蓝砖垒砌。主房始建于清末，面阔10米，进深5米；北厢房始建于1954年春，面阔6米，进深4.6米；南厢房始建于20世纪70年代，面阔6米，进深4.6米；厢房于2005年重修，并于宅院东北角新建青石六角“爱母亭”。四周建有围墙，围墙内侧保存有百年古树4棵，大门上方有青石匾额唐玉润题“润德门”，院内花草树木郁郁葱葱，环境优美。

乾门史氏民居

2009年6月，被郑州市人民政府公布为郑州市第二批文物保护单位。

15. 卧龙吴氏山庄

位于巩义市夹津口镇卧龙村。该山庄坐南向北，南北长55米，东西宽62米，总面积3400余平方米。现存窑洞50孔。从东到西分为7个院落，均为两进或三进四合院式建筑，各院落既自成一体，又互相连通。院落布局雷同，即三面挖石砌窑洞，全用青石券筑。正面一般有1到3孔，在崖壁上垒砌，平顶；大部分为两层窑洞，洞内每层用荆条铺设棚板；个别为三层，东西两厢有1到4孔。这些窑洞均为石片、石块干砌而成，未加任何黏合剂，全部呈现原生态，然后再在这些平顶石窑洞上方搭建草房，草房现已无存。吴氏山庄的院落地面均铺设青石，构建有统一的排水道，由一个大门进出，各院砌有二门。院落之间有暗门、暗道相通相连,形成了迂回曲转、坚固和谐的堡垒式四合院。

吴酬和,清道光十六年(1836)生于巩义圣水村,随父艰苦创业,到花甲之年已有良田100多亩,牲畜100多头,家有余粮百石,并建有70余孔石窑。吴家有人丁80余口尚未分居,是当时人财两旺的山村大户。吴酬和去世时,乡亲邻里给他赠送"中州完人""嵩岳泰峰""忠厚传家""耕读传家"等匾额,对他的一生给予极高的评价。

2009年6月,被郑州市人民政府公布为郑州市第二批文物保护单位。保护范围:北至断崖,南至山顶村道,东至村东小路,西至村西小路。建设控制地带:同保护范围。

16. 人和寨刘金山民居

人和寨刘金山民居

位于新郑市辛店镇人和寨村,该住宅建于清咸丰年间,原为李继云先祖所建,经历清代、民国至现在,1951年土改时期,前院分配给刘金山居住。

该处民居坐北面南,由前后三进院落组成。现仅存前两进院落。大门位于民居的东南向,为砖砌券门。大门内照壁宽3米,高5米,上刻龟锦纹图案。二门的门额上有"平泉遗风"砖雕四字。自二门进入第二进院,第二进院由上房、东西厢房组成。上房面阔三间,长10米,进深一间,宽5米,为砖木结构的抬梁式硬山建筑,灰瓦屋面。东西厢房建筑体量相同,均面阔三间,长10米,进深一间,宽6米,其中,西厢房门上有砖雕拱圈门额。自上房后进入第三进院,称为后院,后院仅存上房。上房面阔三间,长11米,进深一间,宽8米,硬山灰瓦顶,前出廊,屋顶正脊用筒瓦拼成花式。

2009年6月,被郑州市人民政府公布为郑州市第二批文物保护单位。保护范围:东、南均至村中道路,北至北屋后墙,东西16.4米,南北58米。建设控制地带:同保护范围。

17. 牛状元府

位于巩义市河洛镇官殿村,依山而筑,前临山壑,后依山脉,东与民宅毗连,形势险要,气魄壮观。牛状元府具有典型的地方民居建筑特点,保存较好,具有一定的历史、文化、艺术价值。在村口道路上竖有赐武进士及第牛公义行碑一通,清咸丰五年(1855)立,记载了牛凤山的功绩。

牛氏祠堂现存的光绪三年(1877)所竖创造祖德堂小宗祠祀碑记载:嘉庆二年(1797)牛凤山之祖牛巨川因家贫,率长子六丙、次子六戊由穆沟(今巩义东,荥阳市高山镇)迁到明月坡。初居二龙山之阳,3年后,又再迁二龙山之阴,穴居倾圮,仲兄几濒于死,乃迁明月坡西,又由东院、中院扩至西院。该庄园创建于嘉庆年间,牛凤山中状元后,又大肆修建,前后历时46年,才具有如此规模。

牛凤山,原籍荥阳汜水,道光癸巳科状元,贻封昭武都尉,曾封头等侍卫副将衔,赏戴花翎,任陕西陕安镇中营游击等职。英国侵略中国时,他随仲兄从戎江浙。道光末年,曾从琦善"攻剿番逆","未几粤匪扰予",后归还故里。牛凤山之子牛瑄于咸丰八年(1858)中乡举,同治四年(1865)中进士,名重于一时,他工于楷书,结构严谨,秀丽端庄,中原一带多留有墨迹。

该庄园坐北向南,从东往西一字排开为东院、中院、西院,以中院为主,整个庄园就如大鹏展翅,总面积约2400平方米。由于庄园依山而建,高70余米,所以进入庄园,须从东面缓缓上一石山坡,上几十步台阶后方可到达。

状元府大门面阔一间,长4米,进深一间,宽4.5米,高3.98米,为砖木结构的硬山式建筑。门上方嵌刻“圣旨”二字,两次为三块青石匾额,分别题为“将军第”“状元府”“太史第”共九字。门内第一院落为东院,即“御前侍卫府”;第二院落为中院,乃“金殿传胪太史第”;西院为“状元府”。东院深约10米,宽约6米,有石砌窑洞3孔,窑门系青砖筑砌。院正面有石砌窑洞1孔,窑脸系红石砌成,高约10米,与中院相通。院西有两间硬山房。中院深约15米,宽约20米,存东厢房3间及土窑洞1孔,院西有石砌窑洞1孔。西院尚存硬山式建筑3间。现存有古槐(护府槐)一株,树冠150平方米,树高15米,树龄约500年。

距牛状元府300米的明月坡东有牛氏祠堂,现仅存3孔石砌窑洞。中间窑门楣正中楷书“祖德堂”,右书“清同治四年乙丑孟春建”,左书“癸巳状元牛凤山识”。窑内现存石碑6通,其中光绪三年所立的创建祖德堂小宗祠祀碑详细记载了牛氏家族的分布繁衍、发展情况及创建祠堂的原因。另有民国17年(1925)儒医兰圃牛老先生印口劳懿行碑、汜邑牛氏分锅始姐考廪生讳楷字圣儒府君妣邵、郝孺人神位碑及大清同治四年父文状传子武元胪木匾。

2009年6月,被郑州市人民政府公布为郑州市第二批文物保护单位。保护范围:西、北均至断崖,东、南均至村道。牛氏祠堂东、西、北均至断崖,祠堂大门前南25米至断崖。建设控制地带:同保护范围。

18. 王家祠堂(王抟沙小学旧址)

位于巩义市站街镇北瑶湾村。2000年之前,该故居作为学校在使用;2000年后,学校迁至别处,故居被保护起来。

王抟沙故居

该处故居坐南面北,为二进四合院式建筑。整个院落南北长35.8米,东西宽18.3米。从建筑形式上看,应属于清代。现存窑洞3孔、东西厢房、过厅、东西耳房、倒座。保存基本完好,建筑为砖木结构,硬山式,前出廊,分别有“光前裕后”“根深叶茂”“积厚流光”“源远流长”匾额。窑洞前脸上有精美砖雕刻和“承先启后”匾额及楹联。该建筑对研究清代建筑和近代革命教育具有一定参考价值。

王抟沙(1876—1933),名敬芳,清光绪二十八年(1902)中举。光绪三十一年(1905)留学日本。王抟沙与秋瑾、姚宏业、于右任等在上海筹办中国公学,于光绪三十二年(1906)租屋开学,开创了中国民间自办新学的先河。民国4年(1915),王抟沙返回河南,成立中原煤矿公司。民国5年(1916),王抟沙出资在本村王氏祠堂创办抟沙小学。民国8年(1919),王抟沙又任中国公学校长。翌年,将中国公学所办的商科改办为大学。民国11年(1922),王抟沙任中州大学(河南大学前身)董事。是年,任陕西宣抚使,与陕西督军冯玉祥合作,实施善政,建树颇多。民国18年(1929),蒋介石任命翁文源接任中原煤矿公司经理,王抟沙离职寓居北平,民国22年病逝(1933)。

2009年6月,被郑州市人民政府公布为郑州市第二批文物保护单位。保护范围:以王家祠堂四周院墙为主体,向东外扩10米,向西外扩3米,南至连霍高速,北至断崖向北10米。建设控制地带:同保护范围。

第五节　纪念性建筑及其他建筑

纪念性建筑是公共建筑中艺术表现最突出的建筑类型之一，主要是为纪念重大事件或有功绩的或显赫的人，在有历史或有显著自然特征的地方营造的建筑或建筑艺术品，以精神功能为第一要素。在建筑上主要表现为祠、亭、牌坊、雕塑、经幢等，此外，还有一些具有纪念意义的古塔等。这些建筑可以是单体建筑，也可以是群体建筑。郑州地区此类建筑较少，但亦为古建筑内一项重要内容。

1. 轩辕宫

轩辕宫位于新郑市风后岭村一峭壁平台处。建筑分上、中、下三宫，下部一宫、上部三宫旧废，仅存旧址，中部二宫保存完好，为全石结构，面阔三间，进深三间，与轩辕庙建筑风格相同，亦属明代建筑。三宫背侧峭壁上有摩崖题记，内容为："南崖轩辕宫三皇殿记。明嘉靖五年(1526)二月六日重建。"三宫处原立明崇祯三年(1630)重修轩辕宫三皇殿记碑，该碑记载南崖轩辕宫三皇殿倾圮已久，遗址尚存。

轩辕宫

2006年5月，新郑轩辕庙(含黄帝故里及具茨山轩辕庙)被国务院公布为第六批全国重点文物保护单位。保护范围：东西97米，南北108米，东以南崖宫石殿东侧山崖向东20米，西以南崖宫石殿西侧山崖向西20米，南以南崖宫石殿南墙向南58米，北以南崖宫石殿北墙向北47米。建设控制地带：以保护范围四周边线各外扩10米。

2. 轩辕桥

位于新郑市轩辕故里内，筑于明隆庆四年(1570)，圆拱券，三伏三券，桥宽5.7米，拱高1.9米，跨2.28米。东、西两面券上各立明代砖刻题记，东面阴刻铭文"轩辕桥"三字，西侧阳刻"隆庆四年徐州造砖户王仲"。桥下姬水可潺潺流过。

2006年5月，新郑轩辕庙(含黄帝故里及具茨山轩辕庙)被国务院公布为第六批全国重点文物保护单位。保护范围：东西边界至轩辕庙东西围墙外扩25米，北边界至轩辕庙北围墙向北50米，南边界至姬水河南岸向南50米。建设控制地带：以保护范围边线向外扩至黄帝故里景区边界。

轩辕桥

3. 蔡庄文魁坊

位于巩义市芝田镇蔡庄村。该石坊是为明万历丁酉(1597)科选贡、庚子(1600)御赐进士赵景星所建。石坊坐北向南，东西长7米，南北宽3米，保存基本完好，建筑为二柱单间一楼式，庑殿式坊顶，正脊两端为“龙吻”，脊饰牡丹花卉图案，檐下置斗拱6攒，龙头昂嘴，中间悬出一石，上刻“皇明”二字。明间高8.8米，面阔6.6米，须弥式基座上雕莲花，横枋下栏板雕刻分三层，南面上层刻楷书“文魁坊”，中层刻楷书“万历丁酉科选贡庚子科乡郎进士赵景星”，下层浮雕狮子滚绣球。北面上层中间刻楷书“唐吏风猷”，中层刻楷书“敕赠文林郎河间府献县知县赵登弟孺人苏氏”，下层刻楷书“敕赠文林郎隶献县知县山西岚县知县赵景星孺人李氏”。横梁、两柱及柱两边夹杆石刻有坐狮、麒麟、牛、天马、凤凰、牡丹、龙戏牡丹、凤凰牡丹、文曲星下凡、进京赶考等图案。该石坊造型雄伟，雕刻洒脱豪放，为河南省石刻艺术中的杰作。

蔡庄文魁坊

2008年6月，被河南省人民政府公布为第五批河南省文物保护单位。

4. 屏峰塔

位于新密市青屏街街道办事处青屏山村。屏峰塔共9层，高19.045米，圆柱塔身。塔基为正方形，由青石块砌成，边长3.5米，高0.9米，塔身由磨光的青砖垒砌，每层为六角形密檐叠涩。第1、2层之间的西南面建有塔铭，书“屏峰塔”三字。塔顶有铁铸宝葫芦形塔刹。屏峰塔，又名文峰塔或文笔塔，清顺治十年(1653)知县李鹏铭建，后倒塌。清咸丰元年(1851)知县张廷玺、王绶林重建。

2008年6月，被河南省人民政府公布为第五批河南省文物保护单位。

屏峰塔

5. 阴氏节孝坊

位于荥阳市乔楼镇秋社村，清雍正十二年(1734)为旌表陈让妻阴氏而建。该坊东西跨路，是一座四柱三间牌楼式石坊，现仅存最下一层，宽6.23米，残高3.57米。华板正面上刻“旌表已故儒童陈让妻阴氏节孝坊”及“赐进士出身属荥阳县事山右张翼立男陈良相陈良杰孙生员五事等建雍正拾贰”等字。下坊中间正、背面均饰高浮雕狮子衔绶，两次间坊上浮雕凤凰、花卉图案等。四柱前、后有抱鼓石。坊上原有石刻“圣旨”匾、坊脊石构件等，现散存坊侧。

2009年6月，被郑州市人民政府公布为郑州市第二批文物保护单位。保护范围：永久性坐标点设于牌坊西南角，自该点向西北4米至沟边，向东13米，向南13米至桥，向北17米，东西全长17米，南北全长30米。建设控制地带：同保护范围。

阴氏节孝牌坊

6. 魏氏石坊

魏氏石坊

位于巩义市康店镇裴峪村，建于清嘉庆年间，是旌表已故太学生焦正儒妻魏氏的节孝牌坊。它是一座三间四柱三楼式石坊，坐西面东，现存明间高 5 米，宽 2.6 米，两次间均高 4.5 米，宽 1.1 米。庑殿顶，置斗拱，中间镶竖匾，刻“圣旨”“壸仪闺范”等字样。坊楣栏板内刻楷书“旌表已故太学生焦正儒妻魏氏节孝坊”，石坊与栏板上分别雕刻八仙图、二十四孝图、子路负米图、陆绩怀橘图、课读图、杨香打虎图等。两次间结构与明间相同，石柱上刻有一副对联：“千秋雅范标彤管”“一代芳徽并柏舟”。石坊与栏板上雕刻有游龙及《白蛇传》断桥故事。石坊阴部主楼檐下刻“恩荣”二字，栏板上刻“纶音宠锡”四个大字。其下石坊与栏板上雕刻有麒麟、鹤衔草、龙降甘露、大舜耕田等图案。此外，在坊体及基座上还雕刻有武士、狮子等图案。

《巩县志》民国 18 年(1929)本载：“魏氏，儒童焦正儒妻。年十九夫亡，祖姑年八十余，翁、姑年亦衰老，孤方一岁，截发自誓，事两世尊嫜，存殁尽礼，孤得成立，守节三十五年。乾隆三十八年旌表。”该石坊雕刻精美，内涵丰富，具有一定的建筑艺术价值。

2009 年 6 月，被郑州市人民政府公布为郑州市第二批文物保护单位。保护范围：东至裴峪村道东沿，西至黄土断崖，南、北均外扩 20 米。建设控制地带：同保护范围。

7. 杨岭塔

杨岭塔

位于新密市平陌镇崔沟村。据传，清嘉庆年间当地居民多杨姓，知县杨泰在此地建文峰塔 1 座，取名杨岭塔。该塔为砖石结构密檐式 7 层方塔，塔基边长 3.3 米，塔身边长 2.95 米，高 20 米。基座、塔刹皆用青石建造，保存完整。在塔的第 2 层面铭书“山峰鼎峙透，青霄水带山。环唯气饶维，岳嵩高垂阴”。

2016 年 1 月，被河南省人民政府公布为第七批河南省文物保护单位。保护范围：以塔基为中心，东西 103 米，东 50 米至沟沿，西 50 米至地沿；南北 88 米，南 50 米至地边，北 35 米至沟沿。建设控制地带：同保护范围。

8. 郑氏石坊

位于巩义市站街镇仓西村，坐东向西，是清道光二十九年(1849)为旌表已故处士李士海之妻郑氏节孝奉旨而建。该石坊为三间四柱三楼式，明间高 5 米，宽 3.5 米，两次间高约 3 米，宽约 1.25 米。庑殿顶，檐下置斗拱，额枋下设栏板，雕刻有八仙庆寿、二十四孝、二龙戏珠、狮子滚绣球等图案。

《巩县志》民国 18 年(1929)本载：“郑氏，仓西李士海妻。年十八归李，五载夫亡。遗二孤。家奇贫，翁姑又相继逝，双柩在堂，藐孤无依，茹痛含辛，艰苦莫状。有利其嫁者，百计撼摇不为动，守节三十二年卒。”该石坊雕刻精美，对研究当时民俗、雕刻艺术有一定价值。

2009 年 6 月，被郑州市人民政府公布为郑州市第二批文物保护单位。保护范围：以本体建筑为中心，向西至村道东沿，向东、南、北各扩 10 米。建设控制地带：同保护范围。

郑氏石坊

9. 孟氏石坊

位于巩义市河洛镇石板沟村，是清道光三十年(1850)为旌表儒童白锡璧妻孟氏节孝奉旨而建。该石坊现保存基本完好，面积 27 平方米。坐北面南，三间四柱三楼式石坊。石坊面阔 6.3 米，进深 1.2 米，现高出地面 4.2 米。庑殿顶，额枋下设栏板，檐下楼瓦雕刻有万字符和太极图，还有八仙庆寿、二十四孝、双龙戏珠、课读图、花卉等图案，背面刻有双龙沐狮、龙凤呈祥、卷草花卉等图案。

孟氏石坊

《巩县志》民国 18 年(1929)本载：“孟氏，石板沟白锡璧妻。年二十二夫亡，抚孤统阳成立。咸丰年旌表。”该石坊结构严谨，造型古朴，雕刻精美，保存较好，对研究当时民俗、雕刻艺术均有一定价值。

2009 年 6 月，被郑州市人民政府公布为郑州市第二批文物保护单位。保护范围：以本体建筑为中心，向东至河两岸，向北、西、南各外扩 20 米。建设控制地带：自保护范围再向北、西、南各扩 10 米。

10. 康氏石坊

位于巩义市河洛镇石板沟村，建于清光绪十年(1884)，为旌表石板沟白锡瑞继室康氏所建的节孝坊。该石坊为青石雕刻，坐东面西，是一座三间重楼式牌坊。明间高 5.5 米，宽 3.34 米，两次间宽 1.08 米，基座高 0.90 米。庑殿顶，檐下置斗拱，明间雕太极图，檐下正中悬有“圣旨”二字，栏板上雕刻有二十四孝、二龙戏珠、八仙庆寿等图案。坊楣楷书“旌表监生白锡瑞继室康氏节孝坊”，楹联为“苍松冒雪节弥劲，翠柏经霜心愈坚”；坊阴楣上刻有“建坊序”，是壬戌科举人阳武县教喻，康氏祖侄康绍文所题，并有楹联为“事姥抚孤自励生前心志苦，完节全孝应获没后姓字香”。该石坊雕刻精美，内涵丰富，具有一定的建筑艺术价值。

康氏石坊

《巩县志》民国 18 年(1929)本载：“康氏，石板沟白锡瑞继室。翁卒。夫病不起，嘱氏以养老抚孤。氏遵遗嘱，苦节四十余载殁。光绪年间旌表。”

2009 年 6 月，被郑州市人民政府公布为郑州市第二批文物保护单位。保护范围：以本体建筑为中心向南、北均外扩 20 米，东、西均至断崖。建设控制地带：同保护范围。

11. “镇远”炮台

“镇远”炮台

又名风门口炮台,位于新密市米村镇茶庵村风门口。炮台雄伟壮观,平面呈方形,通体用石块砌筑,通高 7.8 米,基部南北长 4.92 米,东西宽 4.9 米。全台四周均设有枪眼,东、南、北各有枪眼 10 个,西墙上下设枪眼 9 个。南墙上部刻有“镇远”石额,额上款为“敕奉河南巡抚布政使司布政使建,特用道阶开封知府军”,下款为“咸丰十年八月吉日创建”。

2009 年 6 月,被郑州市人民政府公布为郑州市第二批文物保护单位。保护范围:东西 25 米,东自炮台向东 10 米,西自炮台向西 10 米;南北 25 米,南自炮台向南 10 米,北自炮台向北 10 米。建设控制地带:东、西自保护范围各外扩 20 米,南自保护范围向南扩 8 米至小路南沿,北自保护范围向北扩 11 米至公路北沿。

12. 龙窑

龙窑

位于巩义市站街镇北瑶湾村,坐东向西,南北长 57.7 米,东西宽 8.5 米,占地面积约 500 平方米。现存窑洞 5 孔,为半圆形(拱顶),黄沙石砌筑,窑与窑之间相距 3.8 米。中间窑洞最大,高 3.6 米,宽 8.5 米,用来停放清光绪皇帝的船只。从中间向南、北两边依次为高 3 米、宽 8 米,高 2.5 米、宽 7.5 米。窑洞原与河水相连,今已淤尽,均被淤泥埋于地下深约 8 米。洞口顶部原有砖雕,已毁。顶部距上部平地 2.5 米。龙窑前临伊洛河,上通洛阳,下与黄河交汇,位于古代水陆交通要道之上。1901 年,慈禧、光绪返回北京时,在巩县伊洛河下船,改由陆路回京,地方官吏命豪绅王抟沙修建 5 孔船坞,停放皇上所乘的船只,后作为“圣迹”纪念。该建筑是对这段历史的见证。

2009 年 6 月,被郑州市人民政府公布为郑州市第二批文物保护单位。保护范围:东至龙窑铸造厂西围墙,西至河洛路,南至北瑶湾村小学北墙,北至民居。建设控制地带:同保护范围。

第六章　古代石刻

石刻是以石制品或石壁为载体，经雕凿、绣刻和琢磨而成的各类文物，根据其形式和内容，可分为石窟、摩崖造像、摩崖题记、碑刻、墓志、画像石、造像碑、刻帖、刻经、石雕、线画、经幢等。它们是中华民族优秀文化遗产的重要组成部分。

河南为华夏腹地，很长时间是中国古代政治、经济、文化的中心，留存下来的石刻类文物数以万计。据不完全统计，河南现存石窟及摩崖造像、题记近百处，各类碑刻、造像达万通，出土墓志5000余方，出土画像石2000件左右。河南保存的著名碑、铭也很多，一些碑记录有地震、灾荒、修造、水利、名宦、交通等内容，颇有史料价值。

郑州地区目前发现的最早的石碑，当属战国时期韩国宗庙内设置的宗庙碑，这也是目前中国发现的最早的石碑。历代帝王将相、名人志士、墨客文人、高僧名道多来郑州游览禅祭、著书讲学、吟诗题名、隐居传教，留下的文物古迹星罗棋布，这其中包含大量美不胜收的碑刻，仅汉至清代的重要碑刻不下两千品。这其中包含汉代太室阙铭、少室阙铭、启母阙铭、韩仁铭，北魏中岳嵩高灵庙碑，北齐刘碑寺造像碑，大唐嵩阳观纪圣德感应之颂碑、皇唐嵩岳少林寺碑，中岳庙宋、金四状元碑、郑州博物馆藏宋代《醉翁亭记》刻石，元代少林寺裕公宗师道行碑、郑州地区多品元代圣旨碑，明代少林寺道公禅师碑、慈云禅寺多品明代碑，清代多品乾隆御书碑，等等。这些碑刻不仅是各时代的代表作，而且其碑刻造型、碑刻内容、绘画雕技、书法艺术、保护现状均为全国同时期碑刻之佼佼者。其历史价值、科学价值和书画雕刻艺术价值，在中国碑刻艺术宝库中均占有极其重要的地位。

第一节　石窟

石窟，是石窟寺的简称，起源于印度，是依山崖开凿而成的佛寺建筑。中国的石窟寺主要有两种形式：其一称为“毗诃罗”或精舍，即寺院之意，规模较大，窟室内的各壁面上多开凿出小龛，内雕佛像或其他造像；另一种规模较小，内室作塔形崖柱（塔心柱），置于窟室中心或靠近后壁处，柱体各面作佛龛造像，其他壁面也均有雕刻，这种称作支提或制底，即塔庙之意。此两类石窟形式，河南均有实例。河南石窟从规模上看，可分为大型、较大型和中小型三类；从时代上看，自北魏经隋唐至宋。郑州地区的石窟和石刻造像雕刻精湛、刻画细腻传神，场面恢宏，是十分珍贵的艺术品。本节共收录石窟5处。

1. 巩县石窟（北魏）

位于巩义市河洛镇寺湾村大力山下，背依邙山，面临洛水，山光水色，秀丽多姿，古有“溪雾岩云之幽栖胜地”之称。寺院初建于北魏年间（386—534），是北魏举办礼佛活动的大型皇家石窟之一，原名希玄寺，唐代改为净土寺，清代改今名。北魏时在此造窟刻佛，以后东魏、西魏、北齐和隋、唐、宋各代相继凿窟造像，形成巍然壮观的石窟群。石窟坐北向南，现存洞窟5个，千佛龛1个，摩崖造像3尊，摩崖造像龛328个，碑刻题记186篇，佛像7743尊。

石窟多呈方形，窟中有中心方柱，方柱四周凿龛造像，窟顶浮雕平棋。尤以第5窟藻井浮雕最为精美，以盛开的莲花为中心组成绚丽的花团，优美的飞天缭绕四周，形态飘逸，构图精细。石窟四壁除1、3、4窟门两侧刻礼佛图外，其余均刻千佛及大佛龛，壁脚刻神王、怪兽、伎乐等。

巩义石窟寺

第1窟在石窟寺最西边。窟门向南，门上有方形窗，门外东西两侧各雕力士1尊，西侧高3.43米，东侧高3.36米。西侧力士像上方刻罗汉两排，还有摩崖菩萨像1尊。东侧力士像上部残存一佛一菩萨。东侧力士像之东有一摩崖大龛，龛内有高5.3米的立佛和二菩萨。

窟内平面为方形，高6米。窟顶雕方格平棋，内刻飞天、卷草和莲花化生等图案。原施有彩绘，大部分已脱落。中心方柱四面各刻佛龛一个，龛内雕一佛二弟子二菩萨，佛座两侧各雕一狮子；佛后有火焰纹背光，背光两侧有对称的飞天、化生和覆莲花图案。中心方柱基座各面雕力士、神王等。南壁有天窗，上刻二异兽。门东西两侧千佛龛下各雕3层礼佛图，东边是以皇帝为前列的男供养人像，西边是以皇后为前列的女供养人像，保存比较完整，色彩隐约可见。图下有一列伎乐，东起依次为弹琵琶、奏箜篌、吹横笛、吹法螺和吹排箫。西边残损较甚，仅存一击鼓者。东壁有并列4个大龛。龛间有柱，龛楣间刻二飞天。龛内刻"维摩变"、一佛二菩萨、释迦、多宝，中间刻卷草、莲花化生等图案。4龛壁脚刻供养伎乐一列。西壁也有4个并列大龛，以柱相间，覆莲柱础，柱头雕莲花化生。四龛壁脚刻供养伎乐一列，除第4、8、11、12伎乐残损外，其余南起依次为吹横笛、弹阮咸、吹排箫、击羯鼓、奏箜篌、弹阮咸、吹箫和吹法螺。北壁并列四大龛，龛楣有弧形帷幔，龛楣间刻莲花化生，龛内均雕一佛二菩萨。壁脚下刻十二神王。

窟门外两侧有北魏、东魏、北齐和唐、宋各代造像龛98个，龛内依次刻一佛二菩萨、二坐佛、二菩萨或一菩萨等。有的大龛下刻供养人或题记，纪年有西魏大统四年（538）、北齐天保七年（556）、唐咸亨元年（670）和北宋太平兴国八年（983）等。

第2窟位于第1窟东边。北魏开凿，由于石质较差，中心方柱雕出雏形后即停工。窟前壁已全部崩塌，窟内除东壁一个龛为北朝东魏时所雕外，其余10龛为唐代开凿。中心柱南面上下排列3龛，最下面一龛较大，内雕一佛二弟子二菩萨和二力士，分别立于莲花和莲蓬上。龛楣刻七佛和飞天，龛两侧刻高于龛身的两个菩萨，题记纪年为唐龙朔年间（661—663）。东壁有四龛，皆雕于唐。靠上面一大龛，龛楣刻有帷幔，龛内雕一佛二弟子二菩萨，系唐乾封二年（667）八月十日所刻。

石窟寺院内

第3窟在第2窟东边。窟门大部分崩塌，后用砖修补。窟门外西侧及上部都剥蚀较甚，仅存几个残龛。窟为方形，窟顶雕方格平棋，内刻飞天、卷草和莲花化生等图案。中心方柱顶端和平棋相接处刻莲花化生一排，下刻山纹、彩铃等纹饰。其下四面各雕大佛龛1个，高约2.5米，内刻一佛二弟子二菩萨，佛座两侧垂幔，顶端为对称飞天和卷草纹饰，柱基座刻神王5个。

四壁顶端与窟顶平棋相接处雕刻垂幔一周，垂幔下雕刻千佛龛。东、西、北壁各雕刻千佛龛8层，千佛龛中部各凿一大龛，南壁拱门两侧千佛龛下各雕刻礼佛图 3 层，礼佛图下各雕刻伎乐 2 个。东壁中部主龛内刻一佛二菩萨，龛楣两侧刻飞天，壁脚刻伎乐 6 个。西壁中部主龛内有残损菩萨、弟子像各 1 尊；尖拱形龛楣上雕苍龙，两角各雕一凌空飞舞的飞天；龛楣柱头刻兽面，柱下刻覆莲柱础，雕刻精致；壁脚刻伎乐。北壁中部主龛内刻一佛二弟子二菩萨，头部均残；壁脚刻神王、怪兽，筋肉突起，狰狞可怖。

第 4 窟在第 3 窟东面。形制和第 3 窟基本相同。窟外两侧略损，已用砖修补。东侧残存高 3 米力士像 1 尊。窟门为拱形，门楣刻卷草花纹，楣角刻龙头，门道两侧有唐代以后雕刻的小佛龛。

窟内平面为方形窟顶方格平棋保存完好。在靠中心柱周围的方格内，刻各种姿态的飞天和莲花化生，其他部位刻莲花。中心柱四面各刻两层佛龛，顶端与平棋相接处刻莲花化生一层，其下为垂幔。中心柱上龛内刻一佛二弟子二菩萨，下龛内刻一佛二菩萨；龛楣为五边形拱，拱上刻莲花、莲蓬，龛楣下刻帷幔，两上角刻小坐佛。其中南侧菩萨保存较好，北面残损较甚，中心柱基座上雕力士、神王像，柱东面上、下层龛内皆刻一佛二菩萨。

窟内四壁顶端刻有垂幔一周。垂幔下除南壁门两侧上部刻四层千佛龛外，其他三壁上下各刻千佛龛 16 层，多残损。南壁门上方和平棋相接处凿一龛，内刻一佛二菩萨。龛楣为五边拱形，两侧又各刻坐佛小龛 1 个；门东侧千佛龛下刻礼佛图；门两侧下部各刻二怪兽。东壁中间主龛刻一佛二弟子二菩萨；龛楣为五边形拱，两侧刻帷幔；壁脚刻 9 个神王像。西壁中间主龛与东壁基本相同，龛内雕像较完整，佛座两侧刻狮子，壁脚刻伎乐。北壁中部主龛内刻一佛二菩萨，龛楣两侧刻飞天，壁脚刻伎乐 10 个。

第 5 窟在第 4 窟东面，向南凸出。窟门完整，尖拱形门楣上窄下宽，楣脚刻龙头；门两侧有方柱，下雕狮子柱础；门外两侧各雕一力士。窟内平面近方形，唯四壁中部微向外凸，没有中心方柱。窟顶藻井为莲花，周围环绕 6 个飞天，四角各刻一化生。

石窟南壁门楣上刻 5 尊坐佛，两侧刻卷草纹；门东西各有一尊立佛，站在莲花和莲梗上。东、西、北三壁各刻一大佛龛，龛内刻一佛二弟子二菩萨。东壁佛龛北部残损较甚，菩萨、弟子像已被凿损。西壁与东壁相同，除龛内北侧的菩萨像被盗凿外，其余保存尚完整；佛座下两侧刻两比丘，南侧题“比丘僧惠兴”，北侧题“比丘僧惠富”；龛楣刻火焰纹，两侧刻飞天、忍冬纹和莲花化生，底部刻托山力士 2 人。北壁龛楣和两侧刻帐幔，龛楣上有 5 个唐代小龛，龛内菩萨与弟子间有后代刻的 4 个小龛，龛边两柱上各刻托山力士 1 人。佛座旁刻二狮子。窟内地面刻与藻井中部相对应的图案花纹，保存完好。

千佛龛位于最东边，系唐乾封年间（666—668）所凿。历来被称为“千佛洞”，实为一个大龛。圆拱龛楣，后壁平直，除中间刻一较大的坐佛和题记外，后壁和两侧壁皆刻满排列整齐的小佛龛，共计 999 尊，加上中间坐佛为千尊。

在龛内两侧壁外边，有 4 个长方形龛，各刻 1 菩萨像。洞口两侧角各雕天王像 1 躯，形象生动，洞外侧刻小佛龛 9 个，其中有“乾封年间题记”。

巩义石窟寺内诸佛造像多为方圆脸形，神态文雅恬静，衣纹简练。18 幅帝后礼佛图浮雕为全国现存石窟中所仅有，其中最精美的为第 1 窟帝后礼佛图，构图分三层，东边是以皇帝为首的男供养人行列，西边是以皇后为首的女供养人行列，各以比丘和比丘尼为前导，画面中仪态雍雅的贵族形象和身体矮小的侍从形象形成了尊卑鲜明的对照。第 4 窟的帝后礼佛图人物造型独具匠心，前呼后拥的礼佛仪仗队中供养人大腹便便，相貌森严，侍从瘦小低微，比主像小 1/3。仪仗队中有的为帝后携提衣裙，有的执扇撑伞，有的手捧祭器，浩浩荡荡地簇拥帝后进香礼佛，表现了皇室宗教活动的盛大场面。构图简练生动，刻工细腻，为我国石窟浮雕艺术中罕见的杰作。

各窟雕刻的佛龛，大都是一佛二弟子二菩萨的固定格式。第 1 窟西壁的“涅槃变”龛、东壁的“维摩变”龛，其造像风格已脱离了北魏早期深目高鼻、秀骨清风的特点，呈现面貌方圆、表情宁静的艺术形象,衣纹雕刻也趋于简单化。

寺内建筑多已不存,仅有明代大殿和东西厢房。新中国成立前,国内外文物贩子相互勾结,大肆盗窃巩义石窟的造像。现陈列在美国哈佛大学福格艺术博物馆的 1 尊菩萨像就是从第 5 窟西壁佛龛北侧盗凿的。新中国成立后,政府十分重视对巩义石窟的保护,不断进行加固维修,并把石窟前的东西两庑和大雄宝殿翻修一新。

石窟寺另有汉代摩崖诗刻、历代摩崖造像龛题记、碑刻等,下面择要介绍几处:

(1)汉代摩崖诗刻于石窟寺西侧土窑洞崖壁上。洞深约 5 米,高约 2 米,洞内后壁为黄砂岩石,面积 4 平方米。从字体内容和用词看属东汉末年作品。诗刻高 0.4 米,宽 0.7 米,隶书共 11 行,前 5 行每行 4 字,后 6 行每行 5 字。书法结体茂密、苍劲有力且带篆意。诗云:“诗说七言甚无恶,多负官钱石上作。掾史高迁二千石,掾史为吏甚有德。兰台令史于常侍,明月之珠玉玑珥,子孙万代尽作吏。”诗中“掾史”“兰台令史”“常侍”等均是官职名称,属地方官署中的办事人员。在诗旁另刻有高冠朱雀,昂首挺立,展翅翘尾,还有五头鸟、三尾鱼画像。这些画像装饰味道浓厚,雕刻简练,线条流畅,具有高度的概括力和丰富的想象力。

(2)惠庆造像记,位于第 130 造像龛下方,东魏天平二年(535)九月五日刻。正书 6 行 58 字,其中有 5 字漫漶。这是一则佛弟子惠庆为亡弟僧贤造释迦像龛的题记。题记笔力浑健苍劲,为不书墨稿而用铁笔直接凿就,撇捺特长,力感较强。文字中出现“为”“属”等简化字。

(3)杨大昇造像记,位于第 190 龛上方,东魏天平三年(536)三月刻。正书 12 行,每行 9 字,字体古朴自然,别有韵味,系天平三年幽州杨大昇为其家人捐造一匹三菩萨的铭记。

(4)道邕造像记,位于第 1 窟西侧 37 龛下方,北齐天保九年(558)三月九日刻。正书 8 行 41 字,其中 2 字残毁。这是一则比丘道邕为亡师造弥勒佛龛的题记。题记下为小佛龛,龛内有佛像,龛左侧有刻工姓名“同州石匠武遇,河俯石匠□福”。题记字体宽博浑厚,楷、行间书,似铁笔挥就。

(5)杨元轨妻造像记,在第 219 龛左侧,唐龙朔元年(661)四月八日刻。碑额篆书“大唐像铭”4 字,碑文楷书,共 6 行 52 字,有界格,字体方正,并有魏体意韵。撰书者不详。

(6)魏处旻造像记,在第 2 窟中心柱南面十层龛下方,唐龙朔二年(662)五月刻。正书楷书,既含魏书意韵,又有瘦金体之特征,共 23 行 162 字,有界格,上刻供奉人名,下刻铭记,系像主魏处旻为家人捐修造像之题铭,书者不祥。

(7)后魏孝文帝故希玄寺碑,刻于第 119 龛下方,高 0.36 米,宽 0.94 米,唐龙朔二年(662)刻。首行为“后魏孝文帝故希玄寺之碑”,共 41 行,每行 15 字,有界格,楷书兼魏体,书者不祥。碑文记述了北魏孝文帝时创建希玄寺及立碑当年重修该寺之事。

(8)盂兰盆经摩崖,刻于第 141 龛下方,残存 35 行,满行 17 字,共 333 字,有界格,字体方正,笔势刚健,无书人姓名和刻凿年代,但从保留魏碑遗风的字体和刻凿技艺来看,应为唐代作品。

1982 年 2 月,被国务院公布为第二批全国重点保护单位。

2. 香峪寺石窟(东魏)

位于新密市香峪山南麓香峪寺北。东魏天平二年(535)雕凿。石龛高 1.98 米,上宽 1.8 米,下宽 2.28 米,进深 1.3 米。龛内雕像 8 尊,本尊为卢舍那佛,两侧为阿难、迦叶二弟子及二胁侍菩萨和二力士。佛像头部均损毁,本尊着通肩大衣,系裙跣足站立在莲花座上;二弟子着通肩大衣,袒右臂,手及脚部残;菩萨饰帔帛着长裙,

香峪寺造像佛龛

背上有莲花化生；力士赤膊侧身站立。本尊上方刻1个小佛像，上有造像题记，共69字："香峪谷寺沙门慧隐敬造卢舍那一尊……天平二年岁次甲寅二月乙卯朔七日庚申造，丙子再游此，郑圃杨祖德。"

2009年6月，被郑州市人民政府公布为郑州市第二批文物保护单位。

3. 王宗店石窟（北齐）

位于荥阳市崔庙镇王宗店村东南崖壁上，北齐天统四年（568）建造。窟门高1.22米，内高1.72米，宽1米，深1.25米。内刻造像7尊，居中为阿弥陀佛，赤脚立于莲花之上，座下两童子，旁雕阿难、迦叶二弟子和文殊、普贤二菩萨像，菩萨像前刻青狮、白象，两边刻二力士，背上有莲花化生，神态生动逼真，石刻背壁彩绘今已剥蚀。

王宗店石窟

4. 王家门石窟（唐）

位于登封市少林街道办事处塔沟村王家门村北约150米小河沟东岸的断崖上，背东面西，有大、小两龛石窟。

大石窟高2米，宽1.75米，深1.12米。拱门顶，窟内石壁平滑，雕一佛二弟子二菩萨。本尊释迦牟尼佛端坐于佛台上，背后有佛光，双手结放腹前，通高1.73米，头、颈、手均残。二弟子二菩萨侍立左右，背后均有佛光，通高1.19米，头、手均残，但身体保存较好，无题记。根据雕像体态丰满、线条流畅的特点，似为唐代作品。

王家门石窟

小石窟高0.73米，宽0.63米，深0.27米。中间佛像结跏趺坐端坐莲花瓣须弥座上，通高0.57米。左右各侍立1像，均高0.42米。头、手均残。窟内雕像背后均有佛光，体态清瘦，工艺较为粗糙。

1996年8月，被登封市人民政府公布为登封市第二批文物保护单位。

5. 邢河石窟（明）

位于荥阳市大周山东麓贾峪镇老邢水库西崖绝壁上，明代刻造。窟高、宽、深度均约2米。窟门左右各刻一力士，窟内刻一佛二弟子二菩萨。该石窟单尊主造像，四壁无刻，与唐初洛阳以及山东益都云门山等石窟相似，特别是龛门左右的力士浮雕，昂首瞪目，威严护法，栩栩如生，与龙门奉先寺、敬善寺力士酷肖。现石窟已没于水库中，当水库水位降落，可遥望见石窟犹似一幅图挂在绝壁上。

邢河石窟远景

2009年6月，被郑州市人民政府公布为郑州市第二批文物保护单位。

第二节　碑刻经幢

郑州市相存碑刻经幢内容丰富，书法精品荟萃，具有重要的历史和艺术价值，本节共收录203处。

1. 韩国宗庙碑

1997年，河南省文物考古研究所驻新郑工作站对郑韩故城西城区宫殿遗址内的宫城遗址（新郑市博物馆北侧）进行发掘，在遗址的中心部位发现一处大型夯土基址，伴而现出一巨型石碑。该碑侧卧在战国地层中，为灰色砂岩巨型石圭状，尖首，直身，上部带两翼耳，中下部有一圆穿孔，正反两面磨光无字，长3.25米，中宽0.45米，中厚0.26米。结合同地层出土的祭器青铜壶和《礼记》《仪礼》等文献中有关太庙大碑的记载，专家认为大型石碑为祖形，是男根的象征，当是韩国之祖碑无疑。这一巨型石碑在我国亦属首例，根据此重要发现推测，此地当是韩国宗庙遗址，石碑当是韩国祭祖碑。韩国宗庙碑被专家学者誉为“华夏第一碑”。

韩国宗庙碑

宗庙祠堂前边立有石头，用来拴祭祀用的牺牲，《说文》解释“碑”为“竖石也”。碑一般由碑头、碑身、碑座三部分组成。先秦以前的石碑为尖首，韩国宗庙碑便是尖首，这可能是受周代琬圭和琰圭两种礼器制式的影响。据文献记载，先秦的石碑有测日影、祭祀祖宗等作用，该碑的出土印证了华夏民族追根求源，祭祀祖先的习俗。

2. 汉循吏故闻熹长韩仁铭（汉）

现存于荥阳市文物保护管理中心，东汉熹平四年（175）刻，金正大五年（1228）被荥阳县令李天翼（字辅之）发现，清康熙时被刘青藜收录于《金石续录》，曾一度散佚，后又发现。碑额篆书“汉循吏故闻熹长韩仁铭”10字。碑文隶书，共8行，每行存19字。碑文记述韩仁做官的政绩和早卒后上级官员下令地方以少牢祠之以示褒扬的情况。碑文字体疏朗，行笔遒劲，为汉隶书体另一流派。清代杨守敬评碑文书云“清劲秀逸，无一笔尘俗气”。碑额结体长短随字结构，行间茂密，和而能变，与碑文隶书同出一人之手，可称双绝。碑文左侧刻金正大五年赵秉文和正大六年（1229）李天翼跋、李献能题铭，详述该碑出土情况。

1963年6月，由原河南省人民委员会公布为第一批河南省文物保护单位。

汉循吏故闻熹长韩仁铭

3. 新密汉画像石题记（汉）

现存于新密市博物馆。出土于七里岗乡甘寨村汉墓中。石高0.65米，宽0.97米，厚0.12米。文字和画像刻于石块中上部。画像为减地浅浮雕，右雕一阙，下为三角形基座，座上有直立的圆柱，柱上为长方形阙身，上置三角形阙顶。阙左有题记 1 则，隶书，残存 12 行，每行 7 字，计 84 字。行间有阴线格，文中有“合天之道”“先古之恩得”“子孙而终”“生死论言”“宗亲慎无”等语句。其书法字体宽博，为石匠随意写刻，笔力遒劲自如，毫无造作之态。其风格既有篆书的端庄、洒脱与流美，又具有简牍墨迹的天真、朴拙与率意；既具有金文的凝重、宏大与高古，又具有民间艺术的淳朴、沉厚与自然。其是研究汉隶书法的重要资料。

新密汉画像石题记

4. 中岳嵩高灵庙碑（北魏）

位于登封市中岳庙内峻极门前东侧碑亭中。碑高 2.82 米，宽 0.99 米，厚 0.23 米。碑额题篆书“中岳嵩高灵庙之碑”。碑的阴阳两面额上及额两侧各有 4 只阳刻龙爪扭绕盘护，爪趾犀利，似乎紧紧地抓在碑石上，并伸向额下直径 14 厘米的碑穿。盘龙雕刻细腻，活灵活现，观其首尾，有一种似动未动的感觉。

碑文楷书，碑阳 23 行，每行 25 字。残泐大半，崔浩撰，无书人姓名。碑文的主要内容是歌颂道士寇谦之的道行和其辅佐国政、修庙的功德及秦汉魏晋南北朝时期中岳庙和其前身太室祠的兴衰史。在书法上，此碑和大代华岳庙碑是南北朝时期北方最早用楷书写成的两碑。杨震方在《碑帖叙录》中评其书法说：“字体古拙，介乎隶、楷之间，虽放纵，但风格极高浑雄大，笔力沉静，具有一种森严之妙趣。”此碑不仅字体与大代华岳庙碑相同，且文字大致相同，仅将中间有关嵩华词句互相调换而已。

碑阴文字分 7 列，上两列各 22 行，下 4 列各 29 行，第 7 列 9 行，书法尤胜。康有为评：“灵庙碑如入收藏家，举目尽奇古之器”“灵庙碑阴如浑金璞玉，宝采难名。”碑的右侧有唐武后大周天授三年（692）金台观主马元贞题名，可辨认的有 92 字。此碑对研究中岳庙的营造和魏体书法具有很高的参考价值。

此碑刻立年代及撰、书人姓名，各家尚有争言，据邵茗生发现此碑明代以前拓本中有“道士杨龙子更造新庙太延”等字（见《文物》1962 年第 11 期《记明前拓北魏中岳嵩高灵庙碑》图版），推测该碑立石时间当为北魏太延年间（435—439）。该碑是中岳嵩山现存最古的石碑，为历代金石学家所推崇。

寇谦之（365—448），北魏道士，字辅真，上谷昌平（今属北京市）人。他十八岁师从成公兴入华山学道，后又转入嵩山修道。他托言太上老君授予天师之位，并赐以《云中音诵新科之诫》二十卷，令他整顿道教。他利用北魏太武帝对道教的崇奉，改革天师道，制定乐章诵诫新法，在平城（北魏首都，今山西大同东北）建立天师道场，创立新天师道。改革过程中，废除了一些陈旧道规，并增添了新科仪，从而使道教兴盛起来。

5. 大代华岳庙碑（北齐）

位于登封市。北魏太延五年（439）五月立。正书共 22 行，每行 50 字，此碑与《中岳嵩高灵庙碑》同为寇谦之立，文大同小异，字体亦相似，而整齐严谨过之。书法犹存隶意。唐代欧阳询正书之体格，始从此碑而来。

6. 郑道忠墓志（北魏）

出土于荥阳市。北魏正光三年（522）刻。志文楷书，共 23 行，每行 23 字。石甚完好，唯首行“铭”

字全缺。书体稍瘦,但雅健畅达,与《郑文公上下碑》相近,北朝书之正体,当属此种。清代杨守敬《评碑记》云:“小字难于宽绰有余,此独疏宕纵逸,似奇反正。碑近年始出,笔画细瘦,石亦剥落。”

7. 袁寨北魏造像碑(北魏)

置于登封市颍阳镇袁寨村,1986 年 3 月 5 日于文物普查时发现。北魏正光四年(523)造,碑高 1.16 米,四面为佛龛,均高 0.43 米,宽 0.36 米,龛内雕佛像,高 0.46—0.48 米,表情生动,神态安详,正面佛龛下部有“北魏正光四年”及施主姓名的正书题记,佛像雕刻规整,形象古朴,是研究北魏雕刻艺术的实物资料。镌刻者姓氏不详。

1996 年 8 月,该碑被定为登封市第二批文物保护单位。

8. 大海寺弥勒造像碑(北魏)

大海寺弥勒造像碑

出土于荥阳市城内大海寺旧址,现存于河南博物院。石灰岩质,四面环刻,高 1.35 米,宽 0.98 米,厚 0.44 米。碑底部有榫,座已失。正面雕佛龛,龛楣为莲瓣形,本尊为弥勒佛,头戴宝冠,饰项圈,长帛从双肩搭下,百褶长裙贴于腿部,交脚坐在长方座上,脚踩莲台,左手下垂,右手半举,掌心均向外作说法相。两侧立二弟子二菩萨。二弟子刻于龛内转角处,右阿难左迦叶,双手合十面向本尊。二菩萨位于龛内两侧,左边观音菩萨头部残,手持净瓶和莲花。右边为大势至菩萨,宝冠残,手持善锁和莲花。本尊背光内呈莲花纹饰,其外环绕 7 个体态轻盈的供养飞天,最外边是火焰纹。背光两边,左刻维摩诘居士,右刻文殊师利菩萨,其旁及下方有听法比丘多人,左右构成维摩诘经变图。龛内座下刻二比丘供养,左为“邑师道唅”,右为“比丘道胜”。佛龛上方,左右各有比丘、比丘尼 8 人,合掌作法相。龛额雕坐佛 7 尊,当为“过去佛”,即毗婆尸佛、尸弃佛、毗舍浮佛、拘留孙佛、拘那含牟尼佛、迦叶佛和释迦牟尼佛。佛两旁各有一供养化生,龛楣雕交层蟠龙,龛外左右各雕一力士,长须瞪目,面向龛内,力士下有 4 比丘侍佛供养。

碑阴雕双龙盘首。其下分 3 层,上层有 5 个小龛,从左至右为:第 1 龛雕 1 释迦主像;第 2 龛雕 1 菩萨思维像;第 3 龛雕释迦、多宝说法像;第 4 龛雕主佛 1 尊;第 5 龛雕龙浴太子图。

中层是造像题记,记述 185 人于北魏孝昌元年(525)七月十日供养佛事情况。下层雕供养人 5 排。碑左侧面,上刻庑殿顶小龛,内雕结跏趺坐佛 1 躯,下层刻供养人。碑右侧面,上层左边雕释迦降生图,右边为塔形龛,龛内雕 1 佛像,结跏趺坐,下层刻供养人。

该碑雕刻技法主要运用平直刀法,间以阴线,人物雕造精细,秀骨清像,整体雕工精致,线条优美,布局匀称,是北朝时期的典型作品,也是郑州地区石刻之名品。

9. 中岳嵩阳寺碑（东魏）

中岳嵩阳寺碑，又称“嵩阳寺伦统碑石铭”，东魏天平二年（535）刻，此碑原立于嵩阳寺，后因唐高宗李治营建奉天宫，于唐麟德元年（664）移立会善寺琉璃戒坛，现置于嵩阳书院前碑亭内。碑高3.05米，宽1.1米，厚0.26米，碑首雕有6条盘龙，龙爪扭结成一个拱形佛龛，龛内浮雕独佛一尊。碑阳上半部佛龛正中，雕有一尊大佛像，周围数座小佛像，额下左右有向内飞翔的小飞天。碑阳下半部为隶书铭文，共39行，每行38字，阴刻题名，额篆书阳文“嵩阳寺伦统碑”6字。碑文记述生禅师造塔及其徒伦艳继造二塔一事，无撰书人姓名。碑文辞藻美好，笔法颇含风致，字体方正宽博，不甚精工，间有篆、隶意韵。清代景日昣《说嵩》评：“嵩自启母诸阙汉篆外，唐以前书最少，此其冠也。”碑阴雕刻佛像12层，共94佛，其雕工之精、线条之美、布局结构之匀称，为嵩山古代碑刻所罕见。碑末关于此碑迁徙亦有记载：“唐高宗麟德元年（664），因建奉天宫移于会善寺佛殿东间，清康熙四十八年（1709）重修佛殿时，改立于会善寺戒坛。”近年，该碑又被移回嵩阳书院建亭保护，是历代迁碑保护之范例。

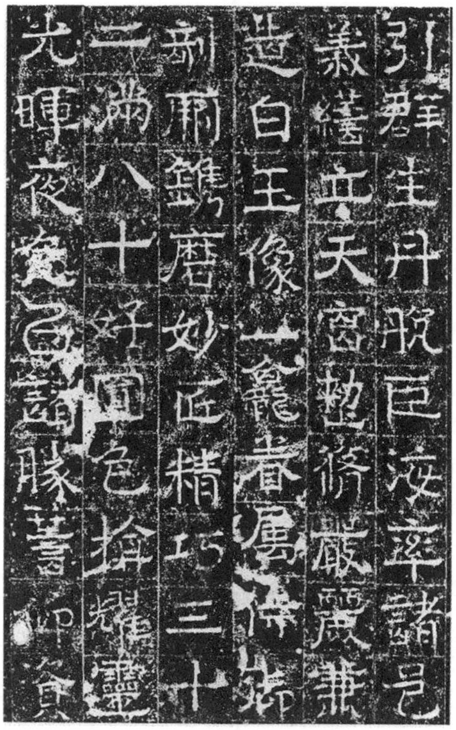

中岳嵩阳寺碑记局部

10. 回郭镇造像碑（东魏）

原位于巩义市回郭镇小訾殿村，现存于巩义市文物保护管理所。碑高2.15米，宽0.74米，厚0.4米，用青石雕成。碑额近似圭形，4螭盘绕，中凿一高0.38米、宽0.3米的小龛，内雕佛像1尊，下部凿佛龛两层，上层并列2龛，下层凿1大龛，高0.64米，宽0.48米，内雕一佛二弟子二菩萨，菩萨上部各刻1婆娑起舞的飞天。飞天面部圆润，为少年比丘的形象，这在北朝石刻中尚属仅见。碑阴凿4个小龛，上龛雕一佛二菩萨，座下刻1莲花、2狮子、6个供养人。二层小龛雕一佛二弟子，座下刻1莲花、2狮子和6个供养人。最下层两角各凿1小龛，内雕1比丘。由于石质风化，佛像的头部多模糊不清，但仍能看出刀法流畅、造型生动，是东魏时期碑刻造像中的佳品。

回郭镇造像碑

11. 张琛墓志铭（东魏）

现存于荥阳市文物保护管理中心，全称为“魏故皇子侍郎张珍宝墓志铭”。1987年于荥阳市教育局工地出土。志为长方形，边长0.35米，无撰书人名。刻于东魏天平二年。碑文魏、隶、楷、行书混为一体，共13行，每行17—25字不等。字迹随意，不拘规范，别具特色。

12. 三堂寺造像碑（东魏）

三堂寺造像碑

郑州市文化局在新郑市三堂寺征集，现存于河南博物院。碑高0.97米，宽0.47米，厚0.125米。

碑首为六龙盘绕，中有小龛，内有一佛二菩萨，龛下铭文为“伏波将军白水□□堪像张永洛为亡父母造龛壹区（躯）”。碑身为1大龛，龛内刻一佛二菩萨，佛身着通肩式袈裟结跏趺坐，施与愿印，龛下刻有三供养人。碑侧有二龙戏珠图，左侧题记：“开大像光明□比丘僧显，愿师生父母为边地众生具登佛果。左相菩萨主母黄奴为亡父母愿愿从心，右相菩萨主张六伯为亡父愿愿从心。”佛座下有一化生力士，一金刚力士。

碑阴碑首中间刻一圭形额面，通额楷书竖行镌刻“皇帝万岁”4字，两侧近边沿饰忍冬纹，碑文上段为题记：“大魏武定元年岁次癸亥二月辛酉朔三日合邑等敬造石像壹区（躯），夫灵元凝湛，唯佛现会真容绀尽，经像训世，然今此下道俗等，故能异人同契，敬造石像壹区（躯），上为皇家祚隆万代，中为师僧父母，下为边地众生，□□恙除门佛果□□□□□时见性。”下段为明代后刻重修三堂寺前殿碑文：“大明口河南开封府、钧川、新郑县迤东北治三十余里，阳合等保田王村古迹三堂寺前佛殿年深崩废，神像所怀有各郡人民同发处心，轮随圣会，置买颜色，补塑妆古佛金刚罗汉一堂，新川各色动此之观，衣每蒙默佑之慈仁，准皇国巩固，下祈雨顺风调，五谷道泰，一境清平。感哉□全首杨德才、杨宝、杨氏……本寺首僧周永、周恩洪、裴洪、张洪来，主持僧洪选门徒□□。”下款为“嘉靖三十八年岁次己未秋孟月十五日，密县石匠李尚仁做”。碑两侧和上边均为二方连续云气纹。在雕刻技法上，多用漫圆刀法和平直刀法相结合的手法，具有东魏时期的艺术风貌。

13. 刘碑寺造像碑（北齐）

刘碑寺造像碑

位于登封市东南20千米的东刘碑村刘碑寺内。北齐文宣帝天保元年（550），豫州刺史集刘氏仕者筹资刻立此碑，故名“刘碑”，后人因碑兴建佛寺名“刘碑寺”。碑高约3.17米，宽1.46米，厚0.45米。碑首六螭盘绕，中间有一佛龛，龛中浮雕一佛二弟子二菩萨，本尊为释迦牟尼，两侧为阿难、迦叶及文殊菩萨、普贤菩萨。碑身纵向分三列雕刻，中列上下两龛，下龛为该碑主龛，也是最大者，内雕一佛二弟子二菩萨。左右两列各三龛。碑阴上部刻佛像7尊，供养人18躯，下刻造像碑记，碑记正书，共42行，每行13字。下题名共7列，每列49行。两侧各雕三武士及刚劲精美的图案。碑趺前面和两侧共刻12个高浮雕金刚力士像，环眼鼓腹，形象刚健凶猛，碑趺后面浅浮雕山林猎图，有执弓、执叉、执刀等骑士和猎犬、狮、虎、鹿、兔及其他动物互相追逐的图案。碑趺雕刻风格明显与碑不同,金刚力士像颇具宋代风格,应为宋代后配。

刘碑寺造像碑记书法精湛,圆浑遒凝,与东魏《敬史君碑》如出一人之手。日本二玄社曾将其辑入《书迹名品丛刊》。

2006年5月,被国务院公布为第六批全国重点文物保护单位。

14. 天保三年造像碑(北齐)

出土于新郑市小乔乡罗垌水库溢洪道西侧,现存于新郑博物馆。造像碑刻于北齐天保三年(552)。青石,横向长方形,毛边。碑高0.285米,宽0.47米,厚0.09米。正中有一佛龛,拱形龛楣,上为莲瓣形浮雕。本尊为释迦说法像,平肉髻,身着褒衣博带式袈裟,内着僧祇支,结跏趺坐于须弥座上,座下为覆莲。两胁侍菩萨头戴宝冠,身着长裙,披帛下垂交于腹,立于覆莲座上,圆形顶光。正面除佛龛外满刻题记,共18行,满行11字,有阴线界格,魏体书法,又近楷书,为刘绍安及其子于北齐天保三年三月刻立。此造像原镶嵌在塔上,此碑是研究南北朝碑刻魏书向唐楷演变之实物资料。

天保三年造像碑

15. 东史村史豪造像碑(北齐)

出土于荥阳市城关乡东史村,今存于荥阳市文物保护管理中心。碑宽0.35米,高0.29米,共16行,满行12字,有界格。第8行与第9行上部有佛龛,龛内造像已模糊不清。碑载:史豪,字黄眉,原济北人,迁居于此。曾任魏征虏将军、洛阳太守、济州刺史。该碑刻于北齐天保五年(554)三月,魏碑体,字口完好。此碑书法用笔以方为主,方圆兼用,结体平实,平中有奇,得偏侧之妙;撇捺收放自然,结体左高右低,穿插得宜;形态雅拙,天真烂漫。碑文中异体字甚多,是研究汉字发展演变的珍贵实物资料。

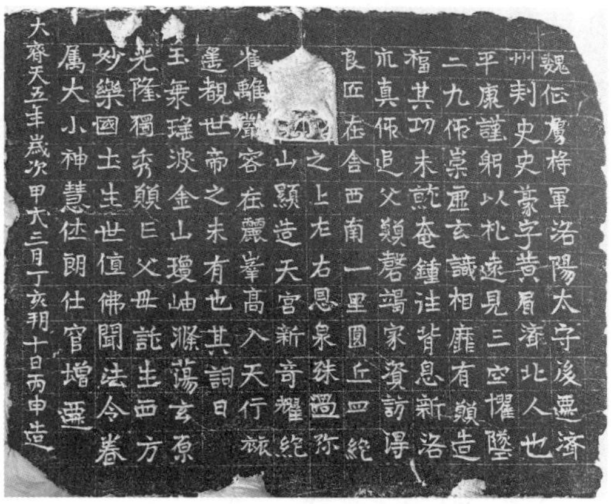

东史村史豪造像碑

16. 天保十年造像碑(北齐)

出土于新郑市小乔罗垌水库溢洪道西侧,现存于新郑博物馆。该造像碑刻于北齐天保十年(559)。青石,通高0.59米,宽0.245米,厚0.09米。碑额有6条螭龙相盘,昂首分别在左右两侧。正中有一圭形龛。龛上饰火焰纹,佛像为阿弥陀佛坐像。碑身为一大龛,龛楣作拱形,拱上为莲瓣形,龛内为释迦说法像,结跏趺坐于须弥座上。座下为覆莲,佛着褒衣博带式袈裟,两肩敷搭,内穿僧祇支,圆形顶光,中为1朵莲花,边饰火焰纹。两侧为弟子,身着袈裟。两胁侍菩萨分立两侧龛门,背依龛门,立于圆形覆莲座上。菩萨头戴宝冠,身着长裙,披帛从双肩下垂交于腹,上折搭于肘。像外各有一比丘,比丘后有一组菩提树。像外各有1只护法狮子。碑阴上部中间题额"像主刘绍安刊石记愿",左部刻题记"大齐天保十年九月十一日造",右部及下部均刻供养人及题榜。

17. 观音寺造像碑（北齐）

出土于新郑市小乔乡。该造像碑于北齐河清三年(564)四月十三日造。今已裂为5块,正面镌诸菩萨像及四比丘名。碑阴刻题记,题记隶书,共505字。书法有汉魏遗风,内容记述北豫州州都白水府行参军兼别驾毛义等在垣间寺敬造石像的功德。

18. 超化寺造像碑（北齐）

发现于新密市超化寺旧址上,现存于新密市博物馆。造像碑刻于北齐河清三年(564)二月八日,碑高1.31米,宽0.59米,厚0.26米。红石雕刻,圆首,左右各雕三条螭龙,龙首下垂两侧,利牙暴目,形象狞厉,龙身蜷曲交蜷缠。碑阳:碑额中部刻一佛龛,内雕立式无量佛一尊,为接引佛,身后有莲瓣形背光,足踏仰莲座,石刻有造像题记一行"□像主比丘道荣"7字;碑身上层中部造一佛龛,龛中刻弥勒善跏,菩萨型,两足由力士托撑,力士两侧各刻一打坐弟子,主龛左右各一小龛,右龛内雕维摩诘,左龛内雕文殊师利,龛楣均刻垂幔;碑身下部造一大佛龛,刻一佛四弟子二菩萨,龛楣为窣堵波式。碑两侧刻有小造像龛,各有四层,上三层每层两龛并列,最下一层刻一大龛;每层龛楣上皆刻有小朵宝相花,左侧二、三层上部还刻有莲瓣形垂幔,碑两侧所有龛内均雕一坐佛。碑阴:碑额中部造一小龛,内刻一佛;碑身全刻造像铭记,铭文因碑中间和碑下两角剥落较甚,句不可读,但从该碑旧拓尚能看出有铭文18行,正书,略带魏体,能识者351字。

超化寺造像碑

19. 董洪达造像记（北齐）

亦称"少林寺碑",董洪达、冯久宝等造像,现存于登封市少林寺。北齐武平元年(570)正月刻。题记楷书,共24行,满行13字。题记前题名两列,每列2行。题记下题名3列,首列13行,次列28行,第3列15行,有方界格。碑文书法坚韧爽利,多含隶意,结体亦有奇妙之趣。杨震方《碑帖叙录》评该碑"字多含隶意,结构亦有奇妙之处",清代景日昣《说嵩》评此碑"如嵩阳寺碑式,但逊嵩阳碑之高大,字亦不堪摹视,至今千余百年,最为古物"。

20. 等慈寺造像石刻（北齐）

现存于中国文字博物馆。原存于荥阳市等慈寺后殿窗壁下,寺毁后,该石刻亦于20世纪50年代被砸碎,后已粘补。该碑刻于北齐武平五年(574)十月,铭文楷书微有篆意,共19行,行存12字。题铭末行有清道光二年(1822)邵堂等人题款。碑阴刻"邑子刘监女"等题名。

21. 库庄关帝庙造像碑（北齐）

原嵌于今登封市东金店乡库庄关帝庙西院北屋内的东山壁上,现嵌于嵩阳书院碑廊,碑高0.6米,宽 1.1 米，厚 0.12 米，北齐武平六年(575)岁次乙未十二月八日刻，碑的上中部刻一佛龛，龛中雕一佛二弟子，像后均饰有荷花、背光。中佛端坐，两手垂伸，二弟子两手平举胸前，作侍立姿态，雕刻工整，比例适度。佛龛左右刻有文字，撰、书人姓氏不详，正文共 11 行，满行 19 字，魏体，字径 2 厘米，除个别字剥落不清外，基本完整无缺。

库庄关帝庙造像碑

22. 会善寺造像碑（北齐）

原存于登封市会善寺东院斋堂内，现存于河南博物院。北齐温公武平七年(576)十一月刻，高 1.47 米，宽 0.61 米，厚 0.16 米，龙首方趺，正面浮雕佛像，人物面庞、衣纹线条雕刻朴实规整，粗放有力，比例匀称，书法瘦劲。《寰宇访碑录》列为“会善寺宋始兴等造像”；《金石文字记》载：“其制同少林寺(北齐造像)碑。”又按顾炎武《金石记》载：此碑“缺书人名，谛视之，实为郭智及书”。此碑正面刻工精细，正书，犹带隶意，碑阴刻造像记铭文，字迹漫漶不可读。

23. 超化寺唐塔造像碑（北齐）

出土于新密市超化镇超化寺唐塔基内，现存于新密市博物馆。碑残高 1.39 米，宽 0.93 米，厚 0.18 米。蟠螭四绕，正背各有 1 个佛龛，正面龛内有 3 尊佛像，背面龛内有 1 尊佛像。碑身残成三角形，龛上部有垂幔和浮雕，雕 4 个飞天供养，中间两个飞天手托葫芦，左右两个飞天手捧桃子。碑阳有碑文 8 行，每行 1—18 字不等，共计 261 字。铭“北齐武平七年”纪年。

24. 都邑主丁思善造像碑（北朝）

在新郑市薛店镇南枣岗村征集，现存于新郑博物馆，残为两段。高 1 米，宽 0.47 米，厚 0.15 米。该造像碑碑额六螭首，正面自上而下有 3 组造像，左右两边各有 3 组造像，背面是造像者的题名题记。碑身阳面自上而下有 3 组造像，下部为主龛，拱形龛楣，龛正中为释迦说法相，佛左右各立四弟子、一菩萨、一金刚；佛座下为一宝珠，宝珠左右各有一护法狮子。主龛上中央有一佛龛，龛顶呈起脊式屋，下分四龛，龛内各有一佛，龛上有菩提树，佛左右各一菩萨，有背光，两边菩萨左右对称，其后每边各有 4 个弟子。碑身阳面上部为一菩萨二弟子，佛结跏趺坐，有舟形背光，二弟子各有圆形背光，其下为卷云纹。左侧立壁上有 3 组造像，下组为供养人造像，右边 2 人平头髻，左手端于胸前，左边一人高发髻，双手垂直。中组为 4 个供养人像，自右而左，第一人戴冠，双手合十于胸前，表情谦恭；第二人深目高鼻，阔面，无冠，注目直视；第三人探首向第一人，左手提袍于胸前；第四人在第三人后，也探首向第一人。上组为 2 个飞天造像，均为高发髻，裸上身。右侧立壁也有上中下 3 组造像，下组为羯鼓造像，拱形龛内 2 人，高发髻，上身赤裸，双手均拿一桶形鼓，曲身侧目；中组是一佛二胁侍，佛有发髻，桃形背光，佛座下每边各一护法狮；上组并排两拱形龛，中间有一明柱相隔，每龛内有一地藏菩萨，均为平头，双手抱于胸前，端坐，侧目而视。碑阴为题记，题记自上而下 3 排人名，“都邑主、都唯那、邑子正中”等 130 个字刻铭(字多漫漶不清)。

该造像碑在 1 平方米范围内雕出 48 个栩栩如生、神态各异的形象和 130 个字的刻铭。总体设计严谨，雕刻细腻，线条流畅。文字楷书，略带魏体风格，是南北朝后期的作品，具有一定的历史、艺术价值。

25. 北周村造像碑（北朝）

北周村造像碑

原存于荥阳市城关乡北周村村东龙泉寺内，2004 年起保存于荥阳市文物保护管理中心。此碑用青石雕成，由碑首、碑身和碑座三部分组成，通高 2.26 米，其中碑首宽 0.96 米，碑身宽 0.87—0.91 米，保存基本完好。半圆形碑首上有六龙盘绕，正中开一小佛龛，内雕佛像 2 尊。碑身下部的大佛龛内，现存一佛二菩萨雕像 3 尊（局部有修凿损坏痕迹）。主佛结跏趺坐于莲座上，裙摆衣纹窄瘦，身后有火焰纹背光，其座下雕双狮。佛龛两侧各雕一力士和供养人像。碑身两侧面和背面也刻满图像，自上而下有 4 行排列整齐的供养人。个别供养人旁尚存清晰的榜题，如“郡功曹周□□妻鲁惠□”“北豫州主簿周延苌妻鲁清”“周市强妻鲁磨女”等。座除底面无雕像外，其余各面雕莲花、供养人等图案。

该碑构思奇巧，内容复杂，风格古朴，雕刻精美，具有较高的历史与艺术价值。根据形制、造像特点和榜题内容推断应是北朝北魏—北齐时期所刻。

2009 年 6 月，被郑州市人民政府公布为郑州市第二批文物保护单位。

26. 颍阳宝林寺造像碑（北朝？）

造像碑通高 1.69 米，宽 0.67 米，厚 0.24 米，原置于登封市颍阳宝林寺，因寺院废弃，现移至嵩阳书院保护。碑首雕四盘龙，其下拱形佛龛内雕一佛二弟子。石碑中部雕一佛二弟子二菩萨，像高约 0.2—0.23 米，腰宽 0.1 米；下部刻写题记，字体多漫漶。碑阴一佛龛内雕一佛二弟子，无文字刻记。造像面容清瘦略长，肃穆庄重。

颍阳宝林寺造像碑

告成造像碑

27. 告成造像碑（北朝？）

为方柱体，四面皆刻佛像，石高 0.75 米，每面宽 0.38 米，原在登封市告成村南街发现，后移至告成观星台，现置于嵩阳书院保护。此石碑正背两面上部均刻飞天，下部刻一佛二弟子二菩萨二力士；左、右两面下部均刻一佛二弟子，像高 0.2—0.23 米。造像碑布局严谨，比例适度，造像形象敦厚，面庞清瘦。

28. 唐高祖造像记（隋）

原存于荥阳市，现存于河南博物院，刻于隋大业元年（605），唐高祖李渊为刺史时，其子李世民有病，为祈祷佛祖，使病痊愈，造弥勒佛像于大海寺内，故此碑亦名大海寺唐高祖造像记。石碑高 0.33 米，宽 0.7 米，题记楷书，书者不详，共 15 行，满行 10 字，书法劲健，很似欧阳询书。《河南碑志叙录》有载。

29. 唐太宗龙潜教书碑（唐）

现存于登封市少林寺碑廊，高 1.07 米，宽 0.44 米，厚 0.15 米，唐高祖武德四年（621）四月三十日立。碑额篆刻"大唐太宗文武圣皇帝龙潜教书碑"14 个字。碑文隶书 15 行，满行 24 字，字间有界格。该碑是唐太宗李世民颁予少林寺十三棍僧的诏书。隋末，李世民父子在晋阳起兵反隋，大战王世充于洛阳，李世民一时失利，幸得少林寺十三名僧人相救。李唐政权建立后，于武德四年下诏敕封。碑文中"世民"二字为李世民亲签。由于该碑被砌入墙内，世人鲜知，20 世纪 80 年代初重修少林寺达摩亭时才重新被发现。在少林寺另一块碑上即裴漼所书开元十六年（728）嵩岳少林寺碑阴阳两面均刻有该碑碑文。该碑文字虽为隶书，却有浓郁的魏书意趣，字体方正、稳重，落笔和收笔坚硬有力，笔致粗犷流利，属初唐之隶体。

唐太宗龙潜教书碑

观音寺碣

30. 观音寺碣（唐）

现存于荥阳市王村小学，唐武德五年（622）刻。青石质，碑高 0.63 米，宽 0.6 米。陆德明撰，无书丹人姓名。碣文楷书，共 12 行，满行 14 字。记述唐太宗平定王世充、窦建德凯旋还师，建寺立碣，碣文不满百字。

31. 等慈寺碑（唐）

原存于荥阳市汜水镇等慈寺内，20 世纪 50 年代被毁，1961 年将残块移至郑州市博物馆保存。碑原高 4.7 米，宽 1.5 米。唐代颜师古撰文并书丹，无立碑年月。据考证，该碑立于贞观年间。碑文楷书 32 行，满行 65 字。碑额阳文篆书"大唐皇帝等慈寺之碑"。碑文记述了隋末社会动荡、经济崩溃的局面以及唐太宗破王世充、窦建德后，建寺为阵亡将士祈福之事。该碑书法结体横平，运笔不滞，虽为楷书，但魏书遗韵明显，因而具独到之美。清代杨守敬《评碑记》云："结构全法魏人，而姿态横生，劲利异常，无一弱笔，直堪与欧（阳询）、虞（世南）抗衡。"清道光年间（1821—1850）补刻跋文。因该碑为纪念唐初"武牢之战，胜利而建"，故碑文是研究这场战争的实物资料。

等慈寺碑

32. 大唐纪功颂碑（唐）

原存于荥阳市汜水镇等慈寺内，20 世纪 50 年代被毁，1961 年将残块移至郑州市博物馆保存。碑原高 4.5 米，宽 1.9 米，唐显庆四年（659）刻，碑文行书 35 行，每行 70—72 字不等。碑额飞白书"大唐纪功颂"五字。碑阴右后刻唐玄宗李隆基东封过汜诗。此碑为唐高宗李治东巡许郑讲武时，过太宗擒窦建德处，缅怀功业而立，高宗亲自撰文并书丹。该碑笔力雄健挺拔，运笔便捷，气势疏朗，笔画刚柔相济。额飞白书，矫若游龙。碑文纵逸潇洒，颇得晋人风韵，同时加之石质坚实，刻凿精细，被誉为"三绝碑"。《中外金石记》评其书法："字亦奇伟。"

33. 少林寺金刚经刻石（唐）

现存于登封市少林寺内，王知敬奉敕书，唐咸亨三年（672）刻。楷书，共 55 行。惜石质劣下，刻亦未精，上下皆残，故不能全窥王知敬用笔之妙。唐代张怀瓘《书断》评知敬书云："肤骨兼有，戈戟足以自卫，毛翮足以飞翻，若冀大略宏图，摩霄殄寇，则未奇也。"清代梁巘《评书帖》云："王知敬书妥适过北海，然不及北海开展流逸，有天马行空之致。"

34. 大唐天后御制诗书碑（唐）

现存于登封市少林寺内，唐永淳二年（683）刻，是武则天游少林寺时所作诗与序，王知敬书。碑首与碑身浑为一石，高 1.48 米，宽 0.63 米，厚 0.19 米。此碑四龙盘顶。碑文楷书，共 18 行，满行 26 字。碑文内容主要是武则天在少林寺为其母营建灵塔时怀旧伤感之作。碑阴有金大安元年（1209）线刻的儒、释、道三教圣像图。王知敬，河内（今河南省沁阳市）人，善隶、行，尤善章草。永淳二年，他随高宗李治和武后游少林寺而书此碑。王知敬笔法颇近欧阳询，此碑所刻诗可校正《唐音统签》之伪。清翁方纲将其辑入《唐碑选》。此碑对研究武则天生平有重要价值。

大唐天后御制诗书碑

35. 大唐天后御制愿文碑（唐）

现存于登封市少林寺碑廊，唐永淳二年九月刻，碑首四盘龙高浮雕，龙体浑圆，造型生动，碑残高 0.76 米，宽 0.66 米，厚 0.18 米，武则天撰文，王知敬书丹，碑文楷书，字径 1.5 厘米，因残，不可句读。《金石录》有载："唐天后发愿文，王知敬正书，永淳二年九月立。"此碑虽残，但从高浮雕碑首看，仍可窥其雕工用笔之妙。该碑于 1976 年 5 月在寺内慈云堂旧址墙基石中被发现，其书者、年号、碑头、碑侧都和大唐天后御制诗书碑完全相同。只是“愿文”书体略小于“诗书”，可谓武则天撰写的两块“姊妹碑”。

36. 佛顶尊胜陀罗尼经幢（唐）

现存于新郑博物馆。清乾隆四十一年(1776)《新郑县志》记载：“幢在卧佛寺浮屠北，永淳二年建立。上大书‘上为开元神武皇帝’八字。经行书。”该经幢为青石制成，民国时期卧佛寺被毁，经幢被推倒，幢顶、幢座毁坏无存，仅存幢身。经幢残高2.24米，六棱六面，每面宽0.3米，幢端直径0.53米。每面经文款式分8节排列，每节长0.23米。经文字迹因风雨剥蚀，残损极甚，大部分不可句读。

佛顶尊胜陀罗尼经幢

王徵君临终口授铭

37. 王徵君临终口授铭（唐）

全称大唐中岳隐居太和先生琅琊王徵君口授铭并序，原存于登封市崇唐观内，现存于登封市城隍庙。唐垂拱二年(686)四月刻，圆首方趺，碑高1.6米，宽0.64米，厚0.21米。王徵君口授，其弟王绍宗甄录并书。铭文楷书，共20行，满行40字，石仍完好。清代景日昣《说嵩》卷十四评：“史书称绍宗书如曲圃鸿飞，芳园桂植，此铭笔法遒劲，颇类曹娥碑。”《碑帖叙录》评：“王绍宗官至秘书少监，尤工草隶，其书端雅可观，为世所称。此铭楷法圆劲，结体似褚遂良，锋芒不露，确为唐刻佳品。”清代杨守敬《评碑记》云：“绍宗两代工书，自拟永兴(虞世南)，可观其作，果是妙笔，其结体则易方则扁，可谓独树一帜。”《潜研堂金石文跋尾》云：“绍宗长于书，当时以虞伯施比之。绍宗自言：‘闻虞被中书腹，与予正同。’其自负亦不浅矣。今观此碑楷法圆劲，结体似褚河南，而锋颖不露，殊得永兴三昧，询唐刻之极佳者。”《中州金石记》亦谓：“其书实端雅可玩。”

38. 法如禅师碑（唐）

现存于登封市少林寺东1千米法如禅师塔上，唐永昌元年(689)七月刻立。碑高1.35米，宽0.8米。圆首方趺，碑首凿一佛龛，内雕释迦像，龛两边线刻二天王。碑文隶书，共23行，满行37字，字体方正，秀雅雄浑。无撰书人姓名，观其笔意，非出自凡辈之手，然历代金石家皆未录。据碑文载：法如禅师俗姓王,上党人,19岁出家,唐显庆三年(658)投弘忍为师。弘忍圆寂后,法如北游中岳,居少林寺。永昌元年圆寂,享年52岁。该碑是所能找到的有关禅宗史的最早资料,不仅具有较高的书法价值,而且是研究佛教史,特别是禅宗史的宝贵资料。

39. 封祀坛碑(唐)

全称大周封祀坛碑并序,现存于登封市西1.5千米万羊岗封祀坛遗址上,今已倒伏,部分被土掩压。碑通高4.45米,宽1.5米,厚0.82米,仅碑身重约12吨。武则天之侄武三思撰文,薛曜书丹。碑文楷书,共37行,满行71字,因碑身下部剥蚀,每行仅存40字,且年月已久不可读。碑额篆书"大周封祀坛碑",因立碑年月早毁,故前人著录中有"天册万岁二年""登封元年""万岁登封元年"多种说法。史载,武周天册万岁二年(696),武则天带领百官到太室山行祭天之礼,亲自撰书《大周升中述志碑》(已毁)立于太室山峰顶,然后又到嵩山之阳万羊岗建祭坛行祭地之礼,并立此碑,《金石录》《宝刻类编》均从其说。碑文内容首论天地的重要和历代国君对封禅大典的重视:天地可张三光,而列五岳,自伏羲、神农直至商汤,举行过封禅大礼者就有12人。碑文还列举各种祥瑞景象,阐述举行封禅典礼可以使"帝祚长隆"。该碑书法与薛曜所书《夏日游石淙诗并序》《秋日宴石淙序》两碑的字体相比,其结构更为遒密,堪称薛书之上品。

2006年5月,大周封祀坛遗址由国务院公布为第六批全国重点文物保护单位。

封祀坛碑拓片

40. 中岳体元先生潘尊师碣(唐)

碣存于登封市太室山逍遥谷崇唐观,武周圣历二年(699)刻,全称唐默仙中岳体元先生大中大夫潘师正碣文并序,篆额仅识"唐默仙中岳体元先生",字径14—11厘米。碑已残,仅见两截,残高3.1米,宽1.05米,厚0.32米,王适撰,司马承祯书丹。碑文八分书,字径2厘米,书者用篆、隶、籀三体合一的"金剪刀"书法,这种字体为一般碑碣所少见。潘师正为唐代隐士,于嵩山南麓逍遥谷修研二十余年,唐高宗到嵩山时恭礼迎见。面晤后,高宗赐建崇唐观。潘卒后,高宗赐谥为"体元先生"。清代景日昣《说嵩》评此碑云:"师正弟子司马承祯,碣为承祯书无疑,用笔稍肥,然姿致遒媚,文亦清丽可诵。"

中岳体元先生潘尊师碣

41. 夏日游石淙诗并序(唐)

在登封市城东南20千米石淙河车厢潭北石崖上。武周久视元年(700)五月十九日刻。石刻高3.65米,宽3.7米。楷书,共39行,满行42字。石刻分3层写

夏日游石淙诗并序

刻：上层首行题“夏日游石淙诗并序”，其后为薛曜的衔名、姓名，再后为武则天的诗并序；中、下层为16位从臣的诗各1首，文中有武则天新制之字，末行为刻碑年月；最后有金隶书“大定癸卯（二十三年）栖云挈家再游”10字题名。碑名上部有成排的洞眼，可证原筑有屋檐状建筑，以遮蔽风雨。

久视元年夏，武则天带领群臣巡游嵩山，至石淙河时在河中大石上饮宴，即兴作诗，并命从臣奉和，而后，将诗作刻于石壁上，后人称之为“石淙会饮”。武则天在此宴饮群臣，两唐书《武后本纪》失载，此碑可补其缺。诗作已收入《全唐诗》，此碑文可勘正刻本文字。

碑文书者薛曜，为唐代书法家，其书体瘦劲，而顿挫之处犹如肿节，出自褚（遂良）法，而自成一格。清代杨守敬《评碑记》中评其书“为宋徽宗瘦金之祖”。诗并序因刻于石谷崖壁，下临深渊，拓印不易，故直到清顺治初年叶封任登封知县时始录于《嵩阳石刻集记》中。此后，顾炎武《金石文字记》、朱彝尊《金石文字跋尾》、林侗《来斋金石刻考略》、毕沅《中州金石记》、王昶《金石萃编》和陆增祥《八琼室金石补正》等书中均有著录。

1963年6月，石淙河摩崖题记由原河南省人民委员会公布为第一批河南省文物保护单位。

42. 秋日宴石淙序（唐）

秋日宴石淙序

在登封市东南20千米石淙河车厢潭南石壁上，武周久视元年（一说大足元年，即701年）刻立。石刻高2.6米，宽2米，楷书，共25行，满行41字。首行题“秋日宴石淙序”，张易之撰，薛曜书丹。文字大部完好，文末有宋至和二年（1055）范纯仁、熙宁三年（1070）张琬、宣和七年（1125）王仲薿等人题名以及宣和六年（1124）王绩的题诗。

碑文除描绘石淙河山水景物和宴会盛况外，更多的笔墨则是援引班超、嵇康等古人的事例，倾吐为官有“劳筋苦骨，风火日夜”和“伤神溃心”之苦，但名利却“似刻舟而访宝剑”之不可得，于是意识到“钟鼎不可以久食”，拟脱身“樊笼”之间，追求修道穷欲，寄志于山林之乐。这是借寻幽探胜和寻仙访道之文，发泄对仕途追求未遂的不满与牢骚。此篇序文中很少有颂扬武则天的语词，诗题曰“秋日”，当是武则天将离开石淙河返回洛阳之前张易之奉武则天之命而作。

此碑所处山势，同夏日游石淙诗并序一样，也十分险峻，直到明万历年间（1573—1620）傅梅做登封知县时，才命人架木栈拓印，并录于《嵩高志》中，其后叶封《嵩阳石刻集记》、景日昣《说嵩》、顾炎武《金石文字记》、刘青黎《金石续录》、王昶《金石萃编》等书中均有著录。康有为《广艺舟双楫・体系第十三》评曰：“《石淙序》瘦硬若屈铁，犹有高曾矩镬。”

1963年6月，石淙河摩崖题记由原河南省人民委员会公布为第一批河南省文物保护单位。

43. 汉忠烈纪公碑（唐）

现存郑州市惠济区古荥镇纪公庙村。武周长安二年（702）刻。碑高3.02米，宽1.09米，碑身与碑首为一石。碑首为半圆形，高浮雕6条螭龙环绕碑额篆书“汉忠烈纪公碑”。卢藏用撰文并书丹。碑文隶书,共23行,满行41字。碑文记述纪信为救高祖刘邦而遭项羽火焚的忠烈事迹。碑阴下部亦有隶书碑文,因时间久远而字迹不清。卢藏用为当时书法名家,宋姜夔《读书谱》中对其有“润露妍花,凝烟修竹”之评。

2008年6月,纪信墓及碑刻由河南省人民政府公布为第五批河南省文物保护单位。

汉忠烈纪公碑

赐卢正道敕碑

44. 赐卢正道敕碑(唐)

原立于荥阳县署前,修东关大桥时被毁。据拓片知碑原高2.06米,宽1.15米。唐神龙三年(707)刻。唐中宗李显敕并书,刘穆之撰文,王守泰书丹。碑文楷书,共6行,满行11字,字大如掌。唐历代帝王均善书,各擅一体,中宗得意者为正书,此敕笔法劲拔雄秀,冠冕堂皇。碑阴刻“卢正道清德颂碑”,碑首题“大唐洛州荥阳县头陀逸僧识法师上颂圣主中兴得贤令卢公清德之文”。颂文隶书,共34行,满行61字,颂文内容甚锦丽,字体亦极齐整,但乏古意。

45. 少林寺戒坛铭(唐)

现存于登封市少林寺院内。唐开元三年(715)刻立。铭文楷书,共21行,满行18字。少林寺戒坛铭据记载应为释文净撰文,李邕书丹,伏灵芝刻字,此铭虽书法谨严朗润,但与李邕书全异。又据此铭官衔题“括州刺史”,而史书载李邕为括州司马、陈州刺史,故可推测此铭当是后人所托。都穆《金薤琳琅》谓此碑乃南馆学士张杰书。清代王昶《金石萃编》亦附和都穆之说:“字迹秀润,不类北海生平书。”《增补校碑随笔》此铭有著录。

46. 居正觉浮图铭（唐）

全称幽楼寺居正觉浮图铭。出于荥阳市汜水多宝院，曾归吉林长白人端方。唐开元六年（718）刻。楷书，共 15 行，满行 13 字，有方界格。书法方正流劲，有隶意。铭左方有道光建元重立、汜水令邵堂等同观题记。

47. 周公测景台石碣（唐）

现存于登封市告成镇北周公庙（即观星台院），周公祠堂前的南北子午线上。唐开元十一年（723），由太史监南宫说建置，分上下两部分：下部方形石座，上小下大，近似锥体，名曰“圭”，高 1.95 米；上部为长方形石柱，名曰“表”，高约 1.965 米。石表上刻“周公测景台”5 字，楷书，字径 30 厘米，正如清景日昣《说嵩》载：“字大径尺亦剥落矣。”史书载：唐遣南宫说刻阳城石表即此。石表是我国古代测量日影、验证四时和计年的天文仪器。夏至之日，石表影长一尺五寸，正好与石座（圭）北上沿的长度吻合，石座下部四周看不到影子，好像这一天无影，故俗称此台为“没影台”。石座（圭）背面后人题刻“道通天地有形外，石蕴阴阳无影中”。

测景台本为古天文仪器，但因用于测影、祭祀的圭表，原为古代碑刻的雏形，换言之，古代用于测影的圭表，即演变为古代碑刻之圭首，故本书列此台为古代碑碣。

周公测景台石碣

48. 大唐嵩岳闲居寺故大德珪禅师塔记（唐）

现嵌于登封市法王寺地藏殿前壁，唐开元十一年（723）刻。碣石高 0.35 米，宽 0.47 米，厚 0.1 米，撰书者姓名不详，碣文有字 15 行，满行 12 字，总 180 字，隶书，字径 1.5 厘米，正如清代景日昣撰《重修法王寺碑记》所载：“左岑元珪塔骨子固遭空劫，石涵犹存，碣志如新。”碣文曰：“大师讳元珪，李氏，河南伊阙人也。上元贰载，孝敬崩，度疑寺焉”，“无师自悟，用少林尊者开示大乘”，“晚年居庞坞阿兰若”，“至开元四年岁次景晨秋八月甲辰朔十日癸丑，终于庞坞，春秋七十有三”。此塔记是记载元珪禅师生平的最早实物，弥足珍贵。

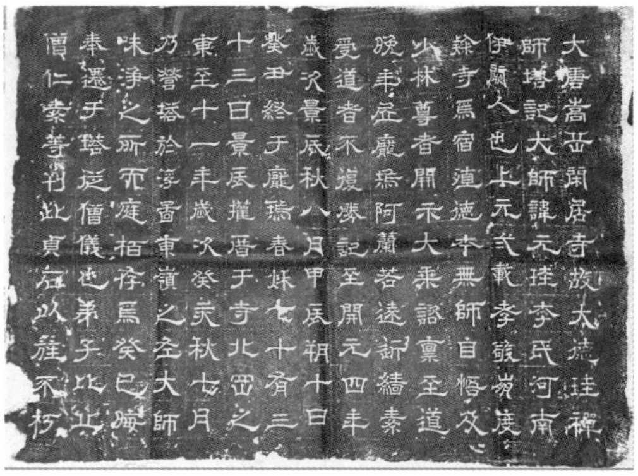
大唐嵩岳閑居寺故大德珪禪
師塔記大師諱元珪李氏河南
伊闕人也上元弐載孝敬崩度
疑寺焉宿植德本無師自悟及
少林尊者開示大乘[illegible]至道
晚年居龐塢阿蘭若[illegible]結素
受道者不[illegible]記至開元四年
歲次景辰秋八月甲辰朔十日
癸丑終于龐塢春秋七十有三
十三日景辰權厝于寺北岡之
東至十一年歲次癸亥秋七月
乃營塔於浮圖東嶺之[illegible]大師
味淨之所[illegible]庭栢存焉癸巳[illegible]
奉遷于塔從僧儀也弟子比丘
僧仁素等刊此貞石以旌不朽

大唐嵩岳闲居寺故大德珪禅师塔记拓片

49. 唐嵩山故道安禅师碑（唐）

原嵌于登封市会善寺山门外东墙，现竖于会善寺院内，唐开元十五年（727）十月刻。宋儋撰文兼书丹。碑额“唐嵩山故道安禅师碑”为隶书，字径 7—10 厘米不等，“甚有古法”。碑高 3.4 米，宽 1.22 米，厚 0.25 米，碑文行书，共 28 行，因碑剥蚀尤甚，行字数

唐嵩山故道安禅师碑

无考,字径2.5厘米,书法古朴老练。明万历年间此碑因被雷火所击,断为两截,下截已漫漶不可读,但此碑书法历代史书多有记载,且评价甚高。宋儋书法学钟繇,颇得其意,称名手,北宋黄庭坚《山谷题跋》云:“儋书清劲姿媚,惜不多见。”清代叶奕苞《金石录补》云:“书法遒劲丰赡……如暮春花发,夏柳枝低,盖仿仲繇,而侧戾放纵者。”明代登封知县傅梅《嵩书》评此碑:“遒劲多骨,风致超逸,出李北海上。”明代陶宗仪《书史会要》评:“笔墨精劲”“书写简札,惜不多见”。《金石萃编》《嵩阳石刻记》均对此碑有著录。

50. 少林寺碑(唐)

现存于登封市少林寺院内,唐开元十六年(728)刻立。碑高3.45米,宽1.3米,厚0.19米。螭首龟趺,边框饰缠枝牡丹。碑额隶书“太宗文皇帝御书”7字,为开元神武皇帝李隆基亲书。碑阳分两栏:上栏刻“太宗文武圣皇帝龙潜教书”碑文,唯少刻“武德四年(621)”4字;下栏为“银青光禄大夫守吏部尚书上柱国正平县开国子裴漼”撰文并书丹的皇唐嵩岳少林寺碑。碑文楷书,共39行,满行60字,记载少林寺的开创年代、地理位置、环境风貌以及著名高僧跋陀、僧稠、惠光、达摩等在少林寺的行迹。同时还记载秦王李世民与隋将王世充大战洛阳时,秦王失利,少林寺僧志操、惠玚、昙宗等“率众以拒伪师”,“执充侄仁则以归本朝”的史实。该碑书法颇遒劲而媚美,深得褚遂良之劲俊,能充分反映中唐书法之特色。碑阴亦分两栏:上栏为“皇唐太宗文皇帝赐少林寺柏谷庄御书碑记”,即武德四年“太宗文皇帝龙潜教书”碑文,后刻敕牒;下栏为“敕牒”及唐武德四年太宗文皇帝敕授少林寺柏谷庄立功僧名。

51. 景贤大师身塔记(唐)

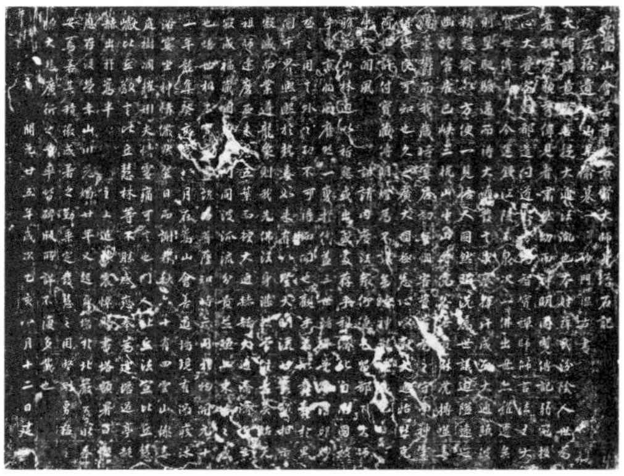

景贤大师身塔记拓片

现存于登封市会善寺内,全称唐嵩山会善寺故景贤大师身塔石记。羊愉撰文,僧温古书丹。唐开元二十三年(735)八月刻。行楷相间,共30行,满行21字。《古泉山馆金石文编》谓:“温古书结构可法,盖能书者也。”温古是唐代大诗人王维的族人。《增补校碑随笔》有著录。

52. 郑曾碑(唐)

现存于荥阳市广武镇广武村北,唐开元二十四年(736)刻立,全称唐故慈州刺史光禄卿郑公之碑。碑高3.56米,宽1.4米。碑首盘龙戏珠,中间篆刻“唐故慈州刺史光禄卿郑公之碑”。梁升卿撰文并书丹及篆额。碑文隶书,共24行,满行54字。郑曾,两唐书无传。碑载郑曾字景参,其曾祖为北周行台左丞,郑曾任职慈州、怀州刺史,加散大夫,追赠光禄卿。撰书人梁升卿,据《新唐书》载“涉学工书,于八分尤工”,所写《东封朝觐碑》被称为当时绝笔。此碑在《金石录》《金石萃编》《宝刻类编》中均有著述。

53. 大唐嵩阳观纪圣德感应之颂碑（唐）

现立于登封市城北2.5千米嵩阳书院大门外。唐天宝三载(744)二月五日立，整碑高约9.02米，由碑趺、碑身、碑首组成，其中碑身高3.8米，宽2.04米，厚1.05米。该碑雄伟壮观，为嵩山第一大碑。碑额题“大唐嵩阳观纪圣德感应之颂”，为裴迥篆写。碑文由李林甫撰文，徐浩书丹，隶书，共25行，满行53字。碑阴有宋熙宁四年(1071)张琬等人和宣和七年(1125)卢汉杰等人题名。碑阴和两侧刻有历代游人所题唾骂李林甫的诗。

大唐嵩阳观纪圣德感应之颂碑

此碑以雕刻精美而著称。长方形碑座的四面刻有10龛，每龛中有一武士，各作一手持剑，一手握蛇、提鱼、执蟾等形象，凶悍勇猛，气势逼人。碑顶由4块巨石分3层雕凿，叠砌而成，两侧雕麒麟。中间部分下层为碑额，额文两边有浮雕双龙；中层为两石并砌承托龙珠的云盘，盘上遍刻勾连缭绕的云朵；最上层为顶脊，脊上雕二龙戏珠，此装饰既调和了碑首单调的气氛，又平衡了碑顶重心，使整个碑身牢固稳健，所有雕刻均工丽精细。碑文记述唐玄宗李隆基梦想长生，命道士孙太冲先后在嵩阳观、缑山升仙太子庙为其炼丹的故事。该碑石质细腻，虽经千余年风雨侵蚀，至今碑面仍光滑乌亮。此碑时值唐代开元盛世之后，文化艺术发展成熟，大唐嵩阳观纪圣德感应之颂碑的雕刻艺术正处在这一成熟阶段的顶峰，因此在唐代石刻中，更具有广泛的代表性。

书者徐浩，为当时书法名家，清代杨守敬在《学书迩言》中评其书“不在北海之下”；清景日昣在《说嵩》中论其书“笔法遒雅，姿态横生”，“世状其法曰：‘怒猊抉石，渴骥奔泉’”。但其书迹传世不多，此碑是其代表作，且完好无损，诚为可贵。宋代赵明诚《金石录》，明代赵崡《石墨镌华》，清代顾炎武《金石文字记》、毕沅《中州金石记》、王昶《金石萃编》等书均有著录。

2001年6月，被国务院公布为第五批全国重点文物保护单位。

54. 灵运禅师功德塔碑铭并序（唐）

现存于登封市少林寺碑廊，唐天宝九载(750)四月刻，碑高1.44米，宽0.54米，厚0.2米。碑首为四盘龙高浮雕，造型圆润，刀笔细腻，龙爪、龙须都刻得细致入微。碑额题草书“寺西石塔灵运师坟即梁帝皇嗣者也”。崔琪撰文，共20行，满行36字，圣善寺僧人勤□书丹(“勤”字下残缺，《河南碑志叙录》称其为僧勤虚书丹)，碑文草书，字径2厘米。明代登封知县傅梅《嵩书》评：“此笔书法，无一笔不类圣教序者，足见古人心力精专。”碑阴刻《佛顶尊胜陀罗尼咒》，碑侧线刻立佛像(高0.47米)和辛秘题铭曰：“元和十二年(817)闰五月二十九日河南尹辛秘奉敕祭中岳散斋于此寺”，楷书，字径2厘米。此碑在《嵩高志》《金石萃编》《中州金石目》《中州金石记》中均有著录。

55. 赵冬曦墓志（唐）

出土于荥阳市刘河乡任湾村，现存于郑州博物馆。石质黄灰，墓志正方形，边长0.91米，志厚0.15米。志文28行，满行30字，隶书。铭文记述赵冬曦的生平。赵冬曦，字仲爱，定州鼓城人。生于唐仪凤二年(677)，天宝九载二月逝于西京善和里第，终年74岁。进士出身，先后任校书郎、右拾遗、监察御史、殿中侍御史、集贤院学士、考功员外郎、中书舍人，又任眉、濮、亳、许、宋等州刺史，以及华阴、荥阳等郡守,最后升迁国子祭酒。夫人陇西牛氏开元六年(718)殡于襄州。继夫人荥阳郡崔氏开元廿年(732)殡于合州。天宝十载(751)夫妻合葬志铭浅镌,卷叶周边。唐天宝十载刻石。志文笔力遒劲,结构谨严,一改汉代隶书之苍老古拙,堪称秀丽端庄的唐代新隶书法之精品。

志盖为盝顶,顶面镌刻阴文“唐故国子祭酒赵君圹”9个篆字。由顶至四边呈斜坡形,宽20厘米,上面线雕缠枝牡丹一周,志盖边沿厚4厘米。下部墓志厚15厘米,四侧面均线雕草叶纹。该墓志无撰文、篆盖、书丹和刻石人的姓名。

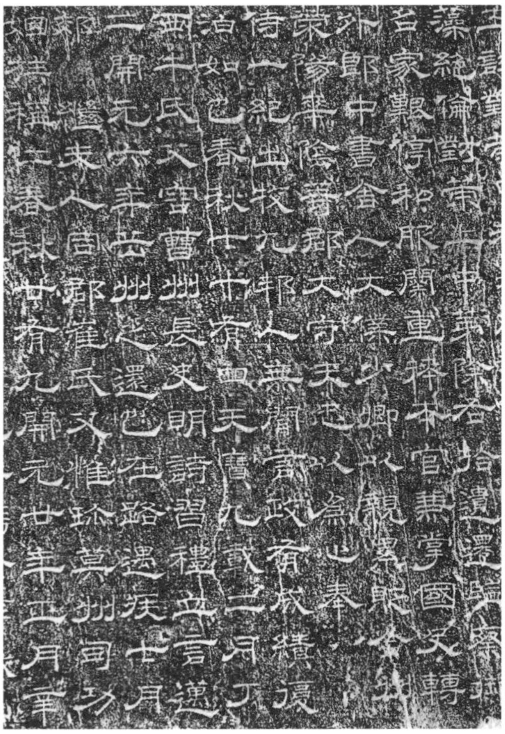

赵冬曦墓志拓片

永泰寺碑

56. 永泰寺碑(唐)

现存于登封市永泰寺内。唐天宝十一载(752)刻立。碑高2.35米,宽0.9米,厚0.24米,螭首方趺。碑额篆刻“唐永泰寺之碑”6字。碑文楷书,共25行,满行55字,龙兴寺沙门靖彰撰文,颍川处士荀望书丹。碑文字体工整,刚劲俊逸。清代毕沅《中州金石记》评:“观荀望书丹,结体茂密”,为唐代楷书之佳品。碑文记载北魏正光二年(521)孝明帝之“贤妹”、世宗宣武皇帝之女,即永泰公主,入道为尼,建明练寺。唐神龙二年(706),僧道莹上奏修缮并请以永泰为名的历史事实。

碑阴两侧为线刻画,额刻一佛于云朵之上作说法相,并刻火焰背光和顶光。碑身上半部刻一佛二弟子二菩萨,主佛释迦牟尼结跏趺于圆形胡床上,施无畏印,顶部一华盖,装饰繁华。左右各刻一供养飞天。弟子、菩萨皆立于覆莲座上。碑身下部刻二天王,披甲戴胄,形象凶悍,中间刻4个供养童子或蹲或伏于毯子上嬉戏。两侧面又刻二天王、二力士与阴面衔接。整个画面构图繁密,富丽堂皇,线条流畅,形象优美,为盛唐线画艺术之代表作。

57. 寿春郡霍山县丞崔瀚墓志铭(唐)

现存于新郑博物馆。志石呈正方形,长宽各0.37米。于唐天宝十二载(753)四月十一日刻立。志盖上篆刻“崔府君墓志”。墓志铭为崔瀚之弟崔昌所撰。标题是“大唐故寿春郡霍山县丞崔瀚墓铭并序”。全文行书，共 17 行，满行约 40 字。

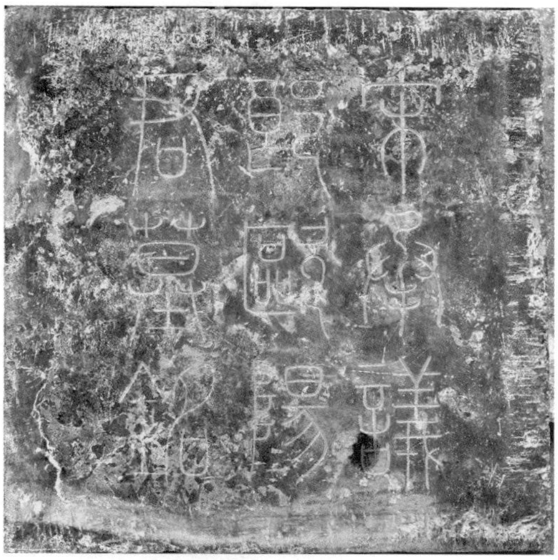

寿春郡霍山县丞崔瀚墓志铭

敕戒坛碑

58. 敕戒坛碑（唐）

现存于登封市会善寺院内，全称河南府登封县嵩岳会善寺戒坛碑。圆首，高 1.5 米，宽 0.7 米，厚 0.18 米。唐大历二年（767）十一月刻。彼时会善寺内一行（张遂）和元同禅师精心创建的受戒之所已“沦殁墉院，荒凉更属艰难。坛塔摧毁，不有修葺，窃愧先贤”。于是，住持僧乘如上者请求抽调外寺僧前来主持洒扫。唐代宗李豫亲批，恩命嵩岳会善寺常建戒坛，兼抽持律七僧洒扫讲律。额题“敕戒坛碑”，碑文楷书，字径 1.5 厘米，分三层：上层为中书门下发敕牒公文，共 26 行；中层为僧乘如谢表文，共 24 行；下层为批答文“戒分律意、释门弘范、用申奖导、俾广胜因、允在严持、烦于申谢”，共 24 字牒文与谢表为正书，字体大小相近，字径 1.5 厘米，批答字体颇大，行书，字径 8—10 厘米，如出代宗之手。《嵩阳石刻集记》中载书史对代宗书法评价甚高，称“代宗留心翰墨，于行书益工，论其笔力，非有太宗、元宗超迈之气，然亦有足观者。此敕为行书，矜严圆稳，固自可珍”。

59. 大德大证禅师碑（唐）

现存于登封市嵩山南麓嵩岳寺塔院内，唐大历四年（769）三月二十四日刻，通高 3.47 米，其中碑身高 1.97 米，宽 0.95 米，厚 0.24 米，王缙撰文，徐浩书丹，刘英模勒，屈集臣镌刻。圆首龟趺，顶端刻莲纹，碑首六龙盘绕，额篆书“嵩故大德大证禅师碑”9 字，字径 10 厘米。碑文楷书，共 25 行，满行 52 字，首行题“大唐东京大敬爱寺故大德大证禅师碑铭并序”，字径 3 厘米。碑文记述大德大证禅师的生平事迹及死葬情况以及作者撰写此文的缘由和对大证禅师的热情颂扬。其书法结构整赡，秀逸天然，当与感应颂碑书并重不朽。此碑在清代顾炎武《金石文字记》、刘青黎《金石续录》、毕沅《中州金石记》等书中均有著录。

60. 同光禅师塔（唐）

位于登封市少林寺东墙外约 50 米，建于唐大历六年（771）。古塔高约 10 米，单层方形砖塔，下部须弥座已埋入地下，塔身南面开门，内有塔室，石门楣线刻人物精美，塔身之上叠涩出檐，伸展很大，上部方形须弥座，蕉叶承托石刹。塔身背面嵌有石铭“唐少林寺同光禅师塔铭并序”。铭高 0.5 米，宽

1.07 米。唐大历六年六月刻。郭湜撰文,僧灵迅书丹。铭文楷书,共 38 行,满行 17 字,有方界格。书体近颜真卿《多宝塔》。《金石萃编》有著录。

同光禅师(700—770),少年出家,碑铭述及,“持钵东山,归心禅祖,大照迁神,敬终恒礼……”,其禅学修为“随缘而生,亦随缘而灭”以“自在之深心,开悟之见”“外观泡幻身,内示真如性”。

大德大证禅师碑

同光禅师塔

61. 法玩禅师塔(唐)

法玩禅师塔

位于登封市少林寺塔林中,是少林寺塔林现存有年代可考的最古老的一座砖塔,为唐代嵩洛一带临坛说法的高僧法玩禅师所建。该塔建于唐代贞元七年(791),系方形单层单檐式砖塔,高 8 米,除塔门、塔刹和塔铭用青石雕成外,通体皆用水磨砖砌造而成,塔门用高浮雕的手法,装饰着飞天、嫔伽等古典图案。砖塔结构严谨,造型优美,塔刹雕刻精湛,极具代表性和学术研究价值。塔身后有行楷书塔铭,共 35 行,满行 22 字,唐贞元七年十月二十八日刻,塔铭高 0.5 米,宽 0.93 米。李究撰文,马士瞻书丹,清河张文凑等刻字。法玩禅师,俗姓张氏,圆寂于洛阳敬爱寺,因对少林寺禅学影响很大,圆寂后葬于少林寺。塔铭记述了法玩禅师的生平事迹,同时,也保留了登封会善寺与敬爱寺寺名及寺内建制情况。

62. 桃花峪经幢(唐)

原立于荥阳市广武镇桃花峪村东,现存于荥阳市文物保护管理中心。又称唐昭成寺僧朗谷果园庄地亩幢。唐贞元八年(792)三月十日制造。八棱柱体,高 1.4 米,每边宽 0.12 米。六面刻文,每面 6 行,满行 79 字。僧朗谷即今桃花山谷,僧朗是晋时高僧,在魏到隋唐期间为人所敬重,在中国佛教发展上起着重大作用。这片果园庄田是洛阳昭成寺置的田产。幢文详细记述了果园庄田发展的经过,由广德二年(764)的 30 亩,经 18 年耕种,竟达 1791 亩。这一地亩幢为研究唐代寺院经济提供了很有价值的资料。

63. 会善寺戒坛记（唐）

会善寺戒坛记

现置于登封市会善寺内，唐贞元十一年（795）刻于唐“敕戒坛碑”的碑阴，碑高 1.5 米，宽 1.7 米，厚 0.18 米。陆长源撰文，陆郢篆额并书丹，碑文隶书，共 16 行，满行 28 字。《碑帖叙录》评：“陆郢《唐书》无名，元陶宗仪《书史会要》称其善书，明袁宏道《游嵩记》称其隶法遒逸。”《会善寺记》评：“陆郢书八分，遒逸古致，石不逾四尺，真、行、八分三体各臻其妙，殊可宝也。”清王昶《金石萃编》有著录。碑文载唐高僧一行及其弟子元同“铲林壑之欹倾，填乳窦之穴窱，甃玉立殿，结瑗构廊，旃檀为香材，琉璃为宝地”，置五佛正思惟戒坛之事。戒坛建成后“岁成具戒者盈千，日受洁供者数百，祇林之盛，甲于东都”。可以想见会善寺在当时佛教中的地位之高。

64. 嵩岳少林寺新造厨库记（唐）

现存于登封少林寺碑廊。唐贞元十四年（798）刻，顾少莲撰，崔溉书丹，碑文楷书，字径 2 厘米。此碑残高 0.6 米，宽 0.92 米，厚 0.28 米。清代景日昣《说嵩》评价此碑云：“少莲吴人，字夷仲，举进士……溉在当时亦有书名，笔法近拙而颇古穆。”碑左侧刻“朝饭于此事，会昌五年（845）二月二十六日前润州参军事卢寅，前殿中侍御史内供奉元繇河南尹卢贞”题记，竖 5 行，楷书，字径 3 厘米；碑右侧有一个“寿”字，字径 17 厘米，“寿”字左边有一行小隶书，可识“翰林学士党怀英□□书大安”字样。碑左右两侧莫名其妙的添刻，在古碑中常见，亦有趣味。1976 年，开封地区文管会搞文物普查时在少林寺大雄殿内发现此残石，明代建大雄殿时，此残石已作柱础，以此可推断该碑最晚毁于明代。现存此石是石碑中段，上、下段均失去。少林寺的厨库原在寺东，今已废。从寺志所录《嵩岳少林寺新造厨库记》全文可知，顾少莲不仅记载了新造厨库的情况，还写了少林寺的史略，此残石的发现，为研究少林寺的历史提供了实物史料。

65. 大德演公塔铭（唐）

大德演公塔铭

现存于巩义市石窟寺内，全称唐故禅大德演公塔铭并序。唐贞元十八年（802）正月刻，扬叶撰文，刘钧书丹。铭文楷书，共 28 行，满行 25 字，记述大德演公的生平事迹，书法雅蕴。铭后有题名。

66. 薛巽、崔蹈规夫妇墓志铭（唐）

出土于巩义市芝田镇官庄村的薛巽、崔蹈规夫妇合葬墓，现存于巩义博物馆。一为柳宗元为其外甥女崔蹈规撰写的墓志；一为柳宗元的外甥崔雍为其姐丈薛巽所写的墓志。

柳宗元撰“唐朗州员外司户薛君妻崔氏墓志”，志高 0.445 米，宽 0.45 米；志文楷书，共 24 行，满行 45 字。志盖呈覆斗形，四周线刻牡丹花纹，正中篆额 3 行，每行 3 字，为“大唐故崔夫人墓志铭”。墓志记载崔蹈规的简单生平及崔、薛两家世系。据史料记载,柳宗元有两个姐姐,崔简是其大姐丈,崔蹈规是柳宗元的大姐之女。她受柳宗元之命"归于薛"。薛巽祖居河东,与柳宗元是同乡。元和十四年(819)葬崔蹈规于北邙。柳宗元是在柳州任所写的这篇志文,并于元和十四年十月五日病逝于柳州,因而推测此墓志当是元和十三年(818)下半年所写。

崔雍所撰"唐故鄂州员外司户薛君墓志铭",志高 0.43 米,宽 0.44 米,志文楷书,共 24 行,每行 24—27 字不等。志盖呈覆斗形,四周线刻牡丹花纹,正中篆额 3 行文字,为"薛公之墓志铭",志文详细记载了薛巽的生平事迹。元和十五年(820)葬薛巽于先人之茔。

薛巽、崔蹈规夫妇墓志的发现,对研究崔、薛两族世系,以及柳宗元的活动都有极为重要的历史价值。柳宗元撰写的墓志不仅文章韵味深长,而且书法也是上乘之作,字体大小匀称,全篇一气呵成,具有较高的艺术价值。

67. 岑禅师舍利塔铭碑(唐)

在登封会善寺大雄宝殿前的月台上,圆首,高 1.34 米,宽 0.65 米,厚 0.15 米,碑额题"唐故岑禅师舍利塔铭",其中"利""塔"两字已泐。碑文字体已漫漶不可读、拓,据《金石录》载,碑为唐大和二年(828)刻,撰者不详,高通理书丹。会善寺唐代塔铭,除净藏塔外,仅有此品,且唯碑额上只有 7 字尚清晰可认,实为吉光片羽,甚为珍贵。

岑禅师舍利塔铭碑

68. 状嵩高灵胜诗刻石(唐)

现存登封市中岳庙内,全称府尹王侍郎准制拜岳因状嵩高灵胜寄呈三十韵。唐大和三年(829)刻立。尉迟汾撰书,楷书,共 26 行,满行 19 字。后有宋人王绅"移置记"2 行。其书法《潜研堂金石文跋尾》谓:"真书视抚虞永兴,尤精妙。"

69. 道教经幢(唐)

现存于郑州博物馆。全称太上洞玄灵宝无量度人上品妙经幢,因刻有道教经典而得名。唐会昌六年(846)正月十五日刻立。该幢初立于何处不详,后立于郑州开元寺。该幢青灰石质,八棱柱状,底座及顶盖已失,残高 1.6 米,面宽 0.225 米。从第一面起至第七面止,各面上部分别刻"太上""洞玄""灵宝""无量""度人""上品""妙经"等字样。经文楷书,太原王维度刻字,除少部分残毁外,大都清晰可辨,第八面为刻立日期。佛教石刻经典始于北魏,而道教石刻经典则始自唐代,故此幢相当珍贵。

1963 年 6 月,由原河南省人民委员会公布为第一批河南省文物保护单位。

70. 吴府君墓志铭(唐)

现存于巩义市文物和旅游局。1957 年出土,唐大中三年(849)刻立。王制撰文,无书丹人姓名。铭文楷书,共 20 行,满行 17 字,盖篆书题"大唐故吴府君墓志铭"9 字,字近魏体。

71. 邠宁等州节度使裴识墓志铭(唐)

出土于新郑市小乔乡东张寨村,现存于新郑博物馆。志石长 0.9 米,宽 0.88 米,厚 0.16 米。志盖篆刻"唐故邠宁节度赠司空河东裴公墓志铭"。墓志全文 43 行,满行 43 字。因年代久远,志石剥蚀极甚,绝大部分文字不可辨识。墓志铭的作者是其"从表侄大中大夫守尚书右丞上柱国",而姓名不可辨。

邠宁等州节度使裴识墓志铭

裴识系唐名臣裴度长子，字通理，咸通四年(863)卒。墓志称“归祔于郑州”，据《新唐书》可知裴度葬于管城，故可断定裴识与裴度葬于同一茔城。所以该墓志的出土，证明了裴度墓的确切地址。

72. 尊胜陀罗尼经幢（唐）

原存于郑州市开元寺，现存于郑州博物馆。唐中和五年(885)六月十一日刻立。青石雕凿，由底座、幢身、华盖、佛造像和顶盖5部分组成。通高3.5米，基座分上下两层，下层呈八棱形，每面有减地浮雕瑞兽1只，上层为圆形仰莲盘座。幢身为八棱柱状，正面篆刻“尊胜幢”3字，右侧刻后唐天成三年(928)移幢于开元寺的题记。各面刻陀罗尼经文，下部已剥蚀。幢身顶部置八角形华盖，形若僧帽，棱角处均雕兽首衔带图像。在斜出的八面上浮雕坐佛、法师问弟子、取经图和飞天等图案。华盖上置仰莲盘，再上置八棱柱。柱身八面有四面各凿1龛，龛中浮雕一佛。另四面各有一线刻佛像，每面还刻有造像施主姓名。最上为八角形仿木结构平顶凉亭式盖，盖上雕瓦垄，檐下雕椽、檩、斗拱等。檐边于“文化大革命”中毁坏。

1963年6月，由原河南省人民委员会公布为河南省第一批文物保护单位。

73. 会善寺戒坛造像碑（唐）

会善寺戒坛造像碑

现位于登封市会善寺戒坛东侧。碑高2.45米，宽1米，厚0.24米，六龙盘首，即左右各三个龙头，并排咬着碑侧上部，龙身蟠结在一起，后脚高举，捧着宝珠，珠下中间放置头部尖尖的碑额，意匠巧妙，无寸分空隙。额内作佛龛，高0.28米，宽0.3米。龛内雕一佛二弟子二菩萨。大龛下刻小龛，高0.1米，宽0.22米，再下刻三排佛龛，每排4龛，每龛均高0.26米，宽0.22米，雕一佛二弟子。从姿态温顺、肌肤丰满的造像风格看，当为唐代造像，每个龛之间刻铭文，佛龛下亦刻有铭文，约占全碑的三分之一，文字剥落不清。碑侧亦有纹饰图案雕刻。

74. 荥阳老君造像碑（唐）

现存于荥阳市高村乡高村寺。碑高0.75米，宽0.5米，圆首。碑额中间刻“大唐老君之像”6字，其两侧刻二龙戏珠。额下刻老君造像，盘足端坐，其两侧雕刻侍者，惜无碑趺。该碑是有明确纪年的唐代道教造像，在荥阳现存石刻中较为少见。

75. 陈垌造像碑首（唐）

原存于荥阳市广武镇陈垌村，现征藏于荥阳市文物保护管理中心。碑首呈长方体状，残高0.95米，宽0.66米，厚0.28米，正下方中部有一方形卯口。

其正、背面和左、右侧面均有浮雕佛像，除一侧面仅有上下2排计10尊之外，其余三面满布佛像，或1尊1龛，或2尊1龛，呈横向或纵向排列。佛均盘膝坐于莲花座上，有圆形或圭形顶光，每尊高仅0.09米左右。该碑首四面现存小佛像分别有93尊、80尊、32尊和10尊，共计215尊。受风化影响，佛像面部多已不甚清晰。

荥阳老君造像碑

陈垌造像碑首

76. 龙泉寺碑（后梁）

现位于荥阳市城关乡寺后村，原立于龙泉寺大佛殿前。碑上圆下方，高 1.05 米，后梁贞明六年（920）刻立。碑额刻 3 尊佛像，斜披袈裟，结跏趺坐。碑文正楷，共 24 行，每行 38—48 字不等，记述后梁贞明年间修建龙泉寺的经过。经千余年风雨，左上部已漫漶不清。

龙泉寺碑

77. 五代冥府十王像碑（五代）

现藏于巩义市石窟寺保护所。为一扁平长方形像碑。分为两区：第一区高 1.71 米，宽 0.465 米，侧宽 0.22 米；第二区高 1.73 米，宽 0.49 米，侧宽 0.19 米，淡白色石灰岩刻制。

每区各开上、下五层龛，除第二区最下层作圆拱尖楣龛外余均为帐形龛。第一区由下而上，第二区由上而下依次刻十王及胁侍造像。前九王文官装束，着进贤冠等冠饰，伏案而坐，第十王为披甲戴胄五官立像，诸王多执笔作判案状。每王胁侍四人或五人。除第十龛外，各龛中均有一执洒金扇胁侍。诸龛两侧边框分别刊冥王与施主名，前四龛刻铭已磨泐，后六龛刊冥王名及次序与敦煌遗书伪经《佛说阎罗王授记经》完全吻合，此经收于《开元释教录》别录中的《疑惑再详录》，记述十王依次名为秦广王、宋帝王、初江王、五官王、阎罗王、变成王、太山王、平正王、都市王和五道转轮王。十王壁画在河西石窟中约出现于初唐时期，至西夏衰落。十王像在大足石篆山第九龛有北宋时期刻制，单体石造像资料则此独见。此十王像碑约刻于五代前后，是唐代地藏信仰日益深入民心的反映。

78. 新修嵩岳中天王庙碑（宋）

立于登封市中岳庙院内。刻于宋开宝六年（973）十二月。碑高 3.94 米，宽 1.82 米。卢多逊撰，孙崇望书丹。碑文行书，共 25 行，满行 64 字。碑文记载嵩山之雄伟及此天王庙重修经过。碑阴为后人补刻，记载河南道按察使马提福到庙焚香之事。

卢多逊（935—985），怀州河内（今河南沁阳）人。后周显德初年进士，历任中书侍郎、兵部尚书等职。孙崇望开宝时待诏，书名尤著，奉敕巨碑，多出其手，唯其书白，过于圆熟，未能免俗，柔靡无骨，实不足传，后世称“院体”。明代王世贞《弇州山人四部稿》论其书云：“运笔圆熟，毋及通微院体之遗耳。”《中州金石记》则以为“尚有唐人风格，不似后来逞姿作势，致临书者未尽其长，先受其弊”。

此碑为著名的中岳庙宋金四状元碑之一。

新修嵩岳中天王庙碑

79. 灵显王庙赞碑（宋）

立于郑州市管城回族区，为宋真宗赵恒书写，文前有“御制御书并篆”字样，大中祥符四年（1011）立。碑残高2.6米，宽1.1米，厚约0.3米，碑额有“灵显王之赞”5个篆字。碑文称赞李靖“功有于国，惠泱于民”等。现碑身字迹多剥落，裂纹严重。据碑文载，李靖为唐代名将，官至中书尚书右仆射，封卫国公。五代后晋天福年间（936—944），追封李靖为晋王，所以李卫公庙又称“晋王庙”。

1987年3月，郑州市人民政府公布其为郑州市第一批文物保护单位。

80. 大宋中岳中天崇圣帝庙碑铭并序（宋）

立于登封市中岳庙东华门内。宋真宗大中祥符七年（1014）刻。碑通高7.37米，宽1.64米，厚0.49米，圆首盘龙，龟趺，龟身长3.1米、腰径1.7米，龟首长0.83米、昂颈围粗2米，龟眼略鼓，前后四爪紧抓浑圆形座基，线条粗犷，形象逼真，刀法简练。碑文王曾撰文，白宪书丹，行书，字径3.5厘米，刻工王钦。碑文叙述了宋代祭祀中岳的盛况。王曾，字孝先，青州益都（今山东青州）人，仁宗时任宰相，工诗文，书画也有相当高的造诣。书者白宪亦为宋代书法名家。

大宋中岳中天崇圣帝庙碑铭并序

81. 御制中岳醮告文幢（宋）

立于登封市中岳庙内。宋天禧三年（1019）刻。幢高2.27米，围径1.7米。平面呈八角，幢上饰柱状花纹，石雕宝珠幢刹，下为仰莲须弥座。幢身刻文，宋真宗赵恒撰文，刘太初书丹，行书，共32行，满行38字。根据《宋史》记载，真宗自制醮告文，遣使醮告即在建坛之地构亭立石柱，刻文其上。碑文颂历代帝王朝觐中岳、封岳神的情景。刘太初为翰林待召，一生以书为职，其书极似王羲之，或王羲之集字，或为刘太初善学王羲之所为。石幢完好，碑文内容体例与白宪书《北岳醮告文》相同。

82. 宋增修中岳中天崇圣帝庙碑铭并序（宋）

立于登封市中岳庙西华门内，碑通高4.83米，宽1.3米，厚0.5米，圆首盘龙，龟趺，宋乾兴元年（1022）刻，陈知微撰文，邢守元书丹，碑文行书，有字33行，满行76字，字径3厘米，刻工邵义守。陈知微（968—1018），字希颜，江苏高邮人，史书称其文“词藻虽无奇采，而平雅适用”。

御制中岳醮告文幢

宋增修中岳中天崇圣帝庙碑铭并序

83. 嵩山大法王禅寺常住田产公据之碑（宋）

现置于登封市法王寺西方圣人殿月台上。1986 年 2 月 24 日由薛世荣先生在登封法王寺后发现。宋庆历八年(1048)刻,圆首方趺,碑身高 2.02 米,宽 0.97 米,厚 0.25 米。碑额即刻碑题,楷体,竖 3 行,字径 7 厘米。碑文行书,字径 1.5 厘米,因剥蚀,上下文义不连贯,撰书人不清。碑阴刻有“都劝缘见住持传法嗣祖比丘,本寺堂奉圣旨前往中都大庆寿寺嗣祖传法沙门,大安元年三月初七日毕功”题记,楷体,字径 2 厘米。碑阴阳两面刻有 8 块方印,较清晰,根据碑额题意和印章可推此碑为证实法王寺常住田产公据之碑。

84. 屯田员外郎辛惟庆墓志（宋）

现存于新郑博物馆,出土于新郑市小乔乡岗东村。该志石呈正方形,长宽各 0.74 米,厚 0.18 米。志盖上篆刻“宋故赠工部侍郎辛公墓志铭”。墓志铭是赵良规所撰,王植书丹并篆盖,彭文进刻石。全文楷书,共 37 行,满行 37 字,共约 1300 字。根据墓志铭的记述可知,辛惟庆之妻吕氏是北宋宰相吕夷简的妹妹,而吕氏又是该墓志铭的作者赵良规的姨母。

屯田员外郎辛惟庆墓志

85. 冯京妻富氏墓志（宋）

现存于新密市博物馆,出土于新密市曲梁乡五虎庙村南。嘉祐八年(1063)刻。志石呈正方形,边长 0.73 米。王陶陶撰文,杨南仲书丹,邵必题盖,首行题“宋翰林学士起居舍人权知开封府冯公前夫人富氏墓志铭”。志文共 25 行,满行 28 字。墓志边沿有云纹二方连续图案。文后图案花边被磨平又增刻“夫人以谌通籍追赠遂宁郡夫人”文字 1 行。志文记载了富氏生于明道元年(1032),死于至和二年(1055),享年 24 岁。嘉祐八年葬于此。

冯京妻富氏墓志拓片

86. 太子宾客林潍墓志（宋）

新郑博物馆征集。志石长宽各0.78米，厚0.17米，宋嘉祐八年(1063)立石。志盖上篆刻“宋太子宾客致仕林公墓志铭”。宋吏部侍郎刘夔撰铭文，颍川陈知默书丹，南阳李遵道篆盖，彭文遘刻石。墓志铭题“宋朝散大夫太子宾客致仕上柱国南康郡开国公食邑二千四百户赐紫金鱼袋林公墓志铭并序”。志文楷书，共39行，满行39字，共约1400字。林潍是宋代名臣林特的长子，《宋史》林特有传，而潍无传，该墓志可弥补史书之缺。

太子宾客林潍墓志

87. 王田墓志（宋）

现存于郑州市上街区马固村王氏宗祠。宋治平二年(1065)刻。志为青石，正方形，边长0.95米。苏颂撰文，陆谓书丹。志文楷书，共44行，满行45字，共1827字，字体纯正，有唐人风度。志文主要记载王田生平及王氏家族，特别是王田及其子女的婚姻状况。为充实和印证《宋史》有关记载及纠正地方史志某些错误提供了可贵的资料。

88. 王咸融夫人石氏墓志（宋）

现存于新郑博物馆。出土于新郑市小乔乡荆王村的王德用墓域。墓志无盖，志石呈正方形，边长0.85米，厚0.15米。墓志铭，程柏休撰，李谭书丹，李振篆盖，曾惟清刻石。志文楷书，共28行，满行28字，共约750字。

王咸融是宋代名臣王德用之子、王咸康之弟，石氏为石守信之孙女。

王咸融夫人石氏墓志

89. 冯京妻富氏之妹墓志（宋）

现存于新密市，出土于新密市曲梁乡五虎庙村南。全称宋故安化郡夫人富氏墓志铭。墓志呈正方形，边长0.92米，厚0.27米。蔡骃撰文，王仲修书丹，邓忠臣篆盖，刑肃刊石。志文共28行，满行40字。志文记载安化郡夫人富氏为富弼之女、太和县郡富氏之妹。生于仁宗宝元元年(1038)，死于哲宗元祐三年(1088)，享年50岁。

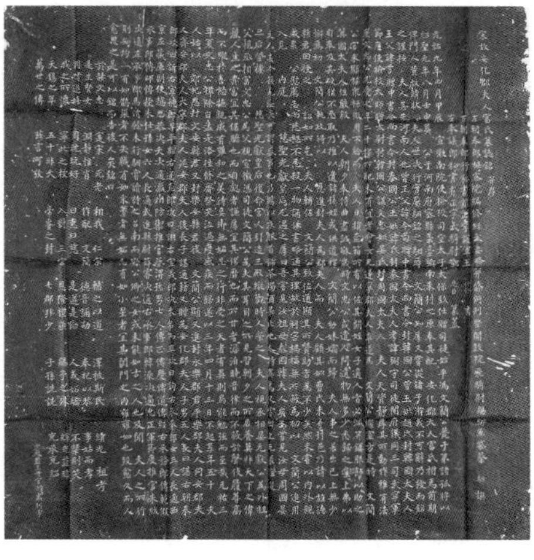

冯京妻富氏之妹墓志

90. 欧阳修夫人薛氏墓志（宋）

出土于新郑市欧阳寺村欧氏坟茔之中的，现保存于新郑博物馆。薛氏墓志石长0.74米，宽0.72米，厚0.22米。志盖上篆刻“宋安康郡太夫人薛氏墓志铭”。铭文为北宋著名文学家、翰林学士苏辙撰，刑部侍郎赵君锡书丹并篆盖，少府监玉册官王蟠刻石。志文楷书，共36行，满行37字，共约1300字，部分漫漶不清。

薛氏为欧阳修继配第三夫人。此墓志的出土，为我们研究欧阳修的生平事迹提供了佐证材料，且墓志铭出于名家苏辙之手，具有一定的文学价值。

91. 赵颙墓志铭（宋）

赵颙墓志并盖

现存于巩义市文物保护管理所，出土于宋魏王赵颙墓中。志盖为覆斗形，长0.95米，宽0.9米。盖面篆书“宋皇叔故魏王墓志铭”。四斜面刻四神，志石宽度上下一致，厚0.28米，四侧面上下垂直，每面刻人物3个，形象相同。志文楷书，共45行，满行44字。首行“宋皇叔故成德荆南等节度管内观察处上置等使守太尉开府仪同三司真定尹兼江陵尹上柱国荆王食一万二千三百户食实封二千三百赐赞拜不名赠太师尚书令荆州牧追封魏王墓志铭并序”。由翰林学士范祖禹奉敕撰文，由左朝桧郎于伋奉敕书丹并篆盖，翰林艺学兼皇弟祁国公阁掌章奏祇，侯臣王宗仅摹勒，翰林书艺局镌字应曹惠良奉圣旨刻。

志文记载了魏王的家世、生平及任官事迹。赵颙墓志文，《范氏文集》中未收。然集中另有《故魏王追封记》一篇，当是墓前神道碑记，已佚。因此赵颙墓志具有不可替代的证史、补史价值，且志文书法工整秀丽，笔势有力，为宋代墓志中之佳品。

92. 冯京墓志（宋）

现存于新密市博物馆，出土于新密市曲梁乡五虎庙村南。墓志长1.31米，宽1.29米，厚0.295米。盖为盝顶形，正中镌“宋故宣徽南院使太子太保致仕赠司徒谥文简冯公墓志铭”，为阴刻篆书。志盖四周0.3米宽的斜边上，四刹分别刻青龙、白虎、朱雀、玄武等四神阴线画像。墓志四周有阴线刻人物画像，每边刻3人，头戴高冠，身着袍服，手执笏板，分别坐于垂帐之下。志文隶书，共53行，满行62字。首行题“宋故宣徽南院使检校司空太子太保致仕上柱国始平郡开国公食邑八千七百户食实封二千七百户赠司徒谥文简冯公墓志铭”。彭汝励撰文，王古书丹，乔执中篆盖，刑肃刊石。志文记载了冯京的生卒年月及生平事迹。

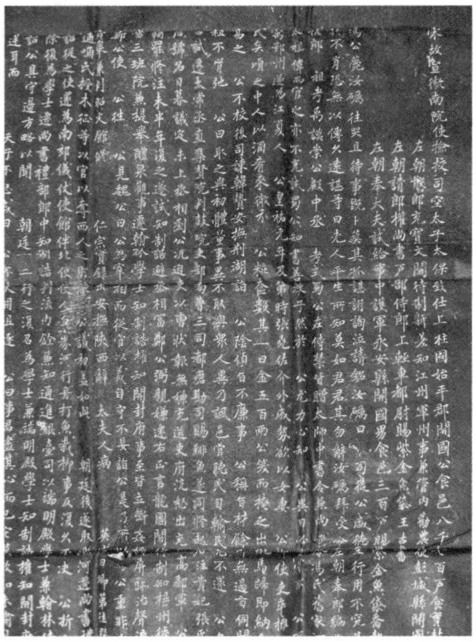
冯京墓志

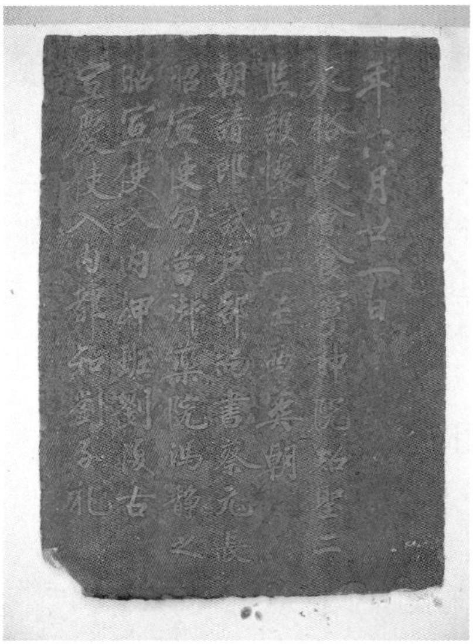
会食宁神院题名碑

93. 会食宁神院题名碑（宋）

原立于巩义市芝田镇八陵村宁神寺，现存于巩义市文物保护管理所。该碑呈长方形，碑高1.79米，宽1.31米，厚0.28米。碑文行书，正面题字7行，每行6—11字不等。该碑刻于绍圣二年（1095）六月二十一日，是北宋官员监护怀、昌二王西葬时，朝拜永裕陵、会食宁神院的题名，据民国《巩县志》载，此碑为蔡京所书，其字迹洒脱遒劲，远胜于初祖庵题碑，具有极高的艺术研究价值。

94. 赵颢墓志铭（宋）

现存于巩义市文物保护管理所。1985年于宋燕王赵颢墓中发掘出土。墓志盖盝顶形，边长1.37米，厚0.3米。盖题3行，每行3字，篆书。盖面边饰蕙草纹，四刹以云纹作地，分别刻以青龙、白虎、朱雀、玄武四神图案。墓志志文周边刻以减地缠枝牡丹纹。志文楷书，共53行，满行55字，共2500余字，龙图阁直学士蒋之奇撰，知客武骑尉盛琦书丹并篆盖，翰林艺学皇弟祁国公晖祗，侯臣王宗仅摹勒，镌字祗应臣曹惠良刻石。志文记述了燕王赵颢的生平事迹。该石书体遒劲流畅，具有较高的艺术价值，同时，此墓志也是宋陵出土墓志中形制最大、字数最多的墓志，实为宋志之冠。

95. 深公碑（宋）

现立于巩义市石窟寺大殿前檐下，全称宋西京巩县大力山十方净土寺住持宝月大师碑铭并序，宋绍圣三年（1096）十二月二十二日刻立。李洵远撰文，许巽德篆额，李宗立立石。碑文楷书，共31行，满行61字。碑额篆书“有宋法师深公碑铭”。碑文记述了宋代高僧深公的生平事迹和十方净土寺的修缮情况，记述甚详，对研究佛学史有重要价值。碑文字体结构严谨，笔势雄健，有魏体及颜体之风韵。

深公碑

96. 黄庭坚诗书碑（宋）

原立于登封县衙，现存于登封市嵩阳书院。全碑共由五石组成。北宋元符二年（1099）刻立，黄庭坚撰文并书丹。碑横长6.72米，宽0.34米，厚0.14米。碑文行草，字径4—10厘米不等，字体舒张，整体劲健雄浑。内容为黄庭坚借写春、夏、秋、冬四季之景物来抒发怀念故乡的幽情。诗为：“相望六千里，天地隔江山。十书九不到，何用一开颜。霜降水反壑，风落木归山。冉冉岁华晚，昆虫皆闭关。冷淡病心情，暄和好时节。故园音信断，远郡亲宾绝。山郭灯火稀，峡天星汉少。年光东流水，生计南枝鸟。啧啧雀引雏，梢梢笋成竹。时物感人情，忆我故乡曲。若雨初入梅，瘴云稍含毒。泥秧水畦稻，灰种畲四粟。轻纱一幅巾，小簟六尺床。无客尽日静，有风终夜凉。”

1965年12月，原登封县政府公布其为登封县第一批文物保护单位。

97. 元始天尊说北方真武妙经（宋）

嵌于登封市嵩阳书院碑廊，宋元符二年（1099）刻，碑高0.95米，宽0.5米，厚0.13米，河南宋传书丹并立石，武宗盖画，张士宁刊，整个碑共分四行，第一行线刻真武像，图两侧楷书“北方真武”“灵应真君”8字。二、三、四行为元始天尊说北方真武经，小楷书，字径1厘米。《说嵩》云：“书史未有宋传书名，而其书秀雅可观，颇似赵文敏，嵩榻小楷绝少，此亦佳也。”

元始天尊说北方真武妙经

三十六峰赋石刻

98. 三十六峰赋石刻（宋）

现存于登封市少林寺内，宋建中靖国元年(1101)九月十三日刻。四明楼异撰文，释参寥书丹，寺僧宗证题额，住持少林寺传法沙门清江上石，洛阳张士宁刻。碑高 2.25 米，宽 0.88 米，厚 0.17 米。碑文行书，共 26 行，满行 66 字，字学苏轼，遒劲古雅。明代王世贞误指此石为苏轼书，且误指赋亦苏轼作。《金石萃编》有著录。

99. 辛友直夫妇墓志（宋）

两志同出土于新郑市小乔乡岗东村辛惟庆墓域，出土时间也相同。现存于新郑博物馆。辛友直墓志无盖，志石长 0.59 米，宽 0.57 米，厚 0.12 米，立石于宋建中靖国元年(1101)。铭文为承议郎前知陇州郭拱撰，承议郎庆州通判陈龙仁书丹，朝散大夫知凤州军州事潘行篆盖。墓志铭题“宋故朝奉郎致仕云骑尉绯鱼袋辛府君墓志铭并序”。志文楷书，共 28 行，满行 29 字，共约 800 字。

陈氏墓志，志石长 0.66 米，宽 0.65 米，厚 0.20 米。盖与铭同为一石，正面楷书“故金华县陈氏墓志”，背面刊刻墓志铭，韩城知县元口撰，书丹与题盖人姓名因志石磨损太甚，无法辨认。志文楷书，共 34 行，满行 33 字。立石于宋大观四年(1110)。辛友直，字益之，管城人，辛惟庆之孙。夫人陈氏，宋代名相陈尧佐之曾孙女。

100. 重修崇圣祠碑记（宋）

原立于登封市卢店镇，后移至中岳庙，现存于登封市嵩阳书院。碑首残，残高 1.6 米，宽 0.83 米，厚 0.22 米，宋建中靖国元年(1101)刻，洛阳李伸书丹。碑文楷书，字径 3 厘米，记述重修崇圣祠之事，撰者姓名剥落不清。碑阴记载税收情况。

101. 达摩颂碑（宋）

现立于登封市少林寺初祖庵大殿西亭前。北宋刻石，碑高 1.48 米，宽 0.62 米。黄庭坚撰文并书丹，段绰题额，张宗著立石。颂文行书，共 3 行，每行 5—6 字。书法笔势清雄，韵致雅逸。碑额隶书“祖源谛本”。碑顶刻有达摩面壁图，画中达摩身披袈裟，跏趺侧身而坐，头上呈现圆形佛光，二祖慧可合掌侍立其后。清陆增祥《八琼室金石补正》有著录。

102. 张昇安挂崇福宫御赐门牌碑（宋）

嵌于登封市嵩阳书院西碑廊，高 0.61 米，宽 0.14 米，宋大观四年(1110)十一月二十九日立石。内容为“权法遣京西转运使张昇被旨诣嵩山崇福宫安挂御赐二门牌”。碑文草书，字径 5 厘米。二门牌是古时丧礼所设的灵牌，即牌位。碑文意为张昇受皇帝派遣，到崇福宫安设皇室祖先牌位，此碑对研究宋代皇帝祭祖礼仪有参考价值。

张昇安挂崇福宫御赐门牌碑

103. 西上阁门使高州刺史王温墓志铭（宋）

出土于新郑市小乔乡荆王寺，现藏于新郑博物馆。墓志呈正方形，边长 0.85 米，厚 0.35 米，志盖略小于志石，边长 0.72 米。盖上篆刻“宋故西上阁门使高州刺史王公墓志铭”。铭文李懋远撰文，李令将书丹，马贲篆盖，彭佑刊刻。铭文楷书，共 32 行，满行 37 字，共约 1200 字。

王温，字君直，王德用之孙。王温居官军政严整，纪律号令无不明审，料敌制胜，历任麟州兵马都监。

西上阁门使高州刺史王温墓志铭

104. 欧阳棐墓志铭（宋）

出土于新郑市欧阳寺村欧阳修墓地，现存于新郑博物馆。志石长 0.62 米，宽 0.6 米，厚 0.1 米。志盖上隶书“宋朝散大夫管勾南京鸿庆宫欧阳公墓”。墓志铭是其子欧阳棐自述，朝散郎王实填讳，李遘刻石。志文楷书，共 38 行，满行 38 字，共约 1400 字。碑文讲述欧阳棐的生平和坎坷曲折的政治生涯，字体端正秀丽，堪为小楷书法之上品。

105. 欧阳辩墓志铭（宋）

现藏于新郑博物馆。墓志长宽各 0.61 米，厚 0.1 米。志盖上篆刻“宋承议郎欧阳君墓铭”，墓铭是朝散郎知顿州军州事张荣撰，宋正功书丹。志文楷书，共 30 行，满行 32 字，共约 900 字。因志石剥蚀太甚，大部分文字无法辨认。欧阳辩，字季默，欧阳修第四子。生于皇祐元年(1049)，卒于建中靖国元年(1101)，享年 52 岁，有文采、善金石，官至承议郎，勋至骑都尉。死后葬于欧阳修墓旁。

欧阳辩墓志铭

106. 西京永安县公据碑（宋）

嵌于登封市少林寺碑廊南壁，宋崇宁四年（1105）二月刻，碣石为长方体，高0.6米，宽0.69米，厚0.8米，撰书者不详。碑文楷书，字径2厘米。碑文为永安县发的一则公文，记载了原属少林寺土地的四至范围及其执据，惜因风化剥蚀，句不可读。

107. "第一山"刻石（宋）

现存登封市少林寺碑廊，碑高2米，宽0.82米，厚0.09米，宋米芾草书，晋曲沃仇时古勒石，碑首为圭形，"第一山"3字的最大字径约为1米，用笔俊迈，肥润而有骨力，一气呵成，金石史书很少记载。书者米芾（1051—1108），世居太原（今属山西），后迁襄阳（今属湖北），后定居润州（今属江苏），字元章，号襄阳漫士、海岳外史等。官至礼部员外郎，人称米南宫。他能诗文，擅书画，尤擅临摹，精鉴别、收藏。他的书法博采众家精华，终自成家，以行、草最著，与苏轼、黄庭坚、蔡襄合称"宋四家"。

108. 如如居士题诗（宋）

此碣嵌于登封市少林寺初祖庵大殿西壁。宋大观元年（1107）十月二日刻，碑高0.37米，宽0.52米，行书，字径2厘米，诗文是如如居士为修建达摩祖师庵所题，共12行，满行10字。诗文曰："达摩旧庵，湮废日久，有三道者，自远方来，衣纸袍，食木食，愿居其侧，以奉香人，一日，五乳峰下四垂无云，甘露俄泽，大众欢喜，咸言希有，如如居士，抚掌大笑，做诗以贻之：达摩西来住此时，九年面壁阿谁知；因向道者庵中坐，偻感诸天昼护持。"此诗文是研究初祖庵历史的重要参考资料。

109. 欧阳愻墓志铭（宋）

现存于新郑博物馆。墓志长、宽均0.62米，厚0.12米。志盖大小与志相同。上刻隶书"宋齐州临邑县尉欧阳君墓铭"。墓志铭是其弟欧阳恕所撰，开封府掾赵希孟书丹并题盖。志文楷书，共37行，满行37字，共约1300字。志载：欧阳愻，字谊伯，欧阳奕之长子，欧阳修之孙。十一岁父死而孤，性资纯厚，外柔内刚，为官操行清洁。绍圣元年（1094）卒，享年30岁，政和三年（1113）四月迁葬于欧阳修墓旁。

欧阳愻墓志铭

110. 欧阳愬墓志铭（宋）

现存新郑博物馆。墓志长、宽均0.62米，厚0.13米，志盖大小与志相同，其上隶书"宋宣义郎知虢州朱阳县欧阳君墓志铭"，合州通判胡慎修题并书丹。墓志铭是蕲州通判刘湜撰文，标题是"宋宣义郎监虢州监知县事兼兵马监提举银监冶百家川两处银场欧阳君墓志铭"。志文楷书，共37行，满行37字，共约1300字。欧阳愬，字元直，欧阳奕之季子，欧阳修之孙。

111. "达磨面壁之庵"刻石（宋）

碑立于登封市少林寺初祖庵大殿后西亭前，"达磨面壁之庵"6字为宋代蔡汴书。碑高1.56米，宽0.78米，厚0.14米，字径高35厘米，宽27厘米，此书苍古可观，卓然超俗。《寰宇访碑录》和《中州金石记》均载："达磨面壁之庵额，蔡汴正书，无年月。"

欧阳翘墓志铭

“达磨面壁之庵”刻石

112.“面壁之塔”题字（宋）

现存于登封市少林寺内，宋宣和四年（1122）刻立。原为初祖庵面壁之塔塔额，蔡京书丹，范致虚立石。古塔已湮没，石额现存于少林寺碑廊，行书“面壁之塔”4个大字，款两行。书法雄放遒劲。清代陆增祥《八琼室金石补正》有著录。

113.般若波罗经残石（金）

现存于荥阳市贾峪镇洞林寺。石高0.5米，残宽2.04米。金大定七年（1167）原立于林溪大觉禅寺，字大如掌，王子履正书。金承安三年（1198）武义将军、郑州荥阳县令杨子晋复刻于洞林寺。般若波罗经，即般若波罗蜜多心经。此经在古代存世的佛经石刻中较为少见。

114.洞林寺大定残碑（金）

出土于荥阳市贾峪镇洞林寺。碑正、背两面刻文，均无标题。正面残存碑之左上角文字，其内容为歌颂某禅师，中有其徒为“守”字辈，未见书撰人姓名，刻于金大定二十一年（1181）。碑文为行楷书，书风介于苏东坡、黄庭坚之间，运笔精细，结构严谨，字里行间流露出浓郁的书卷气息。背面字稍小，与正面似出一人之手。中间被凿成一坑，所毁内容已不可知。所见文字有“刑村向有佛舍，向因兵革焚毁且尽，无僧主持，□至癸未……主持，于旧基址营建兴修，以于大定三年会……”这些文字是关于洞林寺较早的文字记载，说明洞林寺建设年代的久远。此残碑两面所存文字虽然不多，但对研究洞林寺之兴衰史及金代书法颇有参考价值。

115.大定重修中岳庙碑（金）

现存于登封市中岳庙内。金大定二十二年（1182）立。碑圆首龟趺，高3.9米，宽1.74米，碑文楷书，共33行，满行70字，黄久约撰文，郝史书丹，党怀英撰额。碑文记载重修中岳庙所需工料、民工消费、完成数目、时间等。其中对金宫廷制度和庙址迁徙都有详尽记载。清代景日昣《说嵩》赞此碑“唯此书结法遒劲，苍古可观”，此碑为著名的中岳庙宋金四状元碑之一。

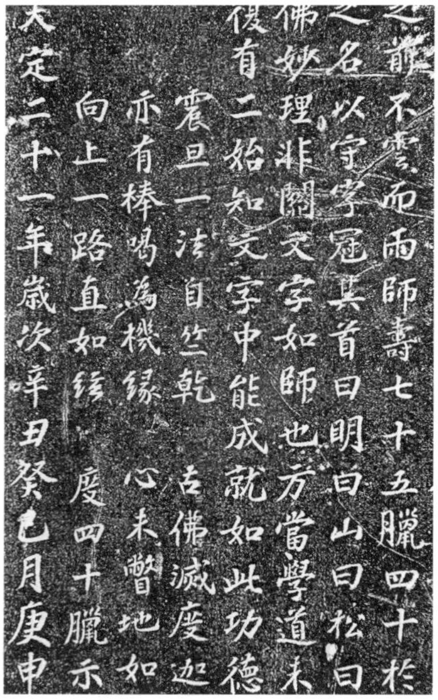

洞林寺大定残碑拓片局部

大定重修中岳庙碑

116. 重修唐忠臣李卫公庙记（金）

现存于郑州市管城回族区，全称郑州重修有唐忠臣李卫公庙记。金明昌二年（1191）十一月十五日刻立。碑高2.25米，宽1.03米，厚0.21米。额篆书“有唐忠臣李卫公庙记”，3行9字。马逢辰撰额，□疏撰文，游总书丹，碑文行书，共22行，满行40字。笔力清劲，结体旷逸，有赵孟𫖯书《百泉虚观记》之笔意。碑文记载郑州重修唐忠臣李卫公（李靖）庙的情况。

117. 苏轼稽首观音赞碑（金）

为大唐太宗文武圣皇帝龙潜教书碑的碑阴。原嵌于登封市少林寺达摩亭东壁，后置于少林寺碑廊，碑高1.07米，宽0.44米，厚0.15米，金章宗明昌三年（1192）摹刻，观音像为祖昭绘，赞文为苏轼（东坡）作，赞文12行，满行10字。教亨书丹，行书，字径2厘米，书法飘洒，颇具苏东坡书风。赞曰：“众生堕八难，身世随丧失；唯有一念在，能呼观世音；火坑与刀山，猛兽诸毒药；众苦萃一身，呼者常不痛；呼者若自痛，则必不能呼；若其了不痛，安用呼菩萨；当用救痛者，不烦观音力；众生以二故，一身受众苦；若能真不二，即是观世音；八万四千人，同时去赴救。”史书评：“此碑文意简洁，字体生动活泼，出新意与法度中。”此赞文原为郑州普照寺守辩于明昌三年（1192）摹刻。到大安元年（1209）少林僧人、书画家祖昭绘观音像时，又将苏东坡撰文、教亨书丹的赞文刻于画像上部，观音像高0.58米。详细情况由以下两则题记可进一步说明：

右下角首行题记：“大金大安元年八月初五嵩山少林道场怀众比丘用晦祖昭手绘此像命工刻石奉为保佑方丈虚明老师资荐先祖一切诸灵……”

左上角有题记：“明昌三年二月十五日中都潭拓传法住持，虚明老人教亨谨书寄韶峰住持嗣法小师了义，郑州普照住持嗣法小师守辩模勒。”

118. 毛大壮等赞西堂诗卷残碑（金）

现存于荥阳市贾峪镇洞林寺，2001年6月出土，青石质。碑高0.54米，残宽0.87米，刻立于金明昌四年(1193)十月。碑文行书,右残缺,所存者有金源安寿诗一句,大名毛大壮等五人四绝诗各一首,后为高陟跋文。此诗卷珠联璧合,诗、书皆成妙品。书风直夺晋人之神,深得王献之韵致,且自始至终,一气呵成,气息贯注,展精湛文艺,得神来之笔。

119. 承安重修中岳庙图碑(金)

现立于登封市中岳庙内。金承安五年(1200)刻立。以青石雕刻,通高 1.26 米,宽 0.73 米,厚 0.21 米。碑圆首方趺,周边阴线刻缠枝牡丹纹,额刻“大金承安重修中岳庙图”10 个行书大字,碑右边缝刻行书“尚书省委差监修太中大夫同知河南尹事梁襄”19 字,碑左边缝刻行书“修庙接手宫忠勇校尉汝南府录事宋元立石”,其下又有“承安五年三月中旬休日”。碑身阴线镌刻中岳庙全图,从图中可以看出,中岳庙为金代建筑形制,既保留宋制,又有皇宫气派。此碑为研究中岳庙的历史提供了详尽的史料,具有较高的研究价值。

承安重修中岳庙图碑

120. 佛顶尊胜陀罗尼经幢(金)

位于荥阳市京城路街道办事处平庄行政村扁担王自然村西南。该幢刻于大金泰和三年(1203),八棱柱体,高 7.4 米,由幢顶、幢身和幢座三部分组成。幢身有上、下两段,上段的主体为小八角形石柱,立于仰莲台上,其上四面开小龛,内均浮雕一坐佛;下段亦立于仰莲台上,主体为八棱石柱,高 2.1 米,每边宽 0.185 米,上刻“佛说父母恩重经”和“佛顶尊胜陀罗尼经”。在上、下两段幢身之间,置有华盖,上雕兽头、璎珞和宝相花。幢顶由宝珠、云盘和仰俯莲台等组成。该幢形体较大,结构复杂,造型优美,雕饰精美、华丽,为河南现存体形最大、保存最好的金代经幢。

2006 年 6 月,被河南省人民政府公布为第四批河南省文物保护单位。保护范围:以经幢边线向东 14 米(至民居),向北 15 米(至民居),向西 104 米(至京城路),向南 36 米(至康泰路)。建设控制地带:东、北自保护范围边线向外各扩 20 米。

佛顶尊胜陀罗尼经幢

121. 弥勒大士应化像(金)

嵌于登封市少林寺碑廊东壁,金大安元年(1209)刻,碣石高 0.76 米,宽 0.36 米,线刻的弥勒应化像为祖昭所绘,弥勒袒胸露腹,赤足,满脸笑容,手提一只布袋,中露一骷髅和诸宝物。其头顶浮现一朵云彩,云上有释迦牟尼端坐于莲台上,构思精妙,栩栩如生。教亨稽首赞,赞曰:“皮袋绽开大笑,露出骷髅诸宝;不须说妙谈玄,千日斋升蓬岛。”赞文楷体,字径 1.2 厘米。

122. 达磨祖师只履西归相(金)

嵌于登封市少林寺碑廊东壁。碣石高 0.76 米,宽 0.36 米,祖昭绘图,颂诗行书,字径 2 厘米。图中达磨光头,系耳环,身披袈裟,赤足,手中提一僧鞋。图上方有太白山普明颂诗:“达磨入灭太和年,熊耳山中塔庙全;不是宋云葱岭见,谁知只履去西天。”落款:“太原比丘祖昭继明谨书,大安己巳(大安元年即1209年)嵩高少林重刊。”根据碣石右下有“西洛永安军牛儿镇刘浙等施镌前张道笔石古刊,住少林惠初记”,说明金代以前已有碣石,石毁后,到大安元年又重刊。另碣石左上留有金兴定壬午端月二十一日即兴定六年(1222)的题记,为“庆寿教亨稽首赞、法王祖昭顿首谨书”。赞曰:“达磨当年住少林,武牢人去觅安心,安心不见安心法,正脉通流直至今。”显然,兴定六年题记在后,应是在大安元年所刊之碑上的添刻。此图来自《五灯会元》一书,据《五灯会元》记载,达磨圆寂后三年,魏朝使臣宋云奉命出使西域,途经葱岭,见达磨手提一只鞋,飘然西去,宋云问之,祖师曰:“归西去。”宋云从西域归,说了遇见达磨只履西归之事。人们便往达磨葬地的熊耳山空相寺(寺位于河南省陕县、渑池县、宜阳县交界的熊耳山下)挖掘了达磨墓,见墓内只有空棺和一只鞋。至此,达磨只履西归的故事便传播开来。

弥勒大士应化像

达磨祖师只履西归相

123. 尚书礼部敕奉牒文(金)

现立于登封市颍阳镇玄都观,金贞祐三年(1215)七月十四日刻,崇阳观冯智道刻立,铭石高0.7米,宽0.68米,厚0.12米。碑文内容为:“尚书礼部据潞国大长公主王传驸马都尉吾古论于唐州比阳县(今泌阳)第一乡高邑店,有岱岳庙壹所,内有圣像,木有名额,今□宫中买到空名观额壹道,施与登州栖霞县太虚观静无为自然应化,洪教大师丘处机同住持道观大师冯智道,据此牒奉敕可赐重阳观,牒至准敕故牒。”其中,“尚书礼部”“牒奉敕可赐重阳观,牒至准敕故牒”字体特大,行草,字径7—9厘米,余为小楷,字径1—1.5厘米。

124. 贞祐重修清凉禅院记（金）

现存于登封市西10千米的清凉寺内。金贞祐四年(1216)刻立。碑高2.1米,宽0.82米,厚0.25米,孔昭书丹。碑文叙述重修清凉寺的经过,是研究该寺沿革的重要资料。

125. 重修面壁庵记（金）

现立于登封市西北10千米初祖庵内。金兴定四年(1220)作文,兴定六年(1222)立石,通高0.48米,宽1.07米。碑文楷书,共48行,满行22字。李纯甫撰文,性英书丹。碑文内容主要是畅谈佛学要旨,论证儒、佛得失,充分反映出当时思想领域内儒、佛之争的一个侧面。

李纯甫,字之纯,号屏山居士,金代弘州襄阴人,承安二年(1197)中进士,曾三次入翰林,晚年归隐,与禅僧士子游。《金史》有传。

126. 志隆赞二祖大师像（金）

现立于登封市少林寺碑廊东廊。金兴定五年(1221)三月刻。石高0.73米,宽0.64米,厚0.15米,少林寺住持嗣祖比丘志隆谨赞,赞曰:“五乳峰前,断臂立雪;求法安心,法无可说;觅心不得,狂机顿灭;结草石城,凡圣绝路;邺都城里恣调整,万载嘉声播不彻。”像高0.63米,为禅宗二祖慧可身披袈裟,右手提左袖于胸前。

127. 新修雪庭西舍记（金）

现立于登封市西北10千米初祖庵内。金兴定六年(1222)立。碑通高0.45米,宽0.78米。碑文楷书,共32行,满行19字。李纯甫撰文,德月书丹。碑文内容仍是李纯甫论证儒、佛得失,与兴定四年撰文的《重修面壁庵记》内容相近。

新修雪庭西舍记

128. 嵩山圣竹林寺重修罗汉感应记（金）

原嵌于登封市三祖庵金代砖塔塔身背面。金元光癸未,即元光二年(1223)重阳日刻。铭石高0.45米,宽0.63米,撰书者不详,铭文15行,其中两行提及功德主人名,为行15字,其余满行14字。铭记元光二年季春登封人郭道宁游此,“瞻礼之间忽见金光于洞前,虚空结成金塔”,于是自备工物而建现存之塔。又正兴功间,有鲁山县王、高、邓三人游山到岳寺北,见□僧以手指曰:北有竹林寺可住。三人行,回顾,僧已失所在。

129. 二祖慧可大祖禅师像（金）

嵌于登封市少林寺碑廊东壁,金元光二年(1223)刻。碑高1.3米,宽0.69米,李桢赞,志隆建,祖昭绘,像高0.73米,肩宽0.53米,图解、落款均为楷书,字径1厘米。画面上慧可身着袈裟,右手提左袖。画像旁共有李祯和行秀两篇赞词。其中李祯赞曰:“稽首我师,禀大根器;舍身求道,何况于臂;断臂必安,孰能描写;难尽赞扬,摩诃般若。”相传达摩正在初祖殿面壁,神光站于殿门外等候达摩,请求祖师传授能够“了生死”的佛法真谛,然而,祖师专注面壁,根本不理会他。神光为求真理,久立不动。终有一夜,天降大雪,雪深没膝,一直到天明,祖师才问:“汝久立雪中,当求何事?”神光含泪说:“愿知晓了生死的法门。”达摩指着天说了句“天降红雪”,又说“汝去左臂”。意为让他到祖师左臂这边,而神光理解为“去掉左臂”，便当即用戒刀自断左臂，血溅雪地。这种“断臂求法”的精神，令祖师感动，终于传授其“不著文字，明心见性”的禅宗真谛。达摩对神光说：“诸佛最初求道，为法忘形，汝今断臂吾前，求亦可在。”说罢为神光改名“慧可”，意思是二祖“为法忘形”，断臂染雪，他的慧根可以了。

130. 清凉相禅师塔铭并引之碑（金）

现存于登封市清凉寺。金正大二年（1225）七月刻。圆首，额隶书“相禅师墓志铭”，竖3行，碑高1.12米，宽0.59米，厚0.15米，儒林郎中同州录事判官兼史院编修官元好问撰文，□列大夫应奉翰林文字□知制诰李献能楷书，翰林侍读学士□□大夫礼部尚书知制诰赵秉文题额，碑文29行，满行45字，字径1厘米。此碑对研究撰文人元好问生平有一定价值。

清凉相禅师塔铭并引之碑

131. 玄悟老人劝请亨公住潭拓（金）

现存于登封市法王寺。金正大二年（1225）刻，碑高0.86米，宽0.79米。碑文记述了玄悟老人劝请教亨主持潭柘寺之事。亨公，即教亨（1149—1219），俗姓王，济州任城（今山东济宁）人，曾为潭柘寺住持，后又在少林寺任住持，享年70岁，清代景日昣《说嵩》载：“教亨，坐道场于嵩山之戒坛法王，徜徉嵩少间者数年。”

132. 给付法王寺常住收执日夕照用碑（金）

现存于登封市法王寺。金正大五年（1228）正月初七日刻立。碣石高0.5米，宽0.62米，右下角残。碑首序文行书8行，碑文楷书，字径3厘米，已剥蚀不清。从可识之句领略大体内容为给付法王寺常住收执的原因，盖有官府和县令印章，对研究当时官府制度有一定意义。

133. 改修后土勾龙神庙之碑（金）

原立于登封市颍阳镇中灵山中岳行宫内，后移李庄村嵌于勾龙庙前壁。全称“大金中京金昌府登封县颍阳镇北改修后土勾龙神庙之碑”，金正大七年（1230）秋九月刻。圆首，上部泐，额篆“□修勾龙庙记”，碑高1.55米，宽0.72米，儒林郎武骑尉赐绯银鱼袋葭州防御判官李仲绅述，乡贡进士张大圭楷书，凤山李嵩篆额，石匠韩成镌刻。碑文28行，满行61字，字径1.5厘米，记述了改修后土勾龙神庙之事。《说嵩》载：“勾龙庙碑在颍阳镇北五里，庙兴于宋时，今庙毁而碑犹存。”

134. 石柱岗经幢（金）

位于荥阳市豫龙镇石柱岗村。刻立于金代，高约6米，由幢顶、幢身和幢座三部分组成。幢座约高1.5米，也分三部分：下部为下小上大的4块梯形石组合；中部为鼓状的圆台形石墩，石墩四周皆有兽头浮雕；上部则是一个突出于石墩的仰莲台，整个底座厚重、敦实。幢身高约2.5米，呈八棱柱体，正北面上方刻有“朱氏宗族图记”5个俊秀的正楷字，东北、西北两面无字，其余五面均刻有经文。幢顶也由三层构成：底层为八棱短柱，比柱身稍大，周身皆雕饰动物纹样及简单的线纹；之上立一小四棱柱，每面刻一浮雕佛像；棱柱上方又立一八角石亭，共四层，自下至上逐渐缩小。该幢形体较大，造型优美，为金代佛教石刻建筑代表作品。

2016年1月，被河南省人民政府公布为第七批河南省文物保护单位。保护范围：以石幢为永久性坐标点，从该点向北3.5米，南至民房，东、西各4米。建设控制地带：同保护范围。

135. 重修中岳别庙记（元）

原立于登封市颍阳镇借钱庙内，后移至城隍庙。圆首方趺，元至元二十七年（1290）秋九月刻。碑高1.39米，宽0.66米，厚0.14米。前翰林国史院编修官兼兴文署丞尚野撰记，记述了重修中岳别庙之事。碑文楷书，字径2.5厘米，共19行，满行36字。宋世杰楷书并题额“中岳别庙之记”，阳刻楷书。石匠申贵、李贵刊，道士胡志清、徒张志久立石。

重修中岳别庙记

重建风后八阵图碑

136. 重建风后八阵图碑（元）

现存于新密市刘寨镇刘寨地云岩宫。元至元二十七年重刻。蟠首龟趺，碑身高2.13米，宽0.92米，碑文楷书，共18行，满行50字。孤独及撰文，刘道源书丹，靳壄夫篆额。碑题“重建风后八阵图碑”，碑文主要记述战争产生的原因，风后八阵图的妙用。碑文书体工整，刚劲而又俊逸，颇具柳体风格。此碑曾被收入《寰宇访碑录》和《中州金石目》。

137. 泰公禅师之碑（元）

现立于登封市少林寺塔林内中部。圆首方趺，元至元二十八年（1291）刻。高1.58米，宽0.72米，厚0.14米，洛京馥鹤山空然普秀撰文，当山住持传法嗣祖沙门永达书丹并篆额，篆额“少林住持泰公禅师之碑”，碑文楷书，字径2厘米，字体剥落尤甚。

泰公禅师之碑

138. 广禅侯庙祭几铭（元）

现存于荥阳市乔楼镇张村庙村原小学。青石质，刻于元至元三十年（1293），曹珏撰文，兀玉正书丹。祭几内容记述徐甫于1232年被掳而北，1235年局势稳定回到老家时，田宅已被他人占有，56年后，徐甫在家乡购地以葬先人，并植柏树200余棵以完成心愿和供祭的经过。撰文者曹珏用"宋朝朝奉大夫孙"的署名,一个在元朝生活多年的文人,借用了一百多年前祖上宋朝的官衔,这种署名十分罕见。

139. 法王寺复庵和尚塔铭碑(元)

现立于登封市法王寺未来佛殿后。碑圆首方趺,元元贞二年(1296)七月十五日刻。高1.90米,宽0.77米,厚0.22米,闫复撰文,严忠济篆额,觉亮书丹,洛阳刘庭秀刊刻。碑额篆"复庵和尚塔铭",字径长12厘米,宽9厘米,碑文楷书,共24行,满行54字,字径2厘米。碑阴刻"复庵宗派嗣法",碑周围刻图案花边,宽4厘米。

法王寺复庵和尚塔铭碑局部

140. "月光图"碑(元)

嵌于登封市少林寺碑廊东壁。元大德八年(1304)刻制。碑高0.77米,宽0.42米,提点僧智利立石,撰写、书画人不详。碑文楷体,题为"少林月岩稽首赞",文曰:"幻人呈幻事,依幻非真相,真灭幻亦灭,了无相可得。"画面想象丰富,自上而下为月光、云彩、柳枝、宝瓶、水,图中一菩萨戴金冠、璎珞立于荷叶舟内,飘带与水一起飘动。

"月光图"碑

寇谦之传碑

141. 寇谦之传碑(元)

现置于登封市崇福宫。元大德十年(1306)七月刻立。碑圆首,雕二龙戏珠,龟趺。碑阳文字三层,共25行,草书,字径5厘米,内容为蒲察大使索海市诗文,字迹潇洒可观。碑末阴刻"丘"字,字下有钤印,印文为"玄门演道口宗师之印"。碑阴刻传文,额题"寇英本传",篆体,题为"后魏嵩山辅真寇天师传"。传文25行,行存37字,隶体,字径2厘米,内容记述北魏时期有名的道士寇谦之曾在嵩山传教等事迹,为宋高主崇德悟真大师贾善翔撰文,八分隶书,字迹端雅清秀。碑下部残缺。此碑对研究道教发展史及寇谦之生平有重要价值。

142. 少林寺复庵和尚碑(元)

现存于登封市少林寺院内。元大德十一年(1307)正月刻立。少林寺嗣祖传法住持沙门永达撰文,少林寺书记普顺书丹。碑高1.76米,宽0.82米。碑文楷书,共26行,满行47字。书近欧体,结构严谨,一笔不苟,颇有骨力。碑文详细地记述了复庵和尚的生平行迹。复庵和尚原法名圆照,字寂然,复庵为其号,山西上党(今长治)人,俗姓李,童年出家,16岁受戒,勤学苦修,后终成大器。

少林寺复庵和尚碑

仁宗皇帝赞达摩碣石

143. 仁宗皇帝赞达摩碣石(元)

现嵌于登封市少林寺碑廊东壁。元大德十一年(1307)二月刻立,提点智利立石。碣石高0.76米,宽0.39米。额题"仁宗皇帝赞",赞文楷书,共8行,满行5字,字径2厘米,上刻覃怀乐亨画的达摩像,像高0.38米。赞文曰:"坤之上,乾之下,中间一宝难酬价,十万里来作证明,面壁九年不说话,如何赞,如何画,一回举起一回怕。"

144. 少林提举兴福普照藏云碑铭并序(元)

现立于登封市少林寺塔林中部藏云禅师塔后。碑圆首方趺,碑身高1.73米,宽0.76米,厚0.18米。字体剥落较甚,仅可从碑文看出禅师俗姓张,僧名惠山,元至大元年(1308)七月十六日圆寂,此碑当刻立于此时。碑文由太原白居敬撰,有字22行,满行39字,林可则篆额,额题"山公庵主之碑",碑文由素让楷书,字径2厘米。据此碑前塔铭可知:"师方七岁,夙舍出家,礼祖庭少林寺住持雪庭长老为师,旦暮侍侧,尊奉教诫,英慧日进。其雪庭大和尚常被恩照,住持天都大万寿寺,为都僧省。师左右雪庭,不禅劬劳,数赵龙沙。其后于祖庭足庵席下,请为监寺;其后又于林长老席下,又请为都提点。"碑铭对研究雪庭禅师禅宗派系有一定参考价值。

145. 古槐诗碑(元)

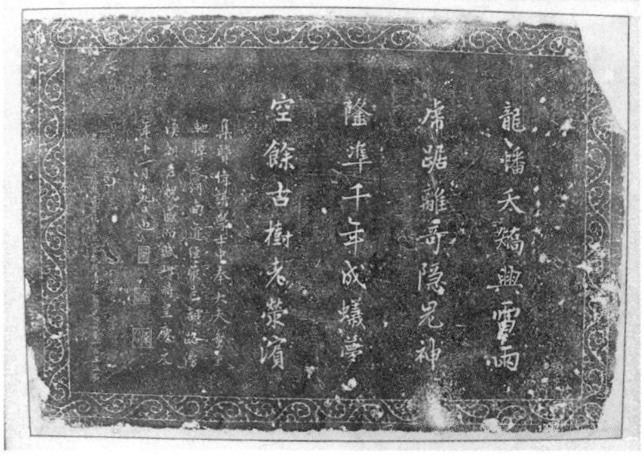

古槐诗碑

碑原立于荥阳文庙,后征藏于荥阳市文物保护管理中心。元皇庆元年(1312)刻。碑身高0.64米,宽0.96米。童童撰文并书丹。童童为元集贤侍讲学士、阶中奉大夫,是当时著名学者。此碑书体为行楷,通篇布局巧妙,字距紧缩与行间宽阔对比鲜明,给人以爽朗之感。字形别致老到,字字独立,毫无映带,但每字之中皆有行书笔意,颇受唐人李邕书法影响。本诗为童童驰驿河南,道经荥邑,观路旁汉朝老槐,有感而赋。诗文曰:龙蟠夭矫兴雷雨,虎踞离奇隐鬼神。隆准千年成蚁梦,空余古树老荥滨。

146. 孙显神道碑(元)

现置于登封市卢店镇至唐庄镇的公路西侧,元皇庆元年(1312)岁次壬子丙寅朔月初八日刻立,全称大元故少中大夫怀孟路总管兼管诸军奥鲁管内劝农事孙公(孙公讳显,字荣甫)神道碑铭并序,圆首,篆额"故怀孟路总管孙公神道碑铭"12字,碑高3.55米,碑身高2.42米,宽1.07米,厚0.28米,集贤大学士荣禄大夫翰林学士承旨知制诰兼修国史姚燧撰文,记述了孙显修路的功德。翰林学士承旨资善大夫知制诰兼修国史刘赓书丹楷书,嘉议大夫礼部尚书郭贯篆额,碑文29行,满行69字,字径2.5厘米,孙洪毅立石,洛阳刘庭秀镌刻。

147. 月岩长老碑铭并序(元)

现嵌于登封市少林寺碑廊东壁,元皇庆元年八月刻。现断裂为两部分,一半残高0.68米,宽0.76米,撰书人不详,首行刻"少林禅寺住持第八代嗣祖沙门月岩长老碑铭并序",楷体,字径2厘米。另一半残高0.65米,宽0.76米,两侧和下部均有宽3厘米的卷草花边。碑文楷书,共23行,满行23字,字径2厘米,首行题有"汾溪撰","少林书记普顺书",内容为月岩生平事迹。

月岩长老碑铭并序

148. 洞林寺元代圣旨碑(元)

现存于荥阳市洞林寺内。碑高2.4米,宽1米,厚0.31米,盘龙碑首,碑文非汉语文法,碑前后刻有羊、鼠、鸡、牛等年次,当为干支中的未、子、酉、丑。所颁的两道圣旨:一道懿旨,一道法旨,大意指洞林寺的一切归寺院所有,土地田园等可以不纳税。此碑对于研究元代的语言史、文字史和宗教政策有重要意义。

洞林寺元代圣旨碑

149. 中岳投龙简诗碑(元)

现位于登封市中岳庙内。元皇庆二年(1313)五月立,碑高1.3米,宽0.72米。吴全节诗,玄逸法师谢君与书丹。碑文行楷,共18行,满行26字。碑前段为序,后段为五言诗一章,记载了当时为祈雨将金龙玉简投入诸嵩洞之事,抒发诸臣奉诏为当朝圣帝投玉简的心情。书体楷书兼行,流畅不羁。诗曰:"阳城天地中,坤灵奠神岳;积翠千层霄,元气远盘礴;降神生申甫,形势控伊洛;谽谺虎豹蹲,偃蹇蛟龙跃;猛士横戈矛,奇阵出帏幄;簇簇罗旌旗,巍巍耸古阁;玉镜为谁开,金匮为谁钥;远近列画图,周遭峙郛郭;万状不可名,起伏五连络;皇皇圣帝居,历代重封爵;老柏浮苍烟,古殿蚀丹臒;天朝混华夏,秩礼特优渥;皇庆二载春,宵旰轸民瘼;有旨醮长春,玉简命新琢;诏臣走登封,香币致虔恪;邃洞藏宝符,琼音降笙鹤;三呼今复闻,祥风度无乐;小臣奉明祀,三使陟云崿;箕山胜可家,颍水清可濯;遐想饮牛人,高风动寥廓;赐玦知何时,分我云半壑;歌诗靳嵩珉,用赞圣人作。”碑阴为王守诚书颂岳神之圣德贤明。

150. 少林寺元代圣旨碑(元)

置于登封市少林寺大雄宝殿前月台下西侧,六龙盘首,龟趺,元延祐元年(1314)孟冬吉日将四道圣旨合刊一石。全碑通高3.775米(其中碑额高0.78米,碑身高2.48米,龟趺高0.515米),宽1.18米,厚0.325米。碑阳和碑阴分别用汉字和回鹘式蒙古文、八思巴字,刻记了蒙哥汗、忽必烈汗、元仁宗颁布的圣旨。全碑共分四列,碑阳和碑阴互相对照,内容完全一样:第一列刻蒙哥汗于牛儿年(1254)颁给少林寺长老的圣旨,共15行;第二列刻忽必烈汗于中统二年鸡儿年(1261)颁给少林寺长老的圣旨,共39行;第三列刻忽必烈汗于至元五年龙儿年(1268)委付肃长老为河南府路众和尚提领的圣旨,共49行;第四列刻元仁宗爱育黎拔力八达于皇庆元年鼠儿年(1312)颁给河南府少林寺、空相寺、宝应寺、天庆寺、维摩寺长老、提点、监寺为首和尚的圣旨,共32行。牛、鸡、龙、鼠年次当为干支中的丑、酉、辰、子。此碑为研究蒙古语言史、文字史,元代的宗教政策、政治制度以及少林寺的历史沿革都有重要价值。

少林寺元代圣旨碑

151. 少林寺裕公道行碑(元)

现存登封市少林寺院内。元延祐元年十一月刻立。龙首龟趺,通高3.85米,宽1.4米,厚0.43米。郭贯篆额,程钜夫撰文,赵孟頫书丹,耶律德思镌刻。僧慧庆、普就等人立石,额题篆书“皇元赠大司空晋国公少林大宗师裕公道行碑铭”。碑文行书,共31行,满行70字。碑阳首行题“大元赠大司空开府仪同三司追封晋国公少林开山光宗正法大禅师裕公之碑”。碑阴额题楷书“少林开山雪庭宗派”,额下刻嗣法门人重发孙、落发师等人的法名,小楷,刘庭秀刻。碑身两侧,有明隆庆元年(1567)陕西监察副使于唯一及他人未署纪年的游历题记3则。碑文记述了裕公禅师的生平及住持少林寺前后备受元朝皇帝推崇并多次得到奖赏的情况。

少林寺裕公道行碑

裕公,即福裕,山西文水(今太原)人,幼从行秀大师学法,后元世祖命其往少林。后加封他“光宗正法禅师”名号,赠封大司空、开府仪同三司,死后追封晋国公、少林开山住持、光宗正法大禅师。裕公在少林寺度化门徒千余人,名声极大,在中国佛教史上享有盛名。

此碑书者赵孟頫(1254—1322),为元代著名书画家。《元史》本传称其“篆、籀、分、隶、真、行、草书,无不冠绝古今,遂以书名天下”。对此碑明安世风《墨林快事》中评曰:“唯恐奇之不外见,固是书之一法,然亦发扬盛矣。其长处遂与北海争长,而其弊处遂浸浸乎凝式,即之之靡。”此碑在赵崡《石墨镌华》、盛时泰《苍润轩碑跋记》、叶封《嵩阳石刻集记》、刘青藜《金石续录》、景日昣《说嵩》、李光映《观妙斋藏金石文考略》和钱大昕《潜研堂金石文跋尾》等书中均有著录。

152. 法王寺月庵海公禅师道行碑（元）

现竖于登封市法王寺未来佛殿后。元延祐三年（1316）五月刻。碑圆首方趺，碑高1.65米，宽0.8米，厚0.23米，碑文共28行，满行47字。思微撰文，子和书丹并题额“月庵海公禅师道行碑”9字，额和文均为楷书，字径分别为7厘米和2厘米。碑文记述海公禅师生平时曰：“躬仰我师，本贯降之翼城人也。杨姓也，福海法讳也，月庵自号也。裔积善因，二亲明达，为师值孩时，凝然丰彩，唯乐佛像，容止不凡，遂舍出家于香云寺，礼诚公讳主大和尚为师，班于行辈，气清沿袭，日课习经，受无室塞，洒扫应对，皆合善缘。剃发训名，以旌其兆，名曰福海。”

153. 请疏碑（元）

现立于在登封市少林寺碑廊。元延祐五年（1318）六月刻立。碑文为元皇庆二年（1313）的疏文。碑阴是嘉靖四十五年（1566）仲春望日刻《释迦如来双迹灵相图》。碑高2.25米，宽1.07米，厚0.22米。碑阴的中部刻释迦佛祖双足迹，迹印内绘宝瓶、鱼剑等图样；上部刻释迦牟尼和两菩萨像，皆盘膝入座于莲花之上；下部刻释迦佛“手”迹。二天王分左右侍立，以示护卫，并有文字说明双迹之由来。

154. 建玄观记（元）

现立于登封市颍阳镇安寨村玄都观。元延祐六年（1319）刻。圆首，额篆“建玄观记”，碑周线刻花草图案，碑身高1.6米，宽0.68米，厚0.25米，提点高道崇撰文，玄学提点张建倩书丹，儒生贾复诚镌刻，均为洛阳人。提领包道人易继昌、易继善立石。全碑24行，满行52字，楷体，字径2厘米，因碑文大部漫漶，只可领略大体内容：全真教龙门派先师邱长春，于金正隆己卯间即正隆四年（1159）遇王重阳，领略修身治国之要，长春宫设普天大醮，其徒从师兴焉。师常来往之嵩颍，在这山明水秀、土沃人醇之养诰之所，披荆筑坦墉，扩展基地，建造玄观，成为一方之佳处。观既落成，师脑志清，虑其岁月，逾远先师勤绩。撰碑者依其创业之艰辛，按状摭实而为之记。碑文记载全真教祖师王重阳和教主邱长春（处机）之一生事迹，立碑者均为提点、提领、提举等当时各地道教负责人，碑文对研究道教发展史具有重要参考价值。碑阴传为宋欧阳修撰“欧阳文忠公诗三篇”。

155. 元好问题诗碑（元）

现存于新密市南超化寺内。元至治二年（1322）二月刻石。碑呈长方形，高0.38米，宽0.5米。勃海大颙书丹。碑前半部分为行草书体，题诗一首：“西风袅袅度僧窗，尽得诸山草木香。却恨汴梁三日醉，不来此处过重阳。”碑后半部为超化寺和尚对元好问游超化寺题诗的记述，文曰：“遗山先生文章、诗律妙于天下。丙辰暮秋过游超蓝，此诗留题于主僧仁公方丈，岁远恐其湮没，今以传次诸石。时至治壬戌春二月二日。勃海大颙顿首敬书，主持山主沙门净懿立石。”元好问，字裕之，号遗山，著名文学家。秀容（今山西忻州）人，兴定进士，仕至行尚书省掾、左司都事，金亡不仕。诗文为一代宗工。其在元延祐三年暮秋曾游超化寺，留诗与超化寺

元好问题诗碑

住持僧仁公方丈。诗碑现保存完好,曾收入《寰宇访碑录》和《中州金石目》。

156. 照公和尚塔铭（元）

现位于登封市少林寺塔林菊庵长老灵塔上,全称“显教圆通大禅师照公和尚塔铭并序”。元后至元五年(1339)刻。碑高0.84米,宽0.64米,碑文楷书,共25行,满行40字。邵元撰写。文义简洁,语言流畅,感情真挚,书法亦佳。邵元为日本山阴道但州正法禅寺住持,后至元五年曾在少林寺担任首座僧职。他写的碑文洋溢着中日两国人民的友情,为两国文化交流作出了贡献。1973年,郭沫若挥毫为之题诗一首:“邵元撰写照公塔,仿佛唐僧留印年。花落花开沤起灭,何缘哀痛着陈言。”

157. 清河郡侯张思忠神道碑（元）

原立于巩义市东南5千米站街镇大黄冶村西岭上,现存于巩义文物保护管理所。该碑全称为元故陆中奉大夫河南江北等地处行中书省参知政事护军追封清河郡公张公神道铭。石碑通高4.2米,宽1.1米,厚0.31米。欧阳玄撰文,巎巎书丹,张起岩篆额。额题篆书“大元敕赐河南行省参知政事张公神道碑”,分3行,共17字。碑文行书,共28行,满行70字。此碑是张思忠之孙张惟敏任吏部侍郎时奉敕而立,于元至元六年(1340)九月建。碑文详尽记述了张思忠的生平世系及其功德。该碑撰文、书丹、篆额皆为元朝之名家,文辞清丽流畅,朗朗上口,书法亦结构疏朗,笔法峻劲,风神秀逸,颇见功力,篆额清秀俊逸,实为上品。该碑书者康里巎巎,字子山,《元史》称其:“善真行草书,识者谓得晋人笔意,单牍片纸人争宝之,不翅金玉。”《书史会要》中云:“巎巎刻意翰墨,正书师虞永兴,行草师钟太傅、王右军,笔画遒媚,转折圆劲,名重一时,评者谓国朝以书名世者,自赵魏公后,便及公也。”康有为在《广艺舟双楫》中云:“元康里子山,明王觉斯,笔鼓宕而势峻密,真元、明之后劲。”均对其书法做出了较高评价。张思忠等人不见于《元史》,但在当时都有一定的地位和影响。此碑的发现,为研究元史增添了史料,具有较高的历史和艺术价值。

158. 息庵禅师道行碑（元）

现位于登封市少林寺院内,全称河南府路登封县嵩山祖庭大少林禅寺第十五代住持息庵禅师行实之碑。元至正元年(1341)三月刻立。碑通高2.32米,碑身高2.15米,宽0.9米,厚0.18米。僧吉益祥篆额,日本僧人邵元撰文,中国僧法然书丹,僧法容等立石。额题篆书“息庵禅师道行之碑”8字,碑文楷书,共24行,满行51字。碑阴刻楷书“息庵禅师宗派之图”,下刻嗣法及落发小师名字多人,再下刻明万历年间游人题诗。碑文详尽记述了息庵祖师的生平世系及功德,撰者将其对佛教的贡献同曹洞宗的投子义青、雪庭福裕等少林寺高僧相比。

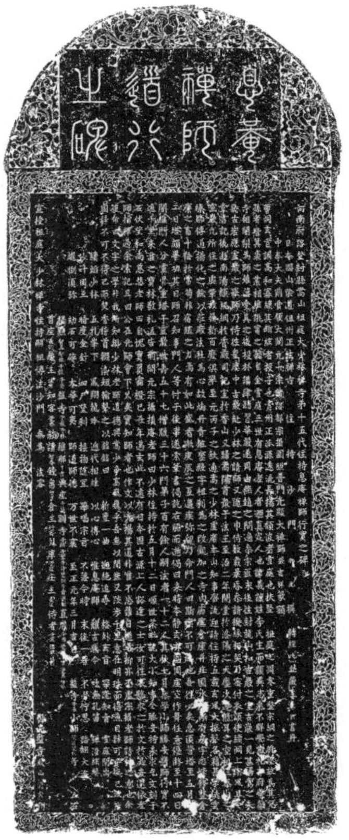
息庵禅师道行碑

159. 洞林寺大藏经碑（元）

现位于荥阳市贾峪镇寺河村洞林寺内。刻立于元至正二年(1342)。蛟龙碑首,高2.4米,宽1米,厚0.31米。正面刻《大藏经》,行书,700字,背面刻洞林历代派分图。

洞林寺因早期寺内僧人多在窑洞内做佛事,故得名。洞林寺始建于汉,盛于唐、宋、元、明。寺有洞林三景——白玉佛、洞林晚钟、楚金炉享誉四方。明周靖王卒葬于寺后,遂称王家之佛堂。经多年战乱,洞林寺在清末开始衰败。距今已有1800多年历史的古刹,与少林寺、竹林寺合称为“天中三林”。

洞林寺大藏经碑

160. 白居易诗碑(元)

嵌于登封市少林寺钟楼前“皇唐嵩岳少林寺碑”牌楼南墙壁。刻立于元至正三年(1343),少林寺住持无为立石。碑长1.1米,宽0.42米。碑文刻诗两首:一为唐白居易写的《自龙潭寺与三五贤游少林寺》,诗文描述白居易等人步履游九龙潭及少林寺之情景。行书,正文字径3厘米。诗前序曰:“余闻白集游嵩岳记久矣,内有题少林寺诗,不见其本,后于登封尉龚得之,故疏略序众。皇宋庚寅祀即刻石,以示将来。”诗曰:“山屐田衣六七贤,搴芳蹋翠弄潺湲。九龙潭月落杯酒,三品松风飘管弦。强健且宜游胜地,清凉不觉过炎天。始知驾鹤乘云外,别有逍遥地上仙。”另一为元代偃师主簿郑棐题《游少林寺》,诗曰:“一重山隔一重云,一涧花藏一涧春。泉石任渠轻俗客,烟霞元自重高人。指开松影杖头湿,踏破苔根屐底新。笑我青衫未归老,萧萧鞍马叹红尘。”碑文为楷书,无书写人。

161. 法王寺学公禅师道行碑(元)

现竖于登封市法王寺未来佛殿后。元至正六年(1346)刻。圆首方趺,花边宽3.5厘米,灵泉野衲正济撰文并篆额,张惟暹书丹,道人张德泽刊,碑高1.67米,宽0.82米,厚0.17米,额题“学公禅师道行之碑”,字径6厘米,碑文27行,满行41字,行书,字径2厘米。碑文叙述学公初出家为僧,曰:“师讳了学,道号无能,乃本郡曲河刘氏之子。自孩童所措者,向善人见,皆言:天然释子也。及六岁,父母弃,出家礼法王无庵大和尚,落发为沙弥。苦练经业,兼目百家。至年十五,登坛受具,行蜡精岩。一日,亲教退归东原洪福小刹,师随朝夕问道,甚有明白。又闻月庵受万寿疏,师翻身赴都,侍月庵入院,不期告香,列众入室,室中勘辨,如珠走盘,若电旋空。”

法王寺学公禅师道行碑

162. 大元重建达摩大师碑(元)

现竖于登封市少林寺院内。元至正七年(1347)少林寺住持淳拙等人立。龙首龟趺,通高5.7米,碑身高3.33米,宽1.5米,厚0.43米。赵世安篆额,欧阳玄撰叙,梁武帝萧衍撰文,康里巎巎书丹,额题篆书“大元重建萧梁达摩大师碑叙”12字。碑文为楷书,共30行,满行94字。碑阳有游人所刻题记4则。碑文内容分为两部分,一部分为梁武帝所撰“菩提达摩大师颂并序”,主要记述达摩来中国的情况;另一部分感叹梁武帝为其所建巨碑之泐毁,赞扬元太皇太后命诸臣重建此碑的功德。梁武帝对达摩的佛学造诣作了高度评价和赞颂,对达摩生前的业绩作了总结性评述,并说明达摩死后为其建碑之由。

碑阴刻《初祖菩提达摩来往实迹之记》一文，淳拙文才衷集，侍锡行密书丹，正书36行，满行100字。此碑在清代景日昣《说嵩》、李光映《观妙斋金石文考略》和武亿《金石三跋》等书均有著录。

大元重建达摩大师碑

中岳庙元代圣旨碑

163. 中岳庙元代圣旨碑（元）

刻立于登封市中岳庙中岳嵩高灵庙碑西侧，系后至元元年（1335）元顺帝妥懽帖睦尔口授的“圣旨”碑。碑高3.08米，宽0.93米，厚0.32米，文中除写了蒙古语的汉语音译外，还有伊斯兰教徒的波斯语音译及宗教界的行业语，社会上的方言土语和其他特殊词语等。文意大略为：军官、军人对中岳庙的一草一木，要严加爱护，不得损坏。碑阴为：元至正八年（1348）八月十三日刻，上书“中岳庙”3字，题有提领淳素安静大师周志真、提举德义仁和大师任道真等17位大师的名字。为前提点弘玄养浩仁和大师周德俭楷书，字径2厘米，知书崇真弘道明德大师董德顺题额，崇福宫纯素大师王德敬刊。

164. 珪公禅师行状之碑（元）

现立于登封市少林寺碑廊。圆首方趺，元至正九年（1349）七月刻，碑高1.72米，宽0.88米，厚0.25米，蔡世贵撰文，福澄书丹，“珪公禅师行状之碑”8字为篆额，碑全称为嵩山祖庭少林禅寺第十一代住持凤林珪公禅师行状之碑。碑文楷书，共29行，满行45字，字径2厘米。碑阳颂曰：“乙酉之春，寂而有神。自个难比，如秋月轮。世有□教，佛法自尊。超伦出理，公之上人。幼习儒业，长慕空门。禅心既悟，教眼精纯。北面不耻，皓首青春。自衣自钵，其身浮云。或讲或说，其声远闻。讲说哀哀，极迷执昏。到处宰刹，其迹于勤。子之克念，勒碑镌珉。四众景慕，式遗来遵。寥寥风月，万古常新。”碑阴刻楷书“凤林禅师宗派之图”，另列嗣法小师、落发小师姓氏。

珪公，号凤林，俗姓杨，晋宁襄邑吉方乡人。生于元至元二十一年（1284）。礼晋宁静照院讲主净公剃度出家。元大德十年（1306），23岁，受具足戒。后游方参学。元至大四年（1311），28岁，参嵩山少林寺住持还源福遇，嗣法。隐居伏牛山。元延祐元年（1314），31岁，住持熊耳山空相寺。后住持嵩山龙潭寺。元至治二年（1322）前，住持嵩山少林寺。元天历年间遇乱回俗家救母。元天历二年（1329），46岁，再次住持嵩山少林寺。后住持龙门宝应寺、永宁白马寺。退居洛阳天庆寺。元至正六年（1346），门人建塔。元至正九年(1349),门人立此碑。

165. “红巾作乱”图碑(元)

现立于登封市少林寺碑廊,圆首方趺,元至正十二年(1352)刻,碑高 1.51 米,宽 0.61 米,厚 0.12 米,碑右角刻“嵩山祖庭少林禅寺”字样,左上角刻“至正十年庚寅史记十一年红巾作乱”15 字,碑阳绘有“嵩山御寨”“钟楼”“藏经阁”图样。碑阴为“敕赐嵩山祖庭大少林寺那罗廷神护法示迹碑铭”,绘制紧那罗王手持火棍降伏“红巾”的形象。该碑对研究少林寺紧那罗王演变为护法佛具有重要价值。

166. 淳拙禅师道行之碑(元)

现立于登封市少林寺塔林淳拙禅师塔东,元至正十四年(1354)二月刻,圆首方趺,碑身高 2.02 米,宽 0.85 米,厚 0.23 米。燕京大竹林禅寺前住持沙门雪涧法祯撰文,嗣法小师本山书记松庭子严书丹并篆额,碑文行书,共 28 行,满行 51 字,字径 2—2.5 厘米,额题“淳拙禅师道行之碑”。碑阴为淳拙禅师宗派之图。

淳拙禅师道行之碑局部拓片

167. 淳拙碑师塔铭(明)

现存于登封市少林寺内。全称嵩山祖庭少林禅寺住持淳拙禅师才公塔铭有序。明洪武二十五年(1392)五月立。碑圆首方趺,通高 1.56 米,宽 0.75 米,厚 0.15 米。僧蒲庵来复撰文,日本僧人德始书丹。碑阳额题篆书“淳拙禅师道行之碑”。碑文楷书,共 23 行,满行 45 字,碑阴额题篆书“少林住持松庭禅师之碑”。碑文对淳拙禅师给予高度评价,详尽记述其出生及落发受戒情况,并讴歌其生前功德,充分表达出撰文者对淳拙禅师的深厚感情。淳拙文才(1273—1352),山西人,曾二主少林,诠释有《楞严法界观》《般若心经》等佛学著作,并修建少林寺最高建筑钟楼。

该碑书者德始(?—1429),字无初,日本信州(今日本长野)人。初从该州天宁大比丘一公,祝发为沙弥,后到山城(今日本京都)诸寺居住,明洪武七年(1374)随日本国使宣闻溪来到中国南京天界寺拜见季潭宗泐,并受请为书记。十一月游北京,初住庆寿寺,该寺住持道衍(姚广孝)称之为“法门犹子”。洪武二十三年(1390)巡游峨嵋至成都,曾在大随院等处住持达十多年。永乐二年(1404)被道衍召回北京,先后为平坡寺和龙泉寺住持。此碑撰于洪武二十年(1387),立于洪武二十五年,则德始书此碑当在他未去峨嵋之前。该碑字体工整匀称,平正圆润,具有明初“台阁体”风格。

撰文释来复(1319—1391),字见心,号蒲庵、竺昙叟。元末明初临济宗名僧,曾受明太祖朱元璋及诸藩王尊信,并赐金襕袈裟,封为僧官,荣宠一时。来复也是著名诗僧和书僧,《书史会要》和《续书史会要》均有传,其书法师宗赵孟頫。有诗集《澹游集》(抄本)和《蒲庵集》传世。来复在元末已极有诗名与佛名,与虞集、张翥、欧阳玄等文人名士交谊深厚,又与公卿权贵来往密切,后因牵涉“胡惟庸党案”,被下旨凌迟处死,卒年七十三岁。

此碑不仅是研究少林寺历史的重要资料,而且填补了日本佛学史籍中关于德始的记载,是中日两国古代民间往来和文化交流的实物见证。

168. 松庭和尚塔铭（明）

现存于登封市少林寺院内，全称“嵩山祖庭少林禅寺第二十一代住持松庭和尚寿塔铭有序”。明洪武二十五年（1392）四月刻立。碑高1.46米，宽0.73米。少林寺住持嗣祖蒲庵来复撰文，参学比丘书记觉金书丹。孙维真刻。额题篆书“少林主持松庭禅师道行之碑”。碑文楷书，共28行，满行49字。碑文记述了松庭禅师的生平事迹。该碑书近瘦金体，刚劲雄健。

169. 慈云寺石刻（明）

慈云寺石刻

现立于巩义市慈云寺内。慈云寺是佛教传入中国最早创建的禅寺之一，有“少林共祖，白马同乡”之称。寺始建于东汉，唐贞观二十三年（649）玄奘法师奉敕重修，并在此地讲经说法。宋、元奉敕再修。明初南宗顺大师又大规模重修，占地面积达40000平方米，直辖面积100平方千米。清代又多次重修。清末民初，寺院没落，荒废无人管理。慈云寺自从东汉肇基，以至民国，延续近两千年，屡有名僧住持，在中国佛教发展史、佛教文化交流史上占有重要地位。2013年3月，国务院公布慈云寺石刻为第七批全国重点文物保护单位。

慈云寺现存石碑43通，塔铭近百件。所存碑刻多为重修记，这些碑铭为佛教发展史的研究提供了补缺的资料。其中重要碑刻有明天顺四年（1460）的释迦如来双迹灵相图碑、青龙山慈云禅寺五十三峰圣景之图碑等，慈云寺所存碑刻内容包括了寺院的兴衰、佛教宗派沿袭与变迁、寺院管理机构与职务名称、农民活动情况，古代工商管理、兵役制度、行政建制、管理制度、自然地理记述、诗文佳作、历史灾害等重要内容，不仅清楚地向我们说明此寺发展各段的历史，也说明慈云寺曾一度为中国佛教发展史中的佛教文化中心，这些碑铭对研究古代佛教文化及历史沿革、行政建制等有着极高的价值。

重修青龙山慈云禅寺碑铭

重修青龙山慈云禅寺碑铭

明天顺四年刻立。碑高2.22米，宽1.07米，碑阳楷书大字“重修慈云禅寺”，河南知府汉中虞廷玺撰文，广东左参议洛阳杨铭书丹并篆额。碑阴碑文楷书，共27行，满行52字。书法工整秀雅，碑文记载青龙山慈云禅寺的地理环境风貌和重修寺院的情况。

释迦如来双迹灵相图碑

明天顺四年刻立。此碑刊勒在慈云禅寺大殿之前左侧前檐下，通高1.2米，宽0.6米，厚0.1米，圆形碑首，四周刻有卷草纹，上部横额楷书“释迦如来双迹灵相图”，其下方为对称竖刻的释迦如来双迹灵相图，足迹长0.5米，宽0.2米，两足大脚指掌部俱刻山形图案，左足余四指均刻“卍”字纹样，右足余四指均刻“卐”字纹样；在足掌部位刻有宝瓶、双鱼、宝剑、法螺、莲花、千辐轮、梵王顶相等诸种纹饰；下部碑文是释迦如来双迹灵相图所表现的故事内容，楷书，共24行，满行13字。

印度印造和膜拜佛足石的习惯由来已久，释迦如来双迹灵相图集中体现了对佛足的尊崇和膜拜,其经典依据为佛陀的三十二相、八十种好,是佛教艺术原始崇拜阶段的反映。中国佛足迹的刻印及崇拜,始于玄奘赴印度取经时携带佛足印记回来,并于坊州玉华寺刻造。慈云寺的释迦如来双迹灵相图落款注明此图是"明洪武丁卯岁(1387)云水僧德明长安卧龙禅寺镌","天顺四年庚辰岁(1460)巩县慈云禅寺住持顺南宗重镌"。此图碑较少林寺双足灵相图早106年,是当前发现此图中具有明确年代、保存较为完整的一通,对佛教原始崇拜研究具有一定价值。

青龙山重修慈云禅寺碑

明天顺四年四月刻立。碑高2.04米,宽0.96米,额题楷书"青龙山重修慈云禅寺碑铭"。僧南宗顺撰文,无书丹人姓名。碑文楷书,共20行,满行15字。文后俗徒题名16列,列8行,行3字。碑文书法工整秀丽,碑阴刻捐施人姓名。

庆赞慈云住持南宗顺禅师行状碑铭

明天顺四年冬刻立。碑高2米,宽0.9米。额题楷书"皇图巩固道帝遐昌",滋本心和尚撰文,儒学生员周贵书丹,刘福升、劳玘刻石。碑文楷书,共27行,满行54字,工整秀雅。碑文记载南宗禅师的祖籍世系、生死年月及其事佛的经历。

庆赞慈云住持南宗顺禅师行状碑铭

嘉靖重修慈云寺碑记

明嘉靖四十二年(1563)刻立。碑高3米,碑身高2.14米,宽1.05米。碑文楷书,共24行,满行55字,张洪极撰文并书丹。其书法方正宽博,笔力敦厚。记载了慈云寺的地理位置、环境风貌和历史沿革及嘉靖四十二年的重修经过。

青龙山慈云禅寺五十三峰圣境之图碑

碑高1.8米,宽0.78米,厚0.15米,碑座高0.35米。碑阴有"明万历十七年(1589)岁次,已丑孟秋月重刻"的字样。碑刻上部阴线刻慈云寺立体示意图。图中的寺院为正方形,坐北向南,四周有回廊。南、北、西各建一门,并有二重楼阁式的门楼。进山门有五重殿堂,据考,第一殿为天王殿;二重殿分左右两座,是供奉摄摩腾、竺法兰的二祖殿;三重为千佛殿;四重为大雄宝殿;五重为后殿。第五重殿应为寺院的主体建筑,依山而建,并排由三座殿堂合成,形成一主殿二配殿的建筑样式。在殿堂的东西两侧,有一段殿廊和东西配殿的回廊衔接,形成一座巍巍壮观的古刹禅院。在山门外,又刻有玉兔悬河、镇海峰和祖林佛塔等诸多景观,这应是明万历十七年慈云寺的真实写照。图中在满月形的寺院台地之外,还描绘出周围数十平方千米的五十三峰形势立体图,五十三峰的"五十三"之数,是借用佛教中"五十三佛"和善才童子拜观音的"五十三参"故事。

万历重修慈云寺千佛殿碑记

明万历四十年(1612)刻立。碑高2.4米,宽0.9米。赵景星撰文,烦庵书丹,碑文楷书,共23行,满行41字。碑文记载慈云寺大殿因年久失修、殿宇圮颓的情况和重修该殿的经过。碑文书法方正,笔势有力。

170. 徒公无方碑(明)

现存于登封市少林寺院内。明成化二十年(1484)四月八日立。碑高1.8米,宽0.74米。无撰书人姓名,住持性成立石,碑文楷书,后段为铭。徒公无方,原籍洛阳,俗姓许,讳可徒,字无方,生前为少林寺住持嗣法沙门第二十七代。碑文对徒公的生平行迹记述甚详。书体近欧,笔画瘦劲有骨力,字体结构工整规范。

徒公无方碑局部

171. 周王旨谕碑(明)

现立于在荥阳市贾峪镇寺河村洞林寺内。刻立于明嘉靖二十年(1541)十月。蛟龙碑首,碑高 2.4 米,宽 0.95 米,厚 0.38 米。碑正面刻周王旨谕,文首有明代周王序,碑文楷书。旨谕是为防范附近群众侵扰寺院而颁发的。

172. 嘉靖重修卢医庙碑(明)

现立于荥阳市高村乡司马村。碑高 1.99 米,宽 0.67 米,厚 0.12 米。明嘉靖二十六年(1547)四月立。碑文为当时河阴县令吴承恩撰文,张嘉绩书丹,赵乾篆额。碑文共 12 行,满行 49 字,主要记述吴姓人氏捐资修卢医庙的经过。

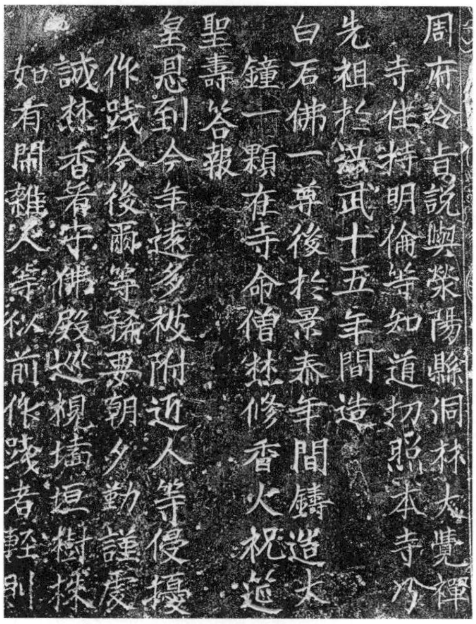

周王旨谕碑拓片

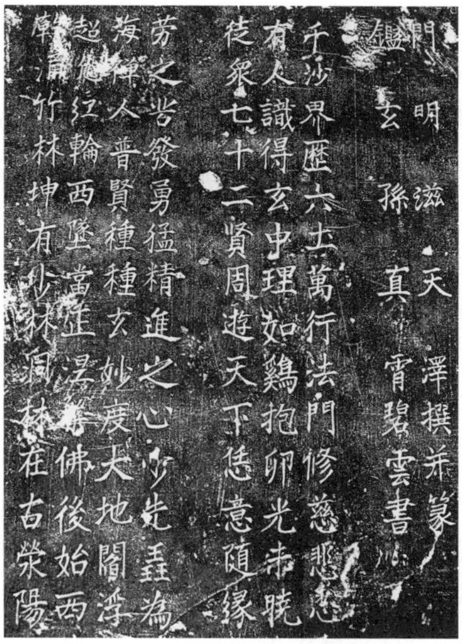

教赐洞林大觉禅寺历代序碑拓片

173. 教赐洞林大觉禅寺历代序碑(明)

现立于荥阳市贾峪镇洞林寺内。刻立于明嘉靖二十七年(1548)。蛟龙碑首,碑高 2.4 米,宽 0.95 米,厚 0.36 米。正面刻序文,背面刻序图。碑文刻明藩周王旨谕等内容,背面除图外刻沈丘、王雪庵撰《游洞林寺》诗一首,诗曰:“宝刹经年久,乾坤第一奇。法楼晴掩映,飞阁影参差。松林凌霄汉,山川谨护持。古今多少客,乘兴赋新诗。”

174. 嘉靖重修少林寺记(明)

现存于登封市少林寺院内。明嘉靖三十一年(1552)刻立。明藩徽王首阳子撰书。碑高 2 米,宽 1.18 米。碑文楷书,共 18 行,满行 52 字。碑文记述徽王游览中岳之感叹及重修少林寺之经过。文笔流畅,书体近颜真卿《多宝塔铭》,工整严谨,但不及前者之功力。

175. 郡陵端信王妃李氏合葬圹志（明）

现存于荥阳市文物保护管理中心。圹志正方形，青石质，边长 0.695 米，刻于明嘉靖三十七年（1558）。碑文楷书，共 34 行，满行 40 字。李蓁撰文并书丹、篆盖。圹志记述了李氏生前之功德，志书书法工整，结体严谨。

郡陵端信王妃李氏合葬圹志

176. 小山禅师行实碑（明）

现存于登封市少林寺院内。明嘉靖四十四年（1565）三月刻立。碑高 2.3 米，宽 1.08 米。明藩王郑德庆王撰，朱载堉书丹。碑文楷书，共 23 行，满行 50 字。碑文文笔流畅，用词极妙，详细记述了小山禅师的生平行迹。书法工整中见俊逸，楷中稍行，具有较高的艺术价值。碑阴刻混元三教九流图赞。

小山和尚，嵩山少林寺第二十四代掌门，13 岁在开元寺出家，后随应白禅师到少林寺学法 11 年，精通佛学且武艺精湛。明朝末年，东南沿海遭倭寇侵扰，世宗皇帝降诏少林寺，命小山禅师亲持帅印出兵平寇。小山和尚当即率领 50 名少林弟子奔赴东南沿海与抗倭名将俞大猷和戚继光共同抗击倭寇，屡获奇功，得胜返回少林。两年后倭寇又从海上进犯，小山和尚闻讯即率 36 名少林弟子奔赴东南沿海抗倭，倭寇得知小山和尚赶到，不战自退。嘉靖皇帝先后三次任命小山和尚挂招讨帅印，率领少林武僧去平定倭寇，为嘉奖少林武僧功德，皇帝下令在少林寺山门前竖立两根旗杆，石狮一对。目前，少林寺塔林内仍保留有小山和尚墓塔。

177. 解五岳图赠少林僧洪川广令歌碑（明）

现存于登封市中岳庙内。明万历二年（1574）刻立。陈文烛撰文。碑高 1.4 米，宽 0.67 米。碑文行书，共 9 行，满行 17 字。碑文为七言诗一首，字体行中有草，纤细流畅。诗云："夜望不厌山中月，昼行不厌山中云。云飞月落兴无尽，按图指点岗峦分。此图真形号最古，天壤名山唯如五。蒹葭日亲在东南，莲花仙掌开西土。太行峨峨碧玉间，一到嵩丘是中宇。携来傍我久有年，何人赠之郭次甫。高僧况是惠远流，卜居□日谁为主？好勒□磨第一峰，寒林夜半生风雨。"

解五岳图赠少林僧洪川广令歌碑

178. 游卢岩瀑布诗碑（明）

现存于登封市中岳庙内。明万历三十年（1602）九月七日刻立。黄辉撰文并书丹。碑高 1.4 米，宽 0.7 米。碑文行书，共 7 行，满行 17 字，为七言律诗一首，诗曰："太室少室莲花中，大熊小熊巢父邻。喜从黄社遭贤令，笑过青山阅过人。茶灶煮来秋月苦，芒蓝提去夕阳炎。卢岩已不知鸿一，名姓何劳着片珉。"书法行而不俗，媚丽中见刚劲，功力深厚。

179. 题达摩面壁诗碑（明）

现存于登封市西北15千米五乳峰下达摩洞外，明万历三十六年（1608）刻立。巡按河南监察御史金忠士撰文并书丹，登封县知县傅梅立石。碑高1.93米，宽0.85米，碑文草书，共7行，满行16字，为七言诗一首。书法为大草，题达摩面壁诗碑结构严谨，笔画有章，有龙飞凤舞之势，为草书之佳品。碑文首行题“题达摩面壁”。诗曰：“渡江一苇浪花飞，九载跏趺坐翠微。面壁已知僧入定，巢肩亦是鸟忘机。无生色相俱成幻，有漏人天总悟非。何事宋云葱岭见，少林风雨怅西归。”

180. 道公禅师碑（明）

现存于登封市少林寺内。明万历三十七年（1609）正月刻立。龙首龟趺，通高4.45米，碑身高2.75米，宽1.48米，厚0.28米，是嵩山地区较大的石碑之一。董其昌撰文、书丹并篆额。碑阳额上部刻仁宗皇帝赞文，下部刻达摩坐像。碑文行书，共24行，满行51字，左边有明朝登封县令傅梅撰、戚伯坚书隶体跋语15行。碑阴额题篆书“嵩山少林寺赐紫住持曹洞正宗第二十六代禅师道公碑铭”24字。碑身上部有隶书“曹洞正宗”4字，下部碑文为楷书，共46行，满行122字。碑之右上角有明万历时与傅梅一起编纂《嵩书》的10人到少林寺阅大藏经时所写的记胜题铭和题名；右下角亦有刻文12行，满行36字。碑身一侧刻有明万历年间游人仲子壁的题记，隶书5行，满行39字。碑文内容主要是宣称少林寺禅宗祖庭追述曹洞宗的创立并阐发其教义与家风，简述道公禅师之籍贯、家世，颂扬其道行及住持少林寺时之功德。

道公禅师碑

碑文撰文并书丹者董其昌（1555—1636），明书画家。字玄宰，号思白，官至南京礼部尚书。清叶封《嵩阳石刻集记》中评此碑曰：“过于丰腴，岂其壮年所书如是耶！”但仍不失为董书之佳作。

中国佛教中，禅宗分成的五个宗派，除临济、曹洞两宗得到盛传外，其余三宗均于宋代衰落失传。此碑是研究少林曹洞宗历史的宝贵资料，同时也是研究董氏书法的珍贵资料。此碑在清代景日昣《说嵩》、施奕簪《少林寺志》等书中有著录。

181. 甘露台诗碑（明）

现存于登封市少林寺院内。明万历三十八年（1610）刻立。巡抚河南右佥御史李思孝撰文并书丹，碑高1.83米，宽0.73米。碑文行书，共6行，满行16字，为五言律诗一首，诗曰：“曲径经台土，斋心谒四禅。鸟鸣春欲尽，林霁日初悬。忍草披香径，灵花覆法筵。顾将甘露瑞，遥祝圣人年。”其后有一行隶书，为龚忏庵题名。整个碑文书法行笔自如，一气呵成。

甘露台位于寺院西墙外约300米处，为一高约10米、直径约35米的圆形土台，传为少林寺创始人跋陀译经处，亦名“译经台”。北魏太和十九年（495），跋陀在魏孝文帝支持下将破旧的嵩山大法王寺重建成少林寺。次年四月初八佛祖圣诞日，跋陀、勒那、流支三位大师在此台召开大法会，五乳峰上涌起五朵莲花彩云并下起雨来。在场的人欢呼：“天降甘露！”故名“甘露台”。唐显庆年间，玄奘法师亦向往在此译经,致书唐高宗,未果。明代台上建有甘露殿,现仅存殿基。台上有古柏两株,挺拔如铁。台下东南隅,有古树数株,根出如虬如梁。

182. 汉寿亭侯画像碑(明)

现存于郑州市上街区。明万历三十八年(1610)刻立。碑高1.24米,宽0.9米,青石质,阴线刻。画面为关公手执偃月刀,方帻美髯,跨赤兔马,称“勒马听风图”。图上有汜水县令张应春题:“长至之晚,约三鼓,梦关公勒马而前曰:‘余汉之寿亭侯也,尔为我笔一像何如?’即惊起援笔而成。旦日不知其出之手也,再摹而图之则不能矣,敬镌之石以神其事。”碑阴是明万历年间汜水县儒学生员、医官等歌颂张应春功德的颂词。2005年11月,上街区人民政府公布其为上街区第一批文物保护单位。

汉寿亭侯画像碑

183. 登泰室诗碑(明)

现存于登封市少林寺院内。明万历年间(1573—1620)刻立。碑高1.35米,宽0.67米。碑文行书,共7行,满行13字。傅梅撰文并书丹,碑文为七言律诗一首,诗曰:“峻极名山称地主,振衣二十四峰高。遥看海口生朝曙,下见河水卷暮涛。古寺空传龙游水,仙坛犹有鹤鸣皋。自从汉武登封后,多少盘游置驿劳。”碑文流畅自如,笔势险峻。傅梅曾任登封县令,诗书俱佳,多有文墨留于登封。

184. 谒中岳诗碑(明)

现存于登封市少林寺院内。明巡抚河南监察御史丘兆麟撰文并书丹。碑高1米,宽0.65米。碑文行书,共5行,满行13字。碑文为五言律诗一首,诗曰:“九有不堪睇,登高信怆神。封经方言事,宇宙空无人。国事坏子竞,臣心患不真。此来荐祷岳,为事在生申。”其书法行、草兼有,字体宽博苍劲。

185. 少林观武诗碑(明)

现存于登封市少林寺院内。明天启五年(1625)刻立。程绍作为河南巡抚至嵩山检阅少林僧兵,观后作此诗并书丹。碑高1.9米,宽0.69米。碑文行书,共6行,满行16字。碑文为七言律诗一首,诗曰:“暂憩招提试武僧,金戈铁棒技层层。刚强胜有降魔力,习惯轻挟搏虎能。定乱策勋真正果,保邦靖世即传灯。中天缓急无劳虑,忠义毗卢演大乘。”其书法流畅,刚柔相济。此碑是研究少林寺武术发展史的重要资料。

186. 天仙白松图碑(明)

原立于新密市东南3千米天仙庙内,现存于新密市第一中学。碑残高1.5米,宽0.7米,天仙庙内原有千年白松一株,传为黄帝三女精灵所化。《徐霞客游记》中曾记述其状曰:“松大四人抱,一本三干,鼎耸霄汉,肤如凝脂,洁逾傅粉,蟠枝虬曲,绿鬣舞风,昂然玉立半空,洵奇观也!”历代来此游赏白松的人很多。清康熙年间白松为暴风所摧,根株尽拔乾隆时在原地修筑白松楼,白松树干即存于此。天仙白松图碑原立于老城关帝庙，为明崇祯八年（1635）重刻。碑高 1.8 米，宽 0.87 米，厚约 0.2 米。后移至天仙庙内白松楼东墙下。正面刻白松一株，一本三干，枝叶繁密，盘根错节。碑周刻阴线界栏，右上部刻“崇祯八年密县知县文林郎天雄苗之庭似闻甫重立”。白松周围篆刻赞白松诗三首。

2009 年 6 月，郑州市人民政府公布其为郑州市第二批文物保护单位。

少林观武诗碑

天仙白松图碑

187. 一峰园石图（清）

现存于荥阳市王村镇留村。该石刻为清康熙二十三年（1684）廪生禹祥年集当时著名文人墨迹，镌刻为一峰石刻供赏玩。一峰园石刻共四块，系采用书画四折屏形式，用楷、行、草三体写成。第一块石长 1.06 米，宽 0.34 米，厚 0.08 米，上刻“一峰园石图”，周立原作画，图旁碑文为周天辰等题诗、题词。第二块石长 1.18 米，宽 0.33 米，厚 0.11 米，上刻《忽操》《胎息经》《酒赞》《文箴》等诗。第三块石长 1.09 米，宽 0.34 米，厚 0.1 米，上刻诸家评书，其中有东晋女书法家卫铄、唐代欧阳询、明代董其昌等对书法的精辟见解。第四块石长 1.24 米，宽 0.34 米，厚 0.12 米，也是诸家评书，石碑斑驳，字迹多模糊不清。

禹祥年，字履倩，号一峰，清汜水（今河南省荥阳市汜水镇）人，能诗善文，长于书画，风流儒雅，名噪三河。初任宁陵训导，雍正年间补直隶满城、唐县知县。

188. 醉翁亭记刻石（清）

现存于郑州博物馆。宋欧阳修撰文，苏轼书丹，清康熙三十年（1691）新郑高有闻刻。刻石共 24 方，其中 13 方为《醉翁亭记》，5 方为苏轼记述写此文的缘由与落款，另 6 方为赵孟頫、宋广等人题跋。前 18 方每方长约 0.6 米，宽 0.4 米；后 6 方长 0.6—0.9 米，宽 0.4 米。

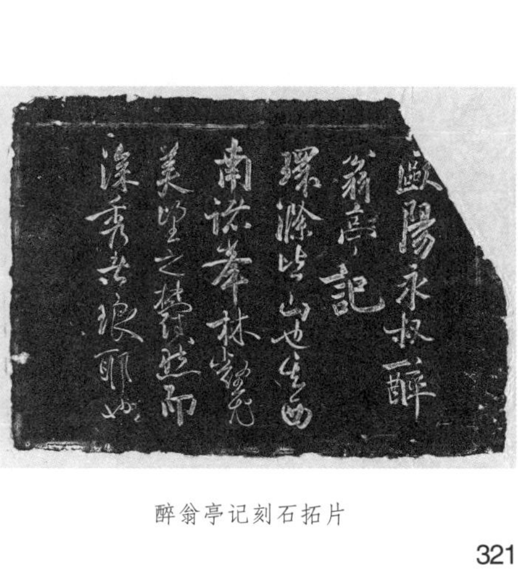

醉翁亭记刻石拓片

《醉翁亭记》一文描绘了山林景色之美和宾主游宴之乐，是大家欧阳修脍炙人口的散文名作。宋元祐六年（1091）苏轼应开封刘季孙之请，以楷、行、草三体兼用的书体写了《醉翁亭记》，到明代被宰相高拱所得，命鄢陵刘巡请人刻于石，置于刘氏家祠。后苏轼所书墨迹长卷被焚，鄢陵刻石又磨损不清，高拱的后裔高有闻于康熙三十年出其家藏旧拓命工重刻，置于高氏祠堂内。赵孟頫评其书“短长有度，玉环飞燕”，“如绵裹针，外柔内刚”，欧阳氏名篇，加之苏轼妙书，真可谓珠联璧合，堪称上品。

189. 乾隆御制诗书碑（清）

现立于登封市中岳庙内。乾隆十五年(1750)十月制。碑高2.5米，宽1.5米，厚0.16米。碑帽已失，方趺。碑文是一首七言诗——《登嵩山华盖峰歌》，全文共301字，是河南现存最长的乾隆御制诗。

乾隆十五年，因“大道咸淳，至治翔洽，加以年谷顺成，讴歌遍野”，乃修唐虞巡守之典，翠华临幸，修礼同律，来祭祀中岳嵩山。十月一日，乾隆帝乘舆登嵩高峻极峰，数百人前呼后拥，排成长蛇阵登山。浩浩荡荡到达峻极峰，遂赐极顶名为凤凰山，并在山顶垒石为台，举行祭典仪式，乾隆帝身穿蟒袍礼服，站在台上，文武百官分立两旁，先由48人组成的乐队奏国乐，接着举行拜礼，并诵读祭文。礼毕，放鹤入云际，御制诗《登嵩山华盖峰歌》以记登临。

190. 乾隆题少林寺诗碑（清）

现存于登封市少林寺内。碑通高3.66米，宽1.77米，厚0.28米。乾隆皇帝御笔草书，共5行，满行16字。清乾隆十五年九月三十日，乾隆一行到达少林寺，并夜宿少林寺方丈室，共写下诗3首，联语4副，匾额5块。当时，登封正值大旱，禾苗干枯，群众心急如焚，可就在这天晚上，雷起少室，下起了倾盆大雨，“实可谓圣驾所临，恩膏随至”。群众万分高兴，欢呼之声遍于岩谷。乾隆帝见此情景，便依唐沈佺期旧韵制诗一首。该碑书体结构严谨，工整俊逸，圆润流畅，造诣较深。

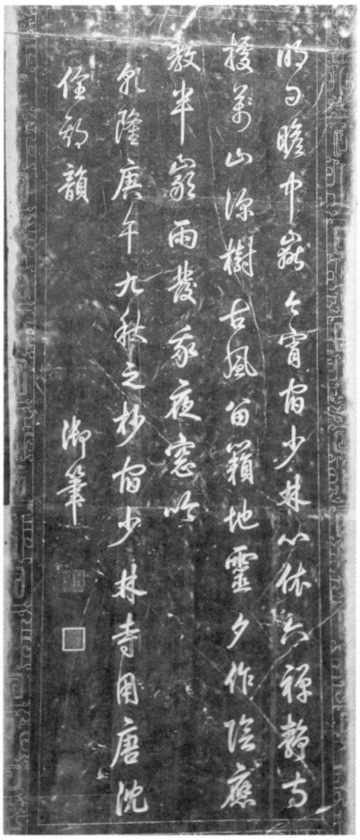

乾隆题少林寺诗碑

建杨桥河神祠碑记

191. 乾隆重修欧阳寺碑记（清）

原立于新郑市西欧阳寺内，年久寺废，现存新郑博物馆。碑高1.8米，宽0.6米，厚0.17米，立石于清乾隆四十一年（1776）六月。碑文系国学生白星所撰，生员白泰义书丹。碑文楷书，共7行，满行51字，共约310字，记述了重修欧阳寺的经过。

192. 建杨桥河神祠碑记（清）

原立于中牟县杨桥村河神祠内，现存黄河水利委员会。碑高1.98米，宽0.96米。碑文为乾隆皇帝御笔楷书，共18行，满行42字，共约700字，四周刻龙纹图案。杨桥村隶属河南省中牟县万滩镇，隋、唐、五代、元时期为杨武桥镇，明为杨桥镇、杨桥堡，清为杨桥里，曾是兵家必争地。清代因黄河河底逐渐抬高，又加之堤防不牢固，杨桥镇上下河道频繁溃决。每次决口浑浊排空一泻千里，下游变成泽国，生灵涂炭，财产损失无数。黄泛耗费国库大量银两，朝廷焦急万分，却无良策，于是寄托神灵佑护以保安泽。乾隆二十六年（1761）杨桥决口恢复后，兴建河神祠。祠内有御碑亭，碑是东阁大学士刘统勋等在今中牟境内杨桥修建河神祠时刻立，并请乾隆皇帝撰写碑文。碑阳镌乾隆皇帝御制碑文，记述大学士刘统勋勘督工堵口工程始末；阴面携御别诗，诗意为描述当日决口险状及善后核实情况。文中乾隆皇帝对地方官员的告诫，阐明了治理黄河治标与治本的关系，实为治理黄河的经验之得。

193. 司鼐墓碑（清）

现存于新郑市大司村司氏祖茔中。碑高2米，宽0.67米。顶部及四周均刻饰花纹，碑额大字楷书“司氏祖茔”。正面中央大字楷书“明故始祖文林郎直隶沙河县知县司公讳鼐字和平之墓”。左右两侧刻碑记，碑文楷书，共15行，满行55字，共约580字。碑文系其十二世侄孙布政司理问司自修所撰，十三世孙司廷桂书丹。该碑建立于清嘉庆八年（1803）清明节前五日。碑文对明时山西洪洞移民河南的经过记载较详，为其他碑刻所少见。

司鼐墓碑

194. 谷山庙地震碑（清）

现存于荥阳市贾山谷镇西500米谷山顶祖师庙。清嘉庆二十年（1815）刻立。碑呈长方形，高0.41米，宽0.6米，周边刻有蔓草纹。碑文楷书，共23行，前8行为正文，字较大，满行13字；后3行记当时粮价；再后为捐资修庙人姓名及立碑年月，字较前8行小，每行字数不等。无撰书人姓名，亦无标题。碑文记述了荥阳地震的详尽情况和由此而引起的灾荒及粮价高昂的情况。此碑是珍贵的地震史料，对于研究当时的社会经济生活有较高参考价值。

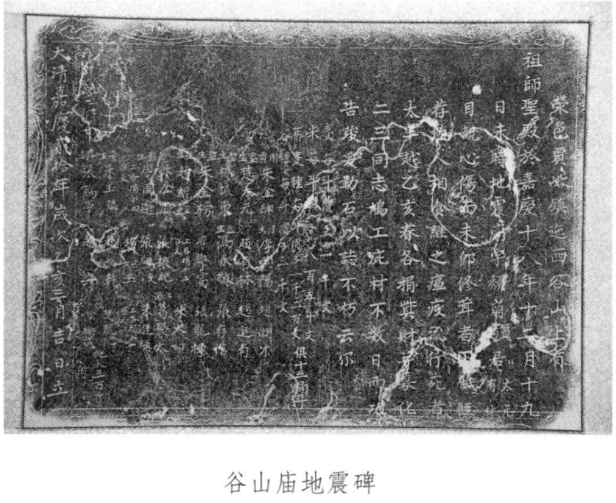

谷山庙地震碑

2009年6月，郑州市人民政府公布其为郑州市第二批文物保护单位。

195. 重修嵩山少林寺碑（清）

现存于登封市少林寺院内。清道光九年(1829)刻立。杨国祯撰文,潘江书丹。碑高2.56米,宽1.26米。碑文楷书,共19行,满行49字。碑文记述修缮少林寺的经过,其书为颜体,近似《多宝塔铭》,工整严谨。

196. 公议断坡碑（清）

现存于巩义市核桃园银平顶寺中。清咸丰五年(1855)立。碑高0.98米,宽0.48米,厚0.1米。碑文楷书,共10行,满行30字。碑额刻题“公议断坡碑”。下刻正文,第一行未抵格。

文中首先提到护林的重要性,继而谈到“草木之植,皆缘人为盛衰”,因此要求大家保护森林,不要人为搞破坏,接着又追述了过去这里曾是“林麓荟蔚”,但现在却“与昔异焉”。树被人砍光了,长此下去,林木无复生理,就要濒于毁灭了。为此,大家商讨立订罚规,以保护林木的再生和繁茂。该碑文虽短,但语言恳切,不仅具有历史价值,而且具有现实意义。

197. 白氏世谱石碣（清）

1984年文物普查时,在巩义市城东北约9千米的南河渡镇原白氏祠堂大殿发现。清咸丰八年(1858)三月白永清刻立。该石碣长1.17米,宽0.77米,青石质,楷书。白氏族谱延记至清代,碑文记述了白氏起源以及唐代著名大诗人白居易的世系。

198. 荥泽大工纪功碑（清）

现立于郑州市惠济区花园口,今碑自中部断作两段。碑原高1.75米,宽0.64米。正面四周雕刻花纹图案,碑额篆书“荥泽大工纪功之碑”8个大字。碑文楷书,工整俊秀,共18行,满行68字,约1000字,均清晰可认,唯断裂处缺20字。清同治八年(1869)刻立。该碑记述了同治七年(1868)夏黄河花园口一带漫溢决口的情形,主要记述河督苏公等人于同治七年十月至同治八年正月间,率领荥郑官兵、民众抵御河洪、合龙黄河决口的经过,褒扬了苏公等人抗击河患、造福百姓的历史功德。该碑为研究黄河历史提供了珍贵的历史资料。

199. 海上桥大劫文石碑（清）

原立于巩义市大峪沟镇海上桥村,现藏于巩义市文物保护管理所。清光绪六年(1880)十二月刻立。碑文记载了清光绪元年至五年(1875—1879),河南、河北、山东、陕西等省遭受灾荒的悲惨情况。碑高1米,宽0.52米,厚0.3米。碑文10行,下部残缺0.25米。撰文刻石人不详,碑文用韵文写成,文采洋溢。碑文记载的这次惨绝人寰的灾荒情景,是宝贵的历史资料。

200. 堤东正俗碑（清）

现立于巩义市西村镇堤东村小学院内。碑高1.52米,宽0.52米。碑文楷书,共14行,字迹清晰,保存完整,主要记载清光绪年间堤东村的村规民约。碑文历数赌博之害,对赌博严厉禁止,另外还禁止砍伐树木。

201.《瘗鹤铭并序》碑（清）

现存于郑州博物馆,1986年4月从郑州市管城回族区磨盘街收藏。清光绪二十二年(1896)刻石。

共25块，现存23块，缺7、19号石刻。刻石均为竖写，大部分石刻中下部有小字编号。其中1号石刻有“空碧草堂石墨”篆书；3号石刻有“瘗鹤铭并序华阳”；4号石刻有“真逸撰，鹤寿不知”；5—21号，每块刻8字，共4行，满行2字，字体多行书，兼草、隶、篆三种字体；22号石刻有“江阴真宰”；23—25号石刻题跋；25号石刻右部有两方篆书无廓印，为“李国治印”及“�子一号自修居士”。瘗鹤铭原刻于江苏镇江焦山壁上，原为楷书，素有“大字之祖”“碑中之王”之誉。宋以后崩落江中。清康熙五十三年(1714)陈鹏年募工挽出，清光绪二十二年(1896)李国治刻，置铁厂庵。这批刻石中，行、草、隶、篆四种字体俱全，书法自然流畅，字势强雄，是一批不可多得的书法艺术珍品。刻石主体部分记刻石名称、撰者，鹤的年岁、得失、埋葬的情形和铭文；后又记瘗鹤铭刻石的流传、大小、文字等内容。

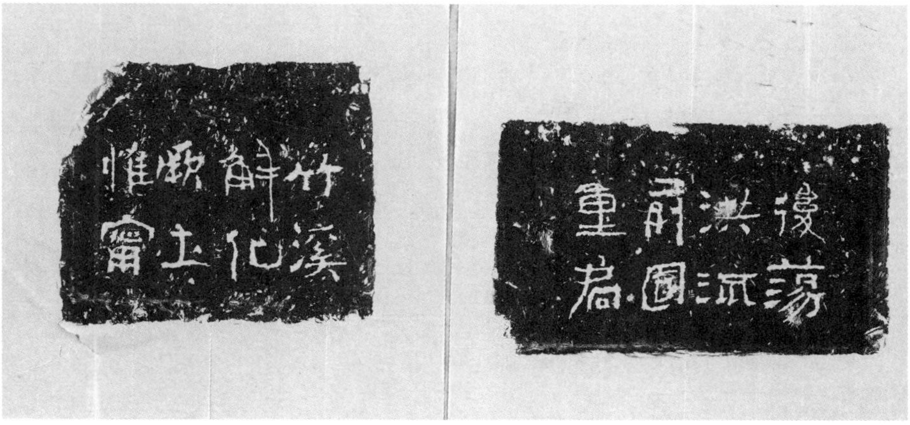

《瘗鹤铭并序》碑拓片

202. 后周皇陵御制祭文碑（明、清）

后周皇陵位于新郑市城北约20千米郭店镇陵上村一带。该陵域包括嵩陵(周太祖郭威墓)、庆陵(周世宗柴荣墓)、懿陵(柴荣妻符皇后墓)、顺陵(周恭帝柴宗训墓)，其中以庆陵享名最盛。柴荣代其姑父郭威嗣帝位后，对国内政治经济进行改革，又进行了统一中国的战争，先后战胜北汉、后蜀、南唐和辽国，史称“五代第一名君”，故为明、清历代皇帝所推崇。每遇新皇帝登基或重大战役胜利，皇帝即遣专人来庆陵祭告，并勒石记之。这些御制祭文(亦称祝文)碑数目原来很多，有些已经流失或损坏，至今收集到28通碑。

后周皇陵御制祭文碑

后周皇陵部分御制祭文碑一览表

立碑年代	碑形制	祭祀人	碑额文
明宣德元年(1426)三月初三日	碑高1.33米、宽0.8米,碑文字体楷书	王彰	无
明天顺三年(1459)八月十二日	碑高1.77米、宽0.7米,碑文字体楷书	余靖、宋□、姚旭、张雄	楷书"御制祭文"
明天顺六年(1462)八月十日	碑高1.36米、宽0.7米,碑文字体楷书	余靖、张□、李宝、张雄	篆文"御制祝文"
明成化四年(1468)八月十八日	碑高1.62米、宽0.76米,碑文字体楷书	赵仲寿、万荣、方新、冯昭	篆文"御制祝文"
明成化十三年(1477)八月十五日	碑高1.92米、宽0.72米,碑文字体楷书	洪宽、周韶、聂楝、陈郁	楷书"御制祝文"
明弘治元年(1488)八月十日	碑高1.61米、宽0.8米,碑文字体楷书	郑英、张锐、王震、王宪	篆文"御制祭文"
明弘治五年(1492)八月十八日	碑高1.8米、宽0.72米,碑文字体楷书	郭宏、陈济、石纯粹、李□	篆文"御制祭文"
明弘治十一年(1498)八月十八日	碑高1.8米、宽0.8米,碑文字体楷书	赵士元、陈济、黎臣、石纯粹	篆文"御制祝文"
明弘治十四年(1501)八月十九日	碑高1.63米、宽0.65米	赵士元、黎臣、石纯粹、王□	篆文"御制祭文"
明弘治十七年(1504)八月十九日	碑高1.78米、宽0.73米,碑文字体楷书	杜柴、李友、王伯寿、张傣	篆文"御制祝文"
明正德元年(1506)四月九日	碑高1.54米、宽0.72米,碑文字体楷书	杨珞、翁文魁、李友	篆文"御制祝文"
明正德五年(1510)八月二十二日	碑高1.84米、宽0.77米,碑文字体楷书	李友、辛安、管旦、穆斌	篆文"御制祝文"
明嘉靖元年(1522)四月四日	碑高1.82米、宽0.75米,碑文字体楷书	刘源清、陶照、陈□、马允德	篆文"御制祭文"
明嘉靖四年(1525)八月二十日	碑高1.87米、宽0.9米,碑文字体楷书	刘汝□、□超、高徽、张麟	篆文"御制祝文"

203. 河南新郑古器出土纪念碑(民国)

该碑原立于新郑市南大街北侧(今豫剧团院内),为纪念此处于1923年出土大量春秋青铜彝器而立。碑高2.47米,宽0.73米,厚0.19米。碑文者为李家楼大墓发掘的负责人、驻守郑州的北洋陆军第十四师师长靳云鄂,蒋鸿元书丹。"文化大革命"期间,碑被推倒,碑冠、碑座毁坏无存,现存于郑州市博物馆。

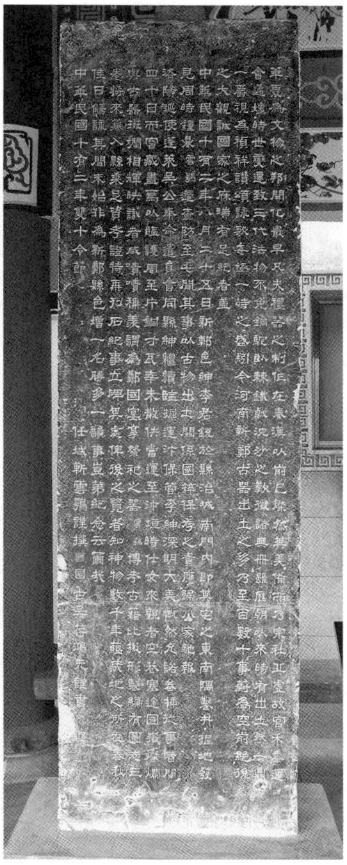

河南新郑古器出土纪念碑

第三节　石刻造像

本节收录石龛、佛教造像等造型精美的石刻作品16处，与上节所录以文字取胜者不同，本节所收多无题记。

1.石翁仲（汉）

现立于登封市中岳庙中华门前，为汉代石刻。两个石翁仲相向而立，用青石雕凿而成，高1.22米。翁仲体型较粗犷原始，头颅硕大，约占整体高度的1/3，直接安放在两肩上。头顶平整如案，无冠戴装饰，五官端正，相貌质朴。双手紧握剑柄，矜持地拱护在胸前，长长的剑锋直垂地面。身穿长筒袍衫，腰间一条宽带，带头呈八字状撇在剑锋两侧。两个翁仲背后雕凿圆形洞眼共23个，其中东翁仲11个，西翁仲12个。东翁仲头顶西北部刻一字径为4厘米的隶书“马”字，其用途和寓意不明。刻立时代应和太室阙建造年代东汉元初五年(118)大致相同。

石翁仲

翁仲原为秦始皇时的一名大力士，姓阮，身躯高大，骁勇胜于常人，随秦始皇征匈奴，威镇边疆，死后铸铜像立于咸阳司马门外,以示武威。中岳庙的石刻翁仲,应为当时太室祠的象征性守门人。

2. 扈豚造像(北魏)

现存于郑州博物馆。出土于郑州市中原区须水红石坡一处寺院废址内。为一石刻造像龛。造像龛外形雕作单檐庑殿顶建筑式样,高0.34米,宽0.17米,厚0.085米。座高0.085米,檐下雕帷幔,龛内一佛二菩萨。本尊居中,高肉髻,内着僧衹支,外穿通肩大衣,右手举起,左手下垂,轻拂衣带,掌心向外,作说法相结跏趺坐于长台上。两边二菩萨合十侍立,头戴高冠,身饰帔帛,帛带于腹前交错穿于臂内,腰系长裙,神态恭谨。底座正面线刻盆花,两旁刻供养人。

造像两侧亦凿帷幔式佛龛,龛内各雕一佛。左侧龛内雕交脚弥勒,头戴莲花宝冠,身披长帛;右侧龛内雕倚坐弥勒,头戴莲花宝冠,内着僧衹支,外着通肩大衣,两侧底座上各刻二供养人。

造像背面上部刻铭记,内容为"大魏正光二年岁次辛丑,七月丁酉二日戊戌。清信士佛弟子扈豚为家口石像一躯,合门大小二生龙天,逢遇如来,误落三途,速令解脱,因缘眷属,恒会善居,所求如愿,愿从心"。下部和基座刻两排十三个供养人,并分别题有姓名。

扈豚造像

3. 赵安香造像(北魏)

现存于郑州博物馆。出土于郑州市中原区须水红石坡一处寺院废址内。造像呈莲瓣形,通高0.95米。底座已失,莲瓣顶部雕交尾螭首。正面浮雕本尊为释迦牟尼佛,高肉髻,大耳,面容慈祥。外穿通肩大衣,内有僧衹支,束带于胸前打结,左手下垂,右手上举,掌心向外,作说法相。结跏趺坐在方形座上,裙褶下垂,覆盖座前,头后有圆形莲花头光。佛两侧侍立二菩萨,跣足立仰莲上。左为观世音,头戴花冠,身帔长帛,帛带斜交于腹前,下着裙,左手握净瓶,右手执花蕾;右为大势至菩萨,衣冠同观世音,右手提善锁,左手持花蕾,二菩萨头后均有圆形头光。造像身后雕火焰纹背光,背光上刻五尊莲花化生坐佛。

造像背面为减地雕刻。正中为一菩提树,树上立迦陵频迦鸟,树下刻悉达多赤足打坐,头戴花冠,上身袒露,下穿裙,俯首欲言。右下方刻有一马,伸舌舔悉达多脚部,应是"与白马惜别"的佛传故事。前侍立菩萨和供养人,旁刻"赵安香侍佛时"和"邑子程世兴"的题记。佛的周围,上刻二翱翔的飞天,前刻一大象和持戟的驯象人,整个画面烘托出了悉达多出家成佛的庄严气氛。背后刻一狮子和供养人,榜题"张虎威"造像,两侧各刻二供养人,榜题"邑子张

赵安香造像

洪起”。从造像风格和雕刻技法看，该造像应是北魏时期的作品。

4. 韩克智造像（北齐）

现存于郑州博物馆。发现于郑州市磨盘街黄金辉家地下室内。造像刻于北齐天保七年（556），上部已残，高0.75米，宽0.47米。正面浮雕一佛二菩萨，本尊居中，坐覆莲座上，右腿下垂，脚踩莲蓬，左腿放右膝上。高肉髻，后有圆形火焰纹头光，身着通肩大衣，内穿僧衹支，束带于胸前作结。右手上举，掌心向外（指残），左手抚膝上，作说法相。两旁二胁侍菩萨侍立于莲台上，左侧菩萨已残，右侧菩萨头梳高髻戴冠，有圆形火焰纹头光，身饰帔帛，系裙，颈有项链和璎珞。本尊两旁雕莲花化生佛两个，已残，似在听说法。上有帷幔及二飞天，均已残缺。座上正面镌题记，文曰：“天保七年六月十日，佛弟子韩克智为亡母王敬造石像一所，愿亡者托生西方妙乐国土，合家眷属同登正觉。”

韩克智造像

5. 菩萨造像（北齐）

现存于郑州博物馆。发现于郑州市磨盘街黄金辉家地下室内。造像上部已残，现存高0.72米，宽0.56米。正面雕三菩萨，形象大体相同，头均戴宝冠，后有圆形头光。上身着帔帛，帛带于腹前臂内交错穿过，腰系长裙，颈饰项链，腕着手镯。中间菩萨较高大，右手上举，已残，左手下垂握善锁。二胁侍菩萨形体稍小，一手上举持善锁，一手下垂提宝囊。三菩萨之间均刻宝相花，上坐小佛，合掌作吟诵状。座下两旁各刻二供养菩萨。从整体造像风格看，应是北朝时期的作品。

菩萨造像

6. 白石菩萨造像（北齐）

现藏于新郑博物馆。通高0.88米，白色大理石雕刻。菩萨跣足立宝装覆莲圆座上，左手执披帛，右手残。微目，小口，面形圆润。上着衫、下着裙，披肩在腹前穿臂后绕肘下垂至座。头戴覆莲瓣式宝冠，宝缯垂肩。颈挂项饰，胸饰璎珞，戴手镯。此像面形较接近生活中的人，冠饰与披帛式样新颖，雕刻简练，是北齐前期的造像佳作。

7. 天统二年造像（北齐）

现存于新郑博物馆。造像刻于北齐天统二年（566），青石质，高0.37米，为一尊立像，圆形头光，头戴宝莲，有项饰，着长裙，帔帛交于腹，再下垂折搭于肘，立于覆莲座上。座下为长方墩，墩正面题记云：“清信士佛弟子刘绍安侍佛时，妻宛侍佛时，妻高侍佛时。”座右侧题记“吴益兰侍佛时”，右侧题记“天统二年七月十六日造像一区（躯）”。书法为魏碑又近于楷书，大部分字结构保留着魏碑特点，小部分字已变成楷书，该题记是研究中国书法由魏碑体转化为楷书的重要资料。

8. 少林寺北齐造像（北齐）

现存于登封市少林寺内。发现于寺后和尚柏树坟地里。造像底座长0.43米，宽0.3米，厚0.14米，座上浮雕一佛二菩萨，雕像后依附着高0.63米、宽0.14米的圆形背光。本尊直立，高0.42米，宽0.13米，身着袈裟，颈饰璎珞，右手合掌，当为阿弥陀佛。左右两菩萨，高0.32米，宽0.09米，脚踏莲座，双手下垂，分别为观世音和大势至。本尊局部虽有残损，但面庞及衣纹线条依然清晰。造像底座前沿和左右两侧及背光左侧有文字，内容多为敬造佛像的施主姓名，其中有"□统二年□月廿五日"字样。从雕刻朴实规整、线条粗放有力、结构比例匀称、书法瘦劲等特点看，都和嵩山会善寺、刘碑寺北齐造像碑相似，可知此造像当为北齐后主高纬天统二年(566)作品。

天统二年造像

9. 天统四年造像（北齐）

现存于新郑博物馆。造像为青石质，大背光，为一莲瓣形。本尊为释迦说法像。身着褒衣博带式袈裟，内有僧祇支，结跏趺坐于长方座上。两胁侍菩萨头戴宝冠，身穿长裙、帔帛，立于座上。左者帔帛在腹部穿环下垂又折上搭于肘，右者帔帛于腹部打结下垂折上搭于肘。佛座正中有一摩尼宝珠，两侧各有一只护法狮子。背光阴题记云："天统□子年七月十五日，佛弟子刘陆(虎)造石像一区(躯)，愿使夫妻眷属长命延康，无诸病，吉，善愿从心。"书法为魏碑而近楷书，大部分字结构是魏碑，少部分已变成楷书。题记中"□子"当为"戊"，系北齐天统戊子年，即天统四年(568)。

10. 崇唐观老君造像（唐）

位于登封市东北8千米崇唐观内。雕于武周长寿二年(693)。石制，通高2.8米，坐于须弥座上，神态沉静，安详自如。座上浮雕五伎乐，自左至右分别为弹琵琶、吹笛、舞蹈。座上方刻隶书"大周隆唐观敬造元始天尊像并左右二真人，长寿二年十月十五日毕功谨记"，隶书，字径2厘米。该造像是河南目前发现最早的道教老君造像。

崇唐观原名隆唐观，是唐高宗李治于调露元年(679)为隐士潘师正所建的道院。因避唐玄宗李隆基讳，改名崇唐观。观内现存清代建筑老君殿一座，面阔三间，进深五架椽，硬山琉璃瓦顶，殿内砖柱上浮雕人物、禽兽、古塔等图案。

2006年5月25日，被国务院公布为第六批全国重点文物保护单位。

崇唐观老君造像

11. 阿弥陀佛造像（唐）

现存于郑州博物馆。出土于荥阳市城内大海寺旧址。显圣二年(762)刻。像高0.66米，头已不存。身着通式袈裟，内系裙，结跏趺坐在长方形束腰莲座上，衣褶垂于座下，右手上举，已残，左手平伸膝上。座下铭记为“显圣二年，造阿弥陀像一躯”。

阿弥陀佛造像

天王菩萨造像

12. 天王菩萨造像（唐）

现存于郑州博物馆。出土于荥阳市城内大海寺旧址。天王菩萨高2.3米。束发戴火焰宝珠冠，衣饰华丽，上身斜披瓔珞，帔帛从双肩披至腿间，颈饰瓔珞，束腰带，着长裙，玉环结花与瓔珞下垂，足着草鞋，立于束腰圆莲花座上。座下正面镌刻铭文：“比丘玄政装成天王菩萨一尊，为国界安宁，皇□万临，过往师僧、父母、神生净土。又愿自身康吉，小师门徒并□平安，无诸灾障，永为供养。侄僧智实、院主僧文锐。长庆元年五月七日记吕正书。”此像造型高大，雕工精细，是唐代石刻艺术中的精品。

13. 弥勒菩萨造像（唐）

现存于郑州博物馆。出土于荥阳市城内大海寺旧址。此像高2.33米，双手残缺，身着通肩袈裟，内着僧祇支。发髻戴宝缯，正面饰火焰宝珠。颈饰宝珠项圈，垂瓔珞，跣足立于束腰莲花座上。座下有题铭：“弥勒菩萨一躯，庚子之年十月戊午朔五日壬戌建。”造像身体修长，肌肤丰腴，比例合度，刀法纯熟，应是唐代的作品。

14. 十一面观音造像（唐）

现存于郑州博物馆。出土于荥阳市城内大海寺旧址。造像膝以下残缺，残高1.71米，高发髻，面相丰满圆润，眉间有白毫。发髻正面刻8个小头像，最上面的是高肉髻如来相，其下7个作菩萨装束。左耳后刻凶相面，右耳后刻善相面。上身穿衫，饰项圈，戴臂钏、手镯，腰束长裙，绾结于腹前。肩雕六臂，两手合十于胸前，作说法相，两臂下垂于体侧，左手执莲。佛像雕刻细致，肌肤丰满。根据同出的菩萨有唐长庆年号，此造像也应为唐代作品。据《成菩提集》记载：“十一面观音，密宗称‘变异金刚’，六观音之一。三面当前,面作慈悲相,右边三面作威怒相,左边三面利牙出相,后有一面作暴笑容,最上一面作如来相(阿弥陀佛),冠中有化佛。"该造像与记载基本相符。密宗造像现存不多,此像对研究密宗造像艺术具有重要价值。

弥勒菩萨造像

十一面观音造像

15. 开元寺武士、力士造像(宋)

出土于郑州市开元寺宋代塔基,现藏于郑州博物馆。一武士手执金刚杵,高 0.81 米,宽 0.44 米,厚 0.14 米。一武士手执宝剑(已残断),高 0.86 米,宽 0.46 米,厚 0.12 米。两武士均系高浮雕,身着铠甲,腰系战裙,帛带飘动,脚蹬草履。石像原饰金彩,皆已剥落,略有残痕,形象刚健勇武。力士一高 0.75 米,宽 0.44 米,厚 0.09 米;另一高 0.82 米,宽 0.44 米,厚 0.09 米。两力士均系高浮雕,挽髻束发,瞠目张嘴,袒上身,披长帛,着裙,赤脚站立,饰项圈、手镯、脚环等,左手反持杵,筋肉勃张,形体刚健,原饰金带彩,已剥落。

开元寺武士、力士造像

16. 初祖庵舍利石函(宋)

出土于登封市祖师面壁之塔地宫内。现藏于登封市初祖庵。石函由函和盖组成,平面近方形,长

0.74 米,宽 0.665 米,通高 0.59 米。函盖呈盝顶形,上部线刻蟠龙戏珠图案,正面楷书题记“靖康元年……”,石函周围均为长方形画面,线刻佛教人物像,画幅中心处置 1 花瓶或香炉。前、左、右三面皆线刻二神王、一侍者和一女供养人,后面线刻二护法神王和二侍者。石函在人物刻画上,线条繁缛而不失协调,简括夸张而不失准确,体现了北宋人物画谨严写实、丰盈多变的艺术风格。

第七章　近现代史迹

郑州作为一个有着中国传统文化及近代工业城市双重色彩、多重特点的北方内陆城市，记载着极其宝贵的近现代文化传承的轨迹。时代变迁与更迭、东西方文化交融给郑州留下了一批优秀的近现代史迹。

地理位置和作为铁路枢纽的优势，使郑州成为兵家必争、军阀混战之地，这里经历了战争的洗礼，保留下了一批新民主主义革命时期党领导下的工人大罢工、农民运动及抗暴斗争旧址，一批抗日战争时期抗日政府、抗日根据地的革命旧址，一批重要人物的故居、重要事件的旧址。如二七纪念塔、二七纪念堂、郑州铁路职工夜校、北伐阵亡将士墓地、吉鸿昌烈士墓、黄河花园口掘堤扒口处等。1920—1930 年间，随着京汉、陇海铁路的建设，郑州成为重要内陆商埠，具有广泛影响力的工商企业、老字号随即出现，如豫丰纱厂、精华眼镜店、老天成金店、京都老蔡记、葛记焖饼、合记烩面等，这些旧址、店铺反映了郑州在近现代百年中经济社会发展的状况。新中国成立以后，在党的领导下，以毛泽东为代表的老一辈革命家在郑州视察，亦留下了多处旧址、遗迹等。在新中国成立后的第一个五年计划中，郑州成为全国重要的棉纺织工业基地，国棉一、二、三、四、五、六厂，共 6 个大型棉纺企业相继建设，为国家经济做出了巨大贡献。到了 21 世纪，技术革新和产业化调整使郑州许多老工业面临关停局面，近现代工业以极快的速度在消失，变成遗产。

以上众多近现代史迹见证了这片土地上一百多年来的物质文明发展、文化传承及波澜壮阔的历史进程。与年代久远的古代文化遗产相比，近现代文化遗产的历史较短，只有百余年，但它们也同样是社会发展中不可或缺的物证，承载着大量的历史文化信息。这些具有历史痕迹的建筑、坊间的点滴，诉说着这个城市最真实的过往。

近现代建筑史学界一般以 1949 年为界区分近现代建筑史，故将 1840—1949 年期间修建的建筑认定为近代建筑，1949 年后修建的建筑为现代建筑。本章节将 19 世纪 40 年代至 20 世纪 70 年代的建筑物和构筑物都纳入了范畴。近现代史迹涉及的行业囊括了政治、教育、军事、文化、交通、工商服务、领事馆、宗教等，门类齐全。按其功能为区分标准，主要包括纪念旧址、革命旧址、公共建筑、名人故居、墓地陵园、科教建筑、宾馆餐饮、工业建筑、办公建筑、宗教建筑等多种类型。郑州的近现代史迹从材料、技术、形式等方面在不断探索与尝试过程中，与外来文化进行了有机结合，形成了独特的个体风格。

从某种意义上说，近现代是郑州建筑过渡和逐渐成长的时期，对于郑州市建筑现代化的进程起着决定性的作用。郑州的近现代建筑遗产作为郑州城市建筑艺术不可分割的一个组成部分，表明了文化中最重要的含义：传承和延续。

第一节 纪念旧址(地)

纪念旧址或纪念地是通过人为的有意识地建造,达成对历史人物精神的承载。建造多由于与革命(历史)事件发生场所在空间上有隔阂,或是与纪念历史事件相关的物质实体已无存等,纪念者无法与事件或个人直接地联系,需要通过他物的提示、引导和说明才能完成对事件的转述、关联和记忆。这种与事件无直接联系的纪念建筑物,是历史文化的宝贵财富。

1. 郑州二七纪念堂

位于郑州市二七区钱塘路中段 82 号,建于京汉铁路总工会成立大会普乐园会场旧址上,为纪念京汉铁路总工会成立及京汉铁路工人大罢工而建。

京汉铁路工人大罢工是中国共产党领导的第一次有组织的反帝反封建革命运动。1923 年 2 月 1 日,京汉铁路总工会成立大会在军阀的百般阻挠下召开,工人代表们冲破封锁,闯开普乐园的会场大门,举行大会,这是京汉铁路工人争人权、争自由的大会,标志着中国工人运动从此走向新的政治斗争。因此,郑州在中国工人运动史乃至中国革命史上都有着光辉的一页。为缅怀先烈,继承和发扬京汉铁路工人的革命斗争精神,1951 年,郑州市人民政府对京汉铁路总工会召开成立大会的普乐园会场旧址进行复建,即为今郑州二七纪念堂。

纪念堂于 1951 年 9 月动工,1952 年 11 月落成。占地面积 6440 平方米,建筑面积 3917 平方米,是一座砖木结构的现代纪念建筑。建筑分主楼和南北配楼,均为二层。主楼为一所能容纳 1500 多人的会议厅,正立面门脸高 14 米、宽 27 米,房间进深 57 米,青砖垒砌,尖顶屋面红瓦覆盖。门脸正中上方为二七纪念徽,中间是“二七纪念堂”5 个大字,下为二七罢工铸铁浮雕。南楼为“二七史迹陈列馆”,建筑面积 435 平方米。北楼为“活动楼”,每年二七纪念日,省会各界均在这里举行聚会,缅怀革命先烈,继承和发扬二七革命精神。

2006 年 5 月,被国务院公布为第六批全国重点文物保护单位。保护范围:从建筑东墙向东 45 米,建筑南墙向南 30 米,建筑北墙向北 50 米,西与敦睦路相接。建设控制地带:自保护范围边界向四周外扩 50 米。

郑州二七纪念堂

2. 郑州二七罢工纪念塔

位于郑州市二七区二七广场，原为木质尖塔，后原址重建。重建于1971年，钢筋混凝土结构，是中国建筑独特的仿古联体双塔，是为纪念京汉铁路工人大罢工而修建的纪念性建筑物。

1923年2月1日，京汉铁路各站工人在郑州普乐园（今郑州二七纪念堂）成立京汉铁路总工会。由于遭到封建军阀的阻挠和破坏，大会决定在2月4日举行全线总罢工。2月7日，军阀吴佩孚、萧耀南在帝国主义的指使下，对郑州、江岸、长辛店的罢工工人进行了残酷镇压。全线工人同仇敌忾，不怕牺牲，同反动派进行了英勇顽强的斗争。在这场斗争中，共产党员、工人领袖林祥谦、施洋以及高斌等40多人被杀，300多人负伤，激起了全国工人大罢工的革命怒潮。二七大罢工的伟大斗争，沉重地打击了帝国主义、封建主义和官僚资本主义，显示了中国工人阶级大无畏的革命精神，在中国工人运动史上写下了光辉的一页。为了纪念这次伟大的罢工运动和二七烈士，继承和发扬二七光荣革命斗争传统，1951年，郑州市人民政府将郑州市西门外长春桥旧址扩建为二七广场；1953年在广场中置六角形木质塔一座；1971年7月1日至9月29日，在木塔原址重建钢筋混凝土五角联体双塔。

郑州二七罢工纪念塔

郑州二七罢工纪念塔占地面积352平方米，建筑面积1923平方米，钢筋混凝土结构，平面呈两个五角形并联，是一座建筑独特的仿古联体双塔。塔高63米，共14层（包括地下室），其中塔基座为3层环绕阅台，逐层缩小，各层均有白水泥栏杆；塔身10层，每层均有飞檐挑角，绿色琉璃瓦盖顶，外表粉刷用白色干粘石，每层各面均有红漆方形格窗；塔顶建有钟楼，有直径2.7米的大钟六面，钟楼顶端矗立9米旗杆，上置红色五角星一枚；塔底有面积约520平方米的地下室，并向西北方开有地下通道。

塔南北两侧各有一大门，大门为卷棚歇山式，绿琉璃覆顶，高3.4米，宽4米，各有实榻大门两扇。双塔的内部一边为盘旋楼梯，一边为展室，内部地坪由花岗岩分层铺设。层高从下至上逐渐缩小，在内平面面积大小不变的情况下，立面自下而上稍向内收，更显塔身巍峨、挺拔。

郑州二七罢工纪念塔是全国建立较早，也是郑州地区唯一的革命纪念建筑物。郑州二七罢工纪念塔现为郑州二七纪念馆的一部分。馆内共有10个塔层厅和1个地下层厅，塔内陈列有二七大罢工的各种历史文物、图片、文字资料。

2006年5月，被国务院公布为第六批全国重点文物保护单位。保护范围：自塔基向外扩30米。建设控制地带：自保护范围边沿外扩75米。

3. 胡公祠（含彭公祠五亭）

又名胡景翼祠堂，位于郑州市二七区西太康路人民公园内南部。1932年开始建造，于1936年9月建造完工。胡公祠是冯玉祥等为纪念胡景翼将军在河南及郑州的战斗业绩修建的一座气势宏伟的建筑群，由冯玉祥、张群、张继、高桂滋、刘峙、于佑仁等主持建造。胡公祠属民国中晚期建筑，现存大门、大殿和祠院，其大门现为人民公园南大门。

大门为抬梁式歇山顶建筑，面阔三间，长 10 米，进深三间，宽 5 米，通高 6 米，绿琉璃瓦覆顶，正脊两端置龙吻。台明正中设三步青石台阶，北设五步台阶，两侧设三步如意台阶。大门两侧为八字墙，不用柱子，红墙间（明间）前金檩下安两扇板门，次间北面在墙上开门，山墙和内墙中部开窗。门内有 90 米长的甬道。

大殿为抬梁式歇山式建筑，面阔五间，通长 15 米，檐下施九踩斗拱，绿琉璃瓦覆顶，正脊两端安龙吻，中部置宝瓶，戗脊前部置仙人走兽。大殿正面和背面各间均安装隔扇门，门高 7 米。台明东西长 20.5 米，南北宽 8.06 米，高 1.75 米，四面正中设青石台阶，台阶两侧阶条石上安置青石栏杆。

这两座建筑在构造设计和构件制作工艺上采用郑州地方传统建筑手法，特别是大殿的斗拱与平板枋和额枋的造型，是在传统建筑构件的营造基础上，加入精巧的雕刻和造型：翼角起翘较高，沿袭南方建筑的外形，整座建筑庄重、朴实。

彭公祠位于郑州市二七区铭功路人民公园西门内，是冯玉祥部靳云鹗麾下的团长彭象乾的祠堂。

1922 年 4 月直奉战争时赵倜命赵杰攻打郑州，驻守郑州的彭团长身先士卒阵亡。靳云鹗驻军与郑县商会 1925 年 10 月购地 20 亩建铭功园，纪念保卫郑州的有功之臣，1938 年改名彭公祠。祠堂于 20 世纪 80 年代被拆除，现存五座攒尖顶亭子，建在一个面积 260 平方米、高 0.7 米的汉白玉台子上，位于中间的亭为八角型，其他四亭为六角型，呈梅花点状布局。中亭高 7 米，其他四亭均高 6 米，绿色琉璃瓦顶。亭子西北 20 米处立有一汉白玉石碑，高 1.8 米，上刻官兵名字。

2016 年 1 月，被河南省人民政府公布为第七批河南省文物保护单位。胡公祠保护范围：自人民公园南门向南外扩 30 米至西太康路；自胡公祠北端台基向北外扩 30 米至河边；向东外扩 10 米；向西外扩 25 米。胡公祠建设控制地带：自保护范围边缘，向北外扩 50 米至河对岸，向东外扩 25 米至人民公园东围墙，向西外扩 50 米。彭公祠五亭保护范围：自亭基四周向外扩 10 米。彭公祠五亭建设控制地带：自保护范围边沿四周外扩 50 米。亦可把整个人民公园作为控制地带。

胡公祠殿南立面

彭公祠五亭东南角

4. 黄河花园口掘堤扒口处

位于郑州市惠济区花园口镇花园口村东北黄河南岸大堤上。1938 年日本侵略军已犯开封，欲西进占领郑州以西地区并控制京广铁路线北渡黄河，国民党军队无力抵抗，向西做战略撤退。蒋介石决定挖掘黄河放水，以水代兵，阻止日本侵略军西犯。

黄河花园口掘堤扒口处

1938 年，6 月 3 日，第一战区长官先选定中牟赵口段大堤掘口，6 月 5 日大堤虽被挖开，但不久就被泥沙堵住，蒋介石在武汉电令商震“严厉督促实行”。后三十九军新八师师长蒋在珍决定在花园口掘堤。6 月 8 日参谋长魏汝霖代表商震公布:“如于本夜 12 时放水,总司令奖法币两千元,如明日 6 时完成,则奖一千元。”蒋在珍调两团官兵分于河堤两面同时炸堤,6 月 9 日午前花园口黄河大堤终于被挖开,至 1 时许水势骤增,决口也因水势而溃大,为了扩大缺口,蒋在珍又用平炮打了十发炮弹,后河水汹涌,大堤开始自行崩塌。第二天又下大雨,河水流量增大,“水深丈余,浪高三尺”,一泻千里流向东南,淹没了豫、皖、鄂三省 44 个县 5400 多平方千米的土地。1250 万人民遭洪水侵袭,89 万人丧失生命。最终国民党军队也未能如愿,反而给人民带来了惨重的灾难。

如今花园口黄河大堤掘堤处,在宽约 500 米的掘口两边竖立了标志碑,在掘口中心修建了黄河掘堤纪事广场和纪念碑,以告示后人。

2008 年 6 月,被河南省人民政府公布为第五批河南省重点文物保护单位。

5. 毛主席视察黄河旧址

位于郑州市惠济区古荥镇黄河南岸的黄河桥村小顶山。邙山余脉东段的一座小土山峰俗称“小顶山”,又称“岳山”,高约 100 多米,山顶平坦,可以北眺黄河及铁路大桥。

毛主席视察黄河旧址

1952 年 10 月 31 日上午 10 点左右,专列到达黄河南岸后,毛泽东等沿小路向小顶山攀登,走到贫农社员刘忠贤居住的三孔窑洞时,稍作休息。之后便登上小顶山,俯瞰黄河,并详细询问了这里河水的情况。然后,毛主席坐在土坎上,久久地凝视着黄河,发出了“要把黄河的事情办好”的伟大号召。

毛泽东登小顶山视察黄河旧址于 1971 年市政府出资维修保护,2004 年又在小顶山矗立 4 米高的毛泽东青铜坐像以示纪念,现作为爱国主义教育基地,具有很高的历史价值和意义。

2009 年 6 月,被郑州市人民政府公布为郑州市第二批文物保护单位。保护范围:自雕像基座向四周各外扩 5 米。建设控制地带:整个小顶山。

6. 毛主席郑州会议住地

位于郑州市惠济区迎宾路黄河迎宾馆 8 号楼,地处郑州北郊。

毛主席郑州会议住地

河南省黄河迎宾馆的前身为中共河南省委第三招待所,始建于 1959 年,是河南省的政治接待中心、会务中心、休闲度假中心。8 号楼始建于 1959 年,1962 年建成。该楼坐北朝南,平房,红瓦,平面为倒“山”字形,建筑造型朴素典雅,内部结构简洁,设计合理,效仿中国传统建筑造型的坡屋顶与主入口处古希腊风格的建筑立面相结合,形成中西合璧的建筑物,具有明显的时代特征。室内共有 13 个房间,包括 1 个总统套房,1 个夫人套房,2 个小套房,9 个标间,2 个餐厅,1 个会议室,2 个接待室。1964 年 3 月 30 日毛主席在此住四天三夜,居住期间曾召开重大会议。在 8 号楼布置有毛主席在此居住、工作时情况的陈列,以示纪念。

2009 年 6 月,被郑州市人民政府公布为郑州市第二批文物保护单位。保护范围:建筑本体四周各外扩 30 米。建设控制地带：自保护范围边缘各外扩 50 米。

7. 毛泽东塑像

位于郑州市金水区经八路街道办事处金水路与人民路交会处西南角，原省博物馆门前。

该塑像为毛泽东立像，水泥雕塑，身饰棉大衣，戴军帽，高举右手，通高 12.26 米，塑像高 7.1 米。底部基座宽 5 米，高 5.16 米，面积 140 平方米，红瓷片贴皮。

1968 年 5 月，由时任省革委会主任的刘建勋与纪登奎、王新通过省三代会（工、农、红卫兵）联合成立的塑像委员会建议塑像立在原省博物馆门前广场上。

2008 年 6 月，被河南省人民政府公布为第五批河南省文物保护单位。

毛泽东塑像

8. 毛主席视察燕庄纪念地

位于郑州市金水区未来路街道办事处原燕庄村北侧。

1960 年 5 月 11 日，毛主席视察当时郑州东郊公社燕庄大队的麦田。为纪念毛主席此次视察活动，1970 年 5 月 11 日第一次修建了木质纪念亭，2002 年 5 月，值毛主席视察燕庄 42 周年之际，对该亭进行了改建。

纪念亭为重檐攒尖六角形黄琉璃瓦顶，通高约 12.26 米，台明用汉白玉砌筑，东北和西北两侧各出台阶 9 步。亭内青石铺地，亭子正中置汉白玉碑一通，高 3.8 米，宽 1 米，厚 0.2 米，正面隶书“毛主席视察燕庄纪念亭”，周俊杰书。

2009 年 6 月，被郑州市人民政府公布为郑州市第二批文物保护单位。保护范围：自亭基南北各扩 5 米，东西各扩 10 米。建设控制地带：自保护范围周边缘，向南外扩 10 米，向北外扩 30 米，东、西各外扩 30 米。

燕庄纪念亭

9. 中央领导人视察竹林会议旧址

位于巩义市竹林镇竹林宾馆。竹林宾馆是竹林镇人民政府下属的集客房、会议、休闲、娱乐于一体的接待旅游宾馆，由郑州市建筑设计院孙正教授设计。1991 年兴建，依山就势，充分利用原生自然地理条件，建成客房、宴会厅、花园、菜园等几大部分，现拥有客房 100 余间，宴会厅 2 个，雅间 30 个，可同时容纳 600 多人就餐，大、中、小型会议室 9 个。建成十几年来，先后接待过胡锦涛、江泽民、曾庆红、李长春等二十多位党和国家领导人。1996 年 6 月，江泽民总书记到竹林参观考察，在竹林宾馆 1 号楼第四会议室和省、市、镇领导共商发展大计，该会议室现仍保持着接待江总书记时的

竹林会议旧址

原样。

2009年6月,被郑州市人民政府公布为郑州市第二批文物保护单位。保护范围:一号楼主体。建设控制地带:同保护范围。

第二节　名人故居

名人故居是指历史上在政治、经济、文化、教育、军事等方面做出卓越贡献与成就,在社会上具有一定影响力的人物曾经居住的建筑。它是一种特殊的文化载体,虽经过时间的洗刷,但依然清晰地记录并留下了这些人物日常生活的点点滴滴,具有一定的文化价值。郑州地区的近代名人故居遗存极少,仅有刘镇华庄园、常香玉故居、董天知故居、余明礼烈士旧居、白窑刘氏民居五处建筑遗迹,现全部被公布为文物保护单位。

1. 刘镇华庄园

位于巩义市河洛镇神北村,是修建于民国时期的花园堡垒式庄园。庄园总面积约10000平方米,由上院、下院东院、下院西院、刘家花园、祠堂、马厩六个部分组成,石砌窑洞20孔,楼房210间,平房30间,建筑风格中西结合,规模宏大,富丽豪华。

庄园的主宅区建筑在神都山南侧,周围寨墙由红岩石块砌筑,分上下两部分。上院现存石砌窑洞8孔,楼房2栋,瓦房1栋。该院原为两进院,前院为管家住的地方,后院为刘母及侍奉人员住的地方。下院住宅区分东西两个院落,东院现存窑洞8孔,临街小瓦房5间,已坍塌;西院现存窑洞4孔,东西厢房4间,临街房1栋。

下院门前有一条东西向胡同,胡同南为刘家花园,花园正中建有一座大楼,俗称"仿重庆大厦"。楼房坐北面南,长20.33米,宽20.57米,高12米。此楼房建于刘镇华隐居以后,较多地吸收了西方建筑艺术特点。距主宅区东南约百米处,是刘家祠堂,系1933年刘镇华任陕西督军时所建,为两进式四合院,现存临街房、厢房、过厅、后厢房、大殿等建筑,均为二层砖木结构楼房。马厩位于祠堂东,现存瓦房5间。

刘镇华,字雪亚,光绪九年(1883)出生。其高祖、曾祖都任过清朝官员,父以经商为生,其弟刘茂恩曾任国民革命军第十四集团军司令、河南省主席。辛亥革命时刘镇华参加过反清活动,后任镇嵩军司令;北洋军阀统治时期曾任陕西军督军、省长,陕甘联军总司令;国民党新军阀时期,他投靠蒋介石,先后任豫、陕、晋边区绥靖督办、安徽省政府主席,兼豫鄂皖边区"剿匪军总司令"、国民党第五届中央监察委员等职。1936年退出政治舞台,1949年举家逃往台湾。1952年11月病死,享年69岁。

刘镇华庄园

刘镇华庄园是一处典型的官僚地主庄园,对研究我国半封建半殖民地社会的历史和建筑特点具有重要价值。

2013年3月,被国务院公布为第七批全国重点文物保护单位。保护范围:以仿重庆大厦为中心,向东140米至孝神公路,向西98米至山根,南到祠堂南100米,向北25米至岭脊教场地。建设控制地带:

以保护范围四周边线向外扩 50 米。

2. 常香玉故居

位于巩义市河洛镇南河渡村董沟。三面环山，西为路沟，南为洛水。是著名豫剧艺术家常香玉早年居住的地方。

故居现存院落一处，保存完好，坐东向西，占地面积 600 平方米。院落包含窑洞 4 孔，平房 3 间，红砖院墙及大门。故居内根据豫西农家院落生活起居原貌进行了布展，并展示出大师生平事迹的资料、图片。大门外有古井一眼。大门上有巩义市政府悬挂的“常香玉故居”匾牌。

常香玉故居

常香玉（1923—2004），原名张妙玲，河南巩县（今巩义市）人。她吸取戏曲传统之精华，刻意创新，尤以吐字清晰为特点，形成了独具一格的常派艺术，为发展豫剧艺术做出了不可磨灭的贡献。作为著名豫剧表演艺术家，民国时期，常香玉曾捐款补修南河渡石坝之一段；在陕西义演救济河南灾民。抗美援朝时期，率“香玉剧社”义演，捐赠一架“香玉剧社号”战斗机，后又率领剧社到朝鲜前线慰问，得“爱国艺人”称号。1952 年，她作为中国代表团成员，出席了维也纳世界人民和平大会。1959 年，加入中国共产党，并被选为第一、二、三、五、六、七届全国人大代表。历任中国戏剧家协会副主席、河南省戏剧家协会主席、河南省文联副主席、河南省豫剧院院长、河南省戏曲学校校长等职。逝世后被国务院授予“人民艺术家”荣誉称号，树为艺术家的楷模。

2016 年 1 月，被河南省人民政府公布为第七批河南省文物保护单位。保护范围：以常香玉故居院落为中心，东至邙山山根，西至村道，北至井房，南至民居。建设控制地带：保护范围边界向南扩至孝神公路，东、西、北同保护范围。

3. 董天知故居

位于荥阳市索河街道办事处城关乡。占地面积约 550 平方米，复原建筑 4 所，分别为临街房（包括大门）、前院正房、后院北厢房和后院正房，建筑面积 200 平方米。建筑全部采用清末民居的建筑式样，用青砖白灰砌筑墙体，硬山小灰瓦屋顶。

董天知故居

故居现辟陈展面积约 70 平方米，利用图片、历史文献资料及部分实物展示董天知将军的生平事迹。展览分为投身革命、铁窗生涯、创建新军和血洒太行四个部分，比较全面地反映了董天知伟大光辉的一生，发挥了较好的宣传教育作用。

董天知（1911—1940），著名抗日将领。荥阳市老城南街人。他青年时期即积极投身革命，并加入中国共产主义青年团。后被捕入狱，度过 5 年的铁窗生涯。在狱中敌人对他施尽了种种酷刑，他始终忠贞不屈。狱中党支部根据他的表现，1932 年批准他转入中国共产党。被营救出狱后，董天知受中共中央北方局委派，在薄一波的领导下，赴晋绥参加抗日救亡工作，参与组织领导山西牺盟会，任山西青年抗敌决死第三纵队政治部主任、中共决死第三纵队军政委员会书记。后编入国民革命军第一二九师，任抗日决死第三纵队政治委员。1940 年 8 月，董天知率部参加“百团大战”，壮烈殉国。

2016 年 1 月，被河南省人民政府公布为第七批河南省文物保护单位。保护范围：以大门南山墙西侧为永久性坐标点，从该点向北 12 米，南北最长 12 米，向东 48 米，南北 48 米。建设控制地带：同保护范围。

4. 余明礼烈士旧居

位于巩义市米河镇水头村大路坡。原有三孔窑洞，现存一孔石券窑洞。

余明礼烈士旧居窑洞

余明礼，又名余科，巩义市米河镇水头村大路坡人。1938 年参加中国共产党，1944 年任荥、巩、汜、密、登五县农会主席，巩县抗日联合救国会副主席和巩县抗日第一区农会主席等职。1945 年，皮定均司令员率八路军南下，他奉命转入地下工作。由于叛徒出卖，余明礼于 1945 年农历八月十四日被国民党反动派抓捕后壮烈牺牲。1944 年皮徐先遣支队曾进驻大路坡余家，开展抗日工作，革命先驱卢曙天、范惠等曾在此生活过。

旧居东侧有余明礼烈士墓，墓冢呈椭圆形，直径 2—3 米，高 1 米，坐南朝北，靠崖而建，西侧有一棵柏树，东侧有一棵石榴树。墓前后立墓碑，八路军豫西抗日独立支队老三团管理处主任卢曙天为其亲笔题词“永垂不朽”，水头村委题词并刻立。

2009 年 6 月，被郑州市人民政府公布为郑州市第二批文物保护单位。保护范围：东、西、南均至断崖；北至余家水屯北界。建设控制地带：同保护范围。

5. 白窑刘氏民居（民国）

位于巩义市北山口镇白窑村，是民国时期洛阳、周口专员，国民党中央立法委员刘锡五及其弟兄的住宅。

民居坐西向东，三层院落，东西长 30 米，南北宽 20 米。现存上院房屋 2 幢，窑洞 4 孔；中院临街大倒座，窑洞 7 孔；下院窑洞 4 孔。整个宅院依山就势，就地取材，两侧有门，青砖石子铺路，是一处结构严谨、建筑宏大的宅院，为研究民国时期建筑提供了实物依据。

2009 年 6 月，被郑州市人民政府公布为郑州市第二批文物保护单位。保护范围：东至村道，西至山岭断崖，北至断崖，南至南院南墙外 50 米。建设控制地带：同保护范围。

第三节　革命烈士墓地

革命烈士墓地是为革命烈士专门修建的陵园或墓地，在表达手法上以纪念性的方式，使得相关革命烈士及革命事件在一定程度上得以重构，让人从中加以认知并有所感悟。

1. 国民革命军第二集团军北伐阵亡将士墓地

国民革命军第二集团军北伐阵亡将士墓地位于郑州市中原区林山寨街道办事处碧沙岗内。1922 年 4 月开始的第一次直奉战争中的奉系赵倜与直系冯玉祥之战和 1926 年直奉军阀间的“中原大战”，郑州都是重要战场。在这两次战争特别是第一次军阀混战中,冯玉祥部伤亡众多,损失惨重,举目疆场“枕藉白骨累累”。1927 年 4 月,冯玉祥接受了共产党人李大钊“出兵西安,会师郑州”的建议,亲率国民革命军第二集团军,出潼关,进军中原,收复京津。1928 年春,东征结束,进驻郑州,安营屯兵修养。1928 年 4 月,冯玉祥为纪念在大小数百场战役中的阵亡将士,批准拨出经费 13 万元,在郑州西郊风沙弥漫、杂草丛生的白沙岗上,辟地 400 亩,建造“北伐阵亡将士墓”,并建祠,以表阵亡将士之志。工程由交通司令许骧云为督办并监工,1928 年秋落成。墓地南北长约 600 米,东西宽约 410 米,面积为 24.6 万平方米,四周青砖高墙垒筑。墓地中部建三民主义烈士祠,仿古建筑,占地 4330 平方米,有前后两进院落,前院有正殿和东西廊房各 7 间,均为高台建筑,有回廊,绿色琉璃瓦顶;后院正中为后殿,建筑形式与正殿同,殿内四壁嵌有当时军政要员的挽词刻石。祠堂坐南朝北,祠前有 3 座碑亭,分别名民族、民权和民生,均为六角形攒尖仿木结构建筑,黄琉璃瓦顶。民族亭内立汉白玉方碑:正面为冯玉祥书“碧血丹心”4 字,另三面为冯玉祥撰《祭北伐阵亡将士文》。民权亭内立鹿钟麟撰烈士纪念碑,民生亭有刻于 1928 年 8 月的纪念碑,也是由冯玉祥撰文。在墓地中轴线上有东西向长方形水池,池上建石桥,桥北即墓地正门,门上所刻横额为冯玉祥题“碧沙岗”3 个大字。1975 年北大门重建,由城堡式改为庑殿式。烈士公墓在祠后(祠南),墓冢间隔 2 米,纵横成列,葬攻克郑州以前各役阵亡将士,墓地东南部亦葬有部分抗日战争国民党军队阵亡将士。

国民革命军第二集团军北伐阵亡将士纪念碑

墓地有碑刻 40 余通,较重要的有墓地落成纪念碑和抗日英雄纪念碑,墓地落成纪念碑为汉白玉圆柱体,半球形碑顶,下有莲瓣束腰式圆碑座,碑文记叙国民革命军第二集团军转战中原以及兴建这处墓地的情况。抗日英雄纪念碑为六棱形,是郑州绥靖区司令官刘汝明 1946 年 10 月为张自忠、佟麟阁、赵登禹和宋哲元所立,记载其与日本侵略者浴血奋战、壮烈殉国的事迹及宋哲元在热河喜峰口指挥对日作战的情况。原碑已拆毁,1994 年,原址新建“北伐将士纪念碑”,碑身高近 18 米,青石质地,正面镌刻聂荣臻元帅题写的“北伐阵亡将士永垂不朽”10 个金色大字,碑体浮雕由北伐群像组成。挽辞刻石共 19 块,文体各异,镌刻时间最早者为 1928 年,最晚者为 1932 年。阵亡将士名碑共 5 块,均为长方形,每块列名 130 余个。原立墓碑数量甚多,碑面镌刻死者姓名、军衔、籍贯和所在部队番号等。墓地于 1956 年改建为碧沙岗公园,烈士祠现为郑州市文物考古研究院管理使用。

2013 年 5 月,被国务院公布为第七批全国重点文物保护单位。保护范围:以“碧血丹心”亭为基点,向东 155 米至防空兵学院西围墙,向西 260 米至嵩山路,向北 220 米至建设路,向南 380 米至公园南门。建设控制地带:不划。

2. 吉鸿昌烈士墓

位于郑州市二七区烈士陵园中南部。墓用白水泥砌筑,外镶褐红色花岗岩,由长方形束腰底座与低弧顶棺组成,长 3.2 米,宽 1.4 米,高 0.6 米。棺北底座上立汉白玉门坊形墓碑,碑宽 0.95 米,厚

0.23 米,高 1.6 米,正面有烈士黑白瓷像,下刻“吉鸿昌烈士之墓”镏金大字,背面有烈士简介及就义诗。

吉鸿昌烈士墓原在扶沟县吕潭镇,1964 年迁葬至郑州市烈士陵园。墓东 84 米有吉鸿昌纪念亭碑,建于 1984 年。亭方座,四角共 12 根方柱,双层平顶。亭内立方柱形汉白玉碑,黑色底座,高 2.8 米,宽 0.7 米,各面分别刻着胡耀邦、薄一波、聂荣臻的题词和河南省委、省政府对吉鸿昌的生平介绍。

吉鸿昌(1895—1934),原名恒立,字世五。曾为冯玉祥麾下战将,因功从士兵升至军长,曾参加中原大战。后因拒绝“剿共”被蒋介石解除兵权,1932 年秘密加入中国共产党。1933 年与冯玉祥、方振武、佟麟阁等在张家口组织察哈尔民众抗日同盟军,收复多伦等地,同年 10 月,抗日同盟军在国民党军队和日伪军夹攻下失败。1934 年在天津继续进行抗日活动,11 日在法租界被捕,24 日在北平(今北京市)陆军监狱被蒋介石下令杀害,终年 39 岁。临死前慷慨赋诗:“恨不抗日死,留作今日羞。国破尚如此,我何惜此头。”

2009 年 6 月,被郑州市人民政府公布为郑州市第二批文物保护单位。

3. 景店烈士陵园

位于登封市卢店镇景店村东。1948 年春,登封解放,政府收景店东的小中岳庙的庙产公田归公有,将登密战役中献身捐躯的 69 位解放军官兵安葬于此。1954 年从城关公社焦河大队和大冶公社又各迁葬 2 位,共 73 位。陵园内现有烈士墓 40 座,墓前均立有高 0.3 米、宽 0.18 米、厚 0.085 米的青石墓碑一块,上用楷书刻烈士的籍贯、姓名和生前职务。2013 年,登封市民政部门在景店烈士陵园西侧征地 10 余亩,改建为“登封市烈士陵园”,原烈士墓迁入新园,并新建烈士纪念碑。

烈士纪念碑牌楼基台为红石砌成,台前后各有台阶三步,基台高 0.61 米、宽 3.95 米、长 4.03 米,台上筑有高 3.3 米、宽 4.1 米、厚 0.62 米的牌楼一座。牌楼正中镶嵌青石烈士纪念碑,高 1.68 米,宽 0.69 米,碑阳额题“永垂不朽”,左侧雕五角星,右侧雕镰刀、锤子图案,碑身正中楷书“英雄业绩,永垂不朽”的大字碑文。碑阴刻烈士榜,共 5 列 69 位。碑楼两侧各有拱券形门洞,高 1.68 米,宽 0.63 米。烈士纪念碑北侧为中岳庙正殿,面阔三间,进深一间,屋面原为筒瓦顶,后改为小青瓦顶。正殿的山墙上遗存数十个弹痕枪孔,为登密战役所留。

《登封县志》等志书均对景店烈士陵园和登密战役有详细记载,景店烈士陵园是解放战争登密战役中英勇献身烈士的安息地,是极好的革命史教育场所,具有很高的革命历史教育价值。

2009 年 6 月,被郑州市人民政府公布为郑州市第二批文物保护单位。

第四节　革命旧址

新民主主义革命和抗日战争时期,郑州经历了战争的洗礼,登封、巩义两地也是经历战争较多的县区。在这里遗留下诸多纪念性的场馆、旧址、遗迹等,这些是革命文化的宝贵财富。

1. 郑州铁路职工学校旧址

位于郑州市管城回族区南关街街道办事处东三马路 80 号(原三益街小学院内),其建筑为一座平房,坐北朝南,现有房屋 8 间,为砖木结构的两面坡起脊房,房内有 12 根木柱支撑。整个建筑青砖砌墙,小青瓦盖顶,房内青砖铺地,木质门窗。占地面积 560 平方米,建筑面积 360 平方米。

郑州铁路职工学校旧址原为“湖北会馆”,1920 年,北洋交通部职工教育司批准在此创办职工学

郑州铁路职工学校旧址

校，学校全称“京汉路郑州职工学校”，因铁路工人高斌、姜海士等人经常于夜晚来校上课，故称“工人夜校”。其中教员赵子健是湖北共产主义小组创建人之一，北京马克思学说研究会成员，他在向工人传授文化知识的同时传播进步思想。党的创始人李大钊等都先后来这里讲学，向工人宣传进步思想，宣传马克思主义基本道理、启发工人的阶级觉悟，号召工人团结起来求解放。因此，夜校成为中国共产党在河南最早启发工人觉悟、组织团体进行革命活动的场所。工人夜校旧址的保护、宣传，对青少年进行爱国主义教育有重要意义。2012 年迁至今址。

2006 年 6 月，被河南省人民政府公布为第四批河南省重点文物保护单位。保护范围：自旧址向外扩 50 米。建设控制地带：自文物保护范围边界向外扩 100 米。

2. 日本驻郑领事馆旧址

位于郑州市管城回族区南关街道办事处东三马路 80 号。该院落坐北朝南，由两幢小楼和一个四方小庭院组成，占地面积 128000 平方米，建筑面积 1052. 7 平方米，有房屋 35 间，整个建筑是中西结合的建筑风格，现保存完好。

日本驻郑领事馆旧址

日本驻郑领事馆始建于 1922 年，经当时的北洋政府核准设立，主体建筑为 1927 年所建。1928 年，时任河南省主席冯玉祥取消了日本驻郑州领事馆。后来 1933 年和 1936 年日本两次恢复驻郑州领事馆，最后一次恢复是在 1936 年 1 月 1 日，领事馆改名为日本驻郑县领事馆，当时的领事是佐佐木高义。至 1937 年 8 月 9 日，日本驻郑领事馆闭馆。新中国成立后，由郑州商贸劳动服务公司占用。2002 年 8 月 20 日，郑州市人民政府批准由郑州二七纪念馆正式接管，对其进行保护、管理。2004 年 4 月 30 日至 12 月底，对“旧址”修复。

日本驻郑领事馆曾是日本军国主义分子搜集中国军事机密、从事特务活动的重要场所，是揭露日本帝国主义罪行，进行中华民族爱国主义传统教育的重要场所，为研究日军侵华史和河南抗战史提供了一处珍贵的实物资料。

2006 年 6 月，被河南省人民政府公布为第四批河南省重点文物保护单位。保护范围：自旧址围墙向外扩 50 米。建设控制地带：自保护范围边界向外扩 100 米。

3. 柏石崖豫西抗日先遣支队后方医院旧址

位于登封市徐庄镇柏石崖村，周围群山环绕，处于大熊山谷中滩地上，北望箕山，村中有一条东西向河沟。

柏石崖是革命老区，全国 19 个抗日根据地核心腹地之一，现存的抗日先遣支队后方医院以小河为界分东、西两部分，东区有窑洞 10 孔、房屋 50 间，西区有窑洞 15 孔、房屋 90 间。医院旧址包括病房、手术室、护士住室、仓库、药房、管理办公室、伙房、水井等。

病房旧址坐东朝西，面阔一间，长 3. 7 米，进深一间，宽 4. 4 米，砖、石、木、瓦混合构筑，硬山顶，小青瓦屋面。手术室旧址坐东朝西，现仅存窑洞1孔，石砌，正中辟拱券门，门宽0.84米，高1.8米。护士住室朝东向，面阔两间，长6.3米，进深一间，宽3.8米，硬山顶，小青瓦屋面。仓库旧址坐西朝东，现仅存北厢房，亦为砖、石、土坯、木混合构筑。药房及李树辅办公室旧址，坐东面西，现存上房和南北厢房，均面阔三间，硬山，小板瓦覆顶。甄勇宅院坐西朝东，上房面阔四间，厢房三间，临街房面阔四间，其中南厢房曾为管理员居住场所旧址。医院伙房旧址，坐东朝西，现存上房一间，厢房两间。村内的水井曾为后方医院用水处，井口长56厘米、宽44厘米，深10米，井口用青石垒砌为长方形，井深上部用石砌成方形，下部为椭圆形，井上东部有两块辘轳芯石。

柏石崖豫西抗日先遣支队后方医院旧址

1944年9月，受党中央和毛主席的指派，皮定均司令员率豫西抗日先遣支队来到登封，在马峪川（今徐庄镇）一带建立了箕山豫西抗日根据地。1945年年初，八路军豫西抗日先遣支队攻打大冶时，为了解决战斗中伤病员的救治问题，在此建立了抗日先遣支队后方医院。1945年9月29日，八路军奉命南下，部队撤退时，由于情况紧急，不能带走重伤员，重伤员被分散隐藏在柏石崖一带群众家里养伤。国民党和地方反动武装勾结起来，将大部分重伤员搜出并残忍杀害。当时延安《解放日报》对柏石崖周围八路军伤员惨遭杀害的情况曾做过专题报道。在艰难的抗战时期，柏石崖群众无私奉献、不怕牺牲，为中国人民的解放事业做出了不朽的贡献，为后代子孙留下了永久的精神财富。

2016年1月，被河南省人民政府公布为第七批河南省文物保护单位。

4. 豫西抗日先遣支队司令部旧址

位于巩义市涉村镇上庄村西500米。主体建筑物为丁、李、田三家祠堂，丁家祠堂居中，李家祠堂居东，田家祠堂居西，均坐北面南，为硬山式砖木结构建筑，板瓦盖顶，面阔三间。旧址保存完好。1944年，中共中央和八路军总部决定开辟嵩山抗日根据地，建立了八路军豫西抗日先遣支队，皮定均任司令员，徐子荣任政治委员。先遣支队进驻巩县境内，司令部设在上庄。丁家祠堂是司令员皮定均、政委徐子荣和副司令方升普、副政委兼政治部主任郭林祥等人的办公室。李家祠堂是皮定均住室和作战研究室。田家祠堂是徐子荣、方升普和郭林祥的住室，特务连也居住在祠堂内。司令部所属政治部、司法科和电台等单位，分居在3个农民家里。先遣支队在此指挥了琉璃庙沟、大冶、黑石关等200多次战役，歼敌3500余人。

豫西抗日先遣支队司令部旧址

1986年11月，被河南省人民政府公布为第二批河南省重点文物保护单位。保护范围：自祠堂围墙四边向东延伸200米（含老街），向西、南、北外扩50米。建设控制地带：以保护范围四边线各外扩50米。

5. 登封县第一次党代会旧址

位于登封市大金店镇袁桥村，原为民国区长袁强斋家，后为顾景贵住宅。该旧址是一处单体院落，现有建筑三座，属晚清时期的民居建筑。

1938 年,按照上级党委决定,将偃师、巩县、登封中心县委改建为各县县委。会议于 1938 年 2 月召开,当天参加的有 20 余人,会议选举了中共地下党登封县委员会成员,研究了基层组织,设置地点和联络方法。会议上三县特委陈耳东传达上级五条指示,强调三县特委转建县委的重大意义,要正确认识形势,搞好统一战线和党的建设。会议决定建立各区委和中学支部,开展地下工作,积极筹建抗日根据地。

登封县第一次党代会旧址

登封县第一次党代会的召开对当时抗日形势的组织、宣传工作进展都具有重要的指导和促进作用。旧址对缅怀革命历史,对青少年进行革命传统教育,具有重要的现实意义。

2009 年 6 月,被郑州市人民政府公布为郑州市第二批文物保护单位。保护范围:东自上房东山墙向东 10 米,西自上房西山墙向西 10 米,南至街道南侧,北自上房后墙向北 10 米。建设控制地带:同保护范围。

6. 登封抗日县政府旧址

位于登封市白坪乡东白坪村李文正家西侧。该旧址为一孔土窑洞,坐西面东。窑洞地面比院外地面低 30 厘米左右,窑洞内南北宽 2.95 米,东西深 10 米,高 3.3 米。洞内南侧面北有一小土套窑,南北长 2 米,东西宽 1.8 米左右,高 2 米左右,窑门为青砖垒砌。

1944 年,皮定均、徐子荣豫西抗日先遣支队到登封,10 月上旬在君召乡红石头沟村成立了登封抗日县政府。不久迁往李文正家。设立各区机构,1945 年成立箕山专署、嵩山专署及六个军分区,4 月中旬抗日县政府领导全县开展减租减息运动。配合支队进行抗日斗争。7 月下旬县政府迁往盆窑、界头。

登封抗日县政府是豫西抗日战争时期登封县政治指挥中心。旧址记述了抗日战争时期皮司令、徐政委在窑洞中领导豫西抗日先遣支队全体成员浴血奋战,取得了最后决定性胜利的历史,对青少年进行革命传统教育,具有现实意义。

2009 年 6 月,被郑州市人民政府公布为郑州市第二批文物保护单位。保护范围:东自窑门向东 15 米至董宏斌宅院西墙,西自窑门上断崖向西 100 米,南至火神庙后墙,北至李学乾山墙。建设控制地带:同保护范围。

7. 中正堂

位于登封市大金店镇金东村,建于 1941 年,由国民党三十一集团军第十三军军长石觉所建,原为第十三军军部。

该建筑坐北朝南,面积约 380 平方米,面阔九间,进深三间,砖木结构,重檐硬山式建筑。重檐下有方格亮窗,并有瓦扣围脊,垂带为合瓦做法,山墙略带牌坊风格,山面辟门。门上方有石刻匾额,楷书“中正堂”3 字,右侧有“石觉书”3 字。门两侧各置窗户 1 个,堂内各间的左右墙上设有对称的长形窗户 1 个,地面条砖平铺。

中正堂

中正堂对于研究抗战时期建筑特征有一定价值。

2009年6月,被郑州市人民政府公布为郑州市第二批文物保护单位。保护范围:南自堂南壁向南至老街中心,北自堂北壁向北30米,东自堂东壁向东25米,西自堂西壁向西25米。建设控制地带:同保护范围。

8. 皮定均工作旧址

位于新密市尖山风景区田种湾村。1944年12月,皮定均率领八路军豫西抗日先遣支队进驻尖山地区,在此开辟并建立了抗日革命根据地。皮定均同志工作并居住的司令部就设在田种湾村王满、王战魁、王平安三家的宅院中,院内有5孔石券窑洞。在密北抗日民主政府成立的群众大会上,皮定均同志站在窑洞门口,庄严宣告密北抗日民主政府的成立。

皮定均工作旧址

皮定均工作旧址,是豫西抗日根据地的司令部,是密县的民主抗日活动指挥部,对密县发动抗日活动起着决定性作用。现旧址保存完好。

2009年6月,被郑州市人民政府公布为郑州市第二批文物保护单位。保护范围:东西32.8米,东至民居东墙,西自民居向西25米至小路;南北21.7米,南至民居南墙,北至民居北墙。建设控制地带:东、西、南、北四周自保护范围各外扩10米。

9. 巩县抗日民主政府旧址

位于巩义市涉村镇上庄村西北丁光耀家。整个院长13米,宽12米,面积156平方米。门朝北,院西为4间瓦房,院南为1间瓦房,院东为2孔窑洞,院北有1孔砖券窑洞(皮定均住过,后被日寇烧毁),是典型的前临街后窑洞式的民居建筑。巩县抗日民主政府机构完整、职能齐全,在发展革命队伍、保护农民利益、抗击日寇侵略等方面发挥了极大的作用。

1944年,皮定均奉党中央的命令,率部开辟豫西抗日根据地,建立了巩县抗日民主政府。县政府于1944年7月7日进驻上庄里沟丁家路口丁光耀院里。并任命郝纯镳为县长,1945年1月郝纯镳赴豫西行政干校学习,由吉树甦代理县长,3月王桂五任县长。抗日民主政府建立后组织各项运动开展支前工作,确保各项战斗及群运工作顺利开展。1945年9月巩县抗日民主政府随皮定均部队南下而撤离此地。

巩县抗日民主政府旧址

2009年6月,被郑州市人民政府公布为郑州市第二批文物保护单位。保护范围:以丁光耀家围墙为中心,向四周各外扩20米。建设控制地带:自保护范围边界向东、南各外扩50米,北、西均至断崖。

10. 豫西行政干校旧址

位于巩义市涉村镇浅井村。该旧址原为浅井村翟氏祠堂,1944年豫西专署行政干校在此成立,培训对象主要是来自豫西各县的抗日积极分子、工农群众和青年学生,共办三期,参加人员有1500余人。这些学员在豫西各县成立农会,宣传抗日,开展减租减息、倒地运动,参军参战打击日伪反动派。1944

年10月5日，豫西抗日独立支队成立后，把此地作为豫西军政干校，培训来自偃师、巩县、登封、荥阳、汜水等地的积极分子，司令员皮定均任校长，共办三期，学员400余人，培训后，学员大多成为独立支队优秀干部和指挥员。此地为巩固抗日根据地培养了大量人才。

旧址原建筑翟氏祠堂由4间坐东朝西蓝砖砌成的平房及院落构成。现只存门楼一座，面积300余平方米，院内有一棵皂角树。新中国成立后，被浅井村小学使用，现为浅井村幼儿园。

豫西行政干校旧址

2009年6月，被郑州市人民政府公布为郑州市第二批文物保护单位。保护范围：以翟家祠堂大门为中心，南北各扩100米，东至浅井村幼儿园西围墙，西至自然河沟东岸。建设及控制地带：同保护范围。

11. 嵩山八路军抗日工作站旧址

位于巩义市小关镇水泉沟村。1944年6月毛主席发出挺进豫西的指示后，太行军区抽调一批河南籍干部先遣豫西各县，发动群众，迎接部队，建立组织，孙克明同志受命到巩县筹建嵩山抗日工作。他来巩县后，与口头村张良贵取得联系，以水泉沟关帝庙为联络点，秘密串联，开展抗日宣传。同年7月，孙克明、张良贵组织20多名抗日青年以义结金兰的方式成立了嵩山八路军抗日工作站，为开辟抗日根据地创造了有利条件。

嵩山八路军抗日工作站旧址东西长11.7米，南北宽10.7米，现存窑洞4孔，呈罗圈椅状排列，坐西向东，正面2孔，两侧各1孔，门额上砖券方池，内黄底红字“嵩山抗日工作站旧址”。窑深4—10米，窑内有券，正面北侧窑洞为当年工作站活动室，南侧窑内有一盘石碾。2007年8月15日立碑两通，一通书“抗日英雄，永垂史册”，另一通为义结金兰纪念碑，碑文共八行，是新华社记者赵平安撰写的四字韵文，记叙了当年工作站初建时的情况。

嵩山八路军抗日工作站旧址

该旧址现状保存较好，只有南侧窑洞顶部因雨已坍塌。2007年，嵩山抗日工作站旧址委员会新砌了青砖院墙、大门，青砖裱山，对窑洞进行了粉刷、加固。

2009年6月，被郑州市人民政府公布为郑州市第二批文物保护单位。保护范围：以工作站旧址围墙为中心向四周各外扩20米。建设控制地带：同保护范围。

12. 中共油坊地下联络站旧址

位于荥阳市高村乡油坊村。旧址原为秦和尚旧宅，三进庭院，现存建筑为最后一进院落，有建筑3座，占地面积285平方米，主楼为清代所建，坐北向南，高三层，长13米，宽4.5米，高约12米。底层为横砖券顶，二、三层中间以棚条上铺小蓝砖作隔层，楼顶为硬山。该楼一部分门、窗外侧及顶层与中间层外墙周围均嵌饰有较多且较美的砖雕图案，两厢房均为二层。20世纪30年代改为教堂和学堂。

1944年秋至1945年春，皮定均、徐子荣率豫西抗日先遣支队在荥（阳）广（武）汜（水）一带开展抗日活动，当时日军占领广武山头，并在黄河大桥设立关卡，八路军为开辟抗日新区，加强嵩山抗日军分区与华北解放区和根据地的联系，就利用学校和教堂作掩护，在此地建立了秘密联络站。曾护送过中共许多重要党政领导和工作人员南来北往安全渡过黄河，对扩大党的影响，保证地下交通畅通发挥了重要作用。

2009 年 6 月，被郑州市人民政府公布为郑州市第二批文物保护单位。保护范围：永久性坐标点设为东屋东山墙南段。从该点向东 3.5 米，向西 15 米，东西全长 19 米；向南 2 米，向北 24 米，南北全长 26 米。建设控制地带：同保护范围。

中共油坊地下联络站旧址

13. 刘堂庙革命旧址

位于新密市白寨镇刘堂村。刘堂庙坐东向西，有房屋 30 余间，东屋 6 间，南屋 3 间为圣母庙，北屋 3 间为火神庙，均为硬山灰瓦顶。1925 年，党的地下组织开始在刘堂庙活动，编印革命刊物，开展党的宣传工作。同年 12 月，在刘堂庙成立了密县第一个农民协会。1926 年年初，在刘堂庙柏树下召开高庙、柳沟、石寨等村 2000 多人参加的农民大会，同年 6 月，中共郑州市委在此建立了密县第一党小组。1927 年党组织遭到破坏后重新建立农民大会。同年 12 月，经郑县县委批准，在刘堂庙成立了郑、荥、密边支部。1928 年年初，中共河南省委派党员李品一前往刘堂庙改组支部，改郑、荥、密边支部为中共河南省委直属郑、荥、密边特别支部，简称省委直属特支。1938 年，豫西党委书记刘子久来此开展党的地下工作，筹建了中共密县党支部。同年 6 月，由支部升为“中共密县委员会”，尚寅宾任书记，后又派关宪州接任县委书记。

刘堂庙革命旧址

1987 年 3 月，被郑州市人民政府公布为郑州市第一批文物保护单位。保护范围：东西 73 米，东至院墙外扩 20 米，西至院墙外扩 20 米；南北 72 米，南至学校新院南教室后墙，北至院墙外北扩 20 米。建设控制地带：保护范围四周向外扩 50 米，各至居民区。

14. 山头湾夜校农民协会旧址

位于新密市东南大隗镇进化村（原名山头湾村）。现存房屋 14 间，砖瓦结构，农村四合院建筑，为当时农民协会、平民夜校、电话处、农民自卫军住所等旧址。当年使用的革命遗物保存下来的有课桌 13 张，木箱、书柜、座钟各一件。

1924 年，密县早期著名革命人士张书印在此创办平民夜校，一年多时间，这里的平民受初小以上教育者 500 余人，使密县的平民教育得到突飞猛进的发展。密县农民运动的蓬勃发展受到了党的极大重视。1925 年，张书印、樊百全在山头湾首先成立了密县东南区第一个农民协会，1926 年张书印在密县地下党的支持下又成立了农民自卫军，队员达 100 余人。

山头湾夜校农民协会旧址

1987 年 3 月,被郑州市人民政府公布为郑州市第一批文物保护单位。保护范围:东 30 米至民居,西 50 米至崖头,南 10 米至沟沿,北 10 米至崖头。建设控制地带:民居四周再扩 20 米至崖头。

15. 新密禹抗日民主政府旧址

位于新郑市具茨山国家森林公园管委会具茨山主峰东崖下驮窑村史家村史江水的老宅。坐北朝南,靠山面沟,平面呈曲尺形,西崖下两孔石洞,北崖下三孔石洞,东厢房三间。1945 年 3 月,皮定均、徐子荣率豫西抗日先遣队在新郑一带建立抗日根据地,成立了新密禹抗日民主政府。县长宋登贤等县领导和区干队等就驻在史江水家的窑洞内,独立团、独立队分别驻在旧址附近的山村。目前,旧址已修复成一个院落,窑内布置陈列,门外竖立标志,成为新郑爱国主义教育基地。

新密禹抗日民主政府旧址

2016 年 1 月,被河南省人民政府公布为第七批河南省文物保护单位。保护范围:东为东围墙向东 26 米,西为西围墙向西 11 米,南为南围墙向南 19 米至断崖,北为南围墙向北 24 米至断崖。东西 53 米,南北 43 米。建设控制地带:保护范围四周边界各外扩 20 米。

第五节　大型公共建筑

公共建筑是供人们进行社会活动的非生产性建筑物。它们承担了社会公共事务,为公众所使用,发挥公众效益。近代公共建筑作为一种新兴的建筑类型真实地记录了中国社会的近现代历程和时代的变革。它们不仅在功能上更加多元,呈现出与传统建筑完全不同的风格面貌,而且能够更真实地反映近代城市、建筑以及社会文明的发展历程。

1. 司赵火车站旧址

位于郑州经济技术开发区司赵村北部。1944 年,日寇长驱直入占领郑州,为了军事进攻和掠夺物资的需要,设置并建设了司赵站。现仅存候车室,砖木结构,面阔五间,长约 15 米,进深一间,宽约 5. 5 米。建筑南面为进站口,门楣上方遗存"司赵车站"及铁路徽章,其东西两侧有配房,因多次翻修,建筑体貌已改变。另外车站西侧保存一处日式炮楼,方柱形平顶砖混结构,现存较好。

司赵火车站旧址

2. 古荥公社影剧院

位于郑州市惠济区古荥镇西大街路南,建于 1958 年。当年古荥人民公社党委接上级通知,毛主席视察七里营后将视察古荥人民公社(后因故取消),故动员全公社的泥瓦匠边设计边施工,日夜不停,用一周时间建成了这座规模宏大的建筑物,时称"古荥人民会堂"。20 世纪 70 年代后期,更名为"古荥公社影剧院"。影剧院坐南朝北,砖门结构,通长 34

米,仿苏建筑模式,大厅进深 9 米,主会堂阔 24 米,深 47 米(包括主席台 12 米)。一层中部为廊,二层为亮窗,三层横砌“古荥公社影剧院”,顶部装饰五星红旗。古荥公社影剧院是 20 世纪 50 年代前后政治、经济发展的缩影。

2009 年 6 月,被郑州市人民政府公布为郑州市第二批文物保护单位。保护范围:自房基向四周各外扩 15 米。建设控制地带:自保护范围边界各外扩 30 米。北包括一条 15 米宽的东西向马路,东包括一条 7 米宽南北向道路。

古荥公社影剧院

3. 河南省工业展览馆

位于郑州市金水区金水路文化路立交桥西北角。东临文化路,南临立交桥(新通桥修建时拆除部分建筑)。原貌已失,并被租用。

河南省工业展览馆主体建筑原为“工”字形,坐西朝东,馆区占地面积 20000 平方米,建筑面积 12600 平方米。主展厅为单层,屋脊呈尖状;临文化路的序厅及南北边厅为两层建筑,均为砖木结构,占地面积 3500 平方米,建筑面积 4563 平方米。主建筑西侧后院面积 204 平方米,后院西侧为办公楼,两层,南北长 30 米,东西宽 7.2 米,占地面积 216 平方米。

河南省工业展览馆

河南省工业展览馆是河南省最早的专业展览馆,曾肩负着省委、省政府及省直各部门组织的指令性大型展览工作任务,其中有重大影响的国内外展览百余个。

4. 河南省人民会堂

位于郑州市金水区金水路和花园路交叉口的东北角,坐东朝西,与河南饭店隔路相望。会堂始建于 1978 年,1979 年年底竣工,由河南省建筑设计院设计建造,原占地面积 30000 多平方米,近年由于城市改造,道路扩建,现有面积约 24000 平方米,建筑面积 18000 平方米,前广场面积约 3800 平方米。会堂建筑主体采用钢筋混凝土框架结构,整座建筑外观呈四方体造型,平面呈方形,外立面墙体采用白色大理石贴面,二层以上的竖向条形窗不仅韵律感极强,而且增大了采光面积,并有良好的通风效果。内部空间以观众厅为主体,周围环绕着其他会议室及办公室等空间。整座建筑造型沉稳庄重,空间布局合理有序,外观明快简洁,体现了现代生活的明快、简约、实用,极具时代特征。

河南省人民会堂

河南省人民会堂主要为省四大班子召开会议及重要外事活动提供服务,兼顾承办各种文艺演出。它曾多次接待党和国家领导人、重要外国来宾及国际和国家级文艺团体,是我省政治、经济、文化生活的重要活动场所。现在拥有 2400 个软席座位,舞台面积 700 平方米,不仅有主席团会议室、外宾厅和可容纳500人的多功能厅，还独具匠心地设计了18个中小型会议厅。18个中小型会议厅分别以全省18个地市的风土人情以及不同风格来设计装修，充分体现了河南地处中原、濒临黄河的古老文化特色，如洛阳厅的“龙门石窟壁画”、开封厅的“清明上河园”等，使不同地市的代表或与会者，到了代表自己地市的厅内，有宾至如归的感觉。

2008年被评选为“郑州改革开放30年地理标志”。

5. 河南省体育馆

位于郑州市金水区，东临文化路，西临健康路，南临优胜南路，北临优胜北路。体育馆建筑建于1966年，由建筑工程部中南工业建筑设计院设计。平面呈圆形，建筑主体呈圆柱体，采用弧线形屋顶，整体浑厚庄重。二层以上的竖向条形窗增大了采光面积且具有良好的通风效果。室内空间以观众厅为主体，周围环绕着布置办公室、训练室、会议室等。该建筑为大型体育类建筑，建筑布局从功能出发，能够满足多种比赛需求。目前该场馆还完好地保留着，仍然在为河南省体育事业的发展做着贡献。

河南省体育馆

河南省体育馆附近的其他比赛场馆为陆续建造。1955年建田径场，同年在田径场内建西主席台和西看台。1956年续建南北看台和挂分台。1957年建东主席台和东看台，年底竣工。1956年建室外灯光球场。1966年建河南省体育馆，后又进行了大规模高水平的续建。至1969年年底，河南省体育馆已为全国较先进的体育馆之一。此后，在上级领导的支持下，1973年建游泳馆，1980年建旱冰场，1981年建综合练习馆，可供篮球、排球、乒乓球和武术等项目练习。

6. 中州影剧院

位于郑州市金水区文化路、二七路与金水路交会处的新通桥立交桥旁，交通便利，位处郑州市中心区繁华地段。

中州影剧院现名为中原大舞台，是以舞台演出、电影放映、会务接待为主要功能的现代综合性公共娱乐场所。它始建于1979年，2005年对主体进行了升级改造。现有大厅、中厅、小厅和数字厅四个厅，可容纳观众总数1500余人。大厅为复式架构，内置1242个座椅，高档专业舞台声光配设完备，VIP接待厅能够满足各类文艺演出及会务接待业务。中厅可容纳观众211人，小厅可容纳观众84人。

中州影剧院

中州影剧院（中原大舞台）是河南省文化厅指定重点文化宣传阵地，作为河南文化影视集团演出基地，直属河南省演出公司，演出接待业务一度名列前茅。2005年7月，河南省文化厅积极牵头筹集巨资对中州影剧院进行了空前高规格的主体升级改造，将中州影剧院真正打造成“百姓娱乐场，群众大戏台”。

第六节　商业服务类建筑

新中国成立后，由于社会形态的转变，新的社会生活、生产的需要，对建筑功能、形式及技术都提出了许多新的要求，流行的建筑风格影响了建筑的浅层装饰，并没有干扰到旧有建筑的结构内核。因而在该类建筑上多表现为建筑类型迅速拓展、建筑形式多样化，但其内核仍是旧有建筑文化。

1. 河南宾馆 1 号楼

位于郑州市金水区 26 号，东临省委、省军区及省直机关，南靠人民公园，北邻省体育中心。河南宾馆始建于 1953 年 7 月，占地面积 22700 平方米，建筑面积约 20000 平方米，仿照长春第一汽车制造厂招待所建造。1954 年 5 月建成后与郑州市政府交际处合并命名为河南省人民政府交际处，是河南省省会迁郑后建造的第一家省级接待单位。1962 年改名为中国国际旅行社河南分社，1964 年更名为河南省国际旅行社，1979 年更名为河南宾馆。

河南宾馆 1 号楼

河南宾馆 1 号楼坐北朝南，主体为砖混结构，木结构梁架，歇山顶，檐下施斗拱，拱下为六根朱红色柱子。建筑入口的雨棚上部平台周边施仿古石勾栏，梁头雕刻采用卷云纹。建筑山面博风，中间挂有悬鱼。屋面正脊和垂脊上置脊饰。建筑内部装修处理别具匠心，楼梯扶手上使用的铁艺构件具有西方文艺复兴时期的特点。

河南宾馆是郑州目前为数不多的保留较为完好的 20 世纪中叶宾馆类建筑之一，自建馆以来在计划经济体制下，主要承担政务接待，多次接待了中央领导人、外国元首及国内重要宾客。它见证了郑州从贫穷落后到如今飞速发展的历程，承载着许多郑州人旧时的回忆及对美好未来的憧憬。

2. 中州宾馆主楼

位于郑州市金水区金水路 115 号。中州宾馆建成于 1959 年，由原国家建工部第一工业设计院设计，河南省第一建筑公司负责施工。建成之初归省委、省政府办公厅双重领导。2001 年 10 月更名为中州皇冠假日宾馆，归中州国际集团所有。

中州宾馆主楼为砖混结构，平面布局呈长条形，建筑面积 17000 平方米，共 4 层，150 个客房，300 张床位。该建筑设计新颖，高大宏伟，在建成后很长一段时间内都是郑州市的地标性建筑之一。建筑入口台阶两侧设弧形坡道，车可直接驶入雨棚下的入口平台。外立面采光窗布置密集但排列有序，使建筑具有良好的采光和通风效果。整幢建筑造型比例适度，外观简洁明快，空间构图明确美观。

3. 嵩山饭店 1 号楼

位于郑州市中原区伊河路 156 号嵩山饭店院内。嵩山饭店 1 号楼现更名为迎宾楼，建成于 1963 年，由郑州市建筑设计院总工杨国权设计。迎宾楼配楼(9 号楼)建造于 1986 年。整座楼建筑面积 7619 平方米，主体属砖

嵩山饭店 1 号楼

混结构，局部为框架结构，建筑外观为仿中国古典建筑形式，顶部使用庑殿顶，覆黄色琉璃瓦。入口雨棚屋顶为盝顶式，与顶部的重檐攒尖顶亭及庑殿顶连廊立面构图形成呼应。建筑外立面使用米黄色瓷砖贴面，茶色采光窗有序排列，更衬得典雅大气。这座大楼将传统艺术与现代风格完美地结合在一起。

嵩山饭店建造至今，曾接待过江泽民、吴官正、李长春、杨尚昆、李鹏、李瑞环、李德生等众多党和国家领导人，承载着厚重的郑州记忆。

4. 水上餐厅

位于郑州市金水区二七路100号。水上餐厅横跨金水河，样式似廊桥，两岸各有一座配楼，呈长条状布局，建筑共有两层，总建筑面积约800平方米。餐厅为南方古典园林式样的建筑风格，两岸的建筑分别采用了“十字脊”和“攒尖顶”，中间古朴典雅的小楼“漂”在水上。灰色板瓦，华瓦脊，山面上的悬鱼和博风、立面上的花格窗、雀替及朱红色柱子，与金水河的波光映衬，古色古香，充满了古典韵味。

水上餐厅是河南省会迁郑后的第一个具有代表性园林特色的休闲餐厅，历经半个世纪至今依然保存完好，2004年更名为大塘水上餐厅，是郑州早期餐饮行业特色化发展的典型代表。

第七节　科教类建筑

科教类建筑一般泛指包括学校、科研等具有教育教学、科研开发性质的建筑物。本节选取了郑州具有代表性的教育建筑加以介绍。

1. 郑州大学南校区化学系楼、主教学楼

位于郑州市二七区大学路40号，郑州大学南校区院内。郑州大学作为新中国成立后郑州第一所综合类大学，是河南高等教育蓬勃发展的一个缩影。该组建筑建于20世纪60年代，均为苏联风格，为郑州大学成立初期进行正常的教学工作奠定了基础。

化学系楼为中轴对称的长条状建筑，共三层，砖混结构，红瓦坡屋顶。立面上排列整齐的竖向长条形采光窗使得建筑立面富有节奏感。外墙为橘红色清水砖墙，水泥勾缝，局部粉刷，内墙用麻刀灰粉刷。建筑外立面除采光窗外，无任何装饰，呈简洁之美。

郑州大学南校区化学系楼

主教学楼建造时间较化学系楼稍晚。主体平面为对称式布局，亦使用砖混结构。建筑内部以一条走廊连接两侧的功能性空间。主楼中部和两侧配楼两端设楼梯间，建筑层数由中间向两侧逐渐递减，中间为六层，两侧递减至五层，至建筑两端时则为四层，形成了阶梯状的外观。建筑外立面整体采用灰白色的珍珠岩饰面，竖向的条状长窗极大地满足了采光和通风需求。

这两座教学楼自建成之日起一直作为教学、科研基地使用，作为郑州市高等教育逐步发展壮大的亲历者，能够完好地保存至今，不仅对郑州大学具有积极意义，对社会也是一笔不可多得的财富。

2. 郑州工学院水利、机械、土建、电机系教学楼

位于郑州市金水区文化路97号，建造于1963年，为苏联风格。

水利系教学楼原名水土楼，系原郑州工学院水利系和土建系合用教学楼。建筑面积9213平方米，平面中轴对称，建筑为三层，混合结构，平顶。整座建筑庄重典雅，入口处的六根石柱所承托的两层通高雨棚上的石质雀替等细部构造体现出浓郁的中国建筑特色。水土楼自建成之日起至今还在使用，布局合理，实用性强，显示了当时设计的科学性。

郑州工学院土建系教学楼角楼局部

第八节　工业建筑及附属配套建筑

郑州境内分布着丰富的工业遗产，包含前工业时期的古代工业遗产和工业革命以来的近现代工业遗产。在新中国成立后的第一个五年计划中，郑州成为全国重要的棉纺织工业基地，6个大型棉纺企业相继建设，再加上煤炭、铝业、加工制造等企业，为国家经济做出了巨大贡献。工业遗产在郑州文化遗产中占有相当重要的地位，应当得到保护。

1. 黄河第一铁路桥旧址

位于郑州市惠济区古荥镇黄河桥村黄河南岸的黄河游览区内。是芦汉铁路的黄河大桥。兴建于1903年9月，1905年11月16日建成，1906年4月通车。大桥由比利时人设计、督建，工程造价库平银265万两。桥长3015米，横跨黄河两岸，102孔，98孔上承桁梁，3孔上承钢板梁，是中国第一座横跨黄河南北的钢体结构铁路大桥。1926、1927、1938、1944年多次遭军阀破坏。1948年郑州解放后对桥加固，更换苏式梁。1949年12月至1952年7月又先后五次加固桥梁，运输能力比1948年提高了36倍。1958年7月洪水冲断大桥，周恩来总理曾亲临大桥指挥修复抢险。后新建京广铁路黄河大桥，此桥备用。为防止老桥阻水，以利防洪，1987年7月拆除老桥上部钢梁，保存南端5孔160米，立碑纪念，辟为参观景点，目前保存良好。此桥是中国较早的黄河铁路桥，为中国南北经济发展做出了贡献。

黄河第一铁路桥旧址

2016年2月，被河南省人民政府公布为第七批河南省文物保护单位。

2. 孝义兵工厂旧址

又称巩县兵工厂，位于巩义市孝义街道办事处孝南村西北500米，是20世纪初北洋政府兴建的一家大型军工企业，民国时期成为全国四大兵工厂之一。该厂因在“三田故里”的孝义镇，俗称“孝义兵工厂”。现存建筑主要有打铁房10余间、水塔1座、烟囱2座和1座保存较为完好的地下防空洞。防空

洞内设施齐全,如遇空袭可使全厂工人 5 分钟内疏散于洞内。

孝义兵工厂 1912 年开始筹建,1915 年动工兴建,机器设备主要由德国、美国和丹麦进口,在当时较为先进。兵工厂总体被设计成四大部分——动力厂、机器厂、炮弹厂和制枪厂,占地面积 100 余万平方米,并有专线铁路与外面相通,具体负责人称为厂长。它的主要产品有七九式步枪、捷克式轻机枪、捷克式步枪、勃朗宁手枪、八二式迫击炮弹以及各种枪弹、木柄手榴弹等。其中以七九式步枪,即所谓“中正式”步枪最为著名。该厂建厂之初归北洋政府陆军部军械司管辖,1930 年南京国民政府军政部接管,抗日战争爆发后,1937 年兵工厂奉命南迁。

孝义兵工厂旧址水塔

孝义兵工厂是我国近代军事工业发展的缩影,是当时生产力发展水平的一个历史见证,对于研究近代经济发展史,特别是近代军事史有较高的史料价值。

2000 年 9 月,被河南省人民政府公布为第三批河南省重点文物保护单位。保护范围:以兵工厂指挥部旧址为中心外扩,向东 1800 米至石灰务村,向南 1200 米,向西 200 米至老集,向北 80 米。建设控制地带:以保护范围四周边线各外扩 100 米。

3. 郑州第二砂轮厂旧址

位于郑州市中原区华山路 78 号,是在我国发展国民经济第一个五年计划期间兴建的重点工程之一。由德意志民主共和国帮助兴建而成。当时是国家在郑州投资最多、厂区面积最大的工厂,同时也是全国最大的砂轮厂。

1953 年,我国发展国民经济的第一个五年计划开始,国家决定兴建一座大型砂轮厂。1953 年第二砂轮厂筹备处在武汉成立,同年 9 月迁至郑州。

1954 年 11 月,民主德国国营卡尔·马克思城工业设计院专家来到郑州,在中国机械部设计总局第三设计分局配合下开始设计建造砂轮厂。1956 年 8 月 1 日,主厂房陶瓷砂轮制造车间破土动工。

郑州第二砂轮厂旧址

建成后的郑州第二砂轮厂(简称二砂)厂区东西长 1356 米,南北宽 734 米,面积约 1 平方千米。共完成基建投资 1.49 亿元,生产区建筑面积 19 万平方米,住宅 7.4 万平方米。工厂设计方案由 6 个生产车间、2 个辅助车间和 2 个动力车间组成。厂房整体造型属于典型的包豪斯建筑风格,装配式钢筋混凝土结构,单层,弧形锯齿形屋顶,各栋厂房内外经过精心设计,且各栋厂房之间有架空廊道相连,使整个厂区形成一个既相互独立又相互联系的整体。其中,陶瓷砂轮制造车间建筑面积 74376.8 平方米,是二砂最大、最富有特色的厂房。

2016 年 1 月,被河南省人民政府公布为第七批河南省文物保护单位。

4. 五八年钢铁大会战遗址

2008年5月巩义市文物局进行全国第三次文物普查时，在夹津口丁沟、西村张沟、瑶岭、鲁庄关帝庙等地发现了1958年全民大炼钢铁运动的冶铁遗址，其中关帝庙村冶铁遗址规模较大，遗存丰富，具有一定的代表性。

关帝庙冶铁炉位于鲁庄关帝庙村东侧山坡梯田之中，从南至北，现存窑炉24个，采矿洞一处，存在于东西600米、南北300米范围内。窑炉基本为小口大肚圆底的袋状，距地面0.2—1米，炉径1—2米，高0.9—2.7米。炉外堆有炉渣，呈砖红色，非常坚硬，炉膛内还保留有部分炉渣，炉渣呈浅灰白色。一个炉膛内还有装好未烧的矿石。遗址南部有采矿洞一个，现深约30米，宽3.75米，高2米，现仍为矿石洞。因风雨侵蚀、修路、筑田等，部分被毁。现存炉膛大部分残半，仅有少数为完整窑炉。

五八年钢铁大会战瑶岭冶铁炉内壁

张沟冶铁炉位于西村镇张沟村西洼煤矿西南废弃的矿井北部山坡岭地上，西南距鲁庄关帝庙冶铁遗址约1.5千米。现存炼铁炉2座，采矿洞1个。炼铁炉位于断崖上，一部分被农田建设破坏，一部分被煤矿出渣压埋，炉子形状不清。采矿洞深度200米，口部宽2.5米，高1.5米。附近西村至张庄村道一侧还存有一段1958年为运铁矿而修筑的土铁路。

瑶岭西沟冶铁遗址位于西村镇瑶岭村西沟，遗址共分为两处：一处在瑶岭西沟7队贺永军农田西侧地堰南北30米范围内，自北向南一字排开12个冶铁炉，炉子均不完整，仅留靠地一侧炉膛，部分炉子仍存入矿口，口内径为24厘米；另一处在西沟8队姜树坟北侧地堰东西30米范围内，一字排列8个炉子，现部分炉子仍保存完整，部分炉子靠路边炉壁已塌毁。

丁沟冶铁炉位于夹津口镇丁沟村村委西岗沿断崖上，现存两个冶铁炉，由于修路、开垦农田，部分被破坏，炉膛残半。丁沟采矿洞位于夹津口镇丁沟村村委西南2千米的丘陵上，当地称为“岭南”，四周群山环绕，山石含铁、铅丰富，现在仍为采矿坑。

这些遗址的发现，为研究新中国成立以后重大历史事件提供珍贵资料。

2009年6月，被郑州市人民政府公布为郑州市第二批文物保护单位。关帝庙冶铁遗址保护范围：北至鲁庄到西村公路外扩100米，西至鲁庄到西村公路，南采矿洞往南50米，采矿洞往东150米。张沟冶铁遗址保护范围：南至鲁庄到西村老路、新路交叉口，北由交叉口向北500米，东、西均自公路往外扩200米；采矿洞以1号洞为中心向四周外扩200米。瑶岭冶铁遗址保护范围：东至瑶岭西村公路，西至1区冶铁炉向西50米，北至2区冶铁炉向北100米，南至2区向南300米。丁沟冶铁遗址保护范围：东南至夹津口村道，北至村委北墙外扩150米，西至村委西墙外扩100米，采矿洞东至村道，西、南均至断崖，1号洞口向北扩120米。建设控制地带：同保护范围。

5. 国营郑州第三棉纺厂办公楼、大门

位于郑州市中原区棉纺路中段，建于 1954 年，由苏联专家援助我国设计建造。

国营郑州第三棉纺厂办公楼

办公楼平面呈长条状，砖混结构，清水砖墙素面。建筑立面的上部女儿墙下施一斗三升斗拱，雨棚处的柱头施仿古雀替。楼内部用一条长走廊连接两侧的办公室和厂房，交通动线明确。办公楼北侧的厂房高大，屋顶为锯齿状，墙面上开竖向高窗，满足了自然采光的要求。

大门采用长条形的平面布局，砖混结构。大门由三部分组成，中间为面阔五间的盝顶式建筑，两侧为三间的盝顶式，墙体为清水砖墙素面。入口过厅面阔三间，梢间柱头置骑马雀替，两侧的传达室及配方外墙均设采光窗。

国营郑州第三棉纺厂这组建筑群是目前郑州所有棉纺厂中保存最为完好的，承载了几代三厂人自强不息搞生产的记忆。

6. 国营郑州第一、三、四、五、六棉纺厂生活区大门

位于郑州市中原区，自西向东分布于建设路中段，建于 20 世纪 50—60 年代。国营郑州第一棉纺厂（简称国棉一厂）、国营郑州第三棉纺厂（简称国棉三厂）、国营郑州第四棉纺厂（简称国棉四厂）、国营郑州第五棉纺厂（简称国棉五厂）的生活区大门由苏联专家援助我国设计建造，国营郑州第六棉纺厂（简称国棉六厂）的生活区大门由河南省纺织厅负责设计建造。

国棉一厂生活区大门

国棉一厂、国棉三厂、国棉四厂的生活区大门为四柱三间式牌坊，庑殿顶，覆绿色琉璃瓦，明间主入口的柱间距大于梢间，檐下的花板上写着“郑州国棉一（三、四）厂”大字。两侧梢间雕刻着该厂的生产口号。国棉一厂雕刻的是“自力更生”“勤俭建国”，国棉三厂雕刻的是“力争”“上游”，国棉四厂雕刻的是“鼓足干劲”“力争上游”。国棉五厂的生活区大门亦为四柱三间牌坊式，但与古典牌坊不同，使用方柱，平顶屋面，在南立面的每根柱子上方镶嵌金黄色的五角星，两侧梢间的过梁上雕刻“自力更生”“奋发图强”大字。国棉六厂的生活区大门建设年代晚于前几个厂，建筑式样与国棉五厂类似。

国棉三厂生活区大门

国棉四厂生活区大门

国棉五厂生活区大门

国棉六厂生活区大门

7. 国营郑州第三棉纺厂居民楼

位于郑州市中原区棉纺西路3号,建于20世纪60年代,由苏联专家援助我国设计建造。

该组居民楼分为南北两个组团,南区的组团较北区稍小,南区组团占地面积1125平方米,北区占地面积3000平方米。每个组团均单独围合成一个四合院,与传统民居中的四合院有异曲同工之妙。居民楼采用坡屋顶形式,屋面上有序排列着通气孔,在满足室内外空气流通的同时也丰富了建筑立面。为形成围合状的组团布局,每个角的单体建筑平面形式多采用“L”形。

这些居民楼是国营郑州第三棉纺厂职工生活的区域,也是目前郑州所有棉纺厂居民区中保存最为完好的组团。

第九节　行政类建筑

行政类建筑是为政府、社团、企业等机构的领导、公务员、指挥人员及管理人员作出决策、发布指示、进行监督等工作而建造的房屋。在工商经济主导下,加之外来建筑文化的影响,此类建筑开始向现代建筑转型,新与旧、中与西两种建筑体系和风格持续并存而又相互影响、相互渗透,有关建筑设计方式、建筑风格、建筑技术、建筑材料、建筑施工等都有了较大发展,也深深地改变了城市的面貌。

1. 郑纺机武装部办公楼

位于郑州市金水区南阳路290号,原郑州纺织机械厂院内。建筑从1950年1月份开始设计,8月份建成,具体建设工作由从比利时留学归国的工程师吴彭龄负责。

办公楼为点式两层半小楼,平面布局紧凑,底层设有架空层,外墙设气孔,通风良好。建筑采用砖木混合结构,各层楼板均采用木制,木制三角架承托屋面荷载,并将其传递至外承重墙上,墙体由青砖垒砌而成,与中国古代建筑中的“抬梁式”类似。建筑内部卫生间和阳台各层功能性房间采用错层式布局,通过造型别致的木楼梯相通。屋顶造型以古代建筑中的“庑殿顶”为母题,根据各功能空间的平面布局形成各自特色的组合式坡屋顶。建筑外墙使用“拉毛灰”的施工工艺,每面墙上均设大开窗,便于采光和通风。

郑纺机武装部办公楼

2. 中国银行办公楼

位于郑州市金水区花园路16号，建于1954年。

建筑坐东朝西，平面呈“凸”形，主楼四层，两侧及后部的配楼为三层，占地面积1700平方米。主楼正立面的柱头上施仿古“一斗三升”斗拱，柱间施“人字拱”，柱头下的额枋上施以浮雕几何图案，额枋下的柱间饰雀替。屋顶为盝顶式，主楼屋顶檐部的细部采用中国传统建筑的檐口做法，椽头、筒板瓦、瓦当等构件均用水泥制作，屋顶正脊端部施卷云纹装饰。入口雨棚的女儿墙采用仿古汉白玉勾栏造型。两端的配楼屋顶亦为盝顶式，檐下装饰简单，只用多层的线脚围合四周。整座建筑外立面为清水砖墙，屋顶遍用金黄色饰面，柱子、雨棚及立面开窗部分以白色为主。红、黄、白相间的色调使整座建筑格外引人注目。

中国银行办公楼

该办公楼是郑州早期金融类办公建筑的典型代表，反映了当时历史条件下建筑设计的理念及思想倾向。

3. 中国银行办公楼

位于郑州市金水区花园路165号，建于1954年。

该建筑外形仿西方古典主义风格，平面呈方形，建筑采用砖混结构建造，主体为三层，局部为四层，占地面积约655平方米。山面三角形的山花、立面的罗马式拱券，塔斯干柱式风格的壁柱，反映出西方新古典主义时期的建筑特色。

该办公楼是郑州早期金融类办公建筑的典型代表，是郑州市乃至河南省在新中国成立初期金融行业起步发展的见证。

中国银行办公楼

4. 郑州铁路局北院办公楼

位于郑州市二七区陇海路106号，始建于1960年，当年11月完工，由郑州铁路局设计事务所设计，建筑面积5013.2平方米。

建筑平面呈长条状，砖木混合结构，包括半地下室共五层。入口正门处的两根方柱贯通三层，柱顶模仿中国古代建筑施以石质仿古雀替。外墙立面简洁，除整齐的采光窗外未施多余装饰。建筑四周做带盖明沟，屋面排水由下水道引出。楼内空间布局功能分区明确，横向和竖向交通动线清晰。

郑州铁路局北院办公楼

5. 郑州市政府办公楼

位于郑州市中原区中原西路233号，由郑州市设计院设计，1960年主体建成，1965年正式投入使用。

建筑主体采用钢筋混凝土框架结构，建造工艺、设计理念等各个方面在当时都十分先进。建筑平面呈长条状，入口的雨棚由六根立柱承托，雨棚之上立着“立党为公　执政为民”八个大字，正中间的两根柱子上部横梁上悬挂着醒目的国徽。整幢建筑外立面的采光窗排列整齐，具有良好的采光通风效果，白色的建筑外墙衬得建筑愈加简洁大气、朴实庄严。

郑州市政府办公楼

第十节　宗教类建筑

郑州地区的近代宗教建筑有着浓郁的本土色彩和地方民族特色，伊斯兰教、天主教、道教、基督教、佛教建筑并存。对于信仰者来讲，清真寺、道观、教堂就是他们信仰的寄托所。郑州市近现代宗教类建筑既保留了传统文化和当地的建筑特色，又保留了文化的差异性。

1. 北大清真女寺

位于郑州市管城回族区清真寺街，初建于1911年，1930年重修，1978年扩建整修。因地处北大街，故又称“北大清真寺”或“北大寺”。

北大清真女寺为仿古建筑，砖混结构，坐西朝东。由山门、内院、两侧厢房、礼拜殿等建筑组成，整座院落长16米，宽33米，占地面积约530平方米。山门面阔三间，进深一间，建筑立面效仿中国古代建筑形式中的单檐硬山式；礼拜殿面阔三间，进深五间，立面效仿古代建筑中的歇山式。两座建筑均采用梁枋、檩条、木椽、琉璃瓦、宝瓶、吻兽、脊饰等传统建筑符号。其中梁枋和檩条等构件上施苏式彩画。

北大清真女寺从构建上看，是一座中国传统民族风格的四合院式建筑，这是外来宗教本土化的一种表现。

北大清真女寺

2. 郑州公教医院旧址（天主教堂修女楼）

位于郑州市二七区铭功路街道办事处解放西路81号2号院，解放路与铭功路交叉口西北，建成于1912年。

清光绪三十年（1904），意大利籍传教士贾士谊等人来郑州传教，为了发展教务，多聚些教徒，就于民国元年（1912）在慕霖路天主教堂的旁边创设了“天主堂医院”。起初仅有平房两间，设备简陋，药品很少，由一位意大利籍修女负责医疗事务，以免费给人治疗眼科疾病为主，故又被称为“施药医院”。

1924 年医院进行了扩建，增添了一些设备，并于同年 3 月 1 日改名为“郑州天主教堂公教医院”，开设有内、外各科，设病床 50 张，病房划分为一、二、三等。到 1948 年，医院病床发展到 120 张。新中国成立后收归国有，改为“郑州公教医院”。1965 年更名为郑州市第四人民医院，后变更为郑州市第二人民医院，几经改扩建，原有建筑就只剩下修女楼一座。

郑州公教医院旧址

修女楼坐北朝南，建筑平面呈方形，建筑占地面积约 200 平方米。面阔和进深均为五间，平面轴左右对称布局。墙上开竖向长条形采光窗，窗套和门套均为拱券式，墙体中部使用砖拔檐腰线将建筑分割成上下层。在立面处理上明显具有欧洲文艺复兴和巴洛克建筑风格的特点。建筑屋顶采用中国特色的坡屋顶，细部构件使用西方古典建筑式样（如门、窗），在材料上使用混凝土和钢筋混凝土构件，建筑屋顶和内部楼面承重结构构造方式采用中式仿古木结构，这一时期是中国在建筑历史上建筑形式多元化发展的时期，这幢修女楼在中国传统建筑的基础上，融入了西方建筑的元素。

2012 年 4 月，被郑州市二七区人民政府公布为第一批区级文物保护单位。

3. 莲花寺（民国）

莲花寺

位于登封市西 10 千米的少室山麓莲花峰下。该寺坐北面南，现存山门、嵩莲宫、安阳宫、无极殿等建筑，另有窑洞 3 孔、民国石碑 3 通、古树名木 10 余株，占地面积 7000 余平方米。该寺始建于何时无考，现存建筑均为民国期间建造。其山门是该寺具有较高研究价值的建筑，共由两层组成，正门上方有石雕匾额“竹林化原”，两边分别书“云城”“仙乡”字样，山门上方和两侧分别雕有八仙过海图、飞禽走兽及花草图案，对联为“三教九流同归大道，千崖万壑合成奇观”。整座建筑雕刻美观大方，点缀秀丽，突出了民国建筑的特点。民国 16 年（1927）道教信徒集资重修，改名嵩莲宫。民国 23 年（1934），洛、偃、巩、登等地信徒重修嵩莲宫，并砌筑石券窑洞。20 世纪 80 年代重修无极殿，90 年代重修安阳宫大殿及各院配房。莲花寺对于研究嵩山地区儒、释、道三教融合情况及民国时期宗教建筑特点有重要意义。

2009 年 6 月，被郑州市人民政府公布为郑州市第二批文物保护单位。保护范围：东西宽 80 米，南北长 130 米。东自东跨院东围墙向外 50 米，西自西围墙向外 50 米，南自山门外八字墙向南 50 米，北自后大殿券洞后墙向北 20 米。建设控制地带：同保护范围。

第十一节　优秀构筑物

构筑物指为某种使用目的而建造的，人们一般不直接在其内部进行生产和生活的工程实体或附属建筑设施。如桥梁、堤坝、隧道等。本节选取郑州地区具有代表性的优秀构筑物进行介绍。

1. 德济桥

位于郑州市管城回族区南关街西和东三马路之间的熊儿河上，始建于1933年。

当时郑州商会会长匡镜波、张波臣同商界巨子陈小轩、宋少臣等倡议在南关眼王庙周围成立郑州药材、骡马大会。为交通便利，张波臣发动商界捐款建桥。张波臣原名张德海，为取“德海周济”之意，故将该桥命名为“德济桥”。此桥为砖石结构的两孔桥，东西走向，桥长30米，宽14米，高7米。两侧原建有1米高的护栏墙，墙内各有1米宽的人行道，桥南北砖拱板上镶嵌“德济桥”三字。

德济桥

2. 日军侵华飞机场

位于登封市少林街道办事处耿庄村北。日军侵华飞机场呈长方形，南北长380余米；东西宽窄不等，最宽处160余米，最窄处70余米。总占地面积33000余平方米。

1944年侵华日军为建战略物资补给站，在登封设计、督修飞机场。在尚未竣工的情况下，1944年9月30日遭到我方八路军豫西抗日先遣支队组织突袭，将机场捣毁，并解救出被抓来修机场的民工。该飞机场作为日军侵华最直接的实物见证，是向广大人民进行爱国主义教育的生动教材。

日军侵华飞机场

2009年6月，被郑州市人民政府公布为郑州市第二批文物保护单位。保护范围：东至崇高110千伏变电站西围墙，西至石称石，南至公路养护机械队北围墙，北自崇高110千伏变电站南围墙向北130米（水渠处）。建设控制地带：同保护范围。

3. 当阳桥

位于登封市石道乡后河村东，北约3千米为当阳山。该桥坐北朝南，横跨于颍河支流后河上，为砖石拱券结构。全长约28米，高约8.4米，宽约4.08米，由五个大小相同的拱券组成。桥南侧中间拱券上方有一长方形石匾，上刻行书“当阳桥”三字。石匾上方有一方阳刻浅浮雕五角星图案，下方有一副石刻行书对联，上联为“共产党统治自然”，下联为“全人类驯服洪流”，横批为“锦绣山河”。桥北侧中间拱券上方亦有一长方形石匾，上刻行书“总路线之硕果”。桥上南北两侧有女儿墙，其外壁顶端叠涩出檐，檐下施砖砌仿木斗拱。当阳桥孔为两伏两券式，高约5米，宽约2.8米。

当阳桥

当阳桥建成于1960年3月，是在当时“大跃进”“人民公社化”运动及“‘鼓足干劲，力争上游，多快好省地建设社会主义’的总路线”的政治背景和三年困难时期的经济背景下建成的，为研究当时登封人民的艰苦奋斗精神提供重要实物材料。

2009年6月，被郑州市人民政府公布为郑州市第二批文物保护单位。保护范围：南、北自桥身各向外扩50米，东、西自桥头各向外扩50米。建设控制地带：自保护范围边界各向外扩30米。

4. 胜利渠

胜利渠是荥阳重要的西水东调工程之一，它是将黄河水系汜河之水调入淮河水系的索河的跨流域引水工程，俗称引汜工程。

该渠起源于巩义市草店村，止于荥阳市老城南关，全长11.5千米，沿线主要水利工程建筑物有团结洞、友谊洞、群英洞、胜利渡槽，万米隧洞、分水闸等，工程由原荥阳县革委以“荥革发〔1975〕4号文件《关于兴建引汜工程的请求报告》”，上报郑州市革委批准兴建，1975年11月初干渠工程先期开工，1977年10月竣工通水，自工程建成通水以来，对调整农业种植结构，提高农业抗灾能力，增加农民收入，改变农村落后面貌发挥了重要作用。

胜利渠

2009年6月，被郑州市人民政府公布为郑州市第二批文物保护单位。保护范围：从巩义草店至胜利渠管委会沿线的引汜水灌溉工程。建设控制地带：同保护范围。

5. 东纸坊水闸

位于郑州航空港经济综合实验区滨河办事处东纸坊村南200米。

该水闸东西向横跨丈八沟，砖石结构，三孔，有台阶15步，闸身北侧刻有“纸坊水闸”四字，南侧刻有“伟大的领袖毛主席万岁”“水利是农业的命脉”“群众是真正的英雄”“伟大的中国共产党万岁”等标语。

该闸是新中国成立后水利建设发展的实物见证，在抗旱、防洪、灌溉等方面一直发挥着重要作用，现仍在使用。

东纸坊水闸

第八章　历史文化名城(镇、村)

囿于文物志书分类的限制,郑州地区有很多珍贵的历史文化遗产无法纳入到上述各章节的条目中。本章收录的历史文化名城(镇、村)、历史文化街区、名胜景观诸门类,其中很多不纯属传统文物的范畴,如城市、街区随着时代的发展,面貌在日新月异地发展变化着;名胜景观随着社会的进步和人们的需要在不断地更新着。但仔细回味,其独特的魅力、价值中都有历史的沉淀和滋养,这些都可纳入郑州文化遗产的范畴内,因此本章选取其中较具代表性的列入条目。

第一节　历史文化名城

中国五千年的历史孕育出了一些因深厚的文化底蕴和发生过重大历史事件而青史留名的城市。这些城市,有的曾是王朝都城,有的曾是当时的政治、经济重镇,有的曾是重大历史事件的发生地,有的因拥有珍贵的文物遗迹而享有盛名,有的则因出产精美的工艺品而著称于世。它们的留存,为今天的人们回顾中国历史打开了一个窗口。

1982 年 2 月,为了保护那些曾经是古代政治、经济、文化中心或近代革命运动和重大历史事件发生地的重要城市及其文物古迹免受破坏,“历史文化名城”的概念被正式提出。根据《中华人民共和国文物保护法》,“历史文化名城”是指保存文物特别丰富且具有重大历史价值或者革命纪念意义的城市(镇)。从行政区划看,历史文化名城并非一定是“市”,也可能是“县”或“区”。郑州市所辖六区六县(市),现有:国家级历史文化名城一座——郑州市,中国历史文化名镇一处——惠济区古荥镇,河南省历史文化名城三座——登封、巩义、新郑,河南省历史文化名镇两处——巩义市康店镇、登封市君召乡。

河南是华夏文明的发源地,历史文化名城已达 8 个,这些名城(镇、村)在历史上或是全国政治、经济、文化中心,或是州府治所,或是商业重镇,或是军事要塞,或是革命纪念地,均具有深厚的历史积淀和浓郁的文化氛围。正如国务院在 1982 年《国务院批转国家建委等部门关于保护我国历史文化名城的请示的通知》中所指出的,“我国是一个历史悠久的文明古国。保护一批历史文化名城,对于继承悠久的文化遗产,发扬光荣的革命传统,进行爱国主义教育,建设社会主义精神文明,扩大我国的国际影响,都有着积极的意义”。河南省为了加强历史文化名城保护管理工作,于 2005 年 7 月 30 日,由河南省第十届人民代表大会常务委员会第十八次会议审议并通过了《河南省历史文化名城保护条例》(以下简称《条例》),《条例》于 2005 年 10 月 1 日起施行,2010 年 7 月进行了修正。

(一)国家级历史文化名城

郑州

郑州位于河南省中部,黄河中下游南岸,河南省省会。介于东经112°42′—114°14′,北纬34°16′—34°58′之间,海拔85—150米。西依嵩岳,东临黄淮平原,京广、陇海铁路在郑州交会,京珠高速公路和连霍高速公路为主体的公路干网,以郑州为中心辐射四面八方。系国务院1994年1月4日公布的第三批国家历史文化名城,为中国八大古都之一。

大运河

商代,郑州曾为都城,城址今在。西周时期,周武王封其弟姬鲜于管,称管国(今郑州管城回族区),一度为周东方重镇。春秋时期,今郑州域内多国并立。后郑国东迁,在此建都郑。战国时期,郑州初属韩,后属魏。秦统一中国后,在荥阳(今郑州惠济区古荥镇)设三川郡。西汉时期隶属河南郡,改称管城,属中牟县。东汉以洛阳为都,今郑州地区属畿域之地。魏晋南北朝时期,管城仍属中牟县。北周武成元年(559),属荥州。隋开皇三年(583)改荥州为郑州,郑州始名。开皇十六年(596),管城从中牟划出单独为县,郑州改称管州,州治亦由成皋迁至管城,辖管城、成皋、荥阳、新郑、苑陵等12县。大业二年(606)复名郑州。唐武德四年(621)分置郑州、管州。郑州州治成皋,管州州治管城。贞观元年(627)废管州并入郑州,州治成皋。贞观七年(633)州治迁移管城。宋崇宁四年(1105)废郑州建置,建为西铺,从而成为宋代四辅郡之一。金代,隶南京路。金贞祐四年(1216),管城更名故市,后复名管城县,并入郑州。清雍正二年(1724)郑州升为直隶州。1913年改郑州为郑县。1928年改郑县为郑州市。1931年撤市复郑县。1933年为河南省第一行政督察专员公署驻地。1948年10月22日中国人民解放军进驻郑州,设郑州市。1954年河南省省会由开封迁入郑州。2011年,河南省住房和城乡建设厅下发《关于加强历史文化名镇名村保护规划编制工作管理的通知》;2020年,河南省住房和城乡建设厅、河南省文物局联合印发《河南省历史文化名城名镇名村保护三年行动实施方案(2020—2022年)》(以下简称《方案》),《方案》明确提出了河南省历史文化名城名镇名村保护的三年工作目标:2020年,完成全省范围内的历史文化名城、名镇、名村、街区和历史建筑资源调查、认定和建档工作,全面启动规划期至2035年的各级保护规划编制,开展省名城名镇名村保护利用条例的立法调研;2021年,全面完成各级保护规划的编制审批,试点推动具备条件的名城名镇名村的规划实施,加大保护利用的投入,完成省名城名镇名村条例修订;2022年,全面推动省历史文化名城名镇名村保护条例的实施和各级历史文化名城、名镇、名村、街区保护利用规划实施。创建一批历史文化名城、名镇、名村保护利用试点、示范项目和先进示范单位。

郑州历史悠久,文物古迹丰富。其中全国重点文物保护单位:(1)郑州商代遗址,分布在郑州市区,遗址中心区有一座周长7千米的夯土城址及近10千米的外城,距今已有3600年,学术界普遍认为郑州商城为商代前期的王都,有学者认为是商汤之亳都,也有学者认为是仲丁之隞都。(2)小双桥遗址,位于郑州市西北郊10余千米索须河之滨,面积达140万平方米。经初步研究这里可能是商代王室的祭祀遗址。(3)西山遗址,位于郑州市北郊,在这里发现了距今5300—4800年新石器时代仰韶文化时期古城址,它是中原地区发现最早的古城址。(4)大河村遗址,位于郑州东北郊,面积达45万平方米,文化层厚12.5米。它经历了新石器时代的仰韶文化、龙山文化并延续到商代,其中大河村四期文化被命名为“大河村类型”。(5)后庄王遗址,位于郑州高新区双桥办事处后庄王村东北,遗址面积约5万平方米,属仰韶文化中期至晚期的一处重要的原始聚落遗址。(6)尚岗杨遗址,位于郑州市管城回族区南曹乡尚岗杨村西七里河东岸台地上,是郑州市市区目前保存较完好、面积较大的新石器时代仰韶文化遗址。(7)祭伯城遗址,位于郑州东北祭城镇祭城村,发现了西周至春秋时期的城墙,南北长1260米,东西宽780米,面积约98万平方米。墙宽15米,高4—5米,黄土夯筑而成。据史书记载,这里是西周周公第五子祭伯的封地,后该城并于郑,成为郑国大夫祭仲的采邑。(8)荥阳故城,位于郑州西北郊荥泽之阳,周长近7千米的城垣仍高耸在地面上,它是战国和秦汉之际重要的城市和交通要塞,秦始皇统一中国设置的三川郡即治荥阳。(9)古荥镇汉代冶铁遗址,位于荥阳城西门外,是当时盐铁官营河南郡铁官管理的第一冶铁作坊。(10)郑州二七纪念塔、纪念堂,位于郑州市中心,是为纪念1923年京汉铁路总工会成立和京汉铁路工人大罢工而建立的纪念建筑物。(11)郑州文庙、城隍庙,是郑州市区内现存规模最大、保存最完整的明清古建筑群。(12)郑州清真寺,是伊斯兰教在郑州建造最早、规模最大的清真寺。

河南省文物保护单位有旧石器时代的胡家脑遗址、田河遗址;新石器时代的白寨遗址、马庄遗址、代家门遗址、芦村河遗址、陈家沟遗址;龙山文化时期的站马屯遗址、马庄遗址;夏商时期的东赵遗址、西柏社遗址;春秋时期的常庙古城址;唐中和五年(885)的郑州开元寺尊胜陀罗尼经幢和唐会昌六年(846)的“太上洞玄灵宝元量度人上品妙经”道教经幢;明清时期的保吉寨、重阳观、荥泽县城隍庙等古代建筑;近现代的重要史迹及代表性建筑有1920年李大钊、赵子健等共产主义者在郑州宣传马列主义,领导工人运动的郑州铁路职工学校,1928年冯玉祥修建的国民革命军第二集团军北伐阵亡将士墓地,还有1922年至1937年1月经国民革命政府批准建立,又因从事间谍活动而被关闭的原日本驻郑州领事馆旧址。

已公布为郑州市文物保护单位的有纪信墓及石刻、晋王庙的灵显王庙赞石刻,还有古文化遗址、古代城址、古墓葬,分布在郑州市区和郊区,例如下李河遗址、胡河遗址、梨园河遗址、小刘遗址、安庄遗址、黄岗寺遗址、于庄遗址、寨沟遗址、观沟遗址、庙沟遗址等。明代藩王周王的一些陵墓在郑州与荥阳的交界一带。毛主席1952年登上小顶山视察黄河旧址也完好地保存了下来。蒋介石于1938年掘开黄河大堤的花园口也被辟为历史教育的场所。还有一些具有一定代表性的建筑,如后仓关帝庙、古荥李氏民居、孔氏家庙、列子祠、马固王氏宗祠、卢医庙、熊儿河桥、惠济桥、公教医院等。

在郑州市城市改造中尽可能地保留了一批有一定代表性的民居,如郑州市东大街的魏家大院,博爱街民国时期的民居街区,书院街的天中书院、东里书院,东史马村的任氏民居,东赵的三皇阁,古荥镇南街李氏民居,北街的刘氏民居。德化商业步行街改造后仍保留了百年德化的氛围,反映了郑州名城的历史风貌。

郑州也是名人辈出,著名的政治家子产即出生于郑州,因其封邑就在这里,故郑州又被称为子产故里。著名的思想家列子也出生于郑州,他的著作《列子》是古代思想文化遗产的重要组成部分。唐代著名诗人李商隐的“花明柳暗绕天愁,上尽重城更上楼。欲问孤鸿向何处。不知身世自悠悠”,就是描写郑州夕阳楼的诗句。宋代著名建筑学家李诫,是郑州管城人,官拜将作监,著有《营造法式》。

郑州早在明代就有十景说,分别是周帝陵、仆射陂、大夫祠、丞相冢、管叔城、祭伯城、夕阳楼、侯月台、浮波亭、列子观。到了清代,文人墨客又精练为八景,分别是凤台荷香、古塔晴云、卦台仙景、梅峰远眺、龙岗雪霁、圃田春草、海寺晨钟、汴河新柳。

郑州物产丰富,以樱桃、莲藕、黄河鲤鱼为特色产品。风味名吃以合记烩面、葛记焖饼、老蔡记蒸饺为代表。

郑州在加强历史文化名城保护的同时,加大了城市化进程,将郑州东部原机场旧址扩建为郑东新区、郑州经济技术开发区,在郑州西边辟建了郑州高新技术产业开发区、纺织工业园,按照建设生态城市、共生城市、新陈代谢城市、环保城市的模式发展郑州。目前,郑州已成为公路、铁路、通信兼备的综合性交通、通信枢纽。在中国中部崛起战略带动下,初步显示了郑州在中原城市群的龙头地位。

郑州具有代表性的现代建筑有郑东新区会展中心、千禧广场、河南艺术中心、河南博物院、郑州博物馆、裕达国贸大厦、中州假日宾馆、绿城广场、滨河公园等。高等院校有郑州大学(含原郑州工学院、河南医科大学)、河南农业大学、河南工业大学、河南中医药大学、河南财经政法大学、郑州工程技术学院、郑州轻工业大学、中国人民解放军陆军炮兵防空兵学院郑州校区、华北水利水电大学、中原工学院、郑州航空工业管理学院、河南财政金融学院、中国人民解放军战略支援部队信息工程大学等。

郑州已被列入中国八大古都,并加入世界历史都市联盟成为会员城市,又荣获了国家卫生城市、国家园林城市,中国城市竞争力研究会把郑州列为"一带一路"倡议最具发展潜力中国城市第二名。1994年1月,郑州被国务院核定公布为第三批国家级历史文化名城,当年郑州市政府委托清华大学编制了《郑州市历史文化名城保护规划》,并将其纳入《郑州市城市总体规划(1995—2010)》。2010年获国务院批复的《郑州市城市总体规划(2010—2020)》,将历史文化名城的保护作为重点内容列入总体规划中,但当时并未编制专门的郑州历史文化名城保护规划。随着城市规模的不断扩大,考古新发现以及相关条例、办法的颁布实施,为更好保护历史文化遗产和文物古迹,郑州市组织开展《郑州历史文化名城保护规划》编制工作,并委托中国城科会历史文化名城委员会课题组编制《郑州历史文化名城保护与发展战略规划研究》。

(二)河南省历史文化名城

1. 登封

1997年11月20日河南省人民政府公布登封为河南省历史文化名城。登封位于河南省中部,中岳嵩山南麓,海拔430—502米。《读史方舆纪要》称其"萃两间之秀,居四方之中"。登封城周围岗岭拱卫,中岳嵩山横贯市域北部。

登封夏为阳邑;周为颍邑;秦置阳城县(今告成)、颍阳县(今东金店西);西汉武帝刘彻游嵩山,正式设崇高县(今登封城);东汉嵩高县并入阳城县;北魏于阳城置阳城郡;隋大业初年废郡为县,改为嵩阳县(今登封城);唐设洧源县(今太古城),不久废;万岁登封元年(696)武则天登嵩山封中岳后,为纪念此次盛典,改阳城县为告成县,改嵩阳县为登封县;五代时将告成县并入登封县。登封之名,从唐一直沿袭至今。

大禹故里登封祖家庄

1944年11月中国共产党领导的登封县抗日民主政府建立;1948年1月成立登封县人民政府,新中国成立初期,属郑州专区,1994年经国务院批准,撤县设立登封市(县级)。

古代多有帝王将相、文人学士到嵩山游览禅祭等。如黄帝常游嵩山,周穆王观启母石,周宣王嵩山巡狩,汉武帝封崇高邑,汉宣帝祭礼中岳,魏文帝游于太室,晋愍帝嵩山避难,唐太宗留笔少林,唐高宗建奉天宫,武则天中岳封禅,金宣宗屯兵少室,元惠宗立圣旨碑,清乾隆夜宿少林寺等。

登封城区周围寺庙林立,文物古迹众多。遗存的历史文物有汉代三阙(太室阙、少室阙、启母阙)、北魏嵩岳寺塔、唐代八角形净藏禅师塔、元代观星台、汉封将军柏、夏代王城岗遗址、全国创建最早的禅宗寺院少林寺、我国最早的佛寺之一法王寺、国内最早的尼寺永泰寺、宋代木构建筑初祖庵大殿、道教胜地中岳庙、全国现存规模最大的塔林——少林寺塔林、大唐嵩阳观纪圣德感应之颂碑、宋代四大书院之一嵩阳书院、明清建筑城隍庙等。登封还是豫西抗日根据地，以皮定均为司令员、徐子荣为政委的抗日先遣支队，曾在此攻城拔寨。

登封现存传统街区有市中心西南街刘胡同，东西长约60米，南北宽约10米，有清代建筑五座院落。城内现存汉崇高城墙位于城内北关。登封还存有清代进士耿介故居，位于登封城内文庙街。

登封自古以来就是文人学士、高僧名道著书讲学、游览隐居的地方。许由洗耳于颍河，鬼谷子讲学于阳城，司马迁登箕山访许由冢，寇谦之改革道教于中岳等。隋唐至清代有李白、杜甫、王维、沈佺期、宋之问、张九龄、孟浩然、卢鸿一、王知敬、徐浩、薛曜、李邕、韩愈、颜真卿、一行、玄奘、司马承祯、潘师正、元丹丘、司马光、党怀英、郭守敬、邵元（日僧）、赵孟頫、释福裕、刘景耀、傅梅、德始（日僧）、董其昌、顾炎武、席书锦、王铎、耿介、刘墉、景日昣、叶封等都曾游历登封，留下遗迹。

据《登封县志》载，登封八景为嵩门待月、轩辕早行、颍水春耕、箕阴避暑、石淙会饮、玉溪垂钓、少室晴雪、卢崖瀑布。

登封素有"诗歌之乡"之称。与登封有关的古代诗歌有：周代《诗经·大雅·崧高》，汉代刘向《王子乔》，三国曹植《巢父赞》，唐代李白《嵩山采菖蒲者》、白居易《夜从法王寺下归岳寺》、武则天《石淙》，宋代欧阳修《峻极寺》、司马光《叠石溪》、程颐《游嵩山》、苏轼《初别子由》，金代元好问《少林》，元代杨奂《游嵩山十三首》，明代朱衡《宿少林寺》、黄洪宪《游达摩面壁洞》、王铎《游嵩阳书院观汉封三柏》、程绍《少林观武》，清代顾嗣立《大法王寺》《会善寺》、吴应棻《中岳庙》、闫兴邦《嵩阳书院》等。现代的郭沫若、姚雪垠、田汉、荒芜、陈毅、赵朴初等名家也留下了大量诗歌散文。流传的民歌有《幸福的歌儿》《赶集》《我家有个胖娃娃》《高高山上有一家》等三百首，已汇编成册。

登封的曲艺主要有"河洛大鼓""河南坠子""评词""大调曲子""数来宝"等。戏曲主要有豫剧、曲剧、越调、二夹弦等剧种。舞蹈杂技有舞狮、舞龙、旱船、竹马、小黑驴、推小车、高跷、小鬼扳跌、张公背张婆、独脚舞等。

少林武术已有1500年的历史，它的特点是刚健有力，朴实无华，技击精练。其器械有枪、刀、剑、戟、鞭、棍、叉、铲、锤、斧、镰、拐、钩、弩、牌等，套路上百。依托少林禅武文化，登封现拥有43所武校，8万多名学员；《禅宗少林·音乐大典》为大型山地实景演出，现已成为中国实景演出的扛鼎之作和河南文化旅游"新名片"。

登封土特产有唐庄玉雕、石道张沟村石刻、大金店游坊头村苇席、告成北沟双庙竹货、卢店刘家提斗、君召李学思锄板、大冶松华吴闹的三道筋铁锹、大冶沙沟铸铁犁等。风味食品有城关焦盖烧饼、马家烩面、石道芝麻油、颍阳锅盔馍等。

登封现代城市建筑主要有登封历史博物馆、嵩山地质博物馆、登封图书馆、登封市革命烈士纪念馆、登封市教师进修学校、登封市中等专业学校以及神泉广场等。

近年，登封市以对"天地之中"历史建筑群世界遗产保护利用为契机，坚持以建设世界历史文化旅游名城带动经济社会转型发展，文化、旅游产业带动力逐步增强，厚重文化积淀的时代价值日益凸显。

2. 巩义

巩义位于郑州、洛阳两市之间，东临虎牢关，与荥阳市接壤；西踞黑石关，与偃师区毗邻；南依嵩山，与登封市、新密市界连；北濒黄河，眺望温县和孟州市。于1998年6月29日由河南省人民政府公布为省级历史文化名城。海拔1000米左右，最高点玉柱峰高1487米。

巩义历史悠久，建制屡有变革。夏代曾建都斟鄩（今稍柴、罗庄一带）。商代改称"阙巩"。西周、

巩义

春秋、战国时,称“巩伯国”。秦庄襄王元年(前249)始置巩县,秦、西汉属三川郡。东汉、三国到西晋属河南尹。大约在东汉末年,巩县县城由康店迁至站街老城村附近。东晋,改属河南郡。南北朝时,北魏属荥阳郡,东魏属成皋郡,北齐废巩县,归成皋郡。隋开皇十九年(599)恢复巩县,属河南郡。隋末由翟让、李密领导的农民起义军攻下巩义后,曾移县治于洛口。唐初属洛州,县治迁回老城。唐开元初属河南府。北宋景德四年(1007),现巩县西部、偃师东部、登封北部设永安县,以护宋陵,治所在永安镇(今芝田镇)。同时,在汜水设行庆关,汜水地半属巩,治所在巩县城(今站街镇老城)。永安县初属河南府,政和三年(1113)升永安县为永安军(直属京师禁军),金代降为芝田县,元后又撤销归巩。明清时,现巩义地区属河南布政使司河南府。民国时期,巩义属河南省河洛道、洛阳行署。新中国成立后,初属郑州专员公署。1955年改属开封专员公署,1958年归郑州市。1961年属开封专员公署,1983年归郑州市。巩县县城原在老城,因遭水灾,迁至鳌岭(今站街镇所在地),又因鳌岭地方狭小,于1964年6月迁至孝义镇(今市区)。1991年9月,撤县建市,更名为巩义市,仍隶属郑州市。2014年1月,全面归省直管。

巩义历来为兵家必争之地,历史上什谷之战、虎牢关之战、轩辕山之战、兴洛仓之战、石子河之战都发生在这里。民国后,由于军阀割据,不断发生战争,在巩义发生的军阀战争就有八次之多,如“胡憨之战”“蒋冯阎之战”等著名战役,均发生于此。

巩义文物古迹丰富。现有全国重点文物保护单位11处:1. 巩县石窟,时代为北魏至宋,现有洞窟5个,千佛龛1个,摩崖造像3个,摩崖像龛328个,碑刻题记186篇,佛像7743尊。2. 北宋宋陵,葬北宋七位皇帝及太祖之父赵宏殷于此,统称“七帝八陵”。另祔建皇后陵22座,名将勋臣墓8座,亲王、公主、皇子、皇孙及夫人墓144座。3. 康百万庄园,明末清初地主庄园建筑,总占地面积64300平方米,被誉为明清民居的大观园、传统建筑文化的浓缩图。4. 黄冶唐三彩窑址。在约1.5千米长的地段内均有烧制“唐三彩”的残窑址和窑具、唐三彩残片堆积层等,是我国已知最早的唐三彩窑址,烧造年代当始于隋末,或于中唐,下限至金代。5. 稍柴遗址,面积约200万平方米,以河南龙山文化及二里头文化新砦期遗址为主,为探索夏都斟鄩提供了重要线索,为“中华文明探源工程”提供了重要的实物资料。6. 花地嘴遗址,“中华文明探源工程”研究项目之一。主要遗存为新砦期,少数灰坑属龙山文化晚期和二里头文化一期。遗址的发现对夏代文化的认识和研究有重要意义,为探索夏代早期城址文化和中华文明之源提供了极为重要的资料。7. 铁生沟冶铁遗址,遗址东西长约180米,南北宽120米,面积约2.16万平方米,是河南郡铁官管理的三号作坊。出土有煤饼,证明西汉时郑州地区已使用煤作燃料炼铁,这是迄今所知中国历史上最早用煤的遗存,也表明我国是世界上最早用煤炼铁的国家之一。8. 刘镇华庄园,占地约1万平方米,具有西方和民族建筑相结合的特点,为研究我国半封建半殖民地社会的历史和建筑特点提供了重要实物资料。9. 张祜庄园,结合地形,靠崖筑窑洞,临街建楼房,布局紧凑。每个庭院建筑基本属于豫西地区典型的四合院,是一处集农、官、商风格为一体,布局严谨,规模宏大的明清庄园。10. 慈云寺石刻,因天竺高僧摄摩腾、竺法兰二僧在此译经,故此地被称为“释源”和佛教“祖庭”。寺内现存石刻百余通,另有古塔、“空寂禅师舍利之塔”、塔基、汉代大殿遗址、白衣阁遗址、钟鼓楼遗址及千佛殿遗址等建筑遗存。11. 白河瓷窑遗址,时代从北魏延续到唐代晚期,发掘面积700平方米,为研究中国白瓷的起源与发展提供了实物资料。

河南省文物保护单位24处:杜甫诞生窑、豫西抗日先遣支队司令部旧址、康北古城址、孝义兵工厂旧址、洪沟遗址、水地河遗址、苇园瓷窑遗址、涉村东大庙、程家大院、刘家大院、福昌寺、启圣阁、青龙禅寺、兴佛寺、泰茂庄园、蔡庄文魁坊、喂庄遗址、伏羲台遗址、赵城遗址、塌坡遗址、米北遗址、常香玉故居、海上桥村传统民居、滩小关遗址。

郑州市文物保护单位35处：白窑刘氏民居、洛口仓遗址（含汉将军城）、周氏民居、王小六民居、康氏石坊、孟氏石坊、庄岭遗址、龙兴寺、五八年钢铁大会战遗址（包括瑶岭、张沟、关帝庙、丁沟）、石井三官庙、卧龙吴氏山庄、京兆王墓、魏氏石坊、杜甫墓、嵇含墓、苏秦墓、邢村遗址、余明礼烈士旧居、罗口遗址、口头遗址、嵩山八路军抗日工作站旧址、崔氏祠堂、老庙、老庙山古寨堡群（八蜂嶂寨、将军寨、凤屏寨、天堂寨、黑风寨、冷沟寨、鹿耳寨、穆桂英寨）、龙窑、王家祠堂（王抟沙小学旧址）、郑氏石坊、潘岳·潘芘墓、赵春亭墓、中央领导人视察竹林会议旧址、赵公桥、牛状元府、神北大王庙、豫西行政干校、巩县抗日民主政府旧址。

巩义市文物保护单位和各类古文化遗址、古墓葬等不可移动的文物点100余处，馆藏文物20000余件。

巩县老城现存城墙为明代所筑，清代重修，残高6米，底宽10米，下部为青砖砌基，上部为夯土筑成。东周故城现存西墙400米，高10—15米，厚1—2米。城正中有一块南北长250米、东西宽100米的台地，上面有“巩王阁”一座，建于清咸丰元年（1851）。

巩义市河流分属于黄河、淮河两大水系。境内黄河水系有黄河、伊洛河。境内淮河水系共三条季节河溪：鲁庄镇太子沟溪水西流入登封少林河再汇流入颍河再入淮，夹津口镇公川、韵沟入登封纸纺水库经石淙河入颍河后入淮；巩登交界处诸水入登封。据统计巩义市域内100年以上树龄的古树名木共有25000多棵，其中树龄3000年以上的有西村龙泉的古檀王、仓西六股柏、盘根檀等。

巩义名人有春秋时期的哲学家程本，时称“八顾”之一的汉代尹勋，晋代植物学家嵇含，唐代诗人杜审言、刘允济、杜甫，金代文状元卢亚，清代武状元牛凤山。现代名人有王国权、常香玉、谢瑞阶等。

巩义民间文艺流行曲调有《剪剪花》《哭五更》《打牙牌》《顶缸调》《银扭丝》等。流行的民歌《黄河拉纤号》《黄河船上岸号》《黄河大踩脚号》《降香》《春思歌》等被选入1983年7月出版的《中国民间歌曲集成·河南卷》。舞蹈有狮子舞、龙灯舞、蛤蚌舞以及大头人舞、高跷、旱船、犟驴、竹马、二鬼摔跤、推小车、抬花轿等。

巩义市土特名产主要有五指银针、北邙防风、小关柿饼、伊河鲤鱼、仓西萝卜、侯地小米、高寒玉米、南山核桃、旱岭红薯。主要小吃有狗碰烧鸡、刘六锅贴、邵鲜饺子、焦盖烧饼、卤肉、五香牛肉、水煎包、刀削面、米皮、麦仁红枣汤、红薯甜糕、酸山韭菜。

巩义市区现建有博物馆、图书馆、文化馆、影剧院、档案馆、烈士陵园、体育馆等。

3. 新郑

新郑于1989年7月1日被河南省人民政府公布为河南省历史文化名城。新郑地处中原腹地，北靠河南省会郑州市区，东邻中牟县、尉氏县，西连新密市，南与长葛市、禹州市接壤。地势西高东低，西部为浅山区，东部为平原，海拔高190—210米。境内有陉山、具茨山、西泰山和梅山。河流有双洎河（古洧水）、黄水河（古溱水）、梅河等。

域内的裴李岗文化遗址表明，8000年前先民们已经在这里定居，并创造了灿烂的古代文化。5000年前，轩辕黄帝出生并定都有熊（今新郑市）。新郑夏、商时属豫州，西周时属郐国，春秋时属郑国，战国时属韩国（为郑、韩之都）。秦始皇二十六年（前221）置新郑、苑陵二县，属颍川郡。西汉至唐，新郑、苑陵二县时有分合。五代，设新郑县，治所现新郑城区，属郑州。宋熙宁五年（1072）废郑州，属开封府。金代，新郑属南京路钧州。元代，设行中书省，新郑县属河南行中书省汴梁路。明初属钧州，隆庆五年

(1571),改属开封府。清初属钧州,雍正二年(1724),钧州改禹州,新郑属禹州。雍正十三年(1735)新郑改属许州府。乾隆六年(1741)又属开封府。1913年,废州、府,新郑县属豫东道。1914年,豫东道改为开封道,新郑属开封道。中华人民共和国成立后,新郑县属郑州专员公署。1955年改属开封专员公署。1958年属郑州市。1961年属开封地区专员公署。1983年改属郑州市。1994年新郑撤县设市,定名为新郑市(县级),属河南省,由郑州市代管。

新郑地处中原腹地,交通便利,历来是兵家必争之地,在历史上有着极其重要的战略地位。公元前698年,宋、齐等国侵郑。公元前630年,秦晋围郑。公元前562年,诸侯围郑。公元前375年,韩灭郑。1642年李自成起义军攻占新郑。

新郑历史悠久,文物遗迹丰富。现有全国重点文物保护单位11处:1. 裴李岗遗址,是以新郑裴李岗村命名的新石器时代的文化遗址。该遗址出土的器物基本涵盖了裴李岗文化的所有器物类型。2. 唐户遗址,面积140余万平方米,属裴李岗文化、仰韶文化、龙山文化、二里头文化及新砦二期文化、商周跨时代聚落遗址,出土有石磨盘、石磨棒、小口尖底瓶、薄胎黑陶杯、商周青铜器等文物。3. 新郑轩辕庙,新郑是轩辕黄帝的诞生地,故里处尚存清代重修的殿宇和碑刻,近年还清理出明代建造的砖构"轩辕桥"。轩辕庙,位于具茨山主峰,现存有石构建筑和碑碣等文物。4. 郑韩故城(韩王陵),公元前769年郑国东迁定都于新郑,公元前375年韩灭郑,韩迁都于新郑,郑韩两国相继在此建都539年。郑韩故城是在溱水和洧水交汇处台地上所筑,平面呈牛角状,是目前现存东周时期保存最完整的故城。韩王陵,系战国时期韩国的王陵,现辟为韩王陵博物馆,对外开放。5. 后周皇陵,葬有五代后周3个皇帝和1个皇后,分别是嵩陵、庆陵、顺陵、懿陵,现存历代碑刻33通。6. 欧阳修墓,墓地中部有二墓冢,一为欧阳修墓,另一为夫人薛氏墓。周围还有其子及后人墓。墓前有石刻仪仗及碑刻等。7. 李诫墓,李诫为北宋著名建筑学家,编著的《营造法式》为北宋及其以后的建筑法典。现存有6米见方、1米多高的墓冢,称为"李家坟"。8. 人和寨遗址,面积约20万平方米,是一处包含龙山文化,新砦期文化,夏、商文化的多时代遗址,其在中原地区的古聚落和古城址中都具有其独特性。9. 望京楼遗址,该遗址有三重城墙、三重护城河、城门、道路、大型夯土建筑基址、房基、墓葬等200余处遗迹。遗址及内部城址的发现,对于认识夏商时期城市群的发展情况和当时的国家制度,有着重大意义。10. 华阳故城,为一处战国时期城址,坐北朝南,古城周围环绕护城河、防御墙、城壕等重要遗迹。华阳故城是东周时期郑国韩国的北部门户,著名的华阳大战发生在这里。11. 凤台寺塔,始建年代不详,为六角九级叠涩密檐式砖塔,新郑古代八景之一。

河南省文物保护单位14处:金钟寨遗址、王垌遗址、古城遗址、于寨遗址、大司遗址、铁岭墓地、陈氏三宰相墓、高拱墓、新密禹抗日民主政府旧址、赵庄遗址、古城村古城、子产墓、卧佛寺塔、具茨山岩画。

郑州市文物保护单位25处:小寨汉墓、大朱庄遗址、郭河遗址、乾门史氏民居、大范庄遗址、陵上遗址、司家遗址、高拱故里碑刻、小李庄墓葬区、老山坪古寨堡遗址、高辛庄遗址、裴度墓、高坡岩遗址、王德用墓碑刻、洪府遗址、南李庄遗址、齐河遗址、人和寨刘金山民居、白氏祠堂、水月寺、蔡庄遗址、邓湾遗址、马庄遗址、鉴忠堂宝谟楼(接旨亭)、考院。

新郑传统街区有东大街、西大街、南大街、北大街、停旨胡同、仁义胡同、衙后街等。新郑城区内完整的传统民居已不存在。新郑古树众多,多为枣树、槐树、柏树,其中枣树为最多。据不完全统计,新郑现存明清古枣树在10000棵以上。

新郑名人辈出,主要有人文始祖轩辕黄帝、郑庄公、烛之武、邓析、郑国名相子产、韩国思想家韩非、水利学家郑国、唐代著名诗人白居易、北宋一代文宗欧阳修、北宋建筑学家李诫、元代著名理学家许衡、明代名相高拱、民国著名将领靳云鹗等,对后世都产生深远的影响。

写于新郑的诗歌很多,有《诗经》中的《郑风》、三国时期曹植写的《黄帝赞》、明代诗人杨彝写的《子产祠》等。新郑籍的诗人也有很多,唐代有白居易,清末有司星聚。曲艺有坠子、河洛大鼓、数来宝、对口词、三弦书等。流行的戏剧种类有豫剧、越调、曲剧,主要剧目有《包公误》《青蛇传》《枣乡传奇》等;手工艺品有剪艺、泥玩、根雕等;民间文艺有舞蹈、龙灯、旱船、唢呐、秧歌、高跷等;著名特产有新郑红枣、枣干、枣片、枣酒、节水莲藕、烟草等;风味食品有丁记米粉肉、田家烧饼、锦枣、豌豆馅、郭店丸子、烩面、拉面等。

新郑城区内建有博物馆、图书馆、大型文化广场、体育中心、电影院、郑州西亚斯学院、郑州升达经贸管理学院等。重要标志性建筑有炎黄二帝雕像、四发商贸城、新郑电业大厦。

新郑市人民政府重视历史文化名城的保护,1983 年成立新郑文物保管所,1996 年编制了《郑韩故城总体保护规划》,把文物保护纳入到经济和社会发展计划、城乡建设规划、财政预算、体制改革和各级领导责任制中。2002 年 3 月,聘请上海同济大学规划设计研究院编制了新郑 2001—2020 年历史文化名城保护规划,2003 年 1 月 28 日河南省人民政府批准该规划。2006 年 4 月聘请同济大学建筑设计研究院等编制《郑韩故城遗址保护规划》(2006—2025 年),名城保护已按规划要求进行。

新郑历史文化名城保护管理工作由新郑市建设管理局与新郑市文物管理局共同负责。名城档案由建设管理局建立,文物管理局协助,名城档案由新郑市建设管理局存放。

第二节　历史文化名镇(村)

中国历史文化名镇名村是指由建设部和国家文物局从 2003 年起共同组织评选的,保存文物特别丰富且具有重大历史价值或纪念意义的、能较完整地反映一些历史时期传统风貌和地方民族特色的镇和村。

1. 郑州市惠济区古荥镇

2009 年 9 月,古荥镇被公布为第四批中国历史文化名镇。古荥镇位于郑州市北郊,距市中心 15 千米,辖区面积 77.67 平方千米,有 11 个行政村,74 个村民组,3.5 万人。秦至北魏,古荥镇为荥阳县治所在地,距今已有 2200 多年历史。荥阳,因位于古荥泽之北而得名。东有鸿沟通淮泗,北依邙山临黄河,南面遥望京索,西过虎牢关接洛阳,地势险要,为南北之绾毂、东西之孔道。秦在荥阳置三川郡,立郡治并设敖仓于邙山;秦末农民起义军领袖吴广曾奉命监攻荥阳;楚汉之争,双方曾屡据荥阳,刘邦取敖仓之粟扼项羽于荥阳东,终以鸿沟为界中分天下。历史上,这里为兵家必争的战略要地。

古荥镇具有文物数量多、时代跨度大、保存类型丰富、保存较完整的特点。共有:世界文化遗产 1 处——中国大运河通济渠郑州段,全国重点文物保护单位 2 处——西山遗址、荥阳故城(古荥汉代冶铁遗址),河南省重点文物保护单位 4 处——敖仓城、纪信墓及碑刻、荥泽县城隍庙和黄河第一铁路桥旧址,郑州市重点文物保护单位 7 处——岔河遗址、郑庄遗址、大唐故赠安州都督郑府君碑、孔氏家庙、古荥李氏民居、古荥公社影剧院、毛主席视察黄河旧址。还有多处惠济区文物保护单位以及文物点。

通济渠郑州段包括惠济桥段和索须河段,长约 20 千米。惠济桥段长约 4 千米,除惠济桥处尚保留一段河道外,其余部分均已埋于地下。河道北自黄河大堤南的东孙庄村东侧,向东南流经惠济桥村、铁炉寨村,在丰硕桥下与索须河交汇。索须河段西起丰硕桥,向东在祥云寺村汇入贾鲁河,长约 16 千米,河堤宽 20 余米,河面宽 40—70 米,河床宽 200—300 米,现为城市泄洪排涝和景观河道。通济渠郑州段地处大运河的人字交叉口,是沟通南北的重要枢纽,不仅作为大运河的组成部分,整体发挥运河功能,而且还是中国北方地区最早的、沟通黄河与淮河两大水系的运河遗存,是历史悠久、沿革清晰并持续使用的代表性水利工程设施,是中国北方地区自战国至明清时期2300多年运河开发利用史的见证,也是中国古代巧妙利用自然河流和人工引水作为运河水源的创造性精神的杰作。

荥阳故城自古荥镇西北隅南延至纪公庙村以东,沿索须河折向东至古城村又北折百米左右。北城墙东到钓鱼台村拐向与古城村城墙相接。东墙已被河水泛滥冲没,仅存东北、东南两个拐角。故城南北长约2000米,东西宽约1500米。残存城墙最高处20米,上宽10米,基宽约30米。城墙系版筑而成,层次分明,夯窝清晰。西城墙有3处缺口当为城门遗迹。

古荥汉代冶铁遗址位于古荥镇古荥村西门外。1964年文物调查发现,遗址南北长400余米,东西宽300多米,总面积12万余平方米。1975年,郑州市博物馆对遗址的冶炼区进行发掘,揭露面积1700平方米。在发掘范围内,发现炼铁炉炉基2座、炉底积铁10余块,最大积铁块重约23吨、矿土堆约60立方米、窑13座、水井1口、水池1个。出土铁器318件、陶器380余件、石器8件。古荥汉代冶铁遗址是汉代国家冶铁专营时期河南郡第一冶铁作坊,出土铁器经过部分金相检测,有灰口铁、白口铁、麻口铁、铸铁脱碳钢、古代球墨铸铁等,反映了我国汉代已达到最高的黑金属冶铸技术水平,是目前世界上发现的时间最早、规模最大、保存最完整的冶铁遗址,在我国和世界上都占有重要位置。2006年5月,国务院公布荥阳故城(古荥汉代冶铁遗址)为第六批全国重点文物保护单位。

2. 巩义市康店镇

2008年11月,被河南省人民政府公布为第三批河南省历史文化名镇。康店镇位于河南巩义市西部,座邙瞻洛,背靠黄河,东依伊洛河与市区隔河相望,西临黄河与洛阳偃师相邻,南有交通要塞黑石关与登封少林相连,北有巩温大桥与焦作、小浪底相通,面积109.15平方千米,下辖22个行政村,户籍人口5.3万人。明洪武时康姓迁此开店,故名。

康店镇东郊有314省道通过巩温黄河大桥,连通南北,北部有310高速公路横贯东西,并拟在规划区内设立巩义西站出口,再与规划中的巩登高速支线相通。陇海铁路距规划区3千米,郑洛飞机场距规划区60千米。康店镇因其独特的地理位置,孕育着灿烂的历史和文化,有全国重点文物保护单位1处(康百万庄园),河南省文物保护单位2处(塌坡遗址、康北古城址),郑州市文物保护单位2处(杜甫墓、魏氏石坊);著名书画家谢瑞阶在这里诞生,因此有"书画之乡"美誉;又因林果业发达,素有"千果镇"之称。

康百万庄园始建于明末清初。由于它背依邙山,面临洛水,因而有"金龟探水"的美称,是全国三大庄园(刘文彩庄园、牟二黑庄园)之一,康百万庄园临街建楼房,靠崖筑窑洞,四周修寨墙,濒河设码头,集农、官、商风格于一体,布局严谨,规模宏大。各类砖雕、木雕、石雕华丽典雅,造型优美,是华北地区黄土高原封建堡垒式建筑的代表。

3. 登封市君召乡

2012年1月,被河南省人民政府公布为第五批河南省历史文化名镇。登封市君召乡地处中岳嵩山西麓,距登封市约25千米,总面积100.86平方千米。全境南北长约10.9千米,东西宽约13.8千米。全乡辖21个行政村,户籍人口约4.3万人。君召乡地处伏牛山与中岳嵩山的中间地带,属温带大陆性气候,土壤大部分属沙质土和红壤土,适应蔬菜和小杂粮种植。君召乡郑少洛高速公路、登封铁路横贯全境外,豫03公路,323省道及文颍、登偃公路等8条公路四通八达。

君召乡历史文化悠久,处在嵩山世界地质公园内,有春秋战国时期的黄城遗址、少林寺下院华严寺、九龙圣母庙、颍考叔墓、尧帝停留的三过爻古村镇、皮定均将军建立的红石头沟敌后抗日根据地等人文景观和名胜古迹。

君召乡新农村建设工程正稳步向前推进。君召乡的“小苍娃”芥片和鲜菜加工、金岭煤矿节能瓦斯发电、嵩之源矿泉水、嵩威牌免烧砖设备、科创富集铁国家发明专利技术、信德化工设备、方远农林牧科技品种等将成为君召乡的亮丽名片。

4. 登封市颍阳镇

2014 年 4 月，被河南省人民政府公布为第六批河南省历史文化名镇。登封市颍阳镇位于登封市最西部，东邻君召乡，南接平顶山市汝州市下店乡，西依洛阳市伊川县江左乡，北与洛阳市偃师区大口镇毗邻，距市区 37 千米。辖区东西最大距离 6 千米，南北最大距离 15 千米，行政区域总面积 89.18 平方千米。共有 25 个行政村，87 个自然村，213 个村民小组，户籍人口 4.8 万人，4.2 万亩耕地。

颍阳镇境内南为马铃山，北为紫云山，均为东西走向，两山夹一川，沿山往下为丘陵，呈阶梯状分布，中间有几个小平原，多为沟壑。境内河流有 2 条，属淮河流域。狂河发源于大苦山南麓陈家沟北，经君召乡的王庄村进入颍阳境内，向西过伊川入伊河。倚箔河发源于紫云山南麓，流经颍阳、安寨、郭寨入狂河。向西注入伊河。登封铁路、豫 03 公路和少（林寺）洛（阳）高速公路横穿东西，颍（阳）汝（州）公路纵贯南北，地处四市（县）通衢的交通要道。

颍阳镇历史悠久，夏代为古纶国，周称颍邑。春秋叫纶氏。秦称颍阳县。西汉属颍川郡。晋废颍阳县入缑氏县（今偃师县堪氏乡）。隋为纶氏县。唐先设武林县又改为颍阳县。北宋庆历二年（1042），并入登封县。清初为登封县八镇之一，清末为余柳里。

颍阳镇境内名胜古迹繁多，境内有钟灵山风景区、少康藏兵洞、演兵场、颍考祠、颍谷书院、八风山等名胜古迹，还有仰韶文化时期的颍阳遗址、龙山文化时期的郭寨遗址、刘相遗址、安阳行宫、中岳庙、太后庙、崇法寺、李洼龙三庙、西街火神殿、山神庙施茶碑、北街城隍庙、王堂山神庙、玄都观、黄龙寺、菩提寺、紫云观、颍阳县古城等遗迹。

颍阳镇气候宜人，土地肥沃，农业生产条件较好，以“三种三养”（种烟叶、杂粮、大棚蔬菜，养猪、牛、羊）的农业产业化经营为主。全镇年种植优质烟叶 15000 亩，为郑州市优质烟开发基地、烟叶生产第一镇；种植谷子、黄豆、绿豆等优质杂粮 6000 亩，发展 2 家杂粮加工厂。“紫云山”杂粮和“嵩山”芥片品牌，已申请注册并成为郑（州）洛（阳）地区的农副产品名牌产品。颍阳镇著名的特产有李洼芥片、芥丝，颍阳锅盔，刘相无核柿子，颍阳水席，颍阳卤肉，颍阳核桃等。

5. 荥阳市汜水镇

2014 年 4 月，被河南省人民政府公布为第六批河南省历史文化名镇。荥阳市汜水镇地处荥阳市西北部，东毗王村镇，南邻高山镇，西与巩义市河洛镇搭界，北跨黄河与焦作市温县赵堡镇相连，东南邻上街区峡窝镇，辖区东西最大距离 10.8 千米，南北最大距离 98 千米，行政区域总面积 58.2 平方千米，共辖 14 个行政村。

汜水镇辖区地形似不规则矩形，南有丘陵，北有广武山，中有东西向峡谷，地势自西南向东北渐低倾斜。属于温带季风气候，气候宜人。镇内有陇海线铁路、连霍高速、314 省道横穿向过境，还有乡村公路 188 千米，可通达巩义市、上街区和王村镇、高山镇。黄河南岸有汜水渡口。

汜水镇古称“雄镇”，镇内的虎牢关号称“中州之枢”，名列中国八关之首，传说为周穆王畜虎之地。古时唯有西南一深壑幽谷通往荥阳、洛阳，有“一夫当关，万夫莫开”之势，成为九朝古都的门户。虎牢关因战乱多次被毁，遗址现存石碑一通，上书“虎牢关”三个大字，雍正九年（1731）勒石。汜水镇历来为兵家必争之地，是我国著名的古战场，镇内有吕布点将台、等慈寺、张飞寨、玉门古渡等景点，都具有很大的研究和旅游开发价值。

汜水镇如今形成以汽车制造、医药化工、轻纺印染、建筑设备、消防器材和阀门生产为代表的六大支柱产业。其中河南少林汽车股份有限公司是中国汽车工业总公司、南京汽车厂工业联营公司成员厂,是农业农村部先进企业,河南省一级先进企业,河南省科技新星企业,河南省重点保护企业。河南康泰制药集团公司是国家化工部、医药管理总局定点生产第三代抗菌素喹诺酮类药物中间体的专业化生产企业,被国家化工部、农业农村部联合审定批准为“全国乡镇化工先进企业”,被河南省科委认定为“高新技术企业”“河南省科技新星工程示范企业”。宇明阀门行销全国铁路系统;金安玻璃远销大江南北;利丰化工漂洋过海,闯进欧、美、亚等国家市场;郑州市汜水黄河消防器材厂生产的干粉灭火器销售至全国各个省、市、县。

近年,汜水镇汜水村紧紧围绕《汜水镇总体规划》所确定的规划区范围之内建设美丽乡村试点项目,汜水镇汜水村美丽乡村项目建设的目标是“依托汜水村　重建汜水城”,即按照古汜水县城图进行复古建设,将美丽乡村建设与虎牢关景区建设相融合,着力打造三国文化旅游品牌,引领汜水全域旅游发展。

6. 郑州市上街区方顶村

2014 年 4 月,被河南省人民政府公布为第六批河南省历史文化名镇。方顶村位于峡窝镇西南部五云山山麓,东邻上街区冯沟村,南望巩义市米河镇草店村,西与荥阳市高山镇竹川隔河相望,北与上街区观沟村毗邻。方顶村东西长 3 千米,南北宽 2.8 千米,由方顶、底河、程湾 3 个自然村组成,占地 224 公顷。方顶全村 431 户,户籍人口 1684 人。

方顶村地处山区到平原的过渡带,属五云山北延的丘陵地区,大多为丘陵。地势呈南高北低走向,有着典型山区的丘陵与平原相结合的地形特征。东边为棘寨河,河东岸为广袤的大平原,南部是五云山由南向北延伸的丘陵地区。棘寨河从分水岭发源,流经方顶村东河谷,在村北方注入汜水河。乾隆九年(1744)《汜水县志》记载“昔唐太宗棘寨河堤闸放水以溃窦军即此”。西边的汜水河发源于浮戏山,从方顶村西边流入黄河。《山海经》云,“浮戏之山,汜水出焉”。方顶村被汜水河和棘寨河环绕其中,村北侧的高台被当地人称为“插鼓台”,呈半岛形状屹立在村北。

方顶村历史悠久。早在新石器时代就有人类在此居住生活、繁衍生息,并在此遗留有面积达数十万平方米的古文化遗址。据方氏家谱记载,方姓系明洪武年间由山西洪洞县移民而来,为防兵乱依山势环村建寨,以自然地形和宅院房屋为寨墙,设十二座城门,地形险要,易守难攻,取名“方山寨”。因村子地势较高,周边沟里村落称“方山寨”为“方顶”,历史已有 600 余年。清乾隆年间,焦氏八世先人由焦沟迁来,焦姓、方姓陆续联姻,发展壮大,至今方姓、焦姓仍为方顶村主要姓氏。

新中国成立以前,有三条古道经过方顶村,堪称融通巩县(今巩义市)、荥阳、汜水通商的“丝绸之路”。三条古道一条穿村而过,翻山越岭直通王村、高村、广武、北邙;一条经方顶村东连接巩县草店的虎林坡和荥阳地区;第三条则经程湾村、汜水东岸通往汜水县城。

方顶村域内地势险要,古迹丰富,环境优美,民风淳朴,至今仍保存有大量乡土民居建筑遗存。这些乡土建筑遗存总面积约 10000 多平方米,以明清民居建筑为主,现存院落 43 处,保存良好的 13 处,是中原地区乡土建筑遗产分布较为集中的区域之一,具备良好的乡土建筑和历史街区开发基础。2014 年 3 月方顶村被河南省人民政府列入省级历史文化名村保护名录,其中关帝庙、火神庙、方氏宗祠、明清古寨墙等 4 处已被列入省级重点文物保护项目。

方顶村原有乡土建筑 200 余处,民居 500 余间。其主要类型为古街、祠堂、名人故居和民居。建筑年代以明清至民国时期为主。建筑类型主要有窑洞、传统房屋、单面坡顶房、绣楼等民居建筑。建筑样式呈多样化特点，多保留有四合院、三合院等建筑样式，个别房屋依山而建，依崖掏洞。建筑材料主要有砖、石、木、土等。由于地处丘陵地带，方顶村民居注重与自然的和谐统一。这些民居点缀了自然，围聚了村落，构筑了村民生活、劳作、交往的社群聚落。民居以"间"为基本单位，进而以间成幢，以幢成院，以院成群落，逐一发展，为家庭生活必不可少的精神活动提供了必要的空间及环境。方顶村乡土建筑遗产的空间格局设置与建筑特征，集中体现了特定历史时期中原地区普通民居的建筑风格与空间理念，是明清时期中原民居建筑的典型代表。

2013年新型农村城镇化在方顶村全面展开，方顶村拆迁工作开始。2016年，方顶新村一期工程竣工，村民喜迁新居，方顶村完整地保存下来。目前方顶村明清建筑群项目已纳入《郑州市旅游产业发展规划》，村内现存清末翰林院编修赵东阶故居、13道古寨门、碑楼、关帝庙、戏台等遗址当地还保有火神会、绑灯山等传统民俗。

第三节　历史文化街区

历史文化街区是指保存有一定数量、规模和比例的历史建筑物、构筑物和传统街巷空间格局的城市街区环境。具有真实的历史信息，建筑和街区传统风貌相对完整，仍有居民日常生活的功能。《中华人民共和国文物保护法》中对历史文化街区的界定是：法定保护的区域，学术上叫"历史地段"。郑州市为十省通衢，交通便利，物流发达，近代以来便是闻名全国的中原商埠。繁荣的商业给郑州市留下了丰厚的文化遗产，以德化街、大同路为代表的历史街区和依托于其中的京都老蔡记、精华眼镜店等一大批中华老字号商家走过百年岁月，在新的时代焕发着新的风采。

1. 郑州市德化街

德化街位于郑州市中心二七区德化街办事处，素有郑州"上海的南京路"之称。1905年，这里开始形成街道雏形。陇海铁路通车后，随着交通日益发达，这里又靠近火车站，于是便逐渐成为各方商旅的中转地和附近各县货物的集散地，旅栈、货栈等相继出现，老城中一些较大的商号也陆续迁于此。起初，这里叫"惠仁街"。后因"惠"与"毁"谐音，讹称为"毁人街"，商界很是忌讳，一致要求另起一名。这时，一商行经理人潘殿元先生结合当时街上商号的经营情况，提出更名为"德化街"，其意是以道德感化世人，得到了商界赞同。随后，此街名一直沿袭至今。

德化街

从1905年到新中国成立前夕，这条黄土石子铺成的小街道经历了44个春秋，集中了小有天饭店、鸿盛久布店、精华眼镜店、三友鞋店、京都老蔡记馄饨馆、葛记焖饼、老天成金饰行、胜利理发厅、天一泉浴池等著名商号，拥有21个行业，近80个商业单位，成为郑州最主要的商业中心区之一。

自1952年起，三得利、同仁堂等知名店铺先后在德化街落户，国家给予了大力支持，使德化街在20世纪60—90年代成为郑州最繁华的地区。2000年8月，郑州市人民政府立项建设商业步行街，融资1.76亿元，新建主街建筑面积4.9万平方米，居民安置面积1.8万平方米。2002年12月28日，经过改建的德化商业步行街正式开放。

新建成的德化商业步行街是河南省郑州市第一条步行商业街,位于郑州市市区中心地段,由原德化街与苑陵街组成。北起二七广场、南至大同路,西经苑陵街通往郑州火车站,东与西大街相毗邻,南距二七纪念堂约400米,北临亚细亚商场、二七纪念塔,北行500米可至金博大商业中心、郑州购书中心及人民公园。全长600米,宽20米,花岗岩铺装总面积1.2万平方米,是条集购物、休闲、娱乐、文化、美食、观光为一体的商业街道,被誉为郑州的“城市客厅”。商业街中有国际、国内知名品牌商家近百家,以经营服装、珠宝古玩、眼镜、钟表为主。街中以“高低错落、三季有花、四季常青”为理念进行绿化并设计了反映商业街历史、中原文化等内涵的雕塑“修钟匠”“地方小吃”“花木兰”等。商业街中设有旱地喷泉、戏剧舞台、图书城等文化娱乐设施,并建设了集中各地方特色小吃的美食一条街、大型购物广场、百年德化等新的商业物流中心。

2. 郑州市大同路

大同路与德化街是孪生姐妹,位于郑州市火车站东部,老郑州城外西南。大同路以及周边新兴商业区的产生、发展与铁路、火车站有着很深的渊源。清光绪三十年(1904)春,平汉铁路郑州车站建成,汴洛铁路工程局在郑州成立。从火车站通往老城区有一条大路,车站出口与此路西口相距不过100多米,这条路被称作“马路大街”。

火车站的建立,使得该地区人流、物流、商业开始多起来,给往来客商提供服务的营生自然也多了起来。先是车站旁边有一些卖小吃的商贩,临时搭起席棚或草棚做生意。接着附近的农民也将自己家的特产,比如红枣、柿饼、柿霜糖等拿到这里来叫卖。光绪三十二年(1906)至光绪三十四年(1908),平汉铁路、陇海铁路先后建成通车。南北、东西两大干线铁路在郑州交会,郑州成为中原地区的交通枢纽,经清政府批准开放为商埠,自此,火车站到各大街的路不断修筑,新的商业区日新月异,发展迅速,渐具规模。

大同路

光绪三十四年年底,马路大街率先成为郑州市第一条有路基、有面层的结构道路,现代筑路技术从此开始在古老的郑州应用。因为地理位置特殊,市场需求旺盛,陆续开始有人在马路大街建简陋的饭馆和供旅客住宿的客栈。他们的生意红火,供不应求,于是新的店铺如雨后春笋般出现,从路西口向东迅速发展。

1916年前后,当地居民见此地“交通便利”,慢慢将“马路大街”改叫“大通路”。1920年,郑州火车站形成了以大通路、德化街为枢纽,街巷纵横有序、店铺林立、生意兴隆、人气十足的郑州商埠中心。1927年,冯玉祥做河南督军时,下令更改了一批地名,“大通路”被改为“大同路”,取孙中山先生的革命口号“世界大同”之意。

大同路得地利之便,占尽先机,大店铺数不胜数,西段为餐饮、酒店、旅馆和客栈的聚集区,东段(也就是与南北向的德化街十字交叉一带)是当时郑州的新兴商业中心,布匹、绸缎、时货、银行等多聚集在此。有法国饭店、利兴面包房、豫顺楼、小有天饭庄等餐饮名店,有鸿兴源糕点店、五美长酱菜园等酱菜业名店,有瑞丰祥呢绒绸缎店、长发祥布匹绸缎店等布匹绸缎业名店,有老凤祥金店、百货银楼等金银首饰业名店,有豫大、同和裕、振豫、长发东等知名银号,有宏济堂药铺、北京同仁堂药店等医药业名店,有龙文书庄、中华书局等图书业名店。1934 年,著名爱国商人刘桂勋等创立的国货公司在大同路开业,成为郑州商业发展的转折点,大同路进入了繁荣、辉煌时期。据统计,1936 年,大同路有银号 12 家、金店 4 家,约占全市的 2/3。经营布匹绸缎的店铺有 52 家,日用百货店 70 余家,五金电料店 5 家,颜料铺 30 余家。

大同路是名副其实的郑州第一路,它是郑州辟为商埠后政府修建的第一条商业大街(1908 年)、郑州第一条有路灯的路(1917 年)、郑州第一条柏油马路(1946 年)。1946 年,刘峙做国民党郑州绥靖公署主任时,以自己的别名“经扶”,把大同路改为“经扶路”。但老百姓不认账,还是叫大同路,“经扶路”很快就自生自灭。

“文化大革命”中,大同路被改称为“反帝路”,1979 年又恢复了原名。在改革开放的春风中,大同路的面貌焕然一新,几次扩建改建,把大同路拓展得更宽了,街两侧现代化商场和大楼林立。格林兰大酒店、黄和平商场、大同宾馆、市工商银行大楼、化工大楼、五交化大厦等有影响的建筑,使大同路再次焕发出了风采。

大同路当时有个别名叫“富人街”,是富人购物首选的地方。大同路与当时的德化街一起支撑着郑州的商业,它一度比德化街还要繁盛,坐落着许多郑州最知名的店家和最豪华的高楼。1988 年 2 月 10 日,郑州第一部运送顾客的滚动式电梯在黄和平商场启用,相当长的一段时间内,这部电梯都是郑州的一道风景线。现在的大同路,是中原地区著名的箱包集散地、小商品集散地。

3. 郑州市书院街

书院街位于郑州市管城回族区,西起南大街,东至商代遗址,长 1200 米,宽 7 米。街道两侧分布回、汉居民近 600 户及郑州十中、向阳街幼儿园、创新街小学等单位数十个。

书院街是郑州市内的一条古老街道,早在元代时已形成街道,原名花园门街,明崇祯年间改名纸坊巷,清光绪年间因在此重建“天中书院”后得名书院街,1966 年更名红光东街,1978 年复名书院街。

书院街

书院街借以得名的“天中书院”始建于明崇祯十年(1637),时任郑州知州鲁世任重视教育,为了给当时的读书人提供一个学习上进的场所,就在街道北侧修建书院。当时的“天中书院”有正堂 7 间,拜厦 3 间,后殿 3 间,另有寝房、厨房、大门、二门若干间。书院建成后,郑州及周边的文人学子慕名而来,人数多时达千人,一时名动天下。明末战乱频仍,书院在战火中墙壁倾颓。清乾隆十年(1745)春,郑州知州张钺重整书院,但规模不大,仅略微修缮一下。清道光十八年(1838)郑州知州王宪在书院基础上修建南公馆,作为下榻之所。清光绪八年(1882),知州王成德迁建位于文庙西侧的东里书院,新址就选在旧书院街南公馆内。当时重建了照壁 1 座,门房 3 间,讲堂 5 间,东西楼房各 3 间,斋房各 5 间,还有其他房屋若干间,使“天中书院”恢复了初期的规模。光绪三十年(1904)春,在书院基础上设立郑州中学堂,此举开创了郑州中学教育的先河。1924 年原中学堂改建为郑县县立中学,1929 年改名为郑州市立初级中学。1931 年改办为私立明新中学,至 1941 年学校共有 8 个班 564 名学生。明新中学在校容校貌、教学设施、师资水平等各方面都非常优秀,成为饮誉一方的名校,当时郑州的青年学生都以能到明新中学读书而自豪。1949 年郑州市人民政府把当时的市立一中(原郑县中学)、二中(原国立十中)、三中(原林县中学)和私立明新中学四所学校的高中部合并而成郑州市立高级中学,当时仅有 7 个班,学生 249 人。1953 年 3 月,改名为河南省郑州市第一高级中学(郑州市一中)。同年9月,郑州市一中迁出书院街,成立了纯招女生的郑州第八初级中学,时称“女八中”。1956年改名为郑州市第三中学,为完全中学,时称“三完中”。1958年8月学校定名为郑州市第十中学。1977年恢复高考后,郑州十中迎来了历史上最辉煌的时期,仅1978—1981年考取清华、北大、人大、西安交大等重点院校的学生多达40名以上。1985年5月郑州十中改为郑州市第三职业中等专业学校,1999年又被定为综合高中试点学校,恢复郑州十中校名。目前郑州十中和郑州市信息技术学校(前身为三职专)并为一校,是融高中和中专优势于一体的新型学校。

书院街处在郑州历史文化遗存的中心地带,距保存完整的郑州上城南城垣东段只有一路之隔,具有丰厚的历史文化资源。郑州市已将书院街规划为集文化博览与文化产业、旅游商业与休闲餐饮于一体的历史文化街区。相信在不久的将来书院街将以厚重的底蕴和崭新的面貌出现在世人面前。

4. 郑州市东大街

东大街,位于管城回族区境内,东起城东路,西至西大街,长1.37千米,是条拥有逾千年历史的老街。

东大街的历史最早可上溯到殷商时代,虽无史料记载,但专家推测郑州商城的中心应该在现在的东大街与紫荆山路交会处,此地文物遗址也较为丰富。唐代武德四年(621),封建王朝在古商城的旧址上重建一座城池,名“管城”,这就是现在管城回族区的最初由来。城池修建之后,街巷纵横,在当时颇具规模,慢慢地形成了较为明显的居民区。城区内有四条主干道,按方位上讲,东叫“敏德街”,西叫“里仁街”,南叫“咸宁街”,北叫“清平街”。

东西大街

辛亥革命后,人们把“敏德街”改为“中山东街”,“里仁街”改为“中山西街”,“咸宁街”改为“中山南街”,“清平街”改为“中山北街”,初步为现在名称的改变奠定了基础。郑州解放后,就顺势将街道名称简称为“东大街、西大街、南大街、北大街”。

东大街的古迹、文物遗址较多,有商城遗址、文庙古建筑,还有子产祠、开元寺、舍利塔等遗址,郑州老城区曾经以“大十字口”(又称大十街,现红旗广场)为中心,东大街、西大街、南大街、管城街在这里交会,东大街是个名人荟萃的地方,明清至民国期间,东大街居住了很多官宦、士绅、富商和名门望族人家,对东大街的名声、发展与繁荣产生了很大的影响。比如候选布政使阴风仪,沔阳州判沙起贤,户部主事李常华,名医沙璞、牧孔彰、魏若虚等。新中国成立后,东大街依然名人辈出,比如以《谁是最可爱的人》享誉全国的作家魏巍,以豫剧《朝阳沟》闻名的豫剧表演艺术家魏云。

新中国成立前东西大街街道狭窄,土路高低不平,当时曾流传着“无风三尺土,有雨一街泥”的俗话。附近居民的居住环境也相当糟糕,房屋大多低矮破败,与城市的发展很不协调。新中国成立后,人民政府虽然曾多次对东西大街进行翻修,铺成了柏油路面,却未曾拓宽改造。20世纪末,随着二七商圈的崛起,东西大街进行了拓宽改造,现在的东大街已是郑州市著名的商业文化街。

5. 登封大金店老街

登封市大金店镇老街,当地称“三里长街”。大金店镇距离登封县城10千米,物产丰富、交通便利,自古以来就是通往汝州、伊川、登封城、禹州的交通枢纽,历史上一直是登封县仅次于县城的人口集聚之地和商业中心。明清至民国时期,是登封地区最大的集镇之一,据《登封工商志》统计,民国时期大金店有坐商(有门面、有店员的商户)87 户。当时,全县比较有名的商行共有 125 家,大金店街就有 29 家。

大金店镇历史悠久。大金店所在的安庙村是商代孤竹国的都邑所在地,安庙河东岩断壁上依稀可辨城墙的多层夯土。周灭殷,孤竹国的遗少伯夷、叔齐守节,兄弟二人隐居嵩山太室,宁愿饿死也不食周粟。太室山顶今存二仙洞,相传是伯夷、叔齐藏身的地方。负黍城遗址在安庙村南,在春秋战国时期这里已是郑韩两国的西部边防重地。金代末年,汴京失守后,金宣宗退守嵩山,曾以此地为陪都,因是权宜之计,改称大金店。金人仿汉制祭五岳,在此建南岳庙以遥祭衡岳,因南岳还是大宋的疆域,太远而不能到达。

大金店老街

南岳庙就在老街正中心。南岳庙内塑四大天王神像,东西有掖门,院内有大小月台,正殿 3 间,歇山式建筑,灰色筒瓦盖顶,四面墙上绘有壁画,中有崔府君和四将军泥塑像,殿前有千斤大铁钟,碑碣 10 余通,后院有天爷庙、灶君殿、龙王庙和老君庙、义勇祠。南岳庙被国务院公布为第七批全国重点文物保护单位。

大金店镇与金代有关的历史建筑还有清凉寺。清凉寺在少室山清凉峰下,现存建筑建于金宣宗贞祐三年(1215)。清凉寺大殿为金代建筑,面阔 3 间,进深 3 架,歇山房殿檐下施三踩斗拱,殿房上覆灰色筒瓦,殿角两端有吻,工艺精湛。殿内影壁上有彩色壁画。大殿装有四扇透孔方格大门和八扇棂子窗,风格古朴。殿前立有刻于金贞祐三年的《重修清凉禅院记》碑和刻于金正大二年(1225)的清凉寺相禅师塔铭碑。院内有古柏数株。寺院背倚少室,四周森林环抱,山谷静寂,极尽空灵幽深。

6. 郑州国棉三厂特色历史文化街区

国营郑州第三棉纺厂(简称国棉三厂),位于郑州棉纺西路。1954 年,国棉三厂开始建立,该厂地理位置优越,位于四通八达、文化灿烂的锦绣中原腹地。厂房为包豪斯风格(现代主义建筑的源头,起源于德国,讲究简洁实用),这种建筑风格的厂房目前仅在中、德、美等国家有极少量存留。20 世纪 60—80 年代,郑州六大纺织厂峥嵘并立、飞速发展。纺织行业为国家、为郑州市的发展做出了巨大贡献。郑州也自此成为"全国六大纺织基地"之一。20 世纪 80 年代起,国棉三厂及邻近的几个棉纺厂开始没落,相继实施政策性破产。

国棉三厂特色历史文化街区

国棉企业不仅曾经造就了郑州经济的繁荣,是郑州甚至河南历史上浓墨重彩的一笔,也造就了独特的郑州"西城文化",具有浓郁的历史文化特色。

国棉三厂特色历史文化街区以三厂中街为中轴线,南至建设西路国棉三厂仿古大门,北与棉纺路上即将建设的郑州纺织博物馆相接。

7. 新密市县衙—礼节街历史文化街区

县衙—礼节街历史文化街区位于新密古城中南部,东至衙东街,西至衙西街,南至火神庙南,北起乐和街,整个街区呈南北带状。历史文化街区十字街北端为千余年来密县的政治中心——密县县衙,十字街以南为商业街道和成片的民居。该街区内现存密县县衙(全国重点文物保护单位)、火神庙(新密市文物保护单位)、八蜡祠等文物古迹5处及古民居46处,突出体现了街区的衙署文化特色和严谨的封建礼制思想。

密县县衙始建于隋代大业十二年(616),历经隋、唐、宋、元、明、清、民国各时期,距今已有1400年的历史,是国内现存历史最久的官署衙门。其中衙署内的监狱历代沿用,一直使用到2003年,专家称监狱使用之最,这在中国乃至全世界都是一个奇迹!所以该县衙在文物界有"中华第一衙"之称。县衙历代屡有增修重修,后毁于元代战火。明洪武三年(1370),知县冯万金在旧址重建,自南向北沿中轴线依次排列,形成五进院落。中轴线上建有钟鼓楼、照壁、大门、莲池、仪门、戒石坊、月台、卷棚、大堂、二堂、三堂、大仙楼、后花园、东西花厅,基本保持了古时官署衙门的原有格局形制。整座建筑布局合理,错落有致,结构严谨,集中体现了古时官衙庄重、肃穆的威严气势。

火神庙位于古城南门外,又称炎帝庙。《密县志》记载:在县城南门外,明末战乱,毁。清顺治七年(1650)知县李芝兰重建。康熙二十四年(1685)知县衷鲲化重修,乾隆五十三年(1788)续修。现存山门一座,与钟鼓楼结为一体。山门为歇山顶建筑,周围有砖雕龙、凤、麒麟等浮雕图案。庙内大殿面阔三间,进深三间,内供奉炎帝神像。庙内现存古碑8通,嵌于东院内,均为明清重修碑刻。

8.新密市仁育街历史文化街区

仁育街历史文化街区位于古城东部,东至开阳路,西起十字街东石桥,总面积200000平方米。整个街区呈东西长条形,弄巷纵横,自东向西的弄巷有15条,即东关密禹古道、东城门里北街、东阁门街、东阁门南巷、阁门里东巷、东阁门街北大菜市口路、王家胡同、黉学西巷、黉学东巷、裴商庙拐、孙家胡同、石桥沟、杨家拐、石桥沟南东路、后射坡南路,其中主街道东街长466米。街区内现存文庙、桧阳书院郑州市文保单位2处,黉学、人民会场、卓君庙、郭家大院等历史建筑50处,体现了街区的文化教育特色。

文庙位于古城东街,始建年代不可考。元至正二年(1342),明洪武二年(1369),清顺治、康熙、雍正、嘉庆年间多次重修。建筑坐北朝南,现尚存大门、西配殿、大成殿等建筑。其中大成殿于新中国成立后虽经改造,但内部基本结构仍保存完好,现为城关镇镇政府所占用。

桧阳书院位于古城后街,坐北朝南。清乾隆四十年(1775)创建,建筑面积5400平方米。中轴线现存大门、斋舍、讲堂等,分三进院,大门、前院、中院、后院均为硬山灰瓦顶建筑。书院现存石碑2通,一为清乾隆四十年(1775)"重建卓君庙新建瑞春书院合记",一为道光三年(1823)"桧阳书院神龛记"。

第四节　名胜景观

中国地方志历来有总结各地名胜景观的传统,郑州早在明代就有十景之说,分别是周帝陵、仆射陂、大夫祠、丞相冢、管叔城、祭伯城、夕阳楼、侯月台、浮波亭、列子观。到了清代,文人墨客又精练为八景,分别是凤台荷香、古塔晴云、卦台仙景、梅峰远眺、龙岗雪霁、圃田春草、海寺晨钟、汴河新柳。登封也不例外,据《登封县志》载,登封八景为嵩门待月、轩辕早行、颍水春耕、箕阴避暑、石淙会饮、玉溪垂钓、少室晴雪、卢崖瀑布。这些饱含诗意的景观,是郑州历史文化内涵不可或缺的组成部分。

随着时代发展、社会进步、城市建设的变迁,名胜景观也在不断更新。根据媒体"2012我心中的郑州市十大城市品牌"评选之风景名胜篇结果,天地之中历史建筑群、二七纪念馆(二七纪念塔)、绿博园、康百万庄园、黄帝故里、少林寺、嵩山风景名胜区、黄河生态风景区、商城遗址、樱桃沟旅游、河南博物院、北宋皇陵等上榜。这其中90%是文物保护单位，这就很好地证明了文物历久弥新的独特魅力和永恒价值。

1. 嵩山风景名胜区

嵩山是中华名山，五岳之中岳。同时也是世界地质公园、国家森林公园、全国文明旅游风景区示范点、世界文化与自然遗产，嵩山少林景区是全国首批AAAAA级风景名胜区。嵩山风景资源丰富全面，分自然景观、人文景观两大类，天景、地景、水景、生景、园景、建筑、胜迹、风物全部八个中类，寺、观、庙、塔、宫、阙、碑、山、峰、石、瀑等十多个小类的风景资源。其中特级景点5个，一级景点9个，二级景点24个，三级景点36个，四级景点42个。

嵩山风景名胜区

特级景点包括少林寺、塔林、观星台、嵩岳寺塔、中岳庙；一级景点有嵩阳书院、法王寺、会善寺、永泰寺、嵩门、卢崖瀑布、八龙潭、峻极峰、少室晴雪；二级景点有石僧迎宾、初祖庵、九龙潭、达摩洞、嵩阳洞天、二祖庵、清凉寺等。

嵩山风景名胜区，人文景观星罗棋布，寺庙林立，古塔遍布，巧构奇筑，历史悠久；自然景观，雄奇壮丽，峰峦峥嵘，峡谷深邃，森林繁茂，飞瀑高悬，古树名木，奇特多姿；同时更是三教荟萃之地，也是少林武术的发源地。

2. 黄河风景名胜区

郑州黄河风景名胜区是国家级风景名胜区、国家AAAA级旅游区、国家水利风景区，其中包含郑州黄河国家地质公园。位于河南省会郑州市西北20千米处黄河之滨，南依巍巍岳山，北临滔滔黄河。这里是黄河地上“悬河”的起点，黄土高原的终点，黄河中下游的分界线。一系列独特的地理特征形成了博大、宏伟、壮丽、优美的自然景观。景区历史古迹丰富，历经四十年的开发建设，已形成了融观光旅游、休闲度假、科普教育、寻根祭祖于一体的大型风景名胜区。

黄河风景名胜区

黄河风景名胜区现已开放景区面积20多平方千米，已经建成并对外开放的五龙峰、岳山寺、骆驼岭、炎黄二帝像、星海湖等五大景区，分布着炎黄二帝巨塑、黄河母亲哺育像、大禹像、黄河碑林、万里黄河第一桥、毛主席视察黄河处、浮天阁、极目阁、孔雀园等四十余处景点。这里是黄河的最佳观赏地，此段将黄河的“悬、险、荡、阔”之奇和朝霞、暮云、烟柳、晴岚、涛声、帆影、雁阵、雪原等景观融为一体，构成无穷变幻的四季景观，组成一幅美轮美奂的山水画卷。

3. 黄帝故里景区

新郑古为有熊氏之国，轩辕黄帝降于轩辕之丘，定都于有熊。黄帝肇造文明，被后人尊为中华人文始祖。如今的黄帝故里是海内外华夏儿女寻根拜祖的圣地。黄帝故里于2006年5月25日被国务院公布为全国重点文物保护单位，2006年6月被评为国家AAAA级旅游景区，2007年被评为郑州市爱国主义教育基地。2008年黄帝故里拜祖大典被列入第二批国家非物质文化遗产名录，吸引了大批海内外华夏儿女到此寻根拜祖,2013 年被评为“全球最具影响力的十大根亲文化盛事”。

黄帝故里景区位于新郑市区轩辕路,黄帝故里祠始建于汉代,后经毁建,明清修葺。明隆庆四年(1570)于祠前建轩辕桥。清康熙五十四年(1715),县令许朝柱于祠前立“轩辕故里”碑,乾隆二十九年(1764)修葺。《重修大殿记》记述:“古传郑邑为轩辕氏旧墟,行在北有轩辕丘遗迹,乃当年故址。”为弘扬中华优秀传统文化,缅怀始祖功德,20 世纪 90 年代后多次改造修缮,目前,黄帝故里景区占地面积 7 万多平方米,突出中华民族寻根拜祖主题。从北至南依次为拜祖区、故里祠区、广场区。拜祖区有轩辕丘、黄帝纪念馆、黄帝像、中华文明圣火台、文化长廊、拜祖广场等。故里祠前千年古枣树、国槐荫荫,百年银杏、松柏参参,轩辕桥下姬水河潺潺横流,指南车、日晷、汉阙等景观交相辉映,祠内有正殿、东西配殿,正殿中央供奉轩辕黄帝中年坐像,两配殿有黄帝元妃嫘祖和四妃嫫母像。广场区设中华姓氏广场,这是亚洲最大的姓氏广场,其中中华姓氏墙镌刻了 3000 多个姓氏,黄帝宝鼎坛中树九鼎,黄帝宝鼎置于中宫,高 6.99 米,直径 4.7 米,重 24 吨,其他分别为爱鼎、寿鼎、财鼎、仕鼎、安鼎、丰鼎、智鼎、嗣鼎。景区从南至北有 13 米宽的红色花岗岩大道,中间是 5 米宽的黄色花岗岩拜祖圣道,象征华夏儿女血脉相连、薪火相传。

黄帝故里景区

4. 虎牢关景区

虎牢关,位于河南省荥阳市区西北部 16 千米的汜水镇,古称制邑、汜水关、武牢关等,传说西周穆王到此打猎,勇士高奔戎活捉猛虎并圈养在这里,所以称为虎牢关。关口旧址因战乱和洪水多次被毁,又多次重建。最后一次修复是在清咸丰十一年(1861),虎牢关墙基为石头砌成,墙体为黄土所筑,当时墙高 20 多米、宽 10.5 米,但是由于山洪冲刷,城墙现已不再存在,关口遗址处仅有一块雍正九年(1731)所立的石碑,碑高 2 米、宽 0.7 米,上面写着“虎牢关”三个大字。

虎牢关景区

虎牢关地形险要,古时唯有一深壑幽谷通往洛阳,有“一夫当关,万夫莫开”之势,素称“攻如虎猛,守如牢坚”,是九朝古都洛阳的东方门户,史上著名的“温酒斩华雄”“三英战吕布”“李世民生擒窦建德”等均发生于此。虎牢关当年的城墙已是沧海桑田,但这里的三义庙千年来却烟火不断。

5. 樱桃沟景区

郑州樱桃沟景区位于二七区侯寨乡南部,以樱桃沟为中心,延绵 15 千米,丘陵起伏,沟壑纵横,深深的沟里布满了青翠繁茂的樱桃树,景色十分宜人。这里的樱桃种植已有千年历史,由于气候适宜、沟内避风、土壤特殊,产出的樱桃粒大肉厚、色泽丰丽、入口甘甜,且能补中益气、滋润肌肤,故而享有盛名,传誉省内外。

郑州樱桃沟景区环境优美,空气清新,每年 3 月,这里就成了樱桃花的海洋,百鸟争鸣,花香四溢。4 月下旬即进入果实成熟期,在青翠的绿叶映衬下,串串樱桃就像晶莹的红玛瑙让人心动。樱桃沟至今还存活着一些百年以上的老树,年年开花,岁岁结果,成为一大景观。樱桃沟由多条大小不同的沟群组成，环境幽美，交通便利，正逐步成为集休闲、度假、餐饮、娱乐、健身于一体的多功能、全方位、综合性的生态旅游景区。

樱桃沟景区于1999年开始每年举办一届“樱桃节”。几年来共接待游客80多万人次。节日的举办真正使樱桃沟变产地为市场，获得了较好的经济效益与社会效益，不但彻底解决了农民卖果难问题，还使樱桃沟成为郑州近郊观光农业的一大亮点，成为展示二七区侯寨乡新形象的良好契机和窗口。1999年郑州樱桃沟樱桃被评为郑州市十大历史名产。

近年，樱桃沟景区加强旅游资源保护和合理规划，加大基础设施建设，丰富旅游项目，深挖旅游文化内涵，将产业培育、历史传承、文化民宿、村民生活、艺术创意、自然生态等多维发展元素集聚、融合为一体，发展成为生产、生活、生态“三生一体”，风景如画、疏密有度的宜居宜业空间平台，努力为郑州建设国家中心城市添上浓墨重彩的一笔。

6. 杜甫故里景区

杜甫故里景区位于河南省巩义市南瑶湾村，背依笔架山，是“诗圣”杜甫出生和少年时期生活的地方，现为河南省重点文物保护单位。2007年，巩义市政府按照国家AAAA级旅游景区标准投资1.5亿元建设杜甫故里，将其打造成为一处文化观光型游览景区。

杜甫故里景区

杜甫故里景区规划面积24.8万平方米，建筑面积2.1万平方米。景区内主体建筑均为唐代风格，以木质结构为主体，红色为基调，配以灰色顶瓦，整体样式庄重大方，色调简洁明快，古色古香，韵味十足。杜甫故里景区由诗歌展区和诗人展区两部分组成。诗歌展区依托高科技手段，系统介绍了杜甫的诗歌成就以及在中国诗歌史上的卓越地位，并生动地展现了一代“诗圣”的心路历程；诗人展区由杜公祠开始，途经瞻雪阁—诞生窑—上院—壮游园—三友堂—怀乡苑—万汇园，以“来自这片土地，又回归这片土地”为主题，诠释了一个真实而全面的杜甫。

7. 欧阳修陵园

欧阳修陵园又称欧阳忠公陵园，是北宋著名政治家、文学家、历史学家、金石学家欧阳修祠堂和家庭墓群所在地，位于新郑市辛店镇欧阳寺村。欧阳修被誉为北宋古文运动的领袖，一代文宗，“唐宋八大家”之一。宋熙宁五年（1072）卒于颍州（今安徽阜阳）私邸，享年66岁，赠太子太师，谥文忠，追封兖国公。神宗熙宁八年（1075）欧阳修被赐葬此地。他的儿孙相继葬于此，逐渐形成了欧阳修的家族墓群。又因欧阳修墓前建有敕建寺院，称“欧坟寺”，也称作“欧阳寺”，故村以寺而得名。

欧阳修陵园

欧阳修陵园占地万余平方米，整体布局坐北朝南，建筑为木结构仿宋风格。主要由山门、中殿、大殿、东西配殿及墓冢组成。在南北中轴线上建有外照壁、大门、内照壁、东西厢房、大殿、陵墓。四周建有垣墙包围。整个陵园肃穆庄重，吸引了无数名士前来吊祭、拜谒。

中殿内矗立有明代的“宋太师欧阳文忠公之墓”神道碑和苏轼、苏辙、曾巩、王安石的祭文石碑。大殿又称拜殿,共 3 间。内设暖阁一座,牌位一座,神幔一挂,供桌一张,锡香炉一个,锡烛台一对。大殿内塑欧阳修的官服坐像,四壁绘有栩栩如生的欧阳修生平壁画。殿前有祭台,祭台前左右各侍立一文官石雕像。陵园有宋、元、明、清石碑 40 多通,其中有苏轼撰“神道碑”,松柏参天挺拔,四季常青。西配殿内陈列有内容丰富的欧阳修生平事迹。东殿内陈列有苏轼气势磅礴的大草书欧阳修《醉翁亭记》,并有历代名人题跋 22 块,弥足珍贵。墓冢位于祠堂北侧,主要由欧阳修、夫人薛氏及子孙墓群组成。

欧阳修墓冢,高约 5 米,周长约 15 米,并排右侧有薛夫人墓。欧阳修墓规模大,陵园内碑石林立、古树参天,一片郁郁葱葱。雨后初晴,阳光普照,雾气升腾,如烟如雨,景色壮观。被称为“欧坟烟雨”,为新郑古代八景之一。

陵园四角建有“醉翁亭”“丰乐亭”“牡丹亭”和“植梅亭”,祠园西侧为历代名人拜谒欧阳修时留下的许多碑碣。

欧氏陵园在 20 世纪五六十年代遭到严重破坏,松柏被伐,碑碣流失,垣墙倒塌。1994 年,在政府和有关人士的资助下,又修葺一新。2000 年被河南省文物局公布为河南省重点文物保护单位,2006 年 5 月被国务院公布为全国重点文物保护单位。

8. 李商隐公园

李商隐公园位于荥阳市豫龙镇商隐路东,占地面积约 6 万平方米。公园以李商隐墓地为依托,以中国传统园林特色为基调,以李商隐诗歌文化为背景,十步一景,景中含诗,体现了荥阳的人文历史特色。

李商隐公园

李商隐,字义山,号玉谿生,是晚唐时期著名的诗人,生于 813 年,死于 858 年,终年 45 岁。他的原籍在怀州河内(今河南沁阳),祖辈迁居荥阳,李商隐在荥阳出生,死后就葬在荥阳檀山原。

李商隐开创了独特的朦胧诗风。清代吴乔评价他:“于李,杜后,能别开生路,自成一家者,唯李义山一人。”他的开创性不仅仅在于此,其最独特之处在于生逢并不缺乏苦难的年代,作品中却无一不透露着美的气息。他是一个彻头彻尾的文学家,一个将美学贯彻到底的诗人。

虽然李商隐的一生就像他所在的那个晚唐一样风雨飘摇,但他的诗歌成就却是中华文化史上的一颗珍宝。在李商隐墓区四周设有 130 米的诗墙,诗墙上刻的都是李商隐非常有名的作品。

公园内的青鸟苑广场之名源于诗人的名句:“晓镜但愁云鬓改,夜吟应觉月光寒。蓬山此去无多路,青鸟殷勤为探看。”广场上的雕塑名为《青鸟传音》,传说蓬莱是神仙居住的地方,青鸟则可以将思念之情带给朝思暮想的人。

9. 刘禹锡公园

刘禹锡公园位于荥阳市京城路街道办事处狼窝刘村南角,占地面积约 18 万平方米,以唐代大诗人刘禹锡的墓为基础,以刘禹锡的诗歌文化为主题,是一处充分融合了园林景观艺术的开放性公园。刘禹锡墓位于公园东北角,墓冢夯筑而成,冢下有砖砌墓室,为市级文物保护单位,在禹锡园文化广场,有一座五跨六柱式的牌

刘禹锡公园一角

坊,上面题刻“诗豪园”。公园内设有刘禹锡文化纪念馆,纪念馆里悬挂的都是刘禹锡比较有代表性的作品。

刘禹锡,字梦得,唐朝中期杰出的诗人、散文家、哲学家和政治家,刘禹锡 21 岁时就高中进士,参加了以王叔文为核心的永贞革新,改革失败后,刘禹锡被贬到边远的地区长达 23 年之久。但他豁达乐观,诗文也总充满豪情,被白居易誉为“诗豪”。荥阳是刘禹锡四代祖居之地,他曾在书信中自述荥阳老家“陋室未毁,瘠田可耕”,并在死后葬于郑桓公受封立国的祭天圣地坛山原。

10. 河南艺术中心

河南艺术中心位于河南省郑州市郑东新区 CBD(中央商务区)核心区,由加拿大国际著名设计大师卡洛斯·奥特设计。开工于 2003 年 12 月 12 日,2007 年 11 月 29 日完工。占地面积 100000 平方米,总建筑面积 7.5 万平方米。

河南艺术中心由大剧院、音乐厅、小剧场、美术馆、艺术馆五个单体建筑组成。五个椭圆体是由河南出土的 6500 年前古代乐器陶埙造型演变而来;艺术墙似黄河波涛翻卷的浪花,仿如我们的母亲河,穿越并见证了中华上下五千年文明史,又如河南出土的 2500 年前古代管乐器石排箫;中间晶莹剔透的装饰柱,是设计师根据河南出土的 8700 年前的骨笛感悟而做。整个建筑群体均取材于古代乐器的抽象造型,使河南古代文化与现代建筑艺术有机地结合在一起。五个椭圆体的长轴汇集于一个中心,意寓着郑州市作为中原之中心的地理位置。两片翻卷上升的艺术墙对称分布,赋予这组现代化建筑中国传统建筑的精髓,同时将艺术馆、美术馆与大剧院的相对动静巧妙而自然地划分开来。

大剧院有 1860 个座位,是艺术中心核心功能建筑,以演出中外歌剧、舞剧、大型歌舞为主,同时亦可满足表演芭蕾舞、话剧等各种艺术的需要。音乐厅是演出大型交响乐的专用音乐厅,可容纳观众 800 人,具有接待世界著名交响乐团演出的能力,配有 39 柱管风琴、12 英尺钢琴等大型乐器。小剧场可容纳观众 380 多人,设有可活动的座席,厅堂的空间适用于多种形式的表演活动,如小型话剧、小型音乐演奏,实验艺术表演、时装表演及产品和广告发布等。

美术馆位于南区,担负着对河南艺术珍品的收藏、研究、展示及对公民进行素质教育、促进对外文化交流、推动河南省美术事业发展的社会责任和历史使命。馆内设有展厅、藏品库房、培训中心,建成后主要收藏和展示近现代美术珍品及雕塑作品,并充分发挥其展览、交流、收藏、培训等社会功能。

艺术馆位于南区,它是展示、交流、研究河南文化艺术精品的场所,同时还承担国内外捐赠艺术品的保管和收藏,是对外宣传河南省民族、民间优秀文化遗产的窗口,是继承、发展、丰富河南民间文化艺术的宝库。该馆设有动态艺术表演厅、藏品库、民间艺术品展厅、研究制作室等,还有一个能容纳 500 人的动态艺术表演厅,可满足多种形式剧目演出和艺术品展示的需要。

艺术中心 6 米高的主入口大平台以气势恢宏的曲面筑体为背景,任何庆典都将不失古都的王者气派。临湖一侧的演出平台,真正成为群众文化活动的表演舞台,同时为进行卫星转播大型文艺节目提供了场地。

11. 河南博物院

河南博物院创建于 1927 年,是中国建立较早的博物馆之一,当时馆址位于开封,1961 年迁至郑州,1998 年新馆建成开放。展馆面积 1 万余平方米,馆藏文物 17 万余件(套),为国家四大博物院之一,国家级重点博物馆。院区整体布局结构严谨,中央为主展馆,后为文物库房,四隅分布有配楼,取九鼎定中原之寓意。主展馆以元代古观星台(遗址位于河南登封)为原型建筑形式气势雄浑,充分体现出源远流长的中原文化特色。作为首批中央、地方共建国家级博物馆之一,是了解河南、感知河南的文化殿堂。馆藏品中史前文物、商周青铜器、历代陶瓷器、玉器最具特色,其中国家一级文物与国家二级文物5000余件,历史文化艺术价值极高。

河南博物院

第九章　馆藏文物

郑州地处中原腹地，是中华民族形成和文明起源的核心地带。悠久的历史和灿烂的文化，在这里留下了丰富的文物资源。自1923年8月新郑郑公大墓青铜器发现以来，一系列的意外发现、考古发掘和文物征集，使得大量珍贵文物展现于世，为人们了解郑州古代的历史、文化、艺术和科学打开了一扇重要的窗口。

距今数十万年前的旧石器时代，郑州一带气候温和，土壤肥沃，雨量充沛，为早期人类生存和繁衍的理想之地，这里发现并出土了众多的古象、犀牛、赤鹿、鸵鸟蛋等动物化石。距今10万年左右，环嵩山周围的浅山、丘陵地带发现有多处用火遗迹和大量打制石器。这些化石和石制工具，无不透射出浓郁的生命信息。我们的先民，正是通过制造和加工简单的石制工具，打鱼捕猎，采摘天然果实，挖掘植物根茎，加工兽皮，制作衣物，在同大自然的抗争中迈出了最艰难的一步。

进入新石器时代，人们更普遍地使用磨制石器工具，烧造各式各样的陶器，并逐渐学会了纺织和酿酒。据史书记载，以郑州为中心的中原一带曾是黄帝、尧、舜、禹活动的重要地区。从距今10000年左右的新密李家沟遗址，距今8000—7000年的裴李岗文化，经距今7000—5000年的仰韶文化，到距今5000—4000年的河南龙山文化，郑州地区发现的新石器时代文化遗存遍布所辖各县(市)区，出土了大量的石、陶、骨、蚌、角、玉等不同质地的文物多达数万件。这些器物的广泛使用，使生产力水平得到了明显提高，开创了早期的农业和畜牧业，开始了有意识的人工种植和家畜饲养，有效地丰富和方便了人们的日常生活。夏、商、周时期，是继新石器时代之后郑州历史上最辉煌的时段。这一地区不仅最早迈入了中华文明的门槛，而且一直处于建都立国的核心地位。从考古发现来看，登封王城岗遗址应是当时夏禹所建的“禹都阳城”，新密新砦遗址应为夏启所建的“黄台”，郑州大师姑遗址为夏代末年的军事重镇；郑州商城遗址应当是商代前期的亳都，郑州小双桥遗址是商代中期中丁所迁的隞都；西周时期的管、郐、东虢等也相继在郑州一带封国，东周时期郑韩故城曾先后是春秋郑国和战国韩国的都城所在地。仅夏商周三代，郑州就曾作为国都长达七八百年之久，留下了大批王室青铜器、陶器、骨器、原始瓷器、铁器、玉器等珍贵文物。

汉、唐、宋时期，郑州由于地处洛阳和开封二京之间又距离两京较近，仍长期处于全国政治、经济、军事、文化的中心地位。秦汉以降，郑州地区以荥阳为中心，地处交通要道，经济文化发达，铁器大量铸造并广泛应用于社会生产、生活和军事活动。陶器和铜器在原来基础上也有了新的发展，均出现了大量实用性和生活化的器物，礼器类文物在社会生活中的地位大大降低，各种专门用于陪葬的明器显著增多。陶器方面，出土较多的有陶院落、陶楼、陶仓、陶罐、陶壶、陶俑、陶灶、陶奁、耳杯等，陶器装饰方面的突出成就是彩绘陶和釉陶的大量增多。铜器方面，出土了较多的铜灯、铜镜、铜钱、印章、弩机等。随着社会财富的增加和工艺技术水平的提高，金银器在生活中的应用也呈现明显的上升趋势。汉代盛行厚葬，不少墓葬采用画像石、画像砖建成豪华的墓室，或者以壁画的形式把墓室装饰得富丽堂皇，墓内各式随葬品也十分丰富。魏晋南北朝之后，随着佛教的广泛传播和持续繁盛以及道教的逐渐兴起，更加丰富了郑州地区的历史文化内涵。隋唐之后，大运河开通，郑州由于地处运河的交通枢纽位置，极大地刺激了地区经济和文化的繁荣，所产瓷器、绫绢和唐三彩全国闻名，甚至沿丝绸之路广泛流传至中亚、西亚、欧洲和北非一带。

元、明、清时期，随着我国政治、经济和文化重心的北移、南转，郑州逐渐失去了原有的区位优势地位。遗址、窖藏和墓葬中出土的陶俑、青花和彩瓷多为民窑产品；出土的钱币、铜镜、铜佛和其他文物，均呈现出显著的时代特征；这一时期流传至今的瓷器、玉器、书画、金银器和家具等传世文物，不少也具有相当珍贵的文化艺术价值。

近代以来，铁路交会，火车通行；革命浪潮，风起云涌；抗日救国，郑州解放；省会迁郑，工业初兴；改革开放，经济腾飞；中原商战，城市发展；民生改善，社会变迁……一系列重大历史事件，重新为郑州地区的发展注入了新的活力，同样也为郑州留下许多珍贵的记忆。辛勤的文物工作者征集了大量反映近现代郑州城市发展和人民生活的历史文物，见证了这一地区新的传奇。

郑州馆藏文物数量众多，器类丰富。按质地和功能划分，最具代表性的有陶器、瓷器、青铜器、石刻、书画，此外还有相当数量的铜镜、钱币、玺印、砚台、书画、碑刻、墓志、玉器、石器、骨蚌器、玻璃器、铁器、金银器以及证章、契约等近现代文物，共同展示出郑州地区深刻的历史印记和浓郁的生活气息。

郑州馆藏文物，是郑州历史文化遗产的重要组成部分，也是中华传统文化和民族精神的重要实物载体，在中国古代社会研究特别是在中华文明起源研究中有着无可替代的重要作用。许多文物的发现，不仅使中国历史画卷变得更加清晰而丰满，而且也在很大程度上补充了历史文献的不足，改写了人们对中国古代历史的传统认识。

第一节　陶器

1. 乳钉纹红陶鼎

新石器时代裴李岗文化。高 22 厘米、口径 23 厘米。1977 年新郑县裴李岗遗址出土，现藏河南博物院。完整陶鼎为夹砂红陶，手工泥条盘筑而成。侈口，卷沿，圜底，下附三个长方形扁状柱足，腹部饰乳钉纹三周。陶鼎陶质疏松，火候不均，具有陶器初创时代的特征。腹部装饰乳钉纹，粗犷厚重，三足鼎立构成稳实的平面，堪称早期陶鼎的代表作品，是裴李岗文化时期陶器发轫阶段的重要见证。

乳钉纹红陶鼎

红陶双耳圜底壶

2. 红陶双耳圜底壶

新石器时代裴李岗文化。高 19.6 厘米、口径 6.2 厘米、腹径 14.5 厘米。1977 年 4 月新郑县裴李岗遗址 T2M6 出土，现藏新郑博物馆。完整。泥质红陶，呈橙黄色，陶质细腻，羼和料均匀，烧制火候较低。器身作球形，高领小口，口沿微外侈，圆肩，肩上附有对称的弯月形双耳，耳竖置，上穿小孔，腹部圆鼓，圜底。素面无纹。壶造型规整，制作细致，对于研究当时的陶器制作工艺具有重要价值。

3. 红陶素面深腹罐

新石器时代裴李岗文化。高30厘米、口径12.5厘米、底径7厘米。1977年新郑县裴李岗遗址出土，现藏郑州博物馆。修复。泥质红陶，器身作筒状，口沿外侈，有明显折角，圆唇，颈略束，深腹，壁斜直下收，小平底，素面无纹。

红陶素面深腹罐

彩陶双连壶

4. 彩陶双连壶

新石器时代仰韶文化。高20.1厘米、口径6.4厘米、底径5厘米。1972年郑州市大河村遗址F1发掘出土，原藏郑州市博物馆，1997年调拨到河南省博物馆。出土时破碎，后修复完整。壶为泥质红陶，由两个形体相同的橄榄形壶并列而成，在腹部连接相通，外侧附有对称的半环形耳。喇叭形口，尖唇，高领斜直，束颈，鼓腹，小平底微内凹。器表磨光，涂红衣，饰黑彩平行直线纹，两行平行直线纹之间再饰三道垂直平行短线纹或斜直短线纹。制作较为精细，纹饰简洁明快，古朴大方，造型别致新颖，可能寓意团结、友好、婚姻等主题，是仰韶文化彩陶艺术的珍品。

5. 白衣彩陶钵

新石器时代仰韶文化。高21厘米、口径21厘米。1972年郑州市大河村遗址F1发掘出土，原藏郑州市博物馆，1997年调拨到河南省博物馆。出土时破碎，后修复完整。细泥质红陶，敛口，圆肩，下腹内收，平底。肩及上腹施白陶衣为地，用赭红和棕色颜料绘成弧线三角、圆点、平行线、菱形和梳纹以作主题装饰图案。腹部及底部为素面。器物上的绘画图案，构图规整，线条流畅，反映了当时绘画艺术成就和制陶工艺。

白衣彩陶钵

白衣彩陶钵

6. 白衣彩陶钵

新石器时代仰韶文化。高21.7厘米、口径26.2厘米，1964年郑州市大河村遗址出土，现藏郑州博物馆。修复。钵敞口,尖唇,腹部下收,小平底。钵口沿及腹上部施有白色陶衣,其上用褐彩绘弧线三角纹、圆点纹、线纹等组成的图案,构图简洁和谐,线条回旋流动,畅达圆转。

7. 彩陶壶

新石器时代仰韶文化。高 20 厘米、口径 6.6 厘米。1972 年郑州市大河村遗址 F1 出土,现藏郑州博物馆。修复。壶长颈,小口略侈,溜肩,鼓腹,小平底略向内凹。壶肩及腹部施红地,其上饰黑彩几何纹图案,所绘纹饰分布在以黑彩弦纹、斜线纹为分割的两个区域内,有圆点、圆圈、新月纹等。造型圆硕饱满,纹饰简约而富于变化。

彩陶壶

细绳纹灰陶鬶

细绳纹灰陶斝

8. 细绳纹灰陶鬶

新石器时代龙山文化。高 25.6 厘米、口径 18.7 厘米、深 15 厘米。1966 年郑州市马庄遗址 T2H9 发掘出土,现藏郑州博物馆。出土时破碎,后修复完整。鬶质地为夹砂灰陶,敞口,圆唇,流口呈漏斗形,流两侧各立一乳状突起,颈腹间有一大一小两个竖耳,下部分裆,有三个袋状足,实足根,腹部以下遍饰细绳纹。器物造型美观,制作精细,为研究龙山文化时期人们的生产和生活提供了实物资料。

9. 细绳纹灰陶斝

新石器时代龙山文化。高 51.3 厘米、口径 41.5 厘米。新密市古城寨遗址出土,现藏河南省文物考古研究院。修复。泥质灰陶,深腹罐形,大口,卷沿,矮领,厚圆唇,束颈,鼓腹,圜底。下腹部侧装三袋足,袋足较矮。颈部饰绳索状附加堆纹一周,腹部饰细绳纹和密集的横向旋纹。器物形体硕大,整体设计浑厚凝重、古朴雄健。

10. 彩绘带盖陶瓮

新石器时代龙山文化。通高 41.5 厘米、口径 23 厘米、底径 13.8 厘米。巩义市花地嘴遗址出土,现藏郑州市文物考古研究院。修复。泥质黑灰陶,子母口,圆唇,深腹略垂,腹下急收,小平底。上腹部对称饰有桥形耳,腹部经过磨光,用红彩绘兽面纹。器物造型庄严而不失轻盈,彩绘色彩鲜艳,纹饰既富有神秘感,也有很强的装饰意味。

11. 刻纹陶铃

新石器时代龙山文化。顶部长 10.6 厘米、高 4.3 厘米、宽 5.4 厘米。1987 年 7 月密县刘寨乡新寨村李卫东采集,现藏新密市博物馆。完整。铃为泥质灰陶,胎较厚,器表灰黑色,俯视呈菱形,平顶,壁较直,自上而下稍外侈,无底中空,底口略大于顶部。陶铃上部有两个不规则的圆形穿孔。顶部散刻斜线纹,四周侧壁刻画叶脉纹。史前陶铃不仅是一种乐器,而且与原始宗教和巫术有着密切联系,对研究龙山文化晚期中原地区的音乐及宗教文化具有重要价值。

刻纹陶铃

灰陶大口尊

12. 灰陶大口尊

商。高42.1厘米、口径38.5厘米。1978年2月在郑州市二里岗商业局仓库采集，现藏郑州博物馆。完整。夹砂灰陶胎，喇叭形敞口，圆唇，口沿稍卷，腹下收，小底内凹。尊的口、颈部磨光，腹中部饰压印纹，腹上端有刻画弦纹，下部满饰细密的绳纹。采用泥条盘筑法制成，制作较为细致。

13. 彩绘陶鸭

战国。高28.6厘米、宽25.5厘米、长33.5厘米。1954年郑州市二里岗铁路局战国墓出土，现藏河南博物院。泥质灰陶胎，分模制作组合一体。鸭昂首张嘴，细长颈，身椭圆。两翅呈弧形围绕身侧，尾呈梯形，两足直立。鸭之躯体、双足、梯形尾均为活件组成，皆有榫头与腹部连接，各肢体件拆装自如。眼、喙涂黄彩，颈部间施黄彩粗线，口腔、下腹、双足涂红彩，身体羽毛遍施黑衣白彩纹。造型上采用抽象与具象结合的艺术手法，形成了简与繁的对比，可谓独具匠心，使陶鸭引颈鸣叫的形象更加突出。

彩绘陶鸭

"河三"画像陶灶

14. "河三"画像陶灶

东汉。长31.5厘米、宽22.5厘米、高10.5厘米。1982年6月登封县告成镇曲河村刘建华采集并捐赠给登封文物管理局收藏。完整。灶呈长方体形，直壁，前侧面饰有圆拱形灶门，灶面上有两火眼，一大一小，上各置一釜，两釜上均印有"河三"二字。灶面上、下两侧浮雕鱼、鸡、龟等动物和刀、钩等炊具。灶的后壁及左、右两侧壁饰有青龙、白虎、朱雀等纹饰。陶灶制作细致，纹饰清晰。依灶上"河三"铭文判断，此灶应是汉代河南郡所辖的第三号制铁作坊制造，对研究当时社会生产和生活状况具有重要价值。

15. 彩绘陶仓楼

东汉。通高70厘米、面阔52厘米、进深20厘米。1963年密县后士郭汉墓出土，现藏河南博物院。

仓楼为单檐悬山顶,楼身为长立方筒形状,正、侧面均有五个斗拱,拱下有挑梁承托,下部设四柱足和三个小圆通风孔。楼二层右边辟有门洞,左边朱彩绘明窗。仓楼四壁有壁画,正面彩绘收租图,有地主、粮堆(插小旗)、绵羊、交租者及斗、斛、粮袋等。另绘有梯子,援梯可达二层。该仓楼彩绘主题突出,层次分明,图中所绘地主、管家、交租人的形态各异,加之粮袋、粮堆、绢帛、绵羊及斗斛的设置,生动地表现了地主与农民的租佃关系。

彩绘陶仓楼

陶埙

16. 陶埙

汉。通高 9.8 厘米、口径 1.5 厘米、腹径 8 厘米、底径 2.8 厘米。现藏新郑博物馆。完整。细泥灰陶,灰中泛黄,中上部有轮制沙划痕迹。陶埙整体呈卵形,敛口,最大腹径在器体的上半部,正面有五个音孔,呈“V”字形布局,背面腹上部有两个孔,位置与正面最上两个孔呈平行直线,底部近斜收为小平底。

17. 彩绘带盖陶圆壶

汉。通高 44.5 厘米、口径 21 厘米、底径 26 厘米。1988 年 11 月郑州市二七公安分局经侦科移交郑州博物馆收藏。足部有一道 9.5 厘米裂纹和一处残破。泥质灰陶,盖呈覆钵形,壶敞口,圆唇,束颈较长,溜肩鼓腹,高圈足。通体饰由红、黄、白三色组成的彩绘图案。盖顶饰勾连云纹,周围绘弦纹。器身图案由条带纹分割成三组,颈部绘三角形常青树,上腹部绘对称的变形兽面纹由勾连云纹相接,下腹部施较为粗犷的勾连云纹,圈足绘几道红色条带纹。器物造型厚实稳重,从风格上看应是仿铜陶礼器。

彩绘带盖陶圆壶

绿釉陶羊仓

18. 绿釉陶羊仓

汉。高 22.5 厘米、口径 6 厘米、口高 2.8 厘米。1961 年在密县采集,现藏郑州博物馆。器体完整。胎为泥质红陶,周身饰绿色釉。仓的外观呈卧羊状,羊首略仰,面向前方,两角经耳后向眼下弯曲,眼微突,羊的嘴、鼻、胡须等轮廓清晰。脊背上有一圆形仓口,方唇外卷。器物形体饱满,线条刻画流畅自然。

19. 彩绘兽面纹带盖陶方壶

彩绘兽面纹带盖陶方壶

汉。通高 41 厘米、口边长 11 厘米、底边长 11.5 厘米。1986 年郑州市中原公安分局治安科移交郑州博物馆收藏。器体完整。盖呈四棱锥形，壶为方体四棱形，敞口，束颈，鼓腹，方足外撇。通体饰蓝、黄、白色彩绘，腹部两侧为对称的铺首衔环纹，另两侧饰变形的兽面纹，其他部位饰卷云纹等。方壶造型端庄，彩绘纹饰线条流畅通达，富于变幻，具有浓厚的神异色彩。

20. 彩绘双鸟怪兽蒜头陶壁壶

汉。高 45 厘米、宽 25 厘米。1988 年 3 月 24 日在荥阳县北邙乡牛口峪采集，现藏河南博物院。直口，蒜头，蹲兽形。器身雕塑成一蹲坐式怪兽，瞋目，龇牙，脖子短粗。身呈人体状，上戴蒜头形冠，着衣裤，双臂双腿挽起，双手双足皆为鹰爪，双手抱一鱼，作欲吞状。壶两侧上下各附加雕塑二鸟，鸟首相背，上部二鸟扭首立于兽肩，长尾下垂与下部鸟首相接。壶背面绘尖耳圆目龇牙怪兽。通身彩绘，以白色为地，其上以红、浅蓝色绘羽毛。因土蚀严重，彩绘多已剥落。此壶造型生动、别致，其两侧附加雕塑的手法甚为少见。

21. 猫头鹰壶

汉。通高 50.2 厘米、宽 11.5 厘米。2001 年 8 月陈景顺捐赠荥阳市文物保护管理中心收藏。完整。壶为泥质灰陶，整体呈坐立的猫头鹰形，由壶身和壶盖两部分组成，鹰首为壶盖，鹰体为壶身，两部分由子母口相接。猫头鹰的鼻、眼、耳等部特征刻画细腻传神，尾部和双足前后分开，正好作为壶的支撑点。壶身前部中间有明显的范模痕迹。器物造型奇特，纹饰虽简略却逼真传神。

猫头鹰壶

灰陶牛车

22. 灰陶牛车

西晋。通长 33.5 厘米、通宽 14 厘米、通高 14.5 厘米。1982 年 6 月登封县颍阳镇南街村范钦道捐赠给登封市文物管理局收藏。车厢后右上角残缺 3.5 厘米×2 厘米。泥质灰陶。牛体格健硕，腿短粗。车为双辕，前窄后宽，车辕前端饰拱形搭背。车厢为棚顶式，后右侧饰有长方形车窗，棚顶上饰刻画纹三道，车厢左右两侧饰刻画纹四道。车厢两侧各有一车轮，车轮上饰十二根辐条。牛车造型质朴，刻画写实，制作较为细致，对研究当时的交通工具发展状况具有重要价值。

23. 灰陶持杖坐俑

西晋。通高 29 厘米、宽 21 厘米、厚 11.5 厘米。现藏新郑博物馆。完整。白衣灰陶。陶俑坐姿，持杖，形象似一老太，面貌为胡人。头戴尖状帽，柳叶眉下垂，深眼窝，大鼻，高鼻梁，高颧骨，嘴闭合，眼平视,身穿和尚领衫,右手上屈,五指分散抱杖,左手手指扶杖,置于怀中,杖为圆柱形,上部呈火炬状。该俑制作规整,整体器物有部分白衣脱落,火候较高,质地坚硬。

灰陶持杖坐俑

彩绘陶辟邪

24. 彩绘陶辟邪

唐。通高 32.2 厘米、座高 7.1 厘米、座宽 20 厘米、座长 19.5 厘米。1992 年 12 月巩义市食品公司 M1：72 出土,现藏郑州市文物考古研究院。两耳残。辟邪为雄狮形,张嘴露齿,圆瞪双目,头披鬃毛,后肢屈蹲,前肢直立,蹲坐于岩石形座上,背部绘红褐色斑块。造型别致,制作精细,面貌生动传神。

25. 伏羲女娲俑

唐。残高 21 厘米、宽 28.8 厘米。1992 年 12 月巩义市食品公司 M1 出土,现藏郑州市文物考古研究院。多处残缺。俑下部为圆角方座,座上伏男、女人像,均人首蛇身,蛇身上卷。蛇身上部虽有残缺,但可看出缠绕在一起,与中国古代伏羲与女娲的传说相吻合。这件伏羲女娲俑,造型奇特,殊为罕见,具有较高的艺术和历史价值。

伏羲女娲俑

彩绘文吏俑

26. 彩绘文吏俑

唐。高 63.1 厘米、座高 10.5 厘米、胸宽 14.7 厘米。1992 年 12 月巩义市食品公司 M1 出土,现藏郑州市文物考古研究院。左右衣袖略有残缺。俑站立于山岩形台座上,头戴鹖冠,鸟翅分展左右,身着橘红色粉彩宽袖长袍,外着裲裆,足蹬靴,双手拱于胸前。陶俑体态匀称,彩绘艳丽生动,眉目刻画精细传神。

27. 彩绘文吏俑

唐。高 64.6 厘米、座高 10.5 厘米、胸宽 21.7 厘米。1992 年 12 月巩义市食品公司 M1 出土,现藏郑州市文物考古研究院。底座略残缺。俑立于山岩形台座上，头戴高冠，身着宽袖袍，袖口处绘有梅花图案，两肘饰雁尾状护膊，双手拱于胸前，足蹬翘头靴。陶俑面带微笑，神态安详自若，彩绘艳丽，制作精细。

彩绘文吏俑

彩绘武士俑

28. 彩绘武士俑

唐。通高66.6厘米、座高10.1厘米、胸宽19厘米。1992年12月巩义市食品公司M1出土，现藏郑州市文物考古研究院。右臂手至肘处残缺。俑站立于山岩形台座上，头戴兜鍪，额饰朱雀，护耳外沿向后翻卷，双目圆睁，颈附护颈，左手撑腰，右手屈于胸前，手掌残，身着粉红色明光甲，肩负护膊，腰束带，内裙长垂至靴面。俑造型生动，刻画传神，不怒自威。

29. 彩绘镇墓兽

唐。高63.3厘米、座高10.1厘米、胸宽19厘米。1992年12月巩义市食品公司M1出土，现藏郑州市文物考古研究院。多处粘接修复。俑蹲坐于岩石形座之上，头顶有三只扁平锥状长角，兽面，怒目，作长吼状，腹两侧竖长耳，肩生火焰形双翼，前肢直立，后肢蹲坐，前肢与背部通饰橘红色粉彩。

彩绘镇墓兽

彩绘镇墓兽

30. 彩绘镇墓兽

唐。高65.5厘米、座高10.5厘米、胸宽20.5厘米。1992年12月巩义市食品公司M1出土，现藏郑州市文物考古研究院。多处粘接修复。俑蹲坐于山岩形座上，人面兽身，头生独角，脑后有戟形饰，脸两侧生翼形耳，肩有火焰形双翼。后肢蹲坐，前肢直立，偶蹄，翼面与背部饰橘红色粉彩，色彩艳丽。

31. 三彩双龙尊

唐。通高41厘米、口径8.6厘米、腹径21.7厘米、底径7.8厘米。1992年12月巩义市食品公司M1出土,现藏郑州市文物考古研究院。腹壁有一小孔,已修复。尊盘口,长颈,圆肩,鼓腹,平底,对称双龙柄,龙首衔盘口沿,柄较直,上有竖面凹槽,饰褐、绿、黄三色釉。形体饱满匀称,双龙情态生动,釉色瑰丽,温润自然。

三彩双龙尊

三彩盏

32. 三彩盏

唐。高4.6厘米、口长14厘米、口宽10厘米。1994年12月郑州市第十九中学M1出土,现藏郑州市文物考古研究院。完整。盏呈四出花瓣形,敞口,斜直腹,平底,圈足外撇,亦成花瓣形。盏内底模印两条鱼,头尾相向,其外饰联珠纹和连弧纹。碗腹内壁对应刻画四个变形树叶纹。通身施绿釉,内底两条鱼则施酱黄釉。

33. 三彩筒形炉

唐。高17.1厘米、口径14厘米、腹径20厘米。1979年郑州市金海公社郭村生产队郭宝材采集,现藏郑州博物馆。口沿和两足略残缺,已修复。炉敞口,卷沿,短颈,丰肩,深腹,直壁,底近平,略外凸,下有三个兽蹄状足。炉肩、腹部以四个树叶纹将其分为四区,腹部饰二道凸弦纹。通体施蓝、黄、褐色釉,以蓝釉为主,在唐三彩中较为少见。釉色斑斓绚丽,娴静华贵。

三彩筒形炉

三彩牛车

34. 三彩牛车

唐。通高8.8厘米、长11厘米、宽6.5厘米。1981年3月新郑县郭店乡河范村冯英利采集,现藏新郑博物馆。车棚前沿残缺,多处脱釉。牛车置于长方形平托板上,车为卷棚式车厢,棚顶前后端上翘,中间凸起呈“山”字形,前沿下有拱形门,内中三人,前二女排坐,主人高髻,后面还有一女。车辕右侧一御者弯腰驾车,辕中一牛,体魄雄健,头略昂起,犄角上竖,用力向前。车板上有纹饰,车厢尾端有封板,板上有方口。

35. 三彩罐形炉

唐。高15.5厘米、口径15厘米、腹径22.3厘米。1975年在郑州市齐礼闫村采集,现藏郑州博物馆。口沿、腹部微残。炉敞口,卷沿,短颈,圆肩,鼓腹,腹下部内收成小平底,附有三个兽蹄形足。炉身饰有三道弦纹。炉口沿、外壁及足外侧饰三彩釉,以褐、绿、黄色为主,彩釉流淌映衬,千变万化,温润自然。

三彩罐形炉

三彩镇墓兽

36. 三彩镇墓兽

唐。通高37厘米、座高4.8厘米、宽15厘米。1958年河南省文化局文物工作队拨交郑州市博物馆收藏。角、耳粘接,底座微残。镇墓兽呈人面兽身造型,蹲坐式,挺胸坐于圆角方形台座之上,台座中空。头顶生一弯曲高耸的独角,面部为胡人特征,头的两侧双耳肥大似猪耳,阔口;双眼凸起,虎视眈眈,表情冷峻,面目狰狞凶猛;双肩各有一翼,偶蹄。兽首部未施釉,露灰白色高岭土胎,背部施深褐色釉,前部兽首以下施绿、褐、白色釉,色彩斑斓,浑厚含蓄。

37. 三彩骆驼

唐。通高38厘米、身长30厘米。1997年12月登封市唐庄乡王台村耿金生采集,现藏登封市文物管理局。腹部左侧面磕伤1.7厘米×1.5厘米,右前足上部、头部、托板等有多处裂纹。骆驼作站立状,立于长方形托板之上,仰首,曲颈,双目圆睁,巨鼻大口,张嘴露齿,其侧附耳,尾巴上甩,紧贴臀部,背部饰有扁条形双峰,峰下饰有椭圆形搭背。通体施褐、绿色釉。三彩骆驼造型生动,栩栩如生,驼峰高耸,神态自若,具有较高的艺术价值。

38. 三彩马

唐。通高31厘米、身长22厘米。1997年12月登封市唐庄乡王台村耿金生采集,现藏登封市文物管理局。右前腿上部有窑粘2.5厘米,右后腿上部有窑粘3厘米,马鞍缺釉20厘米×9.7厘米。马作站立状,立于长方形托板上。回首睁目,两耳竖立,巨鼻大口,张嘴露齿,短尾上翘,背部饰有垫座和马鞍。除背部露出红白胎,余皆施黄、白、红三彩釉。三彩马躯体丰满,姿态稳健,造型优美,具有较高的艺术价值。

39. 兽面足三彩盘

唐。高8.3厘米、口径15厘米、底径13.5厘米。现藏荥阳市文物保护管理中心。口沿和底座略残。盘口外侈,方折沿,平底,环形垫足,垫上有五兽面足,支撑一盘。施绿、白、褐、蓝三彩釉。造型秀美轻盈，釉色温润柔和。

三彩马

兽面足三彩盘

三彩舍利匣

40. 三彩舍利匣

北宋。高46.5厘米、底座边宽28.5厘米。1966年密县原法海寺塔基地宫出土，现藏河南博物院。匣的基座为仿砖石结构的叠涩须弥座。束腰四角饰有角柱，四壁的中部各挖有一个尖拱形镂孔，镂孔两侧饰有对称的麒麟和莲花。匣身为方形，外围四角各饰有莲花角柱和蹲狮。四壁中部有封闭的假门，门两侧各饰立于仰莲上的天王一尊。门上满饰莲花图案。匣顶为盝顶，四周为蕉叶纹，平顶四厦的中部有两个圆形镂孔，镂孔两侧饰莲花和朵云，四角饰蝴蝶。匣身内壁刻“咸平元年十月三日张家记”，顶盖内壁刻“咸平元年十月三日施主仇知训”。这件舍利匣采用堆塑、贴花、刻画等工艺塑形，刻画的人物、莲花、麒麟等的形象入木三分，极为精到，外形华美而简繁有致。施釉较为浓烈，釉色艳丽，晶亮剔透，特别是褐色釉由于浓度较大，有类似搅釉的效果，在三彩制作工艺上是极为罕见的。

41. 三彩舍利塔

北宋。通高99厘米、边长31厘米。1966年密县原法海寺塔基出土，现藏河南博物院。塔为方形七层密檐式，以高岭土为胎，并分上、下两节分别烧制组合而成。塔的基座与一、二层塔身为下节，第三至七层及塔刹为上节。基座为仿砖石结构的须弥座式，须弥座束腰部位分别塑有角柱、间柱、宝塔、伏鹿、宝莲等装饰图案。第一层塔身较高，四壁开门，门内置四尊坐佛，塔身外壁贴塑麒麟、天王、力士、宝莲、联珠等图案。第二层塔身檐下前壁处塑一长方形匾额，上刻“咸平二年四月廿八日记施主仇训”楷书题记。自第二层以上至第七层塔身，各层高度逐层降低，塔檐平面依次略有收分，塔体表面贴塑坐佛、莲花和朵云等装饰图案。各层塔身的中部，分别间隔交错地饰有凹弧形、圆形和尖拱形镂孔，似作假窗的设置。塔檐上分别塑有仿木构建筑的筒瓦和板瓦，每层翼角均向上挑起。塔刹位于塔顶，由覆钵、相轮、华盖、宝珠依次堆叠组成。通体施黄、绿、褐三色琉璃釉，光彩夺目。该塔制作讲究，比例协调，装饰复杂，刻画细腻，集建筑、雕塑、佛教装饰多种艺术于一体，具有较为重要的历史、艺术和科学价值。

42. 三彩缠枝花束腰长方枕

宋。长47.8厘米、宽16.5厘米、高16.5厘米。1967年密县城关镇东街村孙鸿于捐赠给密县文化馆，1985年6月密县文化馆移交新密市博物馆收藏。一角残7厘米×5.5厘米，另有多处磕伤。枕整体呈长方形，束腰。通体施黄、绿釉三彩，阴刻花纹。其中两侧面和上、下对面均饰缠枝牡丹花纹，正面和背面各饰凤鸟展翅和莲子花水纹。枕造型规整，纹饰流畅细腻，制作较为精致。

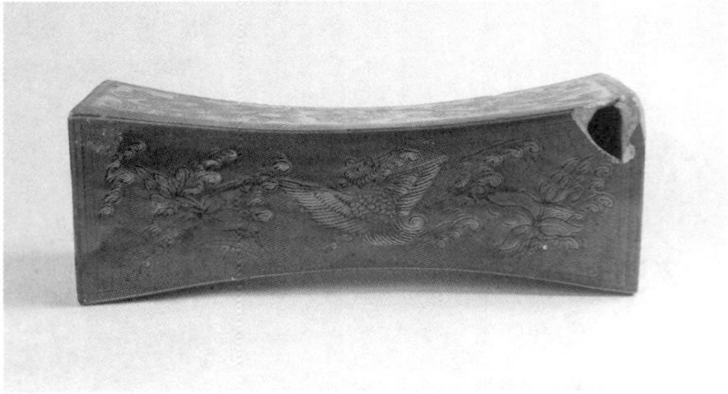

三彩缠枝花束腰长方枕

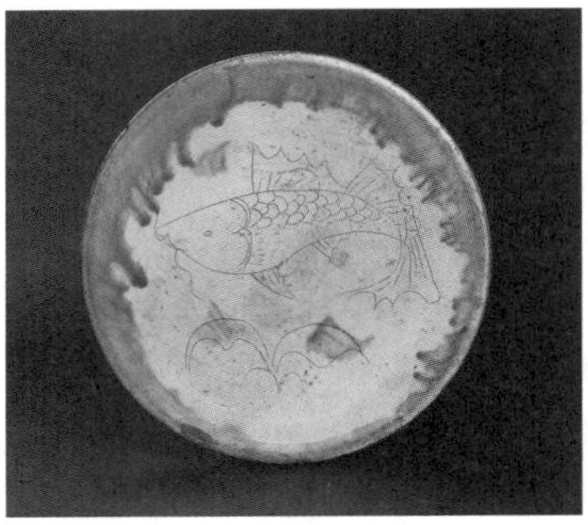

三彩鱼纹盘

43. 三彩鱼纹盘

宋。高3.7厘米、口径29.3厘米、足径19.1厘米。1976年开封地区文管会文物普查中在密县瓷窑遗址发现,1985年6月密县文化馆移交新密市博物馆收藏。口沿有磕伤。盘为圆形,敞口,浅腹,圈足,厚胎。器外施黄、白、绿、褐色釉。内底中心用阴线条刻画鲤鱼及水草,纹饰线条较为流畅。

44. 三彩牡丹枕

北宋。高11厘米、枕面长32厘米、枕面宽17.5厘米。现藏新郑博物馆。枕上有裂纹和残疤。枕面呈八角形,前低后高,前壁内凹,后壁圆弧,通体刻花施赭、黄、绿三色。枕面和后壁刻绘折枝牡丹,枕面边缘以双线绿彩勾出八角形边框,内绘折枝牡丹、黄花绿叶给人以富贵娇艳之感。后壁中两侧绘古钱纹,其他侧壁均刻绘十字形花叶,后壁上缘有一气孔,底部无釉。

三彩牡丹枕

45. 三彩卧狮枕

宋。通高10.5厘米、枕面长25厘米、枕面宽15.5厘米。1986年在郑州面粉厂采集,现藏郑州市文物考古研究院。完整。瓷枕为一卷曲伏卧状的雄狮,前肢并拢向前作俯首状,双目圆瞪,凝视前方。后肢内曲,尾巴开散收贴一侧。狮子通体施黄褐色釉,眉、腿点缀绿釉,造型惟妙惟肖,栩栩如生。狮子背上有如意形枕面,枕面中部绘有一牡丹花枝,盛开的牡丹施白色釉,周围绿叶相配,显得鲜艳美丽。

第二节　瓷器

1. 青釉瓷尊

商。高27厘米、口径27厘米。1965年郑州市铭功路第十四中学C11M2出土,现藏郑州博物馆。出土时破碎,后修复完整。尊以高岭土作胎烧制而成,质呈黄灰色,细密坚硬,叩之有清脆的金属之声。大敞口,束颈,斜折肩,深腹,下部内收,底部微内凹,造型不太规整。口沿内侧有轮制留下的旋纹,肩部拍印有席纹,腹部饰条纹。内外皆施黄绿色青釉,闪现出玻璃光泽,局部有流釉、积釉

青釉瓷尊

现象。造型方正，端庄大方，朴实稳重。这件青釉瓷尊经过1200摄氏度以上的高温烧制而成，质地细腻，吸水性弱，外施青釉，虽还带有原始色彩，但已具备了瓷器的基本特征。一般认为我国的瓷器是汉代以后才开始出现的，这种观点直到郑州商城商代青釉瓷器的发现才被打破。这些商代青釉瓷器，因为还具有一定的原始性，也被称为原始瓷。它们的面世，改变了人们对我国瓷器起源的传统认知，将我国烧制瓷器的历史提前了1000多年。

2. 青釉瓷瓮

汉。高31.3厘米、口径12厘米。1972年4月郭愚夫在荥阳县桃花峪采集，现藏郑州博物馆。器体完整。瓮小口，平沿，宽肩，圆鼓腹，腹下部收束。肩上有两个对称的附耳，耳上模印卷草树叶纹，肩及上腹阴刻三周弦纹。瓮上部施青釉，下半部露红胎。造型稳重，釉色古朴。

青釉瓷瓮

青釉辟邪水注

3. 青釉辟邪水注

西晋。高7.2厘米、长12.6厘米、宽6.3厘米。1996年5月新郑市新村乡十里铺村冯智根等采集，现藏新郑博物馆。四足粘接，脱釉。水注整体为一个蹲伏状猛兽，昂首，张嘴，双眼圆睁，两耳竖立，背负圆筒，为水注口，通体造型似一个狮子形，形体肥硕，狮身饰卷曲毛片。足部和尾部饰卷曲毛片，灰白色胎，饰淡绿釉，釉色匀净润亮。

4. 青瓷虎子

晋。高16厘米、长18厘米、口径7.5厘米。1987年12月荥阳县农牧场工地采集，现藏荥阳市文物保护管理中心。完整。器型状如卧虎，长颈斜伸，大圆口，上部有一提梁。质地坚硬，釉色均匀，纹饰刻画较为简略。虎子为便溺器，流行于南方，晋以后虎子器型消失，魏晋时期中原地区极为少见，该物为研究晋代瓷器和南北方文化交流提供了重要资料。

青瓷虎子

5. 白釉一佛二弟子二菩萨瓷造像

隋。高39.3厘米、宽23.3厘米、厚8厘米。1958年河南省文化局文物工作队拨交给郑州市博物馆收藏。完整。造像瓷质，胎骨呈白色，通体施白釉，微泛青，釉色滋润亮白。造像整体呈莲瓣形，正面中部为一佛二弟子二菩萨造像，中间主佛为交脚弥勒，圆形头光内饰莲花图案，佛面目方圆，褒衣博带，内着僧祇支，施无畏与愿印，坐于长方形台座上；主佛两侧各有一弟子和一胁侍菩萨，弟子身着交领袈裟，双手合十，菩萨头戴花冠，束裙披帛，一手握帛带，一手持莲；台下各有一龙，龙下各有一护法狮子；下部长方形界格内，置一博山炉，两侧各有一双手合十弟子和供养人。造像正面上部有七佛，两侧各三身供养飞天,飞天头戴宝冠,手供仙果,前身直立,后身向后弯曲,姿态优美生动。造像背面中部一佛半跏而坐。两侧素面。造像刻画细腻,造型准确,具有较高的艺术水平。

白釉一佛二弟子二菩萨瓷造像

浅黄釉双龙瓷尊

6. 浅黄釉双龙瓷尊

唐。通高 51.2 厘米、口径 10.2 厘米、底径 11.6 厘米。1957 年河南省文化局文物工作队拨交给郑州市博物馆收藏。底残缺 5 厘米×2 厘米。尊盘口,卷沿,圆唇,细颈,溜肩,深腹,腹上部较为丰满,下部收束,平底。颈部饰瓦楞纹,尊的口沿和肩部附有两个对称的龙首形耳,龙柄造型吸收了波斯萨珊朝金银器的样式,又融合了中国本土的风格,两条蛟龙弓身由下而上爬向壶口,作窥视探饮状,神态生动活泼,妙趣横生。尊通体施浅黄釉,有开片。造型庄重,釉色光亮,具有重要的历史、艺术价值。

7. 白釉带盖瓷罐

唐。通高 25.5 厘米、口径 13.5 厘米、底径 6.8 厘米。1959 年河南省文化局文物工作队拨交给郑州市博物馆收藏。口沿处略残缺。盖呈覆碗形,罐敞口,卷沿,圆唇,短颈,丰肩,圆鼓腹下敛,平底。通身施白釉,有开片,釉色洁净细腻,底部露胎。

白釉带盖瓷罐

白瓷带鋬水注

8. 白瓷带鋬水注

唐。高 17.4 厘米、口径 8.9 厘米、底径 7.7 厘米。1992 年 10 月郑州市中原制药厂 M3 出土,现藏郑州市文物考古研究院。口沿稍残。水注侈口,卷沿,束颈,圆肩,有一短流,颈肩间有环状鋬手,上腹微鼓,下腹斜内收,平底。釉色洁白,温润柔和。

9. 黄褐釉绞胎瓷枕

唐。高 8 厘米、枕面长 14.7 厘米、枕面宽 10.5 厘米。1954 年河南省政府工地出土,现藏郑州博物馆。完整。枕呈圆角长方体形,中空,枕面略倾斜,周围有隆起的脊线,枕四壁向下内收,后部枕壁下方有一圆孔。枕面及四壁由绞胎工艺制成,花纹呈菱形和木纹状,生趣盎然,极富变化,具有独特的肌理效果。外施黄褐色釉，润泽莹润，古朴天成。

黄褐釉绞胎瓷枕

珍珠地卧鹿瓷枕

10. 珍珠地卧鹿瓷枕

宋。高 11.8 厘米、枕面长 22.9 厘米、枕面宽 17.1 厘米。1984 年 9 月 14 日密县城关镇农民路殿卿在密县窑遗址断崖塌土中发现后交密县文化馆。1985 年 6 月密县文化馆移交新密市博物馆收藏。枕面有两处剥釉。枕呈腰形，中空，枕面内凹，背上部有一圆形小孔。器表施白釉，枕面以珍珠地花纹衬底，边沿饰联珠纹一周，中部绘一卧鹿，口衔花草，回首后顾，枕腹满布菊花纹。枕造型敦厚，纹饰精美，堪称珍珠地瓷器中的精品。

11. 白釉黑花瓷水注

北宋。通高 28.7 厘米、口径 11.3 厘米、腹径 15 厘米。1973 年密县文化馆在窑沟瓷窑遗址采集，现藏新密市博物馆收藏。流残缺。注子长颈，鼓腹，颈和腹部一侧有环形执鋬，腹部有曲形长注，浅圈足。通体施白釉，绘黑色花草，花纹流畅细腻。

白釉黑花瓷水注

临汝窑青釉瓷碗

12. 临汝窑青釉瓷碗

北宋。高 7.5 厘米、口径 18.5 厘米、底径 6 厘米。现藏新郑博物馆。器体完整，外壁有砂眼。碗口微敛，圆唇，弧腹壁，下腹内收，矮圈足，里外施满釉，圈底。足露香灰胎，釉呈浓绿色，釉面光泽，有开片。

13. 白地黑花瓷枕

北宋。通高 9.5 厘米、枕面长 22.8 厘米、枕面宽 18.5 厘米。1976 年 3 月在新郑县城关乡边家西北地采集，现藏新郑博物馆。枕上有四条裂纹。枕体呈八角长方形，枕面倾斜，前部和中部低，后部和左右两侧高，枕后壁有一气孔，底面近平。枕施白釉黑彩，枕面为一枝折枝牡丹花卉，上下各有一蝴蝶飞绕，周壁饰多个折枝菊花，枕角边沿部均施粗线条黑彩，纹饰图案简练流畅，较为写意。

白地黑花瓷枕

白地黑花梅瓶

14. 白地黑花梅瓶

北宋。高32.3厘米、口径3.5厘米、底径9.8厘米。现藏新郑博物馆。圈足部有残缺。瓶体修长，小口翻唇，短颈，丰肩，肩以下渐收敛，圈足，肩部施黑彩弦纹和波纹，腹部施菊花纹，下腹施云雷纹，用笔简练，豪放疏朗。

15. 白地黑花玉壶春瓶

北宋。高37.7厘米、口径6.8厘米、底径7.8厘米。现藏新郑博物馆。圈足略残缺。瓶形体修长，造型秀美，长束颈，椭圆腹，饼形足，白地黑彩菊花纹样，黑白分明，用笔粗放简练，有浓厚的生活气息。

白地黑花玉壶春瓶

白釉珍珠地牡丹纹瓷枕

16. 白釉珍珠地牡丹纹瓷枕

宋。高13厘米、枕面长25厘米、枕面宽15.5厘米。1963年河南省文化局文物工作队拨交给郑州市博物馆收藏。完整。体为银锭形，枕面呈弧状，微倾斜，四壁微弧向下内收，后部枕壁下方有一圆孔。枕表面施白釉，底部露胎，枕面及四壁以珍珠纹为地，枕面饰缠枝牡丹纹，两侧枕壁饰折枝牡丹图案，前部枕壁饰变形菊花纹，纹饰空隙处刻满串珠连绵的圆圈纹，如同珍珠撒满大地，具有极强的装饰性。纹饰刻线内均填赭色，与白色釉地非常和谐。枕造型挺拔饱满，纹饰雍容繁茂，独具风韵。

17. 钧瓷枕

宋。通长26.5厘米、宽18.6厘米、厚10.1厘米。20世纪80年代登封县告城镇曲河村李新乾采集，1984年6月捐赠登封文物局收藏。通体多处裂纹。枕呈“如意”形，枕面下凹，前面正中有一脊，脊的两侧各饰一孔，呈鹰面形。后侧面中间饰有长方形四连弧孔。除底部没施釉外，通体施青釉，枕面左侧中部有明显铜钱黏结痕。釉色莹润，玻璃质感强。

钧瓷枕

绿釉牡丹纹枕

18. 绿釉牡丹纹枕

宋。高 9 厘米、枕面长 25.4 厘米、枕面宽 16.3 厘米、底长 22 厘米、底宽 13.2 厘米。该器物原为中牟县文化馆保管，1985 年移交中牟县文物保护管理所收藏至今。完整。枕为半圆形，由枕面、壁和底组成。枕面前低后高，中间部分微凹，枕后壁中部有一个小孔。枕面阴刻牡丹纹，除底面以外，通体施绿釉。枕纹饰线条粗犷流畅，写实性强。

19. 虎形瓷枕

宋。通长 34.2 厘米、宽 17.6 厘米、厚 9.4 厘米。1999 年 4 月 18 日中牟县黄店乡大路张村村民挖红薯窖时发现，中牟县文物保护管理所在当地派出所的配合下将该文物收回。完整。枕白胎，平面呈半弧形，右端呈虎头形状，前高后低，中间部分微下凹。虎的眼睛、牙齿、眉毛清晰，鼻部有一孔。枕面施白色釉，上以行书写诗句“云去月来花弄影，雨收风定竹藏声”，外壁施酱色釉，间有黑色条纹，呈虎皮样，底不施釉。这件瓷枕塑造生动逼真，文字书体流畅，釉色巧妙模拟虎皮纹饰，体现了高超的艺术技艺。

虎形瓷枕

青釉鲤鱼浮潮瓷碗

20. 青釉鲤鱼浮潮瓷碗

宋。高 6.2 厘米、口径 13.3 厘米、底径 4.5 厘米。1958 年河南省文化局文物工作队拨交给郑州市博物馆收藏。口沿微残。碗为敞口，圆唇，略鼓腹，弧腹下收，碗心下凹，圈足。碗内壁釉下刻鲤鱼浮潮纹，纹饰细腻流畅，富有动感。通体施青釉，釉色光亮滋润，有开片。

21. 白釉黑花瓷碗

金。高 12 厘米、口径 15.8 厘米、底径 8 厘米。1958 年在郑州市金水河采集，现藏郑州博物馆。碗口及腹部有多道裂纹。碗呈钵形，口微敛，直壁，深腹，下有圈足。内壁施褐色釉，外部施白釉。口沿和下腹部各饰一道黑色弦纹，腹中部绘黑色草叶纹，草叶叶片舒展，画笔纯熟简练，线条自然流畅，黑色的草叶与白釉形成强烈对比，富有笔墨意蕴，具有浓郁的磁州窑系风格。

白釉黑花瓷碗

白釉褐彩人物瓷盆

酱釉六弧瓷碗

22. 白釉褐彩人物瓷盆

宋。高6.8厘米、口径27.2厘米、底径16.2厘米。1958年河南省文化局文物工作队移交郑州市博物馆收藏。口沿微残。盆敞口，折沿，圆唇，浅腹，平底微向内凹。盆外壁施深褐色釉，内部施白釉，以黑、褐彩绘装饰图案，壁饰网格纹、三角云纹等，盆底心绘一人物坐像，笔法简练，画面古朴。

23. 酱釉六弧瓷碗

宋。高6.5厘米、口径18厘米、底径5.8厘米。1958年河南省文化局文物工作队移交郑州市博物馆收藏。完整。碗圆形，口呈六连弧状，浅腹，壁斜直下敛，小圈足。器内外施酱色釉，光亮润泽。造型优美，釉色古雅。

24. 龙泉窑暗花板沿瓷盘

明。高8厘米、口径40.5厘米、底径22.3厘米。1984年故宫博物院移交郑州市博物馆收藏。腹部有一长约12厘米裂纹。盘侈口，宽平沿，浅腹，弧壁，平底，矮圈足。通体施豆青釉，口沿与盘心均画有装饰，分别为蔓草和折枝莲花图案。形体较大，胎骨厚重，造型沉稳，纹饰简洁，釉色光润素雅。

龙泉窑暗花板沿瓷盘

白釉赭彩开光人物瓷瓮

25. 白釉赭彩开光人物瓷瓮

明。高79厘米、口径27.5厘米、底径27厘米。1965年河南省文化局文物工作队移交郑州市博物馆收藏。口至腹部有两道裂纹。该瓮形体较大，圆唇，短颈，溜肩，鼓腹下收，底微凹。器表施白釉，颈、腹部以黑、褐彩绘装饰花纹。颈、肩分别绘波浪纹和折枝牡丹图案，牡丹花朵硕大，枝叶繁茂盘曲缠绕。腹部主体纹饰为四个开光图案，内饰高士垂钓图等，开光图案之上绘锯齿纹，其下绘涡纹。下腹部饰瓦楞纹。瓷瓮造型雄浑厚重，纹饰繁茂有致，绘画笔法流畅，人物形象生动自然，具有较强的艺术感染力。

26. 明宣德青花束莲瓷盘

明。高6.8厘米、口径40.5厘米、底径29.8厘米。1958年河南省文化局文物工作队移交郑州市博物馆收藏。完整。瓷盘大敞口，平底，浅腹。通体饰白釉，釉色略泛青，以青花绘装饰花纹。盘外壁饰卷云水波纹，下饰回纹。盘内纹饰为三层构图：内壁口部边缘描绘波浪纹；其下是由象征高洁的菊花和莲花，代表富贵的芍药、牡丹等七种花组成的缠枝花卉；底部是六朵形态各异的莲花所组成的“一束莲”图案，整束莲花好像正随着微风轻轻摆动，簇拥着正中一朵绽放的如意莲花，意境清新。瓷盘造型规整，纹饰构图饱满，线条婉转舒畅，釉汁均净，青料浓厚的部分有自然形成的铁锈疤痕深入胎骨，色泽浓艳凝重，具有宣德时期青花瓷器的特征。

明宣德青花束莲瓷盘

明正德青花缠枝莲花梅瓶

27. 明正德青花缠枝莲花梅瓶

明。高35厘米、口径4.7厘米、底径11.3厘米。1984年故宫博物院移交郑州市博物馆收藏。口、颈、肩部多处裂纹。梅瓶小直口，圆唇，束颈，丰肩，深腹，下腹内收，至足部稍外撇，平底。瓶通体施白釉、略泛青色，肩腹部饰青花缠枝莲花纹，足饰青花蕉叶纹。造型敦厚雄健，纹饰疏密有致，釉色淡雅宜人。

28. 明正德黄釉瓷盘

明。高3.8厘米、口径17.5厘米、底径10.2厘米。1984年故宫博物院移交郑州市博物馆收藏。完整。盘敞口，浅腹，下有矮圈足。足底有两行楷书“大明正德年制”双圈款识。器表施鸡油黄釉，足底施白釉。釉色温润光洁，恬静典雅。

明正德黄釉瓷盘

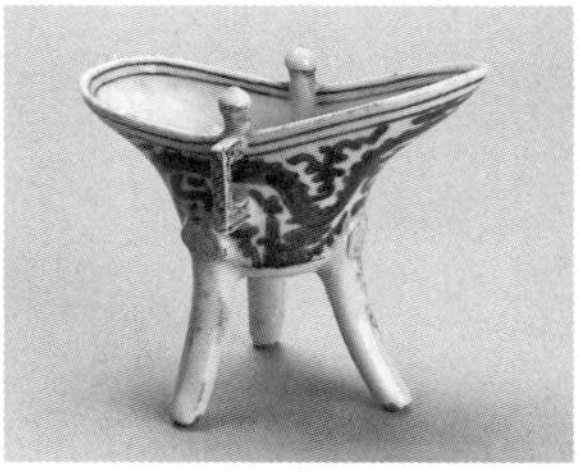

明嘉靖青花云龙纹瓷爵

蓝釉带盖瓷壶

29. 明嘉靖青花云龙纹瓷爵

明。高10厘米、长12厘米。1984年故宫博物院移交郑州市博物馆收藏。略有磕伤。角前后有尾，器身一侧有鋬，口部有两立柱，圆腹，底向内凹，三足外撇。通体施白釉，饰青花纹饰，口沿内侧饰两道弦纹，腹部绘龙纹，足绘云纹，器底部有竖式两行楷书“大明嘉靖年制”无框款识。

30. 蓝釉带盖瓷壶

明。高21.8厘米、口径5.2厘米、底径6.8厘米。1958年河南省文化局文物工作队移交郑州市博物馆收藏。完整。壶侈口，细颈，溜肩，垂腹，下有圈足。壶盖上有宝珠形钮，壶腹略扁，表面呈鸡心形凸起,颈腹间有曲柄、长流,流与颈之间有一条状梁相连。器表施宝石蓝色釉,器内及足底施白釉。壶造型修长美观,釉色幽深古雅、莹润纯正,制作十分精细。

31. 青花高足瓷杯(两件)

明。高 8 厘米、口径 7.6 厘米。1979 年 2 月郑州市古荥镇瓷器窖藏出土,现藏郑州博物馆。两杯造型相同,侈口,圆唇,深腹,下部收束,下有喇叭形高圈足,形体轻盈,足底部向内凹。通体施白釉,都在器表绘青花人物、对弈、花卉、树木、祥云图案,构图疏密有致,意境开阔悠远。

青花高足瓷杯

清康熙青花瓷觚

32. 清康熙青花瓷觚

清。高 44.3 厘米、口径 22.3 厘米、底径 16 厘米。1984 年故宫博物院移交郑州市博物馆收藏。完整。瓷觚口呈喇叭形,长颈,腹中部略鼓,下部外撇,圈足,平底。觚通体施白釉,外绘青花图案。颈部绘树石、栏杆、人物,腹部绘婴戏图案,着墨不多,但情趣盎然;下腹部绘翠竹、人物,构图严谨,疏密有致。足底部有两行楷书“大明成化年制”无圈款识。这件青花瓷觚造型挺拔俊逸,釉色葱翠素雅,青花鲜艳亮丽、浓淡有致,制作精良,从造型及纹饰特点来看,具有康熙青花瓷器的显著特点,应是康熙时期的器物,“大明成化年制”款识系伪托款。

33. 清康熙青花婴戏牡丹瓷盘

清。高 4.8 厘米、口径 16.3 厘米、底径 7.8 厘米。1960 年郭振东捐赠给郑州市博物馆。完整。盘敞口,圆唇,弧腹,平底,下有圈足。足底部有二行楷书“大清康熙年制”双圈款识。盘外部绘梅花、月季、蝶草图案,技法娴熟。盘内壁上部绘梅花纹一周,中部以青花铺地,绘婴戏牡丹图案,纹饰繁缛茂密,线条流畅,婴儿活泼可爱,显示出较高的绘画艺术水准。

清康熙青花婴戏牡丹瓷盘

清乾隆青花夔纹洗口瓷瓶

34. 清乾隆青花夔纹洗口瓷瓶

清。高 19.5 厘米、口径 3.5 厘米、底径 6.5 厘米。1984 年故宫博物院移交郑州市博物馆收藏。完整。瓶洗口,圆唇,细颈,斜折肩,腹下收,圈足。足底部有三行篆书“大清乾隆年制”无框款识。瓶内外施白釉,绘青花纹饰。洗口上为青花夔龙纹,颈部绘蕉叶纹,肩腹绘青花夔龙和回纹,腹下部饰仰莲一周,纹饰繁而有序,密而不乱,构图严谨。

35. 清乾隆青花松鼠葡萄瓷碗

清。高 11 厘米、口径 22.5 厘米、底径 9 厘米。1984 年故宫博物院移交郑州市博物馆收藏。口沿有一处小破口。碗侈口,深腹,弧壁,直圈足。足底部有三行篆书“大清乾隆年制”无框款识。通体施白釉,腹以青料绘三株果实累累的葡萄树和吃葡萄的松鼠图案。葡萄生机盎然,果实累累,葡萄藤枝叶蔓延,穿插缠绕,疏密有致;松鼠姿态各异,生动活泼,二者动静相生,相映成趣。葡萄在旧俗中象征五谷不损,葡萄成串寓“多”之意,人们以葡萄纹作为丰收和富贵、长寿的象征;鼠是十二属相之首,在十二时辰中为子时,寓“子”之意,松鼠葡萄纹暗含着多子、吉祥之意,表达了一种吉祥的祈愿。碗整体造型饱满沉稳,画面布局严整,层次分明,线条勾画细腻逼真,充分体现出作画者高超的绘画技艺。

清乾隆青花松鼠葡萄瓷碗

36. 清乾隆斗彩缠枝花卉瓷碗

清。高 6.5 厘米、口径 14.4 厘米、底径 5 厘米。1984 年故宫博物院移交郑州市博物馆收藏。完整。碗侈口,深腹,圈足。足底部有两行篆书“大清乾隆年制”无框款识。通体施白釉,外壁绘斗彩缠枝花卉六朵,腹下部饰如意云朵纹,纹饰细腻流畅,釉色光艳华美。

清乾隆斗彩缠枝花卉瓷碗

清乾隆炉钧釉灯笼瓷尊

清乾隆仿汝弦纹八棱瓷瓶

37. 清乾隆炉钧釉灯笼瓷尊

清。高 23 厘米、口径 7.5 厘米、底径 8 厘米。1984 年故宫博物院移交郑州市博物馆收藏。完整。尊呈灯笼状,侈口,高领,圆肩,深直腹,下有圈足。足底部有三行阴刻篆书“大清乾隆年制”无框款识。肩腹部有一对装饰性的罐形耳。通体饰炉钧釉,釉色叠润,自然天成,质感强烈。

38. 清乾隆仿汝弦纹八棱瓷瓶

清。高 21.2 厘米、口径 9.5 厘米、底径 8 厘米。1984 年故宫博物院移交郑州市博物馆收藏。完整。瓶敞口,平沿,长颈,丰肩,扁圆形腹,圈足略外展。足底部有三行篆书“大清乾隆年制”无框款识。瓶体呈八棱状,棱的两侧各有凹槽,颈部有两道弦纹。瓶通体施天青釉,釉色莹润亮泽。

39. 清嘉庆粉彩八宝瓷碗

清。高 6.5 厘米、口径 10.8 厘米、底径 4 厘米。1984 年故宫博物院移交郑州市博物馆收藏。完整。碗胎骨极薄，口外撇，深腹，直壁内收，下有圈足。足底部有三行篆书“大清嘉庆年制”无框款识。通体施白釉，细润如玉。碗口沿饰雷纹，腹下部饰黄色圈带纹和如意纹，腹中部绘粉彩八宝图案。瓷碗造型轻盈，制作精致，绘画细腻，线条流畅，釉色浓淡相宜，柔和俊雅。

清嘉庆粉彩八宝瓷碗

清道光红海水青花异兽瓷碗

40. 清道光红海水青花异兽瓷碗

清。高9.5厘米、口径21.5厘米、底径8.5厘米。1984年故宫博物院移交郑州市博物馆收藏。完整。碗侈口，深腹，弧壁，下有圈足。足底部有三行篆书“大清道光年制”无框款识。口沿内侧饰有两道弦纹，碗心双圈之内绘翼龙、海水图案；口沿外侧饰青花雷纹，腹饰红色海水纹，水中绘青花翼龙、飞鱼、马、麒麟等怪兽，红海水和青花图案色调对比强烈。瓷碗造型匀称美观，纹饰华丽夸张，极富艺术想象力。

41. 清光绪黄地红蝠金团寿瓷盘

清。高5.5厘米、口径28厘米、底径17厘米。1984年故宫博物院移交郑州市博物馆收藏。完整。瓷盘侈口，圆唇，浅腹，圈足。盘内以鸡油黄釉为地，上绘红蝠和“卍”“寿”字，“寿”字为金色，呈团状，蝠纹与“卍”“寿”纹相间排列。盘外壁施白釉，腹绘缠枝牡丹、莲花、寿桃等图案，盘口描金边。足底部有两行楷书“大清光绪年制”无框款识。瓷盘内外满布吉祥纹饰，表现出强烈的喜庆氛围。瓷盘之上的“寿”字呈圆形，是“圆寿”的意思，并且“寿”字之中又有“卍”字，还表达了“万寿无疆”的祈愿。“蝠”与“福”谐音，以蝙蝠表示福气、幸福，寓有“百福捧寿”之意。蝙蝠的颜色为红色，又暗含“洪福齐天”的祝福。瓷盘整体构图严谨，色彩亮丽辉煌，文化意韵巧妙，堪称清末宫廷御用瓷器中的佳作。

清光绪黄地红蝠金团寿瓷盘

清光绪黄地粉彩万寿无疆瓷碗

42. 清光绪黄地粉彩万寿无疆瓷碗

清。高9.2厘米、口径20.5厘米、底径8.2厘米。1984年故宫博物院移交郑州市博物馆收藏。完整。碗侈口，深腹，腹下部内收，直圈足。足底部有两行楷书“大清光绪年制”无框款识。碗内壁及底部施白釉，外壁施黄釉，口沿描金边，腹部楷书“万寿无疆”单圈金字，字间绘有结带“卍”字和云朵纹饰，下腹彩绘福海寿山图案。瓷碗造型庄重沉稳，绘画精细，富丽堂皇。

43. 清光绪青花加紫八仙瓷碗

清。高7.3厘米、口径21.5厘米、底径8.7厘米。1984年故宫博物院移交郑州市博物馆收藏。完整。碗直口,弧腹,圈足。足底部有两行楷书“大清光绪年制”无框款识。内壁施白釉,碗心绘紫红色海水纹,以青花绘梅花鹿和寿星站立于海水之中;碗外壁在紫红色海水纹中绘青花八仙人物图,描绘了八仙过海的故事。画面上海浪冲天,波涛汹涌,八仙谈笑风生,或引颈吹箫,或手持法宝,踏着滔天的海浪飘然而过。瓷碗器型规整,绘画笔法细腻,釉色厚重浓艳。

清光绪青花加紫八仙瓷碗

清宣统红地白竹瓷碗

44. 清宣统红地白竹瓷碗

清。高 8.8 厘米、口径 18.3 厘米、底径 7.8 厘米。1984 年故宫博物院移交郑州市博物馆收藏。完整。碗侈口,深腹,弧壁,直圈足。足底部有两行楷书“大清宣统年制”无框款识。碗内壁和底部施白釉,外壁施红釉,并于腹部绘白色竹子图案。瓷碗器型规整,纹饰细腻,虚实相宜,釉色清爽悦目。

45. 斗鸡图彩瓷碗

清。高 6.7 厘米、口径 14.3 厘米、底径 6.9 厘米。巩义市康百万庄园旧藏。粘接。碗直口,深腹稍收,深圈足,碗内外均施以淡青色釉。碗外腹一部分为“童子斗鸡图”,另一部分写有铭文,共 17 行,满行 8 字,后两行 6 字,最后一行有两个红色印章,上圆,下方。足内为方形印章“大清乾隆年制”,胎为红色。

斗鸡图彩瓷碗

豆青底粉彩婴戏图扁瓶

豆青梅花巾花瓶

46. 豆青地粉彩婴戏图扁瓶

清。高 29 厘米、口径最宽处 10.1 厘米、腹径最宽处 15.1 厘米。巩义市康百万庄园旧藏。完整。瓶侈口,卷沿,扁腹,双龙耳,浅圈足,口为椭圆对称四瓣状。瓶内外均施以淡青色釉为地,肩部有蝉纹,腹部两面为婴戏图,图为桃形镶金边。其他部分为牡丹缠枝和几何纹。胎为白色,足内有蓝色方印章。

47. 豆青梅花巾花瓶

清。高 49.3 厘米、口径 20.7 厘米、腹径 23.3 厘米、底径 17 厘米。巩义市康百万庄园旧藏。口部有磕缺。瓶侈口,束颈,浅圈足,兽形对称双耳。内外均施豆青釉,肩部一道弦纹,颈和腹部绘有白色干枝梅,枝上布满花蕾花朵,足内蓝色篆体印章“大清乾隆年制”。

48. 粉彩人物花鸟瓷瓶

清。高 60.9 厘米、口径 22.1 厘米、底径 19.6 厘米。巩义市康百万庄园旧藏。瓶侈口,卷沿,束颈,鼓腹,浅圈足,口沿为葵形,二兽对首形双耳,一龙缺一爪。瓶内外均施以淡青色釉,沿绘金彩,并有 5 厘米宽的红色花纹带,主体为桃花,颈和上腹绘以蝶、鸟、花卉等。上腹对称两幅人物画,一为“边关阵中图”,一为“帐内论军情”。下腹对称两幅画,一为“三关令战图”,一为“三关排筵图”。

粉彩人物花鸟瓷瓶

蓝釉底狮舞图天球瓶

描金龙纹彩瓷碗

49. 蓝釉地狮舞图天球瓶

清。巩义市康百万庄园旧藏。完整。瓶直口,长颈,鼓腹,浅圈足,足内、瓶内及口沿施豆青釉,瓶外以深蓝色釉为地。在颈部阳刻一狮子滚绣球,腹部为双狮飞舞图,狮主体为灰色,纹饰清晰。

50. 描金龙纹彩瓷碗

清。高 7.6 厘米、口径 20 厘米、底径 10.6 厘米。巩义市康百万庄园旧藏。口部磕伤。碗侈口,宽沿内卷,鼓腹,圈足。碗内外施青色釉为地,内底为红色飞龙,周围布有云纹。碗边间饰有草叶纹、桃形纹,外沿饰以红色卷云纹,腹部饰以六个团龙。纹饰和碗边均饰以金彩,圈足内红色方款为“大清咸丰年制”。胎质细,骨厚重,为灰色。

51. 双鱼纹青瓷碗

清。高 5.9 厘米、口径 18.4 厘米、底径 6.9 厘米。巩义市康百万庄园旧藏。碗侈口,收腹,圈足,铜口,碗底凹陷,刻有两平行鱼。鱼周围布满水波纹,碗内有六道自沿至底的线纹,通身施淡青色釉。胎骨薄而细,阳光下透明,为灰色。

52. 咸丰款粉彩御窑厂方斗杯

清。高 9.2 厘米、口长 22.2 厘米、口宽 14.1 厘米、底长 13.1 厘米、底宽 9.3 厘米。巩义市康百万庄园旧藏。底部一角磕伤。杯侈口,为长方形,直腹下收,深圈足,两侧各有一红色龙首描金耳,釉为青色,杯边描金,内沿为蓝色花纹带,内底部为彩色麒麟兽,周围布以云气。杯外四侧为御窑烧制图,足外为红色花纹带,足内为长方形红色印章“大清咸丰年制”。胎为灰色。

咸丰款粉彩御窑厂方斗杯

第三节 铜器

1. 网格纹斝

夏晚期。通高20.5厘米，口径13.1厘米，重1千克。1979年荥阳县西史村出土，现藏郑州博物馆。此斝为酒器，青铜质地。圆体，敞口，高颈内收，圆鼓腹，圜底，下承三圆锥状袋足，皆与腹腔贯通。口沿处边缘略厚，沿上矗立两个三棱形短柱。腹身有弧形鋬，鋬外侧腰部饰两道凸弦纹，其间夹以网格纹，呈带状分布仅半周。此件铜斝器身有多处旧补及铆焊痕迹，明显存在着早期青铜器的铸造特征，对于研究夏商之际郑州地区的聚落分布，以及青铜器发展演变、铸造工艺等方面具有重要价值。

2. 兽面乳钉纹方鼎

商前期。高100厘米，口长62.5厘米，口宽61厘米，重86.4千克。1974年郑州市张砦南街窖藏坑出土，中国国家博物馆藏。此方鼎为青铜礼器，因出土地点位于郑州市杜岭，故又名杜岭1号方鼎。直口，平折沿，方唇，口沿两侧对称竖立两圆拱形双耳；方斗形深腹，底近平，下承四柱足；鼎腹四外壁纹饰相同，每面的两侧及下缘饰乳钉纹，行列整齐；上腹部饰细线条兽面纹，呈带状贯穿两侧乳钉纹而绕鼎周；单腹外面，乳钉纹呈凹字形分布，兽面纹与乳钉纹纹饰布局为“廿”字形，其间部分皆素面。柱足均上粗下细，其内中空，直通腹部，表饰兽面纹与弦纹。此方鼎铸工精湛，纹饰谨严，形制雄浑大气，古朴凝重，极具神秘威严之感，是目前郑州商代遗址发现的体态最大的青铜器。

网格纹斝

兽面乳钉纹方鼎

饕餮乳钉纹方鼎

3. 饕餮乳钉纹方鼎

商前期。高81厘米，口长55厘米，口宽53厘米，重75千克。1982年郑州市向阳回族食品厂青铜器窖藏坑出土，郑州博物馆藏。圆拱形外槽式双立耳微侈，方唇，平折沿，斗形方腹，底近平，四柱足上粗下细。鼎上腹部饰宽线条构成的带状兽面纹，每面两侧及下缘饰带状乳钉纹，兽面纹与乳钉纹间为素面。柱足内中空，直通腹部，表饰半周弦纹两道。

4. 兽面乳钉纹方鼎

商前期。高83厘米，口长51.5厘米，口宽51.2厘米，重52.9千克。1996年郑州市南顺城街窖藏坑出土，河南博物院藏。青铜质地。口部近正方形，方唇，平折沿，两侧口沿对称竖立圆拱形双耳，耳外壁作凹槽状。鼎腹呈方斗形，腹底近平，下有四个近圆柱形空足，鼎足中空，上粗下细。鼎底铸有“十”字形加强筋。鼎腹表于四面及四隅饰兽面纹带，共八组。鼎腹每面两侧及下部饰乳钉纹带，行列整齐。

四鼎足表下饰三周凸弦纹,上饰兽面纹。鼎底和腹壁表面有烟炱痕。

5. 兽面纹圆鼎

商前期。通高77.3厘米,口径52厘米,壁厚0.3厘米,重约33千克。1982年郑州市向阳回族食品厂青铜器窖藏坑出土,河南博物院藏。此鼎口微敛,方唇,折沿,上立两圆拱形立耳,耳内侧素面,外侧有凹槽;深腹微鼓,圜底,下附三个锥状柱足,中空与腹相通;颈部饰单线条卷尾兽面纹,瞳目圆突,共三组呈带状分布一周。此鼎体态雄硕,浑圆挺拔,极具威严气势。此鼎出土时腹底有烟炱,腹内有一块兽骨,说明古时它确有一定的使用功能。

兽面乳钉纹方鼎

兽面纹圆鼎

兽面纹牛首尊

6. 兽面纹牛首尊(两件)

商前期。一大一小两件。大件通高37厘米,口径32厘米,重10.5千克;小件通高30.5厘米,口径28厘米,重7.1千克。两尊均于1982年在郑州市向阳回族食品厂青铜器窖藏坑出土,郑州博物馆藏。这两件牛首尊形制与纹饰如出一辙,基本相同,仅有体态大小之分。均为大敞口,束颈,折肩,腹弧下内收,圜底,高圈足,且圈足上都有三个等距的十字形镂孔。尊的肩部环饰三个高浮雕牛首,皆横角圆目,高兀突出,牛首间饰带状夔纹和联珠纹。尊腹部饰三组兽面纹,兽面纹上下分别界以一周带状联珠纹,技法严谨,线条流畅。两件铜尊造型庄重,纹饰考究,铸工精良。

7. 兽面纹羊首罍

商前期。高33厘米,口径13.5厘米。1982年郑州市向阳回族食品厂青铜器窖藏坑出土,郑州博物馆藏。此罍小口微敛,折沿,尖唇,长颈,折肩,深腹,腹壁较直,圜底,圈足。肩部饰三个凸起的羊首,间饰带状兽面纹;腹上部有一周窄带状斜角目云纹,下部饰多组瞳目圆凸的兽面纹;颈、圈足表有弦纹,圈足上又饰三镂孔。整器造型瘦颀,纹饰凝重瑰异。

8. 兽面纹提梁卣

商前期。通高50厘米,口径12厘米,重10.4千克。1982年郑州市向阳回族食品厂青铜器窖藏坑出土,郑州博物馆藏。此卣小直口,方唇,短颈,深腹,腹下部微鼓,圜底近平,高圈足。盖为直榫口,盖顶隆起,上有菌状钮。颈贯提梁,提梁一侧套环链与盖钮相连。盖顶饰夔纹,钮饰涡纹,提梁两端作龙头状,梁身表面饰多组菱形纹。卣颈部饰带状兽面纹,上下界以云雷纹;腹部饰两组宽线条大羽冠卷尾兽面纹;圈足表面饰一周云雷纹带条,上下各界以联珠纹,圈足上部有四个对称的镂孔。此卣瑰丽奇伟,被公认为是目前发现最早的青铜卣,在郑州商城众多的青铜遗珍中仅此一例。其顶、盖、提梁、颈、腹、圈足部位均有纹饰,纹饰种类计有兽面纹、夔纹、涡纹、联珠纹、云雷纹、菱形纹等多种,且布满通身,华美瑰异。这相对于郑州二里冈期青铜器纹饰简洁、粗犷的特点来言,尤显突出和罕见,在商代前期的青铜器装饰艺术上,是一个极大的突破,为殷商晚期繁缛铺张的审美风尚开了先河。此外,提梁两端塑为龙首,梁体表面刻画多组菱形纹样式似身躯,整个提梁浑然构成双首连体龙的完整形象,具有圆雕的装饰艺术效果,这在二里冈期铜器中为孤例,却是殷墟时期铜器上普遍流行的装置。

兽面纹羊首罍

兽面纹提梁卣

涡纹中柱盂

9. 涡纹中柱盂

商前期。高 12 厘米,口径 29.5 厘米,圈足径 16 厘米,中柱高 8 厘米,柱顶径 8.2 厘米,重 4.2 千克。1982 年郑州市向阳回族食品厂青铜器窖藏坑出土,河南博物院藏。此器侈口,平折沿,方唇,鼓腹,圜底,圈足,内底中央立一菌状柱。腹外壁上部饰三周弦纹,圈足有三个方形镂孔和弦纹一周,中柱顶饰涡纹。这件商代中柱盂造型别致,是我国现已发现的最早铜盂,对研究商代青铜冶铸史,具有重要的科学研究价值。

10. 黿罍

商前期。器高 24.5 厘米,口径 13 厘米。1955 年郑州市白家庄 M2 出土,河南博物院藏。此罍小口,沿外侈,长颈,折肩,深腹下收,圜底,高圈足。肩饰斜角雷纹,腹饰兽面纹与云雷纹,圈足饰有双弦纹及三个十字形镂孔。器颈还铸有三个龟形图案,或释为"黿"字。此罍颈部等距离装饰的三个龟形图案吸引了学术界的广泛关注。这种装饰在商代中、前期的青铜器上极为少见,有学者认为龟形图案是某一氏族的图腾或者族徽,也有一部分学者考释龟形图案为文字——"黿"或"黾"。因此,此件兽面纹罍是商代前期不可多得的文物精品,具有极高的研究价值和艺术价值。

黿罍

11. 夔龙纹盘

商前期。器高 10 厘米,口径 30 厘米,足径 17 厘米。1955 年郑州市白家庄出土,河南博物院藏。青铜质地,盛水器。此盘敞口,折沿,平底,圈足。腹饰一周连体夔龙纹,圈足上铸有三个"十"字形镂孔。此盘是郑州商代遗址出土的纹饰最为精致的青铜盘。

夔龙纹盘

兽面纹单柱爵

12. 兽面纹单柱爵

商前期。高 15 厘米，口径 6 厘米，重 0.28 千克。郑州博物馆藏。此爵扁体，鼓腹，平底，流狭长而槽深，尾尖短而上翘；口沿至尾部有一加厚唇边，口、流结合部有一独柱，柱顶为涡纹状菌式帽，柱根分叉跨置于流末端；腹身分界甚明，腹部渐侈，底承三实足，均为三棱锥状，足尖明显外撇；腰腹一侧置弓形鋬，恰与该侧尖锥足处同一平面；腹部素面，腰腹结合部饰兽面纹，呈带状分布一周，纹饰拙朴，线条流畅。此单柱爵造型新颖轻巧，纹饰简约鲜明，依其形制特点应属商代前期之器。

13. 兽面涡纹斝

商前期。高 21.5 厘米，口径 17.5 厘米，柱高 3 厘米。1958 年郑州商代遗址出土，郑州博物馆藏。此斝敞口，尖唇，口沿上立有两个方形柱，柱帽似伞形，帽顶饰涡纹；颈至腰部弧线下收，腹向外侈，腰部一侧有弧形鋬，平底，下腹有三锥形空足；斝腰部饰卷角兽面纹，躯体较长，向两侧延伸，腹饰七组圆涡纹。此斝纹饰醒目突出，器型规整考究，是商代前期青铜斝的典型风格。

兽面涡纹斝

兽面纹觚

兽面纹盉

14. 兽面纹觚

商前期。高 18.8 厘米，口径 10.5 厘米，底径 6 厘米。1965 年郑州市铭功路第十四中学 C11M2 出土，郑州博物馆藏。此铜觚为敞口，圆唇，薄壁，平底，束腰较直，上部似喇叭形微侈；器底约在通高 2/3 处，其下为倒喇叭形高圈足，圈足外饰四周平行凸弦纹，间有等距的三个“亞”形穿孔；下腹部饰两组兽面纹，线条勾曲回旋，粗犷有力，呈宽带状分布一周；兽目圆睁突兀，如有神瞩。

15. 兽面纹盉

商前期。高 25 厘米，流长 7 厘米。1974 年中牟县黄店出土，河南博物院藏。此铜盉圆顶隆起，鸡心形口，管状流前斜伸，后有宽鋬附于颈、足上，器身分裆，下有三袋形空足。管流底部两侧各有一圆泡，俯视似兽面；颈部饰三组单阳线兽面纹。整器肥硕端庄，造型古朴，纹饰精良，是商代二里冈期青铜盉的典型风格。

16. 夔纹鬲

商前期。口径 13 厘米，通高 16.6 厘米，重 1.1 千克。1955 年郑州市白家庄 M3 出土，河南博物院藏。此青铜鬲口微敛，沿外卷，方唇，直耳，腹外鼓，分裆，圆锥状矮足，颈饰夔纹和联珠纹，下腹袋足间各饰双线“人”字形纹。整器体形肥硕，敦厚美观，铸工精湛。

夔纹鬲

青铜建筑构件

兽面纹铜锛

17. 青铜建筑构件

商前期。高 18.5 厘米，正面宽 18.8 厘米，侧面宽 16.5 厘米，重 6 千克。1989 年郑州市石佛乡小双桥村出土，河南博物院藏。此青铜建筑构件整体近方形，平面为“凹”字形。正面封闭，饰单线阴纹卷角兽面纹，双目圆凸，威严凝重；两侧面各有一长方孔，环绕孔的四周均为一组龙虎搏象图：龙体蜷伏，鳞甲密布，顾首注目；虎身微屈，四足伏地，阔口瞠目；龙虎之间的怪兽，长鼻方首，身躯庞大，疑为象兽。这是迄今发现的我国最早的青铜建筑构件，整器胎质厚重，纹饰精细，工艺考究。此青铜建筑构件纹饰具备二里冈上层文化的风格传统，线条流畅，花纹繁缛，并且其侧面的“龙虎搏象”纹饰内容和题材极为少见，其中的象，为目前所见最早的“象”之形象。此青铜建筑构件，当是用于商代“四阿重屋”式大型宫殿建筑的重要装饰物。关于其具体用途及安装，目前主要有梁头饰、门砧前端、壁柱底座饰、望表等多种观点。

18. 兽面纹铜锛

商前期。长 13.3 厘米，刃宽 6.9 厘米。1976 年荥阳县体育场出土，郑州博物馆藏。此件青铜锛，体似空心斧；单面刃，刃弧，稍宽，角微残；有方形銎，銎口有宽边。锛上部正、反面及两侧面均饰细阳线兽面纹，线条流畅，纹饰严谨。整器敦实规整，制作考究。此器有说是手工工具、建筑工具，亦有判定为农具的。这件青铜锛纹饰瑰异，铸工精湛，很难想象它会是在当时等级森严的社会里给最底层、最卑微的奴隶用于田间锄耕的实用农具。因此，推测它可能是奴隶主贵族或其家臣用于私田、园圃偶尔劳作的工具或象征性礼器。

19. 兽面纹钺

商前期。通长 33 厘米，肩宽 31 厘米，刃宽 38 厘米。新郑市望京楼遗址出土，河南博物院藏。此钺呈梯形，方内，平肩，两肩各有近似长方形的小穿孔。两侧斜直，刃部平直，器体饰镂空兽面纹，甚为狞厉，纹饰四边有 11 个连接点。整器铸造工艺精致，极富威严肃杀之感。依该钺形制及纹饰特征，属商代前期之遗物，是目前所见商代最早的青铜大钺。

20. 兽面纹瓿

商后期。高 19.5 厘米，口径 17.2 厘米。1954 年郑州市人民公园出土，河南博物院藏。此瓿口微敛，短颈，宽圆肩，鼓腹，矮圈足；颈部饰两周弦纹，肩饰一周夔纹，上下界以联珠纹；腹部饰兽面纹和联珠纹，圈足饰一周斜角雷纹。通身以雷纹衬底，造型敦实稳重，纹饰瑰玮精致。铜瓿为盛酒的礼器，形似尊、罍而口小,颈短,腹浅扁,是我国古代青铜器中比较珍稀的器种。

兽面纹钺

兽面纹瓿

21. 鄘戈

商后期。通长 20.3 厘米,援长 14.5 厘米,援宽 5.5 厘米。1954 年郑州市人民公园 C7M6 出土,河南博物院院藏。此戈宽援,尖峰,上、下欄,直内呈长方形,上有一圆形穿。内尾一面漩涡纹,一面铸有“鄘”字。

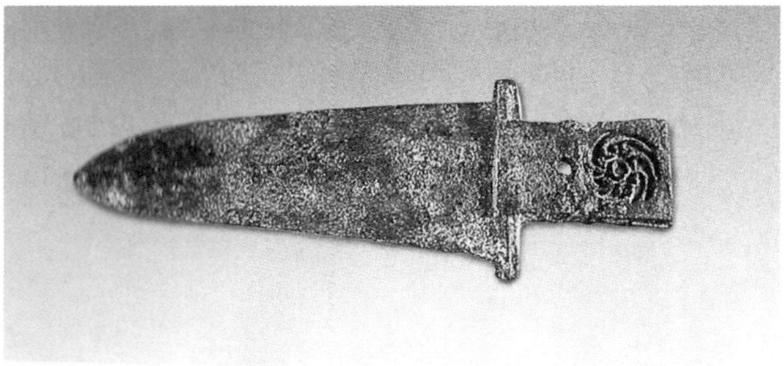

鄘戈

兽面纹钺

22. 兽面纹钺

商后期。通长 17 厘米,宽 15 厘米。1954 年郑州市人民公园出土,河南博物院藏。钺身呈薄片状,弧形刃,身较宽,尾部有两个长条形穿,内呈长方形。身饰兽面纹,双耳突起,镂空的兽耳口内两枚兽牙粗壮交错,甚为狞厉。

23. 田父爵

商晚期。长 18 厘米,宽 9 厘米,高 21 厘米,腹围 19 厘米,口径 9 厘米,重 0.2 千克。巩义博物馆藏。此爵双柱,长流,尖尾,深腹,尖足高且内实,呈三角形,一足焊接。上腹有三组不相连接的兽面纹,长者 5 厘米,短者 2 厘米;鋬下铸“田父”铭文。此爵造型美观,纹饰清晰,是典型的晚商铜器,对研究郑州商代晚期历史和青铜铸造技术有很重要的研究价值。

24. 舌韦亚爵

商后期。通高 18.5 厘米,流尾长 15.6 厘米。1993 年郑州市西北郊黄河大观(小胡村)出土,郑州博物馆藏。此爵长流,尖尾,深腹,卵圆底,三棱形尖足外撇,沿下足上置弧形鋬。流折处设双立柱,伞形柱帽,上饰涡纹。上腹颈部饰一周细线云雷纹,上下界以联珠纹。鋬内腹壁上铸铭文“舌韦亚”三字,阴文。该爵圆浑修美，纹饰简洁精致，铸工考究，其形制与铭文风格明显具有商代晚期特征。卜辞之中的舌在表示族名、地名含义时，与戈、犬等族并列，有“臣舌”“多舌”的称谓。考古发现显示舌族的一支官居于殷都，一支驻守于商王旧都附近，足见当时舌族之地位显赫。

田父爵

舌韦亚爵

舌铙

25. 舌铙

商后期。通高 21. 5 厘米，口长 16. 6 厘米，重 2. 1 千克。1974 年郑州市博物馆于本地废品公司拣选，郑州博物馆藏。此青铜铙体似合瓦，两侧尖锐；铙体横截面呈阔叶状，口部呈凹弧形，口沿内侧为三角形唇缘；下部有一短柄，通直中空，且与体腔相通；柄与铙体腔外结合部位的平顶（舞部）为素面叶形，中有一合范缝线；铙体腔外近柄部（钲部）两面均铸有装饰性的阳线大回纹，余者皆素面；铙一面近口沿处（鼓部）铸有“舌”铭，阴文。

26. 举父丁鼎

商末周初。高 40 厘米，口径 32 厘米，腹深 21. 6 厘米。1999 年郑州高新技术开发区洼刘贵族墓 ZGW99M1 出土，郑州博物馆藏。此鼎圆口，微敛，折沿，方唇，立耳外侈；深腹圜底，下承三柱足，足上端各饰兽面纹，兽面眉间饰有扉棱，其下均饰凸弦纹；鼎腹近口沿部饰细线云雷纹衬底的兽面纹，分六组呈环带均匀分布一周，且每组均以浅扉棱为中轴；整器造型浑厚凝重，纹饰古朴；鼎腹内壁铸铭文“举父丁”三字，阴文。洼刘贵族墓出土青铜礼器 12 件，包括铜鼎 3 件，举父丁鼎是其中体形最大的一件。“举”为殷商族徽，结合其他考古资料，说明商代晚期，在曾经作为商代前期都城的郑州市区附近仍然存在着商人的政治、军事活动，举族即是其中一支重要力量。

举父丁鼎

27. 耳弜亥簋

商末周初。高 15. 4 厘米，口径 21. 0 厘米，圈足径 16. 5 厘米。1999 年郑州高新技术开发区洼刘贵族墓 ZGW99M1 出土，郑州博物馆藏。此簋口圆外侈，微束颈，鼓腹，底微圜，圈足，腹部两侧对铸两个兽首环耳，下伸垂珥；簋颈部及圈足饰由四瓣花、圆涡纹组成的纹饰带，其中颈部带饰间有两个浅浮雕兽首；簋腹部饰竖条纹。整器铸工精湛，纹饰疏密和谐，体态庄正优美。簋内壁铸铭“耳弜亥”，阴文。“耳弜”为殷商复

耳弜亥簋

合族徽,日名“亥”为省称,表明此簋是祭祀父亥(或母亥)的祭器。

28. “陆”提梁铜卣(两件)

西周早期。一大一小两件。大件通高38.5厘米,口径15.5—12.7厘米,圈足径18.2—14.8厘米;小件通高29厘米,口径11—9.5厘米,圈足径14—12厘米。1999年郑州高新技术开发区洼刘贵族墓ZGW99M1出土,郑州博物馆藏。这对青铜卣形制、纹饰、铜质、锈色均相同,仅大小有别。两卣均为扁圆体,高沿盖,子母口,深腹,侈鼓下垂,圜底,低圈足。盖顶立一四瓣组合的四面人首钮,通体四面饰戟刺状扉棱,拱形提梁两端置卷角兽首与卣颈钮环套合。卣颈部饰交尾连体龙纹,盖立沿、圈足及提梁面上饰双体夔龙纹,卣盖与器腹均饰顾首花冠龙和卷角幼龙;花冠龙上身折立,顾首回望,张口叱咤,躯饰鳞甲,大尾卷翘;龙冠下垂齐爪,缘饰戟刺,似蛇有目,口吐歧信。幼龙尖尾细身,翔潜伏底,附于花冠龙后。此二卣均有铸铭,其中大卣盖内铸两列七字“陆作父丁宝尊彝”,腹内底部铸四字“作宝尊彝”;小卣盖内及腹底均铸两列七字“陆作父丁宝尊彝”;铭文显示,陆为作器者私名,故而两卣均可称陆卣。需指出的是,此墓内还有一件铭文和装饰风格均相同的青铜尊——陆尊,三件器物显为同一工匠冶铸同批铜料,为同一器主一次性制成,因而可统称为陆组器。卣的纹饰构成,从花冠下垂的顾首龙,到离奇变幻的夔龙,还有夸张诡异的卷角兽首,无不强烈张扬着神秘、奇谲的审美风尚,明显带有殷商时代的遗韵。陆卣盖钮神异的四面神人形象高高在上,注目四域,正体现了殷人尊神重鬼、希冀天人相通的精神信仰。

大陆卣

小陆卣

29. 重环纹铜方彝

西周晚期。长11.5厘米,宽8厘米,高21.5厘米,重1.75千克。1980年巩县芝田镇寨沟村出土,巩义博物馆藏。此方彝为长方体,器盖如屋顶隆起,分三层,每层四角棱脊各有一鸟形饰。中层四面均饰重环纹,底部为方圈足,中空。此彝造型精巧美观,对研究西周青铜铸造工艺有重要价值。

30. 重环纹铜鬲

西周晚期。高11厘米,口径16厘米,重1.15千克。1980年巩县孝义街道办和义沟村出土,巩义博物馆藏。侈口,平沿,短束颈,鼓腹,蹄状足,空腹,鬲底内凹陷。腹饰重环纹,腹部三足连接处铸三个扁形兽面。此鬲铸造精纽,造型美观。

重环纹铜方彝

重环纹铜鬲

31. 王作亲王鬲（两件）

春秋早期。一通高 13.5 厘米，口径 17.8 厘米；一通高 14 厘米，口径 7.3 厘米。1977 年新郑县观音寺唐户村 M3 出土，新郑博物馆藏。两鬲均口沿外折，短颈，丰肩，蹄足。腹部饰兽面纹至足上部，肩腹有凸出的扉棱与三足相对，内腹壁有阴铸铭文“王乍(作)亲王姬鼎彝”。此二鬲造型庄重美观，保存完整，有确切的地层关系，从铭文可知其是与周王室有关的彝器，对研究春秋时郑国历史和冶铸工艺具有重要价值。

王作亲王鬲

32. 鲁侯方壶

春秋早期。通高 57 厘米，盖高 9.4 厘米，口径 14.6—20.9 厘米，腹径 24.7—31.6 厘米。1995 年登封市告成镇袁窑村东周墓出土。此方壶为扁方圆角体，微束颈，垂腹外鼓，圈足外侈。两耳作兽首衔环，阔耳直立，长鼻上卷，鼻端似鸭首。壶腹四壁饰界栏状十字绊带纹，将器腹分为八区，每区素面无饰。壶盖顶面饰有窃曲纹，盖缘与壶颈饰顾首风纹，圈足表饰垂鳞纹。方壶口沿内壁及壶盖均铸铭：“鲁侯作壶”。这件鲁侯壶时代特征早，铸造精良，造型美观，纹饰规整，是西周晚期至春秋早期的典型器物。铸有铭文的鲁国国君的方壶，随葬到郑国贵族的墓葬中，可能与春秋时代诸侯间频密的会盟征伐有关，当然也可能是两国通婚陪嫁的媵器。

33. 郑伯公子子耳鼎

春秋早期。通高 29 厘米，口径 37 厘米，腹深 15 厘米，重 9.5 千克。1995 年登封市告成镇袁窑村东周墓出土。此鼎口微敛，宽沿略上折，窄方唇，附耳有梁，半球状腹，圜底近平，蹄足中段略细，兽蹄，内侧有纵向凹槽。耳面饰环带纹，口沿下器腹饰一周窃曲纹，下接凸弦纹一周，腹下部饰两周垂鳞纹。腹内壁阴铸竖款铭文 4 列 23 字，自右至左为“奠(郑)伯公子子耳作盂鼎，其万年眉寿无疆，子子孙孙永宝用。”其中，“子”“子孙”三字为重文。鼎铭中的郑伯是指郑国国君。根据考古资料，登封市袁窑材 M3 的时代为春秋前期，这件郑伯公子鼎的形制也属于春秋早期阶段，因而此鼎的器主子耳应该不是《左传》著录里较晚的子耳，而应当在更早的春秋前期找寻。

34. 莲鹤方壶（两件）

莲鹤方壶

春秋中期。一通高117厘米，口长30.5厘米，口宽24.9厘米，重64.28千克，河南博物院藏；一通高125.6厘米，口长31.8厘米，口宽26厘米，北京故宫博物院藏。1923年新郑县李家楼郑公大墓出土。莲鹤方壶形体巨大，堪称"壶中之王"，它器身长颈，垂腹，圈足，为长方圆角体。壶上有冠盖，盖顶骈列层层镂空的莲瓣，正中立一展翅欲飞之鹤；壶颈两侧以附壁华冠顾首龙为耳，自口沿及于下腹；颈前后有兽形棱脊，器腹四隅饰攀缘飞龙，圈足下承两只侧首吐舌卷尾兽；盖沿饰窃曲纹，通体满饰一首双身龙为中心、形状各异的蛟龙纹。整器宏伟气派，铸作技艺卓绝，纹饰设计奇巧，典雅华美，凝重之中流露活泼，为春秋时代青铜艺术绝佳之作。郭沫若曾指出："此鹤突破上古时代之鸿蒙，正踌躇满志，睥睨一切，践踏传统于其脚下，而欲作更高更远的飞翔。"可以看出，莲鹤方壶的艺术风格已有别于殷商、西周，在盖顶莲瓣中心屹立的展翅之鹤，全然超出了西周神秘凝重的氛围，显露出清新的气息，反映了一种新的生活观念与艺术观念，标志着中国青铜器艺术风格的一个新的开端。

35. 蟠虺纹铜鼎

春秋中期。高65.3厘米，口径65.5厘米。1923年新郑县李家楼郑公大墓出土，河南博物院藏。鼎口微敛，口沿外附双耳，圆腹。三马蹄形足，腹部满饰细浅蟠虺纹，并有弦纹两周，弦纹间嵌铸对称牛首两个，三蹄足上部均饰兽面纹。此鼎是同出的七件列鼎之一，造型优美，做工精细。两周时期，列鼎的数量配置和形制大小标志着贵族权力大小与地位高低。李家楼郑公大墓列鼎的出土，对研究春秋时期青铜礼器组合及礼仪制度具有重要价值。

蟠虺纹铜鼎

夔龙纹镈

36. 夔龙纹镈

春秋中期。通高93.5厘米。舞修45.5厘米，铣间54厘米。1923年新郑县李家楼郑公大墓出土，河南博物院藏。钟腔截面呈阔叶形，舞上有连体的凤首夔身形复钮，侖铣，平于。舞部、篆间与鼓部均饰蟠身躯体的夔龙纹。枚呈螺旋状，计36颗，分布于两面。

37. 九鼎八簋九鬲

春秋中期。鼎通高47—53.5厘米，口径45.7—53.3厘米，重9.6—13.3千克；簋通高21.1—22.8

厘米,口径 19.5 厘米左右,重 2.6—3.8 千克。1997 年新郑市郑国祭祀遗址(中行新郑支行工地 T605K2)出土,郑州博物馆藏。九鼎形制相同,纹饰相近,大小、轻重依次错递,明显具有列鼎性质;九鼎皆为圆形,口上两立耳外撇,方唇,平沿,垂腹,圜底近平,三蹄状足;鼎腹偏上部环饰一周凸起的绹索纹,上下各饰蟠螭纹,皆颈绕交错,细密分布于鼎腹,鼎腹中部有六条浅短扉棱将装饰纹饰均匀等分;鼎足上部饰高凸的兽面纹,兽鼻呈扉棱状。八簋形制相同,大小略有差异,均为圆形,带盖,盖上有喇叭形捉手,溜肩,鼓腹;八簋皆为子母口,口内敛,圆形圈足,下承三扁小足,腹两侧各饰一龙首形半环耳;盖、体口沿处饰窃曲纹,盖身与器身下腹部饰三道瓦楞纹,圈足饰变形蝉纹,底足饰鳞状纹。九鬲形制、大小均相近,方唇,平沿、束颈,微鼓腹、平裆,兽蹄形足,腹饰三组变形虺龙纹,其间以扉棱相隔。整组器物造型规整,纹饰华美,组合有序,俨然透露出王者之气。这套器物来源于春秋时期的诸侯国郑国,并且同类的九鼎系列青铜礼器在郑韩故城先后出土数套,充分说明了当时礼崩乐坏的现实状况。

九鼎八簋九鬲

38. 蟠龙纹方壶

蟠龙纹方壶

春秋中期。通高 65.5 厘米,口长 19.5 厘米,口宽 12 厘米。1997 年新郑市郑国祭祀遗址出土,郑州博物馆藏。此方壶呈近圆角的瘦长方体,上为束腰杯形盖,壶颈颀长,两侧各饰衔环兽耳,鼓腹下垂,下承方圈足底座。盖顶饰蟠虺纹,下缘饰带目窃曲纹,盖束腰及壶圈足均饰变形蝉纹,上下呼应。壶颈部饰宽带波曲纹,贯穿两侧兽耳。腹部四周饰数组蟠龙纹,皆一首双身,头部居中,躯体向两翼展开,状若环带,呈对称形相互交缠环绕,变化出复杂的形象,呈现刚柔相济的流动之美。整器造型雄浑端庄,纹饰流畅自如且富于变化,表现出春秋时期庙堂之器庄重活泼的时代气息。

39. 编钟

春秋中期。镈钟通高 27—30.5 厘米,铣宽 18.9—20.4 厘米,重 3.6—4.8 千克。钮钟 A 组通高 14.4—26.6 厘米,中长 11.4—20.7 厘米,重 0.7—2.2 千克;B 组通高 14.2—26.1 厘米,中长 10.6—20.6 厘米,重 0.6—2.16 千克。1997 年新郑市郑国祭祀遗址(中行新郑支行工地 T613K14)出土,郑州博物馆藏。此组编钟分钮钟、镈钟两类。钮钟分两组,10 件一组,共 20 件,形制皆相似,大小错递。钟体似合瓦,上部为梯形钮,平舞,铣微侈,于微凹;钟面两侧有螺形枚 36 个,行列整齐,对称分布于钲两侧;鼓、钲、篆、枚各部位均以阴线框相隔,篆饰云纹,鼓部饰云纹和三角纹。镈钟,4 件,亦形制类同,大小相递。钟似合瓦体,上部为双龙首凸字形钮,平舞,于近平;钟面两侧各有螺形枚 18 个,篆、枚、钲各部位均以阴线框相隔,篆饰简体虺纹,鼓部饰对称双首龙纹,舞饰蟠虺纹。这些青铜编钟铸工精湛,在器类、器型、组合、纹饰方面,很好地保存了先秦时期的礼乐制度,对于考察和研究春秋郑国的祭祀礼仪提供了重要资料。

编钟

40. 玄膚之用戈

战国初期(或春秋晚期)。通长22.5厘米,援长13.5厘米,内长9厘米。1980年新郑县车站乡能庄出土,河南博物院藏。援部较短而宽,有脊,后部上端为一半月形穿,并镌刻阴线铭文"玄膚之用"4字,直内,长方形板状,两面镌刻阴线鸟篆图案,并有一横长方形穿。刃部有残缺。此戈在郑韩故城出土,据铭文可知,为楚国兵器,对研究楚国对外交往及战争有重要价值。此戈虽历经2000余年,仍锋利如新,铸铭清晰,是研究战国兵器铸造技术的宝贵资料。

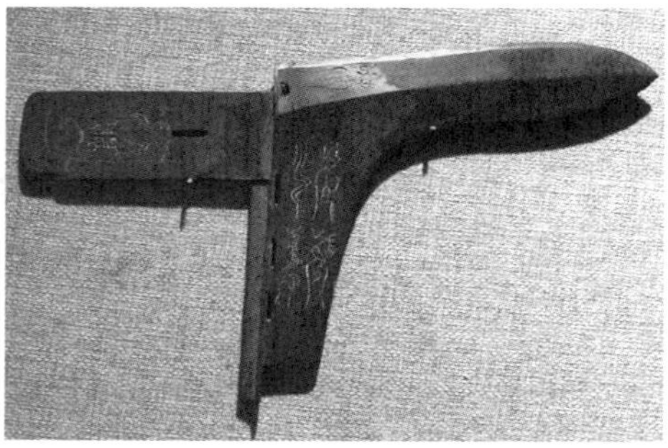

玄膚之用戈

三十四年郑令戈

41. 三十四年郑令戈

战国晚期。通长27.5厘米,援长16.3厘米,内长10.8厘米。1971年新郑县白庙范村铜兵窖藏出土,新郑博物馆藏。长援微弧,中起脊棱,阑有三穿。内端有刃,中有一穿。内端正面有铭文21字"卅四年,奠(郑)令棺涵、司寇赵它、武库工师仕服、冶尹𥫗造",详细记录铜戈的铸造年代、督造官吏等信息,是韩国以铸造兵器而名闻诸侯的实物见证。

42. 十六年阳翟令戈

战国。通长21.5厘米,援宽2.8厘米。1976年郑州市古荥公社出土,河南博物院藏。狭长援,长胡,内部平直。内尾刻铭5行20字:"十六年阳翟令仿□文司寇秦□右库工师□冶大。"

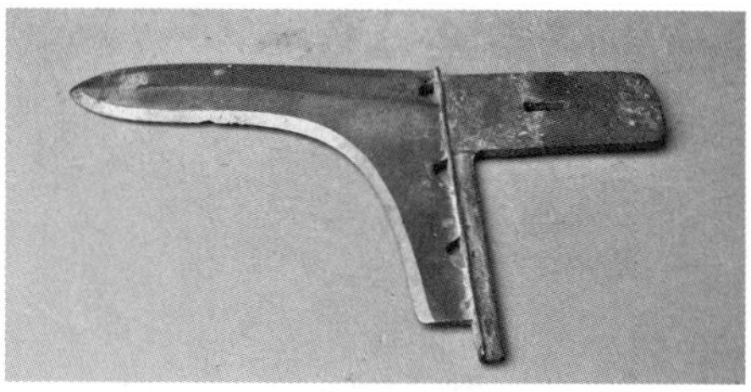

十六年阳翟令戈

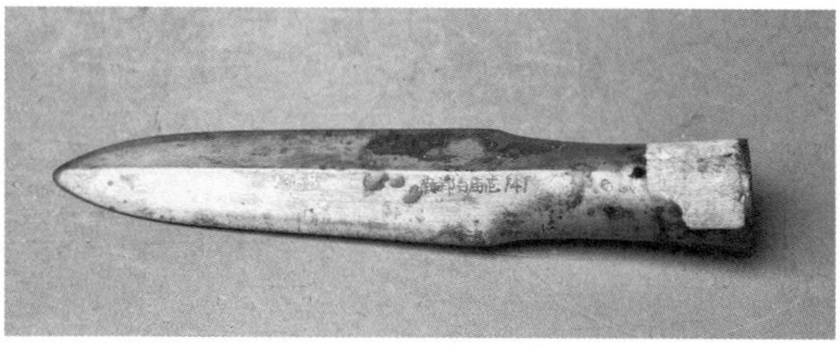

十九年雍氏矛

43. 十九年雍氏矛

战国。通长15.7厘米，宽2.9厘米。1971年新郑县白庙范村铜兵窖藏出土，河南博物院藏。矛身断面呈菱形，锐锋，筒形骹。骹部刻铭文2行9字：“十九年雍氏右库□□(铸)”。

44. 卧羊铜灯

汉。长15厘米，宽7.5厘米，高11厘米，重0.4千克。巩义博物馆藏。此羊灯呈跪卧状，四肢蜷于腹下，前肢后屈，仰头，眼稍敛，卷角，圆耳，小尾。通身饰菱形、圆点等不规则的细小纹饰。羊身背部是可翻置羊头顶的灯盏，头与背有钮衔接可活动。背上有一中空扁形钮，羊尾有一个小孔。制作精致，造型新颖。

卧羊铜灯

朱雀薰炉

砚滴

45. 朱雀薰炉

汉。通高20.5厘米。1973年荥阳县桐树镇出土，郑州博物馆藏。这件朱雀铜薰炉由鼎形炉身和托盘两部分配套组成。炉盖为镂空半球形，最顶端矗立一朱雀形钮，其下环饰三雀，各雀间分饰以折颈花卉。盖下炉身似钵形鼎，深腹，圜底，下承三蹄形足。盖、炉间有咬榫，盖可开启，便于投料。炉口沿处环饰三朵花卉，与盖上三花皆为五瓣状，有蒂蕊。托盘侈口折沿，浅腹，平底，亦有三蹄足，设置平稳，可承接因添拨香、炭而可能外落的火屑灰末，增加了使用安全性，而且便于清洁。整器造型稳正雅丽，构图和谐，颇具情趣。盖钮朱雀展翅远眺，顶冠翘尾，似正引颈而鸣；其下小雀环而视之，似皆唱而和之，再间以花卉点缀，勾勒出百鸟朝凤、鸟语花香之意境。

46. 砚滴

西晋。体长14.6厘米，宽0.7厘米，通高8.1厘米。2001年巩义市站街镇西晋墓出土，郑州市文物考古研究院藏。此砚滴为神异兽形，阔口，龇牙，大耳，头生双角，口衔耳杯，腹空，口部有小孔与体腔相通。四肢匍匐于地，长尾上卷贴于臀部，脊背附立一中空圆柱，内插圆管。背饰鬃毛蜷曲，体饰梅花斑，纹理细腻，线条流畅。整器设计奇巧，铸工精湛，腹下及四肢还存有鎏金痕迹，为西晋时期砚滴中的精品。

47. 一佛二菩萨造像

北魏。通高 16 厘米,宽 7 厘米。1970 年郑州市西郊自来水厂出土,郑州博物馆藏。此造像佛头戴三莲瓣高宝冠,身着汉式交领大衣,衣褶下垂,衣纹粗放,下露双足,似倚坐姿,左手下垂成“与愿印”,右手向上成“施无畏印”,莲瓣形大背光;佛两侧立二胁侍菩萨,亦头戴莲花冠;莲瓣形头光,满饰火焰纹,上方正中有结跏趺坐的化佛一尊;造像方座四足,沉稳敦实,座前刻铭:“永安三年九月六日报愿造像一区(躯)。”此尊造像佛祖面目清癯,身着中式汉妆,具有典型的中原地区风貌,是佛教中原汉化的具体产物。

一佛二菩萨造像

铜耧铧模型

至大二年铜权

48. 铜耧铧模型

元。长 12 厘米,宽 11.1 厘米,重 900 克。1963 年在荥阳县楚村采集,郑州博物馆藏。铧呈三角形,外侧有刃,尖端上翘,正面有棱,背面圆鼓,中有一个凹槽。芯座接于铧后,呈豆荚形銎,正面半圆形,背后两侧有制铧浇口,作半圆形鼓起,鼓起内面有铸制刻器时的浇口痕迹。铜耧铧模型是元代制造农具耧铧的模具,反映了元代农业生产发展水平和铸造技术。

49. 至大二年铜权

元。高 10.5 厘米,底径 5.5 厘米,重 825 克。新郑博物馆藏。权身平面呈圆形,束腰,方环钮,底部呈台阶式。正面阴铸铭文“至大二年”,背面阴铸铭文“梁汴路”“千”。铭文清晰,反映出元代度量衡特点。

50. 皇庆元年铜权

元。座高 3.5 厘米,宽 6.5 厘米,高 11 厘米,钮高 2 厘米。1987 年密县大隗镇河屯村出土,新密市博物馆藏。体呈六棱,纺锤形,束腰上部有方环鼻,座为六角平底。铜权正面阴刻“皇庆元年官造”,背面刻“曹二家,河南府路,金字号称匠”。此权为元代民间工匠铸造,造型别致、粗犷,字体奔放流畅,对研究元代历史和度量衡制度有重要价值。

51. 释迦牟尼铜坐像

明。高 124 厘米,底径 110 厘米。中牟县文物保管所藏。该像跣足结跏趺坐,螺纹发髻,发髻前部有一半月形饰。身着圆领通肩大衣,披半臂,内穿僧祇支,胸饰“卐”纹。双手相叠平托于腹前,右手心饰法轮,作思维状。中空,通体鎏金,多有剥落。该像保存完整,神态自然,制作精美,为不可多得之珍品。

释迦牟尼铜坐像

菩萨说法铜造像

鎏金铜武士

52. 菩萨说法铜造像

明。高 55 厘米。中牟县文物保管所藏。此像为说法像,头戴花冠,面部丰满圆润,细眉高鼻,双目微闭,眉间有白毫相。身着通肩大衣,内着僧祇支,袒胸,腰系带。双臂曲肘,掌心向上各饰法轮,结跏趺坐于台座之上,其胸饰“卐”字纹。造像神态自然,制作精美,具有较高艺术价值,惜左手食指残缺,宝冠前中部残缺一块。

53. 鎏金铜武士

清。高 54.1 厘米,重 16.75 千克。郑州博物馆藏。武士头戴花冠,冠中铸一化佛,武士身披甲衣,帛带飞扬,怒目拱手,足穿云头鞋,立于半圆形座上,座饰水波纹。手和面部鎏金,整躯造像逼真生动,铸造技术精良。

第四节 书画

1. 沈周深山策杖图轴

明。纵 151 厘米、横 38 厘米。郑州博物馆藏。此画绘峰峦叠嶂,星云缭绕,树木丛生,一执杖老者跨溪过桥,漫步于深山溪畔之间。画面右上题署:“□林绿暗无花,小溪穿树萦斜。一杖□桥过客,问渠何往?□茶来觅口家。正德戊辰,长洲沈周造,时年八十有三。”钤“白石翁”白文方印。

沈周(1427—1509),字启南,号石田,晚号白石翁,长洲(今江苏苏州)人。长期从事绘画和诗文创作,善画山水。40 岁前,多盈尺小景,作细笔,人称“细沈”。之后始拓为大幅,笔墨坚实豪放,风貌沉着酣醉。兼工花卉、鸟兽,擅用重墨浅色。名重于明代中叶画坛,后人把他和文徵明、唐寅、仇英并称“明四家”。

2. 郑簠隶书五律中堂轴

清。纵 109 厘米、横 55.7 厘米。郑州博物馆藏。隶书:“垂杨夹谿路,日暮枉骖騑。细雨干髦湿,闲门燕子归。烹葵邀醉浅,拔韭喻言微。何意桃花发,春风再款扉。”行书题款:“谷口农郑簠。”款后钤印两方:上为“郑簠之印”,白文方印;下为“谷口农”,朱文方印。右上角钤“书带草堂”朱文长方印,左下角有白文收藏印一方。

沈周深山策杖图轴

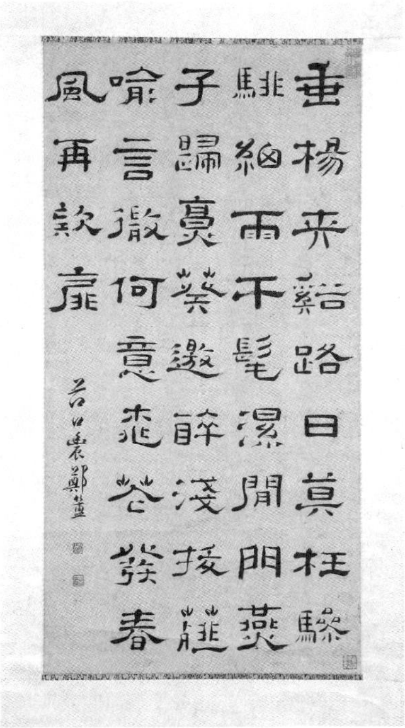

郑簠隶书五律中堂轴

王澍行书中堂轴

郑簠(1622—1693),字汝器,号谷口,上元(今江苏南京)人,善隶书,风格沉着飞舞。清书法家梁獻在《论书帖》中称:“郑簠八分书学汉人,间参草法,为一时名手。”

3. 王澍行书中堂轴

清。纸本,纵131.5厘米、横42厘米。郑州博物馆藏。文作:“此租平安修,载来十余日。法人近集存,想当后悉来。无由同憎慨。大道久不下,天先未然耶。”款署:“良常王澍临。”钤白文方印两枚,上为“天官大夫”,下为“澍”。

王澍(1668—1743),字若霖、箬林,号虚舟,别号竹云,亦自署二泉寓客,金坛(今江苏常州)人,官至吏部员外郎。善楷书,工稳纯熟,兼工篆书。

4. 张洽草木图扇面

清。纵17.3厘米、横52.5厘米。郑州博物馆藏。绘老梅虬枝傲然挺立,墨竹、兰草在乱石间飘曳,杂草丛生。画面左上自题:“乾隆己酉夏日,寄安居士张洽,时年七十有二,写柯敬仲笔法。”钤“张”“洽”联珠印,右下有白文收藏印。

张洽(1718—1799),字月川(一作名玉川,字在阳),号圆光道士,又号青箬古渔,有印文曰“白云渡口渔郎”,吴县(今江苏苏州)人,一作浙江人。善山水,好作层峦,枯笔焦墨,皴擦有方。

5. 励宗万富贵寿考图扇面

清。纵17.6厘米、横53.2厘米。郑州博物馆藏。绘枯树下二人依依惜别之景,一人颔首揖拜,另

张洽草木图扇面

励宗万富贵寿考图扇面

一人牵白马，目视前方，若有所思。画面左上题款："大富贵亦寿考，时在甲午蒲爰，仿桃花盦主，以应士芬寅社兄指正，励宗万。"钤"励宗万印"一枚，白文方印。

励宗万（1705—1759），字滋大，号衣园，又号竹溪，静海（今天津静海）人。康熙六十年（1721）进士，入翰林，历官刑部侍郎，以画供奉内廷。擅长山水、花鸟，笔意恬雅，设色古淡。

6. 胡演山水图扇面

清。纵 15.5 厘米、横 50.5 厘米。郑州博物馆藏。沥彩粉金，隐隐远山，溪流泛舟，蓑翁垂钓，老树枯草，茅舍临溪。画面右上自题："庚子秋日写，奉木翁老社台一正，社小弟胡演。"钤"胡演之印"白文方印，"子延"白文方印。

胡演山水图扇面

胡演（清初），字子延。清光州（今河南潢川）人。书画有董尚书、元宰风。著有《杜诗注释》《燕京诗》等。

7. 闵贞仕女图轴

清。纵107厘米、横54厘米。郑州博物馆藏。绘山石耸立,一仕女低眉敛目、罗衣长裙,在山间小道上迤逦而行。画面左上自题署:“正斋闵贞画。”钤印两枚:上为“闵贞”,白文方印;下为“正斋”,朱文方印。画面左下钤“诵芬室收藏印”,朱文方印。右下钤两枚收藏印:上为“靳伯达珍藏金石书画之印章”,白文方印;下为“读画山房”,白文方印。

闵贞(1730—?),字正斋,或呼为闵骇子,江西南昌人,侨居湖北汉口。布衣,工写意人物,笔墨奇纵,衣纹随意转折,气势豪迈;工细之作,则悠闲静逸。兼善花鸟,不拘常规,亦善篆刻。

闵贞仕女图轴

龚贤秋山茅舍图

8. 龚贤秋山茅舍图

清。纵199.5厘米、横63.2厘米。郑州博物馆藏。描绘的是金秋层林尽染的山水风光,画面层层山峦逶迤起伏,云雾起处皆朦朦胧胧,山林萧瑟,茅舍掩映于山脚下高大的古木之中。板桥之路迂回,山泉流水潺潺有声,形成了宛若仙境的优美动人景色,创作意境深邃,生动感人。画面右上题七律一首:“千山凋落岁寒时,野遥萧条暮色悲。行旅却从何处宿,诗翁端不负幽期。林间无限鸟栖急,涧上还来鹿顾迟。展轴忽惊奇绝处,令人三复一题诗。辛卯秋日吴大澂。”钤方印两枚:上为“吴大澂印”,白文;下为“客斋”,朱文。左上角题署。“甲子中秋画为二翁先生,龚贤。”钤印两方:上为“龚贤印”,白文;下为“半千”,朱文。画面左下角三枚方印:左下为“蟋蟀一声秋到门”,朱文;其右为“张谨甫画印”,

朱文;其上为“季氏妆霖书画珍藏”,朱文。

龚贤(1618—1689),一名岂贤,字半千,号野遗、柴丈人,昆山(今属江苏)人,寓居金陵(今江苏南京),筑半亩园于清凉山。清初是山水画家辈出、流派纷呈的时代。在南京聚集了包括龚贤、樊圻、高岑、邹喆等8位具有革新精神的山水画家,史称“金陵八家”,龚贤以其突出的艺术成就列八家之首。龚贤的山水以五代董源技法为基础,参以宋元之法,吸收明代沈周等人的画法,最终形成了雄浑苍润的个人风貌。

9. 奚冈临溪草堂图轴

清。纵108.5厘米、横43.2厘米。郑州博物馆藏。绘远山迢迢,近树郁郁,小桥流水,一叶扁舟随波荡漾,芦苇随风摇曳,临溪草堂数间,幽静高逸。右上行书题署七绝一首:“兴到云林翰墨香,半窗疏影竹风凉,欧沙渔浦苍茫外,着我临溪旧草堂。”款署“散木居士奚冈”。钤印两枚:上为“蒙道士”,下为“奚冈之印”,均为白文方印。

奚冈(1746—1803),初名钢,字纯章,号铁生,别号鹤渚生、蒙泉外史、散木居士、冬花庵主。原籍安徽歙县,后移居浙江钱塘(今杭州)。擅长书法、篆刻,工绘山水,其画风严谨中见洒脱,超逸中具雄浑,潇洒清润,得益于董其昌之法。

奚冈临溪草堂图轴

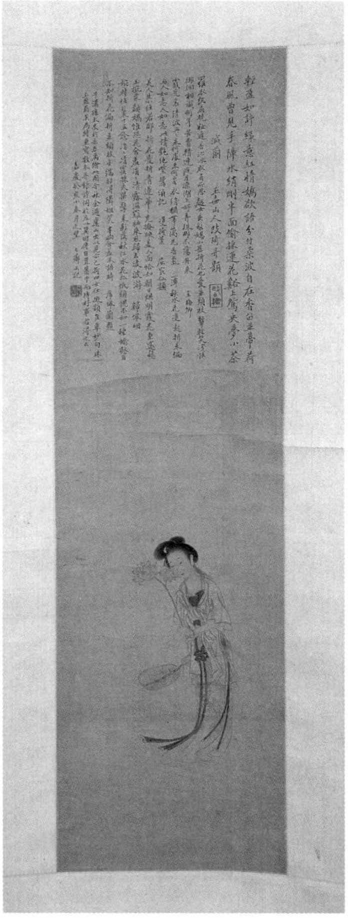

改琦执扇执莲仕女图

10. 改琦执扇执莲仕女图

清。纵96.5厘米、横27.5厘米。郑州博物馆藏。描绘的是江南女子,左手执莲,右手执扇,仪态端庄文静,莲步轻起,神情若有所思,生动地刻画出一位大家闺秀的姿容。其用笔细秀,色彩淡雅,造型精准,反映出深厚的绘画功底。

改琦(1773—1828),字伯蕴,号香白、七芗,别号玉壶外史,回族。工诗书画,尤以仕女画享誉画坛,与费丹旭并称“改费”。秦祖永在《桐阴论画》中,把改琦的仕女画评为“妙品”,说他“落墨洁净”,设色妍雅,是一位能脱去脂粉习气的高手。改琦的仕女画继承了唐宋传统,汲取明代仇英画法的雅逸,形成了自己独特的艺术风格。他笔下的仕女勾画精微,线条飘逸简迹,人物纤细清瘦,姿容文雅,深受当时的文人士大夫的推崇和赞赏。

11. 汪鸿花鸟册

清。每幅纵 42.3 厘米、横 31.2 厘米。郑州博物馆藏。

汪鸿,字延年,号小迂,安徽休宁人,生卒年不详。善画花鸟、山水。又喜雕刻,凡金、铜、瓷、石、砖、瓦、竹、木之属,无一不能奏刀,亦无一不精妙。

汪鸿花鸟册

翁仁指画耄耋图轴

12. 翁仁指画耄耋图轴

清。纵 53.5 厘米、横 42.7 厘米。郑州博物馆藏。绘杂草数丛,一猫弓身转尾扬颈,奋力向前,双目紧紧盯住飞蝶,飞蝶振翅而翔,和猫相呼应。右侧行书题署:“翁仁指画。”钤印两枚:上为“静邨”,朱文方印;下为“翁仁”,白文方印。左下角钤“许凌青”收藏印一方,白文。

翁仁,系乾隆中叶人。字静斋,一字静邨,山阳(今江苏淮安)人。善指头画,人物、花鸟、草虫、林木,均指挥如意,着笔枯劲。

13. 何绍基行书四扇屏

清。每幅纵 171.5 厘米、横 43.2 厘米。郑州博物馆藏。写《孔毅甫凤味石砚铭》。文作:“昔余得之凤凰山下龙焙之间,今君得之剑浦之上黯黮之滩。如乐之和,如金之坚,如玉之有润,如舌之有泉,此其大凡也。为然为不然?然也,虽胡越同名犹可。不然,徒与此石溪而产,何异于九鹏而一鹖。丹石砚铭:彤池紫渊。出日所浴。蒸为赤霓,以贯阳谷,是生斯珍,非石非玉,因材制用,辟水环复,耕余中洲,艺我元粟，投种则获，不炊而熟。”行书题款两行：“荔仙仁兄雅嘱，弟何绍基。”钤“何绍基印”，朱文方印；“子贞”，白文方印。

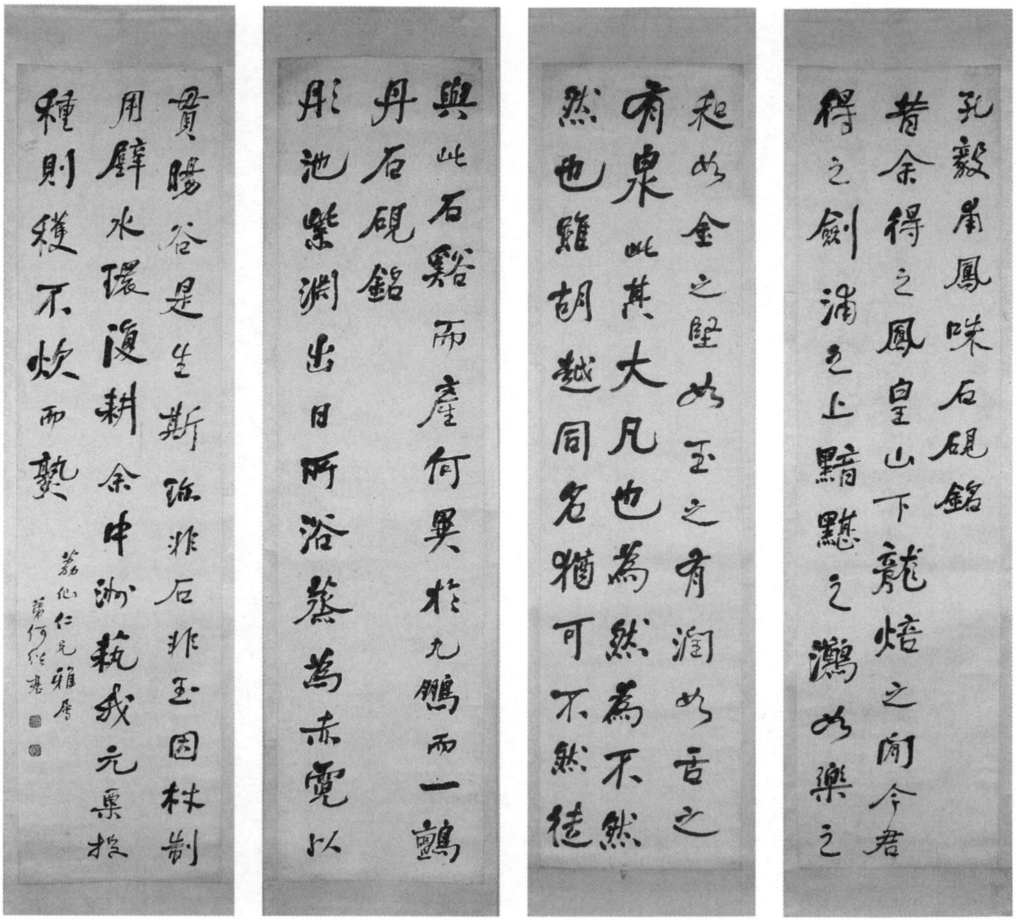

何绍基行书四扇屏

何绍基（1799—1873），字子贞，号东洲，晚号蝯叟，湖南道州（今道县）人，官编修。书法峻拔奇宕，自成一格。晚年攻篆、隶，浑厚雄重，颇有成就。尤工小真书，虽黍米大，而有寻丈之势。执笔用回腕法，腕平锋正、回转自然、拙朴有力、奇崛生动，为书林别调。

14. 何绍基行书轴

清。纵 130 厘米、横 30 厘米，郑州博物馆藏。此书轴行书 3 行，文曰“智永初励志书札，起楼于所居之侧，即自誓曰：‘吾书不成，不下此楼。’后果大进”。下行书题款：“春舫大史大人属，弟何绍基。”钤“子贞”“何绍基印”阴阳篆书印两枚。

15. 戴鉴山水图轴

清。纵 88 厘米、横 34.4 厘米。郑州博物馆藏。绘山石溪水，枯木衰草，古寺茅舍，意境苍郁，有秋风瑟瑟之感。左上行书题署：“法曹云西画意，丙申秋写于万石室，任城戴鉴。”钤方印两枚：上为“石道人”，白文；下为“戴鉴”，亦白文。画面右下角有收藏印两枚，左为“谟觞”，右为“墨分五色”，均白文长方印。左下角钤“许凌青”白文收藏方印。

戴鉴，生卒年不详，字赋轩，号石坪，山东济宁人。少时聪颖，善诗、画。山水墨气浓厚，出入于董其昌、王鉴画风之间。

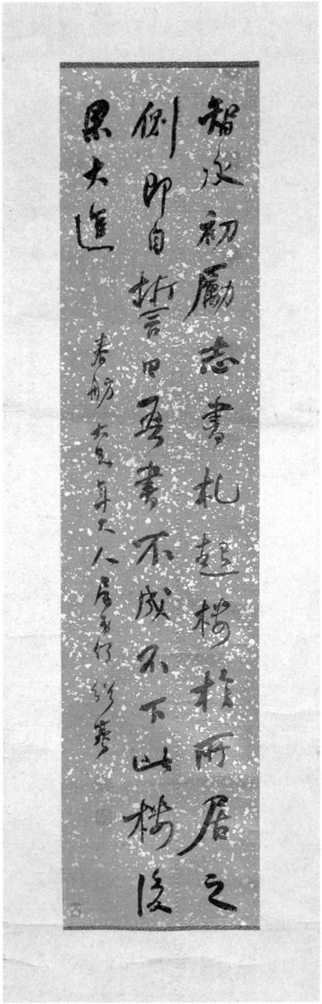

何绍基行书轴

戴鉴山水图轴

16. 丁峻刘海戏蟾图轴

清。纵 80.8 厘米、横 46 厘米。郑州博物馆藏。绘刘海袒胸交臂、嬉笑站立，左足旁一蟾跃跃欲动，栩栩如生。画面右上行书题款："潜道人丁峻作。"钤方印两枚：上为"丁峻之印"，白文；下为"潜生"，朱文。

丁峻（1829—?），字潜生，南昌人，官浙江按察使。善画马。

17. 瑛宝水鸭图轴

清。纵 55.5 厘米、横 55 厘米。郑州博物馆藏。绘双鸭水草，一只浮弋于水面之上，一只伫立于岸边伸颈作下水状；两鸭生动可爱，岸边残叶败苇，随风摇曳。画面左上款署："梦禅。"钤"手笔"阴阳方印。右下钤闲章两枚：上为"及时行乐"，下为"欣抃所遇"，皆白文方印。

瑛宝，姓拜都氏，字梦禅，号月庵，满洲正白旗人。好作山水，尤长指头画。山水、花鸟、果品悉以简贵胜人；善篆刻，曾自镌刻印曰"天许作闲人"。

丁峻刘海戏蟾图轴

瑛宝水鸭图轴

18. 童锡龄草亭消夏图轴

清。纵 139 厘米、横 43 厘米。郑州博物馆藏。绘树荫草亭煮茗歇凉之景，山幽林茂，凉亭隐现，一人凭栏倚亭，临风品茗，神态飘逸。右上题款“石田老人法，曼石摹之”，钤“童锡龄”白文方印；右下角钤“许凌青”白文方印。

童锡龄，字玉林，长洲（今江苏苏州）人。擅作写意花卉，颇饶苍秀之致。

童锡龄草亭消夏图轴

任颐松鹤图轴

19. 任颐松鹤图轴

清。纵 147.7 厘米、横 80 厘米。郑州博物馆藏。此画主题是松鹤延年之意，苍劲、斑驳的树干和轻柔欲飞的仙鹤相互呼应，仙鹤和松针构成主体画面，其用笔纵横雄健，畅达奔放。画面左上自题：“光绪辛巳上巳写似，棣卿仁兄大人雅正，伯年任颐。”钤“任颐伯年”白文方印。

任颐（1840—1895），初名润，字小楼，后改字伯年，浙江山阴瓜沥（今属杭州市萧山区）人，中年起寓居上海卖画。任伯年是晚清海派画家的主要代表，绘画传统功力极厚，其突出成就在于花鸟画，取法徐渭、陈淳等人，博采诸家，形成了兼工带写、明快温馨的笔调。

20. 康有为行书对联

清。纵 144 厘米、横 39.6 厘米。郑州博物馆藏。此副联书体阔势宽，平正端正，中宫紧收，下部疏散，结体疏密得宜，书风浑厚雄放，大气磅礴，酣畅淋漓。上联“养色含律气”，下联“委怀在琴书”。上款：“吉如仁兄。”下款：“康有为。”钤印两方：上为“康有为印”，白文方印；下为“维新百日出，止十六年，三周大地，游遍四洲，经三十一国，行六十万里”，朱文方印。

康有为（1858—1927），原名祖诒，字广夏，号长素，又号更生，广东南海人。光绪进士，授工部主事，中国近代思想家、维新派领袖、著名论书家。书法方面他大力推崇汉魏六朝之碑，著有《广艺舟双揖》，提出尊魏卑唐主张。其书法纵横奇宕，特别是行书联中，笔画平长，转折多圆，运锋自然，结体舒张，有纵肆奇逸之气。

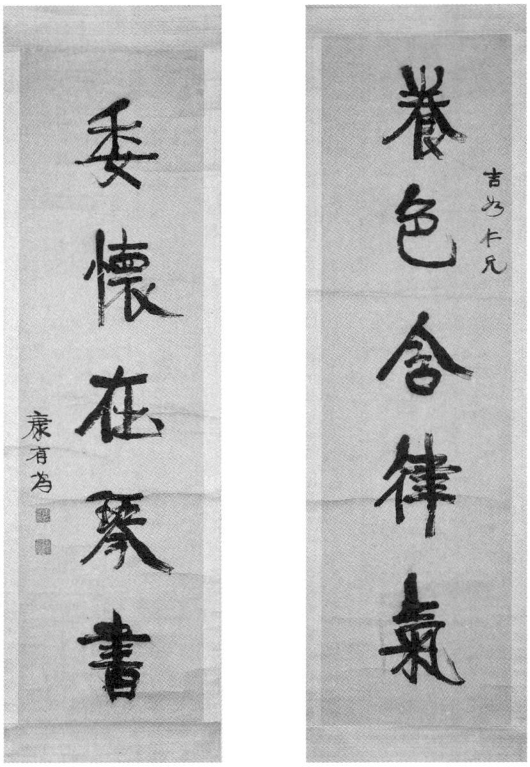

康有为行书对联

21. 徐悲鸿雄狮图轴

现代。纵 107.5 厘米、横 109.5 厘米。郑州博物馆藏。绘一雄狮，矫健雄壮，毛发凌乱，双目圆瞪，有傲然不屈之势。该画左上题五言诗一首：“凛凛百兽尊，目中无余子，剧知有长蛇，瑟瑟暗中伺，高行何所畏，浩然气足恃。廿三年初冬了然仁弟存念悲鸿。”钤方印两枚，上为“悲鸿之印”，下为“东海王孙”，均白文。右下角钤“吞吐大荒”方印。该画系作者 1934 年送给学生顾了然的作品，创作此画时，我国东北三省已被日寇侵占，蒋介石采取不抵抗政策，人民困顿不堪，饱受欺凌，作者满怀强烈的爱国主义思想创作了这幅怒目圆瞪悲愤之狮，雄狮巨头长鬣，顾盼生风，傲视田野。此画构图简洁，造型准确，笔墨老辣，笔触中饱含了中华民族不畏强暴，奋起反抗的浩然正气。

徐悲鸿（1895—1953），江苏宜兴人，是我国现当代画家、美术教育家，他学兼中西，博采众长，画法出众，尤以画马驰名中外画坛。

徐悲鸿雄狮图轴

俞剑华等四人合作溪山霁雪图

22. 俞剑华等四人合作溪山霁雪图

现代。纵134厘米、横37厘米。郑州博物馆藏。淡墨勾勒，山石料峭，流泉飞瀑，白雪皑皑，古树临崖，崖下老翁扶杖漫步，山涧对岸树荫下茅舍数间。右上篆书题署：“溪山霁雪。”另行书题签：“丙子夏月，云起、剑华、坤伯、文质合写。”钤方印四枚：“云起”，白文；“俞剑华印”，白文，印周阴刻四灵图案；“顾”（指顾坤伯），白文；“文质之印”，朱文。

俞剑华（1895—1979），名琨，以字行，另字玉愚，山东济南人，现当代画家、画学理论家。长期寄居上海、南京，擅长山水，亦工花卉，兼善书法。

顾坤伯（1905—1970），曾名顾乙，字景峰，号二泉居士，江苏无锡人，现当代画家。善画山水，笔意厚重，雄浑滋润。

第五节 石器

1. 石磨盘

裴李岗文化。通长69厘米、前宽32厘米、后宽26厘米、通高7厘米、盘面厚4.2厘米。1979年10月24日在裴李岗遗址采集。1983年5月，新郑县文化馆移交。现藏新郑博物馆。器型完整。石磨盘呈鞋底状，前宽后窄，凹腰，四边沿较薄，中间较厚，下面有四个柱足，使用痕迹明显，黄砂岩质。

2. 石铲

裴李岗文化。通长32.7厘米、宽8.85厘米、厚1.45厘米。1978年5月11日新郑县裴李岗遗址M12出土，新郑县文化馆保存。1983年5月移交新郑县文物保管所，现藏新郑博物馆。完整。该石铲平面呈长方形，中间略厚，两边较薄，两头有刃，呈舌状，青石质，表面光滑。

石磨盘

石铲

3. 石磨盘和石磨棒

裴李岗文化。通长 66.7 厘米、前宽 33 厘米、后宽 26 厘米、通高 5 厘米、盘厚 3.5 厘米。1981 年 2 月新郑县小乔公社沙窝李村李银海采集，交新郑县文化馆保存。1983 年 5 月移交新郑县文物保管所，现藏新郑博物馆。完整。石磨盘平面呈鞋底状，前宽后窄，凹腰，四边沿较薄，中间较厚，下面有四个柱足，使用痕迹明显，黄砂岩质。为裴李岗文化的典型器物之一。

石磨盘和石磨棒

锯齿石镰

4. 锯齿石镰

裴文岗文化。通长 16.3 厘米、宽 5.4 厘米、厚 0.96 厘米。1978 年 5 月 12 日新郑县裴李岗遗址出土，新郑县文化馆保存。1983 年 5 月移交新郑县文物保管所，现藏新郑博物馆。该镰通体磨光，制作精细，拱背，刃部略内凹，有细小的锯齿，柄部略宽微上翘，下有二系绳缺口，有黑色斑点纹理。

5. 石斧

裴文岗文化。通长 31 厘米、宽 7.9 厘米、首宽 4.17、厚 5.15 厘米。20 世纪 70 年代在新郑县新村乡西河李采集，交新郑县文化馆保存。1983 年 5 月移交新郑县文物保管所，现藏新郑博物馆。该器物形体宽厚，横断面呈椭圆形，通体略加磨光，表面粗糙，石灰岩质料，刃部较宽而锋利，柄部较细小。柄部残缺 1 厘米×1 厘米。

6. 四足石磨盘

裴李岗文化。高 6.6 厘米、长 66.4 厘米、宽头最宽处 37.2 厘米、窄头最宽处 28.4 厘米。1979 年 3 月 5 日在巩县夹津口乡铁生沟村采集。2001 年 8 月由巩义市文物保护管理所拨交巩义博物馆。器型完整。盘为舌形，盘底有四足，石质为黄砂石，造型规整，经过较精细的磨制加工而成，但盘磨面较粗糙，有明显加工谷物的痕迹。

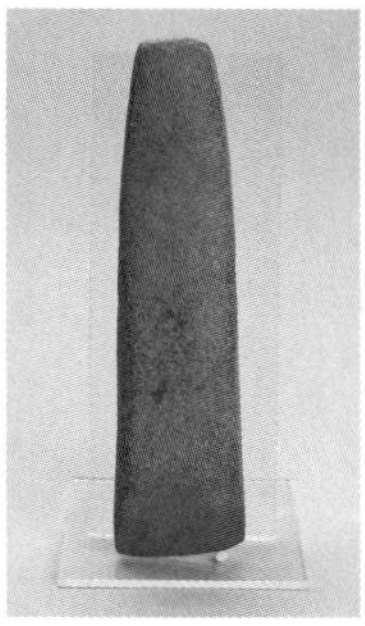

石斧

四足石磨盘

7. 石磨盘

仰韶文化。石质。通长 65 厘米、前宽 25. 5 厘米、后宽 21 厘米、通高 3. 5 厘米、盘面厚 1. 8 厘米。1963 年 12 月 4 日在郑州市物资局第三库采集。郑州博物馆藏。完整。该器前尖后圆,俯视如船形。磨面中段因碾磨而下凹,磨痕明显,碾背中部微隆,四短足在近前段及近后段作对称排列。磨制规整,极厚重。

石磨盘

8. 双肩石铲

仰韶文化。石质。通长 44 厘米、宽 16. 5 厘米、厚 1. 3 厘米。1960 年在密县观音堂大队采集。郑州博物馆藏。刃部微残。该铲呈长方形,双肩,短柄,圆角弧刃,形体壮观,为仰韶文化所罕见。

9. 双孔石铲

仰韶文化。石质。长 17. 6 厘米、宽 9. 3 厘米、厚 1. 6 厘米。1962 年李小保捐赠。郑州博物馆藏。刃一面微残。该铲略呈长方形,体扁平,下部稍宽,双面直刃,上部中间有上下两个孔,上椭下圆,均是两面对钻而成,体两侧横断面呈弧状。此铲采用一面青一面灰白色的石料制作而成,通体磨光。

双肩石铲

双孔石铲

石犁

10. 石犁

仰韶文化。石质。长 20.5 厘米、宽 10.5 厘米、厚 1.8 厘米。1963 年 3 月 15 日河南尉氏县马家庄马文颜捐赠。郑州博物馆藏。后部微残。该犁呈鞋底形，面较宽，一头磨刃，刃呈尖舌状，另一端圆钝，通体磨光。

11. 双肩石铲

仰韶文化。长 23.1 厘米、宽 11.9 厘米、厚 1.4 厘米。1979 年在荥阳县须水西岗采集。郑州博物馆藏。正面两侧及刃部微残。该铲体扁平，近方形，长柄，柄端较尖，双肩，单面圆角弧刃，两侧棱断面为弧状，通体磨光。

双肩石铲

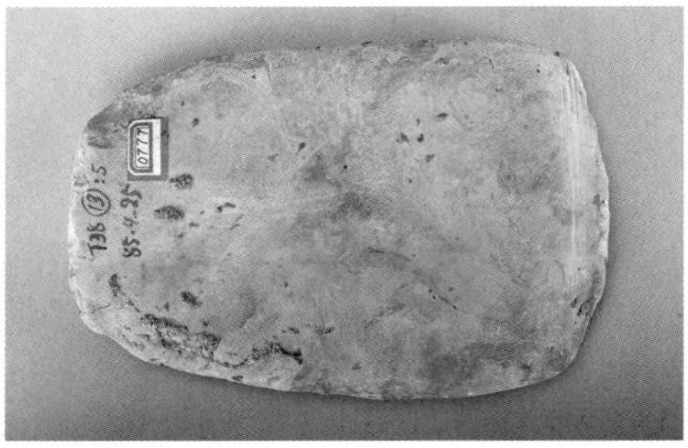

石铲

12. 石铲

仰韶文化大河村类型。长 21.9 厘米、宽 14.3 厘米。1985 年郑州市金水区柳林镇大河村遗址出土。现藏郑州市大河村遗址博物馆。完整。石质，灰色，通体磨制而成，体宽扁，平顶，弧形单面刃。

13. 大石铲

仰韶文化大河村类型。长 39.1 厘米、宽 10.4 厘米。1982 年在郑州市金水区柳林镇大河村遗址出土。现藏郑州市大河村遗址博物馆。完整。青石通体磨制而成，体宽扁呈长条形，弧形单面刃。

大石铲

14. 石铲

仰韶文化大河村类型。长 19 厘米、刃宽 9.4 厘米、背宽 7.4 厘米、厚 1 厘米。1982 年郑州市金水区柳林镇大河村遗址出土。现藏郑州市大河村遗址博物馆。完整。通体磨制，宽扁条状，圆弧单面刃，平背。

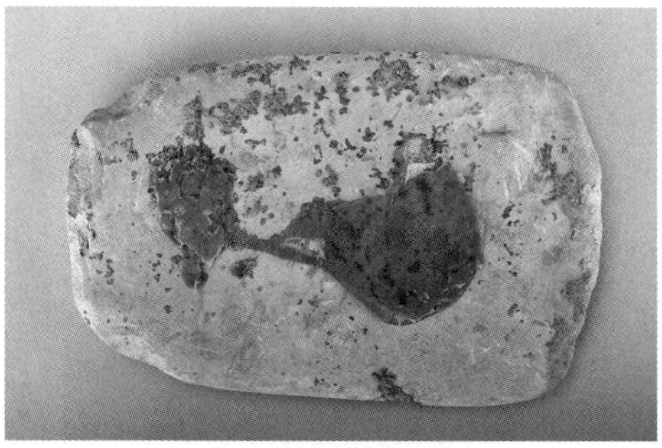
石铲

单孔石斧

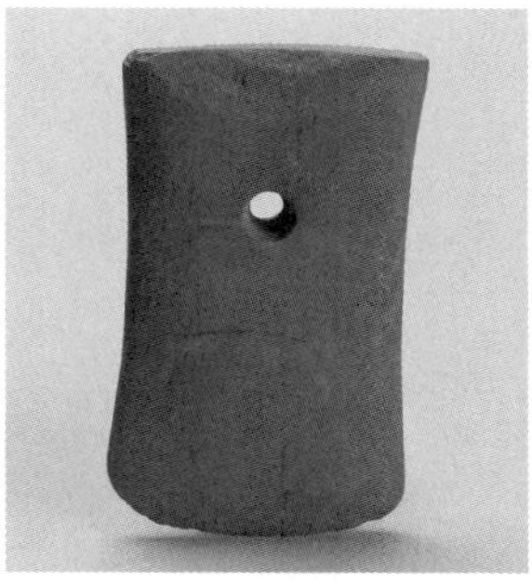
单孔石铲

15. 单孔石斧

河南龙山文化。通长20.36厘米、宽6.13厘米、厚1.45厘米。1980年9月20日在新郑县西河李采集。石斧微呈扁平体，宽端有刃，并有使用痕迹。斧上中部有一喇叭形圆孔，灰青色，磨制精细，微有光泽，并有竖条形浅灰色纹理。

16. 单孔石铲

商。长14厘米、宽8.5厘米、厚1.5厘米。1972年在郑州市紫荆山公园采集。郑州博物馆藏。完整。该铲体呈长方形，平肩，两侧内收呈弧状，下端双面圆角弧刃，上中部有一个两面对钻所成的孔，铲横断面呈椭圆形，此铲采用青灰色石料，通体磨光，制作精细。

17. 穿孔石钺

商。高19厘米、窄端最宽12.3厘米、宽端最宽14.3厘米、孔径3.2厘米、厚1.1厘米。巩县文化馆旧藏。1981年由巩县文化馆转交巩县文物保护管理所。2001年8月由巩义市文物保护管理所拨交巩义博物馆。器体有残缺。除刃部为弧形外，通体为梯形，一圆形穿孔位于上中部，厚薄均匀，石质细腻，光滑犹如玉石，为青色，并有不规则浅色花斑，钺两面均刻画三道斜线纹，斜穿过圆孔，刃部锋利，磨质精细，肩部稍残。

穿孔石钺

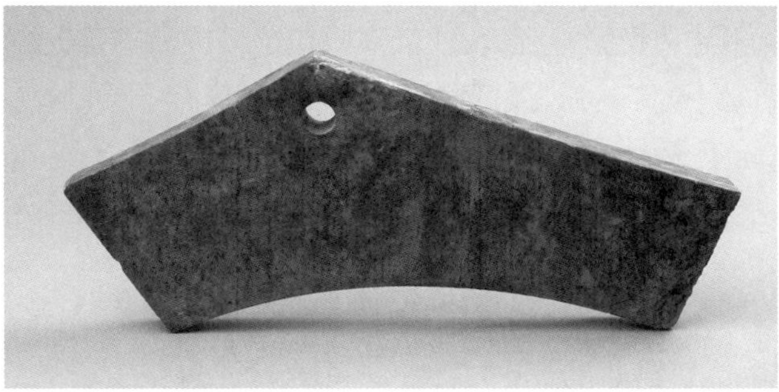
石磬

18. 石磬

战国。股长18厘米、股博12厘米、鼓长27.7厘米、鼓博宽10厘米、倨句处宽15厘米、厚2.7厘米。该器物于1992年12月24日在新郑县城关乡苗庄大队东周墓中被罪犯盗出，后由县公安局转交新郑文物保管所，现藏新郑博物馆。中部断为两截。该磬通体呈磬折形，素面，上下作折角，倨句部下有一圆孔，通体磨光，制作精细，灰中泛黄。

第六节　玉器

1. 单孔青玉戈

二里头文化。内至锋长 38 厘米、援宽 10.2 厘米、厚 0.7 厘米。1973 年新郑县新村公社群众在望京楼平整土地时发现，交新郑县文化馆保存，1983 年 5 月移交新郑县文物保管所，现藏新郑博物馆。断二截。前锋微扬，戈身中间有一条直贯首尾的凸钝棱，戈两侧援部有 1.2 厘米的斜面向前聚成三角刃状，直内微残，内与援交接处有一小阑，中间有一圆透孔与中脊相照，玉质青黄色。

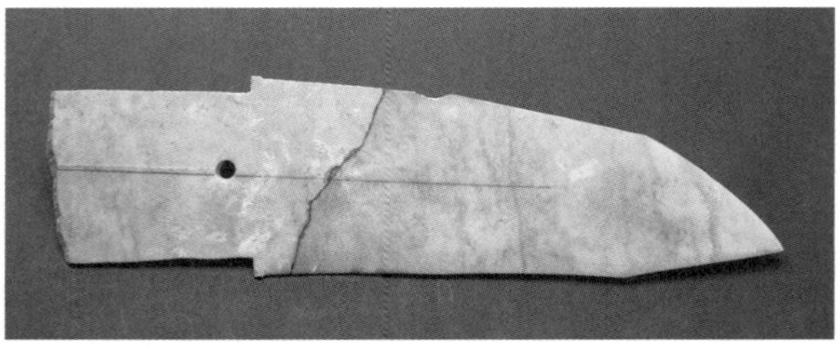

单孔青玉戈

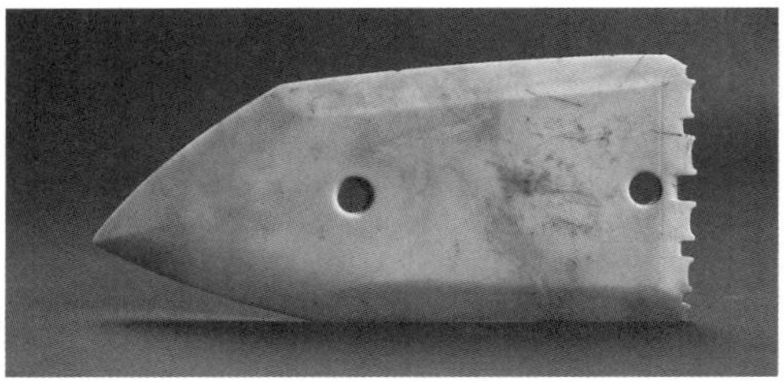

双孔玉戈

2. 双孔玉戈

二里头文化。通长 14.7 厘米、宽 6.3 厘米、厚 0.7 厘米。1973 年新郑县新村公社群众在望京楼遗址平整土地时发现，交新郑县文化馆保存，1983 年 5 月移交新郑县文物保管所，现藏新郑博物馆。齿缺 0.6 厘米×0.5 厘米。援部作长条三角形，中间排列两圆孔，两面素平，两边有刃，刃部锋利，直内，端部琢成五个方形凹槽，乳黄色，精致光润。

3. 单孔白玉戈

二里头文化。内至锋长 43.5 厘米、援宽 9.2 厘米、厚 0.87 厘米。原在新郑县文化馆保存，1983 年 5 月移交新郑县文物保管所，现藏新郑博物馆。援断三截，残疤多处。援部作长条三角形，锋与援相接处有明显折棱，援部略弧，援锋两边有刃，援中部有一槽凸棱，内呈长方形，内端残，内与援相接处有小阑，中脊线纵贯于内。

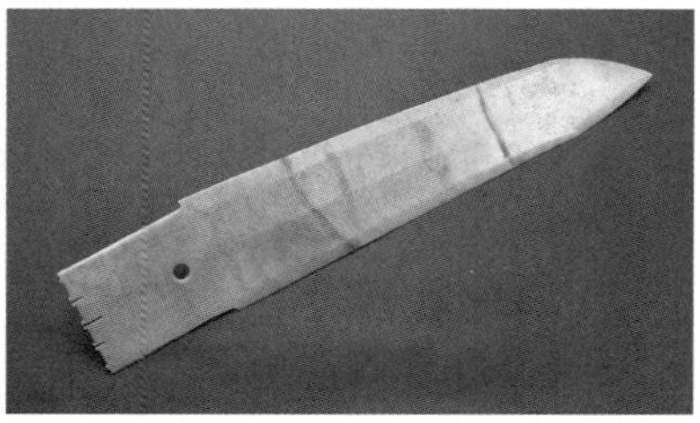

单孔白玉戈

玉饰

4. 玉饰

河南龙山文化。直径 0.9 厘米。1983 年郑州市金水区柳林镇大河村遗址出土。现藏郑州市大河村遗址博物馆。完整。玉石磨制，表面光滑，球状，有两相对凿穿之孔。

5. 单孔圆刃青玉铲

河南龙山文化。通长 23.1 厘米、通宽 7.23 厘米、首宽 3.12 厘米、穿径 0.79 厘米、厚 0.97 厘米。1971 年 1 月 20 日在新郑县观音寺公社唐户村南岗采集，收藏于新郑县文化馆。1983 年 5 月移交新郑县文物保管所，现藏新郑博物馆。通体残疤多处。呈长条形，柄部窄，中部有一圆孔偏上，刃部宽，较锋利，玉色淡青，质地较松软。

单孔圆刃青玉铲

单孔玉斧

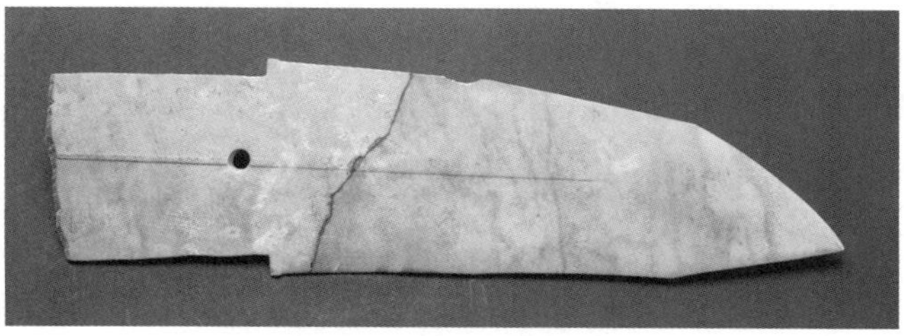
单孔玉戈

6. 单孔玉斧

河南龙山文化。通长 7.67 厘米、刃宽 4.55 厘米、首宽 3.92 厘米、穿径 1.6 厘米、厚 1.82 厘米。原在新郑县文化馆保存，1983 年 5 月移交新郑县文物保管所，现藏新郑博物馆。柄缺 0.7 厘米×0.5 厘米、1.7 厘米×0.5 厘米。该斧为长方形，刃部较宽，两面刃，柄部略窄，中间有圆穿，通体磨光，玉质温润坚密。

7. 单孔玉戈

商早期。内至锋长 52.2 厘米、援长 42.7 厘米、援宽 9.5 厘米、内长 10.1 厘米、内宽 8.5 厘米、厚 0.56 厘米。1973 年 3 月 17 日在望京楼商代遗址采集。1983 年 5 月，新郑县文化馆移交至新郑县文物保管所，现藏新郑博物馆。援断三截。援部作长条三角形，锋与援相接处有明显折棱，援部略弧，两边有刃，援部有中脊线，从穿孔直通锋尖，内呈长方形，内上有一圆穿孔，内端有三个长方形凹槽，玉色淡黄。

8. 玉琮

商。通高 4.23 厘米、外径 7.35 厘米、内径 6.27 厘米、肉厚 0.99 厘米。原在新郑县文化馆保存，1983 年 5 月移交新郑县文物保管所，现藏新郑博物馆。琮体裂纹 5 厘米。呈筒状，形状扁矮，内为圆形，体为八角形，上下一致，两头为子母口，玉色白中闪黄，有粟形斑点。

玉琮

长方形玉剑口

9. 长方形玉剑口

战国。长 12.7 厘米、宽 3.4 厘米、厚 1.1 厘米、方仓径 6.3 厘米。巩县文化馆旧藏。1981 年由巩县文化馆拨交巩县文物保护管理所。2001 年 9 月由巩义市文物保护管理所拨交巩义博物馆。完整。器体为长方形，背面有 1.5 厘米的扁形孔，正面一端浅雕牛头，其他部分布满两两相对的卷云纹，玉色为青色，有棕色斑纹。

10. 玉猪

汉。长 11.4 厘米、宽 2.7 厘米、高 2.6 厘米。巩县文化馆旧藏。1981 年由巩县文化馆拨交巩县文物保护管理所，2001 年 11 月拨交巩义博物馆。口部有裂纹。猪长身，长吻，尖耳，屈肢俯卧，体态肥壮，其玉质晶莹温润，白中泛青。

玉猪

玉猪

11. 玉猪

汉。长 10.2 厘米、宽 2.8 厘米、高 3.3 厘米。巩县文化馆旧藏。1981 年由巩县文化馆拨交巩县文物保护管理所。2001 年 12 月由巩义市文物保护管理所拨交巩义博物馆。完整。此猪屈肢俯卧，大嘴，短吻，小眼，尖耳，体态肥壮，玉质温润，青中泛棕，有棕色斑纹。

12. 玉雕人

清。高 19.6 厘米、宽 7.8 厘米、厚 4.7 厘米。巩县文化馆旧藏。1981 年由巩县文化馆拨交巩县文物保护管理所。2001 年 10 月由巩义市文物保护管理所拨交巩义博物馆。断为两截。整体为麒麟送子，玉童骑在麒麟上，黑发垂肩，眉目清晰，左手抚于胸前，手握一串钱，右臂高抬抚于头上，麒麟蹲卧于假山上，石质为灰色大理石。

玉雕人

比丘像

13. 比丘像

清。宽 5.2 厘米、厚 3.5 厘米、高 6.9 厘米。巩县康百万庄园旧藏。1985 年 8 月 17 日由巩县康百万庄园移交巩县文物保护管理所。2001 年，由巩义市文物保护管理所交巩义市康百万庄园文物保护管理所。器体有磕损。该雕像为坐佛,五官清晰,头向左歪,左手抚膝,右手托腮,身着僧衣,玉质细白,底部有红斑。

14. 乳钉纹簋形玉石酒杯

清。耳宽 12. 2 厘米、口径 7. 1 厘米、底径 4. 3 厘米、深度 3. 1 厘米。巩县康百万庄园旧藏。1985 年 8 月 17 日由巩县康百万庄园移交巩县文物保护管理所。2001 年,由巩义市文物保护管理所交巩义市康百万庄园文物保护管理所。有许多杂质和斑纹。玉杯为簋形,直口,直腹,圈足,两对称长方形垂耳,耳两侧饰以乳钉纹。玉质青灰。

乳钉纹簋形玉石酒杯

松树纹玉石酒杯

15. 松树纹玉石酒杯

清。通耳宽 10. 8 厘米、口径 6. 8 厘米、底径 3. 4 厘米、深度 3. 0 厘米、高 3. 6 厘米。巩县康百万庄园旧藏。1985 年 8 月 17 日由巩县康百万庄园移交巩县文物保护管理所。2001 年,由巩义市文物保护管理所交巩义市康百万庄园文物保护管理所。器体有裂纹。此杯为簋形,直口,直腹,圈足,两对称长方形垂耳,耳上线刻蝉纹。腹部浅雕松树、水波和鱼纹。玉质晶莹,有少许杂质。

第七节　铜镜

1. 羽地变形兽纹铜镜

战国。直径 13. 7 厘米、厚 0. 4 厘米。1972 年郑州市博物馆采集。郑州博物馆藏。完整。该镜桥形钮,钮周围饰圆素带,其外以羽状纹为地,主纹为变形兽纹分布四区,带状素宽边,折缘,镜面比较薄,具有明显的时代特征。

2. 蟠螭菱纹镜

战国。直径 13. 9 厘米、缘厚 0. 27 厘米。原新郑文化馆在新郑县城关乡端庄芦彦卿家征集,1983 年 5 月移交新郑县文物保管所,现藏新郑博物馆。镜边缘有 10 厘米裂缝。镜作圆形,三弦钮,圆钮座,钮外环绕三道凸弦纹,主纹饰蟠螭纹,其身作菱形折叠,相互缠绕,镜缘为素卷边。

3. 重轮镜

战国。直径 12. 8 厘米、缘厚 0. 25 厘米。原新郑文化馆旧藏,1983 年 5 月移交新郑县文物保管所,现藏新郑博物馆。镜面裂缝 10 厘米。该镜三弦钮,镜背有两周鼓起的凹面宽带,镜身轻薄,形体较大,镜缘向上明显卷起。

羽地变形兽纹铜镜

蟠螭菱纹镜

重轮镜

4. 全素镜

战国。直径10.8厘米、缘厚0.1厘米。原新郑县文化馆旧藏,1983年5月移交新郑县文物保管所,现藏新郑博物馆。完整。该镜三弦小钮,镜背素面,镜身轻薄。

5. 四神铭文铜镜

汉。铜质。直径15.4厘米、厚0.4厘米。1958年河南省文化局文物工作队将此文物拨交给郑州市博物馆收藏。完整。该镜呈圆形,圆钮,柿蒂纹钮座,座外饰方栏,规矩纹、八乳、青龙、白虎、朱雀、玄武等图案。其外铭文为"尚方作镜真大好,上有仙人不知老,渴饮玉泉饥食枣",再外饰条格,锯齿、水波纹饰,为东汉的标准器物。

全素镜

四神铭文铜镜

日光铜镜

6. 日光铜镜

汉。铜质。直径11.6厘米。1965年5月22日,古荥曹村坡汉墓出土。郑州博物馆藏。完整。该镜蛙形钮,方钮座,座周套以"回"字形正方栏,栏内铭文:"见日之光,天下大阳(太阳),所言必当。"其外四乳草叶垂果纹,周边饰十六个半圆枚。镜身较薄,正背面稍有锈蚀。

7. 四神规矩镜

西汉。直径14厘米、缘厚0.4厘米。1983年5月移交新郑县文物保管所,现藏新郑博物馆。完整。该镜半球形圆钮,圆钮座,钮外环绕八个小乳,乳间饰水纹和云纹,内区四乳间饰四神,羽人及禽兽纹,图栏四边伸出"T"形符号和"匚"形符号相对,将镜分成四区,其铭带二十字,边缘纹饰为连续云藻纹。

8. 四乳四神镜

西汉。直径11.5厘米、缘厚0.4厘米。1983年5月移交新郑县文物保管所,现藏新郑博物馆。沿残1厘米×0.5厘米。该镜圆形,圆钮,圆钮座,外饰双线方栏,内区四乳间以四神,分别为青龙、白虎、朱雀、玄武,其外铭文带一周镜边,纹饰为流云纹。

四神规矩镜

四乳四神镜

昭明连弧纹镜

9. 昭明连弧纹镜

西汉。直径11.5厘米、缘厚0.59厘米。原新郑县文化馆旧藏,1983年5月移交新郑县文物保管所,现藏新郑博物馆。完整。该镜圆钮,圆钮座,座外有一周十二个内向连弧纹,连弧与钮座间有多少不等的简单涡纹,外区为铭文带,字体方正,字间用“而”字补白,宽素平缘,镜面微鼓。

10. 十二辰镜

西汉。直径20.5厘米、缘厚0.5厘米。原新郑县文化馆旧藏,1983年5月移交新郑县文物保管所,现藏新郑博物馆。完整。圆钮,圆钮座,座外方框,框内排列“子丑寅卯辰巳午未申酉戌亥”十二地支铭并间以十二个乳钉纹。方框四边各向外伸出一“T”形符号与“L”形符号相对,方框四角“X”与“V”形符号相对,将镜的内区分为四方八等分。青龙、白虎、朱雀、玄武各踞一等分,其他四等分配以禽兽等补白,其外为四十余字的铭文带:“作佳镜真不好,君宜官秋芸相保,上有仙人不知老,渴饮礼泉饥食枣,浮游天下敖四海,寿比金石为国葆。”区外饰篦纹和锯齿纹各一周,主题纹饰和边缘装饰相结合,组成端庄而秀丽的画面,镜背光素无纹。

十二辰镜

昭明镜

尚方规矩镜

11. 昭明镜

西汉。直径8.5厘米、缘厚0.2厘米。原新郑县文化馆旧藏,1983年5月移交新郑县文物保管所,现藏新郑博物馆。完整。该镜半球形钮,圆钮座,座外饰有八个内向连弧纹,两周栉齿纹间饰铭文“内清以昭明,光象夫日月”,字间以“而”字相隔,宽平缘,字体方正。

12. 尚方规矩镜

西汉。直径13.7厘米、缘厚0.46厘米。原新郑县文化馆旧藏,1983年5月移交新郑县文物保管所，现藏新郑博物馆。完整。半球形钮，钮外柿蒂形花瓣，方形座，内区八个乳钉和神兽，其外环带铭文一周，再外饰一周栉齿纹，两周锯齿纹间饰双线波纹一周，镜面微鼓。

13. 禽鸟规矩镜

东汉早期。直径 14.3 厘米、缘厚 0.4 厘米。1983 年 5 月移交新郑县文物保管所，现藏新郑博物馆。该镜圆钮，柿蒂纹钮座，外为双线方栏，栏外饰规矩纹，间以八乳、禽鸟纹，在外依次饰射线、锯齿纹、双线波纹，窄平素边，镜面铮亮可鉴。

禽鸟规矩镜

龙虎对峙镜

“位至三公”镜

14. 龙虎对峙镜

东汉。直径 12.7 厘米、缘厚 0.6 厘米。原新郑县文化馆旧藏，1983 年 5 月移交新郑县文物保管所，现藏新郑博物馆。完整。该镜半球形钮，圆钮座，一龙一虎尖钮对峙，张口相斗，主题纹饰为圆雕的龙虎，其外铭文带一周三十二字，镜缘两周锯齿纹，间饰水波纹。

15. “位至三公”镜

西晋。直径 8 厘米、缘厚 0.26 厘米。原新郑县文化馆旧藏，1983 年 5 月移交新郑县文物保管所，现藏新郑博物馆。完整。该镜作圆形，半球形圆钮，圆钮座，双夔夹钮配置，钮上、下有数字相等的隶书铭文“位至”（上）、“三公”（下），两周弦纹外饰栉齿纹，素宽缘。

16. 齿纹蟠龙镜

西晋。直径 9.5 厘米、缘厚 0.5 厘米。1988 年 4 月郑州市桐柏路纺专 M8 出土。现藏郑州市文物考古研究院。完整。圆形，圆钮，圆座，座周围盘绕一龙，龙头回首衔尾。龙外围饰一周斜线纹，边缘饰两周锯齿纹。

17. 葵花式花果铜镜

唐。直径 24.9 厘米、厚 0.6 厘米。1972 年郑州市博物馆采集。郑州博物馆藏。完整。镜圆形，圆钮，无钮座，钮周围花枝缠绕呈圆形，束饰八束花草布满镜子背面，有八弧连成圆形，镜子形体较大，美观大方。

18. 禽兽葡萄铜镜

唐。大河村博物馆采集。郑州博物馆藏。完整。镜子圆形，蟾蜍钮，无钮座，钮周围饰形象各异的四禽兽，生动活泼。兽间饰累累葡萄，禽鸟或憩或翔，其外区饰葡萄，花鸟相间环绕，纹饰清晰，高浮雕技法。

齿纹蟠龙镜

葵花式花果铜镜

禽兽葡萄铜镜

19. 葵花式双鸾衔绶铜镜

唐。直径16厘米。1963年10月28日,河南省文化局文物工作队拨交。郑州博物馆藏。完整。该镜半球钮,无钮座,钮周左右双鸾口衔绶带相对展翅飞舞。上下缠枝莲花,其外蝶草相间环绕。八弧卷边。镜身厚重,造型美观,形象生动,是唐代最流行的式样中的优秀作品之一。

葵花式双鸾衔绶铜镜

菱花式花草铜镜

双鹊云龙月宫铜镜

20. 菱花式花草铜镜

唐。直径24.9厘米、厚0.6厘米。1972年郑州市博物馆采集。郑州博物馆藏。完整。镜圆形,圆钮,无钮座,钮周围花枝缠绕呈圆形,束饰八束花草布满镜子背面,有八弧连成圆形,镜子形体较大,美观大方。

21. 双鹊云龙月宫铜镜

唐。直径20.3厘米、厚0.6厘米。郑州沟赵公社赵村四队杨庚辰捐赠。郑州博物馆藏。完整。该镜葵花式,半球形钮,无钮座,钮左右饰双鹊衔绶带对舞,上方月宫中饰桂树、蟾蜍和玉兔捣药,下饰一龙在云中飞腾,使用浮雕与阳线刻技法。

22. 唐葵瓣花卉镜

唐。直径18.4厘米、厚0.4厘米。1990年12月郑州市化工厂M2出土。完整。六出葵花形,桥形钮,圆座,座围饰六朵花蕾,其外围一周联珠纹,外区饰六朵折枝花。通体银白色。现藏郑州市文物考古研究院。

23. 双鸾衔绶铜镜

唐。直径21.5厘米、厚0.4厘米。1983年10月9日樊新杰捐赠。现藏荥阳市文物保护管理所。完整。八出葵花形,桥形钮,钮左右双鸾同形,振翅翘尾,口衔长绶带,足踏花枝,挟钮对立,钮上一株大石榴花，开绽露籽。钮下两枝荷花对立缠绕，石榴花和荷花上各踏两只鸾同衔一束绶带和一束枝叶。边缘饰四小折枝花与如意纹相间环列。图文花美，洋溢生活气息，通体银白色。

唐葵瓣花卉镜

双鸾衔绶铜镜

人物故事镜

24. 人物故事镜

唐。直径 24 厘米、缘厚 0.85 厘米。原新郑县文化馆旧藏，1983 年 5 月移交新郑县文物保管所，现藏新郑博物馆。完整。该镜作八角菱花形，镜体厚重，圆钮，右上一人似为西游记故事中的孙悟空，手持大棒，火眼金睛，向前瞭望，其下一人左腿着地，右肢跪起，钮下三人随行，为首者手托一物，奉养上边一人。

25. 双鸾衔绶镜

唐。直径 19.3 厘米、缘厚 0.93 厘米。原新郑县文化馆旧藏，1983 年 5 月移交新郑县文物保管所，现藏新郑博物馆。完整。该镜呈八出菱花形，半球形钮，主题纹饰为双鸾脚踏莲枝相对衔绶，双鸾展翅欲飞，两朵缠枝莲花与双鸾相间。镜边饰八组蜜蜂、花卉，相间环绕。

双鸾衔绶镜

海兽葡萄镜

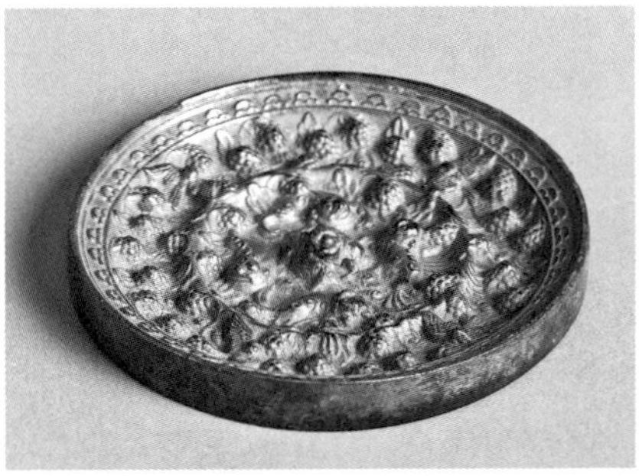
海兽葡萄铜镜

26. 海兽葡萄镜

唐。直径 11.3 厘米、缘厚 0.91 厘米。1983 年 5 月新郑县文物保管所接收，现藏新郑博物馆。完整。该镜兽形钮，镜缘高直，且外高内低，以高圈分为两区，内区有葡萄蔓枝叶实，蔓延至外区边缘。外区饰飞雀、蜻蜓，缘内饰一周云纹。

27. 海兽葡萄铜镜

唐。直径 14.7 厘米、厚 1.4 厘米。1984 年 11 月登封县芦店镇张村章焕成采集，1985 年捐赠。现藏登封市文物局。完整。该镜正面微凸，光洁，蛙形钮，以钮为中心形成两组浮雕图案，内区以缠枝葡萄为底，钮周围饰四只形态活泼的海兽。外区有形态迥异的飞鸟一周，两区之间凸棱相隔，纹饰生动，造型精美。

28. 海兽葡萄铜镜

唐。直径 11.7 厘米、厚 1.5 厘米。1985 年 7 月，登封县徐庄乡扬岭村李全福采集捐赠。现藏登封市文物局。该镜正面微凸，光洁，蛙形钮，以钮为中心形成两组浮雕图案，内区以缠枝葡萄为底，钮周围饰四只形态活泼的海兽。外区有形态迥异的飞鸟一周，两区之间凸棱相隔，纹饰生动，造型精美。器体有残缺，镜背边残 0.8 厘米×0.3 厘米，镜正面边残 0.9 厘米×0.3 厘米。

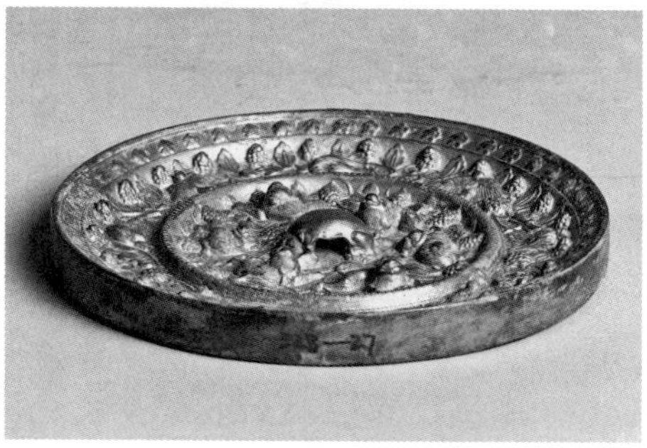

海兽葡萄铜镜

花鸟铜镜

海兽葡萄铜镜

29. 花鸟铜镜

唐。直径 22.1 厘米、厚 0.4 厘米。该器物经村民采集上缴给中牟县文化馆保管，1986 年移交中牟县文物保护管理所收藏至今。总体呈银白色，镜体厚重，桥形钮，背面内区有四束鲜花对称分布，花间四只喜鹊相向；外区有花朵装饰。

30. 海兽葡萄铜镜

唐。直径 13.6 厘米、厚 1.4 厘米。1995 年 5 月 30 日巩义市公安局内保科破巩义市站街镇王沟村刘梦周私挖文物案收缴，交巩义市文物保护管理所存，2001 年 8 月由巩义市文物保护管理所拨交巩义博物馆。器体残。镜分内外区，兽钮，折枝葡萄与五兽相间，一周凸棱把内外区分开，棱上压印联珠纹，外区纹一周缠枝葡萄，枝间饰八只形态各异的小鸟，斜沿内二周弦纹间饰一周花朵。

31. 禽兽葡萄铜镜

唐。直径 10.9 厘米、厚 1.2 厘米。1985 年 7 月在巩县西村乡采集。2001 年 8 月由巩义市文物保护管理所拨交巩义博物馆。残缺。镜为圆形，沿高内低，卧兽钮，镜沿内有一圈卷云纹，镜中有一凸弦纹，把镜分为内外两区，外区有六只鸟，两只鸟之间用缠枝葡萄相接，内区二龙做腾飞状，周围布以云气，兽钮中间有一半圆孔。

32. 禽兽葡萄铜镜

唐。直径 14.7 厘米、厚 1.5 厘米。1983 年 7 月 5 日巩县火车站西闸口发掘出土。2001 年 8 月由巩义市文物保护管理所拨交巩义博物馆。残。镜为圆形，沿高内底，沿内有一圈缠枝花纹，缠枝纹下为蕉叶纹，纹饰细小，镜内有一凸弦纹，把镜分为内外两区，外区为两兽一鸟纹，共有三组，每组之间用缠枝葡萄相接；内区鸟兽相间，共六个，用缠枝葡萄相接。圆钮，钮为半圆孔，凸弦纹上饰蕉叶纹等细小花纹。

禽兽葡萄铜镜

“亚”字形花草铜镜

盘龙镜

33. “亚”字形花草铜镜

宋。直径 18 厘米、厚 0.1 厘米。1978 年 2 月郑州古荥公社收购。郑州博物馆藏。完整。该镜呈“亚”字形，半圆形小钮，圆形钮座，内饰花卉图案，方栏四角内饰花卉，其外缠枝牡丹分布四区。联珠纹呈“亚”字形，宽厚边。浮雕与阳线刻技法，绘画清晰细腻，具有宋代绘画特征。镜身较薄。

34. 盘龙镜

北宋。直径 13.7 厘米、缘厚 0.65 厘米。原新郑县文化馆旧藏，1983 年 5 月移交新郑县文物保管所，现藏新郑博物馆。完整。该镜作八角菱花形，圆钮，钮外云朵间浮雕一龙，昂首飞腾，盘躯舞爪，卷尾，张口，形态雄健有力。宽素缘。

35. 婴戏带柄镜

北宋。直径 17.3 厘米、直径 9.1 厘米、把长 8.2 厘米、缘厚 0.5 厘米。原新郑县文化馆旧藏，1983 年 5 月移交新郑县文物保管所，现藏新郑博物馆。完整。该镜圆形，长方形柄，镜背浮雕戏婴图，主题纹饰为三婴戏一老翁，镜体背面上方一棵果树，左侧一位头戴纶巾的仙人，双手托一物上举，长衫拖地，衣带飘舞，与童男童女尽情游戏，人物形态十分生动。

婴戏带柄镜

许由巢文故事镜

“亚”字形八卦铭文铜镜

36. 许由巢文故事镜

金。直径 17.8 厘米、缘厚 0.6 厘米。原新郑县文化馆旧藏，1983 年 5 月移交新郑县文物保管所，现藏新郑博物馆。完整。该镜圆形，圆钮，主题纹饰为一条小河从幽静的山谷中流出。上游坐着一人，右手抬至耳边；下游处一人手牵一牛，左手举前。镜边宽平。

37. “亚”字形八卦铭文铜镜

明。直径 15.6 厘米、厚 0.4 厘米。1958 年河南省文化局文物工作队将此文物拨交。郑州博物馆藏。完整。该镜呈方圆形，圆形钮座，钮周有八卦图案围成的方座。其外阳文篆书“保护□生，水银□精，□□卫□，形□日照”十六字，四弧高边。

第八节　证章

1. 任访秋北平师范大学毕业证书

1933 年颁发。纸质。长 54.3 厘米、宽 42.7 厘米。2000 年 7 月河南大学捐赠。郑州博物馆藏。完整，有折痕，中间有多处折洞，右边有两处撕痕。该证书呈长方形，正中上部椭圆形内有孙中山头像，两边饰交叉的国民党党旗与中华民国国旗；四周为黑色边框，毛笔墨书，竖行自右向左有“学生任维焜系河南省南召县人，现年二十三岁，在本校文学院国文学系修业期满，成绩及格，准予毕业，得称文学士，此证”字样，分四行左右排列。四行文字左下有一行毛笔墨书“国立北平师范大学校长李蒸”，文字较小，上有“国立北平师范大学关防”篆书朱文长方形印章，其下有“李蒸之章”朱文方印一枚；左中下部有任先生照片及“北平师范大学”篆书钢印，最左自上而下有“中华民国二十二年六月”字样，上有“教育部印”朱文方印，印右下边角有面额五角的国民政府印花税票一枚。左下角有“19770”字样。背面有“字第肆拾捌号”字样，中部盖有“国立北平师范大学关防”骑缝朱文印章。

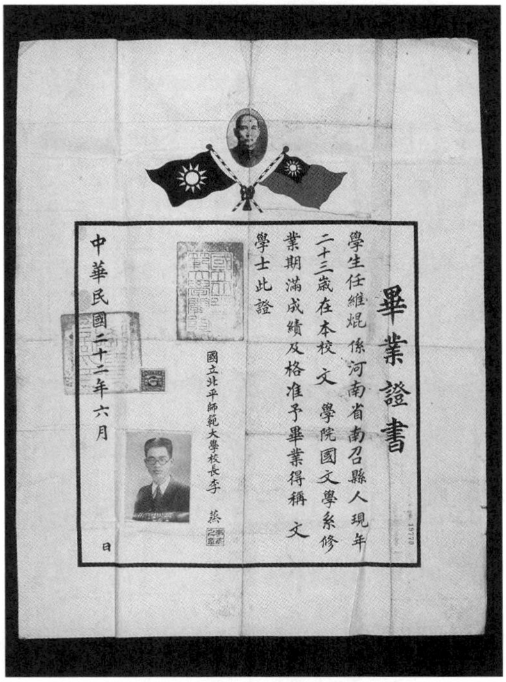

任访秋北平师范大学毕业证书

任访秋(1909—2000)，原名维焜，字仿樵，笔名访秋，河南南召县人。1923 年夏，任访秋考入河南省立第一师范。1929 年秋，考入北平师范大学中文系。任访秋在北平师范大学三年级时，还考取北京大学国学门研究所。1933 年，任访秋在北平师范大学毕业后，回到河南，任洛阳师范国文教师。

2. 解放纪念章

金属质。直径 3.3 厘米。郑州古玩城收购。郑州二七纪念馆藏。完整。奖章内有一颗红色的五角星，下面是天安门图案，背面上侧有一颗五星，有“1945—1950”字样，下面是天安门图案，有“解放奖章”“中华人民共和国”“一九五五年”“北京编号为 Z26733”等文字。有红黄相间绶带和奖章相连。

3. 贾文玉佩戴的朝鲜政府颁发的战士勋章

铜质。直径 3.5 厘米。二级文物。2000 年 5 月 31 日贾文玉捐赠。郑州二七纪念馆藏。完整。圆形，图案为：上方有两架飞机，中间有中国人民志愿军和朝鲜人民军战士，一人手持朝鲜国徽，另一人手握枪，左侧有一辆坦克，上方有两架飞机。背面上方有一个五角星图案，中间为朝鲜文，有略章，配红黄蓝三色绶带。

解放纪念章

贾文玉佩戴的朝鲜政府颁发的战士勋章

陈官来佩戴的解放西藏纪念章

4. 陈官来佩戴的解放西藏纪念章

铜质。直径4.1厘米。2000年7月17日陈官来捐赠。郑州二七纪念馆藏。完整。纪念章为不规则形状，红、褐色相间，正上方红旗内有毛主席头像，像章中央有一颗红色的五角星，下侧有一幅中国地图，并刻有汉藏两种字体的“解放西藏纪念”字样，左右两侧均有麦穗图案，背面刻有“西南军区颁发”“1952.8.1”等文字。

5. 解放西藏纪念章

铜质。直径4.1厘米。2000年6月27日郑州古玩城收购。郑州二七纪念馆藏。完整。纪念章为不规则形状，红、褐色相间，章正上方红旗内有毛主席头像，像章中央有一颗红色的五角星，下侧有一幅中国地图，并刻有汉藏两种字体的“解放西藏纪念”字样，左右两侧均有麦穗图案，背面刻有“西南军区颁发”“1952.8.1”等文字。

解放西藏纪念章

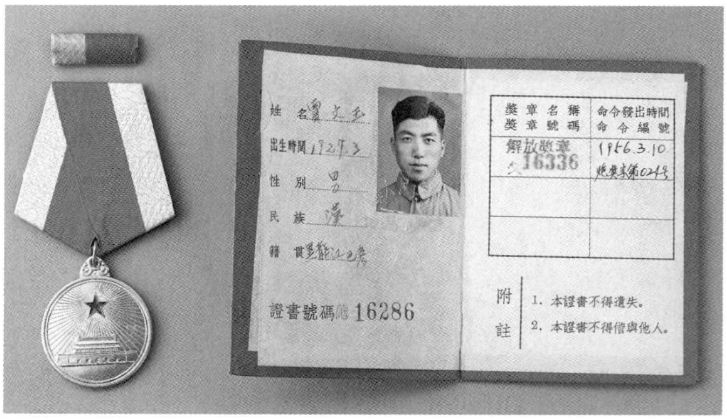

贾文玉佩戴的解放奖章及奖章证书

6. 贾文玉佩戴的解放奖章及奖章证书

铜质。直径3.3厘米。2000年5月31日贾文玉捐赠。郑州二七纪念馆藏。完整。奖章为黄色，圆形，上方有一颗红色五角星放射光芒，下方有天安门图案，背面上方有五角星一颗，下有天安门图案，有“1945—1950”字样，最下方有“解放奖章”“中华人民共和国”“一九五五年”“北京”等文字，编号为“16336”，略章和绶带为红黄相间的缎带。

7. 平原省土地房产所有证

纸质。长37.4厘米、宽33.1厘米。2000年8月2日高丽捐赠。郑州二七纪念馆藏。完整。所有证为长方形，毛笔填写内容，竖版，正文最右侧有“平原省土地房产所有证”字样，分左右两部分，右部分说明了获嘉县将部分耕地、非耕地分给该县城关乡清泉村汪家坟作为私有产业，可以典卖、转让等事宜；左部描述了土地的位置、长宽及房产的有关内容，时间为“一九五五年四月一日”，并盖有印章和骑缝章各一枚。

8. 李赫氏的选民证

纸质。长 10.8 厘米、宽 8 厘米。2000 年 7 月 13 日郑州古玩城收购。郑州二七纪念馆藏。完整。该证为长方形，表格形式，正上方有“选民证”字样，下方右侧注明使用选民证的注意事项，共两条；有“姓名，李赫氏，女，六十一”“开封市第三区选举委员会发，一九五三年十月六日”字样，并盖有“开封市第三区选举委员会”印章一枚，背面无字。

李赫氏的选民证

中国人民解放军一等功奖章

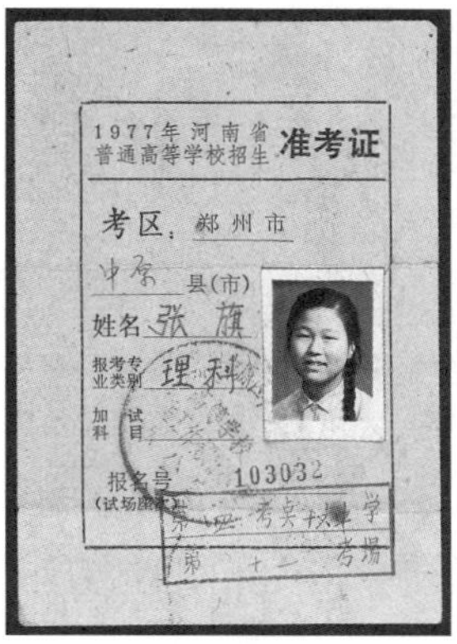

郑州市张旗 1977 年恢复高招准考证

9. 中国人民解放军一等功奖章

复合材料。直径 4 厘米、厚 0.6 厘米。2000 年 8 月郑州古玩城捐赠。郑州博物馆藏。完整。奖章呈正五边形，上有蓝红白三色绶带和略章，绶带和略章之间用金属小环相连。奖章中间突起，外层每边各饰一个麦穗，中间为一个凸起的圆环，内为八一军徽，军徽周围有凸起的光芒纹，背面上部印有凸起的环行“中国人民解放军总政治部”字样，下部有“一等功奖章”“4933”字样，分两行上下排列。盒子呈长方形，纸质，红色，正中上部印有金色八一军徽，中下部有“一等功奖章”“中国人民解放军”字样，分两行上下排列。

10. 郑州市张旗 1977 年恢复高招准考证

纸质。长 13 厘米、宽 9.2 厘米。2000 年 8 月 11 日郑州市图书馆张万钧捐赠。郑州博物馆藏。右中部残裂 2 厘米。该准考证呈长方形，白色，黑色单线边框，框内黑粗线上方印有“1977 年河南省普通高等学校招生准考证”，下方左侧为填写式，内容为郑州市、中原、张旗、理科、103032。试场座次处盖有一长方形朱文印，印文为“第四考点十六中学第十一考场”。右侧中部贴有一张 1 寸黑白照片，其左下角钤一圆形朱文印，印文为“郑州市中原区高等学校，招生工作领□□办公室”。背面印有“准考证考试须知”七条内容，为黑色印刷字体。

11. 刘云峰、李德文结婚证明书

过渡时期。纸质。长 30.8 厘米、宽 26.7 厘米。2000 年 8 月 21 日炮兵总参干休所刘云锋捐赠。郑州博物馆藏。边部微残。该证书呈长方形，黄红两色套印而成，底纹为黄条纹底透白，“结婚证明书”

上印蓝字,竖读,自左至右依次为“郑州市人民政府结婚证明书”,编号,内容,证明书收执人,市长、副市长名章,发证时间和“郑州市人民政府印”一枚。外饰红色花形边饰,边饰四角中部竖读“结婚证书”,结婚证左右两边骑缝上各有编号和印章。证上注名给男女方收执,并钤盖个人私章。骑缝处为“民政字第零陆拾零号”。

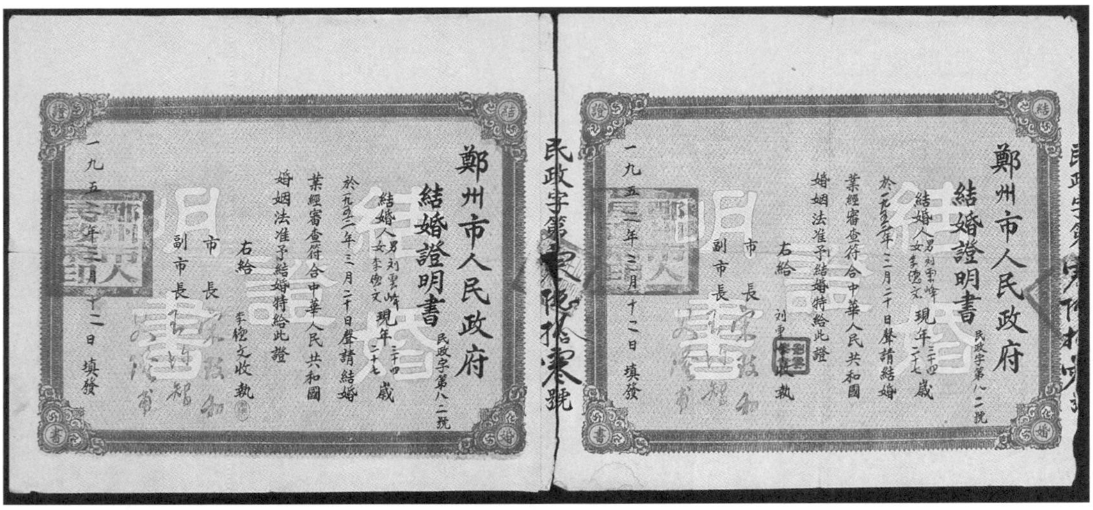

刘云峰、李德文结婚证明书

12. 李俊卿、陈梦花结婚证明书

过渡时期。纸质。长 33.1 厘米、宽 25.7 厘米。河南省教育厅家属院李俊卿、陈梦花捐赠。郑州博物馆藏。完整。该结婚证呈长方形,绯红色,蓝色花纹边框,竖印蓝色印刷字体,墨书填写,其内容大意为“李俊卿、陈梦花经审查符合中华人民共和国婚姻法,准予结婚,特给此证”。左边钤县长“成群”印,“一九五一年十二月二十九日”,时间上面钤“洛阳县人民政府之章”朱文篆书印一枚。右边压缝处半枚红色方形印。

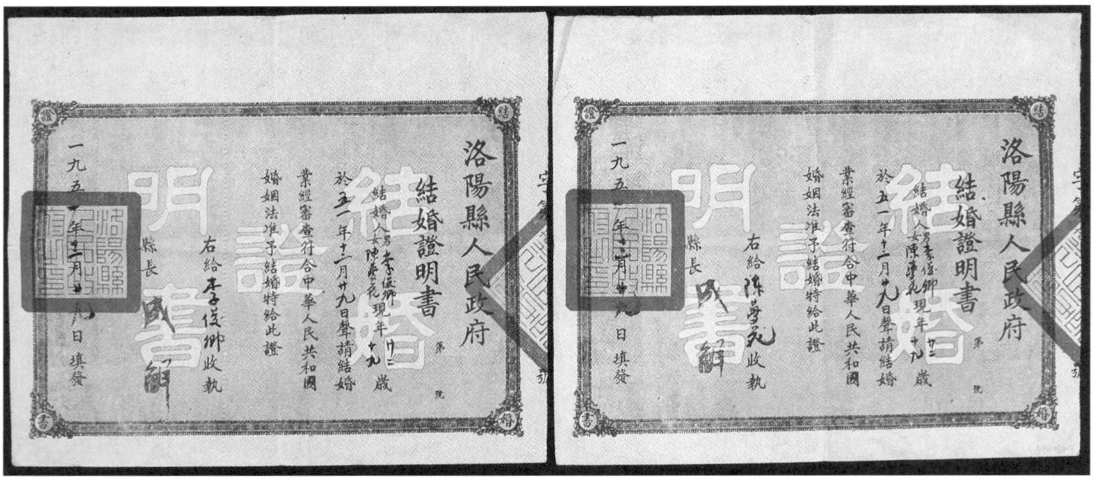

李俊卿、陈梦花结婚证明书

13. 新乡市时忠宝 1977 年恢复高招准考证

1977 年。纸质。长 12.8 厘米、宽 9 厘米。2000 年 11 月 6 日新乡市封丘县鲁岗公社仁砦村时忠宝捐赠。郑州博物馆藏。完整。该准考证呈长方形,白色,黑色单线边框,框内黑粗线上方印有“1977 年

河南省普通高等学校招生准考证”，下方左侧为填写式，内容为新乡地区、封丘、时忠宝、文史、105694，号上钤有一圆形朱文印章，印文为“河南省封丘县高等学校招生委员会”，右中部粘贴一张1寸黑白照片。背面印刷有“准考证考试须知”七条内容字样。

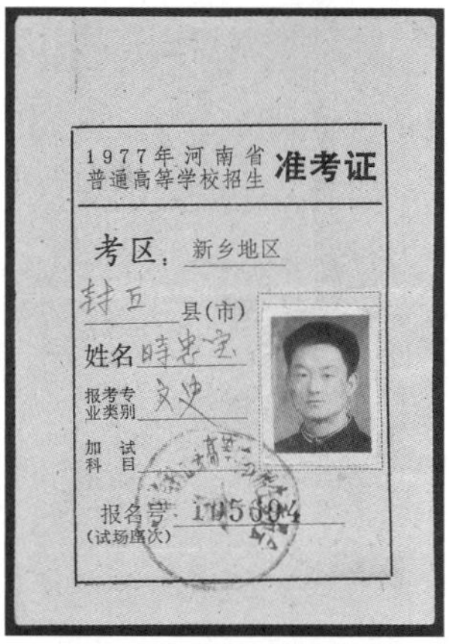

新乡市时忠宝1977年恢复高招准考证

王华冰全国三八红旗手证书

14. 王华冰全国三八红旗手证书

近现代。纸质。长11.4厘米、宽8.2厘米。2000年7月21日河南省体工大队捐赠。郑州博物馆藏。完整。该证书为长方形，红色绒布封面，上面有烫金的天安门纹饰和“全国‘三八’红旗手证书”等文字。证书正文为一张白纸，红色线条方框内有“中华全国妇女联合会授予王华冰同志全国‘三八’红旗手”等文字，证书编号为“第8756号”，右半部分中央钤“中华全国妇女联合会”朱文圆形印章一枚，发证时间为“一九八七年三月五日”。

15. 王华冰全国三八红旗手奖章

近现代。铜质。直径5.9厘米、厚0.3厘米。2000年7月21日原郑州工学院党委书记王华冰捐赠。郑州博物馆藏。完整。奖章为圆形，正面中间横条内有“三八红旗手”字样，横条上下有放射状和环行线条做装饰，其上部有“中华全国妇女联合会”一行字，从左至右环行排列，下部有“1983”字样。背面有红旗、五星等图案，还有三个重叠的妇女头像。

王华冰全国三八红旗手奖章

16. 王华冰中央党校毕业证书

近现代。纸质。长15.7厘米、宽10.5厘米。2000年7月21日原郑州工学院党委书记王华冰捐赠。郑州博物馆藏。完整。该证书封皮、封底均为红色，封皮上有金字，从上到下分别为“全世界无产者联合起来！”“中共中央高级党校毕业证书”“北京”等文字。封二、封三均粘贴浅绿花朵纹白纸，封二上部正中有“毕业证书”四个字，证书编号为“第00264号”，下部正中粘贴王华冰同志1寸黑白照片一张，钤“中共中央高级党校”钢印一枚。封三正文内容为“王华冰同志，自一九五〇年九月至一九五四年一月在本校第三班学习期满，准予毕业”，发证机关为“中共中央高级党校”，时间为“一九五七年七月十五日”。

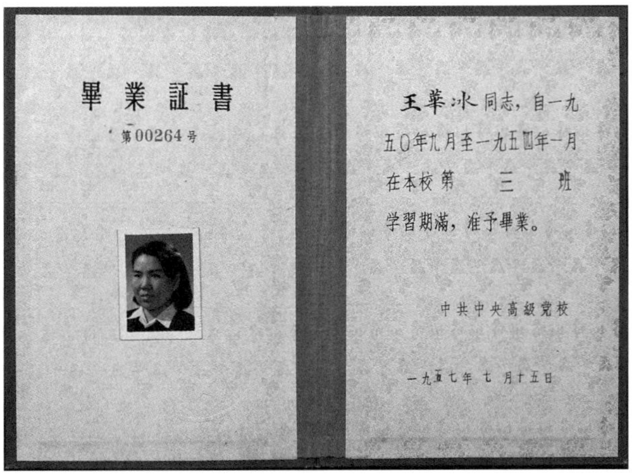

王华冰中央党校毕业证书

17. 省政府任命王华冰为省建筑工程局人事教育处处长证书

近现代。纸质。长 28.9 厘米、宽 19.7 厘米。2000 年 7 月 21 日原郑州工学院党委书记王华冰捐赠。郑州博物馆藏。完整。证书如书本状，白色纸质，封皮上部正中印国徽图案，下面有“河南省人民委员会任命书”两行烫金字上下排列，封二空白，封三红线框内文字为“任命王华冰为河南省建筑工程局人事教育处处长”“省长文敏生”，文敏生三字为朱红色，证书编号为“第 3106 号”，发证时间为“1963 年 12 月 30 日”。

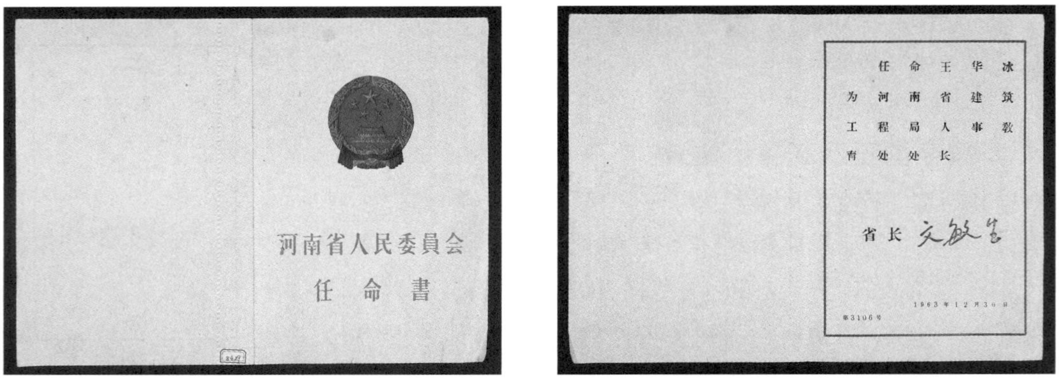

省政府任命王华冰为省建筑工程局人事教育处处长证书

18. 成皋县政府发刘群妞土地房产所有证

近现代。纸质。长 41.3 厘米、宽 36.2 厘米。2000 年 8 月 10 日郑州博物馆王建龙捐赠。郑州博物馆藏。完整。该证略呈正方形，宣纸印刷而成，因旧而发黄色，纸外边缘饰粗黑线框，其右侧一枚篆文骑缝章，印“成字第贰捌壹号”，证抬头印“土地房产所有证”，自右至左读，有一条细线与正文内容分隔开。证书右侧为房产证正文，自右至左竖读，注明房产所有人的住址、划定房产的数量，县长、副县长的姓名章。左侧用图表形式表明土地房产的坐落、种类、数量、四至、长宽尺度、附属物等方面的内容，图表左侧为发证时间，钤“成皋县人民政府印”篆文朱砂印。

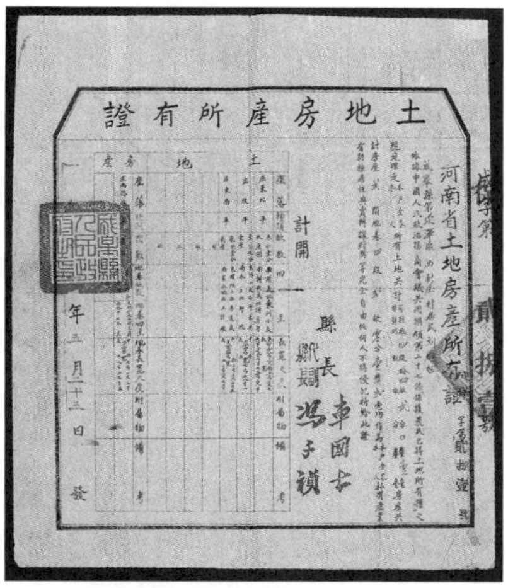

成皋县政府发刘群妞土地房产所有证

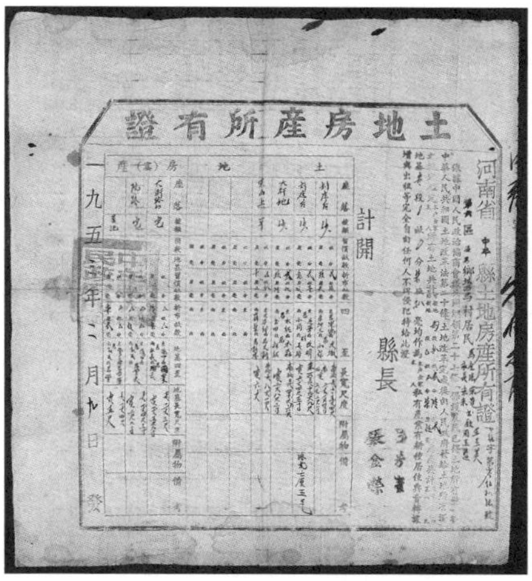

中牟县政府发马全法土地房产所有证

19. 中牟县政府发马全法土地房产所有证

近现代。纸质。长 36.9 厘米、宽 34.6 厘米。2000 年 8 月中牟县三官庙乡坟西马村马全法捐赠。郑州博物馆藏。完整,上面有水渍,两个墨点。该证略呈正方形,宣纸印刷而成,因旧而发黄色,纸外边缘饰粗黑线框,其右侧印“成字第贰捌壹号”,有一枚篆文骑缝章,证抬头印“土地房产所有证”,自右至左读,有一条细线与正文内容分隔开。证书右侧为房产证正文,自右至左竖读,注明房产所有人的住址、划定房产的数量,县长、副县长的姓名章。左侧用图表形式表明土地房产的坐落、种类、数量、四至、长宽尺度、附属物等方面的内容,图表左侧为发证时间,钤“中牟县人民政府印”篆文朱砂印。

20. 猗氏县政府发师三星房窑证

近现代。纸质。长 44 厘米、宽 34.2 厘米。2000 年 8 月郑州古玩城兰书功捐赠。郑州博物馆藏。完整。该证略呈长方形,宣纸印刷而成,因旧而发黄色,纸外边缘饰粗黑线框,其右侧有证书编号和一枚篆文骑缝章,证抬头印“猗氏县房窑证”,自右至左读,有一条细线与正文内容分隔开。该证正文以图表形式表明了房窑所有人的姓名、性别、年龄、职业、住址、房窑所在地房窑种类和数目、面积、四至、出路、来历、等级等内容。末尾有猗氏县政府县长(副县长)王建吾姓名章一枚及发证时间,并钤朱文篆书“猗氏县人民政府印”一枚。

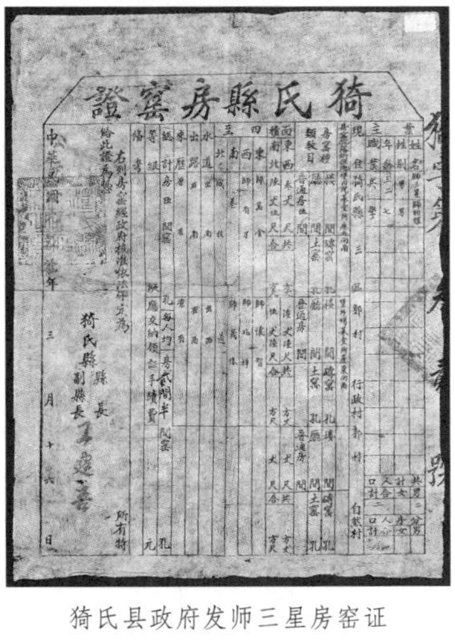

猗氏县政府发师三星房窑证

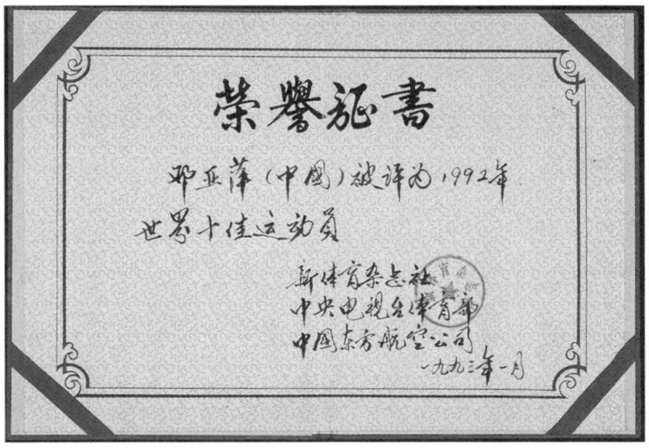

邓亚萍 1992 年世界十佳运动员证书

21. 邓亚萍 1992 年世界十佳运动员证书

近现代。复合材料。长 35 厘米、宽 24 厘米。2000 年 8 月 29 日，河南省体工大队捐赠。郑州博物馆藏。完整。该证书为纸质长方形，主体白色，黄色线条作为底纹，文字书写在褐色线框内，方框内上部正中“荣誉证书”四字较大，下有“邓亚萍（中国）被评为 1992 年世界十佳运动员”文字，评选单位是“新体育杂志社”“中央电视台体育部”“中国东方航空公司”，时间为“一九九三年一月”，钤“新体育杂志社”圆形朱文印一枚。

22. 中华人民共和国解放奖章

近现代。复合材料。直径 3.2 厘米、厚 0.3 厘米。2000 年 8 月，郑州古玩城收购。郑州博物馆藏。完整。该奖章呈圆形，中间有凸起的天安门图案，其上部正中饰一红色五角星，五角星周围饰光芒纹。奖章上方为黄红相间的丝带纹绶带，背面有别针，绶带与奖章间用金环连接。背面上部为正面主体图案的微缩图，图左边有“1945”字样，右边有“1950”字样，下部有“解放奖章”“中华人民共和国”“一九五五　北京”字样，编号为“26908”，分上下四行。

23. 中华人民共和国解放奖章

近现代。复合材料。直径 3.2 厘米、厚 0.3 厘米。郑州博物馆藏。完整。该奖章呈圆形，中间有凸起的天安门图案，其上部正中饰一红色五角星，五角星周围饰光芒纹。奖章上方为黄红相间的丝带纹绶带，背面有别针，绶带与奖章间用金环连接。背面上部为正面主体图案的微缩图。图左边有“1945”字样，右边有“1950”字样，下部有“解放奖章”“中华人民共和国”“一九五五　北京”字样，编号为“25940”，分上下四行。

24. 中华人民共和国解放奖章

近现代。复合材料。直径 3.2 厘米、厚 0.3 厘米。2000 年 8 月，郑州古玩城收购。郑州博物馆藏。完整。该奖章呈圆形，中间有凸起的天安门图案，其上部正中饰一红色五角星，五角星周围饰光芒纹。奖章上方为黄红相间的丝带纹绶带、略章，背面有别针，绶带与奖章间用金环连接。背面上部为正面主体图案的微缩图。图左边有“1945”字样，右边有“1950”字样，下部有“解放奖章”“中华人民共和国”“一九五五　北京”字样，编号为“26857”，分上下四行。

25. 中国人民解放军西南军区赠解放西藏纪念章

近现代。复合材料。通高 4.5 厘米、厚 0.2 厘米。2000 年 8 月，郑州古玩城收购。郑州博物馆藏。完整。该纪念章近椭圆形，上有略章，略章与纪念章间用金属纽环连接。纪念章正中有凸起的红色五角星，五角星下方为中国微缩地图，五角星上方红旗旗面上为毛主席侧视头像，五角星周围的纪念章边沿饰谷穗纹；下部有汉藏两种字体的“解放西藏纪念”字样，分两行上下排列。背面中部有“西南军区颁发”“1952. 8. 1”字样，分两行上下排列。

中国人民解放军西南军区赠解放西藏纪念章

26. 中华人民共和国独立自由奖章

近现代。复合材料。直径 3.3 厘米、厚 0.3 厘米。2000 年 8 月，郑州古玩城收购。郑州博物馆藏。完整。该奖章为圆形,上有绶带,绶带与奖章间用金属纽环连接。奖章正面边缘由小颗粒围成一个圆的图案,中间有凸起的延安宝塔耸立在宝塔山上。其上部正中即宝塔正上方有一红色五角星图案。背面上部为正面主体图案的微缩图,宝塔左有“1937”字样,右有“1945”字样,下部有“独立自由奖章”“中华人民共和国”“一九五五　北京”字样,编号为“053221”,分四行排列。

中华人民共和国独立自由奖章

27. 越南政府颁“战胜美帝・团结友谊”徽章、证书

近现代。徽章为复合材料,证书为纸质。徽章直径3.1厘米、厚0.15厘米,证书长36.1厘米、宽26.1厘米。2000年8月,缪国治捐赠。郑州博物馆藏。完整。该徽章呈圆形,中间圆环内两只手紧紧相握,圆环内的凸面上有字符纹饰,红旗、枪、麦穗装饰图案,上方有红黄相间的绶带。证书呈长方形,全部为越南文字书写,证书上部正中为越南民主共和国国徽,其下依次是“越南民主共和国政府”“战胜美帝・团结友谊奖状”“大队长.缪国治同志”“在打败美国侵略中建立深厚的情谊”,证书编号为“9Z05”,发证时间为“1966年2月2日”,右下角记颁发时间,有越南总理范文同的签名,钤“越南民主共和国”印章一枚。

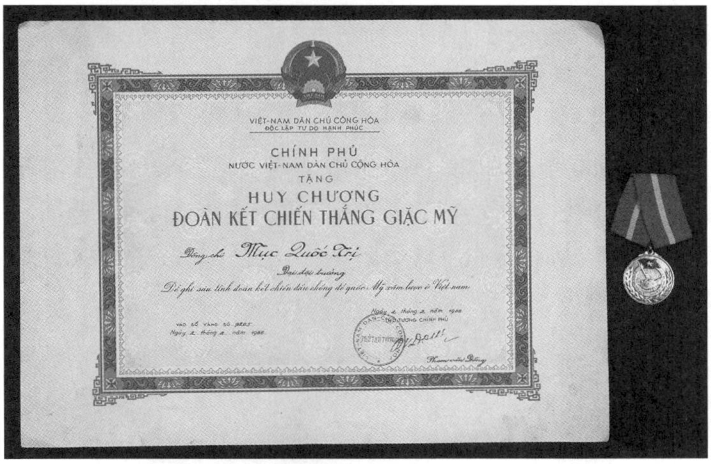

越南政府颁“战胜美帝・团结友谊”徽章、证书

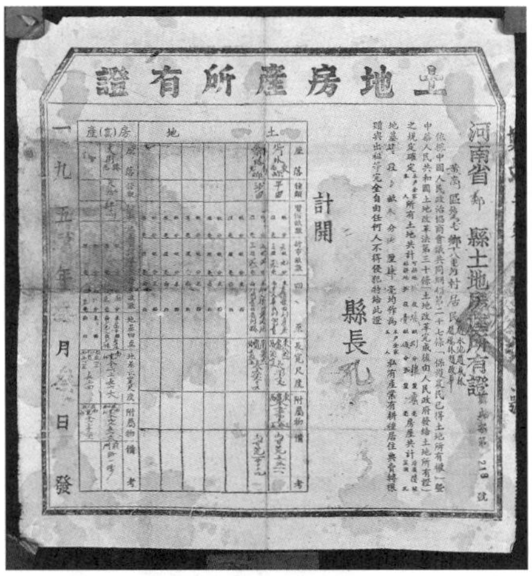

河南省郑县土地房产所有证

28. 河南省郑县土地房产所有证

1952年2月5日。纸质。长35.4厘米、宽36.3厘米。2000年7月29日郑州市十八里河镇柴郭村张春福捐赠。现藏郑州市商城管理处。完整。所有证呈正方形,黄色纸质,印刷而成,周边有黑框,线框中间为正文内容,标题为“土地房产所有证”,自右至左读;框右侧有编号和骑缝章。

29. 郑县人民政府手工业营业证

1951年7月29日。纸质。长26.2厘米、宽32.4厘米。2000年7月28日郑州市十八里河镇柴郭村刘遂枝捐赠。现藏郑州市商城管理处。完整。营业证为横长方形,字体和边框均为蓝色,有底纹,四角有相同的花型,后边有“郑县人民政府手工业营业证,手工字第九〇号”,“张海臣申请开设业务,合格发证”,有具体的条例和本人的签名,印有县长和副县长的名字;边缘有骑缝章和编号。

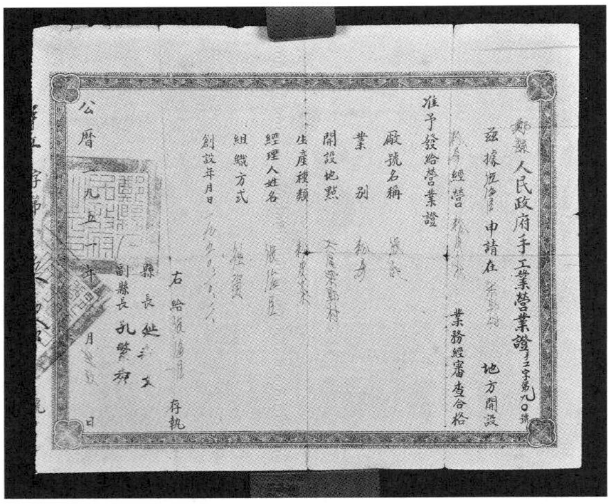

郑县人民政府手工业营业证

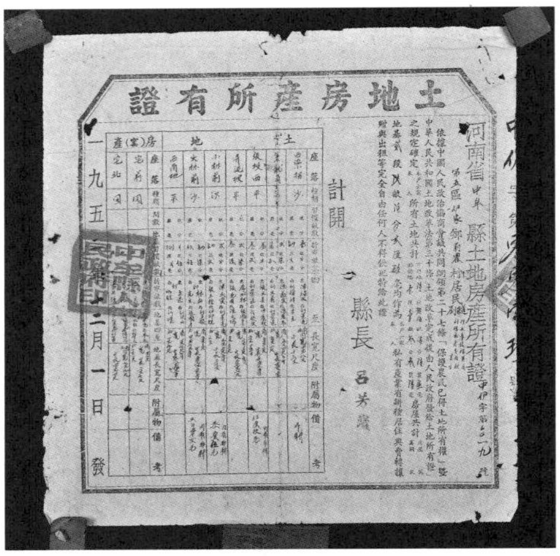

中牟县刘东道等人土地房产所有证

30. 中牟县刘东道等人土地房产所有证

1952年12月1日。纸质。长35.5厘米、宽34.4厘米。2000年8月14日中牟县张庄乡刘桂琴捐赠。现藏郑州市商城管理处。完整。所有证呈正方形，黄色纸质，印刷而成，周边有黑框，线框中间为正文内容，标题为“土地房产所有证”，自右至左读；框右侧有编号和骑缝章。

31. 中南军政委员会公安部队革命军人证明书

1952年。纸质。长26.5厘米、宽29.5厘米。2000年7月29日郑州市十八里河镇柴郭村张春福捐赠。现藏郑州市商城管理处。该证明书为长方形，彩色，微黄，白边，四周以黄花为框，上部有两面八一军旗，中间为八一军徽，内有毛泽东和朱德的半身像，从右至左字体为竖状排列，框内底色为浅青色。

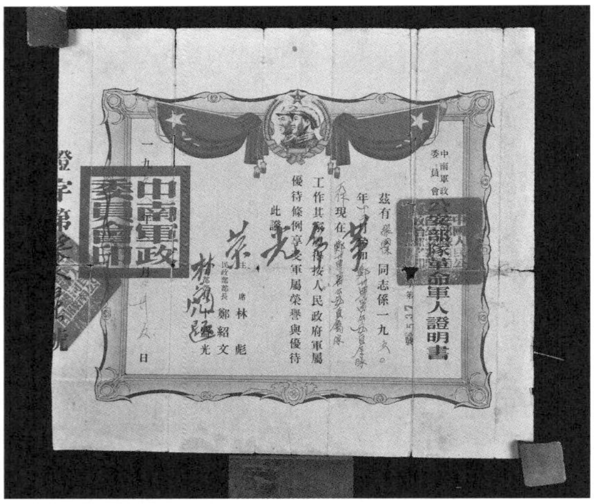

中南军政委员会公安部队革命军人证明书

河南密县农会会员证章

32. 河南密县农会会员证章

近现代。铜质。直径3.3厘米、厚0.1厘米。1988年6月，新密市档案馆拨交新密市博物馆藏。完整。该证章为圆形，正面涂有白、蓝、红、黄四色珐琅，中部有黄横线一条，把图案分成上下两部分。上半部边沿有宽0.6厘米红色半圆形带，带内有“河南密县农会会员证章”字样，红色带下半圆内为国民党党徽，中间有一“农”字。徽章下半部上色珐琅内置犁、锄图案，背面有横别针。

33. 密县农会干训班毕业证章

近现代。铜质。直径 3.3 厘米、厚 0.1 厘米。1988 年 3 月在密县岳村镇竹杆园村采集。现藏新密市博物馆。完整。该证章为圆形,正面涂有白、蓝、红、黄四色珐琅,中部有黄横线一条,把图案分成上下两部分。上半部边沿有宽 0.6 厘米红色半圆形带,带内有“密县农会干训班毕业证章”字样,红色带下圆内为国民党党徽,中间有一“农”字,徽章下半部白色珐琅底内置犁、锄图案,背面有横置别针。背面有 668 号编码。

第九节　其他(骨蚌器、金银器、画像砖、铁器、印章、钱币等)

1. 鸵鸟蛋化石

更新世。长 19 厘米、直径 15.6 厘米。1957 年河南省文化局文物工作队于郑州二里岗发掘出土。郑州博物馆藏。经过复原,完整。形状为椭圆形,形体较大,蛋的两端弧度区别不太明显,内部中空,表面可见蛋壳的细孔。

鸵鸟蛋化石

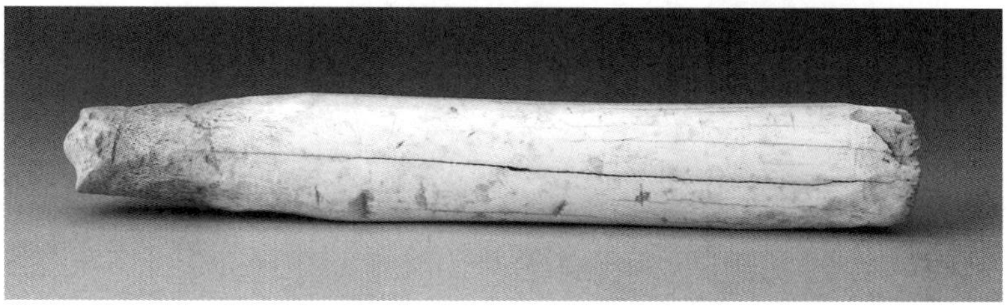

骨柄

2. 骨柄

新石器时代仰韶文化。长 21.1 厘米、长径 3 厘米。1985 年在郑州市金水区柳林镇大河村遗址采集。现藏郑州市大河村遗址博物馆。完整。表面光滑,有裂纹,牙白色,呈扁圆柱体,一端稍削尖。

3. 鹿角刮削器

新石器时代仰韶文化大河村类型。牙角器。长 11.7 厘米、宽 6.5 厘米。1985 年,郑州市金水区柳林镇大河村遗址出土。现藏郑州市大河村遗址博物馆。完整。由鹿角制成,体呈拐角形,角度约 90 多度,长端端头有一周刻痕。

4. 鹿角锤

商。角质。身长 42.72 厘米、锤长 19.1 厘米、径 8.9 厘米。1956 年,郑州商城 C20T30 出土。1958 年拨交郑州市博物馆藏,现藏于郑州博物馆。锤面裂纹 11.5 厘米。该鹿角截去一叉呈“V“形,似树枝,一枝细长且微曲,一枝粗短,长的可作柄,短的作锤身,通体加工磨制较光滑。

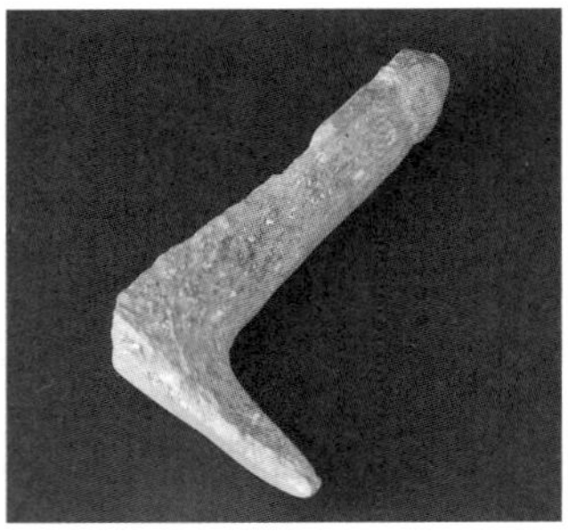

鹿角刮削器

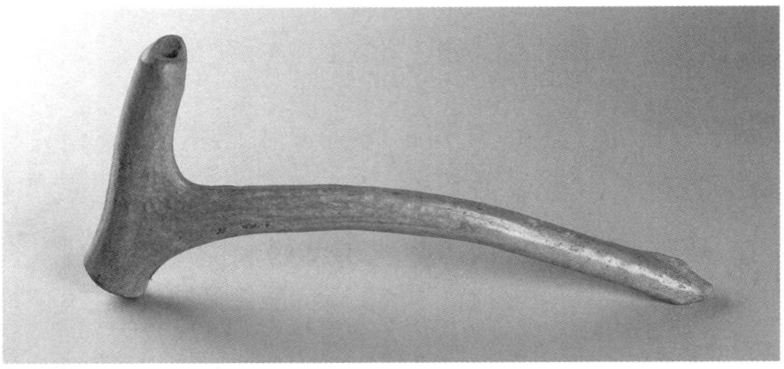

鹿角锤

5. 空首布

春秋时期。铜质。通长 9.3 厘米、宽 5.1 厘米、銎高 3.8 厘米、宽 2.2 厘米。1988 年 6 月登封县告成镇八方村韩长江采集捐赠。现藏登封市文物管理局。通体呈铲形状，平肩弧足，銎呈楔形状，中空，正、背两面各有三道竖纹，间距相等。銎内有橘红色的范土痕迹，钱面薄而平正，銎中部残有二洞，残洞长 0.7 厘米×0.2 厘米、残洞直径 0.3 厘米。制作较规整。

空首布

空首布

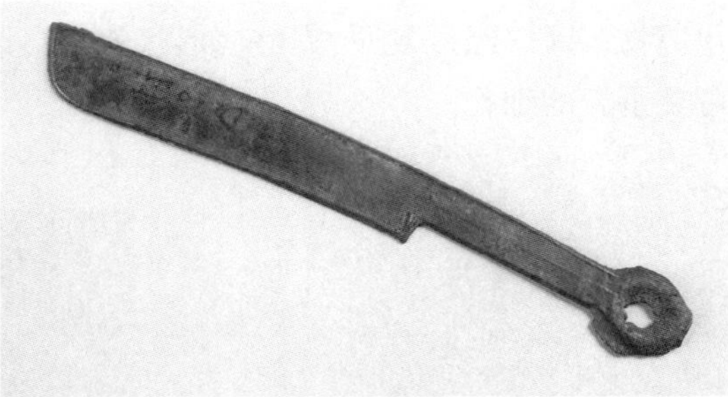

成白刀币

6. 空首布

春秋时期。铜质。通高 9.1 厘米、宽 5.1 厘米、銎高 3.7 厘米、宽 1.9 厘米。1985 年 3 月登封县东金店乡南店村王建立采集，1985 年 4 月捐赠。现藏登封市文物管理局。通体呈铲形状，平肩，銎呈楔形状，中空，正、背两面各有三道竖纹，间距相等，一面左侧上部铸一铭文为“空”字样，钱面薄而平正，銎中部残有一洞，径 0.4 厘米。

7. 成白刀币

战国。铜质。柄至锋长 13.9 厘米、柄宽 1.7 厘米、刀宽 1.5 厘米、厚 1.3 厘米。1977 年 4 月 10 日新郑县城关公社白庙范大队范保民采集。完整。刀体较厚实，面文“成白”，纯首直背，背稍凸而廓较高，背无文，柄上有脊线，柄上环稍椭。

8. 安邑二釿

战国。铜质。首至足长 5.5 厘米、两足宽 4.1 厘米、厚 0.24 厘米。原新郑县文化馆旧藏，1983 年 5 月移交新郑县文物保管所。现藏新郑博物馆。完整。该币为平首，圆肩，弧裆，方足，面背无廓，钱体厚重，币面文字疏朗博大，字缘铸造清晰，“安邑二釿”四字大篆阳文，倒书，背无文。

安邑二釿

9. 铜剑

战国。铜质。通长45.9厘米、宽4.5厘米、柄长9厘米、首直径3.2厘米。1986年3月12日，登封县颍阳镇安寨村张朝钦采集捐赠。现藏登封市文物管理局。完整。铸制，剑身中脊起棱，脊棱凸出明显，圆柱柄，柄上有两道凸箍，圆首，首中空与柄相通，刃部锋利，制作规整，为战国铜器精品之作。

铜剑

10. 玛瑙环

战国。外径6.2厘米、内径3.4厘米、厚1.4厘米。原巩县文化馆旧藏。1981年由巩县文化馆拨交巩县文物保护管理所。2001年8月由巩义市文物保护管理所拨交巩义博物馆。器体有裂纹。该环为圆形，中心厚，两边薄，质地为玛瑙，为青灰泛红，半透明。

玛瑙环

铁权

城门枢

11. 铁权

战国。铁质。底径23厘米、通高16厘米、钮宽7.1厘米。原新郑县文化馆旧藏，1983年5月移交新郑县文物保管所，现由新郑博物馆收藏。该权用生铁铸造，形若半球，上部有拱形钮，椭圆形穿，平底，锈蚀严重。

12. 城门枢

战国。铁质。通高50.5厘米、宽25.5厘米、厚13厘米、枢径12.5厘米。1983年5月，新郑县文化馆移交新郑县文物保管所。现藏新郑博物馆。缺片。体呈扁方形，枢身中空，有两方形透孔，轴呈圆柱形，实心。

13. 部曲将印

汉。铜质。通高2.1厘米、边长2.4厘米、印厚1厘米。1985年3月21日新郑县龙王乡万家村安金昌家发现，乡文化站站长王雅湘采集，移交新郑县文物保管所。现藏新郑博物馆。完整。印面为正方形，桥形鼻钮，印文阴铸篆书“部曲将印”四字，印文较深，无边框。

14. 夏宪印信

汉。铜质。通高3.3厘米、边长2.3厘米、印厚1.3厘米。原新郑县文化馆旧藏,1983年5月移交新郑县文物保管所。现藏新郑博物馆。完整。该印原为子母印,子印丢失,母印仅存。印面呈正方形,朱文篆刻,钮呈兽形,作蹲伏状,兽首仰天,制作古朴,形象生动。印文阳文篆书“夏宪印信”四字,刻文较深,外有边框,篆刻粗犷有力。

部曲将印

夏宪印信

张畴之印

15. 张畴之印

东汉。银质。通高3.2厘米、印座长2.1厘米、宽2.1厘米、厚1.2厘米。1992年3月10日登封县告成镇告成村登封四职专工地出土,郑州市文物考古研究所发掘。现藏登封市文物管理局。完整。该印为银质铸制,印面为正方形,兽形钮,印面阴刻篆文“张畴之印”,印文清晰可识,银质细腻,做工精巧,其兽形饰生动逼真,栩栩如生,为汉代印章中最佳作品,制作规整。

16. 羊首阙楼画像砖

汉。通高70厘米、宽52厘米、厚19.5厘米。1993年3月24日荥阳县槐林四队赵国英捐赠。郑州博物馆藏。完整。泥质灰陶,呈阙楼状,上端为起脊的人字形房檐。一面中上部圆雕一羊首,上方一行、下方两行饰以常青树纹饰,四边饰棱形纹;另一面中间饰百乳纹,四周饰棱形纹;左右两侧素面,中部各有一个通气孔。

羊首阙楼画像砖

抹角官吏乐舞神话画像砖

17. 抹角官吏乐舞神话画像砖

西汉晚期。纵123厘米、横55厘米、厚19.7厘米。1970年郑州市新通桥汉墓出土。郑州博物馆藏。该砖呈梯形,一端平齐,一端为斜坡状,共模印有八层画像,从上至下依次为草丛中奔跑的猎犬图、武士骑马图、轺车图。中部内容除大部分与边缘相同外,还有射鸟、执笏、驯牛、凤鸟、九尾狐、三足鸟与玉兔掏药等画像。砖面有裂纹,一条长 74 厘米,另一条长 114 厘米。

18. 抹角官吏车骑动物画像砖

西汉晚期。长 117 厘米、宽 57 厘米、厚 20.5 厘米。1970 年郑州市新通桥汉墓出土,唐杏煌等发掘。现藏郑州博物馆。呈梯形,一腰平齐,一腰为斜坡状,上模印有骑马出行、狩猎、动物等七层画像。线条粗放,遒健有力,具有古拙之美。一角残破,长 8 厘米、宽 11 厘米、高 39 厘米。

19. 铁齿轮

汉。铁质。直径 7 厘米、厚 1.2 厘米。1973 年 10 月荥阳县崔庙王湾出土。郑州博物馆藏。该齿轮呈圆形,内有方孔,外稍薄且有向同一方向倾斜的十六齿。

铁齿轮

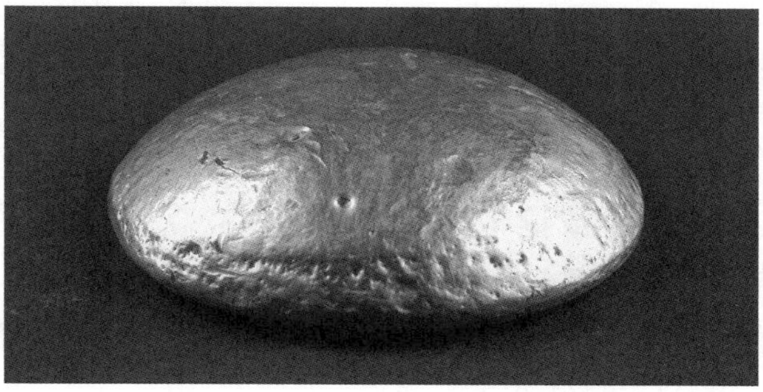

黄金饼

20. 黄金饼

汉。金质。直径 4.3 厘米、厚 1.3 厘米。1978 年荥阳县采集。郑州博物馆藏。完整。该饼呈球冠形,上部突起呈丘状,底部较平,中间有数个打击窝。通体素面光滑。

21. 兽首铜勺

汉。铜质。通长 42.1 厘米、长径 11.2 厘米、勺短径 7.5 厘米、环径 3.7 厘米。1980 年 9 月 27 日巩县夹津口乡砖厂采集。2001 年 8 月由巩义市文物保护管理所拨交巩义博物馆收藏。器体有锈蚀。勺为椭圆形,直口窄沿,环底,长柄,柄分为两部分:下部为六棱形,上粗下细;上半部分为圆形,亦上粗下细。勺柄端铸以龙首衔环,龙的眼、耳、鼻、须、嘴纹饰清晰,龙首与下部用一圆箍连接,龙口衔环直径为 3.5 厘米。

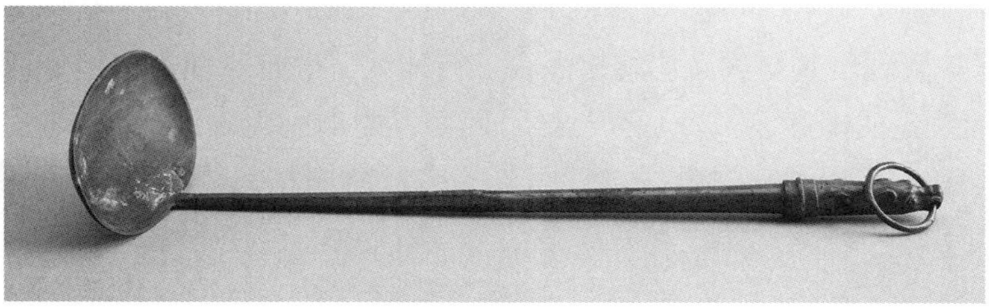

兽首铜勺

22. 铜熨斗

新莽。铜质。通长 35 厘米、口径 14.6 厘米、底径 11 厘米、腹围 4 厘米、腹深 4 厘米、柄长 20.2 厘米、宽 2 厘米。1978 年 5 月在登封县大金店镇西街村采集。1986 年 10 月捐赠。现藏登封市文物管理局。完整。铜质铸制,侈口,宽折沿,浅腹,近平底,长柄,内底部中心饰一长方形框,框内铸有铭文“宜子号”及植物图饰，以框为中心饰四枚对称“泉”纹，制作规整。

铜熨斗

铜熨斗

23. 铜熨斗

东汉。铜质。口径17厘米、底径13厘米、腹围42厘米、腹深5.1厘米、柄长23.5厘米、宽2.3厘米。1992年3月12日在登封县君召乡上寨村采集。现藏登封市文物管理局。器型完整。铸制，侈口，宽折沿，浅腹，平底，长柄，器身全素，铜质较细，器体厚重，底部有明显的使用痕迹，制作规整。

24. 鎏金兽纹铜带钩

汉。长9.1厘米、宽4.8厘米、厚1.5厘米。原巩县文化馆旧藏。1981年由巩县文化馆拨交巩县文物保护管理所。2001年8月由巩义市文物保护管理所拨交巩义博物馆。器体为圆形，正面为兽面纹，两边对称有缺口似兽耳，兽面似狐狸头，钩部与兽面相接处有三道弦纹，反面正中间有一圆钮，钩部已残缺，带钩面鎏金，大部分仍保存完好。

鎏金兽纹铜带钩

盘龙石砚

25. 盘龙石砚

西晋。通高11.5厘米，砚径19厘米，盖径15.5厘米。1988年在巩县芝田乡二电厂出土。2001年8月由巩义市文物保护管理所拨交巩义博物馆保存。有残缺。砚分座和盖两部分，砚盖为斗笠形，采用透雕技法制成二龙缠绕盘曲图案，巧妙地形成盖纽，四面以菱形纹为底，盖沿阴刻弦纹，砚底为倒圆台，砚面精磨凹陷。整个砚台采用了高浮雕、透雕、阴刻等多种雕刻技艺，雕刻精美，构思巧妙，技艺高超，蕴含一种洒脱的气度。

26. 唐代鎏金錾花铜尺

唐。宽2.1厘米、厚0.2厘米。1990年10月郑州市中原区税务分局M1出土。现藏郑州市文物考古研究院。仅残存两端，中间部分缺失。一面经直线分出8个长方形小格，以联珠纹作地，并饰以对称的荷花或荷叶；另一面不分界格，以联珠纹作地，两端饰重山，中间饰荷叶。

唐代鎏金錾花铜尺

27. 宝莲形玻璃器

北宋。高 6 厘米、腹径 4.4 厘米、口径 0.8 厘米。1966 年在密县老城西街法海寺采集。1985 年 6 月拨交密县文化馆，现藏新密市文化馆。该器体呈圆形，有宝莲形小口，鼓腹，下部为棱形，底略内凹，通体深红色，有银锈斑点。上腹部残有 0.5 厘米×0.9 厘米、1.0 厘米×0.7 厘米、1.2 厘米×0.5 厘米三个小洞。

宝莲形玻璃器

葫芦形玻璃器

28. 葫芦形玻璃器

北宋。通高 5.3 厘米、下腹径 3.5 厘米、口径 1.3 厘米。1966 年在密县老城西街法海寺采集。1985 年 7 月拨交密县文化馆，现藏新密市文化馆。完整。该器体呈葫芦形，中空，鼓腹，束腰，圜底。

29. 绿色葫芦形玻璃器

北宋。高 2.7 厘米、下腹径 2 厘米、口径 0.6 厘米。1966 年在密县老城西街法海寺采集。1985 年 11 月拨交密县文化馆，现藏新密市文化馆。完整。该器体呈葫芦形，中空，束腰，鼓腹，凹底，浅绿色，有银锈斑点。

30. 卵形玻璃器

北宋。高 5.4 厘米、腹径 5 厘米、口径 0.9 厘米。1966 年，在密县老城西街法海寺采集。1985 年 12 月拨交密县文化馆，现藏新密市文化馆。完整。该器体呈圆形，上部小口略突出，鼓腹，圜底，浅黄色，有银锈斑点。

卵形玻璃器

鸟形玻璃器

瓶形玻璃器

31. 鸟形玻璃器

北宋。高 5.8 厘米、腹径 2.5 厘米。1966 年密县老城西街法海寺采集。1985 年 15 月拨交密县文化馆，现藏新密市文化馆。腹部一侧环残掉，腹部有裂纹。该器体呈鸟形，昂头翘尾，双翼附二环，腹部有一条凸轮底，底有一小口，浅绿色，有银锈斑点。

32. 瓶形玻璃器

北宋。高 6.7 厘米、腹径 4 厘米、口径 2 厘米。1966 年密县老城西街法海寺采集。1985 年 18 月拨交密县文化馆，现藏新密市文化馆。完整。该器呈圆形体，长颈，鼓腹，卷口，凹底，乳白色，通体银锈，内装舍利。

33. 三足玻璃器

北宋。高 9 厘米、腹径 6.5 厘米、口径 3 厘米。1966 年密县老城西街法海寺采集。1985 年 20 月拨交密县文化馆，现藏新密市文化馆。腰部两根分别有 3.1 厘米×2.7 厘米、2.8 厘米×2.0 厘米的两个破洞。该器体呈圆形，撇口卷沿，鼓腹，圜底，底略内凹，下有“S”形三空足，浅绿色，通体银锈。

三足玻璃器

34. 招抚司印

金。通高 5 厘米、印面长 7.5 厘米、宽 7.5 厘米、厚 1.5 厘米。1988 年 8 月 14 日登封县告成镇隔子沟村王平安采集，1988 年 10 月 13 日捐赠。现藏登封市文物管理局。完整。该印为铜质铸制，印面为正方形，长方形柱状钮，印面阳刻九叠篆文为“招抚司印”四字，以钮为中心，背面左右两侧阴刻“天兴二年总部造”字样，印左侧面又刻“招抚印”三字，印钮顶刻一“上”字，制作规整。

招抚司印

都招抚印

招抚副使之印

35. 都招抚印

金。通高 5 厘米、印座长 7.5 厘米、宽 7.5 厘米、厚 1.8 厘米。1985 年 3 月，登封县城关镇塔沟村曹进山采集捐赠。现藏登封市文物管理局。印体有缺块，印背面左上角残 1.5 厘米×0.5 厘米。该印为铜质铸制，印面为正方形，长方形柱钮，印面阳刻九叠篆文为“都招抚印”四字，印钮顶刻“上”字，印文清晰可见，器身有绿色出现，制作较规整。

36. 招抚副使之印

金。通高 5.2 厘米、印座长 7.3 厘米、宽 7.3 厘米、厚 1.5 厘米。1982 年 4 月登封县颍阳镇颍阳村采集捐赠。现藏登封市文物管理局。缺块。该印为铜质铸制，面为正方形，上有长方形柱状钮，正面阳刻九叠篆文为“招抚副司之印”六字，背面左刻“总部造”字样，右刻“天兴二年”字样，印左侧面阴刻“招抚副司印”字样，印纹清晰，制作规整。

37. “义军都统”铜印

金。长 7.2 厘米、宽 7 厘米、高 4.3 厘米。原巩县文化馆旧藏。1981 年由巩县文化馆拨交巩县文物保护管理所，2001 年 8 月由巩义市文物保护管理所拨交巩义博物馆。完整。印呈斗形，背部中间有凸起长方体钮，钮上有线刻“上”字，钮的两边线刻铭文，左为“行部造”，右为“天兵元年”，印正面四边有宽沿，中部阴刻“义军都统之印”呈篆书，刻字清晰。

“义军都统”铜印

义军都统印

都统之印

38. 义军都统印

金。宽 7.3 厘米、厚 1.3 厘米、钮高 2.7 厘米。1972 年采集。现藏新密市文物保护管理所。完整。该器为铜质，印体呈方形，上有梯形钮，印面铸阳文九叠篆书“义军都统之印”。

39. 都统之印

金。长 6.6 厘米、宽 6.6 厘米、高 4.4 厘米。1984 年 10 月荥阳县公安局捐赠。现藏荥阳市文物保护管理中心。上部缺三角。该印为铜质，呈斗形，背部中间有长方形钮，钮上线刻“上”字，钮两边线刻铭文，左为“行部造”，右为“天兴元年”。印正面光边有宽沿，中部阴刻“都统之印”篆书，刻字清晰，此印对研究金代军事编制有很重要的价值。

40. 大明通行宝钞壹贯

明。纸质。长 33.6 厘米、宽 22.3 厘米。郑州博物馆资料室旧藏。现藏郑州博物馆。边残，折损。呈长方形，桑皮作纸料，正反两面墨印。正面四周饰龙纹花栏，上面横题“大明通行宝钞”，自右至左读，花栏内两边各有四字一行的篆书“大明宝钞，天下通行”；中间上印“壹贯”，下绘十串钱贯的图样；下为“户部，奏准印造，大明宝钞与铜钱通行使用，伪造者斩，告捕者赏银二佰伍拾两，仍给犯人财产，洪武×年×月×日”，自右至左竖读。中间和下部的文字图案上各盖一篆文朱砂印，印文不清。背面，上为一朱砂印，篆书，印文不清；下为长方形图案，四周满饰如意、云纹，内上部横题“壹贯”，下部绘十串钱贯图样。

大明通行宝钞壹贯

41. 明神宗赐封高拱诰命

明。长 545 厘米，宽 29 厘米。原新郑县文化馆旧藏，1983 年 5 月移交新郑县文物保管所。现藏新郑博物馆。有缺片、折痕、虫蛀、污迹多处。该诰命系特制的丝绢织品，底色分淡黄、浅青、深黄、灰、白五色，其上织白色云鹤纹衬托，篆书“奉天诰命”四字及两边双龙图案均竖排为织上内容。诏令文字墨书寸方工楷。文后钤盖篆书“制诰元宝”朱色玺印，印记下落款“万历三十年四月初六”，骑缝留左半个字：“智字七百三十五号”。后钤盖篆书“广运元宝”朱色玺印，最后织字篆书“隆庆元年　月　日造”，全文正文竖排，由右至左共 58 行，除首尾外正文每行均 5 字。正文后有小字“仍准后世嫡子嫡孙奉祀生员贰名春秋致祭”。

明神宗赐封高拱诰命

42. 户部候补圣旨

清。绢质。长 32 厘米、宽 350 厘米。密县文化馆旧藏，1986 年 5 月拨交新密县博物馆收藏。完整。横幅长卷，自左向右为灰、红、黄、白、浅红五色。文字左为汉字，右为满文。主要内容是为户部候补主事张绍衣加官三级。文字结实严实，点画准确，富于力感，含蓄沉稳，潇洒超逸。

户部候补圣旨

43. 银簪

清。长 7.7 厘米、宽 1.2 厘米。原巩县文化馆旧藏。1984 年由巩县文化馆拨交巩县文物保护管理所。2001 年 8 月由巩义市文物保护管理所拨交巩义博物馆。有缺陷。器体呈双股夹式，弧形头略宽，圆钗上粗下细头尖，通身为银灰色，光素无纹饰。

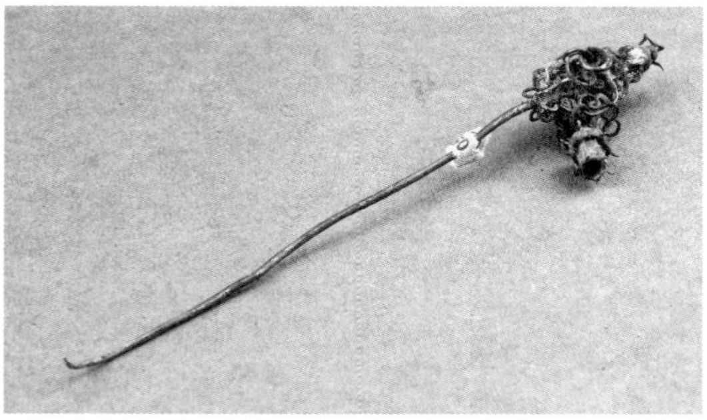

银簪

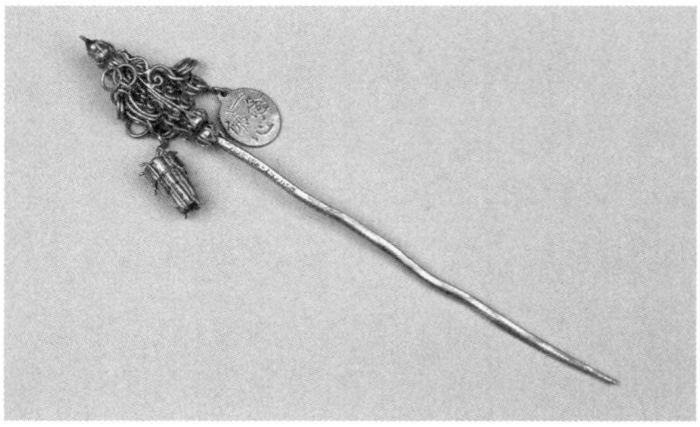

金簪

44. 金簪

清。金器。长 10.5 厘米、重 8.923 克。1984 年 3 月在巩县站街镇贺尧二队石河北岭采集。2001 年 8 月由巩义市文物保护管理站拨交巩义博物馆。器体有缺陷。此簪头为多环连接构成的整体，状如禅杖，并配有一宫灯和一椭圆形小牌，正面刻“一心念佛”，背刻“天赦”，簪顶为宝塔顶形。

45. 长方形水晶带钩

清。水晶。长 7.2 厘米、龙头高 2.7 厘米、钮至背高 2.5 厘米、背宽 1.8 厘米。原巩县文化馆旧藏。1981 年由巩县文化馆拨交巩县文物保护管理所。2001 年 8 月由巩义市文物保护管理所拨交巩义博物馆。器体完整。通体为六棱形，龙首回勾，龙背隆起，尾部稍尖，腹部有 2 厘米长的带孔长方钮。

长方形水晶带钩

鎏金银簪

46. 鎏金银簪

清。长 11.6 厘米。1984 年 3 月在巩县站街镇贺尧二队石河北岭采集。2001 年 8 月由巩义市文物保护管理站拨交巩义博物馆。簪头环缺失。簪为银质，外部鎏金，簪头为多环连接，状如禅杖，有两个佩饰，一为宫灯，一为果状，上为果叶，下为果实，两面分别为“天”“赦”。

47. 苏武牧羊图座屏

清。长 38.9 厘米、宽 38.1 厘米、通高 50.5 厘米。巩县康百万庄园旧藏。1985 年 8 月 17 日由巩县康百万庄园移交巩县文物保护管理所。2001 年，由巩义市文物保护管理所交巩义市康百万庄园文物保护管理所。正、背面不同程度划、磨伤，背面字迹磨损不清。器物为正方形，镶木框，正面绘以苏武牧羊图，背面铭文不清。图中苏武着棕色长衫，外罩黑色披风，手执“节鞭”，身边为羊群，远处为大海。

苏武牧羊图座屏

48. 根雕梅花图酒杯

清。口长最大径 14.2 厘米、口宽最大径 8.6 厘米、底长最大径 7.2 厘米、底宽最小径 6.8 厘米、高 10.1 厘米、深 9.2 厘米。巩县康百万庄园旧藏。1985 年 8 月 17 日由巩县康百万庄园移交巩县文物保护管理所。2001 年，由巩义市文物保护管理所交巩义市康百万庄园文物保护管理所。花瓣残缺。侈口，呈椭圆形，内底凹陷，外部高浮雕和悬雕以千枝梅花，底凹陷。

根雕梅花图酒杯

49. 叶形雕蟹图端砚

清。通高5.2厘米、长33.5厘米、宽26.2厘米、高2.8厘米。巩县康百万庄园旧藏。1985年8月17日由巩县康百万庄园移交巩县文物保护管理所。2001年,由巩义市文物保护管理所交巩义市康百万庄园文物保护管理所。有磕损。荷叶状,砚边沿高,砚内一端凹陷,一角线刻荷叶纹,边沿宽窄不一,一边刻有荷叶梗,根末端悬雕一小蟹。砚为青石,青石中泛有浅褐色斑纹。砚镶于木盒中,盒为灰褐色。

叶形雕蟹图端砚

50. 楠木盒端砚

清。石质。通高5.8厘米、砚长44.3厘米、砚宽33.4厘米、砚高3.9厘米。巩县康百万庄园旧藏。1985年8月17日由巩县康百万庄园移交巩县文物保护管理所。2001年,由巩义市文物保护管理所交巩义市康百万庄园文物保护管理所。完整。砚呈椭圆形,马蹄状,砚面凹陷,且一端为月牙状,青石中泛浅色斑痕,宽端有两个猫眼,阳光下似透明。砚底有篆体铭文和三个印章,右为"书香",左上为"南平山樵子",左下为"墨海"。外罩楠木盒,盒盖有一玉石透雕圆花。

楠木盒端砚

51. 浮雕龙树纹犀牛角杯

清。长17.3厘米、宽11.1厘米、高9.1厘米、深7.1厘米。巩县康百万庄园旧藏。1985年8月17日由巩县康百万庄园移交巩县文物保护管理所。2001年,由巩义市文物保护管理所交巩义市康百万庄园文物保护管理所。口部缺失9处。该角杯呈椭圆形,侈口,深腹直收,环底,杯内为花瓣形,内底凹陷,杯外高浮雕以枝干连接的花叶、花蕾,并在枝叶间雕一浮龙,呈半透明状。

浮雕龙树纹犀牛角杯

龙纹象牙带扣

52. 龙纹象牙带扣

清。长5.7厘米、宽4.5厘米、最厚处2.5厘米。巩县康百万庄园旧藏。1985年8月17日由巩县康百万庄园移交巩县文物保护管理所。2001年,由巩义市文物保护管理所交巩义市康百万庄园文物保护管理所。有裂纹。带扣为长方形,分钩和扣两部分。扣面高浮雕和透雕以青龙和子龙,青龙盘卧,子龙仰视,二龙相交,周围饰以浪花,象牙面骨纹清晰。

53. 象牙笏板

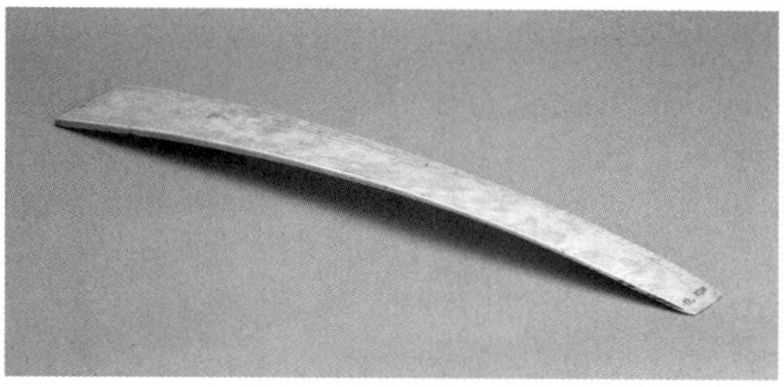

象牙笏板

清。长 52.6 厘米、宽端 8.8 厘米、窄端宽 6.5 厘米。巩县康百万庄园旧藏。1985 年 8 月 17 日由巩县康百万庄园移交巩县文物保护管理所。2001 年，由巩义市文物保护管理所交巩义市康百万庄园文物保护管理所。有裂纹。弧状，上宽下窄，薄厚不均，骨纹清晰，呈骨黄色。

54. 太平天国圣宝钱

太平天国圣宝钱

清。铜质。直径 2.5 厘米。1963 年 8 月李克非捐赠。郑州博物馆藏。完整。该币呈圆形，方穿，内外有廓，真书，对读“太平天国”，面文清晰秀丽。背“圣宝”二字，制作规整。

55. 庄仆文约

清。纸质。纵 47.3 厘米、横 25 厘米。1966 年郑州市古旧书店捐赠。郑州博物馆藏。完整。该文约为长方形，白纸黑字，计 19 行，主要记载了乾隆六十年八月廿八日立投庄仆人范新来、童男有生、媳汪氏投盛尚林、盛尚德、盛尚钟、盛尚礼四房主人为仆，因使用庄主房屋、耕地等，自愿子子孙孙代代立投为盛门世代庄仆，并立下今后主人责处不得异言，立投庄仆文书永远存照。

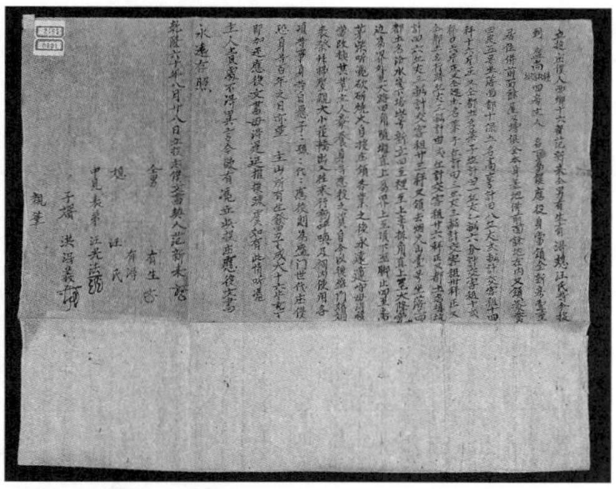

庄仆文约

太平天国完纳漕粮预知由单给执

56. 太平天国完纳漕粮预知由单给执

清。纸质。纵 24.5 厘米、横 17 厘米。1966 年郑州市古旧书店收购。郑州博物馆藏。完整。该给执呈长方形，有边框，内横线隔成上下两部分，上为额，竖行楷书：“太平天国壬戌拾贰年分完纳漕粮便民预知由单给执。”内容：“殿前又副掌率任浙(江)省天军主将邓预给由单备办干洁好米遵期赍票运米赴仓完纳漕粮换给执照今据。支都十一图花户吕宝三，田六分二，地三分八，荡滩应征漕米壹□六□天父天兄天王太平天国壬戌拾贰年　月。”左下角盖长方形红印章，印文周饰海水云龙纹。

57. 张荣富、雷巧菊红色订婚礼书折

民国。纸质。长 29.1、宽 15 厘米。2000 年 8 月 2 日，郑州古玩城收购。郑州博物馆藏。完整。该

书折两层，由一张红纸和一张绿纸叠合折叠而成，上层为书折的主体，共有三折四页，内容分为三个部分：封皮、正文和封底。第一折为封皮，由小花纹图案组合而成金色花边，其上部中间为两层相互交叉的国民党党旗，花边内有“订婚证书”四个大字。第二折和第三折为正文，由粗的黄色线和梅花构成花边装饰图案，上部中间有两面相互交叉的国民党党旗，中间部分印有“订婚证书”四个字并书写正文内容。正文内容右起竖读，主要记有结婚双方的姓名、年龄、出生地及其出生日期，证书正文和订婚人、介绍人、主婚人等，末尾记录订婚的日期。在正文的末尾钤印章一枚，字迹因为年代久远已经模糊不清，其右上角有四张面值一角的“中华民国印花税票”。封底为“山西省政十年建设计划改正礼俗婚礼要义”，内容共六条，主要内容为提倡新婚礼俗等，外有两条黄色线条组成的边框。此证书制作精美，党旗、喜梅等图案和文字巧妙地结合在一起，既体现了人们的喜悦心情，又有鲜明的时代意义。

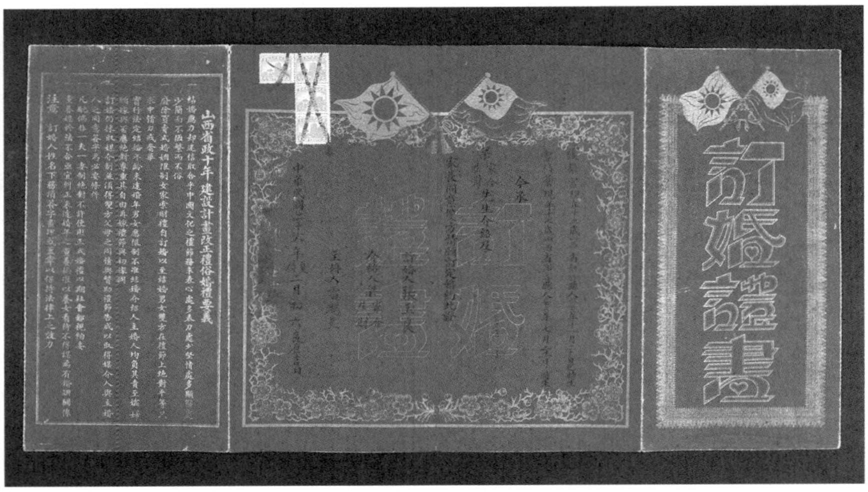

张荣富、雷巧菊红色订婚礼书折

58. 华东野战军第六纵队教导团团报

近现代。纸质。长 39.3 厘米、宽 26.7 厘米。2000 年 4 月 27 日，河南省军区第二干休所王崇义捐赠。郑州博物馆藏。边微残，有折损。该团报总体呈长方形，因为旧而颜色泛黄，蜡纸刻版，红蓝套色油印，正面右半部上边中间为报刊刊名“锻炼”二字，并配有红色树叶地纹，左边有一个蓝色方框，框内印有“庆模特刊”四字，右边为“1949. 2. 13. 86. 青岛，九大队出版”字样组成的近圆形图案，下边为社论，向模范学习、模范名单公布等内容。

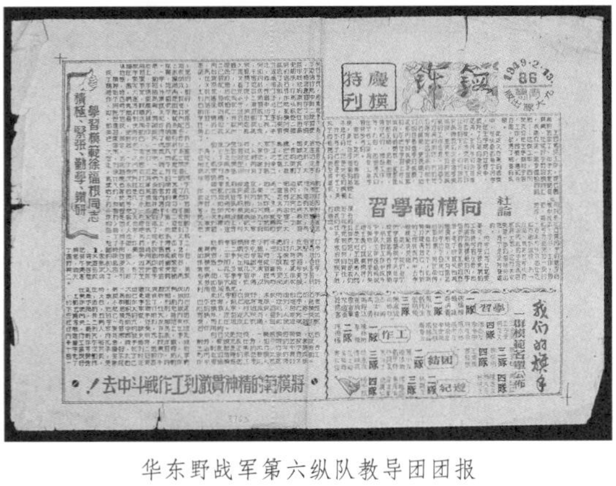

华东野战军第六纵队教导团团报

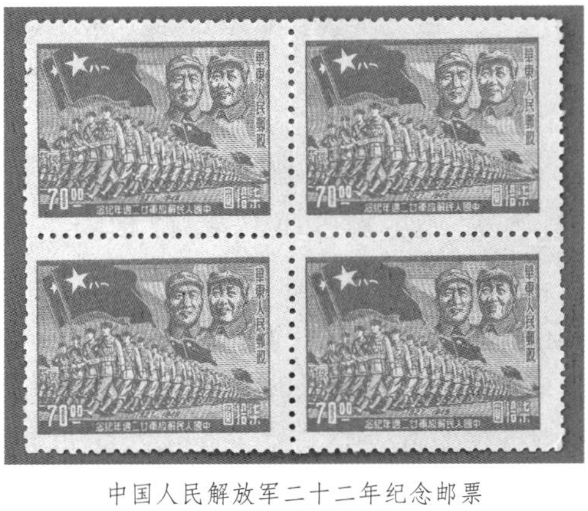

中国人民解放军二十二年纪念邮票

59. 中国人民解放军二十二年纪念邮票

近现代。纸质。长 2.7 厘米、横 3.4 厘米。2000 年 7 月 13 日于郑州古玩城收购。郑州二七纪念馆藏。完整。该邮票为四方连，橘黄色，每枚邮票右上角有毛泽东和朱德头像，右侧竖版文字为“华东人民邮政”，正面为人民解放军手持八一军旗，队列整齐向前进，左右两侧均有“柒拾圆”，邮票下方有“1927—1949”“中国人民解放军二十二周年纪念”字样，四枚邮票一样。

60. 一九五〇年刻板油印大众黑板报

近现代。纸质。长 38 厘米、宽 27 厘米。2000 年 8 月郑州市图书馆捐赠。郑州博物馆藏。黑板报呈长方形，是在蜡纸上刻版印刷而成，其上部正中为报头，“大众黑板报”行书空心字体，自右至左读，报头下部为印刷的时间和发行期数，报面分为若干部分，竖写各类新闻和插图，以线条加以分隔。纸因旧而泛黄，蓝色字。该组黑板报共有九张，每张一期，最上一期为“一九五〇年八月十八日，第二〇五期”，以后的依次为第二〇六、第二〇七、第二〇八、第二〇九、第三一〇、第二一一、第二一二、第二一三期。第二〇七、第二〇八期上部正中各残缺一块；第二〇九期右边中间有一道裂痕；第二一一期右上角边缘残破；其余各期边缘微残。

一九五〇年刻板油印大众黑板报

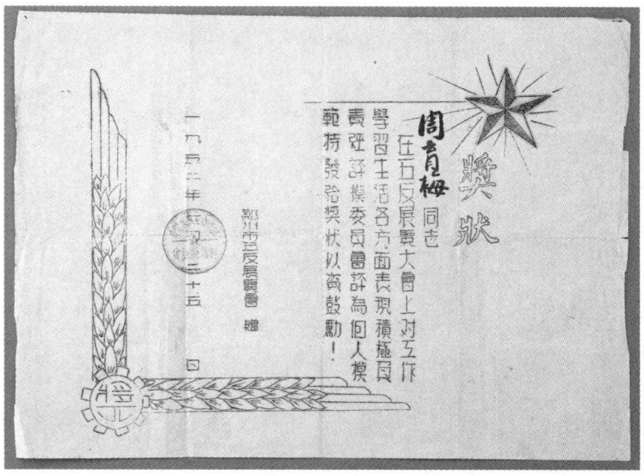

周育梅同志的奖状

61. 周育梅同志的奖状

近现代。纸质。通长 35.5 厘米、横宽 26 厘米。2000 年 6 月 26 日，周岩捐赠。郑州二七纪念馆藏。完整。该奖状为长方形，右上角有油印的五角星，文字内容为“郑州市五反展览会为表扬周育梅同志在五反展览会上对工作学习生活各方面的积极表现颁发的奖状，以资鼓励”，“1952 年 7 月 25 日”，左下方有麦穗图案，背面为素面。

62. 开封市人民政府公安局管制反革命分子通知书

近现代。纸质。长 22.2 厘米、宽 21.4 厘米。二级文物。2000 年 7 月 13 日，郑州古玩城收购。郑州二七纪念馆藏。完整。该通知书为方形，铅印正楷文字，竖行排版，内容为“反革命分子张鸿勋，现年三十八岁，解放前曾仗势打击良民，解放后造谣破坏，根据罪行，给予其继续管制二年”。尾款为“局长刘景山、副局长李清泉、一九五三年五月八日”，右侧有“公管字第零零贰陆号”，盖有印章及骑缝章一枚。

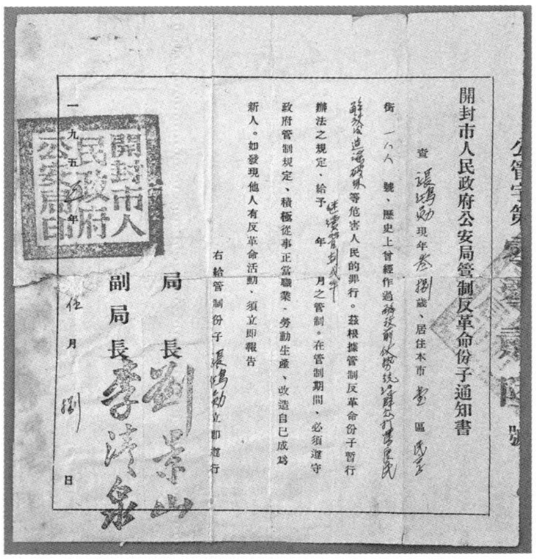

开封市人民政府公安局管制反革命分子通知书

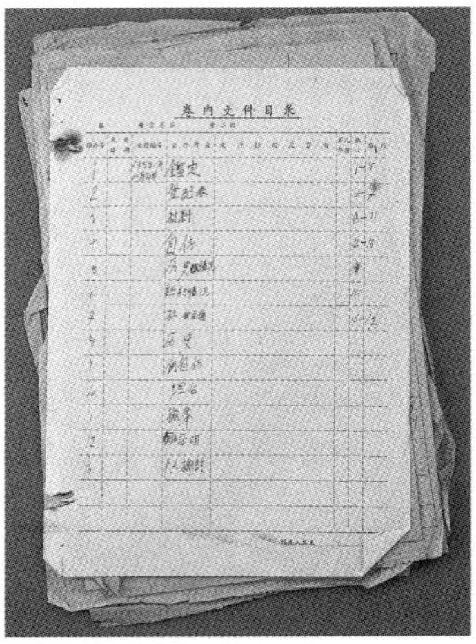

原国民党军官李德明卷宗

63. 原国民党军官李德明卷宗

近现代。纸质。长 27 厘米、宽 19 厘米。2000 年 7 月 13 日于郑州古玩城收购。郑州二七纪念馆藏。残破。该卷宗由两部分组成:第一部分为国民党军官解放回籍证明书,内容为证明书“李德明,准其回籍自行谋业,由广州市至襄阳”;第二部分为卷内文件目录,内容为自修人员训练班鉴定书一份,反革命分子调查表两份,特口卡片一份,自传,保证书,调查反革命分子调查表,李德明材料,个人检讨,自传多份。

64. 阎主任为“剿共”告山西人民书

近现代。纸质。长 18.7 厘米、宽 13 厘米。2000 年 7 月 13 日于郑州古玩城收购。郑州二七纪念馆藏。残破。为当年阎锡山反共的小册子,纸质印刷而成,正楷书,全文从右至左排列。封面为“阎主任为剿共告山西人民书”,有山西省主张公道团团部印章一枚,长方形朱文印,该书共 16 页,内容为阎主任为“剿共”告山西人民书,反共歌三首,以及严防“共匪”、强抓壮丁、驻军军纪、太原绥靖公署训令等。

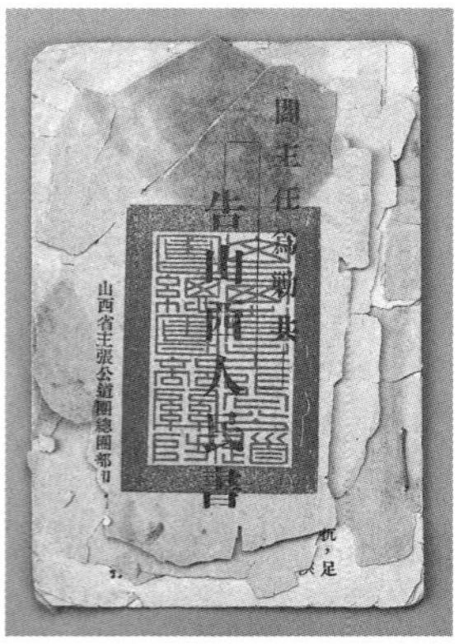

阎主任为“剿共”告山西人民书

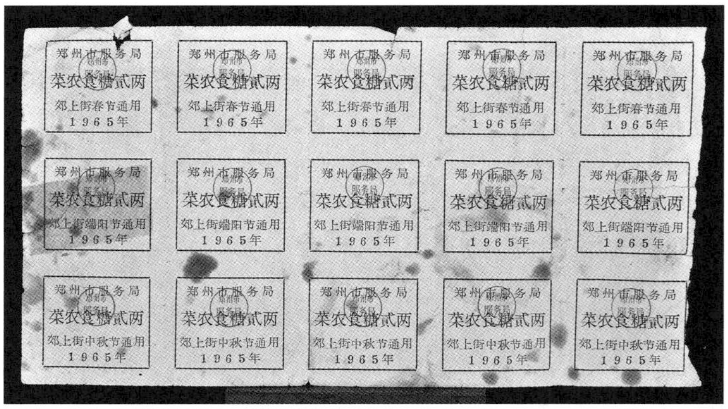

郑州市服务局菜农食糖票

65. 郑州市服务局菜农食糖票

1965 年。纸质。长 10.5 厘米、宽 20.3 厘米。2000 年 7 月 28 日郑州市十八里河镇柴郭村张春福捐赠。现藏郑州市商城遗址保护管理处。完整。该票证为横长方形,印刷而成,纸质因旧而泛黄,横五张、竖三张排列,每张略呈正方形。上钤“郑州市服务局”圆形朱文印一枚。

66. 主张公道团团员须知

近现代。纸质。长 18.2 厘米、宽 1.3 厘米。2000 年 7 月 13 日于郑州古玩城收购。郑州二七纪念馆藏。残破。为当年阎锡山反共的小册子，纸质印刷而成，正楷书，全文从右至左排列，封面文字为“阎主任手编，主张公道团团员须知，团员郭富喜存续”，有公道团团长印章一枚，扉页上有阎锡山的头像，内容有主张公道团团员须知、目录和内文，17 课，共 26 页。

67. 任访秋经学历史课堂笔记

近现代。纸质。长 23.8 厘米、宽 14.2 厘米。2000 年河南大学任访秋之子任光捐赠。郑州博物馆藏。完整。笔记呈长方形，线装牛皮纸封面，毛笔墨书，左中上部有“钱玄同先生经学历史课堂笔记”字样，右中下部有“访秋一九三一年十月二日初订，一九八四年六月二十四日重订”字样，均为竖行，每页 9 竖行，满行约 20 字；每页边角均有印刷字体“同懋祥”字样。

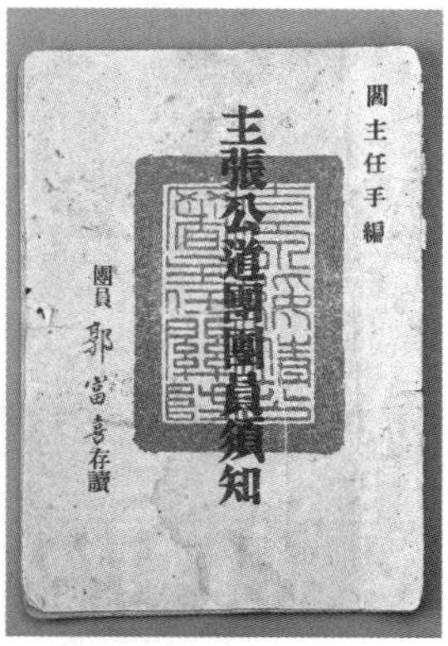

主张公道团团员须知

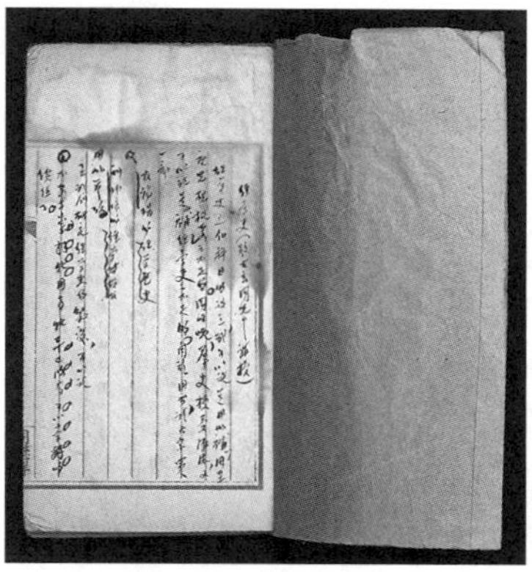
任访秋经学历史课堂笔记

68. 任访秋《文艺理论讲授补充材料》手稿

近现代。纸质。长 28.5 厘米、宽 20.8 厘米。2000 年河南大学任访秋之子任光捐赠。郑州博物馆藏。完整。手稿呈长方形，白纸墨书，15 竖行，满行约 19 字，封面左侧有“文艺理论讲授补充材料”字样，右中下部有“访秋五二、四、二五”重订字样，共计 73 页。

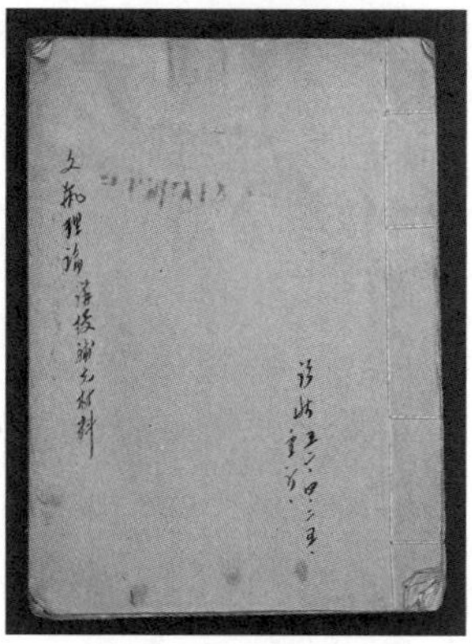
任访秋《文艺理论讲授补充材料》手稿

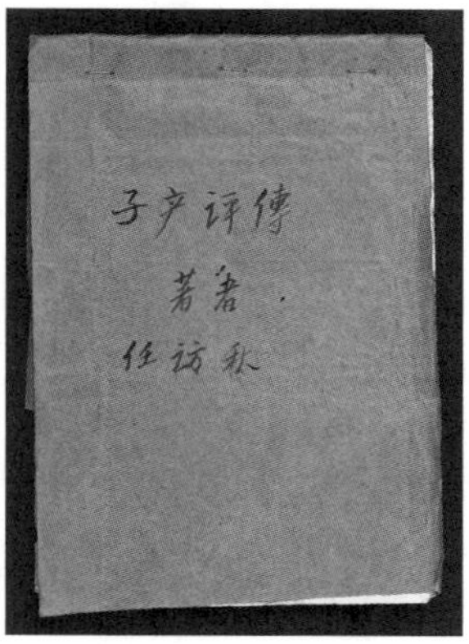

任访秋《子产评传》手稿

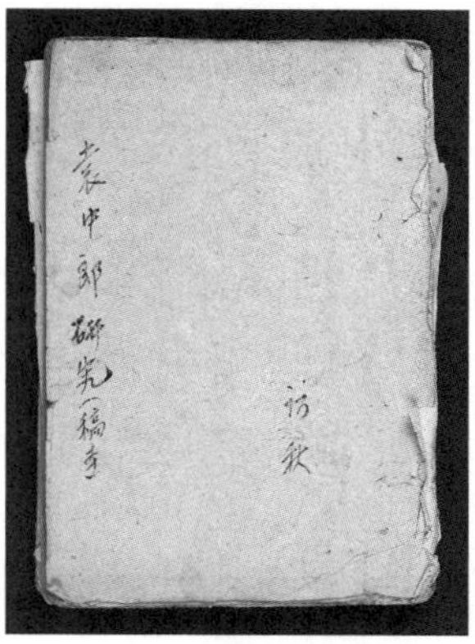
任访秋《袁中郎研究》手稿

69. 任访秋《子产评传》手稿

近现代。纸质。长 27.2 厘米、宽 19.5 厘米。2000 年河南大学任访秋之子任光捐赠。郑州博物馆藏。完整。手稿呈长方形，封面有“子产评传著者任访秋”字样，前 3 页为文甫原序，《子产评传》共分为前言、子产传、子产的学术思想与政治作风、结束语四部分，每页共20横行，每行大约20字，计有77页，另有后记。

70. 任访秋《袁中郎研究》手稿

近现代。纸质。长28.6厘米、宽20厘米。2000年河南大学任访秋之子任光捐赠。郑州博物馆藏。后半部边残缺。手稿呈长方形，毛笔墨书，封面左有竖行“袁中郎研究（稿本）”，右中下部有“访秋”字样，内容共分为三章：第一章为袁中郎以前的明代文学思潮趋向，分6节论述；第二章为袁中郎的思想与文学，分2节6目论述；第三章为明代末年以来对袁中郎文集上功罪的批判，分6节论述。每行大约22字，每页26竖行，共计78页。

71. 任访秋河南大学聘书

近现代。纸质。长34.7厘米、宽29厘米。2000年河南大学任访秋之子任光捐赠。郑州博物馆藏。完整。该聘书呈长方形，套色印刷，蓝曲线纹地透白“为人民服务”“毛泽东”，四周为红色边框，毛笔墨书，竖行自右至左内容依次为“兹聘请任访秋先生为本大学国文系教授，并订定聘约如左：聘约期间自公历一九五一年二月起至一九五二年二月底止，续聘于约满前另订新约”。校长名下钤“嵇文甫印”，朱文；副校长名下钤“张柏园印”，朱文；日期“公历一九五一年二月”，中部钤“河南大学印”，朱文。“河南大学聘书”字下有“0257”字样，右侧压缝有“字第二百五七号”字样，钤“河南大学印”朱文骑缝章。

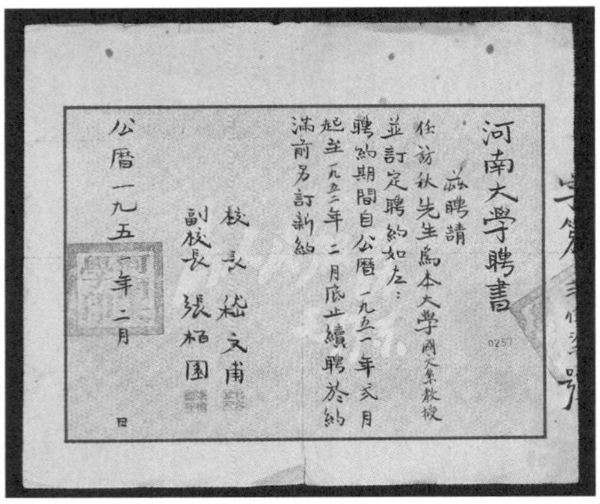
河南大學聘書
0257
茲聘請
任訪秋先生為本大學國文系教授
並訂定聘約如左：
聘約期間自公曆一九五一年二月
起至一九五二年二月底止續聘於約
滿前另訂新約
校長 嵇文甫
副校長 張柏園
公曆一九五一年二月 日

任访秋河南大学聘书

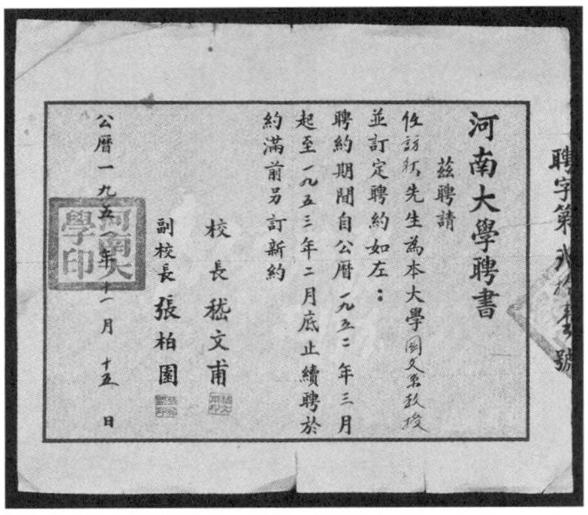
河南大學聘書
茲聘請
任訪秋先生為本大學國文系教授
並訂定聘約如左：
聘約期間自公曆一九五二年三月
起至一九五三年二月底止續聘於
約滿前另訂新約
校長 嵇文甫
副校長 張柏園
公曆一九五一年十一月十五日

任访秋河南大学聘书

72. 任访秋河南大学聘书

近现代。纸质。长31.7厘米、宽29.1厘米。2000年河南大学任访秋之子任光捐赠。郑州博物馆藏。完整。该聘书呈长方形，套色印刷，蓝曲线纹地透白“为人民服务”“毛泽东”，四周为红色边框，毛笔墨书，竖行自右至左内容依次为“兹聘请任访秋先生为本大学国文系教授，并订定聘约如左：聘约期间自公历一九五二年三月起至一九五三年二月底止，续聘于约满前另订新约”。校长名下钤“嵇文甫印”，朱文；副校长名下钤“张柏园印”，朱文；日期“公历一九五一年十一月十五日”，中部钤“河南大学印”，朱文。右侧压缝有“聘字第二十一号”字样，钤“河南大学印”朱文骑缝章。

73. 姚雪垠给任访秋的亲笔信

近现代。纸质。长30厘米、宽21厘米。2000年河南大学任访秋之子任光捐赠。郑州博物馆藏。完整。该信为长方形，宣纸，毛笔墨书，姚雪垠1981年6月12日参加当代文学会第二次年会前给任访秋的亲笔信。竖行8，满行22字，内容为：“访秋兄：我已决定去庐山参加当代文学会第二次年会，务望兄亦前去,这个会既然已经建立起来,应促使其巩固与发展,在社会上发生较好作用。我们都去,可以商量一些基本问题。我拟乘火车直达南昌,请江西省文联派车送往庐山,不迟于六月廿二日赶到庐山。匆匆,即颂。著安! 姚雪垠小年六月十二日”附信封,竖行,内容有“开封河南师大中文系任访秋教授启北京复兴门外大街22号楼姚”字样,分四行排列。

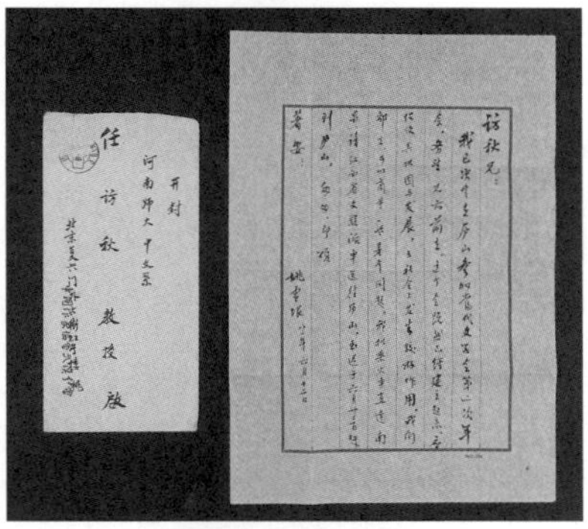

姚雪垠给任访秋的亲笔信

“河南二七公社郑大联委”红袖章

74. “河南二七公社郑大联委”红袖章

近现代。纺织品。长19.8厘米、宽14.2厘米。2000年8月郑州市国棉五厂徐美玲捐赠。郑州博物馆藏。完整。袖章整体呈长方形,红色,正面有三行银灰色印刷字体,首行为左边印毛主席头像,右边为“河南”二字;中行为“二七公社”;下行为“郑大联委”“编号”。背面有一黑色圆形印章,印文为“河南二七公社、郑州大学、文化革命联络委员会”。

75. 白靠

近现代。纺织品。通长151厘米。2000年7月28日河南省豫剧二团关明捐赠。现藏郑州市商城遗址保护管理处。完整。白靠戏衣,为武生所穿的专用服装(如对花枪罗成、南阳关吴云召),边关战敌寇时穿用,后边有四根靠旗,身上绣有二龙戏珠、鱼纹、边花有寿图案。

白靠

橘黄蟒袍

刘久来演出戏衣黄帔

76. 橘黄蟒袍

近现代。纺织品。通长145厘米。2000年7月29日河南省豫剧二团关明捐赠。现藏郑州市商城遗址保护管理处。完整。该戏衣为橘黄色,为帝王上朝时穿用,身上有绣花、蟒纹,下摆有潮水,腰系玉带。

77. 刘久来演出戏衣黄帔

近现代。纺织品。通长146厘米。2000年7月30日河南省豫剧二团关明捐赠。现藏郑州市商城遗址保护管理处。完整。该戏衣为黄帔，颜色为黄色，系帝王在家专用服装之一，身上绣有小团花，下摆绣有潮水，为河南省著名的戏剧演员刘久来的演出戏衣之一。

78. 豫剧《三上关》唱片

近现代。直径25厘米。2000年6月28日河南省艺术研究中心李明宣捐赠。现藏郑州市商城遗址保护管理处。完整。该唱片内容为河南梆子《三上关》《春秋配》。圆形，黑色胶木，中部直径为7.6厘米，烫金标识，上部文字为“上海百代公司唱片”，有一个雄鸡标记，正面为“A”标识，下有(3530)等文字；反面编号为“B”，下有(3530)。其正反两面均为陈素真所唱。

豫剧《三上关》唱片

河南梆子《杨八郎探母》唱片

79. 河南梆子《杨八郎探母》唱片

近现代。直径25厘米。2000年6月29日河南省艺术研究中心李明宣捐赠。现藏郑州市商城遗址保护管理处。完整。该唱片内容为河南梆子《杨八郎探母》(一、二段)。圆形，黑色胶木，中部直径为7.6厘米，烫金标识，上部文字为“上海百代公司唱片”，有一个雄鸡标识，有名角、剧团名“HENANPONGT2 赵义庭”，正面3783头段，反面3784二段。

第二编　管理

第一章 法规

本章收录的地方文物法规、政府规章、规范性文件，皆是根据郑州市当时文物保护的实际情况而制定并施行的，虽有些已废止，但在其有效期都发挥了极其重要的作用。

第一节 地方文物法规、政府规章

《郑州市嵩山历史建筑群保护管理条例》

《郑州市郑韩故城遗址保护条例》

《郑州市古树名木保护管理办法》

《郑州商代遗址保护管理规定》

本节记述了四部地方性文物法规和政府规章，两部是经河南省立法机关颁布的法规，两部是郑州市人民政府颁发的规章。这四部都是根据郑州市文物保护实际情况，为加强保护管理工作做出的法律规定和政府规章，为登封嵩山历史建筑群、郑州商代遗址、郑韩故城遗址、郑州市古树名木的保护管理提供了法律依据，发挥了极其重要的作用。

1.《郑州市嵩山历史建筑群保护管理条例》

（2007 年 8 月 30 日郑州市第十二届人民代表大会常务委员会第三十次会议通过　2007 年 12 月 3 日河南省第十届人民代表大会常务委员会第三十四次会议批准）

第一条　为了加强对嵩山历史建筑群的保护和管理，根据《中华人民共和国文物保护法》等有关法律、法规，结合实际，制定本条例。

第二条　本条例所称嵩山历史建筑群，包括登封市行政区域内的太室阙和中岳庙、少室阙、启母阙、嵩岳寺塔、少林寺建筑群（常住院、初祖庵、塔林）、会善寺、嵩阳书院、观星台等被确定为全国重点文物保护单位和省级文物保护单位的历史建筑。

第三条　凡在嵩山历史建筑保护区域内从事保护管理、生产经营、开发建设和旅游、考察、宗教、文化等活动的组织和个人，均应遵守本条例。

第四条　郑州市人民政府负责对嵩山历史建筑群保护管理工作的领导，郑州市文物行政部门应当加强对嵩山历史建筑群保护管理工作的监督、指导。

登封市人民政府全面负责嵩山历史建筑群的保护管理工作，加强嵩山历史建筑群保护管理机构建设，加大经费投入，将保护管理工作纳入国民经济和社会发展计划，并编制保护规划，纳入土地利用总体规划和城乡建设规划。

登封市文物行政部门负责嵩山历史建筑群的保护管理工作，其所属的文物保护机构具体负责嵩山历史建筑的日常保护管理工作。

登封市宗教、旅游、规划、建设、财政、国土资源、环境保护、林业、公安、交通、水行政、工商行政等有关部门及嵩山历史建筑所在地的乡(镇)人民政府、街道办事处,应当在各自职责范围内做好嵩山历史建筑的保护工作。

第五条　嵩山历史建筑群的保护和管理应当坚持科学规划、有效保护、合理利用、加强管理的原则,实行保护与利用相结合、整体环境风貌控制与重点保护相结合、专门管理与群众参与相结合,确保嵩山历史建筑群的真实性和完整性。

第六条　嵩山历史建筑属于国家所有,不得出租、转让、抵押,不得作为企业资产经营。

任何单位和个人不得擅自占用嵩山历史建筑。

第七条　任何单位和个人都有保护嵩山历史建筑群的义务,并有权对违反本条例的行为进行制止、举报和控告。

对在嵩山历史建筑群保护、管理工作中作出突出成绩的单位和个人,由郑州市人民政府或登封市人民政府给予表彰、奖励。

第八条　嵩山历史建筑的保护范围和建设控制地带以省人民政府批复的范围为准,其四至界限的标志和界桩,由登封市人民政府设置。

任何单位、个人不得擅自移动、破坏界限标志和界桩。

第九条　嵩山历史建筑群的保护对象包括:

(一)保护范围内的历史建筑物、构筑物、附属建筑物及其遗址;

(二)历史建筑的附属文物;

(三)历史建筑保护管理机构保存、陈列的文物和重要资料;

(四)保护范围内的地下文物;

(五)保护范围内的古树名木;

(六)构成历史建筑整体的历史风貌和自然环境;

(七)其他依法应当保护的人文遗迹。

第十条　登封市人民政府及其文物、宗教、旅游、规划建设、国土资源等有关部门应当按照国家文物行政部门批准的嵩山历史建筑群总体保护规划和详细规划,组织实施嵩山历史建筑群保护管理工作。

嵩山历史建筑群总体保护规划和详细规划,必须严格执行,不得擅自变更;确需变更的,应当经原审核批准机关批准。

嵩山风景名胜区的总体规划、详细规划与嵩山历史建筑群的总体保护规划、详细规划应当相协调。

第十一条　郑州市文物行政部门应当会同有关职能部门和登封市人民政府,对嵩山历史建筑群的保护状况进行定期监测,提出监测评估报告,并报郑州市人民政府和上级文物行政部门。

第十二条　登封市人民政府应当组织文物、国土资源、水行政等有关部门加强对嵩山历史建筑周围的地质监测和地质灾害评估,防治山体滑坡、地面塌陷等灾害,确保文物安全。

第十三条　登封市有关部门和单位应当按照嵩山历史建筑群详细规划的要求,做好嵩山历史建筑保护范围和建设控制地带内的绿化工作,加强生态环境保护和污染防治监督管理,维护自然环境风貌。

第十四条　在嵩山历史建筑保护范围内植树,不得危及历史建筑安全。现有树木可能危及历史建筑安全的,经林业行政主管部门批准,文物保护管理机构或文物使用人应当及时移植或清除。

嵩山历史建筑保护管理机构或文物使用人应当加强对保护范围内的古树名木的养护管理。

第十五条　嵩山历史建筑所在区域的建设行为应当符合嵩山历史建筑群总体保护规划的要求,不得有损文物安全或损害构成历史建筑整体的历史风貌和自然环境。

禁止在嵩山历史建筑保护范围内进行与文物保护无关的建设工程或者爆破、钻探、挖掘等作业。

禁止在嵩山历史建筑保护范围和建设控制地带内进行下列建设行为：

（一）修建风格、高度、体量、色调等与文物及其环境不相协调的建筑物、构筑物；

（二）安装产生强烈震动可能危及文物安全或污染文物及其环境的设施；

（三）进行产生强烈震动可能危及文物安全的作业；

（四）其他可能有损文物历史风貌或文物安全的工程建设行为。

嵩山历史建筑保护范围和建设控制地带内已有的或在建的建筑物、构筑物及设施，不符合前款规定的，由登封市人民政府依法组织拆除或迁出。

第十六条　在嵩山历史建筑保护范围和建设控制地带内进行考古发掘，应持有经国务院或国务院文物行政部门批准的考古发掘计划。考古发掘结束后，应向当地文物行政部门提供发掘情况、出土文物清单和保护意见。

第十七条　在嵩山历史建筑保护范围内或以嵩山历史建筑为背景举办大型文化、体育及其他有组织的群众性活动，应当经登封市文物行政部门同意后，报相关部门批准。举办方应当按照批准的时间、地点、范围举办活动，并采取文物保护措施，确保文物安全。

第十八条　拍摄电影、电视剧（片）或专业录像、专业摄影，需拍摄嵩山历史建筑群外景或局部景观，以及测绘、复制、拓印嵩山历史建筑或其单体文物的，应当持有国家或省文物行政部门的批准文件，并在文物行政部门的监督下进行。

在宗教活动场所从事前款规定的活动，报批前应当征得宗教场所管理组织及宗教事务部门的同意。

第十九条　嵩山历史建筑群中属文物行政部门管理的历史建筑，由文物行政部门设立的保护管理机构负责保护管理；位于宗教活动场所内的历史建筑，由该场所的管理组织负责保护管理，并与文物行政部门签订保护责任书，接受文物行政管理部门指导和监督。

嵩山历史建筑保护管理机构和管理组织应当建立健全文物安全管理制度，制定火灾、水灾、地震等灾害发生时的应急措施。在重点、要害场所或部位，应设置禁止烟火的明显标志，配备防火、防盗、防自然损坏等文物安全设施，并保持完好有效。

嵩山历史建筑保护管理机构和管理组织应当建立历史建筑的日常巡查检查制度，发现危及古建筑安全隐患，应当及时报告或处理。

第二十条　在嵩山历史建筑保护范围内，禁止下列妨碍文物安全的行为：

（一）破坏防火、防盗、防自然损坏的设施；

（二）堵塞、侵占排水通道；

（三）在设有禁止烟火标志的区域内吸烟、烧纸、焚香；

（四）燃放烟花爆竹；

（五）野炊，焚烧树叶、秸秆、荒草、垃圾等；

（六）存储煤气、液化石油气等易燃易爆物品；

（七）违规安装照明及其他电气设备；

（八）堵塞、侵占消防通道；

（九）妨碍文物安全的其他行为。

第二十一条　在嵩山历史建筑保护范围和建设控制地带内，禁止下列损毁、破坏文物及其保护设施或环境的行为：

(一)违禁攀爬文物及其保护设施;

(二)在文物及其保护设施上刻划、涂抹、张贴;

(三)随地吐痰、便溺、乱扔杂物;

(四)乱倒垃圾、排放污水;

(五)设置户外广告;

(六)擅自凿井取水;

(七)修建坟墓;

(八)擅自砍伐树木,破坏植被;

(九)其他损毁、破坏文物及其保护设施或环境的行为。

第二十二条 嵩山历史建筑的修缮、保养,应当遵循不改变原状的原则,并依法办理有关批准手续。

嵩山历史建筑群中属文物行政部门管理的历史建筑,由文物行政部门负责修缮、保养;位于宗教活动场所内的历史建筑,由该场所的管理组织负责修缮、保养,并接受文物行政部门的指导和监督。

位于宗教活动场所内的历史建筑的管理组织应当按照文物行政部门的要求履行修缮、保养义务。拒不履行修缮、保养义务的,登封市文物行政部门应当责令其限期改正;逾期仍不履行修缮、保养义务的,由登封市人民政府组织抢救修缮,所需费用由使用人承担。

第二十三条 嵩山历史建筑修缮、保养经费由登封市人民政府或使用人负责筹措。

嵩山历史建筑修缮、保养经费来源包括:

(一)国家、省专项拨款;

(二)郑州市财政补助经费;

(三)登封市的财政预算;

(四)嵩山历史建筑群保护专项资金;

(五)业务收入;

(六)捐赠及其他合法收入。

修缮、保养经费应当专款专用,并接受财政、审计部门依法监督。

第二十四条 嵩山历史建筑修缮、保养的勘察、设计和施工,应当委托具备相应文物保护工程资质的单位承担。

嵩山历史建筑修缮、保养工程竣工后应当按规定由文物行政部门或其委托的单位验收;重大的修缮、保养项目工程应当按工序分阶段验收。

第二十五条 文物行政部门应当建立嵩山历史建筑群资料档案信息库,完善嵩山历史建筑群学术、史志、维修、监测等相关的文字和影像资料的搜集、编纂和管理制度。

第二十六条 文物行政部门应当建立嵩山历史建筑群保护管理专家咨询制度。在嵩山历史建筑群规划编制、修缮、保养、竣工验收等保护管理工作中应当听取专家意见。

第二十七条 违反本条例第八条第二款规定的,由登封市文物行政部门责令限期恢复原状或赔偿损失,并可处以五十元以上二百元以下罚款。

第二十八条 违反本条例第二十条规定的,由登封市文物行政部门责令改正,并按照下列规定予以处罚:

(一)有第一项、第二项行为的,责令限期恢复原状或赔偿损失,并处以五十元以上二百元以下罚款;

(二)有第三项行为的,处以二十元以上五十元以下罚款;

（三）有第四项、第五项行为的，处以五十元以上二百元以下罚款。

第二十九条　违反本条例第二十一条规定的，由登封市文物行政部门责令改正，并按下列规定予以处罚：

（一）有第一项、第二项、第四项行为的，处以五十元以上二百元以下罚款；

（二）有第三项行为的，处以二十元以上五十元以下罚款。

第三十条　违反本条例的行为，触犯其他法律、法规规定的，由有关部门依照有关法律、法规规定予以处罚。

第三十一条　从事嵩山历史建筑群保护管理的工作人员，有下列行为之一的，由其所在单位或有管理权限的部门依法给予行政处分；构成犯罪的，依法追究刑事责任：

（一）侵占、挪用文物保护资金的；

（二）违反规定借用或者非法侵占国有文物的；

（三）利用职务或者工作上的便利，侵吞、盗窃国有文物的；

（四）委托不具备相应资质的单位承担修缮、保养作业的；

（五）对发现危及历史建筑安全隐患未及时报告处理，造成严重后果的；

（六）对发现的违法行为不及时查处或有其他不依法履行职责行为，造成历史建筑或其他文物损坏、失窃或灭失的；

（七）违反法定权限和程序实施行政处罚和行政许可的；

（八）有其他滥用职权、玩忽职守、徇私舞弊行为的。

嵩山历史建筑使用人有前款第一项、第二项、第三项、第四项、第五项行为的，由有关部门依法处理；造成文物灭失、损毁的，依法承担民事责任；构成犯罪的，依法追究刑事责任。

第三十二条　本条例自2008年1月1日起施行。2003年6月27日郑州市第十一届人民代表大会常务委员会第三十八次会议通过，2003年9月27日河南省第十届人民代表大会常务委员会第五次会议批准的《郑州市登封观星台嵩岳寺塔少林寺塔林保护管理条例》同时废止。

2.《郑州市郑韩故城遗址保护条例》

（2014年8月22日郑州市第十四届人民代表大会常务委员会第四次会议通过　2014年12月4日河南省第十二届人民代表大会常务委员会第十一次会议批准）

第一章　总　则

第一条　为了加强对郑韩故城遗址的保护，继承和弘扬优秀历史文化，根据《中华人民共和国文物保护法》《中华人民共和国文物保护法实施条例》等法律、法规，结合遗址现状，制定本条例。

第二条　郑韩故城遗址的保护、管理和利用等活动，适用本条例。

本条例所称郑韩故城遗址，是指位于新郑市行政区域内东周时期郑国和韩国的都城遗址及其附属的各类遗址和墓葬。

第三条　郑韩故城遗址的保护，应当遵循保持原貌、生态养护、加强管理和合理利用的原则，正确处理遗址保护与经济社会发展的关系。

第四条　郑州市人民政府负责对郑韩故城遗址保护工作的领导。郑州市文物行政部门负责对郑韩故城遗址保护工作的监督、指导。

新郑市人民政府全面负责郑韩故城遗址的保护工作。新郑市文物行政部门具体负责郑韩故城遗址保护工作。

其他相关部门应当在各自职责范围内,做好郑韩故城遗址保护工作。

郑韩故城遗址所在地的乡(镇)人民政府、街道办事处应当在职责范围内做好遗址保护工作。

郑韩故城遗址所在地的村(居)民委员会应当协助有关部门做好遗址保护工作。

第五条 新郑市人民政府应当将郑韩故城遗址保护所需经费列入本级财政预算,并及时拨付。

鼓励通过社会捐赠等方式筹集郑韩故城遗址保护资金。

第六条 新郑市人民政府应当建立补偿机制。因郑韩故城遗址保护造成损失的,依法给予补偿。

第七条 各级人民政府及文物、文化广播电视新闻出版、教育等部门,应当做好郑韩故城遗址保护的宣传、教育工作。

报刊、广播、电视、网络等新闻媒体应当加强郑韩故城遗址保护的宣传,适时发布公益广告,增强社会公众的文物保护意识。

第八条 任何单位和个人不得损害郑韩故城遗址,有权举报和制止破坏、损毁郑韩故城遗址的行为。

新郑市文物行政部门应当建立举报制度,公布举报方式,依法及时查处破坏、损毁郑韩故城遗址的行为。

第九条 郑州市人民政府、新郑市人民政府或者有关部门对在郑韩故城遗址保护中做出突出贡献的单位和个人,应当给予表彰或者奖励。

第二章 保 护

第十条 郑州市人民政府负责组织编制郑韩故城遗址保护规划,并按照规定报批、公布。

新郑市人民政府应当将郑韩故城遗址保护纳入本级国民经济和社会发展规划、土地利用总体规划和城乡建设规划。

第十一条 郑韩故城遗址保护规划区域内的保护范围和建设控制地带,由新郑市人民政府设置标志,并保持完好。

任何单位和个人不得擅自移动、拆除、损毁郑韩故城遗址保护设施。

第十二条 在郑韩故城遗址保护范围内不得进行与遗址保护无关的工程建设或者爆破、钻探、挖掘等作业;因特殊情况确需进行作业的,应当依法履行报批手续。

第十三条 在郑韩故城遗址建设控制地带内进行工程建设的,其高度、体量、外观、色调应当符合郑韩故城遗址保护规划有关规定,不得破坏郑韩故城遗址的历史风貌。

工程设计方案应当依法经相应的文物行政部门同意后,报城乡建设规划部门批准。国家另有规定的,从其规定。

第十四条 在郑韩故城遗址保护规划区域内尚未进行考古调查、勘探的地方进行工程建设的,建设单位应当事先报请新郑市文物行政部门组织从事考古调查、勘探的单位在工程项目范围内及其取土区进行考古调查、勘探。需要配合建设工程考古发掘的,按照国家有关规定进行。考古调查、勘探及发掘费用由建设单位列入建设工程预算。

考古调查、勘探及发掘中发现重要遗迹的,应当实施原址保护;建设项目影响遗迹原址保护的,应当另行选址。给建设单位造成损失的,依法给予补偿。

第十五条 新郑市人民政府应当加强郑韩故城遗址保护规划区域内的环境保护和生态建设,扩大绿化覆盖面积,加大对双洎河、黄水河的治理,维护郑韩故城遗址历史风貌。

第十六条 郑韩故城遗址保护实行专家咨询论证制度。

在制定涉及郑韩故城遗址保护的建设规划、工程审批及决定与遗址保护有关的其他重大事项时,应当组织有关专家进行论证。

第三章　管　理

第十七条　新郑市文物行政部门应当建立郑韩故城遗址巡查、检查制度。

在巡查、检查中发现危及郑韩故城遗址安全的，应当及时采取相应处置措施，同时向新郑市人民政府和郑州市文物行政部门报告。

第十八条　新郑市文物行政部门应当在郑韩故城遗址保护范围内安装安全技术防范、避雷、消防等防护设施，并保持正常使用。

第十九条　新郑市文物行政部门应当定期对郑韩故城遗址保护状况进行监测，提出监测评估报告，并报送新郑市人民政府和郑州市文物行政部门。

第二十条　新郑市人民政府应当组织文物、国土资源、煤炭管理、水务、气象等有关部门，加强对郑韩故城遗址周围的地质监测和地质灾害评估，防治地面塌陷、水土流失等灾害，确保文物安全。

第二十一条　在郑韩故城遗址保护规划区域内从事考古调查、勘探及发掘的，考古发掘单位应当按照《中华人民共和国文物保护法》有关规定履行报批手续，并报新郑市文物行政部门备案。

考古调查、勘探及发掘结束后，考古发掘单位应当及时向新郑市文物行政部门提供考古调查、勘探和发掘报告，出土文物清单及保护意见。

第二十二条　在郑韩故城遗址保护范围内，禁止下列行为：

（一）在文物本体及其保护设施上涂污、刻划、张贴或者攀爬；

（二）在文物本体上垦荒、放牧；

（三）种植不符合遗址保护规划的树木；

（四）建窑、打井、挖塘、挖洞、挖渠、取土；

（五）建墓、立碑；

（六）焚烧、野炊；

（七）燃放烟花爆竹；

（八）倾倒、堆放垃圾和废弃物；

（九）存放易燃、易爆、腐蚀性物品；

（十）设置商业广告；

（十一）擅自采矿，排放污染物；

（十二）其他危害或者可能危害遗址安全的行为。

第二十三条　新郑市人民政府应当组织文物、水务、公安、林业及所在地乡（镇）人民政府、街道办事处，制定郑韩故城遗址保护应急预案，并定期组织演练。

发生危及遗址安全的突发事件、自然灾害或者发现遗址存在安全隐患时，应当及时启动应急预案，采取相应处置措施。

第二十四条　郑韩故城遗址保护经费来源包括：

（一）国家、省专项拨款；

（二）郑州市财政补助经费；

（三）新郑市的财政预算；

（四）捐赠及其他合法收入。

第二十五条　郑韩故城遗址保护经费主要用于以下方面：

（一）郑韩故城遗址的修缮和养护；

（二）郑韩故城遗址防护设施的建设和维护；

（三）郑韩故城遗址的考古调查、勘探及发掘；

(四)郑韩故城遗址及相关文化遗产陈列布展;

(五)郑韩故城遗址的技术保护;

(六)郑韩故城遗址保护的奖励。

郑韩故城遗址保护经费应当专款专用,接受财政、审计等部门的监督。

第二十六条　郑韩故城遗址的修缮、养护依法由具备相应资质的单位承担,并按照规定办理批准手续。

郑韩故城遗址修缮、养护工程竣工后应当按照规定由文物行政部门或者其委托的单位验收;重大的修缮、养护项目工程应当按照工序分阶段验收。

第四章　利　用

第二十七条　鼓励支持公民、法人和其他组织参与郑韩故城遗址及相关文化遗产的保护和合理利用。新郑市文物行政部门应当提供必要的信息和服务,对文物利用进行指导。

第二十八条　郑韩故城遗址文物收藏单位应当充分发挥馆藏文物的作用,通过举办展览、科学研究等活动,加强对优秀历史文化遗产的宣传和利用。

第二十九条　新郑市人民政府应当按照国家文物行政部门批准的规划,组织建设郑韩故城考古遗址公园,保持郑韩故城遗址历史风貌的真实性和完整性,展示其文化底蕴。

郑韩故城考古遗址公园依照国家规定向社会开放。

第三十条　郑韩故城考古遗址公园规划区域内的土地,由新郑市人民政府按照法定程序逐步调整为文物古迹用地,依法划拨。

郑韩故城考古遗址公园规划区域内现有的与文物保护无关的建筑物、构筑物,由新郑市人民政府依法组织征收;现有的与文物保护无关的各类墓葬及墓碑,应当逐步迁出。具体办法由新郑市人民政府另行制定。

郑韩故城考古遗址公园规划区域内的村庄应当按照城乡建设规划优先实施改造。

第三十一条　利用郑韩故城遗址拍摄电影、电视等影像资料以及举办大型活动的,拍摄单位或者举办者应当制定文物保护方案,依法履行报批手续,并采取相应防护措施,确保郑韩故城遗址安全。

出现危及郑韩故城遗址安全情形的,文物行政部门、公安机关等应当责令停止前款活动。

第三十二条　在郑韩故城遗址保护范围及建设控制地带内从事旅游或者其他经营活动,应当符合郑韩故城遗址保护总体规划。

第三十三条　新郑市人民政府有关行政部门应当鼓励研究开发相关文化产品,加强对文物仿制品和文物工艺品行业的规范和指导,促进行业健康发展。

第三十四条　新郑市文物行政部门应当加强对郑韩故城遗址的知识产权保护。

第五章　法律责任

第三十五条　违反本条例规定,法律、法规已有处罚规定的,从其规定。

第三十六条　违反本条例规定,有下列行为之一的,由新郑市文物行政部门责令限期改正;逾期不改正的,处以五万元以上二十万元以下罚款;造成严重后果的,处以二十万元以上五十万元以下罚款;构成犯罪的,依法追究刑事责任:

(一)违反第十二条规定,擅自在郑韩故城遗址保护范围内进行工程建设或者爆破、钻探、挖掘等作业的;

(二)违反第十三条规定,工程建设不符合郑韩故城遗址保护规划有关规定或者未按照文物行政部门同意的工程设计方案进行施工的;

(三)违反第十四条第一款规定,未经考古调查、勘探,擅自进行工程建设的。

前款所列违法行为中已经建成或者在建的建设工程项目，应当责令建设单位限期拆除；逾期不拆除的，依法强制拆除。

第三十七条　违反本条例规定，有下列行为之一的，按照下列规定予以处罚：

（一）违反第十一条第二款规定的，由新郑市文物行政部门责令恢复原状或者赔偿损失，可处以二百元以上二千元以下罚款；

（二）违反第二十二条第一项、第二项规定的，由新郑市文物行政部门给予警告，可并处以二百元以下罚款；造成损失的，依法予以赔偿；

（三）违反第二十二条第三项规定的，由新郑市文物行政部门责令恢复原状，给予警告；

（四）违反第二十二条第四项规定的，由新郑市文物行政部门责令恢复原状，处以二千元以上一万元以下罚款；

（五）违反第二十二条第五项、第六项、第八项规定的，由新郑市文物行政部门责令恢复原状，处以五百元以上二千元以下罚款；

（六）违反第二十二条第七项规定的，由公安机关责令停止燃放，处以三百元以上五百元以下罚款；

（七）违反第二十二条第十项规定的，由新郑市有关行政部门责令停止施工并恢复原状，处以二千元以上二万元以下罚款。

第三十八条　从事郑韩故城遗址保护工作的部门和单位及其工作人员，有下列行为之一的，由监察机关或者有管理权限的部门依法给予处分；构成犯罪的，依法追究刑事责任：

（一）对不符合郑韩故城遗址保护规划的建设工程违规审批的；

（二）未依法由具备相应资质的单位承担修缮、养护工程的；

（三）未履行巡查、检查制度和定期监测制度，造成严重后果的；

（四）对破坏郑韩故城遗址的行为未及时查处的；

（五）侵占、挪用郑韩故城遗址保护经费的；

（六）其他滥用职权、玩忽职守、徇私舞弊的行为。

第六章　附　则

第三十九条　本条例自 2015 年 1 月 1 日起施行。

3.《郑州市古树名木保护管理办法》

（2005 年 8 月 4 日市人民政府第 35 次常务会议审议通过，现予公布）

第一条　为加强古树名木的保护与管理，根据《中华人民共和国森林法》和国务院《城市绿化条例》等有关法律、法规的规定，结合本市实际，制定本办法。

第二条　本办法所称古树，是指树龄在一百年以上的树木。

本办法所称名木，是指树种珍贵、稀有以及具有重要历史、文化、科研价值或具有重要纪念意义的树木。

第三条　树龄 500 年以上的古树实行一级保护，树龄 300 年以上的古树实行二级保护，其余的古树实行三级保护。

名木实行一级保护。

第四条　本办法适用于本市行政区域内古树名木的保护与管理。

第五条　古树名木保护实行专业保护与社会公众保护相结合、定期养护与日常养护相结合的原则。

第六条 市、县(市、区)城市园林绿化行政主管部门按照有关法律、法规和本办法规定,负责城市建成区、风景名胜区、工矿区古树名木的保护管理和监督检查工作。

市、县(市、区)林业行政主管部门负责前款规定区域以外古树名木的保护管理和监督检查工作。

第七条 各级人民政府应当加强对古树名木保护的宣传教育,鼓励和促进古树名木保护的科学研究,推广古树名木保护科研成果,对保护古树名木成绩突出的单位和个人予以表彰或奖励。

第八条 任何单位和个人都有保护古树名木的义务,对损害古树名木的行为有制止和举报的权利。

对损害古树名木的违法行为,市、县(市、区)城市园林绿化行政主管部门和林业行政主管部门(以下统称古树名木行政主管部门)应当及时查处。

第九条 古树名木行政主管部门应当对本行政区域内的古树名木进行登记、拍照,并按有关规定和程序进行鉴定、确认和统一编号,建立资源档案。

公民、法人或其他组织发现应当列入古树名木保护范围的树木,应当报市或县(市、区)古树名木行政主管部门鉴定、确认。

古树名木名录由市人民政府向社会公布。

第十条 市和县(市、区)人民政府应当在古树名木周围醒目位置设立统一的标示牌,标明树名、学名、科属、等级、树龄、树木编号及管护单位等内容;对有特殊历史、文化、科研价值和纪念意义的古树名木,应当有文字说明。

第十一条 市和县(市、区)古树名木行政主管部门应当根据古树名木保护的需要划定古树名木保护范围。其中,一级古树名木保护的范围不小于树冠垂直投影外 5 米,二级古树名木保护的范围不小于树冠垂直投影外 3 米,三级古树名木保护的范围不小于树冠垂直投影外 2 米。

第十二条 在古树名木保护范围内,不得有下列行为:

(一)新建建筑物、构筑物;

(二)挖坑取土、敷设管线;

(三)堆放杂物和垃圾;

(四)倾倒有毒有害废渣、废液,排放烟气;

(五)使用明火或焚烧沥青、落叶等;

(六)法律、法规、规章禁止的其他行为。

第十三条 新建、改建、扩建建设工程影响古树名木生长的,建设单位必须制定避让和保护措施。城市规划行政主管部门在核发建设工程规划许可证时,应当征求古树名木行政主管部门的意见。

第十四条 禁止下列损害古树名木的行为:

(一)在树上刻划钉钉、悬挂物品、缠绕绳索、架设电线;

(二)借树木作为支撑物或者固定物;

(三)剥损树皮、攀树折枝;

(四)擅自砍伐、移植;

(五)影响古树名木生长的硬化、固化地面行为;

(六)其他损坏古树名木的行为。

第十五条 古树名木的保护实行属地管理。

古树名木的管护责任,按下列规定确定:

(一)在城市公园、游园、公共绿地、城市道路范围内的古树名木,由城市园林绿化行政主管部门负责落实管护责任;

（二）在国有林场范围内的古树名木，由林业行政主管部门负责落实管护责任；

（三）在机关、团体、企事业单位、部队、风景名胜区、森林公园、文物保护单位、寺庙等单位用地范围内的古树名木，由所在单位负责管护；

（四）在铁路、公路、水库用地范围内的古树名木，由铁路、公路和水行政主管部门负责落实管护责任；

（五）在住宅小区或私人宅院内的古树名木，由物业管理单位或者业主负责管护；

（六）在农村集体土地上的古树名木，由土地使用权人负责管护；

（七）个人所有的古树名木，由个人负责管护。

鼓励单位和个人以捐资、认养等形式，参与古树名木的保护。

第十六条　市和县（市、区）古树名木行政主管部门应当按照管辖范围与管护责任人签订管护责任书，明确管护责任。管护责任人发生变更的，应当到市或县（市、区）古树名木行政主管部门办理变更手续。

第十七条　管护责任人应当按照市古树名木行政主管部门制定的古树名木管护技术规范进行管护。市和县（市、区）古树名木行政主管部门应当向管护责任人提供管护知识培训和技术指导。

第十八条　遇有严重干旱、洪涝等自然灾害时，古树名木管护责任人应当及时采取保护措施。

古树名木有严重病虫害或出现长势衰弱、枯萎等异常情况的，管护责任人应当及时报告市或县（市、区）古树名木行政主管部门。市和县（市、区）古树名木行政主管部门应当在接到报告后及时组织治理复壮，并将治理复壮情况记入古树名木资源档案。

古树名木死亡的，应当经市古树名木行政主管部门确认，查明原因，明确责任，办理注销登记手续。

第十九条　古树名木的日常管护费用，由管护责任人承担。承担日常管护费用确有困难的，可以向市或县（市）、区古树名木行政主管部门申请经费补助。

古树名木建档挂牌、治理复壮、设置保护设施的费用，由市、县（市、区）人民政府予以保证。

第二十条　违反本办法第十二条，第十四条第一、二、三、五、六项规定的，责令改正，并处以 500 元以上 3000 元以下罚款。

第二十一条　违反本办法第十四条第四项规定的，责令改正，并处以 5000 元以上 10000 元以下罚款。

第二十二条　古树名木的管护责任人未按照管护技术规范进行管护或者未按规定采取保护措施的，责令改正，并可处以 3000 元以上 5000 元以下罚款。

第二十三条　本办法第二十条、第二十一条、第二十二条规定的行政处罚，在依法实行城市管理综合执法区域内的，由城市管理行政执法部门负责实施；在其他区域的，由古树名木行政主管部门负责实施。

第二十四条　违反本办法规定的行为，造成古树名木损伤或死亡的，应当依法承担赔偿责任；构成犯罪的，依法追究刑事责任。

古树名木损伤或死亡的赔偿标准，由古树名木行政主管部门组织专家或专业人员评估后确定。

第二十五条　古树名木行政主管部门的工作人员因玩忽职守造成古树名木损伤或死亡的，由其所在单位或有管理权限的部门依法给予行政处分；构成犯罪的，依法追究刑事责任。

第二十六条　本办法自 2005 年 9 月 10 日起施行。

4.《郑州商代遗址保护管理规定》

（2000 年 3 月 24 日市人民政府第 3 次常务会议审议通过并发布）

第一条:为加强郑州商代遗址的保护,根据《中华人民共和国文物保护法》等有关法律、法规,结合郑州商代遗址的实际情况,制定本规定。

第一章　总则

第二条:郑州商代遗址是全国重点文物保护单位,其保护规划应纳入城市总体规划和历史文化名城保护规划。

第三条:郑州商代遗址保护应贯彻保护为主、抢救第一的方针,坚持有效保护、合理利用、加强管理的原则。

第四条:市人民政府成立郑州商代遗址保护工作委员会,协调解决保护管理工作中的重大问题,监督、指导、检查保护管理措施的落实情况。

郑州商代遗址保护工作委员会聘请专家、学者参加。

第五条:市文化行政管理部门主管郑州商代遗址的保护管理工作。

郑州商代遗址保护管理机构负责郑州商代遗址的日常保护管理工作。

城市规划、建设、市政、公用事业、土地、公安、工商行政、旅游、环境保护等有关部门及所在地的区人民政府和街道办事处、乡人民政府,均应依照有关法律、法规和规章的规定,在各自的职责范围内,做好郑州商代遗址的保护管理工作。

第六条:任何单位和个人都必须遵守本规定,并有权检举、制止破坏郑州商代遗址的行为。

第七条:对在郑州商代遗址保护管理工作中做出突出成绩的单位和个人,由市人民政府或文化行政管理部门给予表彰或奖励。

第二章　保护范围

第八条:郑州商代遗址保护范围,根据省人民政府规定,分为重点保护范围和一般保护范围。

第九条:郑州商代遗址重点保护范围为:

(一)顺河路以南、东里路以北、商代东城墙以西、紫荆山路以东区域;

(二)郑州六中(回民中学)操场区域;

(三)河南中医学院附属医院家属院区域(东里路东段以南);

(四)黄委会第一宿舍以南、东城墙以西、城北路以北、河南中医学院家属院以东区域;

(五)省中医药研究院办公楼前区域;

(六)黄委会水利科学研究院南院东半部区域(顺河路以南、紫荆山路以西、省艺术学校西院以北、工一街以东);

(七)省艺术学校西院区域(黄委会水利科学研究院以南、紫荆山路以西、东里路以北、省曲艺木偶剧团以东);

(八)郑州商代城墙及其两侧各20米区域。

第十条:郑州商代遗址一般保护范围为:

(一)郑州商代城墙以内区域(重点保护范围除外);

(二)郑州商代城墙外自重点保护范围边线外200米区域;

(三)郑州商代北城墙以北冶铜遗址及制骨遗址,即花园路以西、经五路以东、金水路以北、纬三路以南区域;

(四)郑州商代西城墙以西制陶遗址,即市十四中校院内区域;

(五)人民公园墓葬区、北二七路墓葬区及张寨南街青铜器窑藏遗址,即杜岭街以西、铭功路以东、太康路以北、金水河以南区域;

（六）郑州商代南城墙以南铸铜遗址，即陇海东路北侧10米以南，南仓西里以东、南仓街以北、省货运一公司以西区域；

（七）烟厂墓葬区，即郑州卷烟厂厂区区域（熊耳河以南、郑州轻型汽车制造厂以西、陇海路以北、烟厂街以东）；

（八）杨庄墓葬区，即凤凰路以南、城东路以东、货栈北街以西、杨庄南街以北；

（九）郑州商城外城墙及其两侧各50米区域，即郑州商城东南的凤凰台向西南，以省水利物资站仓库至市服务公司新郑路家属院折向西北，以市五中、布厂街花园新村、银基商贸城至东方红影剧院，以及外城墙遗址延伸地带的城墙遗址。

第十一条：在郑州商代遗址保护范围外新发现的商代遗址，市文化行政管理部门应将其指定为保护对象，加强保护，并报省人民政府保护范围。

在郑州商代遗址一般保护范围内新发现的重要商代遗址，市文化行政管理部门应将其作为重点保护范围进行保护，并报省人民政府确定保护范围。

第十二条：郑州商代保护管理机构应在保护范围边缘设置保护标志和界桩。

第三章　规划和保护

第十三条：编制郑州商代遗址保护规划，应结合商代遗址文化内涵，本着有效保护、合理利用的原则，科学兼顾城市发展和居民生活需要。

郑州商代遗址的重点保护地段，应规划为城市绿地，进行绿化、美化，建设能够体现商代文化内涵的建筑小品，适度发展旅游景点，展示郑州历史文化特色。

第十四条：郑州商代遗址保护规划由市文化行政管理部门会同城市规划、土地、旅游、市政、环境保护等有关部门编制，经市人民政府同意后报国家文物行政管理部门批准。

第十五条：郑州商代遗址的展示，应当在科学保护的基础上制定详细的足迹保护方案，经省文物行政管理部门组织有关专家论证，报国家文物行政管理部门批准。

第十六条：在郑州商代遗址重点保护范围内不得进行与遗址保护无关的建设项目。

郑州商代城墙及其两侧各20米范围内，现有的各类建（构）筑物，由市规划行政管理部门和市文化行政管理部门限期搬迁或拆除。郑州商代遗址重点保护范围的其他区域内的建（构）筑物，不得改建、扩建，需要拆除重建时，一般应在重点保护范围外选址建设，确需在原地重建的，按规定报有关部门批准。

第十七条：在郑州商代遗址一般保护范围内进行工程建设，建设单位应制定建设工程范围内文物足迹的保护措施及保护方案，经市文化行政管理部门审核，并经市人民政府同意后，报省文物行政管理部门批准；未经批准，规划部门不得颁发建设用地规划许可证，土地管理部门不得办理用地手续。

第十八条：在郑州商代遗址重点保护范围内禁止下列行为：

（一）存放易燃、易爆、放射性、有毒有害、腐蚀性等危害遗址安全的物品；

（二）堆放建筑材料、杂物；

（三）倾倒垃圾、废渣、废土、排放废水；

（四）擅自摆摊设点；

（五）埋葬动物尸体，修建墓地；

（六）种植损害遗址的树木；

（七）爆破作业；

（八）擅自取土、移土、挖塘；

（九）攀爬城墙；

(十)其他危害遗址安全的行为。

第十九条:在郑州商代遗址保护范围内经批准新建、改建、扩建的建设项目,其建筑形式、高度、体量等,应与郑州商代遗址的环境风貌相协调。

第二十条:有关部门和单位对保护范围内的遗迹应设置围栏或采取其他有利于遗址保护的措施,加强对遗址的保护。

第二十一条:在郑州商代遗址保护范围内的旅游观光及游憩活动,必须确保遗址安全,防止造成遗址损害。

第二十二条:在郑州商代遗址范围内从事文物勘探与考古发掘的单位和遗址所在单位均应协助市商代遗址保护管理机构,做好商代遗址的保护工作。

第二十三条:郑州商代遗址保护范围内的乡人民政府、街道办事处及村(居)民委员会,应建立健全群众文物保护组织,在郑州商代遗址保护管理机构的指导下,对商代遗址进行保护。

第四章　文物勘探与考古发掘

第二十四条:凡在郑州商代遗址范围内的建设工程,必须委托具有相应资质的文物勘探单位进行勘探。经勘探有文物的,必须进行考古发掘。考古发掘发现有重要遗迹的,该建设工程应另行选址。

第二十五条:在郑州商代遗址范围内从事文物调查、勘探、考古发掘、学术研究等活动,应报市文化行政管理部门审核同意后,转报有关机关批准。经批准后,由郑州商代遗址保护管理机构登记造册,统筹安排,并对其监督管理。

第二十六条:考古发掘单位在郑州商代遗址范围内的考古发掘工作结束后,应及时向市文化行政管理部门和其他有关部门报告发掘情况和保护意见,并在3年内完成资料整理和考古发掘报告编写工作。考古发掘单位应按照国家有关规定将出土文物交文物收藏单位保管。

第二十七条:经考古发掘发现的重要遗迹,由郑州商代遗址保护管理机构统一管理。

第五章　保护资金

第二十八条:郑州商代遗址保护资金的来源:

(一)市财政拨付的专项资金和每年列支的保护资金;

(二)每年从城市维护费中拨付的资金;

(三)上级有关部门拨付的专项保护资金;

(四)保护范围内经批准进行的非公益性建设项目,按照省人民政府规定收取的遗址维护保护费;

(五)经批准吸收引进的资金;

(六)社会捐助;

(七)以其他合法形式取得的资金。

第二十九条:郑州商代遗址保护资金应专款专用,不得截留、挪用,并接受财政、审计等部门的监督。

第六章　罚则

第三十条:违反本规定第十六条规定,在郑州商代遗址重点保护范围内进行工程建设的,由市规划行政管理部门和文化行政管理部门责令停止施工,拆除违法建筑,恢复原状,并处以5000元以上20000元以下的罚款。

第三十一条:违反本规定第十七条规定,在郑州商代遗址一般保护范围内,未经批准进行建设的,由市规划行政管理部门和文化行政管理部门责令停止施工,拆除违法建筑,恢复原状,并处以1000元以上10000元以下的罚款。

第三十二条:违反本规定第十八条第(一)、(五)、(七)、(八)项规定的,由市文化行政管理部门责令改正，并处以1000元以上3000元以下罚款。

第三十三条：违反本规定第十八条第(二)、(三)项规定的，由市文化行政管理部门责令改正，并可处以每平方米100元罚款，但最高不得超过5000元。

第三十四条：违反本规定第十八条第(四)、(六)、(九)项规定的，由市文化行政管理部门责令改正，并可处以50元以上100元以下的罚款。

第三十五条：擅自移动、拆除、损坏保护标志或界桩的，由市文化行政管理部门责令改正、赔偿损失，并处以200元以上1000元以下罚款。

第三十六条：本规定第三十二条、第三十三条、第三十四条、第三十五条所规定的行政处罚，市文化行政管理部门可依法委托郑州商代遗址保护管理机构实施。

第三十七条：违反本规定的行为，触犯其他法律、法规、规章规定的，由有关部门依照有关法律、法规、规章的规定处罚；构成犯罪的，依法追究刑事责任。

第三十八条：当事人对行政处罚决定不服的，可依法申请复议或提起诉讼。

当事人逾期不申请复议、不提起诉讼，拒不履行行政处罚决定的，由作出处罚决定的机关依法申请人民法院强制执行。

第三十九条：文化行政管理部门和其他有关部门和单位工作人员玩忽职守、滥用职权、徇私舞弊、索贿受贿的，由其所在单位或其他有关机关给予行政处分；构成犯罪的，依法追究刑事责任。

第七章　附则

第四十条：本规定自2000年5月1日起施行。

第二节　规范性文件

本节主要记述了郑州市文物局成立以来制定的规范性文件，内容涵盖发展规划、文物勘探、考古发掘、博物馆藏品管理、项目管理、合同管理、安全工作、依法行政等方面。这些规范性文件的制定与实施，奠定了我市文物保护工作科学化、制度化、规范化的基础。

1.《郑州市文物局关于加强文物基本建设工程管理工作的通知》

2010年4月22日印发。郑州市文物局组建后，文物基础设施和文物保护工程建设任务十分繁重。为确保文物基本建设工程顺利进行，确保工程建设过程决策科学、程序合法，通知如下：各项目单位是基本建设工程的项目法人，对工程项目建设履行法人职责，承担法人义务；市文物局对各项目单位的工程建设负有监督指导职责；各项目单位要坚持对项目工程实行集体领导，根据分工成立由主要领导负责的项目领导小组；各项目单位应按照《文物系统建设项目管理操作办法(试行)》的要求严格项目管理；各项目单位应每周上报项目进展情况及存在问题；项目实施过程中，凡需报上级文物部门或申请办理项目相关手续，必须事先报市文物局审核，经同意后再行报送。

2.《郑州市文物勘探工作质量检查验收办法(试行)》

2010年4月28日印发。内容包括文物勘探工作的验收范围、验收内容、验收方法、验收标准、验收程序、处理措施、组织领导等七个方面。制定《郑州市文物勘探工作质量检查验收办法(试行)》，目的在于加强对文物勘探工作的监督检查，进一步提升文物勘探工作质量，提高全市文物勘探队伍业务能力、工作水平，保证地下文物安全。

3.《郑州市文物事业“十二五”发展规划纲要》

2011年3月29日印发，是指导郑州市文物事业发展极其重要的文件。该发展规划纲要全面总结了郑州市文物事业“十一五”期间取得的成就，认真分析了“十二五”期间文物事业的良好发展形势，明确“十二五”郑州市文物事业发展的指导思想是：深入贯彻落实科学发展观，坚持“保护为主、抢救第一、合理利用、加强管理”的文物工作方针，牢牢把握文物事业的历史性发展机遇，以创新精神推进文物事业科学发展，为经济社会发展重大战略服务，形成经济社会发展方面军。争取到“十二五”末，使我市文物保护事业有更大的发展，文物保护科研工作居于国内先进水平，文物事业对社会经济的贡献度增强，从而推动我市文物事业实现新跨越。该纲要确定了“十二五”郑州市文物事业发展的四个基本原则：文物保护突出重点原则；保护成果为社会共享原则；文物事业促进经济发展原则；文物工作服务于经济建设原则。确定“十二五”期间郑州市文物事业的四大发展战略是：大遗址保护战略、项目带动战略、依法提升文物保护效能战略、宣传推介战略。该纲要从大遗产保护、考古科研工作、博物馆建设、文物立法与文物安全、对外宣传和交流、机构队伍建设六个方面，明确了目标任务和具体措施，具有很重要的指导意义。

4.《郑州市文物行政执法依据》

2011年9月22日印发。进一步明确郑州市文物局为法定行政机关，郑州市文物稽查大队为受委托执法组织，《中华人民共和国文物保护法》《中华人民共和国文物保护法实施条例》《文物行政处罚程序暂行规定》《河南省实施〈中华人民共和国文物保护法〉办法》等为文物行政执法依据。可实施文物行政处罚共31项、文物局行政许可共6项、其他具体行政行为（登记、备案等）共6项。

5.《郑州市文物局关于加强合同管理工作的通知》

2011年11月1日印发。本通知所指合同类型包括7种。通知指出，文物局机关法制部门统一负责全系统合同的管理和监督工作；各单位所签订合同需经单位法制机构进行事先审核，局属各单位于每季度末向文物局机关法制部门报告一次合同的签订、实施、监管情况；文物局机关各处室需签订合同的，合同起草后经处室负责人同意后报机关法制部门审核，未经审核或审核不合格的，不得签订合同。该通知对规范全市文物系统合同管理、促进文物工作依法合规、健康有序发展具有重要意义。

6.《郑州市文物局关于进一步加强郑州历史文明研究的通知》

2012年2月20日印发。通知指出，为加强郑州历史文化研究工作和提高决策水平，促进文物工作法治化、科学化、规范化和标准化建设，充分发挥专家的技术支持作用，决定成立郑州市文物局学术委员会，主要工作职责是对重要文物保护工作进行讨论、研究和论证，提供技术咨询；为进一步提高郑州历史文明书籍编撰出版质量，决定成立“郑州历史文明丛书”编辑委员会，今后郑州市直文博系统凡出版相关郑州市历史文明研究领域的书籍，须事先报送编辑委员会审定，统一列入“郑州历史文明丛书”系列，并按照统一的风格及版式出版。未经编辑委员会审定，不得擅自出版。

7.《郑州市文物局关于加强县（市、区）文物勘探工作的意见》

2012年4月12日印发。意见指出，各县（市、区）文物勘探部门要把文物勘探工作服务经济建设的职能、审批事项纳入到市政府行政审批的序列，进驻各市各级办事大厅，树立服务于民的文博新形象；要引进人才，加快创新，严格执行《郑州市文物勘探成果（报告）编制办法（试行）》，完善报告编制、审核、存档等制度；要加强管理，上下协调，建立县（市）区文物勘探工作检查监督长效机制；要提升自我，落实质检，各县（市）区要加强勘探人员培训和学习，提高文物勘探人员业务能力，同时要建立健全文物勘探工作质量检查验收机制；要科学管理，严格按照文物相关法律法规做好勘探工作；要明确职责，各司其职，做好文物勘探与抢救性发掘工作，各文物行政部门应对规划成片开发的土地进行考古调查、勘探。对于需要发掘的项目由文物考古科研处派发至郑州市文物考古研究院进行科学考古发掘，其他任何单位或个人不经审批不得以任何理由对地下文物进行非法发掘。该文件对规范全市各县（市、区）文物勘探工作，实现全市域文物勘探管理工作规范化、科学化起到积极作用。

8.《郑州市文物局关于在新型城镇化建设中加强文物保护工作的通知》

2012 年 4 月 28 日印发。通知指出，全市新型城镇化建设工作正在紧张进行，交通道路建设、生态廊道建设、新型社区建设、城市组团起步区建设、中心城区功能提升和产业集聚区建设、"两核六城十组团"规划建设等全面展开。伴随着新型城镇化建设，大面积的拆迁工作正在稳步推进。各县（市、区）文物主管部门要认清目前新型城镇化建设过程中文物保护工作的紧迫形势；要加强领导落实责任，在第三次文物普查成果的基础上制定出本行政区划内文物保护的具体方案，对城市建设中涉及的各级文物保护单位和未定级文物点都要提出具体保护意见和措施；要建立健全文物保护责任制度和责任追究制度，严格做好文物保护工作的监督检查；要统一规划，合理利用；各县（市、区）文物主管部门应与各县（市、区）规划建设部门积极配合，为在新型城镇化建设中保留的具有中原特色的各类不可移动文物点及时编制保护、展示、利用方案。

9.《郑州市文物局行政执法监督程序规定》

2012 年 7 月 5 日印发，共 21 条。本规定所称行政执法监督，是指市文物行政部门对下级行政执法部门及其执法人员行政执法活动实施的监督。本规定要求行政执法监督应遵循依法、客观、公正、公开、有错必纠的原则，建立完善层级监督制度和内设机构执法监督协调机制，明确行政执法监督内容、建立健全相关制度等，本规定推进了依法行政，强化了责任追究，确保了文明执法、规范执法、公正执法。

10.《郑州市文物局行政调解工作规定》

2012 年 7 月 5 日印发，共 17 条。本规定所称行政调解，是指郑州市文物局依照法律和政策规定，在职权范围内对行政机关、公民、法律或其他组织之间因文物管理工作产生的纠纷，采取说服教育等方法进行协调和疏导、促使双方当事人平等协商、互让互谅、达成协议、消除纠纷的一种活动，本规定明确成立郑州市文物局机关行政调解工作领导小组，设立办公室。本规定对行政调解范围、行政调解遵循原则、行政调解工作程序、行政调解终止条件等都作出具体要求。

11.《郑州市文物局行政服务规定》

2012 年 7 月 5 日印发，共 20 条。规定是为了深入推进郑州市文物局依法行政，促进政府职能转变和服务型政府建设而制定，本规定对设定行政服务项目、受理服务申请处理等提出明确要求，充分体现便民、优质、高效原则。市文物行政部门法制机构负责对郑州市文物局各有关部门提供的行政服务进行监督指导，定期组织对郑州市文物局各部门提供行政服务的情况进行检查和评价，对有关问题进行调研并提出意见和建议。

12.《郑州市文物局行政执法程序规定》

2012年7月5日印发，共4章35条。规定明确，文物行政执法部门及其行政执法人员应当依照法律、法规和规章的规定，在法定权限内，按照法定程序从事行政执法活动。市文物行政部门依法委托市文物稽查大队从事行政执法活动，市文物行政部门负责监督并承担相应的法律后果。规定对行政执法一般程序、执行等做出具体规定。该规定对规范行政执法部门的执法行为，确保行政执法行为依法依规进行，起到了积极推动作用。

13.《郑州市文物局重大行政决策程序规定》

2012年7月5日印发，共8章22条。该规定的目的在于进一步规范郑州市文物局重大行政事项决策行为，完善行政决策机制，强化决策责任，减少决策失误，提高依法行政能力。该规定对重大行政决策的范围及程序、方案准备、审议决定、决策执行、决策公开、责任追究等都进行了规范。

14.《郑州市文物局行政处罚裁量标准》

2012年7月24日印发。该标准对31类违法行为行政处罚裁量标准（轻微违法行为、一般违法行为、严重违法行为、特别严重违法行为的表现情形及四个级别的违法行为的处罚基准）、罚款处罚的法律依据逐一进行梳理、明确，进一步规范了文物行政执法行为，防止出现不作为、乱作为、滥作为现象，为本系统行政处罚提供了明确合法的依据。

15.《郑州市文物局行政执法案件办理和审核办法》

2012年8月24日印发。为规范文物行政机关的行政处罚行为，促进行政处罚合法、公平、公正，制定《郑州市文物局行政执法案件办理和审核办法》。该办法从立案、办理及审核、责令改正和撤案、告知、听证、处罚、执行、结案、立卷归档、报送审查和备案等十个方面明确程序和内容。

16.《郑州市文物局行政复议案件审理程序规定》

2012年9月12日印发，共18条。该规定明确郑州市文物局法制办公室是郑州市文物局行政复议机构，负责行政复议案件的审查、受理和审理工作。该规定对申请人申请行政复议时提交文件、行政复议作出处理决定、申请人撤回行政复议申请的处理等作出具体规定，并明确重大行政复议案件在作出复议处理决定后，报市法制办备案。

17.《郑州市文物局行政诉讼案件办理程序规定》

2012年9月12日印发，共11条。本规定适用于以郑州市文物局为行政诉讼被告的案件，郑州市文物局法制机构是文物行政诉讼案件的承办机构，以市文物局名义办理文物行政诉讼案件。局机关各处室、局属各单位协助和配合办理行政诉讼事项，提供由本业务部门以郑州市文物局名义作出的、提起行政诉讼的具体行政行为的有关资料或证据，并提出书面答辩意见，参与办理行政诉讼答辩工作。行政诉讼案件终结后，局法制机构应当将全部案卷材料整理立卷归档。

18.《郑州市文物局关于加强建设项目竣工验收工作的通知》

2013年1月21日印发。针对各单位在项目建设过程中存在着重建设、轻验收，导致各项工程无法全部竣工，固定资产无法按程序移交，影响工程建设后期手续履行的实际情况，通知明确要求：各项目单位要高度重视建设项目竣工验收工作，严格按照《郑州市建设项目竣工验收规定》履行项目竣工验收手续。各项目单位为项目建设成立的领导小组、工作组，必须把项目竣工验收纳入工作职责，竣工验收未完成、固定资产未移交，领导小组、工作组不得撤销。各单位要对本单位承接的各项目工程进行一次清理。各项目单位要认真学习关于政府投资项目、文物保护项目对于项目竣工验收的各项规定，郑州市文物局项目办要认真做好建设项目竣工验收的指导工作，确保各项工程顺利完成。

19.《郑州市文博单位安全管理制度》

2012年12月，郑州市文物局制定了《郑州市文博单位安全管理制度（试行）》，对规范郑州市文物安全管理起到重要作用。经修改完善，《郑州市文博单位安全管理制度》于2013年5月23日正式印发执行。内容包括总则、安全责任制、巡视检查和整改隐患、安全设施管理、用火用电管理、施工安全管理、突发事件处置预案、安全教育培训、奖惩、附则，共10章。该制度的实施，为强化郑州市文博单位安全责任，层层落实文物安全责任制，规范安全管理工作，确保文博单位安全提供了制度保证。

20.《郑州市文物局关于进一步规范民办博物馆藏品管理工作的通知》

2013年5月27日印发。通知要求，郑州市各民办博物馆藏品应有固定、专用的库房，并由专人管理；建立馆藏文物各项管理制度；建立藏品总账、分类账；对藏品一般应逐件建立藏品档案，对普通标本可分类建档，但对珍贵标本仍应逐件建档；博物馆通过依法征集、购买、交换、接受捐赠和调拨方式取得的藏品，应在30日内登记入藏品总账；修复、复制、拓印馆藏二级文物和馆藏三级文物的，应当经市文物局审核后报省文物局批准，修复、复制、拓印馆藏一级文物的，应当经省、市文物局审核后报国家文物局批准；申请藏品退出馆藏，申请材料应附理事会、董事会或其他形式决策机构的书面意见，经市文物局审核报省文物局批准，并报国家文物局备案；藏品总数及其增减情况，应在每年的博物馆年度检查备案工作中予以报告。

21.《郑州市文物局关于调整文物行政审批事项的通知》

2013年12月4日印发。该文件旨在进一步审核行政审批制度改革，对原有7项行政审批事项进行了调整，保留了3项行政审批事项，2项调整为日常工作，下发了2项。

注：根据郑州市人民政府“五单一网”改革的要求和《郑州市人民政府关于进一步简政放权规范行政审批中介服务行为的通知》（郑政文〔2016〕201号），郑州市文物局现保留的行政许可事项及中介服务已进行变动。按照《中华人民共和国文物保护法》2017年修订版和《河南省人民政府关于取消调整一批省政府工作行政职权事项的决定》（豫政〔2016〕78号）要求，原调整为日常工作的“政府出资修缮的非国有不可移动文物转让、抵押或者改变用途审批”“拍摄馆藏三级文物和市级文物保护单位审批”两项工作也已取消，故该文件于2017年8月31日废止。

22.《关于印发〈郑州市文物局文物行政处罚裁量标准及适用规则〉的通知》

2015年3月24日印发。文物行政处罚裁量标准共计31条，使用规则共计11条。该通知旨在规范文物行政执法行为，加快建立权责明确、行为规范、监督有效、保障有力的文物行政执法体制，严格执法程序，正确行使文物行政处罚裁量权，切实维护公民、法人和其他组织的合法权益。

第二章　文物机构

新中国成立以来,郑州市文物机构的发展可以概括为以下两个特点:一是从少到多,不断发展壮大;二是专业人员不断增加,素质不断提高。1953 年在人民公园内设历史文物展览室,专职人员 1 名。1954 年成立郑州市文物工作组,专职人员 10 多名。1957 年,郑州市文物陈列馆正式成立,陈列馆有文物藏品 2000 余件,工作人员 3 人。1960 年,郑州市文物工作队成立,有工作人员 8 人,负责郑州市文物考古发掘、文物保护等项工作。1962 年,杜甫纪念馆成立,郭沫若为纪念馆题写了馆名。1963 年,郑州市文物工作队撤销,并入市陈列馆。1965 年,郑州市文物陈列馆更名为郑州市博物馆,郭沫若为博物馆题写了馆名,馆内有工作人员 10 人。1964 年以来,各县(市、区)文物机构也有了较大发展,登封、新密、巩义、荥阳、新郑相继建立了文物保护管理委员会或者文物保管所。1971 年郑州市二七塔管理处成立,1990 年更名为二七纪念馆,江泽民同志题写了馆名。20 世纪 80 年代后期又成立了郑州市大河村遗址博物馆、郑州市古荥镇汉代冶铁遗址保护管理所、郑州市商代遗址保护管理所、观星台文物保管所、嵩阳书院文物保管所等机构。至 2017 年各级文物保护机构已经遍布郑州市各县区,总数超过 50 个,专业人员超过 500 名,副研究员馆员以上职称人员达 60 人。

第一节　行政管理机构

1. 郑州市文物局

郑州市文物局位于郑州市陇海西路 81 号,其机构沿革如下。

1984 年,市政府批准成立郑州市文物事业管理处,负责全市文物保护和管理工作。1985 年由文化、公安、工商、财政、城建、规划等部门组成的郑州市文物保护管理委员会成立,时任郑州市副市长窦思忠兼任文管会主任。1994 年,郑州市文物保护管理委员会调整,充实市辖各县(市)副县(市)长为委员,从而有力地加强了我市文物保护工作。2002 年 1 月,成立郑州市文物管理局,与郑州市文化局合署办公。为了适应文物保护新的需要,2004 年 2 月 25 日,将郑州市文物事业管理处更名为郑州市文物稽查大队。同时,郑州市文物管理局增设文物管理处,核定副中层领导职数 1 名。2006 年 9 月 22 日,郑州市文物稽查大队设立办公室、稽查科、法制科,核定副科级中层领导职数 3 名。2007 年 4 月 3 日,郑州市文物管理局增设文化遗产管理处,核定中层领导职数 1 名,编制 3 名。

2010 年 2 月,郑州市文物局成立,标志着郑州市文化遗产保护管理工作向更深层次、更高台阶迈进。新成立的郑州市文物局职责调整为:(一)增加市级以下文物保护单位和其他不可移动文物原址重建行政审批职责。(二)增加市级以下文物保护单位改变用途行政审批职责。(三)加强考古发掘现场专题、直播类节目制作行政审批职责。(四)加强市级文物保护单位原址保护措施审批职责。

郑州市文物局下设机构:

（一）办公室（宣传处）。负责局机关日常运转工作。负责政务、机关文秘、机要保密、档案管理、督查、信访等工作；负责机关行政后勤、安全保卫、会务接待工作；负责拟订文物工作年度计划和机关内部管理制度；负责政府信息和政务公开工作；负责拟订文物全媒体宣传工作计划，开展文物宣传、文化宣传、对外交流、新闻发布、媒体通报、舆情监测等活动组织协调；预防和处置突发公共事件；负责机关信息网络建设。

（二）人事处。负责局系统党的建设，领导班子建设和干部队伍管理；负责局系统机构编制、干部任免、人事管理等工作；负责人才队伍建设、干部职工培训、职称评聘等工作；负责机关和直属单位综合目标考核、干部职工绩效考核、表彰奖励工作；负责局系统干部职工出国（境）工作；负责局机关公务员及离退休干部教育管理；负责统战、计生工作。

（三）计划财务处。负责拟订全市文物、博物馆事业发展规划；负责申报文物保护专项经费年度计划，监管文物保护专项经费的使用；负责市级文物保护经费年度计划编报并监督使用；规划、指导全市博物馆、纪念馆和文物保护基础设施建设；组织协调全市文物系统产业工作；负责机关和直属单位财务计划管理、经费审计；负责全市文物的统计工作；负责机关和直属单位的基本建设、国有资产账务管理及政府采购工作。

（四）文物考古与资源管理处。管理监督全市考古工作；制定申报年度考古发掘计划，组织协调配合基本建设项目的文物勘探及考古发掘工作；负责监督管理全市考古勘探工作质量，负责考古发掘项目负责人资格和考古勘探单位及勘探领队人员资格的申报和审核，负责勘探技术员的培训、考核等工作；负责全市范围内的不可移动文物资源调查及认定；负责全市各级文物保护单位的申报、审核及其保护范围、建设控制地带的划定工作；负责开展文物保护科技的研究应用与推广。

（五）文化遗产保护利用处（行政审批办公室）。负责全市文物保护单位保护、利用工作，指导编制全市文物资源保护、利用规划；负责全市世界文化遗产的申报、保护和管理；协同有关部门组织全市世界文化和自然双重遗产的申报；负责全市文物审批服务事项的组织协调和改革工作；负责全市建设工程文物保护和考古许可审核审批；负责全市文物保护单位原址保护审核审批；负责全市文物保护单位修缮审核审批；负责全市文物保护工程勘察设计、施工、监理资质初审；负责全市非国有不可移动文物转让、抵押或改变用途备案；协同有关部门负责全市历史文化名城、名镇、名村、传统村落、历史文化街区的规划、管理、保护和监督。

（六）博物馆和社会文物处。拟订全市博物馆、纪念馆事业发展规划；负责全市博物馆、纪念馆开放工作；申报、审核市、县级博物馆及非国有博物馆建设方案；指导、协调全市文物系统博物馆业务工作，管理直属博物馆的业务建设，指导行业和非国有博物馆业务工作；申报、审批文物的调拨、交换、借用、处理、复制、拓印、馆藏文物的拍摄等；负责全市馆藏文物数据库建设；负责珍贵文物的抢救、征集、回收等工作；组织管理文物对外展览；指导协调博物馆、纪念馆间的交流、协作与资源共享，指导、管理博物馆学会、协会等社会团体；组织协调全市可移动文物认定工作；负责可移动文物修复单位资质申报，指导可移动文物保护修复项目的实施；组织指导博物馆科技化、信息化、标准化的推动落实工作；负责民间文物征集工作；指导全市文创产品的研发与推广。

（七）文物安全和执法督察处（政策法规处）。拟订全市文物安全工作规划，指导检查全市文物安全保卫工作；负责全市文物、博物馆单位安全技术防范工程的申报、审批和验收；配合有关部门打击各种文物犯罪活动；承担文物商店设立的申报工作；拟订全市文物行政执法、督察和案件查处的有关规范并监督实施；拟订文物保护地方性法规、规章草案；承担有关规范性文件的合法性审查和清理工作，组织开展相关法治宣传教育；承担行政复议和行政应诉有关工作；负责局系统的安全保卫、平安建设、消防等工作。

郑州市文物局下辖的文博单位有郑州市文物稽查大队、郑州博物馆、郑州二七纪念馆、郑州市文物考古研究院、郑州市商城遗址保护管理处、郑州市大河村遗址博物馆、郑州市古荥汉代冶铁遗址博物馆、郑州嵩山文明研究院、郑州市世界文化遗产保护管理办公室(郑州市文物勘探管理办公室)。另外,各县(市、区)也根据实际情况分别设立了相应的文物主管机构。

2. 新密市文化广电旅游局

新密市文化广电旅游局是新密市文物保护工作行政管理部门,下设文物管理科具体负责辖区内文物保护和管理工作。新中国成立后,在当时密县人民政府领导下,由文教科主管。后逐渐演变为文教局或文化局主管,在其二级机构文化馆内设文物管理专职干部。随着经济建设的发展和文物保护工作的需要,1984 年 10 月建立了密县文物保护管理所;1994 年撤县建市更名为新密市博物馆。又随着改革开放不断深入和经济建设不断发展,根据工作需要,2004 年 5 月重建新密市文物保护管理所。

2010 年 5 月新密市文物保护管理所更名为新密市文物保护管理处,隶属于新密市文化广电旅游局,副科级全供事业单位,编制总数为 15 名,设主任 1 名,书记 1 名,工作人员 13 人。下设办公室,文物安全科、文物勘探办公室、财务室。

先后配合上级业务部门对打虎亭汉墓、后士郭壁画墓、莪沟北岗遗址、新砦遗址、曲梁遗址、密县瓷窑遗址、古城寨城址、李家沟遗址进行考古发掘,取得重大考古发现,其中李家沟遗址被评为“2009 年全国考古十大新发现”,古城寨城址被评为“2000 年全国十大考古新发现”,新砦遗址考古发掘取得了新砦期确认的重大学术成果,证明了龙山文化与二里头文化之间确实存在着新砦期这一发展阶段,填补了龙山文化晚期与二里头文化早期之间的缺环。

3. 巩义市文物和旅游局

前身是巩义市文化局文物保护管理所,后演变为巩义市文物管理局。2006 年巩义市文物管理局从原文化局剥离单设,成为市政府直属的正科级事业单位,事业编制 30 名。内设办公室、文物管理科、文物安全科、人事财务科等科室,下设北宋皇陵管理处、巩义市博物馆、康百万庄园保护所、石窟寺保护所、杜甫故里保护所、文物钻探队六个二级机构。巩义市旅游事业局成立于 1996 年,2010 年 3 月机构改革时将市文物管理局、旅游事业局、河南省浮戏山雪花洞风景名胜区管理处三者职责整合组建巩义市文物和旅游局,事业编制 45 名。2007 年巩义市被评为全国文物工作先进县,巩义市文物保护和开发工作连续 6 年走在河南省前列,得到了国家、省、市文物部门的充分肯定。近年来先后实施了宋陵抢救性文物保护设施项目、康百万庄园保护工程、巩义石窟寺基础设施建设及保护项目、杜甫故里保护利用工程、刘镇华庄园维修工程、福昌寺维修工程、张祜庄园保护工程等。

4. 新郑市旅游和文物局

新郑市旅游和文物局为市政府正科级单位,现有职工 204 人,全额拨款事业编制 91 人。2010 年 5 月,新郑市委、市政府在机构改革中将新郑市旅游局和新郑市文物管理局合并为新郑市旅游和文物局,主管全市旅游行业管理、文物保护和博物馆事业的发展,内设办公室、财务规划科、人事教育科、行业管理科、文物管理科、旅游促进科、执法督察科、安全科共八个职能科室和导游服务中心、旅游质量监督管理所、新郑市博物馆、郑国车马坑景区管理处、欧阳修陵园管理所五个二级机构。

新郑市旅游和文物局先后被授予河南省省级文明单位、郑州市文物系统先进集体、郑州市旅游系统优秀单位、新郑市精神文明建设先进单位、新郑市招商引资先进单位、新郑市绩效考核先进单位、新郑市宣传工作先进集体、新郑市思想政治工作先进单位等荣誉称号,并获得郑州市讲解员比赛优秀组织奖。

5. 登封市文物管理局

登封市历史悠久,文化灿烂,文物众多,新中国成立初期,登封县人民委员会文化科、文教局主管全县的文物工作,并设有文物专干。1963 年 12 月 24 日,河南省人民委员会批准设立全省第一个县级文物保护行政机构——登封县文物保护管理所,机构编制 5 人,全额拨款事业单位,办公地点设在中岳庙内。1979 年为了对少林寺实施全面整修,河南省文物局、河南省外事办公室、登封县人民政府联合成立了少林寺整修办公室,时任登封县文化局副局长、文物保护管理所支部书记李振中任少林寺整修办公室副主任,文物保管所名誉所长宫熙任工程组组长。1981 年至 1983 年的三年间,由于旅游事业的兴起,登封县文物保护管理所迅速壮大,人员达 130 人之多(当时的机构编制为 25 人),文物保护管理所直接管理着少林寺、中岳庙、观星台三大文物景点。1990 年 8 月 2 日,登封县委、县政府为了加强文物保护工作,将登封县文物保护管理所(股级)升格为副科级的登封县文物局,编制按原文物保护管理所规定的 25 名不变。2003 年获首批"全国文物工作先进县"称号。2004 年 9 月机构改革,登封市委、市政府研究同意将副科级登封市文物局升格为正科级文物管理局,事业编制 25 人。2007 年嵩山古建筑群(后改名为"天地之中"历史建筑群)全面开始"申遗"工作,2008 年 9 月,市委、市政府、市编制委员会根据"申遗"工作的要求,结合登封文物保护管理工作的实际,又将登封市文物管理局(含登封市嵩山古建筑群申报世界文化遗产工作办公室)的机构编制进行了明确。局内设置办公室、人事档案科、文物管理科、文物旅游管理科、文物安全科(法制科)、古树名木保护科、文物工程管理科、行政服务科八个科室,全额拨款事业编制 35 名。局下设登封历史博物馆、登封市少林寺文物管理所、登封市中岳庙文物管理所、登封市颍阳文物管理所、登封市少室山文物管理所、登封市太室山文物管理所、登封市南岳庙(箕山)文物管理所、登封市文物研究所共八个单位,规格相当于股级。登封市文物勘探队、登封市嵩阳书院文物管理所、登封市观星台文物管理所、登封市嵩岳寺塔文物管理所、登封市会善寺文物管理所共五个单位,规格相当于股级,有自收自支事业编制共 70 人。

2010 年 8 月 1 日"登封'天地之中'历史建筑群"被成功列入世界遗产名录,成为我国第三十九项、我省第三项世界文化遗产,根据世界文化遗产保护的需要,登封市文物管理局又增设世界文化遗产管理(监控)中心。2010 年 9 月登封市编制委员会下文将"登封市'天地之中'历史建筑群申报世界文化遗产管理办公室"更名为"登封市世界文化遗产管理办公室",该办公室与文物局合署办公,一套班子,两块牌子,办公室主任由文物局局长担任。

6. 中牟县文化广电和旅游局

中牟县文化广电和旅游局为县政府工作部门,2010 年 4 月在合并县文化局(县新闻出版局)、县广播电视局、县旅游局的基础上组建,主管全县文化艺术、广播电影电视、新闻出版、旅游、文物等工作。内设办公室(行政服务科)、文化艺术管理科、广电管理科、新闻出版管理科、旅游管理科、文物管理科共六个科室,下设广播电视总台、文化市场综合执法大队、演艺中心、文化馆、图书馆、文物所共六个二级机构。

中牟县文物保护管理所成立于 1985 年 7 月,现为中牟县文化广电和旅游局下属事业单位,具体负责全县文物保护和管理。现有工作人员 6 人。2009 年在中牟县新县城清阳街 231 号新建库房及办公设施场地 600 平方米,现有文物 3000 余件。该所自成立以来先后配合省、市文物部门对业王遗址、路庄遗址等进行考古发掘,在第三次全国不可移动文物普查时新发现文物 890 处,并对寿圣寺双塔进行了维修及周边环境整治。

第二节 文物保护事业机构

1. 郑州市商城遗址保护管理处

郑州市文物局二级事业机构。位于郑州市商城路4号，主要负责郑州商城遗址、郑州城隍庙、文庙的保护管理工作，成立于1985年，截至2017年有在编人员26人，其中，大专以上学历15人，研究员2人，副研究员3人，馆员7人。内设办公室、商城遗址保护部、城隍庙管理办公室、文庙管理办公室、文化遗产保护研究室及保卫部等部门。

郑州市商城遗址保护管理处先后对郑州城隍庙进行了落架大修、油漆彩画、庭院整治、重塑城隍像等。在对郑州文庙的保护管理中，首先对其大成殿进行了落架大修和油漆彩画，然后于2003年至2006年对文庙进行了拆迁以及复建工作，并对大成殿实施了原地整体抬升，工程完工后，文庙正式对外开放。郑州市商城遗址保护管理处将城隍庙和文庙成功申报为国家AAA级旅游景区，每年还在城隍庙和文庙举办城隍庙文庙新春文化庙会、郑州文庙撞钟迎新年等活动。

郑州市商城遗址保护管理处自建制以来，获得许多荣誉称号，如郑州市文化系统先进单位、郑州市安全合格达标单位、全国爱国主义教育基地、郑州市对外宣传教育基地、郑州市绿化造林先进单位，多次被郑州市总工会评为市级先进单位，被中共郑州市委、郑州市人民政府评为创建国家园林城市工作先进集体。2006年，被河南省委、河南省人民政府评为河南省省级文明单位、省级卫生先进单位等。

2. 郑州市世界文化遗产保护管理办公室（郑州市文物勘探管理办公室）

郑州市世界文化遗产保护管理办公室（郑州市世界文化遗产监测中心），简称“世遗办”，前身为2007年成立的郑州市嵩山历史建筑群保护管理办公室，位于郑州市伊河路26号伊河大厦5楼。2012年，正式更名为郑州市世界文化遗产保护管理办公室，加挂郑州市世界文化遗产监测中心牌子。属郑州市文物局二级机构，编制16人，规格为副县级全额拨款事业单位。

世遗办主要职责为负责郑州市世界文化遗产申报、日常监测、保护管理、人员培训和资料档案管理等工作。截至2017年有干部职工9人（其中正高职称1人，中级职称3人）。

世遗办自成立以来，全程参与了登封“天地之中”历史建筑群申报世界文化遗产工作。“申遗”期间，世遗办加挂“郑州市嵩山历史建筑群申报世界文化遗产委员会办公室”牌子。在上级政府的支持下，先后参与了文本编写、环境整治、文物本体维修、检查验收等各项工作。通过几年的不懈努力，登封“天地之中”历史建筑群于2010年8月1日被成功列入《世界遗产名录》，成为郑州市第一处世界文化遗产，世遗办亦被郑州市人民政府评为先进集体。

“申遗”成功后，世遗办继续实施遗产基础数据库和现状信息数据库建设，开展了遗产本体及附属文物、气象、水文、空气、噪声、水质、旅游活动、建设活动、规划执行等13个类别的遗产监测工作。

世遗办参与了中国大运河申报世界文化遗产项目。先后开展了通济渠郑州段规划编制、考古研究、文本资料提交、河道及周边保护整治、法规完善、档案系统和监测预警系统建设、导视标识系统设立、相关遗产点保护整治、文化遗产保护宣传等一系列“申遗”工作。

3. 巩义市北宋皇陵管理处

巩义市文物和旅游局二级机构。财政供给编制54人。负责宋陵“七帝八陵”的文物保护管理工作，确保田野石刻文物安全；负责宋陵大遗址规划的编制和落实等工作。

4. 巩义市康百万庄园保护所

巩义市文物和旅游局下设二级机构，副科级事业单位，自收自支编制 35 人。负责康百万庄园、杜甫陵园、孝义兵工厂等文物安全及保护管理、规划实施、旅游接待等工作。

5. 巩义石窟寺保护所

巩义市文物和旅游局二级机构，编制 15 人。负责巩义石窟寺、刘镇华庄园等单位的文物安全及保护管理、规划实施、旅游接待等工作。

6. 巩义市杜甫故里管理所

巩义市文物和旅游局二级机构，编制 10 人。负责杜甫故里、巩义窑址等文保单位的文物安全及保护管理、规划实施、旅游接待等工作。

7. 荥阳市文物保护管理中心

位于荥阳市繁荣路，是负责全市文物保护与管理工作的事业单位。原为荥阳县文物保护管理所，成立于 1984 年 7 月，隶属荥阳县文化局；2010 年 3 月，由荥阳市文化局划归荥阳市旅游和文物局；2013 年 4 月更名为荥阳市文物保护管理中心。历任行政领导有马德峰、高振岭、高满圈、陈万卿、刘其山等。文物保护管理中心下设荥阳市博物馆、青台仰韶文化遗址保护所、荥阳市文物勘探队、董天知将军故居管理所、汉王城和霸王城遗址保护管理所等二级机构。截至 2017 年有正式工作人员 28 人，其中本科学历 7 人，大专学历 18 人，馆员 3 人。馆藏文物 1 万余件。近年来配合省、市文物部门对织机洞、大师姑、娘娘寨、关帝庙等遗址进行了考古发掘，同时对千尺塔、油坊秦氏旧宅、周固寺等进行维修保护。编辑出版文物图书多部、论文（报告）数十篇。

8. 荥阳青台仰韶文化遗址保护所

荥阳市文物保护管理中心二级机构，主要负责青台遗址的保护管理。青台遗址位于广武镇青台村东，是我国较早发现的一处著名的新石器时代仰韶文化遗址，1963 年 6 月 20 日被河南省人民委员会公布为第一批河南省文物保护单位。2013 年 3 月 6 日被国务院公布为第七批全国重点保护单位。为了加强对青台遗址的保护与管理，1986 年 5 月 17 日，成立青台仰韶文化遗址保护所，编制 2 人，隶属县文化广播电视局。在实际运行中，长期作为荥阳县（市）文物保护管理所（中心）的派出机构。其人员、保护管理工作现均由荥阳市文物保护管理中心统一负责。

9. 董天知将军故居管理所

荥阳市文物保护管理中心二级机构，位于荥阳市老城南街，成立于 2005 年 9 月，管理人员来自荥阳市文物保护管理中心。该所是利用抗日名将董天知将军的故居建立起来的。主要负责董天知将军故居及其附近区域文物的日常保护与管理工作。

10. 汉王城、霸王城遗址文物保护管理所

位于广武镇霸王城村，成立于 2008 年 7 月 14 日，是荥阳市文物保护管理所二级机构，主要负责汉王城、霸王城及其附近区域文物的日常保护与管理工作。由荥阳市文物保护管理中心和霸王城村的相

关人员组成。

11. 欧阳修陵园管理所

位于新郑市区西13千米辛店镇欧阳寺村，隶属新郑市旅游和文物局。成立于2001年6月，主要负责全国重点文物保护单位欧阳修墓和陵园的日常管理、维修维护和对外开放工作。

12. 郑国车马坑景区管理处

位于新郑市区文化路南端，郑国车马坑景区属全国重点文物保护单位郑韩故城遗址的重要区域。本管理处主要负责该区域春秋时期郑国国君及其家族墓地的管理、开放工作。郑国车马坑景区于2002年建成开放，2013年3月完成升级改造。该景区总规划面积160000平方米，首期工程面积36000平方米，建筑面积5000多平方米。其展示内容为：郑国贵族墓地出土文物精华展，郑公“中”字形大墓、大夫级贵族墓、一号车马坑、三号车马坑等发掘展示区，墓葬车马坑平面展示区及三公广场、子产园、观景台，郑国文化景观墙和长廊等。

13. 登封市世界文化遗产监测站

位于登封市嵩阳书院文物管理所西侧，2013年4月11日经登封市编办批准成立的副科级事业单位。内设办公室、总控指挥中心、监测部等机构。主要负责世界文化遗产——登封“天地之中”历史建筑群的日常监测工作。截至2017年，事业编制人员15名，其中领导职数2名，内设机构领导职数3名。

14. 登封市嵩阳书院文物保管所

登封市文物局二级机构，专职负责全国重点文物保护单位大唐嵩阳观纪圣德感应颂碑和嵩阳书院的日常保护管理和对外开放工作。1988年9月成立，位于河南省登封市城北3千米峻极峰下（书院河路北段），截至2017年有工作人员26人。

15. 登封市观星台文物保管所

登封市文物局二级机构，负责全国重点文物保护单位观星台的日常管理和对外开放等工作。成立于1988年9月，位于河南省登封市告成镇告成村观星台遗址。截至2017年有工作人员12人。

16. 登封市会善寺文物保管所

登封市文物局二级机构。1990年成立，位于河南省登封市城西3千米处会善寺内。负责全国重点文物保护单位会善寺、净藏禅师塔的日常管理和对外开放等工作。其前身为登封市文物仓库。截至2017有工作人员8人。

17. 登封市嵩岳寺塔文物保管所

登封市文物局二级机构。成立于1989年9月，位于嵩岳寺内，截至2017年有工作人员8人。负责全国重点文物保护单位嵩岳寺塔的日常管理和对外开放等工作。

18. 登封市少林寺文物保管所

1993年9月成立，位于登封市永泰寺内，截至2017年有工作人员6人。负责少林寺内的文物日常管理等工作。

19. 登封市太室阙文物保管所

登封市文物局二级机构。1989 年 9 月成立，位于登封市太室阙南，截至 2017 年有工作人员 4 人。负责全国重点文物保护单位太室阙的日常管理和对外开放等工作。

20. 登封市南岳庙文物保管所

登封市文物局派出机构。2014 年 1 月 16 日成立，位于登封市大金店南岳庙内，截至 2017 年有工作人员 2 人。负责全国重点文物保护单位南岳庙的日常管理和对外开放等工作。

21. 登封市少室阙文物保管所

登封市文物局派出机构。2008 年 7 月成立，位于登封市西十里村东少室阙景区内，截至 2017 年有工作人员 6 人。负责全国重点文物保护单位少室阙的日常管理等工作。

22. 登封市启母阙文物保管所

登封市文物局派出机构。2008 年 9 月成立，位于登封市区北 2 千米启母阙景区内，截至 2017 年有工作人员 5 人。负责全国重点文物保护单位启母阙的日常管理等工作。

23. 登封市文物勘探队

登封市文物局二级机构。1988 年 8 月成立，位于登封市城隍庙内，截至 2017 年有工作人员 8 人。负责全市文物调查、勘探工作。

第三节 博物馆、纪念馆

1. 郑州博物馆

郑州博物馆创立于 1957 年 7 月，是一座综合性城市博物馆。原址在郑州市中原区建设东路碧沙岗公园内北伐军阵亡将士烈士祠，前身为郑州市文物陈列室，建于 1928 年 8 月，占地面积 4330 平方米。1997 年，郑州市委、市政府决定单独兴建郑州博物馆。1999 年 12 月 28 日，嵩山路馆建成并对外开放。2016 年起，文翰街馆在郑州“四个中心”（奥体中心、文博艺术中心、市民活动中心、现代传媒中心）开始兴建。

郑州博物馆嵩山路馆

郑州博物馆文翰街馆

郑州博物馆嵩山路馆位于郑州市嵩山南路 168 号，占地面积约 9900 平方米，建筑面积 14200 平方米。其中主展馆 8337 平方米，以郑州出土的商代青铜方鼎为造型基础，取“鼎立中原”之寓意，配以圆形碟状屋顶，出檐深远，线条舒展，隐喻“天圆地方”的哲学观念，是一座融传统文化与时代精神为一体的现代化建筑。

郑州博物馆隶属郑州市文物局，截至 2017 年有事业编制 46 人。其中馆长、书记各 1 人，副馆长 2 人。下设办公室、陈列部、保管部、社教部、设备部、保卫部六个部室。截至 2017 年有研究员、副研究员共 10 人，馆员 19 人；研究生学历 3 人，大学本科以上学历 21 人，专科学历 21 人。

截至 2017 年馆藏文物 5 万余件，三级品以上 1 万余件。自 1999 年开馆以来，以精品展览服务大众，社会效益显著。截至 2017 年，累计举办各种临时展览 200 多个，接待国内外观众 1000 多万人次。郑州博物馆以“传承文明、服务社会、科学管理、务实创新”为基本宗旨，以“学术立馆、科研强馆、人才兴馆”为发展理念，在弘扬传统文化、传播科学知识、服务市民大众、开展青少年教育及促进和谐社会建设等方面做出了积极贡献。被授予河南省优秀爱国主义教育基地、郑州市爱国主义教育基地、郑州市文明单位等荣誉称号。2008 年，郑州博物馆以科学的管理、扎实的工作、突出的业绩在全国 2000 余家博物馆中脱颖而出，入选首批国家一级博物馆。2008—2017 年，基本陈列有“古都郑州”“古代石刻艺术”。其中“古都郑州”分为“山河颂——文明沃土”“商都赋——王者之都”“郑韩风——故都春秋”三部分，体系完整、结构严谨。以郑州辉煌灿烂的夏、商、周三代青铜文明为主线，着重表现郑州商都和郑州古都群——这一特有的标志性历史文化遗存，浓重地凸显郑州在中华民族的文明起源、国家诞生等领域所具有的鲜明特征。2009 年，“古都郑州”陈列荣获“第八届（2007—2008 年度）全国博物馆十大陈列展览精品奖”。此外，“古代石刻艺术”陈列荣获“1999 年度全国十大陈列展览精品提名奖”，“郑州改革开放以来配合基本建设考古成果展”荣获“第五届全国十大陈列展览精品最佳综合效益奖”，“天工追梦——郑州古代科技文物展”荣获“2016 年度全国博物馆十大陈列展览精品优胜奖”，“我们的生活”“君子四艺——琴棋书画艺术展”“劳动的故事”等均被评为“河南省优秀陈列展览”。

近年来，郑州博物馆坚持学术立馆、科研强馆的理念，学术科研工作不断取得新成果。2000 年以来，业务研究人员发表各类学术研究文章 200 余篇。先后编辑出版《郑州博物馆》《郑州古代陶瓷艺术》《郑州青铜器》《辉煌的历史记忆——郑州配合基本建设考古成果展精品图录》《郑州商城研究》《郑州荥阳大海寺石刻造像》《郑州开元寺北宋石刻艺术》《郑州新通桥汉画像砖艺术》《苏轼书欧阳永叔醉翁亭记》《守望与耕耘——纪念郑州博物馆建馆六十周年（1957—2016）》《天工追梦——郑州古代科技文物展》《城市博物馆规划与建设——中国博物馆协会城市博物馆第九届学术年会论文集》等各种著述和图录 20 余部。此外，还成立了河南省纸质文物保护中心，并与有关院校合作对青铜器除锈防锈、石刻文物保护及书画装裱材料等进行创新科研探索。其中《新型机用书画黏合剂的研究》被评为 2006 年河南省优秀科技成果；河南省科技攻关项目“青铜文物保护的应用研究”顺利结项并通过河南省科技厅鉴定；“改性有机硅聚合物石刻文物保护剂的开发研究”“汉画像砖的风化机理与保护研究”被郑州市科技局确立为郑州市科技攻关项目。

2015 年，按照郑州建设国家中心城市的总体定位，着眼郑州都市区建设的宏大战略布局，郑州市委、市政府决定在西区选址新建郑州博物馆。馆址位于郑州市中原区汇文路以东、汇智路以西、文翰街以南、文博大道以北区域，规划建筑面积 14.7 万平方米。建筑外观秉承“中华之中，黄帝之冠”的设计理念，取“黄龙聚宝，物博盛天”之意，彰显郑州厚重的文化底蕴与勃发的时代气息。建筑内部主要包括陈列展示区、文物库区、公共服务区、文物保护中心、信息资料中心、办公区等六大功能区，并包含机动车库及非机动车停车库、配套商业、附属用房、设备用房等。

2016 年 10 月 15 日，郑州博物馆新馆在“四个中心”举行了奠基仪式。2017 年 6 月，项目正式开工建设。同年 12 月,举行了新馆陈列方案论证会。新馆以历史文化为主线,结合现代展示手段的运用,将华夏民族源远流长、博大精深的中原文明展现给国内外观众,创造高质量的文化、教育、休闲环境,充分发挥文化引导社会、教育民众、推进发展的重要作用,使其成为郑州重要的城市会客厅、市民文化中心和文化遗产保护研究中心。

2. 郑州二七纪念馆

郑州二七纪念馆成立于 1971 年 9 月,其前身为郑州二七大罢工纪念塔管理处,后更名为郑州市二七革命纪念馆,1996 年 1 月 18 日更名为"郑州二七纪念馆"。2002 年 8 月,合并了原日本驻郑州领事馆旧址。2004 年 6 月,合并郑州铁路职工学校旧址。2007 年,郑州二七罢工纪念塔、二七纪念堂合并,核定事业编制数 108 人。现郑州二七纪念馆由郑州二七罢工纪念塔、二七纪念堂、郑州铁路职工学校旧址、原日本驻郑州领事馆旧址四处近现代遗迹组成。

郑州二七罢工纪念塔

2006 年 5 月,郑州二七罢工纪念塔、二七纪念堂被国务院公布为第六批全国重点文物保护单位。2006 年 6 月,郑州铁路职工学校旧址(含原日本驻郑州领事馆旧址)被河南省人民政府公布为第四批河南省文物保护单位。

2008 年,郑州二七纪念馆成为国家文物局确定的首批免费开放博物馆、纪念馆之一,自 2008 年 3 月 30 日起正式对全社会免费开放。

郑州二七纪念馆是国家六部委联合命名的全国爱国主义教育示范基地;是国家文物局命名的优秀社会主义教育基地;是全国红色旅游经典景区;是河南省中共党史教育基地。郑州二七纪念馆的四处近现代遗迹是河南省首推的五条红色旅游精品线路之一。

3. 郑州市大河村遗址博物馆

位于郑州市郑东新区西北部、中州大道与连霍高速公路交会处东南隅。郑州大河村遗址发现于 1964 年秋,是一处包含有仰韶文化、龙山文化和夏、商文化的大型古代聚落遗址,是全国重点文物保护单位。

1983 年,郑州市大河村遗址保护管理所成立,建设文物陈列室、原始生活模拟村等。1986 年 5 月,正式对外开放。1989 年 8 月,郑州市大河村遗址保护管理所正式更名为郑州市大河村遗址博物馆。

郑州市大河村遗址博物馆

郑州市大河村遗址博物馆现隶属郑州市文物局,为正科级全供事业单位,国家二级博物馆,博物馆现设有办公室、遗产部、社教部、保管部、保卫科五个部门。其职能是文物收藏展览,弘扬民族文化,同时负责大河村遗址的日常管理和保护规划。截至 2017 年有编制 18 人,其中研究馆员 1 人,副研究馆员 1 人,馆员 7 人。

2011年年底，博物馆改造工程启动，新建仰韶文化房基保护展示大棚，对原有文物展厅进行改造、陈列进行提升改陈。2015年年底，工程结束，2016年1月重新开放。改造后的文物展厅面积达3600平方米，并重新布置了展览“星空下的村落——大河村遗址出土文物陈列”，展出文物近千件。

大河村遗址博物馆先后获得郑州市中小学德育基地、郑州市青少年思想教育基地、郑州市爱国主义教育基地、郑州市对外宣传基地和河南省文博系统爱国主义教育基地等荣誉称号，被旅游部门定为国家级旅游线“黄河之旅——中华民族之魂”和四条省级旅游线上的重要文物景点，对保护和弘扬民族优秀文化，宣传郑州发挥了重要作用。

4. 郑州市古荥汉代冶铁遗址博物馆

郑州市文物局下属二级机构，成立于1985年在遗址中心区设立了古荥汉代冶铁遗址保护管理所，2011年7月正式成立遗址博物馆，正科级事业单位。主要负责郑州市古荥汉代冶铁遗址、荥阳故城两处全国重点文物保护单位，纪信庙、荥泽县城隍庙两处河南省文物保护单位，以及古荥地区其他重要文化遗址的保护管理和开发利用工作，同时负责大运河通济渠荥阳故城段的文物维护、考古发掘、保护设施建设等工作。

郑州市古荥汉代冶铁遗址博物馆

经过三十多年的不懈努力，该馆已由单一的小型专业博物馆发展成为承担两处国保单位、两处省保单位及其他一些文物保护工作的汉文化遗址保护管理部门，成为郑州市公共文化服务体系的重要组成部分，受到了国家文物局、河南省文物局、郑州市人民政府和社会各界的充分肯定。单位先后荣获郑州市优秀爱国主义教育基地、郑州市文明单位、河南省科普教育基地等荣誉称号。单位职工累计荣获30余项全国、省、市级先进荣誉称号。

5. 新密市博物馆

成立于1994年，隶属新密市文化广电旅游局，正股级全额拨款事业单位，截至2017年有编制5人，其中馆长1名，书记1名，工作人员3名。下设办公室、藏品保管部、保卫科。主要负责新密市可移动文物保护管理、征集、藏品保管、展示、文物研究等业务。馆藏文物1500余件。

新密市博物馆入口

6. 巩义博物馆

巩义市文物和旅游局二级机构，股级事业单位，全额拨款事业编制40人。负责制定巩义市博物馆事业发展规划；负责馆藏文物安全，馆藏文物管理、修复、养护，陈列展览，馆际交流，开放接待以及爱国主义教育基地建设等工作。

7. 荥阳博物馆

荥阳博物馆

位于荥阳市惠民路与繁荣街交叉口的文博中心，成立于2011年7月，全额拨款事业单位，由荥阳市文物保护管理中心代管。占地面积约9000平方米，是一座地方综合性博物馆，承担着文物征集、收藏、陈列展览、对外开放和历史文化遗产研究职能。

馆内主要建筑包括库房、展厅、办公场所等，展厅总面积约3000平方米，一、二层共三个展厅进行基本陈列和专题陈列，三层有一个展厅进行临时展览。馆内共有两个展览主题——“荥之阳”基本陈列和“楚河汉界，象棋之乡”专题陈列。“荥之阳”基本陈列分为四个单元，分别为人文肇始、王都畿辅、立汉兴唐和郑州机枢。

荥阳博物馆以其丰富的文物藏品、清晰的历史脉络全面展示了荥阳的地方历史、文化，成为宣传荥阳悠久灿烂文化的重要窗口、地方文化建设的重要标志、市民享受人类优秀文明成果和休闲娱乐的场所。荥阳市博物馆还搭建专业平台、不定期进行各种交流展示等活动为地方社会经济发展提供精神动力和智力支持，对广大观众提升思想文化、政治修养等产生了积极的影响。

8. 新郑博物馆

新郑博物馆

新郑博物馆位于新郑市区黄帝故里西侧300米处，是河南省县(市)级规模最大、馆藏文物最多的博物馆。占地面积13000平方米，建筑面积4000平方米。2018年9月，被评定为国家二级博物馆。

博物馆下设办公室、陈列部、保管部、保卫科等部门。现存馆藏文物6万余件，其中三级以上文物4700余件，主要陈列有裴李岗文化石磨盘、石磨棒，以及春秋战国时期的青铜礼器等。长期以来新郑博物馆利用丰富的文物资源优势，致力于文物保护、陈列展览，进行爱国主义宣传教育。2009年1月，对社会实行免费开放。主要展示新郑8000年的裴李岗文化、5000年的黄帝文化和2700年的郑韩文化，布置有“华夏之根——走进有熊氏故墟”和“郑韩故城出土文物展”等专题陈列。陈列以新郑出土的珍贵文物为基础，以文物典籍和考古研究成果为依据，以展现历史文化之精华为根本，展示了新郑悠久的文化底蕴。2012年，新郑市博物馆进行了改扩建，新建了石刻碑廊，并对馆内环境进行了改造。

9. 登封历史博物馆

登封市文物局二级机构。2000年8月成立，位于登封市西街城隍庙内，占地面积5648平方米，是以登封城隍庙为依托而建的地方综合性博物馆。截至2017年有工作人员9人。登封城隍庙始建于明

登封历史博物馆

代初年，明、清两代多次重修。

馆内陈列共有“登封历史展览”、“古代石刻艺术展览”、临时展览三个展区。“登封历史展览”主要是利用大量的图片和文字资料介绍登封地区自先秦至1949年的历史发展和演变过程；“古代石刻艺术展览”展出汉代至民国时期的石刻、石雕文物141件；临时展览有“中岳嵩山石刻艺术精品（拓片）”“古今书画艺术展”“许由与许氏文化研究成果展览”“登封市日军侵华罪行展”等展览。登封历史博物馆以登封历史发展的轨迹为主线，以现存的丰富文物古迹为基础，突出展现登封的辉煌历史和文物精华。

10. 郑州大象陶瓷博物馆

位于郑州市金水区顺河路36号，是一家专业化的民办博物馆，经河南省文物局批准设立。

郑州大象陶瓷博物馆主体建筑为二层中式建筑，外墙面用唐代鲁山段店窑址瓷片镶嵌，使陶瓷博物馆整体特色突出，风格独特。博物馆院内环境优美，展馆庄重美观。馆内有两个固定展厅，展出陶瓷700余件。馆藏陶瓷1500余件，陶瓷标本30000余件。郑州大象陶瓷博物馆基本陈列以北方陶瓷为主，展示了中原釉陶的发生、发展的历史进程，再现了中原陶瓷的繁荣鼎盛。

博物馆以“藏品立馆、学术强馆、传承文明、服务社会”作为办馆宗旨，积极开展各种教育活动。先后被批准为河南省爱国主义教育基地、华南理工大学学生就业创业基地、中国博物馆学会团体会员单位。2018年9月，被确定为国家三级博物馆。

11. 郑州市黄淮艺术博物馆

是经河南文物局批准成立的一座综合性民办博物馆。2006年6月对外开放，前身是2004年成立的郑州市水木艺术馆。原位于农业路与经五路交叉口，后迁至郑东新区兴荣街与万安街交叉口。博物馆地上总建筑面积54487平方米，展览馆共6层，科研中心共16层。新馆设计反映中原文化特点，是郑东新区又一个文化亮点，其建筑风格宏伟壮丽、古朴别致，功能现代、多元，属国内大型民间艺术博物馆。

博物馆集文物收藏、展览陈列、学术研究于一体。藏品众多，自成体系，主要有古朴生动的陶器、细致优美的瓷器、温润高洁的玉器等多个系列。藏品年代自新石器时代、夏、商、西周、春秋、战国、秦、汉、隋、唐一直延续至今，纵贯历史五千年。博物馆向社会免费开放。先后举办“民族的灵魂——精美绝伦的玉器展”“民族的灵魂——精美绝伦的陶器展”等多项专题展会。

12. 郑州市华夏文化艺术博物馆

位于郑州市嵩山南路168号（郑州博物馆负一层），是2011年3月经河南省文物局批准建立的民办博物馆。博物馆建筑面积2400平方米，展厅面积680平方米，备案文物800余件（套）。仰韶文化陶器、北魏隋唐墓志、汉唐名砚及青铜器为其四大特色收藏。

博物馆的基本陈列为“圣殿里拾来的文明”，共展出四大特色收藏360余件（套），并保持按季度调换四分之一展品的速度更新陈列。临时展览每年举办二到四个;先后举办“龙凤呈祥——‘中华第一飞龙’展”“华夏正声——馆藏音乐文物展”“天下粮仓——馆藏汉代粮食文物展”“般若婆罗蜜多——馆藏佛教文物展”“急急如律令——馆藏道教文物展”“朱门芳宴——一个宋金大宅门的理想生活”等展览。

博物馆十分重视馆藏文物的文化解读与学术研究,编写《圣殿里拾来的文明》于2011年12月由文物出版社出版。在《中国文物报》《中原文物》《重庆文理学院学报》等核心报刊上发表文章9篇,应邀提交论文并参加国际及全国仰韶文化学术研讨会两次,并参加了主题为“天文考古学与中国古代文明”的第842次香山科学会议。

13. 登封窑陶瓷博物馆

位于登封市东华镇王村原园艺场,成立于2012年。占地面积约14000平方米,建筑面积3000多平方米。是集收藏、展示、修复、复制文物,体验陶瓷制作,创作陶瓷工艺品等多功能于一体的民办陶瓷博物馆。

登封窑陶瓷博物馆

博物馆主要以收藏登封窑陶瓷标本为主,同时也收藏周边其他窑口的陶瓷标本,是中原地区极具特色和个性的陶瓷博物馆。其特点主要表现在三个方面:一是藏品种类齐全。从裴李岗时期的陶器标本一直到唐宋时期的瓷器标本,完整反映了中原地区由陶到瓷的发展演变过程。二是藏品脉络完整清晰,反映了陶瓷装饰发展演变的全过程,无论从胎装到釉装,从釉上彩到釉下彩,从单色釉到复合釉,藏品均有体现。三是展览方法形象、具体。博物馆除馆藏展示外,还复制了一条窑外传统陶瓷生产线,原汁原味地再现了宋代陶瓷加工、制作、烧造的工艺流程。如此系统、完整地再现宋代陶瓷生产线,国内目前尚不多见。

14. 郑州城外城陶瓷艺术博物馆

位于郑州市长江西路与西三环路交会处,是2012年8月由河南文物局批准成立的民办博物馆。博物馆面积4800多平方米,展厅面积4500多平方米,截至2017年有藏品5200余件,展品2000余件,窑口标本25万余片(包括以河南为主的全国300多个窑口)。常年免费对外开放。

博物馆坚持“传承文化,服务民众,突出特色,创新发展”的发展思路。展品在展示陶瓷艺术发展史时较好地保留了中原文化,部分藏品填补了我省陶瓷文物传承的空白。博物馆先后被确定为上海大学中国艺术产业研究院实习基地、北京大学资源学院文物鉴定专业教师实习基地、河南教育国际交流学院历史文化研究院教学培训基地、河南省收藏协会陶瓷委员会培训基地、中原古陶瓷研究培训中心、郑州市爱国主义教育示范基地、郑州市中原区青少年教育基地等。2013年被郑州市政府评为博物馆先进单位。

第四节　文物科研机构

1. 郑州市文物考古研究院

位于郑州市建设路31号碧沙岗公园内。前身为郑州市文物工作组，成立于20世纪50年代，后并入郑州市文物陈列馆（郑州博物馆前身），1984年恢复为郑州市文物工作队；1995年更名为郑州市文物考古研究所；2006年更名为郑州市文物考古研究院。内设办公室、考古发掘部、文物资料保管部、文物保护科技部、古建筑保护研究部、文化遗产规划设计部、对外联络部等七个职能部门，截至2017年有编制40人。主要负责郑州市六区五市一县共7507平方千米范围内的文物保护、考古调查、发掘、研究及古代建筑保护与文化遗产规划设计等工作。

单位自建制以来，先后参加了第一、二、三次全国文物普查工作中郑州市范围内文物普查工作。承担国家科技部基础研究重大项目、教育部人文社会科学重点研究基地重大项目以及国家"夏商周断代工程"、"中华文明探源工程"、长江三峡库区文物发掘保护、南水北调中线干渠工程考古发掘等重点项目工作，先后组织发掘了古荥汉代冶铁遗址、郑州大河村遗址、荥阳点军台遗址、荥阳青台遗址、荥阳大师姑遗址、荥阳娘娘寨遗址、新郑唐户遗址、新郑望京楼遗址、巩义瓦窑嘴遗址、巩义花地嘴遗址等重大考古项目；参与了荥阳织机洞遗址、新密新砦遗址、登封南洼遗址、新密李家沟遗址、二七区老奶奶庙遗址等重要遗址的发掘工作。发掘古墓葬万余座，院藏文物10余万件。获全国"年度十大考古新发现"6项，国家文物局"田野考古奖"4项，"三峡库区十大考古发现奖"1项。

近年来，郑州市文物考古研究院不断解放思想，转变发展观念，优化发展结构，积极开拓古建筑保护及大遗址规划设计业务，为单位事业发展注入新活力。先后获得国家文物局颁发的文物保护工程勘察设计乙级资质、文物保护工程施工二级资质证书。

郑州市文物考古研究院还积极开展科学研究，先后出版专著18部，编辑历史文化丛书20余部，发表论文、报告350余篇，获全国文博十佳图书2项，河南省社科联优秀成果一等奖2项、二等奖3项、三等奖1项，郑州市社科成果一等奖5项、二等奖3项、三等奖15项。

2. 郑州嵩山文明研究院

前身为2000年成立的郑州市城市文化研究所。2010年5月23日正式挂牌成立郑州嵩山文明研究院，属郑州市文物局下属二级机构，副县级全额拨款事业单位。原位于郑州市伊河路26号伊河大厦5楼，2017年9月迁至紫荆山路4号原黄河博物馆内办公。

研究院宗旨是开展嵩山地区历史文化研究，探索中华文明起源。业务范围主要是围绕嵩山文明，开展人类学、历史学、考古学、民俗学与中华文明起源的发展研究和学术交流；通过中华之源与嵩山文明网、《古都郑州》、"嵩山文明研究通讯"和"中华之源与嵩山文明研究丛书"等载体传播古都文明和中华文明。同时承担郑州中华之源与嵩山文明研究会、郑州古都学会的日常工作。

截至2017年，研究院编制18人，干部职工14人（其中正高级职称1人，副高职称4人，中级职称6人）。内设办公室、学术研究部两个部室。

十几年来，郑州嵩山文明研究院（含郑州市城市文化研究所）主要开展了"郑州市历史文化宣传与先进城市之差距"等20余个课题的研究，出版有《城市文化思辨》《郑州崛起的探索与思考》等5部论著，先后承办了"郑州中华之源与嵩山文明研究会成立暨郑州嵩山文明研究院揭牌大会""中国古都学会第六届理事会换届选举预备会暨(郑州)‘天地之中’历史建筑群座谈会”“郑州中华之源与嵩山文明研究会”一届一次至九次会长会议、“纪念郑州商城遗址发现60周年座谈会”“天地之中——《嵩山行》发行座谈会”“嵩山文明与中国早期文明暨纪念登封‘天地之中’历史建筑群申遗成功一周年学术研讨会”“中国早期城市与文明暨2012年中华之源与嵩山文明论坛”“纪念登封玉村二里头文化遗存发现60周年研讨会”“郑州中华之源与嵩山文明研究会2013年会暨嵩山文明与早期中国学术研讨会”等大型学术会议。2016年5月组织承办了中国考古学史上第一次大规模、高规格的学术盛会——“首届中国考古学大会(2016·郑州)”,2017年组织举办“第一届中国考古·郑州论坛”,均产生了广泛社会效应。

郑州嵩山文明研究院还致力于积极抢救整理古代典籍,先后组织完成了《郑州方志》[荥阳(含古河阴、汜水)卷]、《乾隆郑州志》、《民国郑州志》等志书的点校出版;与中国古都学会合作完成《中国八大古都》一书出版;另外,还出版有《亳都郑州》《郑州商都3600年学术论文集》及郑州古都丛书《郑州碧沙岗》《冯玉祥在郑州》等专著;与国家历史文化名城委员会共同出版《历史文化名城郑州》。其中,2007年,组织郑州古都学会点校出版的《郑州志(登封·中牟卷)》一书获2012年河南省优秀史志成果奖一等奖。

2010年更名为郑州嵩山文明研究院后,紧紧围绕研究院宗旨,大力开展学术科研活动,积极推动中华文明起源研究。同时,依托郑州中华之源与嵩山文明研究会,先后发布了6批共100多项科研项目,组织开展了若干个重大科研课题,并取得丰硕成果。

第五节　其他机构

郑州市文物稽查大队

2004年2月由原郑州市文物事业管理处更名而来,参照公务员管理的副县级全额拨款事业单位,隶属郑州市文物局。截至2017年有编制16人,内设办公室、稽查科、法制科。其职责为:受郑州市文物局委托,负责郑州市行政区域内的文物行政执法工作;查处破坏古建筑、损坏文物、馆藏文物流失、违法违章考古勘探和发掘、违法违章购销文物等行为;查处文物保护单位保护范围和建设控制地带内的违法违章建设工程;查处古建修缮过程中的违法行为;指导全市文物行政执法工作;配合公安机关打击各类文物违法犯罪活动。

郑州市文物稽查大队先后多次被评为河南省文物安全工作先进集体、市级文明单位,并且连续四届在全国文物行政处罚案卷评比活动中取得优异成绩。

第三章　文物工作者

郑州市文博系统人才济济，专业齐全，近年来取得了一大批考古发掘、古建保护等方面的研究成果，为郑州市的文博事业做出了很大的贡献。本章共收录本市文博系统具有副研究馆员职称以上或具有博士学位的业务人员共60位。

1. 王文华

男，1963年出生，北京大学历史系考古专业毕业，获历史学学士学位。毕业后至郑州市博物馆参加工作，一直从事田野考古发掘和研究工作。1998年起任郑州市文物考古研究所副所长，副研究馆员职称，2004年12月获得研究馆员职称。2007年9月任郑州市商城遗址保护管理处主任。2011年9月任郑州市嵩山历史建筑群保护管理办公室主任，兼任郑州市商城遗址保护管理处主任，2013年至2017年，先后担任郑州市世界文化遗产保护管理办公室主任、河南省考古学会理事、郑州古都学会理事、郑州中华之源与嵩山文明研究会理事。主持参加过若干大型考古发掘项目和文物保护工程。

2005年，所撰《郑州大师姑》考古发掘报告专著获郑州市优秀社科成果一等奖、河南省优秀社科成果三等奖。2004年获郑州市先进工作者（市劳模）称号，2007年获郑州市第八批专业技术“拔尖人才”称号，2009年获郑州市“四个一批”人才称号，2011年获河南省“四个一批”人才称号。

2. 齐迎萍

女，1964年出生，河南教育学院政教专业毕业，本科学历，研究馆员职称。郑州博物馆副馆长，河南省第十二届人大代表，郑州市学术技术带头人，郑州市专业技术拔尖人才，河南省鉴定委员会委员，中国博协会员。主要从事文物鉴定、科学研究业务，主持征集文物5000多件，配合公安、工商、海关等部门鉴定走私文物1000余件，参与鉴定各类文物5000多件。先后多次被评为河南省、郑州市文物系统先进个人。

曾撰写发表学术论文13篇，主编、参编书籍16部。完成国家专利2项，参与河南省科技攻关项目2项，郑州市科技攻关项目10项。

3. 汤丽萍

女，1963年出生，郑州大学历史系文博专业本科毕业，研究馆员职称，中国博物馆协会会员，河南炎黄文化学会理事，郑州市古都学会理事。河南省博物馆讲解员、郑州市博物馆群工部主任，郑州市商城遗址保护管理处商城遗址保护部部长、工会主席。主要从事大遗址的保护与研究；自1992年以来，共发表各类学术论文24篇、合著出版专著5部、科研课题2个。1993年10月，所著论文《郑州商城遗址考古发现及保护利用研究》荣获中国太平洋历史学会及黄河文化研究会评出的“黄河文化优秀成果”一等奖，同时荣获《中州建设》优秀论文三等奖。

2002年，参与完成河南省社科联重点调研课题“中原文物开发利用问题研究——郑州商城遗址开发利用的研究”,荣获河南省社科联重点调研课题优秀调研成果二等奖。

4. 刘彦锋

男,1965 年出生,郑州大学历史系考古专业毕业,2005 年 11 月获得研究馆员职称。郑州市学术技术带头人,郑州市劳动模范,中国考古学会会员,郑州古都学会理事,嵩山文化研究会理事。

自参加工作以来,一直从事田野考古调查、发掘、保护和研究工作,田野工作经验 20 余年。个人研究方向主要为新石器时代及商周考古。先后主持多处遗址的发掘。与郑州大学合作发掘的官庄遗址入选河南省五大考古新发现和当年全国 25 项重大考古发现。

发表各类考古发掘报告、简报、论文 20 余篇,合作出版专著 2 部。其中《巩义芝田晋唐墓葬》《织机洞旧石器时代遗址发掘报告》分别获得 2003 年、2004 年郑州市社会科学优秀成果一等奖;《二十世纪郑州考古》获得 2004 年郑州市社会科学调研课题一等奖、郑州市社会科学优秀成果二等奖。

5. 宋秀兰

女,1953 年出生,郑州大学政史系毕业,研究馆员职称。中国当代文博专家、中国民族建筑事业优秀人物、河南省文物保护工作先进个人、郑州市跨世纪科学技术带头人、郑州市历史文化名城先进个人、郑州市中心城区综合整治先进个人。曾任中国民族建筑研究会理事、中国古都学会常务理事、中国孔庙保护协会副会长、《黄河文化研究会》兼职研究员、郑州师范学校商文化研究所兼职教授。历任郑州市商城遗址保护管理所所长、书记,郑州市商城遗址保护管理处处长,郑州市文物考古研究院书记。2013 年退休。

6. 张建华

男,1967 年出生,南京大学历史系考古专业毕业,获历史学学士学位,研究馆员职称。先后在郑州市文物工作队(郑州市文物考古研究院前身)、郑州市文物事业管理处、郑州市文化局文物处、郑州市文物勘探发掘管理办公室、郑州市文物局遗产处、郑州市大河村遗址博物馆等部门和郑州嵩山文明研究院等单位工作。先后从事过考古发掘与研究、文物行政管理、行政执法、博物馆建设陈列等系列工作。历任郑州市文物局文物勘探发掘管理办公室副主任,郑州市遗产处副处长,郑州市大河村遗址博物馆副馆长、馆长,郑州嵩山文明研究院副书记等职务。是中国考古学会会员、河南省博物馆学会会员;兼任河南省文物考古学会常务理事、副秘书长,中国古都学会常务理事,郑州古都学会副会长,郑州中华之源与嵩山文明研究会理事、副秘书长等;具有国家文物局考古发掘领队个人资质。

学术方向主要集中于考古发掘及研究,尤其是新石器考古和战国秦汉考古。先后主持和参加各类大中型考古发掘项目 70 余个。2001—2003 年,代表郑州市远赴重庆市,主持长江三峡重庆库区文物保护项目——重庆市云阳马沱墓地、走马岭墓地的考古发掘,并获“2001 年度重庆三峡库区十大重要考古发现奖”。2007—2009 年,参加登封“天地之中”历史建筑群申报世界文化遗产工作,荣获先进个人称号,并被郑州市政府记三等功一次。组织、参与或撰写学术著作多部,发表论文、简报、报告 30 余篇,其中参与编写的《嵩山古建筑群》一书获郑州市社科优秀成果一等奖,具有较高的学术研究水平。

7. 张松林

男,1951 年出生,中山大学人类学系考古学专业毕业,研究馆员职称。享受国务院特殊津贴专家,全国文化系统先进个人,河南省文物保护工作先进个人,郑州市第四、七批专业技术拔尖人才,2003 年、2004 年郑州市劳动模范,中国考古学会会员,河南省文物考古学会常务理事、副秘书长,北京大学特聘研究员，郑州大学兼职教授。历任郑州市文物工作队副队长、郑州市文物考古研究所所长、郑州市文物考古研究院院长、国家自然科学基金项目——双洎河流域史前人类生存环境研究专家组成员。2011 年退休。

30 多年来，一直从事田野考古调查、发掘、文物保护和研究工作，为全面了解郑州市文物资源分布状况、制作文物保护规划奠定了基础。先后主持过 10 余项主动考古发掘项目和百余项基本建设考古发掘项目。对“除南非人外其他人种在 10 万年前大冰期中灭绝”的结论提出挑战。

具有深厚的专业知识和较高的专业理论造诣，先后主编出版专著、参与编辑历史文化丛书 10 余部，发表考古报告、简报、论文 60 多篇，共计 1000 多万字。获河南省社科优秀成果奖 3 项，郑州市社科优秀成果一等奖 4 项，二、三等奖 10 多项。

8. 李昌韬

男，1937 年出生，中专文化，研究馆员职称。1963 年从事文物考古研究工作，曾任郑州市大河村遗址博物馆馆长、郑州市文物工作队队长、郑州市文物考古研究所协理员，1998 年 10 月退休。

曾先后参加郑州马庄龙山遗址、郑州古荥汉代冶铁遗址、郑州商城遗址、新密市新砦遗址、郑州站马屯西遗址等 30 多处古代遗址或古墓葬的发掘工作。曾先后主持郑州大河村遗址、登封王上宋代壁画墓、登封袁窑春秋铜器墓等 10 多处大型遗址和墓葬的发掘工作。其中仅对郑州大河村遗址主持发掘和整理研究就长达 20 余年。先后在国家和省级专业期刊上发表简报、报告和论文共 30 余篇。1982 年、1985 年两次被河南省文物局评为先进工作者，1985 年被评为全国文物博物馆系统先进工作者。

9. 张霆

男，1965 年出生，华中师范大学汉语言文学专业毕业，本科学历，研究馆员职称。2011 年任郑州博物馆馆长、河南省博物馆学会副会长。获郑州市宣传文化系统首批“四个一批”人才、郑州市第十批专业技术拔尖人才称号。主要从事陈列设计、科学研究等业务，主持设计的大中型陈列设计多次获国家、省级奖项，其中“郑州古代石刻艺术”陈列、“郑州改革开放以来配合基本建设考古成果展”“古都郑州”陈列先后获得了国家文物局“全国十大陈列展览精品”奖项。

发表专业论文多篇，主编、参编书籍 12 部，主持河南省社科联调研课题 1 项，获得了河南省社科联优秀调研成果一等奖，主持的课题获河南省优秀调研成果 1 项、郑州市社会科学优秀成果 2 项。

10. 张巍

女，1954 年出生，郑州大学历史专业毕业，本科学历，研究馆员职称，长期从事文物保护和博物馆研究工作。主持并参与了国家重点项目郑州商城遗址保护的规划设计与实施工作。参与制定的《郑州商代遗址保护规划》作为大遗址保护范例在全国文物会议上推广；组织实施的郑州商城东、南城墙保护工程入选国家文物局《中国文物保护维修工作实例 100 例》；参与制定《郑州商代遗址保护管理规定》；主持完成郑州城隍庙古建筑彩绘等修缮保护等工作；组织举办了多届城隍庙民俗庙会。主持设计“豫剧艺术陈列”等陈列展览近百个，多次荣获国家、省级奖项。2009 年退休。

发表论文 8 篇，主编、参编书籍 10 余部，主持参与河南省社科联调研课题 2 项，分别获河南省社科联优秀调研成果一等奖和三等奖；河南省科技成果 2 项，其中一项获得河南省科技成果一等奖。

11. 郝红星

男，1966 年出生，中山大学人类学系考古专业毕业，研究馆员职称。1989 年到郑州市文物工作队

(郑州市文物考古研究院前身)工作,从事田野发掘至今。

工作以来,一直坚持在田野一线,主要研究方向为东周、隋唐考古。参加郑州市区及六县市百余个大小考古工地的发掘,出土不同时代各种质地的文物数万件,其中不乏精品、珍品。

在国家级、省级刊物上发表文章48篇,撰写《巩义芝田晋唐墓葬》一书唐代部分,主编《郑州宋金壁画墓》,两书分别获郑州市社会科学优秀成果一等奖、二等奖。

12. 谢遂莲

女,1949年出生,吉林大学考古专业毕业,研究馆员职称。1984年至2004年任郑州博物馆馆长,兼任河南省博物馆学会常务理事,河南省古陶瓷研究会副会长。撰写发表文章11篇,主编出版了9部专业书籍。2004年退休。

长期从事文物保护和博物馆研究工作,参加过田野考古发掘、文物保护工作,做了大量博物馆管理、藏品研究、陈列设计、博物馆维修及建设等方面工作。1986年主持完成古荥汉代冶铁遗址保护房的建设工作,并完成陈列展览,受到国际冶铁专家的好评。1987年至1989年负责维修国民革命军第二集团军阵亡将士三民主义烈士祠堂仿古建筑,主持完成"古代珍宝陈列""古代石刻艺术陈列",获河南省博物馆系统检查评比地市级第一名。1997年至1999年主持建成郑州博物馆崇山路馆,并主持完成崇山路馆基本陈列,其中"古代石刻艺术陈列"获国家文物局颁发的"1999年度全国十大陈列展览精品提名奖"。2002年9月主持举办的"郑州改革开放以来配合基本建设考古成果展"获"2002年度河南省优秀陈列奖",并在2003年获"第五届全国十大陈列展览精品最佳综合效益奖"。

13. 任伟

男,1968年出生,南开大学历史学博士毕业。2002年在郑州大学评为副教授,郑州大学历史学院、南开大学历史学院硕士研究生导师,郑州市文物局党组书记、局长,河南省文物考古学会副会长、《古都郑州》杂志主编。主要研究方向为商周史及商周考古、文化遗产保护。

曾先后参加了"九五"国家重大科技攻关项目"夏商周断代工程""'天地之中'历史建筑群研究""新型城镇化建设中的文化遗产保护"等课题研究。发表论文20多篇,出版独著或参编著作有《西周封国考疑》(独著,社会科学文献出版社,2004年版)、《嵩山古建筑群》(河南人民出版社,2008年版)、《中原文化大典文物典·青铜器典》(中州古籍出版社,2008年版)等9部。

2010年因在世界文化遗产申报工作中有突出贡献,被河南省人民政府记一等功给予嘉奖。

14. 张贺君

男,1980年出生,郑州大学历史学院考古学及博物馆学研究生学历,历史学博士学位,副研究馆员职称。郑州市文化遗产研究院副院长,兼郑州市文物局遗产处副处长。发表文章数篇。

15. 黄富成

男,1973年出生,南京农业大学科学技术史专业毕业,获理学博士学位,副研究馆员职称。中国考古学会会员,河南省科学技术史协会理事。研究领域为科技史、农业考古、商周考古、交通史与环境史等。参与和主持大型考古发掘项目有南水北调中线工程、荥阳娘娘寨两周城址、梁湖遗址、新郑赵庄墓地、小李庄墓葬区等多项。著有《汉代农业制度与农业文化研究》《中原文化大典·科技典·交通》,在《中原文物》《华夏考古》《农业考古》等核心期刊发表论文15余篇。参与国家重点社科项目和省、市级科研项目多项,项目成果获郑州市2011—2012年度社科优秀成果一等奖。

16. 于宏伟

男，1963年出生，河南省教育学院历史系毕业，研究馆员职称。先后就职于郑州博物馆、郑州市文物考古研究院（原郑州市文物工作队）。兼任郑州中华之源与嵩山文明研究会理事，长期从事田野考古发掘和文物保护工作，先后在《文物》等刊物发表文章10余篇。任《郑州二十世纪考古》《郑州宋金壁画墓》两部著作副主编，其中《郑州二十世纪考古》被评为郑州市社会科学2005年优秀成果二等奖。

17. 于晓兴

男，1941年出生，郑州师范学校毕业，副研究馆员职称。先后就职于郑州市文物工作队（郑州市文物考古研究院前身）、郑州市博物馆、郑州市文物事业管理处，历任郑州市文物事业管理处副主任、主任。曾任郑州市政协委员、政协文史委员会委员，兼任河南省文物考古学会副会长，河南省文物鉴定委员会委员，郑州古都学会、郑州中华之源与嵩山文明研究会常务理事。2003年11月退休。

长期从事田野考古和文物行政管理工作，先后主持郑州古荥汉代冶铁遗址发掘和多处古遗址、古墓葬的发掘，先后被评为河南省文化系统先进工作者，国家文物局第三次全国文物普查先进工作者。参加编写和撰稿图书11册，并任郑州历史文化丛书副主编，其中《郑州市文物志》（1999年版）获2000年郑州市社科图书一等奖，《郑州市第三次全国文物普查新发现》获2012年河南省第五届社科优秀普及作品二等奖。发表考古报告及文章15篇。

18. 于皓洋

女，1978年出生，郑州大学历史学学士，郑州大学中国语言文学硕士，中国博物馆学会纪念馆专业委员会会员，河南省博物馆学会会员。

发表文章22篇。参与编写《我与二七纪念塔的故事》等著作7部。

19. 马玉鹏

男，1973年出生，河南省商业学校美术装潢专业毕业，2005年7月毕业于郑州大学艺术设计专业。2004年5月任郑州市商城遗址保护管理处党支部书记，2013年1月任商城遗址保护管理处主任。

1993年9月至2004年5月在郑州博物馆从事展览策划、设计、布展等工作，参与设计的“古代石刻艺术陈列”获“1999年度全国十大陈列展览精品提名奖”；参与设计的“郑州配合基本建设考古成果展”获“2002年度全国十大陈列展览精品最佳综合效益奖”。撰写发表陈列展览、文物保护等方面的专业文章27篇。

20. 毛长立

男，1960年出生，郑州大学历史系毕业，研究领域为殷商先秦史，发表《中商时期对四土的经营》等文章数篇。

21. 王保仁

男，1957年出生，武汉大学历史系考古专业毕业，本科学历，学士学位，副研究馆员职称，兼任中国古陶瓷学会会员，河南省考古学会古陶瓷专业委员会理事，河南省社科院杜甫研究所研究员，巩义市河洛文化发展研究会副会长。曾获“巩义市科技拔尖人才”称号。

1982年9月参加工作，历任杜甫故里文物管理员、巩县石窟文物管理员、巩县文物工作队队长、文物地质勘探队队长、巩义市博物馆副馆长、巩义市文物保管所副所长、巩义市文物局文物科长等职。从事文物考古工作30余年。1985年12月获河南省文化厅“全省文物普查先进个人”称号,1993年10月所撰写的《巩义市发现大型密集新石器遗址》一文获河南省社科院青年奖。

参与撰稿和编写《中国文物分布图集》(河南卷)、《河南省志》(文物卷)、《河南省文物志》(撰稿)、《河南文物工作50年》(撰稿)等。发表文章50余篇。

22. 王彦民

男,1948年出生,中国人民大学历史系博物馆学专业毕业,第八届郑州市政协委员,郑州市文物考古研究院副研究馆员职称。中国考古学会会员,中国博物馆学会会员。2008年退休。

1972年起从事田野考古及文物保护工作,先后参加了郑州商城遗址、郑州大河村遗址、荥阳西史村遗址、登封告成郑国贵族墓地、中牟三官庙遗址等数百处古遗址及古墓葬的考古发掘、调查。对新石器时代考古,东周、汉代考古研究有较大的兴趣。

参加编写的考古报告及专著主要有《郑州大河村遗址发掘报告》等。

23. 王雪宝

男,1943年出生,郑州大学文博专业毕业,副研究馆员职称,登封市专业技术拔尖人才,参加中国唐史学会、中国武则天研究会、河南省考古学会、河南省博物馆协会、河南省宗教文化研究会、郑州中华之源与嵩山文明研究会及嵩山武则天研究会等学术组织,分别任会员或理事。多次被郑州市政府、登封市政府、登封政协和本系统、本单位表彰为先进工作者和优秀共产党员。

从事文物工作40年来,历任登封县(市)文物保管所业务所长,兼任县(市)文物局、文管所党支部组织委员、中国天文博物院(筹)办公室副主任、登封县(市)政协委员、登封县(市)政协文史资料委员会秘书等职。曾主持举办文物导游、摄影、装裱、碑刻传拓等培训班。完成文物普查、文物“四有”资料建档、考古发掘、古建筑修葺等工作,培养了一批文物管理人才。

编著出版《嵩山、少林寺碑刻选》等15本文物专著,并发表文章300余篇。

24. 邓学青

女,1971年出生,1988年参加工作,本科学历,副研究馆员职称,中国博物馆协会会员,中国博物馆协会纪念馆专业委员会会员,河南省博物馆学会会员,郑州古都学会会员,郑州二七纪念馆副馆长。从事郑州近现代史、当代史、博物馆学等学科的研究。

参与编写《京汉铁路工人大罢工史料汇编》等书,在省级刊物上发表多篇论文。

25. 冯百毅

男,1941年出生,副研究馆员职称。1964年1月进入郑州博物馆工作,先后担任陈列保管组副组长、郑州博物馆副馆长、郑州商城遗址保护管理所所长,2001年7月退休。从事文物保管、考古发掘、陈列展览、古建筑保护等工作。在郑州博物馆期间,主持举办了20多个陈列展览,担负从内容到形式设计的全部工作。

主持编写了《中国历史文化名城辞典·郑州卷》等书。

26. 申永峰

男,1974年出生,河南大学历史文化学院文博系博物馆学专业毕业,获学士学位,副研究馆员职称。

毕业后进入郑州博物馆工作，先后在陈列部、保管部任职。参加了数十个陈列展览的设计展陈工作，多个展览荣获“全国十大陈列展览精品”和“河南省优秀陈列展览”。以博物馆学理论与实践、文物文化、遗产保护为主要研究方向，迄今发表学术研究论文30余篇，参与编写各类图书10余部，多项成果获得市级以上社科成果优秀奖。

27. 多化良

男，1966年出生，1985年参加工作，本科学历，副研究馆员职称，中国博物馆协会会员，郑州古都学会理事，郑州二七纪念馆副馆长。

主持完成郑州文庙恢复建设工程、夕阳楼项目立项科研分析报告等10余项文物保护项目的方案制定和实施工作；主持举办60余个陈列展览，其中“豫剧艺术陈列”荣获“河南省优秀陈列展览”；发表新闻和学术文章30余篇，参与完成河南省社科联调研课题1项。荣获省、市先进工作者称号等共14次，入选全国《政协委员风采录》（河南卷）。

28. 孙歌华

女，1969年出生，中央党校法律专业本科毕业，副研究馆员职称。1989年8月到郑州博物馆工作至今，长期从事博物馆教育工作，在未成年人教育、观众心理学等方面有深入的研究，多年来组织策划了上百次各种形式的对外宣传活动，为全市培养了约120余名优秀讲解人员，组织撰写讲词15万字，发表专业论文9篇，参与省级以上课题研究项目1项，参与市级相关科研项目2项。

29. 曲芳芳

女，1968年出生，中央党校经济管理专业毕业，副研究馆员职称。中国博物馆协会会员，河南省博物馆协会会员。

主要从事博物馆研究和教育方面的研究，先后策划参与了数十个展览的陈列布展工作及“大众鉴宝”“收藏系列讲座”“民间收藏精品展”等活动。个人专著1部，参编出版书籍4部，在各级刊物发表论文10篇。主持省级社会科学联合会课题1项，参与省级以上科研课题2项。

30. 汤威

男，1972年出生，河南财经学院财政金融系毕业，经济学学士学位，副研究馆员职称。郑州博物馆陈列部主任。

主要从事博物馆学及先秦考古、青铜器研究等。在国家级核心期刊发表论文多篇，其中《文物》2篇、《中国历史文物》1篇、《中国国家博物馆馆刊》1篇、《中原文物》3篇、《华夏考古》1篇、《寻根》2篇、《中国博物馆》2篇。并在2010年上海国际博物馆协会、2011年中国博物馆协会兵器专业委员会年会、2012年上海博物馆周代封国考古国际研讨会、2013年东亚音乐文化国际会议等学术研讨会上提交并宣读一批论文。

31. 张彦

女，1960年出生，1977年到二七纪念馆工作，本科学历。中国博物馆协会会员，二七纪念馆社教部主任。从事文博工作37年。

发表文章10余篇，论文《铁路的兴起与郑州工商业发展》获河南省文化厅一等奖。撰写完成课题报告4项，《和谐社会的伦理研究》获省社科联一等奖，《郑州市近现代史迹旅游开发调研》获郑州市社科联二等奖。

32. 张文霞

女,1967 年出生,河南广播电视大学图书馆学专业毕业,大专学历。1985 年 1 月参加工作,1991 年入职郑州市文物考古研究院(所)后,主要从事文物考古、文物仓库保管和图书资料管理工作。2003 年 12 月获副研究馆员职称。郑州市文物考古研究院文物资料保管部主任。

从事文物考古工作以来,先后参加 20 余处考古工地发掘,清理墓葬近百座,出土文物上千件。在文物仓库保管方面,严格执行文物库房制度,管理文物及标本近 10 万件。近年来,先后整理编写的主要简报、论文有 30 余篇。还参加了《中国古代镇墓神物》(全国文博考古十佳图书)、《河南唐三彩与唐青花》(郑州市社会科学优秀成果三等奖)、《郑州文物考古与研究(二)》等专著的编写工作。

33. 张振明

男,1952 年出生,河南大学文博专业(专科)毕业,郑州大学历史专业(本科)毕业,2012 年退休。

发表文章数篇。编著了古荥镇历史文化丛书中的《中国历史文化名镇古荥镇》《郑州古荥汉代冶铁遗址》《郑州纪信庙》《古荥镇金石考》《汉忠烈纪公碑》以及《郑州荥泽城隍庙威灵殿保护维修工程》。

34. 李佩兰

女,1940 年出生,本科学历,副研究馆员职称,曾任郑州市图书馆副馆长、郑州市群众艺术馆馆长、郑州博物馆支部书记。先后被郑州市人民政府评为“郑州市科技先进工作者”“保护建设郑州国家历史文化名城先进个人”等。

主持完成郑州大河村遗址博物馆雕塑《大河村先民生活群像》修复工作,参与“商城遗址纪念碑”(铜鼎和人像柱)修建工作,策划并参与收集、整理、拓印、编写出版《河南汉画像砖拓片精选集》,曾在河南省内外多次组织举办大型书画展、民间工艺美术展、根雕艺术展等。

独立编写《图书馆学概论》《藏书建设》《图书分类》《科技文献检索》《中文工具书》《读者工作》等 40 余万字的教材,参与编著出版书籍 5 部。

35. 李建和

男,1965 年出生。武汉大学历史系考古专业毕业,本科学历,历史学学士学位,副研究馆员职称。1986—2011 年,在郑州市大河村遗址工作,从事考古、文物保护和博物馆研究工作。2004—2011 年,任大河村遗址博物馆馆长。2011 年年底起任郑州市文物考古研究院副院长。

长期从事大河村遗址的考古发掘与研究,先后参与协助完成多部文物保护规划、遗址公园规划编制,主持完成大河村基本文物陈列提升的内容设计,完成大河村遗址博物馆二期改造工程前期工作。

2012 年后,负责郑州市文物考古研究院的大遗址保护规划、古代建筑研究,主持完成郑州三民主义烈士祠维修工程,负责郑州老奶奶庙遗址旧石器遗址博物馆的前期筹备工作。

36. 李高遂

女,1962 年出生,1981 年毕业于开封第二师范学校文史专业,2002 年毕业于河南省教育学院历史专业。

主要从事文博研究,发表于核心期刊的文章共 9 篇,1 篇参与研讨会宣读;参与市级科技攻关课题研究项目 2 项,馆内课题研究项目 5 项。

37. 杜平安

男，1966年出生，郑州大学历史学（含考古学、博物馆学）专业毕业。主要从事博物馆学、商州考古研究，2011年获副研究馆员职称。

从事文博工作20多年间，先后发表文章达30余篇，其中任主编、副主编、执行主编出版专业书籍7部。

38. 杨建军

男，1979年出生，河南大学博物馆学专业毕业，本科学历，学士学位。2001年参加工作至今，主要从事博物馆陈列展示设计以及相关研究工作。

参与完成的陈列展览获国家级奖项2个，省级奖项5个；参与的省级调研课题获河南省优秀调研成果三等奖；参与编写文物书籍8册，发表文章10篇，学术研讨会交流论文1篇。

39. 杨春景

女，1976年出生，河南财经政法大学企业管理专业毕业，学士学位。2005年进入郑州市商城遗址保护管理处工作，从事文博研究工作。

参与郑州文庙维修与复建工程、郑州商城遗址保护工程等。几年来，陆续在全国各类杂志发表文章数十篇。

40. 汪旭

男，1966年出生，本科学历。1991年开始从事考古发掘工作，1998年12月获馆员职称，2004年11月11日获副研究馆员职称。

研究方向主要为秦汉隋唐考古。多次主持大型考古发掘工地工作，有较为丰富的考古发掘经验。共参与配合基本建设工程考古项目200余个，中大型项目有西气东输工程考古、南水北调工程考古、连霍高速以及多条高压线路工程考古等。发表论文20多篇。

41. 汪培梓

男，1973年出生，副研究员职称，郑州博物馆学术委员会秘书长、学术研究部主任、中国博物馆协会会员。本科就读于河南大学博物馆学专业，郑州大学考古学及博物馆学专业研究生毕业，硕士学位。研究方向为文物博物馆、夏商周考古、文化遗产保护与利用。

多年从事博物馆藏品管理、陈列设计、社会教育及世界遗产申报工作。公开发表外宣信息和介绍文章120余篇次，发表相关论文30余篇，参编著作5部，主持和参与6项省市研究课题并获一等奖3次，参与多项陈列展览设计分别获国家和省级奖励。参与“天地之中”历史建筑群申报世界遗产工作记三等功一次。

42. 陈萍

女，1971年出生，中央党校经济管理专业毕业，副研究馆员职称，1989年到郑州市文物考古研究院（原郑州市文物工作队）工作，从事考古发掘和文物考古绘图至今。从事考古绘图工作的同时坚持在田野一线，主要研究方向为东周、隋唐考古，承担了单位大部分报告。专著的绘图工作，多年来绘制各类器物图近5万件。

在国家级、省级刊物上发表文章20余篇，其中参加编写并绘图的《大河村》一书获2002年河南省社科联优秀成果一等奖；《大师姑（2002—2003）》一书获2005年河南省社科联优秀成果三等奖、郑州市社科联优秀成果一等奖。

43. 陈万卿

男，1963年出生，荥阳师范学校毕业，副研究馆员职称。曾任荥阳市文物保护管理所所长、荥阳市文化局办公室主任、荥阳市文物保护管理中心主任等职。研究领域为古代文献、历史地理和方志等，参与编写《荥阳县志校注》等书5种，发表文章15篇。

44. 陈尽忠

男，1950年出生，郑州教育学院历史专业毕业，大专学历，1975年从事文博工作，曾任郑州博物馆保管部主任、河南省博物馆保管专业委员会副主任。长期从事文物保护研究工作，主持征集文物3000多件，主持文物编目建卡、建档6000余件。在库房藏品的科学管理上勇于创新，改变藏品柜样式，使封闭性库房变成了展厅式库房，便于藏品保护、科研、对外开放和利用，解决了藏品保护和利用中长期存在的疑难问题。

发表学术文章11篇，在研讨会上宣读3篇，参编书籍9部。郑州市跨世纪学术带头人，多次被评为河南省、郑州市文物系统优秀保管员、先进个人。

45. 陈素秀

女，1949年出生，1965年于郑州市说唱团参加工作，1970年10月—1984年在郑州市图书馆工作。1983年于武汉大学图书系函授专科班，完成本科课程。1984年6月入职郑州二七纪念馆，历任副主任、主任、馆长，1999年于郑州大学文博学院中国古代史研究生结业。1994年获副研究馆员职称。中国博物馆协会会员，河南省博物馆学会副会长。2009年12月退休。

46. 信应君

男，1966年出生，西北大学文博学院考古专业毕业，本科学历，副研究馆员职称。1991—2001年在遂平县文化局文物管理所工作，任副所长。2001年8月到郑州市文物考古研究院（所）工作，中国考古学会会员，具有国家文物局颁发的考古发掘领队资格。

主要从事田野考古发掘、考古学研究与文物保护工作。先后参加或主持多项大型考古发掘项目与研究工作。参与发掘的郑州小双桥遗址、新郑郑韩故城郑国铜器窖藏坑遗址、三峡工程重庆市忠县中坝遗址分别获得1995、1997、1998年度“全国十大考古新发现”；重庆云阳县马沱墓地获2001年“三峡十项考古新发现”；主持的新郑唐户遗址发掘获2006—2007年度“全国田野考古质量奖”三等奖及2007年度“全国十大考古新发现”。主持发掘的郑州梁湖晚商遗址，入围2009年度“全国十大考古新发现”。参加发掘的新郑望京楼遗址获2009—2010年度“全国田野考古质量奖”二等奖以及2010年度“全国十大考古新发现”。

主要研究领域为战国秦汉考古。发表考古发掘简报、报告、科研论文等30余篇，并参与《中原文化大典·文物典·聚落》等2部专著的编写工作。

47. 姜楠

男，大学文化，郑州市文物考古研究院文化遗产规划设计部主任，副研究馆员职称。中国考古学会会员，河南省博物馆学会会员，郑州古都学会理事，郑州中华之源与嵩山文化研究会理事。具有国家文物局颁发的个人考古发掘领队资格。

长期从事田野考古发掘和研究工作，主持和负责多个大型田野考古发掘项目。研究方向主要为商周考古，工作重点侧重于郑州商城遗址的发掘和研究，累计主持发掘遗址面积达 3 万平方米，发掘区域涵盖了除郑州商城东北部宫殿区以外的大部分遗址区，获得和积累了郑州商城遗址丰富的实物资料。完成多篇商代遗址的发掘简报，发表考古发掘简报及论文 10 余篇。对郑州商代二里冈文化陶器演变特征和规律有深刻的理解和把握，并对郑州二里冈文化陶器建立了新的合理的分期。

48. 赵玉安

男，1937 年出生，副研究馆员职称。1956 年参军，1958 年转业。1983 年任巩县文物管理所所长、党支部书记，1997 年退休。河南省博物馆学会理事、河南考古学会会员、中国唐史学会会员、河南社科院河洛文化研究所副所长。

组织和参加巩县芝田汉、晋、唐、宋集群发掘工作，发起并参加青龙山慈云寺石刻调研工作。1990 年 11 月获河南省文化厅“文物先进工作者”称号。发表文章 50 余篇。

49. 赵灵芝

女，1942 年出生，郑州大学历史系文博专业毕业，副研究馆员职称。曾任郑州博物馆陈列部主任，1997 年退休。中国博物馆协会会员，河南省博物馆学会会员。

从事文物博物馆工作 35 年，1997 年退休后，又继续从事文物工作 5 年。除具体事务工作外，主要从事博物馆学、文物考古方向的研究工作。任博物馆陈列部主任期间，举办过多次陈列展览，参与编写出书 6 部，撰写论文 10 篇，分别在国家级、省级刊物上发表。

50. 索全星

男，1963 年出生，郑州大学历史系考古专业毕业，本科学历，副研究馆员职称。1986 年分配到焦作市文物工作队工作。2009 年 2 月正式调入郑州市文物考古研究院工作，具有国家文物局颁发的考古发掘领队资质。

主要从事田野考古发掘和文物研究工作。先后参加和主持多个遗址的考古发掘，并积极进行相关方面的研究工作。

学术领域为新石器时代考古学，着重于中华文明起源的研究工作，并在汉代考古、古代碑刻及许衡文化研究等方面有丰硕的科研成果。承担郑州中华之源与嵩山文明研究会的“早期中国文明的萌发与形成——以嵩山地区新石器文化为例”的研究课题（已结项），并撰写《中华文明本源初探》。致力科学研究，注重学术创新，提出“华文化”概念，认为“大河村文化晚期的社会文明景象具有‘华’文化性质，中华文明早期阶段是从华文化发展到夏文化”的历史概括；发表学术报告、论文 50 余篇，出版《山阳石刻艺术》《许衡与许衡文化》等专著。

51. 郭光生

女，1946 年出生，大专学历，副研究馆员职称。1965 年 8 月参加工作，1970 年开始从事文博工作。先后在郑州博物馆、郑州市文物考古研究院（原郑州市文物工作队）从事专业技术工作和领导工作。曾任技术资料部主任、副所长、党支部书记等职。系中国考古学会会员，河南省博物馆学会会员，郑州古都学会会员。2001 年 6 月退休。已入编由中国文物学会主编的《中国当代文博专家志》。

从事文博工作30余年，为单位发表论文、报告、简报等绘制器物图万余幅，参加或组织对古墓葬、大型古文化遗址及古建筑的发掘、绘图工作。合著有《中国古玩珠宝鉴定大全》（河南美术出版社，1995年10月出版）。参与编著的《郑州大河村》由科学出版社于2001年10月出版，并获得河南省社科优秀成果二等奖。

52. 顾万发

男，1971年出生，北京大学考古文博院考古学专业毕业，副研究馆员职称。郑州市文物考古研究院党支部书记、院长。中国考古学会理事，北京大学震旦古代文明研究中心客座研究员，河南省漫画家协会副主席，河南省考古学会常务理事、副秘书长，河南《炎黄天地》杂志主编，河南省炎黄文化研究会理事，河南省陶瓷鉴赏学会名誉会长，河南省文物鉴定委员会会员，郑州市传统管理文化学会常务副会长，郑州中华之源与嵩山文明研究会理事、副秘书长。

主要从事业务管理、考古发掘与学术研究工作，研究领域为夏商考古、中国古代艺术史、文物鉴定等。先后参与国家级重大科研攻关项目如“夏商周断代工程”、“中华文明探源工程”、三峡文物保护工程、南水北调中线干渠工程等项目。主持的河南新郑望京楼夏商时期城址考古发掘项目获得2010年度“全国十大考古新发现”、2009—2010年度国家文物局颁发的“田野考古奖”二等奖。

在学术期刊发表独著论文30余篇。作为主要撰写人参与编写的《新密新砦——1999—2000年田野考古发掘报告》，荣获2008年度“全国十佳文博图书”；主著的《郑州市城市快速轨道交通文化遗产环境影响评估报告》是全国第一份大型工程文物环境影响评估独立报告，得到了考古界专家学者的认可和肯定。

53. 高丽

女，1962年出生，郑州嵩山文明研究院副院长，中央党校经济管理专业毕业，本科学历，副研究馆员职称。现从事研究的方向为文博研究，截至2017年发表文章6篇，省级以上科研成果1个（专著）。

54. 寇玉海

男，1964年出生，本科（汉语言专业）学历，副研究馆员职称。1983年参加工作，历任新郑市文物局局长、郑州市文物局文物处处长、郑州市文物局办事大厅主任，郑州市文物稽查大队大队长，兼任中国文物学会理事、中国古都学会理事、河南省博物馆学会常务理事等。1984年被评为河南省文物普查先进个人，1997年、2002年被评为“全国文物安全先进工作者”，2006年获“全省文化先锋”称号，2006年和2011年因全国重点文物保护单位申报和世界文化遗产申报工作两次被郑州市人民政府记三等功，2012年被评为“第三次全国文物普查工作先进个人”“河南省先进个人”。

主要从事文物行政管理和文物考古科研工作，先后独立完成了《郑韩故城总体保护规划方案》和《郑韩故城城墙保护方案》的编写工作，独著《新郑名胜古迹博览》《新郑历史人物》和《新郑市碑刻文集》，主编《新郑市文物志》，负责编写《郑州市文物普查新发现》和《历史的记忆——文物普查手记》，参与编写《中外历史改革实践》等。在《中原文物》《河南文物工作》《东南文化》等刊物上发表专业论文多篇。其中《郑州市文物普查新发现》获得了2012年河南省社科类普及作品二等奖。

55. 黄俊

男，1965年出生，河南大学文博专业毕业，副研究馆员职称。郑州嵩山文明研究院副院长，曾任郑州市文物考古研究院对外联络部主任。

主要研究方向是文物藏品管理和瓷、玉器鉴定,先后参与《郑州文物概览》《纪信庙》《汉代冶铁遗址》等书籍的编写工作,并在国家和省级报刊上发表论文数十篇。

56. 傅永魁

男,1931 年出生,1980 年曾任巩县文物保护管理所所长、杜甫研究会副会长。先后参加洛阳中州路、洛阳拖拉机厂、巩义市二电厂等大型基建工程的考古发掘工作,发掘清理古墓葬千余座。在巩义文物普查中,发现唐三彩窑址,填补了中国陶瓷史的空白。

1987 年,获国家文物局、河南省文化厅“查处文物走私工作”二等奖。共发表文章百余篇。

57. 靳宝琴

女,1968 年出生,现任新郑市旅游和文物局副局长。1991 年 7 月毕业于郑州大学历史系考古专业。

参加工作以来,一直致力于新郑地方历史文化的研究与文物保护工作,撰写论文 20 多篇,参与编著《新郑市文物志》等书 10 部。先后被评为“郑州市遵守职业道德十佳标兵”和“河南省文物保护工作先进个人”。

58. 廖永民

男,1925 年出生,郑州市文物考古研究院副研究馆员。曾任该院常务学术顾问,兼任河南省社科院河洛文化研究员、考古研究部主任。是中国考古学会会员、河南省考古学会会员。1956 年起主持二里冈商代遗址和郑州紫荆山商代青铜冶铸作坊遗址等多处重要发掘工作,在中原地区不同时期文化遗存的性质分期断代及类型划分等方面积累了丰富的经验,造诣颇深。先后发表(省级以上)学术论文 50 余篇。

参与编写多部图书,如《洛汭与河图洛书》《中国古代镇墓神物》《河南唐三彩与唐青花》《河南唐代白釉彩瓷》《巩县窑》《黄冶唐三彩窑》《北伐战争与郑州碧沙岗》等。上述著作及论文获国家社科类优秀图书一等奖一次,获河南省级二等奖两次、三等奖三次。

59. 戴建增

男,1970 年出生,郑州大学法学专业毕业,副研究馆员职称。郑州市大河村遗址博物馆副馆长。主要从事史前文化研究和博物馆教育研究,先后于 2009 年和 2011 年两次参加了大河村遗址的发掘工作。在杂志上共发表文章 8 篇,其中《博物馆与学生素质教育》一文于 2010 年获得河南省社科联和河南省教育厅颁发的优秀论文一等奖。

第三编　文物工作

第一章　文物保护规划

编制文物保护单位保护规划是保护文物资源的基本前提条件，是实施文物保护工作的法律依据，是各级人民政府指导、管理文物保护工作的基本手段。近年来，郑州市为妥善处理城市发展与文化遗产保护的关系，在宏观层面，先后组织制定了《郑州大遗址片区保护利用战略规划》《郑州新区文物保护总体规划》《郑州航空港经济综合实验区文物保护总体规划》，并将其作为城市总体规划的重要组成部分，以实现城市规划建设与文化遗产保护工作的有效衔接、和谐共生。在文物保护单位的保护工作中，严格按照相关法律法规和国家文物局相关要求，在进行必要的考古工作的基础上，委托具有相关资质的单位编制了90余项专项文物保护规划。通过保护规划的编制和实施，实现了对文化遗产及其周边环境的有效保护。

附表：文物保护规划编制情况表

序号	文物保护规划名称	级别	编制单位	规划批准单位	批准文号	备注
1	郑州大遗址片区保护利用战略规划		郑州市文物局 北京大学震旦考古文博学院 北京大学古代文明研究中心	郑州市委常委会	中共郑州市委常委会纪要十届第45期	
2	郑州新区文物保护总体规划		同济大学国家历史、文化名城研究中心 郑州鼎立文物保护规划设计有限公司			
3	郑州航空港经济综合实验区文物保护专项规划		郑州大学城市规划设计研究院 郑州鼎立文物保护规划设计有限公司			
4	河南登封少林寺塔林文物保护规划	世界遗产	清华大学建筑设计研究院	国家文物局	文物保函〔2004〕732号	
5	河南登封嵩岳寺塔文物保护规划	世界遗产	清华大学建筑设计研究院	国家文物局	文物保函〔2004〕953号	
6	河南登封会善寺保护规划	世界遗产	河南省文物建筑保护设计研究中心	国家文物局	文物保函〔2004〕965号	
7	河南登封观星台保护规划	世界遗产	北京清华城市规划设计研究院	国家文物局	文物保函〔2007〕1210号	

续表

序号	文物保护规划名称	级别	编制单位	规划批准单位	批准文号	备注
8	河南登封中岳庙保护规划	世界遗产	河南省文物建筑保护设计研究中心	国家文物局	文物保函〔2007〕1315 号	
9	河南登封嵩山太室阙保护规划	世界遗产	北京清华城市规划设计研究院	国家文物局	文物保函〔2007〕1481 号	
10	河南登封嵩山启母阙保护规划	世界遗产	北京清华城市规划设计研究院	国家文物局	文物保函〔2008〕430 号	
11	河南登封嵩山少室阙保护规划	世界遗产	北京清华城市规划设计研究院	国家文物局	文物保函〔2008〕439 号	
12	大运河通济渠郑州段管理规划	世界遗产	郑州大学城市规划设计研究院有限公司	国家文物局	文物保函〔2015〕2530 号 豫文物世〔2015〕29 号	省政府已公布豫政文〔2017〕27 号
13	康百万庄园文物保护总体规划	国保	北京建工建筑设计研究院 北京建筑工程学院建筑与城市规划学院	国家文物局	文物保函〔2007〕1326 号	
14	宋陵保护规划纲要	国保	中国建筑设计研究院建筑历史研究所 中国中建设计集团有限公司	国家文物局	文物保函〔2008〕103 号	
15	郑韩故城遗址保护规划	国保	上海同济城市规划设计研究院有限公司 同济大学建筑设计研究院	国家文物局	文物保函〔2008〕643 号	
16	郑州商代都城遗址保护规划	国保	北京清华城市规划设计研究院 北京清轩都市建筑设计咨询有限责任公司	国家文物局	文物保函〔2008〕1319 号	市政府已公布郑政文〔2010〕189 号
17	大河村遗址保护规划	国保	北京清华城市规划设计研究院	国家文物局	文物保函〔2011〕954 号	省政府已公布豫政文〔2017〕95 号
18	永泰寺塔(及寺院)保护规划	国保	北京清华城市规划设计研究院	国家文物局	文物保函〔2011〕1655 号 豫文物保〔2012〕15 号	省政府已公布豫政文〔2017〕27 号
19	新密古城寨遗址保护规划	国保	河南省文物建筑保护设计研究中心	国家文物局	文物保函〔2011〕1678 号 豫文物保〔2011〕177 号	省政府已公布豫政文〔2017〕27 号

续表

序号	文物保护规划名称	级别	编制单位	规划批准单位	批准文号	备注
20	大周封祀坛遗址保护规划	国保	中国建筑设计研究院建筑历史研究所	国家文物局	文物保函〔2011〕1679 号 豫文物保〔2014〕59 号	省政府已公布豫政文〔2017〕27 号
21	巩县石窟保护总体规划	国保	中国建筑设计研究院建筑历史研究所	国家文物局	文物保函〔2012〕533 号	
22	宋陵保护总体规划	国保	中国建筑设计研究院建筑历史研究所	国家文物局	文物保函〔2013〕401 号	
23	法王寺塔保护规划	国保	郑州大学城市规划设计研究院有限公司	国家文物局	文物保函〔2014〕426 号 豫文物保〔2015〕24 号	省政府已公布豫政文〔2017〕27 号
24	荥阳故城及古荥冶铁遗址保护规划	国保	北京清华城市规划设计研究院	国家文物局	文物保函〔2014〕2183 号	待核准
25	西山遗址文物保护规划	国保	清华大学建筑设计研究院有限公司	国家文物局	文物保函〔2014〕2185 号 豫文物保〔2015〕159 号	省政府已公布豫政文〔2017〕27 号
26	唐户遗址保护规划	国保	北京建工建筑设计研究院	国家文物局	文物保函〔2017〕2085 号	
27	新密李家沟遗址保护规划	国保	北京建工建筑设计研究院	国家文物局		待批复
28	小双桥遗址文物保护规划	国保	北京清华城市规划设计研究院	国家文物局		待批复
29	苑陵故城遗址保护规划	国保	北京建工建筑设计研究院	国家文物局		待批复
30	少林寺建筑群保护规划	国保	北京清华城市规划设计研究院	国家文物局		待批复
31	刘碑寺碑总体保护规划	国保	郑州大学城市规划设计研究院有限公司	国家文物局		待批复
32	崇唐观造像总体保护规划	国保	郑州大学城市规划设计研究院有限公司	国家文物局		待批复
33	裴李岗遗址保护规划	国保	北京建工建筑设计研究院	国家文物局		待批复

续表

序号	文物保护规划名称	级别	编制单位	规划批准单位	批准文号	备注
34	青台遗址保护规划	国保	郑州大学城市规划设计研究院有限公司	国家文物局		待批复
35	大师姑遗址保护规划	国保	中国社会科学院考古研究所	国家文物局		待批复
36	织机洞遗址保护规划	国保	中国社会科学院考古研究所	国家文物局		待批复
37	京城古城址保护规划	国保	郑州大学城市规划设计研究院有限公司	国家文物局		待批复
38	新砦遗址保护规划	国保	中国社会科学院考古研究所	国家文物局		待批复
39	华阳故城保护规划	国保	北京建工建筑设计研究院	国家文物局		待批复
40	后周皇陵保护规划	国保	郑州大学城市规划设计研究院有限公司	国家文物局		待批复
41	二七纪念堂保护规划	国保	北京清华城市规划设计研究院	国家文物局		待批复
42	南洼遗址保护规划	国保	郑州大学城市规划设计研究院有限公司	国家文物局		待批复
43	人和寨遗址保护规划	国保	郑州大学城市规划设计研究院有限公司	国家文物局		待批复
44	密县瓷窑遗址保护规划	国保	北京大学科技开发部	国家文物局		待批复
45	新密魏长城遗址保护规划	国保	郑州大学城市规划设计研究院有限公司	国家文物局		待批复
46	南岳庙保护规划	国保	郑州大学城市规划设计研究院有限公司	国家文物局		待批复
47	密县县衙保护规划	国保	郑州鼎立文物保护规划设计有限公司	河南省文物局	豫文物保〔2008〕134 号	
48	登封嵩阳书院保护规划	国保	北京清华城市规划设计研究院	河南省文物局	豫文物保〔2009〕60 号	
49	郑州清真寺保护规划	国保	郑州大学城市规划设计研究院有限公司	河南省文物局	豫文物保〔2012〕148 号	

续表

序号	文物保护规划名称	级别	编制单位	规划批准单位	批准文号	备注
50	千尺塔保护规划	国保	郑州大学城市规划设计研究院有限公司	河南省文物局	豫文物保〔2012〕150 号	
51	凤台寺塔文物保护规划	国保	河南省科学院地理研究所	河南省文物局	豫文物保〔2012〕152 号	
52	郑州城隍庙·文庙保护规划	国保	清华大学城市规划设计研究院	河南省文物局	豫文物保〔2012〕153 号	
53	望京楼夏商古代遗址保护规划	国保	北京建工建筑设计研究院	河南省文物局	豫文物保〔2012〕209 号	
54	郑州老奶奶庙旧石器遗址保护规划	国保	郑州鼎立文物保护规划设计有限公司	河南省文物局	豫文物保〔2017〕61 号	
55	郑州纪信墓及碑刻文物保护规划	省保	郑州大学城市规划设计研究院	河南省文物局	豫文物基〔2012〕19 号	
56	郑州市站马屯遗址保护规划	省保	河南省科学院地理研究所	河南省文物局	豫文物保〔2012〕56 号	
57	卧佛寺塔文物保护规划	省保	河南省科学院地理研究所	河南省文物局	豫文物保〔2013〕77 号	
58	郑州铁路职工夜校旧址（含日本驻郑领事馆旧址）保护规划	省保	河南省文物建筑保护设计研究中心	河南省文物局	豫文物保〔2013〕132 号	
59	成皋城遗址保护总体规划	省保	郑州大学城市规划设计研究院有限公司	河南省文物局	豫文物保〔2014〕4 号	市政府已公布郑政文〔2017〕232 号
60	陈家沟遗址文物保护规划	省保	郑州鼎立文物保护规划设计有限公司	河南省文物局	豫文物保〔2015〕138 号 郑文物遗〔2016〕21 号	市政府已公布郑政文〔2017〕232 号
61	东古城遗址保护规划	省保	河南省科学院地理研究所	河南省文物局	豫文物保〔2015〕141 号 郑文物遗〔2017〕53 号	市政府已公布郑政文〔2017〕232 号
62	常庙城址保护规划	省保	河南省科学院地理研究所	河南省文物局	豫文物保〔2015〕142 号 郑文物遗〔2017〕51 号	市政府已公布郑政文〔2017〕232 号

续表

序号	文物保护规划名称	级别	编制单位	规划批准单位	批准文号	备注
63	关帝庙遗址保护规划	省保	郑州大学城市规划设计研究院有限公司	河南省文物局	豫文物保〔2015〕143号 郑文物遗〔2017〕66号	市政府已公布郑政文〔2017〕232号
64	秦氏旧宅保护规划	省保	郑州大学城市规划设计研究院有限公司	河南省文物局	豫文物保〔2015〕177号	
65	高拱墓保护规划	省保	河南省科学院地理研究所	河南省文物局	豫文物保〔2016〕207号	
66	马庄遗址保护规划	省保	河南省科学院地理研究所	河南省文物局	豫文物保〔2017〕25号 郑文物遗〔2017〕50号	市政府已公布郑政文〔2017〕232号
67	平陶城址保护规划	省保	河南省科学院地理研究所	河南省文物局	豫文物保〔2017〕26号 郑文物遗〔2017〕67号	市政府已公布郑政文〔2017〕232号
68	东赵遗址保护规划	省保	郑州鼎立文物保护规划设计有限公司	河南省文物局	豫文物保〔2017〕44号批复 郑文物遗〔2017〕65号	市政府已公布郑政文〔2017〕232号
69	原武温穆王壁画墓保护规划	省保	郑州七星文物保护咨询有限公司	河南省文物局	豫文物保〔2017〕134号 郑文物遗〔2017〕118号	
70	芦村河遗址保护规划	省保	郑州鼎立文物保护规划设计有限公司	河南省文物局		待批复
71	窑沟遗址文物保护规划	省保	河南省文物建筑保护设计研究中心	河南省文物局		待批复
72	明周悼王墓保护规划	省保	河南省科学院地理研究所	郑州市文物局	郑文物遗〔2013〕77号	市政府已公布郑政文〔2017〕232号
73	圃田故城文物保护规划	省保	河南省科学院地理研究所	郑州市文物局	郑文物遗〔2014〕17号	市政府已公布郑政文〔2017〕232号
74	小刘遗址保护规划	市保	河南华祥古建工程有限公司	郑州市文物局	郑文物遗〔2013〕93号	市政府已公布郑政文〔2017〕232号

续表

序号	文物保护规划名称	级别	编制单位	规划批准单位	批准文号	备注
75	八郎寨遗址保护规划	市保	河南华祥古建工程有限公司	郑州市文物局	郑文物遗〔2014〕16号	市政府已公布郑政文〔2017〕232号
76	郑州纺织工业基地（国棉三厂）文物保护规划	市保	郑州大学城市规划设计研究院有限公司	郑州市文物局	郑文物遗〔2014〕68号	
77	小魏庄遗址保护规划	市保	河南华祥古建工程有限公司	郑州市文物局	郑文物遗〔2014〕102号	市政府已公布郑政文〔2020〕43号
78	列子祠保护规划	市保	郑州鼎立文物保护规划设计有限公司	郑州市文物局	郑文物遗〔2015〕73号	
79	畠店遗址保护规划	市保	河南华祥古建工程有限公司	郑州市文物局	郑文物遗〔2015〕83号	市政府已公布郑政文〔2017〕232号
80	水峪寺保护规划	市保	郑州七星文物保护咨询有限公司	郑州市文物局	郑文物遗〔2015〕127号	
81	马固宗祠与关帝庙保护规划	市保	郑州大学城市规划设计研究院有限公司	郑州市文物局	郑文物遗〔2015〕128号	
82	秦油坊建筑群保护规划	市保	郑州大学城市规划设计研究院有限公司	郑州市文物局	郑文物遗〔2016〕8号	
83	郑州市于庄遗址保护规划	市保	郑州大学城市规划设计研究院有限公司	郑州市文物局	郑文物遗〔2016〕21号	市政府已公布郑政文〔2017〕232号
84	后仓关帝庙保护规划	市保	郑州大学城市规划设计研究院有限公司	郑州市文物局	郑文物遗〔2016〕27号	市政府已公布郑政文〔2017〕232号
85	北头遗址保护规划	市保	郑州大学城市规划设计研究院有限公司	郑州市文物局	郑文物遗〔2016〕41号	市政府已公布郑政文〔2017〕232号
86	臧氏家庙保护规划	市保	河南省科学院地理研究所	郑州市文物局	郑文物遗〔2016〕110号	市政府已公布郑政文〔2017〕232号
87	东纸坊遗址文物保护规划	市保	河南省科学院地理研究所	郑州市文物局	郑文物遗〔2017〕11号	市政府已公布郑政文〔2017〕232号
88	庙沟遗址文物保护规划	市保	郑州大学城市规划设计研究院有限公司	郑州市文物局	郑文物遗〔2017〕62号	
89	柳沟碑刻群保护规划	市保	郑州大学城市规划设计研究院有限公司	郑州市文物局	郑文物遗〔2017〕116号	

第二章　文物保护维修

文物遗存是古代先民营造理念和精神生活的杰出代表，是当今社会传承历史记忆，弘扬人文精神的现实物证。妥善做好文物修缮保护，不仅是文化遗产研究的先决条件，也是历史文脉传承创新的必要手段。本章选取部分典型文物修缮保护案例加以叙述，展示文保工程在坚持“不改变文物原状”及“最小干预”等原则下，或采用传统材料及工艺做法，或合理使用新材料新技术，取得良好的工程效果，在维护文物安全及延续文物价值方面具有示范价值，在传承优秀历史文化及提高公众文物保护意识等方面发挥积极作用。文后附表简要列举文保工程项目，以期文表互补、相互映衬。

第一节　古遗址古墓葬保护维修

1. 郑州商城遗址保护工程

(1)商城遗址保护修复工程

1991 年，郑州市商城遗址保护管理处在深入调研的基础上，结合商城遗址保护现状，提出了以保护为主、保用结合、以用促保、变包袱为财富的指导思想和保护利用的整体设想，并逐步细化，形成了建设郑州商城遗址博物苑规划，编制了《郑州商代遗址保护利用方案》。计划“围绕城墙，以绿化为主，雕塑为主题，建筑为点缀，长藤结瓜布置景观，把商城遗址建成一座集考古与复原、发掘现场与陈列展示、自然生态与人文景观于一体的大型综合性遗址博物苑”。经省、市专家多次论证后报国家文物局，1991 年 7 月经国家文物局批准立项。国家文物局批示：“基本路线正确、指导思想积极、技术手段可行”。1992 年，郑州市政府把该项工程列入郑州市文物保护与旅游景区建设项目，由郑州市文化局组织实施，国家文物局拨款 70 万元，省、市政府各拨配套资金 70 万元，工程总投资 210 万元。

1992 年 5 月，郑州市政府责成管城回族区拆除城南路南城墙外 110 间各类违章建筑，8—10 月，郑州市商城遗址保护管理所完成了南城墙东段和东城墙南段的豁口修复工程；1992 年 12 月完成了场地平整工作，并由时任河南省古代建筑保护研究所副所长杜启明主持完成郑州商城遗址博物苑首期工程规划设计。1993 年 1 月 13 日保护工程奠基。时任河南省副省长范钦臣、郑州市市长张世英、河南省文物局局长杨焕成、考古专家安金槐等省、市领导和专家参加奠基仪式。经过严格的考察和招投标程序，选定了河南省古代建筑保护研究所、苏州古建园林工程公司、郑州市古建园林工程公司、林县第九建筑工程公司参加施工建设。到 1994 年 7 月，建成了融仿古建筑和绿化为一体的商城遗址保护首期工程的主体部分，东西长 960 米。同年 8 月，以此为基础，开办了以售卖文物复仿制品、工艺品、文房四宝、书画为主要内容的商都文化一条街。同年 10 月 22 日，时任国务委员李铁映视察商城遗址，对商城遗址保护利用工作给予肯定。1995 年，又在城上铺设卵石小路，设置郭沫若《赞商城》诗碑及自然石装饰，对城墙内侧实施铁丝网围护。1995 年 12 月在文化街中段完成《青铜之光》石雕和《凤鸟》锻铜雕塑景观。至此,商城遗址首期保护工程全部竣工。经国家文物局、河南省文物局领导和专家验收,对工程效果表示肯定。郑州市商城遗址保护管理处冯百毅、张巍、宋秀兰、多化良、汤丽萍、罗新义等同志参与工程规划、组织和现场施工,郑州市文化局工程师金伯华、省建一公司茶工程师负责工程质量监理。

(2)郑州商城遗址保护综合治理工程

郑州商城遗址位于闹市区内,与民居、工厂、学校、旱厕、垃圾堆、废品收购站混为一体。由于历史的原因,商城遗址被发现时就已经有很多居民长期居住在城墙上或城墙根部。随着时间的推移和人口的增加,住房面积需求的不断增加,当地居民为了建房,切城墙、挖地基,使城墙遗址遭到严重的破坏。因此,为加强对商城遗址的保护,1998 年,郑州商城遗址综合治理工程被列为郑州市城市建设“318”重点工程。1998 年 4 月 1 日,时任郑州市市长陈义初召开会议,专题研究商城遗址保护治理工作,形成了《郑州市人民政府关于保护郑州商代遗址有关问题的会议纪要》(郑政会纪〔1998〕14 号),解决商城遗址保护经费 200 万元,其中郑州市文化局自筹 50 万元,对商城遗址周边进行拆迁绿化,对商城遗址本体进行加固保护。1998 年 4 月 6 日,在郑州城隍庙召开“关于郑州商城遗址综合治理记者招待会”。1998 年 4 月 14 日,时任郑州市副市长刘振中在郑州城隍庙主持会议,研究部署商城遗址综合治理工程,管城回族区政府、市规划局、市政委、市文化局等单位参加。1998 年 4 月开始,由河南省豫兴建筑安装工程公司、郑州市邙山第三建筑公司首先对商城遗址东城墙商城路口两侧的污水沟进行改造,将该区域改建成商城遗址绿化带。1998 年 6 月 8 日,完成了紫荆山路口两侧的商城遗址断面保护工程。1998 年 8 月 25 日,拆除了商城遗址东南城角外侧及东关南里的部分违章建筑。1998 年 11 月,完成紫荆山路城墙断面、三角公园、紫荆山公园三处商城遗址保护标志工程和商城路南侧污水沟改造工程。

(3)郑州商城遗址南城垣保护修缮及环境整治工程

城南路文化街保护用房维修工程:商都文化街建筑是经过国家文物局批准、政府投资建设的郑州商城遗址的保护性建筑设施,于 1993 年开工建设,1995 年竣工开业。该工程的建设,改变了商城南城垣遗址城南路东段脏、乱、差的环境,长期以来,在保护商城遗址中发挥了重要作用。该文化街位于国家文物局批准的《郑州商代都城遗址总体保护规划》中规划的熊耳河滨河绿地和郑州市即将启动的郑州商代都城遗址公园建设项目用地范围内。2003 年,随着《郑州商代都城遗址总体保护规划》的逐步实施,文化街进入了拆迁阶段,同年 2 月正式对文化街各商户下发拆迁通知,但因资金没有到位,文化街拆迁暂时停止。在拆迁的过程中,商户私自把房屋门窗、水电设施等拆除,致使文化街一度被荒废。2003 年 6 月,经郑州市商城遗址保护管理处领导班子研究决定,由北京翠都涂料制造有限公司郑州分公司、河南省林县横水建筑公司四处第一工程队对文化街进行重新修整,安装门窗、涂刷墙壁,使文化街以新的面貌重新开放。

2012 年,经郑州市商城遗址保护管理处研究决定,由郑州联发建筑工程有限公司和河南天宏建筑安装工程有限公司分别于 2—3 月和 9—10 月两次对文化街部分破损房屋进行屋瓦更换、基础清理、铺设防水层以及对屋檐进行重新粉刷。这两次工程投资分别为 7.5 万元和 8 万元。

城南路城墙维护工程:由于郑州商城遗址是土质城墙,除人为破坏,因雨水冲刷、风吹日晒,水土流失非常严重,每年雨季到来,城墙本体都有大面积坍塌的情况发生,为了加固城墙本体,经郑州市商城遗址保护管理处领导班子研究决定,由河南省林县横水建筑公司四处第一工程队,于 2004 年 2 月—3 月对城南路城墙、城南路保护管理用房和路面进行维修,使城墙本体得到了更好的保护。

商城遗址景区广场维修工程:城南路商城遗址保护用房因风吹日晒,墙体出现了大面积的破损。经郑州市商场遗址保护管理处领导班子研究决定,由河南省林县横水建筑公司四处第一工程队,于 2006 年 3 月—5 月对城南路管理用房和文化街广场地面进行维修。

商城遗址南城墙维修工程:由于郑州商城遗址南城墙为土质城墙,因雨水冲刷、风吹日晒,水土流失非常严重,为了加强对城墙本体的保护,经郑州市商场遗址保护管理处领导班子研究决定,由郑州元盛建设工程有限公司于2009年11月2日至30日对毁损的城墙进行加固维修和培土,使城墙本体得到了更好的保护。

城南路南城墙坡面防护维修工程:为防止雨季到来城墙本体大面积坍塌的情况发生,经郑州市商城遗址保护管理处研究决定,出资10万元,由河南天宏建筑安装工程有限公司对城南路南城墙坡面进行加固维修、修砌防护墙,在城墙顶部安装流水槽引导雨水,使城墙本体得到了更好的保护。

(4)郑州商城遗址东城墙保护修缮工程

郑州商城遗址东城墙中段保护工程:郑州商城遗址东城墙起自顺河路南侧,沿城东路向南至城南路,全长1700米。由于郑州商城遗址是土质城墙,除人为破坏,因雨水冲刷、风吹日晒,水土流失非常严重,为了加强对城墙本体的保护,从2003年6月开始,由政府投资,郑州市商城遗址保护管理所委托河南省豫兴建筑安装有限公司针对城墙本体的保护采取了一系列的保护措施。至2003年9月,共修补城墙1000余米,填补大缺口3处、大小坑洞500余个,填补土方2万余立方米,植入草皮2500平方米,使修补后的城墙遗址连成了整体,大大减少了城墙大面积垮塌的现象。

郑州商城遗址东城墙段保护设施维修工程:从2003年6月开始,由政府投资,郑州市商城遗址保护管理所委托河南省豫兴建筑安装有限公司针对东城墙本体采取了一系列的保护措施,建成了8个遗址景区。经过近十年的风风雨雨,这些保护设施对商城遗址起到了很好的保护作用,但是也遭到了人为的破坏和自然的侵蚀,2012年2月—3月经郑州市商城遗址保护管理处研究决定,委托郑州联发建筑工程有限公司对这些老旧的保护设施进行维修,更换了景区内的青石板和污水井盖,制作安装了古树铁艺护栏、钢踏步台阶、流水槽和广场铁艺围栏等。

2. 郑州大河村遗址保护工程

(1)仰韶文化房基保护工程

大河村遗址1—4号房基距今5040±100年,是我国目前已发现仰韶文化时期房基中保存较好的一处,出土时1号房基的北墙残高达1米余。这是一组地面起建的排房建筑,房间面积不一,东西并列共四间,1号房基带有套间。房基中还出土有成套生活用具和一些生产工具。1—4号房基的发现,对于研究当时的社会组织结构和婚姻、家庭发展状况具有重要意义。

为保护1—4号房基,1974年在遗址上修建了保护房,但未能从根本上解决房基的保护问题。1—4号房基自1972年出土以来,长期受地下水的浸润,盐碱也通过毛细水上升至墙体,对房基造成危害。因此,房基表面多被青苔和盐碱覆盖,酥碱风化严重。1995年国家文物局拨专款28万元,用于保护1—4号房基。1996年大河村遗址博物馆邀请国家文物保护研究所及省内的古建保护专家进行了房基保护方案论证。专家认为房基损坏的主要原因是地下水的渗透、浸润、溶蚀,保护房基必先治水。会议通过了洛阳龙门石窟研究所刘景龙制定的保护方案,决定房基保护工程分两步实施:第一步是阻断地下水源,降低毛细水上升高度使房基基本干燥;第二步是采用化学药品苯丙乳液滴渗加固房基。

1996年6月—8月,大河村遗址博物馆实施完成了阻断水工程,具体做法是:①沿房基遗址外围50厘米左右挖排水沟,沟口宽40厘米,沟底宽24厘米,沟深(房基基础向下)120—150厘米,使房基居于孤立台地上。②为防止沟壁塌陷并保证其透气、透水、干燥功能,沟内壁用预制镂孔水泥板镶护,外壁用砖封护,底以横砖支顶,沟口上面用水泥板盖封。③沟底西高东低,坡度3‰,便于将水排在房外抽排水池内,沟内保持不积水状态。④为增强排水排湿效果,在保护房北外排水沟上,贴近保护房墙体设抽风筒,使沟内空气自然流通,以降低沟内湿度,干燥房基遗址。与此同时改造了保护房内通风设施。在保护房墙体基址上面,每间开一个进风孔,使空气自然对流,保证室内空气湿度与室外相同;房顶设4

个排气扇,定期排湿。

一期阻断水工程完成后,经过一段时间的观察,保护房内仰韶房基的湿度有所下降,但尚达不到进行化学加固的干燥程度,故只进行了局部化学加固试验。

2016 年,郑州市大河村遗址博物馆与河南文博科技有限公司联合进行了大河村房基遗址(F1-F9)本体损毁机理分析及保护技术研究,在此基础上,委托中国文化遗产研究院编制了《河南省郑州市大河村遗址仰韶房基(F1-F9)保护加固方案》,2017 年 1 月该方案编制完成,同年 6 月获得河南省文物局批复,于 2018 年实施加固工程。

(2)郑州市大河村遗址博物馆改造工程

郑州市大河村遗址博物馆占地 11333 平方米,建筑面积 5000 平方米,主要建筑有仰韶文化房基保护房、陈列室等;原有陈展"仰韶文化房基遗址""大河村遗址文物陈列""模拟村""陶艺馆"等。近年来,随着城市建设的不断发展和城市格局的不断扩大,尤其是郑东新区的快速扩张,使博物馆建设及遗址保护工作得以加强,随即郑州市大河村遗址博物馆启动了改造工程。目前,一期文物库房、二期改造工程已经竣工并投入使用。

一期工程于 2005 年 8 月正式开工,2008 年 10 月顺利竣工。中央和市级财政共拨付 1000 万元用于改造工程,具体工程内容为原有文物陈列展厅拆除和新建文物库房 3622 平方米。该工程设计方案由新疆民用建筑设计院编制完成,施工由郑州市第二建筑工程公司承担,监理由河南宏业建设管理有限公司承担。

二期工程于 2010 年 8 月正式开工,2015 年 6 月竣工。郑州市财政拨付 8001.75 万元用于该项工程,具体工程内容:①新建仰韶文化房基保护房 4130 平方米;②将原有文物库房改造为文物陈列展厅及文物陈列展览,共 3622 平方米;③原有仰韶文化房基施工防护及保护房拆除,共 400 平方米;④水电暖消防、绿化照明等配套设施建设。该工程保护房规划设计方案由清华大学建筑设计研究院有限公司编制完成,文物陈列展览方案由北京天图设计工程有限公司编制完成,施工由河南省中原建设工程有限公司和深圳美芝装饰工程公司共同承担,监理由河南海华工程建设监理公司和河南东方文物建筑监理公司共同承担。

附表:郑州市古遗址古墓葬保护工程项目登记表

序号	项目名称	起止时间	勘察设计单位	施工单位	监理单位	工程内容
1	郑州商城遗址南城墙修复工程	1992.08—10	河南省古代建筑保护研究所	郑州金水建筑工程公司	郑州市文物事业管理处	商城遗址南城墙鼎新街以东 960 米东南城角城墙修补
2	郑州商城遗址东城墙保护绿化工程	1996—1997	河南省古代建筑保护研究所	林州市建筑工程九公司	郑州市商城遗址保护管理所	商城遗址路口北侧 270 米墙基保护、重点保护区绿化
3	郑州商城遗址保护标志工程	1996—1998	郑州市雕塑壁画院	河南省豫兴建筑安装有限公司	郑州市商城遗址保护管理所	商城遗址路口,三角公园、紫荆山公园、紫荆山路口
4	郑州商城遗址东城墙保护工程	1998	河南省古代建筑保护研究所	河南省豫兴建筑安装有限公司	郑州市商城遗址保护管理所	商城遗址路口城墙外侧、东关南里城墙内外墙基保护、城墙修补

续表

序号	项目名称	起止时间	勘察设计单位	施工单位	监理单位	工程内容
5	郑州商城遗址保护综合治理工程	1998—2002.12		河南省豫兴建筑安装有限公司、郑州市邙山第三建筑公司		商城遗址东城墙周边拆迁、加固维修、绿化等
6	郑州商城遗址东城墙拆迁保护绿化工程	1999.03—2000.10	郑州工业大学建筑系	郑州市园林绿化工程管理处	郑州市建设委员会	拆迁违章建筑9600平方米,建成面积22600平方米商都文化广场、保护标志和绿地
7	郑州商城遗址城墙保护工程	2003.03—12	河南省古代建筑保护研究所	河南省豫兴建筑安装有限公司	郑州市商城遗址保护管理所	商城路口南侧城墙内侧、紫荆山路口东侧城墙内侧护坡保护
8	商城遗址东城墙中段保护工程	2003.06—09		河南省豫兴建筑安装有限公司		商城遗址中断城墙培土、加固维修
9	城南路城墙维护工程	2004.02—03		河南省林县横水建筑公司四处第一工程队		城南路保护用房维护工程(路面等)
10	商城遗址景区广场维修工程	2006.03—05		河南省林县横水建筑公司四处第一工程队		城隍庙、城南路管理用房粉刷、文化街广场地面维修
11	城墙及广场供水维修工程	2007.09—12		河南省林县横水建筑公司四处第一工程队		城墙维修、广场给水维修
12	商城遗址南城墙维修	2009.11		郑州元盛建设工程有限公司		城墙加固维修、培土
13	郑州商城遗址东城墙段保护设施维修工程	2012.02—03		郑州联发建筑工程有限公司		青石板更换、古树铁艺护栏、钢踏步制作安装、广场铁围栏制作安装、污水井盖更换、流水槽制作安装
14	城南路商城遗址保护用房维修	2012.02—03		郑州联发建筑工程有限公司		仿古屋面维修——旧屋面瓦更换、清理基层、铺设防水层、屋檐的重新粉刷

续表

序号	项目名称	起止时间	勘察设计单位	施工单位	监理单位	工程内容
15	郑州城南路南城墙坡面防护维修	2012.07—08		河南天宏建筑安装工程有限公司		砌筑防护墙、制作安装流水槽
16	城南路商城遗址保护用房227、231、233房维修	2012.09—10		河南天宏建筑安装工程有限公司		仿古屋面维修——旧屋面瓦更换、清理基层、铺设防水层、屋檐的重新粉刷
17	郑州商城城垣遗址东大街段加固维修项目、覆土保护和东大街段北部城墙培土延长工程	2010.11—2013.02	中国文化遗产研究院、郑州鼎立文物保护规划设计有限公司	郑州华源文物保护工程有限公司	河南东方文物建筑监理有限公司	郑州商城遗址东大街段加固维修、覆土保护、东大街段北部城墙培土延长保护
18	郑州商城城垣遗址内城南城垣西段保护工程	2011.05—2012.04	中国文化遗产研究院、郑州鼎立文物保护规划设计有限公司	西安文物保护修复工程有限公司(一标)、郑州华源文物保护工程有限公司(二标)、河南千禾环境产业发展有限公司(绿化)	河南东方文物建筑监理有限公司(一标、二标)、英泰克工程顾问(上海)有限公司(绿化)	本体保护(一标、二标)主要是对郑州商城城垣遗址西南角至紫荆山路口区域总长度约1430米的商城城垣遗址进行加固修缮和覆土保护展示。外侧绿化工程(三标)主要对修复后的商城城垣遗址外侧进行绿化
19	郑州商城城垣遗址人民广场段地上、地下展示工程	2011.07—11	中国文化遗产研究院、郑州鼎立文物保护规划设计有限公司	西安文物保护修复工程有限公司	河南东方文物建筑监理有限公司	在原址的地上复原80米城墙,复原地段西侧建钢化玻璃罩保护棚,展示保留于地下的墙基
20	郑州商城遗址东大街段周边绿化工程	2011.06—2013.02	河南农大风景园林规划设计院	河南千禾环境产业发展有限公司	河南沪建监理工程有限公司	郑州商城遗址东大街段周边绿化

续表

序号	项目名称	起止时间	勘察设计单位	施工单位	监理单位	工程内容
21	郑州商城城垣遗址东南城垣抢险加固工程	2012.05—2013.11	中国文化遗产研究院、郑州鼎立文物保护规划设计有限公司	咸阳古建集团有限公司、西安市古代建筑工程公司、河南省大成建设工程有限公司	河南东方文物建筑监理有限公司(一标、二标)、河南宏业建设管理有限公司(三标)	对商城遗址东南城垣本体进行修补和覆土保护,并且包括在城垣顶部及两侧坡面植草绿化、在一标段和二标段已修复城墙的基础上修筑木质栈道和休息平台
22	郑州商城内城垣遗址本体保护——A3段外侧绿化工程	2013.08—11	陕西省文化遗产研究院	河南省绿洲园林有限公司	河南省豫建工程管理有限公司	紫荆山路口到城垣东南角城垣外侧设置防护围栏、道路、广场、绿化景观
23	郑州商城内城垣遗址南大街—西南角木栈道、防护围栏工程	2013.09—12	陕西省文化遗产研究院	河南中城建设工程有限公司	河南省育兴建设工程管理有限公司	南大街—西南角段城垣顶面修筑架空结构的木栈道、上城坡道和瞭望平台,城垣外侧修筑木质防护围栏
24	郑州商城遗址南大街—紫荆山路防护围栏工程	2013.09—11	陕西省文化遗产研究院	河南千禾环境产业发展有限公司	河南省育兴建设工程管理有限公司	南大街—紫荆山路城垣外侧修筑木质防护围栏
25	郑州商城遗址紫荆山路城垣断面保护性设施建设工程	2014.08—2015.06	陕西省文化遗产研究院	福建省泉州市古建筑有限公司	河南东方文物建筑监理有限公司	在城南路与紫荆山路交叉口城垣遗址东西两侧建设保护性设施,建筑结构为钢框架结构,外部为铝单板幕墙,内衬玻璃幕墙
26	郑州商城遗址西南城垣北侧防护围栏工程	2015.01—03	陕西省文化遗产研究院	河南华杰园林绿化工程有限公司	河南省天隆工程管理咨询有限公司	商城遗址西南角—紫荆山路之间城垣北侧修筑铁质防护围栏
27	郑州商城遗址看护管理用房	2016.11—2017.08	郑州市建筑设计院	河南华众建筑安装工程有限公司	河南省天隆工程管理咨询有限公司	商城遗址东城墙东侧建设商城遗址文物看护管理用房、简易车行路、防护围栏、简易保护棚、安防工程等文物保护设施

续表

序号	项目名称	起止时间	勘察设计单位	施工单位	监理单位	工程内容
28	郑州商城遗址南城垣钢结构楼梯工程	2016.06—09	陕西省文化遗产研究院	河南天宏建筑安装工程有限公司	河南省天隆工程管理咨询有限公司	在城垣西南角—南大街段城垣南侧、紫荆山路—东南角段城垣的南侧和北侧，共增设3部钢结构楼梯，同时在西南角—南大街段城垣南侧木围栏新设6个出入口
29	荥阳故城西城墙中段抢修保护工程	2011.07—2012.01	河南省文物建筑保护设计研究中心	山西省古建筑保护工程有限公司	河南东方文物建筑监理有限公司	对荥阳故城西城墙中段约420米的城墙进行抢修加固
30	荥阳故城西城墙及北城墙抢修保护工程	2013.07—2014.06	北京清华城市规划设计研究院	河南裕达古建园林有限公司	南京河洛建筑工程监理有限公司	对荥阳故城西城墙南段和北段城墙进行抢修加固
31	荥阳故城南城墙S0－1175段抢修保护	2016.03至今	北京清华同衡规划设计研究院有限公司	河南裕达古建园林有限公司	南京河洛建筑工程监理有限公司	对荥阳故城南城墙西段1175米城墙本体进行抢救性修缮保护
32	荥阳故城南城墙东段S0－440段抢修保护工程	2017.07至今	北京清华同衡规划设计研究院有限公司	河南裕达古建园林有限公司	河南东方文物建筑监理有限公司	对荥阳故城南城墙东段440米城墙本体进行抢救性修缮保护
33	郑州市小双桥夯筑建筑基址本体保护工程	2015.10—2016.06	北京清华同衡规划设计研究院有限公司	河南华磊园林工程有限公司	河南东方文物建筑监理有限公司	对小双桥夯筑建筑基址本体进行加固保护性维修
34	苑陵故城内城东、北城垣本体保护工程	2016.10—2017.09	河南省文物建筑研究院	河南省龙源古建园林技术开发公司	陕西中安工程监理有限公司	对城墙本体现存的失稳坍塌、掏蚀孔洞、裂隙、表土流失、冲沟、植物根系破坏、人为破坏等病害进行重点治理

续表

序号	项目名称	起止时间	勘察设计单位	施工单位	监理单位	工程内容
35	苑陵故城内城西、南城垣本体保护工程	2017.04—09	河南省文物建筑研究院	河南省龙源古建园林技术开发公司	陕西中安工程监理有限公司	对城墙本体现存的失稳坍塌、掏蚀孔洞、裂隙、表土流失、冲沟、植物根系破坏、人为破坏等病害进行重点治理
36	青台遗址保护房工程	1983.09—1987.11		郑州市郊建二公司第三工程队		建保护房
37	荥阳原武温穆王壁画墓壁画临摹	1990.11—1991.01		河南省古代建筑保护研究所工程技术室		维修保护房,临摹壁画
38	荥阳织机洞遗址保护维修工程	2005.08—10				铺建道路,安装石栏杆
39	荥阳刘禹锡墓保护维修工程	2006.03—2007.07				建文化公园
40	荥阳李商隐墓保护维修工程	2007.12—2008.04				环境整治,建文化公园
41	汉霸二王城保护维修工程	2005.07—09 2011.12—2012.05	郑州鼎立文物保护规划设计有限公司	郑州弘业建筑工程有限公司	郑州大学城乡建设研究院	对城墙裂缝、水洞进行取土回填,治理病虫害,修剪植被
42	京城古城址城垣本体保护工程	2013.08—12	郑州鼎立文物保护规划设计有限公司	山西省古建筑保护工程有限公司	南京河洛古建筑工程监理有限公司	西城墙本体加固维修,病虫害处理
43	魏长城(五岭段)维修保护工程	2015.04—2016.12	河南易和古建艺术有限公司	河南天龙古建园林有限公司	河南东方文物建筑监理有限公司	对镇远炮台、五岭寨寨门寨墙、城墙进行加固维修,新建小广场、文物标志碑、上山步道,并对周边环境进行治理
44	古城寨城址南城墙维修保护工程	2015.10—2016.06	河南省文物建筑设计研究中心	河南裕达古建园林有限公司	河南东方文物建筑监理有限公司	寨墙上的植物砍伐、西南角锚杆加固、墙体裂缝灌浆封护、回填人工渠,边坡支护夯筑、土坯砖支护砌筑等

续表

序号	项目名称	起止时间	勘察设计单位	施工单位	监理单位	工程内容
45	打虎亭一号汉墓基本体保护维修工程	2016.03—06	河南省文物建筑设计研究中心	河南华磊园林工程有限公司	河南东方文物建筑监理有限公司	砍伐清理墓冢上的榆树、杨树、构树及野生灌木,回填夯实墓冢周边封土、冲沟,垒砌汉墓南侧围墙;安装一号墓下不锈钢防护网,铺设墓下木栈道
46	古城寨城址西城墙维修保护工程	2016.04—2017.09	河南省文物建筑设计研究中心	河南宏昌古建园林有限公司	河南东方文物建筑监理有限公司	砍伐清理乔木、抛石挤淤河道、机械挖淤泥、护坡草籽播种、拆除迁建新建筑等
47	郑韩故城东北角城墙展示工程	2017—2018	同济大学建筑设计研究院(集团)有限公司	河南天龙古建园林有限公司	南京河洛古建筑工程监理有限公司	城市变迁、诸侯会盟等雕塑、标识牌、垃圾箱、坐凳等
48	郑韩故城东北角城墙遗址公园建设工程	2013—2016	同济大学建筑设计研究院(集团)有限公司	开封市营造古建园林有限公司	河南卓越工程管理有限公司	东北角城墙内外两侧的绿化、道路、广场等
49	裴度墓园文化展示工程	2017	河南省科学院地理研究所	河南宏昌古建园林有限公司	郑州众诚建设监理有限公司	石刻、裴度雕塑、石刻文化墙等
50	陈氏三宰相墓崇孝寺环境整治项目	2013.03—05	郑州华威园林有限公司	开封市营造古建园林有限公司	郑州众诚建设监理有限公司	环境整治及道路铺装

第二节 古建筑保护维修

1. 郑州城隍庙保护维修工程

由于历史变革,城隍庙除中轴线建筑幸存外,其他建筑已经被全部毁掉。新中国成立后,城隍庙一直归郑州电力学校和郑州市无线电厂使用,古建筑损坏相当严重。

为保护好这一组珍贵的明清古建筑群,1982 年 7 月,郑州市文化局召开城隍庙维修工作会议,决定城隍庙维修工作由郑州市博物馆承担,并成立城隍庙维修工程小组。李思聪任组长,庚永祥任副组长,冯百毅负责土木工程设计和施工,于晓兴负责建筑材料供应。1983 年 4 月 5 日,土木工程正式动工。在维修过程中,坚持恢复原状原则,对每座建筑都进行了详细测绘和施工设计。这次维修,国家、省、市有关部门先后拨款 55 万元,其中土木工程由山西省五台县小豆村古建队承担,用款 28 万元,1984 年 11 月 11 日竣工。油漆彩画工程由确山县工艺美术服务部朱彦林承担,1987 年完成垫拱板浮雕彩绘工作。

修葺过程中，时任文化部文保所古建专家祁英涛、河南省文物局局长杨焕成、河南省古代建筑保护研究所所长张家泰、故宫博物院彩画高级工程师王仲杰、山西省古建所所长李正云、水电部郑州机械厂工程师吴才均等，都曾亲临现场指导并提出宝贵意见。在各级政府、领导、专家关心支持下，经过5年多的修葺工作，1987年城隍庙保护维修工程全部竣工。

1984年11月13日，时任河南省文物局副局长尤翰青、河南省古建所所长张家泰、郑州市文化局副局长李文达、计财科科长胡文灿等参加土木工程验收。1985年3月19日，时任国家文物局副局长庄敏到工地视察；10月5日，时任国务院副总理万里到工地视察。1986年9月26日，时任河南省古建所所长张家泰、副书记郭天锁，省文物局文物科科长赵会军，郑州市文化局副局长李文达，市文物处副处长于晓兴，郑州博物馆副书记刘智有，副馆长谢遂莲、冯百毅等参加验收，工程验收合格。

城隍庙戏楼土木维修工程、城隍庙戏楼油漆彩绘工程

2001年，郑州市政府为保护这组珍贵的历史文化遗产，完善其水、电、消防、音响、灯光设施，丰富其民俗文化特色内容，为迎接参加郑州国际"少林武术节"、国际郑州中小城市"芝麻网"年会和全国糖烟酒商品交易会的中外嘉宾创造良好的演出接待场所，于当年4—8月组织实施了城隍庙系列保护改造工程。

这次工程主要包括：由河南龙源古建园林技术开发公司完成城隍庙戏楼土木维修工程，包括翻修屋顶、更换残破楼板，对明间东侧腐朽金柱进行环氧树脂加固，更换部分椽子；由洛阳和玺古建彩画有限公司对戏楼、大殿、后寝宫檐柱和前后院东西廊房进行油漆彩绘。此外，更换城隍庙院内地砖400平方米，移走院内松柏树12株，对中院古榆树垒砌条石进行围护；中院十二生肖石雕移至后院，使中院空间宽敞，适宜举办活动。为完善庙内基础设施，配置了80千瓦供电设施，敷设各种电缆5000多米，安装各种漏电保护装置25个；敷设消防管道110米，60毫米消防栓3个，消防水带120米，水枪4支，应急灯12具；增添一批音响、灯光、演出设备，全院配置环绕立体声音响系统；主要建筑全部安装美耐灯、射灯；对中院东西两厢二楼进行了装修改造，添置50套仿古桌椅和一批茶具，并对"豫剧艺术陈列"进行了调整。2001年8月25日工程全部竣工。时任郑州市市长陈义初、副市长丁世显及省文物局副处长张斌远先后对工程进行验收，对工程质量和效果表示满意。2001年9月21日郑州市在此举办了郑州城隍庙戏曲民俗晚会，接待160多位来自世界各国的市长和市长助理，获得圆满成功。城隍庙保护改造工程先后投资69万元，全部工程由时任郑州市商城遗址保护管理所所长张巍主持，副所长宋秀兰、办公室主任多化良及汤丽萍、罗新义参与组织实施。

2. 郑州惠济桥文物本体修缮保护工程

2012年，郑州市古荥汉代冶铁遗址博物馆委托南京华域文化咨询有限公司编制完成了《郑州市惠济桥文物本体修缮保护方案》。2013年年初经公开招标，由河南裕达古建园林有限公司承担维修保护任务，委托南京河洛古建筑工程监理公司实施监理。该工程于2013年6月开工，2014年5月竣工。工程内容为对惠济桥桥体基础加固，对桥面铺装，加装栏板望柱，修复石护坡、桥底海墁，复原两侧桥楼。施工过程中，文物工作者首先对惠济桥下的河道进行清理，揭露了桥梁本体状况以及雁翅、驳岸原状，对清理出来的拱券进行测量，拆除了一些拟修复构件，对旧构件尽量修补使用，使新添构件数量最小化。在此基础上对雁翅、驳岸、墙体、海墁石进行清理挖补铺设工作，修复加固了基础石头、分水尖与金刚墙，修复了坍塌的墙体及券脸石上的金刚石。惠济桥的建筑材料是青石、白灰、木桩等传统材料，在加固修缮中也遵循传统。对于已经破碎的桥面石进行黏结修补，无法修补的就采用同等规格、质地的青石进行更换。根据桥面上栏板、望柱遗留下来的卯口间距，按照同等规格，恢复栏板和望柱。栏杆采用青石制作，根据节点榫卯进行安装。栏板雕刻吉祥图案均采用浮雕面层抛光，栏板雕刻图案采用龙、

麒麟、狮子、瑞兽等。望柱头采用格式样的莲花头。依照乾隆年间《荥泽县志》的记载在桥两端的原址进行桥楼重建工程。桥楼上的八卦亭，据调查，毁于“文化大革命”时期，修复时根据考古清理情况和县志中的图像确定了八卦亭的位置、大小并予以复原。桥两端各有引桥十余米，也参照考古清理遗迹情况进行了复原建造。2014年6月，郑州市文物局组织省、市专家对该工程进行了验收，原则通过。

3. 巩义康百万庄园保护维修工程

国家曾多次拨款对康百万庄园进行维修。1982年冬对主宅区一院东西厢房进行维修，对南院窑头山崖进行砖砌加固。1983年秋对主宅区一院临街房、三院倒座进行维修加固。1985年冬对主宅区一院东花厅进行维修，过厅拆除并重建。1995年春对祠堂进行维修。1998年修建消防水井、消防水池。

2001年9月，对康百万庄园主宅区进行维修，建设单位为巩义市建筑公司、银建一公司、山西四建集团有限公司第一分公司。维修内容包括：一院西厢房、上房、平房揭顶维修，西花厅复建；二院倒座翻新、上房窑顶加固，东西厢房、花厅揭顶维修；三院东西花厅、耳房揭顶维修；南六院南北厢房揭顶维修，南院北倒座维修。

2002年3月，维修康百万庄园基础设施建设，主要包括：主宅区寨墙修复，窑顶修建消防水池一座，院内外铺设地坪，在主宅区三院珍宝馆内安装安防系统。承担维修任务的是巩义市第四建筑有限公司第一分公司。2003年3月，藏宝洞开挖，承建单位是巩义市第四建筑有限公司第一分公司。

2004年，委托河南省古代建筑保护研究所编制了《康百万庄园栈房区维修方案》，2005年3月28日通过国家文物局审批（文物保函〔2005〕2630号）。2007年经公开招标，由河南省龙源古建研究所承担维修保护任务。该工程于2006年10月10日开工，2007年6月10日竣工。由巩义市东方建设工程监理有限公司监理。工程内容为栈房区主修保护工程。

2006年巩义市文物局委托北京建工建筑设计研究院、北京建筑工程学院建筑与城市规划学院、河南省文物建筑保护设计研究中心联合编制了《康百万庄园文物保护总体规划方案》，2007年通过国家文物局批复（文物保函〔2007〕1326号），随后开始施行。

2007年巩义市文物局委托河南省古代建筑保护研究所编制了《康百万庄园部分建筑维修方案》，2007年10月10日通过国家文物局审批（文物保函〔2007〕1263号）。维修内容包括南大院、祠堂区、牌楼及住宅区等文物建筑。2007年11月25日，康百万庄园南大院维修工程开工。由河南省龙源古建研究所承担维修保护任务。2008年2月，政府投资进行的康百万庄园建设及绿化工程开工，搬迁康店镇政府、康店供销社及民居100余户，对所属南大院、栈房区、作坊区、康家码头、善果园等庄园核心区域进行修复，新建功能完备的游客服务中心一处、生态停车场一个，完成景区绿化面积15700平方米。2012年2月23日，康氏祠堂维修开工，由河南宏昌古建园林有限公司进行维修。

2007年巩义市文物局委托河南省古代建筑保护研究所编制了《康百万庄园明代楼维修方案》，2008年3月19日通过国家文物局审批（文物保函〔2008〕215号）。该工程于2011年5月28日开工，2011年8月26日竣工。工程内容为明代楼维修工程。

4. 登封嵩阳书院保护修缮工程

1998—2008年先后投资400余万元，对嵩阳书院西院（考场）进行了维修保护、前区环境进行了整治等，主要完成以下工程。

（1）西院（考场）维修保护工程

1999—2000年登封市文物管理局筹资168万元，委托由郑州嵩山建筑安装有限公司古建园林处施工，完成了大门、接官厅、考场、诸贤祠、三公祠、范公祠、程朱祠、教文斋、教义斋、东西配房等12座古建筑60余间的维修、复原保护工程。工程面积共1350余平方米,院内铺装共1500平方米,完成绿化面积共1230平方米。

(2)前区环境整治工程

2001年2月至2003年12月登封市财政拨款80万元,登封市文物管理局自筹资金100余万元,对嵩阳书院前区环境进行了整治。该工程由郑州嵩山建筑安装有限公司古建园林处承担实施,共拆迁书院前区民居22户,拆迁面积约2000平方米,新征土地10666余平方米,道路铺装共1116.2平方米,砌筑青石窑洞6孔;砌筑挡土墙共160米995立方米。修筑围墙370米,安装栅栏84米。修建了高山仰止牌坊、嵩阳寺碑亭;安装栏板、望柱共233米;铺设消防通道共1100平方米;砌筑青石台阶共300余平方米,铺装前区停车场2970.6平方米,完成前区绿化面积7420平方米。

(3)嵩阳书院御碑亭修复工程

因长年风雨剥蚀加剧乾隆御碑风化速度,为使其得到有效保护,2005年3月25日至2005年9月10日,登封市文物管理局自筹资金29万元,在原址上恢复了御碑亭,由河南裕达古建园林有限公司施工。

(4)嵩阳书院东院维修保护工程

2006年4月—2008年11月,登封市文物管理局累计自筹资金40余万元对嵩阳书院东院进行维修。由河南豫达古建园林装饰工程有限公司承担实施,先后对敬文斋、东廊房、藏书楼、东西碑廊、先圣殿等11座古建筑屋顶漏雨进行了维修,维修面积约400平方米;地面更换为方砖铺装,铺装面积约2000平方米;维修围墙共230米。

(5)嵩阳书院油漆保护工程

2005年5月—2008年11月,登封市文物管理局对东院(除山门未油漆外)及西院所有古建筑进行了油漆保护,油漆面积近8000平方米,投资近20万元。

(6)嵩阳书院"将军柏"保护工程

2004年5月至7月登封市文物管理局聘请北京古树复壮专家丛生先生制定了嵩阳书院"大将军"柏和"二将军"柏保护方案,登封市财政拨款30万元,对嵩阳书院内"大将军"柏和"二将军"柏进行了复壮、防腐、支撑、加固、填充、病虫害防治等保护。2005年5月和2006年5月分别进行了第二次、第三次复壮保护。

2011年登封市文物管理局以嵩阳书院"将军柏"保护为课题申报登封市科技攻关项目,争取到登封市科技经费5万元。2012年5月登封市文物管理局在北京古树复壮专家丛生先生指导下制定了《嵩阳书院"将军柏"树体保护方案》,并在其指导下对两株"将军柏"进行了复壮、防腐、加固、填充、病虫害防治等保护。

(7)嵩阳书院窑洞维修及加固工程

2014年9月登封市文物管理局委托河南省兴盛古今建筑设计有限公司编制了嵩阳书院窑洞现状及加固施工设计图。2015年2月4日进行公开招标,工程施工中标单位为河南嵩山建筑安装有限公司,中标价为56.1万元。工程委托南京河洛古建筑工程监理有限公司承担监理。工程于2015年3月开工,6月中旬完工。工程内容主要包括:对原有窑洞进行加固;墙体凸凹处剔凿处理,墙体勾缝;屋顶防水处理;等等。

(8)大唐嵩阳观纪圣德感应之颂碑搬迁复原

位于登封嵩阳书院前的"大唐嵩阳观纪圣德感应之颂"碑,由于云盘北部石料崩落近达6吨,碑身失去平衡,加之断崖下三孔深达大碑底部的窑洞的影响,使其基础不牢固,造成大碑向前(南)倾斜,仅3.83米的碑身已前倾0.2米,大有随时倒毁之势。经河南省文化厅文物局批准,决定对其进行抢救性搬迁保护。项目自1984年9月开始,1985年1月完成。承担单位:河南省古代建筑保护研究所。参加单位:登封县文物保管所。施工单位:河南省水利厅第一工程总队机械大队施工队。主持人:陈进良。参加人员:宫熙、王世华等。

该项目面临饱经沧桑、风化严重、内部结构不明、现代化起重设备无法到达现场、无同类技术经验可供借鉴的具体问题,同时又要求搬迁绝对安全,必须成功,这给项目组带来了极大的压力。经反复勘察、研究、论证,确定使用半机械化起重设备进行施工,用“铁骨木笼”对碑身实施科学保护,从而保证拆卸、搬运和重新组装的绝对安全。对两块残缺的云盘各以重达3吨的素石进行补配,新老石料以环氧树脂黏结,并用6根直径36毫米的不锈圆钢暗穿加固。大碑向东北方向迁移直线距离34.5米,实际搬运距离在50米以上,立于现嵩阳书院山门西侧,原址立碑以作标识。

1988年5月由河南省文化厅组织了会议技术鉴定。参加鉴定的领导和专家有时任国家文化部科技办公室负责人林儒忠,中国文物保护技术协会副理事长兼秘书长蔡学昌,河南省文化厅科技领导小组副组长宋乃渭,河南省文物局局长杨焕成,以及北京故宫博物院、中国文物研究所、四川省文物考古研究所、福建省文化厅、河南省建筑学会、河南省博物馆、河南省古代建筑保护研究所等单位的专家近20人。本项目获河南省文化厅1988年科技进步三等奖。

5. 登封会善寺、崇福宫碑碣保护技术

登封会善寺、崇福宫现存唐代至清代碑碣40余品,大多常年倒伏在地,有的已经残断,面临毁失的危险。2000年,登封市文物管理局制订《登封会善寺、崇福宫碑碣维修保护方案》,呈报河南省文物管理局审核同意。2002年7月经郑州市科学技术局、郑州市财政局批准将“登封会善寺、崇福宫碑碣保护技术”列为重点科技项目。项目自2003年9月开始,2004年8月完成。承担单位:登封市文物管理局。主持人:宫嵩涛。参加人员:张德卿、吕丽霞、刁金渠等。通过近一年的工作,将散存在会善寺、崇福宫内外的40余品唐代至清代碑碣进行清点、核对,对残断碑碣先进行清洗,然后用环氧树脂黏结。残断面积较大的,用不锈圆钢暗穿加固。现在如唐敕戒坛碑、岑禅师舍利塔铭碑、唐嵩山故道安禅师碑,元寇谦之传碑、明宗派之图碑,清乾隆御碑等珍贵石刻,均得到了很好的维修保护,40余品碑碣全部整齐竖立在会善寺、崇福宫院内。2004年10月,郑州市科学技术局组织河南博物院、河南省社会科学院、河南省科技厅、郑州大学等单位的领导、专家对登封会善寺、崇福宫石刻维修保护技术进行技术验收鉴定。

6. 登封启母阙保护修缮工程

(1)启母阙保护房工程

启母阙原露天于旷野,20世纪50年代中期,国家拨款修建了一座砖瓦土坯木结构的保护房,才使阙体得到有效保护。由于该保护房年久失修,残损较为严重,受当时经济条件的限制,房内体积小,通风条件差,已不适应对阙体的保护需要。1998年,河南省古代建筑保护研究所编制《启母阙保护房设计方案》,经国家文物局以文物保函〔1997〕436号文批准后开始施行。工程总投资金额75万元,其中国家拨款60万元,自筹资金15万元。工程内容为拆除旧保护房,在原址上重修一座钢筋混凝土木结构仿汉保护房。该工程由郑州嵩山建筑安装有限公司古建园林处负责施工,于2003年3月开工,2004年10月竣工。

(2)启母阙环境整治工程

为了登封“天地之中”历史建筑群申遗工作的顺利实施,2008年5月,登封市文物管理局制订了《嵩山启母阙环境整治方案》,经河南省文物局以豫文物保函〔2008〕64号文批准,通过公开招标的方式

进行招投标,施工单位由登封市颍南建筑安装有限公司中标,监理单位由开封会发建设工程监理公司中标。工程投资178万元对启母阙环境进行了全面整治,铺设道路1000余米,铺设输水管道2200余米,挖方填方2000余立方米,修筑铁栅栏800余米,绿化面积13333余平方米,种植各类苗木1200余棵,修建临时管理房、80立方米蓄水池和公共厕所各一座,并完善了水、电等配套设施,对启母阙保护房进行了油漆,面积达998平方米。

7. 登封少林寺维修工程

少林寺在1928年军阀混战中遭到毁坏,军阀石友三焚烧了少林寺常住院内的天王殿、大雄宝殿、藏经阁(法堂)、钟鼓二楼等主体建筑,使建筑几乎毁坏殆尽。中华人民共和国成立后,政府多次拨款对寺内、寺外古建筑进行维修,为了宗教活动的需要,又重建了一些殿堂,河南省古代建筑保护研究所承担了多项重建任务。

20世纪50年代初,千佛殿殿顶漏雨,梁架向东倾斜,东山墙外倾,殿内壁画受到损害和威胁。该工程初期采取临时性的保养维护措施,于1954年秋动工,修缮屋顶后在东山墙外修筑“石卧牛”一座(石块砌筑的支撑墩子),戗顶住日益外倾的墙体,保护了室内壁画。初期工程历时一个多月,于当年12月21日结束。工程建设单位为登封县文化馆,宫熙主持施工,施工单位为登封木业社。

1978年,对登封少林寺进行大规模整修,并且开始壁画揭取复原保护。工程于1980年完成,承担单位原为临时组建的河南省整修少林寺办公室,主持人是陈进良,参加人员主要有:苏思义、刘建洲等。由于之后的机构调整,以上人员被分配到省直几个文博单位,成果鉴定的资料整理和筹备工作由陈进良和河南省古代建筑保护研究所完成,承担单位改为河南省古代建筑保护研究所。

登封少林寺千佛殿后墙及东西两山墙共绘有彩色壁画320余平方米,多数被专家认定为明代中后期作品,是河南省现存面积最大、保存最好的一处大型壁画。由于殿宇年久失修,多处漏雨,梁架倾斜,尤其是东山墙外倾达40厘米以上,所以在对千佛殿进行落架大修时,东山墙必须拆除重砌,依附于山墙上的近60平方米壁画需事先揭取下来,待山墙重建并稳定后再复原上去。河南从未开展过壁画的揭取复原保护工作,国内其他地方虽进行过一些这方面的工作,但其工艺不宜照搬。承担单位根据此处壁画的实际情况,对操作工艺和所用材料进行了较大的改进,其要点是:

①采取强度适中、耐候性能良好、来源丰富、价格低廉且基本无毒的聚乙酸乙烯酯乳液作为补做底层的增强剂,弥补了采用大漆、漆片、石膏等材料不易操作、有毒和价格较高的缺点。此项革新,在以后各地的施工中得到了广泛的推广和应用。

②复原安装结构的改进。过去一般采用半独立的木材支架作为安装壁画的支撑体,这种结构只适用于墙体很厚的建筑。根据此处墙体较薄的情况,改用以墙体本身作为支撑体,即在砌墙的同时,把挂画的铁件砌在墙体上,另一铁件在画块底托上,安装时把画块挂在墙体的铁件上,中间以钢筋串联。这种安装方式,结构简单,操作方便,既能保证安装质量,还能随时卸下检查维修。

③在挂画的肩墙处设置一层经防腐处理的木板,既能隔断地下水沿墙体上升,保持壁画的干燥性,又能起到增加墙体整体性的作用。

④在修复过程中,为了增加底托与画块的黏合面积,减小震动的影响,在地仗底层上打一层加有增韧剂的环氧纤纱布层。

1988年5月,由河南省文化厅组织了会议现场鉴定。参加鉴定的专家有时任中国文物保护技术协会副理事长兼秘书长蔡学昌,文化部科技办公室负责人林儒中,河南省文化厅科技领导小组副组长宋乃渭,河南省文物局局长杨焕成,以及北京故宫博物院、中国文物研究所、四川省文物考古研究所、河南省古代建筑保护研究所等单位的领导、专家近20人。此项成果获河南省文化厅1988年科技进步三等奖,国家文化部1988年科技进步四等奖。

1980—1981年,维修了方丈院的立雪亭(亦叫达摩殿)及东西寮房和院后的千佛殿,工程维修设计单位为河南省古代建筑保护研究所设计室,项目负责人为张家泰。

1981年,恢复了山门外的明代石牌坊,原倒地的构件全部修复后使用并加固,补配了少部分石件,在隐蔽处使用了钢构件及化学加固材料,恢复了东西双石坊的景观效果,保存了一座明代石坊。

1982年至1984年国家文物局拨专款,对初祖庵大殿进行落架大修,工程新建了围墙、山门,维修设计单位为中国文物研究所,项目负责人梁超;工程施工单位为河南省古代建筑保护研究所工程技术室,项目负责人为张家泰。此次维修,最大限度地保留了各个不同时期的遗留构件,如石作、斗拱、宋代的重唇板瓦和元初的大吻及垂兽等,同时也按宋代法式做法,恢复了前檐两次间及东西山面南次间墙面的宋代做法,易砖壁为木壁。

1982—1983年重建天王殿并维修了东西掖门。建筑平面仍保持了原有布局,大部分柱础仍为原址原物,立面设计为重檐歇山式,殿前半圆形月台亦为原物。该项目工程设计单位为中国文物研究所,项目负责人为孔祥珍;工程施工单位为河南省古代建筑保护研究所工程技术室。

1986年河南省外事办拨款,重建大雄宝殿,平面立面墙壁、台明、月台仍依旧制,石栏、踏道多为原物。依旧时照片资料,立面恢复重檐歇山顶,下檐用5踩斗拱,上檐用7踩斗拱。殿内前金柱础,作麒麟狮子各一对。紧那罗殿、六祖殿及东西禅室,也各在原址恢复重建,西禅堂的前檐石柱仍保留使用,尽多地保留历史信息。工程设计单位为河南省古建所设计室,施工单位为河南省古代建筑保护研究所工程技术室。该项目成果《少林寺大雄宝殿构架与外形整体复原设计研究》,获1987—1988年河南省文化科技进步二等奖。

1992—1993年少林寺寺务委员会筹资,在藏经阁(法堂)遗址上,依照明代风格重建藏经阁,保留建筑平面布局和墙内刻有的题记及明代檐柱。工程设计单位为河南省古建所设计室,施工单位为河南省古代建筑保护研究所工程技术部。

1994年少林寺寺务委员会筹资300余万元,于当年10月15日在原址复建钟楼,工程设计单位为河南省古代建筑保护研究所设计室,项目负责人为张家泰,工程施工单位为河南省龙源古建园林技术开发公司。

1996年,依照原存完整的台明、柱网以及明碑刻图、原始照片等资料,在原址上重建鼓楼。该楼为元代风格,现楼内仍保存了四枚元代雕花柱础、门坎石、修补后的雕花石柱。工程设计单位为河南省古代建筑保护研究所设计室,施工单位为河南省龙源古建园林技术开发公司。

1999年9月少林寺寺务委员会筹资68万元,对白衣殿建筑进行挑顶维修,同时对殿内壁画进行揭取修复。壁画揭取和建筑维修方案由河南省古代建筑保护研究所科技保护室制订,项目负责人为杜启明,工程施工单位为河南省古代建筑保护研究所工程技术室,项目负责人为段留国。白衣殿壁画是少林寺现存十分珍贵的文物,其上绘制的拳法内容蜚声海内外,笔法细腻,人物造型生动逼真。由于年久失修,加之建筑本身漏雨,墙体受力变形、裂缝,导致壁画空鼓、龟裂、起甲、脱落现象严重。本次维修全面修整了壁画生存环境,将壁画揭取,进行全面修复后复位。工程于2000年11月竣工,并通过了河南省文物局组织的专家组的验收。

2011年10月,中国嵩山少林寺委托清华大学建筑设计研究院编制完成了《少林寺塔林一期保护勘察设计方案》,报经上级文物行政主管部门审核,分别以文物保函〔2012〕1224号、豫文物保〔2012〕191号文批准。2012年12月,国家文物局下拨文物保护专项经费800万元。经登封市政府文化旅游领导小组的协调,该工程由中国嵩山少林寺作为业主,于2015年6月委托华春建设工程项目管理有限责任公司通过公开招标的方式进行招标,由北京同兴古建筑有限责任公司以3666594.66元中标。工程内容包括10座古塔[1号成公寿塔、7号无尘清公之塔、9号比丘尼惠圆塔、50号大方普(晋)公之塔、57号兴公塔、77号普荫大师盖公之塔、86号宏公大机和尚之塔、法玩塔、行钧塔、武周塔],计划工期为120日历天。由河南东方文物建筑监理有限公司进行监理。2015年8月11日办理了开工备案手续。工程于8月15日正式开工。9月6日国家文物局通知少林寺塔林保护工程暂停施工。

8. 登封少室阙保护修缮工程

1972年10月,国家文物局同意保护维修少室阙。维修单位为登封县文物保管所,工程主持人为宫熙,参加人员有中国文物研究所姜怀英、陆寿麟、蔡润,河南省博物馆陈进良,洛阳龙门石窟文物保管所刘景龙等6人,居住在十里铺村。在维修过程中,先是把碰裂掉的小石片都一片不漏地捡起来,经过清洗,兑好粘补成一块完整的方石后,再根据原来的实测图纸,进行垒砌复原。经过近20天的工作,少室阙又恢复了原来的面目,浮雕图案也基本如故。

为了使少室阙得到科学有效保护,2007年登封市人民政府、郑州市文物局委托清华大学建筑设计研究院制订了《嵩山少室阙保护规划》,国家文物局以文物保函〔2008〕439号《关于嵩山少室阙保护规划的批复》批准。为了使申遗工作顺利实施,2008年5月,登封市文物管理局制订了《嵩山少室阙环境整治方案》,经河南省文物局以豫文物保〔2008〕65号文批准,通过公开招标的方式进行招标。施工单位由郑州弘业建筑工程有限公司中标,由开封会发建设工程监理公司进行监理。项目投资280余万元,完成道路、路面及青石踏步铺装1000余平方米,安装栏板、望柱30米。绿化美化面积共8000余平方米,安装木栅栏120米,种植侧柏80余棵;修建管理用房8间共366平方米,旅游公厕1座80余平方米,木桥梁81平方米,停车场1600平方米。

2009年3月登封市文物管理局编制了《少室阙旅游公厕及挡土墙设计方案》,经河南省文物局审核以豫文物保〔2009〕18号文批准后开始实施,施工设计图由郑州鼎立文物保护规划设计有限公司设计。郑州市财政拨款100余万元,通过公开招标的方式进行招标。施工单位由郑州弘业建筑工程有限公司中标,由河南东方文物建筑监理有限公司进行监理。该工程于2010年11月10日开工,2011年5月1日竣工。挡土墙采用两层青石砖券窑洞建筑,长46.1米,宽8.9米,面积414平方米,挡土墙的建设既有利于原有土崖的保护,又满足了管理的需要。

因少室阙长年露天于旷野,风化剥蚀严重,为了使少室阙得到有效保护,1953年修建保护房。其保护房面阔四间,进深一间,建筑面积70余平方米,砖石土坯木结构,小板瓦履顶硬山建筑。少室阙保护房对少室阙本体起到了保护作用,由于年久失修,保护房屋顶塌陷、漏雨、墙体风化剥蚀、酥碱、椽飞糟朽、折断等残损严重,已形成危房,加之室内空间狭小阴暗,通风不畅,不利于观展与保护,同时缺乏安全防护和基础设施,已满足不了文物保护发展的需要。2011年8月,登封市文物管理局聘请清华大学建筑设计研究院编制了《少室阙保护房方案》,国家文物局以文物保函〔2011〕268号文批准。国家文物局拨款100万,国家发改委拨款300余万元,2012年2月,登封市文物管理局委托河南省方圆招标代理有限责任公司代理该工程的招投标工作,通过公开招标的方式进行招标,河南省第五建筑安装工程(集团)有限公司以405万元中标,监理单位由河南东方文物建筑监理有限公司承担。该工程于2012年6月12日开工,目前该工程已竣工。新建的保护房为一座钢结构、玻璃幕墙的现代化建筑,面积为560平方米。它将通过安防监控和室内微环境调控系统,把现代的科学技术运用到文物保护当中,改善阙体的生存环境,确保阙体安全。使文物保护、展示、利用与社会、文化、经济发展相辅相成,充分发挥其社会效益和经济效益,使其达到永续利用、健康发展的作用。

9. 登封嵩岳寺塔保护修缮工程

20世纪80年代,为保护嵩岳寺塔体及周边环境,对其进行全面整修。维修前对塔身进行全面调查检测，主要存在的问题有：(1)塔身向东南23°25′方向倾斜，倾斜角度为1°11′40″；(2)塔体所处基础及附近山坡是否处在山体滑坡地段或斜坡地带，有待查清；(3)塔身南部各面及门券顶部多处出现裂隙，西南角塔壁局部崩裂下沉，塔身南壁内部有较大空洞；(4)塔体上部五层塔檐坍塌严重；(5)塔体周围环境极差，殿宇被占用，民居近塔而建，七座窑穴分布于塔周，危及古塔基础安全；(6)塔后三殿损毁严重，亟待全面修葺。

在调查塔本身及环境存在问题的基础上，为了查清塔体倾斜、是否存在地质"滑坡"、塔身崩裂空洞等问题具体情况及形成原因，河南省古代建筑保护研究所及有关协作单位，通过各项勘察研究工作，明确了以下三个重要问题：①塔体向东南倾斜的方向与地形斜坡的方向一致，同时也与塔基底部西北高于东南的沉降方位一致。②经过电测法勘察发现了塔心室内有"地宫"结构，经探掘证明确有地宫（地宫保存有唐代石门及壁画题记、影作斗拱等）。③通过《工程地质勘察报告》并开挖直达基岩的探井多座，未发现泥层与基岩间有滑床痕迹，从而否定了《物理勘察报告》中提出的塔体西北有滑坡存在的论点。之后，采纳了各家非常近似的防滑坡建议。

根据嵩岳寺塔体崩裂、空洞、塔檐等损坏情况及塔体与基础倾斜、环境破坏等状况，对其进行全面整修。该塔自1981年环境整理、搬迁塔院居民开始，经过现场勘测、技术准备、编写各类报告，至1983年维修工程立项。1984年4月，国家文物局批准立项。维修经费来源是国家文物局拨出的专款，总计221万元。经费用于塔体加固与地基加固、环境治理、山门迁建、后三殿维修、围墙增建、避雷设施、居民搬迁等。

勘察设计单位为河南省古代建筑保护研究所，乙级设计资质。完成设计成果主要有《河南登封嵩岳寺塔总体整修方案》《关于河南登封嵩岳寺塔维修工程几点做法的请示报告》以及前述塔体裂缝灌浆、塔体变形、塔体自重、物理勘查报告及工程地质勘察报告等。整修方案制订后，先后在北京和登封，邀请古建专家杨烈、祁英涛、孔祥珍、梁超、李竹君及有关领导杨焕成等进行了论证。1988年3月国家文物局领导与专家专程到登封召开了现场勘察研讨会，讨论了初步拟定的总体整修方案。国家文物局、中国文物研究所的专家杨烈、祁英涛等经常给予技术指导。单士元、于倬云、付连兴、姜怀英等先生也到现场指导工作并进行技术验收。1981年4月1日组织论证，组织单位为河南省文物局，论证内容为总体方案。1990年8月15日，就工程做法向国家文物局请求批准，相关设计文件被国家文物局批准。

建筑施工单位是河南省古代建筑保护研究所工程技术室。当时未设工程监理。当地文物部门协助开展整修工作。

工程正式动工时间是1989年4月，至1991年9月竣工。在1989年前，曾自1981年开始进行了前期现场调查，组织居民搬迁以及施工用水、用电等前期筹备工作。维修工程的主要内容：①对塔体本身，按照科学研制的加固灌浆材料，对塔壁空洞、裂隙进行清理后灌浆，使塔壁内部形成有机的整体，从而提高了塔身的抗压能力；对塔身下部西南面崩塌下沉部分，因已无法原状归位，故使用拆补重砌的办法予以加固，重砌时皆用原有壁面砖；②对各层塔檐和塔身的整修，分两种方法。方法一：十三层以下损坏程度较轻，主要补砌转角处的檐砖脱落和檐部与塔身灰皮的剥落。补砌所用新砖采用浸浆补强加固，黏合材料除白灰与红黏土外，还首次添加了丙烯酸乳液新材料，效果良好。整体进行修补后，使塔体恢复原貌，后又对补砌部分进行喷浆加固。方法二：顶部最上三层密檐及塔刹，因塌毁严重，形同砖堆，无法现状加固，所以采用拆除重砌的方式整修。首先对现状进行定位、编号，逐层进行拆除，之后按照图纸及定位尺度精准施工，保持塔顶部和塔刹原貌不变，并对塔顶做了防渗处理。为了塔顶部的整体性，特在第十一、十三与十五层反叠涩檐近塔体内做了上下三道钢筋砼圈梁（不露明）。另在第十五层顶部与塔刹覆莲形大覆钵之下，做砼盖板一层，增强塔顶防渗功能。在清理塔刹时发现有两处天宫结构，其中发现各种文物已取出并入库加以妥善保存（现存河南博物院），并新制修塔纪年的烙字竹片，藏于瓷瓶内密封后，放入修复后的天宫中，以备后人查阅。③塔刹部装置了防雷设施。塔顶安装长2米、直径2厘米的铜棒接闪器，另在宝珠上编制了球形网，又在覆莲下部设一周避雷带，为防球雷入塔，在各窗口装上铜丝网，各网均与引下线焊接为一体。设引下线2条，与接地网焊接牢实，由十三层窗口入塔内，自一层门洞上方引出塔外，连接地网，其网基本绕塔一周。经省文物局，省气象局，县气象局，省古建所，市、县文化局、文物保管所等部门现场测试、检查，超过设计安全指标，顺利通过验收。④清理地宫杂土，修整地宫地面、墙壁，妥善保存唐代壁画与石刻，恢复地宫穹隆顶和甬道。其顶突出于一层塔室部分，筑成八角形青石须弥座佛台一座。现佛台前留有下通地宫的洞口，以便专业人员考察古塔结构，平时以石板封护，不影响人们在塔室活动。⑤整修了塔下部的台明，仍以原台明之十二边形状为平面，但尺度加以扩大，宽2.9米、高0.85米。南面加筑月台一座，月台前及东、西门前均设踏道一座。北门与地平面，原有台明及小月台仍保留在新台之内。⑥因塔体基础下覆盖土层厚度不一，致使塔体倾斜方向与基岩斜坡方向一致，为防止基础滑动，经勘察与地耐强度计算，在塔的东南方做弧形双排防滑椿处理，主椿以钢筋混凝土制成直接打入基岩之内，外排桩10个，设在塔南门为中心半径25米的弧线上。桩的直径1.2米，桩间以砼梁相连接。内排桩距塔南门19米，断面为1米×1.2米的方形，桩之间用上下两层横梁相连接，且密度较大，内外桩分布呈前后相交错的梅花状。这样就形成一座强有力的抗滑整体，防止由斜坡地形发育为滑坡，确保塔体安全。这是此次维修工程中的一个重点项目。⑦整修塔北三座清代殿宇（大雄殿、关帝殿、白衣殿），并迁走原占用的小学及村民。⑧迁建山门，向南扩充塔院用地面积。既解决了消防安全问题，又解决了塔正面过于狭小，不便观赏和拍照的困扰。院内地窖全部回填，使嵩岳寺塔有一个安全的地面环境。⑨新建院墙。在建墙时，特意把塔东侧一株古槐圈入院中，以利于保护古树名木，并增加了塔院的景观。院内古碑及新发现文物石刻分别立于院中，尤其是将唐代著名书法家徐浩书丹之唐碑从附近山坡边移入塔院前方，使这一珍贵碑刻得以妥善保存。整修后的塔院，已办起了古塔陈展，并对游人开放。⑩在工程结束后，定期做好针对塔体变形及塔北部（后边）山体的稳定性的长期监测。为保护该塔提供科学依据，检验此次维修工程的效果与质量，由中国人民解放军郑州测绘学院大地系工测教研室做了监测技术设计，现已在塔身密檐的第四、八、十一与十四层的檐角上安装了大理石质的观测标志。沉降观测点和地面监测网，因地面尚不坚实等原因，尚未实施。

工程竣工后，国家文物局于1990年11月派以姜怀英为组长的专家组进行了技术验收。专家组成员有四位：故宫博物院研究员、古建专家组顾问单士元，中国文物保护技术协会代理事长、故宫博物院研究员于倬云，中国文物研究所高级工程师姜怀英，故宫博物院高级工程师付连兴。专家组的验收意见是："①勘测资料比较完善和系统。②技术方案经过充分论证，各项维修措施的确定是慎重的、科学的。③工程质量是好的，同意验收。④希望在今后工程中注意下列几个问题：地宫的维修方法似以复原方案更为理想，塔体外涂石灰的做法，虽有考古依据，但是如何解决过于整齐单调的外观效果是今后维修中应解决的一个课题；对于塔身构造上的某些薄弱环节如修补塔檐等，可以采用一些高强度的黏合材料。长期观测塔的倾斜变化是必要的。"在技术验收之后，于1990年12月，国家文物局又派时任文物处副处长朱长翎和建筑师张剑波两位同志进行了行政验收。他们到工地做了实地考察，并听取了工程情况与财务开支等汇报，最后签署了行政验收意见："同意专家组关于技术验收方面的意见，维修的质量是好的，同意验收。"参加验收工作的还有时任河南省文物局局长杨焕成以及郭振勇、姜淑丽同志，郑州市文化局副局长李文达、文管处主任于晓兴同志，登封县副县长曲盘根、政府办公室秘书武汉民同志，以及嵩山风景区管理委员会、县文物局等有关部门的负责同志。

在国家文物局组织验收之前，河南省文物局组织有关专家对防雷设施等工程的隐蔽工程阶段进行了检查和验收。根据验收专家组的意见,对尚未施工的地宫又重新进行了复原设计,经国家文物局批准后于1991年维修竣工。

2007年11月,登封市文物管理局制订了《嵩岳寺塔院环境整治方案》,经河南省文物局以豫文物保〔2007〕118号文批准后开始实施。项目通过公开招标的方式进行招标,施工单位由登封市河南裕达古建园林有限公司中标,监理单位由开封会发建设工程监理公司中标,登封市人民政府投资近100万元,完成了嵩岳寺塔塔体、山门、大雄宝殿、六祖殿、伽蓝殿除草及日常维修保护,院内及山门前地面及道路铺装3000余平方米,维修挡土墙500余平方米,油漆面积1000余平方米,绿化面积达5000余平方米,为保护遗址竖立了标志碑及标志说明牌等。

10. 登封观星台保护修缮工程

1975年国家拨款,在古建筑专家张家泰研究员的主持下,对观星台、周公测景台实施了保护维修工程,并找回了遗失多年的圭石,扶正补砌了周公测景台,使古老的观星台、周公测景台恢复了原貌,几十年来,由于受到风吹日晒及酸雨的侵蚀,台体上的砌砖及压檐石已风化、酥裂十分严重,台顶小室上出现椽子糟朽、瓦件松动、屋面漏雨等问题。为此,登封市文物管理局曾多次对台体进行日常性的养护,但总是挡不住风吹日晒及酸雨的侵蚀。观星台内现存的大门、仪门等古建筑也都出现了不同程度的墙体风化、酥碱、裂缝、飞椽糟朽、屋面漏雨等现象。为了更科学、更有效地保护好这一世界著名的天文科学遗产,2004年至2009年对观星台进行了全面整治及保护,累计投资240万元。

(1)帝尧殿及院内环境整治工程

2004年至2005年,登封市文物管理局自筹资金87万元,委托河南裕达古建园林有限公司承担实施,复建帝尧殿,建筑面积为146平方米;对观星台内的地面进行维修,面积约2000平方米;建设管理用房,建筑面积约100平方米;修建停车场1600平方米。除此之外,还对厕所进行改造装修,安装了无塔供水及消防设施。

(2)观星台环境整治工程

2008年,为了申遗工程的顺利实施,登封市人民政府投资120余万元对观星台环境进行整治。登封市文物管理局编制了《观星台围墙月台及局部环境整治方案》,经河南省文物局以豫文物保〔2008〕44号文批准后开始实施,通过公开招标的方式进行招标,项目施工单位由河南裕达古建园林有限公司中标,监理工作由开封会发建设工程监理公司承担,2008年5月15日开工,6月20日竣工。工程主要内容:观星台大门、照壁的维修保护,圈设围墙850米,铺装道路及地面1000余平方米,拆除院内与观星台不协调建筑物及构筑物800平方米,绿化平整场地25000平方米,安装铁栅栏近100米。

11. 登封中岳庙保护修缮工程

新中国成立前,由于恣意拆毁改建、日寇飞机狂轰滥炸,使巍峨壮丽、气势雄伟的中岳庙被糟蹋得破烂不堪。新中国成立后,人民政府数次拨款,逐年修葺,并设专门机构,加强保护管理,从根本上改变了新中国成立前遗留下的破烂杂乱的景况,把一座烟雾弥漫、带灰扬尘的古庙逐步改造为风景名胜游览区。1984年4月,经国务院批准,中岳庙由文物部门移交给宗教部门,在各级文物部门的支持和指导下,先后对中岳庙部分文物建筑进行了维修保护,对环境进行了整治,为世人提供一个最佳的信仰道场和旅游胜地。

(1)峻极殿维修工程

峻极殿自清乾隆四十四年(1779)维修以来,历经200多年的自然侵袭与人为破坏,特别是1942年侵华日军飞机的狂轰滥炸,致使该殿受到严重损坏,整个大殿翼角部分及屋面分裂下垂,全靠木柱顶托,梁架严重倾斜、歪闪,各主要木构件多有弯曲、断裂、糟朽、错位,屋面残破,吻兽缺失,严重威胁了该建筑的安全。鉴于此种情况,国家宗教局拨出专款对该殿进行局部落架维修,由河南省古代建筑保护研究所承担勘测设计及工程维修工作。工程自 1986 年 4 月开始筹备,8 月开始拆除,先后进行了梁架拨正、更换腐烂糟朽的木构件,修补斗拱,烧制补配缺失的琉璃脊饰、吻兽,补齐残缺的屋面,于 1987 年 8 月全面完成了大殿的整修任务,于 9 月份通过了河南省文物局组织的验收,并于当月又开始了对大殿的油漆彩画工程。在大殿维修期间,中央统战部、国家宗教局、河南省政府、河南省文化厅、河南省文物局、河南省民委、河南省宗教局的领导多次深入现场检查指导工作,确保了维修工作的顺利进行。

(2)天中阁维修工程

为确保天中阁的安全,登封市文物管理局报经河南省文物管理局批准,对该阁进行抢救性局部落架维修,由河南省古代建筑保护研究所承担勘测设计及工程维修工作。业务主管单位为登封市文物管理局。维修工程自 2004 年 4 月 2 日开始动工,先后拆除屋面瓦饰,进行了梁架拨正,更换了腐烂糟朽的木构件,对阁台顶部实施了防渗水工程,粉刷了三个门洞内壁,整修了天中阁左右两掖门。同年 9 月 6 日竣工,全面完成了天中阁的维修保护工程。2005 年 8 月份通过了河南省文物管理局组织的验收,参加验收的专家、领导有杨焕成、张家泰、杜启明、张斌远、张玉石、宫嵩涛、黄至杰等 10 余人,大家一致认为“该工程符合古建筑维修规范,较好地保留了木构架及原有彩画的原真性,工程质量合格”。

(3)名山第一坊维修工程

名山第一坊维修工程于 2000 年 9 月开工,2001 年 5 月竣工,拆除原中华门,按原貌重建名山第一坊。该工程由中岳庙自筹资金,河南省文物建筑保护设计中心承担方案设计任务,河南省龙源古建园林技术开发公司承担施工任务。

(4)四岳殿维修工程

四岳殿即东岳殿、西岳殿、南岳殿、北岳殿,是中岳庙的重要组成部分,原仅存基台,为了确保中岳庙的完整性,中岳庙自筹资金,委托河南省文物建筑保护设计中心设计了《四岳殿维修方案》,由河南省龙源古建园林技术开发公司负责施工。对原台基进行承压检测后,对原台基进行加固,在原台基上恢复了四岳殿。该工程 2004 年 8 月开工,2006 年 12 月竣工。

(5)中岳庙天中阁、崇圣门、化三门、御书楼等八座古建筑的维修保护及院内环境整治工程

自 2007 年 8 月至 2008 年 10 月底,以申遗为契机,中岳庙的古建筑得到了大规模的保护维修。中岳庙委托河南省文物建筑保护设计中心制订了天中阁、遥参亭、日柏亭、崇圣门、化三门、御书楼、东西顺山房及院内环境整治方案,均经河南省文物局的审核批准,登封市政府拨款,通过公开招标的方式进行招标,施工单位由河南省龙源古建园林技术开发公司中标,由辽宁文博古建公司监理。项目内容:完成天中阁、遥参亭、日柏亭、崇圣门、化三门、御书楼、东西顺山房的维修保护;对中轴线甬道进行规整;文物本体酥砖挖补,露明处水泥剔除和文物本体除草;院内绿化新植草坪 14640 平方米,补植草坪 2000 平方米,栽植桧柏 328 棵及其他树种 43 棵;清运院内垃圾;整治四岳殿东侧广场。

(6)四岳殿彩绘工程

中岳庙委托河南省文物建筑保护设计中心制订了《中岳庙四岳殿彩绘设计方案》,经河南省文物局审核以豫文物保〔2008〕61 号文批准后开始实施,登封市人民政府拨款,通过公开招标的方式对该项目进行招标,施工单位由河南省龙源古建园林技术开发公司中标。该工程于 2008 年 5 月开工,2008 年 10 月竣工。

(7)中岳庙古树名木保护工程

2009 年 5 月,在北京古树名木复壮专家丛生的指导下,登封市文物管理局制定了《中岳庙“盘龙柏”“三公柏”“猴柏”“卧羊柏”等 40 余株重点古树名木保护方案》,登封市政府拨款 5 万元,登封市文

物管理局组织实施,对中岳庙“盘龙柏”“三公柏”“猴柏”“卧羊柏”等40余株古树名木进行了复壮、防腐、支撑、加固、填充、加装护栏、病虫害防治等保护。

(8)龙王庙维修保护工程

龙王庙位于中岳庙西侧,是中岳庙的重要组成部分,是登封市文物保护单位。中岳庙自筹资金近100万元,委托河南省文物建筑保护设计中心设计方案,龙王庙大殿与山门均由河南裕达古建园林有限公司进行落架维修。龙王庙大殿的维修保护于2008年3月8日开工,2010年5月8日竣工。东西厢房维修保护于2008年8月开工,2010年9月竣工,由河南省龙源古建园林技术开发公司施工。

(9)中岳庙峻极殿、峻极门及掖门保护修缮工程

郑州大学城市规划设计研究院编制的《登封中岳庙峻极殿保护修缮方案设计》《登封中岳庙峻极门及掖门保护修缮方案设计》,经国家文物局文物保函〔2013〕804号文、文物保函〔2013〕840号文批准后开始实施。2014年8月14日通过公开招标的方式进行招标,施工单位由咸阳古建集团有限公司以2062326.65元中标,委托河南东方文物建筑监理有限公司实施监理工作。项目工程于2014年9月19日开工,2015年12月竣工。完成了峻极殿东北角柱和西北角柱的更换维修加固、后檐部维修及峻极门维修保护等。

(10)中岳庙太尉宫保护修缮工程

郑州大学城市规划设计研究院编制的《登封中岳庙太尉宫保护修缮方案设计》,经国家文物局文物保函〔2015〕355号文批准后开始实施。2015年7月15日,通过公开招标的方式进行招标,工程施工单位由咸阳古建集团有限公司以1889595.61元中标,委托河南东方文物建筑监理有限公司承担监理工作。工程于2015年10月26日开工,2016年8月竣工。工程内容:拆除后人增建的建筑物;对太尉宫大门、东西厢房进行落架维修;对大门前场地进行整理。

12. 登封城隍庙保护修缮工程

(1)城隍庙维修工程

该庙自民国14年(1925)被学校占用以来,古建筑的前墙均被改建为民居式门窗,虽然主体结构仍保持原貌,但由于长时间只利用不维修,其现状破烂不堪,濒临坍塌。1997年4月10日和7月29日,登封市人民政府分两次将城隍庙整体移交文物部门管理。为有效保护城隍庙的历史风貌,登封市文物管理局邀请河南省古代建筑保护研究所承担勘测设计工作并制订维修保护设计方案,并获河南省文物管理局批准。工程主持人为宫嵩涛,施工单位是郑州嵩山建筑安装有限公司古建筑园林处。维修工程自1997年4月开始,到1998年10月竣工,先后落架维修了山门、掖门、前院东西厢房、后院仪门及东西廊房共7座1142平方米,主要挖补酥碱严重的墙砖,拨正走闪梁架,更换腐烂糟朽的木构件,补配缺失的脊饰、吻兽,补齐了残缺的屋面。2002年10月29日,河南省文物管理局组织工程质量验收,参加验收的专家、领导有杨焕成、张斌远、郭书营、宫嵩涛、张武军等人。大家一致认为“该工程能够按照批准的整修方案施工,符合古建筑修缮的基本原则,达到了维修保护的目的,工程质量合格”。

(2)东西厢房维修保护工程

东西厢房位于大殿后两侧,为单檐硬山出前廊,小青瓦覆顶。由于1996年以前均由登封一中和登封市直一初中占用,被改作教师办公室,该房遭到严重的破坏和改造,加之年久失修已多失原貌,其中西厢房已坍塌仅存遗址。2007年9月登封市文物管理局制订了《登封城隍庙东西厢房维修保护设计方案》,经河南省文物局审核以豫文物保〔2007〕102号文批准后开始实施,获省级财政拨款30万元,通过公开招标的方式进行招标,施工单位由河南省龙源古建园林技术开发公司中标。该工程于2008年2月开工,2008年8月竣工,维修主要内容为对东厢房进行落架维修、对西厢房进行复建。

（3）登封城隍庙大殿及东西廊房保护维修工程

城隍庙大殿、东西廊房保护维修工程经国家文物局文物保函〔2015〕72 号文批准立项，2015 年 3 月登封市文物管理局委托南阳市古代建筑保护研究所编制了《登封市城隍庙大殿及东、西廊房保护维修方案》，并经河南省文物局豫文物保〔2015〕15 号文批准后开始实施。2016 年 1 月 19 日，经过公开招标，施工单位由河南裕达古建园林有限公司中标，中标价为 7162681.22 元。经过单一来源谈判确定河南东方文物建筑监理有限公司负责工程监理。该工程于 2016 年 3 月 14 日开工，在施工过程中，在大殿、东西廊房柱子、梁架、屋顶等多个部位发现白蚁蛀蚀，4 月 26 日工程暂停施工，委托舞钢市白蚁防治研究所对城隍庙大殿及东西廊房实施白蚁防治，取得了较好的效果。2017 年 3 月复工，至 12 月底完成城隍庙大殿、拜殿、月台、东廊房维修，一进院地面铺装，新旧木构件白蚁药剂处理等。截至 2017 年西廊房正在进行维修中。

13. 登封清凉寺保护修缮工程

清凉寺于 20 世纪 60 年代被部队借用，并在寺院内建筑营房，20 世纪 90 年代末营房逐渐被废弃。由于年久失修，寺内建筑出现了墙体酥碱、空鼓、裂缝、歪闪；瓦件脱落，屋面塌陷漏雨严重，造成椽飞糟朽；柱、斗拱、梁、檩、枋等木构件走闪、拔榫、糟朽、断裂、佚失等，导致梁架变形，残损十分严重，直接危及到古建筑的安全。碑碣石刻七零八落地倒放在草丛中，院内地面杂草丛生，凸凹不平，排水不畅，同时缺乏管理服务用房及水电等基础配套设施，整个寺院破败不堪。2002 年经登封市文物管理局多次与部队协商，部队将清凉寺移交登封市文物管理局进行保护管理。

为使清凉寺得到有效保护，排除安全隐患，登封市文物管理局根据“保护为主，抢救第一，合理利用，加强管理”的文物管理方针，“不改变文物原状”的维修原则，于 2003—2004 年先后对清凉寺进行了现状勘察，制订了清凉寺一、二期保护维修方案，河南省文物管理局分别以豫文物保〔2003〕341 号文、豫文物保〔2004〕452 号文批准。2005 年 6 月 25 日至 2007 年 8 月 2 日对清凉寺进行全面整修，该工程由河南豫达古建园林装饰工程有限公司承担施工。主要内容包括拆除部队营房 200 余平方米；对金代大殿，清代山门、大殿、东西掖门、东西厢房、东西顺山房等 8 座 30 余间古建筑进行维修保护，维修面积 610 平方米，对院内现存的碑碣石刻进行黏结、加固、复立；新建管理用房 1 座 5 间 98 平方米，厕所 1 座 58 平方米；圈设围墙 141 米，院内地面铺装 1400 平方米，垒砌加固挡土墙 100 余米，完善了给排水和电路等环境整治工程。维修后的清凉寺干净整洁，恢复原有的历史风貌。2009 年又投资近 10 万元，对清凉寺山门、大殿、东西掖门、东西厢房、东西顺山房进行了油漆保护，油漆面积 1700 余平方米。

14. 登封崇福宫复原保护工程

新中国成立初期，崇福宫一直被登封市畜牧局占用，被辟为饲养场所，并在此建设了鸡舍、猪圈、房舍等建筑，严重破坏了崇福宫的整体风貌，为了使崇福宫得到有效保护，2007 年 6 月，市政府利用登封“天地之中”历史建筑群申报世界文化遗产的机会，通过多方协调，将崇福宫移交登封市文物管理局，登封市人民政府投资 400 余万元，对崇福宫内的猪圈、鸡舍进行了拆迁安置。

（1）崇福宫维修保护（一期）工程

2005 年 8 月，登封市文物管理局根据豫文物保〔2005〕189 号文要求，编制了《登封崇福宫维修保护方案》，经河南省文物局豫文物保〔2006〕5 号文、郑州市文物管理局郑文物保〔2006〕10 号文批复后开始实施。2008 年河南省文物局拨款 60 万元，登封市文物管理局自筹 30 余万元，通过公开招标的方式进行招标，施工单位由河南豫达古建园林装饰工程有限公司中标。该工程于 2008 年 7 月开工，2008 年 12 月 7 日竣工。主要完成了泰山殿、龙王殿、三元殿、玉皇殿及石围墙的维修。该工程按照不改变文物原状的原则，严格遵守相关法律、法规及批准的方案施工，维修中尽量保留原风貌、原结构、原材料、原工艺等，在加固技术方面有所创新，2009 年 3 月 30 日顺利通过验收。

(2)崇福宫复原保护(二期)工程

2009 年 1 月，由河南大学古建园林设计研究院制订了《登封市崇福宫复原设计方案》，经河南省文物局审核后，以豫文物保〔2009〕34 号文和豫文物保〔2009〕95 号文批准立项。登封市文物管理局自筹资金 400 余万元，通过公开招标的方式进行招标，施工单位由河南裕达古建园林有限公司中标，由河南东方文物建筑监理有限公司进行监理。该工程在施工过程中严格按照河南省文物局的批复要求施工，于 2009 年 10 月 12 日开工，2010 年 10 月 4 日竣工。拆除宫内猪圈、鸡舍及不协调建筑物、构筑物近 1 万平方米；完成了山门、保祥殿、东配殿、西配殿等 4 座建筑的复原工程，建筑面积 600 余平方米；圈设围墙 322 米，加固砌筑石围墙 430 米，地面铺装 1200 余平方米，垒筑加固挡土墙 427 米。

(3)泛觞亭修复工程

2009 年 3 月登封市文物管理局委托河南大学古建园林设计研究院制订了《登封市崇福宫复原设计方案》，经河南省文物局审核批准后，2012 年 5 月，登封市文物管理局委托北京清华城市规划设计研究院设计了《崇福宫泛觞亭修复设计》。2012 年 8 月登封市文物管理局委托河南省伟信招标管理咨询有限公司代理该项目的招投标工作，通过公开招标的方式进行招标，项目施工单位由有文物保护施工一级资质的企业河南裕达古建园林有限公司中标，委托有文物保护监理甲级资质的河南东方文物建筑监理有限公司承担监理工作。该工程于 2012 年 10 月 15 日开工，市级财政拨款 60 万元，工程内容包括制作泛觞亭模型、泛觞亭修复、局部环境整治等，截至 2017 年已全部完成，正在编制竣工报告。

15. 登封南岳庙保护修缮工程

新中国成立后南岳庙一直被大金店学校占用，殿房被作为教室及教职工用房，由于长期占用缺乏管理和保护，多数古建筑已形成危房，登封市文物管理局通过多方努力，在登封市政府的大力支持下，大金店小学于 2008 年搬出南岳庙。2009 年南岳庙正式移交登封市文物管理局管理。庙内建筑除大殿 1989 年进行落架翻修保存较好外，其他古建筑长期遭受风雨侵蚀及自然损毁，墙体出现酥碱、空鼓、裂缝；木构件变形、脱榫、断榫、劈裂、糟朽、油漆彩绘脱落；屋面塌陷、漏雨，长有杂草，瓦件松动、佚失；地面砖碎裂残毁；院内硬化水泥路面凸凹不平，排水不畅，电线严重老化且纵横交错，不标准、不规范，火害隐患极大，生存环境极差。

(1)南岳庙保护维修工程

为了使南岳庙得到科学有效的保护，2009 年 3 月，登封市文物管理局委托河南大学古建园林设计研究院制订了《南岳庙维修保护设计方案》，分别报送河南省文物局、郑州市文化局审核，河南省文物管理局以豫文物保〔2009〕53 号文批准，郑州市文化局郑文〔2009〕176 号文核准。2009 年 6 月通过公开招标的方式进行招标，施工单位由河南裕达古建园林有限公司中标，委托有文物保护监理甲级资质的河南东方文物建筑监理有限公司承担监理工作。该工程于 2009 年 6 月 28 日开工，2010 年 3 月竣工，投资近 200 万元对南岳庙实施了维修保护。本项目完成了对老母殿、三官殿、三星殿、龙王殿、灶君殿、财神殿、广生殿、山门等 11 座古建筑的维修保护，维修面积 500 余平方米，修筑围墙 30 余米。

(2)南岳庙大殿保护维修工程

2015 年 8 月登封市文物管理局委托郑州大学规划设计研究院编制了《南岳庙大殿维修保护设计方案》，报经河南省文物局豫文物保〔2016〕72 号文批准后开始实施。2017 年 1 月 5 日通过公开招标确定河南华磊园林工程有限公司以 1195007.10 元中标进行施工，由河南东方文物建筑监理有限公司负责监理。该工程于 2017 年 2 月 28 日开工。截至 2017 年已完成南岳庙大殿揭顶维修加固，围墙、院内排水以及东西配房局部维修等。目前正在进行地面铺装及山门月台修整。

附表:郑州文物建筑维修工程项目登记表

序号	项目名称	起止时间	勘察设计单位	施工单位	监理单位	工程内容
1	郑州城隍庙保护维修工程	2001.04—08	河南古代建筑技术保护中心	河南省龙源古建园林技术开发公司	河南古代建筑技术保护中心	屋面翻修、戏楼明间东侧金柱下半部环氧树脂加固,挖补东西两山墙部分青砖、更换部分楼板
2	郑州城隍庙戏楼油漆彩绘工程	2001.06—08	洛阳和玺古建彩画有限公司	洛阳和玺古建彩画有限公司	河南古代建筑技术保护中心	戏楼梁、枋、柱、斗拱、槛窗、楼板全部油漆彩绘
3	郑州城隍庙戏楼维修工程	2001.06—2002.12		河南省龙源古建园林技术开发公司、洛阳和玺古建彩画有限公司		城隍庙戏楼维修及院内升级改造
4	郑州城隍庙维修及环境整治工程	2004.05—09	河南古代建筑技术保护中心	河南省龙源古建园林技术开发公司	河南古代建筑技术保护中心	对大门屋顶、大殿屋顶及后檐椽飞、后寝宫屋顶整修
5	郑州城隍庙后寝宫雕塑、壁画工程	2003.06—09		郑州市市政工程勘测设计研究院风景园林分院		对壁画、雕塑、暖阁、床、灯架、熏香炉整修
6	郑州城隍庙后寝殿彩塑、木雕神龛及壁画	2005.11—2006.12		树华雕塑壁画(河南)有限公司		对后寝殿彩塑、木雕神龛及壁画整修
7	郑州市城隍庙戏楼维修项目	2012.09—2013.06	河南省古代建筑保护研究所	河南省龙源古建园林技术开发公司	南阳市古代建筑保护研究所	城隍庙戏楼、厢房、后寝宫彩绘、电路改造
8	郑州文庙大成殿保护维修工程	1987.08—1988.10	郑州市商城遗址保护管理所	山西省五台县豆村古建队	郑州市文物事业管理处	对大殿落架大修,屋顶、脊饰、更换部分墙内柱子、檩及椽飞、门窗、油漆彩绘、垒砌月台
9	郑州文庙戟门保护维修工程	1991—1992.03	郑州市商城遗址保护管理所	山西省五台县豆村古建队	郑州市文物事业管理处	对建筑本体落架大修、更换屋顶瓦件、重做大门三合
10	郑州文庙大成殿整体抬升及维修工程	2000—2005.10	河南省文物保护技术中心	河南省龙源古建园林技术开发公司	郑州长丰建筑工程监理公司	更换东西山墙内4根柱子,墩接后墙第3、4根柱子,整体抬升1.7米,加高月台,增加汉白玉栏杆,更换门窗,油漆彩绘

续表

序号	项目名称	起止时间	勘察设计单位	施工单位	监理单位	工程内容
11	郑州文庙栏杆维修	2011.07—08		树华雕塑壁画(河南)有限公司		文庙栏杆维修(汉白玉雕刻、安装)
12	荥泽城隍庙大殿维修复原工程	2010.03—12	郑州鼎立文物保护规划设计有限公司	河南裕达古建园林有限公司	南阳市古代建筑保护研究所	对荥泽城隍庙大殿进行落架大修,台基提升、糟朽木构件补配维修、墙体补修、瓦面、脊饰补配等
13	郑州市惠济桥文物本体修缮保护工程	2013.06—2014.05	南京华域文化咨询有限公司	河南裕达古建园林有限公司	南京河洛古建筑工程监理有限公司	对惠济桥桥体基础加固,桥面铺装,加装栏板、望柱,石护坡修复,桥底海墁修复,复原两侧桥楼
14	至圣家庙(孔氏家庙)大殿维修工程	2014.12—2015.06	南阳市古代建筑保护研究所	河南文鼎古建园林工程有限公司	河南安远文物保护工程有限公司	对孔氏家庙大殿及现存附属厢房进行维修加固
15	孔氏家庙复建	2016.12—2017.05	南阳市古代建筑保护研究所	河南华祥古建工程有限公司	河南安远文物保护工程有限公司	对孔氏家庙西厢房进行复建
16	重阳观保护维修工程一期	2011.10—2012.03	郑州鼎立文物保护规划设计有限公司	郑州华源文物保护工程有限公司	河南东方文物建筑监理有限公司	维修三清殿、道士房
17	重阳观保护维修工程二期	2013.06—08	郑州鼎立文物保护规划设计有限公司	郑州华源文物保护工程有限公司	南阳市古代建筑保护研究所	维修广生殿
18	卢医庙保护维修工程一期	2015.10—2016.04	郑州鼎立文物保护规划设计有限公司	河南裕达古建园林有限公司	南京河洛古建筑工程监理有限公司	维修大殿、拜殿、月台
19	卢医庙保护维修工程二期	2016.07—2017.12	郑州鼎立文物保护规划设计有限公司	河南裕达古建园林有限公司	南京河洛古建筑工程监理有限公司	维修长桑阁、山门

续表

序号	项目名称	起止时间	勘察设计单位	施工单位	监理单位	工程内容
20	康百万庄园部分建筑维修方案	2007.11—2012.08	河南省古代建筑保护研究所	河南宏昌古建园林有限公司		南大院、祠堂区、牌楼及住宅区修缮
21	康百万庄园栈房区维修保护工程	2007.11—2007.06	河南省文物保护设计研究中心	河南省龙源古建园林技术开发公司		栈房区主修保护工程
22	启圣阁维修施工土建工程	2009.09—2010.03	河南正信工程咨询有限公司	湖北殷祖古建园林工程有限公司		明清式仿古建筑工程
23	康百万庄园明代楼维修工程	2011.05—08	河南省古代建筑保护研究所	河南华磊园林工程有限公司		明代楼维修工程
24	启圣阁维修施工土建工程	2012.02—05	湖北省文化厅古建筑保护中心	湖北中鲁古建园林工程设计有限公司		石砌挡土墙、护坡、台阶、排水、青石地坪、窑洞、仿古门、门楼、厕所等
25	福昌寺保护修缮工程	2013.10—2014.02	河南华磊园林工程有限公司	河南华磊园林工程有限公司	河南东方文物建筑监理有限公司	保护修缮
26	张祜庄园维修加固保护工程	2009.11—2011.03	河南省文物保护设计研究中心			一院、二院文物本体维修,木构件油漆,围墙、砖地铺面,星级厕所,院内绿化和门前道路等工程
27	杜甫诞生窑与周边窑洞加固方案	2008.04—2009.12	南阳市古代建筑保护研究所	巩义市第三建筑有限公司		笔架山周围窑洞砌筑加固、院内地坪及挡墙工程
28	千尺塔保护维修工程	1989.04—05	河南省古代建筑保护研究所	荥阳县贾峪建筑工程公司		塔刹、塔门和塔体复原加固,安装避雷设施
29	荥阳市楚氏祠堂保护维修工程	2010.07—10				维修客屋、东厢房、倒座

续表

序号	项目名称	起止时间	勘察设计单位	施工单位	监理单位	工程内容
30	荥阳市秦氏旧宅保护维修工程	2006.05—06 2012.11—2014.08	郑州大学城市规划设计研究院有限公司	河南裕达古建园林有限公司	郑州大学城乡建设研究院	整体复原维修
31	荥阳周固寺保护维修工程	2013.05	河南易和古建艺术有限公司	山西省古建保护工程有限公司	南京河洛古建工程监理有限公司	钟鼓楼、东厢房屋面清理、天王殿、大殿整体落架维修
32	荥阳市苏寨民居保护维修工程	2009.08—09 2014.12—2015.11	郑州大学城市规划设计研究院有限公司	河南裕达古建园林有限公司	河南安远文物保护工程有限公司	前院整体复原维修
33	荥阳市秦氏家庙保护维修项目	2015.01—11	郑州大学城市规划设计研究院有限公司	河南天龙古建园林有限公司	河南安远文物保护工程有限公司	倒座、前院南北厢房维修
34	荥阳县衙(一期)保护维修工程	2016.01—2017.06	郑州大学城市规划设计研究院有限公司	河南裕达古建园林有限公司	南京河洛古建工程监理有限公司	县衙大堂、月台复原维修
35	荥阳奎星楼保护维修工程	2016.01—2017.06	郑州大学城市规划设计研究院有限公司	河南裕达古建园林有限公司	南京河洛古建工程监理有限公司	奎星楼本体维修
36	荥阳牛氏祖地旧址保护维修工程	2016.10—2017.01	河南宏盛古建园林设计有限公司	河南宏昌古建园林有限公司	河南安远文物保护工程有限公司	整体复原维修、周边环境整治
37	密县县衙维修保护工程	2010.03—2014.05	郑州鼎立文物保护规划设计有限公司	河南裕达古建园林有限公司、湖北楚风园林古建筑有限公司、开封市营造土建园林有限公司、河南华磊园林工程有限公司、河南嵩山古建园林有限公司	河南东方文物建筑监理有限公司	大门、仪门、大堂、二堂、三堂及三条轴线19个院落336间房屋的维修与修复

续表

序号	项目名称	起止时间	勘察设计单位	施工单位	监理单位	工程内容
38	新密市洪山庙外墙抢险加固及边坡治理工程	2010.09—2011.09	河南省文物建筑设计有限公司	河南省永安建筑工程有限公司		庙内排水沟渠垒砌、西侧墙体垮塌部分拆除与重砌、北侧墙体重砌与维修
39	新密市城隍庙戏楼、钟鼓楼保护维修工程	2012.02—05	河南省文物建筑设计有限公司	河南裕达古建园林有限公司	河南东方文物建筑监理有限公司	戏楼、钟鼓楼屋顶维修加固、墙体挖补、地面铺设、木构件更新维修与加固、油漆彩绘
40	超化寺下寺维修保护工程	2013.12—2014.05	郑州大学城市规划设计研究院	河南宏昌古建园林有限公司	河南东方文物建筑监理有限公司	维修天王殿、观音殿、忠义殿、大雄宝殿、韦驮殿、地藏王殿、毗卢殿、祖师殿、潭心精舍,重建山门、东地藏王殿,铺设道路及寺院内环境整治
41	新密市屏峰塔维修保护工程	2014.03—04	郑州鼎立文物保护规划设计有限公司	河南华磊园林工程有限公司	河南东方文物建筑监理有限公司	补配塔座缺失部分;对塔体各层塔檐砖断裂、脱落缺损部分进行镶补勾缝;对塔体因自然严重风化部分和风铃撞击部分进行了挖修,宝顶进行了除锈油漆
42	新密城隍庙维修保护工程	2015.04—2016.08	河南省文物建筑设计保护研究中心	河南宏昌古建园林有限公司	河南东方文物建筑监理有限公司	对大殿拜殿、大殿、寝殿拜殿、寝殿、东配殿、西配殿、东廊房、西廊房、祖师殿、琉璃照壁、西配房、东配房、寝房(一)、安阳宫 14 处古建筑进行维修加固
43	嵩阳书院西院考场维修保护工程	1999—2000		郑州嵩山建筑安装有限公司古建园林处		对大门、接官厅、考场、诸贤祠、三公祠、范公祠、程朱祠、教文斋、教义斋、东西配房等 12 座古建筑 60 余间进行维修、复原保护

续表

序号	项目名称	起止时间	勘察设计单位	施工单位	监理单位	工程内容
44	嵩阳书院前区环境整治工程	2001.02—2003.12		郑州嵩山建筑安装有限公司古建园林处		拆迁书院前区民居，道路铺装，修筑围墙，修建高山仰止牌坊、嵩阳寺碑亭，铺装前区停车场等
45	嵩阳书院御碑亭修复工程	2005.03—09		河南省豫达古建园林装饰工程有限公司		在原址上恢复了御碑亭
46	嵩阳书院东院维修保护工程	2006.04—2008.11		河南省豫达古建园林装饰工程有限公司		先后对敬文斋、东廊房、藏书楼、东西碑廊、先圣殿等11座古建筑屋顶漏雨进行维修
47	嵩阳书院油漆保护工程	2005.05—2008.11				对东院（除山门外）及西院所有古建筑进行油漆保护
48	嵩阳书院"将军柏"保护工程	2005.05—2006.05				对两株"将军柏"进行了复壮、防腐、加固、填充、病虫害防治等保护
49	嵩阳书院窑洞维修及加固工程	2015.03—06	河南省兴盛古今建筑设计有限公司	河南嵩山建筑安装有限公司	南京河洛古建筑工程监理有限公司	对原有窑洞进行加固，墙体凸凹处剔凿处理，墙体勾缝，屋顶防水处理等
50	会善寺一期维修保护工程	2003.02—2004.03	河南省古代建筑保护研究所	郑州嵩山建筑安装有限公司古建园林处		对常住院山门、东西掖门、东配房1、东配房2进行落架维修
51	会善寺二期维修保护工程	2003.10—2005.03	河南省文物建筑保护设计研究中心	河南省龙源古建园林技术开发公司		对会善寺大雄宝殿局部落架维修，对月台、乾隆御碑亭进行维修。维修东配房3，对院内环境进行整治
52	会善寺三期维修保护工程	2007.06—2008.05	河南省文物建筑保护设计研究中心	河南省龙源古建园林技术开发公司		对会善寺东院僧房、执客僧房、主持僧房、斋堂、禅窟、主席台、照壁及周围4座清塔进行维修保护

续表

序号	项目名称	起止时间	勘察设计单位	施工单位	监理单位	工程内容
53	会善寺环境整治工程	2008	河南省文物建筑保护设计研究中心	河南省龙源古建园林技术开发公司		建设管理用房200余平方米，安装栏板、望柱20余米，修建生态停车场9000余平方米，地面及道路铺装8000余平方米，绿化面积13450平方米，种植各类苗木539棵
54	会善寺油漆保护工程	2005—2009				对会善寺东院及西院古建筑进行油漆保护，油漆面积达7000余平方米
55	法王寺塔维修保护工程	2003.02—2006.09		河南省龙源古建园林有限公司		对法王寺1、2、3、4号唐塔及一座元塔和一座清塔进行维修保护，建设管理用房，修筑保护围墙
56	启母阙保护房工程	2003.03—2004.10	河南省古代建筑保护研究所	郑州嵩山建筑安装有限公司古建园林处		启母阙保护房建设
57	启母阙环境整治工程	2008		登封市颍南建筑安装有限公司	开封会发建设工程监理有限公司	铺设道路，修建临时管理房，绿化美化，完善水、电等配套设施，启母阙保护房油漆等
58	少林寺塔林维修保护工程	2015.08—	北京清华同衡规划设计研究院有限公司	北京同兴古建筑工程有限责任公司	河南东方文物建筑监理有限公司	对成公寿塔、无尘清公之塔等10座塔进行维修保护。该项目由少林寺组织实施
59	少室阙环境整治工程	2008	清华大学建筑设计研究院	郑州弘业建筑工程有限公司	开封会发建设工程监理公司	修建管理用房、木桥梁、停车场、旅游公厕，道路、路面及青石踏步铺装，绿化美化
60	少室阙挡土墙建设工程	2010.11—2011.05	郑州鼎立文物保护设计有限公司	郑州弘业建筑工程有限公司	河南东方文物建筑监理有限公司	少室阙挡土墙建设及局部环境整治

续表

序号	项目名称	起止时间	勘察设计单位	施工单位	监理单位	工程内容
61	少室阙保护房建设工程	2012.06—2013.07	北京清华城市规划设计研究院	河南第五建筑安装工程(集团)有限公司	河南东方文物建筑监理有限公司	少室阙保护房建设
62	太室阙环境整治工程	2008.04—05		河南裕达古建园林有限公司		对太室阙保护房进行揭顶维修、地面铺装、安装栅栏、环境整治等
63	嵩岳寺塔环境整治工程	2008.01—04		河南裕达古建园林有限公司	开封会发建设工程监理公司	对嵩岳寺塔塔体、山门、大雄宝殿、六祖殿、伽蓝殿进行除草及日常维修保护，地面及道路铺装，维修挡土墙，遗址保护及嵩岳寺塔陈列展示，绿化等
64	观星台帝尧殿及院内环境整治工程	2004.06—08		河南裕达古建园林有限公司		帝尧殿复建、建设管理用房、修建停车场、完善供水和消防设施等
65	观星台环境整治工程	2008.05—06		河南裕达古建园林有限公司	开封会发建设工程监理公司	对观星台大门、照壁的维修保护，圈设围墙，道路及地面铺装，拆除院内与观星台不协调建筑物及构筑物，绿化、平整场地，安装铁栅栏等
66	中岳庙名山第一坊维修工程	2000.09—2001.05	河南省文物建筑保护设计中心	河南省龙源古建园林技术开发公司		按原貌重建名山第一坊
67	中岳庙四岳殿维修保护工程	2004.08—2006.12	河南省文物建筑保护设计中心	河南省龙源古建园林技术开发公司		对原台基进行承压检测后进行加固，在原台基上恢复四岳殿
68	中岳庙天中阁、崇圣门、化三门、御书楼等8座古建筑的维修保护及院内环境整治工程	2007.08—2008.10	河南省文物建筑保护设计中心	河南省龙源古建园林技术开发公司	辽宁文博古建公司监理	对天中阁、遥参亭、日柏亭、崇圣门、化三门、御书楼、东西顺山房进行维修保护，对中轴线甬道进行规整，对文物本体酥砖挖补，院内绿化等

续表

序号	项目名称	起止时间	勘察设计单位	施工单位	监理单位	工程内容
69	中岳庙四岳殿彩绘工程	2008.05—10	河南省文物建筑保护设计中心	河南省龙源古建园林技术开发公司		四岳殿彩绘
70	中岳庙古树名木保护工程	2009.05				对中岳庙“盘龙柏”“三公柏”“猴柏”“卧羊柏”等40余株古树名木进行复壮、防腐、支撑、加固、填充、加装护栏、病虫害防治等保护
71	中岳庙、龙王庙维修保护工程	2008.08—2010.09	河南省文物建筑保护设计中心	河南裕达古建园林有限公司、河南省龙源古建园林技术开发公司		对龙王庙大殿进行落架维修，并修缮东西厢房
72	中岳庙峻极殿、峻极门等保护修缮工程	2014.09—2015.12	郑州大学城市规划设计研究院	咸阳古建集团有限公司	河南东方文物建筑监理有限公司	峻极殿后檐部维修，更换角柱，峻极门维修保护等
73	中岳庙太尉宫保护修缮工程	2015.10—2016.08	郑州大学城市规划设计研究院	咸阳古建集团有限公司	河南东方文物建筑监理有限公司	大门、正房、东西厢房维修保护
74	刘碑寺环境整治工程	2009.07—2010.08	南阳市古代建筑保护研究所	河南裕达古建园林有限公司	南京方环文物保护工程监理有限公司	拆除校舍，完成关爷殿、六祖殿、东客堂、西客堂、山门5座古建筑维修复原工程，修筑围墙，种植各类树木，绿化等
75	登封城隍庙东、西厢房维修保护工程	2008.02—08	河南省文物建筑保护设计研究中心	河南省龙源古建园林技术开发公司		对东厢房进行落架维修，恢复西厢房
76	登封城隍庙大殿及东西廊房保护维修工程	2016.03—	南阳市古代建筑保护研究所	河南裕达古建园林有限公司	河南东方文物建筑监理有限公司	对城隍庙大殿、拜殿、东西廊房落架维修，院内铺装等

续表

序号	项目名称	起止时间	勘察设计单位	施工单位	监理单位	工程内容
77	清凉寺维修保护工程	2005.06—2007.08	登封市文物管理局	河南省豫达古建园林装饰工程有限公司		对金代大殿,清代山门、大殿、东西掖门、东西厢房、东西顺山房等8座30余间古建筑进行维修保护,建设管理用房,完善给排水和电路等
78	崇福宫维修保护(一期)工程	2008.07—12	登封市文物管理局	河南省豫达古建园林装饰工程有限公司		对泰山殿、龙王殿、三元殿、玉皇殿及石围墙进行维修
79	崇福宫复原保护(二期)工程	2009.10—2010.10	河南大学古建园林设计研究院	河南裕达古建园林有限公司	河南东方文物建筑监理有限公司	保祥殿、东配殿、山门、西配殿、东西仪门、围墙、挡土墙维修复原及地面铺装等
80	泛觞亭修复工程	2012.10—2013.08	北京清华城市规划设计研究院	河南裕达古建园林有限公司	河南东方文物建筑监理有限公司	制作泛觞亭模型、泛觞亭修复、局部环境整治
81	南岳庙保护维修工程	2009.06—2010.03	河南大学古建园林设计研究院	河南裕达古建园林有限公司	河南东方文物建筑监理有限公司	对老母殿、三官殿、龙王殿、山门等11座古建筑进行维修保护
82	南岳庙大殿保护维修工程	2017.02—	郑州大学规划设计研究院	河南华磊园林工程有限公司	河南东方文物建筑监理有限公司	大殿揭顶维修加固,围墙、院内排水以及东西配房局部维修、地面铺装及山门、月台修整
83	龙泉寺千佛殿维修保护工程	2003.03—07		河南省豫达古建园林装饰工程有限公司		千佛殿落架维修
84	龙泉寺山门维修保护工程	2003.11—2004.03		河南省豫达古建园林装饰工程有限公司		落架维修山门,并复原山门前月台及青石踏步
85	龙泉寺六祖殿维修保护工程	2005.07—08		河南省豫达古建园林装饰工程有限公司		六祖殿维修

续表

序号	项目名称	起止时间	勘察设计单位	施工单位	监理单位	工程内容
86	龙泉寺环境整治工程	2009.09—2010.05		河南裕达古建园林有限公司	河南东方文物建筑监理有限公司	复原山门、修建围墙、路面铺装、院内挡土墙加固等
87	三祖庵塔维修保护工程	2016.09—2017.08	南阳市古代建筑保护研究所	河南省今古园林古建工程有限公司	河南安远文物保护工程有限公司	对塔本体维修、周边环境整治及挡土墙建设等
88	玉溪宫一期维修保护工程	2013.07—2014.08	南阳市古代建筑保护研究所	河南裕达古建园林有限公司	河南东方文物建筑监理有限公司	对玉皇殿、三官殿、九苦殿等古建筑进行保护维修及环境整治
89	白鹤观整修工程	2012.05—2013.05	郑州鼎立文物保护设计有限公司	河南裕达古建筑园林有限公司	南京方环文物保护工程监理有限公司	对山门、东西配殿、白鹤观大殿、控鹤庵大殿、控鹤庵倒座、厕所等进行整修
90	万嵩寺维修保护工程	2015.03—05	南阳市古代建筑保护研究所	河南裕达古建园林有限公司	南京河洛古建筑工程监理有限公司	对万嵩寺大殿进行落架维修,恢复室外地坪及甬道,砌筑挡土墙,院内排水及碑刻保护等
91	万嵩寺二期维修保护工程	2016.09—2017.07	南阳市古代建筑保护研究所	河南省今古园林古建工程有限公司	河南安远文物保护工程有限公司	对万嵩寺大门、管理房及围墙整修等
92	安阳宫保护维修工程	2017.03—10	河南省兴盛古今建筑设计有限公司	河南省兴龙古建园林有限公司	河南安远文物保护工程有限公司	玉皇阁维修加固;西院正殿维修,屋顶水泥面拆除并重新铺装;东院正殿维修,屋顶水泥面拆除及院落地面更换铺装等
93	龙潭寺大殿维修保护工程	2017.09—	南阳市古代建筑保护研究所	河南省今古园林古建工程有限公司	河南安远文物保护工程有限公司	大殿落架维修及环境整治等
94	卧佛寺塔保护维修及防雷工程	2017.08—2018.	郑州大学城市规划设计研究院	河南裕达古建园林有限公司	南京河洛古建筑工程监理有限公司	本体维修和防雷
95	考院维修加固工程	2016.01—2017.03	河南华威设计院有限公司	河南天龙古建园林有限公司	河南卓越工程管理有限公司	古建本体保护整修

续表

序号	项目名称	起止时间	勘察设计单位	施工单位	监理单位	工程内容
96	接旨亭古建保护整修工程	2015.06—09	河南华祥古建工程有限公司	河南宏昌古建园林有限公司	河南卓越工程管理有限公司	古建本体保护整修
97	县衙大堂维修加固工程	2017.06—2018.01	河南华祥古建工程有限公司	河南裕达古建园林有限公司	南京河洛古建筑工程监理有限公司	古建本体保护整修
98	白氏祠堂维修加固工程	2015.01—2017.10	河南华祥古建工程有限公司	河南宏昌古建园林有限公司	河南卓越工程管理有限公司	古建本体保护整修
99	寿圣寺双塔保护维修工程	1995.11—1996.02	河南省建设实业总公司古建园林公司			对西塔塔体进行整修
100	寿圣寺双塔保护维修工程	2012.06—2013	郑州市鼎立文物保护设计有限公司	郑州华源文物保护工程有限公司	南阳市古代建筑保护研究所	对双塔塔体抢险维修加固,环境整治

第三节　石窟寺、石刻保护维修

1. 登封刘碑寺维修工程

(1)刘碑寺环境整治工程

1949年至2002年刘碑寺一直被刘碑寺的小学、中学占用,经过登封市文物管理局的多方努力和协调,学校于2002年迁出,因常年被占用,寺内的文物损毁较多,古建筑多被改建。院内校舍与刘碑寺的整体环境极不协调。近几年来,登封市文物管理局对寺内建筑进行了维修,使刘碑寺得到了有效保护。但由于刘碑寺周围均是采煤区,环境恶劣,出现了地面下陷,刘碑寺内的古建筑出现了不同程度的残毁。2009年3月,登封市文物管理局委托南阳市古代建筑保护研究所编制了《刘碑寺维修保护方案及环境整治方案》,经河南省文物管理局审核以豫文物保〔2009〕65号文批准后开始实施,同年6月通过公开招标的方式进行招投标,施工单位由河南裕达古建园林有限公司中标,委托南京方环文物保护工程监理有限公司进行监理。工程于2009年7月开工,2010年8月竣工。国家拨款50万元,登封市财政拨款100万元,对刘碑寺实施环境整治工程。拆除校舍1000余平方米,完成了关爷殿、六祖殿、东客堂、西客堂、山门5座古建筑维修复原工程,维修复原面积近400平方米,修筑围墙310米,种植各类树木180棵,绿化面积达1600平方米。

(2)刘碑寺碑维修保护工程

因刘碑寺碑碑体出现残缺、表层片状剥落、粉状剥落、机械裂痕、人为污染等情况严重,所以对刘碑寺碑进行维护。2015年2月委托郑州大学城市规划设计研究院编制了《登封刘碑寺碑维修保护方案设计》,并经河南省文物局豫文物保〔2014〕135号文批准后开始实施。2015年11月17日经过公开招标,确定由河南省龙源古建园林技术开发公司以1554874.48元中标,由河南东方文物建筑监理有限公司担任监理。2015年12月3日,与河南省龙源古建园林技术开发公司签订了施工合同。该工程于2016年3月11日开工。实施完成了对刘碑寺碑体及附属文物佛祖殿、老君殿、火神殿维修保护。

2. 巩义巩县石窟保护维修工程

1954年春,河南省文化厅拨款清理了巩县石窟3、4、5窟内的淤泥,并在窟门建了红机瓦保护廊坊。1956年5月,河南省文物部门对巩县石窟寺进行了清理维修。1976年秋,国家文物局拨款,特请国家文物局高级工程师姜怀英同志和龙门石窟高级专家刘景龙同志指导工程,首次对石窟寺1、3、4窟中心柱崩裂严重现象,采用当时较先进的化学合剂技术进行黏结加固工程。1978年3月,国家文物局拨款对巩县石窟寺窟四壁、2窟中心柱及2窟东侧山峰和3、4窟四壁等,进行全面化学合剂技术黏结、勾缝、灌浆、修补、做旧加固等。另外,筑盘山排水沟1条,加强窟顶保护,防止山水渗透和黄土流失。1980年8月,修建巩县石窟寺窟顶排水设施填补第2窟东侧崖壁裂隙,修葺窟前大殿。1981年春,国家文物局拨款,对巩县石窟寺西厢房、大殿、围墙、道路等进行维修工程。1982年春,国家文物局拨款对巩县石窟东厢房、大雄宝殿进行修葺,征地约200平方米,建筑了西围墙,修复了道路。1983年春,河南省外事办公室拨款对巩县石窟寺东厢房、殿宇进行翻新。1984年8月17日,河南省古代建筑保护研究所对巩县石窟寺4窟、5窟保护房进行了重点维修。1985年8月,国家文物局拨款在巩县石窟寺征地约3400平方米,砌新围墙,维修石窟寺唐塔,加强了对汉代摩崖题记的保护。1990年4月27日,完成了巩县石窟寺修复加固工程的前期测绘和微距摄影工作,由建设部综合测绘研究院应用测量研究所、中国文物研究所石窟研究室、河南省古代建筑研究所测绘。1992年1月25日—29日,巩义市人民政府拨款对巩县石窟寺陈列室门窗加固。

1993年3月至12月,巩县石窟寺一期维修加固保护工程:由国家文物局拨款,河南省古代建筑研究所负责、监督,偃师县诸葛乡刘和施工队具体承建施工。完成的工程项目:①拆除了原已破漏的窟檐。②对1、2窟外壁进行封缝、锚固和环氧树脂灌浆加固,拆除过去以青砖修补的窟门、天窗及部分外壁,以与石窟相同的石料重砌;锚固洞室错动、变形部位;对四壁残缺的千佛,进行了试探性的补雕,总数在700身左右。为了区别于原有千佛,在补雕比较集中的区域,刻以不太显眼的纪年。③清除3—5窟窟顶的黄土覆盖层,现场整浇10厘米厚的混凝土层,以利防水和排水。④维修了石窟顶部土岭上的唐塔,塔周围浇筑了钢筋混凝土散水,砖砌了护坡。⑤用砖券了汉代摩崖石刻,整修了洞门及地面。⑥挖除了1窟西侧的高台,使窟西侧岩体外露;对2、3窟间进行了探查,发现了一些像龛和题记,并修筑了防雨窟檐。在石窟寺第一期维修工程中,南河渡镇政府援资用于建水池,购买潜水泵,挖管沟。

1997年4月至1999年5月,巩县石窟寺第二期维修治漏工程:由国家文物局拨款,河南省古代建筑研究所负责。第二期维修主要包括山门、1至5窟保护窟檐、步廊、院落硬化、绿化、征地、四周围墙以及治漏等工程。

2002年3月至5月,完成了巩县石窟寺门前停车场的征地、地面的硬化及周围的绿化工作。2004年11月,巩义市文管所投资对巩县石窟的监控设备、汉苑进行了维修。2005年7月22日开始,由巩义市文化局主持,对巩县石窟大殿、东西厢房进行维修。2006年修复了钟楼、鼓楼和大雄宝殿,2011年,对唐塔东侧防护墙进行加固维修。

2012年1月30日,巩义市文物和旅游局委托河南华威文物保护工程有限公司编制的《巩县石窟山体抢险加固及窟檐维修方案》通过河南省文物局审批(豫文物保〔2012〕8号)。2012年6月5日,由河南华磊园林工程有限公司施工,巩县石窟山体抢险加固及窟檐维修工程开工,主要有窟檐维修、山体加固、院地整理，同年10月22日完工。

2012年4月16日，巩义市文物和旅游局委托中国建筑设计研究院建筑历史研究所编制的《巩县石窟保护总体规划》通过国家文物局审批(文物保函〔2012〕533号)。

2017年6月，巩义市文物和旅游局委托洛阳市龙门文物保护技术开发有限公司实施石窟寺日常维护项目。经专家现场勘察，双方制订了《巩县石窟保养维护方案》和《巩义石窟寺日常维护预算书》，确定了具体维修项目、办法与预算。施工方工作人员对巩县石窟进行了保养维护，共计修补石窟窟顶裂隙5条、地面裂隙2条，石窟底部裂隙填补4处，修补小龛2处，黏结加固开裂小龛及雕像12处，黏结加固开裂岩体6处，灌浆锚固危岩体2处，黏结修补了部分大佛座、佛脚及力士像座等开裂处，并对6处风化严重的石窟外立面及雕像进行了表面加固处理。该公司于10月31日至11月7日完成了该项目。

附表：郑州市石窟寺及石刻保护工程项目登记表

序号	项目名称	起止时间	勘察设计单位	施工单位	监理单位	工程内容
1	刘碑寺碑维修保护工程	2016.03—10	郑州大学城市规划设计研究院	河南省龙源古建园林技术开发公司	河南东方文物建筑监理有限公司	对刘碑寺碑碑体进行维修，同时对附属文物佛祖殿、火神殿、老君殿根据残损程度进行相应的抢险加固维修保护
2	巩县石窟寺保护设施建设一期工程	1993.03—12		偃师县诸葛乡刘和施工队		保护设施建设
3	巩县石窟寺保护设施建设二期工程	1997.04—1999.05	河南省古代建筑保护研究所、河南华威文物保护工程有限公司	河南华磊园林工程有限公司	河南东方文物建筑监理有限公司	包括山门、1至5窟保护窟檐、步廊、院落硬化、绿化、征地、四周围墙以及治漏等
4	巩县石窟山体抢险加固及窟檐维修工程	2012.06—10	河南华威文物保护工程有限公司	河南华磊园林工程有限公司		主要有窟檐维修、山体加固、院地整理
5	巩县石窟部分石窟裂缝修缮工程	2017.06—08	洛阳市龙门文物保护技术开发有限公司	洛阳市龙门文物保护技术开发有限公司		修补石窟裂缝
6	石柱岗经幢维修保护工程	2014.09—2015.05	郑州大学城市规划设计研究院	河南豫建风景有限公司	郑州大学城乡建设研究院	迁建、建保护亭
7	荥阳佛顶尊胜陀罗尼经幢维修保护工程	2017.05—	郑州大学城市规划设计研究院	濮阳市帝都古代建筑工程有限公司	河南省博古文化遗产保护规划设计院	幢体提升加固维修及建亭保护

第四节　近现代史迹保护维修

1. 郑州二七纪念堂基础设施建设工程

因年久失修，二七纪念堂文物本体破损，漏水严重，内部设施陈旧、损坏，电气、消防等设备无法满足需要，急需对其进行维修。郑州二七纪念馆委托河南省文物建筑保护设计研究中心编制完成了保护设计方案。2009 年 2 月 20 日和 10 月 28 日，郑州市发展和改革委员会和国家文物局分别下达了对初步设计的批复。经公开招标，由郑州瑞杰结构加固工程有限公司承担维修保护任务，委托河南省东方文物建筑监理有限公司实施监理。该工程于 2010 年 2 月开工，2011 年 4 月竣工。工程内容为对二七纪念堂文物本体进行全面的维护改造。

2. 郑州原日本驻郑领事馆旧址修复改造工程

因年久失修，文物本体建筑外立面墙体酥碱、局部出现裂缝；室内墙面外粉剥蚀，局部出现渗漏现象；门窗等部位木质表面油漆老化脱落严重；个别室内木地板开裂、塌陷损坏，存在安全隐患，急需对其进行维修。郑州二七纪念馆委托河南省古代建筑保护研究所完成了维修保护设计方案，由南阳市文华古建工程有限公司承担维修保护任务。该工程于 2004 年 4 月开工，2004 年 12 月竣工。工程内容为对原日本驻郑领事馆旧址文物本体进行全面的维护改造。

3. 郑州铁路职工学校旧址搬迁复建工程

郑州市铁路职工学校旧址位于郑州市管城回族区东三马路 80 号天荣时装城内（原三益街小学院内）。因年久失修，现仅存讲堂一座，且檐檩糟朽，门窗佚失，油漆脱落，墙根砖酥碱严重，急需进行维修。其位于郑州市二七商圈内，周边为历史上形成的批发市场，周边环境极差，严重威胁文物建筑安全，所以需对其进行搬迁复建。2012 年 1 月，郑州市管城回族区政府委托河南省文物建筑保护设计研究中心编制完成了《郑州铁路职工学校旧址搬迁保护设计方案》，国家文物局文物保函〔2009〕364 号文批准。该项目由河南裕达古建园林有限公司承建，委托河南东方文物建筑监理有限公司实施监理。该工程于 2012 年 7 月 31 日开工，2016 年 10 月 20 日竣工。工程内容为文物建筑搬迁复建及周边环境整治等。

4. 郑州黄河博物馆旧址迁建工程

黄河博物馆旧址位于郑州市紫荆山路 4 号，郑州地铁紫荆山站施工建设后，紫荆山站为地铁 1 号线与 2 号线的换乘站，黄河博物馆位于该站主体结构上方。为保护黄河博物馆这一具有鲜明时代特征和重要历史意义的优秀近现代建筑，经过慎重考虑和充分论证，2010 年 9 月，经报国家文物局批准决定采用平移拆迁相结合的方案保护展览陈列厅，即除展览陈列厅入口大厅外其他部分建筑暂时解体保存，有利用价值的构配件编号拆除后保护，待日后按原样复建。依照文物建筑迁移的相关原则和要求，黄河博物馆主体建筑整体向东平移 101 米，历时 7 个月，最终坐落于现在位置。

5. 郑州三民主义烈士祠保护修缮工程

（1）三民主义烈士祠东厢房、大殿、后殿建筑维修

2008年由郑州鼎立文物保护规划设计有限公司编制了《北伐军阵亡将士墓地——三民主义烈士祠东厢房、大殿、后殿维修方案》。河南省文物局豫文物保〔2011〕88号文批准。2012年3月，烈士祠维修工程依法进行公开招标，确定南阳市古代建筑保护研究所为施工监理单位，郑州华源文物保护工程有限公司为施工单位。工程内容：①屋面工程（瓦面、脊饰、苫背灰、椽檩、梁等的拆除、修复、替换及重新安装）；②墙体工程（墙面清理，修补严重酥碱墙体砖，修补裂缝，调灰勾缝）；③屋地面工程（散水、台明、台基清理、施工，屋地面清理、施工）；④装饰部分（门窗修补，补配窗扇、纱窗门、门下槛、木构件并进行油漆）。2012年6月20日，维修工程正式开工。2012年12月20日，烈士祠维修工程主体施工完成。2013年4—6月，油漆及油饰彩画工程实施。同年6月底所有维修内容全部完工。

（2）三民主义烈士祠西厢房加固维修工程

2013年由郑州鼎立文物保护规划设计有限公司编制完成了《北伐军阵亡将士墓地——三民主义烈士祠西厢房加固维修设计方案》。河南省文物局豫文物保〔2014〕20号文批准。2016年10月经公开招标，由河南宏昌古建园林有限公司承担维修保护任务，委托河南安远文物保护工程有限公司实施监理。该工程于2017年2月20日开工，2017年8月28日竣工。工程内容为对西厢房的梁架结构、墙面、屋面等进行维修，包括脚手架搭建工程；屋面拆除工程；大木架制作安装；木基层制作安装；屋面苫背工程；瓦瓦工程；调脊工程；墙体修补；墙面抹灰施工；地面散水铺设工程等。2017年10月13日，郑州市文物局组织省、市专家对该工程进行验收，原则通过。

6. 荥阳中共荥汜县抗日大楼旧址主体维修工程

因年久失修，窑洞窑脸拱券裂缝，崖顶硬山房顶坍塌，建筑室内外地面、墙面抹灰，护栏围墙，山体结构等方面也存在不同程度的残损，2014年5月，委托郑州大学城市规划设计研究院编制完成了《荥汜抗日大楼旧址抢险维修加固设计方案》，并通过专家组评审，2015年8月经公开招标，由河南天龙古建园林有限公司承担维修保护任务，委托河南安远文物保护工程有限公司实施监理。该工程于2015年9月20日开工，2015年12月5日竣工。工程内容：一、二层窑洞墙体加固，崖顶硬山房墙体复建；一、二、三层室内地面整修，照明线路安装；环境整治，院内排水及散水铺装等。2016年4月27日，郑州市文物局组织省、市专家对该工程进行了验收，原则通过。

7. 巩义刘镇华庄园保护维修工程

由于年久失修，刘镇华庄园建筑严重残毁，维修类别为抢修工程。

2010年巩义市文物局委托河南华磊园林工程有限公司编制《刘镇华庄园维修方案》，河南省文物局批准（豫文物保〔2011〕63号）。该工程一期于2010年4月经公开招标，由河南华磊园林工程有限公司承担维修保护任务。2010年5月19日，刘镇华庄园维修工程正式开工，2010年7月工程完工。

刘镇华庄园二期修缮工程由河南华磊园林工程有限公司承担维修保护任务，工程内容为对刘家花园主楼进行保护维修。对刘镇华庄园主宅区上院（警卫室、东窑洞、北二层楼、北窑洞、西二层楼、南厢房）、下院（西院、窑洞、门楼及倒座）、东西门楼进行维修保护。2011年12月26日，刘镇华庄园二期维修工程正式开工，2012年12月通过竣工验收。

8. 巩义豫西抗日先遣支队司令部旧址保护维修工程

豫西抗日先遣支队司令部旧址由于风雨侵蚀、年久失修，各建筑出现不同程度的残损，亟须维修保

护。维修类别为维修工程和保护工程。2012 年巩义市文物和旅游局委托河南华威文物保护工程有限公司编制《豫西抗日先遣支队司令部旧址保护维修方案》,2013 年 1 月通过河南省文物局审批(豫文物保〔2013〕5 号)。修缮内容包括地面、木构架、木基层、砌体、抹灰、屋面、木装修等内容,对建筑周遭环境进行整改。其中修缮建筑面积 469. 69 平方米,拆除建筑 125 平方米,环境整治面积 1900 平方米。

附表:郑州市近现代史迹保护维修工程项目登记表

序号	项目名称	起止时间	勘察设计单位	施工单位	监理单位	工程内容
1	郑州二七纪念塔塔体外粉刷工程	1999. 05—12		河南绿盾涂料有限公司		塔体外部粉刷
2	郑州二七纪念堂基础设施建设工程	2010. 02—2011. 04	河南省文物建筑保护设计研究中心	郑州瑞杰结构加固工程有限公司	河南省东方文物建筑监理有限公司	基础设施建设
3	原日本驻郑领事馆旧址修复改造工程	2004. 04—12	河南省古建保护研究所	南阳市文华古建工程有限公司		整体修复改造
4	郑州铁路职工学校旧址搬迁复建工程	2012. 07—2016. 10	河南省文物建筑保护设计研究中心	河南裕达古建园林有限公司	河南东方文物建筑监理有限公司	对郑州铁路职工学校旧址进行搬迁复建
5	黄河博物馆旧址迁建工程	2011. 06—2014. 04	河南省文物建筑保护设计研究中心	河南龙源古建园林技术开发有限公司	南京方环文物保护工程监理公司	主展厅加固与平移,南北展厅保护性拆除与复建
6	北伐军阵亡将士墓地——三民主义烈士祠东厢房、大殿、后殿建筑维修工程	2012. 06—2013. 06	郑州鼎立文物保护规划设计有限公司	郑州华源文物保护工程有限公司	南阳市古代建筑保护研究所	屋面工程,墙体工程,屋地面工程,装饰部分
7	北伐军阵亡将士墓地——三民主义烈士祠西厢房加固维修工程	2017. 02—08	郑州鼎立文物保护规划设计有限公司	河南宏昌古建园林有限公司	河南安远文物保护工程有限公司	梁架结构、墙面、屋面等进行维修工程,木基层制作安装,屋面苫背工程,瓦瓦工程,调脊工程,墙体修补,墙面抹灰施工,地面散水铺设工程等
8	古荥影剧院东、西耳房维修项目	2014. 12—2015. 06	南阳市古代建筑保护研究所	河南继发古建筑工程有限公司	河南安远文物保护工程有限公司	对发生部分垮塌的古荥影剧院东、西耳房进行维修

续表

序号	项目名称	起止时间	勘察设计单位	施工单位	监理单位	工程内容
9	郑州纺织工业基地三厂大门维修	2013.05—06	郑州大学城市规划设计研究院	河南裕达古建园林有限公司	南阳市古代建筑保护研究所	维修加固
10	郑州纺织工业基地四厂大门维修	2016.09—11	郑州大学城市规划设计研究院	河南裕达古建园林有限公司	河南安远文物保护工程有限公司	维修加固
11	董天知故居保护维修工程	2005.07—09 2007.03				复原修建
12	中共荥汜县抗日大楼旧址主体维修工程	2015.09—12	郑州大学城市规划设计研究院	河南天龙古建园林有限公司	河南安远文物保护工程有限公司	大楼本体维修
13	刘镇华庄园修缮保护工程	2010.04—07	河南华磊园林工程有限公司	河南华磊园林工程有限公司	河南东方文物建筑监理有限公司	对刘家花园主楼进行保护维修
14	刘镇华庄园二期修缮工程	2011.12—2012.03	河南华磊园林工程有限公司	河南华磊园林工程有限公司	河南东方文物建筑监理有限公司	对刘镇华庄园主宅区上院、下院、东西门楼进行保护维修
15	豫西抗日先遣司令部旧址保护修缮工程	2013.01—2015	河南华威文物保护工程有限公司			地面、木构架、木基层、砌体、抹灰、屋面、木装修等，整改建筑环境
16	韩凤楼故居本体维修工程	2015.12—2017.05	郑州大学城市规划设计研究院	河南裕达古建园林有限公司	南京河洛古建工程监理有限公司	西院整体维修、复建
17	刘堂庙革命旧址维修保护工程	2016.08—2017.06	郑州鼎立文物保护设计有限公司	河南华祥古建工程有限公司	河南安远文物保护工程有限公司	北厢房、东南房、西厢房、西屋及山门维修加固，新建房屋拆除、围墙及院内道路地面铺设
18	登封县抗日县政府旧址维修保护工程	2009.07—08		河南裕达古建园林有限公司		对白坪登封抗日县政府旧址进行维修保护，并对院内进行环境整治，拆除猪圈、清运垃圾等

续表

序号	项目名称	起止时间	勘察设计单位	施工单位	监理单位	工程内容
19	登封大金店中正堂保护维修工程	2017.02—	郑州大学城市规划设计研究院	河南华祥古建工程有限公司	郑州基业工程监理有限公司	中正堂屋面整修、木构件维修加固、更换,墙体重砌、抹灰,门窗维修更换等
20	新密禹抗日民主政府旧址保护维修工程	2017.10—11	河南华祥古建工程有限公司	河南华祥古建工程有限公司	南京河洛古建筑工程监理公司	对新密禹抗日民主政府旧址进行维修保护,包括墙面勾缝、地面石板铺设、屋面防水、环境整治等

第三章　申遗工作

第一节　登封“天地之中”历史建筑群申报世界文化遗产工作

登封“天地之中”历史建筑群由建于1世纪至20世纪的8处11项优秀历史建筑组成,包括周公测景台和登封观星台、嵩岳寺塔、少林寺建筑群(常住院、初祖庵、塔林)、会善寺、嵩阳书院、少室阙、启母阙、中岳庙和太室阙,含367座单体建筑,保护范围面积8.25平方千米,缓冲区面积149.4平方千米。

登封“天地之中”历史建筑群申报世界文化遗产工作于2006年正式启动。在国家文物局和各级领导的指导、关怀下,在遗产地群众的艰苦奋斗和社会各界的大力支持与积极参与下,申遗走过五年艰辛历程,终获成功:2010年8月1日,经世界遗产委员会第34届大会审议,登封“天地之中”历史建筑群符合世界文化遗产标准第三条和第六条,被列入《世界遗产名录》,成为我国第39处世界遗产。

1. 先期筹备工作

2006年,申遗工作开始进行先期筹备工作。工作主要内容有:(1)加强与国家文物局、河南省政府等上级部门的沟通工作,及时汇报相关情况,充分争取上级部门的指导和支持;(2)成立河南省、郑州市、登封市三级申遗工作领导机构,全面负责和协调申遗工作的具体实施;(3)克服资金不足困难,积极拓宽申遗资金来源渠道,及时下拨专项资金,保障申遗工作快速、畅通、有序开展;(4)抓紧时间搜集基础材料,加强理论研究,深入挖掘建筑群的价值和内涵,为申报工作打好坚实基础;(5)全面推进《郑州市嵩山历史建筑群保护管理条例》的修订和颁布工作,为建筑群的保护、管理和申遗工作的开展提供法律保障;(6)从市直各有关单位抽调一百多名专业技术人员常驻申遗一线,负责规划、文本编制、档案建设、遗产展示、英文翻译等事宜,保障了申遗工作的人力、智力支持,确保申遗期间各项具体工作的顺利进行。

2. 申遗文本的编制及报送工作

2007年7月,在全市范围内抽调在登封“天地之中”历史建筑群及其文化内涵研究方面卓有建树的历史、文物、史志、古建等方面的专家。同时,在全国范围内聘请知名专家学者,组成文本编制小组,深入挖掘遗产内涵,开展文本编写工作。

在申遗文本和补充文件编制过程中,专家组夜以继日、攻坚克难,高质量、高效率地完成了申遗文本的编写、翻译和印制。文本如期报送世界遗产中心,得到国际专家的高度认可,建筑群被确定为第33届遗产大会审议项目。

登封“天地之中”历史建筑群申遗是一个系列申报项目,367座建筑年代跨度两千载;建筑群类型丰富,涉及礼制、宗教、教育、科技各领域,其规模、功能、性质、价值不一,却必须按照《世界遗产公约》及

《实施世界遗产公约的操作指南》要求，将建筑群捆绑为一个整体申报，因此，必须提炼出能够将建筑群串联起来的建筑群所共同拥有的价值。时任国家文物局局长单霁翔、副局长童明康等领导对此项工作给予高度重视。时任国际古迹遗址理事会副主席郭旃、国家文物局文物保护与考古司副司长陆琼等领导亲自参与文本编写，与专家们共同探讨，深入研究、反复论证，着重挖掘和提炼出了“天地之中”这一古代宇宙观的概念及建筑群之间的逻辑关系和内在联系——因“天地之中”这一核心理念召唤，历史上各流派汇聚嵩山，留下了不同性质、不同类型的建筑，而这些建筑又对登封嵩山地区“天地之中”的地位加以印证和强化。补充文本以“天地之中”理念为核心线索，将整个历史建筑群联系起来，阐述了该文化遗产的突出普遍价值、真实性和完整性，成功获得了世界遗产委员会的认可。这期间也得到了朱丽叶·拉姆齐女士和乔拉·索拉先生等国际遗产专家的指导和帮助。

3. 文物本体修缮及环境整治工作

文物资源不可再生、不可替代，按照“科学化、标准化、严要求、促和谐”的原则，切实做好文物本体的修缮和环境整治工作十分重要。登封“天地之中”历史建筑群建筑类型多，范围广，本体保护和环境整治工作专业性强，难度大。申遗过程中，在全国范围内聘请文物保护方面，尤其是古建筑维修保护领域的著名专家，全程参与决策，指导施工，解决问题；并邀请中国文化遗产研究院、清华大学建筑学院等权威机构的专家、学者定期或不定期现场指导、论证。同时，委托清华大学等多家国内一流规划设计单位分别进行保护规划和维修方案的编制工作，其间召开了100余次论证会，进行了充分论证。短短几个月，包括《登封“天地之中”历史建筑群总体保护规划》在内的61个项目规划和施工设计方案全部编制完毕。在此基础上，按照“不改变文物原状、修旧如旧”的原则，聘请具有一级资质、一流技术水平的施工单位精心施工，科学、有序地推进保护维修工作的实施，经过一年多夜以继日的紧张工作，先后共完成文物本体维修61个项目、107项工程，119项环境整治及6平方千米以上的灾害治理工程，使申报地的周边环境与历史建筑群达到了自然、和谐、统一。

4. 档案资料、监控监测系统建设工作

档案资料建设是申遗工作的一项重要内容，也是世界遗产组织必检项目之一。郑州、登封两级政府积极组织、密切配合，联合下发文件，通过召开动员会、举办业务培训班、发倡议书等形式，充分动员各有关单位，并面向社会和个人征集资料，在最短的时间内完成了所需各项图书档案资料的收集整理工作。共收集各类文书档案、科技档案2596卷（盒），拓片1000余份，照片7382张，施工图纸2000多张，字画30余幅，各类图书3000余册。并选用了目前国内最先进的硬件设备和数字档案系统管理软件，在登封和郑州分别建立了资料齐全、管理先进的申遗档案室，建成即达到省一级档案馆标准。

遗产监控监测是遗产保护管理工作的重点之一，是维护文化遗产价值、真实性、完整性的重要手段。登封市在嵩阳书院西院建立了遗产监控展示中心，对历史建筑进行统一管理和展示。申报地重点建筑物区域内安装了避雷设施，配备了相应的消防设备，建立了完善的安防、技防系统。完善的监控监测网络和现代化的消防预警系统、大气监测系统，以及游客流量监测系统为文化遗产的安全性提供了保障。

5. 宣传工作

申报世界遗产的目的在于形成一个全民参与、自觉保护的良好社会氛围，形成全社会保护文化遗产的合力。登封“天地之中”历史建筑群申遗过程中，始终把宣传工作放在一个十分重要的位置，郑州市委宣传部和市申遗办联合制定了《申报世界文化遗产宣传工作方案》，召开申遗宣传工作协调会，对

申遗期间整个宣传工作做了通盘考虑和整体部署。

(1)综合协调市直相关部门,充分重视文化遗产,进行宣传。如,利用市政设施、交通道路标牌等载体,拓展宣传方式,在重要场所竖立申遗标志。

(2)充分发挥新闻媒体在宣传工作的主导地位,《郑州日报》《郑州晚报》《大河报》以及河南电视台、郑州电视台等单位及时跟踪报道申遗工作进展情况。

(3)利用专题拍摄,深入宣传,与中央电视台《讲述》《探索·发现》等栏目合作拍摄登封"天地之中"历史建筑群大型专题片。

(4)组织形式多样、内容丰富、群众喜闻乐见的社会宣传活动,如"魅力嵩山"省会著名书画家作品邀请展、万人签名助申遗、申遗演讲比赛、登封"天地之中"历史建筑群知识竞赛等。登封市群众更是广泛参与,自发成立了老干部申遗宣传队。

(5)在宣传的同时,用教育的方法使广大群众,尤其是我们的下一代认识文化遗产保护与传承的重要性。组织编写、印发中小学生申遗乡土读本;组织有关专家和学者对登封"天地之中"历史建筑群的文化内涵进行认真挖掘,整理出版了《嵩山故事》《嵩山古建筑群》等一批普及读物。

通过一系列社会宣传活动的开展,普及了登封"天地之中"历史建筑群及其申遗工作知识,扩大了申遗的影响,营造了浓厚的舆论氛围。

6. 迎检工作

按照"专业为主、接待为辅"原则,在国家文物局的精心指导下,圆满完成了迎接国际遗产专家实地考察评估的各项工作,充分展示了遗产的突出普遍价值、真实性、完整性以及保护管理工作的科学性和有效性和当地民众对遗产保护的热情和支持。

做好国际专家现场考察活动前期准备工作。根据迎检工作的特点,成立了10个迎检工作小组,各自针对自己的工作内容,另行制定详细实施方案;多次邀请国内专家现场指导,发现问题及时整改;学习其他遗产地经验;展开多次模拟检查,并邀请时任国际古迹遗址理事会副主席郭旃、国家文物局文保司副司长陆琼来到登封现场指导。同时,制定了详细的迎检接待方案,对考察路线、天气状况、专家饮食起居、汇报材料筹备、现场讲解、现场翻译、民俗宗教仪式表演筹备等进行详细规划和部署,从各个方面确保迎检工作的万无一失。

2008年9月12日—16日,国际古迹遗址理事会专家拉姆齐女士来到登封验收评估,对8项11处遗产申报点进行了考察,并参加座谈会听取郑州和登封所做的建筑群价值和保护管理状况汇报。她对登封"天地之中"历史建筑群突出的艺术、科技和历史价值表示充分认可,对建筑群的保护管理状况、文物本体修缮和环境整治、档案资料、监控监测系统建设等工作给予高度赞扬。

7. 参加世界遗产大会工作

2009年6月的第33届世界遗产大会召开前夕,由于受到"五岳联合申遗"的不利影响,登封"天地之中"历史建筑群申遗形势变得非常严峻。在国家文物局的统一指挥下,按照"只要有一线希望就要百倍努力,决不放弃"的要求,迅速采取了一系列应对措施,如补充文本编写、与国内外专家沟通交流等。补充文本经10余次校稿、编译,报中国古迹遗址保护协会秘书处审阅后,在第一时间递交到世界遗产中心。参会期间积极配合国家文物局、外交部等国家部委,与国际同行进行了深入沟通交流,使他们对登封"天地之中"历史建筑群的价值、内涵有了更深了解,最终使登封"天地之中"历史建筑群由"退回重报"晋级为"补充材料推荐列入"。递交补充文本后,即可直接在2010年世界遗产大会上接受审议。

2010年7月,第34届世界遗产大会召开,在对补充文本再次进行论证并做了进一步扩充的基础上,精心制作了宣传材料,将登封“天地之中”历史建筑群的独特魅力和宝贵价值传递给每一位专家。参会期间,在国家文物局、外交部、中国教科文组织全国委员会的统一指挥下,与各国代表和专家积极沟通,宣传登封“天地之中”历史建筑群的突出普遍价值和保护管理成就,并对各缔约国委员的意见进行认真研究,有针对性地调整落实外交预案。在大会表决现场,从遗产地介绍到投票成功总共不到5分钟,登封“天地之中”历史建筑群顺利通过审议,成功列入《世界遗产名录》,各国代表纷纷起立拥到中国代表团前表示祝贺。时任联合国教科文组织世界遗产委员会中心主任弗朗西斯科·班德兰在大会现场,给时任中国代表团团长、国家文物局副局长童明康送来了贺信:“亲爱的来自中国的朋友们,我谨代表联合国教科文组织,祝贺你们这项杰出的提名。登封‘天地之中’历史建筑群为世界文化遗产杰出典范,感谢你们为世界遗产名录送来了这份礼物!”

第二节 中国大运河通济渠(郑州段)申遗工作

大运河位于中国中东部,地跨北京、天津2个直辖市和河北、山东、江苏、浙江、河南、安徽6个省。中国大运河通济渠(郑州段)是中国大运河文化遗产的重要组成部分,20世纪50年代—2005年,郑州市开展了部分大运河遗产点段的保护工作。主要是对一些被列入各级文物保护单位的大运河遗产点实施了古闸、古桥梁、古堤坝等水工设施和历史街区的保护工程;部分运河河道的清淤、堤岸加固等工程。柳孜运河遗址、含嘉仓160号仓窖遗址等大运河相关遗迹的考古发掘也取得重要成果。

2006—2008年,大运河遗产整体保护工作启动。2006年,国务院将京杭大运河整体公布为第六批全国重点文物保护单位,国家文物局将大运河列入《中国世界文化遗产预备名单》。全国政协连续三年组织大运河保护和申遗专题调研。2007年,大运河沿线各城市在扬州设立了大运河联合申遗办公室。2008年,大运河沿线35个城市共同成立了大运河保护与申遗城市联盟,并制定了联盟章程和申遗工作方案。

从2009年起,大运河保护和申遗工作全面展开。2009年,国务院批准开展大运河保护和申遗工作,大运河保护成为国家重大文化遗产保护工程。由文化部、国家文物局牵头,发改、财政、国土、环保、住建、交通、水利、文化、法制、测绘、文物、教育、南水北调等13个国务院主管部门和大运河沿线8个省级行政区人民政府共同设立了大运河保护和申遗省部际会商小组,负责协调解决大运河保护和申遗工作的重大问题,并明确了保护工作任务和要求。

在会商小组的领导下,建立了大运河保护和申遗的国家、省、市、县各级会商、协调工作机制;颁布实施大运河遗产的专项保护法规、联合协定和国家、省、市级保护规划;完成了大运河全线遗产资源调查;组织实施一批大运河遗产保护、展示工程;建立了大运河遗产档案和监测系统,大运河遗产的保护管理水平得到显著提升。2013年3月,国务院将中国大运河整体公布为第七批全国重点文物保护单位,进一步加强了对大运河遗产的整体保护和法律保障。

郑州市大运河水工遗存是此次申遗的立即列入项目,主要位于郑州市惠济区,包括现存地面的索须河部分河段和掩埋于地下的惠济桥段。索须河段遗产区范围为:西界至惠济桥段与索须河交会处,东界至索须河与贾鲁河交会处,长约16千米,沿线两侧均以索须河岸线向南北各外扩5米为界,遇堤时,则以外堤脚线为界。惠济桥汴河遗址段:北界至黄河,南界至索须河,全长约4千米,以河道遗址分布范围向东西两侧各外扩5米为界。缓冲区以遗产区整体外扩80米为界。遗产区面积561万平方米,缓冲区面积307万平方米。除大运河水工遗存外,郑州市的荥阳故城城址、古荥冶铁遗址、纪信墓及碑刻、荥泽县城隍庙等已被确定为申遗的后续列入项目。

1. 加强组织，做好大运河郑州段申遗工作统筹协调

郑州市成立了郑州市大运河申报世界文化遗产工作领导小组，由省辖市市长级干部丁世显任组长，市政府副秘书长王霄鹏任副组长，下设申遗办公室，负责协调大运河保护和日常工作的开展，并定期向市领导专题汇报。郑州市大运河申遗工作领导小组统筹协调，定期召开郑州市大运河申遗工作推进会并组织现场调研，细化分工，明确时限和责任人，确保工作顺利开展。督查部门严格督办，确立大运河郑州段环境整治工作督查制度，确保工作方案按时推进。市政府督查办下发督查通知，明确大运河郑州段河道保护和环境整治任务、要求、时间节点和责任单位，并要求各申遗成员单位每周向市政府汇报工作进度，确保各项任务稳步实施。各相关单位严格按照督查要求，推进各自承担的任务，并于每周向市政府督查室和市申遗办汇报。各成员单位通力协作。市申遗办按照市大运河申遗工作领导小组指示，组织全体申遗成员单位召开郑州市大运河保护和申遗工作会，统一部署工作，不断加强沟通协调，增强各成员单位的工作积极性和主动性，保障各个衔接环节通畅、高效。

2. 科学实施，做好大运河郑州段规划编制工作

按照国家文物局大运河遗产第一阶段的保护规划编制要求，2008 年 11 月，郑州市大运河遗产保护规划编制工作正式启动，委托中国文化遗产研究院进行规划编制。组织专家进行现场调研并收集相关资料，对惠济桥等遗产点内涵进一步挖掘论证，开展价值评估。2010 年，《大运河遗产保护规划》初步编制完成。2011 年，组织文本论证和修改。会同市国土资源局、市规划局、市水务局、惠济区人民政府等相关部门对规划文本进行审核，并呈报上级文物部门审核。2011 年 10 月底，该规划由郑州市人民政府公布实施，为开展各项运河遗产保护和申遗工作提供科学和法律依据。

此外，相关遗产点保护规划和展示方案工作稳步推进。委托北京清华城市规划设计研究院进行荥阳故城保护规划编制，纪信墓保护规划及复原展示方案已经报批。

3. 按照要求，完善相关法律法规

郑州作为运河沿线城市之一签署《大运河遗产保护联合规定》。政府正式印发实施《关于加强大运河遗产郑州段保护工作的通告》，大运河遗产相关法律规定进一步完善，使运河保护有法可依，强化了运河遗产安全。

4. 做好考古勘探及遗产价值挖掘工作

借助第三次全国文物普查对运河遗址进行了全线调查，并开展惠济桥、洛口仓等相关遗产点的专项调查，针对重点区域进一步开展文物调查、考古发掘工作，明确遗产内涵。组织专业机构进行调查研究，制定了《大运河郑州市通济渠荥阳故城段考古调查、勘探、发掘工作方案》，开展资料收集、考古勘探发掘工作。通过调查走访，发现了记载重修惠济桥的石碑和一批与大运河直接或间接有关的碑刻及传说。进驻惠济桥进行勘探，探明惠济桥村—堤湾段、惠济桥村—大王庙段和堤湾—祥云寺段有关河道的结构、走向和深度；发现了一条古河道，探明堤湾至弓寨村之间存在隋代河堤，为大运河郑州段的历史文化价值提供了最直接的证据。通过对惠济桥村惠济桥南侧的古河道的考古发掘，发现自唐代至明清时期的连续堆积地层，出土数以千计的瓷片、陶片等文化遗物，初步确认该段河道至少在唐代就已存在，结合勘探资料，确定为隋唐大运河故道。根据黄河大堤到堤湾发现的隋唐时期运河河道，基本摸清了运河郑州段走向，为明确遗产历史文化价值和提炼运河遗产突出普遍价值提供了重要依据。

5. 做好文本编制基础材料收集工作

根据中国文化遗产研究院大运河申遗文本资料清单，按照时间节点，召集专门会议进行文本资料收集工作部署，协调各成员单位和运河遗产专家，共同做好文本基本资料的收集和整理，为申遗文本编制工作提供基础数据。

（1）完成档案、考古材料汇总呈报。初步整理和建立了郑州市大运河遗产“四有”档案，阶段性完成考古调查报告；会同水利部门编制大运河郑州段环境整治项目实施方案，提交郑州市大运河遗产保护规划。（2）完成文献材料汇总呈报。协调市水务局、惠济区政府完成《顺治荥泽县志》《水利志》《邙山志》等文献材料的收集。（3）完成相关规划汇总呈报。协调市规划局、国土局、水务局等相关部门完成郑州市城市总体规划、土地利用总体规划、生态水系规划。（4）完成基础文本材料报送。起草、报送运河郑州段遗产基础文本材料。（5）协调相关部门，收集大运河郑州段河道 1：10000 地形图和卫星影像，与中国文化遗产研究院签订保密协议后提交相关材料。

6. 做好文物本体保护维修及整治工作

（1）重点推进大运河郑州段重要附属遗存惠济桥的保护和环境整治。根据国家文物局及省市文物专家意见完善惠济桥本体保护修缮展示方案；根据惠济桥维修方案完成惠济桥本体修缮工作；完成惠济桥及汴河故道考古发掘工作；按照惠济桥环境整治方案推进惠济桥环境整治工程，与当地政府协同工作完成惠济桥周边防水排涝的保护措施，切实加强汛期考古现场防护工作。

（2）加快推进郑州市大运河相关遗产点的保护整治。开展荥阳故城西城墙南段及北城墙抢救性保护工程，上报荥阳古城考古遗址公园规划、文物影响评价和考古计划；纪信墓展示及环境整治工程办理土地预审中；古荥冶铁遗址博物馆环境整治工程初步完成。

7. 做好档案和监测建设工作

成立郑州市大运河档案监测中心，完成郑州市大运河档案室和监测室建设及相关硬件的配备，完成国家大运河遗产监测平台填报，在运河沿线、水工遗存考古现场及相关遗产点设立了 32 个监控点，使遗产处于预警监测之中，确保防患于未然。将收集来的与运河遗址相关的档案材料进行分类、整理、归档、编目，对重要文字和图纸资料予以数字化，共整理文献 250 余卷、图书近 500 册、照片 6000 余张、视频资料约 700 分钟。

8. 实施大运河节点展示和标识系统建设工程

按照国家文物局下发的运河遗产导视标识系统指导意见，设计完成标识碑及文字和图片内容，委托专业机构制作遗产保护范围界桩和遗产展示系统标识，并完成安装。

9. 实施大运河河道及环境整治工程

按照大运河申报世界文化遗产的标准和要求，积极组织相关单位开展河道清淤、堤坝保护、河滩整治、河道内绿化、沿河建筑整改、河水污染防治、水质监测及卫生整治等工作，运河两岸雄浑整洁的形象初步显现。

10. 高度重视大运河申遗宣传工作

（1）充分利用地方电台、电视台和报刊等媒体报道宣传大运河郑州段历史价值和我市大运河保护与申遗工作。(2)组织“行走郑州大运河”活动,制作宣传展板、发放大运河郑州段宣传材料,进一步扩大群众基础。(3)结合“文化遗产日郑州主场城市”活动,组织专家访谈讲座,播放大运河郑州段保护和申遗新闻专题片,进一步加强工作宣传。通过加大运河申遗工作宣传,切实提高大运河郑州段的广誉度,加强群众对社会文化遗产的保护意识,巩固申遗工作群众基础。

11. 全力做好国际专家现场考察评估工作

(1)制定总体接待工作方案,设立迎检工作机构,成立综合协调、专家陪同、展示陈列、保护整治、档案监测、接待保障和迎检宣传七个工作组,进一步细化工作任务,明确责任单位和责任人。(2)根据国家文物局申遗考察评估工作预演方案,针对国际专家在郑州进行现场考察评估明确日程安排、时间节点、具体任务和相关责任人。(3)沟通和联系申遗相关单位,做好国际专家考察评估期间主要汇报和讲解,接受国际专家提问并进行解答。

2014 年 6 月 22 日,中国大运河世界文化遗产申报项目在联合国教科文组织世界遗产委员会第 38 届会议上通过审议,成功列入《世界遗产名录》。中国大运河通济渠(郑州段)作为中国大运河的一段重要河道,成为郑州继登封“天地之中”历史建筑群后的第二处世界文化遗产。郑州市文物部门按照“保护为主、抢救第一、合理利用、加强管理”的方针,以及《世界遗产公约》及世界遗产组织的相关要求,落实各项保护措施,不断推进相关遗产点的保护修缮、景观环境的提升美化、历史文化内涵的彰显发扬、城市功能和文化品牌的拓展完善,确保文化遗产科学保护、历史文明永续传承、社会经济生态文明和谐发展。

第四章　陈列展览

陈列展览是博物馆的中心工作，是文物藏品保护与研究成果的体现，是实现博物馆文化价值和核心功能的基本方式，也是博物馆直接服务民众的重要手段。多年来，郑州市的各级各类博物馆本着充分发挥博物馆社会教育功能的原则，严守精品意识，不断改善展厅设施条件，提高陈展水平，增加展览的文化内涵和科技含量，实现历史性与时代性、思想性与观赏性、科学性与艺术性、学术性与趣味性、知识性与通俗性的完美结合。文物藏品的组合陈列展示，传播了历史、艺术、科学知识，较好地履行了博物馆的社会教育和服务职能。本章着重介绍近几十年来郑州市各级博物馆举办的部分重要陈列展览。

第一节　基本陈列

1. 古象化石陈列（郑州市博物馆，1971—1987）

1970年春，郑州市西郊董寨村附近发现古象化石，在中国科学院古脊椎动物与古人类研究所的协助下，郑州市博物馆于1971年冬举办了“古象化石陈列”，简明介绍了象类的历史，并概括说明了人类的进化过程。此后，郑州市博物馆对该陈列进行了修改，减去从鱼到人这一部分，突出了郑州古象化石的出土和象类进化的内容。1987年展室维修，“古象化石陈列”作为唯一原有陈列被保留，直至1999年新馆建成开放后展品被移至新馆陈列展示。

古象化石陈列

古代珍宝陈列

2. 古代珍宝陈列（郑州市博物馆，1987. 12. 1—1999. 12）

该陈列突破以往通史、断代史的陈列格局，荟萃120件郑州地区出土的文物珍品，组成一幅幅历史画面，展现了郑州地区历史发展的轨迹和灿烂的文明史。陈列针对文物的不同特点，使用了壁柜、透视展柜、中心展柜等，以浅灰色为基调加银色金属竖条装饰，清新悦目，“新、精、静、美”的鲜明特征被博物馆界专家赞为“全省表率，当之无愧”。

3. 古代石刻艺术陈列（郑州市博物馆，1987.12.1—1999.12）

该陈列展出荥阳大海寺出土的石刻造像精品和部分馆藏石刻共48件，在形式上，门厅仿照石窟寺布局，展室中线用双“S”形板墙对接，与四周的单体屏风和双联展柜形成组合，隔板、壁柜采用棕色平绒布包面，采用射灯照明，渲染出恢宏热烈的艺术氛围。

古代石刻艺术陈列

4. 苏轼书欧阳永叔《醉翁亭记》石刻陈列（郑州市博物馆，1988.9—1999.12）

该陈列展出《醉翁亭记》刻石30块，采用大联柜形式，并配以拓片，充分展现了这套刻石的书法艺术。

5. 郑州文明曙光展（郑州博物馆，1999.12.28—2007.9.6）

该展览包括“旧石器时代陈列”和“新石器时代陈列”两个部分。

“旧石器时代陈列”以郑州出土的纳玛象化石为基础，复原了四五十万年前郑州地区的自然环境，制作的仿真纳玛象模型能够模拟象的姿态和叫声，较为成功地运用了动态展示的手段。陈列结合生物进化、古象迁徙等图版，揭示了环境变迁对自然生态的影响，强调了人与自然和谐相处的重要性。陈列的另外一个主题是通过对织机洞遗址古人类生活场景的复原及数十件石器制品的展示，让观众了解到10万年前郑州地区古人类的生产、生活情况。

郑州文明曙光展

“新石器时代陈列”展示的是郑州地区从裴李岗文化到仰韶文化、龙山文化数千年历史发展的轨迹，通过各文化时期100余件代表性文物，结合重要文化遗址介绍和景观复原，观众可以直观地了解到原始社会先民农耕、制陶、渔猎、建筑等生产、生活的状况。配合陈列制作的专题片《从洞穴到城堡》，再现了古代先民从穴居野处的蛮荒时代到建筑房屋、走向文明的历史发展过程。此外，多媒体触摸屏“古代神话故事”也极大地丰富了展览内容，具有浓厚的趣味性。

6. 郑州古都风采展（郑州博物馆，1999.12.28—2007.9.6）

该展览包括“夏都阳城陈列”“郑州商都陈列”“郑韩故都陈列”三个部分。

“夏都阳城陈列”展出了登封王城岗遗址等地出土的文物70余件，结合王城岗古城复原沙盘、古代文献资料，展示了郑州在早期华夏文明中的重要地位。嵩山一带是夏族先民活动和建立王朝统治的中心区域，史载“禹都阳城”，王城岗古城位于古阳城附近，为探索夏代文化提供了宝贵的线索。陈列中配置有《郑州五大古都》专题片，详细介绍了黄帝时期，夏、商时期郑州地区建都的情况。

郑州古都风采展

“郑州商都陈列”展出了近200件郑州商代遗址等地出土的珍贵文物，其中有兽面纹铜方鼎、牛首铜尊、羊首铜罍、爵、觚、钺、戈等青铜礼器和兵器，玉戈、玉璧、玉铲等玉器及原始青釉瓷尊、陶器、骨器等，较为全面地反映了郑州商代遗址数十年考古发掘的成果，展示了商代王都的风采。陈列中运用沙盘、宫殿复原遗址模型，揭示了郑州商城恢宏的都市格局和丰富的文化内涵，通过青铜铸造作坊、陶窑遗址、骨器制作遗址等景观，反映了商代手工业的概况。陈列配置的《郑州青铜器窖藏》专题片及数码语音导览系统，详细介绍了郑州商代遗址青铜器窖藏的发现情况，并对商周青铜器纹饰进行了生动直观的解析。

“郑韩故都陈列”选取春秋战国时期郑、韩两国文物精品近120件，其中体现王权统治的大型礼乐器鼎、簋、壶、编钟等表达了“列鼎而食”“钟鸣鼎食”的王权文化内涵。该陈列被评为“1999年度河南省优秀陈列展览”。

7. 郑州古代文化神韵展览（郑州博物馆，1999.12.28—2007.9.6）

该展览包括“古代陶瓷艺术陈列”“古代石刻艺术陈列”“古代书画艺术陈列”三部分内容。

郑州古代文化神韵展览之“古代陶瓷艺术陈列”

“古代陶瓷艺术陈列”展出近120件不同时期的陶瓷精品，有商周时期的原始瓷器，隋唐时期的白瓷、绞胎瓷、三彩器，宋代的珍珠地瓷、白地黑花瓷、单色釉瓷，还有明清时期的青花瓷、仿古瓷及斗彩、五彩、粉彩等彩釉瓷，充分展示了我国古代人民在陶瓷制造方面的卓越成就。展厅以简明的原色木柜和类似瓷胎质地的豆青色墙面营造出清新素雅的环境氛围，与缤纷展品渲染、互动，使观众畅游于奇妙瑰丽的陶瓷世界。陈列中配置多媒体触摸屏和数码语音导览系统等先进设备，对陶瓷知识和精品文物进行了详细解说。

“古代石刻艺术陈列”展出了郑州地区历代佛教造像和书法碑刻等50件(套)。根据展厅空间，把佛教造型艺术和碑刻艺术巧妙结合，选取青蓝作为背景基色处理，运用白描艺术手法造龛、造台、造柜，较好地表现了佛教的神秘和书法的俊美。同时，灯光变化勾勒出清寂柔和的氛围，使观赏者在品味历史文化的过程中，亦能感受到视觉上的现代文化信息。

2000年4月展览调整，从馆藏书画作品中遴选40余幅历代佳作，举办了“古代书画艺术陈列”。该陈列体系将常规的历史陈列与单纯的文物陈列完美结合，围绕郑州历史发展的轨迹，突出展现了郑州文化艺术发展历史上的辉煌成就和馆藏文物精华，特色鲜明。

“古代石刻艺术陈列”先后荣获“1999年度河南省优秀陈列展览”和“1999年度全国博物馆十大陈列展览精品提名奖”。

8. “古都郑州”陈列（郑州博物馆，2008.5.18— ）

该陈列于2008年“5·18国际博物馆日”正式开放，是当年郑州市重点文化建设项目。陈列共分“山河颂·文明沃土”“商都赋·王者之都”“郑韩风·故都春秋”三部分。陈列体系完整，结构谨严，在文物藏品、展示主题、表现形式、空间布局、语言运用等方面突出个性和特色。

陈列精选珍贵文物1000多件，包含多项重大考古发掘成果，如入选“全国十大考古新发现”“20世纪中国100项考古大发现”的裴李岗遗址、王城岗遗址、郑州商代遗址、郑韩故城等。在陈列体例上，“古都郑州”陈列打破原有的通史陈列的表现形式，重点撷取郑州历史的闪光点，以独立专题的形式突出表现，依历史发展贯穿整体，形成一种外分内连、透视聚焦悠远历史的新风格。陈列自开放以来，至今已接待海内外观众100余万人，获得了一致好评，取得了良好的社会效益。

2009年，郑州博物馆“古都郑州”陈列荣获“第八届（2007—2008年度）全国博物馆十大陈列展览精品奖”及“河南省2007—2008年度优秀陈列展览”。时任河南省委书记、省人大常委会主任徐光春作出书面批示：“总结推广这一精品，全面提高我省博物馆的陈列水平。”

“古都郑州”陈列展览序厅

二七革命斗争史展览

9. 二七革命斗争史展览（郑州二七纪念馆，1995—2012）

该展览集中展示了京汉铁路工人大罢工的历史起因、经过和结果。展览共有3个展室，展线面积250平方米，展出历史照片、图片、文字资料100余件，实物、图版、模型20余件，并有早期铁路工人使用的扁担簧、拉响罢工的火车三头汽笛、工人罢工使用的信号灯及京汉铁路总工会成立大会会址——普乐园的模型等重要展品。展览分为“京汉铁路的修建及早期铁路工人的斗争”“京汉铁路总工会的成立和二七大罢工”“英勇悲壮的二七惨案”“踏着二七烈士的血迹前进”四大主题。

1995年，该展览参加了由全国18个革命纪念馆、历史博物馆参展的“中国革命之路”大型博览会，广受好评。

10. 千秋二七（郑州二七纪念馆，2012.7—2013.3）

该展览由一个序厅和八个主题展厅组成。第一展厅：京汉铁路的修建与早期工人运动；第二展厅：京汉铁路总工会的成立；第三展厅：京汉铁路工人大罢工；第四展厅：工人运动的恢复和再遭摧残；第五展厅：永恒的纪念；第六展厅：二七纪念塔今昔；第七展厅：城市记忆；第八展厅：继往开来。展览以观众在新的历史环境下多元化的精神文化需求为背景，将二七纪念塔、京汉铁路工人大罢工与郑州城市的发展紧密联系起来。

展览共展出实物130余件、照片300余张及雕塑、模型、文字材料等，运用现代科技的声、光、电手法，最大限度地利用展示空间，给观众带来惊喜。

该展览共接待观众80万人次，获得了专家和观众的一致好评，取得了良好的社会效益，荣获“2012年度河南省优秀陈列展览”。

千秋二七

大河村遗址出土文物陈列之彩陶展柜

11.大河村遗址出土文物陈列（郑州市大河村遗址博物馆，1986—2012）

大河村遗址是全国重点文物保护单位，也是一处包含仰韶文化、龙山文化和夏商时期文化遗存的大型古代聚落遗址，面积约40万平方米。1986年，“大河村遗址出土文物陈列”布置并开放，陈列以该遗址出土的陶器、石器、玉器、骨器、蚌器等各类文物为基本素材，辅以景观、沙盘和文物复制品等，内容包含仰韶文化、龙山文化和夏商时期的文化遗存，生动地再现了5000—3000年前大河村先民的生产、生活场景，客观反映了大河村先民征服自然、改造自然的艰难历程，印证了郑州地区在中原地区史前时期发展进程中的重要地位和作用。

为配合出土文物陈列，郑州市大河村遗址博物馆同时设置了“大河村遗址仰韶文化房基陈列”，以发掘出土的仰韶文化房基F1—F4现场展示为主，让观众领略古代先民高超的建筑技术和田园生活，从而对以大河村遗址为代表的中原古代文明有相对全面的了解和认识。

该陈列自1986年对外开放以来，先后接待包括党和国家领导人、国外政要及普通观众数十万人，为宣传郑州和开展爱国主义教育发挥了极为重要的作用。

2012—2015年，由于郑州市大河村遗址博物馆改造二期工程建设，陈列暂停。

12.星空下的村落——大河村遗址出土文物陈列（郑州市大河村遗址博物馆，2015—　）

2015年年底，郑州市大河村遗址博物馆改造二期工程竣工，工程重新设计布置了新的基本陈列“星空下的村落——大河村遗址出土文物陈列”。陈列分为两部分，一部分是“考古发掘现场及仰韶文化房基陈列”（遗迹厅），另一部分是“大河村遗址出土文物陈列”（文物陈列厅）。

遗迹厅占地约4100平方米，主要展示大河村遗址出土的仰韶文化房基遗址及其他考古发掘现场。仰韶文化房基是一组多间相连的长方形房屋建筑群，总面积约200平方米，是典型的木骨整塑陶房建筑形式。尤其是F1—F4虽历经5000余年，仍保留有完整的平面布局和1米多高的墙体，其出土奠定了中国北方传统民居建筑的基本形制，对于研究中国古代建筑史，探讨当时社会的组织结构及婚姻、家庭发展状况具有重要意义。

文物陈列厅陈展面积约3600平方米，采用出土文物、场景复原及模拟的形式进行陈列展示，以“星空下的村落”为主题，分为六大部分，包括序厅、千年古村、五彩家园、筑起辉煌、追梦星空、大河长虹，力求全面展示中国新石器时代中晚期大河村先民创造的灿烂远古文化。

星空下的村落——大河村遗址出土文物陈列

古荥汉代冶铁遗址陈列

13. 古荥汉代冶铁遗址陈列（郑州市古荥汉代冶铁遗址博物馆，1986— ）

1986年，郑州市古荥汉代冶铁遗址保护管理所保护房建成开放，由谢遂莲、郭愚夫、冯百毅等进行了设计陈列。陈列以遗址中心区发掘的炼铁炉等遗迹为中心，主要展出冶铁遗迹及出土铁制农具、铁质兵器、陶器等展品60件，辅助材料29件，突出反映了我国古代炼铁技术在世界上的先进水平。

2001年，郑州市古荥汉代冶铁遗址被国务院公布为全国重点文物保护单位，原有陈列已不能适应展览需要，亟须提升改造。于晓兴、张振明、张霆等重新设计了陈列，改造后的陈列主要以出土“河一”铭文的冶铁遗迹、遗物，包括一号、二号炼铁炉，陶窑，水井，水池，四角柱洞，积铁块等为主要展品，集中展示了汉代河南郡铁官的第一炼铁工厂的规模、冶铸工艺水平，突显了其在当时的郑州地区乃至整个河南郡的典型代表性，反映出我国汉代的冶铁水平。

陈列自开放至今，吸引了国内外众多游客参观，成为传播普及我国历史文化、行业文化的重要平台，是科普教育和爱国主义教育的重要基地。同时，陈列得到了各大媒体的争相报道，以此为内容拍摄的纪录片、专题片及出版、发表的书籍、文章等受到广大市民喜爱，取得了良好的社会效益。

14. 古荥镇荥泽县城隍庙威灵殿陈列（郑州市古荥汉代冶铁遗址博物馆，2001— ）

该陈列以威灵殿、碑刻等为主要展示内容。威灵殿是郑州市现存年代最早、体量最大、结构最为复杂、原真性较高的明代木构建筑，其设计组合、建造技术、雕刻彩绘等具有较高的历史文物价值和建筑艺术价值。其神龛彩绘由郑州市非物质文化遗产传人制作，技术及工艺均属上乘，碑刻内容是反映黄河变迁和运河文化的实物资料。

古荥镇荥泽县城隍庙威灵殿

陈列自2001年开放以来，吸引了大量游客参观，并形成以城隍文化和民俗文化为主要内容的一年一度的城隍民俗文化庙会，成为市民参观、休闲、祈福的综合性场所。

15. 郑州纪信庙碑刻陈列（郑州市古荥汉代冶铁遗址博物馆，2006）

2004—2005 年，郑州纪信庙进行了复建，2006 年 1 月对外开放。复建工程中布置了陈列展览，主要展出庙内碑刻及纪信墓。纪信墓由墓道、墓室、耳室构成，全部由大型空心砖扣砌而成，共计 300 余块，是研究西汉早中期墓葬制度的重要实物标本。陈列展出碑刻共 32 通，时代自唐历宋、金、明、清至近现代，内容均为历代名人题诗、赋词、撰文歌颂纪信忠烈之精神，包含篆书、隶书、草书、行书、楷书等多种字体，是我国唐代以后书法史的一个缩影，具有极高的艺术价值，其中《汉忠烈纪公碑》拓片曾作为书法艺术的代表出国展出。

该陈列所蕴含的丰富历史、科学价值，人文知识和文学书法价值，以及纪信的爱国忠烈精神，吸引了大量观众参观，纪信庙成为历史文化研究和青少年爱国主义教育的重要基地。

郑州纪信庙碑刻陈列

洛汭瑰宝陈列

16. 洛汭瑰宝陈列（巩义博物馆，2001—　）

该陈列系巩义博物馆基本陈列之通史部分，主要陈列巩义地区出土的旧石器时代至明清时期文物精品，布展在三个展室，按照巩义历史发展的脉络，形象、系统地展示了洛汭地区的辉煌历史和灿烂的古代文化。

第一展室为原始社会时期，主要展示距今 11 万年的南河渡洪沟旧石器时代遗址出土的打制石器、动物化石及新石器时代从裴李岗文化至龙山文化的典型器物 72 件。第二展室展品 78 件，主要展示从夏、商、周至魏晋南北朝时期的文物。第三展室主要展示隋、唐、宋、元、明、清时期文物。其中隋代以一组隋白瓷为主，再现了隋代生活场景；唐代以巩县窑白瓷、彩绘陶器、铜器等展现了唐代经济繁荣的盛况；宋金时期展出了宋瓷三彩器物、金代义军都统印等文物；清代展出了犀牛角杯，端砚，水晶、象牙制品等文物，精巧玲珑，品味高雅。陈列选用各个历史时期具有代表性、最能反映巩义各文化类型内涵的文物，按历史顺序陈列，再现了巩义在大历史环境中的发展状况。

17. 北宋皇陵陈列（巩义博物馆，2001—　）

该陈列系巩义博物馆专题陈列之一，展出面积 441 平方米，主要通过灯箱、沙盘等辅助手段展示了北宋“七帝八陵”及其名臣将士的画像、生平。展厅中心位置是北宋开国皇帝赵匡胤的永昌陵的地面建筑复原模型，占地 80 平方米，向观众直接展示了北宋独特的丧葬制度和陵寝建制。

北宋皇陵陈列

石刻艺术陈列

18. 石刻艺术陈列（巩义博物馆，2001— ）

该陈列系巩义博物馆专题陈列之一，展出面积 147 平方米，展出从东汉至北宋的石刻雕像 31 件，分为宗教石刻和陵前石刻两大部分。展厅南半部分主要展示北魏石窟寺出土的佛教石刻造像，代表了当时最高雕塑水平；展厅北半部分主要展出北宋皇陵神道两侧的石刻头像及神墙周围埋置的十二生肖石刻像。陈列精选了体现魏唐时期最高艺术水平的北魏双面刻菩萨像、北齐菩萨像、唐代石浮屠和永泰陵 38 号石客使头像、石狗等北宋石刻艺术的代表作。巩义石刻艺术以巩义石窟寺佛教造像、北宋皇陵神道石刻为代表，是巩义地区特色文化的重要组成部分。

19. 陶瓷精粹陈列（巩义博物馆，2001— ）

该陈列系巩义博物馆专题陈列之一，展出面积 196 平方米，展示了从隋到清的白瓷、青瓷、彩瓷 59 件，包括巩县窑生产的隋青瓷豆，唐白瓷罐、绞胎瓷、绞釉瓷，明清时期的粉彩、斗彩精品等。瓷器是巩义的特色文化之一，巩县窑白瓷曾一度成为皇家贡品，辉煌一时。该陈列充分、系统地展示了瓷器的发展历史，又突出各时期的特点，体现了巩县窑瓷器的突出成就。

陶瓷精粹陈列

唐宋三彩陈列

20. 唐宋三彩陈列（巩义博物馆，2001— ）

该陈列系巩义博物馆专题陈列之一，展出面积 882 平方米，包括七、八、九三个展厅，展品 156 件。展品主要是巩义地区出土的三彩器物精品。开馆以来，唐宋三彩陈列吸引了国内外众多专家学者前来参观、学习，部分展品曾多次出国展出，受到各国友人的称赞。

21. 清代玉器陈列（巩义博物馆，2001— ）

该陈列系巩义博物馆专题陈列之一,展出面积147平方米,主要展品为清代康百万庄园存留下来的雕刻精美的玉雕器物,其中白玉如意、人物图案玉盏等玉雕器物造型优美,工艺精细,实属玉中精品。另还陈列有清代葬玉、饰玉等30件。

清代玉器陈列

22. 溱洧之光——新郑历史文物展（新郑博物馆，1995— ）

该展览是新郑博物馆反映新郑历史文化的一个综合性展览,1995年布展并对外开放。它以新郑境内孕育古代文明的两大河流溱水和洧水的名字命名,以新郑出土的各个历史发展阶段的183件(套)文物精品为展品,辅以丰富的语言文字,从不同侧面展示新郑高度发达的古代文明。展览分古生物化石、裴李岗文化、仰韶文化、龙山文化、商代青铜器、陶器、玉器、瓷器八个部分,从文物考古的角度说明新郑是中华民族文明的发祥地之一,是中华民族繁衍生息不断壮大的有机组成部分。展览对外开放以来,接待了十几万观众,受到各级领导、专家及广大群众的好评。

23. 郑韩故城出土文物展（新郑博物馆，1999— ）

新郑市是东周时期郑国和韩国的都城所在地,郑韩两国先后在此建都长达539年,保存有世界上同时期现存最高大、最完整的城墙之一,郑韩故城1961年被国务院公布为第一批重点文物保护单位。“郑韩故城出土文物展”以东周时期郑、韩两国在新郑建都500余年的历史文化遗迹、遗物为陈展基础,展现了历年来郑韩故城考古发现的丰硕成果。展览从艺术的角度展示了文物美的内涵,从科学的角度展示了文物的工艺技术水平和科学成就,从唯物史观的角度展示了文物的历史价值。

郑韩故城出土文物展

展览共展出文物168件(套),陈展面积237平方米,分六大部分:手工业之光——冶铸文物陈列;钟鼎谱春秋——青铜礼乐器陈列;剑戈耀寒辉——兵器陈列;殿堂遗珍陶——建筑材料陈列;冥界的圣物——墓葬陶器陈列;火土的结晶——生活陶器陈列。展览风格典雅庄重,营造出先秦时代古朴大气的历史氛围。

展厅的整体设计凝重而不压抑，展览内容与形式设计和谐统一，整体效果浑然一体。展厅的入口设计为“开”字形结构，将观众由现代社会逐步带入历史文化空间。“前言”造型设计为柱体，顶端接天花吊顶为上翻弧面构造，体现一种奔腾向上的张力；地饰为椭圆造型并铺以白色石子；中间是依托新郑重要出土文物莲鹤方壶的表面纹饰而制作的仿青铜浮雕，点明展览的地域特征和时代特征。柜面为仿古形式，顶部饰以仿瓦檐造型，表面为橡木质地，棕褐色色调，柜内饰面为白色织物，各种质地文物置于其上，使文物材质、色彩真实鲜明。

展览对外开放以来，接待了十几万观众，受到各级领导、专家及广大观众的好评。此展览被评为河南省文物系统2000年度“十大优秀陈列”。

24. 华夏之根——走进有熊氏故墟（新郑博物馆，1999— ）

该展览是新郑博物馆的基本陈列之一，主要反映新郑史前文化，展示新郑黄帝故里、故都文化内涵。它以黄帝时期的文物为主体，直观地再现了新郑黄帝文化雄浑博大的无穷魅力。整个展览共展出文物363件（套），以新郑裴李岗文化遗址、唐户仰韶文化遗址、人和寨龙山文化遗址等出土的文物精品为基础，利用考古界、史学界关于新石器时代考古学与炎黄文化研究的新成果，以黄帝故里、故都这一主题，展示了新郑作为古有熊氏之国，黄帝故里、故都，中华文明摇篮的中心，华夏民族的发源地的灿烂的古代文明。

展览共分三大部分，分别为裴李岗文化与少典时代，仰韶文化与黄帝时代，龙山文化与颛顼、帝喾、尧、舜时代。展品以陶器和石器为主，再现了先民从蛮荒时代迈入文明门槛的辉煌足迹，并配以详细的文字说明，还模拟了陶器泥条盘筑、木骨泥墙的房屋建筑等先民生产生活场景，使观众身临其境地感触到远古文明的成果。在整体设计定位上，展览突出了庄重、富于韵律的艺术氛围，整体造型挺拔简洁，通透明亮，色彩处理明快而庄严。史前文物的象征性雕塑化辅助展示，渲染了展览环境，强化了陈列主题。

华夏之根——走进有熊氏故墟

该展览设计从艺术性、象征性和功能性三方面综合考虑，把握国际化和专业化的设计取向，较好地展示了远古文明的绚丽与辉煌。展览对外开放以来，接待观众十几万人，受到各级领导、专家及广大观众的好评。

25. 馆藏瓷器展（新郑博物馆，2011— ）

该展览共展出新郑博物馆馆藏精品瓷器40余件，从历史、科学和艺术的角度展示了瓷器从商代萌芽的原始瓷到东汉发明的真正瓷器，再到唐、宋、元、明、清不同时期的发展，勾勒出我国瓷器发展的历史脉络。该展览对外开放以来，接待观众4万余人，受到各级领导及广大观众的好评。

26. 新郑博物馆石刻碑廊（新郑博物馆，2013— ）

2013年新郑博物馆石刻碑廊建成并对外开放。该碑廊长50余米，陈列石刻24通，既有唐宋时期精美的画像石、画像砖，也有明清时期的家族墓碑、记事碑等，内容涉及新郑历史、民俗、文化、艺术及大事记等多个方面，行、草、隶、篆、楷各种字体皆有，具有很高的艺术欣赏和研究价值。该石刻碑廊的建成，不仅让碑刻文物得到了有效保护，也为广大书法爱好者提供了一个学习交流的好去处。

新郑博物馆石刻碑廊

27. 新密历史发展器物展（新密市博物馆，2012. 1—2017. 12）

该展览主要展出的藏品有裴李岗文化、仰韶文化时期的石器、陶器，商周时期的青铜器及唐宋至明清时期的瓷器、铜镜、钱币等珍贵文物。

28. 新密精品石刻陈列（新密市博物馆，2016. 7—　）

该陈列主要展示新密出土的宋代石羊，明代盘龙石柱，清代石碑、墓志铭等。

第二节　临时展览

临时展览是博物馆基本陈列和常设展览的延伸与补充，举办各类临时展览，也是博物馆的主要任务之一，可使公众接受历史、艺术、科技、文化信息，从而达到普及科学知识、弘扬优秀文化的目的。郑州地区各博物馆十分注重举办临时展览，并获得了较好的效果。本节撷取部分具有代表性的临时展览予以记录。

1. 伟大的爱国主义艺术家、中国画坛巨匠徐悲鸿作品展，徐悲鸿生平展（郑州博物馆，2001. 12. 8—2002. 1. 22）

该展览共展出徐悲鸿不同时期的作品100幅，类别涵盖油画、水彩、粉画、国画、素描等，包括《奔马》《泰戈尔像》《箫声》《雄狮》等代表性作品，规模之大，档次之高，非常罕见，较为全面地反映了徐悲鸿艺术创作的面貌。同时推出的“徐悲鸿生平展”，用丰富的图文资料再现了徐悲鸿奋斗不息、执着追求的一生。循环播放的纪录片《中国之悲鸿》和《徐悲鸿的画》是展览的组成部分，受到观众热烈欢迎。徐悲鸿夫人廖静文女士，徐悲鸿之子、中国人民大学徐悲鸿艺术学院院长徐庆平先生和河南省市有关领导参加了剪彩开幕仪式，廖静文女士亲自向来宾讲解作品。

展览在社会各界引起巨大反响，观众逾7万人次。该展览荣获“2001年度河南省优秀陈列最佳运作奖”。

2. 郑州改革开放以来配合基本建设考古成果展（郑州博物馆，2002. 9. 12—2003. 9. 14）

该展览是由河南省文物局、郑州市文化局主办，郑州博物馆、河南省文物考古研究所、郑州市文物考古研究所联合承办的一个主题鲜明的大型文物展览。展览紧扣“配合基本建设”这一命题，从郑州改革开放以来各类基本建设工程出土的20余万件文物中，精选出2000余件(套)文物精品作为陈列展示的基础，通过对建设工程及考古发掘收获的介绍、文物法规的宣讲，彰显了基本建设考古工作取得的重要成果，也从一个方面反映了工程建设的成就。展览促进了人们文物保护意识的提高及文物法制观念的树立。

郑州改革开放以来配合基本建设考古成果展

展览展出的各类文物精品，大多数是首次与观众见面，有不少还是刚刚发掘出土的。展览兼顾考古成果和基本建设两大主题，采取按基建工程划分展区的仓储式陈列形式，采用高密度、大容量的展示风格，切合主题需要，创造气势磅礴、具有强烈冲击力的视觉效果；内容设计、形式设计和参观线路精益求精，使整个展览起伏回旋、柳暗花明、移步换景、精彩纷呈。

展览展出期间观众达20余万人次。该展览荣获“2002年度河南省优秀陈列展览”和2003年“第五届全国博物馆十大陈列展览精品最佳综合效益奖”。

3. 红旗渠精神巡回展（郑州博物馆，2005. 1. 6—2005. 1. 16）

该展览由中共河南省委宣传部、郑州市委宣传部、安阳市委宣传部联合举办，郑州博物馆和林州市委、市政府承办。展览分为“肩负起人民的重托”“千军万马战太行”“红旗渠精神谱新篇”及“红旗渠连着中南海”四个部分，通过近200张珍贵的历史照片、4组巨型雕塑、200多件实物及沙盘模型，运用声、光、电等现代科技手段，再现并歌颂了40年前林县人民的艰苦创业壮举和“自力更生、艰苦创业、团结协作、无私奉献”的红旗渠精神。

徐光春、王全书、孔玉芳、李克等时任省市领导莅临开幕式并发表重要讲话。该展览此前已在北京、上海、重庆等地成功巡回举办，引起中央及各级领导的高度重视。此次在郑州展出期间，“红旗渠精神”引起省会社会各界的强烈反响，观众达12万人次，创造了郑州博物馆单项临时展览参观总人数的最高纪录。

4. 国礼中原行——中华人民共和国国务珍贵礼品展（郑州博物馆，2005. 4. 28—2005. 6. 3）

该展览由郑州博物馆与北京中国国际友谊博物馆联合举办。展览展品共计150件，主要是多年来外国国家元首、政府首脑及重要外宾馈赠给毛泽东、周恩来、邓小平、江泽民、胡锦涛等党和国家领导人的珍贵国务礼品。展品种类包括金银器皿、牙骨雕、木雕、玻璃器皿等十几个门类，涵盖了五大洲与我国建交的100多个国家和地区，显示了各个国家和民族不同地区的优秀的文化传统和独特艺术风格，具有很高的艺术价值。展品精品荟萃，有法国总统蓬皮杜赠送给毛泽东主席的“亚马孙河”壁毯，有见证《中英联合声明》签署历史时刻的英国首相撒切尔夫人赠送给邓小平同志的银铭文盘。这些礼品大多与重要的外交事件和人物相关联，是中华人民共和国成立 50 多年来辉煌外交成就的历史见证，也是中国人民和世界人民深厚情谊的物质载体。

该展览按展品的地域洲别分为五大部分，展厅设置于郑州博物馆二楼。展览吸引了大量观众前来参观。

国礼中原行——中华人民共和国国务珍贵礼品展

郑州市反腐倡廉警示教育展

5. 郑州市反腐倡廉警示教育展（郑州博物馆，2005. 8. 16—2005. 9. 16）

该展览由中共郑州市纪委、郑州市人民检察院联合主办，郑州博物馆承办，是为了配合“保持共产党员先进性”教育活动而设。展览通过对郑州市查处的腐败大案、要案的深刻剖析和形象展示，教育并警示广大党员干部务必要加强党性修养，筑牢思想道德防线。

展览的展厅设置在博物馆一楼大厅和二、三楼环廊。展览图文并茂，主要由“论述”“案例”“巡礼”三个部分组成，另外还辟有大屏幕放映厅，定时播放反腐倡廉教育纪录片。展览设计制作包括展览入口标志、前言灯箱及背景展墙的搭建施工，此外还有大幅喷绘主题背景和写真图版 150 余幅，照片近千张。展览收到良好的社会效益，观众参观达 7 万人次。

6. 中国古琴艺术展（郑州博物馆，2006. 3. 23—2006. 4. 20）

古琴亦称瑶琴、七弦琴，是我国最古老的弦乐器，传为伏羲所制。古琴有伏羲式、师旷式、仲尼式等六七十种样式，它外形典雅，音域宽广，音色松透，意蕴幽深，被誉为琴、棋、书、画“四艺”之首。古琴历来为文人雅士所崇尚，许多琴曲、琴文、琴诗、琴艺及脍炙人口的琴音故事世代流传。古琴是我国唯一一种被联合国教科文组织列为世界非物质文化遗产的民族乐器，“中国古琴艺术展”为我们展示了古琴文化艺术的独特魅力，是我们了解、保护、传承古琴文化的有益探索。该展览展出的古琴为民间所藏唐、宋、元、明、清琴和当代名琴等。

中国古琴艺术展

7. 郑州市庆祝中华人民共和国成立60周年成就展（郑州博物馆，2009.9.24—2009.10.8）

为庆祝中华人民共和国成立60周年，2009年国庆节期间，郑州博物馆开设了由郑州市发改委主办、郑州博物馆协办的大型时政性展览“郑州市庆祝中华人民共和国成立60周年成就展”。展览紧紧围绕“60年巨变”这一主题，由“序篇”“综合成就篇”“专题成就篇”“展望篇”等四个篇章共十六个单元组成，架构科学，体系严谨，以细腻的文字、珍贵的历史资料、丰富的照片及翔实的统计数据和图表，真实记录了郑州由一座火车拉来的城市逐步发展成为连接中国中、东、西三大经济带，新欧亚大陆桥重要枢纽的美丽蝶变过程，生动再现了中华人民共和国成立60年来特别是改革开放以来郑州市发生的翻天覆地的变化，全面反映了郑州经济建设、民主政治建设、文化建设、生态建设、社会建设和党的建设所取得的辉煌成就。该展览既是对郑州60年来发展成就的总结与提炼，也为广大群众全面了解郑州、认识郑州打开了一扇窗。

郑州市庆祝中华人民共和国成立60周年成就展

中国古代都城文明展——创世王都：郑州

8. 中国古代都城文明展——创世王都：郑州（郑州博物馆，2009.11.12—2010.2.1）

该展览是国家文物局主办的“中国古代都城文明展”的重要组成部分，展示了郑州在中国城市发展史和都城文明史上的成就，扩大了郑州历史文化的辐射和影响。展览突出郑州在中国城市产生、发展、肇造文明过程中的开创性作用，通过主题单元代表性文明成果及遗址图片、珍贵实物展示，充分突显了郑州在中华文明发展史上的重要历史地位和深远影响。

展览由“文明曙光”“开国立都”“城市滥觞”“筑起辉煌”“科技星火”“人文华章”六个单元组成，紧扣古都主题，以中华文明起源为背景，以城市产生、发展为主线，以珍贵文明成果为基石，全面展示了郑州悠久丰厚的历史文明成就。各单元的内容有机联系，统筹一体，主题明确，条理清晰。展览共展出文物61件，绝大多数是重要考古遗址出土的珍贵文物，其中不乏商代青釉瓷尊、唐代青花瓷罐等文物珍品。文物展示和图版说明相结合，共使用精美照片200余幅，营造了一个瑰丽辉煌的创世王都的文化场景。

该展览荣获“河南省2009—2010年度优秀陈列展览”。

9. 非洲文物艺术展（郑州博物馆，2011.1.25—2011.3.31）

该展览由郑州市文物局、乌干达古斯塔集团策划，郑州博物馆主办。展览展出非洲雕刻艺术品160件，全部来自刚果、喀麦隆、贝宁、坦桑尼亚、科特迪瓦等国家的土著部落，类别包括木雕、石雕、骨雕、陶塑人像、面具、手鼓、陶制器皿等，多与当地图腾崇拜、祭祀、生活密切相关，具有重要的艺术价值和学术价值。

该展览展出时间适逢传统佳节春节，是郑州博物馆为省会人民精心奉献的新年文化大餐。举办如此规模巨大且具有重要价值的非洲艺术品展，在河南省尚属首次。

10. 我们的生活（郑州博物馆，2012.6.8—2012.9.1）

该展览将视角聚焦郑州60多年来的城市发展和社会生活变迁，真实再现郑州60年的沧桑巨变。

我们的生活展览场景

展览按照时代发展序列，以10年为一个单元，采用主辅双线搭建陈列体系，主线以实物展品展开，辅线围绕现代技术处理过的郑州历史影像资料、图版展开，二者相辅相成，虚实相应，共同组成了整体展览架构，层次明晰，体系完整。展出展品1900余件（套），类别多样，具有鲜明的时代性、典型性、代表性、生活性。尤其是记录郑州城市发展的老旧照片、档案文书等的集中展示，将反映60年间社会变迁与百姓衣、食、住、行、用等生活的各种实物标本一一呈现，从不同侧面折射出社会的巨大进步和祖国的日益昌盛繁荣。

展览为期3个月，适逢“中国文化遗产日”活动期间，吸引了大量观众，引起巨大反响。展览荣获“河南省2011—2012年度优秀陈列展览”。

11. 中华传统美德暨青少年网络法制教育展（郑州博物馆，2012.7—2012.12）

该展览由郑州博物馆主办，以“爱国情深”“崇尚科学”“尊老爱幼”“孝贤孝星”“感动中国”等十几个版块介绍了古今一些模范人物的事迹。展览结合当代社会发展，力求赋予传统美德以时代精神，旨在利于公民道德建设的发展，进一步提高广大人民群众的思想道德水平。

展览同时解读了网络可能诱发的六种犯罪类型，用触目惊心的案例与翔实的数据，分析网络不良信息对青少年造成的严重危害，以引起全社会对这一问题的高度重视，并教育青少年如何正确对待网络和克服网瘾，也让家长了解网络时代的家庭教育。

该展览2012年下半年在郑州市各大社区进行巡展，通过巡展引导广大市民及青少年自觉传承和弘扬中华传统美德，健康成长，更好地为祖国繁荣昌盛做出自己的贡献。

12. 君子四艺——琴棋书画艺术展（郑州博物馆，2013.7.18—2013.9）

该展览包括“大雅清音——古琴”“适情雅趣——弈棋”“翰墨流香——书法”“丹青溢彩——国画”四个单元，分别介绍琴、棋、书、画的历史演进与文化内涵，通过各时期琴、棋、书、画文物展示，彰显中国传统文化所崇尚的智慧与品格。

君子四艺——琴棋书画艺术展

琴、棋、书、画四种艺术形式，以其独到的艺术品性和持久魅力，成为我国传统文化中文人雅士陶冶情操、修身养性所必备，并凝练为中国传统文化的精髓，升华为历代文人情感心灵的归宿与依托。琴、棋、书、画四者发展轨迹虽迥异,但文化内涵、艺术品位、审美情趣息息相通,且源流与演进几乎与中华文明诞生与发展同步,是中华优秀传统文化不可或缺的一部分。展览旨在通过亲临博物馆现场听琴论棋、品书赏画的方式,观众感受到中国传统文化精髓,领略琴、棋、书、画的迷人魅力。

13. 劳动的故事(郑州博物馆,2014)

该展览以郑州博物馆收藏的古今生产劳动工具为展示内容,关注与劳动工具有关的历史背景、人文故事和古代传说,是郑州博物馆贯彻“文化遗产活起来”中央指示精神的鲜明例证。

展览主要展出古今各种生产劳动工具,关注劳动工具背后的历史故事和动人传说,热情讴歌古往今来人们在生产过程中的非凡聪明智慧。展览涵盖耕耘植作、收获仓储、纺织渔猎和建筑冶金诸生产劳动领域,以农具诞生及其造型的不断发展演变为脉络,结合中原地域特点和中华农耕文化的历史人文背景,从农具种类、功用、主要特征、制作工艺等方面综合介绍,从而揭示这些劳动工具背后的历史背景、人文故事和古代传说。展览共提借馆藏文物388件,借展外单位相关展品99件。展品类别涵盖石器、铜器、铁器、木器、骨蚌类等,时代跨度从新石器时代至今,还包括一直沿用到现代社会的传统农具,如斧锛、耒耜、犁耕等;此外还包括数百斤的汉代石磨、体量超大的方鼎、汉砖、夯土、陶楼,以及反映汉代高超的冶铁技术的铸造模范、各型产品、煤饼炼渣等。数量众多、门类丰富的各式劳动工具和文物标本,充分体现了祖先的聪明才智和非凡创造力,真实反映了我国古代先进的科技发展水平。

该展览荣获“2014年度河南省优秀陈列展览”。

14. 天工追梦——郑州古代科技文物展(郑州博物馆,2016.1—2016.5)

该展览是郑州博物馆结合社会形势和本馆实际,紧扣中国“科技梦”和“创新”的时代主旋律,推出的一个具有华夏历史文明特色的原创展览。展览共遴选和展出相关文物100余件,按照郑州古代科技文物发展的历史脉络,分为“陶瓷发明——追逐生活的便捷和美丽”“炉火淬金——创造着先进的生产力”“测影观星——探索人与自然的和谐”“营造技艺——构筑人类最美的家园”四个部分进行设计布展,同时配有丰富的辅助展品、建筑模型、互动项目等,并以通俗的语言、形象的实物和图片资料,以及现代多媒体技术等进行综合展示,是对郑州古代科技成果的一次精心梳理,对当前社会“大众创新、万众创业”有积极的启发和借鉴意义。

天工追梦——郑州古代科技文物展

为提升社会服务和宣传展示效果,与此展览同名的流动展览在市内学校、广场、社区、单位进行巡回展出,并针对不同观众群体,多次举办科普讲座,邀请相关专家分别围绕展览设计策划背景、展出文物背后的故事、藏在文物里的智慧等问题进行详细解读。配合实体展览设计推出的网上虚拟展览,可让观众完全不受时空限制,随时随地对展览进行访问、参观和查询。

该展览荣获“2016年度全国博物馆十大陈列展览精品优胜奖”。

15. 雷锋生平事迹大型图片展(郑州二七纪念馆,2005—2008)

该展览以传承、弘扬雷锋精神为主旨,诠释“平凡中的伟大”,解读“把有限的生命投入到无限的为人民服务中去”,大力开辟思想道德教育的第二课堂。

展览共展出历史图片137幅,内容分为“苦难的童年”“我把青春献给党”“永生的战士”三大部分。该展览是引导人们尤其是青少年树立正确的世界观、人生观、价值观、道德观,进行爱国主义教育、革命传统教育及共产主义理想教育的生动教材。

郑州二七纪念馆还把该展览制作成流动版面,在郑州市各个学校、社区等巡回展出,得到观众和广大师生的一致好评,《大河报》《郑州晚报》等媒体给予了宣传报道。展览共接待个人和团体8万余人次。

16. 馆藏书画精品展（郑州二七纪念馆，2009）

该展览由郑州市文化局主办,郑州二七纪念馆承办,展出了精心选出的近60幅馆藏书画珍品,有江泽民、李铁映、王光英、张爱萍等中央领导的题词,有著名的河南籍书画大家卢光照、秦岭云、张潭、张凭、侯德昌、唐玉润等人的作品,还有从河南走出去的成为知名画家的大别山画家群中的桂行创、方强、赵志新等人的作品。作品风格迥异,题材多样,有清新淡雅的传统水墨山水,也有精雕细琢的工笔花鸟草虫;有反映二七大罢工等革命题材的作品,也有纵情讴歌壮美中原风土人情的作品。

该展览吸引了大批观众前来参观,收到了良好的社会效益,多家媒体给予了宣传报道。

馆藏书画精品展

抗战1941——30天克复郑州图片展

17. 抗战1941——30天克复郑州图片展（郑州二七纪念馆，2015.5.18）

该展览展出120余幅老照片、文物实物43件套,记录了20世纪二三十年代郑州城市状貌和人民群众的生存生活情景,真实地揭露了日本侵略者对这座城市的狂轰滥炸及烧杀抢夺的暴行和罪恶。尤其是驻郑国民革命军第三集团军总司令孙桐萱将军亲自拍摄的76幅战地照片,不仅使我们看到1941年10月日军灭绝人性的残暴,更让我们看到国民革命军将士守土有责、向死而生的牺牲精神及浴血奋战、30天收复失地的中华儿女的英雄壮举。

展览产生了较好的社会效果,观众达4万余人次。展览荣获“2015年度河南省纪念抗日战争胜利70周年优秀展览”。

18. “@二七”郑州2015布艺设计邀请展（郑州二七纪念馆，2015.10.10）

该展览集合了70余位青年设计师、插画师及儿童小画家以郑州二七纪念塔及相关历史元素为创作母题创作设计的百余个手提袋作品。作品艺术表现形式丰富多样,创意来源于知名动漫形象、世界名品、日常用品、汉字字体等多个方面,可谓是“二七”历史文化与当今社会生活的一次大碰撞。

展览共计100余件展品,实物69件,开展当天即吸引大量游客前来参观,展出期间参观人数达5万余人。

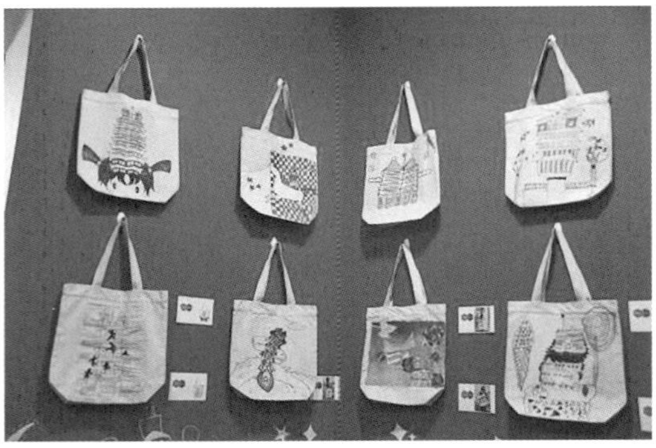

“@二七”郑州2015布艺设计邀请展

纪念长征胜利80周年“长征——壮丽史诗”革命文物珍藏展

19. 纪念长征胜利80周年“长征——壮丽史诗”革命文物珍藏展（郑州二七纪念馆，2016.10.14—2016.11.30）

该展览共分为六个部分，展出珍贵文物200余件。这些展品是从聚协昌博物馆珍藏的众多革命文物中精选出来的，有些展品是红军长征途中散落在民间的，也有来自红军老战士的捐献。每一件展品都有一个故事，都能讲出一段历史；每一件物品都是一个见证，都能见证那段历史的真实。

该展览参观人数达11万人，取得了良好的社会效益。

20. 印象郑州——文明商都篆刻展（郑州二七纪念馆，2017.5.24）

该展览汇集了李刚田、许雄志、王荣生、王晨、周斌、张永乐、谷松章、韩纪中等20余位郑州老中青三代篆刻家的篆刻作品。拥有5000多年文明史和3600多年建城史的郑州，文化底蕴深厚，无数先贤在中原沃土上留下的印记证实了郑州地区历史演进与文明发展的步伐。该展览在“中国文化遗产日”来临之际展出，是郑州市艺术家们用手中刻刀对郑州文化遗产的镌刻，再现了历史的记忆，弘扬了郑州文明，是用篆刻的艺术方式来讲郑州文化遗产典故的新探索，体现了郑州新一代文化人对历史文化的担当。

展览展出印章60块，参观人数6万余人，取得了很好的社会效益。

21. 建军伟业——纪念建军90周年主题展览（郑州二七纪念馆，2017.7.29）

该展览分为“浴血诞生踏峥嵘”“中流砥柱御外辱”“南征北战打天下”“保卫江山铸长城”“改革发展扬军威”五个部分。展览用实物与版面相结合的方式，突出展示了我军90年征程中的重大战役和历史事件，以及重要决策和重大发展成就，全面反映了90年来人民军队在党的领导下走过的光辉历程和建立的丰功伟绩，充分展现了我党我军在长期革命斗争和建设实践中培育形成的光荣传统和优良作风。

建军伟业——纪念建军90周年主题展览

展览展出展品共计100件，参观人数达11万余人。

22. 登封市日军侵华罪行展（登封历史博物馆，2002）

为了纪念九一八事变，不忘国耻，以史育人，2002年8月由登封市文物局组织，登封农民任殿爵自费在登封历史博物馆组织举办了"登封市日军侵华罪行展"。

该展览展出日军侵华罪行图片500余幅,图片内容有作战军用地图、军刀、马鞍、报话机、军服、军靴、弹箱等,以铁的事实回击了日本右翼势力,用真理、正义同邪恶进行了抗争。此次展览引起了强烈反响,社会各界给予大力支持和热情鼓励,大批观众受到了深刻的教育。《郑州日报》《登封时报》等新闻媒体全面报道了任殿爵自费筹办展览的事迹,赞扬了普通农民强烈的爱国主义精神。

该展览先后在全国多地进行了巡回展出。

23. 古今书画艺术展（登封历史博物馆，2002）

该展览主要展出嵩山地区各个时代的48幅名碑拓片及书画艺术作品。如北魏中岳嵩高灵庙碑,其碑文对中岳庙的营造和魏体书法的研究具有很高的参考价值;唐代大唐太宗文武圣皇帝龙潜教书碑,正文存有李世民亲笔草签的"世民"二字;宋代"四大家"之一蔡京"面壁之塔"刻石、米芾"第一山"刻石;元代赵孟頫书裕公宗师道行碑;明代董其昌书道公禅师碑;清代少林寺乾隆御碑、面壁石赞碑;民国梁树柏先生碑等著名碑刻拓片。

24. 许由与许氏文化研究成果展览（登封历史博物馆，2012）

该展览由河南许由与许氏文化研究会,登封市东华镇党委、政府主办。展览以图片与实物相结合的方式,展示了河南许由与许氏文化研究会自1995年成立以来所取得的研究成果,受到社会及许氏宗亲的好评。登封电视台、登封报社等媒体对此次展览进行了采访、报道。

25. 春秋侯国——郑国青铜珍宝展（新郑博物馆，2004.3—2004.6）

该展览由新郑博物馆和厦门市博物馆联合举办,在厦门市博物馆展出,内容以新郑出土的九鼎八簋和青铜编钟为代表的72件青铜礼乐器为基础,辅之以精美的图片,从历史、科学和艺术的角度展示了郑国高度发达的青铜文明,再现了2500多年前中国礼仪制度的核心内容。

展览在厦门市引起了很大轰动,接待观众达10余万人次。当地新闻媒体纷纷报道,中央电视台对此也进行了报道。该展览是新郑博物馆首次到省外展出,提高了新郑在省外的知名度,加强了馆际之间的交流。

26. 我是贱贼我怕谁——古今中外钱币展（新郑博物馆，2005）

该展览由新郑市文物局、新郑博物馆与著名钱币收藏家刘二喜先生合作举办,共展出1000多件珍品和图片,按钱币时代顺序和类别分为二十五个部分,每一枚钱币都能引出引人入胜的故事。除古钱外,展品还有当今世界一百多个国家曾经通行或现在仍在通行的如美元、英镑、法郎、欧元等200多种硬币和现钞。鉴于古钱纤小,不易察看真切,重点钱币配以放大彩照,以币引文,以文释图,图文并茂。

展览对外开放以来,接待观众2万余人次,受到各级领导、专家及广大群众的好评。

我是贱贼我怕谁——古今中外钱币展

27. 河洛：闽南人的原乡——河南新郑诸侯国青铜珍宝暨固始风情图片展（新郑博物馆，2009.12—2010.3）

该展览由新郑博物馆与福建中国闽台缘博物馆、河南固始县委宣传部联合主办。展览以展示黄帝故里新郑出土青铜器和闽南先民故土“光州固始”历史人文景观为专题，重点展示新郑博物馆百余件东周时期郑、韩两国的青铜珍宝。

所展出的青铜器种类丰富，包括饪食器铜鼎、铜簋、铜敦，酒器铜壶，盥洗器铜盘、铜匜，兵器铜戈、铜剑等，多角度展示了新郑悠久的历史文化。这些青铜器造型生动，形态各异，或古朴大方，或小巧精美，或工艺精湛，青铜纹饰亦清晰生动，变化多样，弦纹、蟠虺纹、环带纹、变形夔纹、蟠螭纹等均有典型代表性，集中体现了当时高度发达的中原文明。另外新郑博物馆还特意提供了一整套供观众互动的复制编钟乐器，大小编钟共34件，观众敲击可发出优美古音，让其更为真实地感受到新郑深厚的文化底蕴。配合文物制作的19幅图版分别介绍了黄帝在新郑诞生及建都的历程，郑、韩两国的部分历史及出自郑、韩两国的百余姓氏，图文结合，给观众留下了深刻的印象。

展览共接待观众3万余人次，受到各级领导、专家及广大观众的好评。

28. 具茨山岩画图片展（新郑博物馆，2010.5）

该展览共展出版面41块，从具茨山地理、具茨山岩画类型、具茨山岩画与国内外其他地区岩画对比、河南其他地区岩画、具茨山岩画人文环境、具茨山岩画的踏勘考察、具茨山岩画研讨与交流等七个方面介绍了具茨山岩画从发现到深入研究的历程及具茨山岩画在中原地区发现的重大意义。

展览共接待观众5万余人次，受到了国内外专家及各级领导的好评。

具茨山岩画图片展

29. 中国汉字图片展（新郑博物馆，2012.3.20）

该展览由河南省文物局主办，新郑旅游和文物局、新郑博物馆承办，以中国汉字发生和发展的历史为主线，以博物馆收藏和研究的历代出土文字文物典藏图片为支撑。展览内容包括“前言”“造字”“成熟”“统一”“隶变”“写字”“印字”“艺术”八部分，通过50余幅珍贵的文字图片，讲述了中国汉字的起源、形成、发展及传播轨迹，融汉字的历史、今天和未来为一体，浓缩了汉字的历史及其对记录与推动中华文明乃至人类文明所做出的巨大贡献。

展览共接待观众4万多人次，受到社会各界好评。

30. 赵霞艺术剪纸展（新郑博物馆，2013. 3）

2013 年，为弘扬民族文化遗产，由新郑博物馆和山西省赵霞女士联合举办的“赵霞艺术剪纸展”，于“三月三黄帝故里拜祖大典”期间在新郑博物馆隆重开展，展出时间一个月，共展出系列作品 30 多幅，给观众们带来了美的体验。

赵霞老师在教小朋友们剪纸

31. 中国梦——中国古代科技文化（新郑博物馆，2014. 2）

2014 年 2 月，为庆祝甲午年春节，丰富人民群众的文化生活，新郑博物馆引进布置了“中国梦——中国古代科技文化”图片展，布置展板 30 多块，接待观众 3 万余人次，受到了社会各界的好评。

32. 鼎盛中华——中国鼎文化图片展（新郑博物馆，2014. 3. 26）

为了迎接“三月三黄帝故里拜祖大典”，丰富新郑市民的业余文化生活，新郑博物馆于 2014 年 3 月从河南博物院引进“鼎盛中华——中国鼎文化图片展”。该展览通过百余张精美图片、30 幅版面，以“鼎之初现”“华夏定鼎”“钟鸣鼎食”“问鼎中原”“革故鼎新”“鼎盛中华”六个部分，从鼎本身发展的历史、鼎所记载的历史及鼎所反映的历史几个方面，系统、全面地展现了中国鼎文化的萌生、发展与变迁，让公众透过“鼎”来发现、感知中华文化的悠久与绵长。

鼎盛中华——中国鼎文化图片展

33. “安全杯”书法、绘画、摄影作品展（新郑博物馆，2014. 7. 16）

2014 年 6 月是全国第十三个安全生产月，7 月 16 日，由新郑市安监局主办、新郑博物馆协办的首届“‘安全杯’书法、绘画、摄影作品展”在新郑博物馆开幕。该展览是围绕安全生产月扎实开展的“九个一”

活动之一，其展出作品有书法、绘画、摄影等共计200余幅，其中漫画作品52幅，书法绘画作品70多幅。

34. 新郑市摄影家协会第一届摄影艺术作品展（新郑博物馆，2015.3.2）

为了服务新郑经济社会发展，促进文化繁荣，展示摄影艺术成果，2015年3月2日新郑市摄影家协会举办的“第一届摄影艺术作品展”在新郑博物馆正式开幕。该展览共展出作品155幅，分为纪实、艺术、风光三个大类。

35. “钧瓷泰斗”晋佩章大师钧瓷艺术精品展（新郑博物馆，2015.5.1）

该展览由新郑博物馆和钧瓷大师晋佩章传人苏永超先生联合举办，共展出精美瓷器32件。

晋佩章（1926.9—2008.6），河南省禹州火龙乡晋村（今火龙镇晋村）人，首届中国陶瓷艺术大师、河南省工艺美术终身成就奖获得者、美国国家艺术研究院终身荣誉院士、河南文史馆馆员。他在钧瓷的传承、创新与发展中发挥了承前启后的历史性作用，被誉为“钧瓷泰斗”“钧瓷名片”“中国现当代钧瓷文史、艺术与科学集大成者”。

“‘钧瓷泰斗’晋佩章大师钧瓷艺术精品展”展出的部分作品

申猴朝岁——丙申新春猴文物图片展

36. 申猴朝岁——丙申新春猴文物图片展（新郑博物馆，2016.2.1）

逢丙申新春之际，为了丰富新郑市群众文化生活，新郑博物馆于2016年2月1日引进“申猴朝岁——丙申新春猴文物图片展”。该展览汇集100多幅来自全国多家博物馆的猴文物图片，描绘猿猴啸聚山林的演化历史，讲述人与猴同根相惜的亲缘关系，诉说亘古流传的动听故事，解读绘声绘色的曼妙艺术，阐发活灵活现的精神意趣。

37. 春光·春色——魏贺君、师行坤、周其乐丙申中国画联展（新郑博物馆，2016.4.7—2016.4.9）

该展览集中展示了魏贺君、师行坤、周其乐三位青年艺术家创作的近百幅绘画作品，其中师行坤的小写意花鸟画笔墨汪洋恣肆，气息清新典雅，色彩妍丽高华。魏贺君的山水画注重田园情怀，作品水墨华滋、苍润雄浑。周其乐的山水画则清新逼人，在古意悠悠中透露出才情。

38. 金鸡报晓——丁酉新春鸡文物图片展（新郑博物馆，2017.2.1）

为迎接丁酉鸡年的到来，新郑博物馆于农历腊月二十六推出“金鸡报晓——丁酉新春鸡文物图片展”。此次展览共展出来自全国20多家博物馆的46幅相关文物展板，近200余件鸡、凤、神鸟题材的文物图片，讲述了“金鸡报晓”的人文故事。文物图片内容涵盖了绘画、陶瓷、玉器、青铜器和民间工艺等，形式多样，风格各异，展现了我国不同时代的鸡文化的艺术特点与魅力。

金鸡报晓——丁酉新春鸡文物图片展

丁酉迎春书画展

39. 丁酉迎春书画展（新郑博物馆，2017. 2. 7—2017. 2. 28）

该展览由新郑市委宣传部、新郑市文联、新郑市旅游和文物局主办，新郑博物馆、新郑市书法协会承办，在新郑博物馆东西厢房展出。展览共展出新郑市书法协会老书法家樊书田、赵中祥，资深书法家孙宏志、侯松平、李学智、顾胜利、杨国庆等近130位书法家的书法、绘画作品近130件。绘画作品涉及山水、花鸟等，书法涵盖篆书、隶书、楷书、行书、草书等各个书体。

40. 新郑市庆祝建党96周年书画展（新郑博物馆，2017. 7. 1）

为庆祝中国共产党成立96周年，由新郑市文联、新郑市旅游和文物局主办，新郑博物馆承办的“新郑市庆祝建党96周年书画展”于2017年7月1日在新郑博物馆展出。该展览得到新郑市百余名书画家的大力支持和积极响应，展出作品130余幅，其中书法作品90余幅，绘画作品30余幅。书画爱好者们各展所长，以不同的风格和手法精心创作，表达了他们对祖国大好河山的由衷赞美及对党忠诚的深厚情怀。

41. 全国优秀考古和文化遗产保护漫画展（郑州市大河村遗址博物馆，2016. 5. 17）

该展览主要展出了来自全国21个省、自治区、直辖市的150余幅作品，吸引了大批游客前来参观。展览是中国考古学大会的系列活动之一，集中展示了中华人民共和国成立以来全国文化遗产保护及考古题材的漫画创作成果，向全社会宣传普及考古和文化遗产保护知识，为进一步加强文物和文化遗产保护工作营造浓厚的舆论氛围。

全国优秀考古和文化遗产保护漫画展

刀光剪影——剪纸上的郑州

42. 刀光剪影——剪纸上的郑州（郑州市大河村遗址博物馆，2017. 5. 18）

该展览由郑州市大河村遗址博物馆与郑州市文物考古研究院共同举办。展览结合郑州市文物考古研究院编纂的《剪纸上的郑州》一书，甄选了部分作品制作成30余块展板进行展出，展期两个月。通过剪纸这一非物质文化遗产的艺术形式，郑州地区旧石器时代、新石器时代直至现代的代表性文物展现在了观众面前，让人们更了解郑州灿烂的历史文化，更热爱郑州这座朝气蓬勃的城市。

43. 2012中国文化遗产日主题展（郑州市古荥汉代冶铁遗址博物馆，2012.6.9）

该展览摆放图文展板13块，展示了古荥汉代冶铁遗址、荥阳故城、荥泽县城隍庙、纪信墓等文保单位的情况及出土的重要文物，并重点展示了大运河通济渠荥阳故城段的情况，包括卫星图、发掘现场图等。

44. 2013国际博物馆日主题展（郑州市古荥汉代冶铁遗址博物馆，2013.5.18）

该展览为国际博物馆日，郑州市古荥汉代冶铁遗址博物馆紧紧围绕“博物馆（记忆+创造力）= 社会变革”的主题举办的主题展览活动。

展览共摆放9块图文展板，内容为古荥汉代冶铁遗址、荥阳故城、纪信墓、荥泽县城隍庙等文化遗产的图文介绍、重要文物、博物馆历史沿革等。讲解员为大家讲解了文物遗址知识、汉代冶铁工艺、荥阳之战、国际博物馆日的由来和博物馆的变革，并在多媒体室为观众放映了《寻找古荥冶铁烈火》的宣传片，使观众对古荥汉代冶铁遗址有了更加深刻的了解。

该展览充分发挥了博物馆的功能和职能，发挥了其作为爱国主义教育基地和德育教育基地的功能，吸引了大量学生和市民参观，大力宣传了历史文化，提高了广大人民群众对博物馆的认识及对历史文化遗产的了解。

45. 2016国际博物馆日主题展（郑州市古荥汉代冶铁遗址博物馆，2016.5.18）

该展览为国际博物馆日，郑州市古荥汉代冶铁遗址博物馆紧紧围绕“博物馆与文化景观”宣传主题举办的主题展览。展览以纪信庙为主会场，在现场悬挂“5·18国际博物馆日”主题的标语横幅，摆放移动宣传展板。讲解员免费为前来参观的市民游客讲解展览内容，同时特邀两位德高望重且对当地历史熟知的老人为大家讲述古荥地区文化遗产景观背后的故事。通过亲切和富有趣味的讲述，大家更加清晰地了解了相关文化遗产的知识，提高了对文化遗产的认识和了解，增强了文化遗产保护意识。

46. 守护共同的记忆——古荥地区文化遗产图片展（郑州市古荥汉代冶铁遗址博物馆，2017.6.1）

2017年6月1日，郑州市古荥汉代冶铁遗址博物馆到郑州市第二十中学组织开展“文化遗产进校园”展览活动。活动当天，在郑州市第二十中学悬挂、张贴展示2017年文化遗产日主题“文化遗产与‘一带一路’”的宣传横幅，摆放文化遗产宣传展板，渲染活动气氛。活动现场，由馆内讲解员义务向学生们讲解古荥汉代冶铁遗址、荥阳故城、纪信墓及碑刻、荥泽县城隍庙、大运河通济渠郑州段等古荥地区历史文化遗产知识，宣传文化遗产保护，呼吁广大青少年加入到文化和自然遗产保护队伍中来。

2017年10月29日，该展览在纪公庙村展出，进一步增强了村民的文物保护意识。

47. 新密瓷器陶器精品展（新密市博物馆，2016.7—2017.5）

该展览共展出新密地区出土文物69件，包括裴李岗文化时期的四足石磨盘、石磨棒、石铲、石镰，汉代陶仓、陶壶，唐宋时期西关窑、窑沟窑的陶器、瓷器及唐代的青瓷缸、青瓷碗，宋代的黑瓷棋子，明代的铜鼎、铜壶等珍贵文物。

第五章　考古发掘

郑州地区是我国开展文物考古工作最早的地区之一，早在20世纪20年代初，北洋军阀政府地质调查所顾问、瑞典著名地质学家安特生(J. G. Andersson)就派人到郑州市辖荥阳县秦王寨、池沟寨、牛口峪一带进行考古调查，采集到一批新石器时代文化遗物，编辑了《河南石器时代之着色陶器》一书。20世纪30年代，以郭宝钧为代表的中国第一代考古学家对荥阳青台、巩义塌坡等遗址的发掘为中国考古学的发展做出了重要贡献。自20世纪50年代开始，关于郑州地区考古的重大发现层出不穷，令人震撼。

郑州地区虽然在旧石器时代考古中地位极其重要，但在该领域的考古发现在20世纪80年代以前一直是空白。1985年荥阳县织机洞旧石器洞穴遗址的发现，揭开了郑州地区旧石器时代考古发掘与研究的序幕。1990年至1995年连续不断的发掘和研究表明，织机洞旧石器时代洞穴遗址的发现不仅填补了郑州地区旧石器时代考古的空白，而且带动了郑州地区旧石器时代考古工作的发展，并取得了重要突破：1994年3月郑州市文物工作队与巩义市文物保护管理所、河南省社会科学院河洛文化研究所等单位在巩义洪沟村发现一处距今10万年左右的旧石器时代遗址，随之又于荥阳庙子风景管理区发现蝙蝠洞旧石器时代洞穴遗址等。对这些旧石器时代遗址的发掘及对其材料的整理、分析和研究，证明郑州地区不仅地理上地处南北方交接处，而且旧石器时代文化遗存以北方旧石器时代细小石器文化传统为主，兼具南方大砾石石器文化的某些特征。

2011年4—8月，北京大学考古文博学院与郑州市文物考古研究院合作对位于郑州市西南郊的老奶奶庙旧石器时代遗址进行首次发掘，发现数以万计的文化遗物，包括石制品、骨制品与动物骨骼及其残片等，还有20多处用火遗迹，以及由上述遗存构成的古人类居住活动面。新郑市观音寺镇唐户村南部黄帝口旧石器时代遗址的发掘，也获取了一批重要的旧石器时代晚期材料，出土遗物以石英断块和碎屑、动物化石、烧骨及炭屑为主。新郑市梨河镇赵庄旧石器时代遗址发现了旧石器时代晚期的生活面遗迹，并在发掘区的西南部发现了以象头骨为中心的遗物密集区域：象头骨周围发现有大量脉石英、石英砂岩、碎骨等，石器有刮削器、砍砸器等工具，另有石核、石片、断块、碎屑等；象头骨附近有很多碎骨，其东侧还发现有羊的上颌骨碎块，带有颊齿，西北处还发现有鹿角残块等。这些遗址的发掘揭示了3万—5万年前中原地区已有繁荣的旧石器时代文化与复杂的栖居形态。

新密市李家沟遗址是一处新旧石器时代过渡阶段的重要遗址，发现有连接旧石器时代晚期和新石器时代早期的剖面，清楚地展示了中原地区从旧石器时代之末向新石器时代发展的历史进程。据碳十四年代测定，李家沟遗址旧石器时代晚期遗存距今10500—10300年(经过树轮校正，下同)，新石器时代早期文化层距今10000—8600年。这一发现解决了中原地区旧石器时代晚期文化和新石器时代裴李岗文化之间的缺环问题。作为中华文明起源的核心地带，李家沟遗址的发现对探讨郑州地区旧、新石器时代过渡与农业起源等重大学术课题具有重要意义。

经过数百万年的漫长发展历程，随着生产、生活经验的积累，生产能力的提高，工具的改进及原始种植技术的出现，人类大约在1.2万年前迈入了新石器时代。郑州地区发现了50余处距今9000—7000年的裴李岗文化遗址，为认识和研究新石器时代早期文化提供了重要线索和资料。已发掘的有新郑裴李岗遗址、沙窝李遗址、唐户遗址，新密马良沟遗址、莪沟北岗遗址，登封双庙沟遗址，巩义铁生沟遗址、瓦窑嘴遗址，中牟宋庄遗址等。

裴李岗遗址的发掘，揭开了郑州地区新石器时代早期文化发掘和研究的序幕。研究表明，在裴李岗文化时期，聚居的村落已形成，先民们从事着以原始锄耕农业、手工业和家畜饲养业为主的氏族经济生产活动。裴李岗遗址的发现对研究我国农业史、制陶史、纺织史及仰韶文化的来源提供了实证资料。唐户遗址大面积居住基址的发现进一步丰富了郑州地区裴李岗文化的内涵，居住基址分区、分片布局，从社会学角度为探讨以血缘为纽带的社会家庭组织的出现提供了重要资料。

郑州地区是最早开展新石器时代仰韶文化考古的地区之一，也是仰韶文化遗存最集中最丰富的地区之一，同时还是开展仰韶文化遗址考古发掘最多的区域。已进行过考古发掘的有郑州大河村遗址、林山寨遗址、后庄王遗址、西山遗址，荥阳点军台遗址、青台遗址、方靳寨遗址，巩义赵城遗址、水地河遗址，登封颍阳遗址等。

考古研究证明，在仰韶文化时期郑州地区就是中华文明的核心地区，许多创造发明乃至中国早期文明都发生于这里。早在6000年前，郑州地区的先民在持续发展农业生产的同时，又发明了养蚕、抽丝、织造丝绸与绢罗，青台遗址等出土的炭化绢罗片是中国最早发明养蚕、抽丝和织造绢罗的证明。郑州出土的百余件仰韶文化时期陶鏊（干食器）实物证明中原地区是中国最早发明烙焙食物的地方，也反映了中原地区仰韶文化时期无论是食物还是其他物资资源均较以前有了较大丰富。郑州地区仰韶文化遗址发掘中普遍发现的红烧土房子在地下保存数千年，出土时地面仍像现代水泥地面一样坚硬，说明当时人类不仅懂得防潮保暖技术，而且对许多物质的物理变化等也有一定认识，科学知识促使人类进一步改善了自己的生活条件。

仰韶文化时期作为中国新石器时代的鼎盛时期，较大的物质财富促进了私有观念、家庭的产生和私有制的强化，进而促进了最早国家形式的萌芽的产生。1993年，西山古城的发现让人们首次领略了5000年前中国最早版筑城池的身姿，它是社会发展的必然产物，西山古城被学术界誉为“中华第一城”。

仰韶文化晚期以后，郑州地区和全国大部分地区一样，由于社会的发展、生产力的提高、社会结构的变化，整个文化面貌也发生了明显改变，开始进入河南龙山文化时代。郑州地区的龙山文化遗存多与仰韶文化遗存同处于一个遗址之中，其中已发掘的有代表性的遗址有郑州马庄遗址、荥阳寨子峪遗址、新密古城寨遗址、登封王城岗遗址等。历经了4000余年风雨仍磅礴屹立于地面之上的古城寨城池体现了使用者至高无上的地位和尊严，更为人们寻求祝融之墟带来希冀。

夏王朝是中国历史上第一个有明确记载的统一的奴隶制王朝，史书记述其中心区域即在以郑州登封为中心的地区。考古调查和考古发掘也证明了史书所记绝非毫无根据，夏代遗存在嵩山周围尤其在嵩山南侧和西侧均有大量发现，其中有20世纪50年代就已进行过发掘的巩义稍柴遗址，而以70年代发掘的登封告成镇王城岗遗址最为重要，是研究夏文化的重要对象，王城岗遗址发现的大城已被公认是史载“禹都阳城”之所在。1979年至今发掘的新砦遗址，其著名的“三叠层”（龙山时期—新砦期—二里头文化早期）证明了龙山文化与二里头文化之间确实存在新砦期，填补了龙山文化晚期与二里头文化早期的缺环。新砦遗址的发掘，特别是“新砦期”或“新砦文化”遗存的发现，将龙山文化晚期与二里头文化紧密地联结在一起，构建了夏文化从形成到发展较为完整的文化体系，推动了夏文化的进一步研究。2001—2008年发掘的巩义花地嘴遗址，更加丰富了新砦文化的内涵。2008年至今发现于郑州市西郊的东赵遗址之小城即为新砦文化城址，是目前嵩山以北区域发现的第一座新砦文化城址。位于郑州郊区的大师姑夏代城址是我国迄今为止发现的时代最早的二里头文化城址，填补了我国夏代城址考古的空白。新郑望京楼遗址更是发现了夏商两重城址和迄今最完整的商代城门，城门设施突出体现了浓厚的军事防御色彩，成为我国较早的形制较为完备的瓮城。

20世纪50年代初在郑州首次发现二里冈文化，后又发现郑州商城，引起学术界广泛重视。20世纪80年代于郑州西北郊发现小双桥遗址，90年代对其进行重点发掘，发现大面积郑州二里冈文化白家庄期夯土台基和祭祀坑，尤为重要的是遗址范围之大，经钻探已达100多万平方米，学者据史料记载多认为小双桥遗址即中丁迁隞之隞都。

荥阳娘娘寨、官庄和郑州高新区洼刘遗址的发掘填补了郑州地区西周遗址和城址发掘的空白。

娘娘寨遗址位于荥阳市豫龙镇寨杨村西北，遗址发掘面积15000平方米，是一处西周晚期到东周时期的古城址，出土了一批精美的铜器、玉器、骨器、蚌器、石器等。结合文献记载，其有可能与西周晚期郑国东迁首居之处有关，是研究西周晚期郑国及郑与虢、郐等国关系的重要材料。

官庄遗址与娘娘寨遗址相比，其两周之际的遗存更为丰富。从遗址面积看，官庄遗址外壕的围合面积超过130万平方米，是目前中原地区最大的西周城址。此外，官庄遗址多重环壕、大小城南北并列的结构也非常独特，其性质值得进一步探讨。官庄遗址、娘娘寨遗址为完善郑州地区的两周考古学文化序列提供了重要资料。

1999年10月，郑州市文物考古研究所在配合郑州高新技术产业开发区重阳街（今科学大道）西延工程中，于道路占用洼刘遗址范围内发掘西周早期青铜器墓葬12座、陪葬陶器的平民墓葬60座，出土一批重要的随葬品，为探寻管国地望提供了重要线索。

东周时期，郑州是周王朝的东大门，具有极为重要的军事、政治地位，这一时期最为重要的考古发掘集中在郑韩故城。早在1923年农历八月二十五日，在新郑李家楼村即发掘出郑公大墓，出土青铜器和玉器等完好文物133件、破碎铜器723片、贝币317枚，轰动国内外。这些文物现分别存于北京故宫博物院、中国国家博物馆、河南博物院、台北历史博物馆和深圳博物馆。所出土的一对青铜莲鹤方壶成为北京故宫博物院和河南博物院的镇院之宝。1993年，新郑在县城修建金城路，曾发现多个礼器坑和殉马坑，出土礼乐器60多件。1994年10月至1995年3月，在郑韩故城东城中南部（新郑市城市信用社基建工地）又发现6个青铜礼乐器坑和56个殉马坑，出土青铜礼乐器57件。1996年12月至1997年元旦，在东城东南部新华路中段南侧又发现青铜礼乐器坑10个、殉马坑20余个，出土郑国公室青铜重器255件。东城地区的多座青铜礼乐器坑和大批青铜礼乐器的出土，对于研究当时祭礼的用鼎、用牲和相关仪礼制度有重要价值，填补了周代社祀礼仪研究的空白。

有关春秋时期郑国的另一个重要考古发现是1995年4—9月，在登封告成镇长葛岭上配合登封电厂联办铝厂建设发现的5座春秋早期贵族墓，其中M3出土的两件铜鼎内铸有铭文“鲁侯作壶”。

新郑市郑韩故城，郑州市区、郑州西北郊发掘的数以千计的战国墓葬是郑州地区战国考古中的重要研究资料。

秦汉时期的郑州，以古荥阳城（今古荥镇）为中心，因地处漕运与交通要道，经济发达，此时的古荥阳已是远近闻名的城市，有“富冠海内”“天下名都”之美誉。在对荥阳故城进行的考古调查中，考古人员发现了许多秦汉时期用于城市房屋建筑的瓦当、板瓦、筒瓦、铺地花纹砖和空心砖等，这些砖瓦图案多样，纹饰精美，有较高的艺术价值。此外，还发现有大量汉代墓葬和作坊遗址，反映了当时荥阳城的建筑风貌和社会经济、文化生活状况。

西汉时期，官营手工业发展较快，其中最重要的是冶铁业。位于巩县西南的铁生沟冶铁作坊，西汉时已开始用煤冶铁，冶炼出了球墨铸铁铁器，在世界冶金史上居于先进地位。古荥汉代冶铁遗址也发掘出了大型炼铁高炉炉基和几百件铁器，是迄今为止世界上发现的最早的古代冶铁场所之一。

考古发掘和调查还表明，郑州地区汉代墓葬群分布密集，数量庞大，是了解汉代在经历春秋战国社会整合后生产力大发展的重要资料。其中新密打虎亭汉墓、荥阳苌村汉墓，无论是墓葬规模、壁画艺术，还是相关出土遗物等都为汉代考古研究提供了珍贵资料。

郑州地区的隋唐及以后各代的考古发掘也有相当丰富的成果。郑州地区分布有大量隋唐宋元瓷窑址,唐代白瓷居全国之冠,而巩义黄冶大量生产的唐三彩是陶瓷史上的一枝奇葩。从目前对巩义唐三彩窑址的发掘和大批唐墓出土物观察可知,巩义生产的唐三彩种类齐全、造型精美、色彩瑰丽、制作精良,是目前全国唯一发现生产三彩器的窑址群的地区。进入宋代以后,郑州地区有冶上、杨林等冶铁作坊遗址,而大量宋代壁画墓是全国独具优势的财富,在已发掘的数十座宋代壁画墓内,出土大批保存完好的壁画,是中国艺术宝库中珍贵的文化遗产。

郑州地区重要考古发掘众多,在前文各章中已经介绍过的,此章不再介绍,此章将其他重要遗址、城址、墓葬的发掘依据时代顺序简要记述如下。

1. 方家沟遗址的发掘

方家沟遗址位于郑州市西南约 57 千米处,西北距嵩山主峰约 15 千米,行政区划属于登封市卢店镇刘家沟村。遗址地处颍河支流五渡河源头,一条大致由东向西延伸的现代冲沟将晚更新世沉积切割出高约 10 米的剖面。1985 年,村民修路取土时曾在沟南侧发现象牙化石。2014—2015 年,北京大学考古文博学院、郑州市文物考古研究院联合对方家沟遗址进行了两次考古发掘,根据碳十四和光释光测年,绝对年代距今 4 万年左右。

两次发掘面积共约 90 平方米,其中揭露文化层约 45 平方米,发掘 30 个水平层。发掘部分遗址堆积厚 9.05 米,自上而下可分为 10 层,其中第 4 层约相当于马兰黄土上部堆积,第 5—9 层属于河漫滩相堆积,第 10 层为古土壤,此外还发现第 6 层下一沟状遗迹(G1)和打破第 8—10 层的一组地裂隙缝。主要遗物埋藏在 G1 中。出土遗物包括石制品 6269 件、动物化石 650 件、鸵鸟蛋皮碎片 28 件,另有土样筛选的大量微小遗物。G1 东西长 7.6 米,南北残宽 0.45—1.6 米,最大面积 8.65 平方米,沟口距底最深约 1.1 米,口大底小,壁、底均不规则。拼合证据显示 G1 内出土遗物应为人类一次活动所形成。G1 出土有较为破碎的少量动物化石,经初步鉴定多为大象的尺桡骨、肋骨等,伴出的有人工搬运的巨大的砾石及大量普通石制品。G1 出土的石制品与华北石片石器工业特征基本一致,石制品主要为脉石英,经调查其产地应在嵩山南麓的山前地带,距遗址约有 6 千米。石制品加工技术以锤击为主,也有一定量的砸击制品。工具多以石片为毛坯,工具组合以小型刮削器为主体,另有少量尖状器、锯齿刃器、凹缺器,同时伴有砍砸器和大尖状器等大型工具。

方家沟遗址出土的砍砸器

方家沟遗址的发现进一步丰富了嵩山东麓地区 MIS3 阶段的考古材料,特别是罕见的沟状遗迹的发现,表明古人类利用河漫滩上的洼地开展临时性的活动,可能与该地形提供了天然遮挡物、便于搭建简易窝棚有关。这对进一步研究当时人类的行为特点和空间利用方式具有重要意义。

2. 瓦窑嘴遗址的发掘

瓦窑嘴遗址位于巩义市孝义镇外沟村西北。遗址东西长500米,南北宽350米,面积17.5万平方米,是一处新石器时代裴李岗文化遗址。

1995年、1996年,为配合巩义市邮电局等单位工程建设,郑州市文物考古研究所与巩义市文物保护管理所联合进行了三次发掘,共揭露面积约1700平方米,清理28座商代墓、2座西晋墓及27个裴李岗文化灰坑。灰坑中包含遗物非常丰富,具有裴李岗文化的特征,如陶器均为手制,烧制火候较低,陶质疏松易碎,特别是夹砂陶,手捻即成粉末,干后稍硬。器型有大口钵、三足钵、卷沿深腹罐、小口双耳球形壶、小平底碗、圈足碗、杯、勺等。常见纹饰为篦点纹、乳钉纹、划纹、连续折线纹、戳刺纹等。此外,瓦窑嘴遗址的裴李岗文化遗存具有鲜明的自身特点,展现出不少新的文化因素,其中的泥质黑陶器最具特色,被学界认为是裴李岗文化的一个新类型——瓦窑嘴类型。

瓦窑嘴遗址出土陶鼎

该遗址出土的作为生产工具的石器有斧、铲、凿、磨盘、磨棒、匙形器、饼形器、条形器和有使用痕的砾石等,绝大多数为青色或灰色石灰岩磨制而成,此外有少量打制石器。骨器仅发现骨锥一件,蚌器仅发现蚌锥一件。动物骨骸主要是猪骨,其次有鹿、狗、羊、牛、兔、鼠骨等。烧土块有的留有圆木痕,有的一侧为平面,可能是房屋墙壁残块。

瓦窑嘴遗址的发现与发掘引起学术界的高度重视,瓦窑嘴类型的发现和确认是中原地区新石器时代考古的一个新的进展。

发表资料:《巩义市瓦窑嘴遗址第三次发掘报告》《瓦窑嘴裴李岗文化遗存试析》,《中原文物》1997年第1期;《河南巩义市瓦窑嘴新石器时代遗址的发掘》,《考古》1999年第11期等。

3. 沙窝李遗址的发掘

沙窝李遗址位于郑州市南约15千米的新郑市龙湖镇,1972年被发现。中国社会科学院考古研究所河南一队1981—1982年对其进行了试掘和发掘,发现了一批墓葬和灰坑,出土了大量有科研价值的遗物。发掘共揭露面积约850平方米,发现灰坑20个,分布于遗址的南部和西部;墓葬32座,主要分布在遗址的中西部,从整个排列情况看,似有一定的规律。墓葬均为长方形的竖穴土坑墓,无葬具。

遗址的地层堆积比较简单,一般在揭去耕地层后即见文化层,或直接露出灰坑及墓葬。文化层的堆积厚度一般在0.9—1.5米。

出土器物主要是墓葬中的随葬品,共133件。比较完整和经复原的有石器83件、陶器29件。另外灰坑中出土11件器物,有陶器2件、石器9件。

石器主要是生产工具,包括石磨盘、磨棒、铲、斧、镰、锤及用燧石、石英石、水晶石打制的细石器等。

陶器均为生活用具,手制,素面。经过复原的有31件,其中墓葬出土29件,灰坑出土2件,包括双耳壶、三足钵、三足壶、深腹罐、勺等。出土时陶质一般较松软,干燥后稍硬,有的陶器(壶、钵)表面有明显的磨光痕迹,但由于年久,表皮多已脱落。

动物遗骨发现不多,经过对两件骨骼的鉴定,发现有猪和鹿。作物方面,仅在地层中发现一片比较密集的粟粒大小的炭化颗粒,此外,还在灰坑中发现不少核桃、枣的炭化果核,这说明当时除农业之外,仍以采集为生活的补充手段。

发表资料:《新郑沙窝李遗址发现碳化粟粒》,《农业考古》1984年第2期;《河南新郑沙窝李新石器时代遗址》,《考古》1983 年第 12 期。

4. 宋庄遗址的发掘

宋庄遗址位于中牟县张庄镇宋庄村西约 250 米处,宋湛公路以南。为配合南水北调中线工程郑州段建设,受河南省文物管理局南水北调文物保护办公室委托,郑州市文物考古研究院于 2010 年 8 月 27 日至 11 月 26 日对该遗址进行勘探和抢救性考古发掘,计划发掘面积 3500 平方米,实际发掘面积 2300 平方米。

该遗址共发掘各类遗迹 106 处,其中灰坑 81 个、灰沟 5 条、灶 10 个、房址 3 座、陶窑 3 座、水井 2 个、墓葬 2 座。遗迹的年代主要为宋代,亦有少量为汉代及龙山文化时期。另外,在遗址北部新发现裴李岗文化层及较为集中的裴李岗文化遗迹。

宋代遗迹 91 处,其中灰坑 69 个、灰沟 5 条、灶 10 个、房址 2 座、陶窑 1 座、水井 2 个、墓葬 2 座。灰坑有长方形、圆形、椭圆形、圆角长方形、不规则形 5 种。房址形状有不规则形与长方形 2 种,其中 F1 面积甚大,横跨 8 个探方,为不规则形,室内活动面有较明显的踩踏痕迹。发现柱洞 20 余个,有 2 排柱洞排列较为整齐,其中 8 个柱洞较集中分布于 F1 东部,其间还发现有形制较大的灶坑,可能为厨房所在地。F3 保存较差,但发现有砖墙及经过夯打的活动面,而且房屋分间。陶窑(Y2)保存完整,由工作间、窑门、火膛、窑室、烟道组成,工作间西侧还保存有供人上下的台阶。墓葬均为长方形砖室墓,M1 保存较好,上部券顶,人骨凌乱堆放于墓室南部,疑为迁葬。M2 保存较差,人骨仅存腿骨。

汉代遗迹 4 处,其中陶窑 2 座、房址 1 座、灰坑 1 个。

裴李岗文化遗存有地层与灰坑 2 种。地层厚度为 0. 2—0. 4 米,灰坑共 11 个,平面形状多为椭圆形,少量圆形;其结构以口大底小坑居多,直壁平底坑次之。

从出土遗物看,其时代以宋代为主,裴李岗文化时期次之,少量龙山文化时期及汉代。宋代遗物有陶器、瓷器、铁器、铜钱等。陶器器型以盆、瓮为主,亦有少量陶罐。瓷器以碗、盏居多,亦有少量注、壶、枕。另外宋代地层中出土铁刀 1 件。宋代墓葬中出土 10 多枚铜钱,钱文清晰的有“崇宁重宝”“皇宋通宝”等。汉代遗物少有发现,主要为陶器,器型有壶、盆等。龙山文化遗物均为陶器,器型主要有盆、澄滤器、罐等。裴李岗文化遗物有陶器、石器。陶器多为夹砂褐陶,器型有罐、三足钵、鼎足等。石器主要有斧、铲、磨盘等。

裴李岗及龙山文化遗存的发现是这次发掘工作的重要收获,使我们对该地区早期文化面貌有了新的认识。这些发掘资料为我们探索该区域历史发展和文化演变提供了珍贵的实物依据。

5. 郑州市建业壹号城邦小区仰韶文化遗址的发掘

河南建业住宅建设有限公司建设的建业壹号城邦工程项目,位于郑州市北环路以南的南阳路东侧,丰乐路西侧,宋砦北街以南,郑州市四十六中学北侧。

郑州市文物考古研究院为配合河南建业住宅建设有限公司投资建设的建业壹号城邦工程项目的建设施工,于 2008 年 5 月 19 日至 9 月 20 日进行了考古发掘。

此次发掘共清理灰坑 581 个,其中仰韶文化时期的有 230 个,龙山文化时期的有 102 个,商代的有 118 个,西周时期的有 68 个,汉代的有 22 个,唐代的有 41 个。

清理墓葬 43 座,其中仰韶文化时期墓葬 30 座,龙山文化时期墓葬 7 座,西周时期墓葬 1 座,春秋时期墓葬 1 座,唐代墓葬 2 座,清代墓葬 2 座,以仰韶、龙山文化时期的墓葬为大宗。

清理瓮棺葬 60 个,均为仰韶文化时期的遗迹。其中单体葬 48 个,主要有陶鼎、陶罐、陶大口尖底瓶、陶大口尖底缸一件为棺;复体葬 12 个,主要有陶大口尖底瓶与陶盆、陶钵、陶碗、陶鼎及陶大口尖底缸与器盖、陶盆等相扣合组成一棺。瓮棺里面为孩童幼骨。

清理房址7处,除F1为龙山文化时期外,其余均为仰韶文化时期的房址。

出土陶片以仰韶文化时期的陶片为大宗,大体可分为泥质、夹砂的灰陶、红陶及褐陶等,可辨器型包括盆、钵、碗、大口尖底瓶、大口尖底缸、豆、甑、鼎、罐、器盖、纺轮、陶球及部分彩陶片,其中一些彩陶片甚为精美。

建业壹号城邦工程项目的考古发掘面积为8000平方米,遗址包含了仰韶文化、龙山文化、商、西周、汉、唐等时期的文化遗存,是一处以仰韶文化大河村类型为主要文化内涵的遗址,同时大量的考古信息表明,其已向龙山文化演变。这处遗址的发现和发掘,对研究中原地区仰韶、龙山文化的发展具有十分重要的意义。

发表资料:《"方孔石器"是古代乐器》,《中原文物》2009年第5期。

郑州市建业壹号城邦小区仰韶文化遗址发掘现场

6. 朱寨遗址的发掘

朱寨遗址位于郑州高新技术产业开发区沟赵办事处朱砦村东约500米处,东距须水河约500米。郑州高新技术产业开发区建设环保局拟建设须水河生态水系项目工程过程中,郑州市文物考古研究院对该遗址进行了考古发掘,发掘工作从2011年9月至2012年3月,共揭露面积5000平方米,清理各时期遗迹300余处,其中灰坑210个、墓葬60座、瓮棺25座、房址4座、陶窑3座、灰沟1条、灶1座、道路1条,时代包含仰韶文化、商、战国、汉、明、清时期,其中以仰韶文化和战国时期遗存最为丰富。

仰韶文化遗存有灰坑、房址、陶窑、墓葬、瓮棺、灰沟及灶坑等。灰坑多为窖藏坑,以圆形袋状坑为主,加工较规整。房址有半地穴式与平地起建两种,有门道,周围多分布有柱洞,个别发现有分间的隔墙。陶窑由火膛、火道与窑室组成,火膛较深,窑室较高,火道呈缓坡式,由火膛处向前延伸环绕窑室四周,有的陶窑发现有工作间。瓮棺较多,或用陶罐、陶鼎、陶钵为葬具,或用大口尖底瓶为葬具,其内多有幼儿骨骼。墓葬多为长方形竖穴土坑墓,很少发现随葬品,个别随葬有石纺轮。另外发掘灰沟1条,其上层堆积的底部清理出野猪骨架1具。

战国时期墓葬40余座,皆为长方形竖穴土坑墓,葬具多为一棺一椁,葬式以仰身直肢葬为主,个别仰身屈肢葬。多数有随葬品,或为陶罐,或为陶罐、釜组合,或为陶鼎、豆、壶、盘、匜组合,陶鼎、豆、壶多带盖。个别墓葬内出土有铜带钩、玉璜、玉环及料珠。

通过与大河村遗址出土的遗物比照分析,初步认为朱寨仰韶文化遗存的年代约处于仰韶文化三、四期。

该遗址坐落在须水河主道与支流交汇处的台地之上,从勘探和发掘的情况看,分为东西两部分。

东区发现的房址集中分布于北部,其周围散落众多袋状窖藏坑,初步分析该区域应为仰韶先民的居住生活区;紧邻居住生活区的南部发现有大片的瓮棺葬群及墓葬,推测其当为居民的墓葬区;在墓葬区的南部及居住生活区的西部各发现1座陶窑,这不仅说明该地是仰韶先民的生产区,而且显露出生产部门内部可能已出现具体分工的迹象。生产区内出土的坩埚内的炼渣残片,更表明先民可能在生产实践中认识甚至初步掌握了浇铸工艺。

朱寨遗址探方局部

7. 郑州中基春天花园项目工地的发掘

郑州中基春天花园项目工地位于郑州市惠济区南阳路以东,丰乐路以西,博颂路以南。2011年9—11月,郑州市文物考古研究院对其进行了考古发掘,清理仰韶文化时期灰坑57个、灰沟3条、墓葬1座,龙山文化时期灰坑30个,战国时期灰坑1个,汉代灰坑9个、灰沟1条、墓葬1座,唐代灰坑5个,宋代灰坑1个、墓葬2座。

出土遗物完整的较少,主要以陶、瓷器残片为主,同时也出土少量动物骨骼等。

仰韶文化和龙山文化时期陶器以泥质灰陶、夹砂褐陶、夹砂灰陶为主,另有少量泥质红陶,器型主要有鼎、罐、钵、器盖、尖底瓶、瓮、甑、盆、豆、碗等,纹饰以素面为主,部分饰弦纹、附加堆纹,另有少量绳纹和彩绘。石器以石圭、石铲、石杵、石锛为主,均为磨光素面。蚌器和骨器多为饰件,另有蚌镞等。

战国时期和汉代遗物多以灰陶和建筑材料为主,陶器器型有罐、瓮、盆、豆、釜等,另有板瓦、筒瓦等,纹饰以绳纹为主,部分饰弦纹。

唐宋时期遗物主要有陶罐、陶盆、陶瓮和瓷罐、瓷碗等残片,纹饰多素面和弦纹,瓷器多施白釉。

此次发掘对于研究郑州地区仰韶文化至龙山文化时期、战国至唐宋时期社会文化的发展与延续及葬俗、葬制等具有重要意义。

8. 信和普罗旺世地产项目工地的发掘

信和普罗旺世地产项目工地位于郑州市区北部,国基路西段南北两侧。2011年4—6月,郑州市文物考古研究院对其进行了考古发掘。

考古发掘共清理仰韶文化时期灰坑63个、墓葬8座、瓮棺葬19座、房址1座,商代灰坑18个、灰沟3条、壕沟1条、墓葬2座、道路1条、灶1座。

仰韶文化时期遗迹主要分布在同庆路以西区域。灰坑多为圆形或椭圆形,形制可分为直壁、斜壁内收及袋状3种,填土中多含有丰富的烧土块及炭灰等,出土物丰富。墓葬形制多为竖穴土圹墓,较少或无随葬品。瓮棺葬排列较为规律,大致可分为3排,葬具为缸、罐、鼎或尖底瓶,皆未发现随葬品。房址保存较差，平面形状近圆形，保留部分墙体，柱洞内填有少量碎陶片及烧土块。

商代遗迹分布在同庆路以东区域。灰坑多为不规则形，并有圆形、椭圆形等，大部分为斜壁内收，填土中炭灰较多，包含物丰富，出土有大量陶器残片、石器及骨角蚌器等。壕沟为西南—东北走向，多次淤积而成，出土有较多陶片。2 座墓葬形制简单，随葬品较少。道路宽约 2 米，略呈西北—东南走向，车辙痕迹明显。出土遗物主要以陶器、石器为主，也有少量骨、角、蚌器等。

9. 河南聚龙置业有限公司龙翔花园经济适用房项目工程的发掘

河南聚龙置业有限公司龙翔花园经济适用房项目工程位于郑州市郑上路北侧，爱民路东侧。2015 年 5 月 17 日至 8 月 30 日，郑州市文物考古研究院对其进行了考古发掘。

此次发掘清理仰韶文化时期灰坑 44 个、房址 3 座、瓮棺葬 6 座，龙山时期灰坑 50 个，东周时期水井 1 眼，近代墓葬 12 座、沟 1 条，共计 117 个遗迹单位。仰韶文化时期的灰坑多为圆形或椭圆形，少量为不规则形，形制可分为直壁竖穴坑、斜壁内收坑及袋状坑 3 种，大多较为规整，填土内包含物丰富，多数应为当时的窖穴。有些坑内填有大量草拌泥烧土块及墙体、活动面等建筑构件，性质或与当时地面建筑有关。房址均为地面式建筑，平面呈长方形，残留墙基经抹平火烧，内有树枝、苇秆等痕迹，属典型的木骨泥墙。圆形柱洞依墙而埋，有大小之分。室内活动面经抹平火烧，并以料姜石粉平铺多层，坚硬平整。门道位于房子南侧，两边各有 1 个柱洞。另发现有零星分布的柱洞痕迹，或有更多房址被破坏。瓮棺葬多位于房址附近，葬具有鼎、罐及缸等，多为单器葬，少量为两器扣合，内有婴孩骨殖。龙山文化时期灰坑以圆形及长方形为主，多为斜壁内收，口大底小。坑内填土可分为多层，含较多草木灰，并多见螺、蚌、贝等水产。有的灰坑底部发现有完整的一具人骨，应为丛葬坑。

仰韶文化时期遗物主要为陶器，可辨器型有罐、罐形鼎、盆、瓮、缸、钵、豆、尖底瓶等，以泥质灰陶为多，亦有部分红陶和彩陶。纹饰有绳纹、弦纹、划纹、附加堆纹等。彩陶有施白衣者，亦有黑彩、红彩等，纹样多为几何纹，有直线纹、弧线纹、圆点纹、睫毛纹等。另有陶环、陶纺轮、骨锥、石球、石铲等出土。龙山文化时期遗物也以陶器为主，可辨器型有罐、高足鼎、矮足鼎、甑、折腹盆、刻槽盆、高领壶、鬶、斝、杯、觚形器、豆、圈足盘、碗、器盖等，以泥质灰陶为主，亦有少量黑陶和黑皮陶。纹饰以篮纹为多，方格纹和绳纹较少。另有石铲、石斧、蚌刀、陶环及骨角器等出土。东周时期遗物有陶釜、罐、盆、豆等。

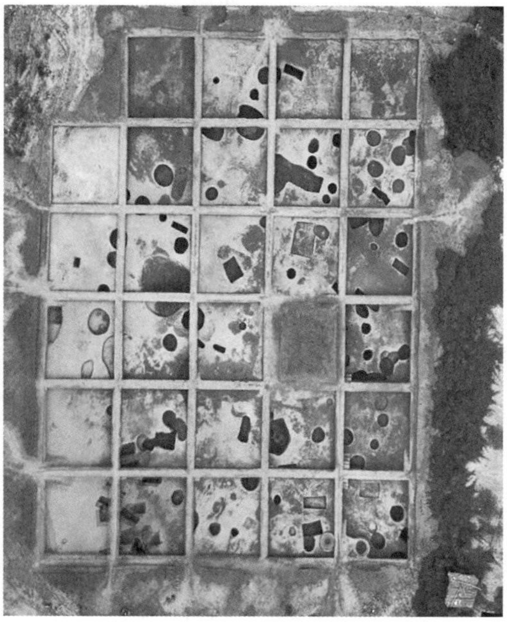

河南聚龙置业有限公司龙翔花园经济适用房项目工程考古发掘全景

该遗址为一处延续多个时代的文化聚落，尤其是仰韶文化遗存和龙山文化遗存形成了相对连续的聚落叠压。该遗址地处索须河与贾鲁河中间，仰韶文化遗存为大河村三、四期，属仰韶文化中晚期。周边发现的同时期遗址已有多处，如青台遗址、点军台遗址、西山遗址、后庄王遗址等，与在孙庄南部发现的仰韶文化晚期环壕聚落一道，形成规模较大的遗址群，为这一时期聚落发展与等级研究提供了科学的考古资料。发现的龙山文化遗存主要为龙山文化中晚期。此时的社会正处于大变革时期，文化间的交流和碰撞尤为激烈，城址开始大规模出现，遗址内的防御设施也较为常见。发掘中发现的大量遗物为该地区的文化发展序列提供了重要的依据，尤其是许多遗物包含有周边地区的文化因素，如龙山文化时期的陶鬶、陶壶、陶杯、喇叭形擂钵等器物应与山东地区大汶口晚期文化、龙山文化及江汉平原地区屈家岭文化、石家河文化等有关，这对于研究郑州地区与周边地区的文化交流和融合添加了重要素材。

10. 郑州中原常西湖新区管理委员会市民大道项目工程的发掘

郑州中原常西湖新区管理委员会市民大道项目工程位于郑州市中原路北，西四环以东。2015 年 1 月 18 日起开始发掘，至 2015 年 4 月 30 日发掘结束。

此次发掘共清理仰韶文化时期灰坑 113 个、墓葬 52 座，仰韶至龙山文化时期壕沟 2 段，龙山文化时期灰坑 2 个，宋代墓葬 3 座，共计 172 处遗迹单位。仰韶文化时期灰坑大多为圆形、近圆形及椭圆形，只有少量不规则形。形制可分为直壁竖穴坑、斜壁内收坑及袋状坑 3 种，填土内包含物丰富，多数应为当时的窖穴。有些坑内填有大量草拌泥烧土块及墙体、活动面等建筑构件，性质或与当时地面建筑有关。仰韶文化时期墓葬形制均为长方形竖穴土圹墓，排列较为规整，大致可分 4 排，方向均为东西向，较为一致。墓内人骨大多保存较好，均为仰身直肢葬，头向西者占较大比例。多数墓葬内未见随葬品，有随葬品的也多为将器物打碎之后随葬，或是仅有随身携带的小件物品随葬。龙山文化时期灰坑形制不规整，填土内包含有大量螺蛳壳。2 段壕沟均位于遗址西部，大致走向均为西南—东北。其中 G1 下层出土物为仰韶文化时期，上层则有龙山文化时期器物出土。G2 内堆积为单纯的仰韶文化堆积。根据遗址的布局推测，2 段壕沟为聚落的环壕，在使用时间上存在早晚关系。宋代墓葬均为长方形洞室墓，墓道竖直，略深于墓室，墓室后方抬升为棺床。墓室为掏制而成。

此次发掘出土了一大批重要遗物。仰韶文化时期遗物主要为陶器，可辨器型有罐、罐形鼎、盆形鼎、盆、瓮、大口缸、钵、豆、尖底瓶等，以泥质灰陶为主，亦有少量红陶和彩陶。纹饰有绳纹、弦纹、划纹、附加堆纹等。彩陶有施白衣者，有黑彩、红彩等，纹饰多为几何纹，也有直线纹、弧线纹、圆点纹、睫毛纹等。另有陶环、陶纺轮、骨锥、石球、石铲等出土。龙山文化时期遗物也主要为陶器，器型有深腹罐、平

郑州中原常西湖新区管理委员会市民大道项目工程发掘的仰韶文化时期墓葬

底碗、钵、双腹盆等，纹饰有篮纹、方格纹、绳纹等。在宋代墓葬内出土有铜钱、陶砚台等物，铜钱有“元丰通宝”“皇宋通宝”“圣宋元宝”等，陶砚台有“三堂”铭款，为典型的宋代澄泥砚。

郑州中原常西湖新区管理委员会市民大道项目工程位于郑州市西郊，地处索须河与贾鲁河流域之间，其新石器时代遗存的发现有重要意义。遗存周边古迹丰富，历史悠久，如西北部有著名的西山遗址、后庄王遗址、青台遗址等大型仰韶文化遗址，西部有张五寨遗址、方靳寨遗址等。这些大型仰韶文化遗址共同构成了联系紧密的遗址群。该遗址包含壕沟、灰坑、墓葬等遗迹，已有比较明确的布局分区，分属防御区、住宅区及墓葬区。该遗址是豫中地区典型的仰韶文化中晚期遗址，时代上属大河村三、四期。

11. 郑州市中原区林山寨城中村改造项目工程的发掘

2014 年 12 月至 2015 年 1 月，为配合河南德宇实业有限公司林山寨城中村改造项目工程建设施工，郑州市文物考古研究院对其施工区域内发现的文物遗迹进行了考古发掘。

发掘地点位于郑州市中原区文化宫路以东，工人路以西，伊河路以南。发掘面积约 400 平方米，清理遗迹单位 44 处，其中龙山文化时期灰坑 29 个、汉代墓葬 5 座、宋代墓葬 7 座、清代墓葬 3 座。这批遗迹分布较为集中，灰坑与墓葬均处同一区域，相对密集。汉代墓葬 4 座坐北向南，1 座坐西向东，宋代和清代墓葬多数为南北方向，少数为东西方向，排列较为有序。灰坑因地表土层的揭取，多已剩坑体下半部，形制较为规整。开口均于表土层下，直接打破生土层。

龙山文化时期灰坑形状以圆形为主，椭圆形次之，长方形仅 1 例，坑体大小不一，深浅不等，但多比较浅，比较规整。圆形和椭圆形灰坑其形制多斜壁内收，呈口小底大袋状，平底；长方形灰坑形制呈竖井状，直壁，平底。灰坑内填土均为灰褐色或浅灰色，土质疏松，包含有少量红烧土颗粒，出土物器型有陶鼎、罐、瓮、壶、盆等，质地多泥质与夹砂，灰褐陶较多，红陶较少，纹饰有方格纹、篮纹、绳纹、弦纹、素面等。

汉代墓葬均为砖室墓，形制较大，其中 2 座为多室墓，其余为单室墓，均由墓道、封门、甬道、墓室前室与后室几部分组成。填土均为黄褐相间的五花土和淤土，含较多乱砖块。墓葬的墓道形状均呈长方形，斜平底，墓室为砖券室，形制较大，已遭严重盗扰，清理出土随葬品有陶仓、陶罐、陶壶等。

宋代墓葬均为土洞墓，形制分“甲”字形和“日”字形两种，由墓道、墓室两部分组成。墓道均为长方形竖井状，平底。墓室均为长方形和方形平底土洞室。墓内置单棺或双棺，均已腐朽，骨架保存较差，葬式多仰身直肢葬。墓葬多被盗扰，出土有瓷碗、铜钱等少量随葬品。

清代墓葬均为竖穴墓，形制为长方形竖穴土圹墓，平底，大小不一，深浅不等，墓底多有腐朽的木棺及人骨等，棺多为单棺或合葬双棺，保存状况较差，出土有瓷罐、灰瓦、铜钱等随葬品。

12. 花地嘴遗址的发掘

花地嘴遗址位于巩义市站街镇北瑶湾村南侧。遗址总面积 100 多万平方米，现存新砦期遗存面积约 30 万平方米。该遗址于 1992 年文物普查时被发现，郑州市文物考古研究所 2001—2004 年先后对其进行了复查、试掘、普探和发掘。通过勘探和发掘，发现环壕 4 条、大型祭祀坑 3 个及埋葬坑、地穴式建筑房基、灰坑、陶窑，出土遗物主要有陶器、玉器、石器、骨器、蚌器、神面祭器等生产生活用器及各类艺术品。

花地嘴遗址的遗存时代以新砦期为主。该遗址的发现具有极大的意义：一是改变嵩山、万安山以北不存在新砦期的看法，使新砦期的类型学等相关研究取得新进展；二是新砦二期晚段与二里头文化一期的关系如何，以及何谓真正的新砦期等问题，学术界的观点并不一致，花地嘴遗址新砦期遗存的发现为其关系的说明提供了佐证材料；三是花地嘴遗址新砦期遗存的发现为新砦期分期提供了依据；四是花地嘴遗址的新砦期遗存中存在着明显的关中、晋中南甚至东方龙山文化因素，这一重要发现有助于探讨二里头文化的起源问题，也有助于说明新砦二期早段肯定早于二里头文化一期，同时还有助于确定学术界多年来语焉不详的西、北周边地区有关文化相对于中原地区二里头文化而言的确切考古学年代。

花地嘴遗址出土的朱绘陶瓮

花地嘴遗址出土的陶斝

13. 佛岗新居住宅小区项目工程的发掘

郑州亚新佛岗新居住宅小区项目工程位于郑州市冯庄路东侧，寒山东路南侧，佛岗东路北侧。

2008 年 5—9 月，郑州市文物考古研究院对其进行了抢救性考古发掘，共清理发掘探方 77 个，面积 8000 平方米，发现二里头文化时期灰坑 257 个、灰沟 1 条，战国时期灰坑 45 个、灰沟 2 条，汉代墓葬 1 座，唐代墓葬 4 座，宋代墓葬 2 座，明代墓葬 1 座，清代墓葬 5 座。

二里头文化时期灰坑有长方形、圆形、椭圆形、不规则形等，结构大多为斜壁平底，少数为直壁平底，长方形灰坑一般很深，在 5 米以上，且出土有大量残陶器，应为当时的高级窖藏坑，其余形状的一般为当时倾倒垃圾的垃圾坑或取土坑。战国时期灰坑一般为圆形、椭圆形，多数为袋状，口小底大，极少数为直壁平底，一般深 2—4 米，用途亦应为窖穴。二里头文化时期灰沟横穿 1 个探方，斜壁底高低不平，深 0.5—1 米，壁、底均不规整，应为当时的排水沟。战国时期的一条灰沟横穿 5 个探方，另外一条横穿 2 个探方，均为斜壁平底，用途也应为当时的排水沟或其他水利设施。13 座墓葬中土坑竖穴墓 5 座，带长方形斜坡墓道砖室墓 4 座，带长方形斜坡墓道土圹墓 1 座，土洞墓 3 座，其中只有 4 座较为完整，其余均被严重盗扰。

佛岗新居住宅小区项目工程发掘现场

出土遗物均以陶器残片及兽骨等为主，同时也出土有少量石器、骨器等，器物种类多为生活用品，陶器主要器型有罐、盆、瓮、尊、鬲、纺轮、杯、盘、缸、豆，瓷器器型有罐、碗、盘等，另外还有部分石铲、石刀、石锛、石斧、石镰、石镞，骨锥、骨簪、骨料，蚌刀、蚌镰，铜钱等，纹饰有绳纹、方格纹、附加堆纹、弦纹、素面等。发掘出土的兽骨初步判断有牛骨、狗骨、鸟骨、鹿骨等。此遗址在城中村改造中虽然遭到大面积破坏，但仍清理出较多灰坑等遗迹，出土有较多陶器标本，遗址时代含二里头文化一至四期，它的发掘对于研究夏商之间的文化交替关系有重要作用。

14. 常庄遗址的发掘

常庄遗址位于郑州市中原区中原西路与贾鲁河交汇处西北角的台地上。2012 年 5—9 月，经国家文物局批准，郑州市文物考古研究院对郑州市园林局西流湖城市生态园项目工程区内古文化遗存进行考古发掘，共揭露遗址面积 2400 平方米，发现有丰富的二里头文化时期遗存及少量二里冈文化时期遗存，出土了一批具有显著时代特色的器物。

二里头文化遗迹发现有房址、水井、窖穴、取土坑、灰沟等。房址皆为半地穴式，由门道、居住间、柱洞等组成，其中 F2 形制较大且存在分间现象。3 座水井均为长方形，井壁规整且发现有供人上下的脚窝。窖穴发现较多，平面形状呈圆形、椭圆形等。取土坑多为不规则形。灰沟 1 条，呈南北向长条形，可能与生活排水有关。

二里头文化遗物有陶、石、骨器等。陶器主要有罐、盆、大口尊、三足盘、豆、甑、盉、鬲、鼎、器盖等，特别重要的是出土有白陶爵、盉等遗物。石器有镰、铲、斧、凿、刀等。骨器主要有簪、匕等。另外还出土有卜骨。

二里冈文化时期遗存较少，主要为灰坑，出土器物有陶罐、盆、鬲等。

常庄遗址发现的二里头文化时期遗存不仅遗迹较为丰富，而且出土了一大批具有典型时代特色的器物。它的发现使郑州地区新增了一处二里头文化时期的聚落遗址，也为二里头文化分布范围研究提供了新材料。

15. 引黄灌溉龙湖调蓄工程的发掘

郑州东龙控股有限公司拟建引黄灌溉龙湖调蓄工程，位于郑州市森林公园以西，东风路北部，金桥路以南。为配合该工程，郑州市文物考古研究院于 2012 年 4 月 21 日至 7 月 20 日对其进行了考古发掘，共清理二里头文化时期灰坑 36 个，战国至汉代沟 1 条(段)，汉代灰坑 33 个、水井 11 口、窑址 3 座、墓葬 2 座，唐代墓葬 4 座。

二里头文化时期灰坑有圆形、椭圆形及不规则形 3 种，多形制规整，相互间有叠压打破关系。

汉代灰坑分为圆形、椭圆形、方形、不规则形，形制多不规整，有些分布于窑址周边，应为取土坑。水井开口呈圆形，井圈部分由砖砌成。陶窑多被破坏严重，由工作间、窑门、火膛和窑室组成。汉墓其中一座遭破坏严重，分为墓道、甬道、墓室三部分，墓室仅存右耳室。沟开口于汉代层下，打破二里头文化层，东西向，宽 20 余米，与文献记载“鸿沟”位置相符，向东、西钻探均有延伸。

唐代墓葬均为“甲”字形砖室墓，由墓道、墓室组成，部分带甬道。墓道为长方形，阶梯状下行；墓门由砖砌成，甬道部分呈拱形；墓室部分呈方形或圆角方形，四边多向外弧出，四角有些饰砖雕，底部有铺地砖，部分有棺床。

二里头文化时期出土遗物以陶器为主，器型包括罐、鬲、鼎、盆、瓮、尊、豆、缸、爵、斝等。质地多为夹砂灰陶，也有部分泥质灰陶、红陶和少量黑陶。纹饰以绳纹为主，并有弦纹、方格纹、附加堆纹等。另有陶纺轮、陶网坠等小型生活用品出土。出土石器包括石镰、石刀等，均为磨制，部分有穿孔。骨器仅发现一件骨簪,通体磨光。汉代墓葬虽被严重破坏,但仍清理出陶罐、陶井、陶狗等遗物,在破坏的填土内还发现有朱漆痕迹。

唐代墓葬清理出精美文物10余件,包括瓷罐、瓷注、瓷盏、瓷盒,陶罐,铁鐎斗、铁剪,铜镜、铜钱、铜兽首及铜棺饰等。瓷注、瓷盏为白瓷,瓷罐为青瓷,保存较为完整。铜镜形制不一,制作精美,有宝相花镜、莲花镜等。铜兽首及铜棺饰均为棺木装饰品。

16. 郑州黄河路晚商墓葬的发掘

黄河路口遗址位于郑州市黄河路与花园路交叉口西南角,南距郑州商城内城北城墙约1千米。2012年11月至2013年1月,郑州市文物考古研究院对该遗址进行了清理,发现二里冈文化至晚商时期的居址和墓葬,遗存丰富,包含有灰坑、水井、灰沟、夯土建筑等。从墓葬的空间布局看,这里应是一片家族墓地。部分墓葬带有腰坑并殉狗,随葬品以陶器为主,器型有鬲、簋、豆、罐等,亦有少量青铜器和玉器。发掘者根据陶器形制特征将晚商墓葬分为两期,大体相当于殷墟二、三期。

郑州黄河路晚商墓葬发掘现场

17. 荥阳小胡村晚商贵族墓地的发掘

荥阳小胡村晚商贵族墓地位于荥阳市广武镇小胡村东北约1.2千米处,其西、南两面为枯河所环绕,墓葬分布在枯河北岸的台地之上。2006年7—9月,河南省文物考古研究所联合郑州市文物考古研究院、荥阳市文物保护管理所对墓地进行抢救性考古勘探和发掘,共发掘晚商墓葬58座。

晚商墓葬的形制均为长方形竖穴土坑墓,除2座为东西向外,均为南北向。多数墓葬修筑有生土二层台或熟土二层台;墓底都带有腰坑;墓葬都有棺、椁,一般都使用席子。人骨除少数保存较好外,均腐朽严重;每座墓葬都有殉狗,墓葬规模越大,殉狗数量越多,最多达到7条。

墓葬共出土遗物405件,主要为铜器、玉石器、海贝、陶器等。这批墓葬的年代比较集中,大致相当于殷墟二、三期。根据青铜器上的"舌"字铭文,推测该墓地应为"舌"氏家族墓地,其墓主身份多为中小型贵族。

小胡村晚商贵族墓地是郑州地区继郑州商城、小双桥遗址之后的又一重要考古发现,该墓地的发掘不仅丰富了该地区的考古学文化序列,而且为寻找郑州地区的晚商遗址提供了重要线索,特别是"舌"族铭文青铜器的出土对研究晚商丧葬习俗、社会组织形式及相关历史问题等都具有重要的学术意义。

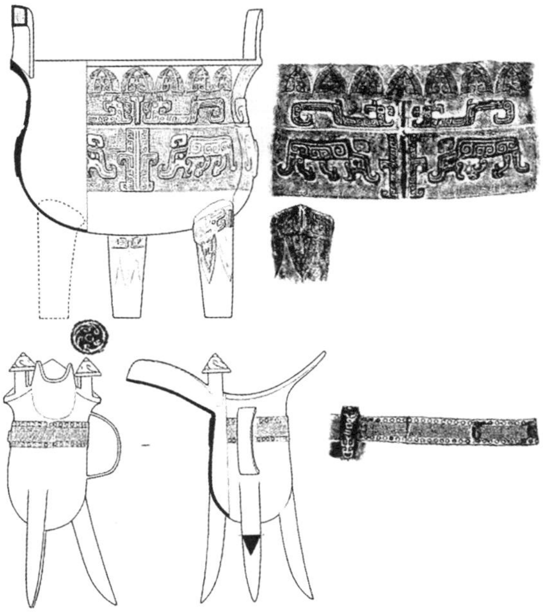

小胡村晚商贵族墓地出土的铜鼎、铜爵

18. 梁湖遗址的发掘

梁湖遗址位于郑州市区东南部，郑州经济技术开发区梁湖村以东，南三环以北区域。遗址西北距郑州商城约 8 千米，北距祭伯城 4 千米左右。地势西南高东北低，为起伏不平的岗地，处于郑州东部湖泊西南的边缘地带，遗址面积达 20 万平方米。2009 年，郑州市文物考古研究院对该遗址进行了考古调查和发掘，发掘面积 3600 平方米。

此次发掘发现两座商代大型建筑基址（F6、F7）。F6 局部已被破坏，但结构仍然可见。平面呈长方形，方向为南偏西，东西长 20.75 米，南北宽 15.25 米，中间立柱，周围用夯土打墙，上部起架。屋内未见隔墙，发现残存柱础（桑墩）35 个，其布局为东西 8 排，南北 6 排，形制有椭圆及近圆形，有明显的夯打痕迹。房址墙体仅残存东墙和北墙东端部分，墙壁较直，土质致密，经过夯筑。房外西南部、东部和东北部发现有宽 0.5 米、残深 0.1 米的小水沟，可能是 F6 的散水。室外地面平坦，西部有一椭圆形蓄水池，池的东边缘中间有一斜坡台阶，可能为方便上下而设。西南部有一个大水坑，利于排水和蓄水。房址的西南、西北和东北部发现有瓮棺和陶器坑，瓮棺内葬有小孩骨骼或人头骨，应是建筑基址奠基坑或祭祀坑。F7 为一双间式建筑，紧挨 F6 东侧，推测可能为 F6 的配房。

梁湖遗址发掘现场

梁湖遗址是目前发现距郑州商城最近的一处商代中小型聚落遗址。文化遗存分别相当于郑州白家庄期和殷墟三、四期，以殷墟三期为主。商代大型建筑基址的发现，为探讨商代晚期中小型聚落遗址的性质、布局、建筑方式等提供了新材料，同时对研究郑州商城的衰退和商晚期的再次兴盛提供了重要线索。

19. 河南体育场网球中心扩建项目工地的发掘

河南体育场网球中心扩建项目工地位于郑州市优胜南路北侧，健康路东侧，文化路西侧，优胜北路南侧。2011 年 9—10 月，郑州市文物考古研究院对其进行了抢救性考古发掘，清理商代灰沟 5 条、灰坑

22 个、祭祀坑 5 个、房址 2 座，唐代灰坑 8 个、窑址 1 处、水井 1 口。

商代灰沟及灰坑形制多不甚规整，少量长方形灰坑形制规整，直壁平底，出土物丰富，包括大量陶器残片、兽骨及少量蚌壳、石器等。祭祀坑皆为圆形或近圆形，内放置动物骨骼 1—3 具不等，保存都大致完整，应为祭祀活动所用。房址平面为长方形，连间结构，保存皆较差，仅见部分墙体及活动面，活动面上可见灶及红烧土面。墙边一般有圆形柱洞，柱洞底部有柱础石。

唐代灰坑多为圆形及长方形，坑壁直，底平，形制规整。出土物包括少量陶器残片、瓷器残片及板瓦等。窑址由操作室、窑门、火膛、窑室、烟道组成，保存状况一般，出土物多为板瓦。水井开口为圆形，砖砌而成，保存状况一般，出土有少量陶瓷片。

出土遗物主要以陶器为主，亦有少量骨器、石器、蚌器及瓷器等。其中商代遗物主要有陶罐、盆、瓮、鼎、鬲、甗、大口尊、爵、斝、杯、豆、簋、缸、坩埚等，另有少量卜骨、骨簪、锥、刀及蚌刀、石镰、石斧、原始瓷片等。祭祀坑内出土的兽骨，鉴定有猪、羊等。唐代遗物有瓷碗、盏、盘等，有圈足或假圈足，多为施半釉白瓷，以酱釉绘制简单纹饰。

河南体育场网球中心扩建项目工地的祭祀坑

20. 高庄遗址的发掘

高庄遗址位于郑州市中原区中原西路北侧，常州路东侧，东临须水河，在河边二级台地之上，地势西高东低。为配合机械工业第六设计研究院有限公司高科技信息园项目工程建设，保护遗址免遭毁灭性破坏，经国家文物局批准，2015 年 10 月至 2016 年 7 月，郑州市文物考古研究院对该遗址进行了发掘，发掘面积约 4500 平方米，发现遗存年代主要为商代晚期，另外还有部分汉、西晋、唐、宋、清等不同时期的遗存，以商代晚期遗存最为丰富。

发掘清理商代灰坑 172 个、房址 15 座、墓葬 5 座、祭祀坑 1 个、窑址 1 座。

灰坑平面形状有圆形、椭圆形、长方形及不规则形，以圆形为主。灰坑结构有直壁、斜壁及袋状。部分灰坑留有台阶，有些在壁上还掏制壁龛，并经火烧，形成红褐色烧结硬面；也有少量在底部套挖小坑，还有的灰坑存在半周二层台。灰坑内堆积无明显分层，土色灰褐，结构疏松，含有较多红烧土颗粒，出土较多陶片，可辨器型有鬲、簋、罐、盆等。

房址皆为半地穴式，有单间和连间两类。平面形状有方形及半方半圆形，以方形居多。有些房内有柱坑，大多都有烧灶痕迹，有些放置有石块，并有掏制火烧的坑洞，坑洞内有陶鬲、罐等器物。门道为阶梯状或斜坡状，突出于房址外，方向不一。

墓葬均为竖穴土圹墓，平面为长方形或圆角长方形，有些设二层台及腰坑，较大的墓葬底部还铺有朱砂。填土经夯打，圆形夯窝明显。

窑址为升焰窑，由操作间、火门、火膛、窑箅及窑室组成。窑室部分已无存，窑箅中间有一圆形孔眼，周围等距分布6个长条形箅孔。

商代遗址出土物多为陶器，另有青铜器、玉器及若干石器、骨器等。陶器多为灰陶，亦有少量褐陶及红褐陶，泥质和夹砂均多见。纹饰以绳纹为主，另有弦纹、划纹、附加堆纹等。器型主要有鬲、盆、簋、罐、甑、豆、钵等。鬲多为圆唇折沿，沿面微下凹，折沿凸棱明显，沿下角较大，鼓腹分裆，足跟多呈角状，少量为锥状。簋多为厚方唇外折，弧腹内收，中腹部一般饰有三角形划纹，圈足自上而下外张。罐多作小口折沿，斜肩弧壁内收，平底微凹。盆多为卷沿近折，深腹平底。青铜器均为商代墓葬内出土，有爵、戈、器盖及铜铃。爵为素面，卵形深腹，圜底，三棱形实足，略外撇。戈为曲内歧冠，器盖为椭圆形，子母口，面呈弧形，上部饰饕餮纹及云雷纹，半环形钮，两端作龙首状，内有“舌父癸”铭文。因未见器身，推测为铜觯盖。玉器有压腰槽凿及玉璜。石器有斧、锛等。骨器有簪、锥等。

从出土陶器的整体特征考察，折沿鬲、侈口方唇簋及近折沿盆为最常见的器物组合，时代应与殷墟三期相当。墓葬内所见的“舌”族铭文青铜器，在2006年发掘的荥阳小胡村晚商贵族墓地曾有较多出土，其隶定为殷墟三期，与该遗址的时代一致。

“舌”族铭文青铜器在殷墟及郑州地区都有发现，但多为墓葬或采集所得，与同时期的遗址伴出，尚属首次发现，这对于了解晚商族属、聚落形态及历史地理问题有重要的学术价值。

商庄遗址航拍图

21. 河南省委文印中心商代遗址的发掘

河南省委文印中心综合楼工程项目位于郑州市经五路与纬三路交会处，该区域南邻郑州商城北城墙，东南邻郑州商城制骨作坊遗址、铸铜作坊遗址。郑州市文物考古研究院为配合工程建设，于2008年5月27日起进驻工地进行抢救性考古发掘，由于下雨等原因，至9月25日考古发掘工作才全部结束。

此次发掘面积为560平方米，共清理汉代墓葬5座，战国水井2座，商代灰沟2条、灰坑73个、陶窑1座、墓葬22座、房基1座、夯土建筑基址2处。

商代夯土建筑基址分别位于发掘区域北侧及东南侧。经发掘并经勘探发现夯土建筑基址已延伸出各探方外，长约50.5米，宽7.25—12.4米。东南侧范围依现发掘形制初步判定夯土建筑基址呈长方形，由红褐色黏土夯筑而成，厚约1.2米，夯层清晰，夯窝密集，十分坚固，地势北高南低。现已暴露在建筑基址范围内的夯土建筑台基及夯土建筑基槽边线清晰。另在夯土建筑基槽南侧清理出大面积砂姜石粉及红褐色杂土铺垫而成的地坪，厚10—20厘米，质地坚硬，范围较大，其西、南各方位均伸出发掘范围外，初步判断应是广阔的庭院。在夯土台基南部边缘，清理出一组东西向排列有序的圆形柱洞，直径约35厘米，内填砂姜石及陶器碎片，依据台基及庭院的布局初步分析这应是一组廊庑建筑的柱洞。

商代夯土建筑基址

22. 华润印象城项目工程的发掘

华润集团(郑州)有限公司华润印象城项目工程位于郑州市西太康路南侧,铭功路东侧,民主路以西,解放路以北区域。2010 年 10—12 月,郑州市文物考古研究院对工程区内古文化遗迹进行了抢救性考古发掘,发掘面积 3000 平方米,发现仰韶文化、商代二里冈文化及汉代、宋代墓葬等文化遗存,共清理灰坑 91 个、墓葬 52 座、灰沟 1 条、夯土遗迹 1 处。

墓葬中仰韶文化时期墓葬 1 座,为瓮棺;商代墓葬 3 座;汉代墓葬 7 座;宋代墓葬 36 座;清代墓葬 5 座。商代墓葬多为竖穴土坑墓;汉代墓葬为斜坡墓道砖室墓,出土有铜镜、铜钱、陶罐、陶壶、陶楼、耳杯等遗物;宋代墓葬均为竖穴墓道土洞墓,随葬有瓷枕、瓷碗等;清代墓葬均为偏室土洞墓,无随葬品。

灰坑主要是仰韶文化时期和商代二里冈文化时期。仰韶文化时期灰坑 68 个,多为圆形、椭圆形。商代二里冈时期灰坑 23 个,有圆形、椭圆形、长方形,另有不规则形,多为取土所致。坑内填土多为一次性堆积,有少部分经多次堆积形成。商代灰沟呈西南—东北向,发掘长度 50 米,宽 13—16 米。夯土遗迹现存厚度 0. 8—1. 6 米,夯层 0. 08—0. 1 米,破坏较为严重。结合以前该区域考古发掘情况推断,这里应为郑州商城的外郭城。

出土陶器为夹砂陶和泥质陶。夹砂陶多为炊器,多有烧熏痕迹,陶色有灰色、红褐色及红色等。器型有罐、小口尖底瓶、大中尖底缸、鬲等。一些大型器物亦为夹砂陶,如瓮。泥质陶多为盛储器及食器,如豆、簋、盆、罐等。早期陶器如仰韶文化小口瓶、红陶钵等陶胎细腻,火候较高,陶泥经过筛选。商代陶器多为二里冈文化遗物,纹饰多中细绳纹,口沿流行折沿折唇或折沿垂唇等。

出土石器主要是农具,皆为实用器,器型有石铲、石刀、石镰、石凿等。骨器有骨锥、骨簪、骨镞、骨饰品等。蚌器有蚌刀、蚌镰等。

此次发掘发现的仰韶文化时期遗迹较为丰富,这对探讨这一时期中小型聚落遗址的功能、结构、布局等至为重要。发现的夯土遗迹应是郑州商城外郭城的一部分,这对于研究郑州商城外郭城的走向及布局结构具有重要意义。

23. 凤凰台遗址的发掘

凤凰台遗址位于郑州市东南部,未来路东侧,青年路南侧,燕凤路西侧,陇海东路北侧。

2008 年 11 月至 2009 年 4 月,郑州市文物考古研究院对其进行了发掘,发掘探方 38 个,面积 3800 平方米,清理遗迹单位 189 个,其中商代灰坑 80 个、东周灰坑 67 个、明清灰坑 1 个,商代墓葬 4 座、宋金墓葬4座、清代墓葬17座,商代灰沟13条、东周灰沟2条,商代水井1处。出土遗物较为丰富,有大量商代陶器、卜骨、铜器、骨器、石器、蚌器、动物骨骼等。陶器数量较多,有簋、鬲、大口尊、豆、盆、缸、钵、罐、甗等。铜器有爵、刀、镞等。骨器有锥、镞、簪、匕等。石器有饼、刀、凿、锤等。

该遗址的发掘获得了一批新的考古学资料,并有新的发现,为研究郑州商城的自然环境,社会生产、生活状况,政治经济发展状况和祭祀习俗等提供了重要的实物依据及科学资料。其中最重要的发现是阶梯分布的祭祀遗迹,这些祭祀遗迹有人祭坑及牛、羊祭坑,围绕在一处面积约600平方米的水塘四周,从地势较低处向上分层布局,推测可能是滨水祭祀,随着水位上移,祭祀地点也向上移动。滨水祭祀遗迹现象的发现,对研究郑州商城政治经济、社会文化的发展具有重要学术意义。

24. 郑州洼刘两周墓地的发掘

郑州洼刘两周墓地位于郑州高新技术产业开发区洼刘村北,包括郑州高新技术产业开发区科学大道、郑州锅炉股份有限公司、银湖铝业有限责任公司、郑州大学新校区等区域。1999年11月至2005年5月,郑州市文物考古研究所对其进行了大规模调查、钻探和发掘。

科学大道地段发掘工作于1999年11月19日开始,2000年4月20日结束,共发掘西周时期墓葬72座、车马坑2个,出土了一批精美的西周早期青铜礼器、兵器、车马器,以及玉器、陶器、蚌饰、贝饰、贝币等。青铜礼器有鼎、簋、甗、罍、尊、卣、盉、爵、觚、觯等。大部分器物的内壁、盖内顶部、器内底部、器外底部等处发现有阴文铭文或族徽等。

郑州锅炉股份有限公司,时为郑州锅炉厂新厂区,位于科学大道西段北侧,与西周早期墓区域相连,发掘工作于2001年4月开始,10月结束,共发掘各个时期墓葬867座,其中西周时期12座,战国时期700座,宋代和明代各50余座。战国时期墓葬多为小型土坑墓,一般有壁龛,少数有腰坑。出土各种文物数千件,大部分随葬品为陶器,器型主要有鼎、豆、壶、盘、碗等,还有一批精美的铜带钩、水晶环、铜璜等装饰品。

银湖铝业有限责任公司与郑州锅炉厂新厂区一墙之隔,于2001年7月开始发掘,8月结束,发掘西周墓葬20余座,与科学大道地段1999年发掘的西周墓地应属同一墓地。

郑州大学新校区位于科学大道西段,东与郑州锅炉厂新厂区一路之隔,于2001年11月12日开始发掘,2005年12月28日结束,发掘面积10000余平方米,清理古墓葬430余座,其中西周墓葬30余座、春秋战国墓葬280余座。出土各类文物近千件,主要有西周、春秋战国时期的陶壶、豆、罐等文物。同时发掘清理仰韶文化、龙山文化灰坑及西周和春秋战国时期灰坑400余个、壕沟11条。

郑州洼刘两周墓地车马坑发掘现场

洼刘两周墓地的发掘是郑州市两周考古的重大成果。郑州作为历史上的中原腹地，商代前期作为重要的都邑，西周早期武王灭殷后，首封其弟管叔鲜为三监之首，封国郑州；后管叔叛乱，为周公所灭，但西周管国的处所成为未定之谜。洼刘西周早期墓区域的发现，为寻找管国的始封地提供了重要线索。

发表资料：《郑州市洼刘村西周早期墓葬发掘简报》，《文物》2001 年第 6 期。

25. 郑州高新技术产业开发区中国船舶重工集团第七一三研究所总装厂房项目工程的发掘

中国船舶重工集团第七一三研究所总装厂房项目工程位于郑州高新技术产业开发区西部，科学大道以南，红松路以西。2010 年 4—5 月，郑州市文物考古研究院对其进行了发掘，共清理探方 5 个，清理西周时期墓葬 22 座，春秋时期墓葬 20 座、灰坑 30 个，战国时期墓葬 25 座、灰坑 9 个，汉代墓葬 2 座、井 1 处，宋代墓葬 7 座，清代墓葬 52 座。

西周时期墓葬均为长方形竖穴土坑墓，大多为东西向，个别为南北向，排列有序，形制均较小，较为规整。墓葬口部稍小，下部略大，平底，内填五花土，墓底中部有长方形腰坑，坑内多殉狗一只。葬具多使用木棺，朽蚀严重，仅能见到棺灰痕，单棺内置人骨一具，多为仰身直肢葬，保存较差。随葬品多出土于头顶部，器物有陶罐、陶鬲、陶鬶、陶豆、海贝等。

春秋时期墓葬均为长方形竖穴土圹墓，多为南北向，排列有序，形制中等，较为规整。墓圹多口底大小一致，个别口大底小，平底，内填五花土，墓圹较深。葬具多为单棺单椁，朽腐严重，仅见棺灰痕，棺内均置人骨一具，多为仰身屈肢葬，人骨朽腐。随葬品多出土于棺外椁内，器物有陶盂、陶豆、陶釜、陶壶等。

春秋时期灰坑按口部形状可分为圆形、不规则形、椭圆形和长方形等，其中圆形与不规则形较多，椭圆形和长方形略少。圆形灰坑 12 个，不规则形灰坑 10 个，椭圆形灰坑 7 个，长方形灰坑 1 个。灰坑坑体多较规整，坑壁多直壁内收或斜壁内收，多为平底或圜底，个别形制较大，大多较浅，少数较深，灰坑内填土多为深灰土或浅灰土，质地疏松，含草木灰和红烧土颗粒及炭屑等。出土遗物比较丰富，主要以陶器残片为主，同时也有少量石器与骨器及动物骨骼等。

战国时期墓葬形状结构基本与春秋时期墓葬相同，为土圹竖穴墓，形制中等，深度较深，排列有序。墓圹多口大底小，平底，内置单棺单椁，棺内置人骨一具，多为仰身屈肢葬，朽腐严重。随葬品多置于棺外，个别放置于壁龛内，器型有陶壶、陶盂、陶罐等。

战国时期灰坑形状多呈长方形、圆形、椭圆形和不规则形等。其中长方形和圆形灰坑数量较多，椭圆形和不规则形灰坑数量较少。灰坑多比较规整，深度大多较浅，个别较深，出土陶片较多。

该项目工程的发掘对于研究两周时期的陶器文化分期及社会发展关系起到重要作用。

26. 郑韩故城郑国祭祀遗址的发掘

郑韩故城是东周时期郑国和韩国的都城，早在 1923 年，郑韩故城内即有著名的“新郑彝器”出土，轰动于世。1964 年以来，河南省文物工作队陆续对郑韩故城进行调查和发掘，发现有城垣、城门、宫殿、手工作坊、王陵大墓及一般墓葬等。1993 年和 1995 年，郑韩故城东城西南部发现一些青铜礼器坑、乐器坑、墓葬及殉马坑，不少经过盗掘，出土一批青铜礼乐器。1996 年 9 月至 1998 年，在配合基建时，河南省文物考古研究所又对其进行了大面积发掘，共清理青铜礼器坑、乐器坑 17 个（其中 3 个被盗扰），殉马坑 44 个，夯土围墙 1 道，灰坑 791 个，水井 98 眼，烘范窑 3 座，小墓 80 座，瓮棺葬 28 座，出土了大量重要遗物。

郑韩故城郑国祭祀遗址出土的青铜器

在 5 个保存完好的青铜礼器坑中，4 个坑都是出 9 鼎、8 簋、2 方壶、1 圆壶、9 鬲、1 鉴、1 豆，均为 31 件，仅有 1 个坑只出 9 鼎、9 鬲共 18 件，共计出土青铜礼器 142 件。在 9 个乐器坑内，各出土编钟 24 件，总计 206 件，并有腐朽成灰的木编钟架，还有 5 件配音的陶埙。与此同时，在遗址东南 4 眼水井中清理出熔铜炉块、青铜礼器和乐器范模、钱币范、生产工具范、冶铸废品和回收残毁铜器的回炉料。另外还发现有近 30 片战国时期写有文字的骨片，文字用墨书写在牛肋骨的正反面上，每面有五六十字，经考释为韩国仓库的账册，还发现陶器上的刻文近千字，这些发现为研究战国文字和仓廪管理制度提供了难得的实物资料。

此次考古发现有很高的科学研究价值。夯土围墙的发掘，为确定这里是郑国祭祀遗址提供了佐证。一次出土 142 件青铜礼器，包括 5 套大型列鼎，这在考古史上是罕见的，这些礼器成为社稷祭祀的重要载体。出土的 206 件编钟，不仅件套完整，而且都经过调音。从对编钟的测音结果看，郑国的编钟音域较广，从最低音到最高音跨越了四个八度的音程，钮钟为中高音区，作演奏主旋律之用，镈钟为低音区，作演奏和声之用。该编钟继承了五个正声传统，并有较多的半声音阶，可以旋宫转调，至今仍可演奏出音色优美的旋律。东周时期，“郑卫之音”久负盛名。此次发现对研究郑国音乐和音律结构、东周时期礼乐制度具有非常重要的意义。

郑韩故城郑国祭祀遗址入选 1997 年度“全国十大考古新发现”。

发表资料：《郑韩故城青铜礼乐器坑与殉马坑的发掘》，《华夏考古》1998 年第 4 期；《河南新郑市郑韩故城郑国祭祀遗址发掘简报》，《考古》2000 年第 2 期；《新郑郑国祭祀遗址》，大象出版社，2006 年。

27. 新郑冯庄东周制陶遗址的发掘

2002 年 11 月至 2003 年 5 月，为配合农田平整建设，河南省文物考古研究所在新郑市郑韩故城城南的冯庄村东地对东周制陶作坊遗址进行了发掘，发掘灰坑 370 个、水井 63 眼、作坊 6 座、陶窑 22 座。这些遗迹均和制陶活动有关，时代从春秋早期到战国晚期，中间没有缺环。在这些遗迹中发现大量陶器残次品和支具堆积，近一半的遗迹中几乎填满了这些陶器，有的坑井中堆积的陶器一坑就达几百件。特别是在发掘西区，堆满陶器的坑井连成了片，陶窑组成了群。

灰坑分布集中，以规整的圆形袋状坑占绝大多数，个别为不规则形坑。圆形坑口径多在 3 米以下，原作窖穴用，不规则形坑原为取黏性陶土所形成，废弃后均成为倾倒陶器废品的坑穴。

水井都为小型，分布较为分散，形状有长方形、圆角方形和圆形 3 种，宽或直径在 1 米以下，存在着由长方形向圆角方形再向圆形过渡的发展演变轨迹。

作坊建筑均为小型梯形或长方形半地穴式，大小很相近，长宽均 3 米左右，一边开有门道，门道中有2至3级的土台阶。个别的中间还发现有一个柱洞。在作坊H325中还发现大量陶豆泥坯和一具男性人骨，泥坯整齐地码放在作坊的东部，人骨侧躺在作坊的西部，呈明显的自然睡眠状，其身份应是陶工，可能在睡眠时因房顶塌陷而被压致死。在人骨的东部发现陶豆、盂各1件，可能是陶工的生活用品。

各个时期的陶窑均有发现，都是烧造生活用陶的小型半倒焰窑，开挖在生土上。窑室形状有梯形、椭圆形、马蹄形等，形制由小变大的规律十分明显，完整地体现了东周时期陶窑的演变过程。春秋时期陶窑的烟囱属半开放式，一些春秋中期陶窑的窑床上还有烟道。战国时期陶窑的烟囱则是封闭式。

此次发掘出土的陶器数量应在万件以上，多数为陶器残次品。各期陶器形制多样，囊括了东周时期多数生活用器种类，还有许多制陶用器，如大漏斗、小陶桶、带孔豆等。经初步观察可知，郑国时期(春秋早期至战国早期)烧造品主要为鬲、盂、罐等，韩国时期(战国中晚期)烧造品主要为豆、钵、盂、小罐、小陶塑等，似有专业烧造的迹象。一次出土如此众多不同时期的陶器，在考古发掘中是极其罕见的。这些陶器未经使用就被弃埋，极少有早期陶器混入，所在遗迹又存在多组打破关系的情况，更具有典型的分期断代的标尺作用。

一些陶器和模具制作十分精美，在4件模具上发现有雕刻精细的蛟龙和动物纹样。其中一件长条形的模具刻有狗、鹿、鱼、凤、鸟、蛇、怪兽等，是不可多得的陶艺珍品。出土的一些猪、狗、羊等小型动物雕塑亦非常别致。在许多残陶器和支具上刻有陶工姓名或印有戳记，多数是“沱”姓名字，个别是“彭”姓等名字，结合制陶遗迹多呈小区域分布的规律，推测此地至少有3家陶工，烧造的陶器是作为商品生产的。

出土的陶支具数量之多已达数千件，种类有三角形支架、豆柄形支架、覆盆形支架、圆壶盖形垫圈、长方形垫圈、圆形小垫饼等6大类十几个品种。支垫工具有多层码放陶坯以提高单窑产量，使陶坯充分受热、避免粘连的作用，在东周遗址中如此大量使用超乎想象，体现了郑韩时期烧陶工艺的高超。

发表资料:《新郑冯庄制陶遗址》,《河南省文物考古研究所考古年报》,2003年;《河南新郑冯庄东周制陶作坊遗址》,《2003年中国重要考古发现》,文物出版社,2004年。

28. 城李墓区的发掘

城李墓区位于郑州航空港经济综合实验区新港办事处(原属新郑市龙王乡)城李村东南部，其东部、南部分别为两个巨大沙岗，南水北调干渠穿过墓地。2010年7月，郑州市文物考古研究院在南水北调干渠建设范围内进行考古发掘，清理战国、汉代墓葬82座，灰坑3个。

墓葬可分竖穴土坑墓、空心砖墓、带墓道砖室墓。墓向以东西向为多，多数砖室墓有斜坡墓道，也有一些墓道呈转折式，这类墓葬的形制一般较大。墓葬均遭盗扰，但仍出土器物100余件，有铜、铁、铅、陶等类，有铜印章(“尚赏私印”等)、铜钱、铜镜、铅饰件、铁刀、陶壶、陶瓮、“五鹿”刻字罐、“宋公”刻字罐、陶灶、陶盆等，其中3面铜镜较为精美。

城李墓区北部是东周时期的苑陵故城，本次考古发掘的墓葬从战国时期延续至西汉晚期，对研究该时期葬制葬俗及苑陵故城文化内涵具有重要意义。

29. 新郑赵庄墓地的发掘

新郑赵庄墓地位于新郑市新村镇赵庄村西一条南北向高岗上，南北长560米，东西宽200余米，总面积超过10万平方米。墓地南距郑韩故城约3千米，时代为春秋中晚期至战国时期。根据墓地规模、墓葬形制等判断，该墓地应该是春秋战国时期郑韩故城周边一大型公共墓地，出土大批青铜器、玉器、骨器、仿铜器陶器等。

殉马坑1个。葬3匹马、1只狗。马头西尾东，面南依次躺卧；狗头西尾东，躺卧于中间马匹尾部，狗颈部有骨珠1串。马及狗均为杀死后摆放成形陪葬，是典型的周人遗俗。

宋墓2座，均为土结构洞室墓，迁葬而成。墓道呈长条形，墓室近方形，穹顶。其中M28保存有局部壁画，壁画内容为夫妻宴饮，墓内出土一买地券砖。其他墓葬被盗扰严重。

汉墓4座，均为带墓道砖室墓，墓砖为子母砖，侧面饰花纹，出土铜镜2面、“大权五十”钱币10余枚，陶器有陶灶、陶量、陶甑、陶缸、陶罐、陶碗等。

东周墓葬数量众多，共有202座，被盗扰严重，均为土坑竖穴墓，大多口大底小，南北向分布占比达70%，余为东西向分布。按墓葬结构大致分3类：无棺椁墓、单棺墓、一棺一椁墓；按结构亦大致分3类：腰坑墓、壁龛墓、无腰坑壁龛墓（此类墓又可分为有、无头箱类）。葬式主要为仰身直肢和曲肢葬。陶器有鬲、罐、豆、壶、盂、鼎、敦、盘、罍、匜、舟、尊等。其中仿铜器陶器组合大多为鼎、盘、舟、匜、敦、罍或尊。仿铜器陶器大多为白衣素面，部分饰有彩绘暗纹；器足流行兽首蹄形足，耳饰兽首纹。玉器有玉牌、玉柱、玉琀、璧、璜、玦、环、圭等；另有水晶珠、水晶环、玛瑙珠、玛瑙环等。青铜器有铜镜、箭镞、铜铃、铜带钩、铺首、铜环、铜舟、铜敦、铜戈等，骨器有骨贝、骨镳、骨珠、骨梳、骨笄等。

赵庄墓地南距郑韩故城较近，其墓葬具有典型的成周文化遗风，初步推断是一处郑国宗族公共墓地，它的发现为研究郑韩故城周边族属分布及郑文化发展与演变提供了重要素材。

30. 郑州市上街区峡窝镇郊段、左照、寨沟新型社区墓葬的发掘

2012年2—7月，郑州市文物考古研究院对郑州市上街区峡窝镇郊段、左照、寨沟新型社区项目工程范围内古墓葬进行了发掘，共清理古代墓葬125座，其中战国墓葬32座，唐代墓葬82座，宋代墓葬4座，清代墓葬7座。

战国墓葬主要分两种形制：一种为长方形竖穴土圹墓，口大底小，斜直壁内收，规整光滑，脚窝多位于墓壁东北角两壁，壁龛多位于墓室北壁，多为一棺一椁墓，棺内多放置人骨一具，并且多侧身屈肢葬，头向北；另一种为土洞墓，由墓道、墓室两部分组成，墓道均位于南侧，长方形竖井状，口大底小，斜壁平底，墓室为土洞，平面呈长方形，墓室内多置一棺，棺内置人骨一具，多侧身屈肢葬，头向北。竖穴墓内随葬器物多出土于壁龛内，土洞墓多出土于墓门口两侧。主要器型有陶鼎、豆、壶、盘、匜等器物组合，另有铜带钩、料珠等。

唐代墓葬均为单室土洞墓。墓葬排列有序，分布密集，大部分坐北向南，个别坐西向东，多由墓道、墓室两部分组成，另有一小部分墓葬由墓道、过洞、天井、甬道、墓室等组成。墓道多呈长方形，斜平底或台阶状；少数为长方形竖穴状，平底，穴状墓道多带有上下脚窝，较为规整。墓室均为土洞，多为长方形或近方形，平底，个别墓室多附带一个至多个耳室。出土有较多随葬品，主要有陶镇墓兽、武士俑、男女侍俑、牛车、骆驼、马及陶罐、瓷碗、铜环、铜镜等。

宋代墓葬均为土洞墓，由长方形竖穴状墓道和长方形土洞墓室相连组成。斜坡墓道均较规整，墓室均被淤土填满，形制较小，底较平，已遭盗扰，出土随葬品较少，仅填土中有少量碎骨及瓷器残片等。可辨器型有瓷碗、瓷罐等。

清代墓葬均为长方形土圹竖穴墓，平底，形制中等，较为规整。墓葬多为单棺或合葬墓，内多有腐朽的木质棺及人骨等，葬式多仰身直肢葬，头向北，保存状况较差。填土为五花土，出土随葬品有瓷罐、铜钱等。

这批墓葬时代特征典型，排列较为有序，对研究郑州地区战国、唐、宋、明、清时期社会文化发展延续及葬俗、葬制等有重要意义。

31. 信和普罗旺世工地战国汉代墓群的发掘

信和普罗旺世工地战国汉代墓群位于郑州市金水区西史赵村。

2007 年 12 月至 2008 年 7 月，郑州市文物考古研究院对其进行了发掘，共清理古墓葬 1100 余座，其中战国墓葬 980 座，汉代墓葬 120 座，唐代墓葬 2 座。出土文物近 4000 件，其中战国墓葬随葬品有陶器、铜器、兵器、水晶、玉器及骨器等，陶器组合以鼎、豆、壶、盘、匜为主，另有釜、罐、盒、碗、钵等。兵器主要有铜剑、戈、矛、镞等。汉代墓葬随葬品以陶器为主，主要器型有罐、壶、仓、灶，另出土有铜镜、铜洗、钱币等。

信和普罗旺世工地战国汉代墓群发掘现场

战国墓葬形制规整，排列有序，且分区布局，具有“族坟制”或“邦族”墓地的特征，系统一规划，应为公共墓地，时代当为战国中晚期。汉代墓葬数量较多，形制多样，布局有一定的规律，年代当为西汉中晚期至东汉中期。这批墓葬对研究郑州地区战国及汉代墓葬的性质、形制，墓地的布局规律，丧葬制度和埋葬习俗等具有重要意义。

32. 荥阳市京城路街道办事处康砦社区项目工程晋代和宋代墓葬的发掘

2015 年 3—5 月，为配合荥阳市城市投资开发有限责任公司京城路街道办事处康砦社区项目工程建设施工，郑州市文物考古研究院对其建设范围内发现的古墓葬进行了考古发掘。

发掘地点位于荥阳市康砦新村东，塔山路西侧。考古发掘共清理墓葬 32 座，其中晋代墓葬 20 座，宋代墓葬 12 座。

晋代墓葬形制较大，均为砖室墓，形制主要有单室墓、双室墓及多室墓 3 种。方向多为南北向，个别有东西向。单室墓平面形制呈“甲”字形，由墓道、封门、甬道及墓室四部分组成，个别有耳室。墓道均为长方形斜坡状，壁规整，封门由小砖错缝平砌，甬道为暗券，墓室底平面多呈近方形，四壁为小砖错缝平铺，“一”字形砖铺底。双室墓由墓道、封门、甬道、前室、过洞、后室等部分组成，个别有耳室。墓道均为长方形斜坡状，壁规整，封门由小砖错缝平砌，甬道为暗券，前墓室底平面多呈近方形，后室有方形和长方形两种，两个墓室之间用过道相连，四壁为小砖错缝平铺，“一”字形砖铺底。墓顶主要为穹窿顶，正中部留有气孔，其中 M2、M3 规模最为壮观，两座墓为一组，两前室之间用同一侧室相连，三个室东西一排，均为穹窿顶，从平面排列情况看，应为夫妻合葬墓，与其他地区的“过桥仙”类似，俗称“隔山葬”。这种合葬形制在中原地区尚属首例。多室墓由墓道、封门、甬道、前室、中室、后室、侧室等部分组成。墓道均为长方形斜坡状，壁规整，封门由小砖错缝平铺砌成，前、中、后三室均为方形，侧室多为长方形，室与室之间均有过道相连，四壁为小砖错缝平铺，“一”字形砖铺底。墓顶主要为穹窿顶，正中部留有气孔。

宋代墓葬均为土洞墓。形制较小,为靴形墓,由墓道和墓室两部分组成,墓道为长方形竖穴状,直壁平底。墓门口未见有封门。墓室均为土洞,平面呈长方形,平底。中部置木棺,少量内有骨架,朽腐严重,已被盗扰,墓道内填土为黄褐花土,室内为淤土,出土有部分随葬品。

荥阳市京城路街道办事处康砦社区项目工程晋代墓葬 M2、M3(东南—西北)

出土器物种类较多,有陶器、瓷器、玉器、铜器等,晋代器型有玉猪、陶罐、陶壶、陶仓、陶灶、陶井、陶俑、陶熏炉、陶案、陶耳杯、陶鸡、陶狗、陶马、陶猪、陶鸭、陶羊、铜镜、铜洗、铜钱等。其中玉猪白玉料美,做工精致,雕刻传神,为不可多得的手玩把件;陶俑造型丰富,有击鼓俑、吹箫俑、舞蹈俑、女侍俑、男侍俑等,表情不一,神态生动。宋代器型有瓷碗、陶罐、陶壶等。

这批墓葬分布较为集中且有规律,时代特征典型,应经过规划,时代上迄晋代,下至宋代,为研究晋代、宋代的演变序列提供了丰富的实物资料。晋代墓葬对于研究郑州地区晋代社会文化的发展与延续及葬俗、葬制等有重要意义。

33. 登封法王寺二号唐塔地宫的发掘

法王寺塔群位于登封市北 7 千米的嵩山太室山南麓玉柱峰下法王寺后,现存唐塔 4 座、元塔 1 座、清塔 1 座。2000 年 3—5 月,河南省文物考古研究所对法王寺二号塔(唐)地宫进行了抢救性发掘,获得重要考古发现,出土了一批唐代珍贵文物。

二号塔为单层砖塔,方形基座,高约 15 米,边长约 4.4 米。塔内顶端为四角攒尖。塔身叠涩出檐,南面开券门。塔刹用青石雕刻而成,上置砖砌覆钵,四周镶嵌 8 块雕花角石,覆钵上有仰莲和石刻圆盘、绶花,再上置相轮,最上为石雕宝珠。塔刹四周雕莲花、卷草、飞天等精美图案。

地宫位于塔基下的中心部位,方向正南,由宫道、宫门、甬道、宫室四部分组成。宫道口距地表 0.6—1 米,有十级台阶由南向北逐级下降,台阶底部至宫门。

宫道内填土经过夯打,填土内出土有唐代钱币“开元通宝”。

宫门、甬道和宫室系砖砌而成。宫门正面甬道高 2.6 米,宽 2 米;正中砖砌券门,宽 1.4 米,高 1.6 米。甬道长 2.3 米,有三道封门。第一道封门位于宫门口,用条砖纵式斜立呈横“人”字形封堵 8 层后,其上又错缝平铺 3 层。第二道封门距宫门口 0.6 米,中间为一马蹄形单体阴线石刻,通高 1.36 米,宽 0.9 米,厚 0.2 米。正面阴刻假门,左右门心各雕刻一侍女,体态丰腴;假门外阴线刻亮窗、门楣、门槛、门袱及莲蓬等花卉,雕刻精细,造型优美,具有较高的艺术价值。第三道封门位于甬道的北端近宫室处,结构和第一道封门基本一样,用条砖斜立呈横“人”字形封堵 6 层后又错缝平铺 9 层。整个宫门封堵是经过精心设计的。

宫室为方形,直壁四角攒尖顶,边长 2.5 米,通高 2.5 米。砖砌地面北部有一坐坛,坛上有一泥塑趺坐高僧真身像,身披彩绘袈裟,上身残损严重。泥塑趺坐高僧真身像在国内亦属罕见,对于考古学和宗教学等研究具有极高价值。

室内出土有白釉瓷盒、瓷碗、细颈瓶、带盖双系罐、瓷盏、深腹盘、黑釉瓷壶,鎏金镂孑铜熏炉、铜净瓶、铜提梁罐、铜箸、铜铲,陶砚、陶钵,墨块,伽陵频迦盒,玉戒指,念珠及"开元通宝"等,不少遗物具有很高的艺术价值和学术价值。根据出土文物和地宫建筑形制,结合二号塔造型特征,初步推断该塔建于晚唐时期。

发表资料:《河南登封市法王寺二号塔地宫发掘简报》,《华夏考古》2003 年第 2 期。

34. 郑州航天电子技术有限公司宋金墓葬的发掘

郑州航天电子技术有限公司位于郑州高新技术产业开发区贾庄村东部,东临西绕城路(西四环),南为合欢西街,西邻红叶路。2006 年 10 月 9 日至 12 月 6 日,郑州市文物考古研究院对该公司建设区域进行了考古发掘,共发掘清理遗迹单位 107 个,其中宋金时期墓葬 64 座,另有清代墓葬。

宋金时期墓葬分布于发掘区的东部,布排密集,较为整齐,相互间很少有打破现象。墓葬形制有砖室墓(阶梯式墓道)、土洞墓(长方形竖井式墓道、斜坡式墓道)及瓮棺葬 3 种,其中砖室墓形制相对较大,规格较高,可能是有一定社会地位的士绅或富裕之人的坟墓。其他两种形制墓葬数量虽多,但规模不大,分布较有序,应为平民墓葬。

砖室墓主要分布于墓区的东缘,由墓道、墓门、甬道、墓室等组成,以 M71、M72、M73、M74 较为典型。这些墓葬规模较大,但遭盗扰严重,仅剩土圹,对比研究困难。M73 尚保存有较好的墓门,其斗拱铺作与登封箭沟宋代壁画墓墓门铺作相似;M71、M74 与 M73 风格相同;M72 打破 M73 的墓道东侧,表明 M73 应稍早于 M72,但属同一时期。此外,M71 出土的鸡腿瓶、六出葵口形白瓷盘相当典型,鸡腿瓶与观台磁州窑Ⅶ型 2 式经瓶相似,具有北宋晚期特征。

长方形竖井式墓道土洞墓共有 4 座,位于发掘区的东南角,形制较小,与其他墓葬相距较远,葬制风格亦有差异,应该另作区别。M91 出土的圈足白瓷盏、双系豆青瓶具有北宋晚期特征,时代亦应属北宋晚期。

斜坡式墓道土洞墓数量多,成片密集排列。墓道平面呈梯形,南壁向内斜收,底部呈坡状通向洞室。

这批墓葬除东南角 4 座长方形竖井式墓道土洞墓外,其余墓葬应均属同一家族墓地,由东向西、自北向南排列。东部墓葬略早于西部,北部墓葬略早于南部,东部墓葬形制明显较大,规格较高。墓葬时代从北宋晚期延续至金代。墓葬中出土的唐代"开元通宝"、金代"正隆元宝"及种类繁多的宋代铜钱也殊为珍贵。这些资料为研究宋金时期的墓葬形制、社会经济及古代民俗提供了实物佐证。

发表资料:《郑州高新区贾庄宋金墓葬发掘简报》,《中原文物》2009 年第 4 期。

35. 郑州开元寺宋代塔基的发掘

郑州市东大街路北(今郑州市第一人民医院内)为唐开元寺旧址,寺前原有一座北宋开宝九年(976)修建的舍利砖塔。塔呈八边形,共 13 层,高约 30 米。塔坐南面北,塔南面有一大佛龛,有铁门两扇,内供石雕佛像。该塔于抗日战争时期被毁,仅存塔基于地下。1974 年,郑州市博物馆对此塔基进行了考古发掘。

塔基略呈方形,用数百块不甚规整的大型条石垒砌而成。在塔基中部有一座用石条修建的八角形地宫,石条呈辐射状,石条接缝处凿凹卯,用亚腰形铁榫伴石灰扣合,在石条空隙中填土夯实。地宫由门、甬道和宫室组成,两扇青石门可以启闭;门框上刻有牡丹、石榴等花卉,门楣上刻奔逐双羊,门额上刻有释迦说法像(一佛二弟子)。门内外各立一对石质力士,墓室后部砌棺床。

地宫内最主要的遗物为墓室棺床上放置的连座石棺和底座。石棺前宽后窄,前高后低,呈倾斜状。棺盖呈长方形半圆七棱体,两端出檐,檐上施金彩妆绘。盖面线刻缠枝牡丹,正中有“匠人鱼继永”“唯大宋开宝九年岁次丙子正月庚寅十一日戊寅制造毕工。施主预超妻王氏男赟贝新妇惠氏孙儿合子孙女花哥伴姐”的题记。石棺四面均雕刻有图案,棺两侧浮雕《释迦牟尼涅槃十弟子送葬图》。右侧刻一僧哭倒在地,一僧从后搀扶,另一僧端钵鼓腮喷水相救,后面还有两僧掩面痛哭,最后有一狮仰面蹲卧;左侧一僧坐地捶胸蹬足大哭,其后有一僧掩面痛哭,再后有两僧相互抱头哀泣,最后一僧面向里,手拍棺墙掩面号啕大哭,其旁边亦有一狮仰卧,四肢朝天。这两组雕刻小巧精细,人物各具神态,足可以与河北定州城关北宋太平兴国二年(977)静志寺真身舍利塔塔基内的壁画《十弟子礼拜图》及定州城西南北宋至道元年(995)净众院舍利塔塔基内的壁画《释迦牟尼涅槃图》相媲美,表现出北宋工匠丰富的想象力和高超的雕刻技艺。石棺前后两面均雕有假门,形制相同,假门为朱红色,饰以门簪、门钉、铺首,闭门上锁,门外两侧雕有二夜叉持械守护。石棺下连雕须弥座,四角有角柱,角柱上下各刻一小力士,弯腰弓背,呈奋力负棺状。中间有莲花饰间柱,柱间有壶门,内雕伎乐人:左侧4个,持笛、箫、腰鼓、箜篌;右侧4个,持排箫、琴、笙、琵琶;前面2个,持瑟、钹;后有1个,持拍板。连座石棺根据雕刻内容施以不同色彩,棺身绘有砖墙,门涂以朱红,夜叉施金彩,僧作肉红色等,但因年久剥蚀,色彩及图案大部分已脱落,仅个别地方隐约可见。连座石棺下放置有底座,亦为须弥座,座四角立雕四夜叉,袒胸露体,筋肉凸起,作肩扛手托负重状。座四侧也刻有壶门,内雕异兽,或猛扑向前,或回首张望,或急追猛逐,或边走边嗅,或毛发耸起,或仰首怒吼,形态生动,雕刻上饰有彩绘,已剥落殆尽。棺座上刻有铭文,记述了修塔的主持人员、施主姓名及施舍物品,还记载了僧人姓名及各种“舍利”“佛胸骨”和“佛牙”的数量。

颇有价值的是,在修塔题记中还刻有“东京左街相国寺”“东京右街开宝寺”“西京太宫寺”及寺内“法华院”“东经藏院”“文殊阁”“不动尊院”“九曜院”“弥勒院”等建置称谓。东京为宋都汴梁,即今开封市。东京的相国寺和开宝寺(今铁塔所在地)为当时京都最大的寺院,宋承唐制,在东京设左右街僧录,由相国寺、开宝寺分任,成为京都所有寺院僧侣的首领,故名东京左街相国寺、东京右街开宝寺,而西京即今洛阳市。上述题记反映了宋时郑州与开封、洛阳佛寺之间的联系。

郑州开元寺塔基内的石雕场景及人物形象惟妙惟肖,把彩绘与雕刻艺术相结合,增强了艺术感染力,为研究宋代小型雕刻艺术提供了新资料。

发表资料:《郑州开元寺宋代塔基清理简报》,《中原文物》1983年第1期。

36. 新郑周庄墓地的发掘

新郑周庄墓地位于新郑市和庄镇周庄村西北约300米处的高地上,新(郑)孟(庄)公路、南水北调干渠均从墓地穿过。经勘探,南水北调干渠所占压的周庄墓地高台地为一汉晋时期的大冢(北冢),在其南约500米处另有一冢(南冢),分别位于周庄村西的南、北处。北冢周边零星分布有商周至唐宋时期各类遗迹。

2010年5月至2011年5月,郑州市文物考古研究院对其进行了考古发掘,共清理墓葬8座、灰坑23个、陶窑1座、灰沟2条。其中M5、M7、M8位于北冢之下,三墓均为大型砖室墓,墓道向东,时代为汉晋时期,十分罕见,但遭盗扰严重,几成空穴。

M5保存相对较好,残存有砖券墓室,券顶已不存。该墓为前堂后室结构,出土有彩绘陶案、陶罐及陶鸡、猪、狗等,应为陶制十二生肖之一部分。墓门为石质方柱形,已残断,青石门楣上浮雕一卧鹿。M7

亦为前堂后室结构，前室北侧有耳室，墓室内乱砖遍布，仅残余墓室四角墙砖、底砖；出土铜泡 2 个，锈蚀严重。M8 形制较大，为前、中、后三室结构，墓室坍塌，墓室内分布乱砖，但三室基底砖及墙角砖保存较好，结构尚较清晰。墓门为并立的两块方形青石，无图案或纹饰。墓内出土陶罐、彩绘陶案、陶壶等残片。

根据地层关系、堆土的连续性、夯层的一致性判断，周庄北冢下三座墓葬应为同一时期埋葬，亦可能为迁葬墓。一处堆土冢下同时期埋有三座墓葬的现象在这一时期、这一区域内较为罕见，为研究汉晋时期中原地区葬俗、葬制的发展演变提供了难得的实物资料。

37. 荥阳大海寺遗址的发掘

荥阳大海寺遗址位于荥阳市人民广场南，系唐代大海寺旧址。

1976 年该遗址被发现并经调查和试掘，出土有瓷碗、瓷灯、瓷钵、瓷豆、陶罐等生活用具和砖、瓦、兽形建筑装饰构件等，更重要的是出土有石刻造像 40 余件，包括造像碑 1 件、坐佛 8 件、菩萨 18 件、菩萨头 10 件、释迦牟尼佛造像 1 件、象形座基 1 件等。

这批石刻造像的出土为研究中原地区佛教发展提供了实物资料。其中的 18 尊菩萨造像以密宗造像为主，对研究我国佛教密宗造像的演变和发展具有重要的史料价值。造像的雕刻艺术具有鲜明的时代特征，表现出唐代卓越的佛教造像艺术风貌，为研究我国古代石刻艺术提供了重要的实物资料。

38. 荥阳苌村汉墓的发掘

荥阳苌村汉墓位于荥阳城西北 15 千米的王村镇苌村西约 100 米处。当地传说此墓为晋国的狐毛冢。

1994 年，郑州市文物考古研究所因墓葬被盗，对荥阳王村乡苌村汉墓进行调查。此墓为砖石结构，分别由甬道、前室、东侧室和 3 个后室组成，甬道两侧和前室四壁及顶部满绘彩色壁画，面积达 300 平方米，内容包括楼阙庭院、车马出行、人物故事、珍禽异兽、乐舞百戏等。

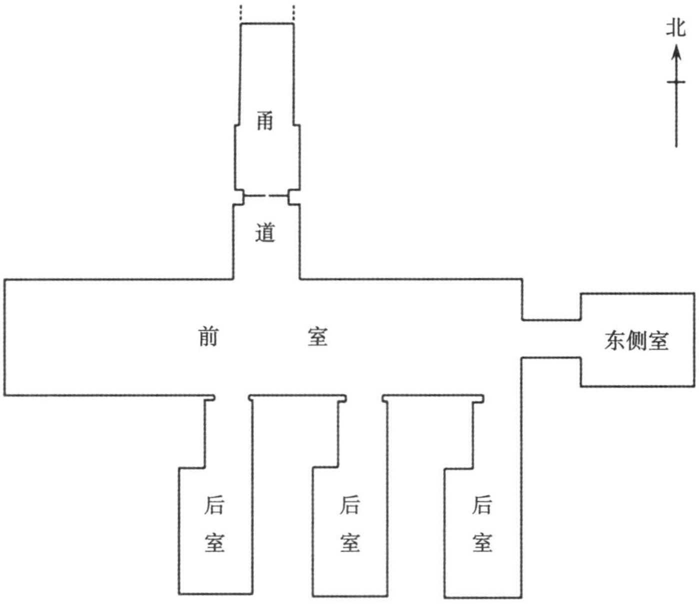

荥阳苌村汉墓平面示意图

甬道内壁画保存较差。侧壁绘皂衣和赤衣人物，并多有隶体墨书题榜，可以大致辨认的有"□君解艺""门下贼曹""门下□""功曹""骑吏""郡官□""主簿"等字。拱顶下部绘楼阙庭院，红柱绿顶，色彩鲜艳。拱顶中部绘菱形图案藻井。

前室侧壁的壁画画面分上下4层,用赤线分界,多为车骑出行图。车骑队伍排列整齐,气势宏大,一些车辆有隶体黑书榜题,如“郎中时车”“供北陵令时车”“长水校尉时车”“巴郡太守时车”“济阳太守时车”“齐相时车”等。车辆类别有斧车、白盖轺车、皂盖车、皂盖左轓轺车、皂盖朱两轓轺车、赤盖轩车等多种。

南壁后室门外侧绘有伎乐人物,西壁为珍禽瑞兽与车马出行。上部用红色云带组成一方框,内绘两个半身人物像:南侧绘一珍禽,面向北,左上方有竖书榜题“凤皇”二字;北侧绘一瑞兽,面向南,四蹄如马,长尾,肩生双翼,头后隶体墨书“骥麟”二字。墓顶侧壁用红色云纹条带分隔成连续长方形,内绘珍禽异兽、人物故事,构图巧妙生动,色彩艳丽。正顶由绘有菱形、长方形和莲花等图案的藻井组成。

从该墓的墓葬形制、隶书榜题及壁画内容、技法、人物服饰等方面看,特别是表现墓主人仕宦经历和身份的车轿出行题材,具有东汉晚期特征。墓内壁画内容丰富,绘画技法较高,其上又有不少隶书题榜,说明墓主人生前官秩较高。其墓葬规模之大,壁画内容之丰富,可与打虎亭汉墓相媲美。这些壁画是郑州地区汉代壁画的又一次重要发现,对研究汉代社会及绘画艺术、墓葬制度等方面都有较大的意义。

39. 登封唐庄宋代壁画墓的发掘

2010年11月,郑州市文物考古研究院联合登封市文物勘探队在焦桐高速公路登封唐庄段工程项目中清理西周时期遗址1处,唐宋时期窑址1处,汉、宋墓葬7座。其中两座宋代仿木结构壁画墓(即2010HDGM2和2010HDGM3,以下简称M2、M3)保存完整,特别是M2壁画保存完好,色彩艳丽。

M2壁画分为人物壁画、墓顶彩画及木作彩绘三种,前两者绘在白灰面上,白灰下为砖墙,无地仗,白灰厚约0.4厘米。后者直接在砖上刷上一层薄薄的白灰,然后于灰上作画。

墓室内满室彩绘,保存完整,除上下11幅人物壁画外,在墓顶及所有建筑构件上均绘有装饰图案,布局对称。色彩有赭、红、黑、墨、黄、靛青、绿、淡赭、橘红等,纹样有花草、几何图案。

登封唐庄宋代壁画墓的墓室壁画

郑州地区发现的宋代壁画墓为数不少,但像M2墓葬形制及壁画保存如此完整的即便在全国也不多见。画面中人物刻画传神,服饰鲜明,生动描绘了墓主人生前奢华的生活及死后宏伟的场面,可谓宋代壁画中的精品,对研究北宋时期的服饰、家具、宗教、丧葬习俗及绘画艺术提供了珍贵的实物资料。

40. 郑州黄岗寺壁画墓的发掘

郑州黄岗寺壁画墓位于郑州市西南部,南三环以南,郑密路以西,黄岗寺村西南部,金水河西岸,南水北调干渠渠线北侧。2010年3月,郑州市文物考古研究院对该墓葬进行了考古发掘。

该墓葬为一砖室结构壁画墓,由墓道、封门、甬道和墓室组成,坐南朝北。墓室上部为仿木结构建筑，但毁坏严重，形制不明。墓壁砌有四根抹角倚柱，将圆形墓室分为北、东、南、西四部分，东北和西南倚柱破坏较为严重，西北和东南保存尚好。倚柱间距 2.1 米，高 1.4 米，无柱础。倚柱间设阑额、普柏枋。甬道和墓室壁绘有壁画，但由于损毁严重，内容模糊不清，依稀可见竹子、卷云、服饰线条等图案。从残迹分析，壁画底部先用一层草拌泥涂抹在砖壁上，再在草拌泥上涂白灰，白灰上涂红色颜料，然后用墨线勾勒画面。墓底铺砖，倒“凹”字形棺床，棺床用 6 层砖砌筑，中间南北向一列砖横砌，将墓底分为东西两部分。人骨与棺板腐朽严重，不可辨识，葬式不详。墓室东南部放置墓志一方。后部墓底出土铜钱 10 余枚。

郑州黄岗寺壁画墓发掘现场

该墓是近年发现的郑州地区有确切纪年的北宋壁画墓之一。尤其出土的贾正之妻蔡氏墓志，书体以大篆为主，字体隽美，是极为难得的艺术珍品，对中国古文字及书法艺术的研究具有重要价值。

41. 郑州市郑东新区东润城 3#地块项目工程的发掘

2015 年 10 月，郑州市文物考古研究院在位于郑州市郑东新区陇海快速通道北、敬业路东侧的新东润地产有限公司东润城 3#地块项目工程进行清理发掘，共清理探方 22 个，面积近 2200 平方米，发掘宋元时期灰坑 40 个。

灰坑形制大致分为椭圆形竖穴和圆形竖井状两种，灰坑的四壁修整加工一般，多为斜壁平底。该项目工程中出土陶瓷片较多，其中尤以瓷片类更具代表性，从釉色可分为白釉、青釉、黄釉、黑釉、青花等，可辨器型有碗、壶、罐、瓶、盏、高足杯、香炉等，还有少量精美的骨簪等。白釉碗上部大多有墨彩，绘制有花草、山、太阳纹、鱼草纹等，造型优美。

郑州市郑东新区东润城 3#地块项目工程出土的宋元时期白釉花卉碗

第六章　科研著作

本章主要记录了大部分有关郑州历史文化、考古发掘研究、博物馆研究、文物保护等领域的图书著作，上溯至清代，下至2017年年底。依著作内容分为综论、文物及考古、古代建筑、石窟石刻、考古学理论与文物保护研究等五部分。每一部分中的图书著作以出版时间为序，列编著者、出版社名称及出版时间。出版时间相同的书籍以书名首字母为序排列。

一、综论

《嵩山志》，叶封、焦贲亨撰，清顺治十七年（1660）。

《说嵩》，景日昣撰，清康熙五十五年（1716）。

《灿烂的郑州商代文化》，徐顺湛编著，河南人民出版社，1957年5月。

《河南名胜古迹》，河南省文化局文物工作队编，河南人民出版社，1964年3月。

《巩县石窟寺　北宋皇陵　杜甫故里》，周到、付永魁著，中州书画社，1981年8月。

《二七大罢工资料选编》，中华全国总工会工运史研究室等合编，工人出版社，1983年1月。

《中岳嵩山》，张家泰著，中华书局，1983年1月。

《郑州胜迹》，杨育彬、冯百毅著，中州书画社，1983年9月。

《登封名胜文物志》，河南省登封县地方志编纂委员会编印，1985年1月。

《历代咏郑诗选》，郑州市地方史志编纂委员会编印，1986年12月。

《夏商史稿》，孙淼著，文物出版社，1987年12月。

《中原旅游指南》，郑州市邙山区地方志总编室，曹弃疾、曹鸣岐编写，河南人民出版社，1987年12月。

《河南名胜古迹辞典》，石小生、侯琴主编，河南人民出版社，1988年4月。

《郑州革命史人物传》，中共郑州市委党史工作委员会、郑州市民政局编，1988年10月。

《夏史初探》，郑杰祥著，中州古籍出版社，1988年12月。

《荥阳郑氏》，宋国桢、周显才主编，中州古籍出版社，1990年8月。

《黄帝故里文化》，政协新郑县委员会文史资料委员会、新郑县黄帝故里故都游览区筹建委员会编，中州古籍出版社，1991年3月。

《炎黄二帝考略》，赵国鼎主编，河南人民出版社，1991年3月。

《二七革命斗争史》，中国铁路史编辑研究中心、全国铁路总工会工运理论政策研究室著，当代中国出版社，1993年1月。

《郑州名胜大观》，宋秀兰、汤丽萍编，中州古籍出版社，1993年4月。

《河南革命史迹》，河南省文物局编，中原农民出版社，1993年5月。

《黄帝故里——新郑》,中华炎黄文化研究会、河南省炎黄文化研究会、新郑县人民政府编,河南科学技术出版社,1993年9月。

"荥阳郑氏研究丛书"(1—5册),宋国桢主编,中州古籍出版社,1994年12月。

《洛汭与河图洛书》,河南省社会科学院河洛文化研究所编,河南科学技术出版社,1996年3月。

《登封历史文化名城基础材料》,登封市人民政府编,1996年10月。

《巩义历史文化名城基础资料》,巩义市人民政府编,1998年4月。

《中国新郑历史人物》,寇玉海主编,香港国际出版社,1999年5月。

《京汉铁路工人大罢工史料汇编》,陈素秀主编,河南人民出版社,1999年12月。

《郑州览胜》,谢遂莲主编,河南美术出版社,2002年2月。

《郑州志(两种)》(《嘉靖郑州志》《康熙郑州志》),郑州历史文化丛书编纂委员会编,中州古籍出版社,2002年2月。

《郑州历代诗文选》,郑州历史文化丛书编纂委员会编,中国文史出版社,2002年10月。

《郑州古代冶金》,郑州历史文化丛书编纂委员会编,香港国际出版社,2003年4月。

《中国古代镇墓神物》,郑州市文物考古研究所编著,文物出版社,2004年1月。

《郑州古代陶瓷艺术》,郑州博物馆编,香港国际出版社,2004年2月。

《古都郑州》,郑州古都学会、郑州市城市科学研究会编,中州古籍出版社,2004年9月。

"图文老郑州"(全8册),孟宪明主编,中州古籍出版社,2004年11月。

《嘉靖荥阳县志》,陈万卿主编,广陵书社,2006年5月。

《郑州志(荥阳卷)》,古都郑州文化丛书编纂委员会编,中州古籍出版社,2006年9月。

《中国八大古都》,朱士光主编,人民出版社,2007年2月。

《中国古都研究》(第二十一辑),中国古都学会、郑州古都学会编,三秦出版社,2007年6月。

《郑州志(登封、中牟卷)》,古都郑州文化丛书编纂委员会编,中州古籍出版社,2007年8月。

"荥阳文化丛书"(全5册),付东菊主编,中州古籍出版社,2008年1月。

《冯玉祥在郑州》,张清献编著,中州古籍出版社,2008年6月。

《郑州碧沙岗与北伐》,齐岸青主编,中州古籍出版社,2008年6月。

《古荥镇与荥阳故城》,张振明主编,广陵书社,2008年11月。

《商都文化的传承与创新》,陈英主编,吉林文史出版社,2008年12月。

《中华文明与嵩山文明研究》(第一辑),郑州中华文明与嵩山文明研究会编,周昆叔、齐岸青主编,科学出版社,2009年7月。

《老郑州:商都老字号》,赵富海著,河南人民出版社,2009年11月。

《一张报纸与一座城市的60年情缘》,孙新锋、李韬、李枚、陈英主编,河南人民出版社,2009年12月。

《具茨山岩画》,刘五一编著,中州古籍出版社,2010年3月。

《见证辉煌(1960~2010)——郑州市文物考古研究院成立50周年》,郑州市文物考古研究院编著,科学出版社,2010年11月。

《国民革命军的北伐与郑州碧沙岗》,郑州市文物考古研究院编著,廖永民、辛卉主编,科学出版社,2011年5月。

《郑州历史地理研究》,陈隆文著,中国社会科学出版社,2011年6月。

《我与二七纪念塔的故事》,张晓兰主编,河南人民出版社,2011年11月。

《郑州市中心城区优秀近现代建筑》,宋秀兰主编,郑州市文物考古研究院编著,科学出版社,2011

年 11 月。

《管城文物故事》,陈瑞勇主编,太白文艺出版社,2013 年 2 月。

《纪念京汉铁路工人运动九十周年文论集》,郑州二七纪念馆编,中州古籍出版社,2013 年 10 月。

《郑州青铜文化研究》,李维明著,科学出版社,2013 年 10 月。

《中华之源与嵩山文明研究》(第一辑),郑州中华之源与嵩山文明研究会主编,科学出版社,2013 年 10 月。

《宋代的郑州》,鲍君惠著,科学出版社,2014 年 7 月。

《郑州商城与早商文明》,郑杰祥著,科学出版社,2014 年 9 月。

《中华文明本源初探》,索全星著,科学出版社,2014 年 12 月。

《郑州古代地理环境与文化探析》,徐海亮著,科学出版社,2015 年 5 月。

《中华之源与嵩山文明研究》(第二辑),郑州中华之源与嵩山文明研究会、中国社会科学院考古研究所主编,科学出版社,2015 年 6 月。

《抗战 1941:30 天克复郑州》,邓学青、罗勇、赵富海编著,河南人民出版社,2015 年 11 月。

《百年郑州人与事》,张江山主编,河南人民出版社,2015 年 12 月。

《时代光影老郑州——你的历史我的眼》,郑州市文物考古研究院编,赵富海著,河南人民出版社,2016 年 3 月。

《剪纸上的郑州》,顾万发主编,郑州市文物考古研究院编,科学出版社,2016 年 4 月。

《文明之光——古都郑州探索与研究》,顾万发编著,科学出版社,2016 年 4 月。

《读写生命大地——记 20 世纪知名科学家李伯谦》,赵富海著,郑州市文物考古研究院编,中国社会科学出版社,2016 年 10 月。

《嵩山文化文集》,周昆叔著,文物出版社,2016 年 10 月。

《宋代嵩山人文历史研究》,鲍君惠著,科学出版社,2017 年 6 月。

《中华之源与嵩山文明研究》(第三辑),郑州中华之源与嵩山文明研究会、河南省文物局、北京大学考古文博学院主编,科学出版社,2017 年 6 月。

《郑州日本领事馆史事研究》,邓学青、徐有礼编著,郑州大学出版社,2017 年 8 月。

《郑州史迹调查与研究》,于皓洋编著,中州古籍出版社,2017 年 8 月。

二、文物及考古

《新郑出土古器图志》,陆军第十四师司令部编,1923 年 12 月。

《新郑古器图录》,关百益著,商务印书馆,1929 年 10 月。

《郑冢古器图考》,关百益编,中华书局,1940 年 12 月。

《郑州二里冈》,河南省文化局文物工作队编著,科学出版社,1959 年 8 月。

《巩县文物志》,巩县人民文化馆、巩县文物管理委员会编印,1962 年 10 月。

《巩县铁生沟》,河南省文化局文物工作队编著,文物出版社,1962 年 12 月。

《郑州商城初探》,郑州市地方志编纂委员会编,河南人民出版社,1985 年 9 月。

《河南考古》,杨育彬著,河南考古学会编,中州古籍出版社,1985 年 10 月。

《河南省文物展》,日本斋宫历史博物馆主编,1990 年 3 月。

《中国文物地图册》(河南分册),国家文物局主编,中国地图出版社,1991 年 12 月。

《河南国家级文物三十处》,河南省文物局编,中州古籍出版社,1992 年 1 月。

《新郑县文物志》,薛文灿主编,中州古籍出版社,1993 年 4 月。

《郑州商城考古新发现与研究(1985—1992)》,河南省文物研究所编,中州古籍出版社,1993 年 7 月。

《河南考古四十年(1952—1992)》,河南省文物研究所编,河南人民出版社,1994 年 6 月。

《钱币研究》,河南省巩义市钱币学会编,科学出版社,1996 年 2 月。

《郑州市志・文物卷》,郑州市地方史志编纂委员会编,中州古籍出版社,1998 年 10 月。

《郑州商代铜器窖藏》,河南省文物考古研究所、郑州市文物考古研究所编,科学出版社,1999 年 2 月。

《郑州市文物志》,郑州历史文化丛书编纂委员会编,河南人民出版社,1999 年 12 月。

《新郑郑公大墓青铜器》,河南博物院、台北历史博物馆编,大象出版社,2001 年 10 月。

《郑州大河村》,郑州市文物考古研究所编著,科学出版社,2001 年 10 月。

《郑州青铜器》,郑州博物馆编,香港国际出版社,2001 年 12 月。

《郑州博物馆馆藏书画选集》,郑州博物馆编,香港国际出版社,2002 年 9 月。

《郑州文物考古与研究》,张松林主编,郑州市文物考古研究院编著,科学出版社,2003 年 9 月。

《郑州大师姑》,郑州市文物考古研究所编著,科学出版社,2004 年 11 月。

《二十世纪郑州考古》,郑州市文物考古研究所编著,科学出版社,2004 年 12 月。

《河南旧石器考古与第四纪研究论文集》,张森水、张松林主编,科学出版社,2005 年 7 月。

《新郑市文物志》,新郑市文物管理局编,中国文史出版社,2005 年 9 月。

《郑州商城研究》,张巍主编,河南人民出版社,2006 年 5 月。

《河南唐三彩与唐青花》,郑州市文物考古研究所编著,科学出版社,2006 年 7 月。

《新郑郑国祭祀遗址》,河南省文物考古研究所编著,大象出版社,2006 年 9 月。

《古都之魂——来自郑州商城遗址的报告》,宋秀兰主编,中州古籍出版社,2007 年 9 月。

《裴李岗》,赵子剑主编,香港国际出版社,2007 年 9 月。

《新密新砦——1999~2000 年田野考古发掘报告》,北京大学震旦古代文明研究中心、郑州市文物考古研究院编,文物出版社,2008 年 1 月。

《河南唐代白釉彩瓷》,郑州市文物考古研究院,张松林、廖永民编著,科学出版社,2008 年 3 月。

《河南古瓷名窑标本》,陈景顺、陈芳著,中州古籍出版社,2008 年 6 月。

《古荥镇汉代冶铁遗址》,张振明主编,广陵书社,2009 年 4 月。

《郑州博物馆文物精华》,郑州博物馆编,中州古籍出版社,2009 年 7 月。

《郑州二七纪念馆馆藏书画精品集》,阎铁成主编,河南美术出版社,2009 年 9 月。

《论裴李岗文化:纪念裴李岗文化发现 30 周年暨学术研讨会》,河南省文物考古学会、郑州市文物局、郑州市文物考古研究院、新郑市文物局编,科学出版社,2010 年 5 月。

《郑州文物考古与研究(二)》,郑州市文物考古研究院编著,科学出版社,2010 年 11 月。

《二七区文物志》,政协二七区委员会编,河南人民出版社,2010 年 12 月。

"问瓷录"(全 3 册),张松林、田培杰主编,河南人民出版社,2010 年 12 月—2011 年 1 月。

《黄帝故里新郑铜镜》,张向东主编,中州古籍出版社,2011 年 4 月。

《荥阳文物志》,荥阳文物志编纂委员会编著,中州古籍出版社,2011 年 5 月。

《中国登封窑》,李景洲、刘爱叶编著,文物出版社,2011 年 10 月。

《巩义市博物馆——藏品鉴赏》,杨铁甫主编,中华诗词出版社,2011 年 12 月。

《管城回族区文物志》,管城回族区文物局编,中州古籍出版社,2012 年 5 月。

《郑州市文物地图集》,郑州市文物局编,阎铁成主编,西安地图出版社,2014 年 4 月—2016 年 10 月。

《中国钧瓷收藏与鉴赏》,顾万发、田培杰主编,大象出版社,2015 年 3 月。

《谁是人类最早的文明——八千年中华有帝之国高庙太皞伏羲古国考》,阎朝科著,郑州市文物考古研究院编,河南人民出版社,2015 年 8 月。

《新砦遗址与新砦文化研究》,赵春青、顾万发主编,中国社会科学院考古研究所、郑州市文物考古研究院编著,科学出版社,2016 年 4 月。

《郑州大师姑图录》,顾万发主编,郑州市文物考古研究院编,科学出版社,2016 年 4 月。

《郑州文物考古与研究》(三),顾万发主编,郑州市文物考古研究院编著,科学出版社,2016 年 4 月。

《华美与灵动:院藏文物精品三维动态鉴赏》,顾万发主编,郑州市文物考古研究院编,科学出版社,2016 年 5 月。

《新砦陶器精华》,赵春青、顾万发主编,中国社会科学院考古研究所、郑州市文物考古研究院、北京大学震旦古代文明研究中心编著,科学出版社,2016 年 5 月。

《新郑望京楼——2010~2012 年田野考古发掘报告(上、中、下)》,顾万发主编,郑州市文物考古研究院编著,科学出版社,2016 年 5 月。

《天工追梦——郑州古代科技文物展》,张霆主编,郑州博物馆编,中州古籍出版社,2017 年 5 月。

《郑州文物精粹》,阎铁成主编,郑波编著,河南人民出版社,2017 年 6 月。

三、古代建筑

《少林寺》,张家泰著,中州书画社,1981 年 10 月。

《少林寺资料集》,无谷、刘志学编,书目文献出版社,1982 年 7 月。

《宋陵》,河南省开封地区文物管理委员会、河南省巩县文物管理委员会编著,文物出版社,1982 年 10 月。

《少林寺》,河南省登封县文保所编,文物出版社,1982 年 12 月。

《少林寺资料集续编》,无谷、姚远编著,书目文献出版社,1984 年 10 月。

《少林寺千佛殿壁画》,河南省古代建筑保护研究所编,河南美术出版社,1986 年 6 月。

《中国古塔大观》,李保载、赵涛编,河南科学技术出版社,1987 年 9 月。

《郑州汉画像砖》,张秀清、张松林、周到编著,河南美术出版社,1988 年 9 月。

《中岳汉三阙》,河南省博物馆等主编,吕品编著,文物出版社,1990 年 8 月。

《少林寺与中国文化》,徐长青著,中州古籍出版社,1993 年 7 月。

《汉画——河南汉代画像研究》,周到、王晓著,中州古籍出版社,1996 年 12 月。

《北宋皇陵》,河南省文物考古研究所编,中州古籍出版社,1997 年 8 月。

《永泰寺》,宫嵩涛编著,地质出版社,1998 年 6 月。

《嵩阳书院》,宫嵩涛著,登封市文物管理局编,当代世界出版社,2001 年 5 月。

《中国少林寺》(全 3 卷),释永信主编,中华书局,2003 年 4 月。

《巩义芝田晋唐墓葬》,郑州市文物考古研究所编著,科学出版社,2003 年 5 月。

《康百万庄园》,赵海星主编,克里斯多弗·戴斯克维(比利时)摄影,外文出版社,2004年1月。

《郑州宋金壁画墓》,郑州市文物考古研究所编著,科学出版社,2005年9月。

《走进康百万庄园》,王振和、李春晓编著,学苑出版社,2007年10月。

《郑州新通桥汉画像砖艺术》,郑州博物馆编著,大象出版社,2007年12月。

《嵩山历史建筑群》,郑州市嵩山历史建筑群申报世界文化遗产委员会办公室编著,科学出版社,2008年7月。

《嵩山古建筑群》,任伟主编,郑州市社会科学界联合会、郑州市社会科学院编,河南人民出版社,2008年9月。

《纪信庙》,张振明著,广陵书社,2008年12月。

《康百万庄园馆藏珍品十六屏》,李春晓主编,中州古籍出版社,2011年1月。

《康百万庄园匾额楹联撷珍》,李春晓主编,中州古籍出版社,2012年4月。

《荥阳砖雕》,刘其山主编,吕红医、陈国乾副主编,中州古籍出版社,2013年6月。

《郑州荥泽城隍庙威灵殿保护维修工程报告》,郑州市文物局、郑州市古荥汉文化遗址保护管理所编,张振明主编,中州古籍出版社,2013年6月。

《解读宋陵》,赵玉安、赵延利、康孝本主编,巩义市文物和旅游局编著,河南科学技术出版社,2013年9月。

《郑州画像砖》,阎铁成主编,刘中伟等编著,河南人民出版社,2017年6月。

四、石窟石刻

《巩县石窟寺》,河南省文化局文物工作队编,文物出版社,1963年7月。

《少林寺石刻艺术》,苏思义、刘笠青、杨晓捷编,文物出版社,1985年6月。

《汉碑集释》,高文著,河南大学出版社,1985年8月。

《中国石窟:巩县石窟寺》,河南省文物研究所编,文物出版社,1989年8月。

《河南碑志叙录》,河南省文物局编,中州古籍出版社,1992年2月。

《嵩山少林寺碑刻选》,王雪宝主编,中国广播电视出版社,1992年8月。

《苏轼书欧阳永叔醉翁亭记》,郑州市博物馆编,中州古籍出版社,1993年11月。

《馆藏碑刻选》,郑州市博物馆藏品丛书编委会编,中州古籍出版社,1994年9月。

《河南碑志叙录(二)》,中原石刻艺术馆编,河南美术出版社,1997年8月。

《郑州历代碑刻汇考》,郑州历史文化丛书编纂委员会编,香港国际出版社,1999年12月。

《郑州历代碑刻选》,郑州历史文化丛书编纂委员会编,河南人民出版社,1999年12月。

《郑州古代石刻艺术》,郑州历史文化丛书编纂委员会编,香港国际出版社,2003年5月。

《新郑碑刻文集》,新郑市文物管理局编,香港国际出版社,2004年9月。

《郑州荥阳大海寺石刻造像》,郑州博物馆编,河南美术出版社,2006年8月。

《汉忠烈纪公碑》,张振明编,广陵书社,2008年6月。

《古荥镇金石考》,张振明主编,广陵书社,2008年11月。

《中原岩画》,刘五一编著,中州古籍出版社,2012年3月。

《郑州开元寺北宋石刻艺术》,郑州博物馆编,海燕出版社,2013年6月。

《郑州古代碑刻》,阎铁城主编,王雪宝、王卫华编著,河南人民出版社,2017年6月。

五、考古学理论与文物保护研究

《郑州商都3600年学术论文集》,中国殷商文化学会、中国古都学会、郑州市人民政府编,中州古籍出版社,2004年10月。

《郑州商都3600年学术研讨会暨中国古都学会2004年年会论文选编》,郑州市人民政府、中国古都学会编,中州古籍出版社,2005年9月。

《中原地区文明化进程学术探讨会文集》,韩国河、张松林主编,科学出版社,2006年3月。

《中原腹心地区体质人类学研究》,郑州市文物考古研究院,张松林、杜百廉编著,文物出版社,2008年6月。

《郑州市城市快速轨道交通文化遗产环境影响评估报告》,郑州市文物考古研究院编著,科学出版社,2010年11月。

《中国聚落考古的理论与实践(第一辑)——纪念新砦遗址发掘30周年学术研讨会论文集》,中国社会科学院考古研究所、郑州市文物考古研究院编,科学出版社,2010年12月。

《历史走动的声音——“天地之中”历史建筑群申遗纪实》,赵富海著,河南人民出版社,2012年7月。

《镌刻在历史长卷上的申遗瞬间——登封“天地之中”历史建筑群申报世界文化遗产工作纪实图录》,郑州市文物局编,科学出版社,2013年8月。

《难以忘却的申遗岁月——登封“天地之中”历史建筑群申报世界文化遗产工作侧记》,阎铁成主编,科学出版社,2013年8月。

《郑州市大遗址保护规划汇编》,郑州市文物局编,科学出版社,2013年11月。

“郑州历史文明遗产丛书”(全11册),阎铁成主编,河南人民出版社,2015年8—10月。

《郑州地区湖泊水系沉积与环境演化研究》,于革等著,郑州市文物考古研究院编,科学出版社,2016年4月。

《嵩山文明与中国早期王都:2014年中国古都学会(郑州)年会论文集》,中国古都学会、郑州古都学会、郑州中华之源与嵩山文明研究会编,科学出版社,2016年6月。

《守望与耕耘:纪念郑州博物馆建馆六十周年(1957—2017)》,郑州博物馆编,张霆主编,中州古籍出版社,2017年3月。

《第一次全国可移动文物普查郑州工作纪实》,郑州市第一次全国可移动文物普查领导小组办公室编,中州古籍出版社,2017年6月。

《环嵩山地区史前聚落分布时空模式及其形成机制》,鲁鹏著,科学出版社,2017年8月。

第七章　文物安全工作

20世纪90年代以来，郑州市文物安全保卫工作面临以下形势：一、郑州市文物分布具有点多、面广的特点，安全保卫工作任务繁重；二、20世纪八九十年代，盗掘古墓和盗窃文物之风猖獗。面对这一形势，郑州市文物局紧紧依靠市委、市政府，采取加强机构和库房建设、积极开展技术防范达标工程、不定期开展专项斗争和严厉打击文物犯罪活动、建立长效机制等措施，成效显著，文物安全形势大为改善。自2010年以来，多年实现馆藏文物、田野文物安全年，古建筑消防无事故。简要记述如下：

1. 建立健全规章制度

为确保文物安全，实现文物安全工作规范化、制度化，20世纪八九十年代，郑州市每年与各县市区文物主管部门、市直各文博单位签订文物安全目标责任书。根据文物保护单位的级别和馆藏文物数量划分风险类型，分别向市文物局交纳5000元、4000元、3000元文物安全保证金。市文物局对全年未发生文物安全事件的单位给予奖励；对出现问题的单位，除扣除保证金外，同时追究相应责任。各县（市、区）文物主管部门和局属文博单位内部也签订类似文物安全责任书。文物安全责任制的推行，调动了广大干部职工的积极性，使文物安全形势长期保持平稳。2010年，为推动文物安全工作，制定下发了《郑州市文物局关于建立健全突发事件应急预案的通知》，编制了《郑州市文博单位专项应急预案编制导则》和《文物安全档案》，截至2017年，全市省级以上文物保护单位均已制定了应急预案和安全档案，并每年开展演练活动。对现有的文物安全管理制度进行梳理，修订完善包括值班巡逻、消防技防设施管理、文物安全检查、隐患整改等安全管理制度，2013年正式出台了《郑州市文博安全管理制度》，从安全责任制、安全设施管理、用火用电管理、巡视检查与隐患整改、施工安全管理、突发事件处置预案、安全教育培训等10个方面，做了具体规定。2015年下发了《关于进一步规范文物安全有关工作的通知》，就博物馆安全工作、安防设施监控中心管理工作、文物库房安全管理工作；对社会开放文物保护单位安全工作、古建筑消防安全工作和田野文物安全工作，提出了相关政策要求。2017年印发了《全市文物系统消防安全标准化管理达标创建实施方案》。

2. 机构和队伍建设

2004年成立市文物稽查大队，依法受郑州市文物局委托专职从事文物行政执法工作。各县（市、区）及局属单位设立安全保卫机构12个，巩义市设立了文物派出所，2012年郑州市文物局设立了文物安全处。聘请文物保护员针对全市各级文物保护单位的田野文物形成了县、乡、村三级文物保护网，截至2017年共聘请省级以上文物保护员170余名，市县级文物保护员320余人。为提高文物安全管理与行政执法人员的业务素质，2010年、2013年先后举办了2期文物安全与执法培训班，培训人员近80余人次。2013年根据市编办《关于调整市文物局内设机构的批复》，文物安全处单设，并在文物安全处挂执法督察处牌子。2015年8月举办全市文物安全暨夏季消防集中整治专项行动培训班，2017年9月举办全市文物安全与执法培训班。

3. 开展技术防范达标工程

根据 1992 年公安部颁布的《文物系统博物馆风险等级和安全防护级别的规定》划定的标准，我市目前有一级风险单位 4 家，二级风险单位 2 家，三级风险单位 4 家，为确保文物安全，我市先后完成了郑州博物馆安防系统、郑州市文物考古研究院安防系统、登封世界文化遗产监控中心安防系统和郑州二七纪念馆安防系统等建设。

4. 建立打击文物犯罪长效工作机制

2009 年 5 月，市文物局与市公安局共同印发《联合防范和打击文物犯罪工作机制》（郑公通〔2009〕168 号），建立和实施联合打击文物犯罪工作机制，明确了分工和职责，市公安局刑侦支队警务室在市文物稽查大队挂牌。2011 年 7 月，市文物局与市公安局联合召开“郑州市 2011 打击文物犯罪专项行动动员部署会议”。联合打击文物犯罪工作机制建立以来，及时开展了一系列打击文物犯罪的行动。2009 年 8 月、9 月先后配合惠济区公安分局、上街区公安分局破获两起文物案件，抓获犯罪嫌疑人 18 名，追缴出土文物 85 件，其中二级品 8 件，三级品 6 件。2010 年 5 月，依托联合机制，经文物、公安部门两天一夜的奋战，追回文物两批数十件。2010 年 9 月 14 日，配合高新技术开发区公安分局破获 1 起古墓葬盗掘案，抓获犯罪嫌疑人 3 名。2012 年，在市公安局刑侦支队支援下，完成了“郑州某置业有限公司未经批准擅自拆除郑州市文物保护单位郑州纺织工业基地郑棉三厂厂区内办公楼西半部大楼及其楼后的部分核心厂房案”的查处工作。通过打击各类文物犯罪活动，有力地震慑了犯罪分子，确保了文物安全。

5. 重大文物安全事件

1938 年　郑州八景之一的开元寺塔被日军炸毁

1952 年　登封县石道颍考叔庙被毁

1958 年　新郑县明高拱著书处澄心洞达观亭，登封县 8 座明代石坊、清代奎星楼，密县老城 5 座明代石牌坊、2 座明代砖牌坊被毁

1964 年　登封县嵩阳楼被毁

1966 年　位于新郑县的省级文物保护单位的 7 座牌坊；位于登封县的清凉寺 3 座砖塔、城关 5 座塔、塔林 5 座塔、马鸣寺 1 座塔、刘碑寺 1 座塔、龙潭寺 1 座塔、卢崖寺大殿、城隍庙及大量碑刻；位于密县省级文物保护单位法海寺塔、城隍庙琉璃影壁、石坊等被毁

1967 年　密县超化寺塔被毁，荥阳魏代诰命牌楼被毁

1969 年　登封县卢崖寺大殿及文庙被毁

1971 年　密县打虎亭汉墓第四号墓被铲平

1972 年　郑州市圃田乡列子祠被毁

1979 年　巩县宋太宗后陵被夷平

1981 年　登封县城的登封县衙大堂被毁

1982 年　巩县康百万庄园第九展室 6 件文物被盗

1983 年　登封县颍阳城隍庙被毁

1985 年　巩县的宋永昭陵部分石刻火烧被毁

1986 年　巩县唐三彩遗址“3・13”文物盗掘案

1988 年　密县的王沟矿采煤造成地面沉降，老城东北角遗址被毁

1990 年　密县老城西关的关帝庙被毁，苟堂乡圣帝庙大殿被毁

1992 年　新郑县修金城路，推土机轧坏 20 余件春秋青铜器

1996 年　巩义市北宋哲宗永泰陵神道西侧一尊石雕外国客使造像头部被盗，1998 年 6 月，美国总统克林顿访华期间，将这件文物送还给中国

2012 年　郑州鸿兴置业有限公司未经批准擅自拆除郑州市文物保护单位郑州纺织工业基地郑棉三厂厂区内办公楼西半部大楼及其楼后的部分核心厂房

河南佳诚置业有限公司未经相应文物部门同意擅自在全国重点文物保护单位郑州商代遗址的保护范围内进行建设案

2014 年　郑州商城房产置业有限公司在位于陇海路与南关街西南角原郑州南站院内未经考古调查、勘探即擅自开挖基坑造成古文化遗迹破坏案

马延军在城东路 120 号院全国重点文物保护单位郑州商代遗址建设控制地带内擅自进行建设工程案

河南花园集团有限公司在城东路与金水路交叉口南全国重点文物保护单位郑州商代遗址建设控制地带内擅自进行建设工程案

2015 年　郑州航空港区国有资产经营管理有限公司在新港八路郑州市文物保护单位南枣岗汉墓保护范围内擅自进行道路建设工程案

郑州市管城回族区培杰幼儿园在城东路 123 号全国重点文物保护单位郑州商代遗址保护范围内擅自进行建设案

黄河水利委员会黄河水利科学院在全国重点文物保护单位郑州商代遗址保护范围内擅自进行建设工程案

2016 年　郑州绿都不动产有限公司在福寿街与正兴街交叉口东南区域全国重点文物保护单位郑州商代遗址保护范围内擅自挖掘作业案

河南五州汇富实业有限公司未办理文物手续擅自在郑州市文物保护单位东周古城保护范围内擅自进行建设施工案

2017 年　河南省中医药研究院在全国重点文物保护单位郑州商代遗址建设控制地带内擅自进行建设工程案

公民牛立在全国重点文物保护单位郑州商代遗址保护范围内擅自进行建设工程案

6. 获奖情况

2006 年 11 月，“河南新郑烟草（集团）公司欧亚公司在全国重点文物保护单位郑州商代遗址的建设控制地带擅自建设工程案”和“郑州大宇房地产开发有限公司违反文物调查勘探规定擅自施工破坏文物案”案卷分别荣获第一届全国文物行政处罚案卷评比二等奖、三等奖（一等奖空缺）

2009 年 12 月，“肯同（郑州）置业有限公司擅自在全国重点文物保护单位郑州商代遗址保护范围和建设控制地带内进行世贸服饰信息中心工程建设案”和“郑州长城房屋开发集团有限公司三官庙城中村改造建设工地未经文物勘探擅自下挖，致使古文化遗址遭受破坏案”案卷分别荣获第二届全国文物行政处罚案卷评比活动优秀奖、良好奖

2010 年 12 月，“水利部黄河水利委员会黄河服务中心在全国重点文物保护单位郑州商代遗址的保护范围内，未经河南省人民政府批准，擅自建设黄委会幼儿园 2 号教学楼案”和“河南捷宏置业有限公司在凤凰台城中村改造中，未经文物考古调查和文物勘探，擅自下挖基槽，致使商代文化遗产遭到破坏案”案卷分别荣获第三届全国文物行政处罚案卷评比一等奖、三等奖

2012 年 11 月,“郑州鸿兴置业有限公司未经河南省人民政府批准擅自拆除郑州市文物保护单位郑州纺织工业基地郑棉三厂厂区内办公楼西半部大部及其楼后部分核心厂房案”和“河南亚星置业集团有限公司未经考古调查、勘探擅自进行施工致使古文化遗迹被破坏案”案卷荣获第四届全国文物行政处罚案卷评比“十佳案卷”奖

2014 年,“郑州中元置业有限公司未经考古调查、勘探擅自开挖造成古文化遗址被破坏案”案卷被国家文物局评为“优秀案卷”

2016 年,“郑州合广置业有限公司未经考古调查、勘探擅自施工造成古文化遗迹破坏案”和“马延军在城东路 120 号院全国重点文物保护单位郑州商代遗址建设控制地带内擅自进行建设工程案”案卷分别荣获“十佳案卷”和“优秀案卷”奖

2017 年,“河南省中医药研究院在全国重点文物保护单位郑州商代遗址建设控制地带内擅自进行建设工程案”案卷荣获河南省优秀行政执法案卷,该案卷被河南省人民政府法制办作为 2017 年度“河南省行政执法十大指导案例”典型案卷向全省推广

第八章　大事记

第一节　重大事件

本节共记述了对郑州市文物保护事业发展产生重大影响的 11 个事件。针对每个重大事件按照时间脉络,简要记述其发生背景、发展过程以及对郑州文物保护事业发展、确立郑州文物大市地位、提升郑州知名度和影响力等所产生的作用和影响。

1. 郑州市文物局成立

2009 年,中共郑州市委、郑州市人民政府下发《中共郑州市委　郑州市人民政府关于印发〈郑州市人民政府机构改革实施意见〉的通知》(郑文〔2009〕179 号),决定组建郑州市文物局,主管全市文物和博物馆事业。这是郑州市第一次正式成立专门管理和指导全市文物保护工作的政府机构。

2010 年 1 月,根据郑州市委组织部《关于市直机构改革中党组织设置问题的通知》(郑组通〔2010〕1 号),成立中共郑州市文物局委员会及纪律检查委员会,同时明确了郑州市文物局领导班子组成人员。

2010 年 2 月,《郑州市人民政府办公厅关于印发郑州市文物局主要职责内设机构和人员编制规定的通知》(郑政办〔2010〕12 号),明确了郑州市文物局职责范围和组成机构及机关人员编制:文物局内设办公室、计划财务处、文物考古科研处、文化遗产保护处(文物安全处)、博物馆处 5 个处室,行政编制 25 名,事业编制 3 名(工勤人员);纪检(监察)和机关党组织机构按有关规定设置。

根据《关于明确郑州市文物局所属事业单位的通知》(郑编〔2010〕17 号),明确了隶属郑州市文物局管理的 9 个单位:郑州二七纪念馆、郑州博物馆、郑州市文物稽查大队、郑州市文物考古研究院、郑州市大河村遗址博物馆、郑州嵩山文明研究院、郑州市商城遗址保护管理处、郑州市古荥汉代冶铁遗址保护管理所(郑州市古荥汉文化遗址保护管理所)、郑州市嵩山历史建筑群保护管理办公室(郑州市嵩山历史建筑群申报世界文化遗产委员会办公室)。

2010 年 2 月 4 日,郑州市文物局举行成立仪式。至此,郑州市文物局行政、组织机构建设完成,标志着郑州市文物工作向更深层次、更高台阶迈进。

郑州市文物局成立后,内设机构也进行过调整。根据《关于调整市文物局内设机构的批复》(郑编办〔2012〕3 号),市文物局原设立在文化遗产保护处的文物安全处单独另设,同时加挂执法监督处牌子。

根据《关于郑州市古荥汉代冶铁遗址保护管理所更名的批复》(郑编办〔2011〕71 号),郑州市古荥汉代冶铁遗址保护管理所更名为郑州市古荥汉代冶铁遗址博物馆,保留郑州市古荥汉文化遗址保护管理所名称和职责。

根据《关于郑州市嵩山历史建筑群保护管理办公室加挂郑州市世界文化遗产监测牌子等事宜的批

复》(郑编〔2012〕25号),郑州市嵩山历史建筑群保护管理办公室加挂郑州市世界文化遗产监测中心牌子,主要职责为承担全市世界文化遗产的日常监测等工作。根据《关于郑州市文物局所属事业单位清理规范意见的通知》(郑编办〔2012〕101号),郑州市嵩山历史建筑群保护管理办公室更名为郑州市世界文化遗产保护管理办公室,挂郑州市世界文化遗产监测中心牌子。2013年11月25日,郑州市机构编制委员会办公室研究同意:郑州市世界文化遗产保护管理办公室加挂郑州市文物勘探管理办公室牌子,主要负责全市文物勘探管理工作,同时撤销原加挂的郑州市世界文化遗产监测中心名称及职能。

2. 登封"天地之中"历史建筑群申报世界文化遗产

世界遗产是一项由联合国支持、联合国教育科学文化组织负责执行的国际公约建制,以保存对全世界人类具有杰出普遍性价值的自然或文化处所为目的。世界遗产可分为自然遗产、文化遗产和复合遗产三大类。世界文化遗产内容包括纪念物、建筑群和场所。纪念物系指建筑物、具纪念意义之雕刻及绘画、考古物件及构造、洞穴及综合上述而在历史、艺术以及学术上具有杰出普遍价值者。建筑群系指独立或集体的建筑群,其风格样式、均质性或地景在历史、艺术以及学术上具有杰出普遍价值者。场所包括了与自然协调的人造物及考古遗址等区域,并在历史、艺术以及学术上具有杰出普遍价值者。

凡提名列入《世界遗产名录》的文化遗产项目,必须符合下列一项或几项标准:(1)代表一种独特的艺术成就,一种创造性的天才杰作。(2)能在一定时期内或世界某一文化区域内,对建筑艺术、纪念物艺术、城镇规划或景观设计方面的发展产生过大影响。(3)能为一种已消逝的文明或文化传统提供一种独特的至少是特殊的见证。(4)可作为一种建筑或建筑群或景观的杰出范例,展示出人类历史上一个(或几个)重要阶段。(5)可作为传统的人类居住地或使用地的杰出范例,代表一种(或几种)文化,尤其在不可逆转之变化的影响下变得易于损坏。(6)与具特殊普遍意义的事件或现行传统或思想或信仰或文学艺术作品有直接或实质的联系。

缔约国内的文化遗产由缔约国申报,经世界遗产中心组织权威专家考察、评估。世界遗产委员会主席团会议初步审议,最后经《保护世界文化和自然遗产公约》缔约国大会投票通过并列入《世界遗产名录》,称为世界文化遗产。

进入21世纪以来,郑州市委、市政府初步酝酿以申报一处世界文化遗产为抓手,全面提升郑州市文物保护管理水平。2005年,确定以登封"天地之中"历史建筑群为申报项目;经过努力,2006年该项目被列入《中国世界遗产预备清单》,申遗工作全面启动。在之后五年时间里,市委、市政府领导多次带领相关部门负责人赴京向国家文物局汇报,多次邀请国内外专家实地调研、论证和指导。在国家、河南省、郑州市及登封市各级党委和政府高度重视下,在广大群众积极参与和支持下,历经启动、申报与迎检等阶段,先后完成保护规划与文本编制、环境整治、维修保护、法规制定、档案建设、监测管理、宣传展示、检查验收等大量工作。2010年7月25日,由郑州市委常委、宣传部部长丁世显,郑州市文物局局长阎铁成、常务副局长任伟等组成的登封"天地之中"历史建筑群遗产地代表团赴巴西参加第34届世界遗产大会。经过代表团的详细阐述和大会专家团的评议,8月1日,登封"天地之中"历史建筑群项目全票通过联合国教科文组织第34届世界遗产大会评审,被成功列入《世界遗产名录》,成为郑州市第1处世界文化遗产、中国第39处世界遗产。当日,在郑州市郑东新区举行了"中国郑州·登封'天地之中'历史建筑群申报世界文化遗产成功庆祝大会暨邮票首发仪式"。

3. 郑州申报中国"八大古都"

"中国八大古都"是指由中国古都学会通过并经国内史学家承认的古代都城。"大古都"的概念有一个发展过程:

传统史学将西安、洛阳、南京、北京合称为“四大古都”。

20 世纪 20 年代,学术界认定开封列为“大古都”之一,形成了“五大古都”说法——西安、洛阳、南京、北京、开封。

20 世纪 30 年代,学术界将杭州列为“六大古都”之一,但当时并未被广泛接受。1983 年,陈桥驿教授出版了《中国六大古都》一书,将杭州列入“大古都”,并被学界认可。自此,“六大古都”被广泛接受。“六大古都”分别是西安、南京、北京、洛阳、开封、杭州。

1988 年,地理学家谭其骧认定殷墟所在地安阳为“大古都”,因此就有了“七大古都”:西安、南京、北京、洛阳、开封、杭州、安阳。

2004 年 11 月,中国古都学会召开会议,一致认定郑州为“大古都”。从此,中国就有了“八大古都”之说:西安、南京、北京、洛阳、开封、杭州、安阳、郑州。至此,郑州成功进入中国“八大古都”之列。

郑州地处中原腹地,是中国早期文明的重要发祥地,中华人文始祖轩辕黄帝所领的有熊国及夏朝、商朝、管国、虢国、郐国、郑国、韩国在此定都,隋、唐、五代、宋、金、元、明、清在此设州。

4. 郑州被公布为国家历史文化名城

国家历史文化名城是于 1982 年根据北京大学侯仁之、建设部郑孝燮和故宫博物院单士元三位先生提议而建立,由中华人民共和国国务院确定及公布的一种文物保护机制。被列为国家历史文化名城者均为保存文物特别丰富、具有重大历史价值或者纪念意义而且正在延续使用的城市。截至 2017 年,我国共公布了 134 个“国家历史文化名城”。

郑州从申报到批准成为国家历史文化名城,历经三年多时间。1990 年 9 月,郑州市启动国家历史文化名城申报工作;1993 年 3 月,郑州市副市长张世诚等赴京向国家建设部、国家文物局汇报郑州申报国家历史文化名城的情况;1994 年 1 月 4 日国务院(国发〔1994〕3 号)批准公布,郑州为第三批“国家级历史文化名城”。

之后,围绕保护建设历史文化名城,郑州市又开展了一系列工作。1994 年 1 月 13 日至 18 日,市政府组织市文化局、规划局赴西安考察历史文化名城保护工作。1994 年 2 月 15 日,召开了全市保护建设历史文化名城动员大会。1994 年 4 月,召开郑州历史文化名城保护规划会议,提出编制历史文化名城保护规划,至 1994 年 11 月完成历史文化名城保护规划编制工作,作为城市总体规划的一个专项规划纳入《郑州市城市总体规划(1995—2010 年)》,后来的《郑州市城市总体规划(2010—2020 年)》再次将历史文化名城保护作为重点内容纳入其中。

5. 组织开展全国文物普查

2007 年 4 月 4 日,国务院下发《国务院关于开展第三次全国文物普查的通知》(国发〔2007〕9 号),明确指出:文物是国家不可再生的文化资源。文物普查是国情国力调查的重要组成部分,是确保国家历史文化遗产安全的重要措施,是我国文化遗产保护的重要基础工作。开展文物普查是为了全面掌握不可移动文物的数量、分布、特征、保存现状、环境状况等基本情况,为准确判断文物保护形势、科学制定文物保护政策和规划提供依据。开展文物普查,有利于合理、准确划定文物保护范围,完善文物档案管理,促进文物保护机构建设,提高文物保护管理整体水平;有利于发掘、整合文物资源,充分发挥文物在建设社会主义先进文化,促进经济社会全面、协调、可持续发展中的重要作用;有利于培养锻炼文物保护队伍,增强全民文化遗产保护意识。该文件对普查的目的和意义、普查的范围和内容等进行了明确。

新中国成立以来,在全国范围内共开展了三次文物普查。第一次文物普查:1956 年下半年至 1957

年上半年。按照国家要求,河南省组织了全省范围内第一次文物普查工作,由于机构和人员等原因,该项工作主要由河南省负责,郑州市参与进行。

第二次全国文物普查是20世纪80年代。1981年1月15日,《国务院批转国家文物局关于加强文物工作的请示报告》提出:各省、自治区、直辖市根据情况分别进行一次文物普查或复查工作。

1982年2月全国文物(文化)局长会议予以布置,1983年8月全国文物普查座谈会后,全国陆续开展了第二次全国文物普查。河南省是在1984年至1986年进行的,1984年2月省文物局开始组织全省的文物普查工作。郑州市的第二次全国文物普查工作由市文化局承担,由市文物事业管理处具体组织实施。1984年3月,郑州市第二次全国文物普查正式开始,至1985年12月20日,全部普查资料上报省文物局,郑州市第二次全国文物普查圆满完成。此次普查,共普查域内各类文物点1427处,其中文化遗址302处,古墓葬316处,古建筑377处,碑刻339处,近现代革命史迹85处,其他类8处。

2005年12月,国务院下发《关于加强文化遗产保护的通知》,提出开展全国性的文物普查的要求,拉开了第三次全国文物普查的序幕。2006年,国家文物局先期在河南、内蒙古、广东、福建等4省、自治区开展文物普查试点工作,为文物普查全面启动积累经验。郑州是河南省试点城市,进行了郑州市第五次文物普查试点工作,经过一年努力,圆满完成文物普查试点任务,完成对原有1400多处文物保护单位和文物点复查工作,并新发现760处不可移动文物,总结出了"政府组织、专家领衔、广泛参与、全面调查、重点突破"的工作方针,为即将全面铺开的第三次全国文物普查积累了经验。

2007年4月,国务院正式下发《关于开展第三次全国文物普查的通知》,决定从2007年至2011年,利用5年时间在全国范围内开展文物普查。郑州市按照国家和河南省统一部署,高度重视并积极组织了郑州市第三次全国文物普查工作。建立了完善的郑州市第三次全国文物普查领导体系,制定了《郑州市第三次全国文物普查实施方案》。整个普查过程分为准备阶段、实地调查阶段、资料整理及成果发布阶段进行。2010年10月,我市普查电子数据顺利通过河南省普查办审核进入国家文物局"三普"数据库。国家普查办审核通过了《郑州市第三次全国文物普查不可移动文物名录》,工作质量得到国家和省普查办的好评。这次文物普查,全市共计有不可移动文物8651处,其中复查875处,新发现7776处。至此,郑州市第三次全国文物普查工作圆满完成。

6. 申报、公布国家级、省级、市级文物保护单位

核定、公布文物保护单位并实行重点保护是我国文物保护工作的大事,将不可移动文物划为重点保护对象是我国加强文物保护工作的一项重要举措,体现了在推进现代化建设中更加重视文化遗产的国际趋势。文物保护单位根据其价值和重要性划分为全国重点文物保护单位、省级文物保护单位和市、县级文物保护单位。

新中国成立以来,国务院分别于1961年3月4日、1982年2月23日、1988年1月13日、1996年11月20日、2001年6月25日、2006年5月25日、2013年5月3日陆续公布了第一至七批全国重点文物保护单位。截至七批全国重点文物保护单位公布,全国重点文物保护单位总量达到了4295处。

新中国成立以来,截至2017年,郑州市共申报获批全国重点文物保护单位83项,总量位居全省第一、全国前列;省级文物保护单位123处、市级文物保护单位246处,另有县(市)、区级文物保护单位数百处。

7. 参评"全国十大考古新发现"

中国是历史悠久的文明古国,全国各地每年都有许多重大考古新发现。这些新发现充分展现了中国历史文化的源远流长与丰富内涵,以及中华民族对人类文明进步作出的巨大贡献。

从1990年开始,国家文物局委托中国文物报社和中国考古学会举行每年度的"全国十大考古新发现"评选。所谓新发现,指的是该项考古发现除具有历史、艺术、科学价值之外,还在中国考古学科发展上具有新的内容信息和新的价值。评选"全国十大考古新发现",要遵照《中华人民共和国文物保护法》和《中华人民共和国文物保护法实施条例》,每项考古发掘必须是履行过正规报批手续,获得国家文物局正式批准,并依照国家文物局颁布《田野考古工作规程》进行的考古发掘项目,且要保证考古发掘质量。

郑州地处中华文明的发祥地,地下文物十分丰富,每年的考古发现层出不穷,其中不乏价值十分重要、意义重大的重要发现。自1995年以来,郑州市共有12项被评为年度"全国十大考古新发现"。其中,自2007年至2011年,郑州连续5年获"全国十大考古新发现",在全国城市中独领风骚。郑州市历年获年度"全国十大考古新发现"的项目有1995年度的郑州西山仰韶文化城址、郑州小双桥遗址,1997年度的新郑郑韩故城郑国祭祀遗址,2000年度的新密古城寨龙山时代古城,2003年度的郑州大师姑夏代城址,2007年度的新郑唐户遗址、荥阳关帝庙遗址,2008年度的荥阳娘娘寨遗址、新郑胡庄墓地,2009年度的新密李家沟旧石器—新石器过渡阶段遗址,2010年度的新郑望京楼夏商时期城址,2011年度的郑州老奶奶庙旧石器遗址,2014年度的郑州东赵遗址,2017年度的新郑郑韩故城遗址。这些重要考古发现和成果一方面集中体现了郑州在中国历史中的重要地位,同时也体现了郑州市的文物考古科研水平,对确立郑州的文物大市地位、郑州文物在全国的重要地位,提升郑州的知名度等,产生了重要作用和影响。

8. 2012年中国文化遗产日主场城市(郑州)活动

中国文化遗产日最早是在20世纪90年代,由中国当代著名作家、画家、社会活动家冯骥才先生提出的。2004年和2005年的两会,冯骥才提交了《关于建议国家设立文化遗产日的提案》。2005年7月,郑孝燮等11名专家学者联名致信党中央、国务院领导同志,倡议我国设立文化遗产日。2005年12月,国务院决定从2006年起,每年6月份第二个星期六为我国的文化遗产日。"文化遗产日"的确立,充分体现了党和国家对保护文化遗产的高度重视。国家文物局决定从2009年起设立中国文化遗产日主场城市,旨在进一步扩大文化遗产日的影响,进一步推动全社会关注文化遗产保护事业,示范推广在文化遗产保护方面成绩突出城市的经验。同时,建立了主场城市申办制度,每年与主场城市所在地的省政府共同举办活动,相关省文化厅、文物局及主场地市政府共同承办。中国文化遗产日主场城市活动至2018年已举办十届,首届主场城市为杭州,之后分别是苏州、济宁、郑州、咸阳。

郑州市以"天地之中"的深厚历史文化底蕴和在文化遗产保护、传承民族及人类文化方面取得的显著成绩,被国家文物局确定为2012年中国文化遗产日主场城市,也是我国第四个文化遗产日主场城市。在2011年中国文化遗产日主场城市(济宁)活动闭幕式上,郑州市委常委、宣传部部长丁世显从国家文物局原局长单霁翔手中接过2012年中国文化遗产日主场活动城市会旗,标志着2012年中国文化遗产日主场城市活动花落郑州,这是继登封"天地之中"历史建筑群成功申遗后,郑州市历史文化遗产保护工作又一重大事件。

2012年3月28日,国家文物局在北京召开2012年中国文化遗产日主场城市活动新闻发布会,正式发布中国文化遗产日主题和口号,介绍郑州主场城市活动具体安排,筹备工作正式启动。国家文物局还成立了中国文化遗产日主场城市活动组委会,下设北京、河南两个办公室。为统办好"文化遗产日主场城市(郑州)活动",作为此次主场城市活动的承办城市,在国家文物局指导下,郑州市专门制定了活动方案,成立了郑州市工作委员会,30多个部门和单位为成员单位。郑州市文物局作为牵头单位,在郑州市工作委员会基础上完善组织结构,设立了8个工作组,对任务进行了细化分工。

在国家文物局、河南省政府的关心支持和郑州市委、市政府的直接领导下，2012 年 6 月 9 日，2012 年中国文化遗产日主场城市（郑州）活动隆重开幕。在主场日活动筹备期间，郑州市积极开展了“一分钟文化遗产知识竞赛”“河南世界文化遗产”诗歌朗诵会、“创世王都”展览进学校进社区、“华夏文明流动讲坛”进校园、民间文物鉴定、博物馆联展等系列预热活动。在主场日活动举行期间，郑州市积极开展了登封观星台古代天文学展演，中岳庙中岳神祭祀仪式，嵩阳书院诵读儒家经典活动，少林寺佛事活动及武术表演，全国青少年文化遗产知识决赛及颁奖，大型广场文化活动及“创世王都”，“发现郑州”图片展，郑州商都遗址博物院和郑州市文物考古研究院建设工程奠基仪式，世界遗产监测中心揭牌，少林寺塔林保护工程启动仪式，2012 年中国文化遗产日主场城市活动开幕式、闭幕式及观看禅宗少林音乐大典等活动。在闭幕式上，随着国家文物局副局长董保华将中国文化遗产日主场城市会旗传递到下届主场城市——陕西省咸阳市副市长刘印生手中，2012 年中国文化遗产日主场城市（郑州）活动至此圆满结束。国家文物局对郑州主场城市活动的成功举办高度赞赏，并专门致函郑州市委、市政府表示感谢。

9. 被列为“十二五”国家重点支持大遗址片区

2011 年 6 月 3 日，国家文物局印发《国家文物博物馆事业发展“十二五”规划》，郑州与西安、洛阳、荆州、成都、曲阜一起被确立为“十二五”期间国家重点支持的 6 个大遗址片区。郑州商城、郑韩故城、大河村、宋陵、古城寨、王城岗 6 处大遗址被列入国家重点保护的 150 处大遗址中。这表明郑州大遗址的突出地位和重要价值得到国家文物局的充分认可和高度重视。

作为国家历史文化名城、中国“八大古都”之一，郑州文物资源十分丰厚，各类文物古迹达 10315 处。极具特色的大遗址主要有：老奶奶庙遗址是目前国内仅见的 3 万—5 万年前旧石器中心营地遗址，为世界共同的史前核心课题——旧石器晚期人地关系、现代人类起源与发展等研究提供了重要线索；李家沟遗址是目前国内为数不多的旧新石器过渡阶段遗址，衔接了中原地区旧、新石器时代；裴李岗遗址是中国最早的村落遗址，填补了我国仰韶文化以前新石器时代早期的空白；大河村遗址有我国目前发现最早的有实物为证的天文观测地，对研究中国天文学起源和发展具有重要意义；西山古城址是我国最早的版筑古城，在研究我国古代文明起源、城市发展方面具有重要价值；王城岗遗址是中国历史上第一个国家——夏朝的都城遗址，为探索夏文化提供了重要依据；新砦遗址是有内外三重城壕和大型建筑的夏代早期大型城址，是探索早期夏文化的一项重大发现和突破；二里冈遗址是商代第一座都城亳，是 3000 年前世界最庞大的城市，中国青铜文明在此被推向高峰；小双桥遗址是一处商代早期遗址，发现了目前中国最早的书写文字，为进一步探讨和研究郑州商城提供重要思路。郑州的大遗址集中展现了中华民族早期文明完整链条，形成了独一无二的展现中国早期文明的完整历史文化链条和片区。

郑州大遗址反映着华夏文明的发展，延续着郑州城市的记忆，也是未来郑州社会发展新的重要支撑。大遗址作为郑州市的宝贵财富和城市发展的动力，有着不可替代的独特性、唯一性和不可再生性，越来越成为地方区域综合实力的一个新的增长点。被列为国家重点支持大遗址片区，在经费和政策上将获得国家大力支持，必将极大促进郑州市大遗址和文化遗产的保护工作，更有利于充分发挥郑州丰富的文物资源优势，为中原经济区、郑州都市区建设，为郑州乃至河南全省经济、社会和谐发展提供不竭动力。

10. 设立文物保护专项资金

《中华人民共和国文物保护法》第十条明确指出：“国家发展文物保护事业。县级以上人民政府应当将文物保护事业纳入本级国民经济和社会发展规划，所需经费列入本级财政预算。国家用于文物保护的财政拨款随着财政收入增长而增加。”

2010年以前,郑州市每年的文物保护专项经费仅有38万元,文物事业发展困难重重、举步维艰。郑州市文物局成立后,局党委高度重视该项工作,采取多种方式和途径,积极向市委、市政府请求设立文物保护专项资金。2011年3月30日,受常务副市长胡荃委托,市政府副秘书长郑灏东召集有关单位,研究关于加强文化遗产保护、设立郑州市文物保护专项资金的有关问题,形成了《郑州市人民政府关于加强文物遗产保护设立郑州市文物保护专项资金问题的会议纪要》(郑政会纪〔2011〕16号)。该会议纪要明确要求:当年先行调剂1000万元用于文物保护,2012年起正式设立郑州市文物保护专项资金,基数3000万元,列入财政预算,用于全市范围内的文物保护工作,以后根据项目安排情况逐步增加。同时,要求各县(市、区)要根据各自的财政收入情况设立本级文物保护专项资金,用于上级文物保护专项资金的配套;市发展改革委依据《郑州市政府投资项目管理条例》的规定,进一步加大文物保护相关配套设施建设的支持力度,在项目立项、投资等方面给予更多关注;各有关单位要积极争取国家和省级文物保护专项资金,多渠道筹措,使我市优秀的文物资源得到更好的保护。郑州市文物保护专项资金的设立,对加强全市文物资源的保护及利用具有非常现实的意义,为以后开展的大批文物保护单位本体保护维修提供了资金保障。

11. 文庙迎新年撞钟

在我国民间传统习俗中,每当新旧交替之际,都要举行撞钟活动。新年钟声意味着辞旧迎新,来年安康吉祥。始建于东汉年间的郑州文庙,在2006年修复重建,重焕其巍峨之势。2007年1月1日0时,郑州市在文庙举行撞钟迎新年仪式,自此,尘封一百多年的中华民族文化圣殿的钟声再次在郑州这个3600年文明古都的上空响起。

从2007年至2017年,已成功举办十届郑州文庙撞钟迎新年活动,并且每年的主题都有所不同。2007年撞钟主题为“和谐钟声”,2008年撞钟主题为“为奥运祝福”,2009年撞钟主题为“辉煌三十年　郑州新跨越”,2010年撞钟主题为“华彩六十　钟鸣盛世”,2011年撞钟主题为“中原崛起·文化给力”,2012年撞钟主题为“新中原·新文化·新启程”,2013年撞钟主题为“中原崛起·中国梦圆”,2014年撞钟主题为“聚心中原·圆梦中国”,2015年撞钟主题为“文化软实力,助圆中国梦”,2016年撞钟主题为“文化点赞,添彩中原”,2017年撞钟主题为“传承商都文化,建设中心城市”。

古史记载:“凡撞钟一百零八声以应十二月,二十四节气,七十二候(五天为一候)之数。”象征一年轮回,天长地久。故郑州文庙撞钟仪式共鸣钟108响,邀请36人,每人撞3次,分别代表“中原崛起、河南振兴、富民强省”。

第二节　大事记

1920年

本年内　担任中国北洋政府农商部矿政司顾问的瑞典学者安特生派人调查荥阳秦王寨、牛口峪、池沟寨等三处新石器时代遗址。

1923年

8月　新郑县城内南街李家楼出土一大批春秋时期郑国的青铜礼器,当时称之为“新郑彝器”,其中包括著名的莲鹤方壶。这次出土文物的图片被靳云鹗编成《新郑出土古器物图志》线装出版。

1925 年

《郑冢古器图考》出版，关葆谦著，内容详尽考证了 1923 年新郑出土的铜器。

1929 年

《新郑古器图录》出版，关百益著，内容介绍 1923 年新郑出土铜器。

1933 年

本年内 中国现代考古团体河南古迹研究会发掘巩县塌坡、马峪沟及荥阳广武青台等新石器时代遗址。

1936 年

2 月 发现密县瓷窑遗址，县长刘元认为这是重要发现，便派重兵把守，并发掘出大批瓷器，此后又派军政人员运至开封。

1937—1938 年

《河南博物馆馆刊》连续五期连载“新郑古器发现记”。

1950 年

春 密县民众教育馆改名密县文化馆，负责文物工作。

秋 小学教师韩维周在郑州二里岗一带发现并采集一些商代陶片和石器，经鉴定属商代。郑州商代遗址就此被发现。

1951 年

郑州市人民委员会决定在普乐园旧址兴建二七纪念堂。

本年内 密县大隗农民协会将土改中没收的一批文物交县文化馆保存。

本年内 中央考古所夏鼐等在荥阳市青台、点军台等遗址进行考古发掘。

1952 年

春 密县超化村发现超化寺北齐河清三年造像碑。

10 月 第一届全国考古人员训练班在郑州二里岗进行田野考古实习，发现大量商代遗迹、遗物。

10 月 31 日 毛主席登临郑州邙山小顶山视察黄河。

11 月 郑州二七纪念堂落成。

本年内 密县大隗乡农民李林昌捐献一批家藏传世文物，其中有汉代陶器、明代瓷瓶等。

本年内 登封县城隍庙寝殿被扒毁。

本年内 巩县文化馆在原孝义兵工厂打铁房举办土地改革成果展。

1953 年

1 月 河南省文化局文物工作队配合建设工程，在二里岗进行考古发掘，发掘出大量商代遗迹、遗物和战国墓群。发掘成果编辑成《郑州二里岗》一书。

2月7日　邓子恢为二七纪念堂题词:“伟大的工人阶级,英勇的革命斗争。”

4月　在登封玉村遗址发现一批白陶器,这是豫西二里头文化最早的发现。

4月　登封石道乡颍考叔庙被石道乡少数人扒毁。

4月　密县超化粟林发现化石洞。

6月27日　郑州市人民委员会召开基本建设及宣教部门人员参加的保护文物工作会议,会议传达了政府保护文物的政策精神,指出郑州地下文物埋藏丰富,要求各有关部门密切配合,做好文物清理和保护工作。

8月　河南省文化局文物工作队在郑州二里岗发掘出俯身葬人骨2具和凿痕龟甲1片,为研究我国商代史提供了宝贵资料。

10月　首都人民英雄纪念碑兴建委员会为兴建纪念碑来郑考察巩义石窟寺。

本年内　密县袁庄乡李河村农民常柏松发现鸵鸟蛋化石。

本年内　登封维修汉三阙保护房及汉代石翁仲等。

1954年

春　密县文化馆举办出土文物展览。

7月　郑州市文物工作组在国棉一厂、五厂工地举办“郑州市基本建设出土文物展览”。

10月　为解决郑州商代遗址的文化性质,中央和省、市文化部门决定扩大发掘工作,文化部并调华东文物工作队来郑支援。

本年内　密县米村南宋沟发现汉墓,出土铜洗、镜、斧、矛等。农民王赛秀把文物捐献给国家。

本年内　密县老城北关头崖汉墓中发现绿釉陶羊仓1对。

本年内　郑州南关外和紫荆山北发掘铸铜作坊遗址,为研究中国古代青铜冶铸史提供了宝贵资料,引起了社会广泛关注。

本年内　河南省主席吴芝圃参观巩县文物,省文化局拨款清理巩县石窟寺等三、四、五窟并修建保护廊房。

1955年

秋　发现郑州商城城垣近7千米,该城垣是全国发现最早的商代城址,具有重要的历史和科学价值。

本年内　发掘郑州铭功路制陶作坊。在河南饭店以北发现1处商代制骨器的作坊。

本年内　密县大隗村西北石峡水库工地发现汉墓群并出土大批文物。

本年内　密县樊寨村东南发现西周墓,出土铜鼎、戈、盆、车马器等文物20余件。

1956年

2月　郑州紫荆山北铸铜遗址第二次发掘,出土大量铸造铜器的陶质范模。

春　发现登封八方龙山文化遗址,为夏文化研究提供了重要线索。

5月　文物部门维修巩县石窟寺。

5月　文物部门发掘郑州洛达庙遗址,发现早于二里冈文化的商代早期文化层。

8月　河南省人民委员会公布《关于保护古迹名单的通知》,我市嵩岳寺塔等被列入名单。

1957 年

7 月 1 日　郑州市文物陈列馆在碧沙岗公园三民主义烈士祠建成并对外开放。

7 月　巩县发现唐三彩窑遗址。

8 月 8 日　河南省文化局决定筹建巩县杜甫纪念馆、登封一行纪念馆。

本年内　登封县开展全县文物普查。同时对少林寺千佛殿壁画空鼓进行保护，并对初祖庵、少林寺、中岳庙等古建筑进行了全面清理、维修。

1958 年

1 月　登封县成立登封县博物馆，内设农、林、水、土生、权法、勤俭持家、青年、交通、文物等展览 15 个。

2 月 2 日　河南省文化局文物工作队发掘郑州后庄王仰韶文化遗址，发掘成果刊于《华夏考古》1988 年第 1 期。

8 月 16—26 日　文化部在郑州召开全国省、自治区、直辖市文物博物馆工作现场会。

12 月　文物部门发掘巩县铁生沟汉代冶铁遗址。

12 月　陈毅参观少林寺、中岳庙，并即兴作《中岳庙》五言诗 1 首。

本年内　登封县城内明代碑坊 6 座、清代奎星楼 1 座被毁。

本年内　密县老城明代石碑坊 5 座、砖碑坊 2 座被拆除，残石用于垫老城影剧院根基。

1959 年

2 月　河南省文化局文物工作队发掘郑州上街商代遗址。

春　文物部门开始调查巩县石窟寺，进行摄影传拓。

4 月　国务院副总理兼秘书长习仲勋同志来郑州市文物陈列馆参观。

6 月　密县编写《密县旧志新编》。

7 月　郭沫若同志来郑州视察，参观郑州商代城址，并亲笔题诗："郑州又是一殷墟，疑本仲丁之所都。地下古城深且厚，墓中遗物富而殊。佳肴仍有黄河鲤，贞骨今看商代书。最爱市西新建地，工场林立接天衢。"

10 月　郑州市文物陈列馆举办河南省历史文物展览。

10 月　文物部门开始调查巩县宋陵。

11 月　郑州市文物陈列馆把苏轼书《醉翁亭记》石刻从新郑运回并修建长廊。

11 月　文物部门在郑州南关外发掘 159 号汉墓。

12 月　文物部门在密县打虎亭发现并发掘汉代壁画墓和画像石墓。

冬　郑州市进行文物普查。

本年内　考古学家徐旭生在登、巩、密一带进行夏代考古调查。

本年内　河南省文化局拨款将杜甫诞生窑从农民家中征收过来。

本年内　《郑州二里岗》出版。

1960 年

2 月　登封县人民委员会制定《登封文物工作持续跃进八年规划草案》。

4 月 16 日　郑州市文化部门开始组织编写《郑州市文物志》。

春　文物部门发掘巩县稍柴二里头文化遗址。

5 月　密县开展文物普查。

12 月　郑州市文物工作队成立。

本年内　郑州二七纪念堂“二七史迹陈列馆”正式对外开放。

1961 年

3 月 4 日　国务院公布第一批全国重点文物保护单位名单，郑州商代遗址、汉三阙、观星台、郑韩故城等 7 处榜上有名。

3 月　密县西关发现唐代瓷窑遗址。

7 月 18 日　河南省博物馆由开封迁至郑州，10 月份展出历代文物 5000 余件。

7 月　郑州市人民委员会发布商城遗址保护的通知，并公布《郑州商城遗址保护管理暂行规定》，规定城内外 10 米为保护区，并划出城墙重点保护地段。同时颁发《郑州商城沿城单位保护城墙委托书》。

7 月　《郑州市文物志》初稿印刷成册。

9 月 21 日　《河南日报》刊登水湛撰写的考古札记《夏代文化探索》。省文物部门结合有关夏代文献进行了广泛调查，找到了探索夏代文化的初步线索。

11 月　文物部门调查登封曲河瓷窑址。

12 月　郑州市文物陈列馆和省外办联合在省博物馆举办阿尔巴尼亚建设成就展。

本年下半年　全市文物调查工作开始。

1962 年

2 月　郑州市文物陈列馆开始文物钻探工作。

12 月　密县五里店村发现汉墓。

本年内　郑韩故城开展调查，初步探清其范围。

本年内　成立杜甫纪念馆，郭沫若题词“杜甫故里纪念馆”。

本年内　《巩县石窟寺》一书出版。

本年内　巩县永厚陵北发现魏王赵頵墓，出土有长篇墓志。

本年内　郑州市开展古代碑碣、墓志、石刻调查登记。

本年内　《巩县铁生沟》一书出版。

1963 年

6 月　河南省人民委员会公布河南省第一批重点文物保护单位名单，郑州市巩县石窟等 35 处榜上有名。

7 月 22 日　密县人民委员会公布第一批重点文物保护单位名单。

8 月　文物部门发掘密县后士郭大型汉代壁画墓。

9 月　登封县人民委员会发布《关于对庙寺全民所有林木管理的通知》，明确登封庙寺范围内所有林木归文化部管理。

冬　文物部门投资 6 万元整修登封中岳庙峻极门，至 1964 年夏竣工。

本年内　在荥阳县楚村发现元代铸铜遗址。

本年内　河南省文化局拨款对杜甫故里诞生窑进行维修加固。

本年内 巩县文物管理委员会成立。

本年内 郑州市文物工作队撤销。

1964 年

1 月 登封县文物保管所成立，从而结束了文化馆代管文物的状况。同时对中岳庙大殿、永泰寺唐塔进行了维修。

6 月 文物部门开始全面调查、勘探和试掘新郑郑韩故城。

7 月 郑州市文物陈列馆发掘陈庄遗址。

秋 郑州市文物陈列馆修建大门。

本年内 巩县将康百万庄园收归文物部门管理。

本年内 登封县嵩阳楼被毁。

1965 年

春 文物部门发掘新郑郑韩故城战国时期地下冷藏遗迹，这是中外发现最早的冷藏遗迹。

春 文物部门发现郑州古荥汉代冶铁遗址。

7 月 文物部门发掘新郑郑韩故城制骨作坊遗址。

9 月 郑州市文物陈列馆更名为郑州市博物馆，郭沫若同志为市博物馆题写馆名。

10 月 密县老城东北角发现新石器时代早期裴李岗文化遗址。

秋 省、市博物馆发掘古荥镇汉代冶铁遗址，发现世界上最早的冶铁高炉。

秋 文化部文物局局长王冶秋视察郑州市博物馆。

12 月 登封县人民委员会公布第一批文物保护单位名单。

本年内 登封县文物部门维修嵩岳寺塔、净藏禅师塔。

本年内 新西兰著名作家路易·艾黎到登封县、巩县等地参观，此后又两次到登封县、巩县访古。

本年内 省文化局拨款征集康百万庄园散存于民间的文物。

1966 年

5 月 “文革”工作组进驻郑州市博物馆。

8 月 25 日 登封县中岳庙、少林寺全部神像（包括中岳庙铁人）被拉倒。登封县清凉寺砖塔 3 座、城关砖塔 5 座、塔林砖塔 5 座、马鸣寺宋塔 1 座、刘碑寺唐塔 1 座、龙潭寺唐砖塔 1 座、会善寺、嵩阳书院乾隆御碑、崇福宫成吉思汉圣旨碑、元代寇谦之传碑、嵩阳书院唐六角形石柱、崇福宫九曲十渠遗址等被毁。

8 月 密县法海寺石塔被拆毁。

本年内 郑州市区开元寺唐代经幢、子产祠被毁。

本年内 密县城隍庙前琉璃影壁、石坊、铁狮被毁。

本年内 巩县芝田蔡庄村“造反派”要破坏宋陵，砸石刻，文物部门挺身而出，制止事态发展，保护了宋陵文物。

本年内 巩县回郭镇清易镇个别群众将宋徽宗陵和宋钦宗陵铲平。

本年内 新郑县扒毁欧阳修祠堂，并铲平欧阳修和夫人薛氏墓冢。扒毁县城南北大街 8 座明代石坊（省保单位）、文庙棂星门等。

本年内 荥阳县扒毁飞龙顶。

本年内　登封县文物保管所组建了一个由 5 人组成的维修队，经常对中岳庙古建筑进行维修保护，经费由文管所从事业费中支出。从此，中岳庙古建筑再未遭受重大破坏。

1967 年

本年内　密县超化寺塔（省级文物保护单位）被扒毁。

本年内　荥阳县魏氏诰命牌楼被炸毁。

1968 年

本年内　巩县康店公社在康百万庄园内建立毛泽东思想宣传站。

本年内　登封县文管所被县革委会撤销合并到毛泽东思想宣传站。

本年内　文物部门在登封县维修会善寺和中岳庙大殿。

1969 年

8 月 25 日　登封县少室阙被毁，12 月河南省革委文教局、登封县革委联合派人对此进行了调查。直到 1972 年，少室阙才由文物部门修复。

9 月　巩县康百万庄园举办巩县爱国主义教育展览。

冬　登封县卢崖寺大殿及文庙被毁。

1970 年

1 月　密县岳村乡苇园村开挖煤矿，发现唐、宋古煤矿遗址。

春　郑州市博物馆为保护商城制作 8 个铁质保护牌，立于商城各处。

9 月　郑州市博物馆发掘新通桥画像砖墓，其画像精美，内容丰富。

冬　郑州市博物馆在董砦村发现古象化石，经鉴定属纳玛象化石。

1971 年

4 月　河南省文化局拨款 650 元在打虎亭及后士郭汉墓安装电灯。

9 月　郑州市在河南省中医院家属院发现 1 座商代铜器墓。

11 月　新郑县白庙范村发现战国兵器窖藏，出土兵器 180 多件，其中大部分有铭文。

冬　密县打虎亭汉墓第四号墓被铲平。

1972 年

2 月　密县刘寨乡刘寨村西洧水河北岸发现新寨遗址。该遗址的发现为研究夏文化提供了重要资料。

5 月　文物部门在密县后士郭发现 3 号壁画墓，开封地区文管会对此进行了发掘。

10 月　郑州市博物馆开始对郑州市大河村遗址进行发掘。发掘出土 1 组仰韶房基及大批精美文物，对研究中原地区仰韶文化类型和分期具有重要意义。

秋　郑州市圃田村列子祠被拆毁。

1973 年

3—11 月　河南省博物馆、中央美术学院、纺织工业学院、中国历史博物馆对打虎亭汉墓壁画进行临摹。

5月　登封县元代邵元书息庵禅师碑、照公和尚塔铭及唐汉忠烈纪公碑、打虎亭汉墓拓片等参加河南省碑刻拓片展览，赴日展出，并在日本引起轰动。

夏　郑州商城东北角发现商代宫殿遗址。

10月　美国考古代表团访华，在郑州参观河南省博物馆和大河村遗址。

12月　河南省文化局拨款4000元修整打虎亭二号汉墓墓道、墓门。

12月　登封县文管所恢复，开始正常工作，并在本年内对少林寺、中岳庙、观星台等文物景点进行全面清理修缮，此项工作至1975年结束。

1974年

8月8日　密县革命委员会公布密县重点文物保护单位45处。

8月15日　新华社报道在郑州市商代城墙遗址内，发现大面积的商代夯土台基和成堆的奴隶头骨。郑州商代城墙遗址是我国当时发现最早的一座古城，距今已有3500多年。据鉴定其属于比安阳殷墟更早的商代前期城址。

9月　文物部门在郑州张砦南街发现商代大铜鼎2件，铜鬲1件。

11月　密县打虎亭养猪场知青点青年队把打虎亭汉墓群五号墓推平。

12月　郑州市博物馆发掘清理郑州开元寺宋代舍利塔地宫，出土大批珍贵石刻。

12月　密县白寨乡刘堂庙村发现1925—1937年中共党组织早期活动旧址。

本年内　登封县拨款4万元整修少林寺山门。

1975年

5月　文物部门在密县西关瓷窑遗址上发现宋三彩遗址。

8月23日　在密县超化乡河西村修铁路时，文物部门发现超化寺塔林遗址。

9月29日　密县超化乡莪沟发现化石洞，出土各类化石。

9月　郑州市革委会颁发《关于郑州商城遗址保护范围和加强对遗址保护工作通知》。

9月　郑州市博物馆制作水泥质商城保护牌17个，立于城墙各处。

12月31日　登封县城关镇李坤等扒毁法王寺元、明砖塔各1座。

12月　登封县召开第一次文物工作会议。

本年内　登封县整修观星台用款5.7万元。

本年内　文物部门发掘登封县双庙沟新石器时代遗址，其上层为仰韶文化，下层为裴李岗文化。

冬—1976年春　郑州古荥汉代冶铁遗址发掘1700平方米。发现有炼铁炉、大铁块等遗迹、遗物。

1976年

3月　在荥阳县城东发现隋唐大海寺遗址，出土一批唐代石刻造像。

3月　开封地区文管会在密县进行文物普查。

夏　登封县少林寺发现元代日僧邵元题名的铁钟。

本年内　河南省省文化局拨款对巩县石窟寺一、二、三、四窟采用化学黏合剂进行灌浆黏结加固。

1977年

4月23日　中国佛教协会主席赵朴初参观巩县石窟寺、宋陵、杜甫故里，并在杜甫故里赋诗1首。

4月　文物部门在新郑县裴李岗发现新石器时代早期遗址。裴李岗文化即以此遗址命名。

5月1日　密县超化乡樊寨村家发现窖藏银圆,总质量达16560克,其中有乾隆年间密县、洛阳、中牟县造铭文。

5月　文物部门在登封县告成镇发现夏代阳城。

8月20日　密县文物保护管理委员会成立。

10月18日　密县举办亦工亦农考古学习班,并组织学员对全市文物进行普查。

10月　密县尖山乡上香峪寺发现东魏造像佛龛。

11月18日　国家文物局在登封县召开告成遗址发掘现场会,讨论夏文化。

11月　河南省博物馆在密县发掘莪沟北岗遗址,该遗址属裴李岗文化。

本年内　文物部门清理郑州市开元寺塔基,出土宋开宝九年(976)石棺。

1978年

3月20日　开封地区文管会在新郑举办文物学习班。

7月17日　打虎亭汉墓正式对外开放。

8月17日　河南省文化局拨款1万元修建打虎亭一、二号墓墓道房。

8—12月　郑州市博物馆在大河村遗址举办文物训练班,学员50人。

10月　郑州市革委会对省级重点文物保护单位栽埋保护牌16块。

10月　密县文化馆举办亦工亦农文物考古学习班。

本年内　国家文物局拨款对巩县石窟寺一、四窟中心柱上窟顶,三、四窟四壁用化学黏合剂进行黏结勾缝,并修筑窟顶的排水沟1条。

本年内　河南省文物工作队和巩县文管所对唐三彩遗址进行试掘。

本年内　登封县整修少林寺用款13万元,整修中岳庙“配天作镇坊”用款2.5万元。

1979年

1月20日　开封地区文管会对密县马良沟裴李岗文化遗址进行试掘。

3月4日　中国社科院考古研究所河南二队对密县新寨遗址进行试掘。

3月　巩县康店将杜甫之子宗文、宗武墓削去五分之四。

3月　郑州市博物馆存放在公园防空洞内的文物被盗。

3月　郑州市博物馆发掘荥阳西史村商代遗址。

春　文物部门投资12万元整修初祖庵大殿。

6月　河南省政府成立整修登封少林寺领导小组,下设办公室,开始对少林寺进行整修。

冬　巩县宋太宗后陵被夷平。

1980年

4月　郑州市博物馆发掘荥阳点军台遗址。

5月　密县进行文物普查。

5月　郑州市革命委员会颁发“关于加强郑州商代遗址保护工作的通知”。

5月　郑州市博物馆发掘郑州市郊纪信墓。

6月20日　巩县革委会对县文管会进行调整和加强。

6月　巩县政府拨款,将石窟寺小学占用的石窟寺房屋腾出。

10月　密县进行碑刻墓志调查并拓印拓片。

秋　郑州市古荥镇召开郊区文物保护现场会。

本年内　开封地区文管会和巩县文管会对巩县铁生沟裴李岗文化遗址进行试掘。

1981年

1月　郑州市博物馆试掘荥阳贾峪楚村元代铸铜遗址。

4月6日　巩县文物保管所成立。

5月　美国前总统夫人伯德·约翰逊参观打虎亭汉墓。

7月26—29日　有关部门在登封县观星台举行“全国青少年天文学爱好者纪念郭守敬750周年”诞辰活动。

10月　在北京召开的第一次国际冶铁学术讨论会的与会代表来古荥镇汉代冶铁遗址参观。

秋　郑州市政府以郑政(1981)100号文件将郑州城隍庙移交给郑州市博物馆管理。

本年内　郑州市博物馆发掘荥阳青台遗址,至1983年共发掘3000平方米,发现有大批房基、墓葬和大量遗物。其中3座仰韶时期男女合葬墓极为少见。同时墓葬中还发现原始骨病病例。

本年内　登封县文物保管所落架修复法王寺天王殿、塔,翻修大势至殿、观音殿及东跨院住房,同时还修建法王寺公路2千米。维修工程于1983年竣工。

本年内　登封县衙大堂、二堂被扒毁。堂内镶嵌黄庭坚诗书碑由文管所迁运嵩阳书院保护。

1982年

2月5日　巩县康百万庄园第九展室6件文物被盗。

2月23日　国务院公布第二批全国重点文物保护单位,郑州市巩县石窟寺、巩县宋陵2处文物保护单位入选。

2月25日　荥阳县政府下发《关于搞好建设工地文物勘探的通知》,同时成立荥阳县文物钻探队。

4—5月　密县西关瓷窑址出土的珍珠地瓷片参加“中国古窑址陶瓷粹片展览”,在日本展出。

5月　登封县发现武则天久视元年金简。

7月　文物部门在郑州向阳回族食品厂发掘商代窖藏青铜器。

9月　文物保护部门保护荥阳青台遗址墓葬区,修建保护房。

本年内　河南省文物局拨款49万元对少林寺六祖殿等进行维修。拨款31万元对中岳庙中岳大殿等进行维修。

本年内　河南省文物局拨款对巩县石窟两厢房及大雄宝殿进行修整,并征地200平方米左右修建西围墙。

本年内　河南省文物局拨款对康百万庄园东厢房和南院窑头进行加固。

1983年

4月　文物部门开始对郑州城隍庙进行维修。

5月　中国考古学会第四次年会在郑州召开,讨论主题是夏文化探索、商文化研究和各地区的青铜器。

7月17日　胡耀邦参观巩县宋永昭陵,陪同的有杨静仁、王兆国、刘杰等。

10月9日　密县人民政府密政〔1983〕132号文件批复《关于对收管密县超化寺院房舍的批复》,将寺院房舍收归文化部门管理。

10月　河南省文物研究所发掘北宋太宗元德李后陵。

11月3日　欧洲共同体主席托恩等一行参观北宋皇陵。

11月　河南省文物局拨款维修密县超化寺及洪山庙大殿。

11月　文化部周巍峙部长参观密县打虎亭汉墓,提出要加强保护,限制开放。

11月　密县召开文物工作会议,认真贯彻《中华人民共和国文物保护法》,加强文物保护工作。

12月　荥阳汉霸二王城竖立白玉石标志碑。

12月　《密县汉画像砖》出版。

本年内　国家文物局郑州培训中心先后两次发掘郑州站马屯遗址。

本年内　河南省文物局拨款翻修康百万庄园临街房。

本年内　登封文物部门维修龙泉寺大殿、安阳宫等文物古迹。

本年内　登封县颍阳镇城隍庙被毁。

1984年

1月9日　密县牛店小寨宋代壁画墓被破坏。

1月　荥阳县贾峪镇明藩王陵前石刻被黄河游览区擅自运走。

2月13日　国务院副总理田纪云参观打虎亭汉墓并题词:“汉墓是个艺术宝库,要做好保护工作,不但我们看,要叫下一代也能看。”

2月　国务院总理赵紫阳参观打虎亭汉墓。

3月1日　密县牛店砖厂发现打虎亭汉墓群第十一号墓,河南省文物研究所进行发掘。

3月20日　郑州市开展文物普查。

3月　密县超化乡圣帝庙村发现黄氏族谱,河南电视台、中央电视台进行了报道。

4月1日　登封县中岳庙、少林寺经国务院批准由文化部门移交宗教部门管理。

4月11日　郑州市文化局在荥阳举办文物普查训练班。

5月22日　郑州市文管会成立,郑州市副市长窦思忠任主任。

5月28日　国务委员宋任穷参观打虎亭汉墓。

7月21日　郑州市文物事业管理处成立。同时,经郑州市编委批准又成立了大河村遗址保管所、商代遗址保管所、古荥镇汉代冶铁遗址保管所。

7月　荥阳县文物保管所成立。

8月30日　郑州市召开郑州市文物保护管理委员会第一次会议。

8月　中牟县开展文物普查。

8月　登封县成功搬迁大唐嵩阳观纪圣德感应颂碑。

10月4日　密县超化寺大殿东侧商店失火危及大殿,因抢救及时大殿幸免于难。

10月28日　密县文物保护管理所成立。

10月30日　少林寺甘露台两株风景古柏被火烧毁。

11月　巩县宋陵、石窟寺、康百万庄园竖立保护标志。

11月　国家文物局拨款对巩县宋陵石刻共743件进行倒扶黏结等文物保护工作。

11月　少林寺管理处组织工程队从少林寺碑林往碑廊移碑时造成四品明碑断裂。

12月　荥阳县修建青台遗址保护房。

1985年

1月8日　河南省政府成立调查组,调查少林寺毁碑事件。

1月　新郑县成立文物保护管理所。

2月28日　管城回族区磨盘街发现《瘗鹤铭》碑刻24块。

3月4日　国家文物局副局长视察郑州城隍庙。

3月6日　国家文物局在郑州举办古钱币整理工作骨干人员培训班,全国26省、自治区、直辖市52名学员参加培训。

3月18日　中牟县政府公布中牟县第一批文物保护单位17处。

3月18日　中牟县人民政府颁发《关于加强文物保护管理的通告》。

4月5日　郑州市第一次文物工作会议在黄河饭店召开。

4月　郑州市文物部门开始发掘大河村遗址。

5月3日　河南省级文物保护单位霸王城被黄河游览区破坏。

6月13日　全国第一批古钱币整理工作骨干培训班在郑州结业。

7月2日　新郑县后周皇陵中的嵩陵被犯罪分子盗挖。

7月5日　中牟县文物保护管理所成立。

7月17日　河南省文物局在郑州召开郑州商城保护工作会议。

8月26日　巩县宋太宗元德李后陵抢救性发掘工作历时6个半月而结束。此陵的发掘为研究北宋后陵的葬制、宋初的瓷器生产、建筑雕刻和绘画等提供了珍贵的实物资料。

8月27日　河南省古建培训班在郑州开学。

9月　巩县文物部门发现水地河遗址,遗址包含有裴李岗文化、仰韶文化遗存,具有重要的科学价值。

10月5日　国务院副总理万里视察郑州城隍庙。

10月7日　中央委员廖汉生、陈锡联、李梦华、阿沛·阿旺晋美及河南省委书记杨析综参观打虎亭汉墓。

11月8日　省、市有关部门在登封就少林寺佛教管理委员会丢失9块古碑事件召开现场会,要求宗教部门切实做好文物保护工作。

11月　宋永昭陵石刻被火烧毁,河南省政府非常重视,11月7日郑州市政府在巩县召开现场会。

秋季　河南省文物研究所在郑韩故城发现一大型战国贮粮陶窖。

本年内　登封县翻修永泰寺,投资1.5万元。

本年内　国家文物局拨款在巩县石窟寺征地5亩,砌筑新围墙。

本年内　中日合作出版彩色图版《巩县石窟寺》一书。

本年内　中央宣传部顾问廖井丹参观巩县杜甫故里、宋陵、石窟寺、老庙。

1986年

1月5日　郑州市文物工作队成立。

1月24日　郑州市人大做出《关于加强文物保护工作的决议》。

1月　郑州市文化局、郑州市公安局联合发布《保护商城的通知》。

1月　巩县成立宋陵、石窟寺文物保管所。

3月13日　巩县唐三彩遗址遭到大规模盗掘,县公安局、文化局组成刑侦小组,开始对"3·13"文物盗掘案件进行调查。历时4个月,追缴文物8717件,赃款6万余元,受到国家文物局、省公安厅、文化厅和郑州市政府的表彰和奖励。

5月22日　郑州市大河村遗址陈列馆举行开馆典礼,郑州市副市长窦思忠为开幕式剪彩。这是我国继半坡遗址博物馆之后的第二个遗址博物馆。

5月24日　杨成武参观郑州大河村遗址陈列馆,并题词"保护祖国文化遗产"。

6月17日　郑州市文物保护管理委员会召开全体会议,研究文物保护工作。

7月12日　荥阳县王村乡汉墓被盗掘。

9月12日　全国总工会主席倪志福参观郑州市博物馆和打虎亭汉墓。

9月20日　郑州市古荥镇汉代冶铁遗址保护房建成并开放,河南省副省长秦科才、郑州市副市长窦思忠为保护房剪彩。

10月12日　中牟县文物保护管理委员会成立。

10月23日　金属早期生产及应用第二次国际学术讨论会在郑州召开,近百名与会各国学者参观了古荥汉代冶铁遗址。

11月5日　荥阳县文物保护管理所成立。

11月9日　荥阳县文管所文物库房被盗,丢失文物12件。

12月　文物部门开始对郑州文庙进行维修。

本年内　登封县整修嵩阳书院廊房并增建碑廊。同时整修法王寺大殿。

1987年

1月9日　登封县少林寺僧人强占初祖庵。

3月4日　郑州市人民政府公布第一批文物保护单位65处。

3月15日　登封县达摩洞石刻被毁。

3月30日　中牟县冉鼎墓被犯罪分子盗挖。

4月4日　新郑县郭店乡柴宗训墓被犯罪分子盗挖。

4月25日　密县公布第一批文物保护单位45处。

5月6日　荥阳县公布第一批文物保护单位45处。

6月23日　为落实省政府电话会议精神,市政府在巩县召开会议部署我市文物保护工作。

7月10日,河南省政府驳回宗教局提出的将登封初祖庵、太室阙交宗教部门管理的请示,明确此两处文物保护单位仍由当地文物部门管理。

7月18—19日　国务委员谷牧同志参观密县、登封文物,并题词"保护文物古迹,发展旅游事业"。

7月27日　密县召开打击盗掘、走私文物工作会议。

7月28日　巩县在站街镇黄冶村召开打击盗掘和走私文物宣判会,判处一批犯罪分子徒刑。

8月1日　中牟县政府印发《关于订立保护文物合同的通知》。在全县范围内履行通知相关要求。

8月　为庆祝郑州市博物馆建馆30周年,《郑州市博物馆馆志》出版。

10月22日　郑州市人民政府召开巩县打击文物犯罪表彰会。

10月27日　荥阳县发生地震,文管所仓库文物落架,其中1件陶器被摔碎。

11月18日　登封县颍阳乡组织群众扒毁宝林寺大殿。

11月25日　中央电视台新闻报道了郑州市博物馆新举办的"古代珍宝陈列""古代石刻艺术陈列"情况。

12月10日　新郑县龙王汉墓被犯罪分子盗挖。

12月12日　在河南省文物保护工作检查评比中,郑州市博物馆荣获第一,郑州市文化局获组织奖。

12月18日　荥阳县公安局向文物部门移交缴获文物12件。

1988 年

3 月 5 日 密县王沟煤矿因采煤造成地表下陷,老城东北角遗址遭到破坏。

3 月 19 日 北京大学考古系和市文物工作队联合对曲梁遗址进行发掘。

3 月 21 日 郑州市文物处在巩县康百万庄园举办文物仓库保管员培训班。

3 月 26 日 荥阳县政府颁布《关于进一步加强文物保护工作的通知》。

4 月 1 日 密县计委、文化、工商、城建、土地、建行等联合下发《关于对建设工程必须进行文物勘探的联合通知》。

4 月 登封县成立文物钻探队。

4—8 月 登封县林场违反《中华人民共和国文物保护法》,擅自在中岳庙御书楼北 28 米处兴建违章建筑 122.5 平方米。在少林寺西墙外 3 米处兴建两层违章建筑 1 幢。

5 月 22 日 密县成立文物钻探队。

6 月 21 日 中牟县人民政府印发《关于加强我县文物保护的通知》。

6 月 中牟县文物库房落成。

7 月 26 日 荥阳县王村镇镇河铁牛丢失。

8 月 16 日 荥阳县公安局向文物部门移交文物 24 件。

8 月 19 日 荥阳县人大通过《关于加强文物保护工作的决议》。

8 月 郑州市文物工作队和巩县文物保管所联合发掘巩县第二电厂古墓群,发掘一批唐、宋墓葬,并出土大量珍贵文物。

9 月 由于自然和人为破坏严重,经国家文物局批准,打虎亭壁画墓正式关闭。

9 月 登封县成立嵩阳书院、观星台、少林寺、中岳庙 4 个文物保管所。

11 月 20 日 文物部门测绘并维修省级文物保护单位荥阳千尺塔。

11 月 28 日 河南省文物单位检查评比中,郑州市文物工作队获全省第一,郑州市文化局获组织奖。

11 月 密县人民政府颁布《关于加强管理超化寺院的通知》,明确管理权归县文化部门。

本年内 荥阳县发现翟沟瓷窑遗址。

本年内 文物部门投资 200 余万元开始整修嵩岳寺塔。同时嵩阳书院也开始进行维修。

1989 年

1 月 18 日 郑州市文化局召开郑州市文物保管单位先进集体表彰会,表彰 1988 年做出突出成绩的先进单位。

2 月 19 日 新郑县省级文物保护单位郭威墓两次被犯罪分子盗挖。

2 月 中牟县文物保管所对该县省级文物保护单位寿圣寺双塔进行维修。

3 月 18 日 巩县回郭镇清东发生抢劫文物凶杀案。

3 月 21 日 郑州市文物工作队与河南省电视台联合拍摄《郑州揽胜》电视片,并在河南省电视台《中州新貌》栏目中播放。

4 月 16 日 郑州市文物工作队和密县文管所收藏的部分汉画像砖拓片前往深圳参加国际艺术节展览。

4 月 18 日 荥阳县市级文物保护单位刘禹锡墓被盗。

4 月 25 日 中牟县仓砦仓翰林墓被犯罪分子盗挖。

6月　登封县文物保管所由中岳庙迁出并搬到县西关影剧院。

7月3—6日　郑州市政协副主席刁文率部分常委视察郑州市各县、区文物保护工作，指出各级政协要积极为保护文物多做工作。

8月25日和12月7日　郑州市市级保护单位刘禹锡墓2次被盗。

9月27日　郑州市博物馆创省级文明博物馆，并通过省有关部门验收。

9月　郑州市博物馆出版《郑州市博物馆简介》。

10月1日　河南省政府批准郑州市、新郑县为省级历史文化名城。

11月15—20日　郑州市政府召开郑州市文物工作会议。

12月1日　郑州市建委、郑州市文管会联合下发《关于加强文物钻探管理的通告》。

12月　郑州市完成了国家级、省级文物保护单位树标工作，并完成市级、县级文物保护单位划定保护范围工作和一级藏品建档工作。

1990年

1月8—10日　荥阳县汜水清静沟两座汉墓被盗，犯罪分子被抓获。

1月18日　郑州市政府召开春节期间文物安全工作会议。

2月10日　登封县南岳庙维修工程通过河南省文物局验收。

2月20日　荥阳县王村王祥冢被犯罪分子盗挖。

2月22日　河南省文物局主持召开密县打虎亭汉墓和大河村遗址保护论证会。

2月23日　荥阳县召开文物工作先进表彰会。

2月27日　郑州市发布《关于加强文物钻探管理的通告》。

3月2日　新郑县文物部门配合有关部门抓获4个盗墓分子，缴获一批文物。

3月13日　巩县康百万庄园玉制八仙人(展品)被盗，3天后文物被查获。

3月26日　管城回族区公安分局破获1起盗窃汉画像砖等文物的案件，犯罪团伙被抓获，收缴汉画像砖数十块。

3月31日　郑州市博物馆东展厅象牙展室被犯罪分子撬窗进入，由于值班人员及时发现文物未受损失。

4月2日　河南省委办公厅工作信息反映郑州铁路局破坏密县云岩宫事件，省、市组成联合调查组，对此事进行调查。

4月14日　密县城关镇西街村扒毁西街关帝庙。

4月19日　10余个国家的新闻和语言专家到大河村遗址博物馆参观。

4月24日　郑州市工商经济技术服务中心在中州商场大量收购古董家具、古玩，被省、市文物部门阻止，从而避免了文物流失。

4月25日　郑州市郊侯寨乡尖岗村一古墓被犯罪分子盗挖。

4月26日　登封县法王寺地宫被犯罪分子盗挖。

4月　荥阳县盗墓风猖獗，被盗古墓达500余座。

5月3日　登封县少林寺后一塔因地宫被犯罪分子盗挖而塌毁。

5月8日　荥阳县高村乡马砦大队明代李忠和墓被盗。

5月15日　郑州市副市长张世诚赴巩县视察文物保护情况。

5月26日　郑州市副市长张世诚到文物处听取我市文物安全保护工作情况汇报。

6月1日　省、市有关部门领导到登封少林寺解决违章建筑问题。

6月21日　国家文物局批准在登封元代观星台建立中国天文博物院。

6月23日　郑州市召开各县、市文博单位文物安全工作紧急会议。

7月21日　河南省文物局召开协调会议,解决城隍庙范围问题。

7月　河南省文物研究所发掘密县黄砦二里头文化遗址。

8月2日　登封县文物局正式成立。

8月7—10日　郑州市文物处进行全市文物安全检查评比活动。

8月13日　巩县严厉打击鲁庄盗墓活动,抓获10人,收缴文物100余件。

8月30日　乔石、李长春、宋国臣等领导到大河村视察。

9月13日　郑州市市政府召开文物宣传工作会议。

9月　郑州市文物处和有关部门开始申报国家历史文化名城工作。

10月　郑州市开展大规模文物法规宣传。

10月　郑州市文物工作队开始发掘登封冶上冶铁遗址。

11月15日　由民间集资兴建的杜甫陵园正式开园,总投资100多万元。

12月31日　郑州市博物馆新仓库正式动工,至1991年12月23日落成,总投资130万元,建筑面积2967平方米,从根本上解决了我市重要文物的存放问题。

1991年

1月11日　郑州市博物馆"汉字形体演变"展览期间,3件商代铜爵被盗。

1月16日　新郑县龙王乡王道无名冢被犯罪分子盗挖。

1月23日　新郑县新村乡湾王3个无名冢被犯罪分子盗挖。

2月7日　二七纪念塔新钟落成。

2月21日　郑州市人大、郑州市政府召集公安、检察、法院等部门,部署专项打击文物犯罪工作。

2月25日　由二七纪念馆管理处、郑州铁路局、河南省总工会、河南日报社、河南省作协、河南省电台等主办的"二七杯"《小小说》散文赛颁奖。

2月　大河村遗址博物馆电动沙盘建成。

3月10日　新郑县郭店乡郭威墓被犯罪分子盗挖。

3月12日　新郑县新村乡七里井无名冢被犯罪分子盗挖。

3月15日　密县打虎亭汉代壁画墓复制工作开始。

3月28日　巩义市康百万庄园文物被盗,丢失1件清代鎏金火神像。

4月12日　新郑县车站村固庄无名冢被犯罪分子盗挖。

4月15日　新郑县和庄镇周庄无名冢被犯罪分子盗挖。

4月17日　新郑县和庄镇渔父子冢被犯罪分子盗挖。

4月19日　郑州市文物工作队开始发掘登封颍阳新石器时代遗址。

5月7日　新郑县城关乡暴庄无名冢被犯罪分子盗挖。

5月10日　《河南汉画像砖拓片精选集》在北京中国历史博物馆举行首发式,中央电视台做了报道。江泽民总书记访问苏联时将此书作为国礼赠予苏联国立艾米尔格什博物馆。

5月16日　新郑县新村黎园无名冢、王行庄无名冢被犯罪分子盗挖。

5月17日　国家旅游局批准少林寺塔林、观星台、嵩岳寺塔为国家旅游景点。

6月4日　密县人民政府公布各级文物保护单位保护范围。

6月24日　新郑县社会集资修建轩辕故里。

7月21日　郑州市市长张世英批示“一定要把二七纪念塔管理好”。

8月9日　日本国学院讲师土屋昌明在郑州考察。

9月23日　登封县中岳庙石翁仲亭被河南省审计局大轿车撞斜。

10月1日　新郑县后周皇陵恭帝陵被犯罪分子盗掘,四壁壁画遭到严重破坏。

10月11日　为打击盗窃、盗掘、走私文物犯罪活动,郑州市成立郑州市文物安全综合治理领导小组。由郑州市委副书记刘新民任组长,成员有市人大、市政府、公安、检察、法院、工商、文化、城建、财政等部门。

10月18日　郑州市召开全市文物安全综合治理会议。

11月3日　巩义市宋真宗刘后陵被犯罪分子盗挖。

11月16日　郑州市人民政府发布《关于严厉打击盗挖、走私文物犯罪活动的通告》。

11月22日　巩义市人民法院判刘孝伟等8人犯盗墓罪处徒刑。

本年内　郑州市文物工作队开始发掘荥阳织机洞旧石器洞穴遗址。

本年内　二七纪念塔、郑州市博物馆、大河村遗址博物馆在中国郑州国际少林武术节期间举办各种展览,以丰富市民文化生活。

1992年

1月1日　巩义市杜甫陵园碑廊建成并对外开放。

1月12日　密县文管所认真处理后士郭村煤矿采煤引起的汉墓裂缝问题,避免了文物遭受损失。

1月27日　著名古建专家罗哲文考察巩义宋陵、巩义石窟寺等文物保护单位。

2月10日　郑州市文化局决定申报登封王城岗等10处为全国重点文物保护单位。

2月26日　巩义市文化局等单位共同举办“杜甫杯”知识竞赛活动,以庆祝杜甫诞生1280周年。

3月11日　登封县法王寺地宫被犯罪分子盗挖。

4月15日　“纪念杜甫诞生1280周年国际学术讨论会”在巩义市隆重召开。

4月25日　郑州市文化局决定在市文物系统开展“三优”竞赛活动。

5月20日　巩义市召开神都山地区文物资源开发利用考察论证会。

5月28日　郑州市召开文物安全综合治理工作总结表彰会。

6月2日　河南省文物局批准登封县文物局与郑州永泰发展公司联合维修永泰寺,此项工程于1996年结束,总投资800万元,这是郑州市第一次大规模吸引社会投资保护文物。

6月10日　郑州市文物事业管理处文物钻探队成立。

6月17日　河南省省长李长春同志批示“欧阳修是历史名人,民办公助的方式修复其墓是必要的”。

6月27日　巩义市车站派出所破获1起走私文物案,收缴文物5件,其中三级品2件。

6月27日　郑州市选拔讲解员参加全省讲解员评比。

7月2日　郑州市委、市人大、市政府、市政协及建委、计委、财政、文化、管城回族区政府召开关于保护利用郑州商城遗址座谈会。

7月24日　北宋皇陵保护开发研讨会在巩义市召开。

8月　巩义市文物部门和劳动局联合举办文物旅游培训班。

11月18日　登封县邀请国家文物局及省、市文物部门专家在登封县召开文物工作研讨会。

11月19日　郑州全市文物系统开展纪念《中华人民共和国文物保护法》颁布10周年宣传周活动。

11月21日　登封县有关部门修建公路破坏阳城冶铁遗址和程窑遗址。

12月15日 巩义市宋陵永安陵被犯罪分子盗挖。

12月21日 登封县少林寺清代释迦牟尼佛像被犯罪分子盗走。

12月26日 郑州市政府发布《关于加强经济开发区文物保护工作的通知》。

12月28日 巩义市宋陵永安陵等陵被犯罪分子盗挖。

12月31日 郑州市文化局、公安局对新郑县打击盗掘古墓葬犯罪活动有关单位进行表彰。

本年内 中央电视台《神州风采》摄制组采访拍摄了巩义石窟寺、杜甫故里、杜甫陵园等6处文物保护单位。

1993年

1月5日 郑州市政府在新郑县召开郑州市文物保护工作现场会。

1月13日 为做好郑州商城遗址保护工作,市政府组织拆除了南城墙外乱搭乱建的窝棚,经过国家文物局批准建设商都文化街。13日举行奠基仪式,郑州市市长张世英、副市长张世诚、省文化厅厅长王传真、省文物局局长杨焕成等参加奠基仪式。

8月5日 郑州商都文化街建成,举行试开放仪式。

3月3—6日 郑州市副市长张世诚一行赴京向建设部、国家文物局汇报郑州申报国家历史文化名城的情况。

3月上旬 登封县大冶乡魏树坪发现石磨盘5件。

4月6日 荥阳县文管所丢失明代铁铳3件。

4月9日 江泽民总书记为郑州二七纪念馆题写馆名"郑州二七纪念馆"。

4月15日 巩义石窟寺第一期维修工程正式开始。

4月30日 由于暴雨,二七纪念馆地道进水,郑州市副市长李生盛前往视察。

5月5日 巩义市召开宋陵开发论证会,研究论证永昭陵的抢救保护、永定陵地面保护的可行性。经过几年的保护工作,于1997年4月29日试开放。

5月19日 新郑县金城路修路时推土机轧坏20件春秋青铜礼器,成为严重的毁坏文物事件,在社会上引起了强烈反响。至8月19日,新郑县有关部门对有关责任人给予了处分。经过发掘,发现3座青铜器窖藏坑,出土60余件青铜礼器和乐器。

6月2日 登封县商埠街发现元代青花瓷器窖藏。

6月20日 郑州市文物处、郑州市公安局对全市文博单位进行安全检查。

7月 郑州市文物工作队在登封王上砖场发现1座宋代壁画墓,壁画保存完好,7月15日召开了省内专家论证会,月内将壁画揭取运回保存。

8月12日 "郑州商城与殷商文明国际研讨会"在郑州召开。

9月 郑州市文物工作队对密县西关瓷窑遗址进行发掘,发掘窑址3座,并出土大量瓷器。

10月8日 "炎黄文化与河洛文明"国际讨论会在巩义召开。

11月29日 登封县二祖庵古柏(026号)被烧毁。

11月下旬 郑州市管城回族区房管局擅自在商城保护区内修建建筑,破坏商城城墙。

12月7日 巩义市调整巩义市文物保护管理委员会。

1994年

1月4日 郑州被国务院以国发〔1994〕3号文批准为国家历史文化名城。

1月13—18日 郑州市政府带领文化局、规划局赴西安考察历史文化名城保护工作。

1月22日　永泰开发公司登封市永泰寺维修工程奠基。至1996年4月6日前期工程竣工,并开始对外开放。

2月15日　郑州市政府召开全市保护建设历史文化名城动员大会。

3月　巩义市神南村洪沟发现一旧石器遗存,出土动物化石和打制石器。

3月　新密市政府公布第二批文物保护单位。

4月23—24日　国务院调查组调查郑州市登封少林寺、巩义宋陵的违章建筑情况。6月28—29日,郑州市副市长刘振中等领导专程赴登封、巩义调查处理。7月9—11日,河南省副省长张世英赴登封、巩义调查。

4月　郑州历史文化名城保护规划会议召开,提出编制历史文化名城保护规划。至11月份完成了历史文化名城保护专项规划,纳入到郑州市总体规划并报国务院审批。

4月　郑州商城第一期保护工程基本完成。

4月　巩义市宋陵永裕陵二武臣像头被盗。

5月　新郑市观音寺乡前河刘村发现一古代钱币窖藏,共出土钱币约12万枚,重达206千克,多为汉代钱币。

6月7日　郑州市政府召开郑州商城保护工作汇报会。

6月9—10日　郑州市政府开始调查少林寺等地的违章建筑。

6月22日　北京大学吕遵谔教授等考察织机洞旧石器洞穴遗址。

6月28日　郑州市政府副秘书长杜贵宝检查登封少林寺、巩义宋陵地区的违章建筑情况。

6月　荥阳市文管所开始兴建文物库房,1997年兴建展厅,至8月荥阳市文管所迁入新址办公。

7月15日　郑州二七区兴建敦睦路市场占据二七纪念堂文物保护区,经文物部门协调得以解决,既保护了文物又支持了商贸城建设。

7月20日　新密市文管所新办公楼、仓库楼落成,并正式更名为新密市博物馆。

7月21日　郑州市文物处在登封举办保管员培训班,共培训文物保管人员27人。

8月2日　郑州市政府召开郑州历史文化名城保护规划领导小组会议。

8月15日　郑州市部分政协委员考察荥阳织机洞和登封王上壁画墓。

9月26日　郑州市历史文化名城保护规划论证会在郑召开。

9月27日　河南省文物局文物保管员评比组赴新郑、巩义、登封等市实地考核保管员工作。

10月19日　国务院调研组来郑州考察文物保护情况。

10月25日　中央政治局委员、国务委员李铁映同志视察郑州商城遗址和大河村博物馆并题写了“隞都园”和“大河村文化”。

10月　新郑市郑韩故城再次发掘出青铜器窖藏坑,出土青铜器31件。

11月23日　郑州市政府邀请建设部等领导及专家审议郑州历史文化名城保护规划。

12月13日　郑州市二七纪念馆被国家文物局评审为1994年度“全国优秀爱国主义教育基地”。

本年内　巩义市芝田镇发现宋代陶窑39座,出土砖瓦上有“定陵官皿”。初步判断该处是为建造定陵而设的官办窑场。

1995年

1月5日　新郑市城关乡胡庄村韩王陵被盗,新郑市文化局、公安局联合组织破案抓获罪犯11人。

1月　郑州市文物工作队更名为郑州市文物考古研究所。

4月4日　登封市告成镇袁窑村发现春秋时期郑国铜器墓葬,经过郑州市文物考古研究所几个月的发掘，共发掘4座墓葬，出土春秋时期珍贵的青铜器80余件，其中一些器物上出现“郑公子作盂鼎”“郑□叔之子陶益作鼎”“鲁侯作壶”等铭文。

4月17日　郑州城隍庙经过10余年的维修保护，正式对外开放。

5月　国家文物局考古领队培训班在西山遗址发掘，发现了一座距今5300年的仰韶时期古城，是中国目前发现最早的城址，被评为“全国十大考古新发现”。

春　郑州小双桥遗址再发掘工作开始，发现有祭祀坑和夯土建筑基址等遗迹，被评为本年度“全国十大考古新发现”。

6月8日　荥阳市人民法院对王同林等盗挖苌村汉墓的犯罪分子进行判处。

6月29日　郑州市文化局在新郑召开全市文物工作会议。

6月　郑州市文物考古研究所发掘巩义市瓦窑嘴裴李岗文化遗址，出土具有地方特色的薄胎黑陶器。

上半年　河南省文物考古研究所在郑州商城内发现1段商代供水设施，这是我国当时发现的时代最早而且较为科学的一处地下供水系统。

11月21日　新郑市博物馆正式开馆。

12月18日　按国家文物局要求，郑州市推荐第四批全国文物保护单位16处。其中“西山古城”“王城岗及阳城”“初祖庵及少林寺塔林”3处被批准为全国重点文物保护单位。至此，我市全国重点文物保护单位增至14处。

本年内　河南省文物考古研究所发掘巩义宋仁宗永昭陵的鹊台、乳台、门阙、角阙等，并出土大量建筑构件。

本年内　郑州市文物考古研究所调查荥阳苌村汉代壁画墓。

1996年

2月　国务委员兼国家科委主任宋健来河南视察夏商考古工地，随后启动“夏商周断代工程”，河南主要承担“商前期年代学研究”课题，并于6月通过课题可行性论证。

2月　河南省、郑州市文物部门联合在郑州商城西城墙中段外侧，发掘1座商代青铜器窖藏坑，出土大方鼎等12件青铜器。

4月3日　“北伐光辉的革命历程展览”在郑州市博物馆开幕，这是郑州市第一次举办以北伐为主题的展览。

4月6日　登封永泰寺前期工程完工，对外开放。

4月12日　巩义市永定陵刘后陵3个石人头像被盗。10月14日李后陵丢失一石人头，11月26日永裕陵又丢失一石人头，连续发生的案件引起了领导的高度重视。河南省副省长张世英赴现场视察。12月16日郑州市政府在巩义市召开郑州市田野文物保护工作现场会，要求加强对田野石刻的保护和严厉打击盗窃田野石刻的犯罪活动。

7月　河南省文物考古研究所与美国密苏里州立大学，联合对登封、禹州颍河流域龙山文化遗址进行考古调查与研究。

9月　郑州市二七纪念馆被中宣部等六部委评为“全国百家中小学教育基地”。

10月7日　郑州市选拔出6名讲解员参加全省讲解员比赛，获一等奖1名，二等奖3名。

1997年

1月3日　巩义市永熙陵明德李后陵石刻宫人头被犯罪分子盗走。

1月4日　巩义市石窟寺第3窟门外东侧一头像被犯罪分子盗走。

1月19日　文物部门继续清理新郑市郑韩故城青铜器窖藏坑和乐器坑，共发现5个窖藏坑和13个乐器坑，总计出土334件器物。该考古发现被评为1997年度“全国十大考古新发现”。

2月25日　郑州二七纪念馆举办“一代伟人——邓小平事迹展览”。郑州市委、市人大、市政府、市政协领导班子前往参观。

3月8日　登封市法王寺塔明代石佛头被盗，郑州市政府副秘书长杜贵宝赴现场察看，要求严肃处理。

4月5日　荥阳洞林寺无缘寘公禅师塔被犯罪分子在塔身上挖一盗洞。

4月29日　巩义市博物馆奠基兴建。永昭陵保护工程正式开园，该工程始自1993年，总投资1.2亿元，占地面积38万平方米，是全国首批大型皇陵抢救保护示范工程。

4月　二七纪念馆组织农村教育小分队深入农村举办专题报告，深受广大群众欢迎。

4月　荥阳市文物保管所新所落成。

5月26日　登封市法王寺佛像被盗案告破，犯罪分子被抓获，被盗文物追回。

5月　由郑州市委宣传部、郑州市文化局主办，二七纪念馆承办，鑫子国际集团协办的“迎接香港回归”大型图片展开展。

5月　郑州市人民政府、新郑市人民政府分别下文，要求加强田野文物保护工作。

6月25日　郑州市博物馆举办“庆祝建党76周年”和“百年梦圆香港回归”大型图片展。

6月　郑州市重点工程紫荆山路在修建过程中就保护商城遗址做了大量工作，6月16日国家文物局领导和专家组专程来郑现场考察，要求做好商城保护工作。经过省市文物部门配合，圆满地完成了紫荆山路的文物钻探、考古发掘、文物保护任务。

8月2日　巩义市鲁庄发现一北宋纪年石棺墓，郑州市文物考古研究所和巩义市文管所联合进行了发掘。

8月　大型考古调查报告专集《北宋皇陵》出版，著名考古学家宿白先生为该书作序。

9月17日　由郑州市委宣传部、市文化局、郑州晚报社联合主办，红桃K集团武汉金鹤药业有限公司河南办事处协办的“‘红桃K杯’郑州历史文化名城知识竞赛百题”活动开始。

9月　郑州商城、郑韩故城、宋陵三大遗址保护规划完成并送河南省文物局审批。

10月17日　登封市老城西街中路发现一古钱币窖藏，郑州市文物考古研究所及登封市文物局进行了清理，共出土汉至金代钱币1300余千克。

11月20日　登封市被批准为省级历史文化名城。

11月　国家“夏商周断代工程”夏、商早期年代考古学研讨会在郑州、偃师召开，国内50多位知名专家到会，参观郑州商城、小双桥、偃师尸乡沟商城、二里头、登封王城岗等夏商遗址标本，听取课题组汇报，进行热烈讨论。会上，中国社会科学院考古研究所宣布，在偃师尸乡沟商城内，又发现时代更早一些的“内城”，南北长1100米，东西宽740米。偃师尸乡沟商城是在“内城”基础上扩建而成的。

12月1日　荥阳市公安局抓获一盗墓犯罪团伙。

12月9日　荥阳市王村乡派出所在文物部门配合下，抓获正在盗墓的7名犯罪嫌疑人。

12月10日　《郑州历史文化名城知识竞赛百题》在《郑州晚报》刊登，至此共刊出专栏60余期。

12月18日　郑州市博物馆新馆建设奠基。

12月21日　郑州市经济广播电台开始播放《郑州历史文化名城知识竞赛百题》。

12月26日　登封抓获一盗墓团伙，收缴文物19件。

12月　国家“夏商周断代工程”1997年研究工作汇报会在北京召开。会上，中国社会科学院考古研究所再次汇报了偃师尸乡沟商城“内城”发掘情况及其他重要考古收获。河南省文物考古研究所在会上宣布，在郑州商城宫殿区发现属于二里冈文化上层晚段（即白家庄期）或更早一些的商代板瓦，并展示其所获标本，这把我国使用板瓦的时代由西周提早到商代，是不可多得的重大考古发现。

1998 年

1月5日 新郑市文物保管所被国家文物局、人事部评为全国文博系统先进集体，郑州二七纪念馆馆长陈素秀被国家文物局评为全国文博系统先进工作者。

1月5日 河南省公安厅、省文物局召开电话会议表彰打击盗窃田野石刻有功单位和个人，登封市公安局受到表彰。

1月6日 登封市卢店发现明代壁画墓。

1月10日 由郑州市委宣传部、市文化局、郑州晚报社主办的“‘红桃K杯’郑州历史文化名城知识竞赛百题”活动结束，举行抽奖仪式。郑州市人大常委会副主任窦思忠、副市长刘振忠、市政协副主席张世诚、省文物局副局长常俭传等领导同志参加。

1月19日 郑州二七纪念馆与新郑卷烟厂在二七广场竖立澳门回归祖国倒计时牌并揭幕。

2月7日 郑州二七纪念馆和河南省郑州集邮公司联合发行《京汉铁路工人二七大罢工75周年》纪念封和《周恩来诞辰一百周年》纪念封。

2月10日 荥阳市文管所警报器由河南省文物局拨款安装完毕，进行验收启用。

2月16日 郑州市文物考古研究所在南关街发掘出土明代大石棺。

2月17日 郑州市政协文史资料委员会提出《加强郑州商城遗址保护工作》一号提案，郑州市副市长周建秋现场办案。

2月22日 郑州市文物考古研究所开始发掘新密市平陌宋代壁画墓。

2月26日 登封市人民法院判决盗窃法王寺塔石佛头像犯罪分子薛发录无期徒刑。

2月28日 郑州古玩城开业，郑州市文物处开始对古玩城文物监管物品的经营实施管理。

3月16日 巩义杜甫故里维修工程举行奠基仪式，郑州市副市长刘振中等领导参加。

3月19日 郑州商城遗址综合治理工程被列入1998年度郑州市城市建设“318”重点工程，开始实施。

4月1日 郑州市市长陈义初召开会议，研究商城遗址保护治理工作，形成了《郑州市人民政府关于保护郑州商代遗址有关问题的会议纪要》（郑政会纪〔1998〕14号）。

4月3日 郑州市博物馆、新郑市博物馆、新密市打虎亭汉墓管理处被河南省文物局命名为省级“优秀爱国主义教育基地”。

4月12日 郑州二七纪念馆3件文物复制品被盗，后追回1件。

4月14日 郑州市副市长刘振中在商城保管所研究部署商城遗址综合治理工程，管城回族区、规划局、市政委、文化局等单位参加。

4月15日 郑州市政协视察商城遗址保护进展情况。

4月17日 郑州市文化局在登封市召开郑州市文物工作会议，传达全国、省文物工作会议精神，部署郑州市文物工作，交流了经验，参观考察了登封市文物局在城市创建中加强文物保护工作的情况。

4月22日 郑州市管城回族区、规划局、文化局组成商城遗址违章建筑拆迁联合调查组，开展拆迁调查摸底工作。

4月 登封城隍庙移交给文物部门管理。随后，文物部门着手进行维修，并将建成登封市民俗博物馆对外开放。

5月10日 《历史文化名城大辞典》郑州市条目完成。11月份出版。

5月16日 登封市危碑保护工程全部竣工。

5月18日 国际博物馆日,郑州市在河南博物院广场举行宣传活动。

5月26日 郑州市市长陈义初视察郑州市博物馆工地。

5月28日 郑州市政府副秘书长杜贵宝召开研究商城遗址违章建筑拆迁会议。

6月2日 登封市嵩管委在少林寺与少林寺塔林之间擅自修建少林寺至达摩洞索道,破坏少林寺环境风貌被曝光,并被勒令停工。

6月2日 郑州市政府、文化局、规划局赴广州汇报中南片国家历史文化名城会议准备情况。

6月3日 河南省文物局、郑州市文物处等联合对登封市境内省级以上文物保护单位的古代建筑进行了细致的消防安全检查。

6月4日 盗割宋陵石刻头像的犯罪分子赵双银在山西运城被抓获,巩义市人民法院判处赵双银无期徒刑,剥夺政治权利终身。

6月20日 郑州市博物馆、市文物考古研究所值班人员在巡逻中抓获盗窃分子,交公园派出所处理。

6月23日 郑州市博物馆从大连旅顺博物馆购回83幅"台北故宫博物院"藏品的复制品展出并收藏。

6月30日 郑州二七纪念塔更换塔檐轮廓灯,从而启动光辉工程。

7月8日 河南省文物局发出通知要求登封少林寺索道停工,并发出《文物要情》,郑州市政府办公厅发出明传电报要求登封少林寺达摩洞索道立即停工。7月21日,河南副省长陈全国、郑州市市长陈义初、副市长刘振中做出批示。7月29日,刘振中副市长在登封召开协调会议。8月10日,国家文物局批示要求处理修建索道责任人。《中国文化报》《中国文物报》《大河文化报》《文摘报》《文汇报》等报纸相继报道了这一破坏文物事件。

7月9日 郑州市市长陈义初检查商城遗址,又看了城隍庙,指出"没想到商城遗址搞得这么好",并现场解决商城保护中的具体问题。

7月25日 大河村遗址博物馆107国道-博物馆道路正式开工,12月竣工。

7月28日 郑州市委副书记杨惠琴、宣传部副部长尚有勇参观河南博物院。

7月 二七纪念塔地下通道因暴雨相继两次进水。

8月6日 郑州市市长陈义初察看市博物馆建设工地。

8月8日 郑州市政协视察商城遗址治理进展情况后于8月8日提出加强商城遗址保护的建议,郑州市长陈义初、副市长刘振中等分别做出批示,并要求文化局提出落实意见。

9月1日 河南省文物局在郑州古玩城召开文物市场管理座谈会。

9月5日 1996年被盗的巩义市永泰陵石人头像6月23日由美国警方交还中国后,9月5日移交巩义市保管。

9月15日 登封市政府决定将嵩阳书院西院无偿移交给文物部门管理。

9月20日 《郑州市志·文物卷》编辑完成,11月份由中州古籍出版社正式出版。

10月22日 郑州市庆祝郑州解放50周年。由郑州市二七纪念馆制作的郑州解放50周年镶金银卡正式发行。

11月19日 郑州市举办《中华人民共和国文物保护法》颁布16周年宣传活动。

本年内 登封市文物局自筹资金维修郑州市文物保护单位登封城隍庙。

本年内 郑州商城东侧保护工程及紫荆山路商城断面展示工程完工,并获得有关领导和专家好评。

1999 年

1 月 20 日　为配合“夏商周断代工程”“商前期年代学的研究”课题,“夏商周断代工程”项目办公室在郑州组织召开了商前期考古新成果交流研讨会。“夏商周断代工程”首席科学家李伯谦主持了会议,专家组成员俞伟超、邹衡、陈铁梅等有关专家学者 20 余人出席了会议。

1 月 20 日　文化厅厅长孙泉砀到新郑博物馆检查指导工作。

1 月　新密古城寨龙山城的发现引起考古界重视,先后有李伯谦、张忠培、俞伟超、安志敏、仇士华、严文明、楼宇栋、安金槐、许顺湛等知名专家学者到古城寨考察。

2 月 13 日　河南省委宣传部部长林炎志视察郑州市博物馆,王鑫、常振义陪同。

3 月 23 日　河南省文物管理局在郑州召开全省文物工作会议。河南省副省长陈全国、省委宣传部副部长常有功出席会议并作了重要讲话。全省各市地及省直文博单位负责人及 7 名全国历史文化名城的副市(县)长等近百人参加了会议。会议确定了全省文物工作的总体发展思路。

4 月 5 日　郑州市副市长乔新国视察郑州市博物馆。

4 月 12 日　新郑曾公亮陵园一期工程开工。

4 月 23—30 日　河南省文物管理局在辉县举办了河南省近现代文物培训班。来自全省各地市的文物部门负责人、博物馆馆长及业务干部和部分县市的文物管理所所长共 52 人参加了培训。

6 月 25 日　荥阳市政府公布第一批重点文物保护单位共 14 处。

6 月　豫文物办字(1999)第 23 号文,郑州市文物考古研究所被国家文物局考古专家组评审通过,取得团体领队资质。

7 月 28 日　郑州市人大常委会副主任刘振中视察郑州市博物馆。

9 月 9 日　河南省文物考古研究所举行安金槐先生考古 50 年暨《安金槐考古集》首发式庆祝大会。国家文物局局长张文彬、副局长张柏等发来贺信,“夏商周断代工程”首席科学家李伯谦、著名考古学家严文明参加会议。

9 月 26 日　河南省文物管理局召开接待国家文物局组织的文物保护世纪行记者团筹备会议,郑州、洛阳、安阳、三门峡市文化局局长、文物局局长、文物科科长等出席会议。

9—12 月,郑州市文物考古研究所与北京大学考古文博学院共同承担“夏商周断代工程”夏代早期文化研究项目,联合对新砦遗址进行正式试掘,揭露面积 150 多平方米,出土一批珍贵的河南龙山文化至二里头一期文物,证明河南龙山文化至二里头文化一期之间确实存在新砦期的事实,为“夏商周断代工程”提供了重要的实证材料。10 月至 2001 年 5 月,郑州市文物考古研究所配合郑州高新技术产业开发区西拓重阳街工程对道路占用洼刘遗址进行了考古发掘,其中发掘二里头文化时期窑穴 27 个,陶窑 1 座,西周墓葬 70 多座,车马坑 2 个,战国墓葬 9 座,其他墓葬 10 余座,出土各类青铜器 200 余件,其中 1 号墓葬出土的 12 件青铜礼器上有 11 件铸有铭文,郑州地区西周考古工作终于有了突破,也为寻找西周管国故城提供了新的重要线索。被评为 1999 年全国重大考古发现。

10 月　经河南省文物局同意借河南省文物考古研究所新郑出土一坑 31 件郑国青铜器充实展览。

10 月 20 日　郑州历史十大名人推定,黄帝、许由、李诚、杜甫、子产、列子、韩非、陈胜、郑虔、白居易在册。

10 月 21 日　郑州市委副书记杨惠琴视察博物馆。

10 月 22—30 日　由人民日报、新华通讯社、中央人民广播电台、中央电视台、光明日报、中国青年报等 11 家中央新闻单位的 30 余名记者组成的“中国文物保护世纪行”记者团来河南考察采访文物工作。记者团先后在安阳、郑州、洛阳、三门峡等地进行采访，发表新闻稿件100余篇。这次活动是国家文物局组织发起的。国家文物局副局长郑欣淼随团参加了采访活动，河南省副省长陈全国接受了记者们的采访。

10月26日　20多家新闻媒体在新郑对“中国文物保护世纪行”活动进行报道。

11月3日　郑州市博物馆更名为郑州博物馆。

11月13日　河南省政协副主席张世英视察博物馆。

11月28日　郑州市公安局高新区分局移交重阳街(洼刘)出土西周青铜器15件。

12月2日　郑州市市长陈义初视察郑州博物馆。

12月21日　郑州市副市长乔新国检查荥阳文物局工作。

12月28日　郑州博物馆新馆建成开放。

12月　《郑州市文物志》出版。

本年内　新密古城寨龙山城址、郑州商城宫殿遗址、郑州洼刘西周墓地被评为中国重要考古发现。国家文物局局长张文彬在南顺城街青铜器窖藏坑发掘现场指导工作。

2000年

1月2日　郑州市副市长张立兴到郑州博物馆参观。

1月5日　郑州市副书记杨惠琴到郑州博物馆参观。

1月17日　郑州市副市长周以忠到郑州博物馆参观。

1月19日　郑州市副书记郝建生到郑州博物馆参观。

2月28日　河南省文物管理局在沁阳市召开近现代文物征集工作现场会，河南省委宣传部副部长常有功到会作了重要讲话。会议主要讨论了“继往开来·百年文物征集”活动方案，并对如何开展这项活动进行了具体部署。通过这次活动，全省共征集到近现代文物115138件。

3月20日　郑州市副市长乔新国到郑州市文物考古研究所调研，指示要保护好北伐阵亡将士祠堂，不能挪做他用。

3月　郑州博物馆“古代艺术陈列”获1999年度全国“十大陈列精品”提名奖。“郑韩故都陈列”“古代艺术陈列”被评为河南省1999年优秀陈列。

4月18日　以全国人大常委会教科文卫委员会副主任范敬宜及常沙娜、宋木文等6人组成的全国人大常委会文物执法检查组赴郑州、登封、洛阳、偃师、开封等地，检查文物保护执法情况，并就有关问题进行调研。河南省政府及有关市、县政府向检查组汇报了文物保护工作的做法和体会。检查组实地检查了郑州商代遗址、偃师二里头遗址、尸乡沟商代遗址、登封中岳庙、嵩岳寺塔、少林寺、洛阳白马寺、龙门石窟、关林、开封城墙、山陕甘会馆、铁塔等保护情况，并考察了河南省博物院、郑州博物馆、洛阳博物馆等单位，详细了解了近年河南省在处理文物保护与经济建设、旅游开发、旧城改造、宗教活动等关系的经验与教训。检查组还与当地城建、旅游、宗教、公安、检察、计划、财经等部门的代表进行座谈。检察组认为，河南省在确立社会主义市场经济体制的过程中，文物保护工作积累了许多成功经验；各级党委、政府比较重视文物保护工作，文物部门的地位不断加强，各项工作正在有计划、有步骤地扎实开展。

4月22日　登封市文物局安全科和稽查大队一举抓获盗窃唐塔地宫的阎红、徐合义、谢爻、郑五顺等4名犯罪嫌疑人。并收缴雷管、炸药、探铲、钢钎共30余种作案工具。

4月26日　国家文物局专家组副组长张忠培到郑州市考古所考察，并给予好评。

5月15—24日　河南省文物局在郑州举办首届文物管理所长培训班。

7月5日　郑州市副市长张立兴考察古荥冶铁遗址保护工程。

7月26日　郑州市近现代文物征集工作现场会在新郑召开。

8月30日　郑州市政协副主席张世诚率政协委员视察古荥冶铁遗址。

9月19日　郑州市市长陈义初率财政、规划、文化等部门到古荥冶铁遗址调研。

9月20日　郑州市十大旅游单位评选，中岳庙、二七广场、河南博物院、宋陵、黄帝故里等文物单位榜上有名。

9月25日　河南省政府公布河南省第三批重点文物保护单位名单，郑州15处。

1—9月　开展"继往开来·百年文物征集"活动。全市共征集近现代文物万余件，在郑州博物馆展出。

10月23日　河南省文物局在南阳举办"卧龙杯"讲解员大赛，郑州博物馆等获团体第一名，郑州二七纪念馆周广华、郑州博物馆张思远获一等奖。

2001年

3—7月　郑州市文研所与北京大学考古系发掘新密新砦遗址，提出了"新砦期"的观点。

4月　郑州市考古所承担三峡库区云阳马粪沱墓群发掘，被评为库区十项考古发现之一。

4月　郑韩故城、裴李岗遗址列入20世纪全国百项考古大发现。

5—11月　郑州市考古所配合高新区工程发掘墓葬700多处，其中有一批西周墓葬比较重要，丰富了郑州西部的西周文化。

6月14日　郑州市人大委员会副主任刘振中率人大代表视察古荥冶铁遗址。

6月25日　国务院公布第五批全国重点文物保护单位名单，郑州12处文物保护单位入选。

6月27日　为庆祝建党八十周年举办"世纪回眸——纪念中国共产党建党八十周年建设成就展"，郑州市市长陈义初、省文物局局长常俭传等为展览剪彩。

7月5日　郑州市市长陈义初到郑州市文物考古研究所现场办公，表示北伐阵亡将士祠堂由文物部门管理使用。

8月　郑州博物馆参加"延安杯"革命纪念馆讲解大赛获团体总分第一。

8月　新郑欧阳修陵园修复竣工。

9月7日　北京大学考古文博学院对荥阳织机洞发掘。

9月27日—11月18日　郑州市文物考古研究所与北京大学合作再次发掘荥阳织机洞遗址，出土2000余件石器。

10月　《郑州大河村》出版，2007年获河南省社科联社会科学优秀成果一等奖。

11月8日　郑州市委副书记杨惠琴视察古荥冶铁遗址。

11月12日　新郑市人民政府公布新郑市第一批重点文物保护单位58处。

12月3日　郑州市副市长丁世显视察古荥冶铁遗址。

12月6日　新密古城寨城址、新砦遗址、登封王城岗遗址被列入中华文明探源工程项目。

12月8日　郑州博物馆举办徐悲鸿作品展，郑州市市长陈义初参加开幕式。

12月21日　新郑市文物局成立。

2002年

1月16日　新郑许岗大墓抢救发掘工程启动。

1月　郑州市文化局加挂郑州市文物管理局牌子，合署办公。

3 月 6 日　黄帝故里发现明代隆庆四年(1570)砖拱桥。

3 月 27 日　登封市文物局在登封市公安局配合下,破获王庆山倒卖文物案,共查获文物 103 件,并于 4 月 8 日移交登封市文物局保管。

4 月 14 日　国家文物局局长张文彬到新郑考察文物保护工作。

4 月 14—17 日　由国家文物局、财政部、中编办、文化部、国家计委组成的工作组对河南省文物保护工作"五纳入"情况进行检查。工作组到郑州听取汇报,召开座谈会并进行实地考察。

9 月 11 日　国家文物局局长单霁翔到新郑考察文物保护工作,河南省文物局局长常俭传陪同。

9 月 12 日　郑州博物馆举办"郑州改革开放以来配合基本建设考古成果展",国家文物局局长单霁翔、郑州市市长陈义初、河南省文物局局长常俭传出席展览开幕仪式。该展览获第五届全国十大陈列精品最佳综合效果奖。

9 月　全国妇联老干部局局长缘玉玲考察郑州城隍庙。

10 月　郑州市文物考古研究所发掘荥阳大师姑遗址,发现二里头文化城址 1 座。

12 月　2002 年度河南省文物藏品总账评比,新郑博物馆、郑州博物馆获一等奖。

2003 年

2 月 24 日　河南省人事厅、河南省文物管理局下发关于表彰全省文物系统先进集体和先进工作者的决定。郑州商城遗址保护管理处受表彰。

2 月 19 日　全国人大常委会副委员长李铁映视察新郑文物保护工作,并为黄帝故里题词"中华根脉"。

3 月 13 日　联合国教科文组织将嵩山列为世界地质公园,嵩山地质博物馆建成开放。

8 月 9 日　河南省文物管理局在郑州举行英语大专班学员毕业典礼。河南省文物局局长常俭传、副局长陈爱兰出席典礼仪式并与学员进行座谈。郑州有 6 人参加学习并顺利毕业。

8 月 9 日　纪念宋代《营造法式》颁行 900 周年座谈会暨李诫墓园整修工程奠基仪式在新郑举行。罗哲文、郭黛姮、刘叙杰等 20 余位专家和河南省文物局局长常俭传,郑州市副市长孙新雷、罗哲文、谢辰生参加了纪念活动。

9 月 29 日　郑州市文物考古研究所对长江三峡云阳马粪沱墓地发掘,并获三峡考古十大发现奖。

11 月　中国古都学会考察郑州商城遗址。

11 月 10 日　黄河有冲塌汉王城的可能,此事引起国家文物局重视,经呼吁,黄委员会修建拦水坝。

11 月 30 日　邹衡、朱士光、张文彬等 23 位专家发出将郑州列入中国八大古都倡议书。

2004 年

3 月 26 日　国家文物局局长张文彬考察荥阳大师姑遗址。

4 月 11 日　大师姑遗址发现被评为 2003 年度"全国十大考古新发现"。

4 月 13 日　全国政协副主席张思卿到新郑考察文物工程,拜谒始祖黄帝。

5 月 18 日　荥阳市政府公布第二批重点文物保护单位 6 处。

5 月 26 日　由文物部门接管纪信庙并开始纪信庙维修工程。

5 月　郑州市文物局文物事业管理处更名郑州市文物稽查大队,不再行使行政管理职能。

5 月　河南省文物管理局在郑州举办了"商都杯"讲解员讲解大赛。共有来自全省各地的 126 名选手参加了比赛,首次没有出现省辖市的空缺。本次大赛把英语讲解正式列入讲解大赛的常规比赛项目,外系统的讲解员首次进入参赛范围。本次大赛奖励层次非常高,汉语组讲解一等奖第一名获得了

“河南省五一劳动奖章”。郑州博物馆的谢婷、崔龙妹和沈家慧被授予“河南省十佳讲解员”称号，郑州博物馆的谢婷获得了英语组一等奖，被授予“河南省最佳外语讲解员”称号。

6月9日　河南省委副书记支树平到新郑郑王陵博物馆参观指导工作。

8月4日　郑州市副市长孙新雷考察新密古城寨城址、新砦遗址、密县县衙。

9月4日　香港郑氏到新密筹建郑庄公陵园并在郑庄公墓地举行奠基仪式。

9月22日　全国多家晚报记者到郑王陵博物馆采风。

9月24日　河南省省长李成玉到新郑郑王陵博物馆调研。

9月　“雷锋杯”全国博物馆讲解员大赛，郑州博物馆代表获个人一等奖。

11月4日　郑州加入中国古都，成为中国八大古都之一。

11月　郑州商城3600年学术研讨会暨中国古都学会2004年年会在郑州召开。

11月　郑州加入世界历史都市联盟城市，成为我国第三座加入城市。

12月16日　新郑市被文化部、国家文物局授予全国文物保护工作先进县。

本年度　登封王城岗遗址被评为中国重要发现。

本年度　国家文物局局长张文彬、郑州市副市长孙新雷、市政协委员等先后到郑州市文物考古研究所视察。

2005年

1月6日　中共河南省委书记徐光春、副书记王全书等参加在郑州博物馆举办的“红旗渠精神展”。

1月26日　位于巩义市西村镇滹沱村的全国重点文物保护单位北宋皇陵永昌陵区内2尊石刻雕像被盗。5月26日晚，位于芝田镇芝田村的永昌陵区2号亲王墓1尊武官石刻雕像被盗。案发后，河南省公安厅、河南省文物局将该案列为直接督办案件。巩义市公安局迅速采取措施全方面展开排查工作，设置专案组。专案组于9月10日下午，在新郑市秘密将重大嫌疑人王开新、梁新州抓获。经讯问，王开新、梁新州先后供述了伙同永城市农民郭超等人实施“1·26”“5·26”文物盗窃案的犯罪事实。9月10日晚，在永城市公安局的大力配合下，成功抓获了主要犯罪嫌疑人郭超，3尊被盗国家一级文物悉数追回。10月16日晚，在徐州市公安局的大力配合下，将本案最后两名犯罪嫌疑人王雁初、邵长英成功抓获。至此，成功告破了震惊全国的“1·26”“5·26”特大系列文物被盗案。

4月25日　国家文物局局长单霁翔、副局长童明康到古荥冶铁遗址、纪信墓视察。

4月30日　河南省文物局局长陈爱兰检查南水北调荥阳薛村、娘娘寨遗址发掘。

5月4日　国家文物局局长单霁翔检查南水北调荥阳娘娘寨、薛村遗址情况，郑州市市长王菊梅、河南省文化厅厅长郭俊民、河南省文物局局长陈爱兰、郑州市副市长孙新雷陪同。

6月16日　中共中央政治局委员、中宣部部长刘云山参观新郑郑王陵博物馆，河南省委书记徐光春陪同参观。

8月19日　河南省省长李成玉参观新郑郑王陵博物馆。

9月17日　郑州市委副书记祁金立考察古荥汉文化生态园、建设参观古荥冶铁遗址、纪公庙。

9月21日　郑州市委书记李克召开重要工程建设中文物保护工作会议。

9月　《新郑市文物志》出版。

10月4日　郑州市委宣传部部长杨丽萍考察荥阳故城、冶铁遗址、纪信庙保护工程。

10月11日　郑州市政协主席杨惠琴率政协委员视察南水北调工程中文物保护工作。

10月21日　纪念郑州商城发现50周年座谈会在郑州黄河饭店举行。

10月22—24日 “荥阳织机洞与东亚旧石器文化国际学术讨论会”在荥阳召开，英国、加拿大、澳大利亚、韩国学者参加。

10月23日 河南省公安厅、河南省文物管理局在巩义召开表彰大会，对侦破巩义北宋皇陵“1·26”“5·26”石刻被盗的有关单位和个人进行表彰奖励。国家文物局局长单霁翔出席并讲话。会上，国家文物局向河南省公安厅、郑州市和巩义市公安局颁发奖金30万元。郑州市公安局、巩义市人民政府分别向巩义市公安局颁发奖金10万元。

10月25日 郑州市委书记李克视察郑州商城遗址。

12月3日 民进中央副主席董平、民建中央副主席朱元成参观古荥冶铁遗址荥阳故城、纪信庙。

12月11日 郑州市市长王文超视察巩义花地嘴遗址、荥阳娘娘寨遗址。

2006年

3月12日 河南省委常委、郑州市委书记王文超到国家文物局同文物局局长商谈嵩山申遗、商城保护、文物普查等工作。河南省文物局局长陈爱兰陪同。

3月29日 国家文物局局长单霁翔率局办公室主任刘曙光、文物保护司司长顾玉才来河南调研，并出席了承担国家文物局文化遗产保护科学和技术研究课题资助项目的河南科技大学文化遗产保护研究课题组汇报会。之后，在河南省文物局局长陈爱兰的陪同下，考察了洛阳龙门石窟、隋唐洛阳城、登封少林寺塔林、嵩岳寺塔等。

5月25日 国务院公布第六批全国重点文物保护单位1080处，其中河南省92处，另有6处被合并到其他全国重点保护单位中，至此，郑州市全国重点文物保护单位达14处。

5月25—26日 河南省第五次文物普查培训班在登封举办。

6月 郑州文庙修复并开放。

6月8日 河南省政府公布河南省第四批文物保护单位，郑州31处。

7月5日 郑州市市长赵建才视察古荥冶铁遗址、纪信庙，并同意拨付保护资金。

8月21—23日 “《史记》与楚汉战争学术研讨会”在荥阳召开，参会学者考察荥阳古城、汉霸二王城、成皋城。

9月10日 郑州市市长赵建才到郑州博物馆参观。

9月13日 郑州市开展第五次文物普查工作。

12月15日 国家文物局公布第三批《中国世界文化遗产预备名单》35项，其中有河南省登封市的嵩山古建筑群。涉及河南的捆绑式项目还有大运河、丝绸之路中国段，而新乡市的潞简王墓则被扩展到明清皇陵寝的项目中。

12月22日 河南省委常委、宣传部部长、副省长孔玉芳在北京与国家文物局局长单霁翔进行了座谈。

本年度 巩义康百万庄园整修工程竣工，对外开放。

本年度 河南省文物工作者配合南水北调工程考古发掘工作取得显著成绩。郑州发掘的项目有荥阳薛村遗址、娘娘寨遗址。

2007年

2月25日 郑州市副市长龚立群调研登封文物工作。

2月 河南省委常委、郑州市委书记王文超考察郑州文庙。

4月1日 郑州市委书记王文超到市文物考古研究院调研。

4月17日 中央国家机关工委副主任刘正威视察新郑唐户遗址。

4月 郑州市编委郑编(2007)51号文同意古荥冶铁遗址保管所升格正科,增加编制5名,加挂郑州市汉文化遗址保管所牌子。

5月15—26日 国家第三次全国文物普查培训班在郑州举办,全国各省市103人参加。

6月5日 “中原崛起看郑州——郑州市建设成就展”在郑州博物馆展出,郑州市委书记王文超、市长赵建才、市人大郝建生、市政协主席杨惠琴、市委常委宣传部部长丁世显参观展览。

7月26日 国家文物局局长单霁翔考察新郑郑王陵博物馆。

8月29日 “郑州创建全国绿化模范城市成果展”在郑州博物馆展出,郑州市委书记王文超、市长赵建才、副市长王林贺参观展览。

9月5日 国家文物局副局长童明康视察新郑唐户遗址发掘工地。

9月11日 郑州博物馆基本陈列改造暨整体功能提升工程开始。

9月13日 郑州市政府动员开始郑州市第三次全国文物普查工作。

9月20日 省市联合召开新郑裴李岗、唐户遗址发现三十周年纪念会。

11月9日 新郑唐户遗址发掘获国家田野考古质量三等奖。

11月11日 郑州市委书记王文超考察新郑具茨山岩画,又到新密古城寨城址和密县县衙调研。

11月 国家文物局副局长童明康考察郑州商城遗址。

12月13日 国家文物局普查办副主任刘小和一行调研郑州市普查工作。

12月18日 巩义市政府公布巩义市第二批文物保护单位名单。

2008年

3月25日 郑州市市长赵建才在登封调研文物工作。

4月8日 新郑唐户遗址被评为2007年度“全国十大考古新发现”。

4月18日 郑州市文博系统举办讲解员大赛。

5月15日 平顶山市文物局一行到郑州市参观文物普查工作。

5月18日 郑州市文物考古研究院举行揭牌仪式。郑州博物馆陈列提升改造工程完成并对外开放。

6月3日 国家文物局博物馆司副司长张建新到郑州博物馆考察参观。

6月5日 郑州博物馆举行国家一级博物馆揭牌仪式,河南省政协副主席龚立群、省文物局副局长孙英民等揭牌。

6月24日 郑州市政协副主席党普选考察巩义市文物普查工作。

6月25日 河南省文物局副局长孙英民考察新密县衙工程及文物普查工作。

7月18—20日 “早期夏文化学术研讨会”在郑州举行。

7—9月 新郑出土春秋九鼎八簋借展北京奥运会。

8月2日 郑州市政协主席李秀奇视察郑州博物馆。

9月9日 郑州市文物考古研究院被批准为中国考古学会团体会员。

9月 郑州市委书记王文超到新郑郑王陵博物馆调研。

10月27日 全国第三次文物普查领导小组媒体宣传组来郑考察。

10月 日本东京国立博物馆、奈良博物馆访问郑州博物馆。

11月6日 河南大学文博系32位师生参加郑州市文物普查工作。

12月9日 郑州市委书记王文超到市文物考古研究院调研。

12 月 24 日　新郑市政府公布第二批文物保护单位名单。

2009 年

1 月 17 日　河南省文物局局长陈爱兰调研新密文物普查。

2 月 21 日　河南省委常委、市委书记王文超考察新郑具茨山岩画及郑州商城发掘工地。

3 月 25 日　郑州市文物考古研究院被评为 2008 年度河南省文物普查先进单位，全市 9 人评为先进个人。

3 月 31 日　荥阳娘娘寨城址和新郑胡庄墓地被评为 2008 年度“全国十大考古新发现”。

4 月 14 日　郑州市领导姚待献参观郑州博物馆。

4 月 21 日　郑州市委副书记马懿参观郑州博物馆。

4 月　国家文物局副局长张柏、故宫博物院院长郑欣淼视察郑州博物馆。

4 月　郑州市委宣传部部长丁世显到古荥调研考察中华文化园立项情况。

5 月 25 日　国家文物局副局长童明康调研郑州文物工作，副市长刘东陪同。

6 月 5 日　郑州市政府公布第二批重点文物保护单位 243 处。

7 月 9 日　新郑市政府公布第三批重点文物保护单位。

8 月 1 日　登封“天地之中”历史建筑群列入《世界遗产名录》。

8 月 7 日　国家体育总局局长刘鹏参观郑州博物馆，郑州市市长赵建才、副市长刘东陪同参观。

9 月 2 日　河南省政府召开 2009 年文物普查工作会议，郑州市副市长薛云伟在会上做典型发言。

9 月　新郑出土春秋九鼎八簋参加比利时中国艺术节。

10 月 18 日　郑州博物馆“古都郑州”陈列获第八届全国博物馆“十大陈列精品”奖。河南省委书记徐光春批示：“向‘古都郑州’陈列荣获全国‘十大陈列精品’奖表示祝贺，希望总结推广这一精品，全面提高我省博物馆陈列水平。”

本年度　新密李家沟遗址被评为 2008 年度“全国十大考古新发现”。

2010 年

1 月 11 日　为期四天的河南省第三次全国文物普查实地调查阶段验收观摩会在新郑召开。

1 月 13 日　《郑州新区文物保护规划》评审会在嵩山饭店 3 楼国际新闻发布厅召开，郑州市文物局局长阎铁成、副局长张胜利参加评审会。郭黛姮等来自省内外的 15 名专家参加此次评审会，会上基础上通过了《郑州新区文物保护规划》。

1 月 15 日　根据郑州市委组织部《关于市直机构改革中党组织设置问题的通知》（郑组通〔2010〕1 号），设立中共郑州市文物局委员会及纪律检查委员会，同时市委等有关部门明确郑州市文物局领导班子组成人员。

1 月 22 日　召开郑州市第三次全国文物普查实地调查阶段汇报会暨验收动员会，河南省文物局文物资源处副处长王瑞琴、郑州市文物局常务副局长任伟参加会议。

1 月 31 日　相关人员向郑州市委书记王文超汇报郑州商都遗址博物院、郑州市文物考古研究院项目候选方案。

2 月 4 日　举行郑州市文物局揭牌仪式，郑州市委常委、宣传部部长丁世显，河南省文物局副局长孙英民，郑州市副市长刘东等领导出席仪式并揭牌。

2 月 6 日　郑州二七纪念馆和二七区汉川街小学师生举行“纪念京汉铁路大罢工 87 周年，缅怀革命先烈，做‘合格+特长’好少年”大型纪念活动。

2月10日　《郑州市人民政府办公厅关于印发郑州市文物局主要职责内设机构和人员编制规定的通知》发布。

2月　登封“天地之中”历史建筑群申报世界文化遗产补充文本正式递交世界遗产中心并通过审定。

2月　河南省文物局、郑州市文物局、巩义市文物局、中国建筑设计研究院建筑历史研究所和国际著名文化遗产保护专家乔拉·索拉就合作编制北宋永昌陵修建性详规事宜，分别在郑州和北京进行了两次商谈，在永昌陵规划范围、深度、合作方式等方面基本达成共识。

3月10日　召开郑州市文物安全防范工作会，市直文博单位主要领导、各县（市）文物局局长、安全科科长等共40余人参加会议。

3月15日　郑州市开始对文物普查实地调查阶段进行初验，至27日，巩义、新密、登封、荥阳、中牟和市属六区全部通过市级初验。

3月25日　《关于明确郑州市文物局所属事业单位的通知》（郑编〔2010〕17号）明确隶属郑州市文物局的9家单位。

3月26日　古荥城隍庙大殿举办维修开工典礼。

3月30日　郑州博物馆年检工作完成，在郑州市文物局备案的博物馆共12家，其中文物系统归口管理的博物馆8家，非文物系统国有博物馆1家，民办博物馆3家。

3月31日　河南省普查办郑州验收专家组开始对中牟、登封、荥阳、巩义、新密、市属六区文物普查实地调查阶段进行验收，至4月14日，郑州市各普查单元均顺利通过省级验收。

3月　郑州市管城回族区文物局成立。

4月1日　郑州二七纪念馆启动“缅怀先烈，祭奠英魂，感恩前辈”系列革命传统教育活动。

4月5日　郑州二七纪念塔进行闭馆维修。

4月10日　邀请全国各地的考古专家参观李家沟遗址发掘现场和出土文物标本，听取北京大学考古文博学院王幼平教授考古发掘汇报。

4月27日　成立中共郑州市古荥汉代冶铁遗址保护管理所支部，设书记1名。

5月6—7日　国家文物局局长单霁翔、副局长顾玉才等到郑州调研文化遗产保护工作。单霁翔局长一行对郑州大河村遗址、郑州商城遗址、新密古城寨遗址和登封“天地之中”历史建筑群申遗筹备工作进行调研。

5月18日　郑州市文博单位围绕“博物馆致力于社会和谐”主题，开展“5·18国际博物馆日”宣传活动。

5月19日　巩义石窟技防工程暨刘镇华庄园维修工程开工仪式在巩义石窟隆重举行，河南省文物局局长陈爱兰、郑州市文物局常务副局长任伟以及巩义市有关领导参加开工仪式。

5月23日　郑州中华之源与嵩山文明研究会暨郑州市文明研究院成立。

5月28日　“喜迎绿博会·环保伴我行”庆“六一”全市少年儿童绘画、书法、摄影、手工制作展在郑州博物馆举办。

6月11日　河南新密李家沟旧石器至新石器过渡阶段遗址获得2009年度“全国十大考古新发现”。

6月12日　举办郑州市文化遗产宣传教育活动。

6月13日　河南省文物局局长陈爱兰在郑州市文物局局长阎铁成及新郑市相关领导陪同下，对具茨山岩画及老山坪古寨堡遗址进行调研。

6月22—7月6日　郑州博物馆提梁卣、铜尊、武士、力士六件文物参展在日本东京国立博物馆举办的“诞生！中国文明”展。

6月24日　为期两天的“全市文物安全与行政执法培训班”在郑州举行，河南省文物局副局长李玉东、郑州市文物局局长阎铁成出席开班仪式。

7月6日　根据《关于成立中共郑州市文物局机关支部委员会的批复》，成立中共郑州市文物局机关支部委员会。

7月7日　举行荥阳市旅游和文物局成立揭牌仪式。

7月25日　郑州市文物局局长阎铁成、常务副局长任伟赴巴西参加第34届世界遗产大会。

7月26日　郑州博物馆接收郑州市公安局二七分局刑侦队移交追缴文物127件。

7月　《郑州商代都城遗址保护规划》《郑韩故城文物保护规划》由郑州市人民政府公布实施。

7月　荥泽县城隍庙维修工程开工，郑州市领导丁世显、郑州市副市长刘东、河南省文物局副局长孙英民参加开工典礼。2011年3月维修工程竣工。

8月1日　登封“天地之中”历史建筑群项目全票通过联合国教科文组织第34届世界遗产大会评审，被正式列入《世界遗产名录》，成为郑州市第1处、中国第39处世界遗产。当日，在郑东新区CBD举办中国郑州·登封“天地之中”历史建筑群申报世界文化遗产成功庆祝大会暨邮票首发仪式。

8月2日　河南省委常委、郑州市委书记连维良视察商城遗址。

8月10日　《郑州商城城垣遗址保护展示设计方案》获得国家文物局批准。

8月11日　《郑州商城城垣遗址保护展示方案》获国家文物局批准，并开始实施。

8月20日　国家文物局博物馆与社会发展司副司长张建新在省文物局领导陪同下调研巩义市文物保护工作。

9月3日　省级文物保护单位黄河博物馆迁移方案获得国家文物局批准。

9月6日　由中国著名考古学家、“夏商周断代工程”首席科学家、北京大学考古文博学院教授李伯谦带队的国家考古遗址公园评定专家组对郑州市候选项目——郑州商城考古遗址公园进行考察。

9月14日　由河南省美协、郑州市文物局主办，郑州二七纪念馆承办的“河南著名艺术家重走二七革命路”活动开笔仪式在二七纪念塔门前举行。

9月16日　郑州博物馆“吉金辉耀——中原青铜之光展”在青岛博物馆开展，展期一个月。

9月25日　郑州市人民政府批准郑州市文物局在郑州碧沙岗建设郑州北伐战争纪念馆。

10月1日　郑州二七纪念堂基础建设项目工程正式开工。

10月9日　郑州市文物考古研究院被批准为博士后研发基地。

10月11日　“2010年驻华使节走进世界文化遗产”活动启动仪式在登封隆重举行。驻华使节代表团，国家文物局副局长童保华，河南省政府副秘书长李建庄，省文物局局长陈爱兰，郑州市委副书记、市长赵建才，郑州市委常委、宣传部部长丁世显，郑州市文物局及登封市领导参加启动仪式。

10月18日　由清华大学建筑学院副院长、教授、中国古遗址保护协会副主席吕舟带队的专家组，对郑州市大运河申遗遴选点进行考察。

10月19日　大河村遗址博物馆二期工程可行性研究报告专家论证会在嵩山饭店召开。

10月25日　河南省文物勘探技术员考核培训班在郑州开班，11月3日结束。来自郑州市及所属各县（市）区、南阳、许昌等地的66名学员参加培训。

10月28日　中国郑州·韩国晋州书画交流展在郑州博物馆开展，共展出书画作品160件，其中韩方作品80件。

11月10日　郑州商都遗址博物院、郑州市文物考古研究院项目环境评估报告通过评审。

11月19日　由中国文化遗产研究院、河南省文物局、郑州市人民政府主办，中国民族建筑风格艺术专业委员会、郑州市文物局承办的为期3天的纪念中国建筑宗师李诫系列活动在郑州隆重举行，来自国家文物局、河南省文物局、郑州市等单位的专家学者、各级领导共50余人参加。

11月26日　郑州市人民政府决定成立郑州纺织工业博物馆建设工作领导小组、郑州市世界客属文化中心博物馆建设工作领导小组、郑州北伐战争纪念馆建设工作领导小组。

11月27日　郑州二七纪念塔内部维修工程开工。

11月　郑州市中心城区周边区域(540平方千米)文物保护专项规划编制工作启动。

12月10日　由河南省文物考古研究所和郑州市文物局联合举办的“纪念郑州商代遗址发现60周年座谈会”在嵩山饭店举行。

12月15日　国家文物局文物保护与旅游发展情况调研组对登封“天地之中”历史建筑群进行考察调研。

12月22日　国家文物局举办的第三届全国文物行政处罚案卷评比活动获奖情况揭晓，市文物稽查大队办理的“水利部黄河水利委员会服务中心擅自在全国重点文物保护单位郑州商代遗址保护范围内进行黄委会幼儿园教学楼工程建设案”和“河南省捷宏置业有限公司擅自进行工程建设致使商代古文化遗址遭破坏案”案卷分别获得一等奖和三等奖。

12月　庆祝郑州市人大常委会成立30周年摄影书画展在郑州博物馆开展，展期至12月15日。

12月　郑州市文物考古研究院举行建院50周年庆祝会并举办中原古城、古都、古国学术讨论会。

12月　大运河通济渠荥阳故城段被立即列入大运河申遗名单。

2011年

1月　国家文物局局长单霁翔在管城回族区召开郑州商城保护工作现场会。河南省委常委、市委书记连维良，河南省文物局局长陈爱兰参加。

1月15日　东方红影剧院拆除。

1月25日　郑州博物馆举办“非洲文物艺术展”，肯尼亚、乌干达等驻华大使到馆参观。

2月28日　新密市文物保护管理处成立，任命王绍凯为主任。

3月8日　国家文物局副局长董保华考察郑州商城。

3月　郑州博物馆“创世王都郑州展”“吉金辉耀——中原青铜之光展”获河南省优秀陈列。

4月4日　民革中央副主席何培洁、河南省政协副主席李英杰、副市长刘东参观郑州博物馆。

4月　第十届全国人大常委会副委员长许嘉璐考察郑州商城遗址，河南省人大常委会副主任王菊梅陪同。

5月　《荥阳市文物志》出版。

5月11日　中国社会科学院学部委员刘庆祝到新郑望京楼遗址、郑州小双桥遗址视察。

5月12日　郑州市人大常委会副主任雷志率人大代表视察小双桥遗址、大运河申遗、荥泽城隍庙、纪信庙等地。

6月7日　河南省委常委、郑州市委书记连维良考察新密古城寨遗址。

6月9日　望京楼遗址获2011年度“全国十大考古新发现”。

6月24日　郑州市委书记连维良等领导视察郑州博物馆。

8月　河南省副省长赵建才到北大清真寺调研。

7月24日　“夏商周断代工程”首席专家李伯谦考察老奶奶庙遗址发掘。

8月5日　郑州市政府公布郑州市市级文物保护单位保护范围和建设控制地带。

8月24日　郑州市政协主席李秀奇视察三民主义烈士祠。

9月18日　郑州市委书记连维良视察郑州商城展示项目。

10月19—20日　国家第三次文物普查办公室来我市抽查荥阳市汜水镇的普查资料，认定合格。

11月15日　郑州市领导丁世显检查大运河申遗治理情况。

12月12日　郑州市委宣传部部长王哲视察郑州博物馆。

12月31日　郑州市第三次全国文物普查结束，全市共查出8651处不可移动文物。

本年度　维修荥泽城隍庙、密县县衙。

本年度　郑州老奶奶庙旧石器时代遗址被评为2011年度“全国十大考古新发现”。

2012年

1月11日　国家文物局刘铭威司长一行到郑州博物馆调研。

2月18日　市级重点文物保护单位纺织工业基地郑棉三厂办公楼西段被郑州市鸿兴置业有限公司在建设方圆经纬花园项目中拆毁。

2月28日　郑州市纪委书记王璋在新密市博物馆调研，指出在廉政建设中应深挖历史文化。

3月　郑州市市长马懿、市领导丁世显考察郑州商城遗址。

3月17日　郑州市政府公布第一批郑州市近现代优秀建筑32处。

3月24日　第十届全国人大常委会副委员长许嘉璐、全国政协副主席黄孟复考察新郑郑王陵博物馆，河南省人大常委会副主任刘怀廉、省政协副主席孔玉芳陪同。

4月8日　中国考古学会理事长张忠培考察老奶奶庙遗址。

4月13日　老奶奶庙遗址获2012年度“全国十大考古新发现”。

5月1日　巩义杜甫故里整修开放。

5月13日　中国科学院院士古人类学家吴新智考察老奶奶庙遗址。

5月14—18日　在河南省第六届讲解员大赛上我市讲解员郭显荣获一等奖、二七纪念馆陈默获一等奖。

5月28日　全国政协委员考察大运河遗产点、纪信庙。

5月　《管城回族区文物志》出版。

5月　黄河博物馆因修地铁被移位。

6月9日　中国文化遗产日郑州为主场城市开展了一系列的活动。

6月　郑州商都博物院奠基，河南省副省长张广智等领导参加活动。

6月29日　郑州嵩山文明研究院成为中华炎黄文化研究会团体会员单位。

7月1日　郑州二七纪念塔维修暨陈列观光提升工程竣工，更新对外开放。河南省文物局局长陈爱兰、郑州市人大常委会副主任李元法出席。

8月8日　国家文物局副局长童明康考察老奶奶庙遗址。

8月22日　绥靖公署被拆除。

9月20—23日　“天地之中——华夏文明与世界文明嵩山论坛”在登封召开，人大常委会副委员长许嘉璐、河南省副省长张广智、郑州市委宣传部部长王哲及中外学者200余人参加。

9月29日　纪念登封玉村夏文化遗存发现60周年研讨会在郑州举行。

10月3日　郑州市委副书记王璋到市文物研究院调研。

10月18日　郑州博物馆举办“重读郑州巡展”“走进郑州中学展出”活动。

10月　郑州商城封土保护工程竣工。

11月2日　具茨山与中华文明学术研讨会在北京举行，河南省副省长张广智、郑州市领导丁世显参加。

11月15日　郑州市人大常委会主任白红战率财政、文物等部门调研新郑文化项目建设情况。

11月27日　河南省副省长张广智到荥阳油坊调研民居保护情况。

12月7日　“筹建族姓迁徙博物院项目研讨会”召开。

12月8日　郑州发现“夕阳楼”碑。

12月21日　郑州市文物稽查大队办理的“郑州纺织工业基地本体拆除案”案卷获国家文物局十佳案卷奖。

2013年

1月18日　郑韩故城国家考古遗址公园开工。

3月28日　国家文物局副局长童明康调研郑州大运河保护工作，郑州市领导丁世显陪同。

4月3日　荥阳市成立荥阳市文物保护中心，行使文物管理职能，陈万卿任主任。

4月11日　国家文物局世界遗产处处长唐炜一行考察郑州大运河申遗准备情况。

4月14日　联合国教科文组织助理总干事慕尼尔·布什纳吉先生考察登封“天地之中”历史建筑群。

4月30日　郑州市委副书记王璋到东赵遗址调研。

5月3日　国务院公布第七批全国重点文物保护单位，郑州34处。

5月9日　郑州市政协委员视察大运河申遗生态水系。

5月22日　“夏商周断代工程”首席专家李伯谦、河南省人大常委会副主任王文超考察中原区东赵遗址商代城墙考古发掘情况。

5月25日　国际古迹遗址理事会副主席郭旃一行检查郑州大运河申遗情况。

5月　国务院发出通知用五年的时间开展“全国第一次可移动文物普查”工作，副总理刘延东召开会议动员。

6月2日　全国政协教科文卫体委员会副主任、中国检察官文学艺术联合会主席张耕一行参观郑州博物馆。

6月4日　郑州市委宣传部部长王哲在郑州博物馆调研。

6月4日—11月30日　郑州新郑国际机场二期工程约4.5平方千米地块考古发掘。

6月14日　郑州市领导丁世显率领有关单位赴大运河申遗现场办公，解决申遗中的有关问题。

6月17日　登封君召乡被批准为河南省第五批历史文化名镇。

6月17—25日　二七纪念塔举办二七罢工90周年学术研讨会。

6月　荥阳维修周固寺。

6月　郑州市考古院配合科技大道发掘荥阳汪沟遗址发现仰韶文化大面积夯土，比较重要。

7月5日　国家大运河申遗检查组考察大运河通济渠郑州段申遗筹备工作，实地考察了惠济桥、中州大道段索须河两处遗迹。

8月20日　荥阳京城城址城墙保护工程启动。

8月22日　郑州全市文物系统“重读郑州　添彩郑州”动员部署会在市总工会大礼堂召开。会上，郑州市文物局党委书记、局长阎铁成围绕全市文物系统如何重读郑州、添彩郑州作了重要讲话。

8月29日　国家文物局局长励小捷考察大运河申遗工作，查看了惠济桥发掘保护现场，郑州市市长马懿、河南省文化厅厅长杨丽萍陪同。同日，励小捷一行还调研了郑州市商城考古遗址公园建设情况。

8月　1961年郑州市文物志编辑委员会编的《郑州市文物志》由中华书局正式出版发行。

9月3日　河南省人大常委会委员、教科文卫工作委员会主任詹玉荣一行4人来到郑州博物馆进行工作调研。代表们充分肯定了郑州博物馆在提升全民科学文化素质、开展公共服务和社会教育，特别是在青少年教育方面取得了突出成绩。

9月13日　河南省辖市市长级干部丁世显率郑州市文物局、水务局、惠济区政府等相关单位和部门，就大运河郑州段世界文化遗产申报项目迎检工作进行最后的检查部署。

9月15日　郑州市嵩山文明研究基金会成立。

9月19日　联合国教科文组织世界遗产委员会的咨询机构国际古迹遗址理事会（ICOMOS）委派国际专家姜东辰先生，对大运河通济渠郑州段进行现场考察评估。

9月29日　二里头文化遗存发现60周年研讨会在郑州举行。来自中国社会科学院、中国科学院、国家历史博物馆、北京大学、吉林大学、河南博物院、河南省社会科学院、河南省文物考古研究院、郑州大学等单位的50名学者、专家畅谈二里头文化遗存的重大学术价值和发现意义，并就如何促进新时期考古事业的发展各抒己见。

12月31日　巩义市变为省直管县（市），郑州市以后不再负责巩义市文物工作。

2014年

1月17日　河南省文化厅厅长杨丽萍、副厅长崔为工等一行调研郑州航空港经济综合实验区文化文物工作。

1月25日　河南省青少年书画院作品联展在郑州二七纪念塔展出。

2月　“上海旧校场年画展”在郑州博物馆展出。

3月27日　郑州博物馆接受王奇卓夫妇捐赠的民国上海银行家陈幼眉夫妇遗物16件。

4月1—3日　韩国晋州艺术交流访问团与郑州书画界在郑州博物馆举办第五届中国郑州—韩国晋州书画艺术交流展。

5月15日—8月12日　由北京市文物局、河南省文物局、郑州市文物局主办的登封陶瓷艺术展在北京艺术博物馆展出。

6月6日　郑州中华之源与嵩山文明研究会科研基地在郑州师范学院揭牌。

6月18—19日　驻豫全国人大代表调研组就郑州市城镇化进程中城乡历史文化的保护与传承进行专题调研。

6月22日　中国大运河世界文化遗产申报项目在联合国教科文组织世界遗产委员会第38届会议上通过审议，成功列入《世界遗产名录》，郑州段位列其中。

6月26日　郑州台湾科技园宋代壁画墓整体搬迁。

7月29日　郑州博物馆实现馆内无线网络全覆盖，免费向公众提供Wi-Fi服务。

7月　2014年度河南省全省文物行政处罚案卷评比活动揭晓。郑州市文物局报送的3份文物行政处罚案卷获优秀奖1个，良好奖2个，郑州市文物局获得“优秀组织单位”奖。

8月14日—10月16日　“汉画印象——郑州汉代画像砖拓片艺术展”在宁夏回族自治区博物馆展出。

8月27—29日　2014年文化遗产保护培训班在嵩山饭店举办。

9月2—4日　郑州市派团参加第十四届世界历史城市联盟大会，并就古都郑州文化遗产保护利用的探索与实践作主旨演讲。

9月14日　国家文物局局长励小捷一行考察郑州市文化遗产保护工作，实地调研花园口黄河掘堤处。河南省人民政府副省长张广智等陪同调研。

9月18日　郑州市人民政府公布市级重点文物保护单位郑州纺织工业基地保护范围和建设控制地带。

9月27日　2014郑州中华之源与嵩山文明研究会年会暨嵩山文明与中国早期聚落研讨会在郑举行。

10月25—26日　嵩山文明与中国早期王都研讨会暨中国古都学会2014年年会在郑召开。

10月28日　寿圣寺双塔抢险维修加固工程通过验收。

11月2日　"郑州市近现代革命史迹"文化遗产保护专家咨询会召开。

11月14日　广州市人民政府考察团参观郑州商城遗址东城墙复原保护展示节点和东南城垣覆土植草保护展示片区。

11月17日　郑州博物馆安防工程项目升级改造开始施工。

12月4日　《郑州市郑韩故城遗址保护条例》经河南省第十二届人大常委会第十一次会议审议批准,2015年1月1日施行。

12月16日　东赵城址考古新发现与保护座谈会在郑召开。

12月18日　文化部、人力资源社会保障部在京举行全国文化先进单位、全国文化系统先进集体、先进工作者和劳动模范表彰活动。郑州市文物局被授予"全国文化系统先进集体"荣誉称号。

本年度　郑州市文物局积极推进全市第一次可移动文物普查工作,完成全市国有文物收藏单位可移动文物的认定、鉴定和复核工作,启动可移动文物的信息采集、建档工作。截至2014年12月底,全市文物数据登录已完成29191件(套)。

2015年

1月1日　郑州文庙举办以"文化软实力　助圆中国梦"为主题的撞钟迎新年活动。

1月6日　国务院参事室调研组一行10余人到郑州商城遗址调研文物保护工作。

2月19日—3月6日　举办郑州城隍庙—文庙癸巳年新春文化庙会。

2月28日　中国丝绸博物馆馆长、全国人大代表赵丰到郑州市文物考古研究院,对郑州青台遗址出土丝绸的瓮棺进行考察。

3月22—23日　全国人大代表、中国社会科学院考古研究所所长王巍先生,对东赵遗址、双槐树遗址现场进行考察。

4月　黄河博物馆保护性迁建工程通过河南省文物局组织的专家验收。

4月9日　郑州东赵遗址成功入选2015年度"全国十大考古新发现"。

4月26日　河南省文化厅厅长杨丽萍到东赵遗址指导工作。

5月11日　民进湖北省委会副主任龚胜生一行为建设武汉文庙到郑州文庙调研。

5月18日—9月18日　郑州二七纪念馆推出原创展览"抗战1941——30天克复郑州图片展"。

6月3日　郑州市大河村遗址博物馆二期工程正式完工。

6月4日　国家住建部驻河南督察一组组长郭作富、驻郑州督察员韩连绪、驻开封督察员王相平、驻洛阳督察员白玉生到郑州市商城遗址保护管理处督察调研。

6月14日　北京大学考古文博学院教授、"夏商周断代工程"首席科学家李伯谦先生,河南省文物考古研究院研究员郝本性先生到东赵遗址指导工作。

6月17—19日　郑州市文物局举办"2015年度郑州市文物安全培训班"。

6月25日　国家公安部消防管理局督察组组长王鹏翔检查郑州城隍庙消防安全工作。

7月5日　原日本驻郑州领事馆旧址向全社会免费开放,同时举办"伟大贡献——中国与世界反法西斯战争"图片展。

7月18日　"纪念郑州商城发现60周年三位考古学家塑像揭幕仪式"在东南城垣内侧景区内进行。

7月18—19日　"夏商周时期的中原与周边——纪念郑州商城发现60周年暨韩维周、安金槐、邹衡先生学术成就研讨会"在河南郑州召开。

8月20日　"中华首届儒家礼仪文化高峰论坛"在郑州文庙举办。

8月27—28日　在河南登封召开"2015文化遗产保护与数字化国际论坛"。

9月28日　纪念孔子诞辰2566周年的祭孔典礼在郑州文庙举行。

10月20日　香港中文大学教授、德国考古研究院通讯院士邓聪到东赵、汪沟、西史村等考古发掘工地参观指导。

10月27—29日　由郑州市文物局主办、郑州市文物稽查大队承办的"豫秦晋三省六市文物行政执法工作研讨会"在郑州成功召开。

12月29日　"郑州市文物事业'十二五'成果回顾展"以视频方式在二七广场二七纪念馆入口处电子大屏上展出。

12月30日　河南电视台文艺部为"河南省春节联欢晚会"外场录制节目,在城隍庙取景,众多省内著名主持人在城隍庙参加录制工作。

2015年底　河南省文物局组织专家对荥阳京城古城城垣维修保护工程进行了竣工验收。

2016年

1月1日　郑州文庙举办"文化点赞·添彩中原"撞钟迎新年活动。

1月16日　郑州市大河村遗址博物馆开馆仪式隆重举行。河南省文化厅、河南省文物局、河南博物院、河南省文物考古研究院、郑州市委、市政府等200余人参加了开馆仪式。

1月22日　河南省人民政府公布河南省第七批河南省重点文物保护单位,郑州市33处入选。

1月底　商都遗址博物院建筑区域拆迁工作基本完成。

2月1日　新郑博物馆推出"申猴朝岁——丙申新春猴文物图片展"。

2月23日　郑州电视台于大河村遗址博物馆拍摄大型专题片《这里是郑州》。

3月12日　荥阳市韩凤楼故居本体维修工程开始施工。

3月24日　管城回族区2016年重点建设项目集中开工仪式在商城遗址东南角隆重举行,郑州商都遗址博物院和郑州市文物考古研究院项目全面开工建设。

3月24—25日　中央电视台探索发现《考古进行时》栏目组到郑州市大河村遗址博物馆进行节目录制。

4月1—2日　"夏商周断代工程"首席科学家、北京大学考古文博学院李伯谦教授,中国社科院考古所陈星灿副所长,河南省文物局孙英民副局长一行考察东赵遗址考古现场文物保护工程。

4月4日　郑州文庙邀请先锋尚书院、济善书院等以儒家学问为代表的城市书院共同举行"丙申年春二月下丁日释奠大典"。

4月8日　中国考古学会理事长、中国社会科学院学部委员、中国社会科学院考古研究所所长、著名考古学家王巍研究员,到郑州东赵遗址调研指导首届中国考古学大会相关准备工作。

4月8日　中国国际广播电台派出21位全媒体编辑、记者及专家抵达郑州市大河村遗址博物馆进行参观采访,其中包括5位分别来自法国、德国、希腊、西班牙、葡萄牙的外国专家。

4 月 28 日　全国政协常委、政协提案委员会主任孙淦及副主任王国卿等 6 人在河南省政协主席叶冬松等人陪同下，视察了郑州市大河村遗址博物馆。

5 月 1 日　荥阳博物馆开馆试运行。

5 月 10—12 日　"第十九届亚洲象棋锦标赛暨第二届亚洲象棋嘉年华启动仪式"象棋文物展览在荥阳博物馆举办。

5 月 17 日　全国考古和文化遗产保护优秀漫画作品展开幕式暨新书发布会在郑州大河村遗址博物馆举行。

5 月 18 日　郑州文博单位围绕国际博物馆日主题"博物馆与文化景观"，开展多样的宣传活动。

5 月 19 日　中国古迹遗址保护协会理事长、国家文物局原副局长童明康到郑州城隍庙参观考察，河南省文物局副局长孙英民陪同。

5 月 20 日　国家文物局局长刘玉珠到登封调研世界文化遗产保护与利用工作。

5 月 21—23 日　首届中国考古学大会在郑州黄河迎宾馆召开。郑州市文物考古研究院的东赵遗址考古发掘项目荣获中国考古学会"田野考古奖"一等奖，《郑州市城市快速轨道交通文化遗产环境影响评估报告》荣获中国考古学会"金尊奖"。

5 月 22 日　中国古迹遗址保护协会理事长、中国考古学会副理事长、国家文物局原副局长童明康，北京大学考古文博学院教授李伯谦，国家文物局考古处副处长王铮等一行参观考察郑州东赵遗址。

5 月 23 日　中国首届考古学大会与会领导、专家、媒体记者和外国嘉宾到郑州市大河村遗址博物馆参观。

5 月 23 日　首届中国考古学大会公共考古讲座在郑州文庙分会场举办。北京大学考古文博学院秦岭副教授在郑州文庙为大家作"五谷丰登 VS 饭稻羹鱼——中国农业起源与发展的植物考古学探索"讲座。

5 月 25 日　参加首届中国考古学大会的专家学者们前往东赵遗址发掘现场观摩。

6 月 15 日　河南省政协副主席钱国玉、河南省政协学习和文史委员会主任毛德富等一行 10 余人到大运河通济渠郑州段进行调研。

6 月 18 日　《光明日报》副总编辑李春林、记者部主任周文立、河南记者站站长刘先琴等一行 5 人到郑州商城遗址调研考察。

6 月 29 日　北京大学元培学院师生 50 余人在北京大学考古文博学院教授雷兴山的带领下，参观郑州市大河村遗址博物馆。

7 月 3—7 日　郑州市文物局主办的郑州市第七届讲解员大赛在嵩山饭店举行。

7 月 5 日　中国社会科学院学部委员、中国社会科学院考古研究所研究员、博士生导师刘庆柱先生应邀做客北京大学古代文明研究中心和郑州市文物考古研究院联合举办的"商都文明大讲堂"，并做相关学术报告。

8 月 15 日　郑州嵩山文明研究院终身研究员、特约研究员聘任仪式在郑州嵩山饭店举行。

9 月 8—10 日　"大别山杯"——河南省第七届讲解员大赛在河南信阳举办，郑州市文物局荣获团体一等奖。

9 月 16—19 日　郑州市文物局参加四川成都举办的"第七届中国博物馆及相关产品与技术博览会"。

9 月 18 日　国家文物局考古专家组成员、中国考古学会常务理事、三峡工程文物保护规划组成员、南水北调工程文物保护专家组成员徐光冀先生应邀做客由北京大学震旦古代文明研究中心、郑州市文物考古研究院主办的"商都文明大讲堂"。

9月28日　丙申年孔子诞辰2567周年祭孔大典暨第三届中原孔子教育奖、国学教育名师颁奖仪式在郑州文庙举行。

10月14日　由郑州市文物局主办，郑州二七纪念馆联合聚协昌博物馆承办的纪念红军长征胜利80周年“长征——壮丽史诗”革命文物珍藏展在郑州二七纪念馆开展。

10月22—25日　“中国古都学研究高峰论坛”和“中国古都学会第七届会员代表大会暨成都古都文化学术研讨会”在成都召开。郑州古都学会张民服教授当选中国古都学会第七届副会长，任伟、张建华等当选常务理事。郑州嵩山文明研究院《嵩山地区早期古城群地理环境与嵩山文明形成》获得优秀奖第一名。

10月31日—11月2日　由香港中文大学中国考古艺术研究中心、北京大学中国考古学研究中心主办，郑州市文物考古研究院承办的“东亚牙璋学术研讨会”在郑州凯芙国际饭店隆重召开。

10月　郑州二七纪念塔被评为“河南当代最美建筑·一等奖（标志性建筑）”第一名。

10月　郑州市文物局组织专家集中编制市第一次全国可移动文物普查验收报告和普查工作报告，圆满完成第一次全国可移动文物普查工作。

11月4日　浙江省文物考古研究所方向明研究员做客郑州市文物考古研究院商都文明大讲堂，在黄河饭店报告厅举办“良渚文明——过早消失了的，充满巫术色彩的巨大存在”的专题讲座。

11月6日　全国政协文史和学习委员会副主任李家祥率调研组一行16人考察大运河遗址保护和利用工作。

11月14日　郑州二七纪念馆“抗战1941——30天克复郑州”图片展被评为“河南省2015年度纪念抗日战争胜利70周年优秀展览”。

11月22日　河南省委常委、郑州市委书记马懿等13名驻郑全国人大代表到惠济区调研历史文化遗产保护。

12月18日　“早期夏文化探索”课题研讨会在郑州召开。来自中国社科院考古所、北京大学、南京大学、河南省文物考古研究院、郑州市考古研究院有关专家学者参加会议。

12月　郑州市首套文物分布工具书《郑州市文物地图集》正式出版。

2017年

1月1日　在郑州文庙举办“传承商都文明·建设中心城市”撞钟迎新年活动。

1月9日　郑州中华之源与嵩山文明研究会参与主办“读写生命大地——记20世纪知名科学家李伯谦”作品研讨会。

1月18日　新郑市召开“郑韩故城北城门遗址考古发掘座谈会”，30余位专家学者参加此次会议。

1月22日　“第一次全国可移动文物普查成果展”在郑州博物馆开展。

2月3日　郑州市人民政府出台《2017年郑州市生态保遗工程专项实施方案》。

2月7日　“从工人领袖到工运领袖——王荷波事迹展”在郑州二七纪念馆开展。

3月10日　国家文化部副部长丁伟到郑州市大河村遗址博物馆考察指导。

3月11日　国家文物局副局长关强到郑州博物馆、郑州市大河村遗址博物馆考察指导。

3月14日　日本考古学者参观郑州市文物考古研究院与郑州旧石器时代遗址。

3月28日　河南省委常委、郑州市委书记马懿对全市文物工作作出重要指示。

4月19日　郑州市委副书记、市长程志明带领相关单位负责人到郑州二七纪念馆进行调研。

4月27日　《河南商报》70余名小记者参观访问了郑州商城考古遗址公园，零距离感受郑州厚重的文化底蕴。

5月10日 北京中学1000名师生来到东赵遗址现场，聆听考古专家考古知识讲解、现场体验考古发掘、勘探乐趣、观摩了解东赵遗址出土遗物。

5月11日 2017年郑州市文物工作会议在郑州国防会务中心召开。

5月11—15日 郑州市文物局组织11家文博单位和企业参加“第十三届中国(深圳)国际文化产业博览交易会”。

5月18日 郑州博物馆“天工追梦——郑州古代科技文物展”荣获“第十四届(2016年度)全国博物馆十大陈列展览精品推介优胜奖”。

5月25日 中共中央政治局委员、中央书记处书记、中宣部部长刘奇葆到郑州市大河村遗址博物馆参观考察。

5月25日 郑州市人民政府批准成立“郑州市文物保护管理委员会”。

6月9日 国家文物局局长刘玉珠一行到郑州商城遗址、郑州市大河村遗址博物馆调研。

6月20—23日 “中国博物馆协会城市博物馆专业委员会第九届学术年会”召开，来自国内数十家博物馆的150余名嘉宾参加学术会。

6月22日 河南省委宣传部常务副部长王耀一行到郑州市商城遗址保护管理处调研。

7月17—20日 郑州市文物考古研究院与北京大学考古文博学院联合举办“田野考古理念与技术研修班”。

7月18日 河南省文物局局长田凯一行调研大运河通济渠郑州段保护与利用工作。

8月2—4日 由中国考古学会文化遗产保护专业委员会、中国社会科学院考古研究所信息资料中心、郑州市文物考古研究院共同主办的“考古资料与库藏文物科学管理和活化利用研讨会”在郑州召开。

8月7日 “中原考古与中华文明起源研究工作座谈会”在郑州召开，专家就中原地区中华文明起源等问题进行座谈。

8月22日 第一届中国考古·郑州论坛在郑州国际会展中心开幕。此次论坛的议题是“区域互动与文明化进程”，来自全国各地的100多位考古文物工作者针对主题进行现场评议和交流讨论。

8月31日 由郑州嵩山文明研究院参与主办的“2017年中国登封国际大禹文化研讨会”在登封市嵩皇体育小镇举办。

9月9日 河南省发改委副主任李迎伟、河南省文物局局长田凯等河南省大运河文化带建设规划起草组一行12人调研大运河通济渠郑州段沿线重要遗址遗存。

9月13日 国家文物局组织专家现场考察评定郑州商城考古遗址公园挂牌工作。

9月28日 郑州文庙举办“丁酉年纪念孔子诞辰2568周年祭孔典礼暨第四届中原孔子教育奖颁奖及中原高端国学教育创新论坛”。

10月9日 黑龙江省委常委、宣传部部长张效廉在河南省委常委、宣传部部长赵素萍的陪同下到郑州市大河村遗址博物馆参观考察。

10月27—29日 “商周青铜器与金文研究”学术研讨会在郑州召开。

10月28—30日 郑州市文物局组织4家文博单位参加鹤壁市朝歌文化园举办的“第四届中原(鹤壁)文化产业博览交易会”。

11月1日 河南省委常委、郑州市委书记马懿带领市直有关部门负责人到惠济区督导调研古荥大运河文化片区开发建设情况。

11月1日 中央十套《探索与发现》栏目到郑州市大河村遗址博物馆拍摄专题片《考古中华河南

篇》之《穿越三千年的大河村》。

11 月 21 日　郑州市人民政府出台《郑州市非国有博物馆扶持办法(试行)》。

12 月 2 日　国家文物局公布第三批国家考古遗址公园立项名单,郑韩故城考古遗址公园、大河村考古遗址公园成功入选。

12 月 21 日　故宫博物院院长单霁翔在郑州国际会展中心开展“坚定文化自信,作中华传统文化的忠实守望者”主题讲座。

附 录

郑州市文化遗产资源概览

在华夏民族的传统宇宙观中，郑州嵩山是“天地之中心”。在华夏文明起源发展的过程中，以郑州为中心的嵩山地区孕育了连绵不断、传承有序的华夏文明，奠定了中华文明的基石，也为我们留存了丰富的文化遗产。

截至 2017 年年底，郑州市拥有世界文化遗产 2 项[登封“天地之中”历史建筑群、中国大运河通济渠(郑州段)]，全国重点文物保护单位 74 处，河南省文物保护单位 131 处，郑州市文物保护单位 244 处，不可移动文物近万处，可移动文物近 12 万件(套)，无论是文化遗产资源总量，还是全国重点文物保护单位数量，均位于全国城市前列。20 世纪 50 年代至今，郑州市文物考古工作先后入选“中国 20 世纪 100 项考古大发现”4 项，入选“全国十大考古新发现”14 项。深厚的历史积淀不仅为郑州市入列“中国八大古都”、国家六个大遗址片区、国家历史文化名城、国家中心城市提供了关键支撑，也为现代郑州的城市发展储备了雄厚的资源优势和文化潜力。

近年来，郑州市文物工作深入贯彻落实习近平新时代中国特色社会主义思想和中央关于文物工作重要指示批示精神，将全市文物工作上升到增强“四个意识”、坚定“四个自信”、做到“两个维护”的政治高度，以黄河文化保护传承弘扬、夏文化研究、大运河文化带等国家战略引领文物工作，牢固树立“以人为本”的工作理念，敢于担当，勇于创新，在全面做好日常工作的基础上，着力深化文物工作“放管服”改革，努力破除文物保护与城市建设的矛盾，将文物保护与生态建设、民生福祉、城市文化相结合，在全国范围内率先开展了文物考古前置改革、生态保遗、百家博物馆建设等探索，取得了良好效果，不断为郑州国家中心城市、黄河流域生态保护和高质量发展核心示范区、黄河历史文化主地标城市建设强化文化支撑。

2011 年，因圆满完成登封“天地之中”历史建筑群申遗任务，郑州市文物局被河南省人民政府记集体一等功；2013 年，在创建全国文明城市工作中，郑州市文物局荣获“河南省五一劳动奖状”；2014 年，郑州市文物局作为全省唯一一家文物行政部门，被文化部、人力资源社会保障部联合授予每五年表彰一次的“全国文化系统先进集体”荣誉称号。

2017 年，郑州市率先在全市范围内彻底实施“先考古后出让”的文物考古前置改革，先后得到文化部、国家文物局的肯定，在文化部《每日舆情摘报》《中国文物报》上进行重点宣传。同年，郑州市全面实施生态保遗工程，将古遗址、古城址保护展示与生态建设结合，与人民群众社会文化活动空间结合，与城市建设发展结合，与落实地方政府文物保护主体责任结合，创造性地提出了以地方政府为主导建设遗址生态文化公园的古遗址、古城址保护利用新模式。国家文物局官网及微信公众号、《中国文物报》等单位对郑州市生态保遗工作进行了全面宣传推介。苑陵故城遗址公园、京襄城遗址公园、刘禹锡公园、尚岗杨遗址公园、陈家沟遗址生态文化公园等建成开放，取得了良好的社会效应。

附件1:郑州市“世界文化遗产名录”入选名单

名称	地点	入选时间	类型
登封“天地之中”历史建筑群	郑州市登封嵩山地区	2010年8月1日,世界遗产委员会第34届大会,巴西,巴西利亚	文化遗产
中国大运河通济渠(郑州段)	郑州市惠济区	2014年6月22日,世界遗产委员会第38届大会,卡塔尔,多哈	文化遗产

附件 2:郑州市“中国 20 世纪 100 项考古大发现”入选名单(2001 年)

名称	时代	地点	类型
新郑裴李岗新石器时代遗址的发掘	新石器时代	新郑市新村镇裴李岗村西侧岗地上	古遗址
登封王城岗龙山文化遗址的发掘	新石器时代	登封市告成镇八方村五渡河西岸	城址
郑州商代遗址的发现与发掘	商	郑州市管城回族区西大街街道办事处南学街社区,东到凤凰台,西到西沙口,北到花园路,南到二里岗	城址
新郑东周郑韩故城遗址的发掘	东周	新郑市市区周围	城址

附件3：郑州市“全国十大考古新发现”入选名单（截至2017年）

年度	名称	时代	地点	类型
1995	郑州西山仰韶文化城遗址	新石器时代	郑州市惠济区古荥镇孙庄村西山自然村西部，枯河北岸台地上	城址
1995	郑州小双桥商代遗址	商	郑州高新技术产业开发区石佛镇小双桥村南部	城址
1997	新郑郑韩故城郑国祭祀遗迹	东周	新郑市新华路街道办事处中华路和新华路交叉口东南	祭祀遗址
2000	新密古城寨龙山时代古城	新石器时代	新密市曲梁乡大樊庄村古城寨	城址
2003	郑州大师姑夏代城址	夏	荥阳市广武镇大师姑村和杨寨村南地	城址
2007	荥阳关帝庙遗址	商	荥阳市豫龙镇关帝庙村南300米处	古遗址
2007	新郑唐户遗址	旧石器时代、新石器时代	新郑市观音寺镇唐户村南部和西部	古遗址
2008	新郑胡庄墓地	东周	新郑市城关乡胡庄村西北岗地上	王陵
2008	荥阳娘娘寨遗址	西周	荥阳市豫龙镇寨杨村西北	城址
2009	新密李家沟遗址	旧石器时代至新石器时代	新密市岳村镇李家沟村	古遗址
2010	新郑望京楼夏商时期城址	夏商	新郑市新村镇望京楼水库东，孟家沟及杜村西侧	城址
2011	郑州老奶奶庙遗址	旧石器时代	郑州市二七区侯寨乡	古遗址
2014	郑州东赵遗址	夏商周	郑州高新技术产业开发区沟赵办事处东赵村	古城址
2017	新郑郑韩故城遗址	东周	新郑市市区	古城址

附件4:郑州市全国重点文物保护单位名录

序号	名称	时代	类别	地址	公布批次	公布时间	保存状况
1	郑州二七罢工纪念塔和纪念堂	1971年、1952年	近现代重要史迹及代表性建筑	郑州市二七区二七广场	第六批	2006.5.25	较好
2	郑州商代遗址	商	古遗址	郑州市管城回族区西大街街道办事处南学街社区,东到凤凰台,西到西沙口,北到花园路,南到二里岗	第一批	1961.3.4	较好
3	郑州城隍庙(含文庙大成殿)	明至清	古建筑	郑州市管城回族区城东路街道办事处商城路4号	第七批	2013.5.3	较好
4	郑州清真寺	清	古建筑	郑州市管城回族区北下街街道办事处清真寺街	第七批	2013.5.3	较好
5	西山遗址	新石器时代	古遗址	郑州市惠济区古荥镇西山村西部	第四批	1996.11.20	一般
6	荥阳故城(古荥汉代冶铁遗址)	汉	古遗址	郑州市惠济区古荥镇	第六批	2006.5.25	较好
7	大运河通济渠(郑州段)	隋唐	古建筑	郑州市惠济区	第七批	2013.5.3	较好
8	小双桥遗址	商	古遗址	郑州高新技术产业开发区石佛镇小双桥村南部	第六批	2006.5.25	较好
9	后庄王遗址	新石器时代	古遗址	郑州高新技术产业开发区沟赵办事处后庄王村东北300米	第七批	2013.5.3	较好
10	苑陵故城	东周、秦、汉	古遗址	郑州航空港经济综合实验区银河办事处苑陵路	第七批	2013.5.3	较好
11	尚岗杨遗址	新石器时代	古遗址	郑州经济技术开发区南曹乡西尚岗杨村西	第七批	2013.5.3	较好
12	大河村遗址	新石器时代	古遗址	郑州市郑东新区龙源办事处大河村西南	第五批	2001.6.25	较好
13	祭伯城遗址	周	古遗址	郑州市郑东新区如意湖办事处原祭城村及其周围	第七批	2013.5.3	一般

续表

序号	名称	时代	类别	地址	公布批次	公布时间	保存状况
14	太室阙	东汉	古建筑	登封市中岳街道办事处中岳庙社区太室山南麓	第一批	1961.3.4	较好
15	少室阙	东汉	古建筑	登封市少林街道办事处西十里村少室山东麓	第一批	1961.3.4	较好
16	启母阙	东汉	古建筑	登封市嵩阳街道办事处嵩山村北太室山南麓万岁峰下阴坡上	第一批	1961.3.4	较好
17	嵩岳寺塔	北魏	古建筑	登封市嵩阳街道办事处嵩山村西北嵩山南麓	第一批	1961.3.4	较好
18	观星台	元	古建筑	登封市告成镇告成村	第一批	1961.3.4	较好
19	净藏禅师塔	唐	古建筑	登封市少林街道办事处积翠峰下会善寺西 250 米	第三批	1988.1.13	较好
20	王城岗及阳城遗址	新石器时代至东周	古遗址	登封市告成镇八方村五渡河西岸，登封市告成镇东北及北沟村一带	第四批	1996.11.20	较好
21	初祖庵及少林寺塔林	唐至清	古建筑	登封市少林街道办事处少林寺社区少林寺西北五乳峰下龟背形山丘上，少林寺常住院西少阳河北岸	第四批	1996.11.20	较好
22	中岳庙	清	古建筑	登封市中岳街道办事处中岳庙社区东 4000 米	第五批	2001.6.25	较好
23	永泰寺塔	唐	古建筑	登封市少林街道办事处永泰寺村东北少室山西麓子晋峰下	第五批	2001.6.25	较好
24	法王寺塔	唐	古建筑	登封市嵩阳街道办事处嵩山村北太室山南麓玉柱峰西	第五批	2001.6.25	较好
25	会善寺	元至清	古建筑	登封市少林街道办事处太室山南麓积翠峰下	第五批	2001.6.25	较好
26	大唐嵩阳观纪圣德感应之颂碑	唐	石窟寺及石刻	登封市嵩阳街道办事处嵩山村北嵩阳书院内	第五批	2001.6.25	较好
27	大周封祀坛遗址	唐	古遗址	登封市嵩阳街道办事处嵩山村西万羊岗	第六批	2006.5.25	较好
28	刘碑寺碑	北齐	石窟寺及石刻	登封市大冶镇西刘碑村	第六批	2006.5.25	较好
29	崇唐观造像	唐	石窟寺及石刻	登封市嵩阳街道办事处嵩山村北太室山南麓老君洞前的逍遥谷中	第六批	2006.5.25	较好

续表

序号	名称	时代	类别	地址	公布批次	公布时间	保存状况
30	南洼遗址	夏商至唐宋	古遗址	登封市君召乡南洼村东	第七批	2013. 5. 3	较好
31	清凉寺	金至清	古建筑	登封市大金店镇	第七批	2013. 5. 3	较好
32	少林寺	唐至清	古建筑	登封市少林街道办事处少林寺社区	第七批	2013. 5. 3	较好
33	登封城隍庙	明至清	古建筑	登封市颖阳镇	第七批	2013. 5. 3	较好
34	南岳庙	明至清	古建筑	登封市大金店镇金中村	第七批	2013. 5. 3	较好
35	宋陵	北宋	古墓葬	巩义市	第二批	1982. 2. 23	较好
36	巩义石窟	北魏至宋	石窟寺及石刻	巩义市河洛镇寺湾村	第二批	1982. 2. 23	较好
37	康百万庄园	清	古建筑	巩义市康店镇康南村	第五批	2001. 6. 25	较好
38	巩义窑址(黄冶三彩窑址)	隋唐	古遗址	巩义市沿白河两岸分布的水地河村、白河村、铁匠炉村、大黄冶村、小黄冶村等	第六批	2006. 5. 25	较好
39	花地嘴遗址	新石器时代至夏	古遗址	巩义市站街镇北瑶湾村东	第七批	2013. 5. 3	较好
40	稍柴遗址	新石器时代、夏	古遗址	巩义市芝田镇稍柴村西	第七批	2013. 5. 3	一般
41	铁生沟冶铁遗址	汉	古遗址	巩义市夹津口镇铁生沟村	第七批	2013. 5. 3	一般
42	慈云寺石刻	元至清	石窟寺及石刻	巩义市大峪沟镇民权村	第七批	2013. 5. 3	较好
43	张祜庄园	清至民国	近现代重要史迹及代表性建筑	巩义市新中镇新中村琉璃庙沟南300米	第七批	2013. 5. 3	较好
44	刘镇华庄园	民国	近现代重要史迹及代表性建筑	巩义市河洛镇神北村	第七批	2013. 5. 3	较好
45	打虎亭汉墓	东汉	古墓葬	新密市牛店镇打虎亭村	第三批	1988. 1. 13	较好
46	古城寨城址	新石器时代	古遗址	新密市曲梁乡大樊庄村古城寨村	第五批	2001. 6. 25	较好

续表

序号	名称	时代	类别	地址	公布批次	公布时间	保存状况
47	新砦遗址	新石器时代至夏	古遗址	新密市刘寨镇新砦村	第六批	2006.5.25	较好
48	新密魏长城	战国	古建筑	新密市尖山风景区	第六批	2006.5.25	一般
49	李家沟遗址	旧石器时代至新石器时代	古遗址	新密市岳村镇李家沟村西	第七批	2013.5.3	较好
50	曲梁遗址	新石器时代至夏、商、汉	古遗址	新密市曲梁乡曲梁村北	第七批	2013.5.3	一般
51	密县瓷窑遗址	唐、宋	古遗址	新密市城关镇菜园沟村	第七批	2013.5.3	一般
52	后士郭壁画墓	东汉	古墓葬	新密市西大街街道办事处后士郭村	第七批	2013.5.3	一般
53	密县县衙	清	古建筑	新密市城关镇西街村	第七批	2013.5.3	较好
54	郑韩故城(韩王陵)	东周	古遗址	新郑市区周围,双洎河(古洧水)与黄水河(古溱水)交汇处	第一批	1961.3.4	一般
55	裴李岗遗址	新石器时代	古遗址	新郑市新村镇裴李岗村西	第五批	2001.6.25	一般
56	后周皇陵	五代	古墓葬	新郑市郭店镇陵上村附近	第五批	2001.6.25	一般
57	唐户遗址	新石器时代至周	古遗址	新郑市观音寺镇唐户村南	第六批	2006.5.25	一般
58	欧阳修墓	宋	古墓葬	新郑市辛店镇欧阳寺村	第六批	2006.5.25	一般
59	李诫墓	宋	古墓葬	新郑市龙湖镇于寨村西	第六批	2006.5.25	一般
60	新郑轩辕庙	明清	古建筑	新郑市新建路街道办事处北关街黄帝故里景区内	第六批	2006.5.25	较好
61	人和寨遗址	新石器时代	古遗址	新郑市辛店镇人和寨村西	第七批	2013.5.3	一般
62	望京楼遗址	夏、商	古遗址	新郑市新村镇马垌村西南、望京楼水库东南	第七批	2013.5.3	一般
63	华阳故城	东周	古遗址	新郑市郭店镇华阳寨村东北	第七批	2013.5.3	一般
64	凤台寺塔	宋	古建筑	新郑市城关乡烈墕坡村东北	第七批	2013.5.3	较好
65	织机洞遗址	旧石器时代	古遗址	荥阳市崔庙镇王宗店村北1000米	第六批	2006.5.25	较好

续表

序号	名称	时代	类别	地址	公布批次	公布时间	保存状况
66	大师姑城址	夏至商	古遗址	荥阳市广武镇大师姑村和杨寨村南	第六批	2006. 5. 25	较好
67	秦王寨遗址	新石器时代	古遗址	荥阳市高村乡枣树沟村西 400 米	第七批	2013. 5. 3	较好
68	青台遗址	新石器时代	古遗址	荥阳市广武镇青台村东	第七批	2013. 5. 3	较好
69	娘娘寨遗址	新石器时代至周	古遗址	荥阳市豫龙镇寨杨村西北	第七批	2013. 5. 3	较好
70	京城古城址	东周	古遗址	荥阳市豫龙镇京襄城村	第七批	2013. 5. 3	较好
71	汉霸二王城	秦	古遗址	荥阳市广武镇汉王城村北，霸王城村北	第七批	2013. 5. 3	较好
72	苌村汉墓	汉	古墓葬	荥阳市王村镇苌村西	第七批	2013. 5. 3	较好
73	千尺塔	宋	古建筑	荥阳市贾峪镇阴沟村西南	第七批	2013. 5. 3	较好
74	寿圣寺双塔	宋、辽、金	古建筑	中牟县黄店镇冉家村东 500 米	第七批	2013. 5. 3	较好

附件5：郑州市河南省文物保护单位名录

序号	名称	时代	类别	地址	公布批次	公布时间	保存状况
1	常庙城址	春秋、战国	古遗址	郑州市二七区马寨镇常庙村周围，北部部分在中原区	第四批	2006.6.8	较好
2	胡家脑遗址	旧石器时代	古遗址	郑州市二七区樱桃沟景区管委会胡家脑村南约100米	第五批	2008.6.16	较好
3	芦村河遗址	新石器时代	古遗址	郑州市二七区侯寨乡芦村河村西部及周围	第五批	2008.6.16	较好
4	陈家沟遗址	新石器时代	古遗址	郑州市二七区马寨镇陈家沟村北	第五批	2008.6.16	较好
5	田河遗址	旧石器时代	古遗址	郑州市二七区马寨镇田河村	第七批	2016.1.22	较好
6	老奶奶庙遗址（含代家门遗址）	旧石器时代、新石器时代	古遗址	郑州市二七区樱桃沟景区管委会代家门村	第七批	2016.1.22	较好
7	申河遗址	新石器时代	古遗址	郑州市二七区马寨镇原申河村	第七批	2016.1.22	较好
8	周悼王墓	明	古墓葬	郑州市二七区马寨镇坟上村	第七批	2016.1.22	较好
9	胡公祠（含彭公祠）	1925年	近现代重要史迹及代表性建筑	郑州市二七区西太康路人民公园内	第七批	2016.1.22	较好
10	郑州开元寺尊胜经幢（含八棱经幢）	唐	石窟寺及石刻	郑州市管城回族区东大街街道办事处东大街56号	第一批	1963.6.20	一般
11	站马屯遗址	新石器时代	古遗址	郑州市管城回族区十八里河街道办事处站马屯村	第四批	2006.6.8	一般
12	郑州铁路职工学校旧址（含日本驻郑领事馆）	1921年	近现代重要史迹及代表性建筑	郑州市管城回族区南关街街道办事处东三马路80号	第四批	2006.6.8	一般
13	纪信墓及碑刻	汉至民国	古墓葬	郑州市惠济区古荥镇纪公庙村	第五批	2008.6.16	较好
14	荥泽县城隍庙	明清	古建筑	郑州市惠济区古荥镇古荥村	第五批	2008.6.16	较好

续表

序号	名称	时代	类别	地址	公布批次	公布时间	保存状况
15	花园口黄河掘堤处	1938 年	近现代重要史迹及代表性建筑	郑州市惠济区花园口镇花园口村东北黄河南岸大堤	第五批	2008. 6. 16	较好
16	敖仓城	秦、汉	古遗址	郑州市惠济区古荥镇黄河游览区内	第七批	2016. 1. 22	一般
17	黄河第一铁路桥旧址	1903 年	近现代重要史迹及代表性建筑	郑州市惠济区古荥镇黄河桥村	第七批	2016. 1. 22	较好
18	黄河博物馆旧址	1957 年	近现代重要史迹及代表性建筑	郑州市金水区人民路街道办事处紫荆山路东侧	第五批	2008. 6. 16	一般
19	毛泽东塑像	1968 年	近现代重要史迹及代表性建筑	郑州市金水区经八路街道办事处金水路与人民路交会处西南角	第五批	2008. 6. 16	一般
20	河南省实验中学老教学楼	1953 年	近现代重要史迹及代表性建筑	郑州市金水区文化路 60 号	第七批	2016. 1. 22	一般
21	中共河南省委第二招待所西服务楼(含锅炉房)	1956 年	近现代重要史迹及代表性建筑	郑州市金水区金水路 105 号	第七批	2016. 1. 22	一般
22	河南省人民委员会办公旧址	1959 年	近现代重要史迹及代表性建筑	郑州市金水区纬二路 10 号	第七批	2016. 1. 22	一般
23	西柏社遗址	新石器时代	古遗址	郑州市上街区峡窝镇西柏社村东	第四批	2006. 6. 8	一般
24	方顶村传统民居	明至民国	古建筑	郑州市上街区峡窝镇方顶村	第七批	2016. 1. 22	较好
25	观沟村重阳观	清	古建筑	郑州市上街区峡窝镇观沟村	第七批	2016. 1. 22	较好
26	国民革命军第二集团军北伐阵亡将士墓地	1928 年	近现代重要史迹及代表性建筑	郑州市中原区林山寨街道办事处碧沙岗公园内	第二批	1986. 11. 21	较好
27	马庄遗址	新石器时代	古遗址	郑州市中原区须水街道办事处马庄村东北	第四批	2006. 6. 8	较好

续表

序号	名称	时代	类别	地址	公布批次	公布时间	保存状况
28	白寨遗址	新石器时代至西周	古遗址	郑州市中原区须水街道办事处白寨村南	第五批	2008.6.16	较好
29	保吉寨	清	古建筑	郑州市中原区西流湖公园内	第七批	2016.1.22	较好
30	郑州第二砂轮厂旧址	1964年	近现代重要史迹及代表性建筑	郑州市中原区华山路78号	第七批	2016.1.22	较好
31	东赵遗址	夏、商	古遗址	郑州高新技术产业开发区沟赵办事处东赵村村南	第四批	2006.6.8	较好
32	西连河遗址	新石器时代至战国	古遗址	郑州高新技术产业开发区沟赵办事处西连河村北	第五批	2008.6.16	较好
33	大寨遗址	新石器时代	古遗址	郑州航空港经济综合实验区滨河办事处远航路以北，凌寒街以西，凌空街以东，梯航路以南	第五批	2008.6.16	较好
34	老寨遗址	新石器时代至商	古遗址	郑州航空港经济综合实验区龙港办事处豫州大道与和谐大道交会处	第五批	2008.6.16	一般
35	后魏遗址	新石器时代	古遗址	郑州经济技术开发区九龙镇后魏村西北1000米	第五批	2008.6.16	一般
36	圃田故城	东周至汉	古遗址	郑州经济技术开发区京航办事处蒋冲村	第七批	2016.1.22	一般
37	八方遗址	新石器时代	古遗址	登封市告成镇八方村东台地上	第一批	1963.6.20	较好
38	崇福宫	宋至明	古建筑	登封市嵩阳街道办事处嵩山村太室山南麓万岁峰下	第一批	1963.6.20	较好
39	石淙河摩崖题记	唐、宋	石窟寺及石刻	登封市大冶镇西刘碑村西石淙涧	第一批	1963.6.20	较好
40	曲河窑址	宋	古遗址	登封市告成镇曲河村北	第二批	1986.11.21	一般
41	颍阳遗址	新石器时代	古遗址	登封市颍阳镇西街村大路南	第三批	2000.9.25	较好
42	黄城故城	东周	古遗址	登封市君召乡黄城村东300米	第三批	2000.9.25	较好
43	杨村遗址	新石器时代	古遗址	登封市东华镇杨村西北	第四批	2006.6.8	较好
44	老君洞	唐、明、清	古建筑	登封市嵩阳街道办事处嵩山村北嵩山南麓太室山逍遥谷中	第四批	2006.6.8	较好

续表

序号	名称	时代	类别	地址	公布批次	公布时间	保存状况
45	三祖庵塔	金	古建筑	登封市嵩阳街道办事处嵩山村北太室山南麓卧龙峰下	第四批	2006.6.8	较好
46	龙泉寺	明、清	古建筑	登封市石道乡龙泉寺村	第四批	2006.6.8	较好
47	安阳宫	清、民国	古建筑	登封市少林街道办事处西十里村西4千米少室山脚下	第四批	2006.6.8	较好
48	程窑遗址	新石器时代	古遗址	登封市东华镇程窑村北	第五批	2008.6.16	较好
49	袁村遗址	新石器时代	古遗址	登封市东华镇袁村东150米台地上	第五批	2008.6.16	较好
50	向阳遗址	新石器时代	古遗址	登封市唐庄镇向阳村东约200米的高岗上	第五批	2008.6.16	较好
51	前庄瓷窑遗址	唐至元	古遗址	登封市宣化镇前庄村	第五批	2008.6.16	较好
52	玉溪宫	明清	古建筑	登封市唐庄镇土观村西	第五批	2008.6.16	较好
53	二仙洞石刻	明	石窟寺及石刻	登封市嵩阳街道办事处嵩山村北太室山三皇口东400米	第五批	2008.6.16	较好
54	西施遗址	旧石器时代	古遗址	登封市大冶镇西施村	第七批	2016.1.22	较好
55	郭村遗址	新石器时代	古遗址	登封市唐庄镇郭村	第七批	2016.1.22	较好
56	许由墓(含庙、石寨)	夏	古墓葬	登封市东华镇刘庄村	第七批	2016.1.22	较好
57	清微宫	清	古建筑	登封市大金店镇三王庄村	第七批	2016.1.22	一般
58	柏石崖豫西抗日先遣支队后方医院旧址	1944—1945年	近现代重要史迹及代表性建筑	登封市徐庄镇柏石崖村	第七批	2016.1.22	一般
59	杜甫诞生窑	唐	古建筑	巩义市站街镇南瑶湾村南100米	第一批	1963.6.20	较好
60	康北古城址	战国	古遗址	巩义市康店镇康北村	第二批	1986.11.21	一般
61	豫西抗日先遣支队司令部旧址	1944年	近现代重要史迹及代表性建筑	巩义市涉村镇上庄村西500米	第二批	1986.11.21	较好
62	洪沟遗址	旧石器时代	古遗址	巩义市河洛镇洪沟村	第三批	2000.9.25	一般

续表

序号	名称	时代	类别	地址	公布批次	公布时间	保存状况
63	水地河遗址	新石器时代	古遗址	巩义市北山口镇水地河村西 500 米	第三批	2000. 9. 25	较好
64	孝义兵工厂旧址	1921 年	近现代重要史迹及代表性建筑	巩义市孝义街道办事处孝南村西北 500 米	第三批	2000. 9. 25	一般
65	苇园瓷窑遗址	隋唐	古遗址	巩义市米河镇苇园村南 100 米	第四批	2006. 6. 8	一般
66	喂庄遗址	新石器时代	古遗址	巩义市芝田镇喂庄村	第五批	2008. 6. 16	一般
67	塌坡遗址	新石器时代	古遗址	巩义市康店镇井沟村	第五批	2008. 6. 16	一般
68	赵城遗址	新石器时代	古遗址	巩义市鲁庄镇赵城村南 350 米	第五批	2008. 6. 16	一般
69	米北遗址	新石器时代	古遗址	巩义市米河镇米北村西北	第五批	2008. 6. 16	较好
70	伏羲台遗址	新石器时代至周	古遗址	巩义市河洛镇洛口村东 500 米	第五批	2008. 6. 16	一般
71	兴佛寺	明	古建筑	巩义市河洛镇七里铺村	第五批	2008. 6. 16	较好
72	蔡庄文魁坊	明	古建筑	巩义市芝田镇蔡庄村	第五批	2008. 6. 16	一般
73	福昌寺	清	古建筑	巩义市米河镇高庙村	第五批	2008. 6. 16	较好
74	涉村东大庙	清	古建筑	巩义市涉村镇后村东南 200 米	第五批	2008. 6. 16	一般
75	泰茂庄园	清	古建筑	巩义市新中镇灵官殿村东北 100 米	第五批	2008. 6. 16	一般
76	刘家大院	清	古建筑	巩义市芝田镇官庄村西南 150 米	第五批	2008. 6. 16	一般
77	启圣阁	清	古建筑	巩义市芝田镇益家窝村西北，伊洛河东岸	第五批	2008. 6. 16	较好
78	青龙禅寺	清	古建筑	巩义市北山口镇北湾村	第五批	2008. 6. 16	较好
79	程家大院	清至民国	古建筑	巩义市米河镇双楼村程家寨	第五批	2008. 6. 16	一般
80	滩小关遗址	新石器时代	古遗址	巩义市河洛镇滩小关村	第七批	2016. 1. 22	较好
81	海上桥村传统民居	清	古建筑	巩义市大峪沟镇海上桥村	第七批	2016. 1. 22	较好

续表

序号	名称	时代	类别	地址	公布批次	公布时间	保存状况
82	常香玉故居	1923 年	近现代重要史迹及代表性建筑	巩义市河洛镇南河渡村	第七批	2016. 1. 22	较好
83	沙石嘴遗址	新石器时代	古遗址	新密市岳村镇苇园村	第一批	1963. 6. 20	一般
84	窑沟瓷窑遗址	宋	古遗址	新密市大隗镇窑沟村	第一批	1963. 6. 20	一般
85	超化寺塔	唐	古建筑	新密市超化镇超化村	第一批	1963. 6. 20	较好
86	法海寺石塔	宋	古建筑	新密市城关镇西街村	第一批	1963. 6. 20	较好
87	马良沟遗址	新石器时代	古遗址	新密市来集镇马良沟村	第二批	1986. 11. 21	一般
88	马鞍河遗址	新石器时代	古遗址	新密市西大街街道办事处马鞍河村	第五批	2008. 6. 16	一般
89	月台瓷窑遗址	唐、宋	古遗址	新密市牛店镇月台村	第五批	2008. 6. 16	一般
90	大隗洪山庙	明	古建筑	新密市大隗镇陈庄村	第五批	2008. 6. 16	一般
91	密县城隍庙	明清	古建筑	新密市城关镇西街村	第五批	2008. 6. 16	较好
92	屏峰塔	清	古建筑	新密市青屏街街道办事处青屏山上	第五批	2008. 6. 16	较好
93	超化寺下寺	清	古建筑	新密市超化镇超化村	第七批	2016. 1. 22	较好
94	杨岭塔	清	古建筑	新密市平陌镇崔沟村	第七批	2016. 1. 22	一般
95	金钟寨遗址	新石器时代	古遗址	新郑市新村镇金钟寨村东	第四批	2006. 6. 8	一般
96	卧佛寺塔	明	古建筑	新郑市新建路街道办事处西街卧佛寺巷西	第四批	2006. 6. 8	较好
97	大司遗址	新石器时代	古遗址	新郑市龙湖镇大司村北	第五批	2008. 6. 16	一般
98	于寨遗址	新石器时代	古遗址	新郑市龙湖镇于寨村东北	第五批	2008. 6. 16	一般
99	王垌遗址	新石器时代	古遗址	新郑市新村镇王垌村北 300 米	第五批	2008. 6. 16	一般
100	古城遗址	新石器时代至战国	古遗址	新郑市龙湖镇古城村东北 300 米	第五批	2008. 6. 16	一般
101	铁岭墓地	战国	古墓葬	新郑市新村镇铁岭村	第五批	2008. 6. 16	一般

续表

序号	名称	时代	类别	地址	公布批次	公布时间	保存状况
102	陈氏三宰相墓	宋	古墓葬	新郑市郭店镇宰相陈村西	第五批	2008.6.16	一般
103	高拱墓	明	古墓葬	新郑市新华路街道办事处阁老坟村西	第五批	2008.6.16	一般
104	具茨山岩画	新石器时代	石窟寺及石刻	新郑市辛店镇风后岭村具茨山山麓	第五批	2009.6.12	一般
105	赵庄遗址	旧石器时代、新石器时代	古遗址	新郑市梨河镇三刘村	第七批	2016.1.22	一般
106	古城村古城	汉	古遗址	新郑市龙湖镇古城村	第七批	2016.1.22	一般
107	子产墓	东周	古墓葬	新郑市观音寺镇陉山山顶	第七批	2016.1.22	一般
108	新密禹抗日民主政府旧址	1945年	近现代重要史迹及代表性建筑	新郑市具茨山国家森林公园管委会驮窑村	第七批	2016.1.22	较好
109	汉循吏故闻熹长韩仁铭碑	汉	石窟寺及石刻	荥阳市索河街道办事处广场街	第一批	1963.6.20	较好
110	点军台遗址	新石器时代	古遗址	荥阳市广武镇南城村东南	第二批	1986.11.21	较好
111	原武温穆王壁画墓	明	古墓葬	荥阳市豫龙镇瓦屋孙村东南	第二批	1986.11.21	较好
112	无缘寘公禅师塔	明	古建筑	荥阳市贾峪镇寺河村西侧岗上	第二批	1986.11.21	较好
113	楚湾遗址	新石器时代	古遗址	荥阳市崔庙镇楚湾村北	第四批	2006.6.8	较好
114	西司马遗址	夏、商、周	古遗址	荥阳市高村乡西司马村北	第四批	2006.6.8	较好
115	成皋城遗址	战国至汉	古遗址	荥阳市汜水镇虎牢关村	第四批	2006.6.8	较好
116	秦氏旧宅	清	古建筑	荥阳市高村乡油坊村	第四批	2006.6.8	较好
117	佛顶尊胜陀罗尼经幢	金	石窟寺及石刻	荥阳市京城路街道办事处扁担王村	第四批	2006.6.8	较好
118	寨子峪遗址	新石器时代	古遗址	荥阳市广武镇寨子峪村北	第五批	2008.6.16	较好
119	陈沟遗址	新石器时代	古遗址	荥阳市广武镇北陈沟村北	第五批	2008.6.16	较好
120	西史村遗址	夏、商	古遗址	荥阳市城关乡西史村西南	第五批	2008.6.16	较好

续表

序号	名称	时代	类别	地址	公布批次	公布时间	保存状况
121	关帝庙遗址	商	古遗址	荥阳市豫龙镇关帝庙村南	第五批	2008. 6. 16	较好
122	蒋寨遗址	西周	古遗址	荥阳市豫龙镇蒋寨村南	第五批	2008. 6. 16	较好
123	汪沟遗址	新石器时代	古遗址	荥阳市城关乡汪沟村	第七批	2016. 1. 22	较好
124	平陶古城址	商、周	古遗址	荥阳市广武镇南城村南	第七批	2016. 1. 22	较好
125	官庄遗址	周	古遗址	荥阳市高村乡官庄村西北	第七批	2016. 1. 22	较好
126	石柱岗经幢	金	石窟寺及石刻	荥阳市豫龙镇石柱岗村	第七批	2016. 1. 22	较好
127	董天知故居	1911 年	近现代重要史迹及代表性建筑	荥阳市索河街道办事处城关村	第七批	2016. 1. 22	较好
128	韩凤楼故居	1918 年	近现代重要史迹及代表性建筑	荥阳市索河街道办事处城关村	第七批	2016. 1. 22	较好
129	业王遗址	新石器时代	古遗址	中牟县黄店镇业王村东北 1000 米	第五批	2008. 6. 16	一般
130	东古城遗址	战国	古遗址	中牟县韩寺镇东古城村东北	第五批	2008. 6. 16	一般
131	校氏墓地	明、清	古墓葬	中牟县雁鸣湖镇东漳村	第七批	2016. 1. 22	一般

附件6:郑州市文物保护单位名录

序号	名称	时代	类别	地址	公布批次	公布时间	保存状况
1	下李河遗址	旧石器时代	古遗址	郑州市二七区樱桃沟景区管委会下李河村东南	第二批	2009.6.3	较好
2	过垌王东北遗址	新石器时代	古遗址	郑州市二七区樱桃沟景区管委会过垌王村东北	第二批	2009.6.3	较好
3	胡河遗址	新石器时代	古遗址	郑州市二七区樱桃沟景区管委会胡河村	第二批	2009.6.3	较好
4	高洪寺遗址	新石器时代	古遗址	郑州市二七区侯寨乡娄河东顶村东北	第二批	2009.6.3	较好
5	上李河西遗址	新石器时代	古遗址	郑州市二七区樱桃沟景区管委会上李河村西	第二批	2009.6.3	较好
6	小庙咀东遗址	新石器时代	古遗址	郑州市二七区樱桃沟景区管委会小庙咀村东	第二批	2009.6.3	较好
7	梨园河遗址	新石器时代	古遗址	郑州市二七区马寨镇梨园河村西南	第二批	2009.6.3	较好
8	张河遗址	新石器时代、西周	古遗址	郑州市二七区马寨镇张河村南	第二批	2009.6.3	较好
9	黄岗寺遗址	新石器时代、东周	古遗址	郑州市二七区嵩山路街道办事处黄岗寺村	第二批	2009.6.3	较好
10	下李河东南遗址	夏	古遗址	郑州市二七区樱桃沟景区管委会下李河村东南	第二批	2009.6.3	较好
11	盐店庄遗址	夏	古遗址	郑州市二七区侯寨乡盐店庄村东	第二批	2009.6.3	较好
12	陈丁遗址	商	古遗址	郑州市二七区樱桃沟景区管委会陈丁村	第二批	2009.6.3	较好
13	尖岗遗址	商	古遗址	郑州市二七区侯寨乡尖岗村西北	第二批	2009.6.3	较好
14	全垌遗址	商	古遗址	郑州市二七区侯寨乡全垌村北	第二批	2009.6.3	较好
15	娄河遗址	西周	古遗址	郑州市二七区马寨镇娄河村东北	第二批	2009.6.3	较好
16	水磨石造像	唐	石窟寺及石刻	郑州市二七区马寨镇水磨村	第二批	2009.6.3	较好

续表

序号	名称	时代	类别	地址	公布批次	公布时间	保存状况
17	吉鸿昌烈士墓	1964 年	近现代重要史迹及代表性建筑	郑州市二七区烈士陵园内	第二批	2009. 6. 3	较好
18	灵显王庙赞碑	宋	石窟寺及石刻	郑州市管城回族区东晋王庙村	第一批	1987. 3. 1	一般
19	安庄遗址	新石器时代	古遗址	郑州市管城回族区南曹乡安庄村西南	第二批	2009. 6. 3	一般
20	站马屯西遗址	新石器时代	古遗址	郑州市管城回族区十八里河街道办事处站马屯村西南	第二批	2009. 6. 3	一般
21	小刘遗址	新石器时代	古遗址	郑州市管城回族区十八里河街道办事处小刘村北	第二批	2009. 6. 3	一般
22	崔庄遗址	商、周	古遗址	郑州市管城回族区南曹乡崔庄村东	第二批	2009. 6. 3	一般
23	李马庄东南遗址	商、战国、汉	古遗址	郑州市管城回族区南曹乡李马庄村东南	第二批	2009. 6. 3	一般
24	小魏庄遗址	周	古遗址	郑州市管城回族区南曹乡小魏庄村东	第二批	2009. 6. 3	一般
25	于庄遗址	东周	古遗址	郑州市管城回族区南曹乡于庄村西北	第二批	2009. 6. 3	一般
26	八郎寨遗址	东周	古遗址	郑州市管城回族区十八里河街道办事处八郎寨村东南	第二批	2009. 6. 3	较好
27	郑庄遗址	周	古遗址	郑州市惠济区郑庄村	第一批	1987. 3. 1	一般
28	岔河遗址	商、周	古遗址	郑州市惠济区古荥镇岔河村东	第二批	2009. 6. 3	一般
29	惠济桥	明	古建筑	郑州市惠济区大河路街道办事处惠济桥村	第二批	2009. 6. 3	一般
30	孔氏家庙	清	古建筑	郑州市惠济区古荥镇南大街	第二批	2009. 6. 3	较好
31	古荥李氏民居	清	古建筑	郑州市惠济区古荥镇南大街	第二批	2009. 6. 3	一般
32	大唐故赠安州都督郑府君碑	唐	石窟寺及石刻	郑州市惠济区古荥镇岭军峪村南	第二批	2009. 6. 3	一般
33	毛主席视察黄河旧址	1952 年	近现代重要史迹及代表性建筑	郑州市惠济区古荥镇黄河桥村小顶山	第二批	2009. 6. 3	较好

续表

序号	名称	时代	类别	地址	公布批次	公布时间	保存状况
34	古荥公社影剧院	1958年	近现代重要史迹及代表性建筑	郑州市惠济区古荥镇西大街路南	第二批	2009.6.3	较好
35	毛主席郑州会议住地	1958年	近现代重要史迹及代表性建筑	郑州市惠济区黄河迎宾馆8号楼	第二批	2009.6.3	较好
36	毛主席视察燕庄纪念地	1958年	近现代重要史迹及代表性建筑	郑州市金水区金水路原燕庄村	第二批	2009.6.3	一般
37	观沟遗址	新石器时代	古遗址	郑州市上街区峡窝镇观沟村西	第二批	2009.6.3	一般
38	南峡窝遗址	新石器时代	古遗址	郑州市上街区峡窝镇南峡窝村东南	第二批	2009.6.3	一般
39	沙固遗址	新石器时代、商、周	古遗址	郑州市上街区峡窝镇沙固村	第二批	2009.6.3	一般
40	石咀遗址	商、周	古遗址	郑州市上街区峡窝镇石咀村北	第二批	2009.6.3	一般
41	魏岗遗址	新石器时代、东周	古遗址	郑州市上街区峡窝镇魏岗村东	第二批	2009.6.3	一般
42	寨沟遗址	夏	古遗址	郑州市上街区峡窝镇寨沟村北	第二批	2009.6.3	一般
43	曹彬墓	宋	古墓葬	郑州市上街区峡窝镇沙固村西北	第二批	2009.6.3	一般
44	王博文墓	宋	古墓葬	郑州市上街区峡窝镇四所楼村东	第二批	2009.6.3	一般
45	马固王氏宗祠	明	古建筑	郑州市上街区峡窝镇马固村	第二批	2009.6.3	较好
46	卢医庙	明	古建筑	郑州市上街区峡窝镇上街村	第一批	1987.3.1	较好
47	孙坡遗址	新石器时代	古遗址	郑州市中原区须水街道办事处孙坡村东	第二批	2009.6.3	较好
48	三十里铺遗址	商	古遗址	郑州市中原区须水街道办事处三十里铺村南	第二批	2009.6.3	较好
49	庙沟遗址	商、周	古遗址	郑州市中原区须水街道办事处庙沟村北	第二批	2009.6.3	较好
50	后仓关帝庙	明、清	古建筑	郑州市中原区须水街道办事处后仓村	第二批	2009.6.3	较好

续表

序号	名称	时代	类别	地址	公布批次	公布时间	保存状况
51	柳沟碑刻群	清、民国	石窟寺及石刻	郑州市中原区须水街道办事处柳沟村西	第二批	2009. 6. 3	较好
52	郑州纺织工业基地	20 世纪 50 年代	近现代重要史迹及代表性建筑	郑州市中原区棉纺路一带	第二批	2009. 6. 3	较好
53	杜寨遗址	新石器时代	古遗址	郑州高新技术产业开发区沟赵办事处杜寨村南	第二批	2009. 6. 3	较好
54	石佛遗址	新石器时代、东周	古遗址	郑州高新技术产业开发区石佛办事处石佛村东	第二批	2009. 6. 3	较好
55	东史马民居	清	古建筑	郑州高新技术产业开发区沟赵办事处东史马村	第二批	2009. 6. 3	一般
56	水牛张张氏祠堂	清、民国	古建筑	郑州高新技术产业开发区沟赵办事处水牛张村	第二批	2009. 6. 3	一般
57	圈后遗址	商	古遗址	郑州航空港经济综合实验区清河办事处圈后村南	第二批	2009. 6. 3	较好
58	后段遗址	商	古遗址	郑州航空港经济综合实验区三官庙办事处后段村西北 300 米	第二批	2009. 6. 3	较好
59	苏家遗址	商	古遗址	郑州航空港经济综合实验区冯堂办事处苏家村西南 400 米	第二批	2009. 6. 3	较差
60	畠店遗址	商	古遗址	郑州航空港经济综合实验区三官庙办事处畠店村西北 100 米处，荆州路东侧	第二批	2009. 6. 3	一般
61	赵家遗址	商	古遗址	郑州航空港经济综合实验区冯堂办事处赵家村西约 600 米	第二批	2009. 6. 3	一般
62	东纸坊遗址	商	古遗址	郑州航空港经济综合实验区滨河办事处东纸坊村东南	第二批	2009. 6. 3	较差
63	老张庄遗址	西周	古遗址	郑州航空港经济综合实验区郑港办事处老张庄村北 300 米	第二批	2009. 6. 3	较好
64	焦城古城址	汉	古遗址	郑州航空港经济综合实验区清河办事处八李村东的高台地上	第二批	2009. 6. 3	较好
65	南枣岗汉墓	汉	古墓葬	郑州航空港经济综合实验区新港办事处遵大路与乔松街交会处东北	第二批	2009. 6. 3	一般

续表

序号	名称	时代	类别	地址	公布批次	公布时间	保存状况
66	龙王墓葬群（龙王汉墓、岗王汉墓、庙后唐汉墓、苏村郑汉墓、铁李汉墓）	汉	古墓葬	郑州航空港经济综合实验区龙王办事处龙王村西南丘陵地带、银河办事处岗王村南300米、银河办事处滨河东路与雍州路交叉口西南桥下、银河办事处苏村郑村东北长鹰路南侧、龙王办事处铁李村西	第二批	2009.6.3	一般
67	曹古寺遗址	新石器时代、商、周	古遗址	郑州经济技术开发区潮河街道办事处曹古寺村东	第二批	2009.6.3	较好
68	西营岗遗址	夏、商	古遗址	郑州经济技术开发区潮河街道办事处西营岗村西北	第二批	2009.6.3	较好
69	梁湖遗址	商、东周	古遗址	郑州经济技术开发区明湖街道办事处梁湖村东	第二批	2009.6.3	较好
70	耿庄遗址	东周	古遗址	郑州经济技术开发区潮河街道办事处耿庄村东北	第二批	2009.6.3	较好
71	青龙山魏长城遗址	战国	古遗址	郑州经济技术开发区明湖街道办事处李南岗村东	第二批	2009.6.3	较好
72	王庄遗址	新石器时代	古遗址	郑州市郑东新区刘集镇王庄村东北	第二批	2009.6.3	一般
73	路庄遗址	新石器时代	古遗址	中牟县郑庵镇路庄村西北	第二批	2009.6.3	一般
74	南寺遗址	商	古遗址	郑州市郑东新区白沙镇南寺村	第二批	2009.6.3	一般
75	小营点军台	商	古遗址	郑州市郑东新区祭城路街道办事处小营村西北	第二批	2009.6.3	较好
76	东周古城	东周	古遗址	郑州市郑东新区圃田乡古城村	第二批	2009.6.3	一般
77	列子祠	明、清	古建筑	郑州市郑东新区圃田乡圃田村北	第二批	2009.6.3	较好
78	负黍城	春秋	古遗址	登封市大金店镇南城子村	第一批	1987.3.1	较好
79	杨林冶铁遗址	唐	古遗址	登封市徐庄镇杨林村	第一批	1987.3.1	较好
80	冶上冶铁遗址	金	古遗址	登封市告成镇冶上村	第一批	1987.3.1	较好
81	梅村遗址	新石器时代	古遗址	登封市大金店镇梅村东	第二批	2009.6.3	较好
82	李庄遗址	新石器时代	古遗址	登封市君召乡李庄村南	第二批	2009.6.3	较好

续表

序号	名称	时代	类别	地址	公布批次	公布时间	保存状况
83	纸坊遗址	新石器时代	古遗址	登封市中岳街道办事处纸坊村西北	第二批	2009.6.3	较好
84	安寨遗址	新石器时代	古遗址	登封市颍阳镇安寨村东南	第二批	2009.6.3	较好
85	刘村遗址	新石器时代	古遗址	登封市颍阳镇刘村东	第二批	2009.6.3	较好
86	颍阳东街遗址	新石器时代	古遗址	登封市颍阳镇颍阳东街村东	第二批	2009.6.3	较好
87	宋家沟口遗址	新石器时代	古遗址	登封市中岳街道办事处宋家沟口村	第二批	2009.6.3	较好
88	前庄遗址	夏	古遗址	登封市宣化镇前庄村西北	第二批	2009.6.3	较好
89	崇高县故城	汉	古遗址	登封市区中北部	第二批	2009.6.3	一般
90	轘辕关	汉、清	古遗址	登封市嵩山太室山西陲	第二批	2009.6.3	较好
91	登封县故城	唐至清	古遗址	登封市区中心	第二批	2009.6.3	一般
92	银洞遗址	明、清	古遗址	登封市君召乡井眼沟村西北	第二批	2009.6.3	较好
93	炼丹庵	唐	古建筑	登封市嵩山太室山玉柱峰东	第二批	2009.6.3	较好
94	护村碉楼	明	古建筑	登封市石道乡王楼村西	第二批	2009.6.3	较好
95	李家门中岳行宫	明、清	古建筑	登封市石道乡李家门村西南	第二批	2009.6.3	较好
96	济渎庙	明、清	古建筑	登封市石道乡张家门村北	第二批	2009.6.3	较好
97	广惠庵	清	古建筑	登封市少林街道办事处塔沟村古轘辕关西	第二批	2009.6.3	较差
98	三极圣母宫（含天池）	清	古建筑	登封市嵩山峻极峰松树洼	第二批	2009.6.3	较好
99	白鹤观	清	古建筑	登封市嵩山太室山三鹤峰上	第二批	2009.6.3	较好
100	峻极宫	清	古建筑	登封市嵩山太室山玉柱峰南	第二批	2009.6.3	较好
101	耿介故居	清	古建筑	登封市嵩阳街道办事处文明巷	第二批	2009.6.3	较差
102	水峪寺	清	古建筑	登封市徐庄镇何家门村西南	第二批	2009.6.3	较好
103	玄都观	清	古建筑	登封市颍阳镇安寨村东	第二批	2009.6.3	较好

续表

序号	名称	时代	类别	地址	公布批次	公布时间	保存状况
104	万嵩寺	清	古建筑	登封市颍阳镇车窑村	第二批	2009.6.3	较好
105	龙潭寺	清	古建筑	登封市中岳街道办事处龙潭寺村	第二批	2009.6.3	较好
106	孙显墓碑	元	石窟寺及石刻	登封市卢店镇卢西村	第二批	2009.6.3	较好
107	崔氏石坊及碑刻	明	石窟寺及石刻	登封市大金店镇文村	第二批	2009.6.3	较好
108	莲花寺	民国	近现代重要史迹及代表性建筑	登封市少室山莲花峰下	第二批	2009.6.3	较好
109	中正堂	民国	近现代重要史迹及代表性建筑	登封市大金店镇金东村	第二批	2009.6.3	较好
110	登封县第一次党代会旧址	1938年	近现代重要史迹及代表性建筑	登封市大金店镇袁桥村	第二批	2009.6.3	较差
111	登封抗日县政府旧址	1944年	近现代重要史迹及代表性建筑	登封市白坪乡东白坪村	第二批	2009.6.3	较好
112	日军侵华飞机场	1944年	近现代重要史迹及代表性建筑	登封市少林街道办事处耿庄村北	第二批	2009.6.3	较好
113	景店烈士陵园	1948年	近现代重要史迹及代表性建筑	登封市卢店镇景店村东	第二批	2009.6.3	较好
114	当阳桥	1960年	近现代重要史迹及代表性建筑	登封市石道乡后河村东	第二批	2009.6.3	较好
115	苏秦墓	战国	古墓葬	巩义市鲁庄镇苏家庄村南	第一批	1987.3.1	较好
116	京兆王墓	北魏	古墓葬	巩义市夹津口镇卧龙村西南	第一批	1987.3.1	一般
117	杜甫墓	唐	古墓葬	巩义市康店镇山头村东	第一批	1987.3.1	较好

续表

序号	名称	时代	类别	地址	公布批次	公布时间	保存状况
118	老庙	明	古建筑	巩义市新中镇老庙村西南	第一批	1987.3.1	较好
119	赵公桥	明	古建筑	巩义市紫荆路街道办事处北官庄村西	第一批	1987.3.1	一般
120	庄岭遗址	新石器时代	古遗址	巩义市河洛镇庄岭村	第二批	2009.6.3	一般
121	邢村遗址	新石器时代	古遗址	巩义市鲁庄镇邢村东	第二批	2009.6.3	一般
122	口头遗址	新石器时代	古遗址	巩义市小关镇口头村	第二批	2009.6.3	一般
123	罗口遗址	新石器时代、夏、商	古遗址	巩义市西村镇罗口村	第二批	2009.6.3	一般
124	洛口仓遗址（含汉将军城）	隋、唐	古遗址	巩义市河洛镇七里铺村	第二批	2009.6.3	一般
125	老庙山古寨堡群（八蜂嶂寨、将军寨、凤屏寨、天堂寨、黑风寨、冷沟寨、鹿耳寨、穆桂英寨）	宋至清	古遗址	巩义市新中镇石殿村、桃花峪村、杨树沟村、老庙村、岭沟村、峡峪村，小关镇荻坡村一带	第二批	2009.6.3	较好
126	潘岳、潘芘墓	晋	古墓葬	巩义市芝田镇北石村	第二批	2009.6.3	较好
127	嵇含墓	晋	古墓葬	巩义市鲁庄镇鲁庄村北	第二批	2009.6.3	较好
128	赵春亭墓	明	古墓葬	巩义市芝田镇官庄村西	第二批	2009.6.3	一般
129	白窑刘氏民居	清	古建筑	巩义市北山口镇白窑村	第二批	2009.6.3	一般
130	牛状元府	清	古建筑	巩义市河洛镇官殿村	第二批	2009.6.3	一般
131	神北大王庙	清	古建筑	巩义市河洛镇神北村	第二批	2009.6.3	较好
132	龙兴寺	清	古建筑	巩义市回郭镇李邵村	第二批	2009.6.3	一般
133	石井三官庙	清	古建筑	巩义市夹津口镇石井村	第二批	2009.6.3	一般
134	卧龙吴氏山庄	清	古建筑	巩义市夹津口镇卧龙村	第二批	2009.6.3	较好

续表

序号	名称	时代	类别	地址	公布批次	公布时间	保存状况
135	崔氏祠堂	清	古建筑	巩义市孝义街道办事处桥上村	第二批	2009.6.3	较好
136	龙窑	清	古建筑	巩义市站街镇北瑶湾村	第二批	2009.6.3	一般
137	郑氏石坊	清	古建筑	巩义市站街镇仓西村	第二批	2009.6.3	较好
138	王家祠堂（王抟沙小学旧址）	清、民国	古建筑	巩义市站街镇北瑶湾村	第二批	2009.6.3	一般
139	康氏石坊	清	石窟寺及石刻	巩义市河洛镇石板沟村	第二批	2009.6.3	一般
140	孟氏石坊	清	石窟寺及石刻	巩义市河洛镇石板沟村	第二批	2009.6.3	一般
141	魏氏石坊	清	石窟寺及石刻	巩义市康店镇裴峪村	第二批	2009.6.3	较好
142	周氏民居	民国	近现代重要史迹及代表性建筑	巩义市河洛镇七里铺村	第二批	2009.6.3	一般
143	王小六民居	民国	近现代重要史迹及代表性建筑	巩义市河洛镇七里铺村	第二批	2009.6.3	一般
144	余明礼烈士旧居	1944年	近现代重要史迹及代表性建筑	巩义市米河镇水头村大路坡	第二批	2009.6.3	一般
145	豫西行政干校	1944年	近现代重要史迹及代表性建筑	巩义市涉村镇浅井村	第二批	2009.6.3	一般
146	巩县抗日民主政府旧址	1944年	近现代重要史迹及代表性建筑	巩义市涉村镇上庄村	第二批	2009.6.3	较好
147	嵩山八路军抗日工作站旧址	1944年	近现代重要史迹及代表性建筑	巩义市小关镇水泉沟村	第二批	2009.6.3	较好

续表

序号	名称	时代	类别	地址	公布批次	公布时间	保存状况
148	五八年钢铁大会战遗址(包括瑶岭、张沟、关帝庙、丁沟)	1958年	近现代重要史迹及代表性建筑	巩义市夹津口镇丁沟村,鲁庄镇关帝庙村,西村镇张沟村、瑶岭村	第二批	2009.6.3	一般
149	中央领导人视察竹林会议旧址	当代	近现代重要史迹及代表性建筑	巩义市竹林镇	第二批	2009.6.3	较好
150	养钱池冶铁遗址	宋	古遗址	新密市牛店镇张坡村养里沟	第一批	1987.3.1	一般
151	郑庄公墓	春秋	古墓葬	新密市曲梁乡樊庄村	第一批	1987.3.1	较好
152	刘堂庙革命旧址	近现代	近现代重要史迹及代表性建筑	新密市白寨镇刘堂村	第一批	1987.3.1	较好
153	山头湾夜校农民协会旧址	近现代	近现代重要史迹及代表性建筑	新密市大隗镇进化村	第一批	1987.3.1	较差
154	苏寨遗址	新石器时代至夏	古遗址	新密市来集镇苏寨村	第二批	2009.6.3	一般
155	补子庙遗址	新石器时代	古遗址	新密市牛店镇潭村湾村西北	第二批	2009.6.3	较差
156	马家遗址	新石器时代至夏	古遗址	新密市曲梁乡马家村北	第二批	2009.6.3	一般
157	河西马遗址	新石器时代至商	古遗址	新密市曲梁乡河西马村北	第二批	2009.6.3	较好
158	二郎庙遗址	新石器时代、商、周	古遗址	新密市岳村镇二郎庙村南	第二批	2009.6.3	一般
159	马沟遗址	新石器时代、春秋	古遗址	新密市岳村镇马沟村南	第二批	2009.6.3	一般
160	前士郭遗址	商、战国至汉	古遗址	新密市西大街街道办事处前士郭村	第二批	2009.6.3	一般
161	密国城遗址	西周、春秋	古遗址	新密市大隗镇大隗村	第二批	2009.6.3	一般
162	力牧台遗址	春秋至汉	古遗址	新密市刘寨镇台岗村西南	第二批	2009.6.3	一般

续表

序号	名称	时代	类别	地址	公布批次	公布时间	保存状况
163	郑昭公墓	春秋	古墓葬	新密市曲梁乡五虎庙村东	第二批	2009.6.3	一般
164	冯京墓	宋	古墓葬	新密市曲梁乡五虎庙村南	第二批	2009.6.3	一般
165	穴道墓	元	古墓葬	新密市西大街街道办事处青石河村	第二批	2009.6.3	一般
166	闫周民墓	明	古墓葬	新密市城关镇南街村	第二批	2009.6.3	一般
167	宋家楼院	明、清	古建筑	新密市刘寨镇宋寨村	第二批	2009.6.3	较好
168	助泉寺	明、清	古建筑	新密市牛店镇助泉寺村西	第二批	2009.6.3	一般
169	桧阳书院	清	古建筑	新密市城关镇东街村	第二批	2009.6.3	较差
170	孔庙	清	古建筑	新密市城关镇东街村	第二批	2009.6.3	较差
171	修德观	清	古建筑	新密市大隗镇观寨村	第二批	2009.6.3	一般
172	药王庙与老君庙	清	古建筑	新密市来集镇李堂村	第二批	2009.6.3	一般
173	杨万辉故居	清	古建筑	新密市来集镇马武寨村	第二批	2009.6.3	一般
174	云岩宫	清	古建筑	新密市刘寨镇刘寨村西南	第二批	2009.6.3	较差
175	“镇远”炮台	清	古建筑	新密市米村镇茶庵村风门口	第二批	2009.6.3	较好
176	白龙庙	清	古建筑	新密市平陌镇白龙庙村	第二批	2009.6.3	一般
177	报恩寺	清	古建筑	新密市西大街街道办事处前士郭村南	第二批	2009.6.3	一般
178	郭氏祠堂	清	古建筑	新密市新华路街道办事处五里店村	第二批	2009.6.3	较好
179	郑氏祠堂	清	古建筑	新密市岳村镇岳村	第二批	2009.6.3	较差
180	香峪寺造像佛龛	东魏	石窟寺及石刻	新密市尖山风景区香峪寺	第二批	2009.6.3	一般
181	天仙白松碑	明	石窟寺及石刻	新密市城关镇西街村	第二批	2009.6.3	较好
182	米氏祖谱世系碑	明	石窟寺及石刻	新密市米村镇米村街北	第二批	2009.6.3	较好

续表

序号	名称	时代	类别	地址	公布批次	公布时间	保存状况
183	皮定均工作旧址	1944年	近现代重要史迹及代表性建筑	新密市尖山风景区田种湾村	第二批	2009.6.3	较好
184	高坡岩遗址	新石器时代	古遗址	新郑市龙湖镇高坡岩村南	第一批	1987.3.1	一般
185	洪府遗址	新石器时代	古遗址	新郑市孟庄镇洪府村南400米	第一批	1987.3.1	一般
186	大朱庄遗址	新石器时代、商、汉	古遗址	新郑市观音寺镇大朱庄村西	第二批	2009.6.3	一般
187	大范庄遗址	新石器时代、商、东周	古遗址	新郑市郭店镇大范庄村南	第二批	2009.6.3	一般
188	郭河遗址	新石器时代、东周	古遗址	新郑市观音寺镇郭河村东	第二批	2009.6.3	一般
189	高辛庄遗址	新石器时代、东周	古遗址	新郑市梨河镇高辛庄村东南	第二批	2009.6.3	一般
190	南李庄遗址	新石器时代	古遗址	新郑市辛店镇南李庄村东	第二批	2009.6.3	一般
191	齐河遗址	新石器时代	古遗址	新郑市辛店镇齐河村东	第二批	2009.6.3	一般
192	邓湾遗址	新石器时代	古遗址	新郑市新村镇邓湾村西	第二批	2009.6.3	一般
193	司家遗址	商	古遗址	新郑市郭店镇司家村西北	第二批	2009.6.3	一般
194	马庄遗址	商	古遗址	新郑市新村镇马庄村南	第二批	2009.6.3	一般
195	蔡庄遗址	东周	古遗址	新郑市新村镇蔡庄村西南	第二批	2009.6.3	一般
196	陵上遗址	唐、宋	古遗址	新郑市郭店镇陵上村东	第二批	2009.6.3	一般
197	老山坪古寨堡遗址	金	古遗址	新郑市具茨山老山坪	第二批	2009.6.3	一般
198	小寨汉墓	汉	古墓葬	新郑市城关乡小寨村西	第二批	2009.6.3	一般
199	小李庄墓葬区	汉	古墓葬	新郑市和庄镇小李庄村东南	第二批	2009.6.3	一般
200	裴度墓	唐	古墓葬	新郑市龙湖镇东张寨村北	第二批	2009.6.3	较好
201	水月寺	明	古建筑	新郑市辛店镇岳庄村南	第二批	2009.6.3	一般

续表

序号	名称	时代	类别	地址	公布批次	公布时间	保存状况
202	鉴忠堂宝谟楼（接旨亭）	明	古建筑	新郑市新建路街道办事处向阳街西接旨胡同	第二批	2009.6.3	较好
203	乾门史氏民居	清	古建筑	新郑市观音寺镇乾门村	第二批	2009.6.3	一般
204	人和寨刘金山民居	清	古建筑	新郑市辛店镇人和寨村	第二批	2009.6.3	一般
205	白氏祠堂	清	古建筑	新郑市辛店镇辛店村	第二批	2009.6.3	一般
206	考院	清	古建筑	新郑市新建路街道办事处考院街	第二批	2009.6.3	较好
207	王德用墓碑刻	宋	石窟寺及石刻	新郑市龙湖镇荆王村东南	第二批	2009.6.3	一般
208	高拱故里碑刻	明	石窟寺及石刻	新郑市和庄镇高老庄村莲河桥下	第二批	2009.6.3	一般
209	大海寺古建筑遗址	北魏至宋	古遗址	荥阳市索河街道办事处广场街	第一批	1987.3.1	较好
210	翟沟遗址	唐至元	古遗址	荥阳市崔庙镇翟沟村	第一批	1987.3.1	较好
211	刘禹锡墓	唐	古墓葬	荥阳市京城路街道办事处狼窝刘村刘禹锡公园内	第一批	1987.3.1	较好
212	刘沟遗址	新石器时代、战国	古遗址	荥阳市高村乡刘沟村北	第二批	2009.6.3	较好
213	西张村遗址	新石器时代、夏、商	古遗址	荥阳市高村乡西张村西北	第二批	2009.6.3	一般
214	车庄遗址	新石器时代、商至汉	古遗址	荥阳市广武镇车庄村	第二批	2009.6.3	较好
215	任河遗址	新石器时代、战国	古遗址	荥阳市广武镇任河村南	第二批	2009.6.3	较好
216	大马沟遗址	新石器时代、西周、战国	古遗址	荥阳市贾峪镇大马沟村北	第二批	2009.6.3	较好
217	北头遗址	新石器时代	古遗址	荥阳市索河街道办事处北头村北	第二批	2009.6.3	较好
218	池沟寨遗址	夏、汉	古遗址	荥阳市高村乡马沟村北	第二批	2009.6.3	一般
219	唐垌遗址	商	古遗址	荥阳市广武镇唐垌村西南	第二批	2009.6.3	较好

续表

序号	名称	时代	类别	地址	公布批次	公布时间	保存状况
220	小索城遗址	东周	古遗址	荥阳市城关乡张楼村	第二批	2009.6.3	较好
221	任洼瓷窑址	唐	古遗址	荥阳市刘河镇任洼村西	第二批	2009.6.3	较好
222	卧龙台寨	清	古遗址	荥阳市环翠峪风景区贤孝村	第二批	2009.6.3	较好
223	李商隐墓	唐	古墓葬	荥阳市豫龙镇苜蓿湾村南	第二批	2009.6.3	较好
224	秦氏家庙	清	古建筑	荥阳市高村乡油坊村	第二批	2009.6.3	较好
225	大师姑兴国寺	清	古建筑	荥阳市广武镇大师姑村	第二批	2009.6.3	较好
226	苏寨民居（含家庙）	明、清	古建筑	荥阳市广武镇苏寨村	第二批	2009.6.3	较好
227	北周村造像碑	北魏	石窟寺及石刻	荥阳市城关乡北周村	第二批	2009.6.3	较好
228	邢河石窟造像	明	石窟寺及石刻	荥阳市贾峪镇老邢水库西崖壁上	第二批	2009.6.3	较好
229	谷山庙地震碑	清	石窟寺及石刻	荥阳市贾峪镇谷山庙	第二批	2009.6.3	较好
230	阴氏节孝坊	清	石窟寺及石刻	荥阳市乔楼镇秋社村	第二批	2009.6.3	较好
231	中共油坊地下联络站旧址	1944 年至 1945 年	近现代重要史迹及代表性建筑	荥阳市高村乡油坊村	第二批	2009.6.3	较好
232	胜利渠	1975 年	近现代重要史迹及代表性建筑	起于巩义市草店村，止于荥阳市老城南关	第二批	2009.6.3	较好
233	前杨遗址	新石器时代	古遗址	中牟县郑庵镇前杨村南 100 米	第二批	2009.6.3	差
234	大庄东南遗址	新石器时代	古遗址	中牟县郑庵镇大庄村东南 500 米	第二批	2009.6.3	一般
235	业王（野岗）遗址	商	古遗址	中牟县黄店镇业王村西南	第二批	2009.6.3	一般
236	前赵遗址	商	古遗址	中牟县姚家镇前赵村东南 1000 米	第二批	2009.6.3	一般
237	十里头东南遗址	商	古遗址	中牟县姚家镇十里头村东南 400 米	第二批	2009.6.3	一般

续表

序号	名称	时代	类别	地址	公布批次	公布时间	保存状况
238	东赵遗址	商、周	古遗址	中牟县郑庵镇东赵村东北800米	第二批	2009.6.3	一般
239	前杨东遗址	商、周	古遗址	中牟县郑庵镇前杨村东700米	第二批	2009.6.3	一般
240	大庄西南遗址	商、周	古遗址	中牟县郑庵镇大庄村西南300米	第二批	2009.6.3	差
241	梁惠王墓	战国	古墓葬	中牟县官渡镇韩庄村西南500米	第二批	2009.6.3	一般
242	玄帝庙碑刻	明、清	石窟寺及石刻	中牟县大孟镇贺岗村北	第二批	2009.6.3	一般
243	康熙临米芾诗碑	清	石窟寺及石刻	中牟县刘集镇大冉庄村	第二批	2009.6.3	较好
244	中牟老火车站	1944年	近现代重要史迹及代表性建筑	中牟县城东南	第二批	2009.6.3	较好

附件7:郑州市县、区级文物保护单位名录

序号	名称	时代	类别	地址	公布批次	公布时间	保存状况
1	小庙咀旧石器地点	旧石器时代	古遗址	郑州市二七区樱桃沟景区管委会小庙咀村东部	第一批	2012.4.10	较好
2	南郭家咀遗址	新石器时代	古遗址	郑州市二七区樱桃沟景区管委会南郭家咀村西北约1000米	第一批	2012.4.10	较好
3	石旦沟遗址	新石器时代	古遗址	郑州市二七区侯寨乡石旦沟村西约300米	第一批	2012.4.10	较好
4	红花寺南遗址	商	古遗址	郑州市二七区侯寨乡红花寺村南100米	第一批	2012.4.10	较好
5	水磨遗址	商	古遗址	郑州市二七区马寨镇水磨村东	第一批	2012.4.10	较好
6	邓通寨	明、清	古遗址	郑州市二七区樱桃沟景区管委会小庙咀村东北约400米	第一批	2012.4.10	较好
7	山海默穆都哈墓(巴巴墓)	明	古墓葬	郑州市二七区解放路街道办事处解放路北侧老坟岗南52号院内	第一批	2012.4.10	较好
8	双冢村墓冢	汉	古墓葬	郑州市二七区侯寨乡双冢村(西胡垌六组)北约600米	第一批	2012.4.10	较好
9	侯寨郭氏祠堂	清	古建筑	郑州市二七区侯寨乡侯寨村中部	第一批	2012.4.10	较好
10	竹竿园村天井院	清	古建筑	郑州市二七区樱桃沟景区管委会竹竿园村东南角	第一批	2012.4.10	较好
11	娄河东顶郭公懿行碑	民国	石窟寺及石刻	郑州市二七区侯寨乡麦秸垛村娄河东顶村20号旁边	第一批	2012.4.10	较好
12	郑州公教医院旧址(天主教堂修女楼)	1912年	近现代重要史迹及代表性建筑	郑州市二七区解放西路81号2号院	第一批	2012.4.10	一般
13	苏庄遗址	新石器时代、西周	古遗址	郑州市管城回族区南曹乡苏庄东北约200米	第一批	2012.1.6	一般
14	河西袁遗址	新石器时代、商、周	古遗址	郑州市管城回族区十八里河街道办事处河西袁村	第一批	2012.1.6	一般
15	十八里河遗址	新石器时代、商、周	古遗址	郑州市管城回族区十八里河街道办事处十八里河村西南约2000米	第一批	2012.1.6	一般

续表

序号	名称	时代	类别	地址	公布批次	公布时间	保存状况
16	席村遗址	新石器时代、东周	古遗址	郑州市管城回族区南曹乡席村北	第一批	2012.1.6	一般
17	小郑庄遗址	新石器时代	古遗址	郑州市管城回族区南曹乡小郑庄村西南1500米	第一批	2012.1.6	一般
18	大湖遗址	商、战国	古遗址	郑州市管城回族区南曹乡大湖村东150米	第一批	2012.1.6	一般
19	白马寺遗址	商、西周、春秋	古遗址	郑州市管城回族区十八里河街道办事处刘东村南七里河上游北岸	第一批	2012.1.6	一般
20	毕河遗址	商、西周	古遗址	郑州市管城回族区南曹乡毕河村北约100米	第一批	2012.1.6	一般
21	刘德城遗址	商、唐、宋	古遗址	郑州市管城回族区南曹乡刘德城村南200米	第一批	2012.1.6	一般
22	张化楼遗址	商	古遗址	郑州市管城回族区南曹乡张化楼村西南500米	第一批	2012.1.6	一般
23	东吴河遗址	西周	古遗址	郑州市管城回族区十八里河街道办事处东吴河村东南	第一批	2012.1.6	一般
24	小魏河墓群	汉	古墓葬	郑州市管城回族区南曹乡小魏河村周围	第一批	2012.1.6	一般
25	南大街李世鼎民居	清	古建筑	郑州市管城回族区南大街11号	第一批	2012.1.6	一般
26	南大街岳氏民居	清	古建筑	郑州市管城回族区南大街西侧南门西拐3号院内	第一批	2012.1.6	一般
27	熊儿河桥	清	古建筑	郑州市管城回族区南关街熊儿河上	第一批	2012.1.6	一般
28	汉寿亭侯画像碑	明	石窟寺及石刻	郑州市上街区峡窝镇上街村南部	第一批	2005.11	一般
29	李久昌无名冢	汉	古墓葬	郑州航空港经济综合实验区八千办事处李久昌村东500米	第一批	2001.11.12	一般
30	沙张无名冢	汉	古墓葬	郑州航空港经济综合实验区八千办事处沙张村南	第一批	2001.11.12	较好
31	冢刘汉墓	汉	古墓葬	郑州航空港经济综合实验区郑港办事处冢刘村西400米	第一批	2001.11.12	较好
32	曾公亮墓	宋	古墓葬	郑州航空港经济综合实验区八千办事处香炉朱村东	第一批	2001.11.12	一般

续表

序号	名称	时代	类别	地址	公布批次	公布时间	保存状况
33	寺前陈遗址	商至汉	古遗址	郑州航空港经济综合实验区龙王办事处寺前陈村东南 300 米	第二批	2009. 7. 9	一般
34	柴家墓葬区	汉	古墓葬	郑州航空港经济综合实验区龙王办事处原和庄镇柴家村西	第二批	2009. 7. 9	一般
35	刘光三墓(含刘曾若墓)	清	古墓葬	郑州航空港经济综合实验区八千办事处花园村西北 1500 米	第二批	2009. 7. 9	一般
36	新郑县旌贤崇梵院后殿记碑	明	石窟寺及石刻	郑州航空港经济综合实验区新港办事处寺东村西	第二批	2009. 7. 9	一般
37	大辛庄遗址	新石器时代、商	古遗址	郑州航空港经济综合实验区冯堂办事处大辛庄南 200 米	第三批	2012. 1. 11	较好
38	张马遗址	商	古遗址	郑州航空港经济综合实验区三官庙办事处张马村西 800 米	第三批	2012. 1. 11	较好
39	姬庄遗址	西周	古遗址	郑州航空港经济综合实验区滨河办事处姬庄村西北 1000 米	第三批	2012. 1. 11	一般
40	寺下李遗址	西周	古遗址	郑州航空港经济综合实验区滨河办事处寺下李村西北马陵岗上	第三批	2012. 1. 11	较好
41	后霍遗址	西周	古遗址	郑州航空港经济综合实验区张庄办事处后霍村西北 400 米	第三批	2012. 1. 11	一般
42	侯庄遗址	西周、汉	古遗址	郑州航空港经济综合实验区清河办事处侯庄村西 1000 米	第三批	2012. 1. 11	较好
43	单家遗址	东周	古遗址	郑州航空港经济综合实验区龙港办事处单家村北 2000 米土岗上	第三批	2012. 1. 11	较好
44	大辛庄东遗址	东周	古遗址	郑州航空港经济综合实验区冯堂办事处大辛庄东的南北向上	第三批	2012. 1. 11	较好
45	祥符刘北遗址	东周	古遗址	郑州航空港经济综合实验区龙港办事处祥符刘村北 550 米	第三批	2012. 1. 11	一般
46	魏家东北遗址	东周	古遗址	郑州航空港经济综合实验区三官庙办事处魏家村东北	第三批	2012. 1. 11	一般
47	小辛庄遗址	东周	古遗址	郑州航空港经济综合实验区三官庙办事处小辛庄南坡刘岗西北	第三批	2012. 1. 11	一般
48	张庄遗址	东周	古遗址	郑州航空港经济综合实验区张庄办事处张庄村东北 1000 米	第三批	2012. 1. 11	较好

续表

序号	名称	时代	类别	地址	公布批次	公布时间	保存状况
49	生金李西北遗址	东周	古遗址	郑州航空港经济综合实验区张庄办事处生金李村西北 2000 米	第三批	2012.1.11	一般
50	生金李遗址	东周	古遗址	郑州航空港经济综合实验区张庄办事处生金李村东北 500 米	第三批	2012.1.11	一般
51	后吕坡西遗址	东周	古遗址	郑州航空港经济综合实验区张庄办事处后吕坡村西	第三批	2012.1.11	一般
52	后吕坡遗址	东周	古遗址	郑州航空港经济综合实验区张庄办事处后吕坡村西北 500 米	第三批	2012.1.11	一般
53	阎家遗址	东周、汉	古遗址	郑州航空港经济综合实验区龙港办事处阎家村东南 1000 米	第三批	2012.1.11	一般
54	秦家遗址	东周、汉	古遗址	郑州航空港经济综合实验区三官庙办事处秦家村南 600 米	第三批	2012.1.11	一般
55	韩家西北遗址	东周、汉	古遗址	郑州航空港经济综合实验区三官庙办事处韩家村西北	第三批	2012.1.11	一般
56	桓庄遗址	东周、汉、宋	古遗址	郑州航空港经济综合实验区滨河办事处桓庄西 500 米	第三批	2012.1.11	一般
57	大路张遗址	东周、宋	古遗址	郑州航空港经济综合实验区清河办事处大路张村东北 100 米	第三批	2012.1.11	一般
58	单庄遗址	战国	古遗址	郑州航空港经济综合实验区郑港办事处单庄村南 500 米	第三批	2012.1.11	一般
59	草场西北遗址	战国	古遗址	郑州航空港经济综合实验区滨河办事处草场村西北 800 米	第三批	2012.1.11	一般
60	高庄陈遗址	战国	古遗址	郑州航空港经济综合实验区三官庙办事处高庄陈村西 600 米	第三批	2012.1.11	一般
61	土墙村东南遗址	汉	古遗址	郑州航空港经济综合实验区冯堂办事处土墙村东南 100 米	第三批	2012.1.11	一般
62	全神庙遗址及碑刻	清	古遗址	郑州航空港经济综合实验区冯堂办事处高家村	第三批	2012.1.11	一般
63	后段高皇寺	清	古遗址	郑州航空港经济综合实验区三官庙办事处后段村西	第三批	2012.1.11	较好
64	冯庄墓群	汉	古墓葬	郑州航空港经济综合实验区龙港办事处冯庄村西 1000 米	第三批	2012.1.11	一般

续表

序号	名称	时代	类别	地址	公布批次	公布时间	保存状况
65	畠店墓群	汉	古墓葬	郑州航空港经济综合实验区三官庙办事处畠店村南部约600米	第三批	2012.1.11	较好
66	土墙汉墓群	汉	古墓葬	郑州航空港经济综合实验区冯堂办事处土墙村西南	第三批	2012.1.11	较好
67	土墙村张氏家族墓地	元、明、清	古墓葬	郑州航空港经济综合实验区冯堂办事处土墙村北约300米	第三批	2012.1.11	较差
68	八岗村奶奶庙	清	古建筑	郑州航空港经济综合实验区龙港办事处院内	第三批	2012.1.11	较好
69	祥符王氏祠堂	清	古建筑	郑州航空港经济综合实验区三官庙办事处祥符小学院内	第三批	2012.1.11	较好
70	申家村全神庙	清	古建筑	郑州航空港经济综合实验区清河办事处申家村	第三批	2012.1.11	一般
71	魏家村孙子庙	民国	近现代重要史迹及代表性建筑	郑州航空港经济综合实验区三官庙办事处魏家村东南	第三批	2012.1.11	一般
72	东纸坊水闸	1959年	近现代重要史迹及代表性建筑	郑州航空港经济综合实验区滨河办事处东纸坊村南200米	第三批	2012.1.11	较好
73	黄楼遗址	新石器时代	古遗址	登封市中岳街道办事处黄楼村西	第一批	1965.12.20	较好
74	石羊关遗址	新石器时代	古遗址	登封市告成镇石羊关村南	第一批	1965.12.20	较好
75	康村遗址	新石器时代	古遗址	登封市中岳街道办事处康村东南	第一批	1965.12.20	较好
76	西刘碑化石产地	上古	古遗址	登封市大冶镇西刘碑村	第一批	1965.12.20	较差
77	塔湾砖塔(仅剩遗址)	宋	古遗址	登封市中岳街道办事处东张庄村西北山上	第一批	1965.12.20	较好
78	马鸣寺塔(仅剩遗址)	宋	古遗址	登封市大冶镇王家庄村北山坡上	第一批	1965.12.20	较好
79	太古城宋代壁画墓	宋	古墓葬	登封市大冶镇太古城村	第一批	1965.12.20	较好
80	刘景耀墓	明	古墓葬	登封市东华镇东金店村西	第一批	1965.12.20	较好
81	景日昣墓	清	古墓葬	登封市唐庄镇张村西南	第一批	1965.12.20	较好

续表

序号	名称	时代	类别	地址	公布批次	公布时间	保存状况
82	二祖庵塔	唐、元、清	古建筑	登封市少林寺西南少室山钵盂峰上	第一批	1965.12.20	一般
83	卢崖寺	清	古建筑	登封市中岳街道办事处卢崖寺村	第一批	1965.12.20	较好
84	库庄关帝庙碑	北齐	石窟寺及石刻	搬迁于书院(登封市东华镇库庄)	第一批	1965.12.20	较好
85	黄庭坚石刻	宋	石窟寺及石刻	搬迁于书院(登封市老县委)	第一批	1965.12.20	较好
86	大冶西圣寺碑	明、清	石窟寺及石刻	搬迁于书院(登封市大冶镇西)	第一批	1965.12.20	较好
87	卢医庙碑	清	石窟寺及石刻	搬迁于书院(登封市大冶镇东刘碑村)	第一批	1965.12.20	较好
88	八棱碑	清	石窟寺及石刻	搬迁于书院(登封市市区老东街)	第一批	1965.12.20	较好
89	崇法寺(仅剩碑刻)	清	石窟寺及石刻	搬迁于书院(登封市颍阳镇西街)	第一批	1965.12.20	较好
90	西施村遗址	新石器时代	古遗址	登封市大冶镇西施村南	第二批	1996.8.14	较好
91	朝阳沟遗址	新石器时代	古遗址	登封市大冶镇槐树坪东岭上	第二批	1996.8.14	较好
92	双庙沟遗址	新石器时代	古遗址	登封市告成镇双庙沟村	第二批	1996.8.14	一般
93	袁桥遗址	新石器时代	古遗址	登封市大金店镇袁桥村西北	第二批	1996.8.14	较好
94	石道遗址	新石器时代	古遗址	登封市石道乡石道西街河南岸	第二批	1996.8.14	较好
95	于村遗址	新石器时代	古遗址	登封市中岳街道办事处于村南水库西岸	第二批	1996.8.14	较好
96	胥店遗址	新石器时代	古遗址	登封市君召乡胥店村东北河北岸	第二批	1996.8.14	较好
97	城北庄遗址	新石器时代	古遗址	登封市嵩阳街道办事处北庄村西南河东岸	第二批	1996.8.14	较好
98	刘相遗址	新石器时代	古遗址	登封市颍阳镇刘相村南	第二批	1996.8.14	较好
99	郭寨遗址	新石器时代	古遗址	登封市颍阳镇郭寨村南	第二批	1996.8.14	较好
100	李家村遗址	新石器时代	古遗址	登封市大金店镇李家村西(小李湾)	第二批	1996.8.14	较好

续表

序号	名称	时代	类别	地址	公布批次	公布时间	保存状况
101	书院遗址	新石器时代	古遗址	登封市市区北书院西墙外	第二批	1996. 8. 14	较好
102	高马遗址	新石器时代	古遗址	登封市东华镇南高马村西	第二批	1996. 8. 14	较好
103	十字沟遗址	新石器时代	古遗址	登封市东华镇十字沟北路西侧	第二批	1996. 8. 14	较好
104	西范店遗址	新石器时代	古遗址	登封市告成镇西范店村北	第二批	1996. 8. 14	较好
105	玉村遗址	新石器时代	古遗址	登封市告成镇玉村东	第二批	1996. 8. 14	一般
106	冶窑瓷窑遗址	唐	古遗址	登封市大冶镇塔湾冶窑村	第二批	1996. 8. 14	较好
107	李家门瓷窑遗址	唐、宋	古遗址	登封市徐庄镇李家门村	第二批	1996. 8. 14	较好
108	尖山石寨	明	古遗址	登封市唐庄镇磨沟村东北	第二批	1996. 8. 14	较好
109	禹洞	清	古遗址	登封市徐庄镇郑庄桥北山坡上	第二批	1996. 8. 14	较好
110	同心寨	清	古遗址	登封市宣化镇老栗树村	第二批	1996. 8. 14	较好
111	颍考叔墓	春秋	古墓葬	登封市君召乡翟浴沟村	第二批	1996. 8. 14	较好
112	毛女冢	唐	古墓葬	登封市告成镇冶上村	第二批	1996. 8. 14	较好
113	南庄宋墓	宋	古墓葬	登封市嵩阳街道办事处南庄村西	第二批	1996. 8. 14	较好
114	箭沟宋墓	宋	古墓葬	登封市大金店镇箭沟村	第二批	1996. 8. 14	较好
115	将军墓	宋	古墓葬	登封市石道乡郝沟村北山坡上	第二批	1996. 8. 14	较好
116	耿介墓	清	古墓葬	登封市大金店镇老坟洼村	第二批	1996. 8. 14	较好
117	冯沟中岳行宫（借钱庙）	金至清	古建筑	登封市颍阳镇冯沟村东岭上	第二批	1996. 8. 14	较差
118	梅村三官庙	明至清	古建筑	登封市大金店镇梅村河南岸	第二批	1996. 8. 14	较好
119	颍阳火神庙与牛王庙	明至清	古建筑	登封市颍阳镇西南街	第二批	1996. 8. 14	较好
120	挡阳山三仙庙	明至清	古建筑	登封市君召乡东北挡阳山上	第二批	1996. 8. 14	较好
121	康村九龙圣母庙	清	古建筑	登封市中岳街道办事处康村西北	第二批	1996. 8. 14	较好

续表

序号	名称	时代	类别	地址	公布批次	公布时间	保存状况
122	天爷庙	清	古建筑	登封市太室山峻极峰南	第二批	1996. 8. 14	较好
123	吕祖庙	清	古建筑	登封市太室山南麓逍遥谷	第二批	1996. 8. 14	较好
124	三皇寨（含行宫）	清	古建筑	登封市少室山西南麓半山腰	第二批	1996. 8. 14	较好
125	黄龙寺	清	古建筑	登封市颍阳镇车窑村	第二批	1996. 8. 14	较好
126	菩提寺	清	古建筑	登封市颍阳镇车窑村北	第二批	1996. 8. 14	较好
127	紫云观	清	古建筑	登封市颍阳镇冯堂村	第二批	1996. 8. 14	较好
128	颍阳京城隍庙	清	古建筑	登封市颍阳北街路东侧	第二批	1996. 8. 14	较好
129	中灵山行宫	清	古建筑	登封市颍阳镇北鞍坡山中	第二批	1996. 8. 14	一般
130	回龙桥（含太尉殿）	清	古建筑	登封市东华镇东金店村东北角	第二批	1996. 8. 14	一般
131	孙桥二仙庙	清	古建筑	登封市徐庄镇孙桥村	第二批	1996. 8. 14	较好
132	朝阳寺	清	古建筑	登封市大冶镇朝阳沟村	第二批	1996. 8. 14	较好
133	唐庄火神庙	清	古建筑	登封市唐庄镇唐庄西街	第二批	1996. 8. 14	一般
134	玉皇庙	清	古建筑	登封市少室山东麓玉皇沟	第二批	1996. 8. 14	较好
135	大呼沱中岳行宫	清	古建筑	登封市君召乡大呼沱村东	第二批	1996. 8. 14	较好
136	东施村戏楼	清	古建筑	登封市大冶镇东施村	第二批	1996. 8. 14	较好
137	太子庙	清	古建筑	登封市少林街道办事处太子沟村东	第二批	1996. 8. 14	较好
138	青岗寺	清	古建筑	登封市中岳街道办事处中岳庙北青童峰上	第二批	1996. 8. 14	较好
139	景冬阳祠堂	清	古建筑	登封市大冶镇大冶街	第二批	1996. 8. 14	较差
140	九龙宫	清	古建筑	登封市中岳街道办事处中岳庙西墙外	第二批	1996. 8. 14	较好
141	北魏造像碑	北魏	石窟寺及石刻	登封市颍阳镇袁寨村	第二批	1996. 8. 14	较好

续表

序号	名称	时代	类别	地址	公布批次	公布时间	保存状况
142	石羊关石窟	北齐	石窟寺及石刻	登封市告成镇石羊关村东水库北岸	第二批	1996. 8. 14	一般
143	王家门石窟	唐	石窟寺及石刻	登封市少林街道办事处塔沟村王家门北	第二批	1996. 8. 14	一般
144	石羊关石羊	唐	石窟寺及石刻	登封市告成镇石羊关村	第二批	1996. 8. 14	较好
145	禁止与条规碑	清	石窟寺及石刻	搬迁于城隍庙(登封市唐庄镇塔水磨村)	第二批	1996. 8. 14	较好
146	立石断赌碑	清	石窟寺及石刻	登封市徐庄镇孙桥村	第二批	1996. 8. 14	较好
147	三岔口石碑	清	石窟寺及石刻	登封市宣化镇三岔口	第二批	1996. 8. 14	较好
148	山神庙施茶碑	清	石窟寺及石刻	登封市颍阳镇北山神村东岭上	第二批	1996. 8. 14	较好
149	九龙庙碑	清	石窟寺及石刻	登封市唐庄镇郭庄村倒拜沟中	第二批	1996. 8. 14	较好
150	闫坡百鹤观碑	清	石窟寺及石刻	登封市石道乡闫坡村东南	第二批	1996. 8. 14	较好
151	西送表关帝庙碑	清	石窟寺及石刻	登封市白坪乡西送表村	第二批	1996. 8. 14	较好
152	王政墓碑	民国	石窟寺及石刻	登封市唐庄镇玉台村西北	第二批	1996. 8. 14	较好
153	李少卿墓碑	民国	石窟寺及石刻	登封市石道乡阮村南	第二批	1996. 8. 14	较好
154	吴佩孚石联	民国	石窟寺及石刻	登封市白坪乡西白坪村	第二批	1996. 8. 14	佚失
155	革命烈士纪念馆	近现代	近现代重要史迹及代表性建筑	登封市市区万羊岗东侧	第二批	1996. 8. 14	较好
156	杨林抗大旧址	近现代	近现代重要史迹及代表性建筑	登封市徐庄镇杨林村	第二批	1996. 8. 14	一般

续表

序号	名称	时代	类别	地址	公布批次	公布时间	保存状况
157	徐庄烈士陵园	近现代	近现代重要史迹及代表性建筑	登封市徐庄镇徐庄村	第二批	1996. 8. 14	较好
158	西施村烈士陵园	近现代	近现代重要史迹及代表性建筑	登封市大冶镇西施村西	第二批	1996. 8. 14	较好
159	隔子沟烈士陵园	近现代	近现代重要史迹及代表性建筑	登封市阳城开发区隔子沟村南	第二批	1996. 8. 14	并入登封市烈士陵园
160	白坪烈士陵园	近现代	近现代重要史迹及代表性建筑	登封市白坪乡白坪村	第二批	1996. 8. 14	较好
161	石道烈士陵园	近现代	近现代重要史迹及代表性建筑	登封市石道乡石道街西北公路北侧	第二批	1996. 8. 14	较好
162	山范古生物遗迹	远古	古遗址	登封市君召乡山范村	第三批	2002. 12. 23	一般
163	东五司新石器时代晚期遗址	新石器时代	古遗址	登封市卢店镇东五司村	第三批	2002. 12. 23	较好
164	纶氏故城	秦	古遗址	登封市颍阳镇颍北村	第三批	2002. 12. 23	一般
165	颍阳县故城	汉	古遗址	登封市颍阳镇颍北村	第三批	2002. 12. 23	一般
166	程窑瓷窑遗址	宋	古遗址	登封市白坪乡程窑村	第三批	2002. 12. 23	较好
167	尖山李际遇起义旗杆穴	明	古遗址	登封市唐庄镇范家门村南尖山顶	第三批	2002. 12. 23	较好
168	石羊关巢父墓（含石灯）	夏	古墓葬	登封市告成镇石羊关村	第三批	2002. 12. 23	较好
169	大金店汉墓冢	汉	古墓葬	登封市大金店镇大金店村北地	第三批	2002. 12. 23	较好
170	黑山沟宋代壁画墓	宋	古墓葬	登封市嵩阳街道办事处北旨村黑山沟	第三批	2002. 12. 23	较好
171	文村关帝庙	清	古建筑	登封市大金店镇文村	第三批	2002. 12. 23	较好

续表

序号	名称	时代	类别	地址	公布批次	公布时间	保存状况
172	桑楼村夹山楼	清	古建筑	登封市大金店镇桑楼村	第三批	2002.12.23	较好
173	香山庙(含石刻)	清	古建筑	登封市大冶镇周山村	第三批	2002.12.23	较好
174	东刘碑三官庙(含石刻)	清	古建筑	登封市大冶镇东刘碑村	第三批	2002.12.23	一般
175	西施村关帝庙	清	古建筑	登封市大冶镇西施村	第三批	2002.12.23	较好
176	海渚龙王庙(含石刻)	清	古建筑	登封市君召乡海渚村北	第三批	2002.12.23	较好
177	普照寺(含石刻)	清	古建筑	登封市君召乡胥店村	第三批	2002.12.23	较好
178	颍阳薄太后庙(含石刻)	清	古建筑	登封市颍阳镇圪垯坡	第三批	2002.12.23	较好
179	王上村关帝庙	清	古建筑	登封市大金店镇王上村	第三批	2002.12.23	较好
180	唐庄关帝庙	清	古建筑	登封市唐庄镇关帝庙村	第三批	2002.12.23	一般
181	曲河温氏砖楼及靳氏土楼	清	古建筑	登封市告成镇曲河村	第三批	2002.12.23	砖楼较好,土楼已塌毁
182	卢崖瀑布石刻题记	唐至清	石窟寺及石刻	登封市中岳街道办事处北高庄村东北	第三批	2002.12.23	较好
183	箕阴避暑摩崖题记	宋	石窟寺及石刻	登封市东华镇幽兰村龙潭村南	第三批	2002.12.23	一般
184	王上下清微宫石刻	明	石窟寺及石刻	登封市大金店镇王上村北	第三批	2002.12.23	较好
185	刘家沟王家门山神庙石房及石刻	清	石窟寺及石刻	登封市卢店镇刘家沟村王家门	第三批	2002.12.23	较好
186	高坡村石门寺石刻	清	石窟寺及石刻	登封市徐庄镇高坡村	第三批	2002.12.23	较好
187	弋湾弋氏祠堂石刻(含古松树)	清	石窟寺及石刻	登封市大冶镇弋湾村	第三批	2002.12.23	一般

续表

序号	名称	时代	类别	地址	公布批次	公布时间	保存状况
188	和沟村高坡祖师庙石刻	清	石窟寺及石刻	登封市白坪乡和沟村高坡	第三批	2002. 12. 23	较好
189	西施村狮子口石狮	清	石窟寺及石刻	登封市大冶镇西施村狮子口村	第三批	2002. 12. 23	佚失
190	刁地沟石房(含古橿树群)	清	石窟寺及石刻	登封市少林街道办事处雷家沟村刁地沟村	第三批	2002. 12. 23	较好
191	中岳行祠石刻(含古槐及火神庙碑)	明至清	石窟寺及石刻	登封市石道乡梁庄村(现存白坪乡梁庄村)	第三批	2002. 12. 23	较好
192	周庄全神庙石刻(含戏楼建筑)	清	石窟寺及石刻	登封市东华镇周庄村东	第三批	2002. 12. 23	一般
193	马鞍山山神庙石刻	清	石窟寺及石刻	登封市颍阳镇马岭山	第三批	2002. 12. 23	较好
194	景日昣书宋氏墓碑	清	石窟寺及石刻	登封市颍阳镇北寨	第三批	2002. 12. 23	较好
195	朱家坪全神庙石刻	清	石窟寺及石刻	登封市大金店镇朱家坪村	第三批	2002. 12. 23	较好
196	叠石溪字石	清	石窟寺及石刻	登封市市区北逍遥谷口处	第三批	2002. 12. 23	较好
197	中正一泉、二泉	1937 年	近现代重要史迹及代表性建筑	登封市市区崇福宫北万岁峰下	第三批	2002. 12. 23	较好
198	二岚沟中共抗日救亡县委旧址	1939 年	近现代重要史迹及代表性建筑	登封市白坪乡二岚沟村	第三批	2002. 12. 23	较差
199	红石头沟教堂	1940 年	近现代重要史迹及代表性建筑	登封市君召乡红石头沟村	第三批	2002. 12. 23	较好
200	花椒岭肉搏战石坑	1944 年	近现代重要史迹及代表性建筑	登封市卢店镇吴岗村东花椒岭上	第三批	2002. 12. 23	较好

续表

序号	名称	时代	类别	地址	公布批次	公布时间	保存状况
201	北沟村火烧刘家窑旧址	1944 年	近现代重要史迹及代表性建筑	登封市告成镇北沟村	第三批	2002. 12. 23	一般
202	智取南小寨旧址	1944 年	近现代重要史迹及代表性建筑	登封市大金店镇南寨村	第三批	2002. 12. 23	较好
203	官湾村夜袭官湾寨旧址	1945 年	近现代重要史迹及代表性建筑	登封市徐庄镇官湾村	第三批	2002. 12. 23	较好
204	红石头沟抗日纪念碑	1995 年	近现代重要史迹及代表性建筑	登封市君召乡红石头沟村	第三批	2002. 12. 23	较好
205	坞罗遗址	新石器时代	古遗址	巩义市坞罗水库旁	第一批	1963. 8. 15	一般
206	小訾殿遗址	新石器时代	古遗址	巩义市回郭镇小訾殿村	第一批	1963. 8. 15	一般
207	罗汉寺	北宋	古建筑	巩义市夹津口镇丁沟村	第一批	1963. 8. 15	较好
208	玉晨观	清	古建筑	巩义市回郭镇李邵村	第一批	1963. 8. 15	已拆除
209	灵山寺	清	古建筑	巩义市康店镇裴峪村	第一批	1963. 8. 15	较好
210	九山万世明公神灵碑	北朝	石窟寺及石刻	原存巩义市回郭镇小訾殿村,现存石窟寺	第一批	1963. 8. 15	较好
211	北齐造像幢	北齐	石窟寺及石刻	原存巩义市鲁庄镇赵城村东门外,现存郑州博物馆	第一批	1963. 8. 15	较好
212	广顺经幢	后周	石窟寺及石刻	原存巩义市回郭镇文化站	第一批	1963. 8. 15	已毁
213	杨国公主墓志铭	北宋	石窟寺及石刻	原存巩义市芝田镇八陵,现存永定陵	第一批	1963. 8. 15	较好
214	邓国公主追封碑记	北宋	石窟寺及石刻	原存巩义市芝田镇八陵,现存永定陵	第一批	1963. 8. 15	较好
215	昭孝禅院经幢	宋	石窟寺及石刻	原存巩义市康店镇康店村河沿,现存石窟寺	第一批	1963. 8. 15	一般
216	重修启母少姨庙碑	宋	石窟寺及石刻	巩义市回郭镇柏峪村	第一批	1963. 8. 15	一般

续表

序号	名称	时代	类别	地址	公布批次	公布时间	保存状况
217	张公神道碑	元	石窟寺及石刻	现存巩义市十方院(张恩神道碑调往河南博物院)	第一批	1963.8.15	一般
218	大劫文碑	清	石窟寺及石刻	原存巩义市大峪沟镇海上桥村	第一批	1963.8.15	一般
219	三元寨碑	清	石窟寺及石刻	巩义市河洛镇南河渡村	第一批	1963.8.15	已丢失
220	秉礼学校	近代	近现代重要史迹及代表性建筑	巩义市西村镇西村东门里路南	第一批	1963.8.15	一般
221	豫西专员公署旧址	近代	近现代重要史迹及代表性建筑	巩义市涉村镇涉村东	第一批	1963.8.15	一般
222	蔡齐故里	北宋	其他	巩义市芝田镇蔡庄村小学内	第一批	1963.8.15	一般
223	斜里谷墓	战国	古墓葬	巩义市鲁庄镇斜里村西南约300米	第二批	1990.2.1	一般
224	漫流汾阳王庙	明	古建筑	巩义市回郭镇漫流村南岗上	第二批	1990.2.1	一般
225	张之朴烈士纪念碑	近代	近现代重要史迹及代表性建筑	巩义市夹津口镇姜背枣山岭上	第二批	1990.2.1	较好
226	三田故居遗址	明	古遗址	巩义市孝义街道办事处孝北村	第三批	2007.12.18	一般
227	南官庄安仁寨	清	古遗址	巩义市北山口镇南官庄村	第三批	2007.12.18	一般
228	小关伏山寨	清	古遗址	巩义市小关镇水道口村	第三批	2007.12.18	较好
229	公川人和寨	民国	古遗址	巩义市夹津口镇公川村	第三批	2007.12.18	较好
230	汉光武帝左夫人墓	汉	古墓葬	巩义市小关镇冯寨村	第三批	2007.12.18	一般
231	董陵汉墓	汉	古墓葬	巩义市大峪沟镇董陵村	第三批	2007.12.18	一般
232	平定寺	明	古建筑	巩义市涉村镇寺坪村	第三批	2007.12.18	一般
233	五岳庙	明	古建筑	巩义市西村镇李家窑村	第三批	2007.12.18	一般
234	桥沟老君庙	明	古建筑	巩义市大峪沟镇桥沟村	第三批	2007.12.18	较好

续表

序号	名称	时代	类别	地址	公布批次	公布时间	保存状况
235	鲁庄望乡楼	明	古建筑	巩义市鲁庄镇鲁庄村	第三批	2007. 12. 18	一般
236	蔡庄赵家楼	明	古建筑	巩义市芝田镇蔡庄村	第三批	2007. 12. 18	一般
237	姚氏祠堂	明末清初	古建筑	巩义市鲁庄镇鲁庄村	第三批	2007. 12. 18	较好
238	站街大王庙	清	古建筑	巩义市站街镇东站镇村	第三批	2007. 12. 18	一般
239	荻坡齐天大圣庙	清	古建筑	巩义市小关镇荻坡村	第三批	2007. 12. 18	较好
240	周氏祠堂	清	古建筑	巩义市芝田镇羽林庄村	第三批	2007. 12. 18	较好
241	张家祠堂	清	古建筑	巩义市回郭镇清西村	第三批	2007. 12. 18	较好
242	礼泉民居	清	古建筑	巩义市康店镇礼泉村	第三批	2007. 12. 18	一般
243	柏林魁星楼	清	古建筑	巩义市大峪沟镇柏林村	第三批	2007. 12. 18	一般
244	北窑湾张家院	清	古建筑	巩义市站街镇北瑶湾村	第三批	2007. 12. 18	一般
245	张静吾故居	民国	近现代重要史迹及代表性建筑	巩义市站街镇北瑶湾村	第三批	2007. 12. 18	较好
246	张相周故居	清至民国	近现代重要史迹及代表性建筑	巩义市大峪沟镇杨里村	第三批	2007. 12. 18	一般
247	刘延涛故居	清至民国	近现代重要史迹及代表性建筑	巩义市北山口镇北山口村	第三批	2007. 12. 18	较好
248	抗日名将吉鸿昌“天堑飞渡”纪念碑旧址	1927 年	近现代重要史迹及代表性建筑	巩义市河洛镇黄沙峪渡河处	第三批	2007. 12. 18	一般
249	西村万泉楼	1929 年	近现代重要史迹及代表性建筑	巩义市西村镇东村	第三批	2007. 12. 18	一般
250	八路军豫西抗日独立支队后勤处旧址	1944 年	近现代重要史迹及代表性建筑	巩义市新中镇	第三批	2007. 12. 18	一般

续表

序号	名称	时代	类别	地址	公布批次	公布时间	保存状况
251	抗日义勇军司令部旧址	1944—1945年	近现代重要史迹及代表性建筑	巩义市夹津口镇公川村	第三批	2007.12.18	一般
252	巩县抗日民主区政府旧址（第一、二、三、四、五、六、七区）	1944—1945年	近现代重要史迹及代表性建筑	巩义市涉村镇、夹津口镇、大峪沟镇、新中镇、鲁庄镇、西村镇	第三批	2007.12.18	一般
253	豫西抗日独立支队野战医院旧址	1944—1945年	近现代重要史迹及代表性建筑	巩义市涉村镇洪河村、新中镇灵官殿村	第三批	2007.12.18	一般
254	豫西地委党校旧址	1945年	近现代重要史迹及代表性建筑	巩义市涉村镇上庄村	第三批	2007.12.18	较好
255	庄公望母台	春秋	古遗址	新密市平陌镇杨台村东	第一批	密政〔1963〕4号	较好
256	香峪寺	唐、宋	古建筑	新密市香峪山南麓	第一批	密政〔1963〕4号	一般
257	香山庙	明	古建筑	新密市平陌镇香山峰上	第一批	密政〔1963〕4号	一般
258	天仙庙	明	古建筑	新密市城关镇杨寨村西南	第一批	密政〔1963〕4号	一般
259	莪沟化石洞	新生代第四纪更新世	古遗址	新密市西南8千米洧水南岸灵岩山东麓山脚下	第二批	密政〔1987〕45号	较好
260	栗林化石洞	新生代第四纪更新世	古遗址	新密市超化镇栗林村	第二批	密政〔1987〕45号	较好
261	莪沟北岗遗址	新石器时代	古遗址	新密市超化镇莪沟村北岗上	第二批	密政〔1987〕45号	较好
262	老城东北角遗址	新石器时代	古遗址	新密市密县老城东北角	第二批	密政〔1987〕45号	较差
263	古煤矿井	新石器时代	古遗址	新密市岳村镇苇园村南侧	第二批	密政〔1987〕45号	较好

续表

序号	名称	时代	类别	地址	公布批次	公布时间	保存状况
264	程庄遗址	仰韶文化	古遗址	新密市曲梁乡程庄村南台地	第二批	密政〔1987〕45 号	一般
265	惠沟遗址	仰韶文化	古遗址	新密市区惠沟村南侧岗地上	第二批	密政〔1987〕45 号	较差
266	五虎庙遗址	龙山文化	古遗址	新密市曲梁乡五虎庙村东	第二批	密政〔1987〕45 号	一般
267	张庄遗址	商	古遗址	新密市大隗镇东南张庄村东北约 200 米的台地上	第二批	密政〔1987〕45 号	一般
268	曲家窝画像砖墓	汉	古墓葬	新密市大隗镇北 2.5 千米龙王庙村曲家窝	第二批	密政〔1987〕45 号	较差
269	席家窝画像砖墓	汉	古墓葬	新密市大隗镇东 1.5 千米河屯村席家窝断崖上	第二批	密政〔1987〕45 号	较差
270	回民沟画像砖墓	汉	古墓葬	新密市大隗镇北回民沟村	第二批	密政〔1987〕45 号	较差
271	光武店汉墓	汉	古墓葬	新密市白寨镇光武店村西南约 500 米	第二批	密政〔1987〕45 号	一般
272	索长官墓	五代	古墓葬	新密市城关镇菜园沟口西侧	第二批	密政〔1987〕45 号	一般
273	王彦章墓	五代	古墓葬	新密市苟堂镇刘庄村东侧岗地上	第二批	密政〔1987〕45 号	一般
274	孙姨娘墓	宋	古墓葬	新密市袁庄乡杨坟窝村	第二批	密政〔1987〕45 号	较差
275	孙光普墓	宋	古墓葬	新密市袁庄乡杨坟窝村	第二批	密政〔1987〕45 号	较差
276	欧阳修墓	宋	古墓葬	新密市大隗镇大候庄村东南与新郑交界处	第二批	密政〔1987〕45 号	较好
277	牛王冢	宋	古墓葬	新密市大隗镇双楼村东南	第二批	密政〔1987〕45 号	较好
278	冯宣墓	元	古墓葬	新密市刘寨镇王嘴村圣寿寺西溪水旁	第二批	密政〔1987〕45 号	较差
279	刘先墓	元	古墓葬	新密市大隗镇进化村	第二批	密政〔1987〕45 号	一般

续表

序号	名称	时代	类别	地址	公布批次	公布时间	保存状况
280	张问明墓	明	古墓葬	新密市超化镇河西村西岗	第二批	密政〔1987〕45 号	较差
281	钱九韶墓	清	古墓葬	新密市超化镇至草庙公路东侧张凤凹	第二批	密政〔1987〕45 号	较差
282	法海寺	宋	古建筑	新密市城关镇南街村	第二批	密政〔1987〕45 号	一般
283	中王庙	清	古建筑	新密市岳村镇岳村北	第二批	密政〔1987〕45 号	一般
284	连公山主寿塔	北宋	石刻	新密市超化镇河西村南	第二批	密政〔1987〕45 号	一般
285	密南抗日民主政府旧址	1945 年	近现代重要史迹及代表性建筑	新密市超化镇栗林村冯庄	第二批	密政〔1987〕45 号	较差
286	杏树岗烈士陵园	1947 年	近现代重要史迹及代表性建筑	新密市超化镇杏树岗村东侧	第二批	密政〔1987〕45 号	已集中搬迁
287	密县烈士陵园	1947 年	近现代重要史迹及代表性建筑	新密市密县老城东关塔坡上	第二批	密政〔1987〕45 号	已集中搬迁
288	密北抗日民主政府旧址	近现代	近现代重要史迹及代表性建筑	新密市尖山风景区管委会尖山村	第二批	密政〔1987〕45 号	一般
289	灵崖洞遗址	新生代第四纪更新世	古遗址	新密市平陌镇灵岩山上	第三批	密政〔1994〕18 号	较好
290	大隗北沟汉墓群	汉	古墓葬	新密市大隗镇北沟村	第三批	密政〔1994〕18 号	一般
291	超化汉墓群	汉	古墓葬	新密市超化镇超化村、东店村、河西村及王村北岭一带	第三批	密政〔1994〕18 号	一般
292	甄逸墓	三国	古墓葬	新密市牛店镇寨脖村甄坟窝	第三批	密政〔1994〕18 号	较好
293	杨孝墓	明	古墓葬	新密市城关镇五里店村南杨坟湾	第三批	密政〔1994〕18 号	较好

续表

序号	名称	时代	类别	地址	公布批次	公布时间	保存状况
294	华严寺	隋	古建筑	新密市牛店镇北召村西侧	第三批	密政〔1994〕18号	一般
295	柿园遗址	仰韶文化	古遗址	新密市曲梁乡柿园村西约100米	第四批	2004.10	一般
296	交流寨遗址	仰韶文化	古遗址	新密市曲梁乡大樊庄村南交流寨	第四批	2004.10	一般
297	五虎庙东遗址	仰韶文化	古遗址	新密市曲梁乡五虎庙村东	第四批	2004.10	一般
298	南泉寺	北魏	古建筑	新密市苟堂镇申门村大鸿山北麓南泉寺村	第四批	2004.10	较差
299	开旸庙	明	古建筑	新密市区西大街金风路开旸庙坡村	第四批	2004.10	较好
300	兴隆寺	清	古建筑	新密市苟堂镇靳寨村	第四批	2004.10	一般
301	小顶山寨与始祖庙	清	古建筑	新密市尖山楼院、五虎沟村与荥阳市接界处	第四批	2004.10	一般
302	陈沟古民居	清	古建筑	新密市来集镇陈沟村	第四批	2004.10	较差
303	老耆沟观音寺	东晋	古建筑	新密市大隗镇老耆沟村屈寨北	第五批	2012.10	较好
304	魏氏家寝	清	古建筑	新密市城关镇西街村老城西街路北	第五批	2012.10	一般
305	南关火神庙	清	古建筑	新密市城关镇南街村南街路南	第五批	2012.10	较好
306	青石河伏羲女娲娘娘庙	清	古建筑	新密市西大街街道办事处青石河村西岗上	第五批	2012.10	较好
307	牛氏宗祠	清	古建筑	新密市曲梁乡下牛村	第五批	2012.10	较好
308	沙窝李遗址	裴李岗文化	古遗址	新郑市龙湖镇沙窝李村西北300米	第一批	2001.11.12	一般
309	岗时遗址	裴李岗文化	古遗址	新郑市郭店镇岗时村北300米	第一批	2001.11.12	一般
310	西土桥遗址	裴李岗文化	古遗址	新郑市辛店镇西土桥村西南300米	第一批	2001.11.12	一般
311	大朱庄遗址	仰韶文化	古遗址	新郑市观音寺镇大朱庄村西南300米	第一批	2001.11.12	一般
312	岳庄遗址	仰韶文化	古遗址	新郑市薛店镇岳庄村西侧	第一批	2001.11.12	一般
313	高千庄遗址	龙山文化	古遗址	新郑市新村镇高千庄村西	第一批	2001.11.12	一般

续表

序号	名称	时代	类别	地址	公布批次	公布时间	保存状况
314	三里岗遗址	商	古遗址	新郑市龙湖镇三里岗村北400米	第一批	2001.11.12	一般
315	马垌遗址	商	古遗址	新郑市新村镇马垌村西100米	第一批	2001.11.12	一般
316	积粟台	东周	古遗址	新郑市新村镇新村中学北侧	第一批	2001.11.12	一般
317	轩辕墓	新石器时代	古墓葬	新郑市和庄镇能庄村东500米	第一批	2001.11.12	一般
318	伯夷、叔齐墓	商	古墓葬	新郑市孟庄镇京广铁路702千米处西侧	第一批	2001.11.12	一般
319	梨园汉墓群	汉	古墓葬	新郑市新村镇梨园北沟南300米	第一批	2001.11.12	一般
320	周家汉墓	汉	古墓葬	新郑市郭店镇周庄村西200米	第一批	2001.11.12	一般
321	山水寨沟墓区	汉	古墓葬	新郑市辛店镇山水寨沟村	第一批	2001.11.12	一般
322	奶母坟	唐	古墓葬	新郑市龙湖镇张砦村	第一批	2001.11.12	一般
323	白锽墓	唐	古墓葬	新郑市辛店镇辛店街	第一批	2001.11.12	一般
324	杨朴墓	宋	古墓葬	新郑市龙湖镇袁堡村东400米	第一批	2001.11.12	一般
325	吕公著墓	宋	古墓葬	新郑市郭店镇武岗村南	第一批	2001.11.12	一般
326	吕夷简墓	宋	古墓葬	新郑市郭店镇李坟村东	第一批	2001.11.12	一般
327	高捷墓	明	古墓葬	新郑市薛店镇鲍嶂山村西300米	第一批	2001.11.12	一般
328	高魁墓	明	古墓葬	新郑市和庄镇西高老庄村东	第一批	2001.11.12	一般
329	张光祖墓	清	古墓葬	新郑市新村镇新村郑新公路东侧	第一批	2001.11.12	一般
330	烈士陵园	近代	古墓葬	新郑市城关乡凤台寺塔南侧	第一批	2001.11.12	一般
331	杨文杰烈士墓	近代	古墓葬	新郑市观音寺镇桐树张村三岔口附近	第一批	2001.11.12	一般
332	贾长定烈士墓	近代	古墓葬	新郑市辛店镇石门村西300米	第一批	2001.11.12	一般
333	幽胜寺	清	古建筑	新郑市辛店镇柿树行村	第一批	2001.11.12	一般
334	炮楼	民国	古建筑	新郑市梨河镇高辛庄村北京广铁路南端	第一批	2001.11.12	一般

续表

序号	名称	时代	类别	地址	公布批次	公布时间	保存状况
335	崔府遗址	龙山文化	古遗址	新郑市郭店镇崔府村东北	第二批	2008. 12. 24	一般
336	山东乔遗址	东周	古遗址	新郑市龙湖镇山东乔村北 400 米	第二批	2008. 12. 24	一般
337	牛庄遗址	东周	古遗址	新郑市观音寺镇牛庄村北	第二批	2008. 12. 24	一般
338	小侯庄汉墓	汉	古遗址	新郑市和庄镇侯庄村东南	第二批	2008. 12. 24	一般
339	周庄汉墓	汉	古墓葬	新郑市和庄镇周庄村西南 200 米	第二批	2008. 12. 24	一般
340	高拱故里	明	古建筑	新郑市和庄镇河东高老庄村	第二批	2008. 12. 24	较差
341	新郑县衙	清	古建筑	新郑市新建路街道办事处西大街北侧	第二批	2008. 12. 24	一般
342	李木嘴南遗址（含东南遗址）	仰韶文化	古遗址	新郑市龙湖镇李木嘴村南、东南	第三批	2009. 7. 9	一般
343	小卢遗址	龙山文化	古遗址	新郑市龙湖镇小卢村东	第三批	2009. 7. 9	一般
344	曹庄遗址	龙山文化	古遗址	新郑市城关乡曹庄村东北 300 米	第三批	2009. 7. 9	一般
345	夏寨遗址	龙山文化	古遗址	新郑市郭店镇洪沟村夏寨村北	第三批	2009. 7. 9	一般
346	荆王遗址	龙山文化	古遗址	新郑市龙湖镇荆王村东南 200 米	第三批	2009. 7. 9	一般
347	前河刘遗址	夏	古遗址	新郑市观音寺镇前河刘村南 100 米	第三批	2009. 7. 9	一般
348	东徐遗址	商	古遗址	新郑市龙湖镇东徐村东南	第三批	2009. 7. 9	一般
349	杨河遗址	东周	古遗址	新郑市城关乡杨河村东北	第三批	2009. 7. 9	一般
350	端庄遗址	战国	古遗址	新郑市城关乡端庄村北	第三批	2009. 7. 9	一般
351	刘知州遗址	战国	古遗址	新郑市郭店镇刘知州村北	第三批	2009. 7. 9	一般
352	戴湾故城	汉	古遗址	新郑市新村镇戴湾村西北	第三批	2009. 7. 9	一般
353	郑武公陵	东周	古墓葬	新郑市城关乡杜庄村西北	第三批	2009. 7. 9	一般
354	尹开基与常太君合葬墓	明	古墓葬	新郑市和庄镇尹庄村西南	第三批	2009. 7. 9	一般
355	刘全墓	明	古墓葬	新郑市薛店镇文正村西	第三批	2009. 7. 9	一般

续表

序号	名称	时代	类别	地址	公布批次	公布时间	保存状况
356	欧阳氏祠堂	宋	古建筑	新郑市辛店镇欧阳寺村西南	第三批	2009.7.9	较差
357	赵氏祠堂	清	古建筑	新郑市龙湖镇小乔村	第三批	2009.7.9	一般
358	铁炉王氏祠堂	清	古建筑	新郑市辛店镇铁炉村	第三批	2009.7.9	一般
359	观音寺石刻	南北朝至明	石窟寺及石刻	新郑市观音寺镇观音寺村南	第三批	2009.7.9	一般
360	重修宝像寺碑记(含龟形碑座)	明	石窟寺及石刻	新郑市龙湖镇宝像寺村龙湖一中院内	第三批	2009.7.9	一般
361	刘氏先茔碑刻	清	石窟寺及石刻	新郑市和庄镇老庄刘村东	第三批	2009.7.9	一般
362	赵馥若先生纪念碑	1942年	近现代重要史迹及代表性建筑	新郑市辛店镇新密路至赵家寨村路东侧	第三批	2009.7.9	一般
363	凤凰台遗址	新石器时代	古遗址	荥阳市城关乡凤凰台村东	第一批	1987.5.6	一般
364	魏河遗址	新石器时代	古遗址	荥阳市城关乡魏河村东	第一批	1987.5.6	一般
365	竹川遗址	新石器时代	古遗址	荥阳市高山镇竹川村北	第一批	1987.5.6	一般
366	竖河遗址	新石器时代	古遗址	荥阳市高村乡竖河村南	第一批	1987.5.6	一般
367	上河遗址	新石器时代	古遗址	荥阳市乔楼镇上河村	第一批	1987.5.6	一般
368	周固寺遗址	新石器时代	古遗址	荥阳市城关乡周固寺村北	第一批	1987.5.6	一般
369	高村寺遗址	商	古遗址	荥阳市高村乡高村寺村南	第一批	1987.5.6	一般
370	桑林祷雨遗址	商	古遗址	荥阳市王村镇桑园村	第一批	1987.5.6	一般
371	大索城遗址	东周	古遗址	荥阳市老城区	第一批	1987.5.6	一般
372	古郑长城遗址	东周	古遗址	荥阳市崔庙镇王宗店村西	第一批	1987.5.6	一般
373	张良寨	西汉	古遗址	荥阳市广武镇东张沟村东	第一批	1987.5.6	一般
374	汜水城	汉	古遗址	荥阳市汜水镇	第一批	1987.5.6	一般

续表

序号	名称	时代	类别	地址	公布批次	公布时间	保存状况
375	虎牢关	东汉末	古遗址	荥阳市汜水镇虎牢关村	第一批	1987.5.6	一般
376	建德城	唐	古遗址	荥阳市高村乡牛口峪村东	第一批	1987.5.6	一般
377	楚村冶铜遗址	宋至元	古遗址	荥阳市贾峪镇楚村南	第一批	1987.5.6	一般
378	广武城	明	古遗址	荥阳市广武镇	第一批	1987.5.6	一般
379	冢李汉墓冢	汉	古墓葬	荥阳市广武镇冢李村东北	第一批	1987.5.6	一般
380	王祥冢	晋	古墓葬	荥阳市高村乡东南	第一批	1987.5.6	较好
381	郑氏陵墓	北魏、唐	古墓葬	荥阳市广武镇桃花峪村西	第一批	1987.5.6	一般
382	焉陵王陵	明	古墓葬	荥阳市贾峪镇武庄村南	第一批	1987.5.6	一般
383	周靖王陵	明	古墓葬	荥阳市贾峪镇龙卧凹村	第一批	1987.5.6	一般
384	周懿王陵	明	古墓葬	荥阳市贾峪镇槐林村东	第一批	1987.5.6	一般
385	沈丘王陵	明	古墓葬	荥阳市贾峪镇路岗村	第一批	1987.5.6	一般
386	周惠王陵	明	古墓葬	荥阳市贾峪镇楚村	第一批	1987.5.6	一般
387	巴巴墓	清	古墓葬	荥阳市金寨回族乡金寨村西北	第一批	1987.5.6	较好
388	谷山庙	明、清	古建筑	荥阳市贾峪镇西南	第一批	1987.5.6	一般
389	逍遥观	清	古建筑	荥阳市高山镇竹川村西北	第一批	1987.5.6	一般
390	周固寺	清	古建筑	荥阳市城关乡周固寺村	第一批	1987.5.6	较好
391	北齐石窟造像	北齐	石窟寺及石刻	荥阳市崔庙镇王宗店村北	第一批	1987.5.6	较好
392	冯玉祥语录碑	民国	石窟寺及石刻	荥阳市汜水镇火车站	第一批	1987.5.6	一般
393	中共荥广汜中心县委旧址	1938 年	近现代重要史迹及代表性建筑	荥阳市刘河镇吴家	第一批	1987.5.6	一般

续表

序号	名称	时代	类别	地址	公布批次	公布时间	保存状况
394	中共荥汜县抗日大楼旧址	1944 年至 1945 年	近现代重要史迹及代表性建筑	荥阳市刘河镇肖寨村	第一批	1987.5.6	较好
395	抗日后方医院三所旧址	1945 年	近现代重要史迹及代表性建筑	荥阳市环翠峪管委会三坟村	第一批	1987.5.6	较好
396	镇河铁牛	清	其他	荥阳市王村镇孤柏嘴	第一批	1987.5.6	一般
397	老邢祖师庙	明、清	古建筑	荥阳市贾峪镇老邢村南	第二批	1999.6.25	一般
398	河王汉墓群	汉	古墓葬	荥阳市广武镇苏寨村	第三批	2004.5.18	一般
399	周庄王陵	明	古墓葬	荥阳市贾峪镇槐林村蒋庄	第三批	2004.5.18	一般
400	穆寨玉仙圣母庙	明	古建筑	荥阳市高村乡穆寨村	第三批	2004.5.18	较好
401	牛氏祖地旧址	明、清	古建筑	荥阳市汜水镇十里堡村	第三批	2004.5.18	较好
402	荥阳市烈士陵园	1995 年至 1996 年	近现代重要史迹及代表性建筑	荥阳市乔楼镇七里村	第三批	2004.5.18	一般
403	官渡之战遗址	汉	古遗址	中牟县官渡镇官渡桥村北	第一批	1985.3.18	差
404	岗王裴度庙（乌柏）	清	古建筑	中牟县姚家镇岗王村东	第一批	1985.3.18	一般
405	中牟县烈士陵园	20 世纪 50 年代	近现代重要史迹及代表性建筑	中牟县青年西路	第一批	1985.3.18	较好
406	仓寨村水月庵遗址	明	古遗址	中牟县官渡镇仓寨村水月庵内	第二批	1989.6.30	一般
407	潘岳墓	晋	古墓葬	中牟县东风路街道办事处大潘庄村南	第二批	1989.6.30	一般
408	仓翰林墓	清	古墓葬	中牟县官渡镇仓寨村西 800 米	第二批	1989.6.30	一般
409	草场古井	汉	古建筑	中牟县大孟镇草场村东十字街交叉口	第二批	1989.6.30	较差

续表

序号	名称	时代	类别	地址	公布批次	公布时间	保存状况
410	鲁庙村鲁公祠	清	古建筑	中牟县刘集镇鲁庙村内	第二批	1989. 6. 30	较好
411	姚家遗址	仰韶文化	古遗址	中牟县韩寺镇姚家村东	第三批	2012. 1. 11	一般
412	韩寨遗址	新石器时代、战国、汉、宋	古遗址	中牟县雁鸣湖镇韩寨村西南 500 米	第三批	2012. 1. 11	较差
413	祥符营遗址	商	古遗址	中牟县黄店镇祥符营村东	第三批	2012. 1. 11	一般
414	梁家南遗址	商、周	古遗址	中牟县姚家镇梁家村南 1200 米	第三批	2012. 1. 11	一般
415	土山店西遗址	商、周	古遗址	中牟县姚家镇土山店村西 1000 米	第三批	2012. 1. 11	一般
416	杓王东南遗址	周	古遗址	中牟县黄店镇杓王村东南 500 米	第三批	2012. 1. 11	一般
417	贺庄遗址	西周	古遗址	中牟县郑庵镇贺庄村东	第三批	2012. 1. 11	一般
418	砚台寺村遗址	东周	古遗址	中牟县郑庵镇砚台寺村南 100 米	第三批	2012. 1. 11	好
419	台前西南遗址	东周	古遗址	中牟县郑庵镇台前村西南 1000 米	第三批	2012. 1. 11	一般
420	贺庄西北遗址	东周	古遗址	中牟县郑庵镇贺庄村西北 150 米	第三批	2012. 1. 11	较差
421	贺庄北遗址	东周	古遗址	中牟县郑庵镇贺庄村北 1000 米	第三批	2012. 1. 11	差
422	韩河遗址	东周	古遗址	中牟县郑庵镇韩河村东北 1500 米	第三批	2012. 1. 11	较差
423	刘庄遗址	东周	古遗址	中牟县郑庵镇刘庄村西北 1500 米	第三批	2012. 1. 11	一般
424	黑牛张遗址	东周	古遗址	中牟县郑庵镇黑牛张村南 200 米	第三批	2012. 1. 11	较差
425	东赵北遗址	东周	古遗址	中牟县郑庵镇东赵村北 500 米	第三批	2012. 1. 12	较差
426	李村西南遗址	东周	古遗址	中牟县黄店镇李村西南 1500 米	第三批	2012. 1. 11	一般
427	东谢东北遗址	东周	古遗址	中牟县黄店镇东谢村东北 1500 米	第三批	2012. 1. 11	一般
428	石灰窑遗址	东周	古遗址	中牟县刁家乡石灰窑村西南 300 米	第三批	2012. 1. 11	一般
429	前李西北遗址	东周、汉、唐	古遗址	中牟县郑庵镇前李村西北 800 米	第三批	2012. 1. 11	一般
430	彦张遗址	战国	古遗址	中牟县郑庵镇彦张村东南 600 米	第三批	2012. 1. 11	一般